CONTRATOS ADMINISTRATIVOS, CONTRATOS PÚBLICOS, CONTRATOS DEL ESTADO

Allan R. Brewer-Carías

Profesor emérito de la Universidad Central de Venezuela

CONTRATOS ADMINISTRATIVOS, CONTRATOS PÚBLICOS, CONTRATOS DEL ESTADO

SEGUNDA EDICIÓN, CORREGIDA Y AUMENTADA

COLECCIÓN ESTUDIOS JURÍDICOS
N° 100

Editorial Jurídica Venezolana
Caracas 2021

©   Allan R. Brewer-Carías
Email: allan@brewercarias.com

Hecho el depósito de Ley
ISBN: 978-980-365-191-6

Primera Edición 2013
Segunda Edición 2021

Editorial Jurídica Venezolana
Avda. Francisco Solano López, Torre Oasis, P.B., Local 4, Sabana Grande,
Apartado 17.598 – Caracas, 1015, Venezuela
Teléfono 762.25.53, 762.38.42. Fax. 763.5239
Email fejv@cantv.net
http://www.editorialjuridicavenezolana.com.ve
Impreso por: Lightning Source, an INGRAM Content company
para Editorial Jurídica Venezolana International Inc.
Panamá, República de Panamá.
Email: ejvinternational@gmail.com

Diagramación, composición y montaje
por: Mirna Pinto, en letra
Time New Roman 10.5, Interlineado 10,5, Mancha 21 x 12.5

CONTENIDO

TERCER LIBRO
SOBRE LA CONTRATACIÓN PÚBLICA ESTATAL

CUARTO LIBRO:
SOBRE LAS CONCESIONES ADMINISTRATIVAS

Los contratos de Concesión de Servicio Público, por los cuales la Administración confía a un particular la misión de hacer funcionar un servicio público, remunerándose este último con las contraprestaciones de los usuarios del servicio[17]. Si el particular está encargado, además, de construir las obras necesarias para hacer funcionar el servicio, habrá, junto con la concesión de servicio público, una Concesión de Obra Pública.

Los contratos de Función Pública, por medio de los cuales un particular se compromete contractualmente, frente a la Administración, a prestar servicios especiales remunerados. No se trata de un funcionario público, pues no hay ni nombramiento ni prestación de juramento, pero tampoco se trata de un contrato de trabajo regido por la ley especial[18].

Fuera de estos tipos principales de contratos administrativos, la Administración Pública utiliza el procedimiento contractual administrativo según sus diversos fines y utilizando diversas combinaciones, configurando a veces lo que podríamos denominar contratos administrativos innominados[19].

II. LAS CARACTERÍSTICAS FUNDAMENTALES DE LOS CONTRATOS ADMINISTRATIVOS

1. Introducción

La naturaleza señalada de los contratos administrativos, es decir, su conclusión para una finalidad de servicio público trae como consecuencia inmediata la presencia en ellos de ciertos caracteres fundamentales. Podemos estudiar éstos analizando sucesivamente el elemento subjetivo, las condiciones de validez del contrato, el elemento de subordinación y el régimen de derecho público.

---

17 Por ejemplo, la Concesión de Servicio Público de Transporte de Hidrocarburos, artículo 8 de la Ley de Hidrocarburos. Sobre la Concesión de Servicio Público, véase: Travieso Paul, La Concesión de Servicio Público, Tesis. Caracas, 1943; En la doctrina extranjera, véase: G. Jéze, "La concession de Service Public", RDP, 1925, p. 530; A. Blondeau, La Concession de Service Public, Dalloz, París, 1932; P. Comte, Essai d'une théorie d'ensamble de la Concession de Service Public, Sirey, París, 1935; O. Aranda Bandeira De Melo, "Aspecto jurídico-administrativo da concessao de servicio público", Rivista de Direito Administrativo, Rio de Janeiro, Sao Paulo, vol. 34, 1953, p. 34; Manuel Peña Villasmil, La Concesión de Servicios Públicos, La Asunción, Paraguay, 1957; Rodolfo Bullrich, La Naturaleza Jurídica de la Concesión de Servicios Públicos, 1936; Juan P. Ramos, La Concesión de Servicios Públicos, 1937.

18 Tal es el caso de contratación de técnicos por ciertas oficinas públicas.

19 Por ejemplo, el contrato de concesión de uso del dominio público. Al efecto véase: Jorge Reyes Riveros, Naturaleza Jurídica del Permiso y de la Concesión sobre Bienes Nacionales de Uso Público, Editorial Jurídica de Chile, 1960.

2. El elemento subjetivo

Elemento esencial del contrato administrativo es la participación, en la relación jurídica, de la Administración Pública como parte y actuando como tal[20]. Es decir que, para que un contrato pueda ser calificado de administrativo, una de las partes de la relación jurídica contractual debe ser una autoridad pública actuando en función administrativa.

En este sentido toda persona jurídica de Derecho Público sea nacional, estadal, municipal o de la Administración. Autónoma, actuando en función administrativa, puede celebrar contratos administrativos. No existe, por tanto, contrato administrativo sin la presencia, como parte contratante en la relación jurídica, de la Administración.

3. Las condiciones de validez

A. Noción previa

Como todo contrato, los contratos administrativos están sometidos a ciertas condiciones de validez que se refieren a la capacidad y competencia de los contratantes, al consentimiento, al objeto y a la causa del contrato. Examinemos estas condiciones separadamente.

B. La capacidad y competencia de los contratantes

a. *Noción previa*

El concepto de competencia en Derecho público y de capacidad en el Derecho privado tiene idéntico significado, es decir, denota siempre el poder legal o aptitud de obrar o de ejecutar determinados actos, sea de una persona pública o sea de una persona privada.

Sin embargo, ambos conceptos no tienen el mismo alcance: en Derecho privado, la capacidad es la regla y la incapacidad la excepción. En Derecho público, y concretamente en Derecho administrativo, impera el principio inverso: la competencia requiere siempre un texto expreso de ley para que exista. Es decir, la competencia debe justificarse siempre expresamente, y el órgano que la detenta debe limitarse a su ejercicio en los términos establecidos por la ley[21].

---

20   CF—127—1, 12—11—54.

21   Respecto a la capacidad y competencia en la contratación administrativa, véase: C. Cammeo, I contratti della pubblica amministrazione. Capacità e legitimittà a contrattare, Florencia, 1954. Sobre las condiciones del contrato administrativo en general, el artículo 20 del Proyecto LOHPN 1963 establece que "los contratos celebrados por la Adminis-

b. *La competencia*

La autoridad pública contratante debe tener competencia legal para ello, por razón de la materia, del territorio, del tiempo, del grado jerárquico y según los poderes legales que le son atribuidos para concluir el contrato. Por ello el Estado no reconoce otras obligaciones que las contraídas por órganos legítimos del Poder Público de acuerdo con las leyes[22].

En el ámbito nacional, el Presidente de la República directamente, o por sus órganos directos los Ministros[23], es competente para "celebrar los contratos de interés nacional" permitidos por la Constitución y las leyes[24].

c. *La capacidad*

La capacidad del particular cocontratante de la Administración está regida por el Derecho común y, por tanto, pueden contratar todas las personas que no estuvieren declaradas incapaces por la ley. A tal efecto, la Constitución señala dos incapacidades especiales que veremos en el número siguiente.

Falta señalar solamente que, además de la capacidad, la ley exige el cumplimiento, por parte del cocontratante, de ciertos requisitos necesarios para poder contratar. Uno de ellos es la solvencia del cocontratante en sus obligaciones fiscales y concretamente en sus obligaciones derivadas del Impuesto sobre la Renta. A tal efecto, la Ley de Impuesto sobre la Renta, en su artículo 74, ordinal 4º, señala que para poder celebrar contratos con la Administración es necesario estar en posesión del Certificado de Solvencia del Impuesto sobre la Renta.

d. *Las incapacidades especiales*

"Nadie que esté al servicio de la República, de los Estados, de los Municipios y demás personas jurídicas de derecho público podrá celebrar contrato alguno con ellos, ni por sí ni por interpuesta persona ni en representación de otro, salvo las excepciones que establezcan las leyes"[25]. La

---

tración Pública requerirán para su existencia y validez que, además, de sujetarse a las disposiciones que les fueren aplicables conforme a las leyes, hubieren sido celebrados y otorgados por funcionarios a quienes la Ley atribuya competencia para hacerlo y se hubieren cumplido todas las formalidades legales y reglamentarias exigidas para la conformación de la voluntad de la Administración".

22 Artículo 232 de la Constitución.

23 Artículo 195 de la Constitución.

24 Artículo 190, ordinal 15 de la Constitución.

25 Artículo 126 de la Constitución. Por otra parte, los miembros de las Fuerzas Armadas están incluidos en esta incapacidad. Véase al respecto el Dictamen de la Procuraduría General de la República en Oficio 2.970 de 1-9-60, dirigido al Ministerio de Agricultura y Cría, Informe de la Fiscalía General de la República, 1960, Caracas, 1961, página 492.

disposición es de sana administración y consagra una incapacidad absoluta. Es necesario, sin embargo, precisar qué se entiende por persona jurídica de derecho público, ya que no solamente los establecimientos públicos y los Institutos Autónomos lo son, sino que también la ley considera persona jurídica de derecho público algunos Colegios profesionales como el de Ingenieros[26].

Tampoco podrá celebrarse ningún contrato de interés público nacional, estadal o municipal con Estados o entidades oficiales extranjeros, ni con sociedades no domiciliadas en Venezuela, ni traspasarse a ellos sin la aprobación del Congreso. Además, señala la Constitución[27], la Ley podrá exigir determinadas condiciones de nacionalidad, domicilio o de otro orden, o requerir especiales garantías en los contratos de interés público.

C. El consentimiento

a. *Noción previa*

Como todo contrato, el contrato administrativo es un acuerdo de voluntades, una convención entre dos o más personas jurídicas y, por tanto, la necesidad del consentimiento entre las partes es una condición requerida para la existencia del contrato mismo[28], más que para su validez.

La ausencia de consentimiento conlleva la inexistencia del contrato. Pero en materia administrativa, y al hablar de contratos administrativos y su consentimiento, es necesario examinar en primer lugar cómo se forma el consentimiento de la Administración y, en segundo lugar, la manifestación de la voluntad administrativa relativa a dicho consentimiento. En todo caso debemos también considerar los posibles vicios del consentimiento en los contratos administrativos.

b. *La formación de la voluntad administrativa*

a'. **El procedimiento administrativo**

a". *El principio*

Ya hemos expresado que la Corte Suprema de Justicia, en Sala Político-Administrativa estableció que, mediando en un asunto la intervención del

---

26 Tal es el caso del Colegio de Ingenieros. Véase el artículo 21 de la Ley correspondiente, Gaceta Oficial N° 25.822 de 26-11-58.

27 Artículo 126 de la Constitución y artículo 1.144 del Código Civil.

28 Artículo 1.141, ordinal 1° del Código Civil. Sobre la Formación y manifestación de la voluntad en la doctrina, véase: Coletti, "Sulla formazione e manifestazione della volontà contrattuale dei comuni", FA, 1959, I, p. 660; Forti, "Sulla formazione dei contratti dello Stato", Rivista it scienze giur., 1938, p. 38.

Estado, "su declaración de voluntad y el consentimiento que de ella emana, se expresan dentro de un proceso formativo que se desarrolla de acuerdo con la ley y con fundamento en la observancia de ciertas formalidades por parte de quien pueda cumplirlas en ejercicio de la función pública, porque tenga capacidad para obrar e intervenir en el acuerdo o convenio como sujeto de derecho.

Según este principio, no podrá haber efecto consensual por manifestación legítima cuando dejan de cumplirse las formas requeridas para aceptar o imponer condiciones dentro del contrato o cuando se han cumplido de manera irregular o distinta, porque el consentimiento así prestado no responde a la verdadera voluntad de los contratantes, que es su fuente jurídica más importante"[29].

Por tanto, en la conclusión del contrato administrativo la formación de la voluntad de la Administración debe pasar, antes de su expresión, por una serie de procedimientos administrativos cumplidos dentro de la misma Administración, de obligatoria observancia[30].

Pero la voluntad de la Administración no sólo se forma con procedimientos llevados a cabo dentro de la rama administrativa que contrata, sino que también exige la ley el cumplimiento de ciertos procedimientos previos a la conclusión definitiva del contrato, realizados en la Contraloría General de la República. Entre estos procedimientos estudiaremos seguidamente el Procedimiento de Control Previo de aprobación.

b". *El procedimiento de control previo de aprobación*

Todo contrato concluido por los Despachos Ejecutivos y los Institutos Autónomos debe ser aprobado previamente, para que tenga validez, por la Contraloría General de la República[31], y ello porque corresponde a dicho organismo el control, vigilancia fiscalización da los ingresos, gastos y bienes nacionales, así como de las operaciones relativas a los mismos[32].

En principio, las funciones de la Contraloría General de la República abarcan sólo la Administración Pública Nacional; sin embargo, la Ley

---

29 CSJ—PA—97—I, 14—12—61.

30 La necesidad de estudios técnicos y jurídicos previos a la expresión de la voluntad administrativa.

31 Artículo 172 de la Ley Orgánica de la Hacienda Nacional.

Al respecto, véase: Siebel A. Girón R., "El Control Previo", *Revista Control Fiscal y Tecnificación Administrativa*, Contraloría General de la República, Nº 15, 1960-1961, p. 2, Caracas.

32 Artículo 234 de la Constitución.

Orgánica de la Hacienda Nacional[33] extiende dichas funciones a los Institutos Autónomos. Por otra parte, la Constitución autoriza, para que por Ley se extiendan las funciones de la Contraloría a las Administraciones Estadales y Municipales, sin menoscabo de la autonomía, que a los Municipios y a los Estados garantiza la propia Constitución[34].

La Contraloría General de la República debe, entonces, aprobar previamente todos los contratos de interés nacional para que tengan validez. Sin embargo, y en razón de la cuantía, algunos contratos pueden ser celebrados sin dicha aprobación. En efecto, la misma Contraloría General de la República mediante resolución[35] ha fijado en la cantidad de dos mil bolívares el límite hasta el cual podrán los Despachos Ejecutivos e Institutos Autónomos contratar sin la previa aprobación de la misma.

b'. La aprobación legislativa

a". *Noción previa*

La formación de la voluntad administrativa no sólo se realiza por la intervención de varios organismos de la Administración sino que también, en ciertos casos, es necesaria la intervención de un Poder distinto al Ejecutivo y concretamente del Poder Legislativo.

Decimos en ciertos casos, pues la Constitución no exige la intervención del Poder Legislativo sino sólo respecto a determinados contratos. Ello nos conduce a examinar el problema estudiando la división fundamental de los contratos administrativos en Venezuela.

b". *Las dos categorías fundamentales de contratos administrativos*

a"'. *Noción previa*

Ya hemos señalado que la Constitución vigente en Venezuela distingue dos categorías fundamentales de contratos administrativos: los contratos administrativos necesarios para el normal desarrollo de la Administración Pública y los que no lo son[36] y que podríamos calificar como contratos administrativos excepcionales.

---

33 Artículo 235 de la Constitución. Artículo 172 de la Ley Orgánica de la Hacienda Nacional en defecto de la Ley Orgánica de Instituciones Autónomas que prevé la Constitución.

34 Artículo 235 de la Constitución.

35 Resolución N° 7 de 11 de enero de 1961. Gaceta Oficial N° 26.453 de 11 de enero de 1961.

36 Artículo 126 de la Constitución.

b'''. *Contratos administrativos necesarios para el normal desarrollo de la Administración Pública*

Estos contratos, normales en la vida de la Administración, abarcan la mayoría de los principales tipos de contratos administrativos que hemos señalado anteriormente. Pueden celebrarse, sin necesidad de intervención previa o posterior de los órganos legislativos, por el Presidente de la República en el ámbito nacional o por sus órganos directos[37].

c'''. *Contratos administrativos excepcionales*

Consideramos como contratos administrativos excepcionales aquellos que para su celebración válida requieren, o la autorización o la aprobación del Congreso[38]. Son aquellos de tal importancia para el funcionamiento del Estado mismo, sobre todo desde el punto de vista económico, que la Constitución exige para su válida celebración, además de la intervención del Poder Ejecutivo, la participación de las Cámaras Legislativas. Esta intervención de los órganos legislativos puede revestir dos formas: En primer lugar, hay ciertos contratos administrativos excepcionales que requieren para su validez la autorización previa del Congreso. Tal es el caso de los contratos de empréstito público, que requieren una ley especial que los autorice como condición de validez[39]. En segundo lugar, algunas leyes especiales requieren, para la validez de un contrato administrativo, no ya la autorización previa, sino la aprobación posterior de las Cámaras legislativas. Sólo nos interesa destacar en esta oportunidad estos casos de aprobación posterior del Congreso, sobre los cuales han surgido en Venezuela algunos criterios divergentes en lo que se refiere a la naturaleza jurídica del acto de aprobación legislativa.

c". **La naturaleza del acto de aprobación legislativa**

Ya hemos señalado que la antigua Corte Federal y de Casación ha sostenido[40] categóricamente que, atando el Poder Legislativo "colabora con el Poder Ejecutivo en la Administración Pública", es decir, en la función administrativa, "ejecuta actos administrativos aun cuando ellos estén revestidos de la forma extrínseca de la Ley", y son estos actos algunos de los que la doctrina del Derecho constitucional denomina leyes formales puras. En el caso de la ley que aprueba un contrato o un convenio de interés nacional, "ésta no tiene el contenido de la ley propiamente dicha (ley formal-material), porque no establece reglas de conducta para todos, no

---

37 Artículo 190, ordinal 15 de la Constitución.

38 Artículo 126 de la Constitución.

39 Artículo 231 de la Constitución.

40 Véase la Sentencia de la Corte Federal y de Casación de 5-5-37, Resumen CFC en SPA, 1936-1939, p. 182 (Memoria 1938, tomo I, p. 226).

contiene un mandato general y abstracto, sino que se refiere a una relación concreta, a un caso particular: es una providencia administrativa o acto de Administración Pública en forma de ley".

Esta, ciertamente, es la conclusión más lógica: el acto de aprobación legislativa de un contrato administrativo es, en cuanto al fondo, un acto administrativo por su contenido y naturaleza, y en cuanto a la forma, una ley formal. Y esto último, pues, ya hemos indicado que ley, en nuestro ordenamiento constitucional, es ley formal.

La aprobación legislativa recaída en esos contratos administrativos perfecciona y completa la voluntad administrativa que interviene en la creación del vínculo contractual. El proceso de formación de la voluntad de la Administración comprende varias etapas, una de las cuales en estos casos es la aprobación impartida por el órgano legislativo. Por tanto, la aprobación legislativa de un contrato no transforma en ningún momento dicho acto de aprobación en un acto puramente legislativo. Al contrario, continúa siendo un acto administrativo por su contenido, pero con forma de ley.

Y aún hay más: el acto de aprobación legislativa no cambia en ningún momento la naturaleza contractual de la relación jurídica que se aprueba. No creemos correcto el afirmar, como lo ha hecho la Corte recientemente[41], que la intervención legislativa en un contrato administrativo transforma dicho contrato en un acto legislativo. La aprobación legislativa, insistimos, en nada altera la naturaleza contractual del acto aprobado. El contrato sigue siendo contrato pero con forma de ley, como formalidad *ad solemnitatem* del acto.

Y la razón de ser de esta forma no es otra que hacer interesar a todos los componentes de la comunidad en el cumplimiento del contrato, pudiendo atacarse por vía de inconstitucionalidad por cualquiera, en cualquier momento[42].

Por otra parte, la misión de las Cámaras en estos casos consiste en aprobar o negar, es decir, impartir o negar su aprobación, pero en ningún caso modificar el contrato. Además, la ley aprobatoria de un contrato de interés nacional no es susceptible de derogatoria ni de reforma total o parcial por la sola voluntad de los Cuerpos Legislativos, sin audiencia de las partes que han concurrido a la formación del contrato, es decir, de la Administración y del cocontratante. Y esto es consecuencia del principio de que los vínculos contractuales no pueden romperse sin audiencia de las partes que han concurrido voluntariamente a crearlos. Pero, como hemos

---

41   CSJ—CP— 27—1, 15—5—62.

42   Véase el Voto Salvado a la Sentencia CSJ—CP—27—1, 15—1—62.

visto, este principio no es absoluto: el órgano jurisdiccional competente[43] puede declarar la nulidad por inconstitucionalidad de cláusulas o de un contrato de interés nacional aprobado por el Poder Legislativo, por la vía del Recurso de Inconstitucionalidad de las Leyes y, por tanto, sin juicio contradictorio cuando dicho recurso ha sido intentado hasta por un tercero extraño a la relación jurídica contractual[44].

c.   *La manifestación de la voluntad administrativa*

Una vez formada la voluntad de la Administración siguiendo, según los casos, el procedimiento señalado anteriormente, la manifestación de esa voluntad debe ser siempre expresa, sea por la firma del contrato o por la publicación de la Ley aprobatoria en la Gaceta Oficial de la República[45]. Por tanto, lo que se expresó respecto a los actos administrativos tácitos no es aplicable a los contratos administrativos como actos jurídicos bilaterales de la Administración. En esta forma el consentimiento de la Administración no puede, en ningún caso, presumirse en la formación y conclusión de un contrato.

Por último, creemos conveniente señalar una vez más, en líneas generales, el procedimiento de formación y manifestación de la voluntad administrativa. En los contratos administrativos necesarios para el normal desarrollo de la Administración Pública, además de la necesidad de aprobación previa de la Contraloría General de la República, debe seguirse el procedimiento normal interno de la Administración para la formación del contrato, y la manifestación de la voluntad de esta última debe hacerse por la firma de la autoridad competente[46]. En los contratos administrativos excepcionales debemos distinguir entre los que requieren autorización legislativa previa y los que requieren aprobación legislativa posterior. En los primeros, entre los cuales está el contrato de empréstito público, una vez autorizada la contratación por Ley especial, en cuya sanción ha intervenido la Contraloría General de la República como órgano auxiliar del

---

43   La Corte Suprema de Justicia en Corte Plena, artículo 215, ordinal 3° de la Constitución.

44   CSJ—CP—27—1, 15—1—62. En definitiva, estamos en conformidad con la dispositiva de este fallo, pero en desacuerdo con varios razonamientos de La motivación, como se ha expresado.

45   Artículo 1° de la Ley de Publicaciones Oficiales.

46   Creemos, junto con la Procuraduría General de la República, que, mientras la Administración no haya aprobado expresamente la oferta a través del acto de otorgamiento que es el contrato, no existe ninguna vinculación entre ella y el particular interesado, puesto que los actos previos que realiza la Administración son meros actos de trámites administrativos que no otorgan derecho alguno a los interesados, ya que su único objeto es el de preparar la realización del acto administrativo contractual que es el otorgamiento del contrato, y hasta que la Administración no haya manifestado su voluntad a través de dicho acto no han nacido obligaciones ni derechos para las partes contratantes. Véase al respecto el *Informe de la Fiscalía General de la República*, 1960, Caracas, 1960, p. 311.

Congreso[47], la manifestación de voluntad de la Administración se expresa por la firma del contrato dada por la autoridad competente. En los segundos, entre los cuales se encuentra el contrato de constitución de Bancos Auxiliares de la Tesorería, por el cual se da la posibilidad de prestación del servicio público de Tesorería por Bancos Privados[48], la formación de la voluntad administrativa se lleva a cabo por la intervención de la propia Administración, por la aprobación de la Contraloría General de la República y por la aprobación posterior por las Cámaras Legislativas actuando en función administrativa; y la expresión de esa voluntad se lleva a cabo por la publicación de la Ley aprobatoria del contrato.

d. *Los victos del consentimiento*

a'. Noción previa

En los contratos administrativos, como en cualquier contrato, el consentimiento de las partes para que sea válido debe carecer de vicios. Por ello, otra de las condiciones de validez de los contratos administrativos es la ausencia de vicios del consentimiento.

En esta materia, los principios generales del derecho elaborados por la doctrina civilista son aplicables a los contratos administrativos. Veamos entonces, someramente, el contenido de los artículos 1.146 y siguientes del Código Civil y su aplicación a los contratos administrativos.

b'. El error

a". *Error excusable*

Ante todo, para que el error pueda viciar el consentimiento de alguna de las partes contratantes, debe tratarse de un error excusable[49]. Entonces el error cometido por una parte contratante no puede ser invocado por ella cuando procede de una falta inexcusable de su parte. Esta es una aplicación del principio *nemo auditur propram turpitudinem allegans*. Consecuencia de ello es la disposición del artículo 1.149 del Código Civil, según el cual "la parte que invoca su error para solicitar la anulación de un contrato está obligada a reparar a la otra parte los perjuicios que le oca-

---

47 Artículos 231 y 236 de la Constitución. Observamos que esta autorización constituye un requisito del consentimiento; por tanto, la omisión de la autorización no es que vicia el consentimiento, sino que lo impide y, por tanto, produce la inexistencia del contrato. En este sentido, véase el Informe presentado por la Procuraduría de la Nación a la Comisión Interministerial designada por el Gobierno Nacional para examinar el llamado caso "Innocenti", Informe de la Procuraduría de la Nación al Congreso, 1939, Caracas, 1960, p. 624.

48 Artículo 90 de la Ley Orgánica de la Hacienda Nacional.

49 Artículo 1.146 del Código Civil.

sione la invalidez de la convención, si el error proviene de su propia falta y la otra parte no lo ha conocido o no ha podido conocerlo".

El principio es perfectamente aplicable a los contratos administrativos. Veamos ahora los dos tipos fundamentales de error: el error de derecho y el error de hecho.

b". *El error de derecho*

Para que sea posible alegar el error de derecho como vicio del consentimiento en un contrato administrativo, además de ser excusable debe ser determinante, es decir, debe ser la causa única y principal de la conclusión del contrato[50]. Pero, tratándose de un error de derecho, la misma dificultad que se presenta en el derecho privado para probarlo, pues la ignorancia de la ley no excusa de su cumplimiento[51], se presentará en el campo de los contratos administrativos.

c". *El error de hecho*

El Código Civil distingue dos tipos de errores de hecho: el error sobre la cosa y el error sobre la persona. En esta forma el error de hecho produce la anulabilidad del contrato cuando recae sobre una cualidad de la cosa[52] objeto del contrato. Aunque el Código Civil no exige que esa cualidad de la cosa sea determinante, parece lo más lógico sostener ese requisito[53]. Pero, además, el error de hecho produce también la anulabilidad del contrato cuando recae sobre una circunstancia que las partes han considerado como esenciales o que deben considerarse como tales, en atención a la buena fe y a las condiciones bajo las cuales ha sido concluido el contrato[54].

También es causa de anulabilidad del contrato el error sobre la identidad o las cualidades de la persona con quien se ha contratado, cuando esa identidad o esas cualidades han sido causa única o principal del contrato[55]. En este caso el error también debe ser determinante y, en principio, es en los contratos administrativos *intuitu personae* donde el error sobre la persona del cocontratante puede ser considerado como determinante.

Respecto a los contratos administrativos, el error en la persona del cocontratante de la Administración es quizás el que tiene más relevancia por el carácter *intuitu personae* con que son concluidos por lo general.

---

50 Artículo 1.147 del Código Civil.

51 Artículo 2° del Código Civil. Hasta tal punto, que el Código Civil excluye expresamente la posibilidad de pedir la nulidad por error de ciertos contratos. Por ejemplo, en el contrato de transacción, artículo 1.719 del Código Civil.

52 Artículo 1.148 del Código Civil.

53 Por ejemplo, error en la identidad de la cosa.

54 Artículo 1.148 del Código Civil.

55 Artículo 1.148, aparte segundo del Código Civil.

c'. La violencia

La violencia empleada contra el cocontratante que ha contraído la obligación es causa de anulabilidad del contrato, aun cuando haya sido ejercida por una persona distinta de aquella en cuyo provecho se ha celebrado la convención[56]. Por tanto la violencia es causa de anulabilidad del contrato cuando es ejercida por el cocontratante o por terceras personas, y cuando reviste carácter de gravedad suficiente para que haga impresión sobre una persona sensata[57].

Sin embargo, en los casos de violencia ejercida sobre la Administración y sus órganos, la Constitución declara nulos los actos acordados bajo esa presión. En efecto, el artículo 120 declara que es nula toda decisión acordada por requisición directa o indirecta de la fuerza o por reunión de individuos en actitud subversiva[58].

d'. El dolo

El dolo es causa de anulabilidad del contrato cuando las maquinaciones practicadas por uno de los cocontratantes o por un tercero, con su conocimiento, han sido tales que sin ellas el otro no hubiera contratado[59].

El dolo, en primer lugar, puede haber emanado de un tercero con el conocimiento de uno de los contratantes. Esta es una nueva causal de la teoría de los vicios del consentimiento introducida por la Comisión Codificadora Nacional en 1942[60]. Por otra parte, el dolo debe ser determinante para la conclusión del contrato.

Respecto a este vicio, como a los demás examinados, nada parece indicar su inaplicabilidad a la Teoría de los Contratos Administrativos, teniéndose en cuenta para ello, sin embargo, la peculiar condición de la Administración.

---

56   Artículo 1.150 del Código Civil.

57   Artículos 1.151 y 1.152 del Código Civil. Un ejemplo de violencia ejercida por la Administración es el abuso de poder del funcionario. Este acarrea responsabilidad individual del mismo. Al efecto véase el artículo 121 de la Constitución.

58   Desde la Constitución de 1864, artículo 104, encontramos esta disposición en nuestra evolución constitucional. Véase: Ulises Picón Rivas, *Indice Constitucional de Venezuela*, Ed. Elite, Caracas, 1944, p. 383.

59   Artículo 1.154 del Código Civil.

60   *Código Civil de Venezuela*. Ed. Andrés Bello, Caracas, p. 181, nota al artículo 1.154, comentario de A. Pulido Villafañe.

D. El objeto

Ciertamente, como en todo contrato, el objeto de los contratos administrativos debe ser posible, lícito, determinado o determinable[61], y por otra parte es una de las condiciones de existencia y, por tanto, de validez del contrato administrativo[62]. Los principios de la teoría privatista sobre los requisitos del objeto del contrato son aplicables en su esencia a los contratos administrativos. Por ello no insistiremos mucho en este respecto.

Sin embargo, es necesario hacer algunas observaciones peculiares de los contratos administrativos.

Ante todo, y por la finalidad de servicio público que persigue la Administración al celebrar los contratos administrativos, el objeto de los mismos debe ser una prestación de utilidad pública o de interés general[63]. Esta prestación puede ser de dar[64], de hacer[65] o de no hacer[66].

No consideramos que la prestación objeto del contrato administrativo debe estar siempre relacionada con un determinado servicio público, como expresaba Jéze en los albores de la Teoría de los Contratos Administrativos[67]; de lo contrario quedarían excluidos de la calificación de contratos administrativos, contratos tales como el de ocupación del dominio público o el de empréstito público. Estos contratos, a pesar de no estar relacionados directamente en muchos casos con el funcionamiento de un servicio público determinado, son contratos administrativos pues son celebrados por la Administración con finalidad de servicio público: la salvaguarda del derecho de uso público del dominio público del Estado[68] que muchas veces es la condición indispensable para el libre tránsito de los ciudadanos en el territorio nacional; y la procuración de fondos para obras reproductivas o en caso de evidente necesidad o conveniencia nacional[69].

Por otra parte, y como veremos más adelante, la Administración puede introducir modificaciones unilateralmente, dentro de ciertos límites, en el objeto del contrato administrativo. En derecho privado, al contrario, rige el principio de la inmutabilidad unilateral del objeto del contrato.

---

61   Artículo 1.157 del Código Civil.

62   Articulo 1.141 del Código Civil.

63   CF—127—1, 12—11—54.

64   Contrato de Suministro, Contrato de Empréstito Público.

65   Contrato de Obra Pública. Contrato de Transporte.

66   En el contrato de concesión de ocupación del dominio público por razones de utilidad pública o interés general, se puede obligar al cocontratante a no hacer determinadas construcciones.

67   Gastón Jèze. *Principios Generales...*, *cit.*, tomo IV, p. 5.

68   Artículo 539 y 540 del Código Civil.

69   Artículo 231 de la Constitución.

Respecto a la licitud del objeto, los contratos administrativos no pueden perseguir la derogación de leyes en cuya observancia esté interesado el orden público y las buenas costumbres, de lo contrario serían inválidos por ilicitud del objeto. Es la aplicación del principio general consagrado en el artículo 6 del Código Civil.

También, tal como sucede en los contratos de derecho privado, en materia de contratos administrativos existen ciertas materias que no pueden ser objeto de negocios contractuales en razón de su naturaleza. Tal es el caso del estado y capacidad de las personas y los bienes del dominio público en lo que se refiere a su inalienabilidad. Pero, además, en derecho administrativo existen otras materias que por su naturaleza legal o reglamentaria no pueden ser objeto, tampoco, de relaciones contractuales. En efecto, cuando una situación jurídica determinada es de carácter legal o reglamentaria, es decir, fijada unilateralmente por el Estado, sea por medio de actos reglamentarios, o sea, por medio de actos legislativos, esa situación jurídica no puede ser objeto de convenciones entre la Administración y los particulares. En este sentido sería nulo, por ilicitud del objeto, un contrato administrativo que tuviere por objeto derogar la situación jurídica reglamentaria o legal de un funcionario público.

Por último, es conveniente observar que también estaría viciado un contrato administrativo por ilicitud del objeto, cuando en él se compromete el ejercicio de la competencia. En Derecho privado los contratantes pueden fijar ciertos límites a su capacidad de obrar. Sin embargo, en Derecho administrativo la competencia es de orden público y, por tanto, no puede renunciarse ni ser objeto de contratos que comprometan su ejercicio.

E. La causa

En la misma forma que en el derecho privado, en los contratos administrativos la obligación sin causa, o fundada en una causa falsa o ilícita, no tiene ningún efecto[70]. La causa lícita en los contratos administrativos también es una de las condiciones requeridas para la existencia del contrato[71]; por tanto, cuando la causa es ilícita, es decir, contraria a la ley, a las buenas costumbres o al orden público[72], el contrato es inexistente[73] y las obligaciones que contiene no producen ningún efecto[74].

En la teoría civilista, y más generalmente en la Teoría General del Derecho, la palabra causa, sobre todo en lo que respecta a los contratos sina-

---

70 Artículo 1.157 del Código Civil. Sobre el problema de la causa de los contratos administrativos en la doctrina italiana, véase: F. P. Mastropasqua, "Osservazioni sulla teoria della causa dell'atto amministrativo negoziale", *Riv. Dir. Pub.*, 1939.

71 Artículo 1.141 del Código Civil.

72 Artículo 1.157, aparte segundo del Código Civil.

73 Artículo 1.141 del Código Civil.

74 Artículo 1.157, aparte primero del Código Civil.

lagmáticos, ha producido innumerables discusiones y principalmente dos concepciones: por una parte la Teoría de la causa objetiva, donde la causa de las obligaciones de cada contratante es la contraprestación que el otro se obliga a realizar; por otra parte la Teoría de la causa subjetiva, donde la causa está definida por el fin que las partes buscan en el contrato o por el motivo que las indujo a contratar.

Ambos conceptos y teorías son perfectamente aplicables a las condiciones de validez de contratos en general: la ausencia de causa en el sentido de la contraprestación del otro contratante, o la ilicitud de dichas contraprestaciones, produce la inexistencia del contrato; y la ilicitud o inmoralidad de la causa en el sentido del fin o motivo perseguido por los contratantes produce el mismo efecto.

En el campo del derecho administrativo, también son aplicables ambos conceptos. Así lo ha expresado la jurisprudencia administrativa. En efecto, la antigua Corte Federal ha señalado que en los contratos administrativos "la causa inmediata de las prestaciones de la Administración la constituyen las contraprestaciones del particular, y la causa o motivo determinante es el interés público que con esas prestaciones se persigue"[75].

Una vez más observamos cómo la jurisprudencia administrativa requiere el interés público o lo que nosotros hemos llamado finalidad de servicio público para que exista contrato administrativo.

Es interesante observar, por otra parte, el juego del vicio de desviación de poder en el problema de la causa ilícita: cuando la Administración, con ocasión de la conclusión de un contrato administrativo, persigue fines ilícitos, aunque no podría atacarse el contrato por causa ilícita pues no se ha contratado buscando expresamente ese fin ilícito, podría conseguirse la anulación del contrato, impugnando por recurso contencioso-administrativo de anulación el acto administrativo por el cual la Administración manifestó su consentimiento, alegando vicio de desviación de poder en dicho acto.

La declaración de nulidad del acto producirá, como consecuencia, la nulidad del contrato.

4. El elemento de subordinación

Además del elemento subjetivo y de las condiciones de validez del contrato, la tercera característica fundamental de los contratos administrativos está constituida por la relación de subordinación del cocontratante de

---

75 CF—127—1, 12—11—54.

la Administración respecto a ésta. Así lo ha establecido la antigua Corte Federal[76].

El particular, cocontratante de la Administración, por un acto de propia voluntad contrata con ella y se sitúa en la relación jurídica en un plano de subordinación. Esta subordinación o desigualdad jurídica no es arbitraria, ni deriva del Poder o de la autoridad que tiene la Administración; tiene su origen en la desigualdad de fines de los contratantes. El cocontratante de la Administración persigue, evidentemente, un fin económico privado. La Administración, en cambio, vela por el interés público, por las necesidades colectivas y persigue una finalidad de servicio público. El fundamento, pues, de esta desigualdad jurídica, de esta subordinación del particular frente a la Administración, es el fin público o la finalidad de servicio público con mitas a la cual contrata la Administración.

En este sentido, ha expresado la antigua Corte Federal[77] que esa desigualdad se explica por el propio interés de los administrados y porque es obligación de los administradores el velar por que la prestación objeto del contrato se efectúe en forma ordenada y continua si tal fuere el caso y, en resumen, conforme a las normas reguladoras del contrato; de no ser así, se llegaría a la conclusión de que por tales actos "la Administración pierde, renuncia o enajena uno de sus grandes atributos cual es el de tuteladora del bien y del interés público".

La consecuencia fundamental de esta situación de subordinación es, como lo ha indicado la Corte[78], la facultad de la Administración de adoptar decisiones ejecutivas sobre el cumplimiento, inteligencia, rescisión y efectos del contrato. Más adelante examinaremos detenidamente estas facultades de la Administración.

5. El régimen de derecho público

El régimen jurídico de los contratos administrativos, teniendo en cuenta todo lo hasta aquí expuesto, no puede ser otro que el de Derecho administrativo[79].

Y ello no podría ser de otro modo. El contrato administrativo no puede regirse íntegramente por el derecho privado, regulador de relaciones entre

---

76 CF—127—1, 12—11—54; CF—127—2, 12—11—54. Sobre el problema de la igualdad de las partes en los contratos administrativos, véase: S. Martin-Retortillo Baquer, "La institución contractual en el Derecho administrativo: en torno al problema de la igualdad de las partes", *RAP*, Nº 29, 1959, p. 59; y en el libro del mismo autor, *El Derecho Civil en la génesis del Derecho Administrativo y de sus instituciones*, Sevilla, 1960, pp. 110 y ss.

77 CF—127—1, 12—11—54; CF—127—2, 12—11—54.

78 CF—127—1, 12—11—54.

79 CF—127—1, 12—11—54.

particulares y de intereses privados. Necesita, en vista de la finalidad de servicio público que se tiene en cuenta al concluirlo, un régimen jurídico propio, exorbitante o derogatorio del Derecho común, y ese es el régimen de Derecho público.

No compartimos el criterio, por otra parte, de que la presencia en un contrato de cláusulas exorbitantes del Derecho común sea la causa de que ese contrato sea administrativo[80]: un contrato no es administrativo porque tenga cláusulas exorbitantes del Derecho común, sino que contiene cláusulas de ese tipo por ser administrativo. Por tanto, la aplicación del régimen de derecho público a un contrato es consecuencia, es un efecto del carácter administrativo del contrato y no la causa de él. El contrato es administrativo por su naturaleza, es decir, porque fue concluido con finalidad de servicio público y, por tanto y como consecuencia, necesita de un régimen jurídico propio, lo que conlleva la presencia de él en forma expresa o tácita de cláusulas derogatorias del Derecho común.

La necesidad de que los contratos administrativos se rijan por un régimen de Derecho público no implica, sin embargo, la inaplicabilidad absoluta a dichos contratos de normas consagradas en el Derecho civil. Al contrario, y como hemos visto, la elaboración de la Teoría civilista de los contratos es perfectamente aplicable a los contratos administrativos. Sin embargo, hay muy graves y fundamentales excepciones que veremos al estudiar la formación del contrato administrativo y los efectos del mismo. Fundamentalmente, en este último campo es donde más se manifiesta el imperio del Derecho público y la presencia expresa o tácita en todo contrato administrativo de cláusulas exorbitantes del Derecho común, es decir, de cláusulas que no podrían encontrarse en un contrato de Derecho privado, y que las más de las veces derogan principios tradicionales de la contratación civil. Tal es el caso, por ejemplo, de cláusulas en las cuales la Administración se atribuye sobre su cocontratante derechos que un particular no podría atribuirse en ningún contrato de Derecho privado[81]; o de cláusulas por medio de las cuales la Administración otorga a su cocontratante poderes respecto a terceros que un particular no podría atribuirse en ningún contrato[82].

---

80 Georges Vedel, *Droit Administratif*, tomo II, Presses Universitaires de France, París, 1959, p. 592. Véase, también del mismo autor, "Remarques sur la notion de clause exorbitante", Mélanget Mestre, Sirey, 1956, p. 527.

81 Como por ejemplo, el derecho de rescindir o modificar unilateralmente el contrato administrativo.

82 Por ejemplo, la posibilidad para el concesionario de transporte de Hidrocarburos de expropiar. Véanse artículos 1° y 52 de la Ley de Hidrocarburos.

III. LA FORMACIÓN DEL CONTRATO

1. Introducción

Ya hemos examinado los problemas relativos a la formación de la voluntad de la Administración. Nos corresponde ahora examinar la formación del contrato, es decir, los problemas que se presentan en el acuerdo de las voluntades, y concretamente debemos verlos desde dos ángulos distintos: desde el punto de vista de la igualdad de los contratantes y desde el otro punto de vista de la libertad contractual y siempre como limitaciones a ambos principios.

2. Limitaciones a la libertad contractual

Las limitaciones a la libertad contractual se presentan principalmente en la escogencia del cocontratante de la Administración.

La Administración no siempre es libre de escoger su cocontratante. Quizás en los contratos administrativos, donde el carácter *intuitu personae* tiene gran importancia, se deje mayor libertad a la Administración de escoger su cocontratante[83]. Sin embargo, en otros contratos donde tienen mayor importancia las condiciones objetivas del contratante se imponen ciertas limitaciones a la libertad de escogencia de los mismos. Esto nos conduce a hablar de la Licitación.

Ante todo debemos expresar que en Venezuela no existe un sistema uniforme legal de citaciones en los contratos administrativos. Los intentos que se han hecho para lograr la uniformidad han sido infructuosos[84].

---

83 Por ejemplo, en la concesión de Servicio Público de Transporte de Hidrocarburos, la Administración es libre de escoger su concesionario. Véase el artículo 5 de la Ley de Hidrocarburos.

84 En el Proyecto LOHPN 1963 se establece, artículo 27, que "los contratos administrativos no podrán ser celebrados sino por el procedimiento de licitación..." pero, sin embargo, señala el artículo 36 del mismo Proyecto que "cuando, por razones de conveniencia nacional así lo exijan, el Ejecutivo Nacional podrá previa decisión en cada caso del Presidente de la República, y notificación al Contralor General de la República, omitir el procedimiento de licitación en orden a la celebración de determinados tipos de contratos administrativos". La reglamentación que de la licitación pública trae el Proyecto es la siguiente, contenida en el artículo 29: "La licitación pública estará sometida a las siguientes normas: 1ª, Para ser válida deberán concurrir al menos tres propuestas provenientes de personas naturales o jurídicas que no tengan entre sí vinculaciones de interés mutuo; 2ª, Las propuestas deberán ser siempre presentadas en tal forma que no fuere posible identificar previamente al proponente. La propuesta que fuere identificable será considerada no hecha; 3ª, Las propuestas serán abiertas en acto público al cual debe concurrir un funcionario designado al efecto por la Contraloría General de la República. Se levantará acta escrita de la apertura de propuestas con indicación de todo cuanto contribuya a dejar clara constancia de lo sucedido; 4ª, El examen de las propuestas será hecho por los funcionarios que para cada caso designe el Despacho Ejecutivo correspondiente y por el funcionario o los funcionarios designados al efecto por la Contralo-

Sin embargo, diversas disposiciones legales y reglamentarias se han dictado al efecto. En primer lugar, la Ley Orgánica de la Hacienda Nacional vigente, muy tímidamente recomienda el empleo de la licitación pública en los contratos de obras públicas y de suministros. Al efecto, el artículo 427 dispone que "en cuanto sea posible, los contratos para construcción de obras y los de suministros y servicios, que se propongan celebrar los Despachos Ejecutivos, serán objeto de licitaciones". El mismo dispositivo legal exceptúa los contratos en que esté interesada la defensa nacional, los relativos a servicios técnicos y aquellos cuyo monto no exceda de diez mil bolívares.

Esta disposición legal ha sido desarrollada en cuanto a los contratos de obra pública por la Resolución N° 8 del Ministerio de Obras Públicas de 8 de marzo de 1947[85]. Y es ciertamente en las dependencias de este Despacho ministerial y de los Institutos Autónomos a él adscritos que se lleva a cabo regularmente el procedimiento de licitación. Así, todos los contratos de obras públicas celebrados directamente por el Ministerio de Obras Públicas, por el Banco Obrero o por el Instituto Nacional de Obras Sanitarias, siguen normalmente el procedimiento de licitación.

Respecto a los contratos de suministros, podemos señalar la existencia de un Reglamento de Compras del Ministerio de Minas e Hidrocarburos. Este es uno de los pocos y quizás el único Despacho Ejecutivo que ha re-

---

ría General de la República; 5ª. Si ninguna de las propuestas se considera aceptable, la licitación será considerada desierta y ello se hará saber a quienes hubieren concurrido; 6ª, Se concederá la buena pro a la propuesta que presente las mejores ventajas para la República en cuanto a precios, plazos y garantías financieras y técnicas". En lo que respecta a las licitaciones privadas, éstas se regirán, según el Proyecto, por las mismas disposiciones relativas a las licitaciones públicas, salvo las modalidades siguientes establecidas en el artículo 34: "1) En la escogencia de las personas invitadas a presentar propuestas deberán intervenir el o los funcionarios que para tal fin designare el Contralor General de la República; 2) Para la validez de la licitación bastará la concurrencia de dos propuestas; 3) La apertura de la propuesta y el otorgamiento de la buena pro deberán realizarse en acto privado". Es de observar, por otra parte, que el artículo 35 del Proyecto establece que "los contratos que se otorguen como resultado de una licitación pública o privada no requerirán el control previo por parte de la Contraloría General de la República en cuanto a precios". Sobre este control previo, véase N° 134. Sobre las Licitaciones en la doctrina, véase: E. Sayagués Laso, *Las licitaciones públicas*, Montevideo, 1940; J. Delbecque, "Note sur la procédure et les recours en matière d'adjudication", AJ, 1962, p. 116; Flamme, "Les modes de passation des marchés publics en droit comparé", RISA, 1954, N° 4; G. Beinhardt, "La passation des marchés par l'Etat dans le droit allemand", RISA, 1961, 4, p. 397; M. Quancard, L'adjudication des marchés publics, Tesis. Sirey, París.

85 Compilación Legislativa, tomo III, p. 914. Además el Decreto Reglamentario de las Obras Públicas de 14 de abril de 1909, artículos 7 al 12, Compilación legislativa, tomo II, p. 894.

glamentado el procedimiento respectivo y establecido la obligatoriedad de la licitación[86].

Por tanto, fuera de los contratos de obra pública y de suministros, los otros contratos administrativos, no tienen previsto por la Ley la necesidad ineludible de su contratación por licitación pública.

Debemos observar, por último, que en materia de licitación, además de la licitación pública, se puede utilizar el procedimiento de licitación privada. En todo caso, la utilización de esta última está supeditada a la naturaleza de las prestaciones contractuales cuando requieran condiciones especiales, técnicas o de otra índole de parte del cocontratante.

3. Limitaciones a la igualdad contractual

En el esquema clásico del contrato de derecho civil, las partes elaboraban de común acuerdo las cláusulas del contrato, en el libre acuerdo y discusión de una oferta y una demanda, formuladas por ambos contratantes, situados en planos idénticos. En la práctica, esta discusión desaparece en muchos casos: la potencialidad económica producida por la acumulación de grandes riquezas en manos de una sola persona jurídica trajo como consecuencia la elaboración de un tipo especial de contrato cuyas cláusulas redactaba exclusivamente uno de los cocontratantes y aceptaba in totum el otro, sin que fuera posible ninguna discusión o deliberación. De ahí el contrato de adhesión.

Pero este hecho, que es excepción en la teoría civilista, es la regla en el Derecho administrativo: es la Administración quien, en los contratos administrativos, determina la casi totalidad de las reglas contractuales. El cocontratante, fuera de la discusión del precio si lo hay, no puede sino aceptar o rechazar en bloque las condiciones que le son propuestas. Nos encontramos, entonces, con las cláusulas de condiciones generales, anexas al acto contractual propiamente dicho e incorporadas al contrato de pleno derecho.

La práctica en Venezuela de la elaboración de cláusulas de condiciones generales o especiales, comunes para ciertos contratos administrativos, es ciertamente reciente y circunscrita casi exclusivamente a los contratos de obra pública.

En efecto, los contratos de obra pública celebrados por el Ministerio de Obras Públicas, por el Banco Obrero y por el Instituto Nacional de Obras Sanitarias contienen un anexo de cláusulas de condiciones generales. Sin embargo, ellas son comunes para los contratos celebrados por cada una de esas entidades y lamentablemente no son comunes a todas. Y ello porque

---

86   Resolución N° 1.400 del Ministerio de Minas e Hidrocarburos de 8 de octubre de 1958, artículo 3, Gaceta Oficial N° 25.780 de 8-10-58.

todavía no se ha establecido o reglamentado lo que hoy es una práctica administrativa de muy sana continuación. En todo caso correspondería a la Contraloría General de la República el control de dichas cláusulas con miras a obtener una uniformidad.

De resto, algunos contratos administrativos como el de concesión de servicio público de transporte de hidrocarburos[87] tienen sus cláusulas de condiciones generales en la ley.

IV. LOS EFECTOS DEL CONTRATO

1. Los efectos respecto a terceros

Es principio fundamental de la contratación privada el hecho de que los contratos no tienen efecto sino entre las partes contratantes y, por tanto, no dañan ni aprovechan a los terceros[88].

Este principio, ya lo hemos visto, no se aplica en forma absoluta a los contratos administrativos y específicamente a los contratos administrativos excepcionales que requieren aprobación legislativa posterior. En estos últimos, por la naturaleza e importancia de su objeto para la vida nacional, están interesados todos los miembros de la comunidad. Es por ello por lo que podría recurrirse por el recurso de inconstitucionalidad de las leyes, de los señalados contratos con forma de ley[89]. Y así hemos visto recientemente que la Corte Suprema de Justicia, en Corte Plena[90], ha declarado con lugar el Recurso de Inconstitucionalidad basado en el ordinal 3° del artículo 215 de la Constitución, es decir, el Recurso de Inconstitucionalidad de las Leyes intentado por la Municipalidad del Distrito Federal contra la Ley Aprobatoria del contrato celebrado entre el Ejecutivo

---

87 Véanse los artículos 30, 35, 37, 44, 46, 50, 56, 59, 60, 61 y 77 de la Ley de Hidrocarburos. Sobre las Condiciones Generales de los Contratos Administrativos, el Proyecto LOHPN 1963 dispone, en su artículo 23, que "el Ejecutivo Nacional, mediante Resolución del Ministerio de Hacienda, determinará las condiciones generales a las cuales estarán sometidos todos los contratos administrativos. Igualmente los Despachos Ministeriales, también por Resolución, determinarán las condiciones especiales a que estarán sujetos los contratos administrativos de cada tipo que corresponde celebrar al respectivo Despacho. Unas y otras condiciones se considerarán incorporadas a los mismos de pleno derecho. Además, para cada contrato el Despacho Ministerial correspondiente fijará las condiciones particulares del mismo. Unico: Las Resoluciones a que hace referencia este artículo deberán ser aprobadas previamente por la Contraloría General de la República y publicadas en la Gaceta Oficial de la República de Venezuela. La Contraloría velará por que exista la mayor uniformidad en las condiciones especiales que determinen los distintos Despachos del Ejecutivo Nacional".

88 Es la aplicación del aforismo Res inter alios acta *aliis neque nocere neque* prodesse potest, recogido en el artículo 1.166 del Código Civil.

89 CSJ—CP—27—1, 15—3—62. Véase el artículo 215, ordinal 3° de la Constitución.

90 CSJ—CP—27—1, 15—3—62.

Nacional y el Banco de Venezuela sobre la prestación del servicio público de Tesorería, y la constitución de este último como Banco Auxiliar de la Tesorería.

Y ese es el principal fin que, a nuestro entender, persiguió el Constituyente al establecer la necesidad de aprobación legislativa por ley de ciertos contratos administrativos: la posibilidad de que cualquier ciudadano, por vía de acción popular, haga controlar la constitucionalidad del contrato como de cualquiera ley.

2. Los efectos entre las partes

A. Noción previa

El hablar de los efectos del contrato administrativo nos conduce, además de examinar la fuerza obligatoria del contrato entre las partes, a estudiar la ejecución misma de las obligaciones y derechos contractuales.

B. La fuerza obligatoria del contrato administrativo entre las partes contratantes

a.   *El principio de la teoría civilista: el artículo 1.159 del Código Civil*

Es noción fundamental de los efectos de los contratos, en el Derecho civil, el dispositivo contenido en el artículo 1.159 del Código Civil: "Los contratos tienen fuerza de ley entre las partes. No pueden revocarse sino por mutuo consentimiento o por las causas autorizadas por la Ley".

Esta fórmula implica, principalmente, tres características del contrato en el Derecho privado: En primer lugar, el carácter obligatorio del contrato que impide a las partes desligarse de sus obligaciones contractuales; en segundo lugar, la inmutabilidad del contrato, que por su "fuerza de ley entre las partes" no puede modificarse sino por mutuo consentimiento; y, por último, la irrevocabilidad unilateral del contrato, salvo por las causas que permita expresamente la ley.

b.   *El principio en los contratos administrativos*

a'.   Noción previa

Analicemos las tres características señaladas de los contratos de Derecho privado, en relación con los contratos administrativos, y obtendremos unos principios opuestos, derogatorios del derecho común.

b'.   La fuerza obligatoria del contrato

Indudablemente que, como todo contrato, el contrato administrativo tiene fuerza obligatoria entre las partes. De lo contrario no estaríamos en presencia de un negocio jurídico contractual.

Pero sí debemos expresar que este principio no es tan rígido y absoluto como lo es en el Derecho civil, pues en ciertos casos, y previa indemnización, la Administración puede desligarse de sus obligaciones contractuales y rescindir unilateralmente el contrato sin que medie falta alguna de parte del cocontratante[91].

c'.   La mutabilidad del contrato

La inmutabilidad del contrato, base de las relaciones contractuales de derecho privado, no tiene vigencia en los contratos administrativos.

En razón de las prerrogativas de la Administración por su actuación dependiente de la finalidad de servicio público, y en razón de la mutabilidad de las exigencias del interés general, ella puede modificar hasta de una manera sustancial las condiciones de ejecución del contrato administrativo.

d'.   La posibilidad de rescisión unilateral del contrato

La Administración, en razón de las consideraciones anteriormente señaladas, puede también rescindir unilateralmente el contrato administrativo, lo que está en abierta contradicción con el principio civilista ya enunciado.

Estas características someramente señaladas nos ponen de relieve, una vez más, la importancia del régimen jurídico propio, de derecho público, de los contratos administrativos, derivado de su misma naturaleza y de la finalidad que con su contratación se persigue.

C.   Las obligaciones del cocontratante de la Administración

a.   *La obligación de ejecutar personalmente las obligaciones del contrato*

a'.   La ejecución personal

Ya hemos señalado que los contratos administrativos son casi siempre ejecutados *intuitu personae* y, por tanto, en principio, el cocontratante de-

---

91   A este respecto en la doctrina francesa véase: A. De Laubadere, "Du pouvoir de l'Administration d'imposer unilatéralement des changements aux dispositions du contrat administratif", *RDP*, 1954, p. 16. En este sentido contrario véase: L'Huillier, "Les contrats administratifs, tiennent ils lieu de loi à l'Administration ?" *Dalloz Crónicas*, 1953, p. 87.

be ejecutar personalmente su obligación. Si en la formación del contrato administrativo hay limitaciones en la libertad contractual, porque la Administración en muchos casos no es libre de escoger a su cocontratante, una vez escogido éste por procedimientos especiales, en razón de sus condiciones de solvencia y capacidad económica y técnica, no puede librarse de su obligación ni de ella puede relevarlo el Estado, salvo en casos especiales[92]. Por tanto el cocontratante de la Administración tiene la obligación de ejecutar las obligaciones a su cargo, exactamente como han sido contraídas[93], y debe hacerlo personalmente y de buena fe[94].

b'.   La diligencia en la ejecución

En razón de la finalidad de servicio público y del interés general que se persigue al contratar, el cocontratante de la Administración debe ejecutar sus obligaciones con el máximo de diligencia y no solamente con la diligencia de un buen padre de familia exigida en los contratos civiles[95]. Y ello porque en el contrato administrativo no están en juego intereses particulares, sino intereses públicos y prestaciones de utilidad general.

El cocontratante de la Administración, al contratar con ésta, materialmente se convierte en un colaborador de ella en la consecución de la finalidad de servicio público perseguida: por ello se le exige el máximo de diligencia y esfuerzo en la ejecución de sus obligaciones contractuales.

b.   *La interpretación del contrato*

En el Derecho administrativo, como en el Derecho civil, el consensualismo contractual no es extremadamente rígido sino que los contratos obligan, no solamente a cumplir lo expresado en ellos, sino a todas las consecuencias que se derivan de los mismos, según la equidad, el uso y la ley[96].

Sin embargo, en Derecho administrativo la interpretación del contrato en cuanto al alcance de las obligaciones en él estipuladas tiene una mayor amplitud, ya que están en juego los intereses públicos. Por ello obligan también a cumplir todas las consecuencias derivadas de la finalidad de servicio público que se ha tenido al contratar.

Por otra parte, y en cuanto a la inteligencia del contrato, la antigua Corte Federal ha sostenido que la Administración tiene facultad para tomar de-

---

92   El caso fortuito y la fuerza mayor.
93   Artículo 1.264 del Código Civil.
94   Artículo 1.160 del Código Civil.
95   Artículo 1.270 del Código Civil.
96   Artículo 1.160 del Código Civil.

cisiones ejecutivas al respecto[97], lo que implica el poder de la Administración de interpretar el alcance de las obligaciones del cocontratante.

c.   *Las consecuencias del intuitu personae*

El carácter *intuitu personae* de los contratos administrativos implica, fundamentalmente, dos consecuencias: En primer lugar, la obligación para el cocontratante de no ceder ni traspasar el contrato. Este principio general rige mientras una norma especial no exima de su cumplimiento[98], y en todo caso la cesión debe hacerse con conocimiento y autorización de la Administración[99].

Sin embargo, aun cuando la ley permita el traspaso del contrato, éste no puede ser efectuado a Estados o entidades oficiales extranjeras ni sociedades no domiciliadas en Venezuela sin la previa aprobación del Congreso[100].

La segunda consecuencia principal del carácter *intuitu personae*, que obliga en los contratos administrativos al cocontratante de la Administración a ejecutar personalmente sus obligaciones, es la obligación para este último de no subcontratar el objeto del contrato[101].

d.   *La garantía de cumplimiento*

Es práctica administrativa, revelada fundamentalmente en la conclusión de contratos de obra pública[102], la exigencia al cocontratante por la Administración, de la prestación de diversas garantías para el cumplimiento de sus obligaciones.

En materia de obras públicas, por ejemplo, la Resolución Nº 8 del Ministerio de Obras Públicas de 8 de marzo de 1947, sobre licitaciones para las obras públicas, dispone en su artículo 3, ordinal 4, letra b, que para presentarse a la licitación es necesaria la presentación de una fianza solidaria de un Banco o una Compañía de Seguros establecida en el país, por

---

97   CF—127—1, 12—11—54; CF—127—2, 12—11—54.

98   Decreto Reglamentario de las Obras Públicas de 14 de abril de 1909, artículo 70.

99   Cesión de las Concesiones de Servicio Público de Transporte de Hidrocarburos. Ley de Hidrocarburos, artículo 6°. Sobre la cesión de las concesiones en el Derecho francés, véase: R. Alibert, "Les cessions de concessions", nota al Sirey, 1935, p. 21; J. Appleton, "Les cessions de concessions", nota al Dalloz, 1925, 1, p. 17.

100 Artículo 126 de la Constitución.

101 Decreto Reglamentario de las Obras Públicas de 14 de abril de 1909, artículo 107.

102 Decreto Reglamentario de las Obras Públicas de 14 de abril de 1909, artículos 9, 10 y 11. Véanse los Nos. 162 y 182. Sobre el problema en el Derecho francés, véase: A. Coutard, "Les garanties pécuniaires exigées des soumissionaires et des titulaires des marchés de l'Etat", *RA*, N° 57, 1957, p. 242.

una entidad no menor del diez por ciento ni mayor del veinte por ciento del precio estipulado, para responder por el incumplimiento de las obligaciones contraídas por el cocontratante de la Administración, la cual deberá pagarse en el caso de inejecución total o parcial de la obra o cuando el cocontratante hubiere dado lugar a que la Administración rescinda unilateralmente el contrato.

En estos casos esta estipulación no exime, por supuesto, al cocontratante de la responsabilidad establecida en el artículo 1.637 del Código Civil.

D.   Las prerrogativas de la Administración

a.   *Introducción*

En diversas oportunidades la jurisprudencia de la antigua Corte Federal y de Casación y de la también antigua Corte Federal[103], ha sostenido categóricamente la existencia, en los contratos administrativos, de ciertas prerrogativas de la Administración. Prerrogativas que son consecuencia inmediata de la situación de subordinación jurídica en que se encuentra, respecto a la Administración, su cocontratante[104] y, por tanto, de la finalidad de servicio público que se persigue al celebrar el contrato.

También ha dejado claramente establecido la jurisprudencia[105] que esas prerrogativas se derivan de la naturaleza misma del contrato y, por tanto, **no necesitan estar en cláusulas expresas** del mismo para tener aplicación: estamos en presencia del régimen de Derecho público, exorbitante del Derecho común.

Examinaremos someramente estas prerrogativas de la Administración en la ejecución de los contratos administrativos, que la antigua Corte Federal ha calificado de "facultades para adoptar decisiones ejecutivas sobre el cumplimiento, inteligencia, rescisión y efectos del contrato", a las que hay que agregar la facultad de control y dirección sobre la prestación objeto del contrato y la facultad de sancionar administrativamente los incumplimientos del cocontratante, también correspondientes a la Administración.

---

103 Véase Sentencia de la Corte Federal y de Casación de 5-12-45, Actuaciones en 1945, p. 304. Asimismo, CF—127—1, 12—11—54; CF—127—2, 12—11—54.

104 CF—127—1, 12—11—54.

105 Sentencia de la CFC de 5-12-45, Actuaciones en 1945, p. 304. CF—127—2, 12—11—54.

b.   *La facultad de dirección y control*

La desigualdad jurídica en que se hallan las partes en el contrato administrativo, y que está caracterizada por la situación de subordinación en que se encuentra el cocontratante de la Administración respecto a ella, trae como consecuencia la facultad de la autoridad administrativa de dirigir y controlar, inspeccionando y fiscalizando, la marcha de la ejecución de las prestaciones objeto del contrato.

El cocontratante de la Administración, hemos señalado, en cierto sentido es un colaborador de ésta en la consecución de la finalidad de servicio público en miras de la cual se contrata. Por tanto, la Administración tiene el deber de dirigir y controlar a su cocontratante como tuteladora que es del interés general, pues éste, en fin de cuentas, persigue principalmente un interés privado al ejecutar la prestación de utilidad pública[106].

Pero esta facultad de la Administración no tiene la misma vigencia en todos los contratos administrativos: por ejemplo, en los contratos de empréstito público, en que el cocontratante de la Administración no realiza generalmente una prestación continua, sino por una sola vez, y en los cuales la ejecución posterior queda como obligación de la Administración de restituir, el poder de dirección y control no juega prácticamente ningún papel.

En los otros casos, sin embargo, el cocontratante de la Administración debe acatar las órdenes de ésta en cuanto a la ejecución de las prestaciones a que está obligado.

c.   *La facultad de sancionar administrativamente el incumplimiento del cocontratante*

La facultad de Dirección y Control conlleva la de sancionar administrativamente el incumplimiento del cocontratante a sus obligaciones contractuales, pues es la forma lógica como puede la Administración constreñir a su cocontratante al cumplimiento estricto del contrato.

Representa esta facultad uno de los rasgos más característicos de la relación de subordinación en que se encuentra el cocontratante frente a la Administración.

---

106 Sobre los poderes de Dirección y control, véase el artículo 24 del Decreto Reglamentario de las Obras Públicas de 14 de abril de 1909. En la concesión de servicio público de Hidrocarburos, véase el artículo 69 de la Ley de Hidrocarburos relativo a los poderes de Fiscalización e Inspección por parte de la Administración. Sobre el problema en el Derecho francés, véase G. Jèze, "Pouvoirs de contrôle de l'Administration sur les concessionaires de services publics", *RDP*, 1931, p. 141. En esta materia, el Proyecto LOHPN 1963 establece en su artículo 26 que "en todo contrato administrativo se considerará implícita la facultad del Ejecutivo Nacional para inspeccionar la ejecución del contrato, así como la de la Contraloría. General de la República para efectuar las fiscalizaciones necesarias en el ejercicio de sus atribuciones".

Las sanciones que puede imponer el Estado en este respecto pueden ser pecuniarias o coercitivas. Respecto a las sanciones pecuniarias, éstas están representadas por multas administrativas previstas en leyes o reglamentos[107].

Sin embargo, en virtud del principio general de que el incumplimiento de las obligaciones contractuales acarrea la responsabilidad por daños y perjuicios por parte del contraventor[108], es práctica de la Administración fijar en el momento de conclusión del contrato el monto de los daños y perjuicios que deba pagar el cocontratante por la inejecución de su obligación o por el retardo en la ejecución. Entonces, en estos casos de contratos administrativos con cláusula penal[109] la Administración puede ejecutivamente pedir el cumplimiento de lo debido al cocontratante.

Cuando no se especifica nada en el contrato sobre los daños y perjuicios, la Administración no puede imponer ejecutivamente, y sin intervención de la autoridad judicial, sanciones pecuniarias por daños y perjuicios sin incurrir en una ilegalidad. Sí puede imponer la multa administrativa por infracción de la ley cometida por el cocontratante, pero no puede imponer otra sanción no prevista por ella.

De ahí la gran diferencia legal y de principio que la antigua Corte Federal y de Casación ha señalado, entre la multa por infracción de ley y la reparación del daño que esa infracción pueda ocasionar[110]. En la primera, cuyos límites mínimos y máximo fija el legislador y no las partes contratantes, se incurre, aun cuando la violación de la norma no hubiere causado el más leve daño, pues se trata de una medida disciplinaria que garantiza el sometimiento y respeto a la ley. En cambio, carecería de razón lógica, de fundamento legal, de causa justa, la reparación de un daño que no se ha ocasionado. Debe, pues, existir el daño para que surja el derecho de pedir reparación y procesalmente debe probarse para que pueda prosperar la acción respectiva.

---

107 Respecto a la concesión de Servicio Público de Transporte de Hidrocarburos, véanse los artículos 85 y 86 de la Ley de Hidrocarburos. En relación con los Contratos de Obras Públicas, véase el artículo 69 del Decreto Reglamentario de las Obras Públicas Nacionales. Sobre el problema en el Derecho francés, véase: Polack, *Les sanctions pouvant atteidre le concessionaire de service public en cas de manquement à ses obligations*, Tesis. Paris, Ed. Rousseau, Paris, 1958.

108 Artículos 1.264 y 1.271 del Código Civil.

109 Artículo 1.258 del Código Civil. La cláusula penal libera a la Administración de la obligación de probar los daños sufridos y su valor en dinero; por su parte, el cocontratante sabe anticipadamente a cuánto alcanza su indemnización, sin exponerse a un pago exagerado superior a los recursos de que dispone. Al respecto, véase CFC— SF—23—1, 17—3—52.

110 CFC—SF—23—1, 17—3—52. En el mismo sentido, CF—71—1, 20—10—53.

Por tanto, si no hay cláusula penal en el contrato, la Administración, para exigir el pago de daños y perjuicios debe dirigirse a la autoridad judicial y no puede imponerlos directa y unilateralmente al cocontratante.

Por otra parte, ha señalado también la antigua Corte Federal y de Casación[111] que la Administración no puede apropiarse ejecutivamente de la garantía dada por el cocontratante para el cumplimiento de las obligaciones que le impone el contrato, cuando por la infracción de una norma legal el cocontratante ya ha satisfecho la multa administrativa correspondiente a su infracción. Tampoco puede la Administración apropiarse, en ausencia de cláusula penal, de la garantía dada por el cocontratante bajo el pretexto de daños y perjuicios, sino cuando han sido estimados por la autoridad judicial.

Fuera de las sanciones pecuniarias, la Administración puede imponer sanciones coercitivas, pero por causas más graves. La Administración puede, entonces, sustituir al cocontratante en la ejecución de sus obligaciones temporalmente por un tercero o por ella misma[112].

Pero la sanción más grave que la Administración puede imponer al incumplimiento de las obligaciones del cocontratante, es la rescisión unilateral del contrato. Si es un derecho, como ha sostenido la jurisprudencia, la posibilidad por parte de la Administración de rescindir un contrato administrativo, aun cuando no haya falta por parte del cocontratante, con mayor razón ese derecho es real en los casos de falta del cocontratante por incumplimiento de sus obligaciones contractuales.

Esta sanción resolutoria requiere, por supuesto, motivos aún más graves: la quiebra definitiva del cocontratante, la cesión o traspaso del contrato a un Estado extranjero, por ejemplo.

Por último, debemos señalar que la sanción por el incumplimiento del cocontratante de sus obligaciones exige, como principio de equidad, la constitución en mora del cocontratante, sea por vencimiento del plazo o sea por requerimiento[113].

d.   *La facultad de modificar unilateralmente el contrato*

Ya hemos indicado que la jurisprudencia de la antigua Corte Federal reconoce a la Administración el derecho de modificar unilateralmente los

---

111 CFC—SF—25—1, 17—3—53.

112 El caso, en los contratos de obra pública por ejemplo, cuando el contratante es demandado ante los Tribunales comerciales por quiebra, ocupándose judicialmente sus bienes, etc. En esta situación de incumplimiento del co-contratante, la Administración, si la obra es de urgencia, puede sustituirlo en la ejecución de la obra por un tercero hasta que se declare definitivamente la quiebra o se declare que no hay lugar a ella por la autoridad judicial.

113 Artículo 1.269 del Código Civil.

contratos administrativos, cambiando la extensión de las prestaciones a efectuar por el cocontratante[114].

Esta facultad tiene su fundamento en la finalidad de servicio público que constituye la naturaleza del contrato: la Administración debe amoldar su acción y las de sus colaboradores a las exigencias cambiantes del interés público; por tanto puede imponer obligaciones nuevas, no previstas originalmente, al cocontratante.

Pero esta facultad de modificación unilateral, en vista del interés público que corresponde a la Administración, tiene en ciertos casos una contrapartida en el interés privado, pero también legítimo, del cocontratante. Esta contraprestación es el derecho de este último a una indemnización, cuando la modificación impuesta por la Administración afecta lo que la Corte denomina "ecuación económica del contrato"[115] o "equilibrio financiero" del mismo[116]. Sobre el derecho de indemnización del cocontratante por ruptura del equilibrio financiero del contrato hablaremos más adelante.

e. *La facultad de rescisión unilateral del contrato*

Ha expresado la antigua Corte Federal[117] que "en el campo de acción de los contratos administrativos, y aunque no conste en las cláusulas de la

---

114 CF—127—2, 12—11—54; CF—127—3, 12—11—54. Asimismo la sentencia de la CFC de 9-3-39 en Resumen CFC en SPA 1940-1951, p. 70 (Memoria de 1940, tomo I, p. 346), y la Sentencia de la CFC de 5-12-45, Actuaciones de 1945, p. 304. Sobre el problema en el Derecho francés, véase: J. Dufan, "Le pouvoir de modification unilatérale de l'Administration et les contrats de concession de service public", AJ, N° 7, 1955; A. De Laubadere, "Du pouvoir de l'Administration d'imposer unilatéralement des changements aux dispositions du contrat administratif", *RDP*, 1954, p. 36. La posibilidad de modificación unilateral de los Contratos Administrativos está específicamente señalada en el Proyecto LOHPN 1963 cuando, en su artículo 24, establece que "el Ejecutivo Nacional, cuando así convenga a los intereses de la República y sin necesidad de obtener el consentimiento del cocontratante, podrá introducir alteraciones en el objeto del contrato; pero, si de tales alteraciones se deriva algún perjuicio directo para el cocontratante, éste tendrá derecho a una justa y razonable indemnización".

115 CF—127—1, 12—11—54.

116 Sentencia de la CFC de 9-3-39 en Resumen CFC en SPA 1940-1951, p. 70 (Memoria de 1940, tomo I, p. 350).

117 CF—127—1, 12—11—54. A este respecto la Procuraduría General de la República ha sostenido que "es un principio de derecho administrativo aceptado por la mayoría de los ordenamientos jurídicos modernos, que el Estado tiene facultad para rescindir unilateralmente los contratos que haya firmado cuando así lo aconseje el interés público, al cual necesariamente debe subordinarse el interés particular. El mencionado principio deroga claramente el establecido por nuestro Código Civil en materia contractual, el cual establece que los contratos no pueden ser rescindidos sino por mutuo consentimiento. La posición especial y privilegiada del Estado sobre los particulares justifica esa derogación; posición especial y privilegiada que favorece al Estado y que encuentra su justificación en la alta misión del administrador de la cosa pública que tiene como único objeto el beneficio de los administrados". Tal fue el criterio sustentado por la Procuraduría

convención, la rescisión unilateral de ellos, cuando así lo demandan los intereses generales y públicos, es una facultad que la Administración no puede enajenar ni renunciar; y así, conforme lo decidió la Corte Federal y de Casación, hoy extinguida, en sentencia de fecha 5 de diciembre de 1945[118], en esos contratos administrativos, por cuanto en ellos va envuelto el interés general, el particular contratista no puede oponer a la Administración la regla *inadimpleti non est adimpledum"*.

Por otra parte, aun en el caso de que una cláusula del contrato establezca que el incumplimiento por parte del cocontratante de una cualquiera de las cláusulas que se estipulan en el contrato da derecho a la Administración para demandar judicialmente la resolución del mismo, la Administración puede también rescindir unilateralmente el contrato. Esa cláusula sólo consignaría, a mayor abundamiento, el derecho que en todo caso asiste a la Administración para pedir judicialmente, si así lo creyere conveniente, la resolución del contrato en caso de incumplimiento del mismo por parte del cocontratante[119], pues, al lado de ese derecho, queda siempre incólume la facultad de la Administración, conforme a lo expresado, de rescindir unilateralmente el contrato administrativo sin incurrir en violación de éste ni exponerse a ilegalidad en el acto administrativo que dicta la ejecución[120].

En definitiva, la facultad de rescindir unilateralmente el contrato administrativo es consecuencia inmediata del carácter de subordinación de la relación, jurídica que crea el contrato como resultado del fin de servicio público perseguido. Esta facultad es, quizás, una de las características más originales de la Teoría de los Contratos Administrativos, ya que contradice de una manera radical los principios fundamentales del Derecho privado en materia contractual.

Por otra parte, la facultad es tan inherente al contrato administrativo que la Administración no podría renunciar a ella ni enajenarla[121].

Esta facultad de rescindir unilateralmente el contrato administrativo puede utilizarla la Administración, haya falta o no del cocontratante. Es decir, puede ser utilizada por la Administración como sanción al incumplimiento del cocontratante a sus obligaciones contractuales. Ya de esto

---

de la Nación en escrito dirigido a la Corte Federal con fecha 3 de agosto de 1960 (Informe al Congreso Nacional, 1960, Caracas 1961, p. 312). Sobre la rescisión unilateral, el artículo 25 del Proyecto LOHPN 1963 señala que "él Ejecutivo Nacional, cuando así convenga a los intereses de la República, podrá, por Resolución que deberá ser publicada en la Gaceta Oficial de la República de Venezuela, declarar rescindido un contrato administrativo".

118 Actuaciones en 1945, pp. 304 y ss.
119 Artículo 1.167 del Código Civil.
120 CF—127—2, 12—11—54.
121 CF—127—3, 12—11—54.

hemos hablado[122]. En este caso, cuando de parte del cocontratante hay una falta, la rescisión unilateral del contrato por parte de la Administración no produce derecho de indemnización en favor del cocontratante de ésta: él ha incumplido y justamente ha sido sancionado.

Pero la facultad de rescindir unilateralmente el contrato administrativo es un derecho inherente a la función administrativa aun cuando la Administración lo ejerza sin falta alguna por parte del cocontratante, sino en atención a las exigencias cambiantes del interés público o general. En este sentido, la rescisión unilateral se configura como un aspecto más grave de la facultad de modificar unilateralmente la convención ya estudiada.

Pero en este último sentido ha establecido la Corte[123] que la facultad de la Administración para rescindir unilateralmente el contrato, cuando así lo exija el interés general, no la exime, de una manera absoluta, de indemnizar al cocontratante cuando para éste, sin su culpa, se han derivado perjuicios de la rescisión. La indemnización en este caso, como cuando se trata de una expropiación por causa de utilidad pública o social, es lo conforme con la justicia y la equidad. Más adelante veremos el derecho a una justa indemnización que tiene en estos casos el cocontratante de la Administración.

f. *La facultad de tomar decisiones ejecutivas respecto a la inteligencia del contrato*

La antigua Corte Federal ha sostenido[124] la facultad, por parte de la Administración, de tomar decisiones ejecutivas respecto, a la inteligencia del contrato, es decir, respecto a la interpretación del mismo.

Y ciertamente, si se tiene en cuenta que el contrato obliga al cocontratante, no solamente a cumplir lo expresado en él, sino a cumplir todas las consecuencias derivadas de las exigencias de la utilidad o interés público general o de la finalidad de servicio público, fácil es comprender la facultad de la Administración de tomar decisiones ejecutivas respecto a la interpretación del contrato y el alcance de las obligaciones del cocontratante. En este caso también esta facultad es una consecuencia de la facultad de modificación unilateral del contrato por la Administración, ya estudiada.

---

122 Por otra parte observamos que, en ciertos casos como en los contratos de Obras Públicas, el Reglamento respectivo varias veces citado, en su artículo 69, prevé una cláusula resolutoria expresa en ciertos contratos, por incumplimiento del cocontratante. Es más, la resolución citada del Ministerio de Obras Públicas de 1947, sobre las Licitaciones en los Contratos de Obras Públicas, prevé la inclusión en los mismos (artículo 2, ordinal 4, letra a), de una cláusula que exprese el derecho del Ministerio de declarar resuelto administrativamente el contrato en caso de incumplimiento del cocontratante.

123 CF—127—3, 12—11—54.

124 CF—127—1, 12—11—54; CF—127—2, 12—11—54.

E. Los derechos del cocontratante de la Administración

a. *El equilibrio financiero del contrato y los derechos del cocontratante de la Administración*

El cocontratante de la Administración está guiado principalmente, al contratar, por un interés privado patrimonial, financiero o económico. Este interés económico privado se materializa fundamentalmente en la contraprestación que, por el cumplimiento de sus obligaciones contractuales, debe recibir generalmente de la Administración contratante, el cocontratante de ésta.

Estas contraprestaciones están representadas por el precio que debe pagar la Administración al cocontratante, por el derecho de este último a la exoneración de ciertas tasas o contribuciones, o por el precio que por la prestación que realiza el cocontratante le deben pagar los usuarios del servicio, manifestado en forma de tarifas.

Entonces, el cocontratante de la Administración, además del derecho a su contraprestación económica, tiene un derecho inherente al contrato y es el equilibrio financiero del mismo, es decir, la inmutabilidad de la ecuación económica del contrato cuando la mutación le causa perjuicios[125], sea que la modificación provenga de un acto de la propia Administración Pública, de modificación o rescisión sin culpa del cocontratante, sea de modificación surgida en la ecuación económica proveniente de hechos ajenos a la voluntad de las partes contratantes. Este derecho a la inmutabilidad de la ecuación económica del contrato se materializa en un derecho, por parte del cocontratante, a recibir una indemnización de la Administración.

Estudiaremos entonces, en primer lugar la remuneración del cocontratante y, en segundo lugar, su derecho a indemnización.

---

125 CF—127—3, 12—11—M. Véase también Sentencia de la CFC de 9—3—39 en Resumen CFC en SPA 1940-1951, p. 70 (Memoria 1940, tomo I, p. 350). Debe dejarse muy claramente establecido que el derecho al equilibrio financiero del contrato no es una garantía dada al cocontratante de que no va a tener pérdidas. En el momento de la conclusión del contrato, cada parte ha evaluado lógicamente las cargas y ventajas del mismo, y si contratan, es porque han estimado que entre esas cargas y esas ventajas hay un equilibrio aceptable. Si una de las partes se ha equivocado en su cálculo y tiene pérdidas, por eso no tiene, por supuesto, derecho a indemnización alguna. No debe entonces confundirse el derecho al equilibrio financiero del contrato con un supuesto derecho a percibir determinados beneficios. El derecho al equilibrio financiero es el derecho a la inmutabilidad de la ecuación financiera o económica, cuando la mutabilidad no ha podido preverse al concluirse el contrato.

b. *El derecho a la contraprestación económica*

El régimen de la remuneración contractual en los contratos administrativos es semejante al de los contratos de derecho privado, es decir, en principio, si el cocontratante tiene la obligación de ejecutar las prestaciones a que se ha obligado en el contrato, la Administración también está obligada a remunerar al cocontratante por su cumplimiento. De esta manera, tratándose de un contrato sinalagmático y salvo limitaciones provenientes del interés público, en principio el cocontratante de la Administración puede negarse a ejecutar su obligación si la Administración no ejecuta la suya, salvo que se hayan fijado fechas diferentes para la ejecución de ambas obligaciones[126].

Pero la remuneración del cocontratante no se manifiesta siempre como el pago de un precio, como es el caso de los contratos de obra pública. También puede manifestarse, además del precio, como una ventaja económica que concede la Administración: es el caso, por ejemplo, de la exoneración de determinados derechos de aduana en ciertas manifestaciones del contrato[127].

En los casos de concesión de servicio público o de obra pública, la remuneración del cocontratante de la Administración consiste generalmente en la percepción de tarifas que pagan los usuarios del servicio o de la obra. En todo caso esas tarifas deben ser fijadas o aprobadas por la Administración concedente[128].

Cuando se trata de pago de un precio, en los contratos de obra pública o de suministros, y sobre todo en el primer caso, que implica un financiamiento mayor de los trabajos, es práctica administrativa el conceder, antes del comienzo de la ejecución de la obra por parte del cocontratante, un anticipo del precio para facilitarle al cocontratante el financiamiento de la obra. El resto del precio en estos contratos, que son de tracto sucesivo, lo paga la Administración generalmente por relación de obras ejecutadas que debe presentar el cocontratante y, por tanto, el pago del precio se distribuye en relación con los trabajos ejecutados[129].

---

126 Es la excepción non adimpleti contractus o de contrato no cumplido recogida en el artículo 1.168 del Código Civil.

127 Reglamento de las Obras Públicas Nacionales de 14 de abril de 1909, artículo 77. Véase asimismo sentencia de la CFC de 913-39 en Resumen CFC en SPA, 1940-1951, p. 70 (Memoria de 1940, tomo I, p. 350). En el *Derecho francés*, véase: Montmerle, "Le prix dans les marchés de travaux publics", AJ, 1951, p. 155.

128 En las concesiones de Servicio Público de Transporte de Hidrocarburos, véase lo establecido en el artículo 37 de la Ley de Hidrocarburos. Sobre el problema en la doctrina francesa, véase G. Jèze, "Droit du cocontratant à la rémunération pécuniaire inscrite dans le contrat administratif de concession de service public", *RDP*, 1932, p. 581.

129 Véase el artículo 20 del Decreto Reglamentario de las Obras Públicas.

c. *Las indemnizaciones a que tiene derecho el cocontratante por rup-*
    tura de la ecuación financiera del contrato

a'. Noción previa

Los poderes o prerrogativas de la Administración en la ejecución del contrato administrativo, que constituyen normas exorbitantes del Derecho común, tienen su contrapartida en el régimen jurídico de los contratos administrativos, en el derecho del cocontratante de la Administración a percibir una indemnización de ésta cuando, sin su culpa, se ha producido un desajuste en la ecuación económica del contrato.

Por tanto, el derecho de indemnización tiene su fundamento en la equidad y en las prerrogativas de la Administración en la ejecución del contrato.

Ahora bien, el desajuste o ruptura de la ecuación económica o equilibrio financiero del contrato puede provenir fundamentalmente de las modificaciones unilaterales al contrato realizadas por la Administración, de la rescisión unilateral del contrato practicada también por la Administración y de hechos ajenos a las partes contratantes. Estudiemos separadamente estas tres causas.

b'. El derecho de indemnización derivado de las modificaciones unilaterales del contrato: el área administrativo

La antigua Corte Federal ha señalado[130] que la extrema flexibilidad que caracteriza a los contratos administrativos en relación con la facultad de la Administración para introducir en ellos modificaciones cuando así lo exija el interés general -y esto es el área administrativo del contrato-, no la exime, de una manera absoluta; de indemnizar al cocontratante cuando para éste, dada la naturaleza de las modificaciones introducidas, se ha llegado a una alteración sustancial del contrato y, desde luego, a un cambio sensible de la ecuación económica del mismo. La indemnización, en estos casos, es conforme con la justicia y la equidad.

Por tanto, para que sea posible la indemnización en estos casos de modificación unilateral del contrato por la Administración, esa modificación debe ser introducida en forma unilateral por la Administración contratante[131]; no debe, además, ser impuesta como sanción al cocontratante por su

---

130 CF—127—3, 12—11—54.

131 Esto es lo que la jurisprudencia del Consejo de Estado Francés ha denominado "Fait du Prince" (Hecho del Príncipe). Al respecto, véase: Long, Weil y Braibant, *Les grands arrêts de la jurisprudence administrative*, Sirey, Paris, 1962, p. 128; S. Badaoui, Le fait du Priai e dans tes contrats administratifs en droit français et en droit egyptien, Tesis, París, 1955, Librairie Générale de Droit et de Jurisprudence. Observamos, por otra parte, que la medida debe ser tomada unilateralmente por la Administración pero consideramos que debe exigirse que sea siempre directa: la Administración puede modificar también

culpa en el incumplimiento de sus obligaciones; y debe ser sustancial, es decir, que modifique sensiblemente el equilibrio financiero del contrato haciéndolo más oneroso de lo previsto.

En estos casos, generalmente la modificación consiste en la imposición de nuevas obligaciones o agravación de las ya previstas a cargo del cocontratante[132].

c'. El derecho de indemnización derivado de la rescisión unilateral realizada por la Administración

Asimismo ha establecido la antigua Corte Federal[133], en relación con la facultad de la Administración para rescindir administrativamente el contrato administrativo cuando así lo exija el interés general, que ese poder no lo exime de manera absoluta de indemnizar al cocontratante cuando para éste, sin su culpa, se han derivado perjuicios por la rescisión unilateral.

Vemos, entonces, que el derecho o facultad de la Administración a rescindir el contrato administrativo unilateralmente tiene una contrapartida para el cocontratante: el derecho, a su vez, de percibir una indemnización.

Sin embargo, este derecho del cocontratante a percibir una indemnización está sometido a las siguientes condiciones: que la rescisión sea pronunciada unilateralmente por la Administración en ausencia total de culpa de parte del cocontratante, es decir, que sea pronunciada, no como una sanción, sino en razón del interés público; y que esa rescisión produzca perjuicios evidentes para el cocontratante.

Procesalmente, sin embargo, la Administración tiene la carga de la prueba sí pretende liberarse de su obligación de indemnizar, es decir, la Administración debe pagar siempre la indemnización a menos que pruebe que hubo culpa de parte del cocontratante. Así lo ha establecido la Corte Federal[134].

d'. El derecho de indemnización derivado de la presencia en la ejecución de hechos ajenos a la voluntad de las partes: el àlea económico

a". *Noción previa*

El derecho a indemnización surge para el cocontratante, no sólo por una acción de la Administración en base a sus prerrogativas, sino también por

---

el equilibrio financiero del contrato tomando medidas reglamentarias o de otra índole, y entonces la modificación sería indirecta, lo que, a nuestro juicio, no la exime de pagar la indemnización.

132 Véase el artículo 18 del Reglamento de las Obras Públicas Nacionales de 1909 ya citado.

133 CF—127—3, 12—11—54. Véase, también, sentencia de la CFC de 5-12-45 en Actuaciones en 1945, p. 304.

134 CF—127—3, 12—11—54

la presencia en la ejecución del contrato de hechos o actos jurídicos ajenos a la voluntad de las partes y que afecten la ecuación económica del contrato. Estos hechos constituyen el álea económico del contrato y pueden ser, o un acto de una autoridad pública distinta de la Administración, o lo que se ha llamado la Teoría de la Imprevisión.

Veamos someramente estos dos supuestos como manifestaciones típicas del álea económico del contrato administrativo en Venezuela.

b". *El acta de una autoridad pública distinta de la Administración*

El derecho del cocontratante a ser indemnizado por la Administración surge también cuando se altera el equilibrio financiero del contrato administrativo, como consecuencia de un acto de una autoridad pública distinta de la Administración.

Cuando el acto proviene de la misma Administración, surge el derecho a indemnización como consecuencia de la modificación unilateral del contrato realizada por la Administración, sin culpa del cocontratante, es decir, no impuesta como sanción y produciendo esa modificación una quiebra del equilibrio financiero del contrato en forma que no haya podido preverse. Esto ya lo hemos examinado y se trata de lo que la jurisprudencia del Consejo de Estado francés ha denominado "hecho del Príncipe" o "hecho de la Administración".

Aquí se trata, no de un acto de la misma Administración, sino de una autoridad distinta a ella.

La jurisprudencia de la antigua Corte Federal y de Casación ha admitido el derecho, por parte del cocontratante de la Administración, a una indemnización causada por acto de una autoridad distinta de esta última y concretamente por acto de la autoridad legislativa, cuando dicho acto altera sensiblemente la ecuación económica del contrato haciendo más onerosa su ejecución. En efecto, en sentencia de 9 de marzo de 1939[135] dejó establecido que "siendo la exoneración de derechos una condición de equilibrio financiero, proporcionado por la Ley misma a la Empresa desde que ésta nace y para mientras dura su explotación, hay que aplicar... la regla de índole contractual consistente en la obligación implícita para el Estado concedente de no alterar ese equilibrio; y es indudable que lo alteraría, dando efecto inmediato contra las concesiones ya otorgadas, a la nueva Ley que restringe el derecho de exoneración. Es tan racional la obligación de mantener ese equilibrio financiero, que aun tratándose de reformas de la ley en la parte puramente reglamentaria o estatutaria de ésta, no obstante el derecho con que el Estado o el Legislador proceden en esas reformas de lo no contractual, también se reconoce en doctrina y ju-

---

135 Resumen CFC en SPA 1940-1951, p. 70 (Memoria de 1940, tomo I, p. 350).

risprudencia la obligación eventual para el Estado de indemnizar en este caso al concesionario según la entidad del daño o de las nuevas cargas que éste sufra por la reforma".

c". El estado de Imprevisión

La Teoría de la Imprevisión o de los riesgos imprevisibles como causa de indemnización para el cocontratante por parte de la Administración, por la ruptura del equilibrio financiero del contrato administrativo, es creación de la jurisprudencia del Consejo de Estado francés en la célebre decisión "Compagnie genérale d'éclairage de Bordeaux", conocida como Gas de Burdeos, de 30 de marzo de 1916[136]. Según la jurisprudencia francesa posterior a la señalada decisión la Imprevisión debe reunir las siguientes características: debe tratarse de un hecho anormal, excepcional e imprevisible que provoque un descalabro importante en el equilibrio económico del contrato; los hechos que lo causan *no deben hacer imposible la ejecución* de las obligaciones, sino importantemente más onerosa; los hechos deben ser extraños a la voluntad de los contratantes y el desequilibrio financiero debe ser temporal.

Entonces, la Teoría de la Imprevisión es distinta del caso fortuito o fuerza mayor que veremos más adelante, en el sentido de que éstos deben impedir o imposibilitar la ejecución del contrato por un hecho definitivo y no temporal.

La jurisprudencia administrativa venezolana no se ha pronunciado concretamente sobre el particular. Sin embargo, creemos que en justicia y equidad la Teoría puede ser aplicada en el país, y decimos en justicia y equidad pues la Teoría de la Imprevisión tiene más fundamentos extrajurídicos que jurídicos.

En efecto, cuando la utilidad que el cocontratante debe percibir calculada razonablemente, no se produce en razón de circunstancias ajenas totalmente al cocontratante, provenientes de hechos extraordinarios que no pudieron razonablemente preverse y que tornan excesivamente más oneroso el contrato y el cumplimiento de las obligaciones que él impone, el cocontratante tiene derecho en justicia y equidad al reajuste de las tarifas o del precio pactado, o al pago, en su defecto, de una indemnización por parte de la Administración, que cubra su descalabro económico en todo lo que pueda exceder de la situación normal y previsible del contrato, generalmente de tracto sucesivo.

---

136 Long Weil y Braibant, *Let grands arrêts...*, *cit.*, p. 124. En la doctrina, véase: CH. Blaevolet, "Imprevisión", AJ, 1951 p. 196; Pequignot, "Imprévisioa", *Repertoire de Droit Public et Administratif*, Dalloz; Guillermo A. Sanavia, "La teoría del riesgo en la Contratación Administrativa", *Boletín de la Facultad de Derecho y Ciencias Sociales*, Universidad de Córdoba, Nos. 1-2, 1957, pp. 55 y ss.

Vemos, con la aplicación de la Teoría de la Imprevisión, una derogación del principio *pacta sunt servanda* y la aplicación del principio *contractus qui habent tractun sucessivum et dependentia de futuro rebus sic stantibus inteligentur.*

El fundamento de la Teoría es, en todo caso, la necesidad de prestación del servicio o la necesidad de realizar la actividad de interés general en razón de la finalidad de servicio público que se persiguió al contratar. Y ello porque la situación del cocontratante en estos casos es, hasta cierto punto, trágica: no puede ejecutar el contrato sin tener que soportar grandes pérdidas, y no puede dejar de ejecutarlo en razón del interés general. Entonces es justo y equitativo que la Administración lo indemnice, sobre todo si se tiene presente que ella posee poderes exorbitantes. Estamos entonces en presencia de una especie de contrapartida del cocontratante, a los poderes unilaterales de la Administración.

e'. El monto de la indemnización

La jurisprudencia de la Corte[137] ha señalado que la indemnización no puede nunca trascender más allá de los límites justos a los cuales llegue el perjuicio ocasionado, es decir, que la indemnización debe ser en su monto igual y equivalente a la monta del daño o perjuicio que se está obligado a reparar. Es aplicación de los principios generales de la materia.

La determinación del monto de la indemnización, en todo caso, corresponde a la Autoridad Judicial si hay inconformidad del cocontratante con el monto que proponga la Administración.

3. La responsabilidad contractual

A. La inejecución de las obligaciones

a.   *El principio: los daños y perjuicios*

El cumplimiento inexacto de las obligaciones contractuales, la inejecución de dichas obligaciones o el retardo en la ejecución de las mismas produce, por parte del cocontratante incumplidor, la responsabilidad por daños y perjuicios[138] y el derecho, por parte del contratante cumplidor, de exigir judicialmente dicha responsabilidad. Esta es la aplicación de las normas fundamentales del Código Civil.

---

137 CF—127—3, 12—11—54. Véase también Sentencia de la CFC de 9-3-39, Resumen CFC en SPA, 1940-1951, p. 70 (Memoria 1940, tomo I, p. 350).

138 Artículo 1.264 y 1.271 del Código Civil. Véase sobre la responsabilidad contractual de la Administración en la doctrina francesa: A. De Laubadere, *Les éléments d'originalité de la responsabilité contractuelle de l'Administration*, Mélanges Mestre, Sirey, 1956 p. 383.

En el caso de no ejecución de la obligación de hacer por parte del cocontratante, por ejemplo en los contratos de obra pública, la Administración puede ejecutarla ella misma o hacerla ejecutar a costa del cocontratante administrativamente. Si el cocontratante lo que incumple es una obligación de no hacer, por el solo hecho de la contravención queda responsable de pagar los daños y perjuicios que su incumplimiento cause a la Administración.

La Administración, por su parte, como su obligación generalmente es la entrega de cantidades de dinero, es responsable del pago del interés legal por inejecución o retardo en la ejecución de su obligación[139] desde el día en que se constituya en mora, es decir, desde el vencimiento del plazo, si se ha estipulado, o desde el requerimiento que le haga el cocontratante.[140]

b.   *El monto de los daños y perjuicios*

Los daños y perjuicios, en todo caso, no deben extenderse sino a los que son consecuencia inmediata y directa de la falta de cumplimiento de las obligaciones[141]. Para el caso de que no haya dolo en el incumplimiento de la obligación, el incumplidor no queda obligado sino por los daños y perjuicios que hayan podido preverse al tiempo de la celebración del contrato[142].

En estos casos la autoridad judicial competente debe fijar el monto de los daños y perjuicios.

Sin embargo las partes pueden, en el momento de conclusión del contrato, prever el monto de los daños y perjuicios: estamos entonces en presencia de la obligación con cláusula penal. Y ésta no es más que la compensación de los daños y perjuicios causados por la inejecución de la obligación[143].

En esta forma las partes fijan de antemano la indemnización que debe pagarse a título de daños y perjuicios por cualquier infracción de las cláusulas contractuales. Con ello se libera el actor de la obligación de probar los daños sufridos y su valor en dinero; por su parte, el infractor sabe an-

---

139 Artículos 1.277, 1.745 y 1.746 del Código Civil.

140 Artículos 1.269 y 1.277 del Código Civil. Por otra parte creemos que no podría considerarse que hay incumplimiento por parte de la Administración cuando el Ministerio respectivo retarda el pago de las cantidades debidas al cocontratante como consecuencia del normal trámite administrativo y de Contraloría, de ordenación de pagos. Véase al respecto el *Informe de la Fiscalía General de la República al Congreso*, 1960, Caracas, 1961, p. 477.

141 Artículo 1.275 del Código Civil.

142 Artículo 1.274 del Código Civil.

143 Artículo 1.258 del Código Civil.

ticipadamente a cuánto alcanza la indemnización que debe, sin exponerse a un pago exagerado superior a los recursos de que dispone[144].

Pero en todo caso la cláusula penal debe ser expresa. No puede nunca presumirse. Si las partes no han hecho por esa vía la fijación de los daños y perjuicios, a falta de acuerdo entre las partes corresponde hacerlo al Juez del Contrato, que en los contratos administrativos es el competente en materia contencioso-administrativa.

La existencia de una cláusula penal, sin embargo, no exime al acreedor de la obligación de probar los daños y perjuicios ocasionados en caso de controversia, ni de probar el incumplimiento por parte del deudor[145].

Por otra parte, en ausencia de cláusula penal expresa, y en caso de incumplimiento del cocontratante de la Administración, no puede esta última apropiarse ejecutivamente de la garantía dada por el cocontratante para el cumplimiento de sus obligaciones. La garantía sólo tiene una finalidad: garantizar el cumplimiento de las obligaciones del cocontratante. Probado o aceptado un incumplimiento, los daños no están probados y, por consiguiente, el montante de éstos es totalmente desconocido. Así, después de fijados los daños y perjuicios amigablemente o por la autoridad judicial competente, la Administración puede disponer lo que le corresponda por ese concepto de la garantía dada en el momento de la conclusión del contrato por su contratante[146].

B. Las causas eximentes de responsabilidad

El cocontratante no está obligado a pagar daños y perjuicios cuando, a consecuencia de un caso fortuito o de fuerza mayor, ha dejado de dar o hacer aquello a que estaba obligado, o ha ejecutado lo que le estaba prohibido[147]. Es la aplicación de la teoría de las causas eximentes de responsabilidad contractual del Derecho privado.

En todo caso, el que pretende liberarse de su obligación de pagar daños y perjuicios basando su incumplimiento en una causa extraña que no le es imputable debe probarla. A él corresponde la carga de la prueba[148].

El caso fortuito o fuerza mayor, tal como lo define la jurisprudencia del Derecho privado[149], es aquel acontecimiento extraño a la voluntad de las

---

144 CFC—SF—25—1, 17—3—52.

145 CFC—SF—23—1, 17—3—52.

146 CFC—SF—23—1, 17—3—52.

147 Artículo 1.272 del Código Civil. Al respecto, en la jurisprudencia española véase: E. García De Enterría. "Riesgo y ventura y fuerza mayor en el contrato administrativo", RAP, N° 2, p. 83 y s.

148 Artículos 1.271 y 1.354 del Código Civil.

partes, e imprevisible, que impide de manera absoluta la ejecución de las obligaciones contractuales. Esta misma noción es aplicada al Derecho administrativo.

En base a ella, la Administración y su cocontratante pueden liberarse de su obligación de pagar daños y perjuicios probando el caso fortuito o la fuerza mayor: en dicha prueba es imprescindible y rigurosa la constatación cierta del hecho exterior, imprevisible e irresistible que constituye la causa eximente de responsabilidad. Y quizás, por cuanto la obligación de ejecutar del cocontratante de la Administración debe ser cumplida, no ya como un buen padre de familia sino con la diligencia máxima, las condiciones de la fuerza mayor o caso fortuito y su prueba sean más rigurosas en Derecho administrativo que en Derecho privado.

Por otra parte, para el cocontratante de la Administración podría considerarse como caso fortuito o fuerza mayor el hecho de la propia Administración cuando es extraño a la voluntad del cocontratante y es imprevisible e irresistible, y que impide en absoluto el cumplimiento de las obligaciones contractuales. Tal sería el caso del retardo de la Administración en cumplir un acto que es condición indispensable para la ejecución del contrato por parte de su cocontratante[150].

C. La resolución judicial del contrato

En todo caso, y fuera de la rescisión unilateral del contrato por parte de la Administración, ella misma o su cocontratante pueden pedir judicialmente la resolución del mismo cuando la otra parte no ha ejecutado sus obligaciones, con los daños y perjuicios a que hubiere lugar[151].

Esta facultad se revela más en beneficio del cocontratante de la Administración que de ella misma por el poder de rescisión unilateral que tiene ésta. Por ello el cocontratante de la Administración puede perfectamente pedir judicialmente la resolución del contrato administrativo, con demanda de daños y perjuicios, cuando ha habido incumplimiento de la Administración en sus obligaciones.

---

149 Véase al respecto la jurisprudencia de los Tribunales de Instancia de la República, contenida en los volúmenes publicados por el Instituto de Codificación y Jurisprudencia del Ministerio de Justicia: volumen IV, 1954-1955, tomo I, p. 203; volumen V, 1957, pp. 146 y 251; volumen VII, 1958-1959, tomo I, p. 311.

150 Aquí no estamos en el caso de una modificación unilateral del contrato por la Administración, que haga más onerosa la ejecución del contrato de lo que podía preverse, sino de una modificación unilateral de la Administración que impida completamente el cumplimiento de la obligación por parte del cocontratante. También puede considerarse como un caso fortuito o fuerza mayor, reuniendo todas las condiciones señaladas, el acto de una autoridad pública distinta de la Administración.

151 Artículo 1.167 del Código Civil.

V. LO CONTENCIOSO DEL CONTRATO

1. El juez del contrato

Desde la misma Constitución de 1830[152] estaba atribuida expresamente a la Corte Suprema de Justicia la facultad de conocer de las controversias que resultaban "de los contratos y negociaciones que celebraba el Poder Ejecutivo por sí o por medio de sus agentes". Esta atribución constitucional dada al Tribunal Supremo se mantuvo en todas las Constituciones venezolanas posteriores, hasta que en la Constitución de 1961, vigente, quedó en forma implícita respecto a la responsabilidad contractual. En efecto, el artículo 206 de la Constitución atribuye a los órganos de la jurisdicción contencioso-administrativa la facultad de "condenar al pago de sumas de dinero y a la reparación de daños y perjuicios originados en responsabilidad de la Administración", donde está incluida la responsabilidad contractual. Sin embargo, todas las otras atribuciones en materia contractual que tenía constitucionalmente la Corte quedaron con rango legal.

En efecto, el artículo 7, ordinal 28 de la Ley Orgánica de la Corte Federal[153] establece que es atribución de dicha Corte, hoy Corte Suprema de Justicia en Sala Político Administrativa, "conocer en juicio contencioso de todas las cuestiones por nulidad, caducidad, resolución, alcance, interpretación, cumplimiento y cualesquiera otras que se susciten entre la Nación y los particulares a consecuencia de los contratos celebrados por el Ejecutivo Nacional...".

Por tanto es atribución de la jurisdicción contencioso-administrativa que actualmente ejerce la Corte Suprema de Justicia en Sala Político-Administrativa, el conocer de todas las controversias suscitadas entre la República y los cocontratantes de la Administración con ocasión de los contratos administrativos[154].

De esta forma, no sólo no pueden conocer de conflictos originados de contratos administrativos los Tribunales de la jurisdicción ordinaria, sino que tampoco podrían tener ese conocimiento ningún Tribunal o jurisdic-

---

152 Que es la primera Constitución venezolana autónoma, después de la separación de Venezuela de la Gran Colombia. Véase su artículo 145, ordinal 5, en Ulises Picón Rivas, *Índice Constitucional, cit.*, p. 314. Observamos, por otra parte, que en la segunda Constitución que rigió a Venezuela, de 1814, existe una disposición similar. Véase Ulises Picón Rivas, *ob. cit.*, p. 254.

153 Ley de 23 de julio de 1953 vigente de conformidad con la Disposición Transitoria decimoquinta de la Constitución. Véase CSJ—CP—27—1, 15—3—62. Sobre una visión histórica del problema en el Derecho francés y español, véase: J. R. Parada Vázquez, "La lucha de las Jurisdicciones por la competencia sobre los contratos de la Administración. Sus orígenes en el Derecho francés". *Estudios en homenaje de Jordana de Pozas*, Vol. l, Madrid, 1961, pp. 163 y s.

154 CF—127—1, 3—12—59.

ción extranjeros. Y ello porque en los contratos administrativos se considera incorporada por mandato constitucional[155], aun cuando no estuviere expresa, una cláusula según la cual, "las dudas y controversias que puedan suscitarse sobre dichos contratos y que no llegaren a ser resueltas amigablemente por las partes contratantes serán decididas por los Tribunales competentes de la República en conformidad con sus leyes, sin que por ningún motivo ni causa puedan dar origen a reclamaciones extranjeras".

Por tanto, cuando hemos hablado de autoridad judicial competente en el desarrollo del presente Título nos hemos referido a los órganos de la jurisdicción contencioso-administrativa, y concretamente a la Corte Suprema de Justicia en Sala Político-Administrativa.

Por otra parte, como toda competencia jurisdiccional, la atribución de la Corte es de orden público y las partes no pueden derogarla ni relajarla contractualmente[156].

2. Extensión del contencioso del contrato

Lo contencioso atribuido al Juez del contrato es sumamente extenso. Comprende todas las cuestiones relativas a la nulidad, caducidad, resolución, alcance, interpretación y cumplimiento del contrato administrativo[157].

El recurso contencioso-administrativo de anulación no es admitido contra los contratos administrativos ya que sólo es posible contra los actos administrativos unilaterales. Sin embargo, es perfectamente posible y admisible el recurso contra los actos administrativos que contribuyeron a la formación del contrato. De esta manera se podría obtener, aunque no directamente, la pérdida de los efectos del contrato.

Ya hemos señalado, sin embargo, que es posible recurrir contra la Ley aprobatoria de un contrato administrativo excepcional por la vía del Recurso de Inconstitucionalidad. Sin embargo, no sería entonces competente la jurisdicción en lo contencioso-administrativo sino la misma Corte Suprema de Justicia en Corte Plena como jurisdicción constitucional[158].

---

155 Artículo 127 de la Constitución. Por otra parte, ha sostenido la Procuraduría de la Nación que en todo caso la demanda contra la República ante un Tribunal extranjero sería improcedente conforme al Derecho Internacional Privado sobre domicilio; artículo 22 del Código Bustamante y artículo 27 del Código Civil. Véase, al efecto, el Informe de la Fiscalía General de la República al Congreso, 1960, Caracas, 1961, p. 314.

156 Artículo 6 del Código Civil.

157 Artículo 7, ordinal 28 de la Ley Orgánica de la Corte Federal.

158 Artículo 215, ordinal 3 de la Constitución.

Por último, debemos expresar que el medio puesto a disposición del co-contratante de la Administración para obtener una decisión de la jurisdicción contencioso-administrativa en materia de contratos administrativos es el Recurso Contencioso-administrativo de Plena Jurisdicción.

3. Los poderes del juez del contrato

El Juez del contrato conoce como juez de plena jurisdicción; y los recursos jurisdiccionales que se intenten a este respecto son, como hemos dicho, recursos contencioso-administrativos de plena jurisdicción.

De esta manera el Juez del contrato puede conocer de demandas de nulidad, sea por incapacidades o incompetencia o por vicios del consentimiento; puede asimismo conocer por demandas de resolución del contrato; también por demandas de daños y perjuicios por responsabilidad contractual; y también por demandas en reclamación de indemnizaciones debidas al cocontratante por la Administración. Puede, por último, conocer el Juez del contrato, también, de las controversias en reclamación de actos de la Administración relacionados con el cumplimiento del contrato, por ejemplo en relación con las sanciones impuestas por la Administración.

4. La hipótesis del recurso al arbitramento

El problema de la posibilidad de recurrir al arbitramento en los contratos administrativos ha sido largamente debatido en la doctrina, y las soluciones del Derecho comparado son diferentes. Por tanto, no puede considerarse que hay unanimidad al respecto. Lamentablemente la jurisprudencia administrativa en Venezuela no ha tenido la oportunidad de pronunciarse sobre la existencia y validez de cláusulas compromisorias en los contratos administrativos. Sin embargo, valiosas opiniones doctrinales se han dado al respecto.

Encontramos así la del Procurador General de la República en 1959, doctor Pablo Ruggieri Parra, y la del profesor Antonio Moles Caubet.

En efecto, y por su importancia, ya que proviene de la Asesoría Jurídica de la Administración Pública Nacional, transcribiremos parte del texto del informe de la Procuraduría General de la República presentado a la Comisión Interministerial designada por el Ejecutivo Nacional para examinar el llamado caso *Innocenti*, en fecha 12 de junio de 1959. En dicho Informe, la Procuraduría expresaba[159]:

> "A este respecto el Despacho observa que no existe disposición legal alguna que autorice a la nación venezolana para celebrar compromisos arbitrales, de modo de poder deferir a Tribunales de arbitraje la solución de las du-

---

159 Informe de la Procuraduría de la Nación al Congreso, 1959, Caracas, 1960, p. 660

das y controversias que surjan en la interpretación y ejecución de los contratos que ella celebre. Al contrario, por mandato del artículo 40 de la Constitución Nacional[160], 'en los contratos de interés público celebrados con el Gobierno nacional, con los Estados o con las Municipalidades, se considerará incorporada la cláusula siguiente: Las dudas y controversias de cualquier naturaleza que puedan suscitarse sobre este contrato y que no puedan ser resueltas amistosamente por las partes contratantes, serán decididas por los Tribunales competentes de Venezuela, de conformidad con sus leyes, sin que por ningún motivo puedan ser origen de reclamaciones extranjeras'. Por ello la Procuraduría conceptúa válida la cláusula compromisoria mencionada en cuanto con ella se difiere a un arbitramento la solución de 'las discrepancias que puedan presentarse entre las partes sobre cuestiones *técnicas*'; pero la conceptúa nula, de nulidad absoluta, en cuanto con ella se pretenda despojar a los Tribunales competentes de Venezuela de la facultad de decidir 'divergencias' o discrepancias sobre 'cuestiones' de otra naturaleza que no sea exclusivamente técnica. Con todo ello no excluye, naturalmente, la posibilidad legal de que la nación pueda transigir válidamente tales 'divergencias' o 'discrepancias' una vez que éstas surjan con motivo de la interpretación y ejecución de los contratos en examen; pero ello es materia sustancialmente distinta a la cláusula compromisoria; en efecto, la transacción judicial o extrajudicial que la nación quiera celebrar, si la considera conveniente con respecto a las 'divergencias' o 'discrepancias' mencionadas, está sujeta, necesariamente, al previo cumplimiento de los requisitos y formalidades exigidos por el artículo 7 de la Ley Orgánica de la Hacienda Nacional".

Es decir, según la Procuraduría es necesario, al hablar del recurso de arbitramento, distinguir claramente qué cuestiones pueden someterse válidamente al mismo. Respecto a las cuestiones técnicas, las discrepancias que puedan presentarse entre las partes pueden ser resueltas por Tribunales arbitrales. Sin embargo, respecto a las cuestiones sobre interpretación y ejecución del contrato administrativo, éstas no pueden ser sometidas válidamente a arbitramento.

Por otra parte, el profesor Moles Caubet, en dictamen publicado en la *Revista de la Facultad de Derecho*[161], sienta como base de su razonamiento "que no existe en Venezuela prohibición alguna de la cláusula compromisoria y del subsiguiente procedimiento de arbitraje o arbitramento en los contratos de la Administración, sea cualquiera su especie, contratos propiamente administrativos o contratos de Derecho privado"; para concluir, después de hacer un minucioso examen del problema en el Derecho com-

---

160 Se refiere a la Constitución de 1953. La disposición ha sido mantenida en la Constitución actual de 1961, en su artículo 127, con la variante de que, en lugar de decir "que no puedan ser resueltas amistosamente", dice "que no llegaren a ser resueltas amigablemente" por las partes contratantes.

161 Antonio Moles Caubet, "El Arbitraje y la Contratación Administrativa", *Revista de la Facultad de Derecho*, Caracas, 1960, N° 20, pp. 9 y s.

parado y de la pluralidad de normas que constituyen el ordenamiento jurídico venezolano relacionadas con la materia, que "la Administración tiene poderes para incluir, sea en un pliego de condiciones, sea en el contrato mismo, la cláusula compromisoria que abre entonces el procedimiento de arbitraje".

Pero, sin embargo, si consideramos que la Administración no puede actuar sin norma legal expresa que defina sus atribuciones y competencia, y si observamos el interés público que engloba la contratación administrativa, no podemos aceptar, en nuestro concepto, el recurso al arbitramento en el ordenamiento jurídico venezolano,* por lo que respecta a la esencia del contrato administrativo, es decir, a sus efectos, ejecución e interpretación[162].

---

* Este criterio expresado en 1964 lo variamos radicalmente luego de que en la reforma del Código de Procedimiento Civil se reguló la posibilidad de someter a arbitraje todo tipo de controversias, admitiéndose en consecuencia la inclusión de cláusulas de arbitraje en los contratos públicos, lo cual se reiteró posteriormente por la legislación especial, como por ejemplo la Ley de Arbitraje Comercial, como se explica detalladamente más adelante en los Libros Segundo y Quinto de esta obra.

162 La situación a éste respecto en el Derecho Comparado está lejos de ser uniforme. Por ejemplo, en Bélgica y en España, la ley prohíbe a la Administración, tanto someterse a arbitraje como aceptar la inclusión de cláusulas compromisorias en las convenciones en las cuales es parte. En otros países, en cambio, la ley prevé y organiza un procedimiento de arbitraje con ocasión a los contratos administrativos. Tal es el caso de Alemania, Chile, Gran Bretaña y Grecia. En Francia, por otra parte, la prohibición de principio para las personas públicas, de comprometer (artículos 1.004 y 83 del Código de Procedimiento Civil), admite, precisamente en materia de Contratos Administrativos, una importante derogación prevista por la Ley de Finanzas de 17 de abril de 1906, cuyo artículo 69 autoriza al Estado, los Departamentos y las Comunas a comprometer, pero solamente para "la liquidación de sus gastos de obras públicas y de suministros", según las reglas del Libro III del Código de Procedimiento Civil. En lo que concierne al Estado, no podrá recurrir al arbitraje sino en virtud de un Decreto tomado en Consejo de Ministros y refrendado por el Ministro respectivo y el Ministro de Finanzas. Al respecto, véase el Code Administratif Dalloz, París, 1961, p. 818. En Italia, en cambio, nos encontramos con un principio opuesto: todas las diferencias entre la Administración y el adjudicatario en los Contratos de Obra Pública, tanto durante la ejecución como al fin del contrato, y cualquiera que sea su naturaleza -técnica, administrativa o jurídica-, son deferidas, conforme a lo dispuesto en el Código de Procedimiento Civil y en la Ley de 1865 sobre las Obras Públicas, artículo 349, a un Colegio de cinco árbitros. Estos árbitros deben decidir según derecho y sus decisiones son susceptibles de un recurso ante los Tribunales ordinarios y ante el Tribunal de Apelación. Véase al respecto la Ponencia General de M. A. Flamme sobre "Los Contratos de Obras Públicas de la Administración" al X Congreso Internacional de Ciencias Administrativas celebrado en Madrid en 1956, *RAP*, N° 21, 1956, pp. 102 y s. Asimismo, véase: E. Capaccioli, *L'arbitro tel diritto amministrativo*, Padua, 1957; La Torre, "L'arbitratto nel diritto amministrativo", *Riv. Dir. Pub.*, 1935; Auby, "L'arbitrage en matière administrative", *AJ*, París, 1955, N° 10; Miele, "Limiti all'ammissibilià dell'arbitrato nelle controversie amministrativa", *Nuova rassagna di legislazione, doctrina e giurisprudenza*, Roma, 1950.

VI. LA EXTINCIÓN DEL CONTRATO (APARTE DE LA RESOLUCIÓN UNILATERAL Y LA RESCISIÓN JUDICIAL)

1. El cumplimiento

El cumplimiento constituye la forma normal de extinción de los contratos administrativos y se produce por la ejecución y cumplimiento de las obligaciones contractuales en la forma pactada, sea porque el objeto del contrato fue realizado, sea porque el mismo llegó al término convenido.

2. La nulidad del contrato

El contrato administrativo se extingue también por la declaración de su nulidad. Puede ser anulado por diversas causas. Las principales son: por incompetencia legal del órgano que contrató por la Administración o por incapacidad del cocontratante; por los vicios del consentimiento; por la ausencia de ciertos requisitos y formalidades necesarios para la validez del mismo, tal es el caso de la necesaria aprobación previa de la Contraloría General de la República[163]; por la ausencia de los requisitos legales del objeto, o por la falsedad o ilicitud de la causa.

En todo caso, sólo el Juez del contrato puede pronunciar la nulidad del contrato administrativo y el recurso contencioso-administrativo de plena jurisdicción para pedir la nulidad del contrato dura cinco años, salvo disposición especial de la Ley en contrario[164].

3. La caducidad del contrato

Se produce la caducidad del contrato administrativo cuando el cocontratante de la Administración incumple ciertas obligaciones necesarias para que surta completos efectos. Tal es el caso, por ejemplo, en el contrato de concesión de servicio público de Transporte de Hidrocarburos, el incumplimiento del concesionario de algunas disposiciones reglamentarias del contrato: el no comienzo de la ejecución de los trabajos en un lapso determinado; la falta de presentación de determinados planos topográficos; la falta de pago de determinados impuestos en un plazo fijo[165.]

La caducidad del contrato es pronunciada por la propia Administración concedente, pero las cuestiones que surjan respecto a ella deben ser llevadas al Juez del contrato, es decir, a la jurisdicción contencioso-administrativa.

---

163 Asimismo, véase el Informe de la Procuraduría de la Nación al Congreso, 1959, Caracas, 1960, pp. 435 y 944.

164 Artículo 1.346 del Código Civil y artículo 18 de la Ley Orgánica de la Hacienda Nacional.

165 Artículos 72, 75 y 77 de la Ley de Hidrocarburos.

SEGUNDO LIBRO:

LOS CONTRATOS ADMINISTRATIVOS (1992)

El texto de este *Segundo Libro* sobre "Contratos Administrativos", es el de mi libro *Contratos administrativos,* publicado por la Editorial Jurídica Venezolana en 1992. Dicho libro lo dediqué "Al Instituto de Derecho Público y a la memoria de su Director de siempre, Antonio Moles Caubet," y estuvo precedido del siguiente Prefacio:

"Después de regresar de Inglaterra, en 1986, luego de haber enseñado durante un año en el Master en Derecho de la Facultad de Derecho de la Universidad de Cambridge un Curso sobre el *Control de la Constitucionalidad en el Derecho Comparado*[*], al reincorporarme a mis labores en el Instituto de Derecho Público de la Universidad Central de Venezuela, comencé a trabajar en la preparación de ese libro. Este dato no tendría mayor interés, si no es porque este trabajo constituyó el último de los estudios que elaboré en el marco de la programación del Instituto, cuya dirección dejé en 1987, después de haber trabajado como investigador en el mismo durante 27 años, y haberlo dirigido durante 10 años.

En 1960, cuando aún era un estudiante de los últimos años de la Carrera de Derecho, ingresé al Instituto como Auxiliar de Investigación, alentado por el entonces Director, nuestro querido profesor Antonio Moles Caubet, y siempre conforme al espíritu de libertad de investigación que propugnó, redacté mi primer trabajo de investigación en el Instituto, precisamente sobre el tema de los contratos administrativos; tema al cual luego dedicaría atención sucesiva e intermitentemente, durante las dos décadas siguientes.

La vida quiso, por tanto, que mi labor en el Instituto comenzara y terminara con el estudio de este tema tan importante para el de-

---

[*]   Véase Allan R. Brewer-Carías, *Judicial Review in Comparative Law*, Cambridge, 1989.

recho administrativo, razón por la cual no puedo dejar de dedicar a esa Institución esta publicación, en recuerdo de tantas y tantas horas que permanecí en sus cubículos, moldeando, día a día, método y disciplina de estudio.

La vida quiso también, que el Profesor Moles Caubet nos dejara antes de aparecer publicado este libro. El sabía de mi constante dedicación por este tema, al punto de que en el *Libro Homenaje* que le publicamos en la Universidad en 1981, le dediqué el trabajo sobre "La evolución del concepto de contrato administrativo"**, cuyo contenido se recoge en gran parte en la Introducción a esta publicación. Por supuesto, habría querido que leyera el tratamiento completo del tema, contenido en este libro. Llevarle a Moles un libro, siempre era motivo de satisfacción para él y, por supuesto, para uno. Estoy seguro, y me parece verlo, amable y sonriente, que hubiera exclamado como siempre, "¡Caramba, Brewer!", seguido de algunas frases de estímulo.

Por ello, el libro también está dedicado a su memoria, cuyo nombre permanecerá indisolublemente unido al del Instituto.

La transcripción mecanográfica de este trabajo la hizo quien fue mi Secretaria por tantos años en el Instituto, Sra. Aymara Ramos, a quien una vez más quiero agradecer su lealtad y espíritu de colaboración a toda prueba. Mi agradecimiento especial también a la entonces bachiller, ahora abogado, Dolores Aguerrevere, por toda la colaboración que me prestó hace algún tiempo, cuando fue pasante en Baumeister & Brewer, en la corrección de las pruebas de imprenta y en la labor de ampliación y complementación de las notas. Caracas, junio 1992.

En dicho libro, por otra parte, hasta cierta forma incorporé las reflexiones y escritos sobre el tema de los contratos administrativos que había elaborado durante los años precedentes desde 1964, entre los cuales destaco los siguientes: «La formación de la voluntad de la Administración Pública Nacional en los contratos administrativos" en *Revista de la Facultad de Derecho*, Nº 28, Universidad Central de Venezuela, Caracas 1964, pp. 61-112, publicado con referencias al derecho uruguayo por Horacio Casinelli Muñoz, en *La Revista de Derecho, Jurisprudencia y Administración*, Tomo 62, Nº 2-3, Montevideo 1965, pp. 25-56; "La facultad de la Administración de modificar unilateralmente los contratos administrativos," en *Libro Homenaje a la Memoria de Roberto Goldschmidt*, Facultad de Derecho, Universidad Central de Venezuela,

---

** *Libro Homenaje al Profesor Antonio Moles Caubet*, Tomo I, Caracas 1981, pp. 41-69.

Caracas 1967, pp. 755-778, y en *Revista de Derecho Español y Americano*, Instituto de Cultura Hispánica, Nº 19, Año XIII, Madrid, enero-marzo 1968, pp. 101-117; "Las transacciones fiscales y la indisponibilidad de la potestad y competencia tributarias" en *Revista de Derecho Tributario*, Nº 18, Caracas, mayo-junio 1967, pp. 1-36; "Algunas reflexiones sobre el equilibrio financiero en los contratos administrativos y la aplicabilidad en Venezuela de la concepción amplia de la Teoría del Hecho del Príncipe", *Revista Control Fiscal y Tecnificación Administrativa*, Año XIII, Nº 65, Contraloría General de la República, Caracas 1972, pp. 86-93; "La autorización legislativa" en *Procedimientos Parlamentarios para la aprobación de Contratos de interés nacional*, Imprenta del Congreso de la República, Caracas 1973, pp. 77-92; "Consideraciones sobre los efectos de la ruptura de la ecuación económica de un contrato administrativo por una ley declarada nula por inconstitucional," en *Cuadernos de Derecho Público*, Facultad de Derecho, Universidad de Los Andes, Nº 2, Mérida 1976, pp. 5-26; "La evolución del concepto de contrato administrativo" *Jurisprudencia Argentina*, Nº 5.076, Buenos Aires, 13-12-1978, pp. 1-12; "La evolución del concepto de contrato administrativo" en *El Derecho Administrativo en América Latina, Curso Internacional*, Colegio Mayor de Nuestra Señora del Rosario, Bogotá 1978, pp. 143-167; "La evolución del concepto de contrato administrativo" en *Libro Homenaje al Profesor Antonio Moles Caubet*, Tomo I, Facultad de Ciencias Jurídicas y Políticas, Universidad Central de Venezuela, Caracas 1981, pp. 41-69; "Evoluçao do conceito do contrato administrativo" en *Revista de Direito Publico*, Nos. 51-52, Sao Paulo, julio-diciembre 1979, pp. 5-19; "Algunas consideraciones sobre las cláusulas de variación de precios en los contratos administrativos" en *Boletín de la Academia de Ciencias Políticas y Sociales*, Nº 81, Caracas, julio-septiembre 1980, pp. 251-262; "Los contratos de interés nacional y su aprobación legislativa" en *Revista de Derecho Público*, Nº 11, Editorial Jurídica Venezolana, Caracas, julio-septiembre 1982, pp. 40-54; "Consideraciones sobre los derechos del contratista en los contratos de obra pública: el derecho al precio y a su pago en la forma convenida" en *Revista de Derecho Público*, Nº 28, Editorial Jurídica Venezolana, Caracas, octubre-diciembre 1986, pp. 35-46; «Las cláusulas obligatorias y los principios especiales en la contratación administrativa», *Estudios de Derecho Administrativo*, Ediciones Rosaristas, Colegio Nuestra Señora del Rosario, Bogotá 1986, pp. 91-124; "Principios especiales y estipulaciones obligatorias en la contratación administrativa" en *El Derecho Administrativo en Latinoamérica*, Vol. II, Ediciones Rosaristas, Colegio Mayor Nuestra Señora del Rosario, Bogotá 1986, pp. 345-378; "El régimen de selección de contratistas en la

Administración Pública y la Ley de Licitaciones" en *Revista de Derecho Público*, N° 42, Editorial Jurídica Venezolana, Caracas, abril-junio 1990, pp. 5-25.

I. INTRODUCCIÓN

1. Los criterios tradicionales

Es un hecho, uniformemente aceptado por la práctica administrativa, la jurisprudencia y, por supuesto, la legislación, que el Estado a través de las personas de derecho público territoriales, es decir, la República, los Estados y los Municipios, y las demás personas jurídicas estatales no territoriales celebran contratos para el desarrollo de sus múltiples actividades. Son los contratos que denominaremos contratos de la Administración.

Sin embargo, tradicionalmente se ha considerado que por su contenido y naturaleza, esas convenciones entre los entes estatales y, por lo general uno o más particulares o empresas privadas, para constituir, reglar, transmitir, modificar o extinguir entre ellos un vínculo jurídico[1] no siempre son iguales, por lo que tradicionalmente se ha considerado que los contratos de la Administración, es decir, los que celebren las personas estatales, se presentan básicamente bajo dos formas distintas: contratos administrativos y contratos de derecho privado de la Administración.

En esta forma es clásica la distinción, que nosotros mismos seguimos hace casi treinta años[2] conforme a la cual en primer lugar, la Administración podía realizar sus negocios jurídicos con los particulares bajo la forma de *contratos de derecho privado*, es decir, contratos idénticos a aquellos de los particulares, tal como están regidos en el Código Civil. En efecto, la Administración podía comprar un terreno u otro inmueble amigablemente; podía vender productos del dominio privado del Estado; podía dar en arrendamiento o arrendar amigablemente un inmueble[3], etc. La Administración recurría muy frecuentemente a este tipo de contrato, lo cual se consideraba la regla en el campo de la actividad industrial y comercial de los entes estatales.

Pero en segundo lugar, la Administración también podía realizar actos bilaterales, que si bien tenían naturaleza contractual, como consecuencia de su contenido, la relación jurídica que surgía de ellos era una relación de derecho administrativo y, por tanto, se consideraba que estaban sometidos a normas jurídicas autónomas, algunas de las cuales eran distintas de

---

1   Art. 1133 C.C.

2   Véase Allan R. Brewer-Carías, *Las Instituciones Fundamentales del Derecho Administrativo y la Jurisprudencia Venezolana*, Caracas 1964, pp. 157 y ss.

3   GF, 3-12-59, Gaceta Forense N° 26, 1959, p. 141.

las del derecho privado. Estos contratos formaban, dentro de los contratos de la Administración, la categoría particular de los contratos administrativos, cuyo estudio era objeto del derecho administrativo.

En el Derecho venezolano, antes de la sanción, en 1976, de la Ley Orgánica de la Corte Suprema de Justicia, tal como se desprendía de la jurisprudencia administrativa, existía interés en distinguir los contratos de derecho privado y los contratos administrativos realizados por la Administración. Y este interés era doble: por una parte, en cuanto al régimen jurídico aplicable a ellos, se consideraba necesario distinguirlos, porque si se estaba en presencia de un contrato de derecho privado concluido por una persona estatal, las reglas aplicables eran las del Código Civil. En cambio, el régimen jurídico aplicable a los contratos administrativos era aquel propio del derecho administrativo.

Por otra parte la distinción tenía interés en cuanto a la jurisdicción competente para conocer de los litigios que de ellos surgían: Si se estaba en presencia de un contrato de derecho privado, la jurisdicción competente era la del derecho privado: la jurisdicción ordinaria civil, mercantil o del trabajo. En cambio, la jurisdicción competente en el contencioso de los contratos administrativos era la jurisdicción contencioso-administrativa que entonces correspondía a la Corte Suprema de Justicia en Sala Político-Administrativa[4].

Ahora bien, y conforme a estos criterios, la Ley Orgánica de la Corte Suprema de Justicia sancionada en 1976, estableció como competencia de la Corte Suprema en Sala Político-Administrativa, el:

> "conocer de las cuestiones de cualquier naturaleza que se susciten con motivo de la interpretación, cumplimiento, caducidad, nulidad, validez o resolución de los contratos administrativos en los cuales sea parte la República, los Estados o las Municipalidades"[5].

En esta forma y con esta norma, la categoría del contrato administrativo contrapuesta a la de los contratos no administrativos o de derecho privado de la Administración, adquirió rango legal. Ello plantea, por tanto, la necesidad de establecer la distinción entre ambos tipos de contratos motivada por cuestiones de competencia jurisdiccional, pero sobre bases totalmente distintas a las tradicionales mencionadas, que apuntaban a una absoluta dicotomía de régimen jurídico –derecho privado o derecho admi-

---

4   Art. 206, 215, ord. 11 y Disposición Transitoria Decimoquinta de la Constitución y artículo 7, ord. 28 de la Ley Orgánica de la Corte Federal. *Cfr*. Allan R. Brewer-Carías, *Las Instituciones Fundamentales... cit*. p. 158.

5   Art. 42, ord. 14 LOCSJ.

nistrativo– aplicable a cada uno de esos tipos de contratos, hoy completamente inadmisible[6].

2. La importancia del tema de los contratos administrativos

El tema de los contratos administrativos, no parece necesario insistir en
ello, es uno de los temas medulares del derecho administrativo. De allí
que todos los que hemos tenido que estudiar y escribir sobre esta rama del
derecho, alguna vez nos hayamos tenido que enfrentar con su análisis, y
con las dificultades que entraña. En nuestra disciplina, en efecto, si hay
un tema difícil de asir, es precisamente este: aparentemente sencillo, implica una toma de posición general sobre ella.

Por ello, Liet-Veaux lo ha calificado, con razón, como uno de los capí-
tulos más desesperantes del derecho administrativo[7]; y si esto lo indica un
autor francés, en cuyo país nació y se desarrolló la teoría de los contratos
administrativos, con mayor razón tenemos que afirmarlo los autores latinoamericanos, influidos por el derecho francés.

Sin embargo, el problema, en nuestro caso, es que el concepto de los
contratos administrativos, como categoría jurídica contrapuesta a los contratos de derecho privado de la Administración, ha sido tributario, solamente de las concepciones teóricas y de los criterios de la doctrina y jurisprudencia francesas, pero no de las justificaciones prácticas y pragmáticas de aquella distinción.

La repartición de competencias jurisdiccionales en Francia, ha sido factor clave en el nacimiento y desarrollo del derecho administrativo y en la
concepción misma del contrato administrativo; en definitiva, ha sido la
justificación del propio derecho administrativo. En nuestros países, sin
embargo, y en la gran mayoría de los que han sido tributarios del derecho
francés, ello no ha ocurrido, ni es así. De allí la tendencia observada, una
vez lograda la necesaria madurez doctrinal, por abandonar tantas teorías y
concepciones basadas en una situación de origen adjetiva, circunstancial
por lo demás, y por estructurar nuestras propias concepciones. No se trata
de innovar, sino de sustantivizar el propio derecho administrativo conforme a las peculiaridades de nuestros países para dejar de importar por
importar. Allí está la labor de los últimos treinta años de la doctrina española la cual, sin desconocer los aportes de las concepciones francesas, ha
desarrollado una formidable labor doctrinal cuyas influencias se comien-

---

6   Véase lo que hemos expuesto en Allan R. Brewer-Carías, "La evolución del concepto de
     contrato administrativo" en *Libro Homenaje al Profesor Antonio Moles Caubet*, Tomo
     I, Caracas 1981, pp. 41-69.

7   Véase el comentario en G. Liet-Veaux, "Note" (Jurisprudence, Nouvelles définitions du
     contrat administratif), *La Revue Administrative* N° 53, Paris, Sept.-Oct. 1956, p. 503.

zan a hacer sentir en nuestros países[8]. Dentro de esta tendencia por sustantivizar nuestro propio derecho administrativo es que se encuadra la orientación que se presiente, de abandonar toda idea de un pretendido contrato administrativo por oposición a contratos de derecho privado de la Administración.

Hace algunos años, al estudiar la evolución del concepto de contrato administrativo, planteamos la tesis de que en realidad, la noción de contrato administrativo sólo puede aceptarse para identificar un tipo de contrato de la Administración el cual, por la finalidad perseguida por el Estado al contratar, está sometido a un régimen preponderante de derecho público, pero no porque tenga un régimen de derecho público por contraposición a otros contratos de la Administración que estarían sometidos a un régimen de derecho privado[9]. La preponderancia de uno u otro régimen y su utilización regular, es lo que adquiere ahora importancia.

3. El problema de la autonomía del derecho administrativo y la sustantividad del contrato administrativo

Pero el tema de los contratos administrativos además de desesperante, es un tema polémico o, como dice E. García de Enterría, tiene una sustancia polémica[10]. Obliga, aunque no se quiera, a tomar una posición, generalmente contradictoria o conflictiva con otras, inclusive con posiciones que uno mismo ha sostenido en otras épocas.[11] Lo polémico del tema, en todo caso, surge de su carácter medular para el derecho administrativo: en su estudio están implicadas las cuestiones básicas del derecho administrativo; el "problema" del contrato administrativo es, por tanto, el "problema" del derecho administrativo, y en no pocas ocasiones, la sustantividad del propio derecho administrativo y de su autonomía.

En efecto, en el mundo jurídico, en la relación derecho administrativo-derecho civil, nos encontramos con una evolución modular: el derecho civil ha prestado instituciones al derecho administrativo, y éstas, al resultar comunes, han exigido e impuesto, primero, su diferenciación, y luego,

---

8   Respecto de la labor de la doctrina española, debe destacarse la realizada a través de las páginas de la Revista de Administración Pública (RAP), editada desde 1950, inicialmente por el Instituto de Estudios Políticos, transformado recientemente en Centro de Estudios Constitucionales, Madrid; y de la *Revista Española de Derecho Administrativo (REDA)*, editada desde 1974 por la Editorial Civitas, Madrid.

9   Véase Allan R. Brewer-Carías, "La evolución. . .", *loc. cit.*, p. 43.

10   Véase Eduardo García de Enterría: "La figura del contrato administrativo", *loc. cit.*, p. 100.

11   En contraste con lo que sostenemos ahora, véase lo expuesto en el Capítulo I del Título Tercero, "La Teoría de los Contratos Administrativos", de nuestro libro: *Las Instituciones Fundamentales...* pp. 157 y ss.

la fijación de su propia sustantividad[12]. Por eso, frente a todas sus instituciones, al derecho administrativo se le ha presentado la exigencia de ir afirmando su autonomía dentro de esa tarea diferenciadora y sustantivizadora.

Como lo señala S. Martín Retortillo, determinar cuándo esas instituciones, incorporadas ya al tronco común del derecho administrativo, son realmente algo distinto, constituye ni más ni menos que la comprobación de su propia sustantividad dentro de dicho ámbito[13].

Pero esta tarea de reafirmar su autonomía, como rama del derecho, frente a cada institución y con motivos de su estudio, ya parece injustificada. Nuestra disciplina ya no necesita justificar su autonomía: la tiene, la realidad jurídica nos lo demuestra. Nuestro esfuerzo, como especialistas, debe estar guiado por la necesidad de superar ese "triste signo del derecho administrativo" del que hablaba el propio S. Martín Retortillo en su magistral estudio sobre: *El Derecho Civil en la génesis del derecho administrativo y de sus instituciones*, que parece que paradójicamente ha de comenzar, en cada una de sus figuras, por plantear y justificar la misma existencia de unos hechos, y de unas instituciones que ya son vivas y existen[14].

La institución contractual en el campo de la actuación de la Administración ya no se puede poner en duda. No existe ya aquella famosa contradicción que se destacó a fines del siglo pasado y aún a comienzos del presente, que resultaba de insertar, en el derecho público, la figura *par excéllence* del derecho *privado*, el *contrato*; figura en la cual, aparentemente, no estaban presentes las notas características del actuar público: superioridad de la Administración y ausencia de igualdad frente a los particulares, y la titularidad, por aquélla, de potestades públicas y prerrogativas que le permitían imponer su voluntad unilateralmente. Por ello, Otto Mayer señalaba que la figura del contrato, al exigir posiciones igualitarias, era extraña al derecho administrativo, pues la Administración siempre mandaba unilateralmente[15].

Sin embargo, queda claro que la misma igualdad, tan preconizada como base de la institución contractual del derecho privado, no es de la esencia de los contratos[16]. Allí están los contratos de adhesión en el propio derecho privado para desmentir tal afirmación.

---

12 Véase Sebastián Martín-Retortillo Bacquer: *El Derecho Civil en la génesis del Derecho Administrativo y de sus Instituciones*, Sevilla, 1960, p. 7.

13 Idem, p. 8.

14 Ibídem, pp. 131 y 132.

15 Véase Otto Mayer: *Derecho Administrativo Alemán*, Buenos Aires, 1949, Tomo I, pp. 27 y ss.

16 Véase Sebastián Martín-Retortillo Bacquer, *op. cit.,* p. 177.

En todo caso, por supuesto, esta posición jurídica quedó en la historia. La institución contractual es tan propia del actuar administrativo como la decisión unilateral, y sobre ello ya no tenemos dudas, afortunadamente. Esto no es lo que se discute; el centro de discusión está ahora, en la diferenciación de los diversos tipos de contratos que celebra la Administración.

II. LAS DIVERSAS FORMAS CONTRACTUALES DEL ACTUAR ADMINISTRATIVO

Si observamos la realidad administrativa de los entes estatales, es evidente la conclusión de que la actividad de la Administración no proviene, ni se realiza, mediante la sola actuación de su voluntad unilateralmente formulada. Es cada vez más frecuente que la Administración establezca vínculos jurídicos con otros sujetos y acuda al concurso de otras voluntades para sus diversas actividades.

Estos actos jurídicos formados conjuntamente por la intervención de dos o más sujetos de derecho y que establecen entre ellos un vínculo jurídico, configuran lo que se denomina la actividad contractual de la Administración. Una primera distinción de formas contractuales en el actuar administrativo se nos aparece de inmediato, y ella proviene de la consideración de los sujetos de derecho que intervienen en la relación; si ambos contratantes son personas jurídicas estatales, la realidad jurídica será distinta a la que se presenta si uno de los contratantes es un particular. Se distinguen, por tanto los contratos interadministrativos de los contratos Administración-Administrados. Veámoslos separadamente.

1. Los contratos interadministrativos

La proliferación de sujetos de derecho, y por tanto, con personalidad jurídica, que han ido configurando el universo de los entes públicos y estatales en el derecho administrativo, ha dado origen a que, con frecuencia, para actuar, celebren entre sí diversos convenios y acuerdos que configuran actos contractuales[17]. Estas figuras, nuevas y posteriores al nacimiento de la distinción entre el contrato administrativo y el contrato de derecho privado de la Administración, han sido la consecuencia del proceso de descentralización administrativa que ha caracterizado a la Administración contemporánea de los últimos sesenta años. En ese proceso descen-

---

17 *Cfr*. Eloy Lares Martínez, *Manual de Derecho Administrativo*, 5° ed. Caracas 1983, p. 278. Por supuesto, para que pueda existir un contrato interadministrativo es necesario que se suscriba entre dos personas jurídicas estatales. Por ello, no puede haber "contratos administrativos" suscritos entre dos Ministerios. Véase MOP. *Doctrina de la Consultoría Jurídica 1969*, Caracas 1970, p. 19.

tralizador han aparecido, como entes estatales, tanto entes de derecho público como entes de derecho privado y, entre todos ellos, diversas figuras contractuales se celebran, incluso, con previsión expresa y general en las leyes.

A. Los contratos entre entidades político-territoriales

En primer lugar, se destacan los contratos celebrados entre Administraciones territoriales, es decir, entre personas político-territoriales los cuales, si bien, en general no tienen como contenido prestaciones de carácter patrimonial, por ello no dejan de tener naturaleza contractual. En Venezuela, por ejemplo, se destacan los convenios o acuerdos entre la República y los Estados que conforman la Federación. Un típico ejemplo de estos contratos estaba regulado en la Ley Orgánica de Coordinación de la Inversión del Situado Constitucional con planes administrativos desarrollados por el Poder Nacional, y que daba origen a acuerdos de coordinación que resultaban indispensables para que pudiera ser invertido el cincuenta por ciento de lo que los Estados federados recibían del presupuesto nacional como aporte financiero, denominado Situado Constitucional. Estos convenios, suscritos entre la República por órgano del Ministerio de Relaciones Interiores y los Estados por órgano de los Gobernadores respectivos, configuraban auténticas formas contractuales[18].

En 1989 se promulgó la Ley Orgánica de Descentralización, Delimitación y Transferencia de Competencias del Poder Público[19], cuyo artículo 35 derogó la Ley Orgánica de Coordinación de la Inversión del Situado Constitucional con los planes administrativos desarrollados por el Poder Nacional (artículo 35). Sin embargo, en dicha Ley Orgánica se reguló un nuevo tipo de contrato interadministrativo a los efectos de la transferencia de los servicios que venían siendo prestados por el Poder Nacional en el ámbito de lo que en dicha Ley se define como "competencias concurrentes" (artículo 4), que requiere la firma de un convenio entre la República, por órgano del Ministro de Relaciones Interiores y los respectivos Estados, por órgano de los Gobernadores. Dichos convenios de transferencia de competencias requieren, además, tanto la opinión de la Asamblea Legislativa como la aprobación del Senado de la República (artículo 6).

---

18   Véase, en: Gaceta Oficial, N° 2715 Extr. de 30-12-80. El artículo 4° de la Ley Orgánica, establecía que una vez aprobados los diferentes programas de los Estados que debían ser coordinados con los planes administrativos nacionales, "se celebrarán convenios entre el Ejecutivo Nacional, por órgano de los Ministerios competentes en razón de la materia, y los Gobernadores de las entidades federales en las cuales se vayan a realizar las obras o a prestar los servicios. Podrán igualmente participar en la celebración de estos convenios otras personas jurídicas de carácter público". Véase CGR *Dictámenes de la Consultorio Jurídica 1938-1963*, Tomo I, Caracas 1963, p. 266.

19   Véase Gaceta Oficial N° 4.153 Extra, de 28-12-89.

Entre entes territoriales también se destacan otras figuras contractuales: convenios entre la República, Estados y Municipalidades, como por ejemplo, el convenio para el establecimiento de la Policía Metropolitana de Caracas,[20] convenios entre Estados, como los relativos a cesiones de su territorio (artículo 10); convenios entre Municipios, como los convenios de mancomunidad previstos también en la Constitución[21] y cuyo ejemplo más característico es el convenio de mancomunidad en materia de ordenación urbanística del Área Metropolitana de Caracas, que originó el establecimiento de una autoridad pública común para el área, así como de una Ordenanza sobre ordenación urbanística común, aprobada en las dos Municipalidades que integran el Área Metropolitana[22]. Todas estas figuras son típicas figuras contractuales administrativas.

B. Los contratos entre entes de derecho público territoriales y no territoriales

En segundo lugar, se destacan los contratos suscritos entre entes territoriales y entes de derecho público no territoriales, como los institutos autónomos o los establecimientos públicos asociativos. Estos convenios pueden o no tener contenido patrimonial, y el mundo de la Administración conoce innumerables tipos. Por ejemplo, en el campo de los convenios sin contenido patrimonial, se destacan los acuerdos celebrados entre la República y el Banco Central de Venezuela para el establecimiento del tipo de cambio para las divisas, conocidos tradicionalmente como "convenios cambiarios"[23]. En efecto, de acuerdo a la Ley del Banco Central de Venezuela, "el o los tipos de cambio del bolívar" no se establecen unilateralmente por el Estado, sino mediante un convenio que se celebra entre la República, por órgano del Ministerio de Hacienda[24] y el Banco Central de

---

20   El Convenio para el establecimiento de la Policía Metropolitana de Caracas, en diciembre de 1969, fue suscrito entre la República, a través del Ministerio del Estado Miranda, a través de su Gobernador. Véase en P.M. *Dos Siglos de Historia Policial*, Caracas 1982, p. 74.

21   Artículo 28. Conforme al artículo 28 de la Ley Orgánica de Régimen Municipal (G.O. N° 4.409 Extr. del 5-6-89), "Las mancomunidades son entidades formadas mediante acuerdo entre dos o más Municipios o Distritos, o entre éstos o uno o más Municipios, para la prestación de determinados servicios municipales".

22   El Convenio de fecha 27 de enero de 1972, se suscribió entre las Municipalidades del Distrito Federal y del Distrito Sucre del Estado Miranda, y con base en la Cláusula Tercera del Convenio, ambas Municipalidades sancionaron y promulgaron la Ordenanza sobre ordenación urbana del Área Metropolitana de Caracas y su zona de influencia. La Ley Orgánica de Régimen Municipal a partir de 1978 reguló, ahora en sus artículos 26 y ss. los acuerdos de Mancomunidades entre Municipios.

23   Art. 92 de la Ley del Banco Central de Venezuela, G.O. N° 3.998 de 21-8-87.

24   Impropiamente el mencionado artículo 92 de la Ley esto por órgano de uno de los Ministros impropiamente el mencionado artículo 92 de la Ley del B.C.V. señala que los

Venezuela, por órgano de su Presidencia, en el cual, además, se establecen "los márgenes de utilidad que podrán obtener tanto el Banco Central de Venezuela como los bancos comerciales que intervengan en la compra-venta de divisas"[25]. Estos convenios, por ejemplo, fueron una pieza esencial del régimen de control de cambios establecido entre 1983 y 1989 y para evidenciarlo basta señalar su regulación en los Decretos relativos a dicho régimen en los cuales se autorizó "al Ministro de Hacienda para acordar por convenios con el Banco Central de Venezuela, limitaciones y restricciones a la libre convertibilidad de la moneda nacional", para acordar "condiciones y modalidades" conforme a los cuales ese instituto vendería a los titulares de deuda privada externa las divisas necesarias para la amortización del capital adeudado, "al tipo de cambio que se determine en el convenio" correspondiente[26]. Por dicho objeto, estos "convenios cambiarios" comenzaron a adquirir un contenido reglamentario, que permite calificarlos como "actos mixtos".[27]

Por otra parte, en el campo de los convenios de contenido patrimonial, están los múltiples supuestos de contratos de sociedad suscritos entre la República y los Institutos Autónomos, para la constitución de empresas públicas con forma societaria[28]. No son infrecuentes, por otra parte, los contratos de obras o servicios, y aun las concesiones de servicios públicos celebradas entre entes territoriales y personas de derecho público: allí están los convenios para la prestación del servicio público de alcantarillado

---

convenios cambiarios los celebra el Banco "con el Ejecutivo Nación del B.C.V. señala que los convenios cambiarios los celebra el Banco "con el Ejecutivo Nacional" cuando debería ser "con la República" por supuesto por órgano de uno de los Ministros del Ejecutivo. Precisamente por esto la Procuraduría General de la República señala que los Convenios Cambiarios no pueden calificarse como contratos administrativos ya que el Ejecutivo Nacional, que los suscribe, no es una persona jurídica. Véase Doctrina PGR 1984, Caracas 1985, p. 43.

25 Art. 92, Ley B.C.V. Un ejemplo de estos convenios cambiarios son los publicados en Gaceta Oficial N° 34.177 de 13-3-89 y N° 34.244 de 19-6-89.

26 Por ejemplo, así lo estableció el artículo 1° del Decreto N° 1.929 de 26-3-83, Gaceta Oficial N° 3.119 Extra de 26-3-83; y asimismo el artículo 1° del Decreto N° 43 de 24-2-84. G.O. N° 32.926 de 24-2-84.

27 La Procuraduría General de la Republica en virtud del contenido normativo general de estos convenios cambiarios los califica de actos administrativos complejos o "acuerdos administrativos". Véase *Doctrina PGR 1984*, Caracas 1985, p. 43.

28 Véase, por ejemplo, el acta constitutiva de la C.A. Nacional de Reforestación (CONARE), en la cual aparecen como accionistas la República, el Instituto Agrario Nacional, el Instituto Nacional de Obras Sanitarias y las Corporaciones de Desarrollo Regional de los Andes, Centro-Occidente, Nor-Oriente y el Zulia. Véase en Cordiplán, Resumen Informativo de Entidades de la Administración Pública Nacional, Tomo 4, Caracas, 1980, p. 166.

y distribución de agua potable suscritos entre las Municipalidades y el Instituto Nacional de Obras Sanitarias[29].

C. Los contratos entre personas jurídicas estatales de derecho público y de derecho privado

En tercer lugar, se destacan los convenios suscritos entre entes de derecho público, territoriales o no territoriales y personas jurídicas estatales de derecho privado, particularmente las empresas del Estado con forma societaria mercantil, los cuales, por la forma jurídica adoptada por éstas, se aproximan a los contratos suscritos entre la Administración y los particulares.

Todos estos universos de figuras contractuales interadministrativas forman, sin duda, una categoría peculiar en el mundo de la actividad contractual de la Administración, que no debe dejarse de lado a la hora de trazar la evolución del concepto de contrato administrativo. Ellas, que no existían en el momento en que surgió este concepto, son ahora, quizás, los contratos públicos por excelencia[30].

2. Los contratos administración-administrados

A. Las diversas formas contractuales

Pero la figura contractual administrativa, sin duda, está montada sobre el acuerdo para establecer un vínculo jurídico celebrado entre una Administración y un particular. Con base en esta modalidad fue que se construyó toda la teoría del contrato administrativo frente al contrato de derecho privado de la Administración: en los primeros convenios, que siempre tenían como co-contratante a un particular, la Administración aparecía en situación de superioridad, como autoridad, y en los otros, en el mismo plano jurídico que su co-contratante.

Sin embargo, también con posterioridad a esta construcción doctrinal, fueron apareciendo en el actuar administrativo, nuevas figuras contractuales que nada tenían que ver con las que dieron origen a aquella teoría y a aquella distinción, porque no establecían, *stricto sensu*, relaciones patrimoniales entre los contratantes.

---

29 Véase, por ejemplo, los comentarios del anteproyecto de contrato de concesión del servicio de abastecimiento de agua y alcantarillado del Área Metropolitana de Caracas, en Allan R. Brewer-Carías: *Derecho y Administración de las Aguas y otros Recursos Naturales Renovables*, Caracas, 1976, pp. 211 y ss.

30 Así lo ha considerado la Contraloría General de la República al analizar un contrato suscrito entre la República y la CANTV. Véase *CGR Dictámenes de la Consultorio Jurídica 1969-1976*, Vol. IV, 1978, pp. 322 y ss.

En efecto, en el universo de las *relaciones contractuales* que se celebran entre la Administración y los particulares, no sólo aparecen aquéllas que suponen la utilización, por la Administración, de instrumentos contractuales dentro del ámbito de relaciones patrimoniales, sino que hoy es cada vez más frecuente la existencia de figuras contractuales que se limitan a fijar la medida de una obligación o ventaja jurídico-pública previamente establecida legalmente, y sin que aparezca colaboración patrimonial alguna. Se distinguen, por tanto, dos tipos de contratos Administración-Administrados.

B. Los contratos de contenido patrimonial

En primer lugar, los contratos de contenido y relación patrimonial, en los cuales, como lo dice E. García de Enterría, la Administración actúa como "cliente" de los empresarios privados, esto es, en un terreno de simple colaboración o intercambio patrimonial: paga dinero o transfiere posibilidades de actuación frente al público a ella reservadas, a cambio de bienes y servicios que busca o recibe[31]. Este es el universo de figuras contractuales propias del tradicional contrato de la Administración, tanto del denominado contrato administrativo como del denominado contrato de derecho privado.

C. Los nuevos contratos no patrimoniales como técnica de administración

Pero, en segundo lugar, frente a esas figuras contractuales tradicionales, en las relaciones Administración-Administrados comienzan a aparecer nuevas formas contractuales denominadas acuerdos, convenios, actas-convenios o conciertos y las cuales, en general, no encuentran paralelo en el derecho contractual privado, porque el vínculo jurídico que establecen y regulan no supone colaboración patrimonial entre partes, sino, en realidad, un acuerdo para fijar la medida de una sujeción jurídico-pública o de una ventaja también jurídico-pública, establecidas legalmente[32].

La Administración, en efecto, a pesar de sus poderes públicos de acción unilateral, en muchos casos, por incapacidad o por política predeterminada, busca establecer las modalidades de su acción respecto de los particulares, acudiendo a la vía negocial. No se trata de que en estos contratos se establezcan los poderes de la Administración; éstos preexisten, pero por la debilidad de la acción unilateral en el cumplimiento de ciertos cometidos en el campo económico, o, al contrario, por el esfuerzo de la Admi-

---

31 Véase Eduardo García de Enterría y Tomás Ramón Fernández: *Curso de Derecho Administrativo*, Tomo I, Madrid, 1974, p. 484.

32 Idem, p. 485.

nistración de promover la participación de los particulares en las tareas comunes, los entes públicos han recurrido a estos acuerdos con los particulares, como una técnica de administración: la Administración mediante convenios o "Administración concertada". Varios ejemplos nos muestra el orden jurídico contemporáneo.

a. *El arreglo amigable expropiatorio*

En primer lugar, los arreglos amigables en la expropiación. En efecto, aun cuando no se acuda a la vía judicial, la expropiación nunca es una compra-venta. Decretada la expropiación, como lo ha dicho la Corte Suprema de Justicia en Venezuela, la expropiación procede por las buenas o por las malas.[33] Por tanto, aun mediando el convenio expropiatorio o arreglo amigable, este no es una compra-venta, sino en realidad, una adhesión a la expropiación, que implica, además, un convenio para fijar el monto de la indemnización a través de los peritos. El convenio en realidad es un acuerdo para designar peritos, lo que implica allanarse frente a la potestad expropiatoria[34].

b. *Los convenios fiscales*

En segundo lugar, los convenios o conciertos fiscales previstos expresamente en la legislación tributaria. Entre ellos deben destacarse los que tienen por objeto el establecimiento de la base imponible a través de la determinación contractual de precios. Por ejemplo, en esta figura encuadraban los convenios para el establecimiento de precios de referencia para la determinación de la base imponible del impuesto sobre la renta a las empresas petroleras, suscritos conforme a la Ley de Impuesto sobre la Renta de 1966, entre la República y las empresas contribuyentes[35]. En

---

33 Véase la sentencia de la antigua Corte Federal y de Casación, de 14-3-52, en Gaceta Forense N° 10, Caracas 1952, p. 148, y en Allan R. Brewer-Carías, *Jurisprudencia de la Corte Suprema 1930-74 y Estudios de Derecho administrativo*, Tomo VI, Caracas 1980, p. 298.

34 Véase la misma sentencia citada en la nota anterior, en Gaceta Forense N° 10, *cit.*, pp. 146 y 147; y en Allan R. Brewer-Carías: *Jurisprudencia... cit.*, Tomo VI, p. 345.

35 Conforme al artículo 41 de la Ley de Impuesto sobre la Renta, de 16-12-66. (G.O. 1.069 Extr., de 23-12-66), se autorizó al Ejecutivo Nacional para "celebrar convenio previo con el contribuyente hasta por un plazo de cinco años para establecer las bases con arreglo a las cuales se hará la determinación de los valores de los artículos o mercancías exportadas en el puerto venezolano de embarque". Esta realidad de convenios para fijar los valores de referencia se aplicó hasta la reforma de la ley, en diciembre de 1970, mediante la cual se convirtió en una facultad unilateral del Estado la fijación de los valores de exportación (Art. 40). Véase en G.O. N° 29.397, de 18-12-70, aplicable al propio ejercicio fiscal de 1970. Véase la problemática jurídica sobre ello en Allan R. Brewer-Carías, "Consideraciones sobre los reparos formulados por la Contraloría a las empresas concesionarias de hidrocarburos respecto del ejercicio fiscal 1970" en Archivo de Dere-

este campo también deben mencionarse las transacciones fiscales autorizadas en el artículo 1° de la Ley Orgánica de la Hacienda Pública Nacional y limitadas en materia tributaria, conforme a lo dispuesto en el Código Orgánico Tributario de 1982, "en cuanto a la determinación de los hechos y no en cuanto al significado de la norma aplicable"[36].

c. *Los convenios de ejecución de planes y políticas de desarrollo*

En tercer lugar, están todas las figuras contractuales que giran en torno a la idea contemporánea de la "Administración concertada"[37], propia del orden económico, y mediante la cual, la Administración tiende a renunciar al ejercicio imperativo y unilateral de sus poderes, buscando convenir con los Administrados la aplicación concreta de los mismos, ganándose la colaboración y participación de los empresarios en las tareas comunes de desarrollo económico y social. Mediante estos conciertos o acuerdos, los particulares aceptan como vinculante un plan que, *per se*, era indicativo, a cambio de la obtención de determinados beneficios o incentivos, que la Administración renuncia a manejar discrecionalmente. Sin embargo, al igual que las otras figuras señaladas, estos convenios requieren habilitación legal expresa.

Por supuesto, en estas figuras negociales, la Administración, evidentemente, no procura proveerse de bienes y servicios, es decir, no establece una relación patrimonial, pero no por ello dejan de tener carácter contractual. Son auténticos contratos de la Administración, ciertamente nuevos, que al estudiar la evolución del concepto de contrato administrativo, no podemos ignorar, particularmente porque han conducido a suplantar la forma tradicional de expresión unilateral de voluntad administrativa, por mecanismos negociables o contractuales, conforme a los cuales los representantes de aquellos intereses participan junto con la Administración, en la formulación de un acto que es expresión de un convenio o contrato. No se trata ya de una participación consultiva, sino de una participación-negociación, en la cual en principio, se sustituye el principio de imposición por el de negociación o contratación con las partes interesadas; fórmula denominada en el ámbito anglosajón, como la del *government by contract*[38].

---

cho Público y Ciencias de la Administración, Vol. III, 1972-1979 (Régimen Jurídico de las Nacionalizaciones en Venezuela), Caracas 1981, Tomo 2, p. 674 a 685).

36 Art. 58. Véase Allan R. Brewer-Carías, "Las transacciones fiscales y la indisponibilidad de la Potestad y Competencia Tributaria", *Revista de Derecho Tributario* N° 18, Caracas, 1967, pp. 1 y ss.

37 Véase E. García de Enterría y T. R. Fernández, *op. cit.,* Tomo I, p. 485.

38 Véase M. Sánchez Morón, *La participación del ciudadano en la Administración Pública*, Madrid 1980, p. 70.

En el derecho de los países andinos, miembros del Acuerdo de Cartagena, por ejemplo, de acuerdo al artículo 28 de la Decisión N° 24 que estableció el Régimen Común de Tratamiento a los capitales Extranjeros y sobre Marcas, Patentes, Licencias y Regalías[39], al reservarse a las empresas nacionales o mixtas el goce de las ventajas derivadas del programa de liberación[40], se previó que las empresas extranjeras que existían en los países miembros y que deseaban gozar de dichas ventajas debían convenir con el organismo competente del país respectivo su transformación en empresas nacionales o mixtas, precisándose en detalle lo que debían contener los convenios sobre transformación[41]. En el caso de Venezuela, además, en el Decreto N° 63 de 29-4-74, reformado por Decreto N° 2.442 de 8-11-77 que reglamentó la mencionada Decisión N° 24[42], se precisó que "los convenios destinados a la transformación de las empresas extranjeras en nacionales o mixtas, serán celebrados entre dichas empresas, actuando en representación de sus inversionistas y la Superintendencia de Inversiones Extranjeras[43] regulándose el contenido de los mismos.[44]

Pero independientemente de la previsión legal de esta forma de participación negocial en las actividades administrativas, la modalidad se ha venido utilizando en variadas circunstancias en el campo industrial[45]. Por ejemplo, convenios para garantizar el abastecimiento de productos se firmaron en la década de los setenta entre la República y los productores, en los cuales se regularon, incluso, el otorgamiento de cupos de importación, la tramitación de exoneraciones, y se establecieron obligaciones de compra de materias primas producidas en el país. Ejemplos de estos convenios fueron los celebrados entre la República y la Asociación Venezolana de Industriales de Grasas y Aceites en representación de los industriales

---

39 Véase en G.O. N° 1.620 Extra de 1-11-73. Véase luego la Decisión 220 en G.O. N° 34.014 de 25-7-88.

40 Art. 27.

41 Art. 28 y 31.

42 G.O. N° 30.412 de 31-5-74 y G.O. N° 2.100 Extra de 15-11-77. Véase ahora el Decreto N° 727 en G.O. N° 34.397 dc 26-1-90.

43 Art. 47. Esta norma se eliminó posteriormente del Reglamento dictado por Decreto N° 1.200 de 16-7-86 (G.O. N° 3.881 Extraordinario de 29-8-86), particularmente porque el régimen de los convenios de transformación se reguló en la Ley sobre Transformación de Empresas Extranjeras de 11 de agosto de 1975. (G.O. N° 30.774 de 21-8-75), en el cual se reguló la facultad unilateral de la Superintendencia de Inversiones Extranjeras de establecer "de manera general o particular las condiciones que juzgue convenientes para la transformación de las empresas extranjeras, en función del interés económico, social y del desarrollo tecnológico del país" (Art. 4), conforme a las informaciones y propuestas que debe recibir de las empresas (artículos 1, 2 y 3).

44 Art. 48 y ss.

45 Véase Allan R. Brewer-Carías, "El Derecho Administrativo y la participación de los Administrados en las tareas administrativas", *Revista de Derecho Público* N° 22, Caracas, 1985, pp. 19-20.

procesadores de Aceites y Grasas; entre la República y los industriales Productores de Harina de Maíz Precocida; y entre la República y las Industrias Fabricantes de Jabón. Otros ejemplos de esta participación contractual, fueron los convenios firmados entre la República y algunos sectores industriales para la fijación de precios máximos de venta de productos. Ejemplos de estos convenios fueron, el suscrito entre la República y los representantes del Sector fabricante de Cosméticos (1984); entre la República y las empresas productoras de Cemento (1981); y entre la República y las empresas productoras de hierro y acero (1974)[46].

Más recientemente, y dentro de la política de "concertación" definida por el gobierno a partir de 1989, al producirse la liberación de precios de bienes y servicios, el Decreto N° 50 de 1-3-89 reformado luego por Decreto N° 296 de 15-6-89[47] estableció la obligación de los productores de concertar con el Ministerio de Fomento los precios de los productos y sus aumentos, lo que se ha hecho mediante convenios o acuerdos[48].

d. *Los convenios para la adquisición de divisas derivados de las restricciones cambiarías impuestas en 1983*

Con motivo de las restricciones cambiarías impuestas a partir de febrero de 1983[49] y de la decisión del Estado venezolano de garantizar a las empresas privadas deudoras de divisas que habían sido utilizadas en actividades económicas en el país, la adquisición de dichas divisas para el pago de su deuda privada externa a una tasa de cambio preferencial, el régimen legal establecido a partir de 1984 tanto en Decretos Ejecutivos[50] como en el Convenio Cambiario N° 2 celebrado entre el Ministerio de Hacienda y el Banco Central de Venezuela, previo que una vez que las empresas deudoras obtuvieran el registro de su deuda en la Oficina del Régimen de Cambios Diferenciales, debían suscribir un contrato de compra-venta de divisas con el Banco Central de Venezuela[51], adquiriendo a partir de la suscripción de dicho contrato, un derecho a comprar las divisas al tipo de cambio preferencial establecido, obligándose al Banco Central de Venezuela a venderle dichas divisas en los plazos estipulados.

---

46 Consultados en original.

47 Gaceta Oficial N° 34.244 de 15-6-89.

48 Un ejemplo de dichos convenios publicado en Gaceta Oficial, se refiere al aumento de las tarifas de los servicios eléctricos. Véase en Gaceta Oficial Extraordinaria N° 4.080 de 29-3-89.

49 Decreto N° 1.929 de 26-3-83. G.O. N° 3.119 Extra de 26-3-83.

50 Decreto N° 1.930 de 26-3-83. G.O. N° 3.119 Extra de 26-3-83, modificado por Decreto N° 44 de 24-2-84, G.O. N° 32.926 de 4-2-84.

51 Decreto N° 43 de 24-2-84. G.O. N° 32.926 de 4-2-84 y Convenio Cambiario N° 2 de 27-12-85.

En estos casos, estos contratos de compra-venta de divisas entre el Banco Central de Venezuela y las empresas particulares deudoras, se configuraron como típicos contratos entre Administración y Administrados, en los cuales, había un objeto de carácter patrimonial (compra-venta de divisas). El co-contratante de la Administración sólo asumía la obligación de pagar al Banco Central de Venezuela las divisas en determinados plazos, siendo la motivación general de dichos contratos asegurar la compra-venta de divisas, que se había reservado al Banco Central de Venezuela y centralizado en esta institución, para determinados deudores a una tasa preferencial determinada, como política económica, la cual bien hubiera podido establecerse unilateralmente por el Estado.

3. La figura ampliada de los contratos de interés nacional

Pero dentro de los contratos Administración-Administrados, y concretándonos a aquellos que tienen contenido estrictamente patrimonial en el vínculo jurídico que establecen, debe destacarse la categoría específica de contratos de interés nacional, sometidos a ciertas condiciones de control parlamentario, aun cuando la entidad que contrate con el particular no sea, *stricto sensu*, una persona de derecho público.

En efecto, el artículo 126 de la Constitución establece, en su primera parte, lo siguiente: "Sin la aprobación del Congreso no podrá celebrarse ningún contrato de interés nacional, salvo los que fueren necesarios para el normal desarrollo de la Administración Pública o los que permita la ley"[52].

En otras palabras, conforme a esta norma los contratos de interés nacional deberán someterse, previamente, a la aprobación del Congreso, salvo aquellos que sean normales en el funcionamiento de la Administración. Es decir, se regula una categoría específica de contrato que, aun cuando no tenga como contratante, del lado público, necesariamente, a un ente de derecho público territorial o no territorial como los institutos autónomos, si debe tratarse de una entidad estatal, aun cuando pueda tener forma jurídica de derecho privado.

---

52 Sobre la noción de contratos de interés nacional y la intervención parlamentaria para su aprobación, véase Carlos Tinoco Rodil: "Contratos de Interés Nacional", en *Revista de Derecho y Legislación*, Tomo XXIX, Caracas, 1940, pp. 135 y ss.; A. Rodríguez Cirimele, E. Provenzali Heredia y J. M. Casal Montbrun: *Procedimiento parlamentario para la aprobación de contratos de interés nacional.* Caracas, 1973; Luis Brito García: "Régimen Constitucional de los Contratos de Interés Público", separata de la *Revista Control Fiscal y Tecnificación Administrativa.* Véase, además, Eloy Lares Martínez: "Contratos de interés nacional", en este mismo libro: *Homenaje al Profesor Moles Caubet*, pp. 117 y ss.; J. Melich Orsini, "La noción de contrato de interés público". *Revista de Derecho Público* N° 7, Caracas, 1981, p. 61. G. Pérez Luciani, "Contratos de interés nacional, contratos de interés público y contratos de empréstito público" en *Libro Homenaje al Dr. Eloy Lares Martínez*, Tomo I, Caracas, 1984, pp. 90-163.

En efecto, en el universo de los sujetos que actúan en el campo del derecho administrativo, se destacan las personas jurídicas estatales, en las cuales se ubican, no sólo los sujetos de derecho con forma jurídica de derecho público, sino también, los entes jurídicos con forma de derecho privado que forman parte, sin embargo, de la organización general del Estado[53]. No hay duda que, por ejemplo, los contratos que excedan de la normal administración y que suscriban las empresas del Estado con forma societaria serían auténticos contratos de interés nacional, no sólo sometidos a la aprobación previa del Congreso, sino también al régimen jurídico propio de los que tradicionalmente se califican como contratos administrativos. Por ejemplo, dentro de los contratos de obra pública celebrados en Venezuela, ¿cuál más importante por su magnitud económica e incidencia en el proceso de desarrollo económico, que el contrato para la construcción del complejo hidroeléctrico de El Guri, de los más importantes en producción de energía hidroeléctrica de América Latina? ¿Qué sentido tenía decir que es un contrato administrativo de interés nacional el que suscribe la República para la construcción de un camino de penetración agrícola cualquiera, y que el de la Represa de El Guri, por ser suscrito por una empresa del Estado con forma societaria (Electrificación del Caroní, S.A.), no era un contrato de interés nacional?[54].

En realidad, la figura de los contratos de interés nacional ha venido a ampliar la categoría de contratos administrativos, al comprender como tales, muchos contratos que aun cuando no sean suscritos por un ente de derecho público, sin embargo, se consideran como de interés nacional y, por tanto, sometidos al mismo régimen, preponderante de derecho público, propio de los contratos tradicionalmente calificados como administrativos. Por supuesto, para ello se requiere de una normativa legal que lo especifique, lo que ha ocurrido con los contratos de empréstito público regulados en la Ley Orgánica de Crédito Público: de acuerdo a esta normativa, tan contrato administrativo de crédito público es el que celebra la República como el que celebra una empresa del Estado con forma societaria. Ambos están sometidos a la normativa especial de dicha ley[55].

En todo caso, en cuanto a las relaciones entre las nociones de contrato administrativo y contrato de interés nacional, debe señalarse que ambas ni

---

53   Véase Allan R. Brewer-Carías, "La distinción entre las personas públicas y las personas privadas v el sentido de la problemática actual de la clasificación de los sujetos de derecho", en *Revista Argentina de Derecho Administrativo*, N° 17, Buenos Aires, 1977, pp. 19 y ss. y 28 y ss., y en *Revista de la Facultad de Derecho*, U.C.V., N° 57, Caracas, 1976, pp. 115-135.

54   La Contraloría General de la República ha considerado como contrato de interés nacional algunos celebrados tanto por Institutos Autónomos como por Empresas del Estado. Véase CGR Dictámenes de la Consultorio Jurídica 1969-1976, Vol. IV, pp. 29, 243 y 253.

55   Véase la Ley Orgánica de Crédito Público, en G.O. Extr. N° 3.253 de 14-9-83.

son comparables ni son equivalentes. Los contratos de interés nacional son, por supuesto, contratos administrativos en los cuales hay una preponderancia de régimen de derecho público, pero, por supuesto, no todos los contratos administrativos son contratos de interés nacional, pues, por ejemplo, hay contratos administrativos celebrados por los Estados y Municipios que sólo serían de interés estadal o municipal[56]. Por tanto, independientemente de la polémica doctrinal que desde hace años ha surgido en torno a sobre si la noción de contrato de interés nacional es o no equivalente a la de contrato administrativo, en realidad, lo que la parte mencionada del artículo 126 de la Constitución plantea como interrogante, que tiene que ser resuelto, es en primer lugar, la determinación de la frontera entre contratos de interés nacional y contratos que no son de interés nacional; y, en segundo lugar, dentro de los primeros, es decir, de los contratos de interés nacional, cuáles son, sin embargo, "necesarios para el normal desarrollo de la Administración Pública" y, por tanto, no requieren de aprobación legislativa, y cuáles tampoco requieren de dicha aprobación, porque así lo permita la ley[57].

A. La noción de contrato de interés nacional

La expresión "interés nacional", para calificar determinados contratos, sin duda constituye un concepto jurídico indeterminado o impreciso que establecido en el texto constitucional, da amplio margen al legislador para determinar o precisar, discrecionalmente, su contenido. Por tanto, en definitiva, determinar con precisión qué es "interés nacional" (artículos 101 y 126), "interés público" (artículo 127), "conveniencia nacional" (artículo 97), "interés social" (artículos 96 y 105), "función social" (artículo 106), es una tarea que corresponde al legislador.

Por tanto, ante todo, un contrato será de "interés nacional" cuando así lo determine el legislador. Sin embargo, no es frecuente que la ley califique expresamente, en los términos del artículo 126 de la Constitución, a un contrato "como de interés nacional". Por ello, los esfuerzos doctrinales que se han hecho tendientes a determinar su naturaleza, por contraposición a unos contratos que no son de interés nacional, y que podemos resumir como sigue:

---

56   Al contrario, la Contraloría General de la República ha identificado los contratos de interés nacional con los contratos administrativos. Véase CGR Dictámenes de la Consultorio Jurídica 1938-1968, Tomo III, Caracas 1968, p. 51. En sentido similar, Luis H. Parías Mata, *La Teoría del contrato administrativo en la doctrina, legislación y jurisprudencia venezolana*, Caracas 1968, p. 20; Luis Brito García, Régimen constitucional de los contratos de interés público, *Revista Control Fiscal* (separata), p. 78.

57   Véase Allan R. Brewer-Carías, "Los contratos de interés nacional y su aprobación legislativa", *Revista de Derecho Público* N° 11, Caracas 1982, pp. 49-54.

1. Podría decirse, así, que contrato de interés nacional, es aquel que interesa al ámbito nacional (en contraposición al ámbito estadal o municipal), porque ha sido celebrado por una persona jurídica estatal nacional, de derecho público (la República o un instituto autónomo) o de derecho privado (empresa del Estado). Por tanto, no serán contratos de interés nacional aquellos que son de interés estatal o municipal, porque sean celebrados por personas jurídicas estatales de los Estados o de los Municipios, incluyendo los Institutos Autónomos y empresas del Estado de esas entidades político-territoriales. Esta parece ser la interpretación más directa respecto a lo que se entiende, en el artículo 126 de la Constitución, por "interés nacional", contrapuesto a "interés estadal", o "interés municipal".

Todos los contratos de interés nacional, estadal o municipal, serían, por supuesto, contratos de "interés público" (artículo 127)[58], en el mismo sentido que la noción de Poder Público (Título IV de la Constitución) comprende al Poder Nacional, a los Poderes de los Estados y al Poder Municipal.

De acuerdo a este criterio, los contratos celebrados por un Estado miembro de la Federación o sus Institutos Autónomos o empresas del Estado estadales, o por un Municipio o sus Institutos Autónomos o empresas del Estado municipales, no serían contratos de interés nacional, en los términos del artículo 126 de la Constitución.

En nuestro criterio, en ausencia de una precisión del legislador sobre qué ha de entenderse por "interés nacional", la única interpretación que admite el texto constitucional para identificar los "contratos de interés nacional" son los que corresponden al ámbito nacional, por contraposición al estadal o municipal. Por eso, en principio, aquéllos requieren aprobación del Congreso (órgano que ejerce el Poder Legislativo Nacional) (Título V) y éstos no lo requieren. Los contratos de interés de los Estados o Municipios, por tanto, son contratos que no serían de interés nacional.

2. En la doctrina nacional se ha querido diferenciar cuantitativamente la noción de contrato de interés nacional, al identificarse con un "tipo esencial de contratos, por su importancia, por su magnitud económica, por sus consecuencias". Por ejemplo, Gonzalo Pérez Luciani, señala que:

"de no existir diferencias cualitativas entre los diversos contratos que pudiere celebrar la Administración para calificar a unos como de "interés nacional" y a otros no, la única posibilidad es que las normas diferenciales sean exclusivamente cuantitativas. De las diversas normas transcritas puede deducirse que la preocupación del Constituyente ha girado en torno a cuestiones como las siguientes: los compromisos económicos o financieros que pu-

---

58   *Cfr*. Eloy Lares Martínez, "Contratos de interés nacional", en *Libro Homenaje al Profesor Antonio Moles Caubet*, Tomo I, Caracas 1981, p. 117.

dieran resultar a cargo del Estado; al temor a que se malgasten o dilapiden los fondos públicos; la necesidad de conservar los bienes patrimoniales o los recursos naturales del Estado, o que los mismos no sirvan para beneficiar a unos pocos en detrimento de todos; los requerimientos de control, sobre los poderes de la Administración, para evitar abusos, favoritismos, etc.

Esas características cuantitativas son las que han movido al Constituyente para considerar a unos contratos de «interés nacional»"[59].

Una interpretación similar la hace José Melich Orsini, al señalar que un contrato de interés público (comprendido los de interés nacional) es el que contiene "una gran contratación hecha por la Administración Pública Nacional... que justifique a los fines de control la intervención del Congreso".[60]

Este criterio cuantitativo de interpretación sobre qué ha de entenderse por contrato de interés nacional, por sí sólo, es inadmisible para trazar el límite entre los contratos que sean de interés nacional y los que no lo sean, y requeriría, para su vigencia, de una ley que lo determine. El legislador, en efecto, tendría que establecer el límite "cuantitativo" o de "gran contratación", para que se pudiera exigir, como condición de eficacia contractual, la aprobación del Congreso. Lo cierto es que esa intervención parlamentaria no puede quedar sujeta a interpretaciones o a apreciaciones cuantitativas que, sin previsión legal, serían variables. Por tanto, el criterio cuantitativo no es admisible para determinar los contratos de interés nacional, sino cuando una ley establezca que aquellos de determinada cuantía, importancia o naturaleza lo sean, a los efectos de quedar sujetos a la aprobación del Congreso[61].

3. Otra posición doctrinal, elaborada bajo el ángulo del derecho internacional, sostiene que por contratos de interés público (comprendidos los de interés nacional) "debe entenderse pura y simplemente aquellos contratos celebrados por el Estado que puedan dar origen a reclamaciones extranjeras". Es la posición de Fermín Toro Jiménez, quien agrega que no serían contratos de interés público (incluyendo los de interés nacional) "todos aquellos en que no pueda plantearse la posibilidad de una reclamación extranjera, ni directamente, a través de una reclamación diplomática, ni indirectamente mediante el ejercicio de una acción contra el Estado venezolano ante los tribunales de un Estado extranjero, conforme a la legisla-

---

59 Dictamen sobre los contratos de interés público, de interés nacional y los contratos de empréstito público, 1973, citado por Fermín Toro Jiménez, *Manual de Derecho Internacional Público*, Vol. 1, Caracas 1982, p. 473. Esta tesis cuantitativa ha sido criticada por Eloy Lares Martínez, *Manual de Derecho Administrativo*, 5° Edición, Caracas 1983, p. 318.

60 "La Noción de Contrato de Interés Público" en *Revista de Derecho Público* N° 7, Caracas 1981, p. 61.

61 *Cfr*. Eloy Lares Martínez, *loc. cit.*, p. 136.

ción de ese mismo Estado. Estos contratos, serían aquellos celebrados por el Estado venezolano o demás entes públicos con personas naturales o jurídicas venezolanas"[62].

Esta interpretación tampoco es admisible, no sólo por su visión limitada respecto de los efectos internacionales de los contratos públicos, sino porque el mismo artículo 126 de la Constitución le da una connotación de derecho interno a los contratos de interés nacional, al admitir que una categoría de ellos pueden ser "necesarios para el normal desarrollo de la Administración Pública" aun cuando no se celebren con personas jurídicas extranjeras. Por otra parte, es una interpretación que identifica, en los términos de los artículos 126 y 127, los contratos de "interés público" con los de "interés nacional", lo cual no autoriza la Constitución. No se olvide que los primeros constituyen el género y los segundos una especie.

En todo caso, la interpretación de qué ha de entenderse por contrato de interés nacional, no puede estar basada en la sola posibilidad de reclamaciones extranjeras contra el Estado derivadas del vínculo contractual. La Constitución, en forma alguna, autoriza a esta interpretación, máxime cuando regula con precisión los casos de contratos celebrados por los entes públicos con personas jurídicas extranjeras[63].

Como conclusión, por tanto, en ausencia de una legislación que determine con precisión qué ha de entenderse por contrato de interés nacional, la única interpretación que autoriza el texto mismo de la Constitución para diferenciar "contratos de interés nacional" de aquellos que no lo son, es la que deriva del principio de la repartición vertical del Poder en nuestro sistema federal o político-territorial. Así, contratos de interés nacional son los celebrados por las entidades políticas y administrativas nacionales (República, Institutos Autónomos y otros establecimientos públicos estatales nacionales y empresas del Estado nacionales). En consecuencia, no son contratos de interés nacional los celebrados por los Estados o Municipios, sus institutos autónomos estadales o municipales y sus empresas del Estado estadales o municipales.

En consecuencia, sólo los primeros, los contratos de "interés nacional" están sometidos, como principio, al requisito de aprobación por el Congreso que prevé el artículo 126 de la Constitución en su primera parte; y, en cambio, los segundos, es decir, los contratos de interés estadal o municipal, no están sometidos al requisito de aprobación del Congreso para su celebración.

---

62 *Manual de Derecho Internacional Público*, Tomo I, Caracas 1982, pp. 481 y 482.

63 Art. 126, penúltimo aparte y 127.

B. La exigencia de aprobación del Congreso en los contratos de interés nacional

De lo señalado anteriormente puede concluirse como principio general, que todos los contratos de interés nacional, es decir, que sean celebrados por entes públicos o administrativos nacionales (República, Institutos Autónomos Nacionales, otros establecimientos públicos estatales nacionales y empresas del Estado nacionales), estarán sometidos a la aprobación del Congreso que, como requisito, se configura como una formalidad posterior a la conclusión del contrato.

Sin embargo, la Constitución establece en el artículo 126 que, en efecto, todos los contratos de interés nacional para ser celebrados requieren de la aprobación del Congreso "salvo los (contratos de interés nacional) que fueren necesarios para el normal desarrollo de la administración pública o los que permita la ley". Esa norma plantea varios problemas interpretativos:

1. Ante todo, el artículo 126 de la Constitución distingue dos categorías de contratos de interés nacional: aquellos que no son necesarios para el normal desarrollo de la Administración Pública y aquellos que, en cambio, sí son necesarios para el normal desarrollo de la Administración Pública. Sólo los primeros están sometidos al requisito de aprobación del Congreso.

Sin embargo, necesariamente aquí se nos plantea el problema, de nuevo, de establecer la frontera entre uno y otro contrato: en otras palabras, se plantea el problema de determinar cuándo un contrato de interés nacional es necesario para el normal desarrollo de la Administración Pública y cuándo no.

Ello exige definir criterios, en primer lugar, sobre lo que es o no "necesario" y, en segundo lugar, sobre lo que es o no "normal desarrollo". Estamos aquí, de nuevo, ante conceptos jurídicos imprecisos o indeterminados que sólo el legislador podría definir con precisión, para lo cual podría optar por variados criterios, incluso el de carácter cuantitativo. Mientras ello no se haga, nada autoriza al intérprete a calificar en forma definitiva un contrato de interés nacional como sujeto o no a la aprobación legislativa. Puede, sin duda, haber apreciaciones, pareceres u opiniones, pero no criterios jurídicos definitivos.

Como lo indicamos en otro lugar, "para ello se requiere una normativa legal que lo especifique"[64]. De lo contrario, como lo afirma Eloy Lares

---

64   Véase Allan R. Brewer-Carías, "La evolución del concepto de contrato administrativo" en *Libro Homenaje al Profesor Antonio Moles Caubet*, Tomo I, Caracas 1981, p. 53. La Contraloría General de la República, sin embargo, ha considerado como contratos de interés nacional que no necesitan aprobación por el Congreso, los contratos de obra públi-

Martínez, "dentro de esa primera excepción, pueden considerarse incluidos, si no la totalidad, la inmensa mayoría de los contratos que celebra el Ejecutivo Nacional, cualesquiera fuesen su magnitud, importancia y trascendencia en el desarrollo nacional"[65].

Ahora bien, siendo una excepción a la regla constitucional, es de interpretación estricta, y la aplicación de la misma, en principio, requeriría de una ley que determine cuáles son los contratos de interés nacional necesarios para el normal desarrollo de la Administración Pública y que, por tanto, no estarían sometidos a la aprobación posterior del Congreso. Mientras esto no ocurra, todos los contratos de interés nacional tendrían que someterse a ese requisito de aprobación parlamentaria. Ello, sin duda paralizaría y entrabaría el normal funcionamiento y desarrollo de la Administración del Estado, y para evitar eso, la misma Constitución previo otra excepción que, materialmente, convierte la regla misma en excepción.

2. En efecto, el artículo 126 de la Constitución somete a aprobación legislativa los contratos de interés nacional, "salvo... los que permita la Ley", lo que significa, como lo hemos indicado en otro lugar, "atribuidos por ley a cualquier autoridad pública sin indicación de la intervención del Poder Legislativo. De ello se desprende que, en realidad, en la práctica, la excepción es la regla general, pues la mayoría de los contratos administrativos no requieren la intervención a posteriori del Congreso Nacional, por lo cual el requisito de aprobación legislativa es excepcional"[66].

Con esta apreciación coincide Eloy Lares Martínez al señalar que "la segunda de las excepciones indicadas exime de la aprobación legislativa los contratos "que permite la Ley", esto es, aquellos que, en virtud de disposición legal, pueden celebrarse y ejecutarse sin necesidad de la referida aprobación. Esta excepción procede, no sólo cuando los preceptos legales referentes a determinados contratos los provean en todos sus trámites sin señalarles la necesidad de aprobación legislativa (sería un caso de permisión implícita), o cuando los eximan de manera expresa, de la necesidad de dicha aprobación explícita"[67]. En igual sentido, Luis Henrique Farías Mata señala que "también están exceptuados de la regla general de la aprobación legislativa, los contratos cuya celebración sin la aprobación

---

ca y los destinados a la adquisición de bienes. Véase CGR Dictámenes de la Consultorio Jurídica 1938-1968, Tomo III, Caracas 1968, p. 49.

65   *Loc. cit.*, p. 139.

66   Véase Allan R. Brewer-Carías, "La formación de la voluntad de la Administración Pública Nacional en los Contratos Administrativos" en *Revista de la Facultad de Derecho*, U.C.V. N° 28, Caracas 1964, pp. 61 a 112; reproducido en Allan R. Brewer-Carías, *Jurisprudencia de la Corte Suprema 1930-1975 y Estudios de Derecho Administrativo*, Tomo III, Vol. 2, Caracas 1977, p. 485.

67   *Loc. cit.,* p. 139.

del Congreso permita la ley. Esta nueva excepción a la regla general resulta lógica, porque la permisión de la ley haría redundante una nueva intervención del Parlamento por vía de aprobación"[68].

En consecuencia, en realidad, conforme a lo previsto en el artículo 126 de la Constitución, los contratos de interés nacional que en la actualidad deben someterse a la aprobación del Congreso, en ausencia de una ley que determine cuáles son los necesarios para el normal desarrollo de la Administración, son aquellos que no están regulados en modo alguno en leyes. Al contrario, si una ley establece la posibilidad de celebración del contrato y no prevé la aprobación parlamentaria, significa que ha sido el mismo legislador quien ha "permitido", por ley, la celebración del contrato sin aquella aprobación[69]. A esta situación conduce la redacción del artículo 126 de la Constitución, en cuanto a las excepciones a la aprobación parlamentaria en los contratos de interés nacional.

Por tanto, la aprobación del Congreso respecto de contratos de interés nacional, en la realidad, es absolutamente excepcional, pues el legislador, con base en lo establecido en la Constitución, ha permitido ampliamente la celebración de dichos contratos, sin prever ni regular la intervención legislativa. En consecuencia, puede afirmarse que cuando en una ley se prevé que un ente público nacional puede realizar determinadas actividades u operaciones, que pueden resultar en la celebración de contratos, y no prevé la aprobación parlamentaria, ésta no procede, ni podría, en forma alguna, invocarse una supuesta ineficacia del contrato por su omisión (nunca se trataría de invalidez, pues la aprobación del Congreso prevista en el artículo 126 de la Constitución es posterior a la conclusión del contrato).

III. EL SENTIDO ACTUAL DE LA DISTINCIÓN ENTRE LOS CONTRATOS ADMINISTRATIVOS Y LOS CONTRATOS DE DERECHO PRIVADO DE LA ADMINISTRACIÓN

Del análisis anterior que hemos realizado de las diversas formas contractuales del actuar administrativo resulta que la Administración realiza

---

68   Luis Henrique Farías Mata, *La Teoría del Contrato Administrativo en la Doctrina, Legislación y Jurisprudencia Venezolanas*, Caracas, 1968, p. 50.

69   La Contraloría General de la República, sin embargo, ha interpretado la expresión que "permita la ley" en el sentido de exceptuados expresamente por la ley de aprobación legislativa, a cuyo efecto cita el supuesto de contratos de asociación para construir empresas exceptuadas de aprobación legislativa por la Ley Anual de Presupuesto. Véase CGR Dictámenes de la Consultoría Jurídica 1969-1976, Tomo IV, Caracas 1978, pp. 243 y 253; y Tomo V, pp. 830 y 836. Al contrario, la opinión de la Procuraduría es que "cada vez que un texto legal autoriza a la administración pública a celebrar el contrato sin aprobación legislativa, será un contrato de interés nacional que no requiere ley aprobatoria". Véase Doctrina PGR 1972, Caracas 1973, p. 314.

con normalidad, una actividad administrativa cuya naturaleza corresponde a verdaderos contratos, aun en los casos en que se trate de contratos interadministrativos. En todos esos contratos, por supuesto, en mayor o menor intensidad, resultan aplicables las normas de derecho público.

Ahora bien, frente a esas figuras contractuales extremadamente variadas, la carga dogmática del derecho administrativo ha conducido a la discusión respecto de la naturaleza jurídica de dichos contratos originada por la pregunta: ¿se trata, siempre, de contratos administrativos o algunos de ellos son "contratos de derecho privado" suscritos por la Administración?

1. El origen de la distinción

La idea misma del contrato administrativo, como categoría propia del derecho administrativo erigida frente a la figura del contrato de derecho privado, aun el suscrito por la propia Administración, proviene de la doctrina francesa, tan influyente en el derecho público contemporáneo.[70] En el nacimiento de esa noción y en la justificación original de la distinción, está la partición de competencias entre la jurisdicción administrativa y la jurisdicción judicial. Por ello se ha dicho, con razón, que la única justificación de la noción del contrato administrativo estuvo en la atribución de competencias al órgano jurisdiccional contencioso-administrativo, o en otras palabras, en esa época, la única singularidad de los contratos administrativos era una singularidad de régimen jurisdiccional, que no afectaba, en ningún caso, ni a su naturaleza ni a su regulación de fondo, que seguirían siendo las propias de toda cuestión civil[71].

Pero, por supuesto, esta es una distinción que surge durante la primera década de este siglo. Durante el siglo pasado, a pesar de la dualidad de jurisdicciones, la distinción entre contratos administrativos y contratos de derecho privado suscritos por la Administración no existía, ni hubiera tenido razón de ser, en virtud de la unidad de jurisdicción que había en favor de la Administración.

En efecto, en su origen, la repartición de competencias entre la jurisdicción administrativa y la jurisdicción judicial en Francia estaba basada en un criterio orgánico: la jurisdicción administrativa era competente en todas las relaciones jurídicas en las que interviniera la Administración, por lo que todos los contratos en los cuales ella fuera parte caían bajo su ju-

---

70   Véase A. de Laubadere, Traité Theorique et Practique des Contrats Administratifs, 3 Vol. Paris 1956. La reedición actualizada de esta obra con el titulo *Traité des Contrats Administratifs*, en 2 Vols. ha estado a cargo de F. Moderne y P. Delvolvé, Paris 1984.

71   Véase Eduardo García de Enterría y Tomás Ramón Fernández: *Curso de Derecho Administrativo*, Madrid 1974, Tomo I, p. 492.

risdicción[72]. La jurisdicción judicial, por su parte, sólo era competente para conocer de los actos entre particulares. Aun en la época del predominio de la tesis de los actos de autoridad y actos de gestión como criterio del derecho administrativo, es de destacar que a pesar de considerarse a la actividad contractual como de gestión, su conocimiento continuaba correspondiendo a la jurisdicción administrativa en virtud del criterio orgánico. Por ello, durante todo el siglo pasado, en Francia no había distinción entre contratos administrativos y contratos de derecho privado, pues no sólo no había necesidad de distinguirlos por su régimen jurídico, sino que tampoco había un motivo jurisdiccional para ello.

Es a comienzos del presente siglo, con la aparición del criterio de servicio público, cuando comienza a formularse la idea de un contrato administrativo, sometido a un régimen de derecho administrativo, como contrapuesto al contrato de derecho privado, sometido a las regulaciones del derecho civil, con sus razones jurisdiccionales: los primeros quedaban sometidos a la jurisdicción administrativa, en cambio que los últimos caían bajo la competencia de la jurisdicción judicial. En el inicio de esta distinción jurisdiccional está la célebre decisión contenida en el arrêt Terrier, de 1903, en el cual el Consejo de Estado francés señaló que todo lo que concernía a la organización y funcionamiento de los servicios públicos, fuera que la Administración actuase por vía de contrato o de autoridad, constituía una operación administrativa, que por su naturaleza, era del dominio de la jurisdicción administrativa[73].

La noción del servicio público, por tanto, fue la que dio origen a la distinción y correspondió a Jèze, como ductor de la escuela de Burdeos o del servicio público, desarrollar la teoría de los contratos administrativos[74].

La justificación posterior de estos contratos administrativos, sometidos, como los servicios públicos, a un régimen jurídico especial, estuvo en la noción de las cláusulas exorbitantes del derecho común, que les daban una sustantividad propia. Por ello, el derrumbamiento del criterio del Servicio Público, como noción clave del derecho administrativo francés y de la partición de competencias entre las jurisdicciones administrativa y judicial, no produjo consigo el derrumbamiento de la distinción entre los contratos administrativos y los contratos de derecho privado suscritos por la Administración. La distinción ya había adquirido sustantividad y perdi-

---

72   Véase José Ramón Parada Vázquez: *Los orígenes del contrato administrativo en el derecho español*, Sevilla, 1963, pp. 32 y ss.

73   Véase la decisión del Consejo de Estado Francés, de 6-2-1903, conocida como Arrêt Terrier, en M. Long, P. Weil y G. Braibant: "Les grands arrêts de la jurisprudence administrative". Paris, 1978, pp. 53 y ss.

74   En la obra de Gaston Jéze: *Principios generales del Derecho Administrativo*, 6 tomos. Buenos Aires, 1949-1950, los tres últimos están destinados a la "Teoría general de los contratos administrativos".

do su base adjetiva, con base en la idea clave de las cláusulas exorbitantes del derecho común, las cuales siempre estaban presentes en los primeros y no se encontraban en los segundos[75].

Por supuesto, paralelamente a la idea de las cláusulas exorbitantes del derecho común, que más que la causa de la distinción era su consecuencia, la doctrina del derecho administrativo, en las últimas décadas, ha venido elaborando los más variados criterios de distinción entre las dos categorías de distinción entre las dos categorías de contratos[76]. La imposibilidad real de lograr una neta distinción entre ambas figuras contractuales es lo que ha provocado el desespero de los autores y que la propia teoría de los contratos administrativos siga siendo, como lo dice, E. García de Enterría: "notoriamente insatisfactoria"[77].

2. El concepto del contrato administrativo y la autonomía del derecho administrativo

Como se dijo anteriormente, la autonomía del derecho administrativo, incuestionable, por supuesto, se ha pretendido vincular, inconscientemente, a la sustantividad propia de todas las instituciones de esta rama del derecho, particularmente respecto de las que provienen del tronco común del derecho privado, y a la aplicabilidad, a la Administración, de un régimen jurídico especial y propio, distinto del derecho civil. Allí está el origen de la insatisfacción, del desespero y de las posiciones polémicas que caracterizan a la teoría del contrato administrativo.

Ante todo, como lo ha puntualizado Dromi[78], debe quedar claro que la mayoría de las figuras jurídicas son comunes a las distintas ramas del derecho. Por ello, el contrato, tal como lo afirma E. García de Enterría[79], es una institución general a todo él Derecho, por lo que no es una figura propia de una rama jurídica específica; es común al derecho civil, al derecho mercantil, al derecho laboral y al derecho administrativo; y se lo califica de civil, mercantil, del trabajo o administrativo, cuando se le suman, a sus características básicas y genéricas, las notas peculiares y específicas del régimen regulado en esas ramas del derecho.

---

75 Véase Eduardo García de Enterría: "La figura del contrato administrativo", en *Revista de Administración Pública,* N° 41, Madrid 1963, pp. 106-108.

76 Véase, por ejemplo, Miguel Ángel Bercaitz: *Teoría General de los Contratos Administrativos*, Buenos Aires, 1952, pp. 169 y ss.

77 Véase Eduardo García de Enterría: "La figura del contrato administrativo", *loc. cit.*, p. 110.

78 Véase José Roberto Dromi: "Contratos de la Administración: Régimen Jurídico Unitario", *Rassegna dei Lavori Pubblici*, Estratto dal N° 11. Noviembre, 1977, pp. 4 y 5.

79 Véase Eduardo García de Enterría: "La figura del contrato administrativo", *loc. cit.*, p. 115.

El hecho histórico de que el contrato, como institución, haya tenido su origen sustantivo en el derecho privado, y que allí haya encontrado su aplicación y regulación más depurada, no puede conducir a la conclusión de que sea una figura exclusiva del derecho civil, y de que a las instituciones contractuales similares que tienen vida en otros ámbitos jurídicos, haya que construirles, a toda costa, una sustantividad propia. El derecho administrativo, para justificar su autonomía, no necesita ya del esfuerzo encomiable y quizás fundamental, por sustantivar sus propias instituciones. Por otra parte, si bien el derecho administrativo es el que regula la Administración Pública, la ecuación Administración-Derecho Administrativo no es válida en la actualidad, por la evidente interaplicación del derecho público y del derecho privado, tanto a los sujetos del derecho administrativo como a los particulares.[80]

La Administración, por tanto, si bien preponderantemente regulada por el derecho administrativo, en la actualidad está sometida tanto al derecho público como al derecho privado, y su actividad, regida por ambas ramas del derecho, será siempre una actividad administrativa[81]. No hay, en realidad, actividad privada de la Administración: así como no existen actos privados de la Administración[82]. La actividad de la Administración y, en general, de todos los sujetos de derecho administrativo, está sometida a un régimen preponderante de derecho administrativo o preponderante de derecho privado, pero ello no autoriza a concluir que, en el primer supuesto, la actividad sea administrativa y, en segundo, sea privada.

En materia de contratos de la Administración, entonces, habrá contratos con un régimen preponderante de derecho administrativo o preponderante de derecho civil[83], o si se quiere, habrá contratos en los cuales la modulación administrativa de los mismos alcanza una mayor o menor intensidad[84].

Por tanto, en nuestro criterio, y en países como Venezuela, en los cuales la jurisdicción contencioso-administrativa había sido tradicionalmente competente para conocer de todos los litigios concernientes a los contratos de cualquier naturaleza en que fuera parte la Administración, la distinción entre contratos administrativos y contratos de derecho privado, no

---

80 Véase Allan R. Brewer-Carías: "La distinción entre las personas públicas y las personas privadas y el sentido de la problemática actual de la clasificación de los sujetos de derecho", *Revista de la Facultad de Derecho*, U.C.V., N° 57, Caracas 1976, pp. 115-135.

81 Aun en los supuestos de la denominada "administración del derecho privado", ésta está regida por el derecho público. Véase Allan R. Brewer-Carías: "La impugnación de los Actos Administrativos de Registro ante la jurisdicción contencioso-administrativa", en *Libro Homenaje a la Memoria de Joaquín Sánchez Covisa*, Caracas, 1975, p. 460.

82 *Cfr.*, José Roberto Dromi, loc. cit., p. 10.

83 Idem, p. II.

84 Véase Eduardo García de Enterría y Tomás Ramón Fernández: "Curso...", *cit.*, p. 497.

tendría el interés jurídico que ha tenido en otros países, derivado del interés en sustantivar nuestro propio derecho administrativo.

En todo caso, hay unos contratos de la Administración -esto ya no parece necesario reafirmarlo- que tienen siempre, como lo señala J. R. Parada Vázquez, un régimen mixto[85], el cual según su finalidad, será un régimen preponderante de derecho público o preponderante de derecho privado, de acuerdo al interés público envuelto en el vínculo jurídico que se establezca. Por ello, puede decirse que no sólo la presencia de una Administración Pública en la relación contractual, sino la finalidad perseguida por esa Administración, más o menos vinculada al servicio público, como noción genérica, es lo que provocará la preponderancia y las modalidades específicas de dicha relación.

Esto, sin embargo, no excluye el hecho de que todos los contratos de la Administración estén sometidos a un conjunto de regulaciones comunes de derecho público, y la posible preponderancia del derecho público o del derecho privado a que hemos hecho referencia, se reduzca, en realidad, a las modalidades de ejecución y cumplimiento del contrato. Aquí es donde adquieren sentido las denominadas cláusulas exorbitantes del derecho común, las cuales, en realidad y, en general, no son tales cláusulas contractuales, sino que resultan de los propios poderes de acción unilateral de la Administración, como gestora del interés público[86]. Su utilización no está proscrita en ninguna de las relaciones contractuales de la Administración, ni siquiera en aquellas tradicionalmente calificadas como de derecho privado, por lo que en ellas podrán ser usadas, según la apreciación del interés general envuelto en la relación contractual que haga la propia Administración.

Por otra parte, y aun en aquellos contratos tradicionalmente calificados como administrativos, debe recordarse que respecto de ellos, a pesar de que predomine el régimen de derecho público, no ha existido nunca un régimen jurídico uniforme sino que, en general, se han admitido tantos regímenes como relaciones contractuales celebra la Administración para el cumplimiento de sus fines públicos.

Estas son las cuestiones básicas que tenemos que analizar a continuación.

---

85   Véase José Ramón Parada Vázquez, *op. cit.*, p. 11.

86   En este sentido, la Procuraduría General de la República, al referirse a estas cláusulas que consagran poderes de la administración "observa que no se trata de facultades contractuales, sino de simples manifestaciones autoritarias de la administración, que posee fuera de toda relación contractual. Dichos poderes no aparecen reconocidos en el texto del contrato, ni conferidos en ningún texto legal, sino que se trata de principios aceptados universalmente y que forman parte de ese poder amplio de autotutela de que está dotada la administración". Véase Doctrina PGR 1971, p. 175.

3. El régimen común de derecho público de todos los contratos de la administración

En efecto, señalamos, en primer lugar, que todos los contratos de la Administración, es decir, toda la actividad contractual de la Administración, cualquiera sea su forma, está siempre sometida a un régimen común y uniforme de derecho público. Bajo ese ángulo, no tiene interés jurídico sustantivo, plantear distinción alguna entre contratos administrativos y contratos de derecho privado de la Administración. Este régimen unitario y común a todos los contratos de la Administración, se refiere al proceso de formación de la voluntad administrativa en la actividad contractual.[87] En este campo, donde la aplicación del derecho público es evidente, no hay duda de que estamos en presencia de un régimen común a los denominados contratos administrativos y a los contratos de derecho privado. Veamos.

En primer lugar, las reglas de competencia. Estas se aplican y son de orden público, sea cual sea la Administración que actúe y sea cual sea la finalidad que la Administración persiga al actuar.

No hay aquí distingos: siempre, la Administración contratante debe ser la competente en los términos prescritos por el derecho administrativo, sin que quepa hablar de que tratándose de contratos de derecho privado se aplicarían las reglas civiles de la capacidad[88].

En segundo lugar, las reglas del procedimiento administrativo. En todos aquellos supuestos en que exista formalmente prescrito un procedimiento para contratar, la Administración debe sujetarse al mismo, sea cual sea la posible naturaleza de la relación contractual. Como ejemplo de ello deben citarse, en Venezuela, las normas sobre formalidades en la tramitación de contratos establecidos uniformemente para todos los contratos de la Administración Ministerial en el viejo Reglamento del Estatuto Orgánico de Ministerios de 1971[89].

En tercer lugar, las reglas relativas a las formalidades previas previstas en ciertas relaciones contractuales: opinión previa del Senado o de la Contraloría General de la República en las relaciones contractuales en las cuales se enajenen bienes inmuebles o muebles, respectivamente, por

---

87 Cfr. Eduardo García de Enterría: "La figura del contrato administrativo", *loc. cit.*, p. 113; José Roberto Dromi: *loc. cit.* p. 11: José Ramón Parada Vásquez: *op. cit.*, pp. 12 y 13. Véase además, Doctrina PGR 1971, Caracas 1972, 173.

88 Véase Allan R. Brewer-Carías: *Introducción al Estudio de la Organización Administrativa Venezolana.* Caracas, 1978, pp. 62 y ss.

89 Véase Decreto N° 539, de 10-2-71, en Gaceta Oficial N° 29.438, de 11-2-71.

ejemplo[90]; opinión previa del Consejo de Ministros o de la Contraloría en los contratos que impliquen transacciones[91].

En cuarto lugar, las reglas relativas a las previsiones presupuestarias y al control fiscal externo. Todos los contratos celebrados por la Administración, cuando implican compromisos financieros y, por tanto, gastos, para poder ser celebrados, debe haberse previsto dichos gastos en el presupuesto anual.

La previsión constitucional venezolana de que no se hará del Tesoro gasto alguno no previsto en la Ley de Presupuesto[92] se aplica a cualquier gasto originado en cualquier actividad administrativa, incluso su actividad contractual.

Por otra parte, todos los contratos de la Administración, sea cual fuere la finalidad perseguida y su naturaleza, y salvo las excepciones de base cuantitativa o de urgencia prevista en la ley, están sometidos a las modalidades de control fiscal previo por parte de la Contraloría General de la República[93].

Este organismo, respecto de cada contrato que implique compromiso financiero, deberá verificar la correcta imputación del gasto programado al crédito presupuestario establecido; la disponibilidad de las respectivas partidas presupuestarias; la previsión de precios justos y razonables; y la existencia de las debidas garantías constituidas por el co-contratante a favor de la Administración[94]. Este régimen de derecho público es común a todos los contratos celebrados por la Administración.

En quinto lugar, están las reglas de selección de contratistas. Cuando están legal o reglamentariamente prescritas, las mismas se aplican a todos los contratos de la Administración, estableciéndose, en general, excepciones, con base en la cuantía y no con base en la naturaleza de la relación que se establece entre la Administración y el Administrado. Por tanto, la licitación, el concurso y todas las formas de selección se aplican, indistintamente, en todos los contratos de la Administración[95].

---

90 Véase el artículo 150, ordinal 2°, de la Constitución y artículos 23 y 24 de la Ley Orgánica de la Hacienda Pública Nacional.

91 Véase artículo 49 de la Ley Orgánica de la Hacienda Pública Nacional.

92 Artículo 227.

93 Artículos 18 y ss., de la Ley Orgánica de la Contraloría General de la República (G.O. N° 1.756 Extraordinario, de 30-6-75).

94 Idem.

95 Véase artículos 427 y ss. de la Ley Orgánica de la Hacienda Pública Nacional y la Ley de Licitaciones, G.O. N° 34.528 de 10-8-90.

4. El régimen preponderante de derecho público en la ejecución de ciertos contratos de la administración

A. Algunos contratos con régimen preponderante de derecho público y sus consecuencias

Hemos señalado que aparte del régimen común y uniforme de derecho público de todos los contratos de la Administración, sin duda, ciertos contratos que ésta celebra, por su vinculación al interés general o por su finalidad de servicio público, tienen un régimen preponderante de derecho público aplicable a las modalidades de ejecución, cumplimiento y extinción del contrato.

Ciertamente, por su carácter reiterativo y de utilización permanente, a ciertos contratos se los ubica, en forma fija, dentro de esta categoría con régimen de preponderancia de derecho público, por ejemplo, los contratos de obra pública o las concesiones de servicio público. Sin embargo, ello no implica que en un momento determinado, no pueda la Administración juzgar que, en una relación contractual cualquiera, aparentemente similar a las de derecho privado, no se haga presente un interés general que exija aplicar las modalidades propias del derecho público.

Ese carácter normal y reiterativo de aquellos contratos, por otra parte, ha llevado, por ejemplo, a la Administración, a la elaboración unilateral de cláusulas de condiciones generales y específicas, como las previstas en los contratos de obra pública, y a la elaboración, inclusive, del texto de los contratos por la sola Administración, configurándose, para los co-contratantes, en cabales contratos de adhesión[96]. Además, esas cláusulas de condiciones generales, por el interés público envuelto en la ejecución del contrato, inclusive llegan a regular situaciones jurídicas no previstas normalmente en contratos suscritos entre particulares, por ejemplo, en el campo de variación, y revisión de precios y tarifas, que resultan ser más favorables a éstos.[97]

Sin embargo, insistimos, este régimen preponderante de derecho público, manifestado en los aspectos señalados, si bien es normal en ciertos contratos tradicionalmente calificados como administrativos, ello no implica que haya otros contratos de la Administración, con pretendido régimen de derecho privado, en los cuales estén proscritas las modulaciones de derecho público. Esto resulta evidente en lo que concierne a las reglas de derecho público que afectan la ejecución, el cumplimiento y la extinción de los contratos llamados administrativos, y que dan origen a las denominadas cláusulas exorbitantes del derecho común.

---

96   Véase el Decreto N° 1.821 de 30-8-91 sobre Condiciones Generales de Contratación de Obras. G.O. N° 34.797 de 12-9-91.

97   Por ejemplo, los artículos 61 y ss., en idem.

B. Las llamadas cláusulas exorbitantes

Dos cuestiones deben quedar claras en torno a estas llamadas cláusulas exorbitantes: en primer lugar, como se dijo, en general no son cláusulas en el sentido de que no son estipulaciones contractuales, sino que, en realidad, son manifestaciones del poder de acción unilateral propio de la Administración Pública; y en segundo lugar, no son exorbitantes del derecho común, pues la Administración, por lo señalado anteriormente, puede utilizarlas aun en aquellas relaciones contractuales en las cuales exista una preponderancia de régimen de derecho privado. Además, como lo ha dicho G. Vedel, la tal exorbitancia, en realidad no implica que las mismas pudieran ser ilícitas en contratos privados, sino que son desacostumbradas y poco verosímiles[98]. De allí que no sirvan como criterio para fundamentar una distinción entre contratos administrativos y contratos de derecho privado de la Administración.

Pero ¿cuáles son, en realidad, estas famosas cláusulas exorbitantes que sólo podrían darse en el campo del contrato administrativo? Eduardo García de Enterría ha hecho un magistral análisis de las mismas[99], que conviene repasar.

a. *Las decisiones unilaterales de la Administración en la ejecución de los contratos*

En primer lugar, están todas aquellas decisiones unilaterales de la Administración Pública en materia contractual, y que se refieren, como lo ha señalado la jurisprudencia venezolana, a la dirección, interpretación, incumplimiento, sanción, y extinción de la relación contractual[100].

Sin embargo, como lo señala E. García de Enterría, estas cláusulas, en realidad son extracontractuales, y provienen de los poderes propios de acción unilateral de la Administración como gestora del interés público.

Por ello, con razón, la jurisprudencia venezolana ha establecido que estas cláusulas no necesitan estar previstas en el texto contractual[101]; por supuesto que no, pues como se dijo, no son realmente estipulaciones con-

---

98 Véase Georges Vedel: "Remarques sur la notion de clause exorbitante", en *Estudes en l'bonneur d' A. Mestre*. París, 1956, pp. 545 y ss., *cit.* por Eduardo García de Enterría: "La figura del contrato administrativo", *loc. cit.*, p. 122. Cfr. André de Laubadére: Traité des Contrats Administratifs. París, 1956, p. 99.

99 Véase Eduardo García de Enterría: "La figura...", *loc. cit.*, pp. 122 y ss.

100 Véase Allan R. Brewer-Carías: *Las Instituciones Fundamentales del Derecho Administrativo y la Jurisprudencia Venezolana*, Caracas 1964, pp. 196 y ss.

101 Idem, p. 196.

tractuales, ni podrían serlo. En todo caso, conforme a ello, la Administración, unilateralmente, puede decidir sobre la dirección en la ejecución del contrato, sobre la interpretación de sus cláusulas, sobre las situaciones que originan incumplimiento del contrato, sobre la aplicación de las sanciones legalmente previstas y sobre las situaciones que permiten decidir la rescisión unilateral. Estas decisiones son actos administrativos unilaterales, que gozan tanto de ejecutividad como de ejecutoriedad, y que deben ser impugnados previamente, como tales actos administrativos, antes de procederse a acudir a la vía contencioso-administrativa de las demandas contra los entes públicos en materia contractual, salvo que las pretensiones de condena vayan acompañadas de las respectivas pretensiones de anulación.

Estas decisiones unilaterales de la Administración, como se dijo, en general, no son cláusulas contractuales y resultan del propio poder de acción unilateral de la Administración previsto en el ordenamiento jurídico. Por supuesto, esta decisión unilateral no puede afectar elementos que sean de la esencia del vínculo jurídico contractual[102]: por ejemplo, los daños y perjuicios por incumplimiento, si no existe cláusula penal expresa, no pueden estimarse unilateralmente, y la Administración tendrá que probarlos en vía judicial[103].

En todo caso, estos poderes de decisión unilateral se pueden utilizar frente a cualquier relación contractual de la Administración, sea de las que tienen un régimen preponderante de derecho público o de derecho privado; dependerá su utilización de la apreciación del interés general envuelto en la relación contractual que haga la Administración. Por ello, al no ser cláusulas contractuales, no pueden servir para distinguir unos contratos de otros.

b.   *Los poderes de modificación unilateral de los contratos*

En segundo lugar, están todos los poderes o prerrogativas de la Administración que pueden conducir a la modificación de las cláusulas contractuales. Esto sucede, no sólo cuando es la propia Administración contratante la que modifica el contrato unilateralmente, sino cuando lo hace otra autoridad pública, mediante el denominado "hecho del príncipe". De nuevo, aquí nos encontramos con el poder de acción unilateral de la Administración, que no tiene su fuente en el contrato, y que no afecta la esencia de la relación contractual.

En efecto, en caso de modificación e incluso, de rescisión unilateral del contrato por la Administración co-contratante por razón de interés públi-

---

102   Cfr., Eduardo García de Enterría: "La figura. . .", *loc. cit.*, pp. 123 y 124.
103   Véase Allan R. Brewer Carías: "Las Instituciones Fundamentales..." *cit.*, p. 199.

co, la Administración debe indemnizar al co-contratante, por lo que la equivalencia de prestaciones, cuyo equilibrio puede ser roto por la decisión unilateral, se restablece con el derecho de indemnización[104]. La rescisión o modificación unilateral no afectan, realmente, la esencia del contrato, y lo que no puede el co-contratante, es alegar ilicitud en el poder de modificación unilateral y demandar a la Administración el cumplimiento. El incumplimiento siempre es posible en las obligaciones de hacer, y la incoercibilidad del cumplimiento específico de éstas se sustituye con la equivalencia indemnizatoria[105].

La legalidad de la decisión unilateral que modifique o extinga un contrato, está vinculada al interés público envuelto y sus límites son los límites de la discrecionalidad, por lo que no puede ser arbitraria.[106]

Por otra parte, las modificaciones contractuales derivadas del hecho del príncipe, y que también dan derecho a indemnización, de nuevo derivan de los propios poderes de acción unilateral del Estado y la Administración, con los cuales no sólo se pueden afectar contratos suscritos entre la Administración y un particular, sino contratos suscritos entre particulares: piénsese sólo, por vía de ejemplo, en los efectos de la expropiación sobre contratos interpartes.

En todo caso, la modificación unilateral de los contratos de la Administración y que proviene de decisiones unilaterales de ésta, es una facultad que ella tiene respecto de todos los contratos que suscriba, sean de régimen preponderante de derecho público o de derecho privado, es decir, sean contratos administrativos o de derecho privado. Su aplicación a las relaciones contractuales siempre será posible y dependerá de la apreciación del interés general envuelto en la situación jurídica concreta. No debe dejar de mencionarse, por ejemplo, que la decisión más importante de la Corte Suprema de Justicia de Venezuela en materia de contratos administrativos, dictada en 1954[107], fue producida con motivo de un contrato suscrito entre la República y un particular para el suministro de conejos con fines de investigación y experimentación por parte del Ministerio de Agricultura y Cría. Un contrato de suministros de conejos con esos fines, realmente, no parecía, a primera vista, como un contrato de los denominados administrativos, sin embargo, por una epidemia observada en los conejos, la Administración decidió rescindirlo unilateralmente, y con ello

---

104 Véase Eduardo García de Enterría: "La figura. . .", *loc. cit.*, p. 126.

105 Véase José Ramón Parada Vázquez: *op. cit.*, pp. 216 y ss.

106 Véase Allan R. Brewer-Carías, "Los limites al poder discrecional de las autoridades administrativas", en *Revista de la Facultad de Derecho*, UCAB, N° 2, Caracas, 1965-1966, pp. 9 y ss.

107 Véase Allan R. Brewer-Carías, *Jurisprudencia de la Corte Suprema 1930-1974, y Estudios de Derecho Administrativo*, tomo III, Vol. 2, Caracas, 1977, pp. 661, 729, 732, 767, 804, 828 y 893.

"descubrió" que su régimen era uno preponderante de derecho público, dada la apreciación que del interés general envuelto realizó la Administración.

c. *Los efectos de los contratos respecto de terceros*

En tercer lugar, como parte de las llamadas cláusulas exorbitantes, están todos aquellos efectos de los contratos respecto de terceros extraños a la relación contractual Administración-Administrado. En efecto, como consecuencia de ciertos contratos administrativos, particularmente de las concesiones, resulta que los terceros pueden quedar afectados por cargas específicas[108]. Por ejemplo, en las concesiones mineras y en las antiguas concesiones de hidrocarburos, el concesionario podía, por subrogación de la potestad estatal, ejercer la potestad expropiatoria respecto de inmuebles de propiedad particular necesarios para la explotación y exploración del objeto de la concesión[109]; en los contratos de obra pública, el cocontratante de la Administración puede ocupar temporalmente propiedades ajenas a los efectos de la construcción contratada[110]; en las concesiones ferrocarrileras, el concesionario tiene derecho a extraer materiales de propiedades privadas cercanas a la línea del ferrocarril, a los efectos de la construcción de la misma[111]; en fin, en las concesiones de servicio público, los concesionarios tienen derecho a percibir las tasas por la prestación del servicio, y a ejercer potestades de policía del servicio público[112]. En ellas mismas, además, los bienes del concesionario afectados al servicio público no son embargables de inmediato por vía judicial[113].

La doctrina francesa ha visto en estas cargas o efectos respecto de terceros, una ruptura del principio de la relatividad de los efectos de los contratos, limitados a las partes. Sin embargo, es necesario destacar, como lo ha hecho André de Laubadère, que lo que se califica como efectos respecto de terceros no provienen, en realidad, del contrato Administración-Administrado, sino directamente de la ley[114]. En Venezuela, por ejemplo, son las Leyes de Minas, de Hidrocarburos, de Expropiación por Causa de Utilidad Pública o Social, de Ferrocarriles, de la Procuraduría General de

---

108 Véase Eduardo García de Enterría: "La figura. . .", *loc. cit.*, pp. 126 y 127.

109 Véase el artículo 9 de la Ley de Expropiación por Causa de Utilidad Pública o Social, y artículo 52 de la Ley de Hidrocarburos.

110 Artículos 47 y ss. de la Ley de Expropiación por Causa de Utilidad Pública o Social.

111 Artículo 17 de la Ley de Ferrocarriles, del 25-7-57 (G.O. N° 25.425 de 78-57).

112 Por ejemplo, los artículos 32 y sigts. de la vieja Ley de Concesiones Ferrocarrileras de 1918, derogada por la ley de 1957.

113 Véase artículo 46 de la Ley Orgánica de la Procuraduría General de la República de 29-12-65 (G.O. N° 27.921, de 22-12-65).

114 Véase André de Laubadére: *Traité des Contrats Administratifs, cit.*, tomo II, pp. 86 y ss.

la República y los cuerpos normativos locales de servicios públicos, los que prevén estos efectos respecto de terceros. Por tanto, no son los contratos los que tienen efectos respecto de terceros, sino las previsiones legales respectivas, actualizadas y concretizadas mediante una relación contractual.

Estas "cláusulas exorbitantes", en todo caso, además de no ser, exclusivamente, tales cláusulas, su posibilidad está regulada por ley, y es ésta la que establece, al preverlas, en definitiva, una preponderancia de régimen de derecho público, al que hemos hecho referencia.

C. La ausencia de un régimen jurídico unitario para los contratos de la Administración con régimen preponderante de derecho público

Tal como hemos señalado, en el universo de las figuras contractuales del actuar administrativo, pueden identificarse algunos contratos que, por su utilización frecuente para fines públicos o por la finalidad concreta de servicio público perseguida, están sometidos a un régimen mixto público y privado, pero preponderantemente público en cuanto a la ejecución, cumplimiento y extinción de los contratos. A estos contratos, normalmente, se les denomina administrativos.

Ahora bien, en esta categoría de contratos, es necesario puntualizar que los mismos no tienen, en absoluto, un régimen uniforme de preponderancia de derecho público. No encontramos en todos ellos las mismas cláusulas exorbitantes ni las mismas normas de derecho público. Basta recordar, de nuevo, los ejemplos citados anteriormente respecto de los efectos de los contratos con relación a terceros. Las normas de derecho público variarán, según la mayor o menor regulación legal positiva de que haya sido objeto la figura contractual. Por tanto, frente a los contratos administrativos, ni siquiera podemos hablar de un régimen unitario preponderante de derecho público.

5. El sentido de la distinción entre contrato administrativo y contrato de derecho privado de la administración

A. Algunas conclusiones

De lo dicho anteriormente podemos extraer las siguientes conclusiones generales, que nos servirán para entender el sentido actual de la distinción entre contratos administrativos y contratos de derecho privado de la Administración.

Debemos convenir ante todo que en Francia, durante el siglo pasado, no se planteaba la distinción entre contratos administrativos y contratos de derecho privado de la Administración: los contratos de la Administración tenían un sólo régimen jurídico y su conocimiento correspondía a la jurisdicción contencioso-administrativa en virtud de su competencia con fundamento orgánico. Cuando se formula el criterio diferenciador de actos de autoridad y actos de gestión, a pesar de que a los contratos se los ubica en esta última categoría, su control jurisdiccional, por vía de excepción, continuaba bajo la competencia de la jurisdicción administrativa.

Sin embargo, con la aparición del criterio de servicio público, a principios del presente siglo, como criterio del derecho administrativo, no sólo se consolida la autonomía de esta disciplina, sino que se comienzan a sustantivar las diversas instituciones utilizadas en el actuar administrativo. Los contratos administrativos quedaron vinculados a la noción de servicio público, y los mismos caían bajo la competencia de la jurisdicción administrativa. Los otros contratos que celebraba la Administración caían bajo la competencia de la jurisdicción judicial, con lo que rompió la unidad adjetiva y jurisdiccional en materia contractual. Se diferenció, entonces, al contrato administrativo del contrato de derecho privado de la Administración, y se sustantivó el primero, como un contrato típico del derecho administrativo, por oposición al de derecho civil, identificable jurídicamente por la presencia en ellos de cláusulas exorbitantes del derecho común.

A pesar del posterior abandono del criterio del servicio público, la teoría del contrato administrativo montada inicialmente en esa concepción, ya había desarrollado una sustantividad propia, básicamente, fundamentada en la presencia de las cláusulas exorbitantes. Ello era suficiente para seguir sosteniendo la distinción, a los solos efectos jurisdiccionales, como criterio de repartición de competencias.

Esta teoría del contrato administrativo, materialmente, fue la que se recibió en los países como los nuestros, cuyos sistemas jurídicos han sido tributarios del derecho francés. Importamos, en general, la distinción teórica, pero sin la justificación jurisdiccional práctica. Por ello, la doctrina universal trató de justificar la distinción, formulando los más variados y diversos criterios.

En la actualidad, consolidada y madurada la doctrina administrativa en los países latinoamericanos, se comienza a observar, al igual que en la doctrina española, un proceso de revisión y crítica a la distinción importada y trabajada. No existiendo, en general, una repartición de jurisdicciones a la usanza francesa, y no necesitando actualmente el derecho administrativo de sustantivar sus instituciones por oposición al derecho civil, de donde proviene la mayoría, el problema de los contratos administrados se debería plantear en otros términos.

En realidad, toda la actividad contractual de la Administración es de carácter administrativo. No hay contratos privados de la Administración[115]. Todos los contratos de la Administración tienen un régimen mixto de derecho público y de derecho privado. Una parte sustancial de dicho régimen es común a todos los contratos, y es de derecho público. Se trata de las normas relativas a la formación del contrato. En materia de ejecución, cumplimiento y extinción del contrato, el régimen será preponderantemente de derecho privado, según la finalidad de servicio público perseguida por la Administración. Pero ello no autoriza a plantear una distinción y régimen estático. La gestión del interés general puede hacer variar las condiciones de ejecución, según la apreciación de la Administración y, por tanto, la preponderancia del régimen.

En todo caso, esta preponderancia de régimen de derecho público proviene, en general, de poderes propios de acción unilateral de la Administración y no tienen su fuente en el contrato. Por otra parte, no se presenta este régimen como uniforme en los llamados contratos administrativos, pues varía según los cuerpos normativos que regulan cada figura contractual.

En definitiva, la distinción entre contratos administrativos y contratos de derecho privado de la Administración puede decirse que estaría en la actualidad superada, careciendo de interés jurídico. Insistimos, toda la actividad contractual de la Administración es administrativa, y habrá, en ciertos contratos, según la finalidad de servicio público perseguida, una preponderancia de régimen de derecho público. Si a estos contratos los queremos llamar contratos administrativos, ello debía ser por puro convencionalismo y tradición terminológica legítima, pero no porque sean opuestos a los contratos de derecho privado que celebre la Administración.

B. La distinción establecida en la Ley Orgánica de la Corte Suprema de Justicia (1976) para la atribución de competencias jurisdiccionales

Pero a pesar de lo antes dicho, la Ley Orgánica de la Corte Suprema de Justicia de 1976, acogió la distinción que criticamos.

En efecto, puede decirse que en materia de demandas contra los entes públicos, el sistema de atribución de competencias en materia contencioso administrativa adoptado por la Ley Orgánica de la Corte Suprema de Justicia es básicamente un sistema *ratione personae*, como un privilegio jurisdiccional sólo para la República, los Institutos autónomos nacionales y

---

115 Por ello, con razón, la Procuraduría General de la República señala que los contratos de derecho privado en el sentido estricto que puede celebrar la Administración, son verdaderamente escasos o difíciles de encontrar. Véase Doctrina PGR 1971, p. 174. En todo caso, también ha señalado la Procuraduría que aun los contratos de derecho privado deben someterse a normas de derecho público. Doctrina PGR 1963, Caracas, 1964, pp. 69-71.

las empresas del Estado nacionales. Sin embargo, ello no es general, pues la Ley Orgánica de 1976 también utiliza un criterio *ratione materiae*, precisamente en el campo de los contratos administrativos.[116]

En efecto, las demandas contra la República, los institutos autónomos nacionales y las empresas del Estado, ante todo, pueden tener su origen en cuestiones que resulten de la interpretación, cumplimiento, caducidad, nulidad, validez o resolución de cualquier tipo de contratos en los cuales esas personas sean parte. Por tanto, las referidas demandas pueden ser intentadas por el co-contratante de la Administración para lograr la condena de ésta al pago de una suma de dinero o de daños y perjuicios, o para restablecer una situación jurídica subjetiva y contractual lesionada por la actividad ilegítima de la Administración, es decir, por una actividad administrativa contraria al título jurídico que origina la relación jurídico-administrativa: el contrato.

Por tanto, todo lo referente a los contratos en los cuales sea parte la República, un instituto autónomo nacional o una empresa del Estado nacional, cualquiera que sea su naturaleza (administrativo o derecho privado) es de la competencia de los órganos de la jurisdicción contencioso-administrativa.

Esta competencia de los órganos de la jurisdicción contencioso-administrativa en materia contractual, particularmente en relación a los contratos celebrados por la República, puede decirse que ha sido tradicional en Venezuela. Así, por ejemplo, la derogada Ley Orgánica de la Corte Federal de 1953, atribuía a la antigua Corte Federal, competencia para "conocer en juicio contencioso de todas las cuestiones por nulidad, caducidad, resolución, alcance, interpretación, cumplimiento y cualesquiera otras que se susciten entre la nación y los particulares, a consecuencia de los contratos celebrados por el Ejecutivo Nacional o de concesiones mineras, de hidrocarburos o de tierras baldías que hubiere otorgado, así como de las controversias que resulten por su negativa a expedir títulos de concesiones a que los demandantes aleguen tener derecho; salvo los puntos que la ley vigente, al tiempo de la celebración del contrato, del otorgamiento de la concesión o de la negativa a concederla, según el caso, dejaren a la decisión del Ejecutivo Nacional sin recurso judicial".[117]

---

116 Artículo 42, ordinal 14. La novedad de esta previsión legislativa la destaca Jesús Caballero Ortíz, *Contencioso de Plena Jurisdicción y demandas contra los entes públicos*. Caracas, 1989 pp. 83 y ss.

117 Artículo 7, ordinal 28, LOCF. Debe señalarse además que el Parágrafo Único del articulo 7 ordinal, 28 de la Ley Orgánica de la Corte Federal establecía que "la Corte Federal conocerá también en juicio contencioso de la controversia entre particulares sobre nulidad de las concesiones mineras, de hidrocarburos y de tierras baldías por falta de formalidades o violación de la ley en su otorgamiento". Esta competencia de la Corte se justificaba porque, en definitiva, en esas controversias entre particulares se discutía la validez del acto administrativo de otorgamiento de la concesión, lo que atraía lógicamente

Sin embargo, la innovación de la Ley Orgánica de la Corte Suprema de 1976 fue extender la competencia de los Tribunales contencioso-administrativos respecto de las cuestiones que surjan con motivo de contratos no sólo suscritos por la República, sino por los institutos autónomos nacionales y las empresas del Estado nacionales. Por tanto, quedan fuera de la competencia de los tribunales contencioso-administrativos, en principio las cuestiones que se susciten con motivo de contratos en los que sean parte los Estados y los Municipios, y sus institutos autónomos y empresas, las que corresponden a la jurisdicción ordinaria.

La Ley Orgánica de la Corte Suprema, sin embargo, introdujo una excepción a este principio de exclusión de competencia, al darle rango legislativo por primera vez en nuestro ordenamiento, a la noción de contrato administrativo, y asignar exclusivamente a la Corte Suprema de Justicia en Sala Político-Administrativa para "conocer de las cuestiones de cualquier naturaleza que se susciten con motivo de la interpretación, cumplimiento, caducidad, nulidad, validez o resolución de los contratos administrativos en los cuales sea parte la República, los Estados y Municipios"[118].

En esta forma, y aun cuando consideramos que la distinción entre contratos administrativos y contratos de derecho privado de la Administración no tiene relevancia intrínseca[119], es indudable que la misma ha adquirido importancia práctica jurisdiccional en materia contencioso-administrativa, como excepción a la exclusión de la competencia en materia de demandas contra los Estados y Municipios, y en materia de demandas interpuestas por la República, los Estados y Municipios contra particulares o como excepción a la distribución por la cuantía de la competencia contencioso-administrativa.

Es decir, conforme a ese artículo 42, ordinal 14, de la Ley Orgánica de la Corte Suprema, toda cuestión que se suscite en materia de contratos administrativos en los cuales sea parte la República, los Estados y los Municipios, sea que se demande a esos entes, sea que ellos demanden a un particular, su conocimiento corresponde a la Corte Suprema de Justicia. Como consecuencia, la noción de contrato administrativo ha adquirido significación jurídica en materia de asignación y distribución de competencias judiciales, a partir de la ley de 1976, en los siguientes casos:

---

la competencia de los órganos de la jurisdicción contencioso-administrativa y la necesaria intervención, por otra parte, de la Administración concedente para la defensa, si era el caso, del acto de concesión cuestionado.

118 Artículo 42, ordinal 14, LOCSJ.

119 Véase Allan R. Brewer-Carías: "La evolución de la noción de contrato administrativo" en *Libro Homenaje al Profesor Antonio Moles Caubet*, U.C.V., Caracas, 1981, tomo I, p. 41-69.

Primero, en los casos de demandas contra los Estados y Municipios basadas en contratos administrativos, cuyo conocimiento corresponde a la Corte Suprema de Justicia, como excepción al principio de la exclusión de competencia contencioso-administrativa en las demandas contra los Estados y Municipios, y su atribución a los Tribunales de la jurisdicción ordinaria[120].

Segundo, en los casos de demandas intentadas por la República, los Estados y Municipios contra los particulares basadas en contratos administrativos, cuyo conocimiento corresponde a la Corte Suprema de Justicia, como excepción también al principio de la exclusión de la competencia contencioso-administrativa en estos casos en los cuales la República, los Estados y Municipios aparezcan como demandantes de particulares, y su atribución a los Tribunales de la jurisdicción ordinaria[121] y,

Tercero, los casos de demandas contra la República, los institutos autónomos nacionales y las empresas del Estado nacionales, con motivo de contratos administrativos, cuyo conocimiento corresponde a la Corte Suprema de Justicia, como excepción al principio de distribución de la competencia por la cuantía entre los diversos Tribunales contencioso-administrativos[122].

En cambio, en esos casos, si el contrato que origina el conflicto no se considera contrato administrativo, sino contrato de derecho privado de la Administración, sucede lo siguiente: primero, si se trata de un contrato suscrito por un Estado o un Municipio, la acción corresponde al conocimiento de la jurisdicción ordinaria; segundo, si se trata de acciones intentadas por la República, los Estados o los Municipios contra particulares, el conocimiento de las mismas corresponde a la jurisdicción ordinaria; y si se trata de contratos suscritos por la República, los institutos autónomos nacionales y las empresas del Estado nacionales, la competencia corresponde a los órganos de la jurisdicción contencioso-administrativa, según la cuantía, y no sólo a la Sala Político-Administrativa de la Corte Suprema.

Por tanto, introducido el concepto de contrato administrativo en la legislación como "criterio" para la distribución de competencias judiciales, resulta indispensable establecer un "criterio" de distinción entre contrato administrativo y contrato de derecho privado de la Administración, respecto de lo cual, en toda la historia del derecho administrativo nunca ha habido acuerdo[123]. El problema, por supuesto, se ha planteado a nivel de los Tribunales contencioso-administrativos y, particularmente, en la juris-

---

120 Artículo 183, ordinal 1, LOCSJ.

121 Artículo 183, ordinal 2, LOCSJ.

122 Artículos 42, ordinal 15; 182, ord. 2° y 185, ord. 6°, LOCSJ.

123 Véase Allan R. Brewer-Carías: *Las Instituciones Fundamentales del Derecho Administrativo y la Jurisprudencia Venezolana*, Caracas, 1964, pp. 157-159.

prudencia de la Corte Suprema de Justicia, la cual ha optado por los clásicos criterios de la cláusula exorbitante o de la finalidad de servicio público[124]. En tal sentido, la Corte Suprema estimó en sentencia de 11 de agosto de 1983, que

> "la presencia de «cláusulas exorbitantes» en un contrato celebrado por la Administración Pública constituye índice evidente de la existencia de un contrato administrativo, pero ellas no hacen otra cosa que revelar la noción de interés general o colectivo que el servicio público entraña. En otras palabras, si bien las «cláusulas exorbitantes» son importantes para identificar un contrato administrativo, no obstante ante la ausencia de éstas en una negociación pública, la noción de servicio público, que lleva implícita la de interés general o colectivo, recobra su plena y absoluta vigencia. Si se trata de una negociación de este tipo, es decir, en la cual se evidencia la presencia de cláusulas que desborden el ámbito del derecho común (cláusulas exorbitantes) o en las que prive el interés del servicio público en su realización, la competencia corresponde a los órganos de la jurisdicción contencioso-administrativa. En cambio, cuando la Administración celebra convenios con los particulares en un plano de igualdad frente a éstos o que no sean determinantes para la realización del servicio público, el conocimiento de los litigios que puedan derivar de ellos compete a los órganos jurisdiccionales ordinarios"[125].

Estos criterios, manejados tradicionalmente por la doctrina de la Procuraduría General de la República[126] y por la jurisprudencia de la Corte Suprema desde los años cincuenta,[127] han servido a los Tribunales conten-

---

124 Véase CSJ-SPA de 11-7-83 (Ponente Luis H. Farías Mata), cit. en sentencia CSJ-SPA de 11-8-83, *Revista de Derecho Público*, N° 16, EJV, Caracas, 1983, pp. 162-164. *Cfr.* Luis H. Farías Mata, *La Teoría del Contrato Administrativo en la doctrina, legislación y jurisprudencia venezolanas*, Caracas, 1968, pp. 21-34.

125 Sentencia CSJ-SPA, 11-8-83 (Ponente: Magistrado J. Calcaño de Temeltas) en *Revista de Derecho Público* N° 16, EJV, Caracas, 1983, pp. 163-164. En igual sentido, sentencia de la Sala Político-Administrativa de 19-11-87 en *Revista de Derecho Público*, N° 32, Caracas, 1987, pp. 82 y 83.

126 La Procuraduría General de la República ha utilizado para distinguir los contratos administrativos, indistintamente, tanto el criterio de la finalidad, vinculada al servicio público, al interés colectivo, o a un objeto de utilidad o interés público. (Véase PN Informe 1959, Caracas, 1960, p. 615; Doctrina PGR 1963, Caracas, 1964, pp. 89-92; Doctrina PGR 1964, Caracas, 1965, pp. 71-74; Doctrina PGR 1964, Caracas, 1965, pp. 226-229), como el criterio de la cláusula exorbitante (Véase Doctrina PGR 1962, Caracas, 1963, p. 137 y Doctrina PGR 1963, Caracas, 1964, p. 89). En cambio, otros organismos han utilizado solamente el criterio de la finalidad. Véase la Doctrina Administrativa de la Consultoría Jurídica del Ministerio de Justicia en *Revista del Ministerio de Justicia* N° 48, Caracas, 1964, pp. 27-30 y el criterio de la Contraloría General de la República en CGR Dictámenes de la Consultoría Jurídica 1938-1968, tomo III, Caracas, 1968, pp. 51 y 52.

127 Véase Allan R. Brewer-Carías: "Los contratos de la Administración en la jurisprudencia venezolana", *Revista de la Facultad de Derecho*, U.C.V., N° 26, Caracas, 1963, pp. 127-154. Véase en particular las sentencias de la Corte Federal de 3-12-59, G.F., N° 26, Caracas, 1959, pp. 143-144 y de 12-11-54. G.F. N° 6, Caracas, 1954, pp. 190-192; y de la Sala Político-Administrativa de la Corte Suprema de Justicia de 14-12-61, G.F. N°

cioso administrativos para resolver casos extremos particularmente en materia de contratos municipales[128], pero también han demostrado la carga de subjetividad que puede haber en su aplicación, particularmente por el amplio margen de apreciación que queda en manos del juez y, por supuesto, de la propia Administración contratante, para determinar si en una relación contractual hay o no un interés público envuelto o una cláusula que pueda considerarse como exorbitante del derecho común[129].

IV. LAS CARACTERÍSTICAS FUNDAMENTALES DE LOS CONTRATOS DE LA ADMINISTRACIÓN

Todos los contratos de la Administración sean los denominados contratos administrativos o los contratos de derecho privado, por el hecho de ser suscritos por una Administración Pública, responden a ciertos caracteres fundamentales. Podemos estudiar éstos analizando sucesivamente el elemento subjetivo, las condiciones de validez del contrato, el elemento de subordinación y el régimen de derecho público.

1. El elemento subjetivo

Elemento esencial del contrato de la Administración es la participación, en la relación jurídica, de una persona jurídica estatal como parte y como lo ha dicho la jurisprudencia, actuando como tal[130].

En este sentido, todas las personas jurídicas estatales de derecho público y de derecho privado, nacionales, estadales o municipales, pueden celebrar contratos de la Administración. No existen, por tanto, contratos

---

34, Caracas, 1961, p. 188 y de 138-64, G.F. N° 45, Caracas, 1964, pp. 259 y 260. Véase los textos en Allan R. Brewer-Carías, *Jurisprudencia de la Corte Suprema 1930-1974 y Estudios de derecho administrativo*, tomo III, Vol. II, Caracas 1977, pp. 727-731.

128 Por ejemplo, para considerar un contrato de compra-venta o de arrendamiento como contrato de derecho privado, y no como contrato administrativo. Véase CSJ-SPA, 26-6-80, en *Revista de Derecho Público*, N° 4, EJV, Caracas, 1980, p. 146; y CPCA, 9-8-84, en *Revista de Derecho Público* N° 20, EJV, Caracas, 1984, p 140-142.

129 Por ejemplo, para considerar un contrato de compra-venta como contrato administrativo y no como contrato de derecho privado de la Administración. Véase CSJ-SPA 11-8-83, en *Revista de Derecho Público*, N° 16, EJV, Caracas, 1983, p. 164; y CSJ-SPA 24-1-85 en *Revista de Derecho Público*, N° 21, EJV, Caracas, 1985, p. 137, CSJ-SPA 20-7-89 y 14-8-89, *Revista de Derecho Público*, N° 39, EJV, Caracas, 1989, pp. 126 y 127. La Contraloría General de la República, por su parte, ha expresado el criterio de que serían contratos de derecho privado aquellos celebrados por los entes públicos en materia que no sean de la competencia sustantiva de los Ministerios. Véase CGR Dictámenes de la Consultoría Jurídica 1963-1968, tomo III, Caracas, 1968, pp. 64-67.

130 C.F. 12-11-54, G.F. N° 6, 1954, pp. 185 y ss. En igual sentido, véase "Doctrina de la Consultoría Jurídica del Ministerio de Justicia", en Allan Brewer-Carías, *Jurisprudencia de la Corte Suprema de Justicia 1930-1974 y Estudios de Derecho Administrativo*, tomo III, Vol. II, Caracas, 1977, pp. 114 y ss.

sin la presencia, como parte contratante en la relación jurídica, de una persona jurídica estatal a la que calificaremos simplemente como la Administración.

2. Las condiciones de validez

Como todo contrato, los contratos de la Administración están sometidos a ciertas condiciones de validez que se refieren a la capacidad y competencia de los contratantes, al consentimiento, al objeto y a la causa del contrato. Examinemos estas condiciones separadamente.

A. La capacidad y competencia de los contratantes

El concepto de competencia en derecho público y de capacidad en derecho privado tiene idéntico significado, es decir, denota siempre el poder legal o aptitud de obrar o de ejecutar determinados actos, sea de una persona estatal o sea de una persona privada.

Sin embargo, ambos conceptos no tienen el mismo alcance: en el derecho privado, la capacidad es la regla y la incapacidad la excepción; en derecho público y, concretamente, en derecho administrativo, impera el principio inverso: la competencia requiere siempre de un texto expreso de ley para que exista.

Es decir, la competencia debe justificarse siempre expresamente, y el órgano que la tiene asignada debe limitarse a su ejercicio en los términos establecidos por la ley[131].

a. *La competencia*

La autoridad pública contratante debe tener competencia legal para ello, por razón de la materia, del territorio, del tiempo, del grado jerárquico y según los poderes legales que le son atribuidos para concluir el contrato[132]. Por ello, dice la Constitución, el Estado no reconoce otras obligaciones que las contraídas por órganos legítimos del Poder Público, de acuerdo con las leyes[133].

---

131 Véase Allan R. Brewer-Carías, *Introducción al Estudio de la Organización Administrativa Venezolana*, Caracas, 1984, pp. 61 y ss.

132 Debe señalarse, sobre el tema de la competencia, que la Procuraduría General de la República ha sostenido que el contrato viciado por incompetencia del funcionario que intervino en su celebración puede ser convalidado. Véase Doctrina PGR 1964, Caracas, 1965, pp. 77-79.

133 Artículo 232, Constitución. Véase la doctrina de la Procuraduría General de la República, en PN Informe 1956, Caracas, 1957, p. 96; PN Informe 1957-1958, Caracas, 1959, p. 550; PN Informe 1960, Caracas, 1961, p. 495.

Debe señalarse, como ejemplo, en el ámbito nacional, que conforme a la Constitución, el Presidente de la República directamente, o sus órganos directos los Ministros[134], son competentes para "celebrar los contratos de interés nacional" permitidos por la Constitución y las leyes[135].

b.   *La capacidad*

La capacidad del particular co-contratante de la Administración está regida por el derecho común y, por tanto, pueden contratar todas las personas que no estuvieren declaradas incapaces por la ley. A tal efecto, la Constitución señala dos incapacidades especiales que deben destacarse:

El artículo 126 de la Constitución, en efecto señala:

> "Nadie que esté al servicio de la República, de los Estados, de los Municipios y demás personas jurídicas de derecho público podrá celebrar contrato alguno con ellos, ni por sí ni por interpuesta persona ni en representación de otro, salvo las excepciones que establezcan las leyes".

La disposición es de sana administración y consagra una incapacidad absoluta[136]. Es necesario, sin embargo, precisar algunos aspectos esenciales: en primer lugar, debe observarse que la incapacidad, además de absoluta, es global, en el sentido de que no sólo impide la contratación entre una persona de derecho público y los funcionarios a su servicio, sino que impide a éstos contratar con cualquiera persona de derecho público, así no sea aquella a cuyo servicio esté. En consecuencia, por ejemplo, un diputado de una Asamblea Legislativa de un Estado no sólo no podía contratar con dicho Estado y sus órganos sino que tampoco podía contratar ni con la República, ni con los otros Estados de la República, ni con los Municipios, ni con los institutos autónomos nacionales, estadales o municipales.

En segundo lugar, debe señalarse que la incapacidad sólo se refiere a la República, los Estados y Municipios (personas de derecho público territo-

---

134   Artículo 192, Constitución. En relación a la competencia de los Ministros para celebrar contratos, véase la doctrina de la Procuraduría General de la República, en PN Informe 1956, Caracas, 1957, p. 96; PN Informe 1959, Caracas, 1960, p. 547; PN Informe 1960, Caracas, 1961, p. 306. Asimismo, véase la doctrina del Ministerio de Justicia, en Allan R. Brewer-Carías, Jurisprudencia de la Corte Suprema de Justicia 1930-1974 y Estudios de Derecho Administrativo, tomo III, Vol. II, Caracas, 1977, pp. 632-636 v 641. Véase, CGR Dictámenes de la Consultoría Jurídica 1969-1976, tomo IV, Caracas, 1978, pp. 118, 232 y ss.

135   Artículo 190, ordinal 15, Constitución.

136   Sobre esta incapacidad, véase la doctrina de la Consultoría Jurídica de la Contraloría General de la República en CGR Dictámenes de la Consultoría Jurídica 1938-1963, tomo I, Caracas, 1963, p. 258 y CGR Dictámenes de la Consultoría Jurídica 1969-1976, tomo IV, Caracas, 1965, pp. 235 y 266. Además, véase la doctrina de la Procuraduría en PN Informe 1960, p. 492 Doctrina PGR 1969, Caracas, 1970, pp. 190 y ss. y Doctrina PGR 1973, Caracas, 1974, pp. 214 y ss.

riales) "y demás personas jurídicas de derecho público", se entiende, estatales, que comprenden los establecimientos públicos institucionales (institutos autónomos), los establecimientos públicos corporativos (las Universidades Nacionales, por ejemplo) y los establecimientos públicos asociativos (el Banco Central de Venezuela y el Banco Industrial de Venezuela, por ejemplo); incluyendo los institutos autónomos estadales y municipales.

Esta norma ha sido desarrollada parcialmente en la Ley Orgánica de la Administración Central[137] cuyo artículo 63 establece:

"Artículo 63. Nadie que esté al servicio de la República podrá negociar o celebrar contrato alguno con ella, ni por sí ni por interpuesta persona ni en representación de otra, salvo las excepciones que establezcan las leyes".

"La prohibición establecida en este artículo alcanza a quienes hubieren estado al servicio de la República hasta un año antes de la fecha en que se pretenda negociar o celebrar el contrato". "Se exceptúan de la prohibición contemplada en este artículo, los contratos que tuvieren por objeto la compra, construcción, refacción o arrendamiento de vivienda para uso de las personas mencionadas o de su familia; los convenios relativos a la enajenación de bienes por causa de utilidad pública; los contratos para la utilización de servicios públicos; los contratos de adhesión y cualquier otro contrato en el que la persona del negociador o contratante no pueda influir en el otorgamiento y condiciones de la contratación".

En cuanto a la noción de interpuesta persona, la Ley Orgánica agrega:

"Artículo 64. Sin perjuicio de que se demuestre la interposición de personas en otros casos, se considerarán personas interpuestas el padre, la madre, los descendientes y el cónyuge de la persona respecto de la cual obre la prohibición. Se considerarán igualmente personas interpuestas, las sociedades civiles, mercantiles o de hecho y las comunidades, en las cuales quien esté al servicio de la República, haya tenido hasta un año antes de la negociación o celebración del contrato, o haya adquirido dentro del año siguiente a las mismas, el treinta por ciento (30%), por lo menos, de los intereses, acciones o cuotas de participación, según el caso, salvo que las hubieren por herencia".

Por último, la sanción a la violación de esta incapacidad, además de lo previsto en el artículo 1.144 del Código Civil, la consagra el artículo 65 de la Ley Orgánica, así:

"Artículo 65. Los contratos celebrados en contravención de lo dispuesto en los artículos anteriores serán nulos, de nulidad absoluta, sin perjuicio de las responsabilidades en que incurran los infractores y las indemnizaciones a que pudiere haber lugar conforme a la Ley".

---

137 Véase en Gaceta Oficial N° 3.599 Extra de 7-8-85.

Debe señalarse, en cuanto a las incompatibilidades, que el artículo 126 de la Constitución también establece que tampoco podrá celebrarse ningún contrato de interés público nacional, estadal o municipal con Estados o entidades oficiales extranjeros; ni con sociedades no domiciliadas en Venezuela, ni traspasarse a ellos sin la aprobación del Congreso[138]. Además, señala la Constitución, la Ley podrá exigir determinadas condiciones de nacionalidad, domicilio o de otro orden, o requerir especiales garantías en los contratos de interés público.

B. El consentimiento y sus vicios

a. *El consentimiento legítimamente manifestado*

Como todo contrato, los contratos de la Administración son acuerdos de voluntades, es decir, convenciones entre dos o más personas jurídicas y, por tanto, la necesidad del consentimiento entre las partes es una condición requerida para la existencia del contrato mismo[139], más que para su validez.

La ausencia de consentimiento conlleva la inexistencia del contrato. Pero en materia administrativa, y al hablar de contratos de la Administración y su consentimiento, es necesario examinar en primer lugar, cómo se forma el consentimiento de la Administración y, en segundo lugar, la manifestación de la voluntad administrativa relativa ha dicho consentimiento.

En efecto, la Corte Suprema de Justicia, en Sala Político-Administrativa ha establecido que, mediando en un asunto la intervención del Estado, "su declaración de voluntad y el consentimiento que de ella emana, se expresan dentro de un proceso formativo que se desarrolla de acuerdo con la ley y con fundamento en la observancia de ciertas formalidades por parte de quien pueda cumplirlas en ejercicio de la función pública, porque tenga capacidad para obrar e intervenir en el acuerdo o convenio como sujeto de derecho. Según este principio, no podrá haber efecto consensual por manifestación legítima cuando dejan de cumplirse las formas requeridas para aceptar o imponer condiciones dentro del contrato o cuando se han cumplido de manera irregular o distinta, porque el consentimiento así prestado no responde a la verdadera voluntad de los contratantes, que es su fuente jurídica más importante"[140].

Por tanto, en la conclusión del contrato administrativo la formación de la voluntad de la Administración debe pasar, antes de su expresión, por

---

138 Véase la doctrina de la Procuraduría al respecto en PN Informe 1957-58, p. 643 y PN Informe 1959, p. 618.

139 Artículo 1.141, ordinal 1° CC.

140 CSJ-SPA 14-12-61, G.F.; N° 34, 1961, p. 188.

una serie de procedimientos administrativos cumplidos dentro de los órganos públicos del Estado. Al estudio de este proceso de formación de los contratos de la Administración dedicaremos la parte siguiente. Aquí, sin embargo, queremos referirnos a los posibles vicios de consentimiento en los contratos de la Administración[141].

b. *Los vicios del consentimiento*

En efecto, en los contratos de la Administración como en cualquier contrato, el consentimiento de las partes para que sea válido debe carecer de vicios. Por ello, otra de las condiciones de validez de los contratos de la Administración es la ausencia de vicios del consentimiento.

En esta materia, los principios generales del derecho elaborados por la doctrina civilista son aplicables a los contratos de la Administración. Veamos someramente, el contenido de los artículos 1.146 y siguientes del Código Civil y su aplicación a los mismos.

a'. **El error**

Ante todo, para que el error pueda viciar el consentimiento de algunas de las partes contratantes, debe tratarse de un error excusable[142]. Entonces el error cometido por una parte contratante no puede ser invocado por ella cuando procede de una falta inexcusable de su parte. Esta es una aplicación del principio *nemo auditus program turpitudinem allegans*. Consecuencia de ello es la disposición del artículo 1.149 del Código Civil, según el cual

> "la parte que invoca su error para solicitar la anulación de un contrato está obligada a reparar a la otra parte los perjuicios que le ocasione la invalidez de la convención, si el error proviene de su propia falta y la otra parte no lo ha conocido o no ha podido conocerlo".

El principio es perfectamente aplicable a los contratos de la Administración.

Ahora bien, para que sea posible alegar el error de derecho como vicio del consentimiento en un contrato de la Administración, además de ser excusable debe ser determinante, es decir, debe ser la causa única y principal de la conclusión del contrato[143]. Pero tratándose de un error de derecho, la misma dificultad que se presenta en el derecho privado para pro-

---

141 Véase en general sobre los vicios del consentimiento la doctrina de la Procuraduría en PN Informe 1959, Caracas, 1960, p. 613.

142 Art. 1.146 CC.

143 Art. 1.147 CC.

barlo, pues la ignorancia de la ley no excusa de su cumplimiento[144], se presentará en el campo de los contratos de la Administración.

En cuanto a los errores de hecho, el Código Civil distingue dos tipos: el error sobre la cosa y el error sobre la persona. En esta forma el error de hecho produce la anulabilidad del contrato cuando recae sobre una cualidad de la cosa[145] objeto del contrato. Aunque el Código Civil no exige que esa cualidad de la cosa sea determinante, parece lo más lógico sostener ese requisito. Pero, además, el error de hecho produce también la anulabilidad del contrato cuando recae sobre una circunstancia que las partes han considerado como esenciales o que deben considerarse como tales, en atención a la buena fe y a las condiciones bajo las cuales ha sido concluido el contrato[146].

También es causa de anulabilidad del contrato el error sobre la identidad o las cualidades de la persona con quien se ha contratado, cuando esa identidad o esas cualidades han sido causa única o principal del contrato[147]. En este caso el error también debe ser determinante y, en principio, es en los contratos de la Administración *intuitu personae* donde el error sobre la persona del co-contratante puede ser considerado como determinante.

Respecto a los contratos de la Administración, el error en la persona del co-contratante de la Administración es quizás el que tiene más relevancia por el carácter *intuitu personae* con que son concluidos por lo general.

b'.   La violencia

La violencia empleada contra el co-contratante que ha contraído la obligación es causa de anulabilidad del contrato; aun cuando haya sido ejercida por una persona distinta de aquella en cuyo provecho se ha celebrado la convención [148]. Por tanto, la violencia es causa de anulabilidad del contrato cuando es ejercida por el co-contratante o por terceras personas, y

---

144   Art. 2 CC. Hasta tal punto, que el Código Civil excluye expresamente la posibilidad de pedir la nulidad por error de ciertos contratos. Por ejemplo, en el contrato de transacción, artículo 1.719 CC.

145   Artículo 1.148 CC. En este sentido, la Procuraduría ha sostenido que "el error de hecho produce también la anulabilidad del contrato cuando recae sobre circunstancias que las partes han considerado como esenciales o que deben considerarse como tales, en retención a la buena fe y a las condiciones bajo las cuales ha sido concluido el contrato". Véase PGR Doctrina 1960, p. 111.

146   Artículo 1.148 del Código Civil.

147   Artículo 1.148, aparte segundo del Código Civil. Véase sobre esto, lo afirmado por la Procuraduría en Doctrina PGR 1967, Caracas, 1968, pp. 53 y 54.

148   Artículo 1.150 del Código Civil.

cuando reviste carácter de gravedad suficiente para que haga impresión sobre una persona[149].

Sin embargo, en los casos de violencia ejercida sobre la Administración y sus órganos, la Constitución declara nulos los actos acordados bajo esa presión. En efecto, el artículo 120 declara que es nula toda decisión acordada por requisición directa o indirecta de la fuerza o por reunión de individuos en actitud subversiva.[150]

c'. El dolo

El dolo es causa de anulabilidad del contrato cuando las maquinaciones practicadas por uno de los co-contratantes o por un tercero, con su conocimiento, han sido tales que sin ellas el otro no hubiera contratado[151].

El dolo, en primer lugar, puede haber emanado de un tercero, con el conocimiento de uno de los contratantes. Esa es una nueva causal de la teoría de los vicios del consentimiento introducida por la Comisión Codificadora Nacional en 1942[152]. Por otra parte, el dolo debe ser determinante para la conclusión del contrato.

Respecto a este vicio, como a los demás examinados, nada parece indicar su inaplicabilidad a los contratos de la Administración, teniéndose en cuenta para ello, sin embargo, la peculiar condición de los entes públicos.[153]

C. El objeto

Ciertamente, como en todo contrato, el objeto de los contratos de la Administración debe ser posible, lícito, determinado o determinable[154], lo cual, por otra parte, es una de las condiciones de existencia y, por tanto, de validez del contrato[155]. Los principios de la teoría privatista sobre los requisitos del objeto del contrato son aplicables en su esencia a los contratos de la Administración. Por ello no insistiremos mucho en este respecto.

---

149 Artículos 1.151 y 1.152 del Código Civil. Un ejemplo de violencia ejercida por la Administración es el abuso de poder del funcionario. Este acarrea responsabilidad individual del mismo. Al efecto, véase el artículo 121 de la Constitución.

150 Desde la Constitución de 1864, artículo 104, encontramos esta disposición en nuestra evolución constitucional.

151 Artículo 1.154 del Código Civil.

152 Código Civil de Venezuela, Ed. Andrés Bello, Caracas, p. 181, nota al artículo 1.154, comentario de A. Pulido Villafañe.

153 Sobre el dolo como vicio de consentimiento en los contratos administrativos, véase CGR Dictámenes de la Consultorio Jurídica 1969-1976, tomo IV, pp. 271 y ss. y 281 y ss.

154 Artículo 1.157 del Código Civil.

155 Artículo 1.141 del Código Civil.

Sin embargo, es necesario hacer algunas observaciones peculiares de los denominados contratos administrativos.

Ante todo, y por la finalidad de servicio público que persigue la Administración al celebrar los contratos administrativos, el objeto de los mismos debe ser una prestación de utilidad pública o de interés general[156]. Esta prestación puede ser de dar, de hacer o de no hacer.

No consideramos que la prestación objeto del contrato administrativo debe estar siempre relacionada con un determinado servicio público, como expresaba Jèze en los albores de la Teoría de los Contratos Administrativos[157]; de lo contrario quedarían excluidos de la calificación de contratos administrativos, contratos tales como el de ocupación del dominio público o el de empréstito público. Estos contratos, a pesar de no estar relacionados directamente en muchos casos con el funcionamiento de un servicio público determinado, son contratos administrativos pues son celebrados por los entes estatales con finalidad de servicio público: la salvaguarda del derecho de uso público del dominio público del Estado[158] que muchas veces es la condición indispensable para el libre tránsito de los ciudadanos en el territorio nacional; y la procuración de fondos para obras reproductivas o en caso de evidente necesidad o conveniencia nacional[159].

Por otra parte, y como veremos más adelante, la Administración puede introducir modificaciones unilateralmente, dentro de ciertos límites, en el objeto del contrato administrativo. En derecho privado, al contrario, rige el principio de la inmutabilidad unilateral del objeto del contrato.

Respecto a la licitud del objeto, los contratos de la Administración no pueden perseguir la derogación de leyes en cuya observancia esté interesado el orden público y las buenas costumbres, de lo contrario serían inválidos por ilicitud del objeto. Es la aplicación del principio general consagrado en el artículo 6 del Código Civil. Esto, como lo analizaremos más adelante, tiene mucha importancia en relación a la imposibilidad de contratar aspectos de la potestad y competencia tributarias[160].

También, tal como sucede en los contratos de derecho privado, en materia de contratos de la Administración existen ciertas materias que no pueden ser objeto de negocios contractuales en razón de su naturaleza. Tal es el caso del estado y capacidad de las personas y los bienes del dominio

---

156 CF. 12-11-54, G.F. N° 6 (2° etapa) 1954, pp. 191-192.

157 *Principios Generales del Derecho Administrativo*, tomo IV, Buenos Aires, 1950, p. 5.

158 Artículos 539 y 540 del Código Civil.

159 Artículo 231 de la Constitución.

160 Véase la doctrina de la Procuraduría en PN Informe 1957-1958, Caracas, 1958, pp. 645-647.

público en lo que se refiere a su inalienabilidad. Pero, además, en derecho administrativo existen otras materias que por su naturaleza legal o reglamentaria no pueden ser objeto, tampoco, de relaciones contractuales. En efecto, cuando una situación jurídica determinada es de carácter legal o reglamentaria, es decir, fijada unilateralmente por el Estado, sea por medio de actos reglamentarios, o sea por medio de actos legislativos, esa situación jurídica no puede ser objeto de convenciones entre la Administración y los particulares. En este sentido sería nulo, por ilicitud del objeto, un contrato que tuviere por objeto derogar la situación jurídica reglamentaria o legal de un funcionario público.

Por último, es conveniente observar que también estaría viciado un contrato administrativo por ilicitud del objeto, cuando en él se compromete el ejercicio de la competencia. En derecho privado los contratantes pueden fijar ciertos límites a su capacidad de obrar. Sin embargo, en derecho administrativo, la competencia de los funcionarios u órganos de la Administración no puede renunciarse ni ser objeto de contratos que comprometan su ejercicio.

D. La causa

En la misma forma que en el derecho privado, en los contratos de la Administración la obligación sin causa, o fundada en una causa falsa o ilícita, no tiene ningún efecto[161]. La causa lícita en los contratos de la Administración también es una de las condiciones requeridas para la existencia del contrato[162]; por tanto, cuando la causa es ilícita, contraria a la ley, a las buenas costumbres o al orden público[163], el contrato es inexistente[164] y las obligaciones que contiene no producen ningún efecto.[165]

En la teoría civilista, y más generalmente en la Teoría General del Derecho, la palabra causa, sobre todo en lo que respecta a los contratos sinalagmáticos, ha producido innumerables discusiones y principalmente dos concepciones: por una parte la teoría de la causa objetiva, donde la causa de las obligaciones de cada contratante es la contraprestación que el otro se obliga a realizar; por otra parte, la teoría de la causa subjetiva, donde la causa está definida por el fin que las partes buscan en el contrato o por el motivo que las indujo a contratar.

---

161 Artículo 1.157 del Código Civil.
162 Artículo 1.141 del Código Civil.
163 Artículo 1.157, aparte segundo del Código Civil.
164 Artículo 1.141 del Código Civil.
165 Artículo 1.157, aparte primero del Código Civil.

Ambos conceptos y teorías son perfectamente aplicables a las condiciones de validez de los contratos en general: la ausencia de causa en el sentido de la contraprestación del otro contratante, o la ilicitud de dichas contraprestaciones, produce la inexistencia del contrato; y la ilicitud o inmoralidad de la causa en el sentido del fin o motivo perseguido por los contratantes produce el mismo efecto.

En el campo del derecho administrativo y, en particular, en relación a los denominados contratos administrativos también son aplicables ambos conceptos. Así lo ha expresado la jurisprudencia administrativa. En efecto, la antigua Corte Federal ha señalado que en los contratos de la Administración "la causa inmediata de las prestaciones de la Administración la constituyen las contraprestaciones del particular y la causa o motivo determinante es el interés que con esas prestaciones se persigue"[166].

Una vez más observamos cómo la jurisprudencia administrativa requiere el interés público o lo que hemos llamado la finalidad de servicio público para que exista contrato administrativo.

Es interesante observar, por otra parte, el juego del vicio de desviación de poder en el problema de la causa ilícita cuando la Administración, con ocasión de la conclusión de un contrato administrativo, persigue fines ilícitos. Aunque no podría atacarse el contrato por causa ilícita, pues no se ha contratado buscando expresamente ese fin ilícito, podría conseguirse la anulación del contrato, impugnándolo mediante el ejercicio de un recurso contencioso-administrativo de anulación, alegando vicio de desviación de poder en dicho acto[167]. La declaración de nulidad del acto producirá, como consecuencia, la nulidad del contrato.

3. El elemento de subordinación

Además del elemento subjetivo y de las condiciones de validez del contrato, en cuanto a los denominados contratos administrativos, la tercera característica fundamental de los mismos está constituida por la relación de subordinación del contratante de la Administración respecto a ésta. Así lo ha establecido la antigua Corte Federal[168].

El particular, el co-contratante de la Administración, por un acto de propia voluntad contrata con ella y se sitúa en la relación jurídica en un plano de subordinación. Esta subordinación o desigualdad jurídica no es arbitraria, ni deriva del Poder o de la autoridad que tiene la Administración; tiene su origen en la desigualdad de fines de los contratantes. El co-contratante de la Administración persigue, evidentemente, un fin econó-

---

166 CF. 12-11-54, G.F. N° 6, p. 1.954, pp. 191-192.
167 Artículo 206 de la Constitución y artículo 111, LOCSJ.
168 CF. 12-11-54, G.F. N° 6, p. 1.954, pp. 191-192.

mico privado. La Administración, en cambio, vela por el interés público, por las necesidades colectivas y persigue una finalidad de servicio público. El fundamento, pues, de esta desigualdad jurídica, de esta subordinación del particular frente a la Administración, es el fin público o la finalidad de servicio público con miras a la cual contrata la Administración[169].

En este sentido, ha expresado la antigua Corte Federal que esa desigualdad se explica por el propio interés de los administrados y porque es obligación de los administradores el velar porque la prestación objeto del contrato se efectúe en forma ordenada y continua si tal fuere el caso y, en resumen, conforme a las normas reguladoras del contrato; de no ser así, se llegaría a la conclusión de que por tales actos "la Administración pierde, renuncia o enajena uno de sus grandes atributos cual es el de tuteladora del bien del interés público"[170].

La consecuencia fundamental de esta situación de subordinación es, como lo ha indicado la Corte[171], la facultad de la Administración de adoptar decisiones ejecutivas sobre el cumplimiento, inteligencia, rescisión y efectos del contrato, lo cual examinaremos detenidamente más adelante.

4. El régimen jurídico aplicable a los contratos de la administración

Los contratos de la Administración, como en general buena parte de la actividad administrativa, están sometidos a un régimen jurídico mixto, de derecho administrativo y de derecho privado. Por tanto, siempre, los contratos de la Administración se rigen tanto por normas de derecho público como por normas de derecho privado. Lo que puede haber en ese régimen, es una preponderancia de aplicabilidad de una u otra rama del derecho; así, serán contratos administrativos, aquellos con una preponderancia en el régimen jurídico que les es aplicable, del derecho administrativo, y serán contratos de derecho privado de la Administración, aquellos con una preponderancia en el régimen que les es aplicable de normas de derecho privado. Esto significa, por tanto, que no sea admisible establecer la distinción entre dichas categorías de contratos con base en el régimen jurídico aplicable, pues no es cierto que los llamados contratos administrativos estén sometidos a un régimen exclusivamente de derecho público, ni que los llamados contratos de derecho privado de la Administración estén sometidos a un régimen exclusivamente de derecho privado.

Ahora bien, en cuanto a los denominados contratos administrativos, es evidente que su régimen jurídico será uno en el cual preponderantemente se aplique el derecho administrativo.

---

169 Véase en tal sentido, la doctrina de la Procuraduría en Doctrina PGR 1980, pp. 54 y ss.
170 CF. 12-11-54, G.F. N° 6, 1954, pp. 191-194.
171 Idem.

Y ello no podría ser de otro modo. El contrato administrativo no puede regirse intrínsecamente por el derecho privado, regulador de relaciones entre particulares y de intereses privados. Necesita con preponderancia, en vista de la finalidad de servicio público que se tiene en cuenta al concluirlo, un régimen jurídico exorbitante o derogatorio de derecho común, y ese es el régimen de derecho público[172].

No compartimos el criterio, por otra parte, de que la presencia en un contrato de cláusulas exorbitantes del derecho común sea la causa de que ese contrato sea administrativo[173]: un contrato no es administrativo porque tenga cláusulas exorbitantes del derecho común, sino que contiene cláusulas de ese tipo por ser administrativo. Por tanto, la aplicación del régimen preponderantemente de derecho público a un contrato es consecuencia, es un efecto del carácter administrativo del contrato y no la causa de él. El contrato puede considerarse administrativo por su naturaleza, es decir, porque fue concluido con finalidad de servicio público y, por tanto y como consecuencia, necesita de un régimen jurídico propio, lo que conlleva la presencia en él, en forma preponderante, expresa o tácita, de cláusulas derogatorias del derecho común.

La necesidad de que los contratos administrativos se rijan por un régimen preponderantemente de derecho público no implica, sin embargo, la inaplicabilidad absoluta a dichos contratos de normas consagradas en el derecho civil. Al contrario, y como hemos visto, la elaboración de la teoría civilista de los contratos es perfectamente aplicable a los contratos administrativos. Sin embargo, hay fundamentales excepciones que veremos al estudiar la formación del contrato administrativo y los efectos del mismo. Fundamentalmente, en este último campo es donde más se manifiesta el imperio del derecho público y la presencia expresa o tácita en todo contrato administrativo de cláusulas exorbitantes del derecho común, es decir, de cláusulas que no podrían encontrarse en un contrato de derecho privado, y que las más de las veces derogan principios tradicionales de la contratación civil.

Tal es el caso, por ejemplo, de cláusulas en las cuales la Administración se atribuye sobre su co-contratante derechos que un particular normalmente no se atribuye en ningún contrato de derecho privado[174]; o de cláusulas por medio de las cuales la Administración otorga a su co-contratante

---

172 Véase la sentencia de la antigua Corte Federal y de Casación de 5-12-44, en *Memoria 1945*, pp. 283 y 285.

173 G. Vedel, *Droit Administratif*, tomo II, París 1959, p. 592.

174 Por ejemplo, el derecho de rescindir o modificar unilateralmente el contrato administrativo.

poderes respecto a terceros que un particular no podría atribuirse en ningún contrato[175].

V. LA FORMACIÓN DE LA VOLUNTAD ADMINISTRATIVA EN LOS CONTRATOS DE LA ADMINISTRACIÓN

El proceso de formación de la voluntad administrativa en la celebración de los contratos comprende la realización de una serie de formalidades previas y posteriores al acto de conclusión del contrato, que configuran actos complejos. Cada una de dichas formas tiene, por supuesto, diferente valor en cuanto a sus efectos sobre los contratos.

En todo caso, las mismas pueden clasificarse así: en primer lugar, formalidades previas a la conclusión del contrato; en segundo lugar, la conclusión misma del acto contractual; y en tercer lugar, formalidades posteriores a la conclusión del contrato y que forman también en ciertos casos, la voluntad de la Administración en la celebración de dichos actos.

A continuación estudiaremos estas diversas formalidades, con especial referencia al régimen de la Administración Nacional, sin que ello signifique que a nivel estadal y a nivel municipal no haya normas que rijan la materia, en una orientación similar, *mutatis mutandis* a la que describiremos[176].

Por otra parte, debe advertirse que las formalidades que estudiaremos, en general se exigen para todo tipo de contratos que celebre la Administración, con algunas excepciones expresas que analizaremos y, además, que dichas formalidades no necesitan obligatoriamente ser observadas en todos los contratos de la Administración.

1. Formalidades previas a la conclusión del contrato

En múltiples oportunidades la Constitución o las leyes exigen el cumplimiento de determinadas formalidades en el proceso de formación de la voluntad administrativa, previas al acto de conclusión del contrato propiamente dicho.

Esto demuestra la complejidad que reviste la manifestación de la voluntad de la Administración en los contratos de la Administración en contraposición con las reglas que resultan de la contratación de derecho privado entre particulares.

---

175 Por ejemplo, la potestad expropiatoria en los casos de concesiones administrativas.

176 Véase Allan R. Brewer-Carías, "La formación de la voluntad de la Administración Pública Nacional en los contratos administrativos", *Revista de la Facultad de Derecho*, U.C.V. N° 28, Caracas, 1964, pp. 61-112. Publicado también en Allan R. Brewer-Carías, *Jurisprudencia de la Corte Suprema 1930-1974 y Estudios de Derecho Administrativo*, tomo III, Vol. 2, Caracas, 1977, pp. 443-498.

Esas formalidades previas a la conclusión del contrato consisten en la intervención, en el proceso formativo de la voluntad administrativa, de diversos órganos de la Administración central, consultiva o contralora, o de órganos del Poder Legislativo, distintos del órgano administrativo a quien corresponda la conclusión del contrato.

Analizaremos entonces estas diversas intervenciones de órganos del Estado en el proceso de formación de la voluntad administrativa estudiando sucesivamente, la intervención de órganos consultivos, la intervención de órganos contralores fiscales, la intervención de las Cámaras Legislativas y la intervención de ciertas autoridades de la Administración distintas de la que ha de concluir el contrato.

A. La intervención de órganos consultivos

Cierta categoría de contratos de la Administración exige la obligación, para la autoridad llamada a concluir el contrato, solicitar la opinión previa de determinados órganos consultivos de la Administración Nacional.

Debemos distinguir, sin embargo, los casos en que el dictamen de la autoridad consultada sea o no vinculante para la Administración.

a. *La consulta vinculante*

En diversas oportunidades la Administración no sólo está obligada a consultar la celebración de determinados contratos a ciertos órganos consultivos, sino que también está obligada a acatar la opinión que de ellos emane. Por ello, en múltiples oportunidades es requisito indispensable para la conclusión del contrato que la Administración haya obtenido la opinión favorable de ciertos órganos consultivos.

Ello sucede, entre otros casos, en los contratos de enajenación de bienes muebles de la República y en los contratos de adquisición de bienes muebles o inmuebles por la misma.

En efecto, tal como lo indica el artículo 24 de la Ley Orgánica de la Hacienda Nacional, para la conclusión de contratos que tengan por objeto la enajenación de bienes muebles de la República que a juicio de la Administración no sean necesarios para el servicio público, es necesario que el Despacho Ministerial respectivo obtenga la previa opinión favorable de la Contraloría General de la República.

Asimismo, tal como lo señala el artículo 25 de la misma Ley Orgánica de la Hacienda Nacional, la Administración, para celebrar contratos que tengan por objeto la adquisición de bienes muebles o inmuebles que sean necesarios para el uso público o el servicio oficial de la República, está obligada a obtener el previo informe favorable de la Contraloría General de la República.

Estas formalidades son esenciales para la formación de la voluntad administrativa, por lo que los contratos concluidos por órganos de la Administración sin haber solicitado la opinión previa de un órgano consultivo-contralor cuando estaba obligado a hacerlo, o sin haber acatado la opinión desfavorable a su celebración cuando estaba obligada a obtener opinión favorable para contratar, no obligan al Estado[177].

Y ello porque éste sólo reconoce las obligaciones contraídas por órganos legítimos del Poder Público de acuerdo con las leyes conforme se establece en el artículo 232 de la Constitución

Por tanto, los contratos celebrados por autoridades administrativas en estas condiciones no producen ningún efecto contra la Administración y, por tanto, son nulos, aunque en todo caso producen responsabilidad individual del funcionario público que concluyó el contrato viciadamente, por violación de la ley[178].

En todo caso debe observarse que, si con motivo de la conclusión del contrato viciado por falta de consulta vinculante, el co-contratante ha ejecutado prestaciones que produzcan un enriquecimiento sin causa en manos de la Administración, ésta por justicia y equidad debe pagar al contratante en la medida de su enriquecimiento y del empobrecimiento de aquél.

b.   *La consulta no vinculante*

En otras oportunidades la Administración, si bien está obligada a obtener el voto consultivo de ciertos órganos administrativos para la celebración de un contrato, no está obligada a seguir la opinión que éstos indiquen, sino que su aceptación o no, es facultativa para ella.

Así sucede, por ejemplo, en los contratos que puede celebrar la Administración con los deudores de "deudas atrasadas, provenientes de cual-

---

177 En este sentido ha sido criterio de la Procuraduría que "cuando la ley requiere la intervención de órganos consultivos en forma previa a la conclusión del contrato y con carácter vinculante, no podrá haber consentimiento legítimamente manifestado sino una vez que se dé cumplimiento a esa formalidad". Véase PN Informe 1959, p. 504.

178 Tal como lo establece el artículo 121 de la Constitución. Por otra parte, la no intervención de los órganos consultivos vicia al proceso de formación de la voluntad administrativa y, por tanto, la conclusión de un contrato con ese vicio no es válido pues no responde a un verdadero consentimiento. En este sentido la Procuraduría de la Nación ha expresado: "En nuestro Derecho Positivo, los requisitos legales de previo informe favorable a la Contraloría para la adquisición de bienes para el patrimonio de la Nación venezolana, no son simples formalidades de mero trámite. Al contrario, estima la Procuraduría que tales requisitos no tienen como única y exclusiva finalidad verificar, por parte del Organismo Contralor, la sinceridad y legalidad del gasto público, sino, conjuntamente con ella, la de ser verdaderos elementos constitutivos, entre otros, del consentimiento legítimamente manifestado cuando la Administración Nacional es parte en contratos". Véase el Informe de la Procuraduría General de la República al Congreso Nacional, 1960, Caracas, 1961, p. 386.

quier renta, que hayan pasado a figurar como saldo de años anteriores" para la remisión, rebaja o bonificación de las mismas o de sus intereses o para la concesión de plazos para su pago, en los cuales, tal como lo señala el artículo 49 de la Ley Orgánica de la Hacienda Nacional, la Administración debe consultar previamente al Contralor General de la República, y al Procurador General de la República.

En todo caso, los contratos "no podrán llevarse a efecto" y, por tanto, no tendrán ningún efecto, si no se cumplen esas formalidades previas.

En el mismo caso se encuentran los contratos que tengan por objeto operaciones de Crédito Público. En efecto, el artículo 27 de la Ley Orgánica de Crédito Público, establece que "las operaciones de Crédito Público, cualquiera sea su cuantía, que proyecte celebrar la Nación, deberán ser consultadas previamente por el Ejecutivo Nacional con el Banco Central de Venezuela y deberán ser enviadas al Congreso Nacional por el Ejecutivo Nacional al solicitar la correspondiente autorización para la operación proyectada".

B. La verificación presupuestaria: el control previo de compromisos

De acuerdo a lo establecido en el artículo 18 de la Ley Orgánica de la Contraloría General de la República de 1975, reformada en 1984[179], todos los contratos que celebren los Despachos del Ejecutivo Nacional que impliquen compromisos financieros para la República, deben someterse a la aprobación previa de la Contraloría General de la República.

Esta norma, en efecto, establece lo siguiente:

"Artículo 18. Los Despachos del Ejecutivo, antes de proceder a la adquisición de bienes o servicios, o a la celebración de otros contratos que impliquen compromisos financieros para la República, deberán someter éstos a la aprobación de la Contraloría.

Según la naturaleza y modalidades del compromiso, la Contraloría verificará:

1. Que el gasto esté correctamente imputado a la correspondiente partida del presupuesto o a créditos adicionales legalmente acordados;

2. Que exista disponibilidad presupuestaria;

3. Que los precios sean justos y razonables;

4. Que se hayan previsto las garantías necesarias y suficientes para responder de las obligaciones que ha de asumir el contratista.

---

179 Véase en G.O. N° 1.712 Extra de 6-1-75 y en G.O. N° 3.482 de 14-12-84.

No se podrá iniciar la ejecución de los contratos a que se refiere el encabezamiento de este artículo, mientras las estipulaciones que contengan los respectivos compromisos financieros no hayan sido previamente aprobadas".

Se trata, por tanto, de una formalidad previa a la ejecución de los contratos mediante la cual la Contraloría General de la República ejerce su función contralora, de inspección y de fiscalización de bienes, ingresos y egresos de la República, así como de las operaciones relativas a los mismos[180].

El control previo de compromisos, por tanto, no se aplica directamente a la Administración descentralizada (institutos autónomos y empresas del Estado), pero conforme al artículo 58 de la Ley Orgánica se puede disponer respecto de los institutos autónomos, cuando no atiendan las observaciones de la Contraloría.

a.   *El control sobre el compromiso*

En este caso, el control se refiere a cuatro aspectos: la legalidad del compromiso; la disponibilidad presupuestaria; los precios y la constitución de garantías y como consecuencia de ello, la Contraloría aprueba u objeta el contrato, mediante resolución motivada[181].

a'.   Control sobre la legalidad del compromiso

El control sobre la legalidad del compromiso o gasto proyectado se realiza al examinar la Contraloría, la correcta imputación de mismo al crédito presupuestario correspondiente, pues como lo establece la Constitución, "no se hará del Tesoro Nacional gasto alguno que no haya sido previsto en la Ley de Presupuesto", o cubierto por créditos adicionales[182].

---

180 Artículo 234. El hecho de que se prevea el control previo de compromisos no excluye el ejercicio por parte de la Contraloría del control posterior y a través del examen de la cuenta de gastos en el cual se puede verificar, entre otros aspectos, que el monto de las órdenes de pago correspondan al precio establecido, que la entrega de la obra se haya efectuado en la fecha convenida; que la obra haya sido completamente ejecutada, etc. Véase CGR Dictámenes de la Consultorio Jurídica 1969-1976, tomo IV, pp. 478 y ss.; y tomo V, pp. 567, y ss. En todo caso, el control posterior no puede referirse a los precios contratados. En tal sentido véase CGR Dictámenes de la Consultorio Jurídica 1969-1976, tomo IV, p. 12 y sentencia de la Corte Suprema de Justicia en Sala Político-Administrativa de 10-11-71, en G.O. N° 29.678 de 4-12-71.

181 Artículo 28 LOCGR. Sobre el contenido del control previo, véase CGR Dictámenes de la Consultoría Jurídica 1938-1968, tomo III, Caracas 1968, pp. 80 y siguientes

182 En este sentido, el artículo 227 de la Constitución indica que "No se hará del Tesoro Nacional gasto alguno que no haya sido previsto en la Ley de Presupuesto. Solo podrán decretarse créditos adicionales al presupuesto, para gastos necesarios no previstos o cuyas partidas resulten insuficientes y siempre que el Tesoro cuente con recursos para atender a la respectiva erogación. AS este efecto se requerirá previamente el voto favorable del Consejo de Ministros y la autorización de las Cámaras en sesión conjunta, o en su defecto de la Comisión Delegada". Sobre los créditos adicionales también establece

Por ello, lo primero que verifica la Contraloría es "que el gasto esté correctamente imputado a la correspondiente partida del presupuesto o a créditos adicionales legalmente acordados"; en otras palabras, lo que verifica es la legalidad del compromiso financiero, es decir, que exista un crédito presupuestario al cual sean imputables los gastos proyectados.

En cuanto a los otros aspectos de la legalidad del compromiso financiero, la Contraloría puede formular observaciones, pero no por ello puede objetar el contrato. Esto está expresamente previsto en el parágrafo primero del artículo 18 de la Ley Orgánica de la Contraloría General de la República, en la siguiente forma:

> "La Contraloría verificará los demás aspectos de la legalidad del contrato y advertirá al ente contratante las violaciones que observare en las estipulaciones proyectadas, con señalamiento expreso de las responsabilidades que podrían surgir si el contrato fuese celebrado sin subsanar tales irregularidades. Si la entidad contratante disintiere del criterio de la Contraloría, deberá exponer dentro de los treinta (30) días siguientes, en forma razonada, los motivos por los cuales procedió a celebrar el contrato".

b'. Control sobre la disponibilidad del crédito

Complemento necesario del control sobre la legalidad del compromiso donde se ha verificado la correcta imputación del gasto proyectado sobre una determinada partida presupuestaria, es el control sobre la disponibilidad para verificar si el crédito puede ser afectado con el gasto proyectado.

Ello tiende a evitar que la Administración pueda celebrar contratos con cargo a una partida presupuestaria sin disponibilidad.

c'. El control sobre los precios

Pero el control previo realizado por la Contraloría General de la República no solamente busca controlar la legalidad de compromiso y la disponibilidad de la partida a la cual se imputa el gasto proyectado, sino que implica también el control sobre los precios que se proyectan contratar para evitar que en la inversión no se malversen o defrauden los dineros públicos.

Por ello dispone el artículo 18 que la Contraloría verificará porque se estipulen en los contratos administrativos precios justos y razonables. A tal efecto, deberá llevar el control de los precios corrientes y actualizados de los efectos, materiales y demás bienes y servicios regularmente suministrados a la Administración.

---

el artículo 179, ordinal 6°, que es atribución de la Comisión Delegada del Congreso, "autorizar el Ejecutivo Nacional para decretar créditos adicionales al presupuesto". Asimismo, el artículo 190, ordinal 14, dispone que es atribución y deber del Presidente de la Republica, "Decretar créditos adicionales al Presupuesto, previa autorización de las Cámaras en sesión conjunta, o de la Comisión Delegada". Véase también el artículo 200 de la Ley Orgánica de la Hacienda Nacional.

d'.   El control de las garantías

Por último, la Contraloría también debe verificar respecto de los contratos sometidos a su control, que se hubieran previsto las garantías necesarias y suficientes para responder de las obligaciones que ha de asumir el contratista.

En relación a ello, el artículo 18, parágrafo segundo de la Ley, también autoriza a la Contraloría a examinar la capacidad financiera y la experiencia de la persona natural o jurídica que contrate con la República, cuando lo considere conveniente para la salvaguarda de los intereses fiscales y, en especial, en el caso de las cesiones de contratos o subcontratos".

b.   *El ámbito del control previo de compromisos y sus excepciones*

El control previo de compromisos abarca todos los contratos para la adquisición de bienes o servicios y, en general, todos los que impliquen compromisos financieros para la República. Por tanto, respecto de esta formalidad, no cabría hacer distinción alguna entre contratos administrativos y contratos de derecho privado de la Administración[183].

En consecuencia, todos los contratos que celebre la República que signifiquen compromisos financieros[184], deben someterse al control previo de compromisos. Quedan a salvo, sin embargo, los que se excluyan por ley especial o los que la propia Ley Orgánica establece.

En efecto, en general, de acuerdo al artículo 19 de la Ley Orgánica:

> "Mediante ley especial se podrá excluir del control previo a los contratos que sean requeridos para el desarrollo de determinados programas, por el lapso que la misma ley fije".

Pero aparte de este supuesto, la propia Ley Orgánica establece una serie de excepciones según que estén sometidos a otros controles, según la cuantía de los contratos, según que existan situaciones extraordinarias, o que se trate de contratos para actividades de defensa y seguridad del Estado.

---

183   Véase en el tal sentido, Doctrina PGR 1980, pp. 62-64.

184   Por ello, la Contraloría General de la República ha sostenido que no es necesaria la aprobación previa en los contratos que originan una renta para la República, siendo necesarias sólo en las que originan gastos. Véase en CGR Dictámenes de la Consultaría Jurídica 1936-1963, tomo I, Caracas, 1963, p. 234. En este sentido, la Procuraduría General de la República ha sostenido que también están sometidos al control previo los contratos colectivos de trabajo que los diversos despachos del Ejecutivo Nacional celebren con los obreros al servicio del Estado. Véase Doctrina PGR 1969, Caracas, 1970, pp. 54-56.

a'. La excepción respecto de contratos sometidos a otros controles

De acuerdo al artículo 22 de la Ley Orgánica, cuando los contratos que celebre el Ejecutivo deban ser autorizados o aprobados por el Congreso, o por una de las Cámaras, no se requerirá la aprobación del respectivo compromiso financiero por la Contraloría[185]. Tampoco se requerirá tal aprobación en los casos de adquisición de bienes por vía de expropiación por causa de utilidad pública o social, cuyo precio se haya determinado de acuerdo con las reglas establecidas en la ley de la materia.

b'. La excepción por razones de emergencia

La Ley Orgánica establece en su artículo 21, que en situaciones de emergencia, como en caso de calamidades públicas o de conflicto interior o exterior, y en otros análogos, cuando sea de urgente necesidad la ejecución de determinadas obras o la adquisición de bienes, no se exigirá el cumplimiento de la formalidad del control previo. Sin embargo, la ejecución de las mencionadas obras deben realizarse "previa consulta al Contralor", la cual puede incluso ser verbal o telefónica; y los Despachos Ejecutivos en todo caso quedan obligados a participar de inmediato a la Contraloría las circunstancias que hayan dado lugar al gasto, con el fin de que ésta proceda a tomar las medidas de control que considere convenientes dentro de los límites de la ley.

c'. La excepción por la cuantía

Por autorización expresa del artículo 20 de la Ley Orgánica, el Contralor General de la República podrá exceptuar del control previo los compromisos que no exceden de 400.000 bolívares. "A tales efectos, por Resolución que publicará en la Gaceta Oficial, establecerá los casos y condiciones en que proceda esta excepción y los requisitos que se deberán cumplir, sin perjuicio del control posterior que ejercerá oportunamente sobre tales operaciones".

En la reforma a la Ley Orgánica de la Contraloría de 1984[186] que aumentó de 100.000 a 400.000 la cifra de la excepción, se agregó, además, al artículo 20 un párrafo con el siguiente texto:

> "El Contralor podrá ajustar anualmente la cifra mencionada anteriormente, con sujeción al monto del presupuesto de gastos de la Ley de Presupuesto para el Ejercicio Fiscal de cada año.

---

185 Véase en tal sentido la doctrina de la Contraloría General de la República en CGR Dictámenes de la Consultaría Jurídica 1938-1968, tomo III, Caracas, 1968, p. 57 y tomo IV, pp. 306 y 307.

186 Véase en G.O. N° 3.482 de 14-2-84.

En todo caso, la cifra en referencia no será menor de cuatro ni mayor de cinco bolívares por cada millón de bolívares del monto del correspondiente presupuesto de gastos".

d'. La excepción en los casos de contratos relativos a actividades de seguridad y defensa

Por último, el artículo 28 de la Ley Orgánica, en general, excluye "de las disposiciones de control establecidas en la ley", los gastos destinados a la defensa y seguridad del Estado, calificadas como tales en el Reglamento de la Ley Orgánica dictado por Decreto N° 1.698 de 1991[187].

c. *Efectos del control previo de compromisos*

a'. Efectos tradicionales del crédito presupuestario

De acuerdo con un principio constitucional (artículo 227) no se puede hacer del Tesoro Nacional gasto alguno que no haya sido previsto en la Ley de Presupuesto, lo que implica que todos los contratos susceptibles de implicar un egreso del Tesoro Nacional deben estar cubiertos por los créditos presupuestarios regularmente previstos en la Ley de Presupuesto o en créditos adicionales[188]. Por ello, la Ley Orgánica de Salvaguarda del Patrimonio Público, tipifica incluso como delito de malversación específica el efectuar gastos o contraer compromisos que excedan de las previsiones presupuestarias (artículo 61).

Tradicionalmente se ha considerado que las autorizaciones de gastos presupuestarios tienen efecto solamente respecto del derecho financiero y presupuestario y, por tanto, que las reglas de derecho presupuestario tienen sus propias consecuencias y sanciones desligadas totalmente del derecho administrativo[189].

Esto conlleva una consecuencia lógica: el contrato concluido por la Administración sin crédito presupuestario o excediendo el crédito aprobado por la Ley de Presupuesto, es jurídicamente válido[190], aun cuando como lo dice la ley, no pueda iniciarse su ejecución, es decir, sea ineficaz[191].

---

187 Véase en G.O. N° 34.749 de 4-7-91.

188 Artículos 227, 190, ordinal 14 y 179, ordinal 6° de la Constitución.

189 André de Laubadère: *Traité Théoriaue et Pratique des Contrats Administratifs*. Librairie Générale de Droit et Jursprudence, París, 1956, tomo I, p. 144.

190 En tal sentido véase: André de Laubadère, *ob. cit.*, tomo I, p. 144; Gaston Jèze, *Principios Générales de Derecho Administrativo*. De Palma Editor, Buenos Aires, 1947, tomo IV, p. 18; Eloy Lares Martínez, *Manual de Derecho Administrativo*, Caracas, 1963, p. 202.

191 Nos apartamos así de 1° opinión que sostuvimos en 1964 bajo la vigencia de la vieja Ley Orgánica de Hacienda Pública Nacional, cuyas normas fueron derogadas a partir de

Por tanto, la formalidad de control previo si bien ya no puede considerarse un requisito de validez del contrato, es una condición para su eficacia.

b'. Efectos sobre el contrato

Por supuesto, aun siendo un requisito de eficacia del contrato, ello no puede significar que ese requisito perfeccione el contrato.

El control previo de compromisos consiste únicamente en una verificación de la legalidad y posibilidad del gasto proyectado, pero no implica obligatoriedad para la Administración de concluir el proyecto del contrato. La Administración puede perfectamente desistir de celebrar el contrato controlado previamente por la Contraloría General de la República. Sin embargo, un sano sistema contable aconseja que, una vez que se produzca este desistimiento, la Administración notifique de ello a la propia Contraloría para que desafecte el gasto anteriormente proyectado del crédito presupuestario correspondiente[192]. Ello se exige, además, en la Ley Orgánica de la Contraloría en forma expresa, al prescribir su artículo 23 que en caso de terminación anticipada de los contratos sometidos a control previo, el Despacho respectivo debe participar inmediatamente a la Contraloría las causas que motivaron la decisión y acompañar los datos y documentos pertinentes.

Pero al hablar de los efectos del control previo debemos destacar otro supuesto. ¿Qué efectos tiene sobre el contrato la ausencia de crédito presupuestario a pesar del cumplimiento de la formalidad del control previo? Debemos concluir tal como anteriormente señalamos que el contrato no puede tener ningún efecto, pero sin embargo el posible error del órgano Contralor acarreará además de la responsabilidad individual del funcionario, la responsabilidad de la Administración por el mal funcionamiento del servicio y ello, porque si corresponde a la Contraloría General de la República el control de la legalidad y posibilidad de los gastos proyectados contractualmente, la equivocación de ella en sus operaciones específicas, se traduce en una falta o mal funcionamiento del servicio que acarreará responsabilidad administrativa.

1975 por la Ley Orgánica de la Contraloría General de la República. Véase Allan R. Brewer-Carías, "La formación de la voluntad...", *loc. cit.*, p. 454 y 455.

192 A tal efecto, la Procuraduría General de la República ha sostenido respecto de una orden provisional que "el hecho de que la misma haya sido aprobada por la Contraloría General de la Nación, no implica ninguna obligación para el Ejecutivo, el cual puede perfectamente desistir de la negociación contenida en la orden provisional a pesar de la aprobación impartida por la Contraloría de la Nación". Criterio sustentado por la Procuraduría de la Nación en escrito dirigido a la Corte Federal, con fecha 3 de agosto de 1960, Informe de la Fiscalía General de la República al Congreso Nacional, 1960, Caracas, marzo de 1961, p. 313.

c'. Efectos de la ausencia de control previo

Tal como se ha señalado, sin el requisito del control previo de compromisos por parte de la Contraloría, el Ejecutivo no puede iniciar la ejecución de los contratos, razón por la cual se trata de un requisito para la eficacia de los mismos[193]. Por tanto, si aun sin el cumplimiento de tal formalidad, el contratante de la Administración ejecuta el contrato, éste no podría reclamar la contraprestación del precio contractual, pero sí podría reclamar indemnización por el enriquecimiento sin causa que podría producirse a favor de la Administración, en la medida de dicho enriquecimiento y de su empobrecimiento[194].

---

193 Bajo la vigencia de la Ley Orgánica de la Hacienda Pública (artículo 172, ordinal 11) hasta 1975, el requisito de aprobación previa de Contratos por la Contraloría se había considerado un requisito de validez de los contratos. Así, por ejemplo, era el criterio de la Procuraduría General de la República, al expresar que los trámites de Control Previo de la Contraloría "no son simples formalidades de mero trámite, sin relevancia alguna de la vida jurídica de los contratos que celebre la Administración con violación de tales requisitos, bien porque se considere que han de cumplirse exclusivamente en la esfera interna de la Administración, en la cual no tiene, por tanto, participación alguna el contratante de la Administración, o bien, porque se les estime como preceptos del Derecho Presupuestario que sólo obligan a la Administración. Al contrario, estima la Procuraduría que tales requisitos no tienen como única y exclusiva finalidad verificar, por parte del organismo contralor, la sinceridad y legalidad del gasto público, sino conjuntamente con ella, la de ser verdaderos elementos constitutivos, entre otros, del consentimiento legítimamente manifestado" cuando la Administración Nacional es parte en contratos u otros actos jurídicos. La "aprobación" previa de los mismos, por parte de la Contraloría, no es pues, en criterio del Despacho, la simple autorización de un gasto; es más, es también la autorización del contrato o acto que lo otorga. Tales consideraciones permiten, pues, a la Procuraduría afirmar, con el mayor énfasis, que el requisito de la aprobación previa de la Contraloría a los contratos que pretenda celebrar la Administración Nacional, no constituye sólo la aprobación del gasto correspondiente, sino la autorización del contrato; y que, en consecuencia, los contratos celebrados con omisión de tal requisito están afectados de nulidad absoluta". Véase al efecto el Informe de la Procuraduría de la Nación al Congreso Nacional 1959, Caracas, 1960, pp. 629, 630, 935 y 944. Véase, además, el criterio de la Consultaría Jurídica del Ministerio de Justicia, en Allan R. Brewer-Carías, *Jurisprudencia de la Corte Suprema de Justicia 1930-1974 y Estudios de Desarrollo Administrativo*, tomo III, Vol. 2, Caracas 1977, pp. 624 y 625.

194 En tal sentido la Procuraduría General de la República ha sostenido que "es evidente, en criterio de este Despacho, que el contrato de venta -que toda adquisición de efectos y materiales configura-, no ha podido perfeccionarse legalmente. Pero, habiendo constancia auténtica de que los bienes, cuyo precio se reclama, fueron efectivamente suministrados a la Administración, sería injusto que éste se negase a pagarlos: al contrario, ella resulta obligada a su pago, más la fuente de su obligación no está en contrato alguno, sino en el enriquecimiento sin causa. Dada la cuantía del valor de tales bienes, no considera arbitraria la Procuraduría que se le pague a la reclamante, a ese título, la suma reclamada por ella y convenida, en principio, con la Administración". Véase al respecto el *Informe de la Fiscalía General de la República al Congreso 1960*, Caracas, marzo 1961, p. 386.

C.   La autorización legislativa

a.   *La intervención del órgano legislativo en la contratación adminis-trativa*

Nuestro derecho positivo, debido a la importancia de determinados contratos suscritos por órganos del Estado requiere, como *conditio sine qua non* para que ciertos de ellos produzcan efectos, la intervención de los órganos legislativos en la formación de la voluntad administrativa.

Esta intervención puede ser previa, mediante autorización, o posterior, mediante aprobación.

Si se analiza el artículo 126 de la Constitución podría pensarse que hay una incongruencia al decir textualmente que "sin la aprobación del Congreso, no podrá celebrarse ningún contrato de interés nacional", pues esta frase parece decir que el acto de celebración es posterior a la aprobación por el Congreso y, por tanto, que la aprobación debe entenderse siempre como autorización. Sin embargo, esto no es más que una aparente incongruencia[195] pues en la Constitución se distingue, en materia de formación de la voluntad contractual de la Administración, la intervención legislativa previa o autorización, de la intervención legislativa posterior o aprobación. Y ello, porque la Constitución si bien es la norma suprema del Estado, no puede ser interpretada aisladamente.

En efecto, la interpretación de las normas constitucionales como de toda norma jurídico-positiva, debe ser hecha atribuyéndole a la disposición el sentido que aparece evidente del significado propio de las palabras, según la conexión de ellas entre sí y la intención del Constituyente en concordancia con todo el orden jurídico-positivo. Y en este sentido, ha sido el propio Constituyente quien ha distinguido en el texto constitucional los procedimientos de aprobación posterior y autorización previa de contratos.

En efecto, es la propia Constitución quien distingue: en su artículo 126, primera parte, habla de "aprobación del Congreso"; en el mismo artículo 126, aparte segundo, habla de autorización; y también habla de autorización en su artículo 213.

Por tanto, estimamos que la Constitución sí distingue entre aprobación y autorización por el Congreso, a pesar de la aparente incongruencia; dis-

---

195   Eloy Lares Martínez, *ob. cit.*, p. 205, donde señala que "sí la Constitución impone el requisito de la aprobación legislativa..., debe entenderse que se trata de una formalidad ulterior a la celebración del contrato, y no anterior a la misma".

El artículo 231 de la Constitución establece al efecto: "No se contratarán empréstitos sino para obras reproductivas, excepto en caso de evidente necesidad o conveniencia nacional. Las operaciones de crédito público requerirán, para su validez una ley especial que las autorice, salvo las excepciones que establezca la Ley Orgánica".

tinción, que por otra parte, ha estado consagrada tradicionalmente en nuestra legislación, y se destaca, incluso, de la Exposición de Motivos de la Constitución[196].

Nos referimos en este lugar a la intervención legislativa previa a la conclusión del contrato administrativo llamada autorización legislativa, dejando el análisis de la intervención legislativa posterior llamada aprobación, para cuando estudiemos las formalidades posteriores a la conclusión del contrato.[197]

b.   *La autorización*

La autorización legislativa para contratar cuando está establecida tiene una fundamental explicación: evitar que el Poder Ejecutivo tome medidas de interés general y vital para el Estado, sea financiero o económico-social, sin la intervención del Poder Legislativo. Esta autorización puede ser concedida por ley formal, por acuerdo del Congreso, o decisión de algunas de las Comisiones de las Cámaras.

---

196 En efecto, en el Título IV del Poder Público, la Exposición de Motivos expresa: "De gran importancia es el artículo referente a los contratos de interés nacional. El principio de que debe aprobarlos el Congreso es tradicional, pero se ha modificado el sistema según el cual se eximía de este requisito, en el propio texto constitucional, el otorgamiento de las concesiones de hidrocarburos y minerales en general, o de tierras baldías. En cuanto a las tierras baldías, la Ley Agraria ha modificado radicalmente el anterior régimen: en cuanto a las condiciones se han exceptuado del requisito, sólo aquellas que permita la Ley. Para aclarar mejor la intención del Constituyente en asunto de tanta importancia se dispone que el Ejecutivo Nacional no podrá proceder al otorgamiento de nuevas concesiones sin previa autorización del Congreso, debidamente informado de todas las circunstancias pertinentes y dentro de las condiciones que el mismo fije. Se hace clara mención de que esta autorización no dispensa del cumplimiento de las formalidades legales. La mente del Proyecto, en este aspecto, debe quedar claramente entendida; ella es la de que antes de proceder al otorgamiento de dichas concesiones, el Gobierno debe solicitar del Congreso una especie de autorización general.

197 En efecto, en el Título IV del Poder Público, la Exposición de Motivos expresa: "De gran importancia es el artículo referente a los contratos de interés nacional. El principio de que debe aprobarlos el Congreso es tradicional, pero se ha modificado el sistema según el cual se eximía de este requisito, en el propio texto constitucional, el otorgamiento de las concesiones de hidrocarburos y minerales en general, o de tierras baldías. En cuanto a las tierras baldías, la Ley Agraria ha modificado radicalmente el anterior régimen: en cuanto a las condiciones se han exceptuado del requisito, sólo aquellas que permita la Ley. Para aclarar mejor la intención del Constituyente en asunto de tanta importancia se dispone que el Ejecutivo Nacional no podrá proceder al otorgamiento de nuevas concesiones sin previa autorización del Congreso, debidamente informado de todas las circunstancias pertinentes y dentro de las condiciones que el mismo fije. Se hace clara mención de que esta autorización no dispensa del cumplimiento de las formalidades legales. La mente del Proyecto, en este aspecto, debe quedar claramente entendida; ella es la de que antes de proceder al otorgamiento de dichas concesiones, el Gobierno debe solicitar del Congreso una especie de autorización general.

a'. Formas de la autorización legislativa

Ciertos contratos de la Administración requieren para su validez una autorización legislativa previa a su conclusión, dada por ley especial.

Tal es el caso, por ejemplo, de la contratación de empréstitos y operaciones de crédito público que, conforme al artículo 231 de la Constitución, requieren "para su validez, una ley especial que las autorice". Así lo dispone, por ejemplo, el artículo 19 de la Ley Orgánica de Crédito Público al señalar que "salvo las excepciones establecidas en esta Ley, el Ejecutivo Nacional no podrá contratar ninguna operación de Crédito Público sino en virtud de Ley Especial".

Pero no en todos los casos es necesaria una ley formal que autorice la celebración del contrato, sino que en algunas oportunidades basta un Acuerdo del Congreso, es decir, un acto emanado de las Cámaras Legislativas actuando en sesión conjunta[198].

Tal es el caso, por ejemplo, del otorgamiento de nuevas concesiones de hidrocarburos y recursos naturales. A tal efecto, el artículo 126 de la Constitución establece que:

> "No podrá en ningún caso procederse al otorgamiento de nuevas concesiones de hidrocarburos ni de otros recursos naturales que determine la ley, sin que las Cámaras en sesión conjunta, debidamente informadas por el Ejecutivo Nacional de todas las circunstancias pertinentes, lo autoricen, dentro de las condiciones que fijen y sin que ello dispense el cumplimiento de las formalidades legales".

Otro caso en que es necesaria la autorización del Congreso Nacional es en la enajenación de bienes inmuebles patrimoniales de la República. A tal efecto, la Ley Orgánica de la Hacienda Nacional dispone en su artículo

---

198 "En esa autorización que equivaldría a una definición de la política a seguir en la materia, el Congreso puede limitar concretamente las formas de las concesiones, el precio y condiciones de las mismas y las demás condiciones que juzgue necesarias. Tratándose de una autorización no sería menester una ley especial, sino un simple acuerdo adoptado por las Cámaras en sesión conjunta y, es por ello, por lo que se dice que después de dada la autorización, el Ejecutivo se someterá, en cada uno de los actos respectivos a las formalidades que la ley establece".

"También se hace mención expresa de que ningún contrato de interés público podrá celebrarse con Estados o entidades oficiales extranjeras o con sociedades no domiciliadas en Venezuela (ni traspasarse a las referidas personas) sin la aprobación del Congreso: esa disposición rige cualquiera que sea el sujeto de Derecho Público Venezolano que realice el acto".

"Los contratos normalmente necesarios para el desarrollo de la Administración Pública quedan exentos de los requisitos de la aprobación por el Poder Legislativo".

"Disposición Transitoria 139 de la Constitución. Véase además la doctrina del Ministerio de Justicia en Allan R. Brewer-Carías, *Jurisprudencia de la Corte Suprema de Justicia 1930-74 y Estudios de Derecho Administrativo*, tomo III, Vol. II, Caracas, 1977, pp. 618 y 619.

23 que "los bienes inmuebles pertenecientes a la Nación no pueden ser enajenados sin previa y expresa autorización del Congreso Nacional, dada con, conocimiento de causa", aunque la Constitución actual en su artículo 150, ordinal 2°, ha atribuido al Senado la facultad de conceder estas autorizaciones.

En otros supuestos, la legislación ha establecido la necesaria autorización previa de algunas de las Comisiones de las Cámaras Legislativas, para la celebración de algunos contratos de la Administración, como los contratos de sociedad. Así, las leyes de Presupuesto anual, durante la última década han venido estableciendo que para la constitución de sociedades por parte de los organismos de la Administración Pública central o descentralizada, se requerirá la autorización de la Comisión Permanente de Finanzas de la Cámara de Diputados[199].

b'.   Naturaleza de la autorización legislativa

La autorización legislativa, sea dada por ley o por acuerdo, es un acto legislativo dictado en ejercicio de la función administrativa que habilita a la Administración para ejercer el poder jurídico de contratar.

Este acto de autorización legislativa, como todo acto legislativo, es unilateral, pero se dicta a instancias de la Administración. Por ello la ley habla de la autorización "dada con conocimiento de causa" o dada por las Cámaras Legislativas "debidamente informadas por el Ejecutivo Nacional de todas las circunstancias pertinentes"[200].

Las Cámaras Legislativas, en virtud de este poder de autorizar la celebración de contratos, pueden apreciar la legalidad y discrecionalmente la oportunidad o conveniencia del contrato. Con este fin es que la ley o la Constitución exigen la intervención previa de las Cámaras Legislativas. Por otra parte, la autorización legislativa puede contener "las especificaciones relativas a la operación o una autorización general"[201], para que la Administración contrate. Además, el Congreso puede autorizar al Ejecutivo a contratar, "dentro de un plazo determinado en las oportunidades, formas y condiciones que considere más convenientes a los intereses de la Nación dentro de los límites fijados por el Congreso de la República"[202] como sucede en materia de crédito público.

---

199 Por ejemplo, artículo 21 de la Ley de Presupuesto 1986 en Gaceta Oficial N° 3.677 Extra de 23-12-85. Véase sobre esto, CGR Dictámenes de la Consultorio Jurídica 1938-1968, tomo III, pp. 58-59; tomo IV (69-76), pp. 300 y ss. y tomo V (69-76), pp. 840 y ss.

200 Artículo 23, LOHPN y 126 Constitución.

201 Artículo 15 LOCP.

202 Artículo 21 LOCP.

c'. Efectos de la autorización

La autorización legislativa, al igual que el cumplimiento de la formalidad de control fiscal previo, no perfecciona, ni mucho menos, al contrato.

La autorización legislativa para contratar ni siquiera obliga a la Administración a hacerlo, sino que es sólo la condición habilitante indispensable para que pueda hacerlo.

Por tanto, una vez concedida la autorización, la Administración en ejercicio del derecho de apreciar la oportunidad y conveniencia de sus actos, queda en libertad de decidir si contrata o no.[203] Esto diferencia la autorización legislativa de la decisión de contratar que ciertos órganos administrativos adoptan y a la cual están sometidos los órganos encargados de otorgar el contrato.

La sola autorización legislativa, por tanto, no obliga contractualmente a la Administración, pero su ausencia, cuando está legalmente establecida, vicia el consentimiento[204].

D. La decisión administrativa de contratar

Ciertos contratos de la Administración requieren para su conclusión, una decisión previa de una autoridad administrativa, que los autorice y ordene.

Estas decisiones administrativas de contratar tienen la característica de que obligan a la autoridad administrativa competente a contratar y no solamente la faculta para hacerlo[205].

En la Administración Pública Nacional estas decisiones se producen respecto de cierto tipo de contratos, por ejemplo, por el Consejo de Ministros, debido a la importancia de las operaciones implícitas en el contrato.

---

203 *Cfr*. André de Laubadère, *op. cit.*, p. 147; Eloy Lares Martínez, *op. cit.* p. 202; George Vedel, *Droit Administratif*, Press Univesitaries de France, Paris, tomo II, 1959, p. 596.

204 *Cfr*. André de Laubadère, *op. cit.*, p. 147, Eloy Lares Martínez, op. cit. p. 202; Enrique Sayagués Laso, *Tratado de Derecho Administrativo*, Montevideo, tomo I, 1953, p. 416. A tal efecto la Procuraduría de la Nación sostuvo: "Obsérvese, en efecto, cómo es la doctrina administrativa unánime que las «autorizaciones» que de acuerdo con la Constitución o las leyes, los funcionarios o agentes de la Administración requieren para otorgar o producir determinados actos jurídicos, constituyen un elemento constitutivo y necesario del «consentimiento»; por tanto, la omisión de la autorización no es que vicie el consentimiento, sino que lo impide, obsta para su manifestación legítima; y siendo el consentimiento elemento esencial a la existencia del acto, omitido aquél, éste tampoco existe jurídicamente hablando". Véase esta opinión en el Informe de la Procuraduría de la Nación al Congreso Nacional 1959, Caracas, 1960, p. 624.

205 Véase, por ejemplo, la doctrina de la Procuraduría en relación a la autorización ministerial que debe darse a algunos Institutos Autónomos para contratar, en Doctrina PGR 1963, pp. 71-73.

Veamos, entonces, la intervención del Consejo de Ministros en la formación de la voluntad administrativa en los contratos de la Administración.

a.   *La intervención del Consejo de Ministros en la celebración de contratos de la Administración*

Establece el artículo 190, ordinal 15, de la Constitución, que es atribución del Presidente de la República en Consejo de Ministros "celebrar los contratos de interés nacional permitidos por la Constitución y las leyes".

Es decir, que, de acuerdo con esta norma, el Consejo de Ministros debe decidir la conclusión de un contrato de la Administración Nacional[206] cuando una norma constitucional o una ley se lo atribuya expresamente. Ante todo es necesario aclarar que la palabra "permitir" utilizada en esta disposición equivale en Derecho Público a tener una facultad o una competencia que, necesariamente, debe ser atribuida a alguien. Esta permisión debe entenderse en el sentido de atribución de competencia al Presidente de la República en Consejo de Ministros por parte de la Constitución o la ley.

Por tanto, la interpretación lógica y racional de este dispositivo no es la de que siempre y, en todo caso, el Presidente de la República en Consejo de Ministros debe celebrar todos los contratos de interés nacional que consagre la Constitución o cualquier ley, sino solamente con carácter obligatorio aquellos contratos que la Constitución o una ley le atribuya expresamente al Presidente de la República en Consejo de Ministros. Por tanto, sólo requieren la decisión previa de concluirse por el Consejo de Ministros, los contratos de interés nacional que la Constitución y la ley le atribuyan expresamente.

En este sentido la Constitución atribuye expresamente ciertos contratos, en cuanto a su decisión previa para concluirse, al Consejo de Ministros. Tal es el caso de los empréstitos públicos, cuya decisión debe ser adoptada por el Presidente de la República en Consejo de Ministros[207]. Una posible atribución de orden constitucional es también la consagrada en los artículos 97 y 231 de la Constitución. Estas disposiciones remiten a la ley, y ésta podría establecer la atribución expresa al Presidente de la República en Consejo de Ministros para celebrar o decidir la conclusión del contrato[208].

---

206 *Cfr*. Eloy Lares Martínez, *op. cit.*, p. 203.

207 A tal efecto, el artículo 190, ordinal 13° de la Constitución establece que es atribución del Presidente de la República en Consejo de Ministros, "negociar los empréstitos nacionales".

208 El artículo 97 de la Constitución establece que "no se permitirán monopolios. Sólo podrán otorgarse, en conformidad con la ley, concesiones con carácter de exclusividad, y

Un ejemplo de contratos de la Administración atribuidos expresamente en lo que respecta a su decisión previa para concluirse, al Consejo de Ministros, era el contemplado en el Decreto-Ley N° 76 del 8 de marzo de 1958 de la Junta de Gobierno de la República de Venezuela. El artículo 1° de dicho Decreto-Ley estableció que

> "los contratos de la Nación cuyo monto exceda de las previsiones presupuestarias, así como aquellos cuyo pago se haya previsto en partes, en el transcurso de más de un ejercicio fiscal, y las obligaciones de los Institutos Autónomos y demás personas jurídicas que hayan de ser garantizadas por la Nación, deberán ser sometidos, antes de su otorgamiento, a la aprobación del Consejo de Ministros, sin perjuicio de cualquier otro requisito establecido en la Constitución y leyes de la República"[209].

Por tanto, este tipo de contratos de la Administración, por previsión legal, deberían ser llevados "antes de su otorgamiento, a la aprobación (sic) del Consejo de Ministros". A pesar del mal uso de la palabra "aprobación" claramente se deduce que la intervención del Consejo de Ministros era previa a la conclusión del contrato y consistía, en puridad, en la decisión de contratar.

La Ley Orgánica de Crédito Público, además, establece la necesaria intervención previa del Consejo de Ministros, en la autorización de las operaciones de crédito público a ser realizadas por los Institutos Autónomos y las empresas del Estado[210].

Aparte de los contratos anteriormente analizados que deben necesariamente ser decididos por el Consejo de Ministros, todos los contratos de la Administración pueden ser llevados a dicho organismo, para su decisión, en virtud de la facultad que tiene el Presidente de la República de acuerdo a la Ley Orgánica de la Administración Central, de llevar al Consejo de Ministros asuntos "cuando lo juzgue conveniente"[211].

Sin embargo, esta es una atribución o facultad del Presidente y no una obligación jurídica.

b. *Efectos de la decisión del Consejo de Ministros*

Al igual que las formalidades previas a la conclusión del contrato antes estudiado, la decisión de contratar del Consejo de Ministros tampoco per-

---

por tiempo limitado, para el establecimiento y la explotación de obras y servicios de interés público...".

209 Véase en Gaceta Oficial conforme al artículo 4, literal c de la LOCP, que estos contratos configuran operaciones de crédito público, por lo cual la misma decisión del Consejo de Ministros se ha regulado detalladamente en el artículo 6, ordinal 1°, letra b, LOCP.

210 Artículos 43 y 49, LOCP.

211 Artículo 11.

fecciona el contrato. El contrato no puede considerarse concluido por la sola decisión de contratar[212].

Sin embargo, contrariamente a lo que sucede respecto a la autorización legislativa, la decisión administrativa del Consejo de Ministros, de contratar, obliga al órgano competente para concluirlo, a otorgar el contrato, y no solamente para otorgarlo pura y simplemente, sino de acuerdo a las condiciones señaladas por la autoridad decisoria.[213]

En todo caso, la decisión de contratar no obliga a la Administración si no se ha otorgado el contrato y, en caso de negativa a contratar, sin que se revoque la decisión por el propio Consejo de Ministros, ello acarreará responsabilidad del funcionario que se negó a obedecer la decisión[214].

La decisión de contratar por el Consejo de Ministros constituye también una etapa en la formación de la voluntad administrativa y, por tanto, la ausencia de decisión de contratar en los casos en que la Constitución y la ley la exijan produce la invalidez del contrato y su consecuente nulidad[215].

Por otra parte, el funcionario público que celebró el contrato sin que su conclusión hubiera sido autorizada y decidida por el Consejo de Ministros, incurre en responsabilidad individual por abuso de poder y violación de la ley de acuerdo a lo establecido en el artículo 121 de la Constitución.

2. Formalidades posteriores a la conclusión del contrato: la aprobación del contrato

Ciertos contratos no producen enteros efectos después del acto de conclusión, sino una vez que cumplan una formalidad posterior, que consiste en la aprobación del contrato por parte de los órganos legislativos.

Por ello, establece el artículo 126 de la Constitución que "sin la aprobación del Congreso, no podrá celebrarse ningún contrato de interés nacional, salvo los que fueren necesarios para el normal desarrollo de la Administración Pública, o los permitidos por la ley".

A pesar de una aparente incongruencia de este artículo y de otros de la Constitución se desprende que la aprobación legislativa es posterior a la conclusión del contrato. Y también se desprende, dada la peculiar redacción del dispositivo constitucional, que la regla general teórica en nuestro régimen de contratación administrativa es que todos los contratos de interés nacional requerirían aprobación legislativa. Establece, sin embargo, el

---

212 *Cfr.* André de Laubadère, *op. cit.*, tomo I, p. 159.

213 *Cfr.* Eloy Lares Martínez, *op. cit.*, p. 203.

214 Artículos 47 y 121 de la Constitución. *Cfr.* André de Laubadére, *op. cit.*, tomo I, p. 160.

215 *Cfr.* Gastón Jèze, *op. cit.*, tomo IV, p. 58.

dispositivo constitucional dos excepciones a esta regla general: no requieren aprobación legislativa primero, los contratos necesarios para el normal desarrollo de la Administración Pública; y segundo, los contratos "permitidos por la ley" o atribuidos por la ley a cualquier autoridad pública sin indicación de la intervención del Poder Legislativo. De ello se desprende que en realidad, en la práctica, la excepción es la regla general, pues la gran mayoría de contratos de la Administración Nacional no requieren la intervención a posteriori del Congreso Nacional, por lo cual el requisito de aprobación legislativa es excepcional.[40 bis]

Conviene, al hablar de la aprobación legislativa como una formalidad posterior a la conclusión del contrato, estudiar en primer lugar, la naturaleza del acto de aprobación y, en segundo lugar, los efectos jurídicos de la aprobación legislativa de los contratos.

A. Naturaleza jurídica de la aprobación legislativa

Desde el punto de vista material o de contenido, el acto de aprobación legislativa es un acto legislativo realizado en función administrativa.

Este ha sido criterio tradicional de nuestra jurisprudencia. Así la antigua Corte Federal y de Casación en sentencia de 5 de mayo de 1937, estableció:

> "Las normas jurídicas integradas en parte por las leyes, implican un mandato general y abstracto que impone reglas de conducta válidas para todos y para casos abstractamente determinados, por lo cual el Poder Legislativo, en su función normativa, procede generalizando. Cuando ejerce esa función elabora leyes en sentido material, que tienen todas las características de la ley propiamente dicha; mientras que cuando colabora con el Poder Ejecutivo en la Administración Pública ejecuta actos administrativos aun cuando ellos estén revestidos de la forma extrínseca de la ley, y son estos actos los que la doctrina del derecho constitucional denomina leyes formales. Estas no tienen el contenido de la ley propiamente dicha, porque no establecen reglas de conducta para todos, no contienen un mandato general y abstracto, sino que se refieren a relaciones concretas, a casos particulares: son providencias administrativas o actos de administración pública en forma de ley. Tal lo que sucede en la llamada ley que aprueba un contrato o un convenio de interés nacional".[216]

Aparte de que no compartimos el criterio de la distinción entre ley formal y ley material que se hace, es importante destacar de esta decisión la doctrina de que los actos de aprobación legislativa son en su contenido y

---

40bis Véase lo expuesto en el N° 3 de la Segunda Parte.

216 Memoria 1938, tomo I, p. 226.

desde el punto de vista material, actos realizados en ejercicio de la función administrativa, aunque en su forma sean leyes[217].

Ahora bien, pero si es cierto que en su contenido el acto de aprobación legislativa es un acto realizado en ejercicio de la función administrativa, por su forma es un acto legislativo, y más propiamente una ley.

Y ley en nuestro sistema constitucional es la llamada ley en sentido formal, o sea, "actos que sancionan las Cámaras Legislativas como Cuerpos Colegisladores", como lo destaca el artículo 162 de la Constitución.

En este sentido ha señalado la Corte Suprema de Justicia en Pleno, en sentencia de 15 de marzo de 1962, que:

> "la orientación constitucional venezolana se ha apartado, en este punto, de toda doctrina que consagre otros requisitos como los de generalidad y carácter abstracto, para determinar el concepto de ley. Acoge sólo la Constitución esa forma simple pero precisa para tipificar dicho concepto, lo que significa que la mera circunstancia de una norma sea sancionada por las Cámaras como Cuerpos Colegisladores, basta para que figure como ley de nuestro ordenamiento jurídico.

> Este concepto claro y preciso de lo que la Constitución concibe como ley, no admite ni puede admitir interpretaciones contrarias a su texto, ni menos aún la asignación de otros requisitos o condiciones que, si bien pueden ser atribuibles o procedentes en otras legislaciones donde el concepto de ley obedece a otros criterios doctrinales, en manera alguna son adecuados al que terminantemente se fija en la Constitución venezolana. En este sentido no había lugar a planteamiento doctrinario de distinción entre ley material y ley

---

217 *Cfr*. E. Sayagués Laso, op. cit., tomo I, p. 551. Véase también el voto salvado a la sentencia de la Corte Suprema de Justicia en Corte Plena de 15 de marzo de 1962 que expresa: "La aprobación legislativa recaída en los contratos de interés nacional, celebrados por el Presidente de la República por órgano del Ministro respectivo, perfecciona y completa la voluntad administrativa que interviene en la creación del vínculo contractual. La voluntad del otro contratante, que es generalmente un particular o empresa privada, se forma y manifiesta según las reglas del derecho privado. El proceso de formación de la voluntad administrativa comprende varias etapas, más de las cuales es la aprobación impartida por el órgano legislativo".

"Siempre que un contrato requiera la aprobación del Congreso, el acto aprobatorio emanado de este último constituye una de las manifestaciones de voluntad del Estado, complementaria de la manifestación anterior, hecha por el órgano ejecutivo. La decisión aprobatoria de las Cámaras es por su contenido, un acto administrativo de aprobación, esto es, una declaración de un órgano del Estado, en ejercicio de la función administrativa, que expresa su conformidad con una declaración anterior de otro órgano estatal. Las Cámaras, en efecto, actúan en esa ocasión en ejercicio de la función administrativa. Ambas declaraciones configuran lo que la doctrina moderna denomina "acto complejo", o sea, aquel en que la voluntad administrativa se forma mediante la intervención de dos o más órganos cuyas respectivas manifestaciones pasan a integrarla". G.O. N° 760 Extra de 22-3-62. Véase, además, la doctrina administrativa de la Procuraduría en Doctrina PGR 1965, Caracas, 1966, pp. 54-57 y del Ministerio de Justicia en Allan R. Brewer-Carías, *Jurisprudencia de la Corte Suprema 1930-74 y Estudios de Derecho Administrativo*, tomo III, Vol. II, Caracas, 1977, p. 625.

formal... porque para calificar de ley una norma de derecho, basta únicamente determinar si es o no un acto sancionado por las Cámaras Legislativas como Cuerpos Colegisladores"[218].

Por tanto, el acto de aprobación legislativa de un contrato de interés nacional, en su forma es una ley con todas las implicaciones que este concepto supone.

B. Contratos que requieren la aprobación legislativa

Diversos contratos de interés nacional requieren en Venezuela la aprobación legislativa. En efecto, el artículo 90 de la Ley Orgánica de la Hacienda Nacional, establece que "el servicio para recibir ingresos y hacer pagos por cuenta del Tesoro Nacional, y cualesquiera otros relacionados con dicho servicio, podrán ser contratados por el Gobierno con un instituto bancario que, indispensablemente, habrá de ser nacional, responsable y de recursos suficientes para garantizar el Gobierno un crédito destinado a satisfacer las necesidades del Tesoro. El contrato deberá someterse a la aprobación del Congreso Nacional".

En materia de concesión para aprovechamiento de aguas del dominio público, la Ley Forestal, de Suelos y Aguas establece en su artículo 35 que "serán temporales y se regularán por contratos especiales sujetos, para su validez, a la aprobación posterior del Congreso Nacional".

Hemos escogido estos dos casos de contratos de la Administración Nacional que requieren la aprobación posterior del Congreso Nacional, por la distinta redacción que presenta la ley; en el segundo caso se requiere la aprobación como requisito de validez del contrato, en tanto que en el primer caso no se indica esta circunstancia ni tampoco en el dispositivo constitucional 126, que consagra la aprobación de los contratos de interés nacional como regla general. Esta observación nos será útil para entrar a analizar los efectos de la aprobación legislativa en los contratos de la Administración.

C. Efectos de la aprobación legislativa

Debemos analizar, al hablar de los efectos de la aprobación legislativa, no sólo de éstos respecto al contrato en sí, sino también respecto a los terceros extraños a la relación contractual, a los poderes del Congreso y, por último, los efectos de la ausencia de aprobación legislativa.

---

218 G.O. N° 760 Extra de 22-3-62.

a.   *Efectos sobre el contrato*

El acto de aprobación, en principio, no influye en la validez del contrato, sino en su eficacia[219]. Por ello, la Corte Suprema de Justicia ha señalado que es en virtud de la aprobación legislativa, en virtud de que ha tomado forma de ley el acto aprobatorio, "que el contrato ha producido la plenitud de efectos jurídicos que no hubieran llegado a originarse sin la intervención de las Cámaras Legislativas".[220]

Esta es la regla general en materia de aprobación legislativa de acuerdo con el artículo 126 de la Constitución: no constituye un requisito de validez del contrato sino un requisito para que produzca efectos y pueda ejecutarse[221]. El contrato, por tanto, queda perfeccionado con la conclusión.

Sin embargo, hemos observado que algunas disposiciones legislativas que consagran el requisito de la aprobación legislativa lo establecen como condición de "validez" del contrato. En este caso, que es la excepción de nuestro régimen jurídico, el contrato sólo se perfecciona cuando se ha producido la aprobación legislativa[222].

b.   *Efectos respecto a los poderes del Congreso*

El principal efecto de la aprobación legislativa es que a pesar de su forma de ley, ella no puede ser derogada ni modificada posteriormente por el Congreso.

Y ello porque, sea la aprobación un acto necesario para la ejecución del contrato o sea necesario para su validez, ella, a pesar de que es dada libre y discrecionalmente por el Congreso, forma parte de un acto complejo y mixto, donde entran en juego actos emanados por el Poder Ejecutivo y Legislativo, que no puede ser modificada entonces por la sola voluntad de uno de los Poderes Públicos intervinientes[223].

---

219 *Cfr.* Guido Zanobini, *Curso de Derecho Administrativo*, tomo I, Editorial Arayú, Buenos Aires, 1954, p. 336.

220 Sentencia de la Corte Suprema de Justicia de 15 de marzo de 1962, cit.

221 *Cfr.* Onorato Sepe: *Contratto della Pubblica Amministrazione*, Enciclopedia del Diritto, Edizione Speciale per gli Studenti dell'Università di Roma, Giuffré Editore, Milán, 1990, p. 164; Massimo Severo Giannini, *L'Attività Amministrativa* (l'attività Negoziale). Lezione tenute durante l'anno accademico 1961-1962.

222 *Cfr.* Rafael Bielsa: *Compendio de Derecho Administrativo*, De Palma, Buenos Aires, 1960, p. 86; Enrique Sayagués Laso, *op. cit.*, tomo I, p. 551.

223 A este respecto, en el voto salvado a la sentencia de la Corte Suprema de Justicia en Pleno de 15 de marzo de 1962, se señala: "La misión de las Cámaras consiste en aprobar o negar, esto es, a aquéllas sólo incumbe impartir o negar su aprobación; pero en ningún caso, modificar el contrato. Como consecuencia, la ley aprobatoria de un contrato de interés nacional no es susceptible de derogatoria, ni de reforma total o parcial" (CSJ-CP-27-2, según la sigla del Instituto de Codificación y Jurisprudencia). *Cfr.* Enrique Sayagués Laso, *op. cit.*, tomo I, p. 551.

c. *Efectos respecto a los terceros*

Pero esta aprobación legislativa también produce ciertos efectos respecto a los terceros extraños a la relación contractual, y éstos están constituidos por el derecho que tiene todo administrado interesado de solicitar jurisdiccionalmente, el control de la constitucionalidad de las leyes. En efecto, la forma de ley que reviste el acto estatal de aprobación tiene como consecuencia que cualquier tercero interesado extraño a la relación contractual pueda solicitar ante el órgano jurisdiccional contralor de la constitucionalidad de las leyes, la conformidad con la Constitución de las cláusulas del contrato.

La jurisprudencia de la antigua Corte Federal y de Casación en algunas decisiones sostuvo erradamente, en nuestro concepto, la improcedencia del recurso de inconstitucionalidad contra las llamadas leyes formales o actos legislativos singulares con forma de ley, admitiéndolo únicamente contra las llamadas leyes materiales, de contenido general y abstracto[224]. Este criterio errado no fue tradicional en la jurisprudencia de la antigua Corte, y en algunas ocasiones admitió el recurso de inconstitucionalidad contra actos legislativos singulares con forma de ley[225].

En sentencia de la Corte Suprema de Justicia en Pleno de 15 de marzo de 1962, se confirma en forma clara el criterio de que el recurso de inconstitucionalidad procede contra los actos singulares con forma de ley, y más aún, cuando el artículo 215, ordinal 3°, de la Constitución atribuye a la Corte Plena la facultad de declarar la nulidad total o parcial no sólo de las leyes nacionales, sino también de los demás actos de los cuerpos legislativos que colidan con la Constitución[226].

Por tanto, en nuestro actual sistema jurídico procede el recurso de inconstitucionalidad contra las leyes aprobatorias de contratos. Y ello es lógico: dado el interés nacional y estatal que presentan esos contratos administrativos que requieren aprobación legislativa, es necesario que todo ciudadano interesado pueda obtener el control de la constitucionalidad de esas leyes aprobatorias[227]. Ello, en todo caso, se ha consagrado expresamente en la Ley Orgánica de la Corte Suprema de Justicia, en la cual se

---

224 Sentencia de la Corte Federal y de Casación de 5 de mayo de 1937. Memoria 1938, tomo I, p. 226.

225 Sentencia de la Corte Federal y de Casación de 16 de noviembre de 1937 (Memoria 1938, tomo I, p. 339); de 26 de noviembre de 1937 (Memoria 1938, tomo I, p. 350), y de 22 de diciembre de 1937 (Memoria 1938, tomo I, p. 381).

226 CSJ-CP, 15-3-62, cit.

227 Así, por ejemplo, la Municipalidad del Distrito Federal, con el carácter de tercero extraño en el contrato celebrado entre el Ejecutivo Nacional y el Banco de Venezuela, solicitó ante la Corte Suprema de Justicia en Pleno y obtuvo la nulidad, por inconstitucionalidad de la Cláusula 29 de dicho contrato. CSJ-CP 153-62, *cit.*

legitima a "personas extrañas a la relación contractual" para demandar la nulidad, por ilegalidad e inconstitucionalidad, de contratos o convenciones celebradas por la Administración Pública[228].

d. *Efectos de la ausencia de aprobación legislativa*

Cuando se trata de una aprobación legislativa necesaria para la validez del contrato, mientras ella no sea dada el contrato no se perfecciona y, por lo tanto, no tiene ningún efecto.

Cuando se trata, como es la regla general, de una aprobación legislativa necesaria para que el contrato produzca plenos efectos, mientras ella no sea dada, el contrato no puede ser ejecutado.

En todo caso, el contrato que requiere aprobación legislativa, y no es aprobado, no produce ningún efecto.

Si se han ejecutado prestaciones a favor de la Administración y ésta se ha enriquecido estará obligada a indemnizar a su co-contratante en la medida de su enriquecimiento y del empobrecimiento de éste.

VI. EL PROCESO DE FORMACIÓN DE LOS CONTRATOS DE LA ADMINISTRACIÓN

Una vez examinadas las formalidades relativas a la formación de la voluntad de la Administración en los contratos que suscriba, corresponde ahora examinar la formación propiamente dicha del contrato, es decir, los problemas que se presentan en el acuerdo de las voluntades o conclusión del contrato, los cuales se evidencian en la contratación administrativa, tanto como limitaciones a la igualdad de los contratantes como a la libertad contractual.

1. Limitaciones a la libertad contractual: la selección de contratistas

Las limitaciones a la libertad contractual se presentan principalmente en la escogencia del co-contratante de la Administración.

La Administración no siempre es libre de escoger su co-contratante, por lo que en materia de contratación administrativa, ha sido tradicional el establecimiento de limitaciones a la libertad de selección del contratista de manera que el proceso de selección se encuentra sometido a reglas más o menos precisas.

---

228 Artículo 111, también se legitima al Fiscal General de la República en los casos en que dichos contratos afecten un interés general.

A. Antecedentes del régimen

La Ley Orgánica de la Hacienda Pública Nacional tradicionalmente ha establecido dentro de sus normas, una tímida recomendación para que "en cuanto sea posible", los contratos para la construcción de obras y los de suministros y servicios, sean objeto de licitación[229].

Esta disposición legal había sido desarrollada en cuanto a los contratos de obra pública por la Resolución N° 8 del Ministerio de Obras Públicas de 8 de marzo de 1947[230]. Y era ciertamente en las dependencias de este Despacho ministerial y de los Institutos Autónomos a él adscritos que se llevaba a cabo regularmente el procedimiento de licitación. Así, todos los contratos de obras públicas celebrados directamente por el antiguo Ministerio de Obras Públicas, por el antiguo Banco Obrero o por el Instituto Nacional de Obras Sanitarias, seguían normalmente el procedimiento de licitación.

Respecto a los contratos de suministros, se podía identificar la existencia de un Reglamento de Compras del Ministerio de Minas e Hidrocarburos, quizás el único Despacho Ejecutivo que había reglamento el procedimiento respectivo y establecido la obligatoriedad de la licitación[231].

Por tanto, fuera de los contratos de obra pública y de suministros, los otros contratos de la Administración no tenían previsto por la Ley la necesidad ineludible de su contratación por licitación pública.

Ahora bien, el Presidente de la República dictó a comienzos de 1976 un Instructivo Presidencial, el N° 24, sobre "Normas de Licitación para la contratación de obras y adquisición de bienes muebles"[232], en el cual por primera vez se establecieron normas para la selección de contratistas en los contratos de obra pública y suministros, destinadas a ser aplicadas "a los organismos de la Administración Pública Nacional"[233]. Dicho Instructivo se dictó de conformidad con el mencionado artículo 427 de la Ley Orgánica de la Hacienda Pública Nacional.

---

229 Artículo 427. De esta recomendación, en todo caso, la Ley Orgánica exceptúa directamente los contratos en que esté interesada la defensa nacional, los relativos a servicios técnicos y aquellos cuyo monto no exceda de Bs. 10.000,00. Véase CGR Dictámenes de la Consultaría Jurídica 1938-1963, Caracas 1963, tomo II, p. 103.

230 Compilación Legislativa, tomo III, p. 914. Además el Decreto Reglamentario de las Obras Públicas de 14 de abril de 1909, artículos 7 al 12, Compilación Legislativa, tomo II, p. 894.

231 Resolución N° 1.400 del Ministerio de Minas e Hidrocarburos de 8 de octubre de 1958, artículo 3, Gaceta Oficial N° 25.780 de 8-5-58.

232 G.O. N° 30.905 de 27-1-76.

233 También se destinó el Instructivo a ser aplicado a los Institutos Autónomos y en cuanto a las empresas del Estado, se prescribió que éstas debían adoptar normas, adaptadas al Instructivo, aun cuando con la posibilidad de que se previeran modalidades especiales (artículo 1).

El Instructivo N° 24 fue posteriormente modificado con fecha 26-1-77[234] y luego derogado y sustituido por el Reglamento sobre Licitaciones Públicas, Concursos Privados y Adjudicaciones Directas para la Construcción de Obras y Adquisición de Bienes Inmuebles por la Administración Central dictado por Decreto N° 1.980 de 29-4-83[235]. Este Decreto fue modificado tres veces: primero, por Decreto N° 337 de 14-11-84; luego por Decreto N° 534 de 15-3-85 y, por último, por Decreto N° 133 de 12-4-89[236], texto este último, que fue el cuerpo normativo que rigió hasta 1990, cuando se promulgó la Ley de Licitaciones de 10 de agosto de 1990[237], texto que regula la materia y el cual derogó todas las disposiciones que colidieran con la Ley (artículo 80).

El Decreto N° 133 de 1989, como su nombre lo indicaba, contenía un Reglamento cuyo contenido era directamente aplicable a contrataciones realizadas por la Administración Central. Por tanto, el sujeto de derecho público contratante, al cual se aplicaba el Reglamento, era la República, cuando actuaba a través de algunos de los órganos que conforman su Administración Central y que se encuentran reguladas en la Ley Orgánica de la Administración Central (Ministerios, Oficinas Centrales de la Presidencia, Autoridades de Área, por ejemplo).

Por tanto, a diferencia de lo que establecía el Instructivo N° 24, el contenido normativo de dicho Reglamento no tenía aplicación directa respecto de la denominada Administración Descentralizada, es decir, respecto de los Institutos Autónomos y Empresas del Estado, por lo que éstos no estaban regidos directamente por sus normas, aun cuando sí indirectamente, una vez que los ministros adoptasen las medidas necesarias para dicha aplicación.

En efecto, esta inaplicabilidad directa del Reglamento mencionado a los Institutos Autónomos y Empresas del Estado se confirmaba en el artículo 39 del Decreto, el cual dispuso un mandato para los Ministros, que son los órganos por excelencia que conforman la Administración Central, para que adoptasen en un lapso de 30 días "las medidas necesarias para que los Institutos Autónomos adscritos a sus Ministerios y las empresas del Estado bajo su tutela se ajusten a sus disposiciones[238]. Antes de la reforma de 1989, la norma respectiva exigía que la adopción de dichas medidas se hiciera "con las adaptaciones que fueran indispensables", lo que se eliminó en el Decreto N° 133.

---

234 G.O. N° 31.161 de 26-1-77.

235 G.O. N° 32.317 de 3-5-83.

236 G.O. N° 33.105 de 15-11-84, G.O. N° 33.188 de 20-3-85 y G.O. N° 34.200 de 17-4-89, respectivamente.

237 G.O. N° 34.528 de 10-8-90.

238 Por ejemplo, la Resolución N° 529 del MARNR en relación a los contratos a celebrarse por el INOS, G.O. N° 32.777 de 28-7-83.

Con anterioridad a éste, por tanto, existían dos obligaciones: una para los Ministros respectivos de velar porque los Institutos Autónomos y las empresas del Estado, mediante sus propias normas, se ajustasen a las disposiciones del Reglamento, "con las adaptaciones que sean indispensables", y otra para que dichos entes se ajustaran mediante sus propias normas, a las disposiciones del Decreto, con dichas adaptaciones necesarias, las cuales debían notificar al Ministro respectivo a los efectos de su aprobación para que entraran en vigencia.

Con la reforma de 1989, por tanto, se buscó que una vez que los Ministros adoptasen las decisiones pertinentes, tanto la Administración Central como la Descentralizada quedaban sometidas al mismo régimen de selección de contratistas.

Por último, debe advertirse que si bien todas las contrataciones de obras y de suministros de la Administración Central y Descentralizada debían ajustarse al Reglamento, en el artículo 40 del mismo se estableció la posibilidad expresa de que el Presidente de la República, a solicitud del Ministro respectivo, podía decidir que las normas del mismo no se aplicasen a la selección de contratistas por parte de determinado ente u organismo, en atención a la naturaleza de sus actividades o fines. El artículo 40 del Reglamento prescribió además, en forma general, que el Presidente de la República podía aprobar también, a solicitud del Ministro correspondiente, normas especiales para la selección de contratistas por parte de determinados Institutos Autónomos o empresas del Estado o ratificar los regímenes o sistemas existentes sobre la materia.

Todo este régimen de rango reglamentario se cambió totalmente en agosto de 1990, al promulgarse la Ley de Licitaciones que tiene por objeto regular los procedimientos de selección de contratistas para la ejecución de obras, la adquisición de bienes y la prestación de servicios (artículo 1) por parte de los sujetos de derecho que se enumeran en el artículo 2 de la Ley[239].

B. Ámbito de aplicación de la Ley de Licitaciones

La Ley de Licitaciones, ni se aplica a todos los contratos que celebra la Administración ni se aplica a todos los entes estatales. Tiene, por tanto, un ámbito de aplicación específico que se define en sus dos primeros artículos.

---

239 El Reglamento de la Ley se dictó por Decreto N° 1.400 de fecha 27-12-90 reformado por Decreto 1.906 de 17-10-91 en G.O. N° 34.980 de 30-10-91. Véase en general: Allan R. Brewer-Carías, "El régimen de selección de contratistas en la Administración Pública y la Ley de Licitaciones", *Revista de Derecho Público*, N° 42, Caracas, 1990, pp. 5 a 26.

a. Ámbito sustantivo de aplicación

De acuerdo al artículo 19 de la Ley, los contratos a cuyo proceso de formalización se aplica la Ley son solamente los contratos para la ejecución de obras (donde se ubica, por supuesto, a los contratos de obra pública), los contratos para la adquisición de bienes (donde se ubica a los contratos de suministro de bienes muebles) y los contratos para la prestación de servicios (donde están los contratos de obra o de prestación de servicios personales).

La Ley no hace ninguna precisión en esta enumeración, por lo que, por ejemplo, los contratos para la adquisición de bienes inmuebles o para la prestación de servicios públicos también estarían sometidos a sus normas, lo que en algunos casos no tiene sentido por el carácter *intuitu personae* de la contratación.

Debe señalarse, además, que la Ley establece una exclusión expresa respecto de su aplicabilidad en este ámbito sustantivo, al prescribir en su artículo 73 que:

> "quedan excluidos de la aplicación de esta Ley aquellos contratos para la ejecución de obras, la adquisición de bienes o para la contratación de servicios, cuyo valor total o parcial hayan de ser pagados con préstamos otorgados por organismos financieros internacionales, que tengan sus normas propias de licitación y que en los respectivos contratos de préstamos se hubiere previsto la obligación de regirse por ellas".

b. Ámbito subjetivo de aplicación

En cuanto a los entes estatales a los cuales se aplican los procedimientos de selección de contratistas que regula la Ley, el artículo 2 precisa los sujetos de derecho estatales a los cuales se aplican, y que son los siguientes:

a'. La República

En primer lugar, la República. Se destaca que el ordinal 1° del artículo 2 de la Ley, impropiamente habla de "los órganos del Poder Nacional", para luego enumerar en los ordinales siguientes otras personas jurídicas, cuando evidentemente dichos "órganos del Poder Nacional" no son sujetos de derecho. Son en realidad, órganos de un solo sujeto de derecho, que no es otro que la República, a la que corresponde el ejercicio del Poder Nacional.

En consecuencia, todos los contratos que celebre la República para la ejecución de obras, para la adquisición de bienes y para la prestación de servicios, en cuanto a los procedimientos para la selección de contratistas se rigen por la Ley, lo que implica que están sometidos a las normas de la misma, los contratos mencionados que celebren los órganos que ejercen el Poder Legislativo (Senado y Cámara de Diputados), los órganos que ejercen el Poder Judicial (Corte Suprema de Justicia y demás Tribunales), los órganos que ejercen el Poder Ejecutivo (que enumera la Ley Orgánica de la Administración Central: Ministerios, Oficinas Centrales de la Presidencia, servicios autónomos sin personalidad jurídica) y todos los órganos que ejercen el Poder Nacional con autonomía funcional (Contraloría General de la República, Fiscalía General de la República, Consejo de la Judicatura, Consejo Supremo Electoral).

b'.   Los institutos autónomos nacionales

En segundo lugar, los Institutos Autónomos, es decir, las personas jurídicas de derecho público estatales que son creadas por ley con patrimonio propio e independiente del Fisco Nacional.

En consecuencia, las otras personas jurídicas estatales de derecho público pero que no son de carácter institucional, no están sometidas a las previsiones de la ley, como sería el caso de los establecimientos públicos asociativos (el Banco Central de Venezuela, por ejemplo) y de los establecimientos públicos corporativos (las Universidades Nacionales, por ejemplo).

c.   *Las empresas del Estado y las asociaciones civiles del Estado*

En tercer lugar, las asociaciones civiles de la República y las empresas del Estado de la República. Por tales, el ordinal 3° del artículo 2 se refiere a "las asociaciones civiles y las sociedades en las cuales la República y los institutos autónomos nacionales tengan participación igual o mayor al cincuenta por ciento (50%) del patrimonio o capital social del respectivo ente".

Debe señalarse que la ley también se aplica a los contratos que celebren las sociedades y empresas filiales de los entes mencionados, al indicar el ordinal 49 del artículo 2, que se rigen por sus normas, los procedimientos de selección de contratistas que lleven a cabo, las asociaciones civiles y sociedades en cuyo patrimonio o capital social tengan participación igual o mayor al cincuenta por ciento (50%), las asociaciones civiles (de la República), los institutos autónomos (nacionales) o las empresas del Estado (de la República o de institutos autónomos nacionales) antes indicados, es decir, en las cuales la República o los institutos autónomos nacionales tengan participación igual o mayor al 50% del capital o del patrimonio social.

De acuerdo a estas normas, por tanto, todas las empresas del Estado en las cuales la República, los institutos autónomos nacionales u otras empresas del Estado tengan una participación igual o superior al 50% de su capital, están sujetas a la ley. Las empresas petroleras nacionalizadas, por tanto, están sujetas a la ley en todas sus contrataciones.

Sin embargo, la Ley de Licitaciones previo un régimen particular para PDVSA y sus empresas filiales al establecer que el Presidente de la República en Consejo de Ministros, dentro de los noventa (90) días siguientes a la publicación de la ley, debía dictar un Reglamento que regulase los procedimientos de selección del contratista que realicen Petróleos de Venezuela, S.A., y sus empresas filiales (artículo 74).[240]

El artículo 76 de la ley agrega que

"En dicho Reglamento sólo podrán excluirse, por vía de excepción de la aplicación de esta ley, aquellas contrataciones que versen sobre obras, servicios o adquisiciones de significativa complejidad, inherentes a las actividades de exploración, extracción, refinación, procesamiento y comercialización de hidrocarburos y ubicadas en zonas críticas de operación.

Pueden quedar excluidas, también, adquisiciones de bienes, ejecución de obras civiles y prestación de servicios cuando deban ser licitadas en forma integral y conjunta con la obra principal, o tales obras sean accesorias de la principal.

La selección del contratista para las demás obras que contraten Petróleos de Venezuela, S.A., y sus empresas filiales y la adquisición de bienes o prestación de servicios, se realizará conforme a las normas establecidas en esta ley".

Conforme al artículo 75 de la Ley, el Reglamento antes indicado debió establecer principios que aseguras en:

1. La inscripción de los eventuales contratistas en el Registro Auxiliar de Contratistas de Petróleos de Venezuela, S.A., y sus empresas filiales, siempre y cuando cumplan con los trámites y requisitos previstos en esta Ley y en el Reglamento;

2. El cumplimiento del principio de la igualdad como base de selección de los licitantes;

3. La recepción y apertura de las ofertas en acto público, salvo en aquellos casos que, por razón de interés para la industria, sean exceptuados por el Presidente de la República;

4. El establecimiento, como norma, de la selección de los contratistas en un régimen de concurrencia competitiva;

5. La preexistencia de disponibilidad presupuestaria antes del inicio de cada proceso de licitación;

---

240 Dicho Reglamento se dictó por Decreto N° 1.247 de 8-11-90. G.O. N° 34.591 de 9-11-90.

6. La predeterminación y publicidad de las reglas y condiciones del procedimiento de licitación con anterioridad a cada proceso, y la permanencia de éstas hasta el otorgamiento de la buena pro;

7. La existencia de comités multidisciplinarios de evaluación de ofertas;

8. La documentación y registro de cada proceso;

9. El establecimiento de normas destinadas a impedir conflictos de intereses en todas las fases de los procedimientos de licitación;

10. La notificación a todos los interesados de los resultados del procedimiento de licitación;

11. La información acerca de la evaluación de sus ofertas a aquellos proponentes que así lo soliciten; y

12. El otorgamiento de la buena pro a la oferta que, en su consideración integral, sea la más conveniente.

d. *Las fundaciones del Estado*

En cuarto lugar, las fundaciones del Estado, que a los efectos de la Ley de Licitaciones (artículo 2, ordinal 5º) son, las fundaciones constituidas por la República, los institutos autónomos, las sociedades civiles (de la República o de los institutos autónomos) y las empresas del Estado (de la República o de los institutos autónomos), y por las sociedades civiles o empresas del Estado que sean filiales de las anteriores o aquellas fundaciones en cuya administración estas entidades estatales tengan poder decisorio.

e. *Los Estados y Municipios*

Por último, la ley también prevé que sus normas se aplican a los contratos para la ejecución de obras, la adquisición de bienes y la prestación de servicios que celebren los Estados y Municipios:

> "cuando los precios de los contratos a que se refiere esta ley hayan de ser total o parcialmente pagados con aportes, distintos a los del Situado Constitucional, de alguno de los sujetos señalados en los ordinales al 5º de este artículo".

En consecuencia, los contratos que celebren los Estados y Municipios para ser pagados con sus ingresos propios (incluyendo los provenientes del Situado Constitucional) no quedan sometidos a las normas de la Ley de Licitaciones, teniendo las entidades territoriales mencionadas entera autonomía para regular la materia.

La ley, sin embargo, establece el principio de que sus normas regirán los procesos de selección del contratista por parte de los Estados y Municipios "en cuanto sea aplicable" (artículo 77).

En cambio, si el precio de los contratos se debe pagar con ingresos extraordinarios provenientes de aportes que reciban de la República, de los institutos autónomos nacionales, de las empresas del Estado (nacionales) y de las sociedades civiles del Estado (nacionales), de las empresas del Estado y de las sociedades civiles del Estado filiales de las anteriores, y de las fundaciones del Estado nacionales, el procedimiento para la selección de contratistas en la conclusión de los contratos queda sometido a las prescripciones de la ley.

C. Formas de selección de contratistas

A pesar de que la ley se denomina Ley de Licitaciones y de que expresamente el artículo 3 de la misma prescribe que "todos los procedimientos de selección del contratista, promovidos por los entes a los que se refiere el artículo precedente, se harán a través de licitaciones, las cuales podrán ser generales o selectivas"; en realidad, en la ley se establecen dos procedimientos generales para la celebración por los sujetos de derecho estatales antes indicados, de los contratos para la ejecución de obras, la adquisición de bienes y la prestación de servicios: la adjudicación directa y la licitación.

Estas dos formas generales de selección de contratistas responden a las formas clásicas de la contratación de los entes estatales: en la primera, el ente estatal escoge directamente al co-contratante, sin concurrencia u oposición, de la misma forma que se realiza normalmente en los contratos entre particulares; en cambio, en la segunda, rige el principio de la concurrencia competitiva de varios oferentes.

a. *La adjudicación directa*

De acuerdo al artículo 33 de la ley, y sin perjuicio de que se pueda recurrir al procedimiento Licitatorio, se puede proceder a la contratación por adjudicación directa, en los siguientes casos:

1° En el caso de adquisición de bienes o contratación de servicios, si el contrato a ser otorgado es por un precio estimado de hasta un millón de bolívares (Bs. 1.000.000,00);

2° En el caso de construcción de obras, si el contrato a ser otorgado es por un precio estimado de hasta diez millones de bolívares (Bs. 10.000.000,00); o

3° Si la ejecución de la obra, el suministro de los bienes o la prestación del servicio se encomiendan a un organismo del sector público.

Los montos en bolívares indicados en esta norma pueden ser actualizados anualmente por el Presidente de la República mediante decreto dictado en Consejo de Ministros y previa la opinión favorable de las Comisiones Permanentes de Finanzas del Senado y de la Cámara de Diputados, en la misma proporción y de acuerdo a los índices anuales de variación de precios del Banco Central de Venezuela (artículo 60).

Además, el artículo 34 de la Ley expresamente permite proceder por adjudicación, siempre y cuando la máxima autoridad del órgano o ente contratante, mediante acto motivado, justifique adecuadamente su procedencia, en los siguientes supuestos:

1° Si se trata de suministros requeridos para el debido desarrollo de un determinado proceso productivo o de trabajos indispensables para el buen funcionamiento o la adecuada continuación o conclusión de una obra, imprevisibles en el momento de la celebración del contrato;

2° Si se trata de la adquisición de obras artísticas o científicas;

3° Si, según la información suministrada por el Registro Nacional de Contratistas, los bienes a adquirir los produce o vende un solo fabricante o proveedor o cuando las condiciones técnicas de determinado bien, servicio u obra excluyen toda posibilidad de competencia;

4° En caso de contratos que tengan por objeto la fabricación de equipos, la adquisición de bienes o la contratación de servicios en el extranjero, en los que no fuere posible aplicar los procedimientos licitatorios, dadas las modalidades bajo las cuales los fabricantes y proveedores convienen en producir o suministrar esos bienes, equipos o servicios;

5° En caso de calamidades que afecten a la colectividad o de emergencia comprobada dentro del respectivo organismo o ente; o

6° Si se trata de obras o bienes regulados por contratos resueltos o rescindidos y del retardo por la apertura de un nuevo proceso licitatorios pudieren resultar perjuicios para el organismo promovente.

Debe señalarse que en la redacción de estas dos normas de la ley (artículos 33 y 34), en realidad, se siguió casi textualmente el contenido de los artículos 2, ordinal 1°, y 34 del Reglamento de 1989, por lo que en la materia no hubo innovación alguna, salvo la contradicción *in terminis* de regular en una Ley de Licitaciones donde se declara que "todos los procedimientos para la selección de contratistas deberán ser por licitación" (artículo 3), el procedimiento de adjudicación directa.

b. *La licitación*

En todos los otros casos en los cuales no proceda la adjudicación directa, la Administración para la selección de su contratista en los contratos de obra o de suministro, debe seguir un procedimiento de licitación. Por tanto, y salvo la excepción mencionada del artículo 34, la licitación siempre es necesaria en los contratos para adquisición de bienes o contratación de servicios con un valor estimado superior de Bs. 1.000.000,00 y en los contratos de obras con valor estimado superior de Bs. 10.000.000,00.

La consecuencia de la falta de cumplimiento del procedimiento licitatorio, conforme a la ley es la nulidad del contrato. Así lo establece el artículo 63 de la Ley de Licitaciones al disponer que:

"Los contratos para cuya celebración esta ley exija licitación general o licitación selectiva serán nulos cuando se celebren sin seguir dichos procedimientos, sin perjuicio de la aplicación de las sanciones correspondientes a quienes hubieren contratado en tales circunstancias".

La licitación que, como se indicó, siempre implica la existencia de concurrencia competitiva para seleccionar al contratista, puede ser de dos tipos, general o selectiva, y en la misma "los actos de preselección, recepción de ofertas, apertura de las ofertas económicas y decisión final, tienen carácter público" (artículo 6).

a'. La licitación general

De acuerdo a la definición del artículo 4 de la Ley, la "licitación general es el procedimiento de selección del contratista en el que puede participar cualquier inscrito en los registros previstos en esta ley, previo el cumplimiento de las condiciones particulares inherentes a cada proceso de licitación".

Ahora bien, conforme a lo establecido en el artículo 29 de la Ley, siempre se debe proceder a la selección del contratista por licitación general, en los siguientes casos;

1° En el caso de adquisición de bienes o contratación de servicios, si el contrato a ser otorgado es por un precio estimado superior a diez millones de bolívares (Bs. 10.000.000,00); y

2° En el caso de construcción de obras, si el contrato a ser otorgado es por un precio estimado superior a treinta millones de bolívares (Bs. 30.000.000,00).

Debe señalarse que conforme al artículo 60 de la ley, estos montos en bolívares pueden ser actualizados anualmente por Decreto del Presidente de la República en Consejo de Ministros y previa la opinión favorable de las Comisiones Permanentes de Finanzas del Senado y de la Cámara de Diputados, en la misma proporción y de acuerdo a los índices anuales de variación de precios del Banco Central de Venezuela.

b'. La licitación selectiva

"La licitación selectiva es el procedimiento de selección del contratista en el que los participantes, inscritos en los registros previstos en esta ley, son escogidos por el ente promovente" (artículo 5).

Ahora bien, de acuerdo al artículo 30 de la ley, puede precederse por licitación selectiva en los siguientes casos:

1° En el caso de adquisición de bienes o contratación de servicios, si el contrato a ser otorgado es por un precio estimado de un millón de bolívares (Bs. 1.000.000,00) y hasta diez millones de bolívares (Bs. 10.000.000,00);

2° En el caso de construcción de obras, si el contrato a ser otorgado es por un precio estimado superior a diez millones de bolívares (Bs. 10.000.000,00) y hasta treinta millones de bolívares (Bs. 30.000.000,00); o

En cuanto a los montos en bolívares indicados en estos dos primeros casos, conforme se establece en el artículo 60 de la ley, los mismos pueden ser actualizados anualmente por el Presidente de la República mediante Decreto dictado en Consejo de Ministros y previa opinión favorable de las Comisiones Permanentes de Finanzas del Senado y de la Cámara de Diputados, en la misma proporción y de acuerdo a los índices anuales de variaciones de precios del Banco Central de Venezuela.

3° Cuando conforme a la certificación expedida por el Registro Nacional de Contratistas, no existieren más de diez (10) empresas registradas debidamente calificadas para la respectiva contratación, atendiendo a exigencias de trabajos técnicos, suministros especializados, disponibilidad de equipos, capacidad económico-financiera y cualesquiera otros requerimientos que fundadamente restrinjan el número de empresas que puedan ser llamadas al respectivo proceso, independientemente del monto de la contratación.

Debe señalarse que conforme a la ley también puede procederse por licitación selectiva, siempre y cuando la máxima autoridad del órgano o ente contratante, mediante acto motivado, justifique adecuadamente su procedencia, en los siguientes supuestos que regula el artículo 31 de la Ley:

1° Si la ejecución de la obra, el suministro de los bienes o la prestación del servicio tengan necesariamente que contratarse, con empresas internacionales especializadas, que no operen en el país;

2° Si se trata de la adquisición de bienes destinados a la experimentación o investigación; o

3° Por razones de seguridad del Estado calificadas como tales conforme a lo previsto en el Reglamento de la Ley Orgánica de la Contraloría General de la República.

c. *El fraccionamiento de la contratación y la licitación*

De acuerdo con el artículo 61 de la Ley de Licitaciones, sólo por causas debidamente justificadas, a juicio de la máxima autoridad administrativa o del órgano superior de administración del ente contratante, según el caso, se podrá dividir en varios contratos la contratación de una misma obra o la contratación para la adquisición de bienes o la prestación de servicios.

En todo caso, cuando el monto total de la obra, suministro o servicio determine que el procedimiento aplicable es el de licitación general o licitación selectiva, se procederá la selección conforme a esos procedimientos, aun cuando el monto de la contratación sea inferior a los exigidos en los artículos 30 y 33 de esta ley para las licitaciones.

d. Efectos de la licitación respecto del control del contrato

De acuerdo al artículo 76 de la ley, los contratos que celebren los organismos sujetos a esta ley para la ejecución de obras, la adquisición de bienes o para la prestación de servicios, en los cuales los contratistas se hubieren seleccionado mediante licitación general o licitación, estarán excluidos del control previo de precios por parte de la Contraloría General de la República, tal como se regula en la Ley Orgánica de dicho organismo.

D. Los sistemas administrativos establecidos para asegurar el procedimiento de selección de contratistas

La Ley de Licitaciones regula dos sistemas administrativos vinculados al proceso de selección de contratistas. En primer lugar, establece como condición previa para participar en los procedimientos de selección de contratistas, el que éstos estén inscritos en el Registro de Contratistas, a cuyo efecto regula el Sistema Nacional de Registro de Contratistas.

En segundo lugar, la ley regula las funciones de los órganos administrativos a cuyo cargo está el proceso de selección, que son las Comisiones de la Licitación, y a las que corresponde el principal papel en el proceso.

a. El Sistema Nacional de Registros de Contratistas

De acuerdo a lo establecido en el artículo 16 de la ley, salvo en los casos de las adjudicaciones directas cuyo monto sea inferior a cien mil bolívares (Bs. 100.000,00) y en los procesos de licitación general, licitación selectiva o adjudicación directa promovidos en el exterior del país, para participar en todo procedimiento licitatorio o de adjudicación directa promovido por los organismos o entes sujetos a la Ley de Licitaciones, será necesario estar inscrito en el Sistema Nacional de Registro de Contratistas.

En cuanto al monto en bolívares indicado, el artículo 60 de la ley autoriza al Presidente de la República a que mediante decreto dictado en Consejo de Ministros y previa opinión favorable de las Comisiones Permanentes de Finanzas del Senado y de la Cámara de Diputados, lo pueda actualizar anualmente de acuerdo a los índices anuales de variación de precios del Banco Central de Venezuela.

En todo caso, a los efectos de regular este registro de contratistas, la ley regula un Sistema Nacional de Registros de Contratistas y el procedimiento para la inscripción en el mismo.

a'. Constitución del sistema

1° Efectuar de manera permanente, conforme a los datos suministrados por los contratistas que se inscriban en los Registros Auxiliares, la sistematización, organización y consolidación de los datos enviados por estos últimos, conforme a lo que determine el Reglamento, y expedir la certificación de la inscripción en el Sistema, actuando como dentro de información.

2° Suministrar a los entes que se refiere el artículo 2 de esta ley a las autoridades de los organismos descentralizados de los Estados o Municipios, la información correspondiente a los contratistas. Para estos fines, deberán requerir los datos necesarios de los Registros Auxiliares;

3° Elaborar y publicar periódicamente un directorio contentivo de la calificación y especialidad de los contratistas;

4° Establecer los sistemas de procedimientos aplicables a los Registros Auxiliares y supervisar su cumplimiento; y

5° Coordinar los planes de desarrollo y normalización del Sistema.

b'. Obligaciones de los contratistas

El artículo 10 de la ley autoriza a los Registros Auxiliares, en cumplimiento de sus funciones, el poder requerir de los contratistas toda la documentación exigida por la ley y sus reglamentos y, aquéllos, están obligados a proporcionarla y deben practicar las auditorías y evaluaciones requeridas para la calificación y la actualización del Registro.

Además, los contratistas deben informar al Registro Auxiliar correspondiente, de todas las reformas de sus actas constitutivas o disposiciones estatutarias; de cambio o sustitución en su junta directiva o de actos de nombramiento de apoderados; de la enajenación o gravamen que recaigan sobre las acciones o cuotas de su capital social; o cualquiera otros datos e informaciones que revistan interés para su debida identificación y calificación técnica, económica y financiera (artículo 11).

El artículo 6° de la ley, en todo caso, establece la sanción de suspensión del Registro Nacional de Contratistas, respecto de los contratistas que hayan dejado de actualizar sus datos en el Registro por un lapso de un (1) año. Sin embargo, el contratista excluido por esta causa podrá participar en el proceso de selección si cumple nuevamente con los requisitos de inscripción.

c'. Obligaciones de los entes públicos

Los entes a los que se refiere la ley, conforme al artículo 15 de la misma, deben remitir información al Registro Nacional de Contratistas, dentro de los tres (3) meses siguientes a la finalización de los contratos de obras, adquisición de bienes o prestación de servicios, cuando se considere que ha existido incumplimiento por parte del contratista. En todo caso, dentro del mismo plazo, el contratista puede dirigirse al Registro Nacional de Contratistas a objeto de informar sobre la ejecución del contrato.

d'. Organización del sistema

La organización del Registro Nacional y de los Registros Auxiliares, así como los criterios conforme a los cuales se debe realizar la calificación de la especialidad, capacidad técnica, administrativa y financiera de los contratistas, está establecida en el Reglamento de la Ley (artículo 14).

En todo caso, el Sistema Nacional de Registros de Contratistas debe contar con el personal necesario para el cumplimiento de sus funciones (artículo 12), debiendo el funcionario responsable del Sistema Nacional de Registros de Contratistas ser escogido mediante concurso de credenciales, el cual está sujeto al procedimiento que se establece en el Reglamento de la Ley (artículo 13).

e'. El procedimiento de inscripción

Para inscribirse en el Sistema Nacional de Registros de Contratistas se deberá presentar una solicitud a través de un Registro Auxiliar, acompañada de la documentación que al efecto se determine en el Reglamento de la Ley, que conforme al artículo 17 debe comprender, entre otros datos, los siguientes:

1° Copia certificada del acta constitutiva y estatutos sociales debidamente actualizados;

2° Identificación de los socios que la integran;

3° Los estados financieros debidamente auditados correspondientes a los tres (3) ultimaos ejercicios económicos, salvo que tuviere menor tiempo de constituida;

4° Copia de la declaración de impuesto sobre la renta del último ejercicio económico; y

5° Información acerca de su especialización, capacidad técnica, administrativa, identificación de equipos y datos sobre su propiedad y, en general, cualquiera otra información que permita realizar una calificación técnica idónea del contratista.

Estos recaudos exigidos en el artículo 17, se deben requerir de las personas naturales, en cuanto sea procedente (parágrafo único, artículo 17).

El cumplimiento por parte del contratista, ante los Registros Auxiliares del Sistema, de las formalidades previstas en la ley y su reglamento debería dar lugar a la respectiva inscripción provisional (artículo 18). Sin embargo, conforme al artículo 19 de la ley, dentro de los noventa (90) días hábiles siguientes a la presentación de la solicitud, el registro auxiliar en realidad, puede acordar o negar la inscripción. En el caso de que se trate de negativa, ésta debe ser motivada y debe ser notificada al interesado, con indicación de la causa que determinó la decisión. En todo caso, conforme al artículo 19 de la ley, la posibilidad de negativa de la inscripción está reducida sólo en tres casos concretos, al establecerse que:

> "Sólo se podrá negar la inscripción por haber sido objeto de una sanción grave, de acuerdo a los términos de esta Ley, por haber suministrado información falsa o por haber sido declarado en quiebra".

Ahora bien, cuando la inscripción sea negada, el contratista puede recurrir, dentro de los quince (15) días siguientes a su notificación, por ante la máxima autoridad del ente al que esté adscrito el Registro Auxiliar ante el cual se tramitó la inscripción, la cual debe resolver en un lapso no mayor de treinta (30) días, contados a partir de la fecha de la presentación del recurso. Esta decisión agota la vía administrativa.

En todo caso, y a los efectos de la ley, en particular en cuanto a la consideración como actos administrativos de los adoptados en el procedimiento de licitación, el artículo 19 establece expresamente que "los funcionarios de los entes de derecho privado, previstos en el artículo 29, actúan en función administrativa".

Ahora bien, en caso de que no proceda la negativa del registro, en el lapso de los noventa (90) días a los que se refiere el artículo 19, los Registros Auxiliares deben realizar la calificación de los contratistas utilizando la información que señala el artículo 10 y el ordinal 59 del artículo 17 de esta ley (artículo 20).

Una vez acordada la inscripción, y dentro de los cinco (5) días siguientes, los Registros Auxiliares deben remitir al Registro Nacional la información que determine el reglamento de esta ley (artículo 21).

b.   *Las Comisiones de Licitación*

En todos los casos de licitación, sea de licitación pública o general, sea de licitación privada o selectiva, la conducción del procedimiento está a cargo de Comisiones de Licitación que todos los organismos públicos sujetos a la Ley de Licitaciones deben constituir, las cuales tienen carácter permanente y deben asesorar al ente en el seguimiento de los contratos (artículo 22).

Estas Comisiones de Licitación deben estar integradas por un número impar de miembros de calificada competencia profesional y reconocida honestidad y serán designados por la máxima autoridad del ente, preferentemente entre sus funcionarios o empleados, debiendo estar representadas en las Comisiones las áreas jurídicas, técnica y económico-financiera (artículo 23).

De acuerdo a lo previsto en el artículo 24 de la Ley, la Contraloría General de la República podrá designar representantes para que actúen como observadores, sin derecho a voto, en los procesos licitatorios.

Dicha norma, además, remite al Reglamento la determinación de otros entes públicos que pueden enviar observadores a los procesos de licitación. En tal sentido, el Reglamento de 1989 establecía que tanto el Instituto de Comercio Exterior y la Superintendencia de Inversiones Extranjeras en los casos de licitaciones internacionales, como el Colegio de Ingenieros de Venezuela en los casos de construcciones de obras, podían enviar representantes a las Comisiones de Licitación.

De acuerdo al artículo 25 de la ley, los miembros y los representantes que conformen las Comisiones de Licitación, deben inhibirse del conocimiento del asunto cuya competencia les atribuye esta ley, en los siguientes casos:

1° Cuando personalmente, o bien su cónyuge o algún pariente dentro del cuarto grado de consanguinidad o segundo de afinidad tuvieren interés en el procedimiento;

2° Cuando tuvieren amistad o enemistad manifiesta con cualquiera de las personas interesadas que intervengan en el procedimiento;

3° Cuando hubieren manifestado su opinión en éste, de modo que se pudiera prejuzgar ya la resolución del asunto; y

4° Cuando tuvieren relación de servicio o de subordinación con cualquiera de los directamente interesados en el asunto.

El procedimiento de inhibición en estos casos debe tramitarse y decidirse conforme a lo dispuesto en el Capítulo II del Título II de la Ley Orgánica de Procedimientos Administrativos.

Las Comisiones de Licitación se constituyen válidamente con la presencia de la mayoría de sus miembros y sus decisiones se deben tomar con el voto favorable de la mayoría de sus miembros (artículo 26). Los miembros pueden disentir de la decisión en cuyo caso lo deben manifestar en el mismo acto, debiendo, dentro de los dos (2) días hábiles siguientes, consignar por escrito las razones de su disentimiento, que se anexará al expediente. En caso contrario se entenderá su conformidad con las decisiones adoptadas (artículo 27).

La ley establece, finalmente, que los miembros de las Comisiones y los observadores llamados a participar en sus deliberaciones, así como aquellas personas que por cualquier motivo intervengan en las actuaciones de las Comisiones, están en el deber de guardar reserva (artículo 28).

E. El procedimiento de la licitación

a. *Régimen común del procedimiento en la licitación general y en la licitación selectiva*

Debe señalarse que a pesar de la distinción que hace la ley, en cuanto al procedimiento licitatorio, tanto en la licitación general como en la licitación selectiva (que en la doctrina se denominan, licitación pública y licitación privada), el procedimiento es un procedimiento básicamente idéntico, que implica la concurrencia competitiva de varios oferentes, y cuya diferencia está, particularmente, en la extensión y alcance del llamado a licitación o invitación a participar o a formular ofertas: en la licitación general o pública, el llamado es abierto, pues se dirige indeterminadamente a todos los posibles oferentes; en cambio, en la licitación selectiva o privada, el llamado de invitación a participar, se hace a determinadas personas. Como lo ha señalado Adilson A. Dallari: "mientras en la licitación pública la afluencia de proponentes es ilimitada, en la licitación privada dicha afluencia es limitada. Además, en la licitación pública la presentación de oferentes obedece a un "llamado público objetivo" efectuado por la Administración Pública, en tanto que en la licitación privada, dicha presentación o comparecencia responde a una invitación personal directa formulada por la Administración".[241]

En definitiva, en la licitación pública pueden ser oferentes todas las personas que se ajusten a las condiciones generales establecidas para los contratistas del ente estatal; en cambio, en la licitación privada, los participantes son previamente seleccionados e invitados a participar.

La diferencia entre ambos procedimientos está, por tanto, en la etapa de preselección de los oferentes. Por ello, el parágrafo único del artículo 32 de la ley establece expresamente que "salvo en lo que respecta a la fase de preselección de los contratistas, en la licitación selectiva se aplicará el mismo procedimiento previsto para la licitación general".

b. *Condiciones previas para la iniciación del procedimiento licitatorio*

De acuerdo con lo establecido en el artículo 57 de la ley, no se podrá iniciar proceso licitatorio alguno, sea general o selectivo, para ejecución de obras, adquisición de bienes, ni contratación de servicios si no estuvieren previstos los recursos necesarios para atender los compromisos correspondientes. Tampoco se podrá iniciar el proceso licitatorio para ejecución de obras si no existiere el respectivo proyecto.

---

241 A. A. Dallari, *Aspectos juridicos de licitacao*, Sao Paulo, 1963, p. 55.

Ahora bien, sólo se puede licitar conjuntamente el proyecto y la construcción de una obra, cuando a ésta se incorporen como parte fundamental equipos especiales altamente tecnificados; o cuando equipos de esa índole deban ser utilizados para ejecutar la construcción, y el organismo promovente considere que puede lograr ventajas confrontando el diseño y la tecnología ofertadas por los distintos a proponentes (artículo 58).

c. *Iniciación del procedimiento*

El procedimiento licitatorio, que implica en definitiva el requerimiento a determinados oferentes para que presenten ofertas de contratación a la Administración, por supuesto exige un procedimiento previo de iniciación que conduce a la preselección de los oferentes posibles, y que varía según se trate de licitación general o de licitación selectiva.

a'.   Iniciación del procedimiento en la licitación general o pública

a".   *La publicación inicial*

La apertura de la licitación general se debe anunciar mediante la publicación en un diario de los de mayor circulación en el país y en uno de la respectiva localidad, si lo hubiere (artículo 35).

En todo caso, prevé la ley que a los fines de las publicaciones en ella previstas, podrá crearse un órgano de publicación oficial de circulación nacional para uso exclusivo de los promoventes de procedimientos de licitación general y licitación selectiva (artículo 36).

De acuerdo al artículo 37 de la ley, en la publicación que inicia el proceso de licitación general debe indicarse lo siguiente:

1° El objeto de la licitación;

2° Sus condiciones generales;

3° La documentación preliminar requerida;

4° Las condiciones mínimas de carácter técnico, administrativo y financiero, si fuere el caso, requeridas para la participación en el proceso; y

5° El sitio, día y hora, transcurridos los cinco (5) días laborables siguientes al de la publicación, en que en acto público se recibirán las manifestaciones de voluntad de participar en la licitación, así como la documentación preliminar requerida a ese efecto.

El ente promovente de la licitación debe suministrar mayor información a la señalada en esta norma del artículo 38, cuando así sea solicitado por los contratistas interesados en participar en el proceso.

b".   *La preselección en la licitación general*

Consignadas las manifestaciones de voluntad de participar en la licitación, la Comisión de Licitación, mediante comunicación dirigida a cada uno de los contratistas, debe notificar a quienes, conforme a la decisión del ente licitante, resulten preseleccionados, con el fin de que presenten sus ofertas. Asimismo debe notificar, con expresión de las causas que lo motiven, a quienes hubieren sido descalificados (artículo 38).

De acuerdo al artículo 39 de la ley, esta preselección supone la demostración, a satisfacción del organismo o ente licitante, que el contratista preseleccionado ha cumplido los requisitos exigidos en las condiciones de la licitación.

En todo caso, este acto de preselección tiene carácter público (artículo 6).

b'. Iniciación del procedimiento en la licitación selectiva o privada

De acuerdo con lo previsto en el artículo 32 de la ley:

"La licitación selectiva se iniciará mediante la selección e invitación a participar en la misma de al menos cinco (5) contratistas inscritos en el Registro Nacional de Contratistas y se anunciará mediante la publicación en un diario de los de mayor circulación en el país y en uno de la respectiva localidad, si lo hubiere. La invitación estará fundamentada en los requisitos de experiencia, especialización y capacidad técnica y financiera, que se han tomado en consideración para invitar a los contratistas seleccionados; éstos deberán constar por escrito en el acto interno que al efecto se dicte. El ente contratante podrá requerir la asistencia del Registro Nacional de Contratistas.

Para la validez del proceso será necesaria la presentación de por lo menos tres (3) ofertas"[242].

De lo anterior resulta, por tanto, que hay una similitud sustancial entre los procedimientos de licitación general o de licitación selectiva, lo que provoca que los principios y normas que rigen la licitación pública sean aplicables íntegramente a la licitación privada salvo, por supuesto, lo atinente a las reglas de publicidad del llamado a concursar, pues la publicación por aviso en la prensa, en esta última, se limita sólo al llamado a determinados oferentes (al menos cinco). Sin embargo, en todo el resto del procedimiento, así como en los criterios de adjudicación, rigen las reglas propias de la licitación pública. Este es el principio general en el derecho administrativo[243], que parte del supuesto general de que en todo procedimiento de concurso o licitación, público o privado, debe respetarse el principio de igualdad entre los oferentes, a cuyos efectos, el procedimiento establece una serie de garantías esenciales.

---

242 No reguló la Ley el supuesto de que en el Registro de Contratistas no haya sino sólo dos posibles oferentes como, en cambio, sí lo normaba el Reglamento de 1989 declarando que el procedimiento en ese caso era válido cualquiera que fuere el número de las ofertas (artículo 32).

243 *Cfr.* R. J. Dromi, *La Licitación Pública*, Buenos Aires, 1975, p. 99.

d. La invitación a los oferentes

Una vez seleccionados los posibles oferentes, tanto en las licitaciones generales como selectivas, la Comisión de Licitación, mediante notificación dirigida a cada uno de los contratistas, debe solicitarles la presentación de sus ofertas. En dicha notificación debe indicarse el objeto de la licitación; el plazo y el sitio para la entrega de la documentación completa correspondiente que el ente licitante hará a los contratistas; y el lugar, día y hora del acto público de recepción y apertura de los sobres que contengan las ofertas (artículo 40)[244].

e. La presentación de las ofertas

El plazo para la recepción y apertura de las ofertas se debe fijar, en cada caso, teniendo especialmente en cuenta la complejidad de la obra o del suministro, pero no podrá ser en ningún caso menor de cinco (5) días laborables contados a partir del último día de entrega a los preseleccionados de la documentación completa (artículo 41).

Estas ofertas, debidamente firmadas y en sobres sellados, serán entregadas a la Comisión de Licitación en acto público a celebrarse al efecto. En ningún caso se admitirán ofertas después de la hora fijada ni se iniciará la apertura de los sobres antes de esa hora (artículo 42).[245]

La presentación de las ofertas, conforme al artículo 43 de la ley, tiene por efecto jurídico el que los contratistas quedan obligados a sostener sus ofertas hasta el otorgamiento de la buena pro y presentar junto con ellas caución o garantía suficiente, por el monto fijado por el organismo licitante, para asegurar la celebración del contrato, en caso de otorgamiento de la buena pro (artículo 43).

Este es el principio general establecido en el artículo 427, ordinal 4° de la Ley Orgánica de la Hacienda Pública Nacional según el cual "una vez

---

244 Debe señalarse que el Reglamento de 1989 exigía que esta incitación, además de notificarse, se publicase en la prensa (artículo 10), lo que se eliminó de la ley. Se observa, sin embargo, que el artículo 427, ordinal 29 de la Ley Orgánica de la Hacienda Pública Nacional establece que "se avisarán por la prensa todas sus condiciones, especificándose la obra, suministro o servicio, objeto de la licitación; el acto jurídico que deba celebrarse, las obligaciones que contraerá la Nación y aquéllas a que deben someterse el licitador o licitadores. El Ejecutivo fijará un plazo de acuerdo con la importancia de la obra, suministro o servicio en cuestión".

245 Esta norma responde a la orientación del artículo 427, ordinal 3° de la LOHPN que establece que: "Las propuestas se enviarán en pliegos cerrados. Si entre las condiciones de la licitación se incluyere la de prestar caución, el licitador indicará la que ofrece en el mismo pliego de proposiciones; y si fuere fianza, deberá acompañar la conformidad del fiador propuesto, quien se obligará solidariamente con el proponente".

introducida una propuesta, su autor está obligado a sostenerla hasta que se dé la buena pro".

Sin embargo, la invitación a los oferentes y la presentación de las ofertas no obliga en forma alguna a la Administración a contratar. Como lo dispone el artículo 7 de la ley:

> "En todos los procedimientos regulados por esta ley, mientras no se haya firmado el contrato definitivo, el ente promovente podrá decidir suspender o dar por terminado el proceso, cuando a su juicio sea conveniente. En estos casos, se dará una información razonada de la decisión al beneficiario de la buena pro, y se le indemnizará con una suma equivalente al monto de los gastos en los que incurrió para participar en el proceso de selección, dentro del lapso de noventa (90) días contados a partir de la decisión.

El ente promovente podrá abrir de nuevo el proceso de licitación, cuando hayan cesado las causas que dieron origen a la suspensión y transcurrido el lapso no menor de seis (6) meses, contados a partir de aquélla".

f. *La apertura de las ofertas*

Ahora bien, consignadas las ofertas, la Comisión de Licitación debe abrir en el mismo acto público los sobres contentivos de las ofertas, debe dar lectura a lo esencial de ellas y debe dejar constancia en acta de cualquier exposición que quisiera hacer alguno de los contratistas (artículo 44)[246].

Dicha acta debe ser firmada por los miembros de la Comisión, por los contratistas asistentes al acto y por los observadores designados, si fuere el caso. Si alguno de los llamados a firmar el acta se negare a hacerlo o por otro motivo no la suscribiere, se dejará en el acta constancia de esa circunstancia y de las causas que la originaron (artículo 45).

g. *El rechazo de ofertas*

La Comisión de Licitación, en el proceso posterior de evaluación de las ofertas, conforme se establece en el artículo 46 de la ley, no admitirá aquellas que se encuentren dentro de alguno de los supuestos siguientes:

1° Que no cumplan con las disposiciones de esta Ley o con los requisitos exigidos para la respectiva licitación;

---

246 Esta norma sigue la orientación del artículo 427, ordinal 59, de la LOHPN, que establece que: "Los pliegos se abrirán el día y la hora fijados en el aviso de licitación, en presencia de los licitadores que concurran. Se dará lectura a todas las propuestas y se desecharán de una vez las manifiestamente inadmisibles. Después de leídas las propuestas no podrán el licitador presentar una nueva caución.

2°   Condicionadas o alternativas, salvo que ello se hubiere permitido en las condiciones de la licitación;

3°   Diversas que provengan de un mismo proponente; o

4°   Presentadas por personas distintas, si se comprueba la participación de cualquiera de ellas o de sus socios directivos o gerentes en la integración o dirección de otro participante en la licitación.

h.   *La selección de ofertas*

De acuerdo al artículo 428 (ordinal 69) de la Ley Orgánica de la Hacienda Pública Nacional, "se dará la buena pro a la propuesta que ofrezca mayores ventajas, expresándose en el acto estas circunstancias. Si se juzgare que ninguna de las propuestas llena las condiciones exigidas, se declarará desierta la licitación"[247].

Este principio se ha desarrollado en la Ley de Licitaciones, en la cual se establecen dos pasos: uno de preselección y otro de adjudicación.

En cuanto a la preselección, el artículo 47 de la ley establece que para la selección entre ofertas que se encuentran dentro de un rango razonable de condiciones similares, se preferirán aquéllas en las que prevalezcan las siguientes condiciones:

1.   Mayor participación de la ingeniería y tecnología nacionales;

2.   Mayor incorporación de recursos humanos nacionales en todos sus niveles, inclusive el gerencial;

3.   Mayor valor agregado nacional o mayor incorporación de partes o insumos nacionales;

4.   Mayor participación nacional en el capital de la empresa;

5.   La posesión de la marca NORVEN;

6.   Mejores condiciones para la transferencia de tecnología;

7.   El fortalecimiento de pequeñas y medianas empresas y cooperativas;

8.   Que el oferente opere en el área o región donde se ha promovido la licitación o en el lugar donde habrá de construirse la obra, prestarse el servicio o entregarse el suministro, y que realice en esa zona actividades económicas de manera permanente y continua.

Con base en los criterios anteriores, para hacer la preselección la Comisión debe examinar las ofertas y escogerá las que ofrezcan mayores ventajas. Como resultado debe presentar sus recomendaciones en informe razonado, dentro de los veinte (20) días hábiles siguientes a la fecha de

---

247   Artículo 428, ordinal 6°, LOHPN. Véase CGR Dictámenes de la Consultorio Jurídica 1938-1963, tomo II, Caracas, 1963, pp. 104-108.

recepción de las ofertas, salvo que, consideradas las razones de la Comisión, el organismo o ente licitante acuerde prorrogar el lapso para la presentación del informe de la Comisión (artículo 48).

El mencionado informe de la Comisión debe ser especialmente detallado en sus motivaciones, en cuanto a los aspectos técnicos, económicos y financieros y, en particular, en lo relativo al precio, si éste no fuera el más bajo con el fin de asegurar que las ofertas recomendadas sean, en su consideración integral, las más convenientes para los intereses del organismo promovente de la licitación. En este informe se debe señalar si, a juicio de la Comisión y de acuerdo a sus consideraciones integrales, existieran ofertas que merezcan la segunda y tercera opciones (artículo 49).

i.   *La adjudicación de la buena pro*

Dentro de los treinta (30) días laborables siguientes a la recepción del informe que presente la Comisión, el ente licitante otorgará la buena pro o declarará desierta la licitación. El ente licitante podrá acordar, por una sola vez, una prórroga para tomar esta decisión hasta por un lapso de 30 días laborables (artículo 54).

El otorgamiento de la buena pro debe ser notificado al contratista beneficiado con la misma y a los demás contratistas participantes en el proceso (artículo 55).

Quien obtenga la buena pro debe presentar, dentro del plazo fijado y a satisfacción del organismo o ente licitante, las garantías exigidas por éste en las condiciones de la licitación para la ejecución del contrato. Sin el cumplimiento de este requisito, el contrato no se otorgará y se procederá a ejecutar la caución o garantía prevista en el artículo 43 de la ley. En tales casos se respetará el derecho de preferencia de quienes hayan obtenido la segunda y tercera opciones en la preselección (artículo 56).

En efecto, conforme al artículo 50 de la ley:

> "Los contratistas que hubieren merecido la segunda y tercera opciones tendrán, en este mismo orden, el derecho a que le sea otorgada la buena pro, en caso de que el contratista más ventajoso para el promovente no mantenga su oferta o le sea revocada la buena pro".

Por otra parte, la ley autoriza expresamente a que en los casos de adquisición de bienes o prestación de servicios, pueda adjudicarse proporcionalmente la buena pro a la totalidad o parte de varias ofertas que presenten, igualmente, las mayores ventajas, si así se ha establecido expresamente en las condiciones de la licitación, tomando en cuenta la naturaleza y las características de la contratación a celebrar (artículo 51).

Debe señalarse, por último, que cuando la buena pro se hubiese otorgado incurriendo en vicios de forma o de procedimiento o cuando la decisión de otorgarla se hubiese tomado partiendo de datos falsos aportados por su beneficiario, el artículo 62 de la Ley de Licitaciones autoriza al ente promovente para declarar la nulidad del acto.

En estos casos, y cuando concurran las circunstancias mencionadas, si la máxima autoridad administrativa del organismo promovente se abstiene injustificadamente de declarar la nulidad del acto, será sancionado con multa que oscilará entre el diez (10) y el veinte (20) por ciento del monto total del contrato a que se refiere la buena pro. Así lo establece expresamente el artículo 65 de la ley.

j. *La declaratoria de la licitación como desierta*

En el informe de la Comisión de Licitación que debe elaborarse una vez analizadas las diversas ofertas, conforme al artículo 52 de la ley, ésta puede recomendar al ente licitante que declare desierta la licitación cuando:

1° No concurran al menos tres (3) contratistas;

2° Las ofertas resulten inadmisibles por no corresponder a las condiciones generales o particulares de la licitación;

3° Que todas las ofertas resulten inconvenientes; o

4° Que de continuar el procedimiento podría causarse perjuicio al organismo o ente licitante[248].

Si la licitación fuere declarada desierta, deberá publicarse en un diario de los de mayor circulación en el país y en uno de la respectiva localidad, si lo hubiere (artículo 55).

Declarada desierta una licitación debe procederse a una nueva, salvo que por causa justificada, a juicio de la máxima autoridad del organismo o ente licitante, oída la Comisión de Licitación, se determine que no es conveniente iniciar otra licitación, en cuyo caso, se podrá proceder por licitación selectiva, pero todos los procedimientos de selección deberán ser convocados bajo las condiciones establecidas inicialmente (artículo 53).

F. Consecuencias jurídicas del proceso de selección

El procedimiento de selección de contratistas, sin duda, exige precisar las consecuencias jurídicas tanto de la publicación de la licitación como de la presentación de las ofertas por los postulantes.

---

248 Sin embargo, no se puede declarar desierta una licitación por errores de la admisibilidad en las condiciones generales de la licitación; de lo contrario, la Administración tendría que indemnizar los daños y perjuicios en que incurran los proponentes para la elaboración de las ofertas. Véase, CGR Dictámenes de la Consultorio Jurídica 1935-1936, tomo II, Caracas. 1963, p. 109.

En cuanto al valor de la publicación de la licitación, el problema a resolver es si se trata de una verdadera oferta o de una simple invitación a tratar[249]. El interés de esta distinción es importante: si existe una verdadera oferta, una aceptación por parte del licitante de ese ofrecimiento perfecciona el contrato, y el autor de la oferta se encuentra obligado a cumplirlo.

Sin embargo, la publicación de licitación por parte de la Administración no es una oferta, sino simplemente una invitación a tratar o una simple invitación a los particulares para que ofrezcan condiciones de contratar a la Administración. Por tanto, la verdadera oferta en la licitación es la propuesta del particular. La aceptación de la oferta por la Administración se hace concediendo la buena pro por la adjudicación, pudiendo, como hemos visto, sin embargo, declarar desierta la licitación si juzga que las propuestas no llenan los requisitos exigidos. Por tanto, la Administración por el hecho de haber publicado el aviso de licitación no se obliga a aceptar la mejor propuesta, sino que su aceptación es libre.

Además, debe señalarse que en este campo el hecho de otorgar la buena pro que equivale a aceptar la oferta no obliga a la Administración a contratar. En efecto, en cuanto a la presentación de las ofertas por los oferentes, la consecuencia fundamental de ello es que conforme al artículo 427, ordinal 4°, de la Ley Orgánica de la Hacienda Pública Nacional, "una vez introducida una propuesta, su autor está obligado a sostenerla hasta que se dé la buena pro"; o como lo establece el artículo 43 de la ley:

> "Los contratistas deben obligarse a sostener sus ofertas hasta el otorgamiento de la buena pro, y presentar junto con ellas caución o garantía suficiente, por el monto fijado por el organismo licitante, para asegurar la celebración del contrato, en caso de que se le otorgue la buena pro".

En todo caso, en cuanto a la situación de la Administración, aun después de otorgada la buena pro, y cuando a juicio del ente promovente existiesen razones de interés público que así lo aconsejen, el artículo 59 de la ley establece que se podrá desistir de la celebración del contrato. En este caso, sin embargo, procederá el pago de la indemnización establecida en el artículo 7 de esta ley, relativa a los gastos en los que hubieren incurrido los oferentes para participar en el proceso de selección.

G. El sistema sancionatorio

La ley establece un sistema sancionatorio totalmente inadecuado e, incluso, inconstitucional, al prescribir que "quienes infrinjan esta ley, estarán sujetos a multa hasta por un millón de bolívares (Bs. 1.000.000,00)" (artículo 64).

---

249 Véase la distinción en Mazeaud: *Lecciones de Derecho Civil*, Editorial Egea, segunda parte, Vol. I, Buenos Aires, p. 153.

Sobre este tipo de previsión legal de sanciones sin especificación expresa de las respectivas infracciones, la Corte Suprema de Justicia en Sala Político-Administrativa, en sentencia de 9-8-90, que hemos consultado en original, al declarar la nulidad de una norma similar de la Ley del Sistema Nacional de Ahorro y Préstamo, ha establecido la doctrina de que ese tipo de normas viola el principio de legalidad desarrollado por los artículos 60, numeral 2, y 69 de la Constitución, que exige al legislador que, además de la multa, determine, concordantemente, el hecho infractor que da lugar a la aplicación de la multa. Por tanto, el artículo 64 de la Ley de Licitaciones puede decirse que sería también inconstitucional, al no contener la determinación de los tipos de infracción que llevarían a la aplicación de la multa en él consagrada.

En todo caso, la Ley de Licitaciones establece otras normas relativas al régimen sancionatorio, que deben destacarse.

En primer lugar, dispone que cuando el infractor de la ley fuere un contratista se le sancionará, además, con la suspensión en el Sistema Nacional de Registros de Contratistas por un lapso no menor de un (1) año y no mayor de cinco (5) años (artículo 67).

En segundo lugar, el artículo 69 de la ley considera como una circunstancia agravante que el infractor fuere miembro de la Comisión de Licitación, funcionario público, o empleado que preste servicios bajo cualquier modalidad al ente promovente, o que fuere uno de los observadores de los procesos licitatorios, designado conforme lo que prevé el artículo 24 de esta ley.

Por último, en cuanto a la autoridad a quien corresponde imponer las sanciones a que se refiere la ley, el artículo 68 dispone que será el Contralor General de la República, siguiendo el procedimiento previsto en el Título VI, Capítulo III, de la Ley Orgánica de la Contraloría General de la República, teniendo en cuenta las circunstancias del caso, la gravedad de las infracciones y faltas y los eventuales perjuicios causados al ente promovente.

H. La interpretación judicial de la ley

Por último, debe señalarse que el artículo 78 de la Ley de Licitaciones dispone que

> "Las dudas que puedan presentarse en casos concretos en cuanto a la inteligencia, alcance y aplicación de esta ley, serán resueltas por la Sala Político-Administrativa de la Corte Suprema de Justicia".

Se prevé así, un recurso contencioso-administrativo de interpretación por ante la Corte Suprema de Justicia, en sentido similar al que se había consagrado en la Ley de Carrera Administrativa.

2. Limitaciones a la igualdad contractual: las clausulas obligatorias y las clausulas de condiciones generales

En el esquema clásico del contrato de derecho civil, las partes elaboraban de común acuerdo las cláusulas del contrato, en el libre acuerdo y discusión de una oferta y una demanda, formuladas por ambos contratantes, situados en planos idénticos. En la práctica, esta discusión desaparece en muchos casos: la potencialidad económica producida por la acumulación de grandes riquezas en manos de una sola persona jurídica trajo como consecuencia la elaboración de un tipo especial de contrato cuyas cláusulas redactaba exclusivamente uno de los co-contratantes y aceptaba *in totum* el otro, sin que fuera posible ninguna discusión o deliberación. De ahí el contrato de adhesión.

Pero este hecho, que es excepción en la teoría civilista, es la regla en el Derecho Administrativo: es la ley en muchos casos, la que establece directamente normas obligatorias para ser incluidas en los contratos de la Administración, o es ésta directamente la que en sus contratos, determina la casi totalidad de las reglas contractuales[250]. El co-contratante así, fuera de la discusión del precio si lo hay, en muchos casos no puede sino aceptar o rechazar en bloque las condiciones que le son propuestas. Nos encontramos, entonces, con cláusulas obligatorias legalmente o con cláusulas de condiciones generales, anexas al acto contractual propiamente dicho e incorporadas al contrato de pleno derecho, en virtud de una previsión reglamentaria.

Las cláusulas obligatorias en Venezuela, no están establecidas en un solo bloque normativo relativo a los contratos de la Administración, como en cambio sucede en Colombia, donde el decreto N° 222 de 2 de febrero de 1983 dictado por el Presidente de Colombia en uso de sus facultades extraordinarias que le confirmó el Congreso, relativo a las "Normas sobre contratos de la Nación y sus entidades descentralizadas"[251] contiene disposiciones expresas sobre las llamadas estipulaciones o cláusulas obligatorias. En efecto, el Título VI del Decreto 222 habla de las "cláusulas obligatorias" de los contratos de la Nación, o como lo precisa el artículo 60, de "las cláusulas que forzosamente deben contener los contratos". Un

---

250 Véase Allan R. Brewer-Carías, "Las cláusulas obligatorias y los principios especiales en la contratación administrativa", en *Estudios de Derecho Administrativo*, Bogotá, 1986, pp. 91-124.

251 Véase el texto en la edición de la Contraloría General de la República, Compilación de la normativa sobre contratación administrativa. Separata Gaceta 1 de 1984, Bogotá.

dato debe destacarse de la lectura de ese título, y es que regula unas cláusulas obligatorias respecto de todos los contratos de la Nación, y no sólo respecto de los llamados contratos administrativos. Por tanto se trata de cláusulas que son obligatorias para todos los contratos de la Administración, con lo cual, al menos, en esta materia queda desdibujada la distinción entre contratos administrativos y contratos de derecho privado de la Administración[252].

Ahora bien, aun en ausencia de un cuerpo normativo general que se refiere a todos los contratos del Estado, en el sentido del anterior Decreto 150 y ahora el N° 222 de Colombia, puede decirse que el sistema normativo venezolano resulta ser casi exacto pero establecido por otras vías, particularmente porque las cláusulas obligatorias están establecidas en la Constitución o en leyes dispersas, e incluso, en algunos casos, en las llamadas "condiciones generales de contratación" para ciertos tipos de contratos aprobados por Decreto Presidencial[253].

En todo caso, debemos insistir en que se trata de cláusulas obligatorias en los "contratos de la Administración" porque se trata de cláusulas que deben contener todos los contratos que ésta celebre, razón por la cual en este aspecto la distinción entre contratos administrativos y contratos de derecho privado tampoco opera; se trata de cláusulas obligatorias para todos los contratos que celebre el Estado y no sólo para un tipo de contrato.

Y así es definitivamente como está regulado el sistema de las cláusulas obligatorias en Venezuela, cuya obligatoriedad se extiende no sólo a la República y sus entes descentralizados, sino a los entes territoriales, los Estados y los Municipios, y en buena medida también, a sus entes descentralizados.

Estas cláusulas, en nuestro país, están establecidas en dos cuerpos normativos de rango distinto. En primer lugar, hay una serie de estas cláusulas establecidas directamente en la Constitución y, en segundo lugar, hay también cláusulas obligatorias establecidas en leyes y decretos ejecutivos.

---

252 Debe señalarse que incluso con este ámbito de aplicación, la lectura del artículo 60 del Decreto N° 222 plantea una duda, pues ese artículo comienza diciendo: que "salvo disposición en contrario, en todo contrato se estipularán las cláusulas propias o usuales conforme a su naturaleza y, además, las relativas a caducidad administrativa; sujeción de la cuantía y pagos a las apropiaciones presupuestarias; garantías; multas; pena pecuniaria y renuncia a reclamación dinomática cuando a ello hubiere lugar...". Si tales cláusulas son obligatorias, sin embargo, no está prevista la obligatoriedad total ex leñe ya que si se pueden establecer disposiciones en contrario, queda la duda sobre el M carácter obligatorio. De todos modos, tomando como punto de referencia esas cláusulas obligatorias, nuestra intención es construir el sistema de cláusulas obligatorias que puede establecerse en Venezuela, donde no tenemos un cuerno normativo que regule la contratación administrativa, similar al del Decreto N° 222 colombiano.

253 Decreto N° 1.821 de 30-8-91, G.O. N° 34.797 de 12-9-91.

A. Cláusulas obligatorias en la Constitución

En cuanto a las cláusulas obligatorias establecidas en el texto constitucional, en él encontramos dos categorías: unas que son obligatorias y generales para todo tipo de contrato de la Administración y otras que se refieren, básicamente, a cierto tipo de contratos, particularmente, las concesiones. En cuanto a las cláusulas obligatorias generales para todo tipo de contrato de la Administración, la Constitución prevé dos, que son tradicionales en América Latina: En primer lugar, la cláusula de inmunidad de jurisdicción y, en segundo lugar, la cláusula llamada "Cláusula Calvo" o de las reclamaciones diplomáticas. En cuanto a las concesiones, en la Constitución encontramos dos tipos de cláusulas obligatorias: en primer lugar, la referida a la reversión, como figura derivada de las concesiones; y en segundo lugar, la cláusula que podríamos llamar de temporalidad, que por vía constitucional se exige respecto a las concesiones. Por tanto, en Venezuela, éstas son las cuatro cláusulas obligatorias previstas en el Texto Fundamental.

a. *La inmunidad de jurisdicción*

En cuanto a la cláusula de inmunidad de jurisdicción, el artículo 127 de la Constitución dice:

> "En los contratos de interés público, si no fuere improcedente de acuerdo con la naturaleza de los mismos, se considerará incorporada, aun cuando no estuviera expresa, una cláusula según la cual las dudas y controversias que puedan suscitarse sobre dichos contratos y que no llegaren a ser resueltas amigablemente por las partes contratantes, serán decididas por los Tribunales competentes de la República, en conformidad con sus leyes".

Esta norma constitucional ha planteado, al igual que otras, diversos problemas interpretativos, sobre todo por la expresión que utiliza la Constitución al hablar de "contratos de interés público", la cual ha originado una larga discusión en torno a qué ha de entenderse por los tales "contratos de interés público"[254]. Como hemos señalado, algunos los identifican con los "contratos administrativos", buscando establecer la dicotomía tradicional, y otros pretenden identificarlos con ciertos contratos de particular importancia, magnitud o cuantía tratando de encontrarle algún contenido a un concepto jurídico indeterminado como es el "interés público"[255]. Cree-

---

254 Véase en general, Allan R. Brewer-Carías, "Los contratos de interés nacional y su aprobación legislativa" en *Revista de Derecho Público*, N° 11, julio-septiembre, 1982, Editorial Jurídica Venezolana, Caracas, pp. 49 y ss.

255 Véanse las diversas opiniones en Isabel Boscán de Ruesta, "La inmunidad de jurisdicción de los contratos de interés público", *Revista de Derecho Público*, N° 14, abril-junio 1983, Editorial Jurídica Venezolana, Caracas, pp. 23 y ss.

mos, sin embargo, que el problema es menos complicado jurídicamente. En realidad, aún no se ha definido en la ley alguna, qué ha de entenderse por "interés público" o "contrato de interés público", por lo que la interpretación de esta expresión es mucho más formal y simple, que la que se ha planteado en la doctrina.

Hemos indicado que en la Constitución, el interés público como el Poder Público, se refiere, en una forma federal del Estado, a lo que concierne a los tres niveles estatales derivados de la distribución vertical del Poder. Por ello, el texto constitucional habla del interés público nacional, de interés público estadal y de interés público municipal, para hacer referencia a un solo interés público que concierne a los tres niveles territoriales. Por tanto, contratos de interés público son los contratos suscritos por la República, cualquiera que sea su contenido, y también todos los contratos suscritos por los Estados y por los Municipios. Esta noción de interés público que engloba los tres niveles territoriales tiene relación con otros aspectos fundamentales del Derecho Público Venezolano, como el concepto de Estado o el de Poder Público[256]. Por ejemplo, la noción de Estado engloba la suma de todas las entidades político-territoriales, por lo que cuando la Constitución habla de "Estado" como destinatario de determinadas obligaciones, se entiende que se está refiriendo, no a un ente particularizado, sino englobando a la República, como Estado Nacional, a los Estados Federados y a los Municipios. Lo mismo sucede con el tema del interés público.

En esta forma, estimamos que no hay complicación alguna en señalar que contrato de interés público, en la Constitución, es todo contrato suscrito por los entes públicos territoriales, cualquiera que sea su naturaleza y contenido, es decir, por la República, los Estados y los Municipios, y aún más, también, por los entes descentralizados de derecho público de esos tres niveles.

Por tanto, un contrato suscrito por un instituto autónomo nacional, estadal o municipal, también puede considerarse como contrato de interés público.

Este, sin duda, es el primer tema que nos sugiere el artículo 127 de la Constitución, y ello nos conduce a interpretar que se trata, realmente, de una cláusula obligatoria, en el sentido de que todo contrato que suscriban todos los entes del Estado Venezolano, en los tres niveles territoriales e, incluso, en los niveles de descentralización funcional, deben contener esta cláusula cuyo objeto es, primero, estipular que la interpretación, aplicación y ejecución de esos contratos debe someterse a la Ley Venezolana, y segundo, que las controversias y dudas que de ellos surjan, deben también

---

256 Véase Allan R. Brewer-Carías, *Instituciones Políticas y Constitucionales*, Caracas, 1985, tomo I, pp. 353 y ss.

someterse al conocimiento de los Tribunales Venezolanos. Este principio, que se deriva de esta cláusula, encuentra también su fundamento en el principio universal del derecho internacional, de la inmunidad de jurisdicción de los Estados extranjeros[257].

La cláusula del artículo 127 de la Constitución, sin embargo, desde el ángulo de la inmunidad jurisdiccional, se aparta del carácter absoluto tradicional, y encaja dentro de la llamada "inmunidad relativa de jurisdicción la naturaleza de los mismos". Esto conecta nuestra disciplina en materia de contratos, con un tema clásico de derecho internacional, que muestra la evolución que ha tenido en el derecho contemporáneo el tema, desde una inmunidad absoluta a la inmunidad relativa de jurisdicción"[258].

El origen de esta cláusula, en el sistema constitucional venezolano, se remonta a la Constitución de 1892[259], en la cual se estableció lo que puede calificarse como el principio de la inmunidad absoluta. El artículo 149 de ese texto dispuso que:

> En todo contrato de interés público, se establecerá la cláusula, de que las dudas y controversias que puedan suscitarse sobre su inteligencia y ejecución, serán decididas por los tribunales venezolanos y conforme a las leyes de la República.

De acuerdo a esta norma del Texto Fundamental de 1893 la fórmula era distinta al texto vigente: primero, proveía la inmunidad absoluta, y segundo, prescribía la obligación de que en todo contrato se estableciera la cláusula, lo que difiere del sistema actual conforme al cual en virtud de la Constitución, se entiende incorporada la cláusula a los contratos.

En aquel texto sólo se decía que en esos contratos debía incorporarse la cláusula, por lo que la misma tenía neto carácter contractual.

En la Constitución de 1947 cambiaron estos dos elementos: se abandonó el sistema de inmunidad absoluta, sustituyéndose por uno de inmunidad relativa, porque la cláusula se consideraba incorporada en los contratos "si fuera procedente de acuerdo a la naturaleza de los mismos"; y, además, se adoptó el esquema actual de considerar incorporada la cláusula aun cuando no estuviera expresa, con lo cual no es necesario que se indique en el texto del contrato que esa cláusula forma parte del mismo, sino que en virtud de la Constitución ella está incorporada[260].

---

257 Véase, Tatiana Bogdanowsky de Maekelt, "Inmunidad de Jurisdicción de los Estados" en *Libro Homenaje a José Melich Orsini*, Vol. 1, Caracas, 1982, pp. 213 y ss.

258 Véase en general, Ian Sinclair, "The Law of Sovereign Inmunitv. Recent Development", Académie International de Droit Comparé, Recueil des Cours, 1980, Vol. II, La Haya, 1981, pp. 201 y ss.

259 El texto de esta Constitución y las otras puede verse en Allan R. Brewer-Carías, *Las Comunicaciones de Venezuela*, Madrid, 1985.

260 Artículo 108.

Esta cláusula, como se señaló, tiene una evidente vinculación con el Derecho Internacional, y hoy puede decirse que refleja una situación universalmente aceptada y adoptada en todo el mundo: la del principio de la relatividad de la inmunidad de soberanía o de inmunidad jurisdiccional de los Estados.

Por supuesto, ello no implica que también haya unanimidad absoluta en la doctrina en relación a determinar cuándo la naturaleza de un contrato implica la renuncia a la inmunidad de jurisdicción. Sobre el particular puede decirse que no hay criterios universalmente aceptados, aun cuando todavía se recurre a la distinción tradicional abandonada en el campo del derecho administrativo, entre los actos de autoridad (*jure imperii*) y los actos de gestión (*jure gestionis*) para la interpretación de los casos en los cuales debe haber inmunidad de jurisdicción. La misma doctrina del Fisco, elaborada también durante el siglo pasado, incluso, tuvo sus repercusiones en el Derecho Internacional en este tema de la inmunidad jurisdiccional.

En todo caso, puede decirse que esas distinciones tradicionales, en el momento actual no tienen valor como tal, porque todo acto del Estado siempre tiene una finalidad pública y no puede decirse que haya actos que el Estado cumple como un particular pura y simplemente; de allí, nuestra insistencia, en cuestionar la propia distinción entre contratos administrativos y contratos de derecho privado de la Administración, ya que el Estado nunca deja de ser Estado en sus actuaciones[261].

Sin embargo, la distinción entre actos de autoridad y actos de gestión con todas sus consecuencias condicionó la elaboración de un documento que, en el ámbito del Derecho Internacional Privado y su incidencia en los contratos administrativos, fue muy importante en América Latina. Se trata del *Código Bustamante*, es decir, la Convención sobre Derecho Internacional Privado de 1928[262], que suscribieron casi todos los países de América Latina y del cual es parte Venezuela. En esa Convención, puede decirse, se comenzó en el ámbito internacional de América Latina, a erosionar el principio de la inmunidad jurisdiccional absoluta de los Estados.

En efecto, en ese texto se admitió, como principio, que había inmunidad absoluta, pero salvo el caso de que un Estado hubiera admitido una sumisión expresa a la ley extranjera, en cuyo caso habría un consentimiento expreso a someterse a la jurisdicción de tribunales extranjeros.

En tal sentido, el artículo 333 del Código establece lo siguiente:

---

261 Véase Allan R. Brewer-Carías, "La evolución del concepto de contrato administrativo" en el libro *El Derecho Administrativo en América Latina. Curso Internacional*, Colegio Nuestra Señora del Rosario, Bogotá, 1978, p. 143 y ss.

262 Véase en Tatiana Bogdanowsky de Maekelt, *Material de clase para Derecho Internacional Privado*, UCV, Caracas, 1979, p. 23 y ss.

"*Artículo 333*. Los jueces y tribunales de cada Estado contratante serán incompetentes para conocer de los asuntos civiles o mercantiles en que sean parte demandada los demás Estados contratantes o sus Jefes, si se ejercita una acción personal, *salvo el caso de sumisión expresa* o de demandas reconvencionales".

Pero además, en el Código Bustamante, y de allí la importancia de este documento en el derecho internacional, también se estableció el principio de que, a pesar de la inmunidad establecida, ciertas acciones podían dar origen a la renuncia a la inmunidad de jurisdicción, particularmente las acciones reales vinculadas a la propiedad inmueble y los juicios universales[263]. Sin embargo, para regular esta materia, en 1928 el Código seguía el parámetro de la distinción entre actos de autoridad y actos de gestión.

En efecto, los artículos 334 y 335 del Código establecían lo siguiente:

"*Artículo 334*. En el mismo caso y con la propia excepción, serán incompetentes cuando se ejerciten acciones reales, si el Estado contratante o su Jefe han actuado en el asunto como tales y en su carácter público.

Artículo 335. Si el Estado contratante o su Jefe han actuado como particulares o personas privadas, serán competentes los jueces o tribunales para conocer de los asuntos en que se ejerciten acciones reales o mixtas, si esta competencia les corresponde conforme a este Código".

Conforme a estas normas, por tanto, si se trata de acciones reales, en asuntos en los cuales el Estado actúa como Poder Público, dictando actos de autoridad, se mantiene el principio de la inmunidad absoluta; en cambio, si lo que está envuelto en el asunto, es un acto de gestión en el cual el Estado actúa como particular o persona privada, entonces puede estar sometido a la jurisdicción de otro Estado.

Es claro, sin embargo, que actualmente esta distinción no puede seguirse sosteniendo, como no se sostiene ya en el Derecho Internacional, sobre todo en virtud de la expansión económica de los Estados, pues ha sido justamente en las últimas décadas cuando los Estados han venido desarrollando un intenso proceso de intervención en la economía. En este campo de la actuación económica del Estado, ello no puede implicar que en las mismas, los Estados dejen de ser tales Estados soberanos, a pesar de que cumplan actividades comerciales o industriales en cualquier nivel. El tema se ha discutido en el campo del derecho internacional, llegándose incluso a afirmaciones mucho más definidas que las que a veces encontramos en el derecho administrativo interno. Por ejemplo, Ian Sinclair afirma que "es una sobre-simplificación pretender que todas las actividades del Estado en el campo económico -como el manejo estatal de una industria, las compras o ventas del Estado- son necesariamente de naturaleza de

---

263 Artículo 336 del Código.

"derecho privado" y que cumpliéndolas el Estado actúa como persona privada"[264], y Chetien ha sostenido que "el Estado no adopta acto alguno, ni interviene en cualquier relación jurídica, sin que ello esté motivado, directa o indirectamente, por la necesidad de mantener su alta misión gubernamental... si uno va al fondo de las cosas, el Estado no se puede presentar jamás como una persona privada"[265].

Por tanto, por el hecho de que el Estado realice actividades comerciales o industriales, no implica que deje de estar sometido al derecho público y que actúe enteramente regido por el derecho privado[266].

En consecuencia, abandonada la distinción entre actos de autoridad y acto gestión, o entre Estado persona y Estado Poder Público, en el Derecho Internacional, para evaluar las cláusulas de inmunidad de jurisdicción, la discusión se centra en la naturaleza de la actividad del Estado más que en su finalidad, que siempre es pública; y la tendencia es a admitir la excepción al principio de la inmunidad basada en el carácter comercial de las actividades que realice un Estado, sobre todo en el ámbito internacional, lo que ha provocado la admisión del principio de la inmunidad relativa de jurisdicción.

En esta orientación, hay varios instrumentos jurídicos internacionales adoptados en los últimos años. El primero de ellos es la Convención Europea sobre Inmunidad de los Estados del año 1972[267], en la cual se señalaron los casos en los cuales los Estados no podían invocar la inmunidad de jurisdicción, los cuales son: cuando se trate de contratos de trabajo o laborales que deben ser ejecutados en el Estado del foro; cuando un Estado participe como accionista junto con otros particulares en empresas comerciales en el Estado del foro; cuando un Estado tenga oficinas o agencias que realicen actividades industriales, comerciales o financieras, de la misma manera que personas privadas; los procedimientos relativos a patentes, marcas de fábricas y todo lo vinculado al derecho industrial; y las acciones relativas a propiedad inmueble y sobre sucesiones y donaciones[268].

Esta Convención Europea fue seguida en cuanto al abandono progresivo de la inmunidad absoluta, por una ley muy importante, que es la Ley de Inmunidad de Soberanía de los Estados Unidos de 1976[269], particularmente por tratarse de un Estado en el cual ha habido, históricamente, muchos

---

264 Loc. cit., p. 209.

265 Idem, p. 209.

266 Véase Allan R. Brewer-Carías, *Las Empresas Públicas en el Derecho Comparado*, Caracas, 1968.

267 Véase el texto en *American Journal of International Law*, Vol. 66, 1972, pp. 923 y ss.

268 Artículos 5 a 10.

269 US Foreign Sovereign Inmunity Act 1976.

conflictos y búsqueda de excepciones al sometimiento de los Estados extranjeros a las leyes americanas. En esa ley se estableció, como principio, que bajo el ámbito del derecho internacional, los Estados no son inmunes en materia de jurisdicción en relación a sus actividades comerciales[270], las cuales se definen en el mismo estatuto, como las actividades regulares de conducta comercial, o las transacciones particulares de tal carácter comercial. En este texto, además, se precisa que "el carácter comercial de una actividad debe determinarse en relación a la naturaleza de la conducta, la transacción particular o el acto, antes que en referencia a su objetivo o finalidad".[271]

El mismo principio se adoptó en la Ley de Inmunidad del Estado, del Reino Unido, de 1978[272], lo cual fue también muy importante, porque Inglaterra había sostenido siempre el principio de la inmunidad absoluta. Fue a partir de 1978 cuando se abandonó el principio e incluso se definieron los casos a los cuales no se podía alegar la inmunidad jurisdiccional, basado en el principio de la naturaleza comercial de la transacción, tales como: suministros de bienes o servicios; préstamos y transacciones que tienen relación con el financiamiento a los países o garantías o indemnizaciones relativas a estos préstamos y financiamientos, así como cualquier otra transacción o actividad, sea comercial, industrial, financiera, profesional o de carácter similar, en las cuales un Estado entra en relación con otro, sin que quede comprometido realmente el ejercicio de su autoridad soberana.[273]

Esta misma orientación la sigue el Proyecto de Convención Interamericana de Inmunidad de Jurisdicción de los Estados, aprobado en 1983 por el Comité Jurídico Interamericano[274], en el cual se plantea también la excepción a la inmunidad jurisdiccional en el caso de actividades mercantiles y comerciales, en los siguientes términos: "la realización de una determinada transacción o acto comercial o mercantil como parte del desarrollo ordinario de su comercio", agregándose también, los asuntos laborales y contratos de trabajo.

El tema tiene gran importancia en Venezuela, porque toca un principio constitucional que es el contenido en esta cláusula obligatoria; obligatoriedad que está, sin embargo, sujeta a la excepción basada en la naturaleza del contrato, en cuyo caso no se aplica el principio de la inmunidad.

---

270 Artículo 1.602.
271 Artículo 1.603
272 UK State Inmunity Act 1978.
273 Sección 3.
274 Comité Jurídico Interamericano, Río de Janeiro, 1983.

Por supuesto, la discusión se ha planteado en torno al tema de la naturaleza del contrato[275], y aquí no se puede dar fórmulas universales. A la conclusión que se ha llegado, después de interpretaciones contradictorias, es que el criterio debe incidir en la naturaleza práctica del negocio que está en juego, lo cual tuvo particular aplicación a principios de la década de los ochenta, con motivo de los contratos de empréstitos públicos y obligaciones financieras que asumía el Estado en territorio de Estados extranjeros[276].

Por supuesto, en materia de empréstitos públicos el tema de la inmunidad jurisdiccional se ha planteado desde siempre, y ha habido toda una discusión, tanto en el Derecho Financiero como en el Derecho Internacional, sobre la naturaleza de los contratos de empréstitos. En todo caso, si se utiliza la distinción de actos de autoridad y actos de gestión (*jure imperii-jure gestione*) nadie podía afirmar que un contrato de empréstito público no sea un acto de autoridad, y no sea un contrato administrativo: más público, en cualquier sentido, que un contrato de empréstitos, no habría. Por ello, la solución al problema no se basa en considerar si el Estado suscribe el contrato haciendo uso de su soberanía o de sus poderes públicos, o si son o no contratos administrativos, sino en la naturaleza de las operaciones. En el caso de los empréstitos, sin duda, el juez que pueda estar llamado a conocer de un problema judicial en relación a ellos, lo que debe conocer en realidad son cuestiones mercantiles y comerciales. Por eso, y con base en la excepción prevista en la Constitución, los contratos de empréstitos no contienen las cláusulas de inmunidad de jurisdicción y, por tanto, están sometidos en su ejecución que se produce además fuera del país, a las leyes y tribunales donde se realiza la operación. Este, además, es el principio aceptado en todos los países en el momento actual.

Por último, debe decirse que este principio constitucional se repite en relación a otros contratos en leyes diversas. Por ejemplo, hemos encontrado la norma repetida en la Ley sobre Concesiones de Obras en caso de Obras Viales y de Transporte del año 1983[277] y, asimismo, está la misma exigencia de la cláusula con la misma excepción de la naturaleza del contrato, en el Decreto 1.821 del año 1991 que estableció las Condiciones Generales de Contratación en los contratos de obras públicas[278].

---

275 Véase Isabel Boscán de Ruesta, loc. cit., pp. 24 v ss.; Alfredo Morles, "La inmunidad de Jurisdicción y las operaciones de Crédito Público" en *Estudios sobre la Constitución, Libro Homenaje a Rafael Caldera*, tomo III, Caracas, 1979, pp. 1.701 y ss.; y la doctrina de la Procuraduría General de la República, en *20 años de Doctrina de la Procuraduría General de la República 1962-1981*, Caracas, 1984, tomo IV, Vol. 2, pp. 169 y ss.

276 Véase A. Morles, *loc. cit.*, pp. 1.701 y ss.

277 Artículo 10 de la Ley en Gaceta Oficial N° 3.247 Extra de 26-8-83.

278 Artículo 9.

b.   *La "Cláusula Calvo"*

La segunda cláusula de rango constitucional y de carácter obligatorio, además de la cláusula de inmunidad jurisdiccional, es la "Cláusula Calvo", es decir, la exigencia conforme a la cual, en los contratos de interés público también se considera incorporada una cláusula que establece que por ningún motivo ni causa la ejecución de esos contratos puede dar origen a reclamaciones extranjeras. Así se establece expresamente en el artículo 127 de la Constitución.

El origen de esta cláusula también se remonta a la Constitución de 1893[279] en la cual, al regularse los contratos de interés público se señaló que los mismos en ningún caso podían ser motivo de reclamaciones internacionales. Esta cláusula establecía, por tanto, la improcedencia de las reclamaciones diplomáticas de Estados extranjeros contra el Estado Venezolano, actuando aquellos Estados por cuenta de súbditos extranjeros, y partía del supuesto de que los extranjeros en el territorio del Estado Venezolano se hallan en las mismas condiciones que los nacionales, por lo que si tienen alguna reclamación deben acudir únicamente a los órganos locales cuando se puedan considerar lesionados. El objeto de la cláusula, en definitiva, era impedir que las divergencias que pudieran surgir entre partes contratantes en la cual una parte fuera un ciudadano extranjero, pudieran ser consideradas como de naturaleza internacional.

El origen de esta cláusula y por eso su denominación de "Cláusula Calvo", está en la exposición contenida en el libro de Carlos Calvo, Tratado de Derecho Internacional, editado inicialmente en 1868[280], en el cual, después de estudiar la intervención franco-inglesa en el Río de La Plata y la intervención francesa en México, expresó lo siguiente:

> "Además de móviles políticos, las intervenciones han tenido siempre por pretexto aparente lesiones a intereses privados, reclamaciones y pedidos de indemnizaciones pecuniarias a favor de extranjeros cuya protección no era justificada la mayoría de las veces. Según el derecho internacional estricto, el cobro de créditos y la gestión de reclamaciones privadas no justifican de plano la intervención armada de los gobiernos, y como los Estados europeos siguen invariablemente esta regla en sus relaciones recíprocas, no hay razón para que no se la impongan también en sus relaciones con los otros Estados del Nuevo Mundo".[281]

Incluso, la propia "Cláusula Calvo" influyó en la concepción de la llamada Doctrina Drago, formulada en 1902 por el Ministro de Relaciones

---

279 Artículo 149.

280 Carlos Calvo, *Le Droit International Théorique et Pratique*, París, 1887.

281 Op. cit., tomo I, parágrafo 205, cit. por L. A. Podestá Costa, *Derecho Internacional Público*, tomo I, Buenos Aires, 1955, pp. 445 y 446.

Exteriores de Argentina, Luis María Drago, quien ante medidas de fuerza adoptadas por Alemania, Gran Bretaña e Italia contra Venezuela, formuló su tesis denegatoria del cobro compulsivo de las deudas públicas por los Estados.[282]

Por supuesto, sobre la propia "Cláusula Calvo" se ha discutido en torno a su validez: unos han estimado que es nula porque las personas privadas no pueden contraer obligaciones que importen dejar sin efecto el derecho de su Estado de origen de protegerlas en el exterior, otros, en cambio, estiman que es válida porque constituye una estipulación formal explícita entre dos partes contratantes: una parte que la ha propuesto como condición para celebrar el contrato y una persona privada que la acepta. Por eso hay una obligatoriedad absoluta de esta Cláusula en todo tipo de contrato de interés público y, en particular, por supuesto, en materia de contratos de empréstitos en los cuales incluso, como se ha dicho, puede haber la excepción de la cláusula de inmunidad jurisdiccional.[283]

c. *La cláusula de reversión*

Aparte de las dos cláusulas obligatorias generales previstas en la Constitución relativas a la inmunidad jurisdiccional y a la llamada "Cláusula Calvo" o de reclamaciones extranjeras, están previstas también en la propia Constitución, algunas cláusulas obligatorias pero en relación a determinado tipo de contrato. En especial, para los contratos de concesión se prevé el principio de la reversión, particularmente en materia de concesiones mineras y de hidrocarburos.

En efecto, el artículo 103 de la Constitución establece lo siguiente:

> "*Artículo 103*. Las tierras adquiridas con destino a la exploración o explotación de concesiones mineras, comprendidas las de hidrocarburos y demás minerales combustibles, pasarán en plena propiedad a la Nación, sin indemnización alguna, al extinguirse por cualquier causa la concesión respectiva".

Este artículo de la Constitución que establece el principio de la reversión tuvo una enorme importancia en el proceso de pre-nacionalización petrolera que, incluso, condujo a que en 1970 se dictara la Ley sobre Bienes Afectos a Reversión en las Concesiones de Hidrocarburos.[284] Por supuesto, después de la nacionalización las concesiones de hidrocarburos no existen, pero el principio de la reversión sigue vigente en materia de con-

---

282 Véase Victorino Jiménez y Núñez, *La Doctrina Drago y la Política Internacional*. Madrid, 1927.

283 Véase Doctrina PGR 1973, Caracas, 1974, pp. 276-288.

284 Véase en Gaceta Oficial N° 29.577 de 6-8-71. Véase Doctrina PGR 1972, Caracas 1973, pp. 185 y ss.

cesiones mineras. En tal sentido, en la Ley de Minas[285] se establece el principio de la reversión en los términos siguientes:

"Artículo 61. La concesión que vuelve a poder del Estado pasa a éste libre de todo gravamen, y con todas las obras y demás mejoras permanentes que en ella hubiere, además de la maquinaria, útiles, enseres y materiales que se encuentren abandonados dentro del perímetro de la concesión".

La reversión también se prevé, a nivel legislativo, respecto de otra serie de contratos de concesión. Por ejemplo, en materia de concesiones ferrocarrileras, la Ley de Ferrocarriles de 1956[286] establece lo siguiente:

"Artículo 9. En caso de concesiones extinguidas por vencimiento del término de su duración, la Nación readquirirá sin pagar indemnización alguna, todos los derechos concedidos y se hará propietaria de todas las obras, material rodante, construcciones e instalaciones efectuadas durante la concesión".

Asimismo, en dicha ley también se establece el principio de la reversión en caso de caducidad por incumplimiento de las obligaciones por parte del contratante. En este sentido, el artículo 10 establece que las obras realizadas, el material rodante y las construcciones e instalaciones efectuadas, en ese supuesto también deben pasar a ser propiedad de la Nación, "sin indemnización alguna por parte de ésta".

La cláusula de la reversión también está establecida expresamente en las concesiones para el aprovechamiento de los recursos hidráulicos. En este caso es la Ley Forestal de Suelos y de Aguas de 1966[287] la que prevé expresamente en su artículo 95 que concluido el tiempo previsto para la concesión, "todas las obras que hubiere hecho el concesionario quedarán en beneficio de la Nación".

En principio se establece también, con carácter general, respecto a las concesiones de servicio público municipales. En este campo, la Ley Orgánica de Régimen Municipal de 1978, cuya última reforma es de 1989[288], al establecer las condiciones mínimas que deben contener las concesiones de servicios públicos municipales, así como las concesiones de exploración de bienes del Municipio prevé en el artículo 41, ordinal 10, "El traspaso gratuito al Municipio, libre de gravámenes, de todos los bienes, derechos y acciones objeto de la concesión, al extinguirse ésta por cualquier causa".

---

285 Véase en Compilación Legislativa de Venezuela, Caracas, 1950, tomo III, pp. 901.

286 Véase en Gaceta Oficial N° 25.425 de 7-8-57. Sobre las cláusulas de reversión en las concesiones de servicio público, véase Doctrina PGR 1981, Caracas, 1982, pp. 33-39; Doctrina PGR 1972, Caracas, 1973, p. 327.

287 Véase en Gaceta Oficial N° 1.004 de 25-1-66.

288 Véase en Gaceta Oficial N° 4.107 Extra de 15-5-89.

Por otra parte, la Ley de Construcción, Explotación y Mantenimiento de Obras Viales y de Transporte en Régimen de Concesión de 1983[289], estableció expresamente en su artículo 76 que "vencido el término de la concesión, los bienes de la concesionaria afectados a la prestación del servicio pasarán a propiedad de la República, sin indemnización y libre de gravámenes y carga".

En esta forma, a través del principio constitucional y el desarrollo en leyes especiales que regulan la figura del contrato de concesión, puede deducirse que una de las cláusulas obligatorias en materia de concesiones es, justamente, la reversión, es decir, la obligación para el concesionario de transmitir al Estado, libre de todo gravamen y en forma gratuita, los bienes afectos a la concesión una vez que ésta se extingue por cualquier causa.

d. *La cláusula temporal en las concesiones*

En relación a las concesiones, también puede identificarse en el ordenamiento jurídico venezolano, otra cláusula de carácter obligatorio y que también tiene su fundamento en la Constitución. Se trata de la cláusula de temporalidad, cuyo fundamento se puede ubicar en el artículo 97 de la Constitución, que prohíbe los monopolios y agrega una norma que establece lo siguiente:

> "Artículo 97. Sólo podrán otorgarse, en conformidad con la ley, concesiones con carácter de exclusividad, y por tiempo limitado para *el establecimiento y la explotación de obras y servicios de interés público*".

Es evidente, por tanto, de acuerdo a esta norma, que dentro del régimen de la libertad económica en nuestro país y prohibido como están en la misma norma constitucional, los monopolios, la única excepción respecto a obras y servicios de interés público, es la posibilidad de que el Estado otorgue, con carácter de exclusividad, concesiones para el establecimiento y explotación de los mismos, pero ello debe hacerse por tiempo limitado.

De manera que la temporalidad es una característica de todas las concesiones por lo que las leyes especiales que las regulan, prevén lapsos variables, pero siempre precisos, de duración de las mismas.

En este sentido, las concesiones de servicios públicos municipales, de acuerdo al artículo 41, ordinal 1° de la Ley Orgánica de Régimen Municipal, sólo pueden tener un plazo máximo de veinte años; las concesiones ferrocarrileras reguladas en la Ley de Ferrocarriles, de acuerdo a su artículo 9, deben tener una duración máxima de cuarenta años, las conce-

---

289 Véase en Gaceta Oficial N° 3.247 Extra de 26-8-83. Sobre las cláusulas de reversión en las concesiones de obra pública, véase Doctrina PGR 1972, Caracas, 1973, pp. 312-325.

siones de explotación de productos forestales reguladas en la Ley Forestal de Suelos y Aguas conforme al artículo 68, deben tener una duración máxima de cincuenta años; y asimismo, las concesiones de obra pública previstas en la Ley de Construcción, Explotación y Mantenimiento de Obras Viales y de Transporte en Régimen de Concesión, de acuerdo al artículo 9, deben tener una duración máxima de cincuenta años. Por último, en cuanto a las concesiones para el aprovechamiento de aguas, de acuerdo a la Ley Forestal de Suelos y de Aguas, artículo 92, la duración de las mismas debe ser de sesenta años máximo.

B. Cláusulas obligatorias previstas en leyes especiales

Además de las cláusulas obligatorias en los contratos de la Administración que están expresamente establecidas en la Constitución o que tienen su fundamento en ella, debe destacarse que hay otra serie de cláusulas obligatorias que deben contener dichos contratos, o al menos algunos de ellos, previstas en leyes especiales, y entre éstas deben destacarse las de garantías; las de denominación en moneda nacional; y las presupuestarias.

a. *Las cláusulas de garantías*

En el mencionado Decreto N° 222 de Colombia relativo a la contratación administrativa, se destaca el artículo 67 por el contraste con la situación venezolana relativo a la obligación de garantizar el contrato.

En esa norma, en efecto, se establece que en todo contrato se pactará expresamente la obligación del contratista de garantizar el cumplimiento de contrato; el manejo y buena inversión del anticipo que le fuere otorgado, caso en el cual la garantía debe constituirse previamente a su entrega; la estabilidad de la obra o la calidad del servicio; el pago de salario así como prestaciones sociales e indemnizaciones del personal que haya de utilizar para la ejecución del contrato; y el correcto funcionamiento de los equipos que deba asumir o instalar; agregándose, sin embargo, que la cláusula de garantía no será obligatoria en los contratos de empréstitos, en los de arrendamiento cuando la entidad pública fuere arrendataria, y en los contratos interadministrativos.

No existe, en el ordenamiento venezolano, ninguna norma legal que establezca algo similar, aun cuando es evidente que la práctica administrativa ha llevado a establecer sucesivamente la necesidad de garantizar la ejecución de los contratos, además de tener ello un apoyo indirecto en la legislación.

En efecto, puede decirse que existe una previsión indirecta de estas cláusulas de garantía, como cláusulas de carácter obligatorio, en la Ley

Orgánica de la Contraloría General de la República[290] al regular el régimen del control fiscal previo en la contratación administrativa.

En efecto, el artículo 18 de dicha ley establece la necesidad de una aprobación previa obligatoria por parte de la Contraloría General de la República, de los contratos de adquisición de bienes o servicios y de todo contrato que implique algún compromiso financiero para la República, y precisamente, en estos casos, cuando se enumeran las atribuciones de la Contraloría, se establece que ésta debe verificar "que se hayan previsto las garantías necesarias y suficientes para responder de las obligaciones que haya asumido el contratista".

Por tanto, de esta norma puede deducirse claramente en forma indirecta, el establecimiento como cláusula obligatoria, de la necesidad de prever garantías en todos los contratos que impliquen compromisos financieros para la República, así como en los contratos de adquisición de bienes o servicios.

Por su parte, la legislación especial ha venido también estableciendo, en las regulaciones relativas a contratos específicos, la necesidad de establecer garantías. Por ejemplo, en la Ley Forestal, de Suelos y Aguas se prevé, en el artículo 40, que quienes aspiren a tener concesiones, contratos o permisos de exploración de productos forestales, deberán constituir garantías suficientes, a juicio del Ejecutivo Nacional, para asegurar el buen cumplimiento de sus obligaciones. Por su parte la Ley Orgánica de Régimen Municipal, en el ordinal 4° del artículo 41, al establecer las condiciones mínimas en las concesiones de servicios públicos municipales o de explotación de bienes de los Municipios, se prevé que deben establecerse "garantías por parte del concesionario para el cumplimiento de sus obligaciones".

En el mismo sentido, la Ley de Construcción, Exploración y Mantenimiento de Obras Viales y de Transporte en régimen de Concesión tiene una serie de normas que implican la obligatoriedad de prever garantías para la ejecución de dicho contrato. Por ejemplo, el artículo 5, cuando regula la emisión del Decreto relativo a cada concesión, se establece que el mismo debe contener, entre otros aspectos (ordinal 6), "el monto de la garantía que el proponente deberá presentar para la celebración del contrato". Asimismo, se prevé expresamente que dentro de las normas que debe contener el contrato obligatoriamente, debe estar la que establezca la determinación de las garantías (artículo 37, ordinal 4). Pero, además, en el propio texto de la ley se establecen diversas garantías que deben constituir los concesionarios, tanto para garantizar el cumplimiento del programa de ejecución de las obras previstas en la concesión (artículo 42), como

---

290 Artículo en G.O. N° 3.482 Extra de 14-12-84.

para garantizar el cumplimiento de las obligaciones del concesionario durante la etapa de explotación (artículo 51) y, además, para garantizar la entrega en buen estado de la totalidad de las obras e instalaciones afectadas o destinadas a la prestación del servicio (artículo 74).

En esos casos se exige del concesionario, el constituir una fianza por el monto y en los términos que establezca el decreto de la concesión en cuanto al cumplimiento del programa de ejecución de las obras; o fianza por un monto del porcentaje que sobre el valor de la inversión en el tramo respectivo establezca el decreto de concesión, en el caso de la garantía para el cumplimiento de las obligaciones del concesionario de la etapa de explotación. En cuanto a la garantía de la reversión la ley exige a la concesionaria constituir en el Banco Central de Venezuela, durante los últimos cinco (5) años de duración de la concesión, un fondo de garantía equivalente al diez (10) por ciento de los gastos de inversión.

Por último, en materia de garantías debe destacarse que también las Condiciones Generales de Contratación previstas en el Decreto 1.821 del 30 de agosto de 1991, prevén, dentro de éstas, la fianza de fiel cumplimiento. En tal sentido, el artículo 10 del decreto establece que para garantizar el fiel cumplimiento de todas las obligaciones que asume según el contrato, el contratista deberá constituir previamente a la firma del mismo, una fianza de fiel cumplimiento otorgada por un instituto bancario o empresa de seguros, a satisfacción del ente contratante de acuerdo al texto elaborado por éste y hasta por la cantidad que se indique en el documento principal. Por otra parte, el artículo 85 de las referidas Cláusulas de Condiciones Generales de Contratación se refiere a las garantías laborales y, en ese sentido, prevé que "en garantía del cumplimiento de las obligaciones laborales del contratista derivadas del contrato, el ente contratante retendrá al contratista el cinco por ciento (5%) del monto de cada valuación".

b.   *Cláusula de denominación en moneda nacional*

De acuerdo a los artículos 1.737 y siguiente del Código Civil y al artículo 79 de la Ley del Banco Central de Venezuela, no hay duda en admitir que en Venezuela pueden celebrarse contratos denominados en moneda extranjera, sea como medio o cláusula de pago o como medio o cláusula de cuenta, es decir, pueden nominarse en moneda extranjera como moneda de pago o como moneda de cuenta[291]. No existe, por tanto, en el ordenamiento venezolano, ninguna obligación de estipular cláusulas de pago en moneda nacional en los contratos que celebre la Administración. Sin embargo, de acuerdo al artículo 96 de la Ley del Banco Central, lo que sí

---

291 Véase Allan R. Brewer-Carías, "Aspectos del Régimen Jurídico de la Moneda" en *Revista de Derecho Público*, N° 13, EJV, Caracas, 1983, pp. 5 a 20.

resulta una cláusula obligatoria es la cláusula en la cual, aun cuando el contrato esté denominado en moneda extranjera, debe expresarse siempre su equivalencia en bolívares.

c. *Cláusulas presupuestarias*

En el Decreto-Ley N° 222 de Colombia se prevé una cláusula obligatoria, en el artículo 66, llamado de la "sujeción a las apropiaciones presupuestarias", estableciéndose en ese artículo que "en todo contrato que afecte el presupuesto deberá estipularse precisamente que la entrega de las sumas de dinero a que la entidad contratante queda obligada se subordina a las apropiaciones que de las mismas se hagan en los respectivos presupuestos. La entidad contratante se compromete a incluir las partidas necesarias de su proyecto o proyectos anuales de gastos".

Puede decirse que en Venezuela no existe una cláusula expresa de esta naturaleza aun cuando es evidente que la misma tiene consagración indirecta en la Constitución. En efecto, el artículo 227 de nuestra Carta Fundamental establece el principio general de que "no se hará del Tesoro Nacional gasto alguno que no haya sido previsto en la Ley de Presupuesto"; por lo que es evidente que en todo contrato que implique un gasto, deben preverse expresamente las cláusulas presupuestarias. La Ley Orgánica de Régimen Presupuestario así lo establece[292] y, además, surge también en forma indirecta de la Ley Orgánica de la Contraloría General de la República; en ésta, en efecto, cuando se regulan los elementos que deben ser verificados por la Contraloría en el control previo de los compromisos, se establecen, en el artículo 18, los dos siguientes elementos: primero, que el gasto esté correctamente imputado a la correspondiente partida del Presupuesto o a créditos adicionales legalmente acordados; y segundo, que exista disponibilidad presupuestaria.

Por tanto, las llamadas Cláusulas Presupuestarias son evidentemente obligatorias en nuestro país, en virtud del mencionado principio constitucional de que no puede hacerse gasto alguno que no esté previsto en el Presupuesto, lo que implica que no podrá realizarse una contratación que implique un gasto que no esté previsto en la Ley de Presupuesto. Esto ha tenido tanta importancia, que ha conducido incluso a que la Ley Orgánica de Salvaguarda del Patrimonio Público[293] haya regulado la figura de la malversación tanto genérica o específica, cuando no se respetan las apropiaciones presupuestarias.

En efecto, en cuanto a la malversación genérica el artículo 60 de dicha ley castiga con pena de prisión de 6 meses a 3 años, al funcionario que

---

292 Véase en Gaceta Oficial N° 1.893 Extra de 30 de julio de 1976.

293 Véase en Gaceta Oficial N° 3.777 de 23-12-82.

ilegalmente diere a los fondos o rentas a su cargo, una aplicación diferente a la presupuestada o destinada; y el artículo 61 de la propia ley, pena con prisión de 1 a 3 años, al funcionario que excediéndose en las disposiciones presupuestarias y sin observancia de las previsiones legales sobre crédito público, efectúe gastos o contraiga deudas o compromisos de cualquier naturaleza que hagan procedentes reclamaciones contra la República o contra una de las entidades o instituciones a las cuales se aplica dicha ley.

En este caso, sólo se exceptúa de la pena cuando el funcionario, a los fines de evitar la paralización de un servicio, obtuviere la autorización del gasto por parte del Presidente de la República en Consejo de Ministros, en cuyo caso debe notificarse esta autorización a las Comisiones Permanentes de Finanzas del Congreso de la República o a la Comisión Delegada.

De todas estas normas resulta claro, por tanto, que las llamadas Cláusulas Presupuestarías son no sólo obligatorias por fundamento constitucional sino que la violación de las mismas puede acarrear sanciones de carácter penal, que se han regulado en los tipos de malversación mencionados.

C. Las cláusulas de condiciones generales de contratación y su inclusión obligatoria

La práctica en Venezuela de la elaboración de cláusulas de condiciones generales o especiales, comunes para ciertos contratos de la Administración se había circunscrito casi exclusivamente a los contratos de obra pública, y ello había conducido a que en la celebración de los contratos de obra pública, tanto por parte del antiguo Ministerio de Obras Públicas como de los institutos autónomos que le estaban adscritos, se anexaran a los mismos una serie de cláusulas de condiciones generales.

Ello condujo a que el Ministerio de Obras Públicas dictara la Resolución N° 388 de 26-8-75[294] mediante la cual se establecieron "Condiciones generales de Contratación para la Ejecución de Obras" que debían regir en los contratos de obras que celebrase el Ejecutivo Nacional y también, la Resolución N° 387 de la misma fecha mediante la cual se dictaron las "Condiciones generales de Contratación para Estudios y Proyectos"[295].

Posteriormente, por Decreto N° 2.189 de 7 de junio de 1977[296] se dictaron las "Condiciones generales de Contratación para la Ejecución de

---

294 G.O. N° 30.786 de 4-9-75.

295 G.O. N° 30.785 de 3-9-75.

296 G.O. N° 2.089 Extra de 29-9-77.

Obras" que debían regir para los contratos de esa naturaleza que celebrasen "los Ministerios, los Institutos Autónomos, las Empresas del Estado y cualesquiera otros entes de la Administración Pública Nacional", el cual fue modificado parcialmente por Decreto N° 1.802 de 20 de enero de 1983 y sustituido luego por el Decreto N° 1.821 de 30 de agosto de 1991[297], cuyas normas son las vigentes.

El artículo 1° de este Decreto establece lo siguiente:

> "*Artículo 1°*. Las Condiciones Generales de Contratación para la Ejecución de Obras a que se refiere este decreto regirán con carácter de obligatoriedad para aquellos contratos que celebre la República a través de los Ministerios y demás órganos de la Administración Central.
>
> Se instruye a los Institutos Autónomos y Empresas del Estado, para que elaboren sus normas de contratación en concordancia con las presentes normas.
>
> Por acuerdo entre el ente contratante y el contratista, en atención a la entidad o características de la obra, se podrán establecer en los contratos condiciones especiales de contratación o se podrá convenir en dejar de aplicar alguno o algunos de los artículos de este Decreto".

Antes de la última reforma del decreto en 1991, en relación a condiciones generales de contratación, se había discutido acerca del carácter contractual o reglamentario de su contenido[298]. El tema, sin embargo, en nuestro criterio ha sido definido precisamente en la reforma de 1991, en cuanto a los contratos que celebre la República, al exigirse que las cláusulas de las referidas condiciones generales de contratación "regirán con carácter de obligatoriedad" en los referidos contratos, sin que sea necesario que en el texto mismo de los contratos se exprese esa circunstancia. Por tanto, en esos contratos estamos en presencia de auténticas cláusulas obligatorias de carácter reglamentario y no contractual, que no exigen para su aplicación que se produzca una adhesión expresa del contratante particular con la Administración a las referidas cláusulas.

De allí, incluso, que el artículo 2° de las Condiciones Generales disponga que "forman el contrato los siguientes documentos: las presentes cláusulas generales de contratación para la ejecución de obras".

Ahora bien, si ha de admitirse el carácter reglamentario de las mencionadas cláusulas que rigen obligatoriamente en los contratos indicados, es evidente que por vía contractual, como lo señala el artículo 1° del decreto, se pueden establecer condiciones especiales de contratación y se puede

---

297 G.O. N° 3.111 Extra de 18-3-83; y G.O. N° 34.797 de 12-9-91.

298 Véase Luciano Lupini Bianchi y Gabriel Rúan Santos, "Consideraciones sobre las condiciones generales de Contratación para la Ejecución de Obras de la Administración Pública", en *Revista de Derecho Público*, N° 12, EJV. Caracas, 1982.

convenir en dejar de aplicar alguno o algunos de los artículos del decreto. Estas excepciones, evidentemente, tienen carácter contractual.

Se observa, además, que contrariamente a lo que establecía el decreto precedente, las cláusulas del decreto no son directamente obligatorias para los Institutos Autónomos y Empresas del Estado, sino que lo que se establece es una "instrucción" presidencial para que dichos entes "elaboren sus normas de contratación en concordancia con las presentes normas". En esos contratos, las referidas condiciones generales, por supuesto, tendrán carácter contractual y no reglamentario, en el sentido de que para que rijan en los contratos resulta indispensable que sean aceptadas por los contratistas en el documento del contrato.

Ahora bien, estas cláusulas de condiciones generales previstas en el decreto prevén con carácter general, materialmente todo el régimen de los contratos de obra de la Administración Pública Nacional; en particular regulan los derechos y obligaciones de los contratistas y los poderes y obligaciones de la Administración, como veremos a lo largo de este estudio.

3. La conclusión del contrato

La conclusión del contrato resulta del acuerdo de voluntades entre la Administración y su co-contratante.

El momento de conclusión del contrato, una vez que éste se ha formado, constituye el momento de la manifestación del consentimiento por parte del contratante y de la Administración, es decir, de la manifestación de la voluntad administrativa formada de acuerdo con el procedimiento y las formalidades antes analizadas, previas al acto de conclusión.

Hasta ahora hemos estudiado los requisitos que deben cumplirse previamente a la conclusión del contrato por parte de la Administración, para que haya "consentimiento legítimamente manifestado". Nos corresponde ahora estudiar el momento mismo de la conclusión del contrato y sus efectos, con el dato importantísimo de la intervención del funcionario competente para contratar, requisito indispensable, también para que haya "consentimiento legítimamente manifestado".

Formas y competencia entonces, son los requisitos necesarios para la existencia del consentimiento legítimamente manifestado.

En este sentido ha señalado la jurisprudencia de la Corte Suprema de Justicia que "mediando en un asunto la intervención del Estado su declaración de voluntad y el consentimiento que de ella emana, se expresan dentro de un proceso formativo que se desarrolla de acuerdo con la ley y con fundamento en la observancia de ciertas formalidades por parte de quien pueda cumplirlas en ejercicio de la función pública, porque tenga capacidad para obrar e intervenir en el acuerdo o convenio como sujeto de derecho. Según este principio, no podrá haber efecto consensual por manifestación legítima cuando dejan de cumplirse las formas requeridas para aceptar o imponer condiciones dentro del contrato, o cuando se han cumplido de manera irregular o distinta, porque el consentimiento así prestado no responde a la verdadera voluntad de los contratantes que es su fuente jurídica más importante".[299]

A. La competencia para concluir el contrato

a.   La celebración y la conclusión del contrato

Debemos distinguir, como punto previo, la diferencia conceptual entre la celebración y conclusión del contrato. La celebración del contrato se refiere fundamentalmente al procedimiento, al derecho adjetivo necesario para que pueda llevarse a cabo en forma perfecta la conclusión. Esta, en cambio, es el acto sustantivo que si bien necesita como *conditio sine qua non* el cumplimiento de las formalidades procedimentales previas, es perfectamente desligable de ellas en teoría. La conclusión viene entonces a identificarse al perfeccionamiento del contrato, al acuerdo de voluntades, al otorgamiento del contrato.

Ahora bien, esta distinción nos obliga a intentar determinar la naturaleza de las formalidades previas a la conclusión del contrato estudiadas anteriormente, ya que algunas de ellas no pueden desligarse del acto de conclusión.

Por ejemplo, la formalidad previa de la consulta obligatoria, vinculante o no, y la formalidad del control fiscal previo constituyen -aunque la segunda pertenezca principalmente al Derecho Presupuestario- meros procedimientos sin ninguna influencia decisiva sobre la conclusión del contrato. ¿Pero podríamos decir lo mismo respecto a las autorizaciones legislativas en materia de operaciones de crédito público, o respecto a la decisión administrativa de contratar emanada del Consejo de Ministros?

Ciertamente que no, y ello, porque estas dos formalidades previas tienen un contenido sustantivo que no puede desligarse del acto de conclusión del contrato. En efecto, cuando el Congreso autoriza una operación de crédito público, hemos dicho, puede determinar que esa operación se realice, se concluya, "en las oportunidades, formas y condiciones que considere más convenientes a los intereses de la Nación"[300].

---

299 Sentencia de la Corte Suprema de Justicia en Sala Político-Administrativa de 14 de diciembre de 1961. G.F. N° 34, 1961, pp. 188 y ss.

300 El artículo 21 de la Ley Orgánica de Crédito Público así lo establece.

Asimismo, la decisión administrativa de contratar que realiza el Consejo de Ministros incluye todas las determinaciones sobre la conclusión del contrato, en el cual el Ministro respectivo o el órgano competente para realizar la conclusión material, es un mero ejecutor de la decisión del máximo órgano de la Administración Pública.

Por tanto, al referirnos nosotros en este capítulo al órgano competente para la conclusión del contrato, estudiaremos al funcionario llamado a concluir materialmente o a otorgar el contrato, aun cuando anteriores formalidades e intervenciones de autoridades públicas no puedan desligarse completamente del acto de conclusión del contrato en sentido propio[301].

b. *La autoridad competente para concluir el contrato administrativo*

Al estudiar las autoridades de la Administración Pública Nacional competentes para suscribir o concluir los contratos de la Administración, estudiaremos separadamente al Presidente de la República, los Ministros, el Procurador General de la República y otros funcionarios públicos.

a'. **El Presidente de la República**

El Presidente de la República, como Jefe del Ejecutivo Nacional y como órgano que ejerce el Poder Ejecutivo Nacional[302] y, por tanto, con las competencias que le son atribuidas al Poder Nacional Ejecutivo de acuerdo con el artículo 136 de la Constitución Nacional, puede concluir todos los contratos de la Administración de la competencia del Poder Nacional, cuando no estén atribuidos expresamente a algún otro funcionario de los que, junto con el Presidente de la República ejercen el Poder Ejecutivo, por la Constitución y las leyes[303].

Sin embargo, esta facultad o poder no constituye una obligación jurídica, ya que el Presidente de la República puede perfectamente concluir los contratos administrativos por sus órganos directos, los Ministros o por los funcionarios que determine la ley.

Distinto es el caso, sin embargo, cuando la Constitución o la ley atribuyen expresamente al Presidente de la República la facultad de negociar determinados contratos como es el caso de los contratos de empréstito público[304]. En estos casos es el Presidente de la República quien debe

---

301 Sobre la competencia como base para que pueda haber consentimiento, véase la doctrina de Procuraduría General de la República, en Revista de la Facultad de Derecho UCV, N° 30, Caracas, 1964, pp. 200-204.

302 Como lo establece el artículo 181 de la Constitución.

303 Artículo 181 de la Constitución.

304 Artículo 190, ordinales 13 y 15 de la Constitución.

suscribir el contrato, excepto el caso de que la ley que autoriza el empréstito faculte también al Ejecutivo Nacional, en Consejo de Ministros, para designar al funcionario que suscribirá el contrato, en cuyo caso puede designarse otra autoridad distinta del Presidente de la República, lo que por lo demás, es lo normal.

b'. Los Ministros

De acuerdo con el artículo 193 de la Constitución, los Ministros son los órganos directos del Presidente de la República y, por tanto, ejercen junto con éste, el Poder Ejecutivo Nacional[305]. Es atribución primordial de los Ministros tal como lo establece la Ley Orgánica de la Administración Central, suscribir los actos del Despacho a su cargo.[306]

Ahora bien, específicamente en materia de contratos, la Ley Orgánica asigna a los Ministros competencia para "otorgar, previo cumplimiento de las formalidades de ley, los contratos relacionados con asuntos propios del Ministerio"[307]. Esta atribución, con anterioridad, estaba asignada a los Ministros en la legislación especial, en la cual se encuentran múltiples ejemplos. Tal es el caso de los contratos especiales que puede celebrar el Ministro de Energía y Minas previstos en los artículos 4 y 8 de la Ley de Minas y reglamentados en los artículos 7 y 8 del Reglamento de la Ley de Minas. En el mismo caso se encontrarían los contratos de venta y arrendamiento de terrenos baldíos consagrados en el Capítulo IV de la Ley de Tierras Baldías y Ejidos y atribuidos al Ministerio de Agricultura y Cría como órgano directo del Presidente de la República[308].

Sucede lo mismo en los contratos que tengan por objeto la enajenación de bienes muebles innecesarios y de productos manufacturados, conforme a lo establecido en la Ley Orgánica de la Hacienda Pública Nacional, los cuales están atribuidos al Ministro de Hacienda; en los contratos de arrendamiento de bienes nacionales[309]; y en los contratos de suministros y adquisiciones de bienes[310].

En igual sentido se encuentran disposiciones en innumerables textos legales como la Ley Forestal, de Suelos y Aguas[311], el Decreto Reglamenta-

---

305 Artículos 181 y 193 de la Constitución.

306 Así lo establece el artículo 20, ordinal 17.

307 Artículo 20, ordinal 14, LOAC. El ordinal 22 de dicho artículo, además atribuye a los Ministros competencia para "contratar para el Ministerio los servicios de profesionales y técnicos por tiempo determinado o para una obra determinada.

308 Artículo 136, ordinal 10, Constitución.

309 Artículo 29, LOHPN.

310 Artículo 172, ordinal 11.

311 Artículo 12.

rio de Obras Públicas Nacionales[312], etc., que señalan a los Ministros como funcionarios que ejercen el Poder Ejecutivo Nacional, como órganos directos del Presidente de la República.

En todo caso, por supuesto, la competencia de los Ministros de suscribir los contratos que conciernan a sus respectivos Despachos, puede ser delegada en el Director General del Ministerio o en los Directores Generales Sectoriales, e incluso, la firma de dichos contratos puede también ser delegada en otros funcionarios del Ministerio[313].

c'. El Procurador General de la República

Como representante de los intereses patrimoniales de la República[314], el Procurador General de la República, cuando así lo ordene el Ejecutivo Nacional, puede suscribir o concluir contratos de la Administración. En particular así lo establece la Ley Orgánica de la Procuraduría General de la República en su artículo 1°, al atribuirle la facultad de

> "Redactar y suscribir conforme a las instrucciones que le comunique el Ejecutivo Nacional, los documentos contentivos de actos, contratos o negocios de gestión privada que a la República le conciernan"[315].

c. *La incompetencia*

El consentimiento legítimamente manifestado hay que referirlo de manera especial al concepto de competencia, de aptitud de obrar del funcionario[316]. Por tanto, no puede haber consentimiento legítimamente manifestado y, en consecuencia, no puede existir contrato de la Administración, cuando éste ha sido concluido por un funcionario incompetente; y ello, porque de acuerdo con el artículo 232 de la Constitución, el Estado no reconoce otras obligaciones que las contraídas de acuerdo con las le-

---

312 Artículo 1.

313 Artículo 20, ordinal 25, LOAC

314 Corresponde a la Procuraduría General de la República de acuerdo con el artículo 202 de la Constitución, "Representar y defender judicial o extrajudicialmente los intereses patrimoniales de la República".

   A tal efecto, la Procuraduría de la Nación, ha señalado que "no es absortamente exacto, a su juicio, que "la única persona autorizada y facultada para firmar contratos a nombre de la Nación es el Ministro respectivo", toda vez que el Procurador de la Nación es un funcionario competente, de acuerdo con la ley de la Institución a su cargo, para celebrar contratos a nombre de la Nación Venezolana y del Fisco Nacional, conforme a las instrucciones que le imparta el Ejecutivo Nacional"; Informe de la Procuraduría de la Nación al Congreso Nacional 1959, Caracas, 1960, pp. 547 y 548.

315 Artículo 1°, ordinal 2°.

316 Este ha sido criterio tradicional de la Procuraduría. Véase al efecto el Informe de la Procuraduría de la Nación al Congreso Nacional, 1959, Caracas, 1960, p. 545. Asimismo, el Informe de la Procuraduría de la Nación, 1960, Caracas, 1961, p. 307. Puede verse también la Doctrina de la Procuraduría de la Nación 1953-1954, Caracas, 1957, pp. 7 y ss.

yes, por órganos legítimos del Poder Público; y son las leyes las cuales atribuyen la competencia y atribuciones de los órganos del Poder Público, "y a ellas debe sujetarse su ejercicio" de acuerdo con el artículo 117 de la Constitución. Por tanto, el Estado no reconoce obligaciones contraídas por órganos legítimos del Poder Público incompetentes para contraerlas, o lo que es lo mismo, en el contrato concluido por un órgano incompetente, no hay manifestación legítima de voluntad, no hay consentimiento y, como consecuencia, no hay ni existe contrato[317].

d.   *Las prohibiciones*

Ha sido tradicional en nuestro país el contenido del artículo 124 de la Constitución, que establece que "nadie que esté al servicio de la República, de los Estados, de los Municipios y demás personas jurídicas de derecho público podrá celebrar contrato alguno con ellos, ni por sí ni por interpuesta persona ni en representación de otro, salvo las excepciones que establezcan las leyes".

Esta norma establece así, una incompatibilidad para la celebración de contratos con las personas de derecho público territoriales (República, Estados y Municipios) y las personas de derecho público no territoriales (establecimientos públicos corporativos, establecimientos públicos institucionales y establecimientos públicos asociativos)[318]. Por tanto, por ejemplo, los funcionarios de los institutos autónomos están incursos en la incompatibilidad contractual, pero no así los directores de las empresas del Estado (personas jurídicas de derecho privado estatales), salvo disposición especial expresa. Tal es el caso de la Ley que Reserva al Estado la Industria y el Comercio de los Hidrocarburos de 1975, la cual luego de establecer que los directivos, administradores, empleados y obreros de las empresas petroleras nacionalizadas "no serán considerados funcionarios o empleados públicos", precisó que, sin embargo, "se le aplicarán las disposiciones de los artículos 123 y 124 de la Constitución".[319]

---

317 André de Laubadère, *ob. cit.*, p. 172, sostiene, en cambio, que se trata de una nulidad. La Procuraduría General de la República ha dictaminado, al contrario, lo siguiente: "El posible contrato celebrado entre el reclamante, sin estar investido de la representación suficiente, y terceras personas, al cual se ha hecho referencia, no obliga, jurídicamente, a la Nación". Informe de la Procuraduría de la Nación al Congreso Nacional, 1957-1958, Caracas, 1959, p. 550.

318 Sobre estas incapacidades contractuales, Véase la doctrina de la Procuraduría General de la Republica en PN Informe 1960, p. 492; Doctrina PGR 1969, Caracas, 1970, pp. 109 y ss.; Doctrina PGR 1973, Caracas, 1974, pp. 214 y ss.; y la Doctrina de la Contraloría en CGR Dictámenes de la Consultoría Jurídica 1930-1963, tomo I, Caracas, 1963, p. 258; tomo IV (1969-76), pp. 235 y 266 y ss.

319 Articulo 8, G.O. 1.769 Extra 29-8-75

El principio del artículo 124 de la Constitución ha sido desarrollado en cuanto a la República, en la Ley Orgánica de la Administración Central, cuyo artículo 63 repite el establecimiento de la prohibición no sólo para celebrar contratos sino también para *negociarlos* y la extiende a "quienes hubieren estado al servicio de la República hasta un año antes de la fecha en que se pretenda negociar o celebrar el contrato".

La Ley Orgánica además, de acuerdo a la norma constitucional, estableció en el mismo artículo 63, la excepción a la prohibición en la siguiente forma:

> "Se exceptúan de la prohibición contemplada en este artículo, los contratos que tuvieren por objeto la compra, construcción, refacción o arrendamiento de vivienda para uso de las personas mencionadas o de su familia; los convenios relativos a la enajenación de bienes por causa de utilidad pública; los contratos para la utilización de servicios públicos; los contratos de adhesión y cualquier otro contrato en el que la persona del negociador o contratante no pueda influir en el otorgamiento y condiciones de la contratación".

La Ley Orgánica también definió el concepto de personas "interpuestas" en los siguientes términos:

> Artículo 64. Sin perjuicio de que se demuestre la interposición de personas en otros casos, se considerarán personas interpuestas el padre, la madre, los descendientes y el cónyuge de la persona respecto de la cual obre la prohibición. Se considerarán igualmente personas interpuestas, las sociedades civiles, mercantiles o de hecho y las comunidades, en las cuales quien esté al servicio de la República, haya tenido hasta un año antes de la negociación o celebración del contrato, o haya adquirido dentro del año siguiente a las mismas, el treinta por ciento (30%), por lo menos, de los intereses, acciones o cuotas de participación, según el caso, salvo que las hubiere por herencia.

Por otra parte debe mencionarse que la sanción legal a la contravención de estas normas sobre incompatibilidad es la consideración del contrato como "nulo, de nulidad absoluta, sin perjuicio de las responsabilidades en que incurran los infractores y las indemnizaciones a que pudiere haber lugar conforme a la ley"[320].

Debe señalarse, en este sentido, que también la prohibición tradicional de la Constitución la recoge ampliada la Ley de Carrera Administrativa, al prohibir a los funcionarios públicos la celebración de contratos, por sí, por interpuesta persona o en representación de otro, con la República, los Estados, los Municipios y demás personas jurídicas de derecho público[321]. Asimismo, la ley amplía la prohibición, hasta el punto de no aceptar que un funcionario pueda auspiciar gestiones de personas públicas o jurídicas

---

320 Artículo 65. Por ejemplo, véase el artículo 70 de la Ley Orgánica de Salvaguarda del Patrimonio Público, G.O. N° 3.077 Extra de 23-12-82.

321 Artículo 29, ordinal 1° de la Ley.

que pretendan celebrar contratos con la República o soliciten o exploten concesiones administrativas o sean proveedoras o contratistas de la misma[322], y así evitar el posible conflicto de intereses que pueda surgir entre el del funcionario que gestiona y el interés de la Administración, el cual debe defender.

Las sanciones que la ley fija en caso de incumplimiento de estas prohibiciones conducen a la destitución[323] conforme a las disposiciones de la Ley de Carrera Administrativa, y originan responsabilidad administrativa y penal, conforme a la Ley Orgánica de Salvaguarda del Patrimonio Público. En particular, esta última regula el delito de concierto de funcionarios con contratistas, con una pena de prisión de 2 a 5 años[324].

e. *Los requisitos que deben reunir los co-contratantes de la Administración*

En principio, todas las personas naturales o jurídicas hábiles conforme a las normas del Código Civil y de Comercio pueden celebrar contratos con la Administración, sin que sea necesario el cumplimiento de requisitos adicionales.

Sin embargo, en algunos casos los organismos administrativos han establecido como condición para contratar, que los que aspiren a suscribir contratos con la Administración, estén inscritos en un Registro de Contratistas o proveedores que debe llevar el organismo respectivo.

En este sentido la Ley de Licitaciones de 1990[325], ha establecido el Registro Nacional de Contratistas y el Sistema Nacional de Registros de Contratistas cuya conducción general se atribuye a la Oficina Central de Estadística e Informática (OCEI)[326].

B. Los efectos de la conclusión del contrato

La intervención de la autoridad administrativa competente en la conclusión del contrato de la Administración constituye la manifestación de la voluntad de la Administración cuando ha sido formada de acuerdo con las formalidades previas estudiadas[327].

Por tanto, y aquí se destaca el formalismo de la contratación administrativa por contraposición al consensualismo de la contratación privada, la

---

322 Artículo 29, ordinal 39.

323 Artículo 62, ordinal 99.

324 Artículo 70.

325 G.O. N° 34.528 de 10-8-90.

326 Artículo 8.

327 *Cfr.* André de Laubadére, *ob. cit.*, tomo I, p. 173.

manifestación de voluntad de la Administración en la conclusión del contrato debe ser expresa por lo que no puede concebirse una manifestación de la voluntad administrativa en forma tácita por el silencio administrativo.[328]

Ahora bien, mientras la Administración no haya manifestado su voluntad y consentimiento en el acto de conclusión del contrato, puede decirse que no existe vinculación alguna entre ella y el particular interesado. En consecuencia, las relaciones previas a la conclusión del contrato entre la Administración y los particulares no obligarán a aquélla, y hasta que la Administración no haya manifestado su voluntad a través del acto de conclusión del contrato, no han nacido obligaciones ni derechos para las partes contratantes[329].

En este mismo sentido, las llamadas "órdenes provisionales" no pueden considerarse como contratos creadores de obligaciones entre las partes o como instrumentos contractuales que obliguen a la República, y los otros actos previos a la conclusión del contrato que realiza la Administración deben considerarse como simples trámites administrativos que no otorgan derecho alguno a los interesados, ya que su único objeto es el de preparar la realización del acto contractual de otorgamiento del contrato, y repetimos, hasta que la Administración no haya manifestado su voluntad a través de dicho acto, no han nacido obligaciones ni derechos para las partes contratantes[330].

Por tanto, el momento de la conclusión del contrato es el momento del perfeccionamiento del mismo.

Sin embargo, no en todo caso, el perfeccionamiento del contrato por el acto de conclusión del mismo, lo hace definitivo y productor de todos sus efectos jurídicos.

Hay algunos casos en que es necesario, para que el contrato produzca la plenitud de sus efectos jurídicos, que sea aprobado por el Poder Legislativo[331].

---

328 En este sentido, la Procuraduría de la Nación ha señalado: "Es por eso que mientras la Administración no haya aprobado expresamente la oferta a través del acto de otorgamiento que es el contrato, no existe vinculación entre ella y el particular interesado, puesto que los actos previos que realiza la Administración son meros trámites administrativos que no otorgan derecho alguno a los interesados, ya que su único objeto es el de preparar la realización del acto administrativo contractual que es el otorgamiento de la concesión, y hasta que la Administración no haya manifestado su voluntad a través de dicho acto, no han nacido obligaciones ni derechos para las partes contratantes". Véase en el Informe de la Fiscalía General de la República al Congreso Nacional, 1960, Caracas, 1961, p. 311.

329 Véase el Informe de la Procuraduría de la Nación, 1960, Caracas, 1961, p. 311.

330 Véase el Informe de la Procuraduría de la Nación, 1960, Caracas, 1961, p. 311.

331 Véase el artículo 126 de la Constitución.

En todo caso, la ausencia del acto de conclusión no produce vínculo contractual y, por tanto, no produce obligaciones derivadas de contrato entre las partes.

Sin embargo, dado el caso de que el particular, porque haya hecho tratos previos con la Administración, haya comenzado a ejecutar una prestación, aunque el contrato no se haya celebrado, la Administración debe indemnizar al particular en la medida en que ella se haya enriquecido por la prestación ejecutada, sin causa alguna, y en la medida en que el co-contratante se haya empobrecido[332].

VII. LOS EFECTOS DEL CONTRATO EN LA CONTRATACIÓN ADMINISTRATIVA

1. Principios generales

A. Los efectos respecto a terceros

Es principio fundamental de la contratación privada el hecho de que los contratos no tienen efecto sino entre las partes contratantes y, por tanto, no dañan ni aprovechan a los terceros.[333]

Este principio, ya lo hemos visto, no se aplica en forma absoluta a los contratos de la Administración y específicamente a los contratos que requieren aprobación legislativa posterior. En estos últimos, por la naturaleza e importancia de su objeto para la vida nacional, están interesados todos los miembros de la comunidad. Es por ello por lo que estimamos podría recurrirse por el recurso de inconstitucionalidad de las leyes, de los señalados contratos con forma de ley[334].

Y ese es el principal fin que, a nuestro entender, persiguió el Constituyente al establecer la necesidad de aprobación legislativa por ley de ciertos contratos de la Administración: la posibilidad de que cualquier ciudadano, por vía de acción popular, haga controlar la constitucionalidad del contrato como de cualquiera ley.

---

332 Véase el Informe de la Procuraduría de la Nación al Congreso, 1959, Caracas, 1960, pp. 550 y 551.

333 Es la aplicación del aforismo Res inter alios acta aliis neque nocere neque prodesse potest, recogido en el artículo 1.166 del Código Civil.

334 CSJ-CP 15-3-62, G.O. N° 760 Extra 23-3-62, p. 3-7/11-12. Véase el artículo 215, ordinal 3 de la Constitución). En esa sentencia de la Corte Plena, ésta declaró con lugar el Recurso de Inconstitucionalidad basado en el ordinal 39 del artículo 215 de la Constitución, es decir, el Recurso de Inconstitucionalidad de las Leyes intentado por la Municipalidad del Distrito Federal contra la Ley Aprobatoria del contrato celebrado entre el Ejecutivo Nacional y el Banco de Venezuela sobre la prestación del servicio público de Tesorería, y la constitución de este último como Banco Auxiliar de la Tesorería.

Pero incluso, respecto de los contratos de la Administración no sujetos a aprobación legislativa, por la naturaleza de las prestaciones que ellos pueden regular, es indudable que pueden tener efectos respecto de terceros. Por ello, el artículo 111 de la Ley Orgánica de la Corte Suprema de Justicia establece la posibilidad de que se intenten "demandas de nulidad por ilegalidad o inconstitucionalidad", contra contratos o convenciones celebradas por la Administración Pública, "intentadas por personas extrañas a la relación contractual, pero que tengan un interés legítimo, personal y directo en la anulación del mismo". En casos en que dichos contratos "afecten un Interés general", la misma norma otorga legitimación para recurrir al Fiscal General de la República.

B. Los efectos entre las partes

a. *El principio de la teoría civilista: el artículo 1.159 del Código Civil*

Es noción fundamental de los efectos de los contratos, en el derecho civil, el dispositivo contenido en el artículo 1.159 del Código Civil, según el cual "los contratos tienen fuerza de ley entre las partes. No pueden revocarse sino por mutuo consentimiento o por las causas autorizadas por la ley".

Esta fórmula implica, principalmente, tres características del contrato en el derecho privado: En primer lugar, el carácter obligatorio del contrato en impide a las partes desligarse de sus obligaciones contractuales; en segundo lugar, la inmutabilidad del contrato, que por su "fuerza de ley entre las partes" no puede modificarse sino por mutuo consentimiento; y, por último, la irrevocabilidad unilateral del contrato, salvo por las causas que permita expresamente la ley.

b. *El principio en la contratación administrativa*

Si se analizan las tres características señaladas de los contratos regulados en el derecho privado, en relación con los contratos que celebra la Administración, en general resultan unos principios opuestos, derogatorios del derecho común.

a'. La fuerza obligatoria del contrato

Indudablemente que, como todo contrato, el contrato celebrado por la Administración tiene fuerza obligatoria entre las partes. De lo contrario no estaríamos en presencia de un negocio jurídico contractual. Sin embargo, el principio no es tan rígido y absoluto como lo es en el derecho civil, pues en ciertos casos, y previa indemnización, la Administración puede desligarse de sus obligaciones contractuales y rescindir unilateralmente el contrato sin que medie falta alguna de parte del co-contratante.

El interés general que gestiona la Administración puede exigir en algunos casos, dicha rescisión.

b'.   La mutabilidad del contrato

La inmutabilidad del contrato, base de las relaciones contractuales de derecho privado, tampoco tiene completa vigencia en los contratos de la Administración. En razón de sus prerrogativas derivadas de la gestión del interés público y de la finalidad de servicio público, y en razón de la mutabilidad de las exigencias del interés general, ella puede modificar hasta de una manera sustancial las condiciones de ejecución de los contratos que celebre, mediando, por supuesto, indemnización.

c'.   La posibilidad de rescisión unilateral del contrato

La Administración, en razón de las consideraciones anteriormente señaladas, puede también rescindir unilateralmente el contrato, también mediando indemnización lo que está en abierta contradicción con el principio civilista ya enunciado.

Estas características someramente señaladas nos ponen de relieve, una vez más, la importancia del régimen jurídico de derecho público que siempre se aplica a los contratos de la Administración.

c.   *Las relaciones entre las partes en la contratación administrativa*

Como en toda relación contractual, las relaciones jurídicas que de la contratación administrativa resultan, también están fundamentadas en recíprocas situaciones de poder y de deber, en las cuales se encuentran las partes contratantes. Estas situaciones de poder y de deber que se traducen en recíprocos derechos y obligaciones, vinculados unos a otros, por supuesto, en principio deben tener su fundamento en las cláusulas contractuales.

En la contratación administrativa, es decir, en los contratos que celebra la Administración, sin embargo, como hemos señalado, además de las cláusulas expresas del contrato por el carácter de los entes públicos contratantes y la finalidad de interés público que siempre está o puede estar envuelta en los contratos que celebren, se admite que existen ciertas cláusulas denominadas exorbitantes del derecho común, porque no se encuentran en los contratos suscritos por particulares.

Ya nos hemos referido a estas cláusulas y a la tesis de que las mismas se encuentran en un solo tipo de contrato celebrado por la Administración, los "contratos administrativos", lo cual incluso, se ha sostenido por reciente jurisprudencia de la Corte Suprema de Justicia, ante la necesidad de definir su competencia jurisdiccional conforme a lo establecido en el artículo 42, ordinal 14° de la Ley Orgánica que rige sus actúaciones.

En efecto, hasta la promulgación de esta Ley de 1976, el tema de la distinción entre contratos administrativos y contratos de derecho privado había sido preocupación de la Corte Suprema, para limitar, *motu proprio*, su competencia, y labor de la doctrina; después de 1976, el problema es de orden legal, derivado de una delimitación de las competencias jurisdiccionales, por lo que puede decirse que en todo conflicto en el cual esté envuelto un contrato de la Administración, inevitablemente surgirá el problema de su calificación como contrato administrativo o como contrato de derecho privado. Independientemente de los criterios que tradicionalmente manejó la doctrina, ya la Corte Suprema de Justicia ha tenido ocasión, recientemente, de insistir en los criterios de distinción: así lo hizo, por ejemplo, en sentencia de 11 de julio de 1983, que la misma Corte acota en sentencia de 11 de agosto de ese mismo año 1983, en la siguiente forma:

"Para llegar a una clara identificación de los «contratos administrativos», al menos en nuestro derecho positivo, la Sala en la oportunidad dicha (sentencia del 11-7-83, expediente 2.471) partió de los orígenes mismos de esta teoría en la jurisprudencia francesa pionera en la materia, según la cual el criterio predominante de distinción se encontraba en la existencia de las llamadas cláusulas exorbitantes» del derecho común en los contratos administrativos, considerando como tales las que consagraban en el convenio, a favor o aun en contra de la Administración, un régimen excepcional por comparación al de derecho privado. De esta forma, se estaría en presencia de un contrato administrativo cuando las partes –una de las cuales es siempre la Administración– han manifestado su voluntad de sustraerse al derecho común insertando cláusulas que lo deroguen (cláusulas «exorbitantes»)"".

"No obstante las ventajas de su simplicidad, que la hacían práctica, años más tarde la realidad puso a prueba esta tesis".

"Por su parte, la jurisprudencia venezolana de la época, apartándose de la francesa en la que predominaba el criterio de las cláusulas exorbitantes para identificar los contratos de naturaleza administrativa, volvió a centrar la teoría del contrato administrativo en la noción, abandonada en Francia, del servicio público como factor clave para la identificación de dichos contratos".

"Así una sentencia de la Corte Federal dictada el 12 de noviembre de 1954 contiene expresiones tales como «interés público», «prestación de utilidad pública» que resultan premonitorias del desarrollo ulterior de la jurisprudencia extranjera y especialmente francesa. En efecto, dos años después, una decisión del Consejo de Estado francés (20-1-1956), calificó como administrativo un contrato verbal celebrado entre la Administración y los esposos Bertin, en razón de que «encargaba» a los particulares de la «ejecución misma del servicio público»"".

"La evolución de la teoría del contrato administrativo sucintamente narrada y el hecho evidente de su consagración legislativa en nuestro derecho positivo (artículo 42, ordinal 14 LOCSJ), conducen a la Corte a concluir en la existencia de negociaciones celebradas por las administraciones públicas que están sometidas a un régimen de derecho público del cual dimanan importantes consecuencias jurídicas, siendo una de las más resaltantes, como ya se ha dicho en este fallo, el órgano de competencia jurisdiccional para conocer de los litigios que se produzcan con motivo de tales negociaciones".

"Por esta circunstancia, no comparte la Sala criterio del autor patrio citado por los recurrentes acerca de que «la distinción entre contratos administrativos y contratos de derecho privado de la Administración está en la actualidad superada y ya no tiene interés jurídico»[335]. Para la Sala, la presencia de «cláusula exorbitante» en un contrato celebrado por la Administración Pública constituye índice evidente de la existencia de un contrato administrativo, pero ellas no hacen otra cosa que revelar la noción de interés general o colectivo que el servicio público entraña. En otras palabras, si bien las «cláusulas exorbitantes» son importantes para identificar un contrato administrativo, no obstante ante la ausencia de éstas en una negociación pública, la noción de servicio público, que lleva implícita la de interés general o colectivo, recobra su plena y absoluta vigencia. Si se trata de una negociación de este tipo, es decir, en la cual evidencia la presencia de cláusulas que desborden el ámbito del derecho común (cláusulas exorbitantes) o en las que prive el interés del servicio público en su realización, la competencia corresponde a los órganos de la jurisdicción contencioso administrativa. En cambio, cuando la Administración Pública celebra convenios con los particulares en un plano de igualdad frente a éstos o que no sean determinantes para la realización del servicio público, el conocimiento de los litigios que pueden derivar de ellos compete a los órganos jurisdiccionales ordinarios".

"De allí que, antes como ahora, en nuestro derecho sigue siendo importante el contenido o la naturaleza de la negociación celebrada por la Administración para extraer el criterio diferenciador que determine el reparto jurisdiccional de competencias".[336]

Ahora bien, dada la necesidad legal de establecer una distinción entre contratos administrativos y contratos de derecho privado de la Administración, debe tenerse en cuenta que, sin duda, los criterios variarán en la jurisprudencia, pues sin una enumeración rígida, no será posible elaborar "el criterio" diferenciador[337].

En cuando a las cláusulas exorbitantes en todo caso, insistimos en que éstas serían de la naturaleza de los contratos administrativos, y que no tienen que estar expresas en el texto contrato, como desde siempre lo tie-

---

335 Se refiere al trabajo del autor citado en nota 48, Parte II de este libro.

336 Véase, por ejemplo, la sentencia de la Corte Primera de lo Contencioso Administrativo de 9-8-84 en *Revista de Derecho Público*, Editorial Jurídica Venezolana, N° 16, Caracas, 1983, pp. 163 y 164.

337 Véase, por ejemplo, la sentencia de la Corte Primera de lo Contencioso-Administrativo de 9-8-84 en *Revista de Derecho Público*, Editorial Jurídica Venezolana N° 20. Caracas, 1984, pp. 140 a 142.

ne establecido nuestra jurisprudencia[338], a pesar de lo indicado en la citada sentencia de la Corte Suprema de Justicia de 1983 al destacar la influencia de la doctrina francesa. Por tanto, no tienen carácter contractual sino que derivan de los poderes propios de la Administración, y hasta cierto punto no son causa de que un contrato sea administrativo, sino que son el efecto de que la Administración en un momento determinado, con base en su apreciación del interés público envuelto, interprete que en un contrato deben ejercerse estos poderes exorbitantes o prerrogativas que hacen, materialmente, que el contrato se convierta en "administrativo".

En todo caso, en las relaciones entre las partes en los contratos de la Administración, sea que estén o no expresas en el texto contractual, se destacan las siguientes situaciones: los poderes o prerrogativas de la Administración, y los derechos y deberes del contratista.

2. Las prerrogativas de la administración en la contratación administrativa

Hemos señalado que conforme a las cláusulas exorbitantes del derecho común, la Administración contratante tiene una serie de prerrogativas en la ejecución de los denominados contratos administrativos, que la antigua Corte Federal las ha calificado de "facultades para adoptar decisiones ejecutivas sobre el cumplimiento, inteligencia, rescisión y efectos del contrato"[339], a las que hay que agregar la facultad de control y dirección sobre la prestación objeto del contrato y la facultad de sancionar administrativamente los incumplimientos del co-contratante, también correspondientes a la Administración.

Como hemos dicho, estas prerrogativas son las que conforme a la jurisprudencia distinguen los contratos administrativos de los contratos de derecho privado de la Administración.

Sin embargo, como son poderes de la Administración que tiene sin necesidad de previsión contractual expresa, es indudable que su ejercicio está latente cualquiera sea la finalidad inicial del contrato y cualquiera sea su naturaleza.

---

338 Véase, por ejemplo, la sentencia de la antigua Corte Federal y de Casación de 5 de diciembre de 1945, citada en Allan R. Brewer-Carías, las *Instituciones Fundamentales, cit.*, p. 196. En igual sentido se ha pronunciado la Procuraduría General de la República en 1964 al sostener lo siguiente: "Todas esas consecuencia se traducen en prerrogativas o ventajas para la Administración, que ella conserva aun cuando no se expresen. En otras palabras, se conciben como implícitas en el contrato administrativo, son de la índole de éste, porque la Administración no puede desentenderse de ellos cuando gestiona, por la vía contractual ("ni por ninguna otra), un servicio público". Doctrina PGR 1964, Caracas, 1965, pp. 228 y 229.

339 Idem. En igual sentido, Doctrina de la Consultaría Jurídica del Ministerio de Justicia. Véase en Allan R. Brewer-Carías, *Jurisprudencia de la Corte Suprema 1930-74 y Estudios de derecho administrativo*, tomo III, Vol. II, Caracas, 1977, p. 626.

A. La facultad de dirección y control

La desigualdad jurídica en que se hallan las partes en el contrato administrativo y que está caracterizada por la situación de subordinación en que se encuentra el co-contratante de la Administración respecto a ella, trae como consecuencia la facultad de la autoridad administrativa de dirigir y controlar, inspeccionando y fiscalizando la marcha de la ejecución de las prestaciones objeto del contrato.

El co-contratante de la Administración, en cierto sentido es un colaborador de ésta en la consecución de la finalidad pública en miras de la cual se contrata. Por tanto, la Administración tiene el deber de dirigir y controlar a su co-contratante como tuteladora que es del interés general, pues éste, en fin de cuentas, persigue principalmente un interés privado al ejecutar la prestación de utilidad pública.

Pero esta facultad de la Administración no tiene la misma vigencia en todos los contratos administrativos: por ejemplo, en los contratos de empréstito público, en que el co-contratante de la Administración no realiza generalmente una prestación continua, sino por una sola vez, y en los cuales la ejecución posterior queda como obligación de la Administración de restituir, el poder de dirección y control no juega prácticamente ningún papel.

En otros casos, sin embargo, el co-contratante de la Administración debe acatar las órdenes de ésta en cuanto a la ejecución de las prestaciones a que está obligado. Así resulta, por ejemplo, de lo previsto en el Decreto N° 1.821 de 1991 sobre las Condiciones Generales de Contratación para la ejecución de obras. Allí, por ejemplo, se establece que "el ente contratante ejercerá el control y fiscalización de los trabajos que realice el contratista para la ejecución de la obra" (artículo 40) y se regulan detalladamente las consecuencias de la inspección de los trabajos (artículos 40 a 44) y las atribuciones del Ingeniero Inspector (artículos 45 a 52).

B. La facultad de sancionar administrativamente el incumplimiento del co-contratante

La facultad de dirección y control conlleva la de sancionar administrativamente el incumplimiento del co-contratante a sus obligaciones contractuales, pues es la forma lógica como puede la Administración constreñir a su co-contratante al cumplimiento estricto del contrato.

Representa esta facultad uno de los rasgos más característicos de la relación de subordinación en que se encuentra el co-contratante frente a la Administración[340].

Las sanciones que puede imponer el Estado en este respecto pueden ser pecuniarias o coercitivas. Respecto a las sanciones pecuniarias, éstas están representadas por multas administrativas previstas en leyes o reglamentos.

Sin embargo, en virtud del principio general de que el incumplimiento de las obligaciones contractuales acarrea la responsabilidad por daños y perjuicios por parte del contraventor[341], es práctica de la Administración fijar, en el momento de conclusión del contrato, el monto de los daños y perjuicios que deba pagar el co-contratante, por la inejecución de su obligación o por el retardo en la ejecución. Entonces, en estos casos de contratos de la Administración con cláusula penal[342] ésta puede ejecutivamente pedir el cumplimiento de lo debido, al co-contratante.

Cuando no se especifica nada en el contrato sobre los daños y perjuicios, la Administración no puede imponer ejecutivamente, y sin intervención de la autoridad judicial, sanciones pecuniarias por daños y perjuicios, sin incurrir en una ilegalidad. Sí puede imponer la multa administrativa por infracción de la ley cometida por el co-contratante, pero no puede imponer otra sanción no prevista por ella.

De ahí la gran diferencia legal y de principio que la antigua Corte Federal y de Casación ha señalado, entre la multa por infracción de ley y la reparación del daño que esa infracción puede ocasionar[343]. En la primera, cuyos límites mínimo y máximo fija el legislador y no las partes contratantes, se incurre, aun cuando la violación de la norma no hubiere causado el más leve daño, pues se trata de una medida disciplinaria que garantiza el sometimiento y respeto a la ley. En cambio, carecería de razón lógica, de fundamento legal, de causa justa, la reparación de un daño que no se ha ocasionado. Debe, pues, existir el daño para que surja el derecho de pedir reparación y procesalmente debe probarse para que pueda prosperar la acción respectiva.

---

340 Véase Sentencia de la Corte Federal y de Casación de 5-12-44, en Memoria 1945, tomo I, p. 290.

341 Artículos 1.264 y 1.271 del Código Civil.

342 Artículo 1.258, Código Civil. La cláusula penal, evidentemente, libera a la Administración de la obligación de probar los daños sufridos y su valor en dinero; por su parte, el contratista, con ella, sabe anticipadamente a cuánto alcanza la indemnización debida por incumplimiento. Véase la sentencia de la antigua Corte Federal y de Casación en Sala Federal de 17 de marzo de 1951, cit., en Allan R. Brewer-Carías, *Las Instituciones Fundamentales..., cit.*, p. 198.

343 CFC-SF-17-3-52 en Gaceta Forense N° 10, 1952, pp. 155-156

Por tanto, si no hay cláusula penal en el contrato, la Administración, para exigir el pago de daños y perjuicios debe demandarlos ante la autoridad judicial y no puede imponerlos directa y unilateralmente al co-contratante.

Por otra parte, ha señalado también la antigua Corte Federal y de Casación[344] que la Administración no puede apropiarse ejecutivamente de la garantía dada por el co-contratante para el cumplimiento de las obligaciones que le impone el contrato, cuando por la infracción de una norma legal el co-contratante ya ha satisfecho la multa administrativa correspondiente a su infracción. Tampoco puede la Administración apropiarse, en ausencia de cláusula penal, de la garantía dada por el co-contratante bajo el pretexto de daños y perjuicios, sino cuando han sido estimados por la autoridad judicial.

En cuanto a la previsión de estas sanciones como cláusula penal, debe destacarse que el Decreto N° 1.821 de 30 de agosto de 1991 mediante el cual se dictaron las Condiciones Generales de contratación para la ejecución de obras, por ejemplo, establece que "si el contratista no comenzare los trabajos dentro del plazo estipulado en el Documento Principal o durante la prórroga si la hubiere, pagará al ente contratante, sin necesidad de requerimiento alguno, por concepto de cláusula penal, por cada día de retraso en el inicio, la cantidad que señale el Documento Principal" (artículo 18). En igual sentido, respecto del incumplimiento del plazo para la terminación de los trabajos, también se prevé la necesaria indicación de una cláusula penal representada en una cantidad por cada día de retraso (artículo 93).

Pero además de las sanciones pecuniarias, la Administración puede imponer sanciones coercitivas, pero por causas más graves.

Por ejemplo, en algunos supuestos de incumplimiento por parte del contratista, la Administración puede sustituirlo en la ejecución de sus obligaciones por un tercero o por ella misma, o proceder a la ejecución en forma subsidiaria. Así se establece en el Decreto N° 1.821 de 30 de agosto de 1991 que establece las cláusulas de Condiciones Generales de Contratación para la ejecución de obras, en diversos supuestos. Por ejemplo, si el contratista se negase a reparar o reconstruir una obra defectuosa o no lo hace oportunamente, "el ente público podrá hacerlo con sus propios elementos o con los del contratista o encomendar esas reparaciones o reconstrucciones a terceras personas" (artículos 74, 98, 102 y 110). Asimismo, si después de realizada la recepción definitiva de la obra, o de que se tenga por realizada dicha recepción conforme a lo previsto en el artículo 113, y dentro del plazo que establece el artículo 1.637 del Código Civil, se

---

344 Idem.

comprueba fehacientemente la existencia de algún vicio o defecto en la obra, imputable al Contratista, éste debe hacer a sus expensas las correcciones necesarias. Sin embargo, si el Contratista no comenzare a ejecutar en debida forma las reparaciones o construcciones necesarias para corregir la obra, dentro del término de treinta (30) días después de la participación escrita que se le haya hecho conforme al artículo 114 de las referidas cláusulas, el ente contratante podrá hacer dichas reparaciones o reconstrucciones con sus propios elementos o podrá encomendárselas a terceras personas. En estos casos, el Contratista deberá pagar al ente contratante los gastos ocasionados por tales trabajos y tendrá derecho a solicitar del ente contratante una comprobación de esos gastos.

Pero, entre las sanciones más graves que la Administración puede imponer al incumplimiento de las obligaciones del co-contratante, se destaca la rescisión unilateral del contrato. Si es una prerrogativa, como ha sostenido la jurisprudencia, la posibilidad por parte de la Administración de rescindir un contrato administrativo, aun cuando no haya falta por parte del co-contratante, con mayor razón esa potestad es real en los casos de falta del co-contratante por incumplimiento de sus obligaciones contractuales.

Expresamente, sin embargo, se prevé la posibilidad de la rescisión unilateral por incumplimiento, en diversas disposiciones legales y reglamentarias. Entre estas últimas destaca, en efecto, el Decreto N° 1.821 de 1991, contentivo de las Condiciones Generales de contratación, y que prevé la posibilidad para el ente contratante de "rescindir unilateralmente el contrato" en cualquier momento cuando se produzcan algunas de las siguientes "faltas del contratista" enumeradas en el artículo 119:

a) Ejecute los trabajos en desacuerdo con el Contrato o los efectúe en tal forma que no le sea posible concluir la obra en el término señalado.

b) Acuerde la disolución o liquidación de su empresa; solicite se le declare judicialmente en estado de atraso o de quiebra, o cuando alguna de esas circunstancias haya sido declarada judicialmente.

c) Ceda o traspase el Contrato, sin la previa autorización del Ente Contratante, dada por escrito.

d) No comience los trabajos en el plazo establecido en el Documento Principal o en el de la prórroga si la hubiere.

e) Interrumpa los trabajos por más de cinco (5) días hábiles sin causa justificada.

f) Cometa errores u omisiones de carácter grave en la ejecución de los trabajos.

g) Haya sido objeto de sanciones por parte de las autoridades del Ministerio del Trabajo, el Instituto Venezolano de los Seguros Sociales o del Instituto Nacional de Cooperación Educativa, por incumplimiento de las leyes y reglamentos que rigen las materias que les competen.

h) Esté ejecutando los trabajos en contravención de las disposiciones de la Ley del Ejercicio de la Ingeniería, la Arquitectura y Profesiones Afines.

i) Haya obtenido el Contrato mediante tráfico de influencias, sobornos, suministro de datos falsos, concusión, comisiones o regalos o haber empleado tales medios para obtener beneficios con ocasión del Contrato, siempre que esto se compruebe mediante la averiguación administrativa o judicial que al efecto se practique.

j) No mantenga al frente de la obra a un Ingeniero Residente de acuerdo a lo establecido en el artículo 21 de este Decreto.

k) Cometa cualquier otra falta o incumplimiento de las obligaciones que le impone el Contrato, a juicio del Ente Contratante.

l) Cuando no presentare la Fianza de daños a terceros conforme a lo establecido en el artículo 75 de este Decreto.

En estos casos, cuando el ente contratante acuerde rescindir unilateralmente el contrato por haber incurrido el contratista en alguna o algunas de las causales antes indicadas, lo debe participar por escrito a éste y a los garantes y cesionarios si los hubiere (artículo 120).

Por último, debemos señalar que la sanción por el incumplimiento del co-contratante de sus obligaciones exige, como principio de equidad, la constitución en mora del co-contratante, sea por vencimiento del plazo o sea por requerimiento[345].

C. La facultad de modificar unilateralmente el contrato

Hemos señalado que en el campo del derecho privado, es absoluto el axioma de la inmutabilidad de las convenciones, de manera que lo que el *mutuus consensus* ha formado, sólo el *mutuas disensus* puede variar o alterar: ninguno de los contratantes puede unilateralmente modificar el contrato sin el concurso y acuerdo del otro[346].

Ahora bien, indudablemente que, como todo contrato, el contrato suscrito por la Administración tiene fuerza obligatoria entre las partes, pues de lo contrario no se estaría en presencia de un negocio jurídico contractual. Sin embargo, en los llamados contratos administrativos, la Administración no está ligada de una manera tan absoluta como lo están los particulares en los contratos civiles, pues ella dispone, al menos bajo ciertas formas y en ciertas condiciones, "si no la facultad de modificar las dispo-

---

345 Artículo 1.269 del Código Civil.

346 Cfr. M. A. Bercaitz, *Teoría de los contratos administrativos*, Buenos Aires, 1952, p. 298; M. A. Flamme: "Los contratos de obras públicas de la Administración", en *Revista de Administración Pública*, N° 21, Madrid, 1956, p. 82.

siciones del contrato de una manera general, absoluta y discrecional, al menos de un poder de intervención unilateral[347].

Es decir, en los contratos administrativos, como hemos dicho, el principio no es tan rígido como lo es en el derecho civil, pues en ciertos casos, y mediando indemnización, la Administración puede desligarse de sus obligaciones contractuales y rescindir unilateralmente el contrato sin que haya falta alguna de parte del contratante, así como modificar unilateralmente las condiciones de ejecución del mismo. Sin embargo, la existencia de ese poder de la Administración no significa que el contrato no obligue a la Administración, y no tenga fuerza obligatoria sino para el particular co-contratante; al contrario, implica que el principio fundamental del derecho privado, de la inmutabilidad contractual, no se aplica a los contratos llamados administrativos con las mismas consecuencias generales y absolutas[348].

Estos principios han sido admitidos expresamente por la doctrina[349] y jurisprudencia venezolanas; y, en efecto, la antigua Corte Federal y de Casación, en sentencia de 5 de diciembre de 1944, ha expresado que:

> "En el contrato administrativo de obra pública, como en todos los que interesan a un servicio público, la parte representada por la autoridad administrativa no está obligada inflexiblemente por la regla de derecho privado de la intangibilidad de los contratos; sin necesidad de acuerdo previo con la otra parte, tiene el derecho de introducir modificaciones en el plan de la obra, en sus planos, en los medios de ejecución y en esta misma, aumentándola o disminuyéndola dentro de ciertos límites que no la desnaturalicen, y aun desistir de ella"[350].

En definitiva, si en los contratos llamados administrativos rige la regla de la mutabilidad de las condiciones de ejecución por parte de la Administración, no sólo no ligan a ésta como podría suceder en los contratos civiles, sino que "la situación individual del derecho de los particulares

---

347 Véase André de Laubadère: "Du pouvoir de l'Administration d'imposer unilateralment des changements aux dispositions des contrats administratifs", en *Revue de Droit Public et de la Science Politique*, Paris. 1954, p. 56.

348 *Cfr.* André de Laubadère: *Traité Théorique et Pratique des Contrats Administratifs*, tomo II, 1956, pp. 331 y 332.

349 Cfr. Eloy Lares Martínez, *Manual de Derecho Administrativo*, Caracas, 1963, p. 215; Allan R. Brewer-Carías, *Las Instituciones Fundamentales del Derecho Administrativo y la Jurisprudencia Venezolana, cit.*, pp. 192 y 193. Vid., asimismo, Allan R. Brewer-Carías: "Los contratos de la Administración en la doctrina de la Procuraduría General de la República", en *Revista de la Facultad de Derecho*, N° 31. Caracas, pp. 276 y 277.

350 Véase Memoria 1945, tomo I, p. 290. *Cfr.* Sentencia de la antigua Corte Federal de 12 de noviembre de 1954, en Gaceta Forense N° 6, 1954, Caracas, pp. 193 y ss.

(co-contratantes) es menos estable que la situación individual nacida de los contratos civiles"[351].

Ahora bien, el fundamento de esta facultad de modificación unilateral radica en las exigencias del interés general de la comunidad, que son variables, por lo cual, en el curso de la ejecución de un contrato puede surgir la necesidad de introducir variaciones en las obligaciones contraídas por el co-contratante en el acto de conclusión del contrato[352].

Si se admitiese la intangibilidad del contrato, ello "sería perjudicial a los intereses colectivos, pues fácilmente se comprende los perjuicios que habría si la Administración necesitare de acuerdos previos con el contratista para introducir modificaciones en contratos que por su naturaleza y finalidad deben estar en todo momento sometidos a rectificaciones y mejoras que el mismo interés público aconseja, así sea en los planos como en los trabajos o en los medios de ejecución"[353].

Dada la naturaleza de este poder, y el interés general envuelto, se le ha llegado a considerar como de orden público, no pudiendo la Administración renunciar a ejercerlo[354]. Por otra parte, expresamente la doctrina[355] y la jurisprudencia han reconocido el derecho de la Administración a introducir esos cambios "sin que sea necesario que se hayan previsto esas facultades en cláusulas expresas del contrato"[356].

Ahora bien, si todo cuanto queda dicho rige como principio indubitable en los contratos llamados administrativos[357], en forma especial se aplica a

---

351 Véase Sentencia de la antigua Corte Federal de 12 de noviembre de 1954, en Gaceta Forense, N° 6, 1954, Caracas, p. 193.

352 Cfr. Eloy Lares Martínez, *Manual de Derecho Administrativo, cit.*, p. 215.

353 Véase Sentencia de la antigua Corte Federal y de Casación de 5 de diciembre de 1944, en Allan R. Brewer-Carías: "Los Contratos Administrativos en la Jurisprudencia Administrativa venezolana", en *Revista de la Facultad de Derecho*, N° 26, 1963, pp. 135 y 136.

354 Cfr. Gaston Jèze, *Principios Generales del Derecho Administrativo*, tomo IV. Buenos Aires, 1950, pp. 235 y 254.

355 Cfr. A. de Laubadère, "Du pouvoir de l'Administration d'imposer unilaterale des changement aux disposition des contrats administratifs", *loc. cit.*, p. 40; M. A. Bergaitz: *Teoría general de los contratos administrativos, cit.*, pp. 281 y 305; M. Walline, *Droit administratifs*, Paris, 1963, p. 605; J. Rivero, *Droit administratif*, Paris, 1962, p. 108; M. Gaetano, *Tratado elemental de Derecho Administrativo*, Santiago de Compostela, p. 387; G. Jèze, *Principios Generales del Derecho Administrativo, cit.*, tomo IV, p. 254; E. Sayagués Laso, *Tratado de Derecho Administrativo*, tomo II, Montevideo, 1959, p. 103; Eloy Lares Martínez, *Manual de Derecho Administrativo, cit.* p. 215.

356 Véase sentencia de la antigua Corte Federal de 5 de diciembre de 1944, en Allan R. Brewer-Carías: "Los contratos administrativos en la jurisprudencia administrativa venezolana", *loc. cit.*, p. 136.

357 Véase cf. 12-11-54, en Gaceta Forense N° 6, 1954, pp. 191-192.

los contratos administrativos de obras públicas[358]. En ello están confor-
mes los diversos sistemas del derecho comparado[359], y aun los autores
que dudan de la validez general del principio[360]. De ahí que la jurisprudencia de la antigua Corte Federal haya señalado que "tratándose de contratos de obras públicas, como un puerto, una carretera, la Administración
puede, para dar mayor satisfacción a las necesidades colectivas, modificar
en más o en menos las cantidades de trabajo a efectuar por el contratista"[361]; y ello, porque la Administración es el *maitre de l'ouvrage*, y como
consecuencia, tiene siempre el poder de señalar unilateralmente la concepción y la organización de la obra[362].

Ahora bien, sentado lo anterior es indispensable señalar que cuando se
habla de las modificaciones unilaterales al contrato administrativo, no se
incluyen todas las medidas dictadas por autoridades públicas susceptibles
de repercutir y entrañar cambios en la situación del co-contratante.

En efecto, en la doctrina se ha hecho distinción respecto a las diversas
modificaciones indirectas que puedan resultar para la situación de los
contratantes provenientes de múltiples medidas legislativas, reglamentarias o individuales susceptibles de ser pronunciadas por el poder público.

Estas intervenciones, sean cuales fueren sus repercusiones sobre los
contratos administrativos, no deben ser indiferentemente enmarcadas dentro del ejercicio del poder de modificación unilateral[363]. De ahí que deje-
mos para su análisis posterior las medidas tomadas por una autoridad pública distinta de la Administración contratante[364], así como las medidas
tomadas por ésta cuando no tienen por objeto directo el modificar el contrato, aun cuando lo afecten indirectamente.

Dicho esto, y con referencia específica a los contratos de obras públicas[365] vamos a analizar previamente las diversas modalidades que pueden

---

358 Cfr. P. L. Josse: "Marché de travaux publics", en *Repertoire de Droit Public et administratif.* Dalloz, tomo II, París, 1959, p. 356.

359 Cfr. M.A. Flamme: *Los contratos de obras públicas en la Administración, loc. cit.*, p.
81.

360 Véase L'Huilier: "Les contrats administratifs tiennement-ils lien de loi á l'administration", en Dalloz, 1953, Chroniques, pp. 87 y ss.

361 Véase Sentencia de 5 de diciembre de 1944, en Memoria 1945, tomo I, p. 285.

362 Cfr. A. de Laubadère: "Du pouvoir de l'Administration d'imnoser unilateralment des
changements aux dispositions des contrats administratifs", *loc. cit.*, p. 61; A. de Laubadère, *Traité Théorique et Pratique des Contrats Administratifs*, tomo II, Paris, 1956, p.
337.

363 Cfr. A. de Laubadère: "Du pouvoir de l'Administration d'imposer unilateralment des
changements aux disposition des contrats administratifs, *loc. cit.*, p. 52.

364 Véase Allan R. Brewer-Carías, *Las instituciones fundamentales del Derecho Administrativo, cit.*, p. 209.

365 Véase Allan R. Brewer-Carías, "La facultad de la Administración de modificar unilateralmente los contratos administrativos con especial referencia a los contratos de obras

revestir las modificaciones introducidas al contrato, para luego precisar los límites de ese poder de modificación unilateral.

a.   *Las modificaciones unilaterales en los contratos de obras públicas*

Hemos señalado anteriormente que durante la ejecución de los contratos de obras públicas la Administración puede imponer unilateralmente al contratista ciertas modificaciones en las condiciones iniciales de la obra tal como habían sido previstas en el contrato.

Estos cambios pueden concernir a las modalidades de ejecución, al objeto mismo del contrato (aumento o disminución de volumen de trabajos) o a la cesación definitiva de los trabajos. Siendo este último supuesto una modalidad de otra prerrogativa de la Administración Pública en los contratos administrativos (el poder de rescisión unilateral), el análisis de las modificaciones unilaterales a los contratos de obras públicas se hará sólo bajo dos ángulos: las modificaciones cualitativas y las modificaciones cuantitativas de la obra, ya que, en efecto, tal como lo ha señalado la Procuraduría General de la República, "si bien en los contratos de obras públicas se contrata generalmente una cantidad de obra determinada, ello no impide la realización, durante la ejecución de las obras por parte del contratista, de obras extras no previstas cualitativa o cuantitativamente en el contrato original. Estas obras extra pueden ser de dos tipos: obras extras, porque el contratista haya tenido que ejecutar mayor cantidad que la prevista cualitativamente, y obras extras porque el contratista haya tenido que ejecutar obras no previstas ni cualitativa ni cuantitativamente"[366].

En todo caso, esta potestad fue consagrada expresamente en las Condiciones Generales de Contratación para la ejecución de obras (Decreto número 1.821 de 39-8-91) en la forma siguiente:

> "Artículo 32. El Ente Contratante podrá, antes o después de iniciada la ejecución de la obra, introducir en ella los cambios o modificaciones que estime convenientes, debiendo notificarse de ello a los garantes. Él Ente Contratante podrá otorgar un anticipo especial para financiar al Contratista dichos cambios o modificaciones y su devolución se verificará en la oportunidad del pago de las valuaciones correspondientes".

a'.   Las modificaciones cuantitativas a la obra (aumento o disminución de la cantidad de obras previstas)

Ahora bien, en primer lugar, como se ha visto, la modificación unilateral puede consistir en el aumento o disminución de las cantidades de

---

públicas en el Derecho venezolano", en *Revista de Derecho Español y Americano*, N° 19, Madrid, 1968, p. 1-17.

366 Véase Oficio de la Procuraduría General de la República, Sección de asesoría del Estado, N° 317, de 10 de febrero de 1966.

obras que debe ejecutar el co-contratante en relación a la prevista originalmente. Esta posibilidad, aun cuando sometida a ciertos límites que se analizarán más adelante, es la regla general en los contratos de obras públicas, ya que las cantidades originales previstas se señalan como simplemente estimativas[367]. En este sentido, en las cláusulas de Condiciones Generales de los Contratos de Obras Públicas conforme al Decreto N° 1.821 de 1991, se prevé que el presupuesto original puede variar por aumentos o disminuciones de cantidad de obra (artículo 61). Además, se tendrán como aumentos o disminuciones las variaciones que se presentaren en las cantidades de obra de las partidas del presupuesto original, ocasionadas por errores en los cómputos métricos originales o por modificaciones de la obra autorizada por el ente público (artículo 68).

En todo caso, el pago de los aumentos de obra debe efectuarse teniendo como base los precios unitarios respectivos del presupuesto original (artículo 69).

De acuerdo a lo anterior, resulta evidente que la razón de la existencia de presupuestos cuantitativos en la ejecución de obras públicas, dado que las cantidades pueden modificarse por ser las originales simplemente estimativas, resulta que constituyen el único medio de provocar ofertas comparables a los efectos de la adjudicación del contrato[368].

b'. Las modificaciones cualitativas a la obra

Pero las modificaciones al contrato de obra pública pueden incidir no sólo en las cantidades de obra a ejecutar, que puede aumentar o disminuir, sino en las cualidades de la obra, sea porque se modifiquen las modalidades de ejecución, o sea porque se establezcan obras adicionales o complementarias.

En efecto, la Administración puede, en primer lugar, introducir modificaciones en las modalidades de ejecución de la obra, ya que estas modificaciones tendrían siempre alguna relación con las obras que son objeto del contrato. Por otra parte, la Administración puede imponer la realización de obras complementarias si éstas lo son de la obra objeto del contrato, con ese carácter, es decir, puede imponer la realización de obras no previstas, pero que no le son totalmente extrañas a la obra contratada.

Esta posibilidad también es aceptada por las cláusulas de Condiciones Generales de los Contratos de Obras Públicas, al preverse que las variaciones del presupuesto original de la obra puede consistir en obras adicionales. Así se establece en el artículo 61 del Decreto 1.821 de 1991. Estas cláusulas establecen, además, que se consideran obras adicionales aque-

---

367 Cfr. Eloy Lares Martínez, *Manual de Derecho Administrativo, cit.*, p. 247.

368 Cfr. M. A. Flamme, "Los contratos de obras públicas de la Administración", *loc. cit.*, p. 99.

llas cuyos precios unitarios no hubieren sido previstos en el presupuesto original del contrato, y podrán ser: a) Obras extras: las comprendidas en los planos y especificaciones, pero omitidas en los cómputos originales; b) Obras complementarias: aquellas que no fueron señaladas en los planos y especificaciones particulares ni en los cómputos originales, pero cuya ejecución es necesaria para la construcción y el cabal funcionamiento de la obra; y c) Nuevas Obras: las modificaciones de la obra ordenadas por el ente contratante (artículo 71).

En todo caso, se prevé que antes de procederse a la ejecución de obras adicionales el ente contratante deberá contar con las disponibilidades presupuestarias que permitan su ejecución. En todo caso, se requerirá la aprobación del Órgano Contralor a los efectos de que sean determinados los precios unitarios (artículo 72)[369].

b. *Los límites del poder de modificación unilateral*

Si bien, como se ha dicho, la Administración goza de un amplio poder de modificación unilateral de los contratos administrativos, el ejercicio de ese poder no es ilimitado, absoluto y discrecional[370], sino que, al contrario, está sometido a diversos límites de carácter general, de carácter contractual y derivados de los principios generales que informan la contratación administrativa.

a'. Límites generales

En efecto, el primer elemento de limitación proviene de la aplicación del principio general de la legalidad administrativa.

Todo acto administrativo de imposición de una modificación unilateral a un contrato administrativo "debe ceñirse a reglas o normas preestablecidas; de ahí el principio de la legalidad de los actos administrativos, según el cual éstos carecen de vida jurídica no sólo cuando les falta como fuente primaria un texto legal, sino también cuando no son ejecutados en los límites y dentro del marco señalado de antemano por la ley"[371].

Tal como lo señala A. de Laubadère, puede suceder, en efecto, que ciertas reglas del régimen jurídico de un contrato administrativo hayan sido

---

369 Las modificaciones a los contratos que impliquen compromisos financieros deben ser sometidas a la aprobación de la Contraloría General de la República. Véase CGR Dictámenes de la Consultoría Jurídica 1936-1963, tomo I, p. 268 y tomo III, p. 74.

370 Cfr. A. de Laubadere, "Du pouvoir de l'Administration d'imposer unilateralment des chagements aux dispositions des contrats administratifs", *loc. cit.*, p. 56.

371 Véase Sentencias de la antigua Corte Federal de 17 de julio de 1953 y de 23 de octubre de 1953, en Allan R. Brewer-Carías, "Algunas bases del Derecho Público en la Jurisprudencia Venezolana", en *Revista de la Facultad de Derecho*, N° 27, Caracas, 1963, p. 145; asimismo en Gaceta Forense, 2° Etapa, N° 1, 1953, p. 151, y N° 2, 1953, p. 64.

establecidas por textos legales o reglamentarios; en estos casos, la Administración no puede pretender modificar esas reglas sin violar el principio de la legalidad[372].

Por otra parte, y dada la naturaleza del poder de modificación unilateral, todo cambio en la ejecución de un contrato administrativo debe responder a la vez a un cambio en las circunstancias tenidas en cuenta al concluirse el contrato. Por tanto, el poder de imponer modificaciones unilaterales no puede ser consecuencia del ejercicio de una facultad discrecional, sino que su ejercicio está ligado a la realización de determinadas condiciones que lo justifiquen, es decir, suponen algunos cambios de circunstancias que justifican su ejercicio[373].

Por otra parte, si bien, como queda dicho, el ejercicio del poder de modificación unilateral supone un cambio de circunstancias que lo motiven, en la apreciación de dicho cambio y de dichas circunstancias, la Administración, aun cuando goza de cierta libertad, no puede cometer arbitrariedades. Es decir, la posible libertad de apreciación de los cambios de circunstancias se encuentra asimismo limitada por todos los límites impuestos al ejercicio del poder discrecional y, concretamente, por los derivados de los principios de racionalidad, justicia, igualdad y proporcionalidad[374].

b'. Los límites contractuales

Pero, además de los límites generales señalados anteriormente, el poder de modificación unilateral está sometido a diversas limitaciones derivadas del contrato mismo. En efecto, y en primer lugar, "la Administración deberá respetar las limitaciones previstas en el contrato acerca del derecho de introducir cambios en las condiciones de la obra fijadas en los planos y en el pliego de condiciones"[375].

Por otra parte, las modificaciones sólo pueden versar sobre las disposiciones que "interesan al servicio", es decir, la construcción de la obra pública[376], cuando son exigidas estrictamente por el interés público[377]. De aquí que se señale que esta limitación al poder de modificación unilateral

---

372 Cfr. A. de Laubadère, *Traité Théorique et Pratique des Contrats Administratifs, cit.*, tomo II, p. 338.

373 Cfr. Jean Rivero, *Droit administratif, cit.*, p. 108; André de Laubadére. *Traité théorique pratique des contrats administratifs, cit.*, tomo II, pp. 30 y 336.

374 Véase Allan R. Brewer-Carías, "Los límites del poder discrecional de las autoridades administrativas", en *Ponencias Venezolanas al VII Congreso Internacional de Derecho Comparado*, Uppsala, agosto de 1966, Caracas, 1966; pp. 255 a 279.

375 Véase Eloy Lares Martínez, *Manual de Derecho Administrativo, cit.*, p. 246.

376 Cfr. André de Laubadère, *Traité Théorique et Pratique des Contrats Administratifs, cit.*, tomo II, pp. 387 y 388; Long Weil y Praibant, *Les Grands Arrêts de la Jurisprudence Administrative*, Paris, 1962, p. 35.

377 Cfr. M. Caetano, *Tratado Elemental de Derecho Administrativo, cit.*, p. 384.

deriva de su propio fundamento, es decir, de la necesidad de asegurar el funcionamiento regular y continúo de los servicios públicos por su adaptación incesante a las necesidades que hay que satisfacer.

También, a menos de cometer una desviación de poder, la Administración no puede ordenar otras modificaciones que las que tienen "una causa jurídica de adaptación contractual, a saber, el mismo servicio público", o la obra pública[378].

Por otra parte, otra limitación contractual importante al poder de modificación unilateral está en el propio objeto sobre el cual el contratista se ha comprometido a aportar su concurso. Resolverlo de otro modo equivaldría a sacrificar el interés legítimo del contratista, y no ya solamente a colocarlo después del interés general[379]. En efecto, en los contratos administrativos la Administración y los co-contratantes han concluido el contrato, teniendo un determinado objeto, por lo que la Administración no puede pretender imponerle una modificación que conduzca a desnaturalizar el contrato, dándole así un objeto nuevo, diferente a aquél que ha sido precisado por la común intención de las partes.[380] Esto no sería modificar la obra, sino ordenar una obra diferente.

En este sentido, la antigua Corte Federal y de Casación ha señalado que el poder de modificación unilateral no puede implicar "que los cambios o rectificaciones sean de tal magnitud que desnaturalicen o cambien sustancialmente la obra o el servicio contratados, porque en estos casos, aunque siempre se trate del ejercicio de un derecho, no de incumplimiento culpable de la Administración Pública, se reconoce al contratista el derecho de solicitar prórrogas y compensaciones y aun a la rescisión del contrato"[381]. Es decir, el objeto del contrato impide las modificaciones que alteren la esencia o sustancia de éste, tal como había sido inicialmente apreciado por las partes[382].

---

378 Cfr. M. A. Flamme, "Los contratos de Obras Públicas de la Administración", *loc. cit.*, p. 84.

379 Cfr. M. A. Flamme, "Los contratos de Obras Públicas de la Administración", *loc. cit.*, p. 84.

380 Cfr. André de Laubadére, *Traité Théorique et Pratique des Contrats Administratifs*, cit., tomo II, p. 339 y 389.

381 Véase Sentencia del 5 de diciembre de 1944, en Memoria 1945, tomo I, p. 285.

382 Cfr. André de Laubadére, Traité Théorique et Pratique des Contrats Administratifs, cit., tomo II, p. 388; A. Saramitre, "Los contratos administrativos de obras públicas", en *Revista de Administración Pública*, N° 21, Madrid, 1956, p. 326; G. Vedel, Droit Administratifs, tomo II, París, p. 604; Conclusiones aprobadas por el X Congreso Internacional de Ciencias Administrativas en relación al tema "Los contratos de obras pública de la Administración", en *Revista de Administración Pública*, N° 21, Madrid, 1956, p. 127. Vid., asimismo, la sentencia de la antigua Corte Federal de 12 de noviembre de 1954, en Allan R. Brewer-Carías, "Los contratos administrativos en la jurisprudencia administrativa venezolana", *loc. cit.*, p. 148.

En esta forma, las obras nuevas o las obras ajenas a la obra contratada desnaturalizan el contrato. Esto es lógico porque tales obras, siendo extrañas a la obra objeto del contrato, no pueden considerarse modificaciones de ésta. Ocurre algo distinto, como se ha visto, con las obras imprevistas, suplementarias y complementarias, las cuales sí pueden ser ordenadas por la Administración[383]. En todo caso, el determinar en un supuesto concreto si se trata de una obra nueva o de una obra complementaria, imprevista o suplementaria, frecuentemente crea dificultades, porque la cuestión resulta dudosa.

En efecto, no toda prescripción de trabajo suplementario (obras extras cualitativamente) constituye forzosamente, una obra nueva distinta de la prevista originalmente. Es necesario entonces distinguir la obra nueva de otros tipos de trabajos, que aun cuando no figuran en el contrato, pueden ser impuestos al contratista, como las obras no previstas y los trabajos complementarios o suplementarios. La obra nueva que escapa de las posibilidades del poder de modificación unilateral es entonces aquella que es extraña por su objeto al trabajo previsto en el contrato, sin ninguna relación con éste, o "aquella obra que, aunque prevista en el contrato, debe ser ejecutada en condiciones enteramente nuevas y diferentes de las previstas originalmente"[384]. El Consejo de Estado francés, para calificar estas obras, emplea expresiones como "trabajos extraños al objeto del contrato", "trabajo que no puede ser visto como formando parte de la ejecución del contrato concluido", "o que no se parece en nada al que había sido previsto"[385].

En cambio, la obra no prevista es aquella que, aun cuando no figuraba en el contrato, no le es enteramente extraña, o también "aquella que, aunque prevista, la Administración prescribe condiciones de ejecución diferentes, sin que estas condiciones nuevas trastornen la economía del contrato"[386]. Por tanto, tal como se ha visto anteriormente, es posible introducir modificaciones a los contratos administrativos de obras públicas cualitativamente, siempre que no constituyan obra nueva, sino obras complementarias o no previstas. De esta manera, y aun cuando las cláusulas del contrato indiquen que el contratista está obligado a ejecutar cualesquiera modificaciones o trabajos especiales que le fueron impuestos, esto hay

---

383 Cfr. E. Sayagués Laso, *Tratado de Derecho Administrativo, cit.*, tomo II, p. 104; M. B. Bercaitz, *Teoría general de los contratos administrativos, cit.*, p. 305.

384 Véase André de Laubadère, *Traité Elémentaire de Droit Administratif, cit.*, tomo II, pp. 296-297.

385 Véase André de Laubadère, *Traité Théorique et Pratique des Contrats Administratifs, cit.* tomo II, p. 390.

386 Cfr. André de Laubadère, *Traité Elémentaire de Droit Administratif, cit.*, tomo II, p. 397; André de Laubadère, *Traité Théorique et Pratique des Contrats Administratifs, cit.*, tomo III, p. 391.

que interpretarlo a la luz de los términos que se refieran al objeto del proyecto, los cuales excluyen el derecho para la Administración de ordenar unilateralmente modificaciones profundas y radicales que constituirían una obra nueva y extraña al proyecto adjudicado. "Semejantes modificaciones -señala M. A. Flamme- aparecen generalmente como habiendo escapado a las previsiones de las partes, y como de naturaleza, en todo caso, a dar al contratista una posición muy distinta de la resultante para él del proyecto primitivo; su ejecución, lejos de poder ser impuesta al titular del contrato primitivo, está subordinada a la obtención de su consentimiento en cuanto a la elaboración de un acta adicional al contrato primitivo. En definitiva, debe decirse que el poder de modificación unilateral de la Administración no escapa a toda condición de medida: las modificaciones permitidas al dueño de la obra deben mantenerse en los límites de la operación prevista por el contrato y no podrán ir hasta alterar su fundamento, hasta el punto de hacer una operación totalmente diferente".[387]

En definitiva, en cuanto a los límites contractuales al poder de modificación unilateral relacionados con el objeto del contratante, debe señalarse que ninguna modificación puede alterar las bases de éste.[388]

En cuanto a las modificaciones cuantitativas a las obras previstas en el contrato, es evidente que éstas no deben pasar de una cierta amplitud[389]. Esta limitación cuantitativa, sin embargo, amerita alguna aclaratoria en relación al contrato en concreto. En efecto, en la mayoría de los sistemas de derecho comparado el límite a las modificaciones unilaterales a las cantidades de obra que pueda ordenar la Administración está determinado en el propio contrato. Por ejemplo, en Uruguay, el límite de los aumentos o disminuciones de obra se ha fijado en un sexto del monto total del contrato[390]; en Argentina, las modificaciones no debían pasar el 20 % del valor originario del contrato[391], y en países como España, el límite de las modificaciones estaba situado entre un 10 o un 20% del monto del contrato[392].

En Francia, los pliegos de condiciones generales determinan desde hace largo tiempo el derecho a pedir la rescisión inmediata del contrato en caso

---

387 Veáse M. A. Flamme, *Los contratos de obras públicas de la Administración, loc. cit.* p. 85.

388 Cfr. José F. Rieffolo Bessone, *Contrato de obra pública*, Buenos Aires, 1946. p. 68; M.A. Flamme: *Los Contratos de obras públicas de la Administración, loc. cit.*, p. 85; R. Bielsa: *Derecho Administrativo*, tomo II, Buenos Aires, 1955, p. 360.

389 Cfr. Andre de Laubadère, *Traite Theorique et Pratique des Contrats Administratifs, cit.*, tomo II, p. 388.

390 E. Sayagués Laso, *Tratado de Derecho Administrativo, cit.*, p. 103.

391 Cfr. R. Bielsa, *Derecho Administrativo, cit.*, tomo II, p. 360; M. A. Bercaitz, *Teoría General de los Contratos Administrativos, cit.*, p. 304.

392 Véase L. López Rodó y A. Guaita, "Los contratos de obras públicas en España", en *Revista de Administración Pública*, N° 21, Madrid, 1956, p. 303.

de aumento o disminución de la masa general de los trabajos que sean superiores a un sexto del monto del contrato[393].

En nuestro país, las cláusulas de Condiciones Generales de Contratación para la ejecución de obras hasta 1991 (por ejemplo, Decreto N° 1.802 de 1985) establecían el siguiente límite a los aumentos de cantidades de obra:

"*Artículo 61.* Cuando las cantidades de obra de una o más partidas del presupuesto original sobrepasen el treinta por ciento (30%) de lo que para esas partidas se hubiere previsto en dicho presupuesto, o el límite que para esas variaciones se estableciere en el Documento Principal o en uno de sus anexos, cualquiera de las partes contratantes podrá pedir reconsideración de los precios unitarios respectivos, y de haber acuerdo entre ellas se someterá lo acordado a aprobación del Organismo Contralor competente.

Los precios unitarios que resultaren así aprobados se aplicarán a las cantidades de obra correspondientes a los aumentos que sobrepasen los límites establecidos para variaciones en las cantidades de obra".

Además, fuera cual fuere el motivo de los pagos adicionales que tuviera que hacer el ente público al contratista en relación al presupuesto de obra, se establecía en dichas Cláusulas Generales que el límite máximo que podía tener el presupuesto de obra, sería una cantidad equivalente al ciento cuarenta y cinco por ciento (145%) de su monto original, sin perjuicio de que excedido este límite, pudiera el contratista formular las reclamaciones o acciones que estimase pertinentes sobre la base de las pruebas de que pudiera disponer (artículo 84). Estos límites fueron eliminados en la reforma de 1991.

Por ello, en caso de no existir un límite legal o reglamentario al poder de modificación unilateral de las cantidades de obra que debe realizar el contratista y en ausencia de una norma contractual, los límites deben buscarse en los principios generales que informan la contratación administrativa y que se analizarán más adelante.

Por último, y en cuanto a los límites contractuales, es necesario señalar que las modificaciones unilaterales impuestas por la Administración no pueden tocar ciertas cláusulas del contrato. En efecto, entre las cláusulas de los contratos administrativos pueden distinguirse: unas que interesan al funcionamiento del servicio o ejecución de la obra y ponen en juego sus necesidades, y otras que son extrañas al servicio. Estas últimas son esencialmente aquellas concernientes a las ventajas consentidas al co-contratante, y en particular los elementos financieros del contrato; por ejemplo, el precio estipulado. Estas cláusulas no pueden ser modificadas

---

393 Cfr. André de Laubadère, *Traite Théorique et Pratique des Controts Administratifs, cit.*, tomo II, pp. 392 y ss. G. Jéze, *Principios generales del Derecho Administrativo, cit.* tomo II, pp. 259 y ss. P. L. Josse, "Marché de Travaux Publics", *loc. cit.*, p. 354.

unilateralmente por la Administración, pues el fundamento de tal poder, es decir, la necesidad de adaptar el contrato a las exigencias del servicio o de la obra, no abarca sino las cláusulas que pueden interesar el funcionamiento del servicio o la ejecución de la obra, entre las cuales no están incluidas las cláusulas económicas[394]. En este sentido, tal como lo señala Lares Martínez, la facultad de modificación unilateral "no puede ejercerse con respecto a las ventajas financieras establecidas en el contrato en provecho del contratista. Los derechos patrimoniales del contratista deben respetarse y, por tanto, son intangibles".[395]

c'. Límites derivados de los principios generales que informan la contratación administrativa

De acuerdo con el artículo 1.160 del Código Civil los contratos deben ejecutarse de buena fe, y obligan no solamente a cumplir lo expresado en ellos, sino a todas las consecuencias que se derivan de los mismos contratos, según la equidad, el uso o la ley. Esta norma establece el principio fundamental del derecho contractual, aplicable tanto a los contratos administrativos como a los contratos de derecho privado de que los contratos deben ser ejecutados de buena fe[396]. En efecto, tal como lo ha señalado la antigua Corte Federal y de Casación, el derecho privado "sigue siendo el derecho común en todo aquello que en dichos contratos (administrativos) no ofrezcan una naturaleza especial, un concepto nuevo de justicia, inconciliables con los preceptos civiles y mercantiles que rigen los contratos entre simples particulares[397].

Ahora bien, en los contratos administrativos no sólo tiene plena aplicación el principio de la ejecución de buena fe, sino que éste se complementa con "un concepto nuevo de justicia" para emplear la frase de la Corte, derivado de la posición de subordinación en que se encuentra el co-contratante de la Administración frente a ésta[398]. Esta posición de subordinación que permite a la Administración utilizar determinados poderes

---

394 Cfr. André de Laubadère, *Traité Théorique et Pratique des Contrats Administratifs, cit.*, tomo II, p. 339; André de Laubadère, *Traité Elémentaire de Droit Administratif, cit.*, tomo II, pp. 301 y ss. André de Laubadère, « Du pouvoir de l'administration d'imposer unilateralment des chengements aux dispositions des contrats administratifs », *loc. cit.*, p. 58.

395 Véase Eloy Lares Martínez, *Manual de Derecho Administrativo, cit.*, p. 215; Cfr. M.A. Bercaitz: *Teoría general de los contratos administrativos, cit.* p. 301: G. Vedel, *Droit Administratif, cit.*, tomo II, p. 604; J. Rivero, *Droit Administratif, cit.* p. 108.

396 Cfr. André de Laubadère, *Traité Théorique et Pratique des Contrats Administratifs, cit.*, tomo II, pp. 102 v 186; E. Sayagués Laso, *Tratado de Derecho Administrativo*, tomo I, Montevideo, 1953, p. 570.

397 Véase Sentencia de 5 de diciembre de 1944 en Allan R. Brewer-Carías, "Los contratos administrativos en la jurisprudencia administrativa venezolana", *loc. cit.*, p. 134.

398 Véase Sentencia de la antigua Corte Federal de 12 de noviembre de 1954, en Gaceta Forense, N° 6, Vol. I, 1954, p. 193.

unilaterales -entre ellos, el de modificación- debe tener una protección, derivada de la racionalidad con que debe ser ejecutado el contrato por la Administración y con el cual debe ser empleado el poder modificatorio. En esta forma, del principio de la buena fe, como norma en la ejecución de los contratos administrativos[399], surgen una serie de limitaciones al poder de modificación unilateral, el cual no puede nunca ser irrestricto, absoluto y discrecional.

En primer lugar, tal como lo ha señalado A. de Laubadère, "la Administración no puede utilizar su poder de modificación para imponer al co-contratante cambios excesivos que sobrepasen una medida razonable o que excedan las posibilidades razonables del co-contratante[400]. Es decir, tanto las modificaciones cuantitativas de la obra como las cualitativas, deben quedar encuadradas dentro del "standard de la razonabilidad"[401]. Por ello, la antigua Corte Federal y de Casación ha señalado, aun en relación con las modificaciones cuantitativas, éstas deben imponerse "dentro de ciertos límites que no desnaturalicen" a la obra.[402]

En segundo lugar, las modificaciones unilaterales en los contratos administrativos no deben "exceder de los medios de que pueda disponer el contratista"[403]; es decir, "no deben exceder las posibilidades técnicas o económicas del co-contratante"[404]. En este sentido, por ejemplo, P. L. Josse señala:

> "Un contratista que ha aceptado efectuar un trabajo de mediana importancia puede que no disponga de los medios necesarios para concluir una obra que se ha convertido mucho más extensa por las órdenes de la Administración. En estos casos es poco equitativo rehusar una indemnización por el tiempo perdido, por los gastos efectuados para los nuevos trabajos, así como por la privación del beneficio que había calculado en relación a un contrato poco o menos importante"[405].

---

399 Cfr. M. A. Bercaitz, *Teoría general de los contratos administrativos, cit.*, p. 306.

400 Véase André de Laubadère, "Du pouvoir de l'administration d'imposer unilateralment des changements aux dispositions des contrats administratifs", loc. cit., p. 41 y 59; Cfr. Long, Weil y Braibant, *Les Grands Arrets de la Jurisprudence Administrative, cit.*, p. 35.

401 Véase M. A. Bercaitz, *Teoría general de los contratos administrativos, cit.*, pp. 304, 305 y 306.

402 Véase Sentencia de 5 de diciembre de 1944, en Memoria 1945, tomo I, p. 290

403 Véase Eloy Lares Martínez, *Manual de Derecho Administrativo, cit.*, p. 250.

404 Véase André de Laubadère, "Du pouvoir de l'administration d'imposer unilateralment des changements aux dispositions des contrats administratifs", *loc. cit.*, p. 41; André de Laubadère, *Traité Théorique et Pratique des Contrats Administratifs, cit.*, tomo II, p. 339; M. Waline, "L'évolution récente des rapports de l'Etat avec ses co-contratans", en *Revue de Droit Public et de la Science Politique*, Paris, 1951, N° 1, p. 20; G. Jéze, *Principios generales del Derecho Administrativo, cit.*, tomo IV, pp. 234 y 258; R. Bielsa, *Derecho Administrativo, cit.*, tomo II, p. 360, Nota N° 244.

405 Véase P. L. Josse, "Marché de Travaux Publics", *loc. cit.*, p. 354.

Por último, la Administración tampoco puede pretender -porque ello iría contra el principio de la buena fe- introducir modificaciones en el contrato que por su importancia y amplitud conduzcan "a un trastorno grave del contrato y de su economía general"[406]. En estos casos es al juez a quien corresponde apreciar las señaladas condiciones.

En esta búsqueda, el juez no debe contentarse con una simple apreciación en valor absoluto de la importancia de los cambios impuestos, sino que debe en realidad investigar, sobre todo, si la modificación en cuestión conduce o no a un trastorno del contrato o a desnaturalizarlo en relación a la concepción que de él se habían hecho las partes en el momento de su conclusión[407].

Por último, el otro límite contractual al poder de modificación unilateral resulta de la lesión a los derechos del contratista por la modificación unilateral, que debe ser indemnizada. Por ello, la antigua Corte Federal y de Casación no sólo ha reconocido plenamente el poder de la Administración de modificar unilateralmente los contratos administrativos según aconseje el interés público, sino que también ha reconocido expresamente que cuando esos "cambios o rectificaciones sean de tal magnitud que desnaturalicen o cambien sustancialmente la obra o el servicio contratados se reconoce al contratista el derecho de solicitar prórrogas y compensaciones y aun la resolución del contrato".[408]

Con base en esto, el ejercicio con menor o mayor intensidad y extensión del poder de modificación unilateral de los contratos llamados administrativos trae como consecuencia que el particular contratante tenga derecho a recibir una indemnización o a solicitar una prórroga o, en ciertos casos, a pedir la rescisión del contrato.

D. La facultad de rescisión unilateral del contrato

Ha expresado la antigua Corte Federal que "en el campo de acción de los contratos administrativos, y aunque no conste en las cláusulas de la convención, la rescisión unilateral de ellos, cuando así lo demandan los intereses generales y públicos, es una facultad que la Administración no puede enajenar ni renunciar"[409]; y así, conforme lo decidió la antigua Cor-

---

406 Véase André de Laubadère, *Traité Théorique et Pratique des Contrats Administratifs*, *cit.*, tomo II, p. 339; André de Laubadère, *Traité Elémentaire de Droit Administratif*, *cit.*, tomo II, p. 296.

407 Cfr. André de Laubadère, *Traité Théorique et Pratique des Contrats Administratifs*, *cit.*, tomo II, p. 389.

408 Véase Sentencia de 5 de diciembre de 1944, en Memoria 1945, tomo I, p. 285.

409 CF. 12-11-54, G.F. N° 6 (22a Etapa) 1954, pp. 191-192. A este respecto la Procuraduría General de la República ha sostenido que "es un principio de derecho administrativo aceptado por la mayoría de los ordenamientos jurídicos modernos, que el Estado tiene

te Federal y de Casación, en sentencia de fecha 5 de diciembre de 1945, en esos contratos administrativos, por cuanto en ellos va envuelto el interés general, el particular contratista no puede oponer a la Administración la regla *inadimpleti non est adimpledum*.[410]

Por otra parte, aun en el caso de que una cláusula del contrato establezca que el incumplimiento por parte del co-contratante de una cualquiera de las cláusulas que se estipulan en el contrato da derecho a la Administración para demandar judicialmente la resolución del mismo, la Administración puede también rescindir unilateralmente el contrato. Esa cláusula sólo consignaría, a mayor abundamiento, el derecho que en todo caso asiste a la Administración para pedir judicialmente, si así lo creyere conveniente, conforme al artículo 1.167 del Código Civil, la resolución del contrato en caso de incumplimiento del mismo por parte del co-contratante[411], pues, al lado de ese derecho, queda siempre incólume la facultad de la Administración, conforme a lo expresado, de rescindir unilateralmente el contrato administrativo sin incurrir en violación de éste ni exponerse a ilegalidad en el acto administrativo que dicta la ejecución[412].

En definitiva, la facultad de rescindir unilateralmente el contrato administrativo es consecuencia inmediata del carácter de subordinación de la relación jurídica que crea el contrato como resultado del fin perseguido. Esta facultad es, quizás, una de las características más originales de la teoría de los contratos administrativos, ya que contradice de una manera radical los principios fundamentales del derecho privado en materia contractual.

Por otra parte, la facultad es tan inherente al contrato llamado administrativo que la Administración no podría renunciar a ella ni enajenarla[413].

---

facultad para rescindir unilateralmente los contratos que haya firmado cuando así lo aconseje el interés público, al cual necesariamente debe subordinarse el interés particular. El mencionado principio deroga claramente el establecido por nuestro Código Civil en materia contractual, el cual establece que los contratos no pueden ser rescindidos sino por mutuo consentimiento. La posición especial y privilegiada del Estado sobre los particulares justifica esa derogación; posición especial y privilegiada que favorece al Estado y que encuentra su justificación en la alta misión del administrador de la cosa pública que tiene como único objeto el beneficio de los administrados". Tal fue el criterio sustentado por la Procuraduría de la Nación en escrito dirigido a la Corte Federal con fecha 3 de agosto de 1960 (Informe al Congreso Nacional 1960, Caracas, 1961, p. 312).

410 Actuaciones en 1945, pp. 304 y ss.

411 Artículo 1.167 del Código Civil.

412 CF 12-11-54, G.F. N° 6, 1954, pp. 193-194. Véase en relación a las concesiones de servicios públicos, Doctrina PGR 1981, Caracas, 1982, pp. 47-51.

413 CF 12-11-54, G.F. N° 6, 1954, pp. 204-206. La rescisión unilateral, sin embargo, no requiere de la aprobación previa de la Contraloría General de la República. Véase CGR Dictámenes de la Consultoría Jurídica 1938-1963, tomo I, Caracas, 1963, p. 235.

Esta facultad de rescindir unilateralmente el contrato administrativo puede utilizarla la Administración, haya falta o no del contratante[414]. Es decir, puede ser utilizada por la Administración como sanción al incumplimiento del co-contratante a sus obligaciones contractuales, sobre lo cual ya hemos razonado. En este caso, cuando de parte del co-contratante hay una falta, la rescisión unilateral del contrato por parte de la Administración no produce derecho de indemnización en favor del co-contratante de ésta: él ha incumplido y justamente ha sido sancionado.

Pero la facultad de rescindir unilateralmente el contrato administrativo es un derecho inherente a la función administrativa aun cuando la Administración lo ejerza sin falta alguna por parte del co-contratante, sino en atención a las exigencias cambiantes del interés público o general.

Así se expresa, formalmente, por ejemplo, en las Condiciones Generales de contratación para la ejecución de obras (Decreto N° 1.821 de 1991), en los términos siguientes:

> "*Artículo 115*. El ente contratante podrá desistir en cualquier momento de la construcción de la obra contratada, aun cuando ésta hubiese sido comenzada y aunque no haya mediado falta del contratista. En cualquier caso, su decisión deberá ser notificada por escrito".

Pero en este último sentido, ha establecido la Corte Suprema que la facultad de la Administración para rescindir unilateralmente el contrato, cuando así lo exija el interés general, no la exime, de una manera absoluta, de indemnizar al co-contratante cuando para éste, sin su culpa, se han derivado perjuicios de la rescisión. La indemnización en este caso, como cuando se trata de una expropiación por causa de utilidad pública o social, es la que esté conforme con la justicia y la equidad[415]. Así se prevé, además, expresamente, en el caso de la rescisión unilateral mencionada de las Condiciones Generales de Contratación en los contratos de obra, al indicarse que en los casos del artículo 115, conforme al artículo 116, el ente contratante debe pagar al contratista no sólo el valor de la obra ejecutada y de los materiales y equipos que hubiere adquirido para la obra, sino una indemnización conforme a unos porcentajes expresamente previstos[416].

---

414 Véase en este sentido la doctrina del Ministerio de Justicia en Allan R. Brewer-Carías, *Jurisprudencia de la Corte Suprema 1930-74 y Estudios de Derecho Administrativo*, tomo III, Vol. II, Caracas, 1977, p. 627.

415 CF. 12-11-54, G.F. N° 6, 1954, pp. 204-206. Véase, además, CGR Dictámenes de la Consultorio Jurídica 1938-1968, tomo III, Caracas, 1968, pp. 61-67.

416 Por ello sostuvo la Corte Federal y de Casación en Sentencia de 5-12-44 que "en los contratos de tracto sucesivo como los de obra pública, la rescisión del contrato tiene efecto ex nunc, es decir, hacia el futuro, quedando irreformable todo lo realizado en el pasado". Véase en Memoria 1945, tomo I, p. 294. Por ello, asimismo, la Consultoría Jurídica del antiguo Ministerio de Obras Públicas sostuvo que en caso de rescisión unilateral la Administración no puede retener o suspender los pagos debidos al contratista,

Esta figura de la rescisión unilateral de los contratos es similar a los casos, por ejemplo, de rescate anticipado de la concesión en las concesiones de obra pública previstas en la ley respectiva (artículos 79 y 80) y en materia de las concesiones municipales de servicios públicos o explotación de bienes, en el artículo 42 de la Ley Orgánica de Régimen Municipal.

E. La facultad de tomar decisiones ejecutivas respecto a la inteligencia del contrato

La antigua Corte Federal desde 1954 ha sostenido la facultad, por parte de la Administración, de tomar decisiones ejecutivas respecto a la inteligencia del contrato, es decir, respecto a la interpretación del mismo[417]. Y ciertamente, si se tiene en cuenta que el contrato obliga al co-contratante, no solamente a cumplir lo expresado en él, sino a cumplir todas las consecuencias derivadas de las exigencias de la utilidad o interés público general o de la finalidad de servicio público, fácil es comprender la facultad de la Administración de tomar decisiones ejecutivas respecto a la interpretación del contrato y el alcance de las obligaciones del co-contratante.

Esta facultad, sin embargo, no está normalmente regulada en forma expresa. Por ejemplo, en el Decreto Nº 1.821 de 1991, sobre las Condiciones Generales de Contratación en los contratos de obra lo que prevé para aclarar el contenido del Documento Principal del contrato o para determinar cualquier otra circunstancia no prevista en ellos, es la posibilidad de que el ente contratante y el contratista celebren acuerdos o convenios con tal fin (artículo 4); sin embargo, si con motivo de la inspección del contrato surgen divergencias de opinión entre las partes, el ente contratante tiene la potestad de decidir en forma razonada sobre la interpretación concreta del contrato (artículo 51).

3. Los derechos del co-contratante de la administración

A. El equilibrio financiero del contrato y los derechos del co-contratante de la Administración

El co-contratante de la Administración está guiado principalmente, al contratar, por un interés privado patrimonial, financiero o económico.

---

pues, para responder a los daños y perjuicios es que se constituyen las garantías. Véase MOP Dictámenes de la Consultoría Jurídica 1969, Caracas, 1970, p. 23.

417 CF. 12-11-54, G.F. Nº 6, 1954, pp. 191-194.

Este interés económico privado se materializa fundamentalmente en la contraprestación que, por el cumplimiento de sus obligaciones contractuales, debe recibir generalmente de la Administración contratante, el co-contratante de ésta.

Estas contraprestaciones están representadas por el precio que debe pagar la Administración al co-contratante, por el derecho de este último a la exoneración de ciertas tasas o contribuciones[418], o por el precio que por la prestación que realiza el co-contratante le deben pagar los usuarios del servicio, manifestado en forma de tasas.

Pero el co-contratante de la Administración, además del derecho a su contraprestación económica, tiene un derecho inherente al contrato y es el derecho al equilibrio financiero del mismo, es decir, a la inmutabilidad de la ecuación económica del contrato cuando la mutación le causa perjuicios419, sea que la modificación provenga de un acto de la propia Administración Pública, de modificación o rescisión sin culpa del co-contratante, sea de modificación surgida en la ecuación económica proveniente de hechos ajenos a la voluntad de las partes contratantes. Este derecho a la inmutabilidad de la ecuación económica del contrato se materializa en un derecho, por parte del co-contratante, a recibir una indemnización de la Administración.

Estudiaremos entonces, en primer lugar la remuneración del co-contratante, y en segundo lugar, su derecho a indemnización.

B. El derecho a la contraprestación económica

El régimen de la remuneración contractual en los contratos de la Administración es semejante al de los contratos de derecho privado, es decir, en principio, si el co-contratante tiene la obligación de ejecutar las prestaciones a que se ha obligado en el contrato, la Administración también está obligada a remunerar al co-contratante por su cumplimiento.

De esta manera, tratándose de un contrato sinalagmático y salvo limitaciones provenientes del interés público, en principio el co-contratante de la Administración puede negarse a ejecutar su obligación si la Administración no ejecuta la suya, salvo que se hayan fijado fechas diferentes para la ejecución de ambas obligaciones.[420]

---

418 Véase sobre esto la sentencia de la Corte Primera de lo Contencioso-Administrativo de 12-2-87, en *Revista de Derecho Público*, N° 29, 1987, pp. 117-118.

419 CF 12-11-54, G.F. N° 6 1954, pp. 204-206. Véase también la sentencia de la CFC de 9-3-39 en Resumen CFC en SPA 1940-1951, p. 70 y en Memoria 1940, tomo I, p. 350.

420 Es la excepción non adimpleti contractus o de contrato no cumplido, artículo 1168 C.C.

Pero la remuneración del co-contratante no se manifiesta siempre como el pago de un precio, como es el caso de los contratos de obra pública. También puede manifestarse, además del precio, como una ventaja económica que concede la Administración: es el caso, por ejemplo, de la exoneración de determinados impuestos otorgados como compensación contractual[421].

En los casos de concesión de servicio público de obra pública, la remuneración del co-contratante de la Administración consiste generalmente en la percepción de tarifas que pagan los usuarios del servicio o de la obra.

Cuando se trata de pago de un precio, en los contratos de obra pública o de suministros y, sobre todo, en el primer caso, que implica un financiamiento mayor de los trabajos, es normal la concesión, antes del comienzo de la obra por parte del co-contratante, de un anticipo del precio para facilitarle al co-contratante el financiamiento de la obra.

El resto del precio de estos contratos, que son de tracto sucesivo, lo paga la Administración generalmente por relación de obras ejecutadas que debe presentar el co-contratante y, por tanto, el pago del precio se distribuye en relación con los trabajos ejecutados.

Ahora bien, en relación a la contraprestación económica en los contratos administrativos, debemos destacar dos aspectos que presentan peculiaridades en la ejecución de algunos de ellos: en primer lugar, el tema del derecho al precio y a su pago en la forma convenida en los contratos de obra pública y, en segundo lugar, el tema de la variación de precios o tarifas particularmente en las concesiones de servicios públicos como mecanismo de protección a la contraprestación económica del concesionario.

a. *El derecho al precio y a su pago en la forma convenida en los contratos de obra pública*

Es indudable que, en general, en los contratos de obra pública, como contratos a título oneroso[422], la ventaja que trata de procurarse el contratista de la Administración, equivalente a la construcción por su cuenta y riesgo de

---

421 Véase sentencia C.F.C. de 9-3-39 en Resumen CFC en SPA 1940-1951, p. 70, y en Memoria 1940, tomo I, p. 350. Véase, además, Sentencia de la Corte Federal y de Casación de 10-3-41 en Memoria 1942, tomo I, p. 327; y Sentencia de la Corte Primera en lo Contencioso-Administrativo de 12-2-87 en *Revista de Derecho Público*, N° 29, Caracas, 1987, pp. 117-118.

422 Artículo 1.135 C.C. Véase en general, Allan R. Brewer-Carías: "Consideraciones sobre el derecho del contratista en los contratos de obras públicas: el derecho al precio y a su pago en la forma convenida", en *Revista de Derecho Público*, N° 28, Caracas, 1986, pp. 35 y ss.

una obra, es el precio de la obra pactada en el contrato. El precio es, así, el más importante de los derechos del co-contratante, y aparece como uno de los elementos primarios que llevan al particular a celebrar el contrato.

Desde el punto de vista contractual, además, el precio es un elemento esencial del contrato de obra pública que constituye la obligación principal de la Administración y el derecho fundamental del contratista a percibirlo por la ejecución de la obra, según las condiciones del contrato.

a'. La modalidad del pago a cuenta

En materia administrativa, en principio, y de acuerdo al principio financiero tradicional, los pagos sólo pueden ordenarse respecto de "servicios o gastos ya efectuados y comprobados". Así lo prevé el artículo 198 de la Ley Orgánica de la Hacienda Pública Nacional, en el cual se establece que

> "Ningún pago autorizado puede ordenarse por cuenta del Tesoro Nacional, sino para satisfacer un servicio o gasto ya efectuado y comprobado".

Por supuesto, un principio tan rígido obligaría en materia de contratos de obra pública a estipular como única forma de pago, la de pago global y alzado, al finalizar la ejecución de la obra y comprobarse efectivamente el gasto, lo que ha provocado la introducción legislativa de excepciones ha dicho principio hacendístico. Como lo destacó desde hace décadas Gastón Jèze:

> "Si se interpretase rigurosamente el principio contable del -pago después del servicio prestado, en caso de que se trate de grandes obras públicas que duran varios años, la Administración correría el riesgo de no hallar empresario que tenga disponibilidades suficientemente considerables para esperar durante mucho tiempo su liquidación, máxime si se tiene en cuenta que la ejecución de los trabajos exigirá fondos enormes, materiales, maquinarias, salarios, etc. En todos los casos, la Administración sufriría el efecto de las dificultades económicas del empresario, en forma de aumento de los precios del contrato"[423].

En similar posición expuso M. André Flamme la situación comparada en materia de contratos de obra pública en 1956:

---

423 Véase G. Jèze, "Principios Generales del Derecho Administrativo", tomo V (*Teoría General de los contratos de la Administración,* Segunda Parte), Buenos Aires, 1950, p. 277.

"Todos los países conocen, parece, el principio fundamental de la contabilidad pública en virtud del cual los pagos no pueden ser realizados más que sobre justificación de un servicio realizado. De lo que resulta que, en ausencia de estipulación contraria, la regla es el pago único después de la terminación de las obras.

"Sin embargo, es muy probable que una interpretación rigurosa de este principio hubiese hecho correr el riesgo a la Administración, en el caso de grandes obras públicas que se realizan durante varios años, de no encontrar empresario disponiendo de recursos bastante considerables para atender tanto tiempo su arreglo cuando la realización de las obras habría necesitado la inversión de grandes fondos (materiales, utillaje, salarios, gastos generales, etc.).

"Evidentemente, la Administración no habría dejado de sufrir la repercusión de las dificultades de tesorería del empresario bajo la forma de aumento de precios del contrato y esta consideración le ha incitado a conciliar la regla fundamental antes citada con una entrega más rápida y más regular de las cantidades debidas a sus contratantes en razón de los servicios realizados, aunque fuesen parciales"[424].

Precisamente para suavizar la regla fundamental hacendística del pago después del servicio prestado, el mismo Jèze destacaba a principios de este Siglo dos sistemas en materia de contratos de obra pública: el de anticipos y el de pagos a cuenta, mediante los cuales la Administración no tiene que esperar que la obra esté completamente terminada para entregar dinero al contratista[425]. Precisamente, entre las excepciones legales al principio hacendístico venezolano del artículo 198 de la Ley Orgánica de la Hacienda Pública Nacional, de que no puede ordenarse pago alguno sino para satisfacer un servicio o gasto ya efectuado y comprobado, están "los adelantos a los administradores, contratistas o empresarios de trabajos u obras que se ejecuten por cuenta de la Nación".

De acuerdo a esta excepción, por tanto, y como lo captó el mismo Jéze, "para facilitar al empresario la gestión financiera de su empresa"[426], es normal en los contratos administrativos de obra pública el establecimiento de una modalidad de pago mediante anticipo y pago a cuenta por obra ejecutada que M. A. Flamme ubica como una modalidad de financiamiento administrativo de los contratos de obra pública[427]. Conforme a esta modalidad, si bien desde el punto de vista jurídico, la indivisibilidad de la obra pública permanece contable y financieramente, sin embargo, a los efectos del pago, la obra se va dividiendo en partes, para justificar los pa-

---

424 Véase en Maurice-André Flamme, "Los Contratos de Obras Públicas de la Administración", en *Revista de Administración Pública*, N° 21, Madrid, 1956, p. 87.

425 Op. cit., pp. 277 y ss.

426 Op. cit., p. 278.

427 Véase Maurice-André Flamme, "Los Contratos de Obras Públicas de la Administración", *loc. cit.*, p. 90.

gos parciales. En este sentido, en las Condiciones Generales de Contratación para la ejecución de obras que siempre ha utilizado la Administración Pública en Venezuela, y que se recogieron por primera vez en un acto administrativo de efectos generales, adoptado unilateralmente, como la Resolución N° 388 del Ministerio de Obras Públicas de 26 de agosto de 1975[428], se estableció como modalidad o forma de pago[429], la siguiente (cláusula 11-01):

a)   Un porcentaje del precio convenido, en calidad de Anticipo.

b)   El saldo, mediante adelantos de parte del precio de la obra, contra presentación de valuaciones de obra ejecutada, debidamente comprobada por el Ingeniero Inspector, conformadas por éste y por su supervisor inmediato.

Además, las mencionadas Condiciones Generales (cláusula 12-01) establecían la posibilidad de que la Administración, cuando lo juzgase conveniente, podía adelantar alguna cantidad de dinero al contratista en calidad de Anticipo Especial. Estas cláusulas, constituyen cláusulas contractuales, pues forman parte del mismo y, por tanto, son ley entre las partes, razón por la cual, como lo afirma Jèze al referirse a ellas, "el juez sólo tiene que aplicar la común intención de las partes"[430].

b'.   El derecho del contratista a la modalidad de pago

Es evidente que cuando se suscribe un contrato de obra pública, en el cual se establece una determinada forma o modalidad de pago, el contratista no sólo tiene derecho al precio pura y simplemente, sino que también tiene derecho a que el pago se realice en la forma convenida, y tanto uno como el otro aspecto forman parte del principio de la intangibilidad del precio en los contratos administrativos.

Y en cuanto a los contratos de obra pública, la forma de pago con anticipo y a cuenta, en realidad viene a constituir un derecho adicional del contratista, de recibir financiamiento para la ejecución de la obra. Por ello puede decirse que la forma de pago en los contratos de obra pública, por tanto, no es una obligación más sin importancia ni efectos de la Administración, sino que en realidad forma parte del "equivalente económico" del contrato.

En efecto, como lo ha destacado J. L. Villar Palasí, además del principio del equivalente económico, "hay que señalar una segunda vía mediante la

---

428   Gaceta Oficial N° 30.376 de 4-9-75.

429   Lo que se ha seguido estableciendo, con posterioridad, en el Decreto N° 2.189 de 7-6-77 en Gaceta Oficial N° 2.089 Extraordinario de 28-9-77; en el Decreto 1.802 de 20-1-83 en Gaceta Oficial N° 3.111 Extraordinario de 18-3-83, y en el Decreto N° 1.821 de 30-8-91 en Gaceta Oficial N° 34.797 de 12-9-91.

430   Op. cit., p. 281.

cual la Administración trata de aliviar financieramente al contratista del peso que la cuantía económica de los contratos administrativos de obras y servicios supone para él y de los perjuicios e inseguridades que la desigualdad de las partes propia del contrato administrativo puedan ocasionarle. Lo cual no es, en fin de cuentas, sino un sistema de compensaciones indirectas por su colaboración subordinada en la consecución de fines públicos"[431]. Esta apreciación lleva a este autor a estudiar la teoría del pago y, en concreto, a las técnicas de pago a cuenta y anticipos, propias del contrato de obra pública, que están inspiradas por la misma finalidad del equivalente económico y que "son una vía indirecta de remuneración económica por la ayuda financiera que para el contratista suponen".[432]

Por tanto, forman parte del equivalente económico del contrato tanto el precio en sí mismo como los beneficios financieros derivados de la forma de pago a cuenta.

En tal sentido es ilustrativa la opinión de José Roberto Dromi:

> "El precio del contrato debe ser pagado en el lugar, en el tiempo, en la forma y en las condiciones que hayan sido fijadas por las partes en el contrato o por acuerdo posterior, y la observancia de estas circunstancias sirve también a mantener su real intangibilidad.
>
> El contratante es un empresario, económicamente hablando, y corre con las aleas de su empresa: ganancia o pérdida. Antes de contratar ha hecho sus cálculos sobre la base de la remuneración consignada en el contrato. Cuenta legítimamente con que esta remuneración se le pagará íntegra y puntualmente. La regularidad y oportunidad del pago previsto (en el contrato) se constituye en un presupuesto vital del mismo"...[433].

Por tanto, cuando en el texto mismo del contrato se establece una modalidad de pago, ella es parte esencial del contrato y, en consecuencia, de los derechos y obligaciones de las partes: el contratista tiene derecho al precio y a que éste se pague en la forma y modalidad prevista en el contrato; y la Administración, igualmente, no sólo tiene una obligación pura y simple de pagar una suma de dinero, sino de pagarla en una oportunidad u oportunidades determinadas en el contrato.

---

431 Véase J. L. Villar Palasí, *Lecciones sobre contratación administrativa*, Madrid, 1969, p. 228.

432 Idem, p. 229.

433 Véase José Roberto Dromi, "Régimen de pago en el contrato de obras públicas", en *Jurisprudencia Argentina*, N° 5.113, agosto 29 de 1979, p. 4.

c'. La obligación de la Administración de cumplir la modalidad de pago

En esta forma, tanto el precio como sus modalidades de pago forman parte de las ventajas financieras del contrato establecidas en favor del contratista, las cuales son intangibles y deben ser inmutables. Eloy Lares Martínez, por ejemplo, ha señalado que la facultad de modificación unilateral "no puede ejercerse con respecto a las ventajas financieras establecidas en el contrato en provecho del contratista. Los derechos patrimoniales del contratista deben respetarse y, por lo tanto, son intangibles"[434].

Por tanto, cuando en un contrato de obra pública, además del precio se establece una forma de pago por anticipos y a cuenta, contra valuaciones de obra, la Administración tiene una obligación adicional que debe cumplir.

En estos casos, Gastón Jèze advertía lo siguiente:

"En esta hipótesis, la Administración debe cumplir, y no puede invocar la falta de fondos disponibles ni ciertas imperfecciones poco importantes de la obra.

La Administración debe cumplir el contrato de buena fe. El empresario no está obligado a ser banquero de la Administración. Los pagos a cuenta se han estipulado para permitir que el empresario no tenga que hacer demasiados adelantos de fondos.

Los atrasos o la negativa a efectuar los pagos a cuenta prometidos, constituyen una violación del contrato, que puede servir de elemento, junto con otras faltas de la Administración, para una demanda de rescisión del contrato"[435].

Tal como lo establece el Código Civil en su artículo 1.160, "los contratos deben ejecutarse de buena fe y obligan no solamente a cumplir lo expresado en ellos, sino a todas las consecuencias que se derivan de los mismos contratos, según la equidad, el uso o la ley".

Los contratos de obra pública, como lo afirman Nectario Andrade Labarca, Humberto J. La Roche y Carlos Delgado Ocando:

"Son celebrados *bona fide* y, como tal, la Administración Pública no podría prevalerse de sus *ius impertí* para imponer al contratista condiciones de excesiva onerosidad ni mucho menos enriquecerse a su costa, conforme al principio jurídico latino *nemo locupletori debet cum aliena jactura* de indiscutible vigencia en materia contractual pública o privada; pero también es

---

434 Véase Eloy Lares Martínez, *Manual de Derecho Administrativo*, 5a ed. Caracas, 1983, p. 335.

435 Op. cit., tomo V, pp. 282 y 283.

cierto que las obligaciones deben cumplirse exactamente como han sido contraídas (artículo 1.264 del Código Civil)...”[436].

d'. La obligación de la Administración de pagar daños y perjuicios en casos de incumplimiento de las modalidades de pago

Con base en lo anterior, por tanto, es evidente que la Administración en los contratos de obra pública está obligada no sólo a pagar un precio sino a efectuar los pagos en la forma estipulada en el contrato.

No se trata, por tanto, de una sola y pura obligación de dar, que tiene por objeto una cantidad de dinero, sino, además, de una obligación de hacer, es decir, de pagar en una oportunidad determinada. De acuerdo al artículo 1.264 del Código Civil:

“Las obligaciones deben cumplirse exactamente como han sido contraídas. El deudor es responsable de daños y perjuicios, en caso de contravención”.

Por tanto, en caso de incumplimiento de la Administración de sus obligaciones contractuales de pagar el anticipo previa presentación de fianza, y las valuaciones de obra ejecutada contra presentación de las mismas, el cocontratante puede reclamar los correspondientes daños y perjuicios, los cuales no se reducen a los solos intereses de mora con base en lo previsto en el artículo 1.277 del Código Civil, conforme al cual:

“A falta de convenio en las obligaciones que tienen por objeto una cantidad de dinero, los daños y perjuicios resultantes del retardo en el cumplimiento consisten siempre en el pago del interés legal, salvo disposiciones especiales”[437].

En efecto, en virtud de que la obligación establecida en los Contratos de Obra Pública a cargo de la Administración no sólo tiene por objeto pura y simplemente “una cantidad de dinero”, como podría ser una deuda de dinero proveniente de un contrato de mutuo sino que, además de estar destinada a cancelar una obra, tiene por objeto efectuar un pago en un tiempo y oportunidades precisamente determinados en el contrato, cabe concluir que el artículo 1.277 del Código Civil no resulta ser la única norma aplicable para la determinación de los daños y perjuicios, en caso de retraso en los pagos debidos por parte de la Administración.

Este, por ejemplo, ha sido el criterio de André de Laubadère cuando al referirse a lo que denomina *dommages-intérets compensatoires*, expresó:

---

436 Véase en el estudio “Imprevisión en los Contratos de Obra Pública”, en *Revista de la Facultad de Derecho*, Universidad del Zulia, N° 26, Maracaibo, 1969, pp. 73 y 74.

437 Conforme al artículo 1.746 del Código Civil, dicho interés legal es el 3% anual. Sobre esto véase Doctrina PGR 1977, Caracas, 1978, pp. 35-42; Doctrina PGR 1977, Caracas, 1978, pp. 30-35.

"El retardo injustificado del pago de sumas debidas por la Administración es susceptible de abrir un derecho del co-contratante, aparte de los intereses moratorios, a daños-intereses compensatorios; pero ello es así bajo dos condiciones:

En primer lugar, es evidente que el co-contratante no pueda pretender acumular intereses moratorios e intereses compensatorios sino cuando el perjuicio que ha realmente sufrido no se cubra satisfactoriamente con los primeros; en otros términos, si el perjuicio derivado del retardo de los pagos ha excedido, de hecho, las consecuencias de la sola privación de capitales durante la duración del retardo. Pero esta primera condición no es suficiente. Es necesario, además, que el retardo de la Administración en efectuar el pago haya sido el resultado por su parte de una «mala voluntad» caracterizada, de manera que una falta grave pueda ser establecida a cargo de ella"[438].

El mismo principio ya lo había destacado el propio Gastón Jèze a principios de Siglo, en la siguiente forma:

"No obstante, el contrato de obra pública es un contrato de buena fe. La Administración ha dado a conocer la intención de hacer pagos a cuenta. Esta intención puede ser obstaculizada por eventos imprevistos. En este caso, los atrasos en los pagos a cuenta representan inconvenientes o riesgos normales de las empresas de obras públicas, que han debido tenerse en cuenta en el momento de la adjudicación (Informe de la Comisión extraparlamentaria encargada por Decreto del 12 de octubre de 1895, de examinar el conjunto de las cuestiones que interesan a las adjudicaciones públicas: «Los atrasos en el pago son siempre muy cortos y no exceden de dos o tres meses; prácticamente sólo se presentan en el primer período del año, que es el menos activo para los talleres y provienen del hecho de que los impuestos tardan cierto tiempo en recaudarse)». Estos atrasos constituyen uno de los áleas de la empresa y deben tenerse en cuenta para la apreciación de la rebaja. Pero no es preciso que una falta de la Administración venga a agravar el perjuicio sufrido por el empresario a consecuencia de este álea. Si puede suministrarse la prueba cierta de la existencia de una falta, de la mala intención de la Administración, hay allí un álea excepcional; el Juez del contrato podrá tomar en consideración la demora en la entrega de los pagos a cuenta.

En caso de mala intención, existe la falta que compromete la responsabilidad de la Administración. El Juez del contrato goza de amplios poderes para la apreciación de esta falta.

---

438 A. de Laubadère, *Traité Théorioue et Pratique des Contrats Administratifs*, tomo I, París, 1970, pp. 83 y 84. En la edición de la obra del Profesor de Laubadère, a cargo de los Profesores Frank Moderne y Pierre Devolvé, de 1983, se enumeran decisiones del Consejo de Estado en las cuales se precisa que para que esa segunda condición se satisfaga, es necesario "una mala fe sistemática de la Administración", una "mala voluntad sistemática" o "negligencias graves o mala voluntad". Véase André de Laubadère, Frank Moderne y Pierre Devolvé, *Traité des Contrats Administratif*, tomo 1, 2° Edición, París, 1983, p. 786.

En principio, la falta de la Administración justifica simplemente una demanda de daños e intereses"[439].

Por tanto, en materia de ejecución de contratos de obra pública, al no circunscribirse la obligación de la Administración pura y simplemente el pago de un precio por una obra concluida, sino a efectuar un anticipo y pagos parciales contra valuaciones de obra ejecutada, en forma y oportunidad establecida contractualmente, los daños y perjuicios causados al contratista por la modificación unilateral de esas modalidades de pago por parte de la Administración, no se pueden circunscribir a los intereses legales como si se tratase, pura y simplemente, de una obligación que tiene por objeto una cantidad de dinero de acuerdo al artículo 1.277 del Código Civil; sino que estos daños y perjuicios por el incumplimiento, no de la obligación de pago, sino de la obligación de hacerlo en momentos precisos tienen su fundamento más bien en los artículos 1.160 y 1.264 del propio Código Civil y por tratarse de un contrato administrativo, en el principio del equilibrio económico del contrato que la Administración debe respetar y restablecer cuando se rompe por actos de ella misma, por actuaciones que le son imputables. Entre esos daños y perjuicios, por ejemplo, estarían todos los costos financieros en los que pudo haber incurrido el contratante de la Administración, por los retrasos de ésta en efectuar los pagos en las oportunidades convenidas.

b. *Las cláusulas de revisión o variación de precios y tarifas en los contratos de obra pública y en las concesiones de servicio público*

No hay duda de que, en nuestro país, comienza a ser cada vez más frecuente la incorporación de cláusulas de variación de precios en los contratos administrativos, como un mecanismo tendiente a prever y resolver por anticipado, los conflictos que puedan surgir entre las partes con motivo de variaciones en las condiciones de ejecución del contrato, que puedan afectar las respectivas prestaciones y derechos de los contratos, y que se produzcan, sea por causas extrañas a la voluntad de las partes o por voluntad de la Administración contratante.[440]

En particular, es frecuente encontrar cláusulas de variación de precios en las concesiones de servicios públicos, mediante las cuales se protege al concesionario respecto de las modificaciones en la ecuación económica del contrato, derivadas de actos de la autoridad contratante o de otra auto-

---

439 Véase, *op. cit.*, tomo V, pp. 287 a 289, y los casos citados en nota N° 472, p. 283 y nota 480, p. 288 de dicha publicación.

440 En relación a estas cláusulas de variación de precios cuando son de carácter escalatorio, la Contraloría General de la Republica ha sostenido que los incrementos de precio deben ser sometidos a aprobación previa. Véase CGR Dictámenes de la Consultoría Jurídica 1969-1976, tomo IV, pp. 269-270.

ridad pública[441]. Pero además, dichas cláusulas de revisión o variación de precios y tarifas, se establecen también en las cláusulas de condiciones generales de contratación e incluso en textos de evidente carácter reglamentario En efecto, por ejemplo, en las Resoluciones del Ministerio de Fomento que han establecido las tarifas que pueden cobrar las empresas concesionarias de los servicios de electricidad a los usuarios, se establece una cláusula de traslado a éstos, de los impuestos adicionales que establezcan las autoridades públicas a la empresa concesionaria. En efecto por ejemplo, en la Resolución 3.721 de 15 de diciembre de 1986, que reguló las tarifas de los servicios de electricidad en el Área Metropolitana de Caracas, se previo en el artículo 2° de la misma lo siguiente:

Artículo 2°. Todo aumento futuro del costo unitario de la energía comprada por las empresas a que se refiere esta Resolución (combustible y/o la energía eléctrica comprada a otros sistemas), así como las contribuciones locales, será trasladada automáticamente a los suscriptores de las mismas, en su proporción aplicable a cada uno"[442].

En sentido similar, en los contratos de obra pública, de acuerdo a las cláusulas de "Condiciones Generales de Contratación para la Ejecución de Obras" dictadas por Decreto N° 1.802 de 20 de enero de 1983, modificadas posteriormente por Decreto N° 1.821 de 30 de agosto de 1991,[443] se han establecido cláusulas de variación de precios por modificación de las condiciones económicas de ejecución de los mismos.

En efecto, en materia de aumentos de precios derivados de las condiciones laborales, el artículo 63 del Decreto N° 1.821 establece lo siguiente:

"*Artículo 63*. El Ente Contratante pagará al Contratista las variaciones de los salarios, prestaciones sociales u otras indemnizaciones a los trabajadores que hubieren intervenido en la ejecución de las obras, cuando esas variaciones fueren consecuencia directa de leyes, decretos y contratos colectivos de trabajo celebrados por parte de la República o de obligatoria aplicación de acuerdo con el Decreto sobre Contratos Colectivos por Ramas de Industrias posterior a la presentación del presupuesto de la obra y sólo a partir de la fecha de vigencia de las referidas leyes, decretos o contratos colectivos.

La cuantificación de estas variaciones se determinará tomando en cuenta los análisis de precios unitarios de cada partida que conforma el Presupuesto Original, salvo que en el contrato se haya especificado la utilización del Sistema de Fórmulas Polinómicas, en cuyo caso se determinarán en la forma que especifique la Resolución correspondiente".

---

441 Véase Allan R. Brewer-Carías, "Algunas consideraciones sobre las cláusulas de variación de precios en los contratos administrativos", en *Boletín de la Academia de Ciencias Políticas y Sociales*, N° 81, Caracas, 1980, pp. 251 a 262.

442 Véase en Gaceta Oficial N° 3939 Extraordinario de 15-12-86.

443 Véase en Gaceta Oficial N° 34.797 de 12-9-91.

En cuanto a los aumentos de los precios en el costo de materiales y su incidencia en los contratos de obra pública, el mismo Decreto N° 1.821 establece las siguientes previsiones:

"*Artículo 64*. El precio de las partidas del Presupuesto Original se aumentará o disminuirá, según el caso, cuando el precio de los materiales, equipos, suministro, fletes y otros insumos varíen como consecuencia directa de medidas arancelarias o de regulación adoptadas por el Ejecutivo Nacional, siempre que esas medidas hubieren sido dictadas con anterioridad a la adquisición de los materiales y otros insumos o de la utilización de la maquinaria y demás equipos auxiliares de construcción y durante la ejecución del Contrato.

Adicionalmente también variará el precio de las partidas del Presupuesto Original cuando el precio de los materiales, equipos, suministro, flete y otros insumos se vieren afectados por haber variaciones en la tasa cambiaría de nuestra moneda respecto a la moneda del país de origen del insumo.

Si el Contrato prevé la utilización de Fórmulas Polinómicas, las variaciones en los precios de los materiales, equipos, suministros y otros insumos se determinará en la forma establecida en la respectiva Resolución.

Artículo 65. El Ente Contratante pagará al Contratista los aumentos en los precios de los materiales de construcción utilizados en la obra y de los equipos destinados a ser incorporados a ella, que tuvieren su causa en las condiciones del mercado y que hubieren sido adquiridos por el Contratista durante la ejecución de los trabajos, cuando esos aumentos excedieren del cinco por ciento (5%) del precio original que tenían esos materiales y equipos para la fecha del Contrato.

Si el Contrato prevé el Sistema de Fórmulas Polinómicas, las variaciones aquí indicadas se determinarán en la forma en que lo especifique la respectiva Resolución. En esta Resolución se podrá establecer la relación del Ente Contratante de pagar los aumentos señalados en el párrafo anterior, aun cuando estos aumentos no excedieren del cinco por ciento (5%) del precio original que tenían para la fecha de firma del Contrato".

En todo caso, cláusulas de la naturaleza de las señaladas, sin duda, han planteado una serie de problemas interpretativos que se refieren, básicamente, a la legalidad misma de dichas cláusulas; a los efectos de las regulaciones nacionales de precios de artículos de primera necesidad sobre las referidas cláusulas; y a la aplicabilidad eventual de la teoría de la imprevisión, en caso de que dichas cláusulas no puedan utilizarse, en virtud de las regulaciones nacionales de precios.

a'. La legalidad de las cláusulas de variación de precios de tarifas

Las tarifas establecidas en toda concesión de servicio público y que debe recibir el concesionario directamente de los usuarios como contraprestación por la presentación del servicio, constituyen la remuneración del concesionario. En las concesiones de servicio público, las tarifas, aun establecidas en el texto del contrato, se considera que forman parte de las disposiciones "reglamentarias" de la concesión. Sólo así se explica que los usuarios estén obligados a soportar toda eventual modificación de las tarifas en el curso de la concesión, y que los concesionarios -sin perjuicio de un eventual derecho a ser indemnizados y siempre que no existan limitaciones contractuales- estén obligados a acatar toda variación de tarifas unilateralmente establecidas por las autoridades administrativas, y no pueden unilateralmente modificarlas, sin que exista previsión expresa, en tal sentido, en el contrato de concesión.

Pero constituyendo las tarifas, por esencia, la remuneración del concesionario por la prestación del servicio, el derecho administrativo ha desarrollado mecanismos tendientes a garantizar a los concesionarios, frente a fluctuaciones económicas o monetarias que pudieran hacer mucho más onerosa la prestación del servicio, su justa y equivalente remuneración. De allí los principios del equilibrio económico o ecuación financiera de los contratos administrativos y de la teoría de la imprevisión, tan difundidos por la teoría jurídica de los contratos administrativos y de las concesiones de servicios públicos. Puede decirse, en este sentido, que la consecuencia fundamental de la aplicación jurisprudencial en Francia, de la teoría de la imprevisión en los años de la Primera Guerra Mundial, precisamente en las concesiones de servicio público y particularmente las de distribución de electricidad y prestación de servicios de alumbrado público[444], fue la admisión progresiva posteriormente, como principio, en las concesiones de servicios públicos y, en general, en los contratos administrativos, de cláusulas de variación y revisión de las tarifas expresamente previstas en los contratos y concesiones.

Hoy por hoy, por tanto, la mayoría de los contratos administrativos contienen cláusulas de revisión y variación de precios tal como sucede con los contratos de obra pública y en la mayoría de las concesiones de servicios públicos, que prevén cláusulas similares de variación y revisión de tarifas.

Estas cláusulas contractuales, en las concesiones de servicio público, en general, tienen por objeto lograr una adaptación de las tarifas a los cambios económicos en la prestación del servicio, que el mismo contrato establezca. Estas cláusulas pueden autorizar, indistintamente, sea a la Administración concedente o al concesionario, una vez que el cambio económico previsto se produzca, a introducir las modificaciones autorizadas.

Sin embargo, en cuanto a la forma de introducir modificaciones a los precios o tarifas, pueden distinguirse dos tipos de cláusulas. En primer lugar, las cláusulas de revisión, que no implican una modificación automática del precio o de las tarifas, sino que en realidad lo que dan es dere-

---

444 Cfr. J. Lapeyre, *De l'imprévision dans les marchés passés par les sociétés de gaz et d'electricité.* Paris, 1923, pp. 2 y ss.

cho a que el concesionario pueda reclamar al ente concedente o a la Administración contratante la revisión de los precios o de las tarifas, sin que se hayan predeterminado los elementos cuantitativos que puedan provocar el establecimiento de una más justa.

Las cláusulas de variación de precios y tarifas, en cambio, conducen a una modificación automática de los mismos, una vez que el cambio económico contractualmente previsto, se produzca. Por eso, la cláusula de variación normalmente no sólo precisa "el cambio económico que justificará la variación de precio o de la tarifa, sino además, el monto de esa variación en función de la importancia del cambio"[445].

Puede decirse, por tanto, que en la actualidad, la teoría y la práctica del derecho administrativo relativo a las concesiones de servicio público y a los contratos de obra pública, admiten, sin discusión, las cláusulas de variación automática de precios y tarifas.

Si se analizan las cláusulas señaladas aplicables a los servicios de electricidad y los contratos de obra pública antes transcritas como ejemplo, no hay duda en considerar que las mismas son típicas cláusulas de variación de precios y tarifas.

En efecto, en relación a la revisión de tarifas en el servicio eléctrico, la Resolución mencionada autoriza a la empresa concesionaria a variar las tarifas unilateralmente, cuando la autoridad municipal, decidiere, durante la vigencia de la concesión, aumentar los impuestos, contribuciones, cargas y gravámenes o si durante dicho lapso, decidiere crear cualesquiera nuevos impuestos, contribuciones, cargas y gravámenes no existentes para la fecha del contrato. Este es un típico caso de cláusula de variación de tarifas por "cambios fiscales"[446], que autoriza al concesionario a "aplicar de pleno derecho las tarifas resultantes de la fórmula de variación prevista, sin pedir autorización al Concejo Municipal"[447].

En las cláusulas señaladas, la fórmula de variación de tarifas utilizada consiste en aumentarlas, en la diferencia que representa para el concesionario el aumento o la creación de impuestos, contribuciones, cargas o gravámenes.

En todo caso, es de destacar, que el término utilizado en la Resolución que autoriza a las concesionarias, en los supuestos de cambios fiscales, a variar las tarifas, es el de "trasladar automáticamente a los suscriptores" el aumento, no es del todo afortunado, aun cuando gráficamente explica la situación. Por razones terminológicas, hubiese sido preferible utilizar la expresión "aumento de tarifas" en la proporción o diferencia indicada.

---

445 Véase A. de Laubadère, *Traité Théoriaue et Pratique des Contrats Administratifs*, tomo II, Paris, 1956, p. 291.

446 Idem, p. 297.

447 Véase G. Monserrat, *Concessions des Communes et des syndicats de Communes*, París, 1948, p. 51.

Sin embargo, y a pesar de la observación terminológica que pudiera confundir la figura de la cláusula de revisión de tarifas con el mecanismo de traslado de impuestos y contribuciones al usuario o consumidor, no hay duda sobre la legalidad de las referidas cláusulas de revisión de tarifas, por lo demás comunes, en la actualidad, en el derecho comparado[448].

b'. Los efectos de las regulaciones nacionales de precios de artículos de primera necesidad sobre las cláusulas de variación de tarifas

No hay duda de que tratándose de cláusulas reglamentarias y contractuales, las cláusulas de variación de tarifas son obligatorias, tanto para la Administración concedente, como para la empresa concesionaria. En particular, por tanto, una Municipalidad concedente en el caso de los servicios de electricidad, no podría, tampoco, una vez que se produzcan los cambios fiscales en ella previstos, oponerse o desconocer la variación automática de las tarifas. Por otra parte, no hay duda de que si bien el carácter "reglamentario" de las tarifas autorizaría a la Administración concedente, en principio, a variar unilateralmente las tarifas -dejando a salvo el eventual derecho a indemnización del concesionario-, esta variación unilateral no procedería en los supuestos de cláusulas de variación automática de tarifas. Si en el ejemplo mencionado de los servicios de electricidad, la Municipalidad, unilateralmente rebajara las tarifas, ello no sólo significaría una violación del contrato de concesión, lo que comprometería la responsabilidad de la Administración Municipal, sino que eventualmente daría derecho a la concesionaria a reclamar una indemnización equivalente a lo que dejare de percibir por concepto de rebaja de las tarifas.

Sin embargo, si bien la cláusula de variación de tarifas obliga a la Administración Municipal concedente y da derecho a la concesionaria a aplicar la nueva tarifa si se producen los cambios económicos previstos, es indudable que frente a regulaciones de precios de artículos de primera necesidad por el Ejecutivo Nacional, que contraríen el aumento automático de las tarifas, el contrato de concesión tendría que ceder frente a la fuerza legal de la regulación nacional. Esto nos obliga a analizar el conflicto entre las regulaciones nacionales de precios y las cláusulas de variación de tarifas de servicios municipales, en particular, los de electricidad.

---

448 Tan ello es así, que, por ejemplo, el Proyecto de Ley Orgánica del Servicio Público de Electricidad elaborado por el grupo de Trabajo AVIEM-CADAFECAVEINEL-EDELCA en septiembre de 1974, prevé expresamente el aumento de las tarifas, automáticamente, como consecuencia de los cambios fiscales en la siguiente forma: "Artículo 41. Los impuestos estadales y municipales a cargo del concesionario que graven la prestación del servicio eléctrico, cualesquiera que sea la forma de su establecimiento, podrán incluirse en pro-rata en las facturas de los suscriptores de la respectiva jurisdicción".

La Ley de Protección al Consumidor de 23 de marzo de 1992[449], establece expresamente la facultad al Ministerio con competencia en materia de precios y tarifas para establecer mediante resolución, el precio máximo de venta o de prestación de servicios al público, en todo o en parte del territorio nacional, para aquellos bienes y servicios que hayan sido declarados de primera necesidad[450]. Aclara además dicha ley que se consideran bienes y servicios de primera necesidad aquellos que por ser esenciales e indispensables para la población determine expresamente, mediante Decreto, el Presidente de la República en Consejo de Ministros[451].

Con esta normativa de protección al consumidor se sustituyeron las viejas normas que atribuían facultades similares al Ministerio de Fomento contenidas en el Decreto N° 176 del 15 de agosto de 1944 y con base en las cuales, en 1969, dicho Ministerio virtualmente congeló las tarifas eléctricas existentes para el 15 de agosto de ese año, con la indicación de que no podrían ser modificadas "por ninguna entidad" hasta tanto el Ministerio no resolviera lo conducente en relación al sistema nacional de tarifas de energía eléctrica[452]. Posteriormente, por Decreto 2.186 de 7 de junio de 1977[453] el Ejecutivo Nacional, conforme al artículo 2° de la ley, declaró "de primera necesidad el servicio de agua potable, el de recolección de aguas usadas y el de energía eléctrica", y a partir de esa fecha ha venido estableciendo las tarifas del servicio de energía eléctrica en todo el país, a pesar de que el mismo se preste por empresas públicas o privadas concesionarias de las Municipalidades, y a pesar de que la determinación de las tarifas pueda ser producto de un acuerdo de concertación[454].

Ahora bien, es indudable que en los casos en que el Ejecutivo Nacional, al haber declarado los servicios de electricidad como servicio de primera necesidad, hace uso de sus poderes de fijación de tarifas máximas del servicio que le otorga la Ley de Protección al Consumidor, o cuando lo ha hecho unilateralmente, por Resolución, en virtud de una "concertación", dicha tarifa máxima no podría, en principio, ser sobrepasada por los concesionarios que estuviesen amparados con cláusulas de variación automática de tarifas, si éstas estuvieren sólo contempladas en los contratos de concesión municipales. Para evitar esto es que, precisamente, la regulación nacional de tarifas de los servicios había permitido la variación automática de las tarifas en caso de aumento de contribuciones locales.

---

449 Gaceta Oficial 4.403 Extra de 24-3-92.

450 Artículo 32.

451 Artículo 31.

452 Resolución N° 3.091 de 18-8-69 en Gaceta Oficial N° 28.999 de 19-8-69.

453 Gaceta Oficial N° 31.269 de 4-7-77.

454 Véase la Resolución N° 971 y 172 de los Ministerios de Fomento y Energía y Minas sobre tarifas eléctricas. G.O. N° 4.080 Extraordinario de 29-3-89.

Sin embargo, el problema interpretativo persiste en los casos de congelación de precios de bienes y servicios, los cuales en momentos de crisis económica se ha decretado[455]. En estos casos, aun en presencia de cláusulas contractuales o reglamentarias de variación de tarifas derivadas de aumentos de contribuciones locales, las tarifas no podrían aumentarse. En efecto, tal como André de Laubadère lo ha señalado, "el efecto de esa aplicación de congelación o fijación de precios es el de limitar la aplicación de las cláusulas contractuales; no pudiendo éstas entrar en juego, sino en la medida en que su aplicación no tenga como consecuencia el aumentar los precios o tarifas sobre el límite máximo determinado en la congelación"[456]. En el ordenamiento jurídico venezolano, no hay duda, esta doctrina tiene plena aplicación.

Por tanto, congelados los precios y tarifas de bienes y servicios, incluyendo los de electricidad, por el Ejecutivo Nacional conforme a sus atribuciones legales, es indudable que las cláusulas de variación de tarifas de los contratos de concesión del servicio sólo podrían aplicarse siempre que la tarifa resultante no sobrepase el límite máximo determinado nacionalmente por el Ministerio de Fomento. Si la aplicación de la variación automática de las tarifas que establezca una cláusula de algún contrato de concesión conduce a una tarifa superior a la derivada de la congelación decretada a nivel nacional, es indudable que la tarifa resultante de la variación automática no podría aplicarse sino hasta el límite máximo previsto en la regulación nacional.

Aquí, por tanto, la cláusula contractual encontraría otro límite en su aplicabilidad automática, en virtud de las atribuciones legales del Ministerio de Fomento. Ello, sin embargo, no dejaría totalmente desasistido al concesionario afectado. En el caso de que se produzcan cambios fiscales que normalmente provocarían la aplicación de la cláusula de revisión automática de tarifas, y sin embargo, no pueda aplicarse en virtud de una regulación máxima de las tarifas establecidas por el Ejecutivo Nacional, el concesionario tendría derecho a solicitar una indemnización en virtud de la ruptura del equilibrio económico del contrato.

C. El derecho del co-contratante al mantenimiento del equilibrio económico del contrato

a. *El equilibrio económico en los contratos administrativos*

Hemos señalado que todo co-contratante de la Administración Pública en los contratos administrativos, a pesar del interés público que en los

---

455 Véase, por ejemplo, el Decreto-Ley de congelación de precios por un lapso de 120 días, dictado con el N° 1.540 de 29 de abril de 1987, en Gaceta Oficial N° 33.707 de 29-4-87.

456 Véase A. de Laubadère, *op. cit.*, tomo II, p. 316, nota N° 36.

mismos está envuelto, está guiado principalmente al contratar, por su interés privado patrimonial, financiero o económico que se materializa fundamentalmente en la contraprestación que, por el cumplimiento de sus obligaciones contractuales, debe recibir. Pero el co-contratante de la Administración, además del derecho a su contraprestación económica, tiene un derecho inherente al contrato y es el equilibrio financiero del mismo, es decir, a la inmutabilidad de la ecuación económica del contrato cuando la mutación le causa perjuicios[457].

Esta noción de ecuación económica o de equilibrio financiero en los contratos administrativos, acogida definitivamente por la doctrina nacional[458] por la jurisprudencia de la Corte Suprema[459], y por la doctrina administrativa de la Procuraduría General de la República,[460] viene a ser una relación que ha sido establecida entre las partes contratantes en el momento de la conclusión del contrato, entre un conjunto de derechos del co-contratante, y un conjunto de cargas y obligaciones contractuales del mismo, que han sido consideradas como equivalentes[461]. De ahí el nombre de ecuación financiera. Por eso se ha señalado que la noción de equilibrio financiero tiene su origen en la común intención de las partes de que sea mantenida la ecuación inicial del contrato.[462]

En todo caso, este equilibrio económico del contrato, como un derecho del contratante o concesionario, puede señalarse que no es un derecho a que se le garantice un determinado beneficio ni es una garantía dada al mismo de que no va a tener pérdida. En el momento de la conclusión del contrato, cada parte ha evaluado lógicamente las cargas y ventajas del mismo, y si contratan, es porque han estimado que entre esas cargas y esas ventajas hay un equilibrio aceptable. Si una de las partes se ha equivocado en su cálculo y tiene pérdidas, por eso no tiene, por supuesto, derecho a indemnización alguna.

457　Véase Sentencia de la Corte Federal de 12 de noviembre de 1954 en Gaceta Forense N° 6, 1954, pp. 204 a 206. Véase Doctrina PGR 1981, Caracas, 1982, pp. 42-43.

458　Véase Eloy Lares Martínez, *Manual de Derecho Administrativo*, Caracas, 1963, p. 217; Allan R. Brewer-Carías, *Las Instituciones Fundamentales del Derecho Administrativo y la Jurisprudencia Venezolana*, Caracas, 1964, pp. 204 y ss.

459　Véase Sentencia de la Corte Federal y de Casación de 9 de marzo de 1939 en Memoria 1940, pp. 342 y ss. y de la Corte Federal de 12 de noviembre de 1954 en Gaceta Forense N° 6, 1954, pp. 204 y ss.

460　Véase por ejemplo, *Doctrina de la Procuraduría General de la Republica*, 1966, Caracas, 1967, pp. 75 y ss.

461　Cfr. Gaspar Ariño Ortiz, *Teoría del equivalente económico en los Contratos Administrativos*, Madrid, 1968, pp. 241 y ss.

462　Véase Andre de Laubadère, *Traite Theorique et Pratique des Contrats Administratifs*, Paris 1956, tomo II, p. 28.

Por ello hemos señalado que no debe entonces confundirse el derecho al equilibrio financiero del contrato con un supuesto derecho a recibir determinados beneficios; al contrario, se trata simplemente de un derecho a que se mantenga en el curso de la ejecución del contrato, una equivalencia entre las ventajas y las cargas que el mismo conlleva para el co-contratante, en la misma forma o medida como había sido calculada, exactamente o no, en el momento de la conclusión del contrato.[463]

El mecanismo de esta ecuación económica del contrato, como fundamento del derecho del contratante a ser indemnizado en los casos de ruptura de la misma, ha sido demostrado en la forma siguiente por Péquignot:

> El carácter estático del contrato del derecho privado, que es el del tipo de la ecuación a = b, se opone al dinamismo del contrato administrativo, el cual es del tipo de la proporción: a/b = a'/b', en el sentido de que si en el primer caso, las prestaciones a y b, contractualmente asumidas, deben quedar inmutables, en el segundo, en cambio, las prestaciones que pesan sobre las partes pueden variar (a', b'), establecido que su relación se mantiene constante. El aspecto financiero presenta, pues, aquí, más importancia que en derecho privado; el trabajo de interpretación del Juez consistirá en buscar no cuáles son las obligaciones de la Administración para constreñirla, en nombre del derecho de su contratante, sino más bien, cuál es el valor de la relación a/b para poder establecer el equilibrio a'/b' cuando uno de estos términos varía. Haciendo esto, el Juez no falta a su deber, en efecto, él atiende a la común intención de las partes cuando busca respecto de qué remuneración el contratista ha consentido en aportar su colaboración a la Administración para el objeto que ésta había fijado en la convención; el Juez considerará con razón que el titular del contrato ha consentido las cargas de este más que en previsión de ciertas ventajas, por el incentivo de un determinado beneficio[464].

Como se ha señalado, estos principios han sido aplicados en Venezuela tanto por la jurisprudencia como por la doctrina. En efecto, en sentencia muy conocida de la antigua Corte Federal y de Casación de 9 de marzo de 1939, el Supremo Tribunal estableció que en los contratos administrativos, éstos implican: "las seguridades que el Estado otorga a los concesionarios, a fin de que arriesguen la inversión de sus capitales contando con ciertas condiciones de equilibrio financiero para sus empresas", por lo

---

463 Véase Allan R. Brewer-Carías, "Algunas reflexiones sobre el equilibrio financiero en los contratos administrativos y la aplicabilidad en Venezuela de la concepción amplia de la Teoría del hecho del príncipe", *Revista Control Fiscal y Tecnificación Administrativa* N° 65, Caracas, 1972, p. 87.

464 Véase G. Péquignot, "Des Contrats Administratifs", Jurisclasseur Administratis, fascículos N° 511 y ss., citado por A. de Laubadière, *Traité Théorique et pratique des Contrats Administratifs, cit.*, tomo II, p. 34, nota 4 y por M. A. Flamme, "Los contratos de Obras Públicas de la Administración" en *Revista de Administración Pública*, N° 21, Madrid, 1956, pp. 85 y 86.

cual una "regla de índole contractual" en dichos contratos, es "la obligación implícita para el Estado concedente de no alterar ese equilibrio", considerando, además, que "es tan racional la obligación de mantener ese equilibrio financiero" que procede "aun tratándose de reformas de la ley en la parte puramente reglamentaria o estatutaria de ésta, no obstante el derecho con que el Estado o el Legislador procedan en esas reformas de lo contractual"[465].

En particular, la Corte ha reconocido expresamente este derecho del contratista de la Administración en ser indemnizado frente a la ruptura de la ecuación económica del contrato, cuando ésta se ha originado en el ejercicio de los poderes de la Administración de modificar los contratos, particularmente los de obra pública, y como una contrapartida de ello. En sentencia del 5 de diciembre de 1944, la antigua Corte Federal y de Casación, en efecto estableció lo siguiente:

"El ejercicio de un derecho no es un hecho culposo ni tampoco puede fundarse en él ningún alegato de incumplimiento. En el contrato administrativo de obra pública, como en todos los que interesan a un servicio público, la parte representada por la Autoridad Administrativa no está obligada inflexiblemente por la regla de derecho privado de la intangibilidad de los contratos; sin necesidad de acuerdo previo con la otra parte, tiene el derecho de introducir modificaciones en el plan de la obra, en sus planos, en los medios de ejecución y en esta misma, aumentándola o disminuyéndola dentro de ciertos límites que no la desnaturalicen, y aun desistir de ella. Esta enumeración no es taxativa, pues todo depende de las necesidades del servicio público y de la diversidad de los motivos, contingentes en todo caso, que hayan surgido después de firmado el contrato, y que obliguen a introducir algunos cambios, omitir determinadas partes secundarias, o accesorios, diversificar algunos medios o formas de ejecución."

"....Es característica de los contratos de obras públicas el que debiendo predominar el interés nacional, puede y aun debe la Administración respectiva introducir reformas en la obra misma y en sus medios de ejecución, en el curso de ésta, con obligación, sin embargo, de compensar o resarcir los perjuicios que de ello se deriven para la otra parte contratante"[466].

El mismo criterio lo sostuvo la antigua Corte Federal en sentencia de 12 de noviembre de 1954, en la cual, al referirse a los poderes de rescisión y modificación unilateral de los contratos administrativos, expuso lo siguiente:

"Mas la extensa flexibilidad que caracteriza a los contratos administrativos en relación con la facultad de la Administración para rescindirlos administrativamente o para introducir en ellos modificaciones cuando así lo exija

---

465 Véase en Memoria de la Corte de 1940, Caracas, 1941, tomo I, pp. 342 y 350.
466 Véase en Memoria de la Corte de 1944, Caracas, 1945, tomo I, pp. 290 y p. XXXVII.

el interés general, no la exime de una manera absoluta, de indemnizar al co-contratante, cuando para éste, sin su culpa, se han derivado perjuicios de la rescisión o, cuando dada la naturaleza de las modificaciones introducidas, se ha llegado a una alteración sustancial del contrato y, desde luego, a un cambio sensible en la ecuación económica del mismo. La indemnización en esos casos, como cuando se trata de una expropiación por causa de utilidad pública, es lo conforme con la justicia y la equidad"[467].

En el mismo sentido, la Procuraduría General de la República en dictamen de 27 de septiembre de 1966, al considerar una reclamación formulada por un particular con base en el principio del equilibrio financiero del contrato administrativo y estimar que en los contratos administrativos las partes actúan como colaboradores en pro del interés general que el contrato persigue, sostuvo lo siguiente:

"Ese principio, denominado por otros autores «elemento de asociación», significa que en todo contrato administrativo existe, expreso o tácito, un derecho del contratista a un cierto equilibrio económico-financiero del contrato, y que la prerrogativa de la Administración, fundada en los requerimientos del interés nacional, de modificar unilateralmente, dentro de ciertos límites, los contratos administrativos en el curso de la ejecución de los mismos, halla su contrapartida en el derecho del contratista a una indemnización, siempre que la modificación introducida le imponga obligaciones nuevas que rompan el equilibrio financiero del contrato. El elemento de asociación así definido encuentra su expresión práctica en dos teorías elaboradas por la jurisprudencia francesa: la del hecho del príncipe y la de la imprevisión.

Según la teoría del hecho del príncipe, cuando el poder público (el príncipe) hace más onerosas, por hecho propio, las condiciones de ejecución del contrato, puede ser obligado a indemnizar al co-contratante (Rivero, Jean. *Droit Administratif*, Daloz, 1965, p. 112). En el caso en estudio, se trata, en efecto, de una medida (anulación de un artículo de una ley formal), emanada del poder público (por órgano de la Corte Suprema de Justicia), que aparentemente hace más gravosa la situación de B. de V.S.A., en cuanto lo priva de una ventaja estipulada en el contrato y que ha debido influir notablemente en su asentamiento a las restantes condiciones del mismo. Sin embargo, al subrayar la frase «por hecho propio», este Despacho ha querido destacar que, para que funcione la teoría aquí analizada, el desmejoramiento de la posición económica del contratista ha de provenir de una medida que sea imputable al Estado, es decir, atribuible a su voluntad o a su falta: No hay lugar al pago de la indemnización sino en caso de que el hecho invocado haya ocasionado un perjuicio, y pueda ser imputado a la entidad administrativa que ha celebrado el contrato".[468]

---

467 Véase en Gaceta Forense N° 6, 2a etapa, Vol. I, p. 204.

468 Véase en Doctrina de la Procuraduría General de la República 1966, Caracas, 1967, pp. 75 y 76, donde además, se cita a Eloy Lares Martínez, *Manual de Derecho Administrativo*, Caracas, 1963, p. 220.

Por otra parte, la doctrina nacional ha sido unánime en aceptar este principio del equilibrio económico del contrato y la obligación de su restablecimiento en caso de ruptura por acciones de la Administración. Así, Eloy Lares Martínez ha señalado que:

"La doctrina que confiere a la Administración el poder de modificación unilateral de los contratos administrativos, procura conciliar el interés general de la comunidad con el interés privado del contratista. Por eso, ha consagrado el derecho del contratista a ser indemnizado íntegramente por el aumento de gastos que resulte de las innovaciones introducidas por la Administración. Tales innovadores causan la ruptura del equilibrio financiero del contrato, y por ello, es necesario que la Administración efectúe la compensación pecuniaria que sea menester para el restablecimiento de ese equilibrio.

Por otra parte, el contratista tiene derecho de reclamar de la Administración indemnizaciones pecuniarias, en vista de los hechos que ocasionan la ruptura del equilibrio financiero del contrato. En efecto, en vista de que las prerrogativas de la Administración colocan al contratista en una situación de inseguridad, la doctrina administrativa ha elaborado, como contrapartida, el principio del equilibrio financiero de la ecuación financiera de los contratos administrativos.

Se considera que en todo contrato administrativo existe, expreso o implícito, un derecho del contratista al mantenimiento del equilibrio financiero del contrato. Cuando en ciertas condiciones el equilibrio financiero inicialmente considerado se ha roto en daño del contratista, éste tiene derecho a que dicho equilibrio sea restablecido por la Administración, mediante el pago en dinero de la correspondiente indemnización... La indemnización a que puede tener derecho el contratista puede derivar de diversas causas, tales como el incumplimiento de la Administración de ciertas obligaciones contractuales, generador de daños al contratista..."[469].

En sentido coincidente, en otro lugar hemos sostenido que: "En el momento de la conclusión del contrato, cada parte, ha evaluado lógicamente las cargas y ventajas del mismo, y si contratan es porque han estimado que entre esas cargas y esas ventajas hay un equilibrio aceptable. Si una de las partes se ha equivocado en su cálculo y tiene pérdidas, por eso no tiene, por supuesto, derecho a indemnización alguna. No debe confundirse el derecho al equilibrio financiero del contrato con un supuesto derecho a recibir determinados beneficios; al contrario, se trata simplemente de un derecho a que se mantenga en el curso de la ejecución del contrato, una equivalencia entre las ventajas y las cargas que el mismo conlleva para el co-contratante, en la misma forma o medida como había sido calculada, exactamente o no, en el momento de la conclusión del contrato.

---

469 Véase Eloy Lares Martínez, *Manual de Derecho Administrativo, cit.*, pp. 335 y 338.

Entonces, el contratante de la Administración, además del derecho a su contraprestación económica, tiene el derecho, inherente a todo contrato administrativo, al mantenimiento del equilibrio del mismo y, por tanto, a la inmutabilidad de la ecuación económica del contrato, cuando la mutación le causa perjuicios, sea que la modificación provenga de un acto de la propia Administración Pública de modificación o rescisión unilateral sin culpa del co-contratante; sea de modificación surgida en la ecuación económica proveniente de hechos ajenos a la voluntad de las partes contratantes, hechos económicos, naturales o actos de autoridad pública distintas de la Administración con-tratante. Ahora bien, y éste es el efecto esencial del equilibrio económico de contrato y del derecho a la inmutabilidad del mismo: el co-contratante de la Administración tiene derecho a recibir de la Administración una indemnización, cuando se produce la ruptura del mismo"[470].

Como consecuencia de lo anterior, el concesionario, además del derecho a su contraprestación económica concretizada, por ejemplo, en el precio que debe pagar la Administración o en las tarifas que deben pagar los usuarios, tiene un derecho inherente a todo contrato administrativo, al mantenimiento del equilibrio del mismo y, por tanto, a la inmutabilidad de la ecuación económica del contrato, cuando la mutación le causa perjuicios, sea que la modificación provenga de un acto de la propia Administración concedente (por ejemplo, de modificación o rescisión unilateral sin culpa del concesionario); sea que la misma provenga de hechos ajenos a la voluntad de las partes contratantes (hechos económicos, naturales o actos de autoridades públicas distintas de la Administración contratante)[471]. La doctrina distingue, en estos dos supuestos, la llamada teoría del príncipe de la teoría de la imprevisión, según que la modificación del contrato se imponga unilateralmente por la Administración concedente[472], o provenga de hechos o actos ajenos a los contratantes. En todo caso, y éste es el efecto esencial del equilibrio económico del contrato y del derecho a su inmutabilidad: el co-contratante de la Administración tiene derecho a recibir de la Administración una indemnización, cuando se produce la ruptura del mismo. Esto, precisamente, es lo que ha llevado a que los contratantes, cada vez con mayor frecuencia, incorporen al texto de los contratos administrativos, cláusulas de protección de la ecuación económica

---

470 Véase Allan R. Brewer-Carías, "Consideraciones sobre los efectos de la ruptura de la ecuación económica de un contrato administrativo por una ley declarada nula por inconstitucional", en *Cuadernos de Derecho*, Universidad de Los Andes, N° 2, Mérida, 1976, pp. 10 y 11. Véase asimismo nuestro libro *Las Instituciones Fundamentales del Derecho Administrativo y la Jurisprudencia Venezolana*, Caracas, 1964, pp. 204 y ss.

471 Véase Allan R. Brewer-Carías, *Las Instituciones Fundamentales del Derecho Administrativo y la Jurisprudencia Venezolana*, cit., p. 204.

472 Véase, Doctrina PGR 1965, Caracas, 1966, pp. 1.158 y ss.; y Doctrina PGR 1967, Caracas, 1969, pp. 112-114.

del mismo o de protección frente a posibles alternativas que podrían ser consideradas como mutaciones al equilibrio económico del contrato. En este supuesto están las cláusulas de revisión o variación de precios y tarifas anteriormente señaladas.

b. *Las cláusulas de protección frente a la ruptura del equilibrio económico*

Como hemos señalado, la Administración contratante muchas veces, antes de la aprobación de las Cláusulas de Condiciones Generales de los contratos de obra pública, había establecido cláusulas en las cuales se eximía del pago de la ruptura del equilibrio económico del contrato, provenientes del aumento, para el contratante, de los costos de mano de obra derivados de contratos colectivos que alteraran, aumentándolos, los salarios y demás prestaciones sociales de los trabajadores. Este era un típico caso de cláusulas expresas de protección de la Administración frente a posibles modificaciones del equilibrio económico del contrato, libremente aceptadas por las partes contratantes.

Sin embargo, como se ha señalado, frente a las posibles rupturas de la ecuación financiera de los contratos administrativos, ahora en general se prevén cláusulas de protección de la situación co-contratante. Es el caso de las mencionadas cláusulas de revisión o variación de precios en los contratos de obras públicas, y de variación y revisión de tarifas que se establecen comúnmente en las concesiones de servicio público[473].

Dentro de estas mismas cláusulas de protección de los contratantes ante las posibles mutaciones de las condiciones económicas del contrato, es de destacar aquellas de empleo generalizado, que tienden a asegurar a las partes contra las fluctuaciones de los precios, como las llamadas "cláusulas oro o plata". En este mismo caso se encuentran las cláusulas de pago en moneda extranjera, utilizada como moneda de pago o moneda de cuenta, permitidas en el artículo 95 de la Ley del Banco Central de Venezuela.

Además, dentro de esas cláusulas de protección del contratante frente a rupturas de la ecuación económica del contrato se incluyen, también, las cláusulas de exención de impuestos o contribuciones, ellas mismas, for-

---

473 Un ejemplo típico de dichas cláusulas sería, por ejemplo, el artículo segundo del convenio de prórroga del contrato celebrado entre el Ejecutivo Nacional y el Banco de Venezuela, aprobado por Ley de 19 de julio de 1954 y publicado en Gaceta Oficial N° 24.497 del 21 de julio de 1954, que estableció lo siguiente: "En el curso de la ejecución del presente contrato de prórroga, cualquiera de las partes podrá, de acuerdo con el resultado que arrojen las liquidaciones de la Cuenta del Gobierno Nacional, solicitar de la otra parte la revisión para el futuro de las condiciones que rigen la compensación del Banco de Venezuela por los servicios que presta en virtud del contrato".

mando parte del equilibrio financiero del contrato[474]. En este sentido, en sentencia de 9 de marzo de 1939 de la antigua Corte Federal y de Casación, en Sala Federal Accidental, el Supremo Tribunal ha dejado claramente establecido que en los contratos administrativos, las exoneraciones de derechos constituyen parte del equilibrio económico del contrato.

En efecto, en dicha sentencia la Corte expresó:

"Es digno de mencionar que a pesar del celo que generalmente se tiene en casi todos los países civilizados, por mantener incólume la garantía de la igualdad ante la ley, aun en los más democráticos a pesar de tener consignada en sus Constituciones o en la más rancia tradición aquella garantía, sus leyes consagran numerosas franquicias y exenciones, como una necesidad de interés colectivo, pues no se conceden como un favor desinteresado, sino con altos fines de política económica, como, por ejemplo, la implantación y el fomento de determinadas industrias, para lo cual hay que proporcionar halagos a los capitales que se desean atraer.

Los tratadistas en materia de finanzas suelen distinguir entre los privilegios e inmunidades fiscales verdaderos y los que no lo son sino en apariencia, porque en realidad algunos sólo son auxilios o bien subvenciones indirectas, siendo uno de sus fines más frecuentes promover el fomento de determinadas industrias y proporcionar a las respectivas empresas un equilibrio económico, y se enseña que estos privilegios de mera apariencia no violan el principio de la igualdad ante la ley ni el de la universalidad de los impuestos"[475].

---

474 En efecto, las cláusulas de los contratos administrativos como en el contrato celebrado por el Ejecutivo Nacional con el Banco de Venezuela en 1940, que contienen una exención de impuestos, además de constituir dichas exenciones parte de las ventajas económicas del contrato (contraprestación) para el co-contratante, configuran una protección para éste frente a posibles rupturas del equilibrio económico del contrato, derivadas de nuevos gravámenes que pudieran afectar directa y específicamente las actividades propias del Banco. En este sentido el artículo 20 del convenio celebrado entre el Ejecutivo Nacional y el Banco de Venezuela, S.A., no sólo consagraba una exención respecto a los posibles impuestos directos que hubieren podido gravar al Banco para el momento de la conclusión del contrato (impuestos sobre donaciones, por ejemplo) configurándose en este aspecto como parte de la contra prestación que recibía por sus servicios en relación al contrato, sino también consagraba una exención respecto a todos los impuestos directos que hubieran podido afectar las actividades específicas del Banco (Actividades bancarias) y que fueren creados por el Estado o las Municipalidades con posterioridad al contrato; estableciéndose en este aspecto, una protección contra posibles rupturas de la ecuación económica del contrato proveniente de nuevos tributos que hubieran podido afectar la actividad cotidiana y ordinaria del co-contratante con posterioridad a la conclusión y aprobación del contrato; rupturas que además hubiesen podido perjudicar tanto al servicio público que se presentaba, como directamente al Fisco Nacional por la obligación que le hubiera surgido de indemnizar al Banco por las rupturas. Se trata por tanto en este caso, de una protección contractual para la Administración y para su co-contratante, el Banco de Venezuela, frente a los efectos que una ruptura de la ecuación económica del contrato por aplicación de nuevos impuestos directos pudieren haber causado.

475 Véase en Memoria de la Corte Federal y de Casación 1940, tomo I, pp. 338 y 339.

En dicha sentencia, agrega la Corte, que a través de esas exoneraciones o exenciones, el Estado otorga a sus co-contratantes las seguridades "a fin que arriesguen la inversión de sus capitales contando con ciertas condiciones de equilibrio financiero para sus empresas"[476], pues la exoneración equivale para ellos a recibir del Estado una contribución de dinero[477], agregando que el mantenimiento de ese equilibrio económico es uno de los típicos derechos del contratante[478].

En esta forma, concluye la Corte con lo siguiente: "Siendo la exoneración de derechos una condición del equilibrio financiero proporcionado por la ley misma a la empresa, desde que ésta nace y para mientras dure su explotación, hay que aplicarle según la doctrina ya citada, la otra regla de índole contractual consistente en la obligación implícita para el Estado concedente de no alterar el equilibrio"; de manera tal que si el Estado aun legítimamente, por la actuación de cualquiera de sus órganos rompe dicha ecuación, surge también "la obligación eventual para el Estado de indemnizar en este caso al concesionario (o co-contratante), según la entidad del daño o de las nuevas cargas que éste sufra".[479]

c. *Las diversas causas de ruptura de la ecuación económica del contrato y él derecho a indemnización*

El desajuste o ruptura de la ecuación económica o equilibrio financiero del contrato puede provenir fundamentalmente de las modificaciones unilaterales al contrato realizadas por la Administración, de la rescisión unilateral del contrato practicada también por la Administración y de hechos ajenos a las partes contratantes. Estudiemos separadamente estas tres causas.

---

476 Véase en Memoria *cit.* de 1940, tomo I, p. 342.

477 Véase en Memoria *cit.* de 1940, tomo I, p. 350.

478 Véase en Memoria *cit.* de 1940, tomo I, pp. 346 y 347.

479 Véase en Memoria *cit.* de 1940, tomo I, p. 351. Aplicada esta doctrina al convenio celebrado entre el Ejecutivo Nacional y el Banco de Venezuela (Ley del 19 de julio de 1954 en Gaceta Oficial N° 24.497, 21 de julio de 1954), si por cualquier acto estatal legítimo se extinguían las exenciones establecidas por la Ley en el artículo 20 del mismo, pues el carácter de Ley especial de dicho convenio había sido reconocido por la misma Sala Político-Administrativa de la Corte en sentencia de 14 de junio de 1965 (Gaceta Oficial N° 760 Extraordinario de 22 de marzo de 1966, p. 5), y si como consecuencia de ello el Banco de Venezuela, S.A. se hubiera visto obligado a pagar impuestos de lo cual estaba exento, evidentemente que ello hubiera roto la ecuación económica del contrato y el Estado hubiera estado obligado a indemnizarlo "según la entidad del daño o de las nuevas cargas que este sufra", según la doctrina de la Suprema Corte.

a'. El derecho de indemnización derivado de las modificaciones unilaterales del contrato: él área administrativa

Como hemos señalado, si la Administración puede por sus decisiones unilaterales, de una general, introducir cambios y modificar las obligaciones del contratista, estas intervenciones dan lugar, en contrapartida, a que éste tenga derecho a una compensación pecuniaria, es decir, tenga el derecho a una indemnización. En este sentido, la antigua Corte Federal ha señalado que:

> "la extrema flexibilidad que caracteriza a los contratos administrativos en relación con la facultad de la Administración para introducir en ellos modificaciones cuando así lo exija el interés general, no la exime, de manera absoluta, de indemnizar al co-contratante, cuando para éste, sin su culpa, se ha llegado a una alteración sustancial del contrato y, desde luego, a un cambio sensible en la ecuación económica del mismo. La indemnización en estos casos, como cuando se trata de una expropiación por causa de utilidad pública, es lo conforme con la justicia y la equidad"[480].

Ahora bien, esta indemnización debe responder a una serie de principios: en primer lugar, para que pueda ser reclamada por el contratante, éste debe haber sufrido realmente un perjuicio, que debe ser probado. Por otra parte, la indemnización debe ser integral, es decir, debe compensar la totalidad de los daños que ha acarreado la intervención de la Administración[481]. De ahí que Jèze hable de que la indemnización debe cubrir el "perjuicio sufrido" y el "beneficio frustrado".[482]

Por otra parte, las bases para calcular la estimación del perjuicio son de varios órdenes y, en primer lugar, los precios contenidos en el contrato. En efecto, hemos señalado cómo en los casos de modificaciones cuantitativas, los contratos de obras públicas prevén generalmente la aplicación de los mismos precios establecidos en ellos para compensar los aumentos de obra. En estos casos, la indemnización está calculada previamente en el contrato. En esta misma forma, en los supuestos de obras no previstas en el contrato, suplementarias o complementarias, algunos contratos de obra pública prescriben la aplicación de los precios fijados en los mismos,

---

480 Véase Sentencia de 12 de noviembre de 1954, en Gaceta Forense, N° 6, 1954, p. 205; Cfr. Voto salvado a la sentencia de la Corte Suprema de Justicia en Corte Plena de 15 de marzo de 1962, en Allan R. Brewer-Carías: "Los contratos administrativos en la jurisprudencia administrativa venezolana", *loc. cit.* p. 144.

481 Cfr. André de Laubadère, *Traité Théorique et Pratique des Contrats Administratifs, cit.,* tomo II, p. 395; F. Garrido Falla: *Tratado de Derecho Administrativo, cit.,* tomo II, p. 88.

482 Cfr. G. Jèze: *Principios Generales del derecho Administrativo, cit.* tomo IV, pp. 234 y 354.

si ello es posible.[483] Si no lo es, la indemnización debe ser estimada por los contratistas o por el juez de manera tal que cubra la integralidad de los aumentos en las cargas del contrato[484].

Ahora bien, aun en los casos en que se establezca en el contrato un precio fijo para ciertos trabajos u obras y se disponga que el precio fijado se imputará a todo aumento en la cantidad de la misma, esto debe ser aplicado siempre que las condiciones de ejecución que sirvieron de base para el cálculo del precio no cambien. De ahí que si no sólo ha habido aumento en la realización de una parte de la obra, sino que en ello se hayan impuesto al contratista condiciones realmente distintas de ejecución a las originalmente previstas, éste tiene derecho a recibir una indemnización que le cubra el perjuicio sufrido por el cambio de condiciones, siempre que esos cambios sobrepasen el módulo del standard de la razonabilidad. Es decir, el precio global se aplica a un tipo de obra que incluye variaciones normales, pero no puede aplicarse a variaciones que sobrepasen lo normal en este tipo de obra.

En todo caso, tal como lo ha señalado la jurisprudencia venezolana, el fundamento del derecho a indemnización en estos supuestos de ejecución de contratos administrativos radica en la necesidad del restablecimiento del equilibrio financiero del contrato[485], concepto que ha sido acogido también por la doctrina venezolana[486] siguiendo la doctrina extranjera en materia de contratos administrativos[487]. En esta forma, si el equilibrio financiero ha sido roto por las modificaciones unilaterales impuestas al contrato por la Administración, el co-contratante tiene derecho a que se le indemnice en la medida del restablecimiento de dicho equilibrio.

Debe señalarse, en todo caso, que el retardo en los pagos debidos en un contrato de obra pública, cuando están estipulados pagos a cuenta en forma precisa en el contrato, constituye una modificación unilateral introdu-

---

483 Cfr. M. Waline: "L'evolution recent de rapports de l'Etat avec ses co-contratants, *loc. cit.*, p. 21.

484 Cfr. André de Laubadère. *Traité Théorique et Pratique des Contrats Administratifs, cit.*, tomo II, p. 340.

485 Cfr. Sentencia de 12 de noviembre de 1954 de la antigua Corte Federal y sentencia de la antigua Corte Federal y de Casación de 9 de marzo de 1939, en Allan R. Brewer-Carías, "Los contratos administrativos en la jurisprudencia administrativa venezolana", *loe. cit.*, pp. 148 y 141 a 143, respectivamente.

486 Cfr. Eloy Lares Martínez, *Manual de Derecho Administrativo, cit.*, p. 217; Allan R. Brewer-Carías, *Las instituciones fundamentales del Derecho Administrativo, cit.* pp. 204 y ss.

487 Véase por todos, André de Laubadère, *Traité Théorique et Pratique des Contrats Administratifs, cit.*, tomo II, pp. 32 y ss.; André de Laubadère, "Les éléments d'originalité de la responsabilité contractuelle de l'Administration", en *L'évolution du Droit Public (Etudes en l'Honneur d'Achille Maestre)*, París, 1956, p. 391; M. A. Bercaitz, *Teoría general de los contratos administrativos, cit.*, p. 300.

cida por la Administración que rompe el equilibrio económico del contrato, en perjuicio del contratista, quien para ejecutar la obra debe entonces asumir gastos financieros no previstos, por causas que no le son imputables, sino que son obra de la propia Administración.

En este sentido, es claro el comentario de José Roberto Dromi al hablar de la "oportunidad del pago y estabilidad contractual":

> "El contrato administrativo implica para el co-contratante, en tanto cumpla, una situación de estabilidad, económica y jurídica. Tal situación es tenida en cuenta en la oferta y celebración del contrato como derecho dado al mantenimiento del equilibrio económico y financiero durante su ejecución. Todo ello por concebirse al contrato público como un instrumento en el cual se compatibilizan los intereses de la Administración (que satisface el interés público) y el del particular (que persigue un beneficio inicialmente calculado). *La oportunidad del pago, en el tiempo convenido o unilateralmente fijado por el Estado en el pliego de condiciones, es un presupuesto de la ecuación o equilibrio financiero* en el contrato administrativo. El co-contratante busca su interés financiero, *y precisamente tiene derecho a que se le asegure ese beneficio, con el mantenimiento del equilibrio económico financiero del contrato o el restablecimiento de la ecuación financiera*. Es una aplicación del principio de la "intangibilidad de la remuneración del contratista". En otros términos, sin pago oportuno no hay ecuación financiera; por ello, el derecho arbitra los sucedáneos legales para reparar la inoportunidad en el pago..."[488].

En definitiva, forma parte de los elementos intangibles del contrato de obra pública, tanto el precio como las obligaciones a cargo de la Administración en cuanto a la forma y oportunidad del pago, por lo que el incumplimiento de las mismas, que se traduce en una ruptura de la ecuación económica del contrato, da derecho al contratante a ser indemnizado "conforme con la justicia y la equidad" como lo afirmó la antigua Corte Federal en la mencionada sentencia de 12 de noviembre de 1954[489].

Ahora bien, esta indemnización por los daños y perjuicios causados por la modificación unilateral de la oportunidad y forma de pago, en algunas legislaciones como la Argentina, y en las cláusulas de Condiciones Generales de los contratos, como sucede en España, a veces se predetermina tomando como base el pago de intereses. Esto es lo que también sucedió en nuestro país, en los contratos de obra pública, en las Condiciones Generales de Contratación para la Ejecución de Obras adoptadas por Decreto N° 2.189 de 7 de junio de 1977,[490] en las cuales se reguló por primera vez un lapso de pago de las valuaciones y la cláusula de pago de intereses mo-

---

488 Véase José Roberto Dromi, "Régimen de pago en el contrato de obras públicas" en *Jurisprudencia Argentina, cit.*, p. 6.

489 *Loc. cit.*, p. 205.

490 Gaceta Oficial N° 2089 Extraordinario de 1977.

ratorios por retraso en el pago. En el artículo 71, de dicho Decreto, en efecto, se estableció lo siguiente:

> *"Artículo 71*. En un plazo de noventa (90) días, o en el plazo que se hubiere establecido en el Documento Principal, siempre que éste fuere mayor, contados uno u otro a partir de la fecha de presentación de las valuaciones debidamente conformadas por el Ingeniero Inspector, a la correspondiente oficina receptora del ente público, deberá efectuarse el pago de las valuaciones al Contratista.
>
> Cuando el pago no se hiciere en el plazo anteriormente fijado, y sólo a partir de su respectivo vencimiento, el ente público pagará al contratista, por el tiempo que dure el retraso en el pago, intereses a la tasa promedio de los bonos de la deuda pública interna colocados durante los seis (6) meses anteriores a la fecha de pago de los intereses correspondientes.
>
> Para que proceda el pago de los intereses aquí estipulados se requerirá, que el monto de la valuación que los origina esté debidamente previsto en el Presupuesto del ente público, vigente para el momento de presentación de aquélla. A tales efectos, el ente público conjuntamente con el Contratista elaborarán un Cronograma de pago en el cual se indicarán el o los ejercicios presupuestarios en que se pagará la obra, con señalamiento expreso de la cantidad asignada a ese fin en cada uno de los ejercicios.
>
> El referido cronograma de pago debidamente firmado por los contratantes formará parte del contrato".

Un artículo similar está contenido en el Decreto N° 1.821 de 30-8-91[491] que modificó el N° 1.802 de 20-1-83 y que a su vez había modificado el de 1977 relativo a las mismas Condiciones Generales de Contratación para la ejecución de obras, cuyo artículo 58 establece lo siguiente:

> *"Artículo 58*. Cuando los pagos de las Valuaciones o retenciones que hubieren sido reconocidos por el Ente Contratante no se hicieren dentro de los noventa (90) días calendario contados a partir de la fecha de presentación por parte del Contratista al Ingeniero Inspector, siempre que no hubiere sido rechazada por éste o por la oficina administradora del Ente Contratante, éste pagará intereses al Contratista sobre el monto neto a pagar por el tiempo que dure la mora en el pago hasta la fecha de emisión de la correspondiente orden de pago. Los intereses se calcularán utilizando una tasa equivalente al promedio ponderado por el Banco Central de Venezuela, de las tasas pasivas que paguen los seis (6) bancos comerciales del país con mayor volumen de depósitos por operaciones de crédito a plazo, a plazos no mayores de noventa (90) días calendario.
>
> Para que proceda el pago de los intereses aquí estipulados se requerirá, además, que el monto de la valuación que los origina esté debidamente previsto en el presupuesto del Ente Contratante, vigente para el momento de

---

491 Gaceta Oficial N° 34.797 de 12-9-91.

presentación de aquélla. A tales efectos se deberá tomar en cuenta el crono-grama de pago vigente elaborado por el Ente Contratante y el Contratista en el cual se habrán indicado, el o los ejercicios presupuestarios en que se paga-rá la obra, con señalamiento expreso de la cantidad asignada a ese fin en ca-da uno de esos ejercicios.

El referido cronograma de pago, debidamente firmado por los Contratan-tes, forma parte del contrato.

Si al verificarse la revisión de las valuaciones en la forma establecida en el artículo 57 se encontrare que éstas presentan irregularidades o errores, el plazo antes señalado para comenzar a computarse los intereses, no comenza-rá a correr hasta que no hayan sido presentados nuevamente las valuaciones debidamente corregidas".

De ello resulta en definitiva que, a partir de la vigencia del Decreto N° 2.189 de 1977 y en los contratos de obra pública celebrados con posterio-ridad al mismo, en los cuales dichas Condiciones Generales han pasado a formar parte de las cláusulas del contrato, la determinación del monto de la indemnización debida al contratista por los daños y perjuicios causados por el retraso en el pago de las obras tiene una solución contractual tradu-cida en el pago de los intereses moratorios.

En cambio, la situación en los contratos de obra pública celebrados con anterioridad a septiembre de 1977 y, en particular, aquellos a los cuales se aplicaron las Condiciones Generales de Contratación para la ejecución de obras establecidas por Resolución N° 388 del Ministerio de Obras Públi-cas de 26 de agosto de 1975[492], fue completamente distinta, pues en di-chas Condiciones Generales sólo se estableció la oportunidad de los pa-gos: el anticipo, al presentarse la fianza; y los pagos parciales contra pre-sentación de las valuaciones aprobadas, sin que se predeterminara absolu-tamente nada para el cálculo de los daños y perjuicios que pudieran cau-sarse al contratista por el incumplimiento de las modalidades y oportuni-dades de los pagos.

Por tanto, en ausencia de regulación contractual, en esos casos no podía sostenerse que sólo era aplicable, pura y simplemente, el artículo 1.277 del Código Civil destinado a las obligaciones "que tienen por objeto una cantidad de dinero", pues, como se ha señalado, la obligación de la Ad-ministración, conforme al equivalente económico del contratista, no es sólo el pago de un determinado precio, sino, además, satisfacer la ventaja económica que significa para el contratista el pago oportuno para el fi-nanciamiento que le permite prescindir de los gastos de financiamiento no previstos al formularse la ecuación económica del contrato.

---

492 Gaceta Oficial N° 30.786 de 4-9-75.

En esta forma, en los contratos de obra pública a los cuales se aplicaron las Condiciones Generales de Contratación establecidas en 1975, se estableció no sólo un precio global de la obra a ejecutar sino una determinada y precisa forma de pago: el anticipo al presentarse la fianza; y los pagos parciales, contra presentación de valuaciones aprobadas. Si en el curso de la ejecución de los contratos hubo retardo en los pagos, y el contratista, para poder obtener financiamiento para continuar la ejecución de las obras, tuvo que incurrir en gastos financieros, es evidente que ello significa una considerable y sustancial alteración del contrato y de la ecuación económica del mismo. En esos casos el contratista debió soportar, por culpa de la Administración, gastos no previstos ni previsibles al momento de la firma del contrato, razón por la cual tendría un indudable derecho a ser indemnizado "conforme con la justicia y la equidad" como lo ha dicho la Corte Suprema, por los perjuicios que realmente sufrió por concepto de gastos financieros, a los efectos de restablecer el equilibrio financiero del contrato, gastos que no pueden calcularse aplicándose una tasa de interés a cifras debidas durante determinado período de tiempo, sino considerado lo que efectivamente tuvo que pagar el contratista por la obtención del financiamiento requerido para continuar las obras, a pesar del retraso en el pago por parte de la Administración.

Pero, además, el ejercicio de los poderes de modificación unilateral de la Administración de los contratos administrativos, en ciertos casos pueden producir el derecho, por parte del co-contratante, a pedir la rescisión del contrato.

En efecto, cuando las modificaciones unilaterales han sido limitadas en el propio contrato, por ejemplo, en aquellos casos en que se establece un límite cuantitativo a los aumentos o disminuciones de obras, todo traspaso a dicho límite contractual da derecho al co-contratante a pedir la rescisión del contrato[493]. En todo caso, si los límites a las modificaciones cuantitativas no han sido previstos en el contrato y en los supuestos de modificaciones cualitativas, las modificaciones no deben pasar de cierto volumen[494] o de cierta magnitud[495] o medida[496]. Dicha magnitud, en los casos de modificaciones cualitativas (cambios en las condiciones de ejecución, realización de obras complementarias o adicionales) o dicho volumen, en los casos de modificaciones cuantitativas (aumentos o disminuciones de

---

493 Cfr. André de Laubadère, *Traite Elémentaire de Droit Administratif, cit.*, tomo II, p. 298; Enrique Sayagués Laso: *Tratado de Derecho Administrativo, cit.*, tomo II, p. 103; L. López Rodó y A. Guaita, "Los contratos de obras públicas en España", *loc. cit.*, p. 303.

494 Cfr. J. Rivero, *Droit Administratif, cit.*, p. 108.

495 Cfr. Eloy Lares Martínez, *Manual de Derecho Administrativo, cit.* p. 246.

496 Cfr. Gastón Jèze, *Principios generales del Derecho Administrativo, cit.*, tomo IV, p. 258.

cantidad de obra a ejecutar), están señalados por el módulo de standard de la razonabilidad, por la capacidad técnica o financiera del contratista y por el trastorno a la economía general del contrato. En efecto, siempre que las modificaciones unilaterales al contrato sean excesivas, porque traspasen los límites de lo justo y razonable[497], el co-contratante puede pedir la rescisión del contrato, dado lo inaceptable de las modificaciones[498]. En estos supuestos entran todas aquellas modificaciones al objeto del contrato que impliquen la ejecución de una obra nueva por el contratista, produciéndose una desnaturalización o una alteración sustancial del contrato y de las bases del mismo[499]. Por otra parte, el co-contratante de la Administración también tiene derecho a pedir la rescisión cuando las modificaciones impuestas sean de tal naturaleza que transformen la economía general del contrato,[500] o cuando las modificaciones sobrepasen la capacidad técnica y financiera del co-contratante[501].

En estos supuestos de derecho a pedir la rescisión del contrato puede aplicarse el artículo 1.167 del Código Civil, el cual autoriza, en los contratos bilaterales, a una parte a pedir la resolución de los mismos, cuando la otra parte no ejecuta su obligación. En efecto, si, como se ha dicho, en materia administrativa rige el principio de que los contratos deben ejecutarse de buena fe[502], ello implica que los mismos obligan no solamente a cumplir lo expresado en ellos, sino a todas las consecuencias que se derivan de los mismos contratos, según la equidad, el uso o la ley. Por tanto, aun en los casos de incumplimiento de obligaciones accesorias, como las derivadas de la aplicación del artículo 1.160 del Código Civil y que configuran en estos supuestos los límites al poder de modificación unilateral anteriormente señalados, procede la posibilidad de pedir la rescisión del contrato o, en su defecto, la resolución.[503]

---

497 Véase R. Bielsa, "La locución «Justo y razonable» en el *Derecho y en la Jurisprudencia", en sus Estudios de Derecho Público*, tomo I, Buenos Aires, 1950, pp. 478 y ss.

498 Cfr. M. A. Bercaitz, *Teoría general de los contratos administrativos, cit.*, p. 305; Eloy Lares Martínez: *Manual de Derecho Administrativo, cit.*, pp. 246 y 250.

499 Cfr. André de Laubadère: *Traité Théorique et Pratique des Contrats Administratifs, cit.*, tomo II, pp. 389 v 390; G. Jéze, *Principios generales del Derecho Administrativo, cit.*, tomo IV, pp. 255 y 258.

500 Cfr. André de Laubadère: *Traité Théorique et Pratique des Contrats Administratifs, cit.*, tomo II, pp. 389, nota N° 9.

501 Cfr. Eloy Lares Martínez, Manual de Derecho Administrativo, cit., p. 250; P. L. Josse, "Marché de Travaux Publics", *loc. cit.,* p. 354; G. Jéze, *Principios generales del Derecho Administrativo, cit.*, tomo IV, pp. 234 y 235; M. Waline, "L'évolution recente des rapports de l'Etat avec co-contractans", *loc. cit.*, p. 20.

502 Artículo 1.160 del Código Civil.

503 Véase Luigi Mosco, la resolución de los contratos por incumplimiento (artículo 1.124 del Código Civil) Barcelona, 1962, Cap. V, pp. 51 y ss.

Por último, tal como se desprende de la jurisprudencia sentada por la antigua Corte Federal y de Casación, el co-contratante, como consecuencia de la introducción de modificaciones en el contrato administrativo, también tiene el derecho, en ciertos casos, de pedir una prórroga en la ejecución de la obra, cuando el retardo no le es imputable a él. Esto, por otra parte, puede verse como una aplicación a contrario del principio del artículo 1.271 del Código Civil: el co-contratante no estará obligado al pago de daños y perjuicios cuando el retardo en el cumplimiento de su obligación se debe a una causa extraña que no le es imputable, es decir, a las modificaciones unilaterales introducidas por la Administración. En este supuesto, el co-contratante tendrá derecho a que se le otorgue una prórroga para el cumplimiento de su obligación[504].

b'. El derecho de indemnización derivado de la rescisión unilateral realizada por la Administración

Ha establecido la antigua Corte Federal[505], en relación con la facultad de la Administración para rescindir administrativamente el contrato administrativo cuando así lo exija el interés general, que ese poder no la exime de manera absoluta de indemnizar al co-contratante cuando para éste, sin su culpa, se han derivado perjuicios por la decisión unilateral. En esta forma la facultad de la Administración a rescindir el contrato administrativo unilateralmente tiene una contrapartida para el co-contratante: el derecho, a su vez, de percibir una indemnización.

Sin embargo, este derecho del co-contratante a percibir una indemnización está sometido a condiciones: que la rescisión sea pronunciada unilateralmente por la Administración en ausencia total de culpa de parte del co-contratante, es decir, que sea pronunciada, no como una sanción, sino en razón del interés público; y que esa rescisión produzca perjuicios evidentes para el co-contratante. Procesalmente, sin embargo, la Administración tiene la carga de la prueba si pretende liberarse de su obligación de indemnizar, es decir, la Administración debe pagar siempre la indemnización a menos que pruebe que hubo culpa de parte del co-contratante. Así lo ha establecido la Corte Federal[506].

En las cláusulas de Condiciones Generales de Contratación para la Ejecución de Obras establecidas en el Decreto N° 1.821 de 30-8-91, en todo caso, se prevé este derecho del contratista a recibir una indemnización en los casos de rescisión unilateral del contrato por causas no imputables al

---

504 Cfr. Sentencia de la antigua Corte Federal y de Casación de 5 de diciembre de 1944, en Memoria 1945, p. 304.

505 CF 12-11-54, en G.F. N° 6, 1954, p. 204-206. Véase también, sentencia de la CFC de 5-12-45, en Actuaciones en 1945, p. 304.

506 CF 12-11-54, en G.F. N° 6, 1954, pp. 204-206.

mismo. En estos supuestos establece el artículo 116, "el Ente Contratante le pagará al Contratista:

a. El precio de la obra efectivamente ejecutada, calculado de acuerdo con el Presupuesto vigente del Contrato y tomando en cuenta las variaciones que haya experimentado el mismo en los términos de este Decreto, si fuere el caso.

b. El precio de los materiales y equipos que hubiere adquirido el Contratista para ser incorporados a la obra, el cual se determinará de acuerdo con los precios del mercado para el momento de su adquisición. A esos efectos, el Contratista deberá presentar la justificación de tales gastos al Ente Contratante con las pruebas correspondientes y si éste la encontrare conforme, la someterá a la consideración del Órgano Contralor.

c. Una indemnización que se estimará así:

1. Un diez por ciento (10%) del valor de la obra ejecutada, si la rescisión ocurriere cuando no se hubieren comenzado los trabajos o los que se hubieren ejecutado tengan un valor inferior al treinta por ciento (30%) del monto original del contrato.

2. Un ocho por ciento (8%) del valor de la obra no ejecutada, si la rescisión ocurriere cuando se hubiesen ejecutado trabajos por un valor superior al treinta por ciento (30%) del monto del Contrato pero inferior al cincuenta por ciento (50%) del mismo.

3. Un seis por ciento (6%) del valor de la obra no ejecutada, si la rescisión ocurriere cuando se hubiesen ejecutado trabajos por un valor superior al cincuenta por ciento (50%) del monto del Contrato, pero inferior al setenta por ciento (70%) del mismo.

4. Un cuatro por ciento (4%) del valor de la obra no ejecutada si la rescisión ocurriere cuando se hubiesen ejecutado trabajos por un valor superior al setenta por ciento (70%) del monto del Contrato, pero inferior al noventa por ciento (90%) del monto del Contrato.

5. Un dos por ciento (2%) del valor de la obra no ejecutada si la rescisión ocurriere cuando se hubiesen ejecutado trabajos por un valor superior al noventa por ciento (90%) del monto del Contrato".

Además, establece el artículo 117 de las mismas cláusulas que "en casos especiales en que el Contratista hubiese contraído obligaciones como consecuencia directa del Contrato, no cubiertas en los pagos previstos en las letras a) y b) del artículo anterior, podrá presentar una justificación de esos gastos al Ente Contratante, con las pruebas correspondientes, y si éste la encontrase conforme, la someterá a la consideración del Órgano Contralor a los fines de su pago".

c'. El derecho de indemnización derivado de actos de autoridades públicas distintas a la contratante y que rompen la ecuación económica del contrato: el alea económico

El derecho a indemnización surge para el co-contratante, no sólo por una acción de la Administración contratante con base en sus prerrogativas, sino también por la presencia en la ejecución del contrato de hechos o actos jurídicos ajenos a la voluntad de las partes y que afecten la ecuación económica del contrato. Estos hechos constituyen el álea económico del contrato y pueden ser, o un acto de una autoridad pública distinta de la Administración contratante o lo que se ha llamado la Teoría de la Imprevisión.

En efecto, ante todo, el derecho del co-contratante a ser indemnizado por la Administración surge también cuando se altera el equilibrio financiero del contrato administrativo, como consecuencia de un acto de una autoridad pública distinta de la Administración.

Cuando el acto proviene de la misma Administración, surge el derecho a indemnización como consecuencia de la modificación unilateral del contrato realizada por la Administración, sin culpa del co-contratante, es decir, no impuesta como sanción y produciendo esa modificación una quiebra del equilibrio financiero del contrato en forma que no haya podido preverse. Esto ya lo hemos examinado y se trata de lo que la jurisprudencia del Consejo de Estado francés ha denominado "hecho del Príncipe" o "hechos de la Administración".

Ahora bien, este acto de autoridad pública distinta de la Administración contratante puede provenir de los órganos que ejercen el Poder Legislativo y el Poder Judicial, e incluso de otros órganos del Poder Ejecutivo.[507]

a". La ruptura de la ecuación económica por acto legislativo

En este sentido debe señalarse que la jurisprudencia venezolana de la Corte Suprema ha admitido el derecho del co-contratante de la Administración a ser indemnizado por la Administración, cuando se altere el equilibrio financiero del contrato administrativo como consecuencia de un acto de una autoridad pública distinta de la Administración[508] y concretamente, por acto del Poder Legislativo.

---

507 Véase Allan R. Brewer Carías, "Algunas reflexiones sobre el equilibrio financiero en los contratos administrativos y la aplicabilidad en Venezuela de la concepción amplia de la Teoría del hecho del príncipe", *Revista Control Fiscal y Tecnificación Administrativa*, año XII, N° 65, Caracas, 1972, pp. 86 a 93.

508 Véase Allan R. Brewer-Carías, *Las Instituciones Fundamentales del Derecho Administrativo y la Jurisprudencia Venezolana, cit.*, p. 209; Allan R. Brewer-Carías, "Consideraciones sobre los efectos de la ruptura de la ecuación económica de un contrato admi-

En efecto, como se indicó, el Supremo Tribunal, por sentencia de la Corte Federal y de Casación en Sala Político-Administrativa y en Sala Federal Accidental del 9 de marzo de 1939, sostuvo lo siguiente:

"Siendo la exoneración de derechos una condición de equilibrio financiero proporcionado por la ley misma a la empresa desde que ésta nace y mientras dure su explotación, hay que aplicarle, según la doctrina ya citada, la otra regla de índole contractual consistente en la obligación implícita para el Estado concedente de no alterar ese equilibrio; y es indudable que lo alteraría dando efecto inmediato contra las concesiones ya otorgadas, a la nueva ley que restringe el derecho de exoneración. Es tan racional la obligación de mantener ese equilibrio financiero, que aun tratándose de reformas de la ley en la parte puramente reglamentaria o estatutaria de ésta, no obstante el derecho con que el Estado o el legislador proceden en estas reformas de lo no contractual, también se reconoce en doctrina y en jurisprudencia la obligación eventual para el Estado de indemnizar en este caso al concesionario, según la entidad del daño o de las nuevas cargas que éste sufra por la reforma (Jèze, *ob. cit.*, pp. 331 y 332, edición española; p. 70, edición francesa; Bonnard, *Derecho Público*, pp. 342 a 344; *Derecho Administrativo,* pp. 561, 564 y 565; Hauriou, ob. *cit.*, p. 507; H. Berthélemy, p. 713; Nezard, *Derecho Público,* p. 300, edición de 1938). Ahora bien, siendo de principio universal que toda indemnización debe ser en un monto igual o equivalente al monto del daño o perjuicio que se está en la obligación de reparar, si el Estado concedente considerando la exoneración de derechos, según lo cree el Procurador, un precepto estatutario o reglamentario, resuelve suprimirla o restringirla, la indemnización a los concesionarios por el descalabro financiero que la reforma les ocasionaría con respecto al equilibrio antes establecido, habría de ser una suma de dinero igual a lo que a partir de la nueva ley tuviera que pagar por derechos de importación, comprendidos en la franquicia, según los términos de la legislación bajo cuya vigencia se otorgaron las concesiones. Con este razonamiento sólo quiere la Corte hacer palpable una vez más que aun si fuera inconstitucional la franquicia, como ella no es sino una subvención indirecta, la anulación del precepto, por culpa imputable al legislador mismo, al adoptar una forma inconstitucional de conceder subvenciones, dejaría vivo el derecho de los concesionarios a dicha subvención, bajo otra forma que fuera legal".[509]

En todo caso, las alteraciones del equilibrio económico del contrato, proveniente de leyes y que dan derecho a indemnización, se pueden producir, no sólo por medidas de carácter particular, sino, fundamentalmente, por leyes de carácter general, como leyes fiscales, o actos que ordenan un aumento general de precios o salarios o que regulan dichos precios. Sin embargo, por supuesto, para que dichas medidas puedan dar origen al de-

---

nistrativo por una ley declarada nula por inconstitucionalidad", en *Cuadernos de Derecho Público*, Universidad de los Andes, Mérida, 1976, pp. 5 a 26.

509 Véase en Memoria 1940, cit., pp. 350 y 351.

recho del concesionario a reclamar indemnización, deben cumplirse las condiciones generales de la existencia de la imprevisión: imprevisibilidad del hecho, suceso o circunstancia que ocasiona la mayor onerosidad; posibilidad de cumplimiento del contrato; aumento grave en la onerosidad de la prestación; y no interrupción del servicio.

b". *La ruptura de la ecuación económica por acto jurisdiccional*

Ahora bien, con base en lo anteriormente señalado, es evidente que en Venezuela tiene aplicación la concepción amplia de la teoría del hecho del príncipe que, según el decir de Eloy Lares Martínez, "abarca toda intervención de los poderes públicos que haga más difíciles u onerosas las condiciones en las cuales el contratista ha de dar cumplimiento a las obligaciones contraídas"[510], y así la Corte ha reconocido el derecho de indemnización, como se ha visto, "aun si fuera inconstitucional" la exoneración por la anulación del precepto legal que la contenga (y la anulación por inconstitucionalidad sólo puede ser dictada por el órgano jurisdiccional competente), "por culpa imputable al Legislador mismo, al adoptar una forma inconstitucional de conceder subvenciones".

En el supuesto, entonces, en que se declarara la nulidad por inconstitucionalidad de la exoneración de derechos prevista en un contrato administrativo, es evidente que, como se deduce de la doctrina de la Procuraduría General de la República[511] existe para el co-contratante de la Administración el derecho de ser indemnizado porque "el desmejoramiento de la posición económica del contratista" proviene de una medida que es imputable al Estado", es decir "atribuible a su falta", en la hipótesis analizada tal como lo dijo la Corte, "por culpa imputable al legislador mismo, al adoptar una forma inconstitucional de conceder subvenciones". Por tanto, aun aplicando el criterio estricto de la teoría francesa del hecho del Príncipe[512] (extensivo a actos legislativos), sería procedente el derecho de un co-contratante, a ser indemnizado, pues si bien es cierto que el órgano jurisdiccional que declarase la nulidad de la cláusula de exoneración, no debe resolver "según su libre arbitrio" sino que debe aplicar "imperativamente" "el orden constitucional" y decidir "conforme a éste", la anulación se pronunciaría, según el criterio del Supremo Tribunal, "por culpa imputable al Legislador mismo, al adoptar una forma inconstitucional de conceder subvenciones", cumpliéndose entonces el requisito definido por la doctrina de la Procuraduría de que "para que funcione la teoría... el

---

510 Véase Eloy Lares Martínez, *Manual de Derecho Administrativo*, Caracas, 1963, p. 219; Cfr. A. de Laubadère, *Traité Théorique et Practique des Contrats Administratifs, cit.*, tomo III, p. 24.

511 Oficio N° 5.203 de 27-9-66, en Doctrina PGR 1966, Caracas, 1967, pp. 75-78.

512 Idem.

desmejoramiento de la posición económica del contratista ha de provenir de una medida que sea imputable al Estado, es decir, atribuible a su voluntad o a su falta"[513].

En esta forma, la afirmación de la Procuraduría General de la República de que "el derecho a la reparación integral, consagrado en la teoría del hecho del Príncipe, se justifica en la doctrina y la jurisprudencia en los casos de medidas emanadas de los órganos legislativos y administrativos, pero no por efecto de las decisiones de los órganos que ejercen la función jurisdiccional"[514], en nuestro criterio, aparentemente no tiene base ni fundamento alguno, pues, como hemos visto, si en la hipótesis estudiada el órgano jurisdiccional dicta una medida de anulación, ello se debe a alguna culpa imputable al legislador, como lo ha declarado la Corte en la sentencia señalada de 1939, lo que no cambia la situación del co-contratante cuyo derecho a recibir la indemnización equivalente a la subvención tal como lo señaló la Corte en esa oportunidad, quedaría "vivo"[515].

c". *El control de la constitucionalidad de las leyes y las consecuencias de la ruptura de la ecuación económica*

Debe señalarse, en todo caso, que supuestos como el que se comenta, no se han admitido en la jurisprudencia francesa, en la cual se basa la argumentación de la Procuraduría General de la República, sencillamente porque en el sistema francés no hay ni nunca ha habido el control de la constitucionalidad de las leyes promulgadas y menos de las leyes de efectos individuales como las aprobatorias de contratos de interés público. Al contrario, en los sistemas que sí conocen de un control concentrado de la constitucionalidad de las leyes, se admite en general la obligación de indemnizar del Estado a su contratante en los casos en que la Corte Suprema declare la nulidad de una ley que lesione situaciones jurídicas derivadas de un contrato aprobado por dicha ley. En efecto, si bien el problema ha sido resuelto expresamente en Venezuela donde sí existe un control concentrado de la constitucionalidad de las leyes, como resulta de la sentencia citada en la Corte Federal y de Casación del 9 de marzo de 1939[516], también ha tenido una resolución clara en otros sistemas jurídicos que admiten un control similar de la constitucionalidad de las leyes, tal como se puede apreciar de las referencias que hace la más reciente doctrina sobre la materia[517].

---

513 Ibídem.

514 Ibídem.

515 Idem, p. 77.

516 Véase en Memoria 1910, cit., pp. 342 y ss.

517 Véase, J. A. Santamaría Pastor, "La Teoría de la Responsabilidad del Estado Legislador", en *Revista de Administración Pública* N° 68, Madrid, 1972, pp. 57 y ss.

En efecto, si bien en el derecho francés no hay duda de que por la aplicación de la noción amplia de la teoría del hecho del Príncipe, el Estado está obligado a indemnizar al co-contratante en los casos en que mediante una ley (acción del Poder Legislativo) varíe las condiciones del contrato administrativo[518], el supuesto de responsabilidad del Estado (obligación de indemnizar) cuando se declara inconstitucional una ley por los órganos jurisdiccionales competentes, nunca se ha planteado, por no existir en Francia dicho control concentrado a posteriori de la constitucionalidad de las leyes; y si bien, la responsabilidad del Estado por hecho legislativo se admite ahora sin discusión en virtud de la aplicación del célebre principio de la "igualdad ante las cargas públicas", es bueno recordar que si a principios de este Siglo ni el Consejo de Estado ni la doctrina la admitía, esto era en virtud de no existir el control de la constitucionalidad de las leyes[519]. En esta forma, mal pueden plantearse las soluciones francesas que excluyen el supuesto de control de la constitucionalidad de las leyes[520] a otros sistemas jurídicos como el venezolano que sí admiten dicho control.

Por el contrario, si para comprender mejor la problemática puede ser útil acudir al análisis de las soluciones que muestra el derecho comparado, habría que estudiar aquellos sistemas jurídicos que, como el venezolano, admiten el control de la constitucionalidad de las leyes, y con él, el "ilícito legislativo"[521]; control de la constitucionalidad cuya admisión en la historia del derecho público fue, sin duda, una de las piezas esenciales que contribuyeron a la ruptura del mito de la irresponsabilidad del Estado por actos legislativos tan difundidos hasta entrado este Siglo. En todo caso, del análisis que puede efectuarse de la situación de la responsabilidad del Estado por leyes inconstitucionales en Alemania e Italia, puede concluirse que se ha admitido la obligación del Estado de indemnizar cuando en virtud de una declaratoria de inconstitucionalidad se ha producido un "sacrificio especial en la persona o personas afectadas por la norma"[522].

En todo caso, parece evidente de la situación planteada en los sistemas italiano y alemán, que la obligación de indemnizar que pueda surgir para el Estado respecto a su co-contratante por los sacrificios especiales y no

---

518 Véase la evolución de la doctrina de la responsabilidad del Estado como consecuencia de sus actos legislativos ("du fait des lois") en J.A. Santamaría Pastor, "La Teoría de la Responsabilidad del Estado Legislativo", *loc. cit.*, pp. 76 y ss.

519 Véase J. A. Santamaría Pastor, "La Teoría de la Responsabilidad del Estado Legislador", *loc. cit.*, pp. 75 y ss.

520 Como lo hace la Procuraduría de la República en Doctrina de la Procuraduría General de la República 1966, *cit.* p. 76.

521 Véase J. A. Santamaría Pastor, "La Teoría de la Responsabilidad del Estado Legislador, *loc. cit.*, p. 100.

522 Véase las referencias en J. A. Santamaría Pastor, "La Teoría de la Responsabilidad del Estado Legislador", *loc. cit.*, pp. 131 y ss.

previstos, que se le cause por la declaratoria de nulidad de una ley inconstitucional, no han dado lugar a que se hable de una responsabilidad por "acto judicial", sino de un "ilícito legislativo" pues el acto que eventualmente ocasionó el daño o sacrificio especial, no fue la decisión de la Corte Constitucional respectiva, sino la ley inconstitucional o la actuación del poder legislativo al margen de la Constitución, que posteriormente fue declarada inconstitucional por la Corte Constitucional. Por tanto, y sin perjuicio de que en la doctrina y jurisprudencia extranjeras se admita la responsabilidad del Estado por actos judiciales[523], no debe confundirse la responsabilidad del Estado derivada del "ilícito legislativo" que se origina por una ley declarada nula por inconstitucional, con la responsabilidad del Estado derivada de los actos judiciales. De ahí que no puede admitirse como correcto el criterio de la Procuraduría General de la República de confundir la teoría amplia del hecho del Príncipe que admite nuestro ordenamiento jurídico y que obliga al Estado a indemnizar a su co-contratante cuando la ley que regulaba el contrato ha sido declarada nula, por inconstitucional, produciéndole ello un daño por ruptura de la ecuación económica del contrato, con un supuesto caso de derecho a indemnización derivado de decisiones jurisdiccionales[524].

En efecto, el problema se planteó en Venezuela a raíz de la sentencia de 15 de marzo de 1962 en la Corte Suprema de Justicia, en Corte Plena, mediante la cual declaró la nulidad, por inconstitucionalidad del artículo 20 del contrato suscrito entre el Banco de Venezuela y la República para la prestación de los servicios auxiliares de Tesorería[525]. Dicho contrato establecía en dicho artículo 20, una cláusula de exención de impuestos municipales en favor del Banco de Venezuela, S.A. y que constituía, además de una contraprestación, una típica cláusula de protección de la situación económica del contratante. Ahora bien, si con motivo de la declaratoria de nulidad de la norma, resultó que el co-contratante tuvo que pagar dichos impuestos, por haberse atribuido a la sentencia anulatoria efectos ex tune, es indudable que la ecuación económica del contrato se rompió y el Estado tenía que indemnizar al Banco, no en virtud de una supuesta responsabilidad originada por acto jurisdiccional, sino en virtud de la ley inconstitucional. Este, por otra parte, ha sido criterio seguido por la jurisprudencia del Tribunal Supremo, al señalar que la anulación por la Corte Suprema de Justicia de una ley por inconstitucional se produce "por culpa imputable al legislador mismo, al adoptar una forma inconstitucio-

---

523 Véase por ejemplo, Ardant, *La responsabilité de l'etat du fait de la function jurisdictionnelle*, París, 1954, cit. por J. A. Santamaría Pastor, "La Teoría de la Responsabilidad del Estado Legislador", *loc. cit.*, p. 68.

524 Véase Doctrina de la Procuraduría General de la República 1966, *cit.*, p. 77.

525 Véase en G.O. N° 760 Extraordinario de 15-3-62.

nal"[526], lo que excluye cualquier supuesto de "culpa del órgano jurisdiccional"; o lo que es lo mismo, si alguna obligación de indemnizar a un particular o co-contratante surge para el Estado con motivo de la decisión de la Corte, ella no es por un supuesto "ilícito judicial" sólo admisible en los casos de errores judiciales, sino de un "ilícito legislativo" consecuencia del control concentrado de la constitucionalidad de las leyes.

Por otra parte, argumentarse que no procederá una indemnización para el co-contratante de la Administración cuando la Corte Suprema de Justicia ha declarado la nulidad de una ley por inconstitucionalidad, modificándose la ecuación económica del contrato, en virtud de que desde el momento en que la ley se dictó podía preverse razonablemente que la ley podía declararse nula por inconstitucionalidad, tal como lo hace la Procuraduría General de la República[527], equivale a la monstruosidad jurídica de invertir la presunción de constitucionalidad que acompaña a todas las leyes por una presunción contraria de "inconstitucionalidad" de las leyes, lo cual es inadmisible. En efecto, la Procuraduría General de la República al emitir dictamen sobre la cita de saneamiento y garantía de la República solicitada por el Banco de Venezuela, S.A., en relación a su derecho a ser indemnizado por ruptura de la ecuación económica del contrato, e indicar que dicha indemnización sólo procedería en los casos de actos o hechos imprevisibles, señala que "la anulación del artículo 20 del contrato no era, en el momento de su firma, una eventualidad totalmente imprevisible, por cuanto la inconstitucionalidad de dicho artículo 20 era punto menos que evidente"[528]. Al contrario, en virtud de la presunción de la constitucionalidad de las leyes que la Corte Suprema de Justicia ha sostenido reiteradamente,[529] la anulación del artículo 20 del convenio celebrado entre el Ejecutivo Nacional y el Banco de Venezuela, S.A., no podría "razonablemente" preverse desde el momento en que aun habiendo debates de las Cámaras Legislativas sobre la inconstitucionalidad de la exención, el Congreso, por ley de la República, la sancionó y aprobó. No puede pretenderse que los particulares se encuentren desprovistos absolutamente de seguridad jurídica respecto de ciertas leyes cuando a pesar de haberse sancionado y estar en pleno vigor, en el momento de su discusión alguien sostuvo la inconstitucionalidad, en el caso al cual se refiere la Procuraduría, para el momento de concluirse el contrato, no era tal evidencia sino sólo una cuestión de opinión, y tan es así, que a pesar de las opiniones que la sostenían, las Cámaras Legislativas sancionaron la Ley. Ante eso

---

526 Véase Sentencia citada del 9 de marzo de 1939, Memoria 1940, cit., p. 351.

527 Véase Doctrina de la Procuraduría General de la República 1966, cit., p. 78.

528 Véase Doctrina de la Procuraduría General de la República 1966, cit., p. 78.

529 Véase las referencias en J. A. Andueza, *La Jurisdicción Constitucional en el Derecho Venezolano*, Caracas, 1955, p. 90.

no puede pretenderse que el contratante debía desconocer la ley y "prever" su anulación desde el mismo momento de su promulgación en virtud de una especie de presunción de "inconstitucionalidad"; ello, ciertamente, no está dentro de la razonabilidad de lo que puede preverse, al contrario, sería antagónico a los principios fundamentales que conforman nuestro ordenamiento constitucional.

Ahora bien, admitida la posibilidad de que se produzca ruptura de la ecuación económica del contrato en virtud de la declaratoria de nulidad por inconstitucionalidad de una ley, tal como sucedió en el caso planteado, quedaría por analizar si en el supuesto que el Banco de Venezuela, S.A., hubiese tenido que pagar impuestos municipales supuestamente causados antes de que se declarara la nulidad por inconstitucionalidad, ello constituiría una ruptura de la ecuación económica o equilibrio financiero del Contrato. El problema, en efecto, no plantea mayores inconvenientes desde el punto de vista jurídico: estando previsto en el contrato que el Banco de Venezuela no debía pagar ningún impuesto municipal en ninguna de las Municipalidades en las cuales tuviera agencias o sucursales, el hecho de que en cualquier eventualidad, al declararse la nulidad por inconstitucionalidad del artículo de la ley aprobatoria del contrato que establecía la exención, la referida institución bancaria hubiese tenido que pagar dichos impuestos, no previstos al celebrarse el contrato, evidentemente que produce la ruptura del equilibrio económico del contrato, y la obligación de la Administración de indemnizarlo dentro "de los límites justos a los cuales llegue el perjuicio ocasionado",[530] es decir, en todas las cantidades que el Banco hubiese tenido que pagar por concepto de impuestos municipales. Argumentar al contrario, como lo hizo la Procuraduría General de la República, que en el caso no ha habido alteración alguna de la ecuación financiera porque la "exención impositiva contemplada en el artículo 20 de la ley aprobatoria, por inconstitucional, debe ser considerada como si jamás hubiera existido", y que "la decisión del máximo tribunal de la República no hizo sino declarar cuál era el contenido exacto del contrato desde el momento mismo de su formalización y, por tanto, ningún cambio aportó a la relación contractual ni a los beneficios económicos que de ella podrían legítimamente derivar para cada una de las partes"[531], no es más que plantear un pretendido efecto retroactivo y carácter declarativo de las sentencias de la Corte Suprema de Justicia dictadas conforme a la atribución 3° del artículo 215 de la Constitución, en lugar de los efectos pro futuro (*ex nunc*) que tienen, en virtud de ser de carácter

---

530 Véase Sentencia de la Corte Federal del 12 de noviembre de 1954 en Gaceta Forense, N° 6, pp. 204 y ss.

531 Véase Doctrina de la Procuraduría General de la República 1966, *cit.*, p. 78.

constitutivas.[532] Por tanto, en virtud de que la sentencia de la Corte Suprema de Justicia de 15 de marzo de 1962, sólo debía sufrir efectos a partir de su publicación en la Gaceta Oficial de la República el 22 del mismo mes y año, y sólo hacia el futuro, es evidente que el artículo 20 debía producir con anterioridad a esa fecha, todos sus efectos, debiendo quedar, por tanto, la exención de impuestos municipales declarada nula por inconstitucionalidad el 15 de marzo de 1962, plenamente hasta la fecha de publicación de esa sentencia. En esta forma, todo pago de impuestos municipales que el Banco hubiera tenido que hacer, violaría la exención prevista en el contrato y obligaría al Estado a indemnizar.[533]

En todo caso, en el supuesto de que se atribuyera a la sentencia efectos retroactivos, como sucedió en 1978, por ser mero declarativa, con mayor razón, por la inconstitucionalidad cometida por el legislador al aprobar una ley declarada posteriormente nula por la Corte, el Banco tenía derecho a indemnización por la ruptura de la ecuación económica del contrato al verse constreñido a pagar algún impuesto municipal supuestamente causado con anterioridad al 15 de marzo de 1962, como en efecto sucedió.

Como consecuencia de lo anterior puede concluirse que en el caso señalado del contrato del Banco de Venezuela, S.A., éste tenía una acción contra la República para el pago de la suma de dinero que fuere condenado a pagar por concepto de impuestos municipales, por ruptura de la ecuación económica del contrato, en virtud de que la exención de pagar dichos impuestos consagrada en el artículo 20 de la Ley Aprobatoria del contrato, constituía una de las contraprestaciones que recibiría el Banco por los servicios prestados al Gobierno Nacional como Banco Auxiliar de la Tesorería.

d'. El estado de imprevisión: él alea económico

La teoría de la imprevisión o de los riesgos imprevisibles como causa de indemnización para el co-contratante por parte de la Administración, por la ruptura del equilibrio financiero del contrato administrativo, es creación de la jurisprudencia del Consejo del Estado francés en la célebre decisión *"Compagnie genérale d'éclairage de Bordeaux"*, conocida como Gas de Burdeos, de 30 de marzo de 1916[534]. Según la jurisprudencia francesa posterior a la señalada decisión, la imprevisión debe reunir las si-

---

532 Véase Allan R. Brewer Carías, *El control de la constitucionalidad de las leyes*, Caracas, 1980, pp. 188 y ss.

533 Llevado el conflicto por la vía judicial ordinaria para el cobro de impuestos atrasados, el asunto llego a la Sala de Casación de la Corte Suprema de Justicia, la cual atribuyo efectos ex tunc a la sentencia, es decir, mero declarativos y retroactivos. Sentencia de 10-8-78, en Gaceta Forense N° 101, 1978, pp. 591-592. Véase los comentarios en Allan R. Brewer Carías, *Estado de Derecho y Control Judicial*, Madrid, 1987, pp. 199 y ss.

534 Long, Weil y Braibant, *Les grands arréts..., cit.*, p. 124.

guientes características: debe tratarse de un hecho anormal, excepcional e imprevisible que provoque un descalabro importante en el equilibrio económico del contrato; los hechos que lo causan no deben hacer imposible la ejecución de las obligaciones, sino importantemente más onerosa; los hechos deben ser extraños a la voluntad de los contratantes y el desequilibrio financiero debe ser temporal.

Entonces, la teoría de la imprevisión es distinta del caso fortuito o fuerza mayor, en el sentido de que éstos deben impedir o imposibilitar la ejecución del contrato por un hecho definitivo y no temporal.[535]

La jurisprudencia administrativa venezolana no se ha pronunciado concretamente sobre el particular. Sin embargo, en justicia y equidad la teoría puede ser aplicada en el país, tal como lo ha admitido la Procuraduría General de la República.[536]

En efecto, cuando la utilidad que el co-contratante debe percibir calculada razonablemente, no se produce en razón de circunstancias ajenas totalmente al co-contratante, provenientes de hechos extraordinarios que no pudieron razonablemente preverse y que tornan excesivamente más oneroso el contrato y el cumplimiento de las obligaciones que él impone, el co-contratante tiene derecho en justicia y equidad al reajuste de las tarifas o del precio pactado, o al pago, en su defecto, de una indemnización por parte de la Administración, que cubra su escalabro económico en todo lo que pueda exceder de la situación normal y previsible del contrato, generalmente de tracto sucesivo.

Vemos, con la aplicación de la teoría de la imprevisión, una derogación del principio *pacta sunt servanda* y la aplicación del principio *contractus qui habent tratun sucessivum et dependentia de futuro rébus sic stantibus inteligentur.*

El fundamento de la teoría es, en todo caso, la necesidad de prestación del servicio o la necesidad de realizar la actividad de interés general en razón de la finalidad de servicio público que se persiguió al contratar. Y ello porque la situación del co-contratante en estos casos es, hasta cierto punto, trágica: no puede ejecutar el contrato sin tener que soportar grandes pérdidas, y no puede dejar de ejecutarlo en razón del interés general. Entonces es justo y equitativo que la Administración lo indemnice, sobre todo si se tiene presente que ella posee poderes exorbitantes. Estamos en-

---

535 Sobre la fuerza mayor en relación a los contratos administrativos, Véase Doctrina PGR 1970, Caracas 1971, pp. 103-106 y CGR Dictámenes de la Consultoría Jurídica 1969-1976, tomo IV, Caracas 1976, p. 239.

536 Véase en Doctrina PGR 1967, 1969, p. 52; Doctrina PGR 1972, Caracas 1973, pp. 125 y ss.; Doctrina PGR 1977, Caracas, 1978, pp. 42 y ss., Doctrina PGR 1980, Caracas, 1981, pp. 60-62; y Doctrina PGR 1981, Caracas, 1982, pp. 42 y ss.

tonces en presencia de una especie de contrapartida del co-contratante, a los poderes unilaterales de la Administración.

Es indudable que la teoría de la imprevisión ha sido reconocida expresamente en las cláusulas de "Condiciones Generales de contratación en la ejecución de obras públicas", al preverse en diversos artículos, pagos por variaciones de precios (cláusulas de variación de precios)[537]. Además, dichas cláusulas han consagrado otros supuestos de imprevisión.

Por ejemplo, el artículo 35 de las mencionadas cláusulas establece que en caso de una emergencia en el trabajo que provocare un peligro para la seguridad e integridad de las personas, de las propiedades o de la propia obra o parte de ella, el Contratista debe actuar de inmediato para evitar que se produzcan los daños o para disminuirlos en lo posible, si es que no puede evitarlos totalmente; para lo cual debe notificar con la urgencia del caso al ente contratante sobre los hechos y las medidas tomadas durante la emergencia.

En estos supuestos, el ente contratante debe pagar al Contratista una compensación por los trabajos efectuados como consecuencia de la emergencia, si de la averiguación que hiciere el ente contratante se comprobare la necesidad de ellos, previa presentación por parte del Contratista de las cuentas y comprobantes de los gastos y una constancia del Ingeniero Inspector sobre los elementos utilizados por el Contratista durante la emergencia. Esta compensación debe ser equivalente a los gastos comprobados ante el ente contratante, más el porcentaje que por concepto de gastos de administración y utilidad se haya previsto en el contrato en los análisis de precios unitarios[538].

Otro supuesto de imprevisión regulado en el Decreto N° 1.821 se refiere a los perjuicios sufridos por el Contratista por haberse paralizado la obra a causa de no haber obtenido el ente contratante los derechos de paso u ocupación o de que no se hubieren hecho las expropiaciones correspondientes, en caso de que ello fuera necesario para la ejecución de la obra[539].

Debe señalarse, por otra parte, que para contrarrestar los efectos de cambios económicos imprevistos en los contratos administrativos, como se ha dicho, es cada vez más frecuente la previsión contractual de cláusulas de revisión o variación de precios o tarifas.

Estas cláusulas, hasta cierto punto, configuran una especie de solución convencional preestablecida de las situaciones de imprevisión.

---

537 Artículos 62 a 67, Decreto N° 1.821 de 30-8-91.

538 Art. 36.

539 Art. 39.

Por tanto, y en principio, cuando el contrato administrativo contiene ese tipo de cláusulas, ante los cambios económicos previstos, no habría otro derecho del co-contratante o concesionario distinto que la aplicación automática de la variación de tarifas.

Sin embargo, el problema surgiría en aquellos supuestos de cambios fiscales que podrían dar lugar a la variación automática de las tarifas, pero que una vez producidos, el concesionario no podría aplicarlas, en virtud de la existencia de una regulación de precios establecida por autoridades nacionales. En estos supuestos, no hay duda, la regulación de precios establecida nacionalmente impediría la aplicación de la cláusula de variación de precios. Sin embargo, ello implicaría que el concesionario tendría derecho a reclamar de la Administración una indemnización equivalente por la imposibilidad de aplicación de la cláusula contractual, lo que daría lugar a la aplicabilidad de la teoría de la imprevisión.

La situación, por lo demás, se ha presentado en otros países, y ha recibido esta solución. En relación a Francia, por ejemplo, André de Laubadère señala que la solución de la jurisprudencia ha sido que la imprevisión puede aplicarse, a pesar de la existencia de cláusulas de variación de tarifas, "en aquellos casos en que las cláusulas no pueden aplicarse; el caso se ha presentado en Francia en numerosas oportunidades desde 1940 como consecuencia de medidas autoritarias de regulación o congelación de precios; estas medidas han paralizado el juego de las cláusulas de variación, y en estas circunstancias los co-contratantes han podido acudir a la teoría de la imprevisión.[540]

d. *El monto de la indemnización*

La jurisprudencia de la Corte[541] ha señalado que la indemnización no puede nunca trascender más allá de los límites justos a los cuales llegue el perjuicio ocasionado, es decir, que la indemnización debe ser en su monto igual y equivalente a la monta del daño o perjuicio que se está obligado a reparar. Es aplicación de los principios generales de la materia. La determinación del monto de la indemnización, en todo caso, corresponde a la autoridad judicial si hay inconformidad del co-contratante con el monto que proponga la Administración.

Sin embargo, algunos principios pueden establecerse en relación a esta indemnización: en primer lugar, para que pueda ser reclamada por el contratante, éste debe haber sufrido realmente un perjuicio, que debe ser probado. Por otra parte, la indemnización debe ser integral, es decir, debe

---

540 A. de Laubadère, *op. cit.*, tomo III, p. 111.

541 CF 12/11/53, G.F. N° 6, 1954, pp. 204-26. Véase también sentencia CFG 9-3-39, Resumen CFC en SPA 1940-1951, p. 70 (Memoria 1940, tomo I, p. 350).

compensar la totalidad de los daños que ha acarreado la intervención de la Administración.[542] De ahí que Jèze hable de que la indemnización debe cubrir el "perjuicio sufrido" y el "beneficio frustrado[543].

Por otra parte, las bases para calcular la estimación del perjuicio son de varios órdenes y, en primer lugar, los precios contenidos en el contrato. En efecto, hemos señalado cómo en los casos de modificaciones cuantitativas, los contratos de obras públicas prevén generalmente la aplicación de los mismos precios establecidos en ellos para compensar los aumentos de obra. En estos casos la indemnización está calculada previamente en el contrato.

En esta misma forma, en los supuestos de obras no previstas en el contrato, suplementarias o complementarias, algunos contratos de obra pública prescriben la aplicación de los precios fijados en los mismos, si ello es posible[544]. Si no lo es, la indemnización debe ser estimada por los contratistas o por el Juez, de manera tal que cubra la integridad de los aumentos en las cargas del contrato[545].

Ahora bien, aun en los casos en que se establezca en el contrato un precio fijo para ciertos trabajos de la obra y se disponga que el precio fijado se imputará a todo aumento en la cantidad de la misma, esto debe ser aplicado siempre que las condiciones de ejecución que sirvieron de base para el cálculo del precio no cambien. De ahí que si no sólo ha habido aumento en la realización de una parte de la obra, sino que en ello se han impuesto al contratista condiciones realmente distintas de ejecución a las originalmente previstas, éste tenga derecho a recibir una indemnización que le cubra el perjuicio sufrido por el cambio de condiciones, siempre que esos cambios sobrepasen el módulo del standard de la razonabilidad.

Es decir, el precio global se aplica a un tipo de obra que incluye variaciones normales, pero no puede aplicarse a variaciones que sobrepasen lo normal en este tipo de obra.

En todo caso, tal como lo ha señalado la jurisprudencia venezolana, el fundamento del derecho a indemnizar en estos supuestos de ejecución de contratos administrativos radica en la necesidad de mantener la ecuación económica del contrato, de manera que si el equilibrio financiero ha sido

---

542 Cfr. Andre dde Laubadère. *Traité Theorique et Pratique des Contrats Administratifs, cit.*, tomo II, p. 395; F. Garrido Falla, *Tratado de Derecho Administrativo, cit.*, tomo II, p. 88.

543 Cfr. G. Jéze, *Principios generales del Derecho Administrativo, cit.*, tomo IV, pp. 234 y 254.

544 Cfr. M. Waline, "L'évolution récent de rapports de l'Etat avec ses co-contratants", *loc. cit.*, p. 21.

545 Cfr. André de Laubadère, *Traité Théorique et Pratique des Contrats Administratifs, cit.*, tomo II, p. 340.

roto por las modificaciones unilaterales impuestas al contrato por la Administración, el co-contratante tiene derecho a que se le indemnice en la medida del restablecimiento de dicho equilibrio.

4. Las obligaciones del co-contratante de la administración

A. La obligación de ejecutar personalmente las obligaciones del contrato

a.   *La ejecución personal*

Ya hemos señalado que los contratos de la Administración son casi siempre celebrados *intuitu personae* y, por tanto, en principio, el co-contratante debe ejecutar personalmente su obligación. Si en la formación del contrato hay limitaciones en la libertad contractual, porque la Administración en muchos casos no es libre de escoger a su co-contratante, una vez escogido éste por procedimientos especiales, en razón de solvencia y capacidad económica y técnica, no puede librarse de su obligación ni de ella puede relevarlo el Estado, salvo en casos especiales. Por tanto, el co-contratante de la Administración tiene la obligación de ejecutar las obligaciones a su cargo, exactamente como han sido contraídas,546 y debe hacerlo personalmente y de buena fe[547].

El carácter *intuitu personae* de los contratos administrativos implica, fundamentalmente, dos consecuencias: en primer lugar, la obligación para el co-contratante de no ceder ni traspasar el contrato. Este principio general rige mientras una norma especial no exima de su cumplimiento y, en todo caso, la cesión debe hacerse con conocimiento y autorización de la Administración.

Sin embargo, aun cuando la ley permita el traspaso del contrato, éste no puede ser efectuado a Estado o entidades oficiales extranjeras ni sociedades no domiciliadas en Venezuela sin la previa aprobación del Congreso[548].

En esta forma, el contratista, en los contratos para la ejecución de obras, no puede ceder ni traspasar el contrato en forma alguna, ni en todo ni en parte, salvo que obtenga autorización del ente contratante[549].

Sin embargo, de acuerdo a las condiciones generales de contratación para la ejecución de obras, se consideran que no tienen el carácter de cesión del contrato, por lo que no requieren autorización previa del ente contra-

---

546 Artículo 1.264 del Código Civil.
547 Artículo 1.160 del Código Civil.
548 Artículo 126 Constitución.
549 Artículos 5 y 6 Decreto N° 1.821 de 30-8-91.

tante, los convenios que celebre el Contratista con terceras personas para ejecutar alguna o algunas partes de la obra[550].

b. *La diligencia en la ejecución*

En razón de la finalidad de servicio público y del interés general que se persigue al contratar, el co-contratante de la Administración debe ejecutar sus obligaciones con el máximo de diligencia y no solamente con la diligencia de un buen padre de familia exigida en los contratos civiles[551]. Y ello porque en el contrato de la Administración no sólo están en juego intereses particulares, sino intereses públicos y prestaciones de utilidad general.

El co-contratante de la Administración, al contratar con ésta, materialmente se convierte en un colaborador de ella en la consecución de la finalidad de servicio público perseguida: por ello se le exige el máximo de diligencia y esfuerzo en la ejecución de sus obligaciones contractuales.

De acuerdo a ello, por ejemplo, en las cláusulas generales de contratación para la ejecución de obras, se exige que el contratista se obligue a prestar "la más cuidadosa atención al contenido del contrato con miras a darle estricto cumplimiento", por lo cual debe mantenerse en el sitio de la obra y en condiciones normales de trabajo, toda la maquinaria y equipos que fueren necesarios para la correcta ejecución de la obra, y no puede retirarlos de allí sin la autorización escrita del ente público, aunque el contrato se resuelva o extinga anticipadamente, sea cual fuere la causa. Por ello, de ser el caso, el ente contratante indemnizará al Contratista por el uso de las maquinarias y equipos[552]. Además, se exige que el Contratista mantenga en el sitio de trabajo todo el personal técnico, administrativo y obrero que fuere necesario para el cumplimiento del contrato[553].

B. La interpretación del contrato

En el derecho administrativo, como en el derecho civil, el consensualismo contractual no es extremadamente rígido sino que los contratos obligan, no solamente a cumplir lo expresado en ellos, sino a todas las consecuencias que se derivan de los mismos, según la equidad, el uso y la ley[554].

---

550 Artículo 7.
551 Artículo 1.270 del Código Civil.
552 Artículo 19. Decreto N° 1.821, *cit.*
553 Artículo 20. Decreto N° 1.821, *cit.*
554 Artículo 1.160 del Código Civil.

Sin embargo, en derecho administrativo la interpretación del contrato en cuanto al alcance de las obligaciones en él estipuladas tiene una mayor amplitud, ya que están en juego los intereses públicos. Por ello obligan también a cumplir todas las consecuencias derivadas de la finalidad de servicio público que se ha tenido al contratar.

Por otra parte, y en cuanto a la inteligencia del contrato, la antigua Corte Federal ha sostenido que la Administración tiene facultad para tomar decisiones ejecutivas al respecto[555], lo que implica el poder de la Administración de interpretar el alcance de las obligaciones del co-contratante.

C. Las garantías de cumplimiento

Ya hemos señalado, al referirnos a las cláusulas obligatorias en los contratos de la Administración, la existencia de las cláusulas de garantía que el contratista debe otorgar, para asegurar el cumplimiento de sus obligaciones, las cuales tienen una regulación dispersa, aun cuando con fundamento general en la Ley Orgánica de la Contraloría General de la República.

En particular, en cuanto a los contratos para la ejecución de obras, el Decreto N° 1.802 de 20 de enero de 1983, contentivo de las condiciones generales de contratación para la ejecución de obras, por ejemplo, establece como principio general que para garantizar el cumplimiento de todas las obligaciones que asume según el contrato, el Contratista debe constituir previamente a la firma del mismo, una fianza de fiel cumplimiento otorgada por un instituto bancario o una empresa de seguros, a satisfacción del ente contratante, de acuerdo con texto elaborado por éste y hasta por la cantidad que se indique en el Documento Principal. Dicha fianza debe ser solidaria y constituida mediante documento autenticado o registrado y debe incluir mención expresa de que el fiador renuncia a los beneficios que le acuerdan los artículos 1.883, 1.834 y 1.836 del Código Civil[556].

Sin embargo, las mismas cláusulas de condiciones generales prevén la posibilidad de que a solicitud del Contratista, el ente contratante pueda acordar que sea sustituida esta fianza de fiel cumplimiento, por una retención que se debe hacer en cada una de las valuaciones de obra ejecutada, hasta cubrir una cantidad igual al monto de la fianza.

El ente contratante también puede acordar a solicitud del Contratista, que sea sustituida la fianza del fiel cumplimiento por una garantía real sobre bienes de propiedad de éste o de un tercero.

---

555 CF 12-11-54, G.F. N° 6, 1954, pp. 191-194.
556 Artículo 10.

En todo caso, la fianza o la garantía real que la sustituya, están sujetas a la aprobación previa del Órgano Contralor[557].

Por último, debe señalarse que la garantía que se constituya debe estar vigente hasta que se efectúe la recepción definitiva de la obra ejecutada[558].

VIII. LA RESPONSABILIDAD CONTRACTUAL EN LOS CONTRATOS DE LA ADMINISTRACIÓN

1. La inejecución de las obligaciones

A. El principio: los daños y perjuicios

El cumplimiento inexacto de las obligaciones contractuales, la inejecución de dichas obligaciones o el retardo en la ejecución de las mismas produce, por parte del contratante incumplidor, la responsabilidad por daños y perjuicios[559] y el derecho, por parte del contratante cumplidor, de exigir judicialmente dicha responsabilidad. Esta es la aplicación de las normas fundamentales del Código Civil.

En el caso de no ejecución de la obligación de hacer por parte del co-contratante, por ejemplo, en los contratos de obra pública, la Administración puede ejecutarla ella misma o hacerla ejecutar a costa del co-contratante administrativamente. Si el co-contratante lo que incumple es una obligación de no hacer, por el solo hecho de la contravención, queda responsable de pagar los daños y perjuicios que su incumplimiento cause a la Administración.

En este sentido, por ejemplo, las cláusulas de condiciones generales de contratación para la ejecución de obras dictadas por el Decreto 1.821 de 1991, establecen expresamente en su artículo 74, lo siguiente:

"Artículo 74. El Contratista será el único responsable por la buena ejecución de la obra.

Si se encontrare que alguna parte de la obra ha sido ejecutada en : defectuosa, el Contratista deberá repararla o reconstruirla, según el c: sus expensas.

Si el Contratista se negare a ello o no corrigiere oportunamente los defectos, el ente público podrá hacerlo con sus propios elementos o con los del Contratista o encomendar esas reparaciones o reconstrucciones a terceras personas.

---

557 Artículo 11.
558 Artículo 12.
559 Artículo 1.264 y 1.271 C.C.

El costo de los trabajos que sea necesario realizar en la forma antes indicada, más los daños y perjuicios correspondientes, se deducirán de lo que el ente contratante adeude al Contratista por cualquier concepto.

Si hubiere necesidad de utilizar equipos o materiales del Contratista, se le acreditará a éste lo que corresponda por el uso de ellos.

El Contratista tendrá derecho a solicitar del ente contratante una comprobación de los gastos que por ese concepto se hubieren ocasionado.

Las disposiciones anteriores no afectan el derecho que le corresponde al ente contratante de rescindir unilateralmente el contrato y de hacer uso de las demás garantías, recursos, retenciones y acciones que le otorgan el contrato y las leyes".

En todo caso, en materia de obras públicas, la responsabilidad del contratista establecida en esta norma, se entiende sin perjuicio de la responsabilidad que para los empresarios y los profesionales respectivos establece el artículo 1.637 del Código Civil[560].

En cuanto a la Administración, el ente público contratante también responde por los daños y perjuicios derivados de la inejecución de sus obligaciones contractuales. Además, como ya se ha señalado, responde por la ruptura de la ecuación económica del contrato provocado por actos de la autoridad pública.

En todo caso, y dejando aparte las consideraciones efectuadas sobre la responsabilidad por el incumplimiento por parte de la Administración de la obligación de pagar al contratista en una forma determinada y estipulada, que en nuestro criterio la obliga a indemnizar al contratante, en materia de contratos de obra pública, los retardos en el pago de las cantidades de dinero que se adeuden al contratista por las valuaciones presentadas, vencido un plazo de 90 días después de la presentación, obligan al ente contratante a pagar intereses al contratista sobre el monto neto a pagar por el tiempo que dure la mora en el pago hasta la fecha de emisión de la correspondiente orden de pago.

Los intereses se calcularán utilizando una tasa equivalente al promedio ponderado por el Banco Central de Venezuela, de las tasas pasivas que paguen los seis (6) bancos comerciales del país con mayor volumen de depósitos por operaciones de crédito a plazo, a plazos no mayores de noventa (90) días calendario. Sin embargo, para que proceda el pago de los intereses señalados, las cláusulas de condiciones generales de contratación de obras establecen que se requerirá, además, que el monto de la

---

560 Artículo 77 del Decreto N° 1.821 de 30-8-91. Véase L. Corsi, *La responsabilidad decenal*. Caracas, 1979.

evaluación que los origina esté debidamente previsto en el Presupuesto del ente público, vigente para el momento de presentación de aquélla[561].

Aparte de este supuesto, en todo caso en el cual la obligación de la Administración sea la entrega de cantidades de dinero, es responsable del pago del interés legal por inejecución o retardo en la ejecución de su obligación[562] desde el día en que se constituya en mora, es decir, desde el vencimiento del plazo, si se ha estipulado, o desde el requerimiento que le haga el co-contratante[563].

B. El monto de los daños y perjuicios

Los daños y perjuicios, en todo caso, no deben extenderse sino a los que son consecuencia inmediata y directa de la falta de cumplimiento de las obligaciones[564]. Para el caso de que no haya dolo en el incumplimiento de la obligación, el incumplidor no queda obligado sino por los daños y perjuicios que hayan podido preverse al tiempo de la celebración del contrato[565].

En estos casos la autoridad judicial competente debe fijar el monto de los daños y perjuicios.

Sin embargo, las partes pueden, en el momento de conclusión del contrato, prever el monto de los daños y perjuicios: estamos entonces en presencia de la obligación con cláusula penal. Y ésta no es más que la compensación de los daños y perjuicios causados por la inejecución de la obligación[566].

En esta forma las partes fijan de antemano la indemnización que debe pagarse a título de daños y perjuicios por cualquier infracción de las cláusulas contractuales. Con ello se libera el actor de la obligación de probar los daños sufridos y su valor en dinero; por su parte, el infractor sabe anticipadamente a cuánto alcanza la indemnización que debe, sin exponerse a un pago exagerado superior a los recursos de que dispone[567].

---

561 Artículo 58 del Decreto N° 1.821.

562 Artículos 1277, 1745 y 1746 del Código Civil.

563 Artículos 1.269 y 1.277 del Código Civil. Por otra parte creemos que no podría considerarse que hay incumplimiento por parte de la Administración cuando el Ministerio respectivo retarda el pago de las cantidades debidas al co-contratante como consecuencia del normal trámite administrativo y de Contraloría, de ordenación de pagos. Véase al respecto el Informe de la Fiscalía General de la República al Congreso, 1960, Caracas, 1961, p. 477.

564 Artículo 1.275 del Código Civil.

565 Artículo 1.274 del Código Civil.

566 Artículo 1.258 del Código Civil.

567 CFC-SF, 17-3-52, G.F. N° 10, 1952, p. 155-160.

En materia de contratos de obra pública, por ejemplo, las cláusulas penales generales se establecen por los retrasos en el comienzo y en la terminación de la obra, calculadas por día de retraso[568].

Pero en todo caso la cláusula penal debe ser expresa. No puede nunca presumirse. Si las partes no han hecho por esa vía la fijación de los daños y perjuicios, a falta de acuerdo entre las partes corresponde hacerlo al Juez del contrato.

La existencia de una cláusula penal, sin embargo, no exime al acreedor de la obligación de probar los daños y perjuicios ocasionados en caso de controversia, ni de probar el incumplimiento por parte del deudor.[569]

Por otra parte, en ausencia de cláusula penal expresa, y en caso de incumplimiento del co-contratante de la Administración, no puede esta última apropiarse ejecutivamente de la garantía dada por el co-contratante para el cumplimiento de sus obligaciones. La garantía sólo tiene una finalidad: garantizar el cumplimiento de las obligaciones del co-contratante. Probado o aceptado un incumplimiento, los daños no están probados y, por consiguiente, el montante de éstos es totalmente desconocido. Así, después de fijados los daños y perjuicios amigablemente o por la autoridad judicial competente, la Administración puede disponer lo que le corresponda por ese concepto de la garantía dada en el momento de la conclusión del contrato por su contratante[570].

1. Las causas eximentes de responsabilidad

El contratante no está obligado a pagar daños y perjuicios cuando, a consecuencia de un caso fortuito o de fuerza mayor, ha dejado de dar o hacer aquello a que estaba obligado, o ha ejecutado lo que estaba prohibido[571]. Es la aplicación de la teoría de las causas eximentes de responsabilidad contractual del derecho privado.

En todo caso, el que pretende liberarse de su obligación de pagar daños y perjuicios basando su incumplimiento en una causa extraña que no le es imputable debe probarla. A él corresponde la carga de la prueba[572].

El caso fortuito o fuerza mayor, tal como lo define la jurisprudencia del derecho privado[573], es aquel acontecimiento extraño a la voluntad de las

---

568 Artículos 18 y 93, Decreto N° 1.821 de 1991.

569 CFC-SF, 17-3-52, G.F. N° 10, 1952, p. 155-166.

570 Idem.

571 Artículo 1.271 C.C. Véase Doctrina PGR 1970, Caracas, 1971, pp. 103-106, y CGR Dictámenes de la Consultorio Jurídica 1969-1976, tomo IV, Caracas, 1976, p. 239.

572 Artículos 1.271 y 1.354 C.C.

573 Véase al respecto la jurisprudencia de los Tribunales de Instancia de la República, contenida en los volúmenes publicados por el Instituto de Codificación y Jurisprudencia del

partes, e imprevisible, que impide de manera absoluta la ejecución de las obligaciones contractuales. Esta misma noción es aplicada al derecho administrativo.

Con base en ella, la Administración y su co-contratante pueden liberarse de su obligación de pagar daños y perjuicios probando el caso fortuito o la fuerza mayor: en dicha prueba es imprescindible y rigurosa la constatación cierta del hecho exterior, imprevisible o irresistible que constituye la causa eximente de responsabilidad. Y quizás, por cuanto la obligación de ejecutar del co-contratante de la Administración debe ser cumplida, no ya como un buen padre de familia sino con la diligencia máxima, las condiciones de la fuerza mayor o caso fortuito y su prueba sean más rigurosas en derecho administrativo que en derecho privado.

Por otra parte, para el co-contratante de la Administración podría considerarse como caso fortuito o fuerza mayor el hecho de la propia Administración cuando es extraño a la voluntad del co-contratante y es imprevisible e irresistible, y que impide en absoluto el cumplimiento de las obligaciones contractuales. Tal sería el caso del retardo de la Administración en cumplir un acto que es condición indispensable para la ejecución del contrato por parte de su co-contratante[574].

2. La resolución judicial del contrato

En todo caso, y fuera de la rescisión unilateral del contrato por parte de la Administración, ella misma o su co-contratante pueden pedir judicialmente la resolución del mismo cuando la otra parte no ha ejecutado sus obligaciones, con los daños y perjuicios a que hubiere lugar".[575]

Esta facultad se revela más en beneficio del co-contratante de la Administración que de ella misma por el poder de rescisión unilateral que tiene ésta. Por ello el co-contratante de la Administración puede perfectamente pedir judicialmente la resolución del contrato administrativo, con demanda de daños y perjuicios, cuando ha habido incumplimiento de la Administración en sus obligaciones.

Ministerio de Justicia, vol. IV, 1954-1955, tomo I, p. 203; vol. V, 1957, pp. 146 y 251; vol. VII, 1958-1959, tomo I, p. 311.

574 Aquí no estamos en el caso de una modificación unilateral del contrato por la Administración, que haga más onerosa la ejecución del contrato de lo que podía preverse, sino de una modificación unilateral de la Administración que impida completamente el cumplimiento de la obligación por parte del co-contratante. También puede considerarse como un caso fortuito o de fuerza mayor, reuniendo todas las condiciones señaladas, el acto de una autoridad pública distinta de la Administración.

575 Artículo 1.167 del Código Civil.

3. El enriquecimiento sin causa como fuente de obligaciones administrativas en casos de contratos ineficaces de la administración

En materia de responsabilidad contractual, debe plantearse el problema de las consecuencias de la ejecución de contratos de la Administración considerados ineficaces, y que si bien no originan responsabilidad contractual, el enriquecimiento sin causa puede ser fuente de obligaciones administrativas. El problema se ha planteado, con frecuencia, con motivo de la ejecución de contratos por parte de contratistas, que no han seguido todo el procedimiento de formación, particularmente su aprobación por la Contraloría General de la República, lo que los hace ineficaces.[576]

A. Los efectos del control previo a cargo de la Contraloría General de la República sobre los contratos de la Administración

Conforme al artículo 172, ordinal 11, de la Ley Orgánica de la Hacienda Pública Nacional que hasta 1975 regulaba el control previo que ejerce la Contraloría General de la República en relación a los contratos que celebra la Administración Pública Nacional, si dichos contratos se celebraban sin la aprobación de la Sala de Control, aquellos no tenían "ningún efecto".

Había sido doctrina constante de la Contraloría General de la República y de la Procuraduría General de la República, el considerar que los contratos suscritos por el Ejecutivo Nacional con particulares sin que se hubieren sometido previamente a la aprobación por parte del Organismo Contralor debían considerarse inexistentes. Como consecuencia de ello, el particular que había realizado determinadas prestaciones para la Administración en virtud de esos inexistentes contratos no podía reclamar frente a ésta, por la vía contractual, el pago de las prestaciones realizadas. El contrato era inexistente y, por ello, la fuente de la posible obligación a cargo de la Administración no podía tener su origen en un contrato[577].

---

576 Véase Allan R. Brewer-Carías, "El enriquecimiento sin causa como fuente de obligaciones administrativas", *Revista de Control Fiscal*, N° 83, Caracas, 1976, pp. 9 a 18. En relación al enriquecimiento sin causa en los casos de ejecución de obras con base en contratos ineficaces, Véase en Doctrina PGR 1966, Caracas, 1967, pp. 79 y ss.; Doctrina PGR 1981, Caracas, 1982, pp. 56 y ss. Véase, además MOP Dictámenes de la Consultoría Jurídica 1969, Caracas 1970, pp. 39-40; y la Doctrina del Ministerio de Justicia, en Allan R. Brewer-Carías, *Jurisprudencia de la Corte Suprema 1930-74 y Estudios de Derecho Administrativo*, tomo III, vol. II, Caracas, 1977, p. 642.

577 Véase Contraloría General de la República, *Dictámenes de la Consultoría Jurídica*, tomo IV, 1969-1976, Caracas, 1976, p. 456; y tomo V, p. 586.

La Ley Orgánica de la Contraloría General de la República que entró en vigencia el 7 de julio de 1975[578], varió la redacción de dicha norma al establecer el control previo. Si bien el artículo 18 de dicha Ley Orgánica exige el cumplimiento del requisito del control antes de que se proceda a la celebración de los contratos, dicha norma señala solamente que "no se podrá iniciar la ejecución de los contratos mientras las estipulaciones que contengan los respectivos compromisos financieros no hayan sido previamente aprobados". La Ley no configura, como antes, el requisito de la aprobación contralora, como un requisito de validez del contrato, sino como un requisito de eficacia. "No se podrá iniciar la ejecución de los contratos", dice la norma, es decir, éstos no podrán producir efectos, como tales, sin la aprobación contralora.

En uno y otro caso, por tanto, la ausencia de control previo de la Contraloría sobre los contratos administrativos produce las mismas consecuencias: la fuente de las obligaciones de la Administración y de los particulares, no puede ser el contrato: de lo contrario, la exigencia legal no tendría sentido.

Ante esa situación, el particular que ha realizado determinadas prestaciones para la Administración, para poder obtener una indemnización, puede acudir a otras fuentes de las obligaciones, como son el hecho ilícito o el enriquecimiento sin causa. En efecto, por ejemplo, si la omisión de la formalidad de control previo por parte de la Contraloría, ha tenido su origen en una actuación imputable a la Administración por culpa o negligencia de los funcionarios competentes, el particular podría reclamar a la Administración por la vía del hecho ilícito, exigiendo de aquélla su responsabilidad y el pago de una indemnización que cubra las prestaciones realizadas y, eventualmente, los daños y perjuicios que hayan podido originarse para el particular.

Pero si no ha habido culpa por parte de la Administración, el particular que ha realizado prestaciones para ella puede reclamar también una indemnización, pero por la vía del enriquecimiento sin causa. En este caso, es necesario dejarlo claramente establecido, el particular que reclama no puede pretender que se le cancele todo aquello que ha debido pagársele si el contrato original hubiese sido válido.

La situación, por tanto, para el particular reclamante, cuando acude a la vía del enriquecimiento sin causa, es mucho más desfavorable para sus intereses.

---

578 G.O. N° 1.712 Extraordinario de 6-1-75, reformada el mismo año en G.O N° 1.756 Extraordinario de 30-6-75, estando actualmente vigente la publicada en G.O. N° 3.482 Extraordinario de 14-12-84.

B. El enriquecimiento sin causa y el monto de la indemnización reclamable frente a la Administración

El artículo 1.184 del Código Civil señala textualmente que aquel que se enriquece sin causa en perjuicio de otra persona está obligado a indemnizarla, dentro del límite de su propio enriquecimiento, de todo lo que aquella se haya empobrecido". Por tanto, y con base en esta norma, el particular que ha realizado prestaciones para la Administración puede solicitar una indemnización dentro del límite del enriquecimiento que se ha producido para el Estado de todo lo que se ha empobrecido.

En relación al monto de la indemnización que surge por la vía del enriquecimiento sin causa, la doctrina es unánime en considerar que ésta está determinada, en cuanto a su monto, por la cifra menor de los valores del enriquecimiento o empobrecimiento, respectivamente. En ello están contestes tanto la doctrina extranjera[579] como la nacional[580].

---

579 Gabriel Marty, al preguntarse sobre la extensión de la restitución que debe hacer el demandado en una acción por el enriquecimiento sin causa, señala que "el actor sólo debe recibir aquello con lo que se ha empobrecido. Por otra parte, el demandado no debe restituir más de aquello con que se ha enriquecido. De esta manera la restitución tiene por límite el enriquecimiento del demandado y el empobrecimiento del actor. La menor de esta suma, fija la extensión de la condena pecuniaria en provecho del actor". Véase *Derecho Civil*, vol. I, Puebla, México, 1952, p. 262. Por su parte, Jean Carbonnier, señala que "el enriquecimiento del demandado puede no coincidir con el empobrecimiento del demandante. La condena a la cual tiende la acción no puede sobrepasar la más baja de estar dos sumas, y el empobrecido no puede exigir más que la reconstitución de su patrimonio, y al patrimonio enriquecido no se le puede imponer más que ser llevado a su nivel inicial". Véase *Droit Civil*, tomo II, París 1957, p. 712. Por otra parte, en una monografía muy importante sobre la materia, François Goré ha señalado que "estando subordinada a la existencia, a la vez, de su enriquecimiento y de un empobrecimiento, la restitución "en el enriquecimiento sin causa" se determina, en cuanto a su monto, por la cifra menos elevada de los dos valores. Esta regla es la más equitativa. Por una parte, sería injusto obligar al enriquecido a restituir más que lo correlativo al aumento de valor de su patrimonio en la hipótesis de que no hubiese cometido falta. Por otra parte, si se permitiera al empobrecido reclamar todo el enriquecimiento obtenido, cuando su perjuicio ha sido menor que la ventaja procurada al demandado, se consagraría un nuevo enriquecimiento a expensas de otro... Unánimemente, se conviene hoy en que el montante de la restitución no puede sobrepasar ni el enriquecimiento del demandado ni el empobrecimiento del demandante". Véase *L'enrichissment aux dépens d'autri*, París, 1949, p. 309. Por su parte, Jorge Fábrega ha establecido que "En cuanto a la medida de la restitución rigen las siguientes reglas: 1°) El monto de la restitución nunca sobrepasará del valor del enriquecimiento que ha experimentado el beneficiario; 2°) El monto de la restitución tampoco sobrepasará el empobrecimiento del demandante. Por ejemplo, si un empobrecimiento de cien balboas coincide con un enriquecimiento de cincuenta, la obligación consistirá en restituir cincuenta; si a lo inverso, el empobrecimiento de cincuenta balboas corresponde a un enriquecimiento de cien, la acción se limitará al monto del empobrecimiento, o sea, cincuenta balboas, ya que de otra suerte adquiriría el empobrecido un enriquecimiento que a su vez sería injustificado. Es que por medio de la acción no debe enriquecerse el demandante ni empobrecerse el demandado. En síntesis, el enriquecido debe restituir lo que ha recibido, pero en la medida en que ha aumentado su patrimonio". Véase *El Enriquecimiento sin causa*, Panamá, p. 139.

Por tanto, es evidente que el monto de la indemnización a recibir por el reclamante empobrecido no puede ser nunca superior al enriquecimiento de la Administración cuando su empobrecimiento fue mayor, y al contrario, la indemnización en referencia no puede ser nunca mayor al empobrecimiento del reclamante cuando el enriquecimiento de la Administración es mayor. Con un ejemplo en cifras, puede comprenderse mejor al razonamiento: Si en la ejecución de una obra determinada, un particular se empobrece en 1.000 y la Administración se ha enriquecido sólo en 100, el monto de la indemnización que puede recibir por la vía del enriquecimiento sin causa el reclamante no puede ser nunca superior a 100 (la indemnización se da "dentro del límite" del enriquecimiento de la Administración); pero, por el contrario, si el empobrecimiento del reclamante es de 100 y el enriquecimiento de la Administración es de 1.000, la indemnización a que tiene derecho el particular por la vía del enriquecimiento sin causa no puede ser nunca superior a 100 (la indemnización es "de todo" lo que el reclamante se haya empobrecido).

Por tanto, y en esto no surge duda alguna, para poder precisar el monto de la indemnización que ha de pagarse a un particular que ha realizado prestaciones para la Administración en virtud de un contrato ineficaz, por la vía del enriquecimiento sin causa, es imprescindible determinar, separadamente, el monto del enriquecimiento de la Administración y el monto del empobrecimiento del particular, pues sólo son excepcionales los casos en que el enriquecimiento es igual al empobrecimiento.

Quizá sea necesario aclarar previamente, en este caso, que el empobrecimiento no es jamás, como muchos lo creen, la causa eficiente del enri-

---

580 En Venezuela, Alejandro Graterol, ha señalado que "Los efectos de la acción in rem verso fluctúan entre el empobrecimiento y el enriquecimiento. En puridad de justicia, sus efectos debían limitarse por el enriquecimiento, pero como esta acción tiene su fundamento en la equidad que interviene por su mediación para obtener la reparación y devolver el equilibrio al orden patrimonial perturbado, es necesario observar que este fin puede lograrse con un reintegro que tenga por medida una de aquellas dos condiciones. Veamos: si el enrique-cimiento, en su monto, es menor que el empobrecimiento, la indemnización debe acordarse sólo en ese monto que es en lo que ha resultado aumentado el patrimonio del enriquecido y, asimismo, este patrimonio, resulta normalizado con sólo aquella devolución al patrimonio o perjuicio sufrido no alcanza a cubrirse con aquella cantidad. Si al contrario, el empobrecimiento no es menor que el enriquecimiento, ha de ser entonces éste el que dé la medida de la indemnización, porque el patrimonio al cual se ha restado valores queda normalizado con el solo reintegro de esos valores. Si en la primera hipótesis, se condena a devolver tomando por medida el empobrecimiento, como éste es mayor que el enriquecimiento, el patrimonio del demandado resultaría disminuido más allá de lo que había aumentado por el injusto enriquecimiento. Si en la segunda se ordena reparar en límites del enriquecimiento del demandado, el patrimonio del demandado no resultaría completado sino aumentado. La equidad está, pues, en condenar por la cifra menor entre el montante del enriquecimiento y el empobrecimiento". Véase Breve estudio sobre la *Teoría del Enriquecimiento sin causa*, Tesis de Grado, U.C.V., Caracas, Editorial Bolívar, 1938, pp. 36 y 37.

quecimiento. Tanto el empobrecimiento como el enriquecimiento, como lo ha dicho François Goré:

> "son nociones jurídicas que traducen las consecuencias de determinados hechos jurídicos. El empobrecimiento y el enriquecimiento son el resultado de esos hechos y no pueden ser causa eficiente. Esto se ve particularmente cuando el empobrecimiento consiste en un no aumento de patrimonio, no habiendo salido ningún valor de los bienes del empobrecido. El empobrecido ha realizado, por ejemplo, un trabajo que enriquece al demandado. Aquél debería normalmente ser remunerado y, sin embargo, no lo ha sido; su empobrecimiento consiste entonces en una falta de ganancia. En este caso lo que es la causa del enriquecimiento no es el empobrecimiento sino el trabajo que ha sido realizado. Es éste el hecho generador de un empobrecimiento para el demandante y de un enriquecimiento para el demandado. No hay entonces relación de causa a efecto entre el empobrecimiento y el enriquecimiento, sino entre el hecho por una parte, y el enriquecimiento y empobrecimiento, por la otra. Estos últimos tienen su origen en un mismo evento. En realidad, el enriquecimiento y el empobrecimiento son consecuencias de un mismo hecho. Pero ello es prueba de que debe haber correlación entre el enriquecimiento de un patrimonio y el empobrecimiento de otro. Esta es la fórmula empleada por la Corte de Casación que declara que el enriquecimiento debe ser adquirido a expensas de otro, es decir, que debe haber un cierto nexo, una cierta correlación entre el enriquecimiento y el empobrecimiento. Es lógico considerar que en esta correlación existe, cuando el empobrecimiento y el enriquecimiento tienen una misma causa eficiente"[581].

Por tanto, y como conclusión, para determinar el monto de la indemnización a pagar por la vía del enriquecimiento sin causa, es necesario previa y separadamente, fijar el monto del enriquecimiento de la Administración por una parte, y el monto del empobrecimiento del particular por la otra.

C. El enriquecimiento de la República y el empobrecimiento del particular

De acuerdo a lo anteriormente expuesto, en los casos de reclamación a la República por enriquecimiento sin causa derivado de la ejecución de contratos no aprobados previamente por la Contraloría, se hace necesario precisar cuál es el enriquecimiento de la República y cuál es el empobrecimiento del particular.

En relación al enriquecimiento de la Administración ha de entenderse por él "toda adquisición de riqueza, bajo cualquier forma que sea, bien adquiriese el patrimonio una cosa que no se encontraba anteriormente en él o cuando se libre de una carga, por lo que hay que apreciar como enri-

---

581 Véase François Goré, "L'enrichissement aux dépens d'autri". París, 1947, pp. 73 y 74.

quecimiento la adquisición de un bien o de un mayor valor que se le ha incorporado a este bien; en la extinción de una deuda; en el goce temporal de una cosa; en un gasto o perjuicio evidente; en un acrecimiento de riqueza".[582] Ahora bien, el quantum del enriquecimiento de la República entonces debe estar determinado por la mejora que ha habido en su patrimonio, sea por la incorporación al mismo de bienes muebles o inmuebles, o sea, por la prestación de determinado servicio que se le ha hecho. El "valor" de dichos bienes o servicios va a ser la medida del enriquecimiento, y dicho valor no es otro que el establecido en las condiciones generales del marcado. Este valor por supuesto, incluye no sólo los costos de producción de los bienes o de la prestación del servicio, sino también el posible beneficio que corresponde normalmente a los particulares en la realización de esas actividades. Evidentemente en muchas oportunidades el costo efectivo de la producción de los bienes y servicios puede haber sido superior al valor de mercado de los bienes y servicios. En estos casos, el valor de mercado va a ser inferior a los costos.

El acrecentamiento del patrimonio de la República está determinado por ese valor de mercado. Entonces, por lo que respecta al enriquecimiento, el quantum del mismo está determinado por el "valor" de los bienes o servicios en el mercado.

Determinado así el enriquecimiento, corresponde precisar cuál ha sido el empobrecimiento del particular que ha realizado determinadas prestaciones para la Administración. Sobre el empobrecimiento en general se ha dicho que "no sólo la pérdida de la propiedad o del goce de una cosa implican empobrecimiento, sino también, una pérdida de tiempo o de la actividad por parte del empobrecido"[583].

Ahora bien, en el caso de un particular que ante la violación del artículo 18 de la Ley Orgánica de la Contraloría General de la República, ha suministrado bienes muebles o inmuebles a la República, ha producido determinados bienes inmuebles o ha realizado determinadas prestaciones de servicios para la Administración, ¿en qué consiste su empobrecimiento? El quantum del empobrecimiento del particular en los casos citados no puede ser determinado por el "valor" dc los bienes o de la prestación del servicio, establecido en el mercado; y ello porque de lo contrario la norma del Artículo 1.184 no tendría razón de ser. El empobrecimiento del particular en esos casos está determinado sólo por los costos que ha tenido para la producción del bien o para la prestación de los servicios. El patrimonio del particular ha disminuido en la medida en que ha tenido una serie de gastos necesarios para la producción de los bienes o servicios. No puede establecerse que el empobrecimiento también corresponde a no haber

---

582 Véase Antonio Planchart Hernández, *Jurisprudencia Anotada*, Caracas, 1958, p. 14.

583 Véase Antonio Planchart Hernández, *op. cit.*, p. 15.

percibido determinadas ganancias que esperaba. Si bien la doctrina admite que también hay empobrecimiento en materia de acciones de enriquecimiento sin causa por no haber percibido algo que se debía haber percibido, ello no implica que pueda existir empobrecimiento por la no percepción de algo que se esperaba haber recibido. En efecto, si bien normalmente el particular que realiza actividades busca la percepción de una ganancia, ello no es indispensable ni necesario en sus relaciones económicas normales. En muchas oportunidades el particular para su conveniencia realiza prestaciones y actividades al costo, sin pretender ganancia o beneficio alguno. Entonces el mecanismo de equidad que inspiró completamente la norma del artículo 1.184, no puede conllevar sino a la restitución para el empobrecido de todo aquello en lo cual su patrimonio ha disminuido, el quantum de todo ello está determinado por los costos de producción de los bienes y servicios con exclusión de la ganancia esperada.

Como consecuencia, el empobrecimiento del particular que ha realizado determinadas prestaciones para la Administración, está determinado por los costos que ha tenido en la producción de los bienes o servicios, sin incluir los posibles beneficios esperados, los cuales, en todo caso, no serían legalmente debidos.

D. Conclusión

Como conclusión general, puede señalarse lo siguiente:

a. Cabe formularse la pregunta de si en una reclamación administrativa por pago de obligaciones que tienen como fundamento, tácito o expresamente declarado -no el contrato sino el enriquecimiento sin causa-, debe reputarse como parte integrante del enriquecimiento el beneficio de empresa, lucro o utilidad que hubiese sido normalmente incorporado dentro del precio, de haberse celebrado una convención en la cual la República hubiese manifestado legalmente su voluntad de contratar y, en consecuencia, su previo asentimiento en la fijación de tal precio. A esto debe responderse que efectivamente, en el enriquecimiento de la Administración debe incluirse el valor de la cosa o servicio, valor que se determina en el mercado, y que generalmente incluye no sólo el valor material de la cosa sino los costos y gastos generales de producción y aun los beneficios o utilidades que van a contribuir a precisarlo. En cambio, en esos casos, para determinar el empobrecimiento del particular no podría tomarse en cuenta el beneficio de la empresa, lucro o utilidad que hubiese sido normalmente incorporado dentro del precio, de haberse celebrado un contrato válido con la República.

b. Otra pregunta a formularse es si de admitirse como enriquecimiento, además del valor material de la cosa, todos los costos indirectos y gastos generales en que incurrió la reclamante para producir el bien que la

República usufructúa, resulta procedente comprender dentro de esos costos y gastos, a los efectos de la determinación del monto del enriquecimiento, el beneficio de empresa, no obstante que su no percepción pueda ser considerada por la empresa como empobrecimiento derivado de la ausencia de frutos que ha debido percibir al integrar con fines de lucro su capital, fuerza de trabajo y administración que hicieron posible la producción del bien y su uso por la República. A ello debe responderse al igual que hemos hecho anteriormente, que si bien el beneficio de empresa debe ser incluido, en su caso, para determinar el enriquecimiento, este enriquecimiento no corresponde -y de ahí la existencia de la norma con establecimiento de diferencias de precio entre enriquecimiento y empobrecimiento- con el empobrecimiento, que sólo va a ser determinado por los costos y gastos generales de producción de los bienes y servicios dentro de los cuales, como ya hemos visto, no podría incluirse los beneficios esperados -no debidos legalmente por el reclamante-.

c.   Una tercera pregunta a ser formulada es si puede comprenderse dentro del concepto de indemnización, el beneficio o utilidad de la empresa, o planteado en otra forma, siendo la *actio inrem verso* un instituto fundado en la equidad y con finalidad de que el empobrecido sin otra causa legal tenga algún recurso para exigir reparación o resarcimiento del daño sufrido, puede entenderse que el lucro normalmente esperado forma parte del daño, a esto debe responderse al igual a lo señalado anteriormente, que el daño sufrido por el particular reclamante -la disminución que ha habido en su patrimonio- el empobrecimiento está determinado por los costos y gastos generales que tuvo para producir el bien o prestar los servicios a la Administración -pudiendo ser estos costos y gastos generales mayores o menores que el valor de la prestación establecida en el mercado- no pudiéndose incluir el lucro "normalmente esperado" pero no legalmente debido.

d.   Una última pregunta que puede formularse es si en la determinación del monto a pagar, debe aplicarse el mismo criterio para el caso de que la obligación que pesa sobre la República sea el resultado de su libre voluntad de contratar, legalmente expresada, como consecuencia de la cual aceptó el precio (costo más utilidad), que para el caso de que dicha obligación sea la consecuencia de un desplazamiento patrimonial a su favor, sin que mediara su consentimiento legalmente expresado, a ello debe responderse que es precisamente por la ausencia de causa -y en el caso concreto, de un contrato donde se estableciera y aceptara libremente el precio- que el instituto del enriquecimiento sin causa difiere, en cuanto a la determinación del monto de lo que ha de pagarse, del que realiza una prestación por contrato. Constituyen dos fuentes de las obligaciones distintas. En el caso del contrato el precio está determinado libremente por las partes, en el pueden establecerse los beneficios, lucro o utilidades que las partes deseen. En el caso del enriquecimiento sin causa, entra en juego un mecanismo de equidad con los límites que establece la norma del artículo 1.184, y la equidad exige que se considere como empobrecimiento sólo la pérdida efectivamente sufrida por el particular en su patrimonio (empobrecimiento) donde deben incluirse las sumas que debía percibir, pero no que esperaba percibir (utilidad).

IX. EL CONTENCIOSO DE LOS CONTRATOS DE LA ADMINISTRACIÓN

1. Antecedentes

Desde la misma Constitución de 1830 estaba atribuida expresamente a la Corte Suprema de Justicia la facultad de conocer de las controversias que resultaban "de los contratos y negociaciones" que celebraba el Poder Ejecutivo por sí o por medio de sus agentes[584]. Esta atribución constitucional dada al Tribunal Supremo se mantuvo en todas las Constituciones venezolanas posteriores, hasta que en la Constitución de 1961, vigente, quedó en forma implícita respecto a la responsabilidad contractual, al regularse la competencia genérica de los órganos de la jurisdicción contencioso-administrativa incluida la Corte Suprema de Justicia. En esta forma, el artículo 206 de la Constitución establece la facultad de éstos, para "condenar al pago de sumas de dinero y a la reparación de daños y perjuicios originados en responsabilidad de la Administración", donde está incluida la responsabilidad contractual. Sin embargo, todas las otras atribuciones en materia contractual que tenía constitucionalmente la Corte Suprema quedaron con rango legal.

En efecto, el artículo 7, ordinal 28 de la Ley Orgánica de la Corte Federal vigente hasta 1976[585] estableció que era atribución de la Corte Suprema de Justicia en Sala Político-Administrativa, "conocer en juicio contencioso de todas las cuestiones por nulidad, caducidad, resolución, alcance, interpretación, cumplimiento y cualesquiera otras que se susciten entre la Nación y los particulares a consecuencia de los contratos celebrados por el Ejecutivo Nacional". Por tanto, era atribución de la jurisdicción contencioso-administrativa que hasta 1976 ejercía exclusivamente la Corte Suprema de Justicia en Sala Político-Administrativa, el conocer de todas las controversias suscitadas entre la República y los co-contratantes de la Administración.

La jurisprudencia de la Corte Suprema, sin embargo, fue restringiendo esta atribución jurisdiccional y, a tal efecto, comenzó a establecer la dis-

---

584 Véase artículo 147, ordinal 5. Véase en Allan R. Brewer-Carías, *Las Constituciones de Venezuela*, Madrid, 1985, p. 349.

585 Véase la Ley Orgánica de la Corte Federal en G.O. N° 24.207 de 6-8-53. Esta ley se derogó por la Ley Orgánica de la Corte Suprema de Justicia, G.O. N° 1.893 de 30-7-76.

tinción entre los contratos administrativos y los contratos de derecho privado de la Administración, reservándose su competencia sólo en los casos judiciales referidos a los primeros[586]. En esta forma, a pesar de lo establecido en el artículo 206 de la Constitución que habla sólo de "responsabilidad de la Administración" y de lo previsto en la Ley Orgánica de la Corte Federal que se refería a "contratos celebrados por el Ejecutivo Nacional", la Corte Federal y luego la Corte Suprema de Justicia fueron reservándose la competencia en materia contencioso-contractual, sólo respecto de las cuestiones que se suscitaron con motivo de contratos administrativos.

Por ello, al dictarse la Ley Orgánica de la Corte Suprema de Justicia en 1976 se restringió expresamente la competencia de la Sala Político-Administrativa en materia de contratos de la Administración, al atribuirle competencia para "conocer de las cuestiones de cualquier naturaleza que se susciten con motivo de la interpretación, cumplimiento, caducidad, nulidad, validez o resolución de los contratos administrativos en los cuales sea parte la República, los Estados o las Municipalidades"[587].

---

586 Así, en sentencia de la antigua Corte Federal de 3-12-59, al analizar su competencia "contencioso-administrativa" planteada en un conflicto judicial con motivo de la ejecución de un contrato de arrendamiento celebrado por el Ejecutivo del Estado Zulia y un particular, de un inmueble para ser destinado a estacionamiento de automóviles, la Corte expresó lo siguiente: Pero tal contrato, como claramente se desprende de sus cláusulas, no constituye una convención de naturaleza administrativa, ya que la relación contractual en él contenida no tiende de modo inmediato y directo a la prestación de un servicio público, que sería factor esencial para calificar el contrato administrativo. Se contrae dicho convenio de arrendamiento de un inmueble para un fin particular y privado como lo es el estacionamiento de vehículos. Por consiguiente, si la Administración ha obrado en dicho contrato como persona jurídica privada, o sea, como sujeto de derechos y obligaciones de naturaleza civil, hay que considerar dicha convención también como de índole civil y, por ello, ajena a la vía contencioso-administrativa; ya que esta jurisdicción especial está reservada exclusivamente para los casos en que la Administración actúa en régimen de prerrogativa, haciendo uso del poder público de que está investida, y con fines de utilidad pública, que le son característicos. El obrar particular del Ejecutivo del Estado Zulia en el contrato de arrendamiento mencionado, sin que se haya establecido relación alguna de derecho administrativo en el objeto del mismo, es motivo suficiente, a juicio de la Corte, para excluir de su competencia el conocimiento de la nulidad demandada por vía del recurso contencioso-administrativo consagrado en la ley; pues si al constituirse como parte de dicho contrato la administración regional obró como sujeto de derecho privado, en cláusulas de ese mismo contrato se basó para rescindirlo, cualquiera haya sido la forma que revistió tal rescisión. En consecuencia derivada de dicho contrato, aún después de su terminación, no puede estar dentro de la competencia ni ser objeto del procedimiento especial que, en virtud de las normas legales anteriormente señaladas, se atribuyen a este Supremo Tribunal. Véase en G.F. N° 26, 1959, pp. 141 y ss.

587 Artículo 42, ordinal 14, LOCSJ. Véase Jesús Cabañero Ortiz, *Contencioso de Plena jurisdicción y demandas contra los entes públicos*, Caracas, 1989, pp. 83 y ss.

2. La noción de "contrato administrativo" y el problema de la distribución de competencias judiciales

De acuerdo a esta norma, cuando en un contrato administrativo sea parte la República, los Estados o las Municipalidades, el conocimiento de las cuestiones contenciosas relativas a los mismos corresponde a la Sala Político Administrativa de la Corte Suprema de Justicia, cualquiera que sea el monto de la demanda. Esta norma establece varias excepciones a los principios de distribución de competencias de los órganos de la jurisdicción contencioso-administrativa regulados en la Ley Orgánica de la Corte.

En primer lugar, establece una excepción al principio de la distribución de la competencia para conocer de demandas contra los entes públicos, basada en la cuantía[588], ya que sea cual sea el monto de la demanda, si se trata de un contrato administrativo, el asunto es de la competencia de la Sala Político-Administrativa, siempre que la República, los Estados o Municipalidades sean parte del contrato. En cambio, si un instituto autónomo nacional o una empresa nacional del Estado son partes del contrato, y son demandadas con motivo de la ejecución de un contrato que se considere "administrativo", la competencia corresponde, según la cuantía, a la misma Sala Político-Administrativa o a la Corte Primera de lo Contencioso-Administrativo o a los Tribunales Superiores contencioso-administrativos[589]. Ello, por supuesto, rompe la unicidad del criterio del "contrato administrativo" y su tratamiento judicial, pues cuando se trate de "contratos administrativos" en los que sea parte un instituto autónomo nacional o empresa nacional del Estado y no hay que perder de vista que éstos son a veces de mayor importancia administrativa, no importa esa calificación de "contrato administrativo", pues las demandas contra esas entidades siempre compete a los órganos de la jurisdicción contencioso-administrativa, según la cuantía, aun cuando, por ejemplo, se trate de un "contrato de derecho privado". Por otra parte, también se rompe la unicidad mencionada porque aun tratándose de un "contrato administrativo" en el cual sea parte un instituto autónomo nacional o empresa nacional del Estado, si éstos actúan como demandantes, el conocimiento del asunto corresponde a la jurisdicción ordinaria. También correspondería el asunto a la jurisdicción ordinaria, aun tratándose de "contratos administrativos"

---

588 Corte Suprema de Justicia, más de Bs. 5.000.000 (artículo 42, ordinal 15); Corte Primera de lo Contencioso-Administrativo, entre Bs. 1.000.000 y 5.000.000 (artículo 185, ordinal 6); y Tribunales Superiores con competencia contencioso-administrativo, menos de Bs. 1.000.000 (artículo 182, ordinal 2).

589 Idem. Hablamos del instituto autónomo "nacional" y empresa "nacional" del Estado para distinguirlos de los institutos autónomos estadales y municipales y de las empresas del Estado estadales y municipales.

si en ellos es parte un instituto autónomo estadal o municipal o una empresa del Estado estadal o municipal.

En segundo lugar, la atribución de competencia a la Sala Político-Administrativa de la Corte para conocer de los asuntos contenciosos relativos a contratos administrativos en los que sea parte la República, los Estados y Municipios, rompe el principio de distribución de competencias establecido en la ley en cuanto a las demandas contra los Estados y Municipios, cuyo conocimiento corresponde en general a la jurisdicción ordinaria[590]. Por tanto, si la demanda contra estas entidades versa sobre un "contrato administrativo", la competencia corresponde a la Corte Suprema de Justicia. Por supuesto, en este caso, es esencial la noción de contrato administrativo y quizás es aquí donde mayores conflictos de competencia se plantean. Esta distribución de competencias, por tanto, sea en la acción o como excepción, obligan en los juicios con motivo de las demandas contra Estados y Municipalidades que se basen en contratos celebrados con ellos, que se plantee en juicio, siempre, el tema de la naturaleza de la relación contractual[591].

En tercer lugar, la atribución de competencia a la Sala Político-Administrativa para conocer de los asuntos contenciosos en materia de contratos administrativos en los que sea parte la República, los Estados y Municipios, se configura también como una excepción al principio establecido en la Ley Orgánica de la Corte, conforme al cual las demandas intentadas por la República, los Estados y los Municipios contra particulares corresponde a la jurisdicción ordinaria[592]. En cambio, si la demanda contra un particular se refiere a un asunto contencioso concerniente a un contrato administrativo, en el cual dicho particular sea contratante y la otra parte sea la República, los Estados y Municipalidades, el conocimiento del asunto corresponde a la Sala Político-Administrativa.

De acuerdo a lo anterior, por tanto, en materia contencioso-administrativa de los contratos de la Administración, la competencia judicial se distribuye en la siguiente forma:

Primero: en los asuntos contenciosos concernientes a los "contratos administrativos".

a. Si se trata de "contratos administrativos" en los que sea parte la República, los Estados y Municipalidades, sea en calidad de demandantes, o

---

590 Artículo 183, ordinal 1, LOCSJ.

591 Por ello, a partir de 1976 ha sido con motivo de este tipo de demanda que los órganos de la jurisdicción contencioso-administrativa se han pronunciado sobre el tema de los contratos administrativos. Véase, por ejemplo, sentencia de la Sala Político-Administrativa de la Corte Suprema de Justicia de 14-6-83 (Caso "Acción Comercial, C.A."). Gaceta Forense, N° 121, 1983, pp. 40 a 72.

592 Artículo 183, ordinal 2, LOCSJ.

de demandados, el conocimiento del asunto corresponde a la Sala Político-Administrativa de la Corte Suprema.

b. Si se trata de "contratos administrativos" en los que sea parte un Instituto Autónomo nacional o una empresa nacional del Estado, si estas entidades son demandadas, el conocimiento del asunto corresponde a la Sala Político-Administrativa de la Corte Suprema, a la Corte Primera de lo Contencioso-Administrativo, y a los Tribunales Superiores con competencia contencioso-administrativa, según la cuantía.

c. Si se trata de un "contrato administrativo" en el que sea parte un Instituto Autónomo nacional o la empresa nacional del Estado, si estas entidades son demandantes contra el contratista, el conocimiento del asunto corresponde a la jurisdicción ordinaria.

d. Si se trata de un "contrato administrativo" en el que sea parte un Instituto Autónomo estadal o municipal o una empresa estadal o municipal del Estado, sean dichas entidades demandadas o demandantes, el conocimiento del asunto corresponde a la jurisdicción ordinaria.

Segundo: en los asuntos contenciosos concernientes a los "contratos de derecho privado de la Administración":

a. Si se trata de "contratos de derecho privado" en los que sea parte la República, los institutos autónomos nacionales o las empresas nacionales del Estado, si estas entidades son demandadas, el conocimiento del asunto corresponde a la Sala Político-Administrativa de la Corte Suprema, a la Corte Primera de lo Contencioso-Administrativo y a los Tribunales Superiores con competencia contencioso-administrativa, según la cuantía.

b. Si se trata de "contratos de derecho privado" en los que sea parte la República, los institutos autónomos nacionales o las empresas nacionales del Estado, si estas entidades son demandantes contra el particular contratista, el conocimiento del asunto corresponde a la jurisdicción ordinaria.

c. Si se trata de "contratos de derecho privado" en los que sean parte los Estados, las Municipalidades, los institutos autónomos estadales o municipales y las empresas estadales o municipales del Estado, sean estas entidades demandantes o demandadas, el conocimiento del asunto corresponde a la jurisdicción ordinaria.

En esta forma, por tanto, no existe en nuestro sistema una división total de competencias jurisdiccionales entre la jurisdicción contencioso administrativa y la jurisdicción ordinaria para conocer de los asuntos contenciosos respectivamente, en materia de "contratos administrativos" y "contratos de derecho privado de la Administración", lo que provoca que si bien sea importante, en algunos casos establecer el criterio de distinción (por ejemplo, en relación a un contrato celebrado por un Estado o una Municipalidad), no lo sea en otros casos (por ejemplo, en relación a los contratos celebrados por la República, los institutos autónomos nacionales o las empresas del Estado nacionales). Y en algunos casos, depende la importancia de la distinción de si se trata que el ente público sea demandante o demandado en el conflicto judicial.

En definitiva, por tanto, y siendo el interés de la distinción entre "contratos administrativos" y "contratos de derecho privado de la administración", únicamente de orden judicial, para distinguir la competencia de la Sala Político-Administrativa de la Corte Suprema de Justicia, ello adquiere importancia materialmente sólo en relación a los contratos que celebren los Estados y Municipalidades, pues tratándose de "contratos administrativos", la competencia es de la Sala Político-Administrativa, y tratándose de "contratos de derecho privado" la competencia es de los tribunales de la jurisdicción ordinaria.

En cuanto a los contratos que celebre la República, el interés de la distinción también radica en la distribución de competencias judiciales pero sólo entre los mismos órganos de la jurisdicción contencioso-administrativa. Si se trata de contratos administrativos, y aun cuando la cuantía de la demanda sea menor de Bs. 5.000.000,00, el asunto compete a la Sala Político-Administrativa. Pero si se trata de un "contrato de derecho privado" suscrito por la República en casos de demandas por cuantía superior a Bs. 5.000.000,00 también competen los asuntos contencioso-administrativos a la Sala Político-Administrativa. Por ello, en este último caso, no tiene ningún interés la distinción entre "contratos administrativos" y "contratos de derecho privado de la Administración".

En cuanto a los contratos que celebren los institutos autónomos nacionales y las empresas del Estado nacionales, la distinción en sí no tiene ningún interés, pues la distribución de competencias en los asuntos contencioso contractuales entre los órganos de la jurisdicción contencioso-administrativa y los de la jurisdicción ordinaria, se realiza según que dichas entidades sean demandadas o demandantes. Sea cual sea la naturaleza de los contratos que celebren, el conocimiento de las acciones derivadas de los mismos que se intenten contra esos entes compete a los órganos de la jurisdicción contencioso-administrativa, según la cuantía; en cambio, si los entes son demandantes contra particulares contratantes, sea cual sea la naturaleza del contrato, la competencia corresponde a la jurisdicción ordinaria. En estos casos, por tanto, la distinción entre contratos administrativos y contratos de derecho privado de la Administración no tiene interés alguno.

Por último, tampoco tiene interés la distinción en cuanto a los contratos celebrados por los institutos autónomos estadales o municipales o por las empresas estadales o municipales del Estado, pues los asuntos contenciosos en los cuales estas entidades sean demandantes o demandadas competen a la jurisdicción ordinaria.

3. Extensión del contencioso del contrato

La materia que corresponde conocer al juez en el campo del contencioso de los contratos de la Administración es sumamente amplio. Comprende todas las cuestiones relativas a la validez, interpretación, cumplimiento, nulidad, caducidad y resolución de los contratos de la Administración[593].

De acuerdo a la Ley Orgánica de la Corte Suprema de Justicia, el recurso contencioso-administrativo de anulación es admitido contra los contratos de la Administración, por lo que aquél ya no sólo es posible contra los actos administrativos unilaterales. Este recurso, además, puede ser interpuesto por personas extrañas a la relación contractual, siempre que aleguen un interés personal, legítimo y directo[594]. Además, es perfectamente posible y admisible el recurso contra los actos administrativos que contribuyeron a la formación del contrato. De esta manera se podría obtener, también, la pérdida de los efectos del contrato. Además es posible recurrir contra la ley aprobatoria de un contrato de interés público nacional por la vía del recurso de inconstitucionalidad, en cuyo caso no sería entonces competente la jurisdicción en lo contencioso-administrativo sino la misma Corte Suprema de Justicia en Corte Plena como jurisdicción constitucional.[595]

Ahora bien, en cuanto a la competencia atribuida a la Corte Suprema de Justicia en Sala Político-Administrativa para conocer las cuestiones contenciosas en materia de "contratos administrativos", a pesar de la amplitud conforme a la cual está redactado el artículo 42, ordinal 14, de la Ley Orgánica de la Corte, la jurisprudencia de la propia Corte ha sido restrictiva. En efecto, como hemos señalado, dicha norma le atribuye competencia para "conocer de las cuestiones de cualquier naturaleza que se susciten con motivo de la interpretación, cumplimiento, caducidad, nulidad, validez, o resolución de los contratos administrativos en los cuales sea parte la República, los Estados o las Municipalidades". Sin embargo, en sentencia de fecha 18-9-86 la Sala Político-Administrativa de la Corte sostuvo lo siguiente:

"Conforme a la norma del ordinal 14 del artículo 42, el conocimiento por la Corte se limita a las cuestiones que se susciten con motivo de la interpretación, cumplimiento, extinción, validez o resolución de los contratos administrativos.

---

593 Artículo 42, ordinal 14, LOCSJ. En los mismos términos, artículo 7°, ordinal 28, de la Ley Orgánica de la Corte Federal.

594 Artículo 111, LOCSJ. Véase sobre la situación anterior, Allan R. Brewer-Carías, *Las Instituciones Fundamentales del Derecho Administrativo y la Jurisprudencia Venezolana*, Caracas, 1964, p. 218. Véase la sentencia de la Corte Suprema de Justicia en sala Político Administrativa de 8-8-89, *Revista de Derecho Público*, N° 39, Caracas, 1989, pp. 153 y 154

595 Articulo 215, ordinal 3°, Constitución y artículo 111, LOCSJ.

Ahora bien, a pesar de que la redacción de la norma daría a entender que se refiere al universo de asuntos en esta materia, en realidad circunscribe su alcance a los aspectos definidos, y no presenta una amplitud como sería de haber dicho con motivo de cualquier controversia en materia de contratos administrativos".

Y lo anterior viene al caso, por cuanto -de los términos del libelo- se infiere que la actora no plantea una cuestión sobre interpretación, cumplimiento, caducidad, nulidad, validez o resolución del contrato que celebró; al contrario, acepta que fue un contrato administrativo, acepta que era rescindible (o resoluble) por voluntad unilateral del ente y por aplicación de la cláusula octava, y tan sólo pretende que la Municipalidad le indemnice los perjuicios que dice haber tenido por esa actitud, lo que, en concepto de la Sala, significa que, en el caso, se trata de una simple demanda por "cobro de bolívares"; indemnización de los perjuicios que dice haber sufrido con ocasión de esa determinación –unilateral- de la Municipalidad, tal como se aprecia del resumen que se hizo en el Capítulo I de este fallo. Entonces, tenida como lo que realmente es: reclamación de daños y perjuicios, sin discutir sobre interpretación, alcance, cumplimiento, extinción o validez del contrato, se trata de una acción ordinaria que no se subsume dentro de la excepción que contempla el ordinal 14, y es por ello por lo que al ser interpuesta tal acción, su conocimiento, en primera instancia, compete a la jurisdicción ordinaria a tenor del ordinal 1° del artículo 183 de la Ley Orgánica de la Corte, y aun cuando con motivación distinta la conclusión es la misma del Juzgado de Sustanciación: la demanda es inadmisible de conformidad con el artículo 84, ordinal 2°, *ejusdem*, pues a la Corte no le compete el conocimiento. Así finalmente se declara"[596].

4. La competencia judicial y el recurso al arbitramento

Por otra parte, debe destacarse que sea se trate de un contrato administrativo o de un contrato de derecho privado de la Administración, en los contratos de interés público, es decir, de interés nacional, estadal o municipal, si de acuerdo con la naturaleza de los mismos no fuere improcedente, "se considerará incorporada, aun cuando no estuviere expresa, una cláusula según la cual las dudas y controversias que puedan suscitarse sobre dichos contratos y que no llegaren a ser resueltas amigablemente por las partes contratantes, serán decididas por los tribunales competentes de la República, de conformidad con las leyes, sin que por ningún motivo ni causa puedan dar origen a reclamaciones extranjeras".[597]

---

596 Véase en *Revista de Derecho Público*, N° 28, EJV, Caracas, 1986, pp. 146 y ss.
597 Artículo 127, Constitución, artículo 8° del Decreto N° 1.802 de 20-1-83. G.O. N° 3.111 Extraordinario de 18-3-83.

Ya nos hemos referido a esta cláusula que consagra la inmunidad jurisdiccional de los entes públicos venezolanos, concebida en forma relativa; ahora queremos plantear el problema relativo a la posibilidad de que los conflictos derivados de contratos de la Administración puedan ser resueltos por vía de arbitramento, lo cual ha sido largamente debatido en la doctrina, y las soluciones del derecho comparado son diferentes. Por tanto, no puede considerarse que hay unanimidad al respecto.

Lamentablemente la jurisprudencia administrativa en Venezuela no ha tenido la oportunidad de pronunciarse sobre la existencia y validez de cláusulas compromisorias en los contratos de la Administración. Sin embargo, valiosas opiniones doctrinales se han dado al respecto.

La Procuraduría General de la República, en 1959 sostuvo el siguiente criterio:

> "no existe disposición legal alguna que autorice a la Nación venezolana para celebrar compromisos arbitrales, de modo de poder deferir a Tribunales de arbitraje la solución de las dudas y controversias que surjan en la interpretación y ejecución de los contratos que ella celebre. Al contrario, por mandato del artículo 40 de la Constitución Nacional[598]; en los contratos de interés público celebrados con el Gobierno Nacional, con los Estados o con las Municipalidades, se considerará incorporada la cláusula siguiente:

> Las dudas y controversias de cualquier naturaleza que puedan suscitarse sobre este contrato y que no puedan ser resueltas amistosamente por las partes contratantes, serán decididas por los tribunales competentes de Venezuela, de conformidad con sus leyes, sin que por ningún motivo puedan ser origen de reclamaciones extranjeras.

> Por ello la Procuraduría conceptúa válida la cláusula compromisoria mencionada en cuanto con ella se defiere a un arbitramento la solución de «las discrepancias que puedan presentarse entre las partes sobre cuestiones técnicas»; pero la conceptúa nula, de nulidad absoluta, en cuanto con ella se pretenda despojar a los «Tribunales competentes de Venezuela» de la facultad de decidir «divergencias» o «discrepancias» sobre «cuestiones» de otra naturaleza que no sea exclusivamente técnica.

> Con todo ello no excluye, naturalmente, la posibilidad legal de que la Nación pueda transigir válidamente tales «divergencias» o «discrepancias» una vez que éstas surjan con motivo de la interpretación y ejecución de los contratos en examen; pero ello es materia sustancialmente distinta a la cláusula compromisoria; en efecto, la transacción judicial o extrajudicial que la Nación quiera celebrar, si la considera conveniente con res-

---

598 Se refiere a la Constitución de 1953. La disposición ha sido mantenida en la Constitución actual de 1961, en su artículo 127, con la variante de que, en lugar de decir "que no puedan ser resueltas amistosamente", dice "que no llegaren a ser resueltas amigablemente" por las partes contratantes.

pecto a las «divergencias» o «discrepancias» mencionadas, está sujeta, necesariamente, al previo cumplimiento de los requisitos y formalidades exigidos por el artículo 7 de la Ley Orgánica de la Hacienda Nacional"[599].

Es decir, según la Procuraduría es necesario, al hablar del recurso al arbitramento, distinguir claramente qué cuestiones pueden someterse válidamente al mismo. Respecto a las cuestiones técnicas, las discrepancias que puedan presentarse entre las partes pueden ser resueltas por tribunales arbitrales. Sin embargo, en criterio de la Procuraduría, respecto a las cuestiones sobre interpretación y ejecución del contrato, éstas no pueden ser sometidas válidamente a arbitramento[600].

Por otra parte, el profesor Moles Caubet, en 1960 sentó un criterio contrario señalando "que no existe en Venezuela prohibición alguna de la cláusula compromisoria y del subsiguiente procedimiento de arbitraje o arbitramento en los contratos de la Administración, sea cualquiera su especie, contratos propiamente administrativos o contratos de derecho privado"; para concluir, después de hacer un minucioso examen del problema en el derecho comparado y de la pluralidad de normas que constituyen el ordenamiento jurídico venezolano relacionadas con la materia, que "la Administración tiene poderes para incluir, sea en un pliego de condiciones, sea en el contrato mismo, la cláusula compromisoria que abre entonces el procedimiento de arbitraje"[601].

Las soluciones en el derecho comparado no son uniformes[602], y en 1964, en relación a nuestro sistema nos inclinábamos por no aceptar el

---

599 Informe de la Procuraduría de la Nación al Congreso 1959. Caracas, 1960, p. 660.

600 Véase Doctrina PGR 1967, Caracas, 1969, pp. 13 y 15. La Contrataría General de la República, al contrario ha estimado que no procede en los contratos administrativos la cláusula de arbitraje, por ser contraria a lo dispuesto en el artículo 127 de la Constitución. Véase CGR Dictámenes de la Consultorio Jurídica, tomo III, 1938-1968. Caracas, 1968, p. 3; y tomo IV, 1969-1976, Caracas, 1976, pp. 204-232 y 251. Véase, asimismo, Luis Brito García, "Régimen Constitucional de los Contratos de Interés Público", Separata CGR, pp. 124 y ss.

601 A. Moles Caubet, "El arbitraje y la contraloría administrativa", *Revista de la Facultad de Derecho*, N° 20, Caracas, 1960, pp. 9 y ss.

602 En 1964, exponíamos el siguiente panorama "La situación a este respecto en el Derecho Comparado está lejos de ser uniforme. Por ejemplo, en Bélgica y en España, la ley prohíbe a la Administración, tanto someterse a arbitraje como aceptar la inclusión de cláusulas compromisorias en las convenciones en las cuales es parte. En otros países, en cambio, la ley prevé y organiza un procedimiento de arbitraje con ocasión a los contratos administrativos. Tal es el caso de Alemania. Chile, Gran Bretaña y Grecia. En Francia, por otra parte, la prohibición de principio para las personas públicas, de comprometer (artículos 1.004 y 83 del Código de Procedimiento Civil), admite, precisamente en materia de Contratos Administrativos, una importante derogación prevista por la Ley de Fianzas de 17 de abril de 1906, cuyo artículo 69 autoriza al Estado, los Departamentos y las Comunas a comprometer, pero solamente para "la liquidación de sus gastos de obras públicas y de suministros", según las reglas del Libro III del Código de Procedimiento Civil. En lo que concierne al Estado, no podrá recurrir al arbitraje sino en virtud de un Decreto tomado en Consejo de Ministros y refrendado por el Ministro respectivo y el

recurso al arbitramento en la contratación administrativa, dada la inexistencia de norma expresa que lo autorizara. Sin embargo, de acuerdo al nuevo Código de Procedimiento Civil (1986), aplicable a los entes públicos, todas las controversias pueden comprometerse en uno o más árbitros, antes o durante el juicio, "con tal de que no sean cuestiones sobre estado, sobre divorcio o separación de los cónyuges, ni sobre los demás asuntos en los que no cabe transacción"[603]. Por tanto, tratándose de entes públicos y de contratos suscritos por éstos, la única limitación legal que tienen en materia de arbitraje se refiere a los asuntos en los que no cabe transacción[604]. Esto, por tanto, nos plantea el tema de la posibilidad de la transacción en derecho público[605].

5. El contencioso de los contratos de la administración y el contrato de transacción

A. La transacción y su admisibilidad en el derecho público

Tal como ha sido definida por el artículo 1.713 del Código Civil 'la transacción es un contrato por el cual las partes, mediante recíprocas concesiones, terminan un litigio y precaven un litigio eventual". Se trata entonces de un contrato sinalagmático, concluido entre partes para, mediante recíprocas concesiones, terminar un litigio o la incertidumbre de las

---

Ministro de Fianzas. Al respecto, véase el *Code Administratif Dalloz*, París, 1961, p. 818. En Italia, en cambio, nos encontramos con un principio opuesto: todas las diferencias entre la Administración y el adjudicatario en los Contratos de Obra Pública, tanto durante la ejecución como al fin del contrato, y cualquiera que sea su naturaleza - técnica, administrativa o jurídica-, son deferidas, conforme a lo dispuesto en el Código de Procedimiento Civil v en la Ley de 1865 sobre las Obras Públicas, artículo 348; a un Colegio de cinco árbitros. Estos árbitros deben decidir según derecho y sus decisiones son susceptibles de un recurso ante los tribunales ordinarios y ante el Tribunal de Apelación. Véase al respecto la Ponencia General de M. A. Flamme sobre "Los Contratos de Obras Públicas de la Administración" al X Congreso Internacional de Ciencias Administrativas celebrado en Madrid en 1956, RAP, N° 21, 1956, pp. 102 y ss. Asimismo, véase E. Capaccioli, "L'arbitro nel diritto administrativo", Padua: La Torre, "L'arbitratto nel diritto administrativo". *Riv. Dir. Púb.*, 1935; Auby, "L'arbitrage en matiére administrative". AJ, N° 10, París, 1955; Miele, "Limiti all'ammissibilitá dell'arbitrato nelle controversie amministrativa, Nuova rassegna di legislazione, doctrina e giurisprudenza, Roma, 1950". Véase Allan R. Brewer-Carías, *Las Instituciones Fundamentales del Derecho Administrativo y la Jurisprudencia Venezolana*, Caracas 1964, p. 221, nota N° 201.

603 Art. 608 CPC.

604 Sobre los cuales incluso, tampoco puede el juez excitar a conciliación, artículo 258 CPC.

605 Véase Allan R. Brewer-Carías, "Las transacciones fiscales y la indisponibilidad de la potestad y competencia tributarias", en *Revista de Derecho Tributario*, N° 18, Caracas, 1967, pp. 1 a 36, texto que seguiremos a continuación.

mismas sobre una relación jurídica[606]. Se dan, por tanto, dos especies de transacción: una, extrajudicial, que pone fin a la incertidumbre de las partes sobre una relación jurídica -precave un litigio eventual, según nuestro Código Civil-; otra, que pone fin a un litigio pendiente.

Se trata, por tanto, de una institución típicamente de derecho civil. Sin embargo, el interés que reviste el arreglo amigable de ciertos litigios o de las partes en cierto tipo de relaciones jurídicas en que intervienen entes públicos hacen que en principio pueda admitirse la transacción en materia administrativa[607], no sin que algunos autorizados exponentes de la doctrina más moderna rechacen categóricamente su aplicación al derecho público, sea en materia administrativa[608], sea en materia fiscal[609].

Por nuestra parte, y sin estar convencidos de esta última posición extrema por las particularidades de nuestro derecho positivo, sí convenimos en que, para los entes administrativos las posibilidades de transacción aparecen más reducidas que para los particulares[610]. De ahí que habremos de estudiar ante todo, los lineamientos generales de las posibilidades para la Administración de celebrar contratos de transacción con los administrados. Para ello, en todo caso, debemos partir de la normativa del Código Civil, aplicable a la Administración dada la ausencia de un régimen legal especial para la transacción en materia administrativa[611].

En primer lugar, es requisito esencial de la transacción el de la existencia de concesiones recíprocas entre las partes, al "renunciar parcialmente a las posiciones extremas en que se habían situado"[612]. En esta forma, A. Gullón Ballesteros estima por recíprocas concesiones "el que una parte sacrifica el derecho afirmado con la pretensión o negación, o en otras palabras, que la exigencia de la subordinación total del interés ajeno afirma-

---

606 Cfr. Ennecerus-Kipp-Wolf, *Tratado de Derecho Civil*, tomo II, Vol. II, Barcelona, 1944, p. 496.

607 Cfr. Auby y Drago, *Traite de Contentieux Administratif*, Vol. I, París, 1962, p. 15; A. de Laubadére, *Traité Théorieiue et Pratique des Contrats Administratifs*, París, 1956, Vol. III, p. 285, Nota 3.

608 Cfr. Laureano López Rodó, *Fl Coadyuvante cn lo Contencioso-Administrativo*, Madrid, 1943, p. 194; J. González Pérez, *Derecho Procesal Administrativo*, tomo II, Madrid, 1957, p. 708; E. Guicciardi, *La Giustizia Amministrativa*, Padova, 1957, pp. 275 y 277.

609 Cfr. Carlos M. Giuliani Fonrouge, *Derecho Financiero*, Buenos Aires, 1962, Vol. I, p. 495; Fenech, *Derecho Procesal Tributario*, 1951, Vol. III, p. 355, cit. por J. González Pérez, *Derecho Procesal Administrativo*, cit. Vol. II, p. 707, Nota 110.

610 Cfr. M. F. Clavero Arévalo, "Consideraciones generales sobre la vía gubernativa", en *Estudio Dedicado al Profesor García Oviedo con motivo de su Jubilación*, Vol. I, Sevilla, 1954, p. 224.

611 Cfr. R. Bielsa, *Derecho Administrativo*, Vol. II, Buenos Aires, 1956, p. 470.

612 Cfr. Sentencia de la Corte Suprema de Justicia en Sala de Casación Civil, Mercantil y del Trabajo de 2 de febrero de 1960, cit. por Oscar Laso, Código de Venezuela, Caracas, 1962, p. 848.

da en la pretensión se sacrifica parcialmente, y viceversa, también se sacrifica la exigencia de la total libertad de cualquier obligado, afirmada en la negación de aquélla"[613]; y agrega que "el punto más singular de este mecanismo consiste en operar sobre derechos inciertos, en el sentido de que su existencia no es objetivamente reconocida, sino sólo afirmada por las partes"; concluyendo que "las recíprocas concesiones significan sacrificio de las pretensiones aducidas por las partes en la controversia o, si se quiere, de los derechos por las mismas alegados"[614].

En todo caso, queda claro que en las recíprocas concesiones se produce el sacrificio, la renuncia o la disposición parcial de las pretensiones de las partes. Por ello, el Código Civil exige que "para transigir se necesita tener capacidad para disponer de las cosas comprendidas en la transacción"[615]. De ahí que se haya señalado que "en la transacción se ejercita el poder de disponer de ambas partes sobre sus derechos litigiosos o litigables" por lo que "la renuncia mutua comporta el ejercicio de tal poder", aclarándose además con exactitud que "el poder de disponer no es una emanación de la capacidad jurídica ni de la capacidad de obrar", sino que "es una relación con el derecho, que supone aptitud de éste para ser dispuesto y una legitimación del sujeto para ello"[616]. Por tanto, y ello también queda claro, para que las recíprocas concesiones que caracterizan la transacción puedan llevarse a cabo es necesario que los derechos sobre que versen o más propiamente, las relaciones jurídicas sobre que versen, sean disponibles por las partes[617], y que éstas tengan capacidad para disponer de ellos.

Aplicando lo anterior a los entes públicos, no sólo rigen entonces en las transacciones que puedan celebrar, las normas ordinarias sobre competencia para la formación de todo contrato de la Administración, sino que también rigen algunas normas especiales sobre competencia. De ahí que el artículo 7 de la Ley Orgánica de la Hacienda Pública Nacional, como simple norma de derecho adjetivo (y no de derecho sustantivo) establezca que "en ninguna causa fiscal se podrá celebrar transacciones, sin autorización previa del Ejecutivo Nacional dada por escrito y con intervención del Procurador General de la República.

En los asuntos que dependan de la Contraloría General de la Nación, la autorización a que se refiere este artículo será impartida previo informe del Contralor de la Nación".

---

613 Véase A. Gullón Ballesteros, *La Transacción*, Madrid, 1964, p. 43.

614 Idem.

615 Artículo 1.714.

616 Véase A.M. Ruano, "Notas sobre la naturaleza de la Transacción" en *Revista de Derecho privado*, Madrid, 1950, año XXXIV, p. 692.

617 Cfr. J. González Pérez, *Derecho Procesal Administrativo*, cit. Vol. II, p. 707.

Queda claro en todo caso que estos requisitos adjetivos no sólo deben cumplirse en las transacciones judiciales, sino también extrajudiciales, pues el concepto de "causa" que emplea el artículo debe interpretarse en sentido amplio[618].

Pero, además de la aplicación de las normas generales sobre la competencia a las transacciones que puedan celebrar los entes públicos, es evidente que en ellas tiene aún mayor importancia la necesidad de que los derechos o relaciones jurídicas sobre los cuales se van a hacer las recíprocas concesiones sean disponibles, ya que como han dicho los hermanos Mazeaud, "para transigir válidamente hay que poder disponer de los derechos que sean objeto de la transacción. De ello resulta que una transacción no puede recaer sobre derechos inalienables".[619] En derecho público este aspecto tiene importancia esencial.

En efecto, en primer lugar, la transacción no puede implicar la renuncia ni el relajamiento de normas en cuya observancia están interesados el orden público o las buenas costumbres,[620] o más generalmente, en las transacciones que celebre un ente público no puede renunciarse ni relajarse las normas de orden público[621] y entre ellas, por ejemplo, las que fijan o atribuyan competencia[622] y las de carácter fiscal, es decir, las referentes a "la gestión económico-financiera o económico-fiscal del Estado"[623].

---

618 En este sentido se ha pronunciado la Procuraduría General de la República al señalar que "chocaría también contra las más elementales normas de interpretación el que se prohibiera celebrar transacciones y renunciar a derechos y acciones cuando se estuvieren discutiendo en procesos judiciales y tales prohibiciones no se extendieren al procedimiento extrajudicial, tanto porque se establecería un desigual tratamiento para los asuntos fiscales como porque todos los funcionarios del ramo tienen el deseo de vigilar y de hacer efectivo todo derecho relacionado con los asuntos fiscales, absteniéndose únicamente cuando reciban instrucciones escritas del Ejecutivo Nacional, como sienta a manera de principio el artículo 8 de la Ley Orgánica de la Hacienda Pública Nacional. A todo esto debemos agregar que por cuanto entre las atribuciones acordadas por la ley a los fiscales de rentas no aparecen las de poder celebrar transacciones ni renunciar a acciones y derechos que correspondan al Fisco Nacional, toda renuncia o transacción que de manera judicial o extrajudicial hicieran sin el cumplimiento de los requisitos legales constituiría una extralimitación de las atribuciones y facultades de que están investidos y, por consiguiente, carecería de eficacia". Vid. "Dictamen de la Procuraduría de 22 de noviembre de 1955" en Informe de la Procuraduría de la Nación al Congreso, 1956, p. 73.

619 Véase H. L. y J. Mazeaud, *Lecciones de Derecho Civil*, Parte Tercera, Vol. IV, Buenos Aires, 1962, p. 628, N° 1648.

620 Artículo 6° del Código Civil.

621 Cfr. Auby y Drago, *Traité de Contentieux Administratif, cit.*, Vol. I, p. 16.

622 Cfr. Juan Colombo Campell, *La Competencia,* Santiago de Chile, 1959, pp. 182 y 183.

623 Véase "Dictamen de la Procuraduría de la Nación de 4 de septiembre de 1958" en *Informe de la Procuraduría de la Nación al Congreso 1957-1958,* p. 273, donde se las califica como de orden público y, por tanto, irrenunciables.

Pero, además y en segundo lugar, la transacción en materia de derecho público no puede versar "sobre el ejercicio de una competencia obligatoria de la Administración"[624] pues la característica de las llamadas "concesiones recíprocas", que es la base de la transacción, "contraría la esencia de la actividad reglada de la Administración cuando el ejercicio de sus derechos le venga impuesto preceptivamente por el ordenamiento positivo"[625].

En otras palabras, la transacción en materia de derecho público nunca puede versar sobre el ejercicio de una facultad reglada o vinculada de la Administración como sería la competencia tributaria y fiscal en general[626], sino sólo en los supuestos en que exista una potestad discrecional[627].

En definitiva, y respecto a lo expuesto en último lugar, podríamos concluir señalando que si bien la posibilidad de la transacción es más reducida en materia de derecho público -administrativo o fiscal-, en todo caso, sólo podría proceder en relación con el ejercicio de facultades discrecionales de la Administración -que dependen de su libre apreciación de la oportunidad y conveniencia- y nunca respecto al ejercicio de facultades vinculadas, regladas u obligatorias de la misma.

En esta forma, y a título de ejemplo, como dijo muy acertadamente Florencio Contreras, "en materia tributaria, por ser, precisamente, su gestión eminentemente reglada -no discrecional-, la Administración Pública tiene el poder de revisar sus propios actos y de anularlos, en su consecuencia, sólo por razones de ilegalidad, nunca de oportunidad o conveniencia -mérito-"[628]. Aplicando esto en general al derecho público, es evidente que

---

624 Véase Auby y Drago, *Traite de Contentieux Administratif, cit.* Vol. I. p. 16.

625 Véase M. F. Clavero Arévalo, "Consideraciones generales sobre la vía gubernativa", *loc. cit.*, p. 226.

626 Cfr. por todos, como se verá más adelante, F. Sainz de Bujanda, *Hacienda y Derecho*, Vol. IV, Madrid, 1966, pp. 90, 91, 129, 132, 166 y 278, y Vol. III, Madrid, 1963, p. 168.

627 En este sentido con extrema claridad. M.F. Clavero Arevalo ha señalado que hay ocasiones en las que el ejercicio de un derecho de la Administración no le viene impuesto indeclinablemente, sino que queda abandonado a su potestad discrecional. Es en estos casos donde la transacción podría darse siempre que, en el ejercicio de la potestad discrecional, La Administración estimara más conveniente no ejercitar su derecho, o ejercitarlo solo en parte para resolver una cuestión obligatoria, que verse comprometida en un asunto judicial, vid. M.F. Clavero, Consideraciones generales sobre la vida gubernativa, loc. cit. p. 10; Cfr. M.F. Clavero Arevalo, "Posibilidades de transacción con la Administración local", en *Revista de Estudios de la Vida Local*, N° 74. Madrid, 1954, pp. 161 y 170. esto lo aclara A. de Valles al señalar que "debiendo la acción de los entes públicos ser conforme al derecho, una transacción podría tener lugar solo con respecto a una cuestión de oportunidad y no en absoluto, sobre cuestiones de legitimidad pura". Vid. A. de Valles, "Le transazioni degli enti pubblici", en II Foro Italiano, 1934, Vol. I. p. 46.

628 Véase F. Contreras Quintero, "Breve estudio comparativo de la tramitación administrativa y del régimen de impugnación de reparos formulados por la Contrataría y por la Administración en materia de Impuesto sobre la Renta", en *Revista de Derecho Tributa-*

siendo característica fundamental del Estado de Derecho la vigencia plena del principio de la legalidad es deber ineludible de la Administración Pública no sólo producir actos jurídicamente correctos, sino también corregir o enmendar, dentro de los límites que el mismo Derecho le confiere, los actos jurídicamente irregulares que hubiere producido[629]. Por ello, por ejemplo, no podría admitirse que la Administración, por motivos de oportunidad y conveniencia, transigiera, revocando actos administrativos ordinarios o de imposición, es decir, concediera a la otra parte en una transacción, como parte de la "concesión recíproca", la "anulación" de un acto administrativo por motivos de mérito, cuando éste ha sido dictado en ejercicio de una competencia obligatoria y vinculada. Por ello, partiendo del principio de que "la componenda queda al margen de la vía administrativa"630 podemos señalar con Giucciardi que "la transacción podría ser colocada entre las causas que ponen fin al juicio administrativo, siempre que pueda resolverse afirmativamente (lo que rechaza en absoluto) la cuestión de la transigibilidad de las controversias relativas a la validez de los actos administrativos".[631]

B. La transacción judicial en materia tributaria

Partiendo de las premisas sentadas anteriormente, sin duda, el Código Orgánico Tributario de 1° de julio de 1982[632] estableció expresamente la posibilidad del contrato de transacción judicial en materia tributaria, conforme a las siguientes normas:

> "*Artículo 58.* La transacción judicial es admisible en cuanto a la determinación de los hechos y no en cuanto al significado de la norma aplicable.

rio, N° 13, Caracas, 1966, p. 38. Véase, además, *Disquisiciones Tributarias*, Mérida, 1969.

629 Artículos 81 y 83 de la Ley Orgánica de Procedimientos Administrativos.

630 Véase M. F. Clavero Arévalo, "Consideraciones generales sobre la vía gubernativa", *loc. cit.* p. 223.

631 Véase Guicciardi, La Giustizia Administrativa, cit., pp. 275 y 276; Cfi. E. Guicciardi, "Le transazioni degli Enti Pubblici", en Archivo di Dittrito Pubblico, 1936, 64.205. En todo caso, tal cuestión ha sido resuelta negativamente por De Valles, con lo que será conforme Giucciardi, sobre la base de un argumento que se sustancia en un dilema: o la Administración, cuya providencia esta por ser o ha sido impugnada, la reputa valida, y entonces su voluntad de transigir resultaría sustancialmente viciada porque está determinada por el temor al éxito del juicio o por el intento de favorecer al recurrente, pero no por el propósito de observar la ley; o bien lo reputa valida, y entonces su voluntad de transigir resultaría sustancialmente viciada porque está determinada por el temor al éxito del juicio o por el intento de favorecer al recurrente, pero no por el propósito de observar la ley: o bien lo reputa inválido y entonces si transigiese incurriría en vicios análogos porque su voluntad estaría dirigida a aprovecharse del estado de duda o de temor, o de necesidad de la otra parte. Véase De Valles, Giustizia Amninistrativa, cit., p. 276.

632 Véase G.O. N° 2.992 Extraordinario de 3-8-82.

Artículo 59. El Ejecutivo Nacional, por intermedio del Ministerio de Hacienda, podrá autorizar la transacción, previo pronunciamiento favorable del Consejo de Ministros y oída la opinión del Contralor General de la República.

La transacción podrá celebrarse sin la opinión del mencionado funcionario, cuando hayan transcurrido tres (3) meses sin haberse recibido su respuesta. No será necesario el pronunciamiento del Consejo de Ministros, cuando el asunto sometido a transacción no exceda de un millón de bolívares (Bs. 1.000.000,00). El Consejo de Ministros podrá elevar este límite hasta cinco millones de bolívares (Bolívares 5.000.000,00).

El contrato de transacción será otorgado en nombre de la República, por el Procurador General de la República".

De acuerdo a estas normas, por tanto, la transacción judicial en materia tributaria está limitada a cuestiones de hecho y su determinación, por lo que no se permite en cuestiones de derecho, es decir, en cuanto al significado de la norma aplicable.

A pesar de lo claro de la norma, sin embargo, el problema de la admisibilidad de la transacción en materia tributaria se ha planteado cíclicamente en el país, particularmente con motivo de reparos formulados a las empresas petroleras[633].

Por ello estimamos de interés referirnos al tema de la posibilidad de las transacciones en materia fiscal, en relación a algunas de las diversas fases de la actividad tributaria del Estado y su indisponibilidad.

En efecto, en la actividad tributaria y fiscal que el Estado desarrolla, pueden distinguirse claramente entre otras tres fases fundamentales: en primer lugar, la que corresponde al ejercicio de la Potestad Tributaria del Estado, como atributo de la soberanía, y que se realiza por los órganos legislativos, mediante la determinación legal de los tributos y de las competencias ejecutivas de carácter fiscal. En segundo lugar, la que corresponde al ejercicio en concreto de dicha potestad a través del ejercicio de la competencia tributaria por los órganos ejecutivos y que tiene por objeto a través de actos de liquidación y de fiscalización e inspección fiscal, determinar o declarar la cuantía y forma de pago de la obligación tributaria que ya ha nacido en virtud de la realización del hecho imponible o hecho generador de la misma.

En tercer lugar, la que corresponde asimismo al ejercicio de la competencia tributaria, pero que tiene por objeto lograr el pago del tributo a tra-

---

633 Véase Florencio Contreras, *Disquisiciones Tributarias*, Mérida, 1969; y "Las Transacciones Fiscales con las Petroleras", *Revista Resumen*, N° 400; César J. Hernández, "Las Transacciones Petroleras a la luz del Código Tributario", *Revista de Control Fiscal*, N° 107, Caracas, 1982, pp. 15 a 35. Véase CGR Dictámenes de la Consultorio Jurídica 1969-1976, tomo IV, Caracas, 1976, p. 328.

vés de actos de cobro o de recaudación una vez determinada o declarada administrativamente la obligación tributaria. Esta última tiene lugar sólo cuando la contribución se hace exigible.

a. *La potestad tributaria y su indisponibilidad*

El ejercicio del Poder Público por parte del Estado se manifiesta a través de diversas potestades, es decir, a través de diversos poderes de actuación que, ejercitándoselos de acuerdo con el ordenamiento jurídico, producen situaciones jurídicas en las que otros sujetos resultan obligados[634]. Las potestades constituyen en esta forma, los medios necesarios que habilitan a los entes públicos para realizar los fines estatales[635].

Ahora bien, el Estado, como titular de potestades, se encuentra frente a los administrados en una situación abstracta de poder y no en la situación jurídica subjetiva del titular del derecho subjetivo. Queda claro asimismo que frente a la potestad pública, los administrados se encuentran en una situación también abstracta de deber, es decir, en una situación de sumisión o sujeción y no de obligación. Sólo una vez ejercida la potestad, pasan a una situación concreta de obligados[636]. En definitiva entonces, y en principio, la potestad es anterior al derecho subjetivo y también a las relaciones jurídicas concretas.[637]

Ahora bien, dentro de las potestades del Estado nos interesa destacar fundamentalmente la potestad tributaria y su consecuencia, la potestad sancionadora fiscal. La potestad tributaria ha sido definida como "el poder de establecer impuestos o prohibiciones de naturaleza fiscal, es decir, el poder de dictar normas jurídicas de las cuales nacen, o pueden nacer, a

---

634 Cfr. F. Garrido Falla, *Tratado de Derecho Administrativo*, tomo I, Madrid, 1958, p. 348.

635 Cfr. "Las Potestades de los Organismos de Control. Ponencia de la Delegación Venezolana al Segundo Congreso Latinoamericano de Entidades Fiscalizadoras", en *Control Fiscal y Tecnificación Administrativa*, N° 34, 1965, p. 39.

636 Cfr. F. Garrido Falla, Tratado..., cit. tomo I, p. 348.

637 Así, García-Trevijano Fos lo aclara: "El Estado tiene potestad tributaria; ahora bien hasta que se actualiza en un caso concreto y se fije lo que deberán pagar, por ejemplo, los propietarios de inmuebles, no podemos decir que se ha transformado la potestad abstracta en un derecho subjetivo concreto. Igualmente, el Estado tiene potestad expropiatoria, pudiendo expropiar, siempre que sea por interés público. Ahora bien, sola y exclusivamente se transformara o descenderá esta potestad al grado de derecho subjetivo cuando inicie y tramite el expediente concreto respecto de un derecho". Vid. J. A. García Trevijano Fos, *Tratado de Derecho Administrativo*, tomo I, Madrid, 1964, p. 487.

Por su parte, Zanobini está acorde con que "las potestades no pueden confundirse con los derecho subjetivos. El Estado y la comuna en cuantos titulares de la potestad tributaria, no tienen derecho alguno de crédito hacia los ciudadanos. Esto solo tras el ejercicio de aquella potestad, o sea, cuando el ente, valiéndose de la misma, haya aplicado un tributo determinado". Véase Guido Zanobini, *Curso de Derecho Administrativo*, tomo I, Buenos Aires, 1954, p. 228.

cargo de determinados individuos o de determinadas categorías de individuos, la obligación de pagar un impuesto o de respetar un límite tributario"[638]. Por su parte, C. M. Giuliani Fonrouge, al hablar de poder tributario, señala que "significa la facultad o la posibilidad jurídica del Estado,
de exigir contribuciones con respecto a personas o bienes que se hallan en
su jurisdicción"[639]; y en este sentido es necesario señalar que constituye
junto con las nociones de poder fiscal (Bielsa), de poder de imposición
(Ingrosso; Blumenstein), y de soberanía fiscal (De Juano), una variante de
la misma noción de potestad tributaria.

En esta forma, la potestad tributaria, como cualquier otra potestad pública o estatal, es atributo esencial de la soberanía[640]; es un aspecto de la
soberanía[641] y tiene su fundamento en ella[642]. De ahí que Bielsa señale
que "en la actividad fiscal el Estado obra como poder, es decir, con atribuciones de autoridad para ejecutar, en último término coactivamente, sus
funciones relativas al establecimiento, ordenación y realización de las
contribuciones en dinero"[643].

Pero la existencia de una potestad tributaria, así como de las otras potestades estatales, da origen a otra consecuencia y que es la potestad sancionadora. En efecto, si la sanción administrativa es consecuencia de una infracción administrativa, también la potestad sancionadora de la Administración es el efecto y consecuencia de otras potestades del Estado y, sobre
todo y de manera muy especial, de la existencia de un ordenamiento jurídico-administrativo, que demanda la necesidad de que se repriman las infracciones al mismo, con el objeto de defender en todo momento su validez y eficacia. Por tanto, desde el momento mismo en que se admite la
existencia de diversas potestades, y en general de un ordenamiento jurídico, hay que concluir admitiendo también la existencia de una potestad
sancionadora o punitiva de la Administración que determina el que en
numerosos casos pueda establecer sanciones a ciertos sujetos extraños a la
misma (esto es, a cualquier ciudadano que haya violado un deber frente a
la Administración), o ligados a la Administración por medio de una particular relación, como sucede en el caso del funcionario público (potestad
disciplinaria)[644].

---

638 Véase A. Berliri, *Principios de Derecho Tributario*, Vol. I, Madrid, 1864, p. 168.

639 Véase C. M. Giuliani Fonrouge, *Derecho Financiero*, cit., tomo I, p. 266.

640 Cfr. Dictamen de la Procuraduría General de la República de 4 de septiembre de 1958.
Vid. en Allan R. Brewer-Carías, "Los Contratos de la Administración en la Doctrina de
la Procuraduría General de la República", *Revista de la Facultad de Derecho*, U.C.V.,
N° 30, Caracas, 1964. p. 232.

641 Cfr. A. Berliri, *Principios..., cit.,* Vol. I, p. 183.

642 Cfr. C. M. Giuliani Fonrouge, *Derecho Financiero, cit.* Vol. I, pp. 267 y ss.

643 Véase R. Bielsa, *Derecho Administrativo*, tomo IV, Buenos Aires, 1956, p. 456.

644 Cfr. M. Montoro Puerto, *La Infracción Administrativa*, Barcelona, 1965, p. 329.

La potestad sancionadora, evidentemente, es también un atributo de la soberanía: si a la Administración le fuera negada esta potestad se incurriría en el peligro que apunta Maurach, es decir, el de renunciar a su propia existencia, pues, como bien afirma, "una sociedad que quiera renunciar al poder punitivo renunciaría a su misma existencia"[645].

Ahora bien, y tal como anteriormente se ha señalado, la potestad tributaria consiste en la facultad de aplicar contribuciones (o establecer exenciones), o sea, como dice Berliri, el poder de sancionar "normas jurídicas de las cuales derive o pueda derivar, a cargo de determinados individuos o de determinadas categorías de individuos, la obligación de pagar un impuesto o de respetar un límite tributario"[646]. Es, en suma, la potestad de gravar.[647]

Ahora bien, en todo caso, la existencia de la potestad tributaria, como tal potestad estatal, y asimismo de la potestad sancionadora, conlleva una serie de consecuencias de suma importancia.

En primer lugar, es necesario señalar que en el ordenamiento constitucional, la potestad tributaria, considerada en abstracto, se funda sustancialmente en preceptos del expresado rango constitucional, que en Venezuela sancionan el deber de todos "a contribuir con los gastos públicos"[648], y el principio de que "el sistema tributario procurará la justa distribución de las cargas según la capacidad económica del contribuyente, atendiendo al principio de la progresividad, así como la protección de la economía nacional y la elevación del nivel de vida del pueblo"[649]. La expresada potestad constituye entonces una prerrogativa exclusiva del poder legislativo del Estado, y ha de ejercitarse a través de actos que tengan carácter y valor formal de ley[650]. Por ello la Constitución consagra la reserva legal en materia tributaria al señalar que "no podrá cobrarse ningún impuesto u otra contribución que no estén establecidos por ley, ni concederse exenciones ni exoneraciones de los mismos sino en los casos por ella previstos"[651].

Por tanto, toda otra regulación o limitación de la potestad tributaria hecha por acto distinto a la ley formal y sin ajustarse a las citadas normas constitucionales no sólo sería inconstitucional, sino que atentaría contra la soberanía del Estado.

---

645 Véase Maurach, *Tratado de Derecho Penal*, p. 63, cit. por M. Montoro Puerto, *La Infracción...*, *cit.*, p. 329.

646 Véase A. Berliri, *Principios...*, *cit.*, tomo I, p. 168.

647 Cfr. C.M. Giuliani Fonrouge, *Derecho Financiero, cit.,* Vol. I, p. 272.

648 Artículo 56 de la Constitución.

649 Artículo 223 de la Constitución.

650 Cfr. F. Sainz de Bujanda, "El nacimiento de la obligación tributaria", en *Revista de Derecho Financiero y Hacienda Pública*, N° 58, 1965, pp. 334, 364, 365; F. Garrido Falla, *Tratado. . ., cit.*, tomo I, p. 349, Nota N° 29.

651 Artículo 224 de la Constitución.

En segundo lugar, la potestad tributaria, como potestad del Estado y atributo de la soberanía, implica que la misma sea total y radicalmente indisponible.

En efecto, como señala Sainz de Bujanda, el principio de legalidad tributaria, recogido en los textos constitucionales, supone que es la ley la que ha de definir y valorar los elementos constitutivos y estructurales de la obligación tributaria y, en primer plano, el hecho imposible, del que la obligación nace. En eso consiste "establecer legalmente" los tributos. Consiguientemente, no cabe que, sin violación del antedicho principio, pueda la ley confiar la misión de establecer o de modificar tales elementos a la Administración, ya que por esa vía, podría el legislador ordinario -que se encuentra vinculado por la Constitución- escapar a la misión que el Texto Político fundamental le atribuye, poniéndola en manos, con unas u otras cortapisas, de los órganos administrativos de gestión tributaria[652].

Con base en ello pues, el Estado no puede negociar su potestad con el fin de permitir a otros sujetos que dicten disposiciones necesarias para instituir, modificar o suprimir tributos que sean de su competencia[653]. Esto lo aclara Berliri al señalar que "la indisponibilidad del poder o potestad de establecimiento del tributo es evidente, en el sentido de que dicho poder constituye una manifestación de la capacidad jurídica del sujeto activo, que se refiere al establecimiento y a la regulación de los tributos.

Consiguientemente ni el Estado, ni los Municipios, ni los Estados, ni los demás entes públicos impositores, pueden negociar su poder con el fin de permitir a otros entes que dicten disposiciones necesarias para instituir, modificar o suprimir tributos que sean de la competencia de aquéllos. La razón de dicha indisponibilidad es así en opinión de Berliri, obvia: por no ser la potestad tributaria más que el despliegue de la capacidad jurídica del ente público, dicho poder deriva de leyes de típico contenido público, como son las que atañen al ordenamiento constitucional del Estado, las cuales no pueden, por tanto, ser modificadas más que por el Poder Legislativo, y jamás por el Poder Ejecutivo a través de un acto negocial[654].

Por otra parte, y en este sentido, nuestra Suprema Corte ha sostenido que la teoría de que el impuesto no es negociable ni puede ser materia de contrato es cierta y de muy buena doctrina jurídica: "En efecto -ha señalado la Corte- el impuesto en su concepto general y abstracto no puede ser negociado en el sentido de que el Ejecutivo no puede obligarse con un tercero por medio de una cláusula contractual a no imponer impuestos, porque ni este Poder, ni ningún otro tienen facultad para ello, no pueden

---

652 Véase F. Sainz de Bujanda, *El nacimiento..., loc. cit.*, pp. 364 y 365.

653 Cfr. F. Sainz de Bujanda, *El nacimiento..., loc. cit.*, p. 360.

654 Cfr. por F. Sainz de Bujanda, *Hacienda y Derecho*, Vol. IV, Madrid, 1966. pp. 164 y 165.

enajenar este derecho del Estado ni comprometer su porvenir"[655]. Por ello García-Trevijano habla de que sería absurdo pensar que el Estado enajenara la potestad tributaria[656]; y en todo caso, la indisponibilidad implica no sólo la inalienabilidad sino también la intrasmisibilidad, la irrenunciabilidad y la imprescriptibilidad[657].

En este sentido la Procuraduría General de la República también ha sido terminante:

"Conforme a los más elementales principios de derecho constitucional, atributo esencial de la soberanía es, entre otros, el derecho indeclinable de imponer, por consiguiente, renunciar, así sea parcialmente o temporalmente, a ese derecho, a esa potestad, equivale, implícitamente, a renunciar al ejercicio de ese atributo de la soberanía. Por ello, la doctrina constitucional, administrativa y fiscal, así como la jurisprudencia más autorizada sobre la materia, están conforme en considerar que el poder de imposición no puede ser jamás objeto de contratación. Esta sola consideración sería suficiente para que los tribunales de justicia pronunciaran la nulidad de semejante estipulación contractual"[658].

---

655 Véase Sentencia de 10 de marzo de 1941, en Memoria de 1942, tomo I, p. 387 y en Allan R. Brewer-Carías, "Los Contratos Administrativos en la Jurisprudencia Administrativa Venezolana", *Revista de la Facultad de Derecho*, U.C.V., N° 26, 1963, pp. 142 y 143.

656 Véase J. A. García-Trevijano Fos, *Tratado..., cit.,* tomo I, p. 488.

657 Cfr. M. S. Giannini, Lezioni. . ., p. 268, cit., por F. Garrido Falla, *Tratado. . ., cit.,* tomo I, p. 348, Nota 29; G. Zanobini, *Curso..., cit.,* tomo I, p. 229; A. Berliri, *Principios, cit.,* p. 170; C. M. Giuliani Fonrouge, *Derecho Financiero, cit.,* Vol. I, pp. 274 y 275.

658 Véase Dictamen de la Procuraduría de 4 de septiembre de 1958 en Allan R. Brewer-Carías, "Los Contratos de la Administración en la Doctrina de la Procuraduría General de la República", *Revista de la Facultad de Derecho*, U.C.V., N° 30, 1964, p. 232. Toda esta doctrina, por otra parte, ha sido acogida en forma expresa por los proyectistas de la Ley Orgánica de la Hacienda Pública Nacional (1963), al establecer en el Proyecto dos normas del tenor siguiente:

Artículo 98. "Los impuestos, tasas y otras contribuciones nacionales causados son irrenunciables, salvo que el Congreso, en casos especiales, autorice lo contrario, y sin perjuicio de lo previsto en los artículos 100 (exoneraciones) y 118 (remisiones)".

Artículo 99. "El poder de imposición del Estado no puede ser materia de contratación".

En relación a estas normas proyectadas, la Exposición de Motivos del Proyecto señala lo siguiente: "Especial importancia ha atribuido la Comisión a los principios contenidos en los artículos 98 y 99 del Proyecto, relativos ambos, bajo diversos aspectos, a la inalienabilidad del poder de imposición del Estado. Por el primero (artículo 98), se establece la irrenunciabilidad de los impuestos causados, dejando sólo a salvo la facultad del Congreso para que en determinados casos autorice lo contrario y la doble facultad del Poder Ejecutivo de exonerar de impuestos (artículo 100) y de conceder su remisión en casos sumamente limitados y de especial consideración (artículo 118). Por el segundo (artículo 99), se deja claramente establecida la "inalienabilidad" del propio poder de imposición del Estado. Aunque la Comisión reconoce que esta noción está implícita en el ordenamiento jurídico de todo Estado Soberano, pues que atributo esencial de la soberanía es, precisamente, el ejercicio de tal poder ha considerado, sin embargo, conveniente su consagración expresa como razonable freno a los numerosos y hasta tradicio-

b. *La competencia tributaria de inspección y liquidación y su indisponibilidad*

Ahora bien, de lo anteriormente señalado se induce asimismo, que paralelamente al poder tributario abstracto está la facultad de ejercitarlo en el plano material, a lo cual denomina Hensel competencia tributaria[659].

En este sentido habla Alessi, citado por Sainz de Bujanda, de poder tributario primario (potestad tributaria) y poder tributario complementario (competencia tributaria). En efecto, este autor habla de que "la potestad o poder tributario puede ser considerado bajo dos planos jurídicos distintos, respecto a cada uno de los cuales da lugar a instituciones y situaciones diversas. Ante todo, puede ser considerado en un plano abstracto, con relación a una colectividad de sujetos indeterminados, respecto a los cuales aquél se ejercita; ahora bien, dado que en esta perspectiva abstracta "exacción coactiva" significa simplemente "institución abstracta de una contribución coactiva", el desarrollo del poder tributario significa tan sólo, así considerado, emanación de normas jurídicas que sirven de base a la institución de las diversas contribuciones coactivas. Contemplado en esta forma abstracta, puede hablarse de poder tributario primario, frente al complementario, del que seguidamente vamos a ocuparnos. El poder tributario -agrega Sainz de Bujanda- puede ser también considerado en un plano concreto, con relación a miembros determinados, singulares, de la colectividad: desde esta perspectiva, "exacción coactiva" significa propiamente "contribución concreta", por hallarnos en presencia de una aplicación concreta de la norma que establece la contribución en abstracto. En este ámbito, la potestad tributaria se desarrolla, no con carácter normativo -como la anterior-, sino como actividad de carácter administrativo dirigida a conseguir, mediante la actuación concreta del abstracto mandato normativo, el paso material de la cuota de riqueza privada a la que el precepto legislativo se refiere. Por

---

nales vicios que en la práctica se han introducido en nuestro Derecho Fiscal. El Poder Ejecutivo, al ejercer la facultad de exoneración, ha comprometido en no pocas oportunidades, contractualmente, el ejercicio de dicho poder. La Comisión estima, por lo tanto, que la concesión de exoneraciones o el establecimiento de un régimen tributario especial, bien en beneficio de determinadas actividades o de determinados contribuyentes, en aquel'-os casos en que la Constitución y las leyes lo autoricen, sólo podrá ser obra del Poder Ejecutivo unilateralmente, de acuerdo con la suma de sus propias atribuciones, sobre la materia; pero, en ningún caso y por ningún respecto, materia de contratación". Véase en Exposición de Motivos y Proyecto de Ley Orgánica de la Hacienda Pública Nacional, Publicaciones del Ministerio de Justicia, Caracas, 1964, pp. 20 y 21.

659 Véase Hensel, *Diritto Tributario*, p. 27, cit., por C. M. Giuliani Fonrouge, *Derecho Financiero, cit.*, tomo I, p. 272.

ello, señalamos que se trata de una potestad o poder complementario (competencia tributaria) del poder primario antes aludido"[660].

En este mismo sentido, algunos autores han juzgado pertinente distinguir, en el plano teórico, el ejercicio de un poder tributario abstracto y el despliegue de una potestad tributaria concreta (competencia tributaria). El primero se define, como lo hemos hecho, como la facultad de dictar normas jurídicas de establecimiento de tributos; el segundo, como conjunto de facultades y prerrogativas que permita al ente público impositor, a través del despliegue de una actividad administrativa de liquidación y de recaudación de impuestos, dar efectividad a los créditos que surgen a su favor de la ley, esto es, percibir las sumas debidas por los contribuyentes.[661]

Ahora bien, utilizando la tesis de Sainz de Bujanda, podría decirse que la relación jurídica tributaria (la obligación del contribuyente y el crédito tributario que han nacido con la realización del hecho imponible) se determina o declara generalmente por el ejercicio de la potestad tributaria complementaria o competencia tributaria. Por ello, esta actividad se caracteriza por ser meramente gestora: no se dirige a imponer el tributo -que ya ha sido impuesto y regulado por la ley- sino a liquidarlo[662].

Por otra parte, en esta competencia tributaria por lo que ahora nos interesa, puede distinguirse una duplicación de funciones: existe, de un lado, una actividad sustancial y final, y, de otro, una actividad meramente instrumental. De tal suerte, que es posible concebir, en correspondencia a esa distinción, una competencia tributaria principal, esencial y sustancial de imposición, a través de la cual se obtiene, en concreto, de modo directo o inmediato, respecto a determinados sujetos, la actuación de la obligación tributaria abstractamente impuesta por la norma tributaria, junto a una pluralidad de competencias instrumentales, dirigidas a un mejor ejercicio de la primera, y que deben, por tanto, reputarse accesorias e instru-

---

660 *Cit.* por F. Sainz de Bujanda, "El Nacimiento de la Obligación Tributaria", *loc. cit.* p. 335.

661 Cfr. F. Sainz de Bujanda, *Hacienda y Derecho*, Vol. IV, cit., pp. 163 y 164.

662 Cfr. F. Sainz de Bujanda, *Hacienda y Derecho*, Vol. IV, cit., p. 19. Por su parte, Giannini, en torno a ello ha expuesto claramente lo siguiente: "La ley, al asociar el nacimiento y la cuantía de la deuda impositiva a las circunstancias en que se produzca una determinada situación de hecho, no puede enunciar más que de un modo abstracto los presupuestos del tributo y los criterios para su determinación. Por lo tanto, para establecer en concreto, si una deuda impositiva ha surgido, y cuál es su importe, es necesario comprobar, cada vez, si los expresados presupuestos han tenido lugar, fijar su precisa naturaleza y entidad y valorar los restantes elementos preestablecidos para determinar la medida de la obligación". Así, agrega el mismo autor, "La liquidación del impuesto, en sentido amplio, consiste, precisamente, en el acto o en la serie de actos necesarios para la comprobación y la valoración de los diversos elementos constitutivos de la deuda impositiva (presupuesto material y personal, base imponible), con la consiguiente aplicación del tipo de gravamen y la concreta determinación cuantitativa de la deuda del contribuyente (Idem, pp. 38 y 39). En esto consiste el ejercicio de la competencia tributaria.

mentales respecto a esta última (por ejemplo: competencia para realizar investigaciones, de interrogar a los ciudadanos, de examinar libros de contabilidad, etc.) Estas últimas competencias señalan Sainz de Bujanda, "se encuentran necesariamente coordinadas y preordenadas a la actuación de la potestad sustancial y principal"[663].

Por otra parte, el ejercicio concreto de la potestad tributaria, es decir, la competencia tributaria (poder tributario complementario, según la terminología de Alessi) es un atributo exclusivo del poder de actuación unilateral del Ejecutivo (administración tributaria) pero con la esencial característica de ser absolutamente vinculada o reglada[664]. La discrecionalidad aparece aquí como fenómeno enteramente marginal y sólo se da en el área de las actividades que tienen carácter accesorio o instrumental respecto a la actividad que constituye el desarrollo efectivo de la potestad tributaria (por ejemplo: en las actuaciones de vigilancia, de control y otras similares). Este carácter vinculado -señala acertadamente Sainz de Bujanda-, se debe al hecho de que en el acto normativo (a través del que se desarrolla el poder tributario en el plano abstracto) se encuentra ya la previsión abstracta y, por tanto, la creación, siquiera sea en dicho plano abstracto, de una obligación tributaria a cargo de todos cuantos lleguen a encontrarse con un determinado presupuesto de hecho en una cierta relación igualmente hipotetizada por el legislador (la norma impone, en abstracto, a todas esos personas, la contribución coactiva, no se limita a conceder la potestad de imponer a la autoridad tributaria); la concreción de la obligación tributaria y, por tanto, su constitución en concreto a cargo de sujetos determinados, se produce, por tanto, desde el instante en que cobra existencia el presupuesto de hecho y la relación de éste con el sujeto concreto de que se trate [665].

En todo caso, por ser una actividad esencialmente vinculada[666] y, por tanto no discrecional, la Administración no es libre de ejercerla, sino que está obligada a ello, tiene el deber jurídico de su ejercicio, pues su realización persigue un objetivo público: obtener la exacción coactiva de riqueza[667]. Así, claramente se ha sostenido también que "la actividad impo-

---

663   Véase F. Sainz de Bujanda, *Hacienda y Derecho*, Vol. IV, cit., pp. 132 y 133.

664   Cfr. F. Contreras Quintero, "Breve Estudio Comparativo de la Tramitación Administrativa y del Régimen de Impugnación de Reparos…", *loc. cit.*, p. 38. F. Sainz de Bujanda, *Hacienda y Derecho*, Vol. IV, cit., p. 132.

665   Véase F. Sainz de Bujanda. *El Nacimiento…*, *loc. cit.*, p. 335; F. Sainz de Bujanda, *Hacienda y Derecho*, Vol. IV, cit., p. 131.

666   Cfr. J. A. García-Trevijano Fos. Al señalar que "la obligación impositiva es ex le ge v sólo actúa la Administración" acertando la que existe en la realidad, cit. por F. Sainz de Bujanda, *Hacienda y Derecho*, Vol. IV, cit., p. 237.

667   Cfr. F. Sainz de Bujanda, *Hacienda y Derecho*, Vol. IV, cit., p. 129; Cfr. asimismo, O. Mayer. *Derecho Administrativo Alemán*, Vol. II, Buenos Aires, 1950, p. 256, donde es-

sitiva se desarrolla en virtud de un deber, no de una facultad" por lo que si "la Administración ha de cumplir la ley fiscal, no puede elegir entre exaccionar o no los tributos"[668].

En esta forma, esta competencia tributaria de la autoridad administrativa, como actuación completa y esencialmente vinculada, se rige por todas las normas generales sobre la competencia administrativa: en primer lugar, las normas que fijan la competencia no pueden ser alteradas por quienes están llamados a ejercer los poderes que ellas acuerdan, ya que su cumplimiento es una obligación y no una facultad[669] siempre que el interés público lo exija, en estos supuestos, la realización de un objetivo público: obtener la exacción coactiva de riqueza[670]. En este sentido insiste Sainz de Bujanda que "la autoridad financiera no tiene una mera facultad para exigir el impuesto si lo estima pertinente, cuando el hecho imponible se produzca, sino debe exigirlo"[671]. Por otra parte, la Administración tributaria sólo puede actuar en la zona que le fija el derecho objetivo, debiendo fundarse siempre en textos expresos[672]. En tercer lugar, las reglas de competencia en el derecho público -administrativo o financiero-, son siempre de orden público y, en consecuencia, no admiten renuncia ni modificación por los interesados[673].

Por tanto, la falta de ejercicio de la competencia tributaria acarrea responsabilidad para los funcionarios que dejan de ejercerla. Así, por ejemplo, la Ley Orgánica de la Hacienda Pública Nacional establece expresamente que los empleados administradores y liquidadores de rentas nacionales responden de los derechos causados a cargo de los contribuyentes o deudores y que no hayan sido liquidados; y de los perjuicios causados al Fisco, que provengan de negligencia o impericia, en los actos de recono-

---

tablece que "al obligar a los contribuyentes, la ley obliga al mismo tiempo al Poder Ejecutivo a realizar esta obligación".

668 Véase C. Albiñana Ga. Quintana, *Responsabilidades Patrimoniales Tributarias*, Madrid, 1951, pp. 92 y 93.

669 Cfr. E. Sayagués Laso, *Tratado de Derecho Administrativo*, tomo I, Montevideo, 1953, p. 192; G. Téze, *Principios Generales del Derecho Administrativo*, tomo III, Buenos Aires, 1949, p. 189.

670 Cfr. F. Sainz de Bujanda, *El Nacimiento. . ., loc. cit.*, p. 334.

671 Véase F. Sainz de Bujanda, *Hacienda y Derecho*, Vol. IV, cit., p. 278.

672 Cfr. Juan Colombo Campbell, *La Competencia*, Santiago de Chile, 1959, p. 183.

673 Cfr. Juan Colombo Campbell, *La Competencia, cit.*, pp. 182 y 183; "Dictamen de la Procuraduría de la Nación de 24 de noviembre de 1955", en Informes de la Procuraduría de la Nación al Congreso 1956, p. 73; "Dictamen de la Procuraduría de la Nación de 4 de septiembre de 1958", en Informe de la Procuraduría de la Nación al Congreso 1957-1958, p. 273; "Dictamen de la Procuraduría de la Nación de 13 de noviembre de 1959", en Informe de la Procuraduría de la Nación al Congreso 1959, p. 496.

cimiento y aforo o de la falta de cumplimiento de las reglas establecidas para dichos actos[674].

En todo caso, y ello es evidente de lo anteriormente expuesto y del carácter obligatorio y vinculado de la competencia tributaria, ésta, al igual que la potestad tributaria abstracta, también es esencialmente indisponible. Los órganos ejecutivos, hemos dicho, no podrían renunciar, ni parcial ni temporalmente a ejercer su competencia tributaria pues ésta no es de libre ejercicio, sino de ejercicio obligatorio para la Administración. Por ello, contractualmente no podría admitirse una renuncia al ejercicio de la competencia administrativa, por ser violatoria no sólo del artículo 6° del Código Civil sino de los más elementales principios de derecho público, constitucional, administrativo y fiscal.

En este sentido Giucciardi aclara acertadamente que "las controversias relativas a los derechos generales del Estado deben considerarse intransigibles, ya que para ellas, las condiciones de existencia y el contenido de la relación entre Administración y ciudadano están fijadas en la ley y están, por lo tanto, sustraídas de la voluntad de ambas partes"[675].

En este sentido, la misma Procuraduría de la Nación ha sostenido la indisponibilidad contractual de competencias fiscales. En efecto, en materia de crédito público ha sostenido que por vía contractual el Estado no puede limitarse la competencia para contratar empréstitos, en esta forma:

> "En las leyes que definen las atribuciones y facultades del Poder Ejecutivo Nacional en materia presupuestaria y de crédito público, no existe autorización alguna en cuya virtud pueda el poder administrador limitarse, por vía contractual, la facultad de contratar empréstito, públicos internos o de efectuar gastos públicos. Además, si, como antes se expuso, la contratación sobre el poder de imposición atenta contra la soberanía del Estado y compromete la majestad y dignidad de la República, cuyo resguardo la nación venezolana proclama en el artículo de la Constitución Nacional como razón primordial de su existencia, lo mismo sucedería con la contratación por el Estado sobre su propia facultad de realizar gastos públicos y de procurarse arbitrios fiscales por los medios que las leyes ponen a su disposición"[676].

Por otra parte, debe señalarse que todo lo expuesto sobre la indisponibilidad del ejercicio concreto de la potestad tributaria (competencia tributaria) es aplicable asimismo a la potestad sancionadora. El Estado no puede renunciar a la misma ni la Administración puede renunciar a ejercerla frente a la infracción que la genera. En abstracto es irrenunciable también

---

674 Artículo 142, ordinales 1 y 2.

675 Véase E. Guicciardi, *La Giustizia Amministrativa, cit.*, p. 371.

676 Véase "Dictamen de la Procuraduría General de la República de 4 de septiembre de 1957", en Allan R. Brewer-Carías, "Los Contratos de la Administración" en *Revista de la Facultad de Derecho*, U.C.V., N° 31, 1965, p. 294.

esta potestad, por lo que no podría el Ejecutivo negociar la potestad sancionadora, renunciando a ejercerla en general o en determinados casos y supuestos, parcial o temporalmente, sin atentar contra su propia soberanía y renunciar a su propia existencia.[677]

Ahora bien, con base en lo anteriormente expuesto sobre la competencia tributaria y su indisponibilidad dado su carácter obligatorio y vinculado, es necesario señalar que no podría el Ejecutivo Nacional en un contrato de transacción celebrado con un contribuyente, transar sobre el ejercicio de dicha competencia, y renunciar, por ejemplo, a estimar de oficio las rentas gravables a los efectos de la liquidación respectiva.[678]

Con base en ello, el Ejecutivo Nacional no puede renunciar a aplicar, por ejemplo, la Ley de Impuesto sobre la Renta pues la ley es de aplicación obligatoria por la Administración, y no de aplicación facultativa; como tampoco puede declarar extinguidos los derechos que pueda tener

---

677 Cfr. M. Montero Puerto, *La Infracción Administrativa, cit.* p. 329.

678 En efecto, sobre la naturaleza de la estimación de oficio, la Procuraduría General de la República ha establecido lo siguiente: La obligación de declarar que tiene el contribuyente, es una obligación de hacer y de ineludible cumplimiento. Permite una mejor fiscalización y constituye para el obligado eficaz elemento probatorio contra las pretensiones de la Administración; de allí la importancia que se le atribuye, y su inexistencia autoriza plenamente para "calificar, determinar o estimar de oficio" los enriquecimientos de los contribuyentes, cuando éstos no "declare(n) o no comprobare(n) satisfactoriamente" sus beneficios "o cuando se presumiere con fundados indicios que la declaración en cualquiera de sus partes, no es fiel exponente de (su) capacidad tributaria". De manera que el incumplimiento de esa obligación de hacer, implica para el Fisco un grave perjuicio, pues le priva de una fuente de información y control más o menos precisa. Para cubrir la emergencia se han creado entonces los otros medios de determinación ya comentados, de los que no se excluye la participación directa o mediata de terceros que tengan o hayan tenido con el contribuyente tratos jurídicos y económicos". Por tanto, la estimación de oficio es supletoria y la administración debe acudir a ella cuando los contribuyentes no declaren o comprueben satisfactoriamente sus beneficios, o cuando se presuma, con fundados indicios, que la declaración, en cualquiera de sus partes, no es fiel exponente de su capacidad tributaria. Por ello es que la Ley Orgánica de la Hacienda Pública Nacional declara responsables a los Administradores y Liquidadores de rentas nacionales por las liquidaciones hechas por cuota menor que la causada (y que, por tanto, no sean correlativas a la capacidad tributaria del contribuyente) y en general, por los derechos causados a cargo de contribuyentes y que no hayan sido liquidados (artículo 142, ordinal 1); y sólo quedan librados de dichas responsabilidad "cuando los derechos sean causados sin que el empleado respectivo tenga noticia de ello, y la falta de liquidación no provenga de su omisión, negligencia o error inexcusable" (artículo 142, ordinal 1°). Esta responsabilidad entonces, no es sino una consecuencia directa del carácter obligatorio del ejercicio de la competencia tributaria, concretamente de los actos de liquidación, incluyendo aquellos que se deriven de estimaciones de oficio y que no pueden dejar de realizarse cuando se den los supuestos legales para que procedan supletoriamente. La omisión de la estimación de oficio, formulación de reparos y subsiguiente liquidación hace responsable a los funcionarios de Hacienda respectivos (administrativos y liquidadores de rentas nacionales) por las cantidades no liquidadas, en los términos señalados y que determina la Ley Orgánica de la Hacienda Pública Nacional. Dictamen de la Procuraduría General de la República de 3 de agosto de 1964 en Doctrina de la Procuraduría General de la República, 1964, p. 128.

como resultado de estimaciones de oficio, pues los funcionarios de Hacienda están obligados a realizarlas y liquidar los impuestos causados que de ellas resulten y que no habían sido liquidados, obligatoriamente, en los supuestos establecidos en la Ley. De lo contrario son responsables por ello. En esta misma forma, esa renuncia a formular reparos derivados de estimaciones de oficio, no sólo no puede hacerse en relación con la competencia tributaria de la Administración, sino que en todo caso no podría abarcar las facultades -obligaciones también- de formular reparos, de la Contraloría General de la República, en los casos que determina tanto la Ley Orgánica de la Hacienda Pública Nacional como la Ley Orgánica de la Contraloría General de la República como deber -y no sólo como atribución-, pues también corresponde a este Organismo revisar si las liquidaciones han sido legalmente hechas y si han sido liquidados y pagados todos los impuestos causados cualquiera que sea el origen o modo de información por el cual lleguen a su conocimiento faltas relativas a liquidación o cobro de impuestos y, en su caso, formular a su vez los reparos a las cuentas de los funcionarios que revisen.

Por otra parte, tampoco podrá válidamente renunciar la Administración a ejercer su competencia sancionadora por vía de transacción pues también su ejercicio es obligatorio.

Siendo disposiciones imperativas para los órganos del Estado las que determinan los casos en que se debe el impuesto, las personas obligadas, su cuantía, los modos y forma en que el propio impuesto debe ser liquidado y recaudado, es evidente que también son imperativas las normas que prevén las sanciones que ha de aplicar la Administración en los supuestos de infracción tributaria, es decir, de "vulneración de las obligaciones nacidas de la relación jurídica impositiva"[679].

En esta forma, tampoco podría el Ejecutivo renunciar a ejercer su competencia sancionadora de aplicar las multas a que hubiere lugar en los casos de infracciones tributarias. De ahí que la Contraloría General de la República en la Ley Orgánica de la Hacienda Pública Nacional tenía el deber de verificar las cuentas de los administradores de rentas revisando no sólo si las liquidaciones habían sido legalmente hechas sino también si habían sido aplicadas las penas a todas las contravenciones comprobadas (artículo 168, ordinales 3 y 4, s.)

Por tanto, y en definitiva, en nuestro criterio no podría válidamente celebrarse una transacción que implique una renuncia al ejercicio de la competencia tributaria y sancionadora, que es obligatoria para la Administración y de orden público:

---

679 Véase F. Sainz de Bujanda, *Hacienda y Derecho*, Vol. II, Madrid, 1962, p. 207.

A) Porque en todo caso, quedaría incólume la responsabilidad de los funcionarios de hacienda por las omisiones en las liquidaciones, estimaciones de oficios y reparos;

B) Porque también, en todo caso, quedarían incólumes las atribuciones y deberes legales de la Contraloría General de la República, como órgano auxiliar del Congreso, de formular los reparos correspondientes también bajo la responsabilidad legal de sus funcionarios; y

C) Porque podría asimismo darse el supuesto de que un particular denunciara como derecho oculto, conforme al procedimiento previsto en la Ley Orgánica de la Hacienda Pública Nacional, las cantidades causadas y no pagadas[680].

c.   *La competencia tributaria de cobro y recaudación de tributos y su indisponibilidad*

Pero la actividad tributaria del Estado, como hemos dicho, no se agota con el establecimiento de las normas legales sobre tributos ni con el ejercicio de la competencia tributaria destinada a determinar o declarar en concreto la relación jurídico-impositiva con todas sus consecuencias, sino que también implica el ejercicio de la competencia tributaria tendiente a hacer efectivo el crédito fiscal (recaudación) que se determinó en el acto liquidatorio.

Este aspecto de la competencia tributaria, al igual que la comentada anteriormente, es también de ejercicio obligatorio y vinculado -no discrecional- por parte de la Administración, por lo que todos los principios antes enunciados le son enteramente aplicables aquí.

En efecto, tal como acertadamente ha señalado Sainz de Bujanda, "los intereses comunitarios son únicamente gestionados por la Administración, y ésta ha de acomodar su actuación a los mandatos de la ley. No puede la Administración, que está vinculada por la ley en la órbita tributaria, acordar libremente con el contribuyente cuánto, ni cómo, ni cuándo ha de pagarse el impuesto: todos esos aspectos, en un ordenamiento jurídico en el que rija el principio constitucional de legalidad tributaria, han de ser establecidos -y así ocurre, efectivamente- por normas de acatamiento necesario, que excluyen -o deben excluir- las fórmulas contractualitas sobre tales materias", concluyendo que compete a la Administración

"la recaudación de tales impuestos con sujeción a las normas legales y, por tal razón, no podrá disponer de los créditos correspondientes. Esa disposición sólo podrá producirse por la vía legislativa, por ser al órgano legislati-

---

680   Véase en materia de transacción a nivel municipal lo decidido por la Corte Suprema de Justicia en Sala Político-Administrativa en sentencia de 14-8-89, *Revista de Derecho Público*, N° 39, Caracas, 1989, pp. 119 y 120.

vo al que constitucionalmente corresponde definir la voluntad del ente público sobre la expresada materia, lo que justifica que en todos los ordenamientos en los que rige el principio de la legalidad tributaria existan normas según las cuales no podrán concederse moratorias, amnistías ni reducciones de contribuciones -o lo que es lo mismo, no podrá disponerse de los créditos fiscales- más que por medio de leyes"[681].

En estos casos, en efecto, se trata también de una actividad a la que escapa cualquier tipo de valoración que no tenga carácter meramente técnico, *lo que excluye la posibilidad de cualquier discrecionalidad* verdadera y propia, tanto en lo que se refiere a la *percepción* coactiva de la exacción a cargo de sujetos concretos y determinados, como en lo que atañe a la cuantía de aquélla"[682]. En definitiva, "la autoridad financiera no tiene una nueva facultad para exigir el impuesto si lo estima pertinente, cuando el hecho imponible se produzca, sino que debe exigirlo, ya que la norma no sólo vela obligaciones de pago para el contribuyente, *sino también deberes recaudatorios para el Fisco*"[683].

De acuerdo a lo expuesto entonces, y siendo obligatorio para la Administración el exigir o cobrar los impuestos causados y determinados por los actos de liquidación, no pueden concederse beneficios a determinados contribuyentes sobre su deuda, sin que exista norma legal que los autorice. En este sentido, López Freyle señala que "los funcionarios públicos, por muy alta que sea su jerarquía, no poseen ese poder discrecional de redimir deudas, ya sea en forma expresa de manera indirecta cuando conceden rebajas a espalda de la ley, es decir, sin que haya una norma que sustente el fundamento jurídico, ya que en materia tributaria los funcionarios no tienen atribuciones para hacer graciosas concesiones"[684]. De ahí que Planiol y Ripert establezcan con claridad meridiana que "el cobro de los impuestos, que interesa al orden público, no puede dar lugar a ninguna transacción válida"[685].

Estos principios generales han sido recogidos y aceptados por nuestro ordenamiento jurídico, de ahí que el artículo 60 de la Ley Orgánica de la Hacienda Pública Nacional señale expresamente que "el producto de las rentas nacionales debe ser enterado directamente por el deudor o contri-

---

681 Véase F. Sainz de Bujanda, *Hacienda y Derecho*, Vol. IV, cit., pp. 90 y 91.

682 Cfr. F. Sainz de Bujanda, *Hacienda y Derecho*, Vol. IV, cit., p. 132.

683 Véase F. Sainz de Bujanda, *Hacienda y Derecho*, Vol. IV, cit., p. 278 (subrayado ARBC). Cfr. Isaac López Freyle, *Principios de Derecho Tributario*, Bogotá, 1962, p. 83, donde establece que "no es un derecho del Estado percibir impuestos, porque no es potestativo para el hacerlo, es obligatorio. Establecido por la Ley un impuesto, el Fisco debe cobrarlo porque la Ley Tributaria obliga tanto al particular como al Estado; Cfr. asimismo, O. Mayer, *Derecho Administrativo Alemán*, cit., Vol. II, p. 252.

684 Véase Isaac López Freyle, *Principios de Derecho Tributario, cit.*, p. 84.

685 Véase Planiol y Ripert, *Derecho Civil Francés,* Vol. 11, La Habana, 1946, p. 936.

buyente en la Oficina del Tesoro Nacional encargada de la recepción de fondos y en virtud de liquidación autorizada por un funcionario competente"; y establezca responsabilidad de los Administradores y Liquidadores de rentas nacionales "por las cantidades liquidadas que no hayan ingresado al Tesoro" pudiendo liberarse de dicha responsabilidad sólo "cuando el empleado haya gestionado el cobro por todos los medios legales o cuando hubiere obtenido del contribuyente o deudor las garantías que la ley ha previsto"[686]. Corresponde asimismo a la Contraloría General de la República examinar si han sido liquidados y pagados todos los impuestos causados para formular los reparos correspondientes.

Ahora bien, un solo grupo de excepciones admite nuestro derecho positivo al principio de que "el producto de las rentas nacionales debe ser enterado directamente por el deudor o contribuyente en la oficina del Tesoro Nacional"[687], lo que está obligada la Administración a gestionar, y son los previstos en el artículo 49 de la Ley Orgánica de la Hacienda Pública Nacional según mención del mismo artículo 50 *ejusdem*.

Dicho artículo 49 establece lo siguiente:

"Pueden sacarse a remate público o contratarse con particulares, a juicio del Ejecutivo Nacional, las deudas atrasadas provenientes de cualquier renta que hayan pasado a figurar como saldos de años anteriores. En estos casos, el rematador o cesionario gozará, para el cobro, de los mismos privilegios que la ley acuerda al Fisco Nacional, al cual quedará subrogado".

"Respecto a dichas *deudas* podrá también el Ejecutivo Nacional celebrar arreglos o *transacciones* con los deudores, así como conceder su remisión, rebaja o bonificación de las mismas o de sus intereses, o plazos para su pago, cuando a su juicio fueren conducentes tales concesiones".

"No podrán llevarse a efecto cesiones, remisiones, rebajas o transacciones de cualquier género en lo concerniente a este artículo, sino cuando después de consultados el Contralor de la Nación y el Procurador de la Nación, estos funcionarios hayan informado por escrito, indicando la circunstancia de lo que se pretende".

Esta norma, tal como lo ha señalado la Procuraduría General de la República, consagra facilidades que "son de carácter extraordinario, excepcional y, por tanto, de interpretación restrictiva"[688]. "De ahí que los arreglos o transacciones con los deudores de impuestos -agrega la Procuraduría-, que hayan pasado a figurar como saldos de años anteriores, así como la remisión, rebaja o bonificación de los mismos o de sus intereses, o plazos para su pago, son modalidades condicionadas a la concurrencia de

---

686 Artículo 142, ordinal 3° de la Ley Orgánica de la Hacienda Pública Nacional.

687 Artículo 50 de la Ley Orgánica de la Hacienda Pública Nacional.

688 Véase Dictamen de la Procuraduría de la Nación del 17 de enero de 1959 en Informe de la Procuraduría de la Nación al Congreso 1959, p. 485.

circunstancias extraordinarias que, a juicio del Ejecutivo Nacional, hagan "conducentes tales concesiones", como lo establece la citada disposición legal"[689]. A ello ha agregado la misma Procuraduría que "si se advierte en el origen, finalidades y evolución de la citada disposición, es forzoso concluir que las facultades contenidas en ella no pueden erigirse en ningún caso, en modo regulares de extinción de las obligaciones fiscales, pues que ellas sólo propenden al saneamiento, administrativamente, de la Contabilidad Fiscal para despejarla de "deudas muertas" o, cuando más, a una equitativa y ponderada adecuación del rigor propio de la Ley Tributaria a las circunstancias especiales y personales de sus destinatarios, derivadas de su estado económico y, particularmente, de su insolvencia" [690]. De ahí que, como se dijo al inicio, el artículo 7 de la Ley Orgánica de la Hacienda Pública Nacional sea una norma de estricto derecho adjetivo (procedimental) -y no de derecho sustantivo- que complementa el artículo 49 de la misma ley, al exigir el cumplimiento de determinadas autorizaciones previas, para las transacciones que se lleven a cabo en causas fiscales distintas, por supuesto, a las que se refieren a "deudas atrasadas provenientes de cualquier renta que hayan pasado a figurar como saldos de años anteriores".

En cuanto a las multas, algunas leyes especiales establecen la posibilidad para el Ejecutivo de eximir al contribuyente de su pago, o rebajar su monto, por vía de gracia, cuando concurran circunstancias que demuestren falta de intención dolosa en el contribuyente.[691]

Ahora bien, en todos estos supuestos, queda claro que no se trata de la revocación del acto administrativo de liquidación, sino de la atenuación de sus efectos por vía de concesión graciosa, excepcional, especialmente autorizada por la ley. El acto administrativo queda firme y válido, pues como se ha dicho, "en materia tributaria, por ser, precisamente, su gestión eminentemente reglada -no discrecional-, la administración pública tiene el poder de revisar sus propios actos y de anularlos, en su consecuencia, sólo por razones de ilegalidad, nunca de oportunidad o conveniencia -mérito-"[692].

En efecto, en los casos de concesión de gracia respecto a multas, por ejemplo, lo que en nuestro criterio es aplicable para todos los supuestos a que se refiere el artículo ya citado, incluyendo las transacciones allí contempladas, "el Ministro, al conceder la gracia, no revoca el acto administrativo que sigue vigente, sino que atenúa sus efectos, rebajando o exi-

---

689 Véase Dictamen de la Procuraduría de la Nación del 23 de febrero de 1960 en Informe de la Procuraduría de la Nación al Congreso 1960, p. 372.

690 Véase Dictamen de la Procuraduría de la Nación de 27 de junio de 1956 en Informe de la Procuraduría de la Nación al Congreso 1957, p. 154.

691 Articulo 115 de la Ley de Impuesto sobre la Renta de 16 de diciembre de 1966.

692 Véase F. Contreras Q., "Breve estudio comparativo de la tramitación administrativa y del régimen de impugnación de Reparos. . .", *loc. cit.*, p. 38.

miendo del pago de una multa si es el caso"[693]. De ahí que la gracia y los beneficios del artículo 49 de la Ley Orgánica puedan solicitarse aun frente a actos definitivos y firmes, y aun cuando estén bajo la jurisdicción de los órganos jurisdiccionales del Estado.

Ello, por otra parte, y refiriéndonos concretamente a las transacciones, se evidencia del principio de la intransigibilidad de la legalidad. En efecto, los actos de liquidación fiscal y de formulación de reparos son actos administrativos fiscales y como tales, se rigen por todos los principios generales de los mismos.

Especialmente rige para ellos su carácter vinculado o de emanación obligatoria y, por tanto, el que no puedan ser revocados discrecionalmente -por motivos de oportunidad y conveniencia- sino sólo por ilegalidad.

En este sentido, Florencio Contreras Q., ha señalado acertadamente lo siguiente: "Esa potestad anulatoria puede ejercerla la Administración Pública (por sólo motivo de ilegalidad), bien a instancia de los administrados -contribuyentes-, a través de los recursos administrativos que a éstos confieran las leyes, o bien de oficio, ya sea en sede administrativa, o, incluso, en sede jurisdiccional, porque aquéllos hayan deducido el recurso contencioso-fiscal, que es, ciertamente, un recurso subjetivo de anulación".[694]

Por tanto, y cuando el conocimiento de un acto administrativo fiscal permanezca aún en la vía administrativa (en etapa de la reconsideración administrativa, por ejemplo), la Administración ciertamente puede revocar dicho acto pero sólo por motivos de ilegalidad como se ha dicho, y sin que medie, en ningún caso, como causa, una concesión recíproca propia de una transacción.

Aquí, por tanto, adquieren plena vigencia las palabras de De Valles al señalar que

> "cuando en derecho administrativo se habla de transacciones, éstas pueden valer como confirmación, modificación o revocación de un acto administrativo precedente y que, por ello, debe tener todos los requisitos de forma y de sustancia que son propios del nuevo acto; independientemente de una *voluntas transigendi*, la cual puede valer como motivo (fin), no como presupuesto o causa del acto administrativo.

---

693 Véase Allan R. Brewer-Carías, *Las Instituciones Fundamentales del Derecho Administrativo..., cit.*, pp. 278 y 279.

694 Véase F. Contreras Q., "Breve estudio comparativo de la tramitación administrativa y del régimen de impugnación de Reparos. . .", *loc. cit.*, p. 38.

En otros términos, en el derecho administrativo no existe, en mi criterio, la institución de la transacción y mucho menos del contrato de transacción; pero se puede admitir que en la ordinaria voluntad administrativa influya como motivo la voluntad de evitar o de dirimir una *litis*. Y ésta es transacción desde el punto de vista social, no desde el punto de vista jurídico"[695].

En definitiva, si bien llega a admitirse que la Administración pueda considerar viciados de ilegalidad sus actos y, por ello, los pueda revocar, la causa de la revocatoria no puede estar nunca en una transacción, sino en la voluntad unilateral de la Administración de apreciar la legalidad o no de su acto.

Ahora bien, aun habiendo pasado el conocimiento de la impugnación de un acto administrativo a los órganos jurisdiccionales del Estado, la Administración puede también ejercer su potestad revocatoria, igualmente, pero por solo consideraciones de legalidad, en cuyo caso, el órgano jurisdiccional no tendría materia sobre la cual decidir. En este sentido, Florencio Contreras Q., aun cuando considera que en materia de Impuesto sobre la Renta una vez pasada la oportunidad de reconsideración, la Administración no puede revocar sus actos, *refiriéndose al problema en general*, ha señalado con claridad que "la anulación, total o parcial, por parte de la Administración Pública, del acto administrativo impositivo ya recurrido jurisdiccionalmente, *no implica, en ningún caso, «allanamientos» suyo, ni «convenimiento» suyo, ni «convertimiento» en las pretensiones del recurrente, ni, mucho menos, «transacción» alguna*, así la anulación conduzca al «desistimiento» del recurso por parte del contribuyente interesado: *ello es así, porque la Administración-Fisco, ante la evidencia de la ilegalidad, total o parcial, de estos actos, debe anularlos o reformarlos, en orden a adecuarlos, en todo caso, a la legalidad que la rige*"[696].

Por tanto, en estos supuestos de conocimiento jurisdiccional de los actos administrativos de liquidación, mucho menos puede la Administración transigir sobre la revocación de los mismos y conceder, como concesión recíproca, esa revocación. En esto también ha sido profundamente exacto Florencio Contreras al haber

"considerado siempre afectados de nulidad radical, más aún, jurídicamente inexistentes, por incompetencia absoluta de la misma -«toda autoridad usurpada es ineficaz y sus actos son nulos», dice el artículo 118 de la Constitución de la República-, entre otros vicios de no mayor gravedad que no son del caso señalar ahora, los «convenios» o «acuerdos», o «contratos» - burocráticamente denominados «transacciones», que nada tienen del instituto de la «transacción», y sí mucho, o todo, de verdaderas «exoneraciones» o

---

695 Véase A. De Valles, "Le Transazioni degli Enti Pubblici", *loc. cit.*, p. 48.

696 Véase F. Contreras Q., "Breve estudio comparativo de la tramitación administrativa y del régimen de impugnación de Reparos", *loc. cit.*, p. 38 (subrayado A.R.B.C.).

«emisiones» parciales del impuesto, al margen, desde luego, de la Constitución y de las leyes- que la Administración-Fisco suele celebrar con los contribuyentes para poner término a los procesos instaurados por ellos, ante el Tribunal de Apelaciones, con motivo de sus recursos contra los reparos formulados por aquélla. Remitido, en efecto, por la Administración, al Tribunal de Apelaciones, el «recurso de apelación» contra los reparos, y, deferida *ope legis*, en su consecuencia, al mismo, la composición de la «controversia», mal puede la Administración, sin extralimitarse en sus fundones, como ya se dijo, auspiciar la amigable composición de aquélla y, menos aún, en materias de indiscutible orden público"[697].

Por tanto, no podría llevarse a efecto válidamente una transacción en materia fiscal en la cual la Administración como "concesión recíproca", se comprometería a "anular" o revocar actos administrativos de liquidación para dar por terminados determinados procedimientos administrativos o judiciales, porque la Administración sólo puede celebrar transacciones respecto a deudas atrasadas provenientes de cualquier renta que hayan pasado a figurar como saldos de años anteriores, conforme se establece en el artículo 49 de la Ley Orgánica de la Hacienda Pública Nacional, el cual es de aplicación excepcional, de carácter extraordinario y de interpretación restrictiva, según el ya señalado criterio de la Procuraduría General de la República, y cuya aplicación, en ningún caso, podría dar lugar a la revocación de los actos administrativo-fiscales, los cuales sólo podrían ser revocados por motivos de ilegalidad con independencia absoluta de una *voluntas transigendi*.

---

697 Véase F. Contreras Q., "Breve estudio comparativo de la tramitación administrativa y del régimen de impugnación de Reparos", *loc. cit.*, p. 40. En estos supuestos entonces, y dada la imposibilidad de transigir mediante la revocación de un acto administrativo, como concepción recíproca, Giucciardi llega a admitir la transacción mediante un ingenioso procedimiento. Su argumentación es la siguiente, según las palabras de Jesús González Pérez: "la Administración puede dudar acerca de la validez de un acto y, por tanto, del éxito del proceso, en estos casos puede admitirse que tenga interés en inducir al demandante, transigiendo a desistir de la impugnación del acto. Ahora bien, ¿cómo se realiza la transacción? Porque la figura del contrato transaccional muy difícilmente es admisible en el campo del Derecho Administrativo. La fórmula que señala Giucciardi es la siguiente: el desistimiento del demandante, pero como el acto que se mantiene válido con el desistimiento implica una lesión en los intereses de aquél, la Administración le compensa por otra vía (la entrega de suma de dinero o la atribución de un derecho de naturaleza patrimonial); el demandante obtiene la satisfacción de su pretensión de otra manera". Véase E. Giucciardi, *La Giustizia Administrativa, cit.*, pp. 275, 276, 277 y 278; cit. por J. González Pérez, *Derecho Procesal Administrativo*, tomo II, cit., p. 707. Con ello está conforme el propio González Pérez al señalar que dentro del Derecho Administrativo únicamente sería posible una transacción en la forma señalada por Giucciardi: "si el demandante se ha limitado a pedir la anulación del acto (como es el caso de las concesiones fiscales), la transacción deberá realizarse mediante la renuncia del demandante (contribuyente) al fundamento de la pretensión, renuncia que será compensada mediante una satisfacción en sentido distinto de la pretensión por parte de la Administración. Véase J. González Pérez, *Derecho Procesal Administrativo*, tomo II, cit., p. 709.

Por lo tanto, insistimos, en una transacción no podría válidamente otorgar la República como concesión recíproca, y como efecto de la transacción, la "anulación" de los actos administrativos fiscales, pues éstos sólo pueden ser revocados, repetimos, por motivos de ilegalidad.

En definitiva, una transacción en la cual se renuncie al ejercicio de la competencia tributaria para exigir y cobrar las deudas fiscales ya liquidadas, que es de obligatorio cumplimiento para la Administración, y de orden público, no podría tampoco válidamente celebrarse, pues si se hiciera no tendría efecto jurídico alguno:

1. Porque, según criterio reiterado por la Procuraduría General de la República, la Administración fiscal sólo puede celebrar transacciones respecto de deudas atrasadas provenientes de cualquier renta que hayan pasado a figurar como saldo de años anteriores, conforme a la norma excepcional del artículo 49 de la Ley Orgánica de la Hacienda Pública Nacional;

2. Porque la Administración no podría convenir en la "anulación" de actos administrativos fiscales y, en todo caso, en ausencia de transacción; sólo podría revocarlos unilateralmente por motivos de ilegalidad;

3. Porque la Administración fiscal no podría dar por terminados los juicios que cursan ante los órganos jurisdiccionales ni que se encuentran en etapa de reconsideración administrativa, como resultado de una concesión recíproca transaccional, sino sólo por la vía de revocación de los actos administrativos fiscales por motivos de la ilegalidad sin ánimo transaccional. Además, en materia de Impuesto sobre la Renta, tal como establecía la ley vencido el lapso de reconsideración, "se considerará extinguida la facultad de reconsideración y la vía administrativa", debiendo enviarse las actuaciones al Tribunal "en el estado en que se encuentran", por lo que en ese caso no sólo no procederá la revocación por mérito, sino que tampoco procederá por motivos de ilegalidad.

Sin embargo, a pesar de todos estos principios y normas legales expresas, en materia tributaria el Estado venezolano ha celebrado transacciones sobre puntos de derecho. El ejemplo más patente de esto, avalado incluso por el Congreso, está en el texto del Decreto N° 1.135 de 18 de junio de 1986 que ordenó realizar un examen y evaluación de las reclamaciones en proceso judicial y administrativo que existían contra las antiguas concesionarias de hidrocarburos, incluidas las de carácter tributario, supuestamente como "alcance" a las actas de avenimiento que se habían suscrito en 1975 con las mencionadas empresas, con motivo de la nacionalización petrolera, ordenándose en consecuencia a elaborar unas "actas finales del avenimiento" con el objeto de finiquitar los derechos y acciones recíprocas pendientes entre dichas empresas y la República, derivados de las actividades realizadas por éstas hasta el 31-12-1975 y del proceso de nacionalización. En consecuencia, en octubre de 1986 se suscribieron las mencionadas actas de avenimiento, aprobadas por el Congreso[698] en las cuales se "dan por terminadas las reclamaciones recíprocas" entre las cuales estaban las derivadas de liquidaciones y reparos en materia de Impuesto sobre la Renta, autorizándose al Ministro de Hacienda para anular las planillas de liquidación correspondientes. Se realizó así, en nuestro criterio, una transacción no autorizada legalmente en materia de puntos de derecho al amparo de un proceso de nacionalización que había concluido hacía una década.

---

698 G.O. N° 33.511 de 14-6-86.

TERCER LIBRO:

SOBRE LA CONTRATACIÓN PÚBLICA
ESTATAL (2005-2019)

Este Tercer Libro recoge varios trabajos posteriores a los anteriores sobre el tema de los contratos públicos o contratos del Estado. En la *Sección Primera* se incluye el estudio sobre "Nuevas consideraciones sobre el régimen jurídico de los contratos del Estado en Venezuela", publicado en *VIII Jornadas Internacionales de Derecho Administrativo Allan Randolph Brewer-Carías. Contratos Administrativos. Contratos del Estado*, Fundación de Estudios de Derecho Administrativo FUNEDA, Caracas, 2006, pp. 449-479. También se reprodujo en *Estudios de derecho administrativo 2005-2007*, Colección Estudios Jurídicos, N° 86, Editorial Jurídica Venezolana, Caracas 2007, pp. 439-472; y en *Revista de Derecho Administrativo (RDA)*, Círculo de Derecho Administrativo (CDA), Año 1, N° 2, Lima, diciembre 2006, pp. 46-69; y con ajustes fue presentado con el título "Sobre los Contratos del Estado en Venezuela" como Ponencia al *IV Congreso Internacional de Derecho Administrativo* de Mendoza, realizado en paralelo al *IX Foro Iberoamericano de Derecho Administrativo*, Facultad de Derecho, Universidad de Cuyo, Mendoza, Argentina, septiembre 2010, y publicado en Derecho Administrativo Iberoamericano (Contratos Administrativos, Servicios públicos, Acto administrativo y procedimiento administrativo, Derecho administrativo ambiental, Limitaciones a la libertad), IV Congreso Internacional de Derecho Administrativo, Mendoza, Argentina, 2010, pp. 837-866; y en *Revista Mexicana Statum Rei Romanae de Derecho Administrativo*, N° 6, Homenaje al Dr. José Luis Meilán Gil, Facultad de Derecho y Criminología de la Universidad Autónoma de Nuevo León, Monterrey, Enero-Junio 2011, pp. 207-252. El trabajo sirvió de base para el texto: "Los contratos del Estado y la Ley de Contrataciones Públicas. Ámbito de aplicación," publicado en la obra sobre dicha Ley: Allan R. Brewer-Carías (Editor y Coordinador), Víctor Hernández Mendible, Miguel Mónaco, Aurilivi Linares Martínez, José Ignacio Hernández G., Carlos García Soto, Mauricio Subero Mujica, Alejandro Canónico Sarabia, Gustavo Linares Benzo, Manuel Rojas Pérez, Luis Alfonso Herrera Orellana y Víctor Raúl Díaz Chirino, *Ley de Contrataciones Públicas*, Editorial Jurídica Venezolana, Colección Textos legislativos Nº 44 (2ª Edición Actualizada y aumentada), Caracas 2009, pp. 9-47.

La *Sección Segunda*, es el texto del estudio preliminar sobre *"Los contratos del Estado y la Ley de Contrataciones Públicas. Ámbito de aplicación,"* publicado en el libro sobre la reforma de la Ley: en Allan R. Brewer-Carías (Editor y Coordinador), Víctor Hernández Mendible, Miguel Mónaco, Aurilivi Linares Martínez, José Ignacio Hernández G., Carlos García Soto, Mauricio Subero Mujica, Alejandro Canónico Sarabia, Gustavo Linares Benzo, Manuel Rojas Pérez, Luis Alfonso herrera Orellana y Víctor Raúl Díaz Chirino, *Ley de Contrataciones Públicas*, Editorial Jurídica Venezolana, Colección Textos legislativos N° 44 (3ª Edición Actualizada y aumentada), Caracas 2012, pp. 9-47.

La Sección Tercera la constituye el estudio sobre "La revivencia circunstancial de la noción de "contratos administrativos," y las nociones de servicio público, interés público y orden público en el régimen de la reserva al Estado de los servicios conexos con la industria petrolera," elaborado en 2010, con motivo de la nacionalización de dichos servicios conexos. Su texto se recogió en mi libro: *Sobre las nociones de contratos administrativos, contratos de interés público, servicio público, interés público y orden público, y su manipulación legislativa*, Cuadernos de la Cátedra Fundacional Allan R. Brewer-Carías de Derecho Administrativo, Universidad Católica Andrés Bello, No. 39, Editorial Jurídica Venezolana, Caracas enero 2019. Parte de este trabajo se publicó como "La manipulación legislativa del concepto de contrato administrativo como técnica confiscatoria" en José Eugenio Soriano García y Manuel Estepa Montero, (Coordinadores), *Por el derecho y la libertad. Libro Homenaje al Profesor Juan Alfonso Santamaría Pastor*, Volumen II (Garantías del ciudadano en el régimen administrativo), Editorial Iustel, Madrid 2014, pp. 1771-1800.

La Sección Cuarta, es el texto del estudio sobre los "Contratos de derecho privado de la Administración. Aspectos del régimen jurídico común con los "contratos administrativos," Con especial referencia a la potestad pública de modificarlos unilateralmente," presentado en el Congreso Internacional de Derecho Administrativo del Fida, en Bogotá en 2018, publicado en la obra editada por Jaime Rodríguez Arana y William Zambrano, *Instituciones admi-*

nistrativas. Inclusión, Paz y Convivencia, Ibáñez Editores, Universidad del Rosario, Tomo II, Bogotá 2018, pp. 885-914; y y en la obra colectiva coordinada por Daniela Urosa Maggi, Manuel Rojas Pérez y José Rafael Belandria García, *Temas Fundamentales del Derecho Público en Homenaje a Jesús González Pérez*, FUNEDA, AVEDA, CIEDEP, Caracas 2020, pp. 21-75.

La Sección Quinta, es el texto del estudio "Sobre el principio del hecho del príncipe, como principio general del derecho administrativo aplicable a los contratos públicos, para garantizar los derechos de los cocontratantes de la Administración," publicado en Caracas la *Obra Homenaje al profesor Eugenio Hernández Bretón*, Academia de Ciencias Políticas y Sociales, Backer & Macenzie, Editorial Jurídica Venezolana, Tomo III, pp. 1799-1844; y en lRecife, en la *Revista do Instituto dos Advogados de Pernambuco. En homenagem ao Professor João Pinheiro Lins*, Vol 2, 2019, Recife 2019, pp. 75-113.

La *Sección Sexta*, es el estudio sobre *"De la Ley de Licitaciones a la Ley de Contrataciones Públicas en Venezuela: Una estrecha reforma que amplió el radio de las excepciones al régimen de selección de contratistas y a la corrupción administrativa,"* publicado en la obra Retos de la contratación pública en Iberoamérica. Homenaje a Allan R. Brewer-Carías, (Prefacio José Moya, Presentación William Zambrano Cetina), Universidad del Rosario, Institut of Latin American Studies, University of Columbia, Foro Iberoamericano de Derecho Administrativo, Editorial Ibañez, Bogotá 2017, pp. 21-46.

Y la *Sección Séptima*, es el texto del estudio sobre *"La mutación de la noción de contratos de interés público nacional hecha por la Sala Constitucional, para cercenarle a la Asamblea Nacional sus poderes de control político en relación con la actividad contractual de la administración pública y sus consecuencias,"* publicado en la Revista de Derecho Público, No. 151-152, (julio-diciembre 2017), Editorial Jurídica Venezolana, Caracas 2017, pp. 371-393, al cual le he hecho actualizaciones para esta edición.

Sección Primera: SOBRE LOS CONTRATOS DEL ESTADO (2010)

Esta Sección comprende el trabajo "Sobre los Contratos del Estado en Venezuela" presentado como Ponencia al *IV Congreso Internacional de Derecho Administrativo* de Mendoza, realizado en paralelo al *IX Foro Iberoamericano de Derecho Administrativo*,

Facultad de Derecho, Universidad de Cuyo, Mendoza, Argentina, septiembre 2010. Fue publicado en *Derecho Administrativo Iberoamericano (Contratos Administrativos, Servicios públicos, Acto administrativo y procedimiento administrativo, Derecho administrativo ambiental, Limitaciones a la libertad), IV Congreso Internacional de Derecho Administrativo,* Mendoza, Argentina, 2010, pp. 837-866; y en *Revista Mexicana Statum Rei Romanae de Derecho Administrativo,* Nº 6, Homenaje al Dr. José Luis Meilán Gil, Facultad de Derecho y Criminología de la Universidad Autónoma de Nuevo León, Monterrey, Enero-Junio 2011, pp. 207-252. Para la elaboración de ese estudio partí de lo expuesto inicialmente en el trabajo "Nuevas consideraciones sobre el régimen jurídico de los contratos del Estado en Venezuela", publicado en *VIII Jornadas Internacionales de Derecho Administrativo Allan Randolph Brewer-Carías. Contratos Administrativos. Contratos del Estado,* Fundación de Estudios de Derecho Administrativo FUNEDA, Caracas, 2006, pp. 449-479, en *Estudios de derecho administrativo 2005-2007,* Colección Estudios Jurídicos, Nº 86, Editorial Jurídica Venezolana, Caracas 2007, pp. 439-472; y en *Revista de Derecho Administrativo (RDA),* Círculo de Derecho Administrativo (CDA), Año 1, Nº 2, Lima Diciembre 2006, pp. 46-69; y en el estudio sobre "Ámbito de aplicación de la Ley de Contrataciones Públicas", publicado en Allan R. Brewer-Carías, Carlos García Soto. Gustavo Linares Benzo, Víctor Hernández Mendible, José Ignacio Hernández G., Luis Alfonso Herrera Orellana, Miguel Mónaco, Manuel Rojas Pérez, Mauricio Subero Mujica, *Ley de Contrataciones Públicas,* Editorial Jurídica Venezolana, Caracas 2008, pp. 12-19; y que luego se actualizó bajo el título "Los contratos del Estado y la Ley de Contrataciones Públicas. Ámbito de aplicación," en Allan R. Brewer-Carías (Editor y Coordinador), Víctor Hernández Mendible, Miguel Mónaco, Aurilivi Linares Martínez, José Ignacio Hernández G., Carlos García Soto, Mauricio Subero Mujica, Alejandro Canónico Sarabia, Gustavo Linares Benzo, Manuel Rojas Pérez, Luis Alfonso herrera Orellana y Víctor Raúl Díaz Chirino, *Ley de Contrataciones Públicas,* Editorial Jurídica Venezolana, Colección Textos legislativos Nº 44 (2ª Edición Actualizada y aumentada), Caracas 2009, pp. 9-47.

En 2008, con reforma en 2009 se ha dictado en Venezuela, por primera vez, una Ley de Contrataciones Públicas,[1] que por su denominación po-

---

1   La Ley fue dictada mediante Decreto Ley Nº 5.929 de fecha 11 de marzo de 2008 en ejecución de la Ley habilitante de 2007, habiendo derogado la Ley de Licitaciones contenida en el Decreto Ley Nº 1.555 de 13-11-2001, Gaceta Oficial Nº 5.556 Extraordinaria de 13-11-2001. La ley de Contrataciones Públicas fue inicialmente publicada en Ga-

dría pensarse en que se trataría de una ley destinada a regular toda la actividad contractual del Estado y, por tanto, los contratos del Estado o contratos públicos celebrados por las personas jurídicas estatales, tal y como sucedió, por ejemplo, en términos generales, en España, en el pasado, con la Ley de Contratos del Estado (1965) y la Ley de Contratos de las Administraciones Públicas (1995) y, actualmente, con la Ley de Contratos del Sector Público (2007); y en Colombia, con la Ley de Contratos del Estado (1993). De acuerdo con su denominación, entonces, la Ley debería tener por objeto regular los contratos suscritos por los entes públicos o más precisamente, por las personas jurídicas estatales, sin distingo alguno, además, sobre si se trataría o no de "contratos administrativos," denominación que por lo demás, no sólo no se recoge en la Ley, sino que puede considerarse ya totalmente superada en el derecho positivo.[2] Es decir, si nos atuviéramos al solo nombre de la Ley, podría pensarse que se trataría de un cuerpo normativo general, destinado a regular todos los contratos del Estado celebrados por todas las personas jurídicas estatales, lo cual no es exacto.

Sin embargo, a pesar de su nombre, en realidad, la Ley ni regula todos los contratos estatales, ni regula toda la actividad de contratación pública que en general desarrollan todos los entes públicos, ni de las Administraciones Públicas (nacional, estadal y municipal). En realidad, con algunos agregados importantes, sigue siendo una Ley de delimitado alcance, básicamente destinada a regular los procedimientos de selección de contratistas (entre ellos la licitación) (arts. 36 a 92) respecto de ciertos (no todos) los contratos públicos. Por ello, la única Ley que fue derogada por esta

---

ceta Oficial N° 5.877 de fecha 14-03-2008, y republicada, por error de copia, en Gaceta Oficial N° 38895 de 25-03-2008. Dicha Ley fue reformada por Ley publicada en Gaceta Oficial N° 39.165 de 24 de abril de 2009. Mediante Decreto N° 6.708 de 19-05-2009 se dictó el Reglamento de la Ley de Contrataciones Públicas, en Gaceta Oficial N° 39.181 de 19-05-2009, mediante el cual se derogó el Decreto N° 4.032 de 14-11-2005 contentivo del Reglamento Parcial de la Ley de Licitaciones, Gaceta Oficial N° 38.313 de 14-11-2005; el Decreto No. 2.371 de 24-04-2003 contentivo del Reglamento Parcial de la Ley de Licitaciones para la Adquisición Directa en caso de Contratación de Obras, Servicios o Adquisición de Bienes, en Gaceta Oficial N° 37.688 de fecha 13-05-2003; y el Decreto N° 1.417 sobre Condiciones Generales de Contratación para la Ejecución de Obras, en Gaceta Oficial N° 5.096 Extraordinario de fecha 31-07-1996. Véase sobre la Ley de Contrataciones Públicas, los diversos comentaros en el libro de Allan R. Brewer-Carías, Carlos García Soto, Gustavo Linares Benzo, Víctor Hernández Mendible, José Ignacio Hernández G., Luis Alfonso Herrera Orellana, Miguel Mónaco, Manuel Rojas Pérez y Mauricio Subero Mujica, *Ley de Contrataciones Públicas*, Editorial Jurídica Venezolana, Caracas 2008; Segunda Edición, Caracas 2009.

2   Véase sobre ello lo que expusimos en Allan R. Brewer-Carías, "La evolución del concepto de contrato administrativo" en *Libro Homenaje al Profesor Antonio Moles Caubet*, Tomo I, Facultad de Ciencias Jurídicas y Políticas, Universidad Central de Venezuela, Caracas 1981, pp. 41-69.

nueva ley, fue la vieja Ley de Licitaciones.[3] Sin embargo, a las tradicionales previsiones relativas a las licitaciones y, en general, a la selección de contratistas, la nueva Ley agregó normas generales referidas a la "contratación" (arts. 93 a 131), incluyendo previsiones, por ejemplo, sobre garantías contractuales, el inicio y la terminación de los contratos públicos, y sobre su modificación, aplicables a todos los contratos del Estado que caen dentro del ámbito de aplicación.

Nuestro propósito, en estas notas en relación con la Ley de Contrataciones Públicas de Venezuela, teniendo en cuenta que su objeto se refiere solo a "la actividad del Estado para la *adquisición de bienes, prestación de servicios y ejecución de obras,*" lo que significa que solamente regula tres tipos de los contratos públicos celebrados por las personas jurídicas estatales (el Estado), los cuales comúnmente se han considerado dentro de la categoría de los llamados "contratos administrativos;"[4] es ubicar su regulación dentro del régimen jurídico general de los contratos del Estado en Venezuela.[5]

I. LOS CONTRATOS DEL ESTADO

Los contratos públicos, contratos del Estado o contratos estatales, son todos aquellos contratos en los cuales una de las partes (pueden ser las dos) es una persona jurídica estatal[6], es decir, que está integrada en la organización del Estado, sea que se trate de una persona jurídica político territorial (República, Estados, Municipios), o de personas de derecho pú-

---

3   Decreto Ley N° 1555 de fecha 13 de noviembre de 2001, Gaceta Oficial N° 5556 de 13-11-2001. Véase sobre dicha Ley los comentarios que hicimos en Allan R. Brewer-Carías, "El régimen de selección de contratistas en la Administración Pública y la Ley de Licitaciones," en *Revista de Derecho Público*, N° 42, Editorial Jurídica Venezolana, Caracas, abril-junio 1990, pp. 5-25.

4   Véase Allan R. Brewer-Carías, *Contratos Administrativos*, Editorial Jurídica Venezolana, Caracas 1992.

5   Para la redacción de estas notas hemos partido de lo que hemos expuesto en diversos escritos, entre otros, "Nuevas consideraciones sobre el régimen jurídico de los contratos del Estado en Venezuela", en VIII Jornadas Internacionales de Derecho Administrativo Allan Randolph Brewer-Carías. *Contratos Administrativos. Contratos del Estado, Fundación de Estudios de Derecho Administrativo FUNEDA*, Caracas, 2006, pp. 449-479, y en *Revista de Derecho Administrativo (RDA)*, Círculo de Derecho Administrativo (CDA), Año 1, N° 2, Lima Diciembre 2006, pp. 46-69; y "Los contratos del Estado y la Ley de Contrataciones Públicas. Ámbito de aplicación," en Allan R. Brewer-Carías et al, *Ley de Contrataciones Públicas*, Editorial Jurídica Venezolana, 2ª. Edición, Caracas 2009, pp. 13 ss.

6   Véase Allan R. Brewer-Carías, "Sobre las personas jurídicas en la Constitución de 1999" en *Derecho Público Contemporáneo: Libro Homenaje a Jesús Leopoldo Sánchez*, Estudios del Instituto de Derecho Público, Universidad Central de Venezuela, enero-abril 2003, Volumen 1, pp. 48-54.

blico (pe. los institutos autónomos) o de personas de derecho privado (pe. las sociedades anónimas del Estado o empresas del Estado) estatales.

Estos contratos del Estado, en nuestro criterio, han sido calificados en la Constitución como contratos de interés público (nacional, estadal o municipal), y en escasísimas leyes, algunos de ellos han sido calificados como "contratos administrativos." En efecto, en la Constitución de 1999, como la ley suprema y principal fuente del derecho administrativo, en materia de contratos del Estado, en la Sección Cuarta del Capítulo I del Título IV sobre el "Poder Público", se regula a los "contratos de interés público", noción que en los artículos 150 y 151 se adoptó para identificar a los contratos suscritos por las entidades públicas, es decir, las personas jurídicas estatales, o las que integran el sector público y que en general se engloban en la noción de "Estado". Esa noción de contratos de interés público puede considerarse como equivalente a las nociones de *contratos públicos*[7], *contratos del Estado*[8], o *contratos de la Administración*[9]; o a la noción en ingles de *Public Contract*[10]; a la francesa de *contrats de l'administration*[11]; a la italiana de *contratti della pubblica ammistrazione*[12]; o a la portuguesa de *contratos de administração pública*[13]; todas tendientes a identificar contratos en los cuales una de las partes de la relación contractual es el Estado, la Administración Pública o una entidad pública, los que además, en general, tienen propósitos de interés público. Esa fue la intención de la propuesta que formulamos respecto de esa norma ante la Asamblea Nacional Constituyente durante la elaboración de la Constitución de 1999[14].

En virtud de que Venezuela está organizada como un Estado federal (Art. 4, C.) con tres niveles de gobierno (nacional, estadal, municipal) (Art. 136 C.), la intención de la regulación de la clasificación de los contratos de interés público en el artículo 150 de la Constitución, en "contratos de interés público nacional", "contratos de interés público estadal" y "contratos de interés público municipal"; fue referirse a los contratos suscritos, respectivamente, por entidades públicas nacionales, entidades pú-

---

7   Sabino Álvarez Guendín, *Los contratos públicos*, Madrid, 1934.

8   Jorge Enrique Romero Pérez, *Los contratos del Estado*, San José Costa Rica, 1993.

9   Alvaro Pérez Vives, *De los contratos de la Administración*, Bogotá, 1984.

10 Marco D'Alberti, I "Public contracts" nell'esperienza Britanica, Napoli, 1984.

11 André de Laubadère, *Traité Théorique et Pratique des Contrats Administratifs*, 3 vols., Paris, 1956.

12 Francesco di Renzo, *I contratti della pubblica amministrazione*, Milano, 1969; Francesco Paolo Pugliese, *I contratti delle amministrazioni federali negli Stati Uniti d'America*, Padova, 1974.

13 Juarez de Oliveira, *Licitações e Contratos de Administração Pública*, Sao Paulo 1993.

14 Véase Allan R. Brewer-Carías, *Debate Constituyente (Aportes a la Asamblea Nacional Constituyente)*, Tomo II, Caracas 1999, pp. 173 ss.

blicas estadales y entidades públicas municipales[15]. En consecuencia, la intención de la regulación constitucional fue la de considerare como contratos de interés público nacional, a aquellos concernientes al nivel nacional de gobierno (diferente a los niveles estadales y municipales de gobierno), porque son suscritos por entidades públicas nacionales, es decir, por la República o institutos autónomos nacionales o empresas del Estado nacionales. Sin embargo, la Sala Constitucional del Tribunal Supremo de Justicia, in sentencia N° 2.241 del 3 de septiembre de de 2000[16], restringió inconvenientemente su análisis sobre la noción de "contrato de interés público" del artículo 150 de la Constitución, para comprender sólo aquellos contratos suscritos por la Republica, los Estados y los Municipios en los que esté envuelto un interés nacional, estadal y municipal. En consecuencia, conforme a esta doctrina, que no compartimos, los contratos suscritos por ejemplo por institutos autónomos o empresas del Estado nacionales, no podrían considerarse como "contratos de interés público nacional" conforme al artículo 150 constitucional, lo que no tiene sentido. En consecuencia, de acuerdo con la doctrina del Tribunal Supremo sobre el artículo 150 de la Constitución de 1999, por ejemplo, un contrato suscrito por Petróleos de Venezuela (PDVSA) no podría considerarse como un

---

15 Véase en general: Jesús Caballero Ortiz, "Los contratos administrativos, los contratos de interés público y los contratos de interés nacional en la Constitución de 1999", en *Estudios de Derecho Administrativo: Libro Homenaje a la Universidad Central de Venezuela*, Volumen I, Imprenta Nacional, Caracas, 2001, pp. 139-154; Jesús Caballero Ortíz, "Deben subsistir los contratos administrativos en una futura legislación?", en *El Derecho Público a comienzos del siglo XXI: Estudios homenaje al Profesor Allan R. Brewer-Carías*, Tomo II, Instituto de Derecho Público, UCV, Civitas Ediciones, Madrid, 2003, pp. 1765-1777; Allan R. Brewer-Carías, "Los contratos de interés público nacional y su aprobación legislativa" en *Revista de Derecho Público*, N° 11, Caracas, 1982, pp. 40-54; Allan R. Brewer-Carías, *Contratos Administrativos*, Caracas, 1992, pp. 28-36; Allan R. Brewer-Carías, *Debate Constituyente, Aportes a la Asamblea Nacional Constituyente*, Tomo II, Caracas, 1999, p. 173; Alfonso Rivas Quintero, *Derecho Constitucional*, Paredes Editores, Valencia-Venezuela, 2002, pp. 287 ss.; Hildegard Rondón de Sansó, *Análisis de la Constitución venezolana de 1999*, Editorial Ex Libris, Caracas, 2001, pp. 123 ss.; y Ricardo Combellas, *Derecho Constitucional: Una introducción al estudio de la Constitución de la República Bolivariana de Venezuela*, Mc Graw Hill, Caracas, 2001, pp. 115 ss.

16 Véase en http://www.tsj.gov.ve/decisiones/scon/Septiem-bre/2241-240902-00-2874%20. htm. La Sala Constitucional del Tribunal Supremo de Justicia, en esa sentencia (Caso: Anulación del artículo 80 de la Ley Orgánica de Administración Financiera del Sector Público), al referirse a los "contratos de interés público" (art. 150 C.) utilizó una aproximación "restrictiva" indicando solo a los suscritos o celebrados por la Republica, los Estados y los Municipios, sin mencionar los contratos públicos suscritos por institutos autónomos o empresas públicas nacionales como por ejemplo podría ser PDVSA, lo que podría conducir a estimar que estos estarían excluidos de dicha calificación, lo cual no tiene base ni sentido alguno en el derecho venezolano. El argumento central de la decisión de la Sala se refirió al tema de la autorización parlamentaria previa en relación con los contratos de deuda pública suscreitos por la República y compañías no doiciladas en el país. Véase sobre el carácer "no vinculante" de esa decisión, lo expuesto en la Sección Séptima de este Tercer libro y el nuevo Libro Sexto, de esta obra.

contrato de interés público nacional, lo que, insistimos, no tiene sentido. A pesar de esa errada doctrina, sin embargo, y sin duda, ese contrato es un contrato público nacional suscrito por una entidad pública estatal, en particular, una empresa del Estado o persona jurídica de derecho privado estatal.

II. LA LEY APLICABLE A LOS CONTRATOS DEL ESTADO Y LAS CLÁUSULAS OBLIGATORIAS

En Venezuela, y salvo las previsiones limitadas de la nueva Ley de Contrataciones Públicas (y antes, de la Ley de Licitaciones) los contratos del Estado no han sido objeto de una regulación legal general, como en cambio ha sucedido, por ejemplo, como se indicó, en España con la Ley de Contratos de las Administraciones[17] o en Colombia, con la Ley de Contratos del Estado[18]. En particular, y en cuanto concierne a los denominados "contratos administrativos" solo dos leyes utilizan esta expresión:[19] primero, la Ley Orgánica del Tribunal Supremo de Justicia a los efectos de atribuir competencia a los órganos de la jurisdicción contencioso administrativa (art. 5,25), para resolver las controversias que resulten de "contratos administrativos" suscritos por la República, los Estados y los Municipios; y segundo, la Ley Orgánica que reserva al Estado bienes y servicios conexos a las actividades primarias de Hidrocarburos,[20] la cual al referirse a los contratos que habían sido celebrados en las materias que se reservaron al Estado en dicha Ley (los relativos a bienes y servicios de inyección de agua, de vapor o de gas, que permitían incrementar la energía de los yacimientos y mejorar el factor de recobro; de compresión de gas; y las vinculados a las actividades en el Lago de Maracaibo: Lanchas para el transporte de personal, buzos y mantenimiento; de barcazas con grúa para transporte de materiales, diesel, agua industrial y otros insumos; de remolcadores; de gabarras planas, boyeras, grúas, de ripio, de tendido o reemplazo de tuberías y cables subacuáticos; de mantenimiento de bu-

---

17　Véase *Comentarios a la Ley de Contratos de las Administraciones Públicas*, Ed. Civitas, Madrid, 1996.

18　Véase Jorge Vélez García y Allan R. Brewer-Carías, *Contratación Estatal, Derecho Administrativo y Constitución*, Bogotá, 1995; Rafael Badell Madrid, *Régimen Jurídico del Contrato Administrativo*, Caracas 2001, pp. 30-31.

19　Una de ellas era la Ley Forestal, de Suelos y Aguas de 1965 (Gaceta Oficial N° 1.004 Extraordinario de 26-01-1966), respecto de las concesiones de explotación forestal (art. 65), norma que ha sido derogada por la Ley de Bosques y Gestión Forestal, Gaceta Oficial N° 38.946 de 05-06-2008. Véase Jesús Caballero Ortíz, "Deben subsistir los contratos administrativos en una futura legislación?", en *El Derecho Público a comienzos del siglo XXI. Estudios homenaje al Profesor Allan R. Brewer-Carías*, Tomo II, Instituto de Derecho Público, UCV, Civitas Ediciones, Madrid, 2003, pp. 1773; Rafael Badell Madrid, *Régimen Jurídico del Contrato Administrativo*, Caracas 2001, pp. 49-50.

20　Gaceta Oficial N° 39.173 del 7 de mayo de 2009

ques en talleres, muelles y diques de cualquier naturaleza) "se les reconoce como contratos administrativos" (art. 3), los cuales, conforme al artículo 3 de la Ley, "cuando se dicten las resoluciones" respectivas que identificaron las actividades reservadas, "se extinguirán de pleno derecho en virtud de la presente Ley."

Aparte de estas dos previsiones legales, no existen en el ordenamiento jurídico otras leyes que hablen de "contratos administrativos," lo que no excluye que existan muchas otras leyes que regulen lo que la doctrina y jurisprudencia tradicionalmente han considerado como tales contratos administrativos, como por ejemplo, los relativos a servicios públicos, a las obras públicas o a concesiones de explotación de recursos naturales o de monopolios fiscales (pe. La Ley Orgánica del Poder Público Municipal, la Ley Orgánica de promoción de inversiones mediante concesiones, la Ley Orgánica de Telecomunicaciones, la Ley del Servicio Eléctrico, la Ley de Minas, la Ley relativa a la producción de fósforos)[21].

Ahora bien, aún en ausencia de una ley general sobre los contratos del Estado, lo cierto es que la Constitución establece un conjunto de regulaciones que dan origen a cláusulas obligatorias que deben estar en todos los contratos del Estado (nacionales, estadales y municipales) o en algunos de ellos.

En efecto, en primer lugar puede mencionarse que la Constitución establece ciertas prohibiciones en materia de contratos públicos: a) los funcionarios públicos (nacionales, estadales y municipales) no pueden suscribir contratos con entidades públicas (nacionales, estatales o municipales) (Art. 145); y b) los diputados a la Asamblea Nacional no pueden ser dueños, gerentes o directores de empresas que contraten con entes públicos (Art. 190).

En segundo lugar, la Constitución establece ciertas cláusulas obligatorias que deben ser expresa o tácitamente incorporada en todos los contratos públicos, como la cláusula de inmunidad de jurisdicción y la cláusula *"Calvo"* relativa a reclamaciones internacionales o en algunos de ellos, las cláusulas de protección ambiental.

En efecto, de acuerdo con el artículo 151 de la Constitución, en todos los contratos públicos (nacionales, estadales y municipales), aún cuando no esté expresamente establecido, se debe considerar incluida una cláusula conforme a la cual todas las controversias que puedan resultar de la ejecución de los mismos, y que no puedan ser resueltas amigablemente entre las partes, deben ser decididas por los tribunales competentes vene-

---

21 Véase Rafael Badell Madrid, *Régimen Jurídico del Contrato Administrativo*, Caracas 2001, pp. 50-51

zolanos de acuerdo con la ley venezolana[22]. Se trata del principio de la inmunidad relativa de soberanía del Estado, el cual sin embargo tiene su excepción expresamente establecida en la Constitución en relación con contratos en los cuales, por su naturaleza, no se considere procedente dicha cláusula (art. 151 C.)[23]. En virtud de esta excepción, puede considerarse que el ordenamiento legal venezolano abandonó el sistema absoluta de inmunidad de jurisdicción sustituyéndolo por el principio de la inmunidad relativa de jurisdicción, permitiendo entonces, que las entidades públicas, como consecuencia de la ejecución de ciertos contratos públicos, queden sujetas a jurisdicciones extranjeras o a tribunales arbitrales y que incluso establezcan como aplicable para la resolución de la controversia lo dispuesto en leyes extranjeras[24].

Por supuesto, en esta materia no hay formulas universales que puedan determinar la "naturaleza" de los contratos para el establecimiento de la excepción del principio de inmunidad jurisdiccional; sin embargo, en derecho internacional se ha considerado que la naturaleza del contrato a tales fines no puede basarse en el sólo hecho de que le Estado o una entidad pública sea o no parte contractual, o que use o no sus poderes de soberanía, o que el contrato sea o no un contrato de interés público. En consecuencia, la naturaleza del contrato para permitir que las controversias derivadas de la ejecución de un contrato se sujeten a una jurisdicción extranjera o a arbitraje, o para que se aplique la ley extranjera, se debe basar entre otros criterios en la consideración de la naturaleza comercial del contrato, en particular, teniendo en cuenta contratos públicos en los cuales la otra parte sea una empresa extranjera. En la antes mencionada decisión de la Corte Suprema de Justicia de 17 de agosto de 1999 (Caso: *Apertura Petrolera*), incluso se admitieron otras consideraciones diferentes a la naturaleza comercial del objeto del contrato para aplicar la excepción y admitir el arbitraje, vinculadas a la importancia económica del mismo, evaluada por la Administración Pública y la Asamblea Nacional.

La segunda cláusula obligatoria que la Constitución impone a todos los contratos de interés público, también en su artículo 151, es la llamada cláusula *Calvo*, conforme a la cual en todos los referidos contratos, se debe considerar incorporada tácitamente la previsión conforme a la cual en

---

22   Véase en general, Beatrice Sansó de Ramírez, "La inmunidad de jurisdicción en el Artículo 151 de la Constitución de 1999", en *Libro Homenaje a Enrique Tejera París, Temas sobre la Constitución de 1999*, Centro de Investigaciones Jurídicas (CEIN), Caracas, 2001, pp. 333-368.

23   Durante las discusiones del proyecto de Constitución nos correspondió proponer la inclusión de este artículo ante la Asamblea nacional Constituyente en 1999, siguiendo lo que estaba previsto en la Constitución de 1961 en relación con la excepción al principio de la inmunidad jurisdiccional. Véase Allan R. Brewer-Carías, *Debate Constituyente, Aportes a la Asamblea Nacional Constituyente,* Tomo I, Caracas, 1999, pp. 209 ss.

24   Véase Allan R. Brewer-Carías, *Contratos Administrativos, cit.*, pp. 130 a 137.

ningún caso la ejecución de los contratos puede originar reclamaciones extranjeras contra la República[25]. El origen de esta cláusula en la Constitución de 1883, fue el rechazo de todo tipo de reclamaciones diplomáticas por parte de Estados extranjeros contra el Estado venezolano, en los casos en que los Estados extranjeros actuaban por cuenta de empresas o ciudadanos extranjeros, basándose en la consideración de que todos los extranjeros en Venezuela deben ser tratadas en las mismas condiciones de igualdad que los venezolanos, excluyendo toda posibilidad de que las controversias entre partes derivadas de la ejecución de un contrato público, cuando una de las partes sea una empresa o ciudadano extranjero, puedan considerarse como controversias internacionales[26].

La tercera cláusula obligatoria respecto de contratos públicos establecida en la Constitución es la cláusula temporal que deben contener todos los contratos destinados a la explotación de los recursos naturales propiedad de la nación o para la prestación de servicios públicos. En tal sentido el artículo 113 de la Constitución establece que esos contratos públicos siempre deben tener un tiempo de duración, y adicionalmente deben contener siempre una cláusula que establezca adecuados beneficios para la entidad pública concedente, de acuerdo con el interés público envuelto. El artículo 150,10 de la Constitución también prohíbe el otorgamiento de concesiones mineras por tiempo indefinido.

Por último, la cuarta cláusula obligatoria para los contratos públicos establecida en la Constitución, se refiere a los contratos que puedan afectar los recursos naturales suscritos por la República (no otros entes públicos como las empresas del Estado), en los cuales debe considerarse tácitamente incorporada la obligación para el co-contratante de preservar el equilibrio ecológico y permitir el acceso y transferencia de tecnología y el restablecimiento del ambiente a su situación natural cuando fuere alterado en los términos establecidos legalmente[27].

---

25 Véase Allan R. Brewer-Carías, *Contratos Administrativos, cit.*, pp. 137 y ss.

26 El origen de la cláusula, lo que explica su denominación "Calvo", estuvo en el argumento contenido en su libro, International Law Treaty (Tratado de Derecho Internacional) editado inicialmente en 1868, en el cual el autor refiriéndose a la intervención anglofrancesa en el Río de la Plata y la intervención francesa en México, expresó que las mismas habían estado basadas sólo en el pretexto de proteger intereses comerciales privados, y que de acuerdo con el derecho internacional público, la intervención armada de Estados europeos en los Estados del Nuevo Mundo no podía aceptarse. Esta cláusula "Calvo" también influyó en la concepción de la "Doctrina Drago", formulada en 1902 por el Ministro de Relaciones Exteriores de Argentina, Luis María Drago, como reacción contra las acciones bélicas de Alemania. Gran Bretaña e Italia contra Venezuela para cobrar por la fuerza las deudas públicas con los Estados europeos. Véase Victorino Jiménez y Núñez, *La Doctrina Drago y la Política Internacional*, Madrid, 1927.

27 Véase, en general, Alberto Blanco-Uribe Quintero, "La tutela ambiental como derecho-deber del Constituyente: Base constitucional y principios rectores del derecho ambien-

Por otra parte, en relación con las formalidades para la validez de los contratos de interés público, el artículo 150 de la Constitución cambió radicalmente[28] la previsión que establecía la Constitución de 1961 en el sentido de que todos los contratos de interés público nacional fueran aprobados por el entonces Congreso Nacional. A partir de 2000, la Constitución en su artículo 150, como ha sido interpretada por la Sala Constitucional del Tribunal Supremo de Justicia, en la sentencia N° 2.241 de 3 de septiembre de 2002[29], exige que los contratos de interés público nacional suscritos por la República requieren de la aprobación de la Asamblea Nacional sólo cuando esté expresamente establecido y exigido por una ley. En consecuencia, solo cuando una particular ley establece que determinado contrato de interés público nacional suscrito por la República debe ser sometido a la aprobación de la Asamblea nacional, este requerimiento formal es necesario como condición de validez del contrato (Art. 182,9 C.).

Sin embargo, la Constitución expresamente regula la necesidad de la autorización parlamentaria (arts. 150 y 187,9), de acuerdo con la misma interpretación del Tribunal Supremo antes mencionada, en relación con los contratos de interés público nacional suscritos por la República, los Estados y Municipios con Estados extranjeros o entidades públicas extranjeras o con empresas no domiciliadas en la República.

Aparte de estas regulaciones generales de fuente constitucional, como se dijo, los contratos del Estado no han sido objeto de una regulación legal general, salvo las normas de la Ley de Contrataciones Públicas y las dispuestas en leyes especiales de obligatoria aplicación a los contratos del Estado, por lo que los mismos, como cualquier otro contrato, se rigen básicamente por las cláusulas establecidas en el contrato mismo, y por el Código Civil, siendo éste de aplicación supletoria, en el sentido que sus normas rigen aquellas materias no reguladas expresamente por las partes en el texto contractual.

En consecuencia, las partes en los contratos del Estado, y salvo las cláusulas obligatorias constitucional o legalmente establecidas y las previsiones de leyes específicas, en principio tienen completa libertad para establecer el contenido de sus obligaciones y relaciones contractuales en las

---

tal", en *Revista de Derecho Constitucional*, N° 6 (enero-diciembre), Editorial Sherwood, Caracas, 2002, pp. 31-64.

28   El cambio constitucional lo propusimos ante la Asamblea Nacional Constituyente durante las discusiones de la Constitución de 1999. Véase Allan R. Brewer-Carías, *Debate Constituyente*, Tomo II, *op. cit.*, pp. 175-177.

29   Como se dijo, la argumentación central de la Sala Constitucional en su sentencia de 2 de septiembre de 2002 se refirió a la necesidad de la previa autorización parlamentaria en relación con todos los contratos de interés público de deuda pública suscritos por la República, los Estados y los Municipios.

cláusulas que estimen conveniente a sus intereses particulares, sin estar sujetas a las regulaciones generales o especificas del Código Civil. La consecuencia de lo anterior es que en material contractual, y salvo por lo que se refiere a las cláusulas obligatorias constitucional o legalmente establecidas, el principio es que casi todas las regulaciones legales son supletorias a la voluntad de las partes y sólo se aplican en ausencia o insuficiencia de las previsiones adoptadas por ellas.

Por ello es que de acuerdo con el artículo 1270 del Código Civil, las obligaciones contenidas en los contratos deben cumplirse precisamente como se han contraído; y de acuerdo con el artículo 1160 del mismo Código, los contratos deben cumplirse de buena fe y las partes están obligadas no sólo a cumplir con lo expresamente establecido en el contrato, sino con todas las consecuencias que resulten de los mismos, de acuerdo con la equidad, el uso y la ley.

De acuerdo con el ordenamiento jurídico venezolano, en consecuencia, la relación contractual entre las partes está establecida en el contrato siendo el límite legal básico que tienen al regularla, de acuerdo con el artículo 6 del Código Civil, es que mediante los contratos las partes no pueden alterar las regulaciones legalmente establecidas ni las cláusulas contractuales puede ser contrarias al orden público y a las buenas costumbres.

El concepto de orden público, en el sistema legal venezolano, se refiere a situaciones en las cuales la aplicación de una disposición legal concierne al orden legal general e indispensable para la existencia de la propia comunidad, que no puede ser relajada por la voluntad de las partes, concepto que por supuesto, no se aplica en los asuntos que sólo conciernen a las partes en una controversia contractual. Por ejemplo, normas de orden público son aquellas que por ejemplo establecen competencias o atribuciones de los entes y órganos del Estado, incluso las competencias de los jueces, y aquellas que conciernen a los poderes tributarias de las entidades públicas. En el campo del derecho privado, por ejemplo, todas las leyes o normas relativas al estado de las personas (por ejemplo, *patria potestas*, divorcio, adopción) son normas en las cuales está interesado el orden público y las buenas costumbres[30].

En otros casos, es el mismo legislador el que ha expresamente indicado, en ciertas leyes, que las mismas son de orden público, en el sentido de que sus normas no pueden ser modificadas mediante relaciones contractuales. Es el caso, por ejemplo, de la derogada Ley de Protección al Consumidor y al Usuario de 2004[31], en cuyo artículo 2 se disponía que sus normas eran de orden público por lo que no podían ser renunciadas ni re-

---

30   Allan R. Brewer-Carías, *Contratos Administrativos*, Caracas, 1992, pp. 265-268.
31   Gaceta Oficial, N° 37.930 de 04-05-2004

lajadas por las partes; y de la Ley Orgánica que reserva al Estado bienes y servicios conexos a las actividades primarias de Hidrocarburos de 2009 en cuyo artículo 7 se estableció que "Las disposiciones de la presente Ley son de orden público y se aplicarán con preferencia a cualquier otra disposición legal vigente en la materia."[32]

Puede decirse que, en general, los contratos del Estado no contienen normas contrarias al orden público o a las buenas costumbres, por lo que en general, tienen fuerza de ley entre las partes (art. 1159 CC), y obligan a las partes a cumplir lo que está expresamente regulado en las cláusulas contractuales y cumplir las obligaciones precisamente como fueron contraídas (arts. 1160 y 1270 CC.).

En virtud de ese carácter que tienen los contratos, incluyendo los contratos del Estado, de tener la fuerza de ley entre las partes, las obligaciones contractuales particularmente en los contratos estatales, tienen que configurarse conforme a las cláusulas contractuales, conforme a las normas legales que resulten aplicables en el sector de la actividad económica en el cual se concluya el contrato, y supletoriamente, conforme a las normas del Código Civil.

En particular, en cuanto a las regulaciones de derecho administrativo aplicable a los contratos del Estado, debe precisarse que los principios de esa rama del derecho, como los de todas las otras, están básicamente establecidos en leyes sancionadas por la Asamblea Nacional, en virtud de ser la ley formal, la más importante fuente de esta disciplina, siendo las regulaciones legales en general supletorias en relación con los contratos estatales. Tal es el caso, por ejemplo, de la Ley de Contrataciones Públicas, de la Ley Orgánica de la Administración Pública, de Ley General de Puertos, de la Ley Orgánica de Hidrocarburos, de la Ley Orgánica del Ambiente y de la Ley Penal del Ambiente, para sólo recordar algunas.)

Las leyes especiales, en general, proporcionan un marco importante parea la actividad contractual. Sólo mencionemos la Ley Orgánica de la Administración Pública, que regula a los entes públicos y sus órganos[33], incluso la competencia específica para contratar, y en particular a los institutos autónomos y empresas del Estado, que son los entes que generalmente suscriben contratos públicos con los particulares (Art. 29, 32 LOAP).

Por ejemplo, es el artículo 102 LOAP el que define a las empresas del Estado como sociedades mercantiles en las cuales un ente público (esta-

---

32 Gaceta Oficial Nº 39.173 de 7 de mayo de 2009

33 Decreto Ley Nº 6.217 de 15-07-2008, Gaceta Oficial Nº 5890 Extraordinario de 31-07-2008. Derogó la Ley de 2001, en Gaceta Oficial, Nº 37.305 de 17-10-2001. Véase Allan R. Brewer-Carías et al., *Ley Orgánica de la Administración Pública*, Caracas 2002, pp. 62 ss.

tal) sea titular de más del 50% del capital social, siendo incluso posible su creación con un solo accionista (art. 105). La personalidad jurídica de las mismas, al igual que la de cualquier sociedad mercantil, se adquiere mediante el registro de los estatutos en el registro mercantil conforme al Código de Comercio (arts. 103).

El artículo 102 LOAP en forma contradictoria establece que "las empresas del Estado son *personas jurídicas de derecho público constituidas de acuerdo a las normas de derecho privado,*" las cuales, sin embargo, conforme al artículo 107 LOAP, por ser personas establecidas conforme al derecho privado (es decir, realmente, *"personas jurídicas de derecho privado"*), están sujetas a la legislación comercial ordinaria, particularmente establecida en el Código de Comercio, excepto cuando se disponga otra cosa en la misma Ley Orgánica de la Administración Pública (Art. 107). En este respecto, el Tribunal Supremo de Justicia mediante sentencia de su sala Constitucional de 18 de marzo de 2002 ha señalado, por ejemplo, en relación con Petróleos de Venezuela (PDVSA), que el régimen legal que le es aplicable es uno de carácter mixto, de derecho público y derecho privado, aún cuando preponderantemente de derecho privado debido a su organización legal, excepto en relación con sus relaciones con la República establecida a través de leyes y reglamentos vinculados con la Administración Pública[34].

III. LOS CONTRATOS ESTATALES, EL INTERÉS PÚBLICO Y LOS SERVICIOS PÚBLICOS

Todos los contratos estatales o contratos del Estado, al tener como una de las partes contratantes un ente público o persona jurídica estatal, pueden considerarse como de interés público, en el sentido de que todo lo que interese a un ente público es de interés público. Por eso hemos considerado que la expresión contrato de interés público en la Constitución equivale a contrato público o contrato del Estado.

Pero una cosa es el interés público y otra cosa es el servicio público; todo servicio público comporta una actividad de interés público, pero no toda actividad de interés público puede considerarse como servicio público.

En efecto, la expresión "servicio público" en el ordenamiento jurídico venezolano no puede usarse indiscriminadamente para calificar como tal a toda actividad de interés público. Como sucede en la doctrina del derecho administrativo anglosajón, la expresión "servicio público" conforme al *Black's Law Dictionary*[35], tiene un particular significado relativo a

---

34   Véase *Revista de Derecho Público*, Nº 89-92, Caracas, 2002, p. 219.

35   En el Black's Law Dictionary, el término "public service" se aplica a las actividades o entidades "which specially serve the needs of the general public or conduce to the comfort and convenience of an entire community, such as railroads, gas, water and electric

"public utility"[36], expresión que identifica a los servicios prestados al público en general por entidades o corporaciones públicas o mediante concesión de estas. En consecuencia, en derecho venezolano y en el derecho anglosajón, no toda actividad de interés público puede ser considerada como servicio público, sino sólo aquellas que consisten en una actividad de prestación de interés público destinada a satisfacer las necesidades del público en general o de confort y conveniencia de la comunidad como globalidad como por ejemplo son los servicios de ferrocarriles, de transporte, de gas, de electricidad, de agua. En consecuencia, no es correcto identificar *"servicio público"* con cualquier actividad de interés general, pues de lo contrario, la noción carecería de utilidad.

Sin embargo, la noción de servicio público, equivalente también a la expresión francesa de *"service public"*, en el derecho administrativo latino ha sido una de las nociones más trajinadas, usadas y distorsionadas, en fin, de uso más abusivo, al punto de que en ciertos casos ha servido para identificar cualquier actividad de las entidades públicas, lanzando la noción a una permanente crisis conceptual[37].

Resulta necesario, por tanto, tratar de identificar correctamente la noción y distinguirla de otras actividades de interés público, ya que su utilización ha sido extremadamente frecuente en la tarea de tratar de identificar a los "contratos administrativos" como una categoría dentro de los contratos estatales.

De acuerdo con el derecho venezolano, en efecto, en sentido equivalente a la noción de *"public service or utility"* antes indicada, un servicio público ante todo es siempre una actividad mediante la cual un ente público o una empresa mediante concesión, presta regularmente a un servicio al público en general o a la comunidad entera, como por ejemplo son los servicios de gas, teléfono, agua, electricidad, transporte. Se trata, siempre de una actividad de prestación[38], mediante la cual la entidad pública di-

---

light companies; and companies furnishing public transportation". Si el servicio público es prestado por una empresa privada debe tener "an appropriate franchise from the state to provide for the necessity or convenience of the general public, incapable of being furnished by private competitive business, and dependent for its exercise on eminent domain or government agency", West Publishing, St. Paul, Minn., 1991, p. 858.

36   Véase Peter L Strauss et al., Administrative Law. Cases and Comments, University Casebooks Series, New York, 1995, pp. 339 ss. Cf. José Peña Solís, *Manual de Derecho Administrativo*, Vol. 3, Caracas 2003, p. 381.

37   Véase entre los más recientes ensayos en la materia: Jaime Orlando Santofimio, "Los servicios públicos: vicisitudes y fundamentos de un tema jurídico inconcluso e impreciso" en *El derecho Público a comienzos del Siglo XXI: Estudios en Homenaje al Profesor Allan R. Brewer-Carías*, Ed. Civitas, Madrid, 2003, pp. 1882-1956; José Ignacio Hernández G., "Un ensayo sobre el concepto de servicio público en el derecho venezolano" *Revista de Derecho Público*, N° 89-92, EJV, Caracas, 2002, pp. 47-75.

38   Véase, por ejemplo, Allan R. Brewer-Carías, "Comentarios sobre la noción de servicio público como actividad prestacional del Estado y sus consecuencias" en *Revista de De-*

rectamente satisface necesidades públicas generales dando un servicio a la comunidad entera o al público general. En consecuencia, la característica esencial del servicio público es que siempre consiste en una actividad prestacional destinada al público en general, para satisfacer necesidades públicas de manera continua y regular, y que el ente público tiene que asumir en virtud de una obligación constitucional o legalmente establecida. Por ello es que los particulares no son libres de asumir dichas actividades prestacionales y sólo pueden cumplirlas mediante un contrato de concesión otorgado por el ente público respectivo, o en su caso, un permiso, una autorización o un registro en oficina pública[39].

En nuestro criterio, esta definición de servicio público implica lo siguiente[40]: primero, que siempre se trata de una actividad prestacional que consiste en proveer o dar un servicio al público en general; por lo que el concepto se refiere precisamente a servicios tales como gas, electricidad, agua, transporte, teléfono, lo que implica que siempre están regulados mediante leyes.

Segundo, se trata de servicios que el ente público respectivo debe cumplir o prestar en ejecución de una obligación constitucional o legal, de lo que resulta la necesaria existencia de una ley formal que los regule. De ello deriva la doctrina de que para que un servicio público exista es necesaria su calificación como tal mediante ley expresa[41]. En consecuencia, no todo tipo de servicios prestados por los entes públicos pueden considerarse como servicios públicos, sino sólo aquellos que se prestan en ejecución de una obligación establecida en la Constitución o en una ley. Por ello, precisamente es que los servicios públicos no pueden ser prestados libremente por los particulares, sino mediante concesión, licencia, permiso o autorización.

Tercero, en virtud de que se trata siempre de una actividad que consiste en prestar servicios al público en general como consecuencia la una obligación impuesta al Estado, de acuerdo con el principio de la *alteridad* que existe en toda relación derecho/obligación, el público en general y los

---

recho Público, N° 6, EJV, Caracas, 1981, pp. 65-71. Véase también el reciente trabajo de José Ramón Parada, "Los servicios públicos en España", en *El derecho Público a comienzos del Siglo XXI:. Estudios en Homenaje al Profesor Allan R. Brewer-Carías*, Madrid, 2003, pp. 1845-1869.

39 Véase Allan R. Brewer-Carías", "El régimen constitucional de los servicios públicos", en *VI Jornadas Internacionales de Derecho Administrativo "Allan R. Brewer-Carías"*, Fundación de Estudios de Derecho Administrativo, Tomo I, Caracas, Marzo 5-8, 2002.

40 Idem.

41 Por ello, en relación con la noción de servicio público, algunos autores han concluido que solo las actividades expresamente calificadas como tales en las leyes pueden ser consideradas como servicios públicos. Véase José Peña Solís, *Manual de Derecho Administrativo*, Vol. 3, Caracas 2003, pp. 336 ss.

usuarios en particular pueden alegar tener un derecho constitucional o legal de recibir los servicios, e incluso pueden reclamarlos judicialmente[42].

Cuarto, cuando una actividad se declara constitucional o legalmente como un *servicio público*, tal actividad no puede ser libremente cumplida por los particulares, pues está sujeta a alguna intervención o restricción estatal. En este caso, la libertad económica o libertad de empresa puede considerarse que está limitada, aún en grados diversos. En efecto, la declaración de una actividad como servicio público puede implicar la exclusión total de cualquier posibilidad de que los particulares puedan prestar el servicio, como sucedía en el pasado con el correo, que se reservaba al Estado, como lo establecía la vieja Ley de Correo, o lo estableció en 2009 la Ley la Ley Orgánica que reserva al Estado bienes y servicios conexos a las actividades primarias de Hidrocarburos;[43] o puede implicar que el servicio se pueda prestar por los particulares mediante concesión o permiso otorgado por el ente público, como sucede en general con los servicios públicos; o los servicios públicos pueden prestarse en forma concurrente entre el Estado y los particulares, sin mayores limitaciones, como sucede por ejemplo con los servicios de salud o de educación[44].

En Venezuela, el artículo 302 de la Constitución establece la posibilidad de que el Estado se reserve, mediante ley orgánica y con fundamento en razones de conveniencia nacional, determinadas industrias, explotaciones, bienes y "servicio" de interés público. En muchos casos, incluso, el monopolio estatal puede establecerse en relación no sólo ciertas actividades (industrias, explotaciones) sino en servicios en particular. Sin embargo, en relación con los servicios públicos, su declaración legal como tales "servicios públicos" no implica necesariamente una reserve automática de la actividad al Estado, por lo que más bien, dependiendo del grado intervención estatal, los mismos pueden ser prestados por particulares mediante concesiones conforme al artículo 113 de la Constitución; o pueden prestarse por los particulares en forma concurrente. Pero en todo caso, una ley que regule la actividad como servicio público es siempre necesaria para ser tenidos como tal.

---

42   Por ello, el artículo 259 de la Constitución de 1999 le atribuye a la Jurisdicción contencioso-administrativa competencia para resolver los reclamos por la prestación de los servicios públicos.

43   La Ley de 2009 declaró en su artículo 5 que "Se declaran servicio público y de interés público y social, las obras, bienes y servicios, conexos para la realización de las actividades primarias previstas en la Ley Orgánica de Hidrocarburos reservados en los artículos anteriores." Gaceta Oficial N° 39.173 del 7 de mayo de 2009.

44   Véase Allan R. Brewer-Carías, "Comentarios sobre la noción de servicio público como actividad prestacional del Estado y sus consecuencias" en *Revista de Derecho Público*, N° 6, EJV, Caracas, 1981, pp. 68 ss.

En la última de las decisiones importantes del Tribunal Supremo de Justicia sobre la noción de servicio público, y para resolver un recurso de nulidad interpuesto contra una resolución del antiguo Ministerio de Transporte y Comunicaciones, la Sala Político Administrativa de dicho Tribunal consideró "necesario estudiar la actividad del correo a la luz de los conceptos emanados de la doctrina, normativa y jurisprudencia, bajo el marco conceptual del servicio público", estableciendo el siguiente criterio, coincidente con el que hemos sostenido:

> "El servicio público puede ser definido como la actividad administrativa de naturaleza prestacional destinada a satisfacer necesidades colectivas de manera regular y continua, previamente calificada como tal por un instrumento legal, realizada directa o indirectamente por la Administración Pública y por tanto, sometido a un régimen de Derecho público. (José Peña Solís. "La Actividad Administrativa de Servicio Público: Aproximación a sus Lineamientos Generales", en *Temas de Derecho Administrativo. Libro Homenaje a Gonzalo Pérez Luciani*, Vol. I. Tribunal Supremo de Justicia. Colección Libros Homenaje nº 7. Caracas, 2002, p. 433).
>
> Los servicios públicos contienen una serie de elementos que los caracterizan, entre los que están la actividad prestacional, la satisfacción de necesidades colectivas (o la vinculación al principio de la universalidad del servicio), la regularidad y continuidad del servicio, la calificación por ley de la actividad como servicio público (*publicatio*), la gestión directa o indirecta de la Administración Pública, y su consecuencial régimen de Derecho público."[45]

IV. LOS CONTRATOS DEL ESTADO Y LOS CONTRATOS ADMINISTRATIVOS

Conforme a la doctrina tradicional, no todos los contratos del Estado pueden considerarse como "contratos administrativos", pero sin dura, en presencia de cualquier contrato del Estado o contrato público, siempre surgirá la discusión sobre si debe o no considerarse como un contrato administrativo, en particular cuando de cuestiones de competencia judicial se trata.

Por otra parte, con frecuencia es la propia Administración contratante la que califica a cualquier contrato como contrato administrativo a los efectos de alegar la existencia de cláusulas exorbitantes del derecho común. Sin embargo, de hecho, si bien es cierto que en su origen en el siglo pasado, la distinción entre "contratos administrativos" y "contratos de derecho privado de la Administración" podía tener alguna importancia en relación con los poderes extraordinarios que podían ejercerse por la Administra-

---

45 Sentencia N° 1002 de la Sala Político Administrativa del Tribunal Supremo de Justicia (Caso: DHL Fletes Aéreos C.A. y otros) de 5 de agosto de 2004

ción contratante en relación con la ejecución de los "contratos administra-tivos" y que supuestamente no existían en los "contratos de derecho pri-vado"; en la actualidad la distinción es inútil, ya que los poderes extraor-dinarios (*cláusulas exorbitantes*) establecidos en las leyes, pueden siem-pre ejercerse por la Administración contratante, independientemente del objeto del contrato público y del contenido de sus cláusulas, cuando el interés público lo requiera.

Por ello es que siempre se ha considerado a dichas prerrogativas estata-les como inherentes a la Administración, es decir, que son de carácter im-plícito a pesar de que no estén establecidas en los contratos públicos. Es por ello que la antigua Corte Suprema de Justicia en su sentencia del 17 de agosto de 1999 (Caso *Apertura Petrolera*) decidió que los poderes ex-traordinarios que no se encuentran en los contratos privados no define el contrato administrativo como tal, ya que las mismas son consecuencia y no la condición para su determinación; agregando que el hecho de que un contrato tenga o no esas cláusulas no es sino la consecuencia de la nece-saria y obligatoria protección del interés general.

La noción de "contrato administrativo", en ausencia de una ley general que los regule en Venezuela, sin duda, es una construcción doctrinal en cuya elaboración hemos contribuido en una forma u otra todos los que nos hemos ocupado de esta disciplina, al comentar la rica jurisprudencia de la Corte Suprema de Justicia, basada fundamentalmente en razones prácticas de orden adjetivo.

En todo caso, como antes se ha dicho, los únicos contratos del Estado regulados en la Constitución son los contratos de interés público que se caracterizan por el sólo hecho de que una de las partes contratantes debe ser una entidad pública (la República, los Estados y los Municipios, de acuerdo con la interpretación de la Corte Suprema de Justicia). Ninguna otra consideración se hace en la Constitución en relación con otros aspec-tos de los contratos o en relación con su objeto a los efectos de conside-rarlos como contratos de interés público. En consecuencia, en relación con los contratos, la única distinción establecida en la Constitución se re-fiere al nivel territorial de gobierno en el cual se ubica la entidad pública contratante: en el nivel nacional, estadal o municipal, circunstancia que da origen a la distinción entre contratos de interés público nacional, contra-tos de interés público estadal y contratos de interés público municipal. En la Constitución no se hace referencia alguna a los llamados "contratos administrativos"; noción que es utilizada sólo en pocas normas legales y desarrollada por la doctrina jurisprudencial de la antigua Corte Suprema de Justicia y por la doctrina legal.

En Venezuela, como se indicó, los contratos administrativos solo se regulan en dos leyes específicas: la Ley Orgánica del Tribunal Supremo de Justicia[46], en la cual, conforme a la orientación de la Ley Orgánica precedente relativa a la antigua Corte Suprema de Justicia, establece una norma adjetiva de atribución de competencia judicial en materia contencioso administrativa (art. 259 C.), a la Sala Político Administrativa del tribunal Supremo, a los efectos de la resolución de las controversias relacionadas con los contratos administrativos suscritos por la República, los Estados y los Municipios (art. 5, 25). Ha sido con base en esta previsión legal, es que se ha elaborado una amplia y confusa doctrina jurisprudencial que ha tratado de identificar, entre los contratos públicos o contratos de interés público, algunos que se consideran contratos administrativos a los efectos de atraer la competencia de la Sala Político Administrativa del Tribunal Supremo[47].

La otra ley que se refiere a contratos administrativos, como se dijo, es la Ley Orgánica que reserva al Estado bienes y servicios conexos a las actividades primarias de Hidrocarburos de 2009,[48] la cual al referirse a los contratos que habían sido celebrados en las materias que se reservaron al Estado (los relativos a bienes y servicios de inyección de agua, de vapor o de gas, que permitían incrementar la energía de los yacimientos y mejorar el factor de recobro; de compresión de gas.; y las vinculados a las actividades en el Lago de Maracaibo: Lanchas para el transporte de personal, buzos y mantenimiento; de barcazas con grúa para transporte de materiales, diesel, agua industrial y otros insumos; de remolcadores; de gabarras planas, boyeras, grúas, de ripio, de tendido o reemplazo de tuberías y cables subacuáticos; de mantenimiento de buques en talleres, muelles y diques de cualquier naturaleza) indicó que "se les reconoce como contratos administrativos" (art. 3), a loe efectos de considerarlos extinguidos de pleno derecho en virtud de la propia Ley (art. 3).

Ahora bien, todos los que nos hemos ocupado del estudio del derecho administrativo, hemos escrito extensivamente sobre el tema de los contratos administrativos[49]. Incluso, en uno de los primeros estudios contempo-

---

46 Gaceta Oficial, N° 37.942 de 02-05-2004.

47 Véase Allan R. Brewer-Carías y Luis Ortiz Álvarez, *Las grandes decisiones de la Jurisprudencia Contencioso-Administrativa 1961-1996*, Caracas, 1999, pp. 174 y ss.

48 Gaceta Oficial N° 39.173 del 7 de mayo de 2009

49 Véase Allan R. Brewer-Carías, "Los contratos de la administración en la jurisprudencia venezolana" en *Revista de la Facultad de Derecho*, N° 26, Universidad Central de Venezuela, Caracas, 1963, pp. 127-154; "La formación de la voluntad de la Administración Pública Nacional en los contratos administrativos" en *Revista de la Facultad de Derecho*, N° 28, Universidad Central de Venezuela, Caracas, 1964, pp. 61-112; "La formación de la voluntad de la Administración Pública Nacional en la contratación administrativa", (con referencias al derecho uruguayo por Horacio Casinelli Muñoz) en *Revista de Derecho, Jurisprudencia y Administración*, Tomo 62, N° 2-3, Montevideo

1965, pp. 25-56; "Los contratos de la Administración en la doctrina de la Consultoría Jurídica" en *Revista del Ministerio de Justicia*, N° 48, Año XIII, Caracas, enero-marzo 1964, pp. 27-75; "Los contratos de la Administración en la doctrina de la Procuraduría General de la República" en *Revista de la Facultad de Derecho*, N° 30, Universidad Central de Venezuela, Caracas, Diciembre 1964, pp. 173-232; "Los contratos de la administración en la doctrina de la Procuraduría General de la República II" en *Revista de la Facultad de Derecho*, N° 31, Universidad Central de Venezuela, Caracas, Junio 1965, pp. 269-299; "La facultad de la Administración de modificar unilateralmente los contratos administrativos" en *Libro Homenaje a la Memoria de Roberto Goldschmidt*, Facultad de Derecho, Universidad Central de Venezuela, Caracas, 1967, pp. 755-778; "La facultad de la Administración de modificar unilateralmente los contratos administrativos (con especial referencia a los contratos de obra pública en el derecho venezolano)" en *Revista de Derecho Español y Americano*, Instituto de Cultura Hispánica, N° 19, Año XIII, Madrid, Enero-marzo 1968, pp. 101-117; "Algunas reflexiones sobre el equilibrio financiero en los contratos administrativos y la aplicabilidad en Venezuela de la concepción amplia de la Teoría del Hecho del Príncipe", en *Revista Control Fiscal y Tecnificación Administrativa*, Año XIII, N° 65, Contraloría General de la República, Caracas, 1972, pp. 86-93; "La autorización legislativa" en *Procedimientos Parlamentarios para la aprobación de Contratos de interés nacional*, Imprenta del Congreso de la República, Caracas, 1973, pp. 77-92; "Consideraciones sobre los efectos de la ruptura de la ecuación económica de un contrato administrativo por una ley declarada nula por inconstitucional" en *Cuadernos de Derecho Público*, Facultad de Derecho, Universidad de Los Andes, N° 2, Mérida 1976, pp. 5-26; Allan R. Brewer-Carías, *Jurisprudencia de la Corte Suprema 1930-1974 y Estudios de Derecho Administrativo*, Tomo III: La Actividad Administrativa. Vol. 2. Recursos y Contratos Administrativos, Ediciones del Instituto de Derecho Público, Facultad de Derecho, Universidad Central de Venezuela, Caracas, 1977, 587 pp.; "La evolución del concepto de contrato administrativo" en *El Derecho Administrativo en América Latina, Curso Internacional*, Colegio Mayor de Nuestra Señora del Rosario, Bogotá 1978, pp. 143-167; en *Jurisprudencia Argentina*, N° 5.076, Buenos Aires, 13-12-1978, pp. 1-12; en *Libro Homenaje al Profesor Antonio Moles Caubet*, Tomo I, Facultad de Ciencias Jurídicas y Políticas, Universidad Central de Venezuela, Caracas, 1981, pp. 41-69; y en Allan R. Brewer-Carías, *Estudios de Derecho Administrativo*, Bogotá, 1986, pp. 61-90; «Evoluçao do conceito do contrato administrativo» en *Revista de Direito Publico* Nos. 51-52, Sao Paulo, Julio-Diciembre 1979, pp. 5-19; "Algunas consideraciones sobre las cláusulas de variación de precios en los contratos administrativos" en *Boletín de la Academia de Ciencias Políticas y Sociales*, N° 81, Caracas, julio-septiembre 1980, pp. 251-262; "Los contratos de interés nacional y su aprobación legislativa" en *Revista de Derecho Público*, N° 11, Editorial Jurídica Venezolana, Caracas, julio-septiembre 1982, pp. 40-54; "Los contratos de interés nacional y su aprobación legislativa", Allan R. Brewer-Carías, *Estudios de Derecho Público*, Tomo I, (Labor en el Senado 1982), Ediciones del Congreso de la República, Caracas, 1983, pp. 183-193; "La aprobación legislativa de los contratos de interés nacional y el contrato Pdvsa-Veba Oil", en Allan R. Brewer-Carías, *Estudios de Derecho Público*, Tomo II, (Labor en el Senado), Ediciones del Congreso de la República, Caracas, 1985 pp. 65-82; "La evolución del concepto de contrato administrativo", Allan R. Brewer-Carías, *Estudios de Derecho Administrativo*, Ediciones Rosaristas, Colegio Nuestra Señora del Rosario, Bogotá, 1986 pp. 61-90; "Las cláusulas obligatorias y los principios especiales en la contratación administrativa", Allan R. Brewer-Carías, *Estudios de Derecho Administrativo*, Ediciones Rosaristas, Colegio Nuestra Señora del Rosario, Bogotá 1986 pp. 91-124; "Principios especiales y estipulaciones obligatorias en la contratación administrativa" en *El Derecho Administrativo en Latinoamérica*, Vol. II, Ediciones Rosaristas, Colegio Mayor Nuestra Señora del Rosario, Bogotá 1986, pp. 345-378; "Las cláusulas obligatorias y los principios especiales en la contratación administrativa" en Allan R. Brewer-Carías, *Estudios de Derecho Administrativo*, Bogotá, 1986, pp. 91-124; "Consideraciones sobre los derechos del contratista en los contratos de obra públi-

ráneos de derecho administrativo venezolano, que fue nuestra tesis de grado *Las Instituciones Fundamentales del Derecho Administrativo y la Jurisprudencia Venezolana,* Caracas 1964, pp. 155-223, escribimos un Capítulo destinado a analizar "la teoría del contrato administrativo". Dicha tesis, escrita en Francia entre 1962 y 1963 mientras seguíamos los cursos de postgrado en la Facultad de Derecho de la Universidad de Paris, sin duda, estuvo influenciada por la doctrina francesa de derecho administrativo de la época, de manera que la definición que entonces adoptada para identificar los contratos administrativos fue "la finalidad de servicio público" perseguida con el contrato[50].

Fue esta "finalidad de servicio público" en el sentido de gestión de los intereses públicos por la Administración Pública,[51] la que justificaba la aplicación de un régimen de derecho administrativo a dichos contratos y la competencia de la Sala Político Administrativa de la Corte Suprema de Justicia en relación con las controversias que pudieran surgir de su ejecución[52]; que no se aplicaban a los contratos de derecho privado que pudiera suscribir la Administración Pública. La definición se basó en el análisis de la jurisprudencia de la Corte Suprema de Justicia conforme a decisiones adoptadas en los cuarenta y cincuenta, en particular respecto de contratos administrativos en los cuales la Administración hizo uso de sus poderes o prerrogativas públicas dado el interés público envuelto en el objeto del contrato o porque había sido suscrito con criterio de *servicio público*[53]. La definición de *"servicio público"*, para ese entonces, era una defi-

---

ca: el derecho al precio y a su pago en la forma convenida" en *Revista de Derecho Público*, N° 28, Editorial Jurídica Venezolana, Caracas, Octubre-diciembre 1986, pp. 35-46; "El régimen de selección de contratistas en la Administración Pública y la Ley de Licitaciones" en *Revista de Derecho Público*, N° 42, Editorial Jurídica Venezolana, Caracas, Abril-junio 1990, pp. 5-25; Allan R. Brewer-Carías, *Contratos Administrativos*, Colección Estudios Jurídicos, N° 44, Editorial Jurídica Venezolana, Caracas, 1992, 302 pp.; "Algunos comentarios al régimen de la contratación estatal en Colombia" en *Revista de Derecho Público*, N° 59-60, Editorial Jurídica Venezolana, Caracas, Julio-diciembre 1994, pp. 75-80; y en *Estudios Jurídicos en Memoria de Alberto Ramón Real*, Instituto de Derecho Administrativo, Facultad de Derecho, Universidad de la República, Montevideo, 1996, pp. 455-461; "El Derecho Administrativo y el derecho de la contratación estatal en Colombia y en el panorama jurídico contemporáneo", en Allan R. Brewer-Carías y Jorge Vélez García, *Contratación Estatal, Derecho Administrativo y Constitución*, Pontificia Universidad Javeriana, Quaestiones Juridicae N° 6, Bogotá, 1995, pp. 7-37; "El arbitraje y los contratos de interés nacional" en *Seminario sobre la Ley de Arbitraje Comercia*l, Biblioteca de la Academia de Ciencias Políticas y Sociales, Serie Eventos, N° 13, Caracas, 1999, pp. 169-204.

50   Véase Allan R. Brewer-Carías, *Las Instituciones Fundamentales del Derecho Administrativo y la Jurisprudencia venezolana*, Caracas, 1964, p. 162.

51   Idem, p. 114.

52   Idem, p. 158.

53   Véase por ejemplo, las sentencias de la Corte Federal y de Casación de 5 de diciembre de 1944, de la Corte Federal de 3 de diciembre de 1959 y de la Sala Político Administrativa de la Corte Suprema de Justicia de 12 de diciembre de 1961 y de 13 de agosto de

nición amplia no relacionada particularmente con la prestación de servicios al público en general[54]. Pero aún cuando la definición del contrato administrativo era entonces extremadamente amplia en el sentido de que cualquier contrato público podía considerarse contrato administrativo, los ejemplos que se daban para identificarlos, sin embargo, permitían tener una visión más precisa sobre ellos: contratos de obra pública, contratos de empréstito público, contratos de suministro a la Administración Pública, contratos de transporte público y concesiones de servicios públicos[55].

Una de las características fundamentales del derecho administrativo es su mutabilidad y adaptabilidad respecto de la transformación del Estado y de la actividad de su Administración Pública, por lo que el concepto de contrato administrativo basado en la ecuación cerrada: "interés público o finalidad de servicio público/régimen de derecho administrativo/control por la jurisdicción contencioso administrativa", ha sido cuestionado por la doctrina. Por eso se ha escrito sobre el "contradictorio y confuso criterio" utilizado en relación con los contratos administrativos[56], y en un estudio reciente de 2003, el profesor Rafael Gómez Ferrer Morant, sobre "La mutabilidad de la figura de los contratos administrativos", se refirió a "la dificultad de construir de una vez por todas la institución del contrato administrativo" considerando que su "evolución aún no ha terminado"[57].

Dos décadas después de publicada nuestra tesis de grado, en un trabajo publicado en 1981 denominado "La evolución del concepto de contrato administrativo"[58], que desarrollamos posteriormente en nuestro libro *Contratos Administrativos*, Caracas 1992, cuestionamos el concepto mismo de derecho administrativo basado en la sola relación "contratos administrativos/régimen de derecho administrativo", la cual hemos calificado de absolutamente inadmisible[59]. En realidad, aparte de las cláusulas mismas del contrato (que tienen fuerza de ley entre las partes), y el carácter supletorio de las disposiciones del Código Civil, todos los contratos públicos están sujetos en una forma u otra al derecho público (administrativo), al

---

1964, en Allan R. Brewer-Carías, Jurisprudencia de la Corte Suprema 1930-1974 y Estudios de Derecho Administrativo, Tomo III, vol. 2, Caracas, 1977, pp. 727-733.

54   Véase Rafael Badell Madrid, *Régimen Jurídico del Contrato Administrativo*, Caracas 2001, pp. 37-47.

55   Allan R. Brewer-Carías, *Las Instituciones Fundamentales del Derecho Administrativo y la Jurisprudencia venezolana*, Caracas, 1964, p. 162.

56   Véase Rafael Badell Madrid, *Régimen Jurídico del Contrato Administrativo*, Caracas, 2001, p. 32,

57   Véase en *El Derecho Público a comienzos del Siglo XXI. Estudios en homenaje al Profesor Allan R. Brewer-Carías*, Madrid, 2003, p. 1749-1764.

58   Véase en *Libro Homenaje al Profesor Antonio Moles Caubet*, Tomo I, Caracas, 1982, pp. 41-69.

59   Véase Allan R. Brewer-Carías, *Contratos administrativos*, Caracas, 1992, p. 13.

menos en relación con las regulaciones relativas a las competencias de los entes y órganos públicos para suscribirlos, o a la selección de los contratistas (licitación), o en relación con su ejecución, de manera que no hay contratos públicos que estén sólo sujetos al derecho privado supuestamente opuestos a los contratos administrativos sujetos al derecho administrativo[60]. En cambio, hemos sostenido que "la noción de contrato administrativo solo puede ser aceptada para identificar un tipo de contrato público (contratos de Administración Pública) que en virtud de la finalidad de interés público perseguido con el mismo, está sujeto preponderantemente a un régimen de derecho público, pero no con el objeto de distinguir entre contratos públicos sometidos al derecho público y otros supuestamente sujetos a un régimen de derecho privado. La preponderancia de uno u otro régimen es ahora lo importante"[61].

Posteriormente hemos insistido en el tema en el trabajo presentado en una de estas Jornadas Internacionales sobre "La interaplicación del derecho público y del derecho privado a la Administración Pública y el proceso de huída y recuperación del derecho administrativo", en el cual expresamos que "las actividades de la Administración Pública están sujetas tanto al derecho público como al derecho privado, en un grado de preponderancia que varía de acuerdo con sus finalidades y naturaleza"; y que "todos los contratos públicos están siempre sometidos tanto al derecho público como al derecho privado[62].

Una de las más recientes críticas respecto de la noción de contratos administrativos es el trabajo de Jesús Caballero Ortíz, "Deben subsistir los contratos administrativos en una futura legislación?"[63], en el cual se ha referido, en términos similares a los usados por Rafael Badell Madrid ("criterio confuso y contradictorio")[64], al vago e impreciso criterio utilizado para su identificación. Ello ha llevado a algunos distinguidos administrativistas a considerar que la noción de contrato administrativo es inú-

---

60   Idem, pp. 14, 42, 43, 52, 53, 55, 71, 72.

61   Idem, p. 14.

62   Véase en *Las Formas de la Actividad Administrativa. II Jornadas Internacionales de Derecho Administrativo "Allan Randolph Brewer-Carías"*, Fundación de Estudios de Derecho Administrativo, Caracas, 1996, pp. 58-60.

63   Publicado en *El Derecho Público a comienzos del Siglo XXI: Estudios en homenaje al Profesor Allan R. Brewer-Carías*, Madrid, 2003, p. 1765-1778.

64   Véase Rafael Badell Madrid, *Régimen Jurídico del Contrato Administrativo*, Caracas, 2001, p. 32.

til y sin efecto[65] y, en todo caso, que ya ha sido abandonada frente al régimen uniforme establecido en la legislación.[66]

Por supuesto, a pesar de la imprecisión de algunas decisiones de la Sala Político Administrativa de la Corte Suprema de Justicia, algunos contratos públicos pueden considerarse y siempre se han considerado como "contratos administrativos". Es el caso de las concesiones de servicios públicos como las de transporte público, gas, electricidad, agua, recolección de desechos sólidos, teléfonos y de los contratos de obra pública[67]. En esos contratos, dado el interés público envuelto, el ente público contratante se considera que posee los antes mencionados poderes públicos extraordinarios en relación con su ejecución. Pero en relación con otros contratos públicos, donde el interés público no es tan obvio, la noción de contrato administrativo, en definitiva, puede considerarse como una noción *ex post facto*[68], en el sentido de que cualquier contrato público suscrito por la República, los Estados y los Municipios puede convertirse en contrato administrativo, si el ente público contratante utiliza sus poderes públicos extraordinarios en relación con su cumplimiento y ejecución, y siempre que la Sala Político Administrativa decidiera considerar el contrato público como un contrato administrativo, solo para confirmar su competencia para resolver las controversias que deriven de su ejecución.

Como indicamos, el origen francés de la distinción entre contrato administrativo y contrato de derecho privado suscrito por la Administración Pública, dio origen a la distribución de competencias judiciales entre la jurisdicción contencioso administrativa y la jurisdicción judicial ordinaria[69]; la cual fue seguida en muchos países de régimen de derecho escrito. La noción francesa de "*service public*" fue también utilizada y por ello la seguimos hace cuatro décadas[70]. La muy conocida crisis de la noción de "*servicio público*" también originó la mencionada crisis de la noción de contrato administrativo, los cuales no pueden ahora ser definidos por la

---

65   Véase Gonzalo Pérez Luciani, "Los contratos administrativos en Venezuela", en Allan R. Brewer-Carías (Director), *Derecho Público en Venezuela y Colombia: Archivo de derecho Público y Ciencias de la Administración*, Caracas, 1986, p. 253.

66   Véase el estudio sobre el tema "El contrato administrativo en la Ley de Contrataciones Públicas venezolana," del profesor José Ignacio Hernández, en este mismo libro (pp. 138 ss.)

67   Véase Allan R. Brewer-Carías, *Contratos Administrativos, op. cit.*, p. 46; Rafael Badell Madrid, *Régimen Jurídico del Contrato Administrativo*, Caracas, 2001, pp. 50-51.

68   Véase "La interaplicación del derecho público y del derecho privado a la Administración Pública y el proceso de huída y recuperación del derecho administrativo" en *Las Formas de la Actividad Administrativa: II Jornadas Internacionales de Derecho Administrativo Allan Randolph Brewer-Carías*, Fundación de Estudios de Derecho Administrativo, Caracas, 1996, pp. 59.

69   Véase Allan R. Brewer-Carías, *Contratos Administrativos, op. cit.*, p. 39.

70   Idem, p. 40, 51.

sola finalidad de servicio público, dado el riesgo de que no exista criterio sustantivo alguno para identificar dicha finalidad, o simplemente porque se identifiquen con todos los contratos públicos o de interés público. Si tal es el caso, entonces la noción de contrato administrativo es inútil, excepto para la competencia de la Sala Política Administrativa del Tribunal Supremo de Justicia al decidir sobre su propia competencia en relación con ciertos contratos suscritos por la República, los Estados o los Municipios[71].

Sin embargo, este interés adjetivo que originó la misma noción de contrato administrativo, puede decirse que también ha desaparecido con la aplicación de la reciente Ley Orgánica del Tribunal Supremo de Justicia de mayo de 2004, la cual al distribuir las competencias entre los tribunales de la jurisdicción contencioso administrativa, puede decirse que eliminó el monopolio que tenía la Sala Político Administrativa del Tribunal Supremo para conocer controversias en materia de "contratos administrativos", con lo cual la noción perdió utilidad e interés procesal, que materialmente era el único que la sustentaba.

Por tanto, ninguna importancia tiene que se califique o no a cualquier contrato público como contrato administrativo, el cual como contrato público, está sometido, como todos los contratos del Estado a un régimen mixto de derecho público y de derecho privado, siendo el Código Civil de aplicación supletoria respeto de lo establecido en las cláusulas contractuales y en las leyes especiales.

Por otra parte, es de recordar que incluso, en la asunción del monopolio jurisdiccional ahora eliminado, la antigua Corte Suprema también usó el criterio de "servicio público" en sentido estricto, para justificar la existencia de ciertas cláusulas extraordinarias en un contrato administrativo[72]. Así, Sala Político Administrativa del Tribunal Supremo de Justicia en sentencias recientes incluso ha progresivamente adoptado una definición amplia de "contratos administrativos", como equivalente a "contratos públicos". En tal sentido en la sentencia N° 357 del 14 de abril de 2004, se resolvió:

"Tanto la doctrina como la jurisprudencia de esta Sala han señalado como características esenciales de los contratos administrativos, las siguientes: a) que una de las partes contratantes sea un ente público; b) que la finalidad del contrato se encuentre vinculada a una utilidad pública o servicio público; c) y como consecuencia de lo anterior, debe entenderse la presencia de ciertas

---

71 Idem, p. 55.

72 Véase, por ejemplo, la sentencia de la Sala Político Administrativa de la Corte Suprema de Justicia de 11 de abril de 1983, en *Revista de Derecho Público*, EJV, N° 20, Caracas, 1984, pp. 163-164; y en Allan R. Brewer-Carías, *Contratos Administrativos, op. cit.*, pp. 161-163.

prerrogativas de la administración en dichos contratos consideradas como exorbitantes, aun cuando no se encuentren expresamente plasmadas tales características en el texto de los mismos."[73]

En otra decisión, la N° 654 de 21 de abril de 2004, la misma Sala decidió:

"Tanto la doctrina como la jurisprudencia de esta Sala han señalado como características esenciales de los contratos administrativos, las siguientes: (a) que una de las partes contratantes sea un ente público; (b) que la finalidad del contrato se encuentre vinculada a una utilidad o servicio público (aspecto éste que puede evidenciarse cuando la actividad contratada resulte importante para la prestación de un servicio público, cuando sea de tal forma inherente o conexa con la actividad pública o de servicio público que sin aquélla no se podría llevar a cabo esta última, o cuando el contrato en cuestión suponga un subsidio evidente a favor del beneficiario del servicio y a cargo de una de las partes contratantes). Como consecuencia de lo anterior, debe entenderse la presencia de ciertas prerrogativas de la administración en dichos contratos, consideradas como exorbitantes, aún cuando no se encuentren expresamente plasmadas en el texto del mismo."[74]

V. LAS CLÁUSULAS EXORBITANTES O LOS PODERES EXTRAORDINARIOS EN LOS CONTRATOS PÚBLICOS

Ahora bien, dejando aparte el tema de la vaga noción de contrato administrativo, lo cierto es que de acuerdo con la doctrina jurisprudencial, la consecuencia fundamental de que un contrato público se considere como un contrato administrativo, aparte de la de orden procesal antes mencionada y ahora superada, es la posibilidad de que el ente público contratante pueda hacer uso de ciertas prerrogativas públicas, llamadas en la doctrina como *cláusulas exorbitantes de derecho común*, es decir, poderes extraordinarios que corresponden a las entidades públicas con el objeto de preservar el interés público. Y que no se encuentran en los contratos de derecho privado. Como se ha dicho, estos poderes o prerrogativas públicas se han considerado como inherentes a la Administración Pública, no siendo necesario que estén incorporados en las cláusulas contractuales, ya que son cláusulas implícitas[75]. Estas cláusulas son los poderes que tiene la Administración contratante para dirigir y controlar la ejecución del contrato; para sancionar los incumplimientos de la contraparte en el contrato;

---

73 Caso: Empresa Constructora Irpresent vs. Alcaldía San Carlos de Austria del Estado Cojedes.

74 Caso: David Goncalves Carrasqueño vs. Alcaldía del Municipio Miranda del Estado Zulia

75 Véase Allan R. Brewer-Carías, *Contratos Administrativos, op. cit.*, pp. 43,47, 164.

para modificar unilateralmente las cláusulas del contrato, o para resolver unilateralmente la rescisión del contrato[76].

Lo importante a destacar en relación con estos poderes extraordinarios es que en realidad los mismos no resultan de los contratos Públicos en sí mismos, sino de la posición de superioridad jurídica en la cual se encuentra la Administración contratante como garante del interés público. Por ello, la Sala Político Administrativa de la antigua Corte Suprema de Justicia admitió consistentemente que las llamadas cláusulas exorbitantes relativas a dichos poderes no tenían que estar incorporadas en el texto de los contratos, considerando que se encontraban tácitamente incorporadas en el texto de todos los contratos públicos, independiente de su naturaleza o finalidad. Así se admitió, por ejemplo, por la actual Sala Político Administrativo del Tribunal Supremo de Justicia en sentencia N° 654 de 21 de abril de 2004, al señalar que "los poderes atribuidos por ley a la Administración Pública, incluso cuando no estén expresamente incorporados en el texto del contrato, deben considerarse insertos en el mismo,"[77], lo que se aplica a los llamados "contratos administrativos" y a cualquier tipo de contrato del Estado.

Dichos poderes, por otra parte, por el principio de la competencia, siempre están regulados en alguna ley, como por ejemplo la Ley de promoción a la inversión privada mediante concesiones[78]. Dichas prerrogativas o poderes extraordinarios de la Administración contratante, por supuesto, también podrían estar expresamente regulados y establecidos en el texto de los contratos, particularmente de los que tradicionalmente se han calificado como "contratos administrativos", por ejemplo, en los contratos de obra pública o de concesión de serviditos públicos. Por ello, por ejemplo, en relación con los contratos de obra pública, el reglamento que establece las Condiciones Generales de Contratación, con el carácter de cláusulas obligatorias[79], establece expresamente os poderes que el ente público contratante puede ejercer para supervisar y controlar la ejecución de los trabajos[80].

En consecuencia, el uso de los referidos poderes extraordinarios por el ente público contratante, ante todo, debe adecuarse a lo que se establece en el contrato mismo, cuyas cláusulas tiene fuerza de ley entre las partes; y si dichas prerrogativas o poderes extraordinarios no están previstas en las cláusulas contractuales, pero se consideran implícitas en ellas, enton-

---

76   Véase Allan R. Brewer-Carías, *Contratos administrativos,* Caracas, 1992, pp. 164-185.

77   Caso: David Goncalves Carrasqueño vs. Alcaldía del Municipio Miranda del Estado Zulia

78   Gaceta Oficial, N° 5.394 Extr. de 21-10-1999.

79   Decreto N° 1821, de 30-08-1991, Gaceta Oficial N° 34.797 de 09-09-1991.

80   Véase Allan R. Brewer-Carías, Contratos Administrativos, op. cit., p. 165.

ces el ente público contratante siempre debe ejercerlos mediante su actividad formal, es decir, mediante la emisión de actos administrativos[81], dictados como resultado de un procedimiento administrativo, conforme a lo establecido en la Ley Orgánica de Procedimientos Administrativos[82]. Esta Ley Orgánica, en efecto, es aplicable incluso a las empresas del Estado, cuando dicten actos administrativos (art. 1), de acuerdo con lo previsto en el artículo 1º de la ley Orgánica de la Administración Pública[83].

En consecuencia, los poderes extraordinarios que pueden ejercerse por el ente público contratante, deben expresarse formalmente a través de actos administrativos que deben revestir todas las formalidades de ley, siguiendo un procedimiento administrativo en el cual se le debe garantizar al co-contratante de la Administración el debido proceso administrativo y en particular, su derecho a la defensa[84].

En efecto, en los contratos del Estado, y en particular, en los denominados contratos administrativos, conforme se regula en las leyes o en el texto de los contratos, se admite la posibilidad, por ejemplo, de que la Administración contratante, al hacer uso de sus poderes extraordinarios, intervenga el servicio o la obra, sustituya al contratista en la prestación o ejecución del mismo o ponga término al contrato, sea como sanción por incumplimiento de sus obligaciones por el contratante; sea por razones de interés general, en cuyo caso debe mediar indemnización.

En todos los casos en los cuales, por ejemplo, se produzca la primera forma de terminación anticipada del contrato por incumplimiento de las obligaciones del contratante, la Administración está obligada a abrir un procedimiento administrativo, en el cual se garantice el debido proceso, y a emitir un acto administrativo debidamente motivado.

Esto lo ha reiterado el Tribunal Supremo de Justicia en Sala Político Administrativa, y particularmente lo ha explicado en la sentencia No 1836 de 8 de agosto de 2001, dictada con motivo de la impugnación de un acto administrativo municipal que puso fin a un contrato de concesión de explotación de canteras, en la cual la Sala se pronunció "sobre la jurisprudencia que viene esgrimiendo en relación a estas causales de extinción de las concesiones", indicando lo siguiente:

---

81 Véase Allan R. Brewer-Carías, Contratos Administrativos, op. cit., p.47.

82 Gaceta Oficial, Nº 2.818 Extra. de 01-07-1981. Véase Allan R. Brewer-Carías et al, Ley Orgánica de Procedimientos Administrativos, Caracas 1987, pp. 19 ss.

83 Véase Allan R. Brewer-Carías, *El Derecho Administrativo y la Ley Orgánica de Administración Pública*, Caracas 1982, pp. 27 ss.; Allan R. Brewer-Carías, *Principios del procedimiento Administrativo en América Latina*, Bogotá 2003, p. 11.

84 Véase Allan R. Brewer-Carías, *Les principes de la procédure administrative non contentieuse Étude de droit comparé: France, Espagne, Amérique Latine, Economica*, Paris 1992, pp. 139 ss.; Allan R. Brewer-Carías, *Principios del procedimiento Administrativo en América Latina*, Bogotá 2003, p. 261 ss.

"La jurisprudencia de esta Sala Político Administrativa ha venido reiterando la potestad que tiene la Administración de rescindir unilateralmente un contrato (concesión) en aquellos casos de incumplimiento del co-contratante (concesionario), conforme lo establece, actualmente, el ordinal c) artículo 46 de la Ley Orgánica sobre Promoción de la Inversión Privada bajo el Régimen de Concesiones, publicado en la Gaceta Oficial N° 5.394 Extraordinario de fecha 25 de octubre de 1999, caso en el cual, según afirma la jurisprudencia de esta Sala, existe la necesidad de seguir un procedimiento previo que garantice el derecho a la defensa y debido proceso.

Es así, que en muchos de estos casos este Máximo Tribunal ha dispuesto lo siguiente:

"...Manifiesta el actor que, sin embargo, de haber la administración comprobado los hechos que acarrearon el incumplimiento de las referidas cláusulas, debió darle la posibilidad a ésta de exponer o alegar sus razones jurídicas y las pruebas pertinentes para demostrar que no hubo tal incumplimiento, es decir, debió iniciarse el procedimiento administrativo que le garantizara el ejercicio de su derecho a la defensa consagrado en el artículo 68 y 69 de la Carta Magna...".

"...Al respecto observa la Sala que, de ser cierta la denuncia realizada por el abogado asistente de la accionante -acerca de la ausencia de procedimiento previo al acto unilateral por el cual el Ministro del Ambiente y de los Recursos Naturales Renovables acordó la resolución del contrato administrativo celebrado con la accionante el 25 de enero de 1984- el derecho a la defensa de ésta le había sido menoscabado...". (Sent. de la SPA-CSJ de fecha 10 de febrero de 1994, Caso: Industria Maderera del Caparo, C.A)."[85]

En consecuencia, conforme a la doctrina del Tribunal Supremo, en todo caso de rescisión unilateral de contratos administrativos por incumplimiento de sus obligaciones por el contratante, la Administración debe abrir un procedimiento administrativo y garantizar el debido proceso y el derecho a la defensa del contratante, y, en definitiva, dictar un acto administrativo formalmente motivado que pueda ser objeto de control judicial. Ello nunca puede considerarse incompatible con el interés público cuya tutela está en manos de la Administración, ya que conforme al artículo 49 de la Constitución, la garantía del debido proceso es inviolable en todo procedimiento administrativo y ni siquiera puede ser ignorada por el propio Legislador[86].

---

85 Caso: David Montiel y otro vs. Cámara Municipal Del Municipio Almirante Padilla Del Estado Zulia, En *Revista de Derecho Público*, N° 85-88, Caracas 2001, p. 249 y ss.

86 Por ello, ha sido por la prevalencia del derecho a la defensa que la Sala Constitucional, siguiendo la doctrina constitucional establecida por la antigua Corte Suprema de Justicia, ha desaplicado por ejemplo normas que consagran *el principio solve et repete* como condición para acceder a la justicia contencioso-administrativa, por considerarlas inconstitucionales. Véase Sentencia N° 321 de 22 de febrero de 2002 (Caso: Papeles Na-

Esto lo ha precisado con claridad, la Sala Constitucional en sentencia N° 321 de 22 de febrero de 2002, en la cual ha indicado que las limitaciones al derecho de defensa en cuanto derecho fundamental derivan por sí mismas del texto constitucional y si el Legislador amplía el espectro de tales limitaciones, las mismas devienen en ilegítimas[87]. El derecho a la defensa, por tanto, es un derecho constitucional absoluto, "inviolable" en todo estado y grado de la causa dice la Constitución, tanto en procedimientos judiciales como administrativos, el cual corresponde a toda persona sin distingo alguno si se trata de una persona natural o jurídica, por lo que no admite excepciones ni limitaciones[88]. Dicho derecho "es un derecho, fundamental que nuestra Constitución protege y que es de tal naturaleza, que no puede ser suspendido en el ámbito de un estado de derecho, por cuanto configura una de las bases sobre las cuales tal concepto se erige"[89].

---

cionales Flamingo, C.A. vs. Dirección de Hacienda del Municipio Guácara del Estado Carabobo), Véase en *Revista de Derecho Público*, N° 89-92, Editorial Jurídica Venezolana, Caracas 2002.

87   La Sala estableció lo siguiente: "Debe observarse que tanto el artículo 68 de la abrogada Constitución, como el 49.1 de la vigente, facultan a la ley para que regule el derecho a la defensa, regulación que se ve atendida por el ordenamiento adjetivo. Ello en modo alguno quiere significar que sea disponible para el legislador el contenido del mencionado derecho, pues éste se halla claramente delimitado en las mencionadas disposiciones; si no que por el contrario, implica un mandato al órgano legislativo de asegurar la consagración de mecanismos que aseguren el ejercicio del derecho de defensa de los justiciables, no sólo en sede jurisdiccional, incluso en la gubernativa, en los términos previstos por la Carta Magna. De esta forma, las limitaciones al derecho de defensa en cuanto derecho fundamental derivan por sí mismas del texto constitucional, y si el Legislador amplía el espectro de tales limitaciones, las mismas devienen en ilegítimas; esto es, la sola previsión legal de restricciones al ejercicio del derecho de defensa no justifica las mismas, sino en la medida que obedezcan al aludido mandato constitucional. Caso: Papeles Nacionales Flamingo, C.A. vs. Dirección de Hacienda del Municipio Guácara del Estado Carabobo.

88   Por ello, por ejemplo, la Corte Primera de lo Contencioso Administrativo, en sentencia 15-8-97 (Caso: Telecomunicaciones Movilnet, C.A. vs. Comisión Nacional de Telecomunicaciones (CONATEL) señaló que. "resulta inconcebible en un Estado de Derecho, la imposición de sanciones, medidas prohibitivas o en el general, cualquier tipo de limitación o restricción a la esfera subjetiva de los administrados, sin que se de oportunidad alguna de ejercicio de la debida defensa". Véase en *Revista de Derecho Público*, N° 71-72, Caracas 1997, pp. 154-163.

89   Así lo estableció la Sala Político Administrativa de la antigua Corte Suprema de Justicia, en sentencia N° 572 de 18 de agosto de 1997, Caso: Aerolíneas Venezolanas, S.A. (AVENSA) vs. República (Ministerio de Transporte y Comunicaciones. Además, con ocasión de la entrada en vigencia de la Constitución de 1999, la Sala Constitucional del Tribunal Supremo de Justicia, ha insistido en el carácter absoluto e inviolable del derecho a la defensa. Así, por ejemplo, en sentencia N° 97 de 15 de marzo de, la Sala señaló: "Se denomina debido proceso a aquel proceso que reúna las garantías indispensables para que exista una tutela judicial efectiva. Es a esta noción a la que alude el artículo 49 de la Constitución de la República Bolivariana de Venezuela, cuando expresa que el debido proceso se aplicará a todas las actuaciones judiciales y administrativas. Pero la norma constitucional no establece una clase determinada de proceso, sino la necesidad

Ahora bien, de la existencia de un proceso debido se desprende la posibilidad de que las partes puedan hacer uso de los medios o recursos previstos en el ordenamiento para la defensa de sus derechos e intereses. En consecuencia, siempre que de la inobservancia de las reglas procesales surja la imposibilidad para las partes de hacer uso de los mecanismos que garantizan el derecho a ser oído en el juicio, se producirá indefensión y la violación de la garantía de un debido proceso y el derecho a la defensa.

Por otra parte, y volviendo al tema del uso de poderes extraordinarios por la Administración Pública contratante en relación con los contratos del Estado, sólo pueden ser ejercidas, como se dijo, si dichos poderes están regulados en las cláusulas contractuales o en una ley. Si no están regulados en las cláusulas contractuales, el principio general en relación con los órganos de la Administración Pública es que la competencia tiene que estar establecida en texto legal expreso[90], principio que por supuesto también es aplicable en el ejercicio de potestades o poderes extraordinarios por la Administración contratante en la ejecución de contratos públicos.

Particularmente, en los casos de imposición de sanciones por la Administración contratante a los co-contratantes en contratos del Estado, debe recordarse que dado el principio de la reserva legal, las sanciones y la potestad sancionadora deben estar establecidas en texto legal expreso. En consecuencia el ente público contratante no puede imponer sanciones que no estén previstas en las cláusulas contractuales como *"cláusula penal"*[91] o en la ley[92], dada la garantía constitucional del debido proceso (art. 49,6 C.)

Pero en todo caso, en relación con el posible uso de poderes extraordinarios en los contratos del Estado, cuando los mismos están establecidos y regulados en las cláusulas contractuales, la Administración contratante no puede ejercerlos contrariando su contenido. Como se ha dicho, el artículo 1159 del Código Civil, que es aplicable a todo tipo de contrato (contratos privados y contratos del Estado), las cláusulas del contrato tienen fuerza de ley entre las partes, por lo que incluso tratándose de contratos administrativos, sus cláusulas son obligatorias para las partes. Pero incluso, si los poderes extraordinarios no están establecidos en el contrato, sino en normas legales, su ejercicio por la Administración contratante tampoco puede ignorar las cláusulas contractuales.

---

de que cualquiera sea la vía procesal escogida para la defensa de los derechos o intereses legítimos, las leyes procesales deben garantizar la existencia de un procedimiento que asegure el derecho de defensa de la parte y la posibilidad de una tutela judicial efectiva" Caso: Agropecuaria Los Tres Rebeldes, C.A. vs. Juzgado de Primera Instancia en lo Civil, Mercantil, Tránsito, Trabajo, Agrario, Penal, de Salvaguarda del Patrimonio Público de la Circunscripción Judicial del Estado Barinas, 2000

90   Véase Allan R. Brewer-Carías, *Principios del Régimen Jurídico de la Organización Administrativa Venezolana*, Caracas 1991, 47 ss.

91   Véase Allan R. Brewer-Carías, *Contratos Administrativos, op. cit.*, p. 241.

92   Idem, pp. 165-166.

Por ello, si el ente público contratante en un contrato administrativo afecta derechos del co-contratante previstos en las cláusulas contractuales mediante el ejercicio de poderes extraordinarios, particularmente si se trata de las cláusulas económicas o de protección del co-contratante, entonces la Administración estaría obligada a indemnizar al co-contratante por los daños y perjuicio que le cause. Por ello es que el ejercicio de poderes extraordinarios cuando no se regulan en las cláusulas contractuales, nunca pueden afectar las cláusulas económicas o de protección del co-contratante, y si los derechos contractuales resultasen afectados o disminuidos ello siempre implica la obligación por parte de la Administración contratante de indemnizar al co-contratante[93].

Igualmente, todo daño causado al co-contratante por una decisión administrativa que por ejemplo, tienda a dar por terminado unilateralmente un contrato sin ajustarse a las previsiones contractuales, también origina derecho del co-contratante a ser indemnizado[94].

En todos estos casos, incluso puede decirse que el derecho a una justa compensación resulta de la expropiación de los derechos contractuales, para lo cual incluso debería seguirse el procedimiento previsto en la Ley de expropiación por causa de utilidad pública[95] o conforme al artículo 115 de la Constitución.

VI. ÁMBITO DE APLICACIÓN DE LA LEY DE CONTRATACIÓN PÚBLICA

Ha sido en el marco general antes reseñado relativo a los contratos públicos o contratos estatales que se dictó en 2008 la Ley de Contrataciones Públicas, con una última reforma en 2010, la cual sin embargo, tiene un limitado alcance de aplicación que puede identificarse conforme a dos aspectos fundamentales: en primer lugar, el punto de vista *subjetivo*, que permite identificar los sujetos de derecho o personas jurídicas estatales a los cuales se aplica la Ley, es decir, cuáles son las personas jurídicas que a los efectos de la Ley conforman "el Estado" (personas estatales) que se deben regir por sus disposiciones en los contratos públicos que celebren; y en segundo lugar, el punto de vista *sustantivo*, que permite identificar cuáles son los contratos públicos que celebren dichas personas jurídicas que están sujetos a la Ley, es decir, que se deben regir por sus disposiciones.

---

93   Idem, p. 160.

94   Idem, p. 160, 161, 184, 218.

95   Gaceta Oficial N° 37.475 de 01-07-2002. Véase Allan R. Brewer-Carías et al., *Ley de Expropiación por causa de utilidad pública y social,* Caracas 2002, pp. 25 ss.

1. Ámbito subjetivo de aplicación de la Ley de Contrataciones Públicas

Los contratos del Estado o los contratos públicos, como se ha dicho y como todo contrato, sólo pueden celebrarse entre sujetos de derecho, es decir, entre personas jurídicas, y en cuanto concierne al "Estado", por las personas jurídicas que lo componen, es decir, por las personas jurídicas estatales.[96] En tal sentido, en el artículo 1° de la Ley se hace referencia a *"la actividad del Estado* para la adquisición de bienes, prestación de servicios y ejecución de obra", con la intención, sin duda, de establecer un marco regulador aplicable omnicomprensivamente a todos las personas jurídicas o sujetos de derecho que componen el "Estado."

Sin embargo, al definirse a los sujetos a los cuales se aplica la Ley en el artículo 3, la misma incurre en el error de enumerar entre quienes pueden contratar no sólo a "personas jurídicas" estatales sino a determinados "órganos" de las mismas que por supuesto no tienen "personalidad jurídica." Es decir, la Ley enumera indistintamente como "contratantes" tanto a diversas personas jurídicas estatales como a diversos órganos de las Administraciones Públicas (nacional, estadal y municipal), los cuales obviamente no son ni sujetos de derecho ni personas jurídicas. La Ley se refiere, en efecto, a "los órganos y entes sujetos" a su normativa, mezclando en la enumeración del artículo 3 tanto a órganos de las Administraciones Públicas (nacional, estadal y municipal) como a diversas personas jurídicas estatales.

En efecto, el artículo 3 de la Ley, al precisar el "ámbito de aplicación" de la misma en lo que sería su ámbito subjetivo, dispone que será aplicable "a los *sujetos* que a continuación se señalan": [97]

1. Los órganos y entes del Poder Público Nacional, Estadal, Municipal, Central y Descentralizado.

2. Las Universidades Públicas.

3. El Banco Central de Venezuela.

4. Las asociaciones civiles y sociedades mercantiles en las cuales la República y las personas jurídicas a que se contraen los numerales anteriores tengan participación, igual o mayor al cincuenta por ciento (50%) del patrimonio o capital social respectivo.

---

96   Sobre las mismas véase Allan R. Brewer-Carías, *Derecho Administrativo*, Universidad Externado de Colombia, Bogotá 2005, p. 437.

97   En el artículo 6,1 la Ley vuelve a calificar como "sujetos" a todos los que enumera en el artículo 3, incluyendo los "órganos" que ejercen el poder público; aún cuando indica que son "órgano o ente contratante".

5. Las asociaciones civiles y sociedades mercantiles en cuyo patrimonio o capital social, tengan participación igual o mayor al cincuenta por ciento (50%), las asociaciones civiles y sociedades a que se refiere el numeral anterior.

6. Las fundaciones constituidas por cualquiera de las personas a que se refieren los numerales anteriores o aquellas en cuya administración éstas tengan participación mayoritaria.

7. Los Consejos Comunales o cualquier otra organización comunitaria de base que maneje fondos públicos.

Si bien en los ordinales 2 a 7 se identifican con precisión algunos "sujetos de derecho", en el sentido de personas jurídicas estatales, en el ordinal 1° no ocurre tal cosa, y en cambio se enumeran "los órganos del Poder Público Nacional, Estadal, Municipal, Central y Descentralizado".

Esta última expresión, por supuesto, en sí misma es totalmente incorrecta, ya que de acuerdo con la Constitución no existen ni pueden existir "órganos del Poder Público" porque éste (el Poder Público) no es un "ente" público sino una potestad estatal, por lo que en realidad lo que existen son "órganos que *ejercen* el Poder Público" (art. 137), es decir, la potestad estatal.

Por otra parte, no existe en Venezuela, como se expresa en la norma, un Poder Público "Central y Descentralizado", sino que lo que hay es una distribución territorial del Poder Público, como potestad estatal, en tres niveles de gobierno: nacional, estadal y municipal. En cambio lo que si existe es una "Administración Pública" central o descentralizada en los términos establecidos en la Ley Orgánica de la Administración Pública de 2008, al regular la descentralización funcional.[98]

En todo caso, los supuestos órganos del Poder Público o que ejercen el Poder Público, en ningún caso son "sujetos de derecho," por lo que al incluirse en una enumeración como la del artículo 3 de la Ley, destinada a definir "sujetos" de derecho, que como personas jurídicas contratantes que conforman el Estado, se está confundiendo a los "órganos" de las personas jurídicas estatales con ellas mismas.

Como se dijo, en los ordinales 2 a 5 del artículo, en efecto, lo que se enumeran son diversas "personas jurídicas estatales" como son las Universidades públicas (autónomas y experimentales), el Banco Central de Venezuela; las asociaciones civiles y sociedades mercantiles del Estado en primero y segundo grado; las fundaciones del Estado y los Consejos Comunales. Pero en el ordinal 1° del artículo, al contrario, al usarse incorrectamente la expresión "los órganos y entes del Poder Público Nacional, Estadal, Municipal, Central y Descentralizado", se hace referen-

---

98   Arts. 96 y ss. Véase en Gaceta Oficial Extra. N° 5.890 de 31-7-2008.

cia tanto a personas jurídicas como a órganos, utilizándose la distinción entre "entes" y "órganos" que se ha establecido en la misma Ley Orgánica de la Administración Pública (art. 15).

Es decir, además de referirse a los "órganos" de las personas jurídicas estatales, la norma, indirectamente pretende hacer referencia a estas, al usar la expresión "entes", pero por supuesto, también en un contexto equivocado, pues no hay "entes del Poder Público nacional, estadal o municipal", pues como se dijo, el Poder Público es una potestad estatal que se ejerce, y no una entidad u organización.

En todo caso, la referencia a "órganos" y "entes" en el ordinal 1º del artículo 3 de la Ley, debe precisarse en el marco de la Ley Orgánica de la Administración Pública, la cual en su artículo 15, define como "órganos", las unidades administrativas de la República, de los estados, de los distritos metropolitanos y de los municipios a los que se les atribuyan funciones que tengan efectos jurídicos, o cuya actuación tenga carácter regulatorio; y como "entes" toda organización administrativa descentralizada funcionalmente con personalidad jurídica propia; sujeta al control, evaluación y seguimiento de sus actuaciones por parte de sus órganos rectores, de adscripción y de la Comisión Central de Planificación. El artículo 15 de la Ley Orgánica, además de los órganos y de los entes, regula a las "misiones" como integrando la Administración Pública, definiéndolas como "aquellas creadas con la finalidad de satisfacer las necesidades fundamentales y urgentes de la población."

Estas, por tanto, no están sujetas a las previsiones de la Ley de Contrataciones Públicas.[99]

En consecuencia, lo que hay que interpretar del ordinal 1º del artículo 3 de la Ley de Contrataciones Públicas es que allí lo que el legislador quiso decir fue que la misma se aplica a los "órganos" de los siguientes sujetos: la República, los Estados, los Municipios y distritos metropolitanos, por una parte, y por la otra a todos los entes descentralizados de las Administraciones Públicas nacionales, estadales y municipales,[100] los cuales con-

---

99 El artículo 15 de la Ley Orgánica, además de los órganos y de los entes, regula a las "misiones" como integrando la Administración Pública, definiéndolas como "aquellas creadas con la finalidad de satisfacer las necesidades fundamentales y urgentes de la población." Estas, por tanto, no están sujetas a las previsiones de la Ley de Contrataciones Públicas.

100 En ese sentido es que se estable, por ejemplo, la enumeración del ámbito subjetivo de aplicación de la Ley Orgánica de Administración Financiera del Sector Público (Decreto Ley Nº 6.233), en cuyo artículo 6 se estableció lo siguiente: "Están sujetos a las regulaciones de esta Ley, con las especificidades que la misma establece, los entes u organismos que conforman el sector público, enumerados seguidamente: 1. La República. 2. Los estados. 3. El Distrito Metropolitano de Caracas. 4. Los distritos. 5. Los municipios. 6. Los institutos autónomos. 7. Las personas jurídicas estatales de derecho público. 8. Las sociedades mercantiles en las cuales la República o las demás personas a que se refiere el presente artículo tengan participación igual o mayor al cincuenta por ciento del capital social. Quedarán comprendidas además, las sociedades de propiedad totalmente estatal, cuya función, a través de la posesión de acciones de otras sociedades, sea coor-

forme se establece en el artículo 29 de la Ley Orgánica de la Administración Pública, pueden ser de dos tipos:

1. Entes descentralizados funcionalmente con forma de derecho privado: estarán conformados por las personas jurídicas constituidas de acuerdo a las normas del derecho privado y podrán adoptar o no la forma empresarial de acuerdo a los fines y objetivos para los cuales fueron creados y en atención a si la fuente fundamental de sus recursos proviene de su propia actividad o de los aportes públicos, respectivamente.

2. Entes descentralizados funcionalmente con forma de derecho público: estarán conformados por aquellas personas jurídicas creadas y regidas por normas de derecho público y que podrán tener atribuido el ejercicio de potestades públicas.

En esta forma, en el ordinal 1° del artículo 3 de la Ley de Contrataciones Públicas, conforme al ordinal 1° del artículo 29 de la Ley Orgánica de la Administración Pública, quedarían comprendidas las personas jurídicas estatales de derecho privado, las cuales sin embargo, redundantemente se enumeran de nuevo en los ordinales 4, 5 y 6 de la Ley sobre Contrataciones Públicas, es decir, las asociaciones civiles del Estado, las sociedades mercantiles del Estado (en primer y segundo grado, artículo 100 de la ley Orgánica de la Administración Pública) y las fundaciones del Estado; y conforme al ordinal 2 del mismo artículo 29 de la misma Ley Orgánica de la Administración Pública, también quedarían comprendidas las personas jurídicas estatales de derecho público que también se enumeran redundantemente en los ordinales 2 y 3 de la Ley de Contrataciones del Estado, es decir, el Banco Central de Venezuela y las Universidades públicas), y además, los institutos autónomos (art. 95 de la Ley Orgánica de la Administración Pública) que en la Ley de Contrataciones Públicas sin embargo, no se enumera específicamente.

La consecuencia de ello, a pesar de sus errores de redacción, es que el contenido del ordinal 1° del artículo 3 de la Ley de Contrataciones Públicas, en realidad, comprende en sí mismo todos los sujetos de derecho que se enumeran en los ordinales 2 al 6 de la misma norma, cuya enumeración (ordinales 2 a 6) es entonces totalmente redundante. Los únicos sujetos de derecho adicionales que se indican en la norma son los Consejos Comunales (ordinal 7), y que no existían cuando se dictó la Ley Orgánica de la

---

dinar la gestión empresarial pública de un sector de la economía nacional. 9. Las sociedades mercantiles en las cuales las personas a que se refiere el numeral anterior tengan participación igual o mayor al cincuenta por ciento del capital social. 10. Las fundaciones, asociaciones civiles y demás instituciones constituidas con fondos públicos o dirigidas por algunas de las personas referidas en este artículo, cuando la totalidad de los aportes presupuestarios o contribuciones en un ejercicio, efectuados por una o varias de las personas referidas en el presente artículo, represente el cincuenta por ciento o más de su presupuesto." Gaceta Oficial Extra N° 5.891 de 31-07-2008.

Administración Pública de 2001, y que conforme al artículo 20 de la Ley sobre los Consejos Comunales,[101] "para todos los efectos relacionados con esa Ley", quedan revestidos de personalidad jurídica con su "registro" "ante la Comisión Presidencial del Poder Popular respectiva." Es decir, a pesar de ser entes públicos, no tienen *per se* personalidad jurídica sino que se los "reviste" de la misma cuando se inscriban en una Comisión Presidencial.

En consecuencia, dadas todas las imperfecciones, redundancias y carencias del artículo 3 de la Ley, de su contenido sin embargo, lo que se puede deducir es que la misma se aplica a los siguientes sujetos de derecho:

I.   Personas jurídicas estatales de derecho público
    1. Político territoriales
        A. República
        B. Estados
        C. Municipios, Distritos metropolitanos y mancomunidades municipales
    2. Consejos Comunales
    3. Universidades Públicas
    4. Institutos autónomos
II. Personas jurídicas estatales de derecho privado
    1. Asociaciones civiles del Estado
    2. Empresas del Estado (sociedades mercantiles del Estado en primer y segundo grado).[102]
    3. Fundaciones del Estado

2. Ámbito sustantivo de aplicación de la Ley

A. Reducción del ámbito sustantivo a los contratos públicos de ejecución de obras, de adquisición de bienes y de prestación de servicios

Sin embargo, respecto de las mencionadas personas jurídicas estatales que están sujetas a la Ley de Contrataciones Públicas, y que conforman su *ámbito subjetivo* de aplicación, en cuanto al ámbito sustantivo de aplicación, debe decirse de entrada, que a pesar de su nombre, no todos los contratos públicos que aquellas celebren quedan sujetos a las disposiciones de la Ley, ya que ésta, al definir su "objeto" de aplicación en el mismo

---

101 Gaceta Oficial N° 5.806 Extraordinario de 10-4-2006.

102 Nada se deriva de la Ley que pueda permitir excluir de sus disposiciones a la empresa Petróleos de Venezuela S. A. ni a ninguna otra empresa del Estado.

artículo 1°, lo reduce sólo respecto de *tres tipos* de contratos públicos: los contratos de adquisición de bienes, los contratos de prestación de servicios y los contratos de ejecución de obras.[103]

En consecuencia, los otros tipos de contratos públicos como por ejemplo, los contratos de concesión de servicios públicos, los contratos de concesión de obra pública, los contratos de empréstito público, los contratos de venta de bienes públicos no están sujetos a sus disposiciones. Tampoco están incorporados en la enumeración del "objeto" de la Ley, los contratos de arrendamiento de bienes. Sin embargo, en este punto no debe dejar de advertirse que al excluir el artículo 5 de la misma Ley, a los contratos de "arrendamiento de bienes inmuebles" (ord. 3) de la aplicación de las normas relativas a las "modalidades de selección de contratistas", parecería que implícitamente, por interpretación a contrario, respecto de las otras normas de la Ley, las mismas si se aplicarían a los contratos de arrendamiento, aún cuando estos no puedan ser incluidos dentro de los tres que se indican taxativamente en la Ley (adquisición de bienes, prestación de servicios y ejecución de obras).

Pero incluso respecto de los tres mencionados tipos de contratos que configuran el "objeto" de la Ley, la misma excluye total o parcialmente de su ámbito de aplicación a algunos de ellos, con lo que el ámbito sustantivo de la misma se encuentra aún más reducido.

B. Exclusión de la aplicación de la totalidad de la Ley respecto de ciertos contratos públicos de ejecución de obras, de adquisición de bienes y de prestación de servicios excluidos

En efecto, de acuerdo con el artículo 4 de la Ley de Contrataciones Públicas, quedan excluidos de la aplicación de la totalidad de sus normas, los contratos que tengan por objeto la ejecución de obras, la adquisición de bienes y la prestación de servicios:

> "que se encuentren en el marco del cumplimiento de acuerdos internacionales de cooperación entre la República Bolivariana de Venezuela y otros Estados, incluyendo la contratación con empresas mixtas constituidas en el marco de estos convenios."

En este caso se trata de una exclusión de la aplicación de la totalidad de la Ley en relación a esos contratos cuando los mismos se celebren en el marco del cumplimiento de acuerdos internacionales de cooperación que haya celebrado la República Bolivariana de Venezuela con otros Estados,

---

103 Incluso en el artículo 6,5 de la ley, al definir "contrato", se indica que "Es el instrumento jurídico que regula la ejecución de una obra, prestación de un servicio o suministro de bienes, incluidas las órdenes de compra y órdenes de servicio".

incluyendo la contratación por parte de las personas jurídicas estatales a las que se aplica la Ley, con empresas mixtas constituidas en el marco de estos convenios.

Sin embargo, a pesar de esta exclusión legal general, el artículo 5 del Reglamento de la Ley de Contrataciones Públicas de 2009,[104] en forma contraria a la Ley que reglamenta, respecto de estos contratos que se encuentren en el marco del cumplimiento de acuerdos internacionales de cooperación entre la República y otros Estados "excluidos de la aplicación de la Ley de Contrataciones Públicas," pero los cuales la República sufraga la contratación; dispone evidentemente *contra legem* que se deberán "aplicar las demás disposiciones legales que regulan la materia de contratación pública," a los fines de garantizar la participación nacional y establecer las garantías para las operaciones relacionadas con la actividad contractual.

C. Exclusión de la aplicación de parte de la Ley respecto de ciertos contratos públicos de ejecución de obras, de adquisición de bienes y de prestación de servicios excluidos

El artículo 5 de la Ley, por su parte, excluye de la aplicación de algunas normas de la Ley relativas a las "modalidades de selección de contratistas", a los contratos que tengan por objeto:

1. La prestación de servicios profesionales y laborales.

2. La prestación de servicios financieros por entidades regidas por la ley sobre la materia.

3. La adquisición y arrendamiento de bienes inmuebles, inclusive el financiero.

4. La adquisición de obras artísticas, literarias o científicas.

5. Las alianzas comerciales y estratégicas para la adquisición de bienes y prestación de servicios entre personas naturales o jurídicas y los órganos o entes contratantes.

6. Los servicios básicos indispensables para el funcionamiento del órgano o ente contratante.

7. La adquisición de bienes, la prestación de servicios y la ejecución de obras, encomendadas a los órganos o entes de la administración pública.

---

104 Decreto N° 6.708 de 19 de mayo de 2009 en Gaceta Oficial N° 39.181 de 19 de mayo de 2009.

En relación con estos contratos, por tanto, los mismos estarían sujetos a todas las otras disposiciones de la Ley, fuera de las destinadas a regular modalidades de selección de contratistas.

De lo anterior resulta, por tanto, que la Ley de Contrataciones Públicas, a pesar de su nombre, todavía no es una ley destinada a regular todos los contratos públicos o contratos del Estado celebrados por las personas jurídicas estatales, es decir, los diversos entes que integran el Estado. Al contrario, es una Ley que sólo regula algunos contratos públicos (de ejecución de obras, de adquisición de bienes y de prestación de servicios), con un contenido que aún cuando abarca aspectos sustantivos sobre el inicio, modificaciones y terminación de los contratos, está fundamentalmente destinado a regular las modalidades de selección de contratistas; y respecto de los mismos, excluye expresamente a algunos, de la aplicación de la totalidad o de algunas normas de la Ley.

Sección Segunda: LOS CONTRATOS DEL ESTADO Y LA LEY DE CONTRATACIONES PÚBLICAS. ÁMBITO DE APLICACIÓN (2012)

Esta Sección recoge el estudio sobre "Los contratos del Estado y la Ley de Contrataciones Públicas. Ámbito de aplicación," publicado en Allan R. Brewer-Carías (Editor y Coordinador), Víctor Hernández Mendible, Miguel Mónaco, Aurilivi Linares Martínez, José Ignacio Hernández G., Carlos García Soto, Mauricio Subero Mujica, Alejandro Canónico Sarabia, Gustavo Linares Benzo, Manuel Rojas Pérez, Luis Alfonso herrera Orellana y Víctor Raúl Díaz Chirino, *Ley de Contrataciones Públicas,* Editorial Jurídica Venezolana, Colección Textos legislativos N° 44 (3ª Edición Actualizada y aumentada), Caracas 2012, pp. 9-47.

La Ley de Contrataciones Públicas sancionada en 2008 y reformada en 2009 y 2010,[1] por su denominación podría considerarse como una ley destinada, precisamente, a regular toda la "contratación pública", es decir, toda la actividad contractual del Estado y, por tanto, los contratos del Estado o contratos públicos celebrados por las personas jurídicas estatales, tal y como sucedió, por ejemplo, en términos generales, en España, en el pasado, con la Ley de Contratos del Estado (1965) y la Ley de Contratos de las Administraciones Públicas (1995) y, actualmente, con la Ley de Contratos del Sector Público (2007); y en Colombia, con la Ley de Contratos del Estado (1993).

De acuerdo con su denominación, entonces, la Ley debería tener por objeto regular los contratos suscritos por los entes públicos o más precisamente, por las personas jurídicas estatales, sin distingo alguno, además,

---

1   La Ley fue dictada mediante Decreto Ley N° 5.929 de fecha 11 de marzo de 2008 en ejecución de la Ley habilitante de 2007, habiendo derogado la Ley de Licitaciones contenida en el Decreto Ley No. 1.555 de 13-11-2001, Gaceta Oficial No. 5.556 Extraordinaria de 13-11-2001. La Ley de Contrataciones Públicas fue inicialmente publicada en Gaceta Oficial N° 5.877 de fecha 14-03-2008, y republicada, por error de copia, en Gaceta Oficial N° 38895 de 25-03-2008. Dicha Ley fue reformada por Ley publicada en Gaceta Oficial N° 39.165 de 24 de abril de 2009 y posteriormente fue reformada por Ley publicada en Gaceta Oficial N° 39.503 de 6-9-2010) . Mediante Decreto N° 6.708 de 19-05-2009 se dictó el Reglamento de la Ley de Contrataciones Públicas, en Gaceta Oficial N° 39.181 de 19-05-2009, mediante el cual se derogó el Decreto N° 4.032 de 14-11-2005 contentivo del Reglamento Parcial de la Ley de Licitaciones, Gaceta Oficial Nro. 38.313 de 14-11-2005; el Decreto No. 2.371 de 24-04-2003 contentivo del Reglamento Parcial de la Ley de Licitaciones para la Adquisición Directa en caso de Contratación de Obras, Servicios o Adquisición de Bienes, en Gaceta Oficial No. 37.688 de fecha 13-05-2003; y el Decreto No. 1.417 sobre Condiciones Generales de Contratación para la Ejecución de Obras, en Gaceta Oficial N° 5.096 Extraordinario de fecha 31-07-1996.

entre si se trataría o no de "contratos administrativos," denominación que por lo demás, no sólo no se recoge en la Ley, sino que puede considerarse superada en el derecho positivo.[2] Es decir, si nos atuviéramos al solo nombre de la Ley, podría pensarse que se trataría de un cuerpo normativo general, destinado a regular todos los contratos del Estado celebrados por todas las personas jurídicas estatales, lo cual no es exacto.

Sin embargo, La Ley, a pesar de su nombre, ni regula todos los contratos estatales, ni regula toda la actividad de contratación pública que en general desarrollan todos los entes públicos, ni de las Administraciones Públicas (nacional, estadal y municipal). En realidad, con algunos agregados importantes, sigue siendo una Ley de delimitado alcance, básicamente destinada a regular los procedimientos de selección de contratistas (entre ellos la licitación) (arts. 36 a 92) respecto de ciertos (no todos) los contratos públicos. Por ello, la única Ley que fue derogada por la nueva, fue la vieja Ley de Licitaciones.[3] Sin embargo, a las tradicionales previsiones relativas a las licitaciones y, en general, a la selección de contratistas, la nueva Ley agregó normas generales referidas a la "contratación" (arts. 93 a 131), incluyendo previsiones, por ejemplo, sobre garantías contractuales, el inicio y la terminación de los contratos públicos, y sobre su modificación, aplicables a todos los contratos del Estado que caen dentro del ámbito de aplicación.

Nuestro propósito, en estas notas en relación con la Ley de Contrataciones Públicas, es referirnos específicamente *al ámbito de aplicación* de la misma, la cual, como se dijo, a pesar de su denominación, no regula todos los contratos públicos celebrados por todas las personas jurídicas estatales, tal como resulta de lo que se prevé en su artículo 1° cuando dispone que su objeto se refiere solamente a "la actividad del Estado para la *adquisición de bienes, prestación de servicios y ejecución de obras,*" lo que significa que solamente regula tres tipos de los contratos públicos celebrados por las personas jurídicas estatales (el Estado), los cuales comúnmente se han considerado dentro de la categoría de los llamados "contratos administrativos."[4]

---

2   Véase sobre ello lo que expusimos en Allan R. Brewer-Carías, "La evolución del concepto de contrato administrativo" en *Libro Homenaje al Profesor Antonio Moles Caubet*, Tomo I, Facultad de Ciencias Jurídicas y Políticas, Universidad Central de Venezuela, Caracas 1981, pp. 41-69.

3   Decreto Ley N° 1555 de fecha 13 de noviembre de 2001, Gaceta Oficial N° 5556 de 13-11-2001. Véase sobre dicha Ley los comentarios que hicimos en Allan R. Brewer-Carías, "El régimen de selección de contratistas en la Administración Pública y la Ley de Licitaciones," en *Revista de Derecho Público*, N° 42, Editorial Jurídica Venezolana, Caracas, abril-junio 1990, pp. 5-25.

4   Véase Allan R. Brewer-Carías, *Contratos Administrativos*, Editorial Jurídica Venezolana, Caracas 1992.

Sin embargo, antes de precisar ese ámbito limitado de aplicación de la Ley, estimamos necesario ubicar su regulación dentro del régimen jurídico general de los contratos del Estado en Venezuela y su situación actual.[5]

I. LOS CONTRATOS DEL ESTADO

Los contratos públicos, contratos del Estado o contratos estatales, son todos aquellos contratos en los cuales una de las partes (pueden ser las dos) es una persona jurídica estatal[6], es decir, que está integrada en la organización del Estado, sea que se trate de una persona jurídica político territorial (República, Estados, Municipios), o de personas de derecho público (pe. los institutos autónomos) o de personas de derecho privado (p.e. las sociedades anónimas del Estado o empresas del Estado) estatales.

Estos contratos del Estado, en nuestro criterio, han sido calificados en la Constitución como contratos de interés público (nacional, estadal o municipal), y en escasísimas leyes, algunos de ellos han sido calificados como "contratos administrativos."

En efecto, en la Constitución de 1999, como la ley suprema y principal fuente del derecho, en materia de contratos del Estado, en la Sección Cuarta del Capítulo I del Titulo IV sobre el "Poder Público", se regula a los "contratos de interés público", noción que en los artículos 150 y 151 se adoptó para identificar a los contratos suscritos por las entidades públicas, es decir, las personas jurídicas estatales, o las que integran el sector público y que en general se engloban en la noción de "Estado". Esa noción de contratos de interés público puede considerarse como equivalente a las nociones de *contratos públicos*[7], *contratos del Estado*[8], o *contratos de la Administración*[9]; o a la noción en ingles de *Public Contract*[10]; a la

---

5   Para la redacción de estas notas hemos partido de lo escrito en Véase Allan R. Brewer-Carías, "Nuevas consideraciones sobre el régimen jurídico de los contratos del Estado en Venezuela", en *VIII Jornadas Internacionales de Derecho Administrativo Allan Randoloh Brewer-Carías. Contratos Administrativos. Contratos del Estado*, Fundación de Estudios de Derecho Administrativo FUNEDA, Caracas, 2006, pp. 449-479, y en *Revista de Derecho Administrativo (RDA),* Círculo de Derecho Administrativo (CDA), Año 1, N° 2, Lima Diciembre 2006, pp. 46-69.

6   Véase Allan R. Brewer-Carías, "Sobre las personas jurídicas en la Constitución de 1999" en *Derecho Público Contemporáneo: Libro Homenaje a Jesús Leopoldo Sánchez*, Estudios del Instituto de Derecho Público, Universidad Central de Venezuela, enero-abril 2003, Volumen 1, pp. 48-54.

7   Sabino Álvarez Guendín, *Los contratos públicos*, Madrid, 1934.

8   Jorge Enrique Romero Pérez, *Los contratos del Estado*, San José Costa Rica, 1993.

9   Alvaro Pérez Vives, *De los contratos de la Administración*, Bogotá, 1984.

10   Marco D'Alberti, *I "Public contracts" nell'esperienza Britanica*, Napoli, 1984.

francesa de *contrats de l'administration*[11]; a la italiana de *contratti della pubblica ammistrazione*[12]; o a la portuguesa de *contratos de administração pública*[13]; todas tendientes a identificar contratos en los cuales una de las partes de la relación contractual es el Estado, la Administración Pública o una entidad pública, los que además, en general, tienen propósitos de interés público. Esa fue la intención de la propuesta que formulamos respecto de esa norma ante la Asamblea Nacional Constituyente durante la elaboración de la Constitución de 1999[14].

En virtud de que Venezuela está organizada como un Estado federal (Art. 4, C.) con tres niveles de gobierno (nacional, estadal, municipal) (Art. 136 C.), la intención de la regulación de la clasificación de los contratos de interés público en el artículo 150 de la Constitución, en "contratos de interés público nacional", "contratos de interés público estadal" y "contratos de interés público municipal"; fue referirse a los contratos suscritos, respectivamente, por entidades públicas nacionales, entidades públicas estadales y entidades públicas municipales[15]. En consecuencia, la intención de la regulación constitucional fue la de considerare como contratos de interés público nacional, a aquellos concernientes al nivel nacional de gobierno (diferente a los niveles estadales y municipales de gobierno), porque son suscritos por entidades públicas nacionales, es decir, por la República o institutos autónomos nacionales o empresas del Estado

---

11 André de Laubadère, *Traité Théorique et Pratique des Contrats Administratifs*, 3 vols., Paris, 1956.

12 Francesco di Renzo, *I contratti della pubblica amministrazione*, Milano, 1969; Francesco Paolo Pugliese, *I contratti delle amministrazioni federali negli Stati Uniti d'America*, Padova, 1974.

13 Juarez de Oliveira, *Licitações e Contratos de Administração Pública*, Sao Paulo 1993.

14 Véase Allan R. Brewer-Carías, *Debate Constituyente (Aportes a la Asamblea Nacional Constituyente)*, Tomo II, Caracas 1999, pp. 173 ss.

15 Véase en general: Jesús Caballero Ortiz, "Los contratos administrativos, los contratos de interés público y los contratos de interés nacional en la Constitución de 1999", en *Estudios de Derecho Administrativo: Libro Homenaje a la Universidad Central de Venezuela*, Volumen I, Imprenta Nacional, Caracas, 2001, pp. 139-154; Jesús Caballero Ortíz, "¿Deben subsistir los contratos administrativos en una futura legislación?", en *El Derecho Público a comienzos del siglo XXI: Estudios homenaje al Profesor Allan R. Brewer-Carías*, Tomo II, Instituto de Derecho Público, UCV, Civitas Ediciones, Madrid, 2003, pp. 1765-1777; Allan R. Brewer-Carías, "Los contratos de interés público nacional y su aprobación legislativa" en *Revista de Derecho Público*, N° 11, Caracas, 1982, pp. 40-54; Allan R. Brewer-Carías, *Contratos Administrativos*, Caracas, 1992, pp. 28-36; Allan R. Brewer-Carías, *Debate Constituyente, Aportes a la Asamblea Nacional Constituyente*, Tomo II, Caracas, 1999, p. 173; Alfonso Rivas Quintero, *Derecho Constitucional*, Paredes Editores, Valencia-Venezuela, 2002, pp. 287 ss.; Hildegard Rondón de Sansó, *Análisis de la Constitución venezolana de 1999*, Editorial Ex Libris, Caracas, 2001, pp. 123 ff; y Ricardo Combellas, *Derecho Constitucional: Una introducción al estudio de la Constitución de la República Bolivariana de Venezuela*, Mc Graw Hill, Caracas, 2001, pp. 115 ss; José Araujo-Juárez, *Derecho Administrativo General. Acto y Contrato Administrativo*, Paredes Ediciones, Caracas 2011, pp. 255 ss.

nacionales. Sin embargo, la Sala Constitucional del Tribunal Supremo de Justicia, in sentencia No. 2.241 del 3 de septiembre de de 2000[16], restringió inconvenientemente la noción de "contrato de interés público" del artículo 150 de la Constitución, para comprender sólo aquellos contratos sucritos por la Republica, los Estados y los Municipios en los que esté envuelto un interés nacional, estadal y municipal. En consecuencia, conforme a esta doctrina, que no compartimos, los contratos suscritos por ejemplo por institutos autónomos o empresas del Estado nacionales, no podrían considerarse como "contratos de interés público nacional" conforme al artículo 150 constitucional, lo que no tiene sentido. En consecuencia, de acuerdo con la doctrina del Tribunal Supremo sobre el artículo 150 de la Constitución de 1999, por ejemplo, un contrato suscrito por Petróleos de Venezuela (PDVSA) no podría considerarse como un contrato de interés público nacional, lo que, insistimos, no tiene sentido. A pesar de esa errada doctrina, sin embargo, y sin duda, ese contrato es un contrato público nacional suscrito por una entidad pública estatal, en particular, una empresa del Estado o persona jurídica de derecho privado estatal.

II. LA LEY APLICABLE A LOS CONTRATOS DEL ESTADO Y LAS CLÁUSULAS OBLIGATORIA

En Venezuela, y salvo las previsiones limitadas de la Ley de Contrataciones Públicas (antes de la Ley de Licitaciones) los contratos del Estado no han sido objeto de una regulación legal general, como en cambio ha sucedido, por ejemplo, como se indicó, en España con la Ley de Contratos de las Administraciones[17] o en Colombia, con la Ley de Contratos del Estado[18].

---

16 Véase en http://www.tsj.gov.ve/decisiones/scon/Septiem-bre/2241-240902-00-2874%20.htm. La Sala Constitucional del Tribunal Supremo de Justicia, en esa sentencia (Caso: Anulación del artículo 80 de la Ley Orgánica de Administración Financiera del Sector Público), al referirse a los "contratos de interés público" (art. 150 C.) utilizó una interpretación "restrictiva" indicando solo los suscritos o celebrados por la Republica, los Estados y los Municipios, sin mencionar los contratos públicos suscritos por institutos autónomos o empresas públicas nacionales como por ejemplo podría ser PDVSA, lo que podría conducir a estimar que estos estarían excluidos de dicha calificación, lo cual no tiene base ni sentido alguno en el derecho venezolano. El argumento central de la decisión de la Sala se refirió al tema de la autorización parlamentaria previa en relación con los contratos de deuda pública. Véase sobre el carácter "no vinculante" de esa decisión, lo expuesto en la Sección Séptima del Cuarto Libro y el nuevo Libro Sexto, de esta obra.

17 Véase *Comentarios a la Ley de Contratos de las Administraciones Públicas*, Ed. Civitas, Madrid, 1996.

18 Véase Jorge Vélez García y Allan R. Brewer-Carías, *Contratación Estatal, Derecho Administrativo y Constitución*, Bogotá, 1995; Rafael Badell Madrid, *Régimen Jurídico del Contrato Administrativo*, Caracas 2001, pp. 30-31.

En particular, y en cuanto concierne a los denominados "contratos administrativos" en la actualidad[19] solo una ley utiliza esta expresión, que es la Ley Orgánica que reserva al Estado bienes y servicios conexos a las actividades primarias de Hidrocarburos de 2009,[20] la cual al referirse a los contratos que habían sido celebrados en las materias que se reservaron al Estado en dicha Ley (los relativos a bienes y servicios de inyección de agua, de vapor o de gas, que permitían incrementar la energía de los yacimientos y mejorar el factor de recobro; de compresión de gas; y las vinculados a las actividades en el Lago de Maracaibo: Lanchas para el transporte de personal, buzos y mantenimiento; de barcazas con grúa para transporte de materiales, diesel, agua industrial y otros insumos; de remolcadores; de gabarras planas, boyeras, grúas, de ripio, de tendido o reemplazo de tuberías y cables subacuáticos; de mantenimiento de buques en talleres, muelles y diques de cualquier naturaleza) "se les reconoce como contratos administrativos" (art. 3), los cuales, conforme al artículo 3 de la Ley, "cuando se dicten las resoluciones" respectivas que identificaron las actividades reservadas, "se extinguirán de pleno derecho en virtud de la presente Ley."

Aparte de esta previsión legal, no existen en el ordenamiento jurídico otras leyes que hablen de "contratos administrativos," lo que no excluye que existan muchas otras leyes que regulen lo que la doctrina y jurisprudencia tradicionalmente han considerado como tales "contratos administrativos," como por ejemplo, los relativos a servicios públicos, a las obras públicas o a concesiones de explotación de recursos naturales o de monopolios fiscales (pe. La Ley Orgánica del Poder Público Municipal, la Ley Orgánica de promoción de inversiones mediante concesiones, la Ley Orgánica de Telecomunicaciones, la Ley Orgánica del Sistema y Servicio Eléctrico, la Ley de Minas, la Ley relativa a la producción de fósforos).[21]

---

19 Con anterioridad la denominación se había conservado en la Ley Forestal, de Suelos y Aguas de 1965 (Gaceta Oficial N° 1.004 Extraordinario de 26-01-1966), respecto de las concesiones de explotación forestal (art. 65), norma que ha sido derogada por la Ley de Bosques y Gestión Forestal, Gaceta Oficial N° 38.946 de 05-06-2008; y en la Ley Orgánica del Tribunal Supremo de Justicia a los efectos de atribuir competencia a los órganos de la jurisdicción contencioso administrativa (art. 5,25), para resolver las controversias que resulten de "contratos administrativos" suscritos por la República, los Estados y los Municipios, hasta que esa denominación fue eliminada en la Ley Orgánica del Tribunal Supremo de Justicia de 2010 (G.O. N° 39.483 de 9-8-2010). Véase Jesús Caballero Ortíz, "Deben subsistir los contratos administrativos en una futura legislación?", en *El Derecho Público a comienzos del siglo XXI. Estudios homenaje al Profesor Allan R. Brewer-Carías*, Tomo II, Instituto de Derecho Público, UCV, Civitas Ediciones, Madrid, 2003, pp. 1773; Rafael Badell Madrid, Régimen Jurídico del Contrato Administrativo, Caracas 2001, pp. 49-50.

20 Gaceta Oficial N° 39.173 de 07-05-2009.

21 Rafael Badell Madrid, *Régimen Jurídico del Contrato Administrativo*, Caracas 2001, pp. 50-51

Ahora bien, aún en ausencia de una ley general sobre los contratos del Estado, lo cierto es que la Constitución establece un conjunto de regulaciones que dan origen a cláusulas obligatorias que deben estar en todos los contratos del Estado (nacionales, estadales y municipales) o en algunos de ellos.

En efecto, en primer lugar puede mencionarse que la Constitución establece ciertas prohibiciones en materia de contratos públicos: a) los funcionarios públicos (nacionales, estadales y municipales) no pueden suscribir contratos con entidades públicas (nacionales, estatales o municipales) (Art. 145); y b) los diputados a la Asamblea Nacional no pueden ser dueños, gerentes o directores de empresas que contraten con entes públicos (Art. 190).

En segundo lugar, la Constitución establece ciertas cláusulas obligatorias que deben ser expresa o tácitamente incorporada en todos los contratos públicos, como la cláusula de inmunidad de jurisdicción y la cláusula "*Calvo*" relativa a reclamaciones internacionales o en algunos de ellos, las cláusulas de protección ambiental.

En efecto, de acuerdo con el articulo 151 de la Constitución, en todos los contratos públicos (nacionales, estadales y municipales), aún cuando no esté expresamente establecido, se debe considerar incluida una cláusula conforme a la cual todas las controversias que puedan resultar de la ejecución de los mismos, y que no puedan ser resueltas amigablemente entre las partes, deben ser decididas por los tribunales competentes venezolanos de acuerdo con la ley venezolana[22]. Se trata del principio de la inmunidad relativa de soberanía del Estado, el cual sin embargo tiene su excepción expresamente establecida en la Constitución en relación con contratos en los cuales, por su naturaleza, no se considere procedente dicha cláusula (art. 151 C.)[23]. En virtud de esta excepción, puede considerarse que el ordenamiento legal venezolano abandonó el sistema absoluto de inmunidad de jurisdicción sustituyéndolo por el principio de la inmunidad relativa de jurisdicción, permitiendo entonces, que las entidades públicas, como consecuencia de la ejecución de ciertos contratos públicos, queden sujetas a jurisdicciones extranjeras o a tribunales arbitrales y

---

22 Véase en general, Beatrice Sansó de Ramírez, "La inmunidad de jurisdicción en el Artículo 151 de la Constitución de 1999", en *Libro Homenaje a Enrique Tejera París, Temas sobre la Constitución de 1999*, Centro de Investigaciones Jurídicas (CEIN), Caracas, 2001, pp. 333-368.

23 Durante las discusiones del proyecto de Constitución nos correspondió proponer la inclusión de este artículo ante la Asamblea Nacional Constituyente en 1999, siguiendo lo que estaba previsto en la Constitución de 1961 en relación con la excepción al principio de la inmunidad jurisdiccional. Véase Allan R. Brewer-Carías, *Debate Constituyente, Aportes a la Asamblea Nacional Constituyente*, Tomo I, Caracas, 1999, pp. 209 ss.

que incluso establezcan como aplicable para la resolución de la controversia lo dispuesto en leyes extranjeras[24].

Por supuesto, en esta materia no hay formulas universales que puedan determinar la "naturaleza" de los contratos para el establecimiento de la excepción del principio de inmunidad jurisdiccional; sin embargo, en derecho internacional se ha considerado que la naturaleza del contrato a tales fines no puede basarse en el sólo hecho de que le Estado o una entidad pública sea o no parte contractual, o que use o no sus poderes de soberanía, o que el contrato sea o no un contrato de interés público. En consecuencia, la naturaleza del contrato para permitir que las controversias derivadas de la ejecución de un contrato se sujeten a una jurisdicción extranjera o a arbitraje, o para que se aplique la ley extranjera, se debe basar entre otros criterios en la consideración de la naturaleza comercial del contrato, en particular, teniendo en cuenta contratos públicos en los cuales la otra parte sea una empresa extranjera. En la antes mencionada decisión de la Corte Suprema de Justicia de 17 de agosto de 1999 (Caso: *Apertura Petrolera*), incluso se admitieron otras consideraciones diferentes a la naturaleza comercial del objeto del contrato para aplicar la excepción y admitir el arbitraje, vinculadas a la importancia económica del mismo, evaluada por la Administración Pública y la Asamblea Nacional.

La segunda cláusula obligatoria que la Constitución impone a todos los contratos de interés público, también en su artículo 151, es la llamada cláusula *Calvo*, conforme a la cual en todos los referidos contratos, se debe considerar incorporada tácitamente la previsión conforme a la cual en ningún caso la ejecución de los contratos puede originar reclamaciones extranjeras contra la República[25]. El origen de esta cláusula en la Constitución de 1883, fue el rechazo de todo tipo de reclamaciones diplomáticas por parte de Estados extranjeros contra el Estado venezolano, en los casos en que los Estados extranjeros actuaban por cuenta de empresas o ciudadanos extranjeros, basándose en la consideración de que todos los extranjeros en Venezuela deben ser tratados en las mismas condiciones de igualdad que los venezolanos, excluyendo toda posibilidad de que las controversias entre partes derivadas de la ejecución de un contrato público, cuando una de las partes sea una empresa o ciudadano extranjero, puedan considerarse como controversias internacionales[26].

---

24 Véase Allan R. Brewer-Carías, *Contratos Administrativos, cit.*, pp. 130 a 137.

25 Véase Allan R. Brewer-Carías, *Contratos Administrativos, cit.*, pp. 137 y ss.

26 El origen de la cláusula, lo que explica su denominación "Calvo", estuvo en el argumento contenido en su libro, International Law Treaty (*Tratado de Derecho Internacional*) editado inicialmente en 1868, en el cual el autor refiriéndose a la intervención anglofrancesa en el Río de la Plata y la intervención francesa en México, expresó que las mismas habían estado basadas sólo en el pretexto de proteger intereses comerciales privados, y que de acuerdo con el derecho internacional público, la intervención armada de

La tercera cláusula obligatoria respecto de contratos públicos establecida en la Constitución es la cláusula temporal que deben contener todos los contratos destinados a la explotación de los recursos naturales propiedad de la nación o para la prestación de servicios públicos. En tal sentido el artículo 113 de la Constitución establece que esos contratos públicos siempre deben tener un tiempo de duración, y adicionalmente deben contener siempre una cláusula que establezca adecuados beneficios para la entidad pública concedente, de acuerdo con el interés público envuelto. El artículo 150,10 de la Constitución también prohíbe el otorgamiento de concesiones mineras por tiempo indefinido.

Por último, la cuarta cláusula obligatoria para los contratos públicos establecida en la Constitución, se refiere a los contratos que puedan afectar los recursos naturales suscritos por la República (no otros entes públicos como las empresas del Estado), en los cuales debe considerarse tácitamente incorporada la obligación para el co-contratante de preservar el equilibrio ecológico y permitir el acceso y transferencia de tecnología y el restablecimiento del ambiente a su situación natural cuando fuere alterado en los términos establecidos legalmente[27].

Por otra parte, en relación con las formalidades para la validez de los contratos de interés público, el artículo 150 de la Constitución cambió radicalmente[28] la previsión que establecía la Constitución de 1961 en el sentido de que todos los contratos de interés público nacional fueran aprobados por el entonces Congreso Nacional. A partir de 2000, la Constitución en su artículo 150, como ha sido interpretada por la Sala Constitucional del Tribunal Supremo de Justicia, en la sentencia N° 2.241 de 3 de septiembre de 2002[29], exige que los contratos de interés público nacional suscritos por la República requieren de la aprobación de la Asamblea Nacional sólo cuando esté expresamente establecido y exigido por una

---

Estados europeos en los Estados del Nuevo Mundo no podía aceptarse. Esta cláusula "Calvo" también influyó en la concepción de la "Doctrina Drago", formulada en 1902 por el Ministro de Relaciones Exteriores de Argentina, Luis María Drago, como reacción contra las acciones bélicas de Alemania. Gran Bretaña e Italia contra Venezuela para cobrar por la fuerza las deudas públicas con los Estados europeos. Véase Victorino Jiménez y Núñez, *La Doctrina Drago y la Política Internacional*, Madrid, 1927.

27 Véase, en general, Alberto Blanco-Uribe Quintero, "La tutela ambiental como derecho-deber del Constituyente: Base constitucional y principios rectores del derecho ambiental", en *Revista de Derecho Constitucional*, N° 6 (enero-diciembre), Editorial Sherwood, Caracas, 2002, pp. 31-64.

28 El cambio constitucional lo propusimos ante la Asamblea Nacional Constituyente durante las discusiones de la Constitución de 1999. Véase Allan R. Brewer-Carías, *Debate Constituyente*, Tomo II, *op. cit.*, pp. 175-177.

29 Como se dijo, la argumentación central de la Sala Constitucional en su sentencia de 2 de septiembre de 2002, se refirió a la necesidad de la previa autorización parlamentaria en relación con todos los contratos de interés público de deuda pública suscritos por la República, los Estados y los Municipios.

ley. En consecuencia, solo cuando una particular ley establece que determinado contrato de interés público nacional suscrito por la República debe ser sometido a la aprobación de la Asamblea nacional, este requerimiento formal es necesario como condición de validez del contrato (Art. 182,9 C.).

Sin embargo, la Constitución expresamente regula la necesidad de la autorización parlamentaria (arts. 150 y 187,9), de acuerdo con la misma interpretación del Tribunal Supremo antes mencionada, en relación con los contratos de interés público nacional suscritos por la República, los Estados y Municipios con Estados extranjeros o entidades públicas extranjeras o con empresas no domiciliadas en la República.

Aparte de estas regulaciones generales de fuente constitucional, como se dijo, los contratos del Estado no han sido objeto de una regulación legal general, salvo las normas de la Ley de Contrataciones Públicas y las dispuestas en leyes especiales de obligatoria aplicación a los contratos del Estado, por lo que los mismos, como cualquier otro contrato, se rigen básicamente por las cláusulas establecidas en el contrato mismo, y por el Código Civil, siendo éste de aplicación supletoria, en el sentido que sus normas rigen aquellas materias no reguladas expresamente por las partes en el texto contractual.

En consecuencia, las partes en los contratos del Estado, y salvo las cláusulas obligatorias constitucional o legalmente establecidas y las previsiones de leyes específicas, en principio tienen completa libertad para establecer el contenido de sus obligaciones y relaciones contractuales en las cláusulas que estimen conveniente a sus intereses particulares, sin estar sujetas a las regulaciones generales o específicas del Código Civil. La consecuencia de lo anterior es que en material contractual, y salvo por lo que se refiere a las cláusulas obligatorias constitucional o legalmente establecidas, el principio es que casi todas las regulaciones legales son supletorias a la voluntad de las partes y sólo se aplican en ausencia o insuficiencia de las previsiones adoptadas por ellas.

Por ello es que de acuerdo con el artículo 1270 del Código Civil, las obligaciones contenidas en los contratos deben cumplirse precisamente como se han contraído; y de acuerdo con el artículo 1160 del mismo Código, los contratos deben cumplirse de buena fe y las partes están obligadas no sólo a cumplir con lo expresamente establecido en el contrato, sino con todas las consecuencias que resulten de los mismos, de acuerdo con la equidad, el uso y la ley.

De acuerdo con el ordenamiento jurídico venezolano, en consecuencia, la relación contractual entre las partes está establecida en el contrato siendo el límite legal básico que tienen al regularla, de acuerdo con el artículo 6 del Código Civil, es que mediante los contratos las partes no pueden alterar las regulaciones legalmente establecidas ni las cláusulas contractuales puede ser contrarias al orden público y a las buenas costumbres.

El concepto de orden público, en el sistema legal venezolano, se refiere a situaciones en las cuales la aplicación de una disposición legal concierne al orden legal general e indispensable para la existencia de la propia comunidad, que no puede ser relajada por la voluntad de las partes, concepto que por supuesto, no se aplica en los asuntos que sólo conciernen a las partes en una controversia contractual.

Por ejemplo, normas de orden público son aquellas que por ejemplo establecen competencias o atribuciones de los entes y órganos del Estado, incluso las competencias de los jueces, y aquellas que conciernen a los poderes tributarios de las entidades públicas.

En el campo del derecho privado, por ejemplo, todas las leyes o normas relativas al estado de las personas (por ejemplo, *patria potestas*, divorcio, adopción) son normas en las cuales está interesado el orden público y las buenas costumbres[30].

En otros casos, es el mismo legislador el que ha expresamente indicado, en ciertas leyes, que las mismas son de orden público, en el sentido de que sus normas no pueden ser modificadas mediante relaciones contractuales. Es el caso, por ejemplo, de la derogada Ley de Protección al Consumidor y al Usuario de 2004[31], en cuyo artículo 2 se disponía que sus normas eran de orden público por lo que no podían ser renunciadas ni relajadas por las partes; y de la Ley Orgánica que reserva al Estado bienes y servicios conexos a las actividades primarias de Hidrocarburos de 2009 en cuyo artículo 7 se estableció que "Las disposiciones de la presente Ley son de orden público y se aplicarán con preferencia a cualquier otra disposición legal vigente en la materia."[32]

Puede decirse que, en general, los contratos del Estado no contienen normas contrarias al orden público o a las buenas costumbres, por lo que en general, tienen fuerza de ley entre las partes (art. 1159 CC), y obligan a las partes a cumplir lo que está expresamente regulado en las cláusulas contractuales y cumplir las obligaciones precisamente como fueron contraídas (arts. 1160 y 1270 CC).

En virtud de ese carácter que tienen los contratos, incluyendo los contratos del Estado, de tener la fuerza de ley entre las partes, las obligaciones contractuales particularmente en los contratos estatales, tienen que configurarse conforme a las cláusulas contractuales, conforme a las normas legales que resulten aplicables en el sector de la actividad económica en el cual se concluya el contrato, y supletoriamente, conforme a las normas del Código Civil.

---

30 Allan R. Brewer-Carías, *Contratos Administrativos*, Caracas, 1992, pp. 265-268.

31 Gaceta Oficial, No. 37.930 de 04-05-2004

32 Gaceta Oficial Nº 39.173 del 7 de mayo de 2009

En particular, en cuanto a las regulaciones de derecho administrativo aplicable a los contratos del Estado, debe precisarse que los principios de esa rama del derecho, como los de todas las otras, están básicamente establecidos en leyes sancionadas por la Asamblea Nacional, en virtud de ser la ley formal, la más importante fuente de esta disciplina, siendo las regulaciones legales en general supletorias en relación con los contratos estatales. Tal es el caso, por ejemplo, de la Ley de Contrataciones Públicas, de la Ley Orgánica de la Administración Pública, de Ley General de Puertos, de la Ley Orgánica de Hidrocarburos, de la Ley Orgánica del Ambiente y de la Ley Penal del Ambiente, para sólo recordar algunas.)

Las leyes especiales, en general, proporcionan un marco importante parea la actividad contractual. Sólo mencionemos la Ley Orgánica de la Administración Pública, que regula a los entes públicos y sus órganos[33], incluso la competencia específica para contratar, y en particular a los institutos autónomos y empresas del Estado, que son los entes que generalmente suscriben contratos públicos con los particulares (Arts. 29, 32 LOAP).

Por ejemplo, es el artículo 102 LOAP el que define a las empresas del Estado como sociedades mercantiles en las cuales un ente público (estatal) sea titular de más del 50% del capital social, siendo incluso posible su creación con un solo accionista (art. 105). La personalidad jurídica de las mismas, al igual que la de cualquier sociedad mercantil, se adquiere mediante el registro de los estatutos en el registro mercantil conforme al Código de Comercio (arts. 103).

El artículo 102 LOAP en forma contradictoria establece que "las empresas del Estado son *personas jurídicas de derecho público constituidas de acuerdo a las normas de derecho privado,*" las cuales, sin embargo, conforme al artículo 107 LOAP, por ser personas establecidas conforme al derecho privado (es decir, realmente, *"personas jurídicas de derecho privado"*), están sujetas a la legislación comercial ordinaria, particularmente establecida en el Código de Comercio, excepto cuando se disponga otra cosa en la misma Ley Orgánica de la Administración Pública (Art. 107).

En este respecto, el Tribunal Supremo de Justicia mediante sentencia de su Sala Constitucional de 18 de marzo de 2002 ha señalado, por ejemplo, en relación con Petróleos de Venezuela (PDVSA), que el régimen legal que le es aplicable es uno de carácter mixto, de derecho público y derecho privado, aún cuando preponderantemente de derecho privado debido a su

---

33 Decreto Ley Nº 6.217 15-07-2008, Gaceta Oficial No. 5890 Extraordinario de 31-07-2008. Derogó la Ley de 2001, en Gaceta Oficial, Nº 37.305 de 17-10-2001. Véase Allan R. Brewer-Carías et al., *Ley Orgánica de la Administración Pública*, Caracas 2002, pp. 62 ss.

organización legal, excepto en relación con sus relaciones con la República establecida a través de leyes y reglamentos vinculados con la Administración Publica[34].

III. LOS CONTRATOS ESTATALES, EL INTERÉS PÚBLICO Y LOS SERVICIOS PÚBLICOS

Todos los contratos estatales o contratos del Estado, al tener como una de las partes contratantes un ente público o persona jurídica estatal, pueden considerarse como de interés público, en el sentido de que todo lo que interese a un ente público es de interés público. Por eso hemos considerado que la expresión contrato de interés público en la Constitución equivale a contrato público o contrato del Estado.

Pero una cosa es el interés público y otra cosa es el servicio público; todo servicio público comporta una actividad de interés público, pero no toda actividad de interés público puede considerarse como servicio público.

En efecto, la expresión "servicio público" en el ordenamiento jurídico venezolano no puede usarse indiscriminadamente para calificar como tal a toda actividad de interés público. Como sucede en la doctrina del derecho administrativo anglosajón, la expresión "servicio público" conforme al *Black's Law Dictionary*[35], tiene un particular significado relativo a *"public utility"*[36], expresión que identifica a los servicios prestados al público en general por entidades o corporaciones públicas o mediante concesión de estas. En consecuencia, en derecho venezolano y en el derecho anglosajón, no toda actividad de interés público puede ser considerada como servicio público, sino sólo aquellas que consisten en una actividad de prestación de interés público destinada a satisfacer las necesidades del público en general o de confort y conveniencia de la comunidad como globalidad, como por ejemplo son los servicios de ferrocarriles, de transporte, de gas, de electricidad, de agua. En consecuencia, no es correcto identificar *"servicio público"* con cualquier actividad de interés general, pues de lo contrario, la noción carecería de utilidad.

---

34   Véase *Revista de Derecho Público*, N° 89-92, Caracas, 2002, p. 219.

35   En el Black's Law Dictionary, el término "public service" se aplica a las actividades o entidades "which specially serve the needs of the general public or conduce to the comfort and convenience of an entire community, such as railroads, gas, water and electric light companies; and companies furnishing public transportation". Si el servicio público es prestado por una empresa privada debe tener "an appropriate franchise from the state to provide for the necessity or convenience of the general public, incapable of being furnished by private competitive business, and dependent for its exercise on eminent domain or government agency", West Publishing, St. Paul, Minn., 1991, p. 858.

36   Véase Peter L Strauss et al., *Administrative Law. Cases and Comments*, University Casebooks Series, New York, 1995, pp. 339 ss. *Cf.* José Peña Solís, *Manual de Derecho Administrativo*, Vol. 3, Caracas 2003, p. 381.

Sin embargo, la noción de servicio público, equivalente también a la expresión francesa de *"service public"*, en el derecho administrativo latino ha sido una de las nociones más trajinadas, usadas y distorsionadas, en fin, de uso más abusivo, al punto de que en ciertos casos ha servido para identificar cualquier actividad de las entidades públicas, lanzando la noción a una permanente crisis conceptual[37].

Resulta necesario, por tanto, tratar de identificar correctamente la noción y distinguirla de otra actividades de interés público, ya que su utilización ha sido extremadamente frecuente en la tarea de tratar de identificar a los "contratos administrativos" como una categoría dentro de los contratos estatales.

De acuerdo con el derecho venezolano, en efecto, en sentido equivalente a la noción de *"public service or utility"* antes indicada, un servicio público ante todo es siempre una actividad mediante la cual un ente público o una empresa mediante concesión, presta regularmente a un servicio al público en general o a la comunidad entera, como por ejemplo son los servicios de gas, teléfono, agua, electricidad, transporte. Se trata, siempre de una actividad de prestación[38], mediante la cual la entidad pública directamente satisface necesidades públicas generales dando un servicio a la comunidad entera o al público general. En consecuencia, la característica esencial del servicio publico es que siempre consiste en una actividad prestacional destinada al público en general, para satisfacer necesidades públicas de manera continua y regular, y que el ente público tiene que asumir en virtud de una obligación constitucional o legalmente establecida. Por ello es que los particulares no son libres de asumir dichas actividades prestacionales y sólo pueden cumplirlas mediante un contrato de concesión otorgado por el ente público respectivo, o en su caso, un permiso, una autorización o un registro en oficina pública[39].

---

37 Véase entre los más recientes ensayos en la materia: Jaime Orlando Santofimio, "Los servicios públicos: vicisitudes y fundamentos de un tema jurídico inconcluso e impreciso" en *El derecho Público a comienzos del Siglo XXI: Estudios en Homenaje ul Profesor Allan R. Brewer-Carías*, Ed. Civitas, Madrid, 2003, pp. 1882-1956; José Ignacio Hernández G., "Un ensayo sobre el concepto de servicio público en el derecho venezolano" *Revista de Derecho Público*, N° 89-92, EJV, Caracas, 2002, pp. 47-75; José Araujo-Juárez, *Derecho Administrativo General. Servicio Público*, Paredes Ediciones, Caracas 2010, pp. 3 ss.

38 Véase, por ejemplo, Allan R. Brewer-Carías, "Comentarios sobre la noción de servicio público como actividad prestacional del Estado y sus consecuencias" en *Revista de Derecho Público*, N° 6, EJV, Caracas, 1981, pp. 65-71. Véase también el reciente trabajo de José Ramón Parada, "Los servicios públicos en España", en *El derecho Público a comienzos del Siglo XXI: Estudios en Homenaje al Profesor Allan R. Brewer-Carías*, Madrid, 2003, pp. 1845-1869.

39 Véase Allan R. Brewer-Carías", "El régimen constitucional de los servicios públicos", VI Jornadas Internacionales de Derecho Administrativo "Allan R. Brewer-Carías",

En nuestro criterio, esta definición de servicio público implica lo siguiente[40]: primero, que siempre se trata de una actividad prestacional que consiste en proveer o dar un servicio al público en general; por lo que el concepto se refiere precisamente a servicios tales como gas, electricidad, agua, transporte, teléfono, lo que implica que siempre están regulados mediante leyes.

Segundo, se trata de servicios que el ente público respectivo debe cumplir o prestar en ejecución de una obligación constitucional o legal, de lo que resulta la necesaria existencia de una ley formal que los regule. De ello deriva la doctrina de que para que un servicio público exista es necesaria su calificación como tal mediante ley expresa[41].

En consecuencia, no todo tipo de servicios prestados por los entes públicos pueden considerarse como servicios públicos, sino sólo aquellos que se prestan en ejecución de una obligación establecida en la Constitución o en una ley. Por ello, precisamente es que los servicios públicos no pueden ser prestados libremente por los particulares, sino mediante concesión, licencia, permiso o autorización.

Tercero, en virtud de que se trata siempre de una actividad que consiste en prestar servicios al público en general como consecuencia la una obligación impuesta al Estado, de acuerdo con el principio de la *alteridad* que existe en toda relación derecho/obligación, el público en general y los usuarios en particular pueden alegar tener un derecho constitucional o legal de recibir los servicios, e incluso pueden reclamarlos judicialmente[42].

Cuarto, cuando una actividad se declara constitucional o legalmente como un *servicio público*, tal actividad no puede ser libremente cumplida por los particulares, pues está sujeta a alguna intervención o restricción estatal.

En este caso, la libertad económica o libertad de empresa puede considerarse que está limitada, aún en grados diversos. En efecto, la declaración de una actividad como servicio público puede implicar la exclusión total de cualquier posibilidad de que los particulares puedan prestar el servicio, como sucedía en el pasado con el correo, que se reservaba al Estado, como lo establecía la vieja Ley de Correo, o lo estableció en 2009 la

---

Fundación de Estudios de Derecho Administrativo, Tomo I, Caracas, March 5 - 8, 2002.

40   Idem.

41   Por ello, en relación con la noción de servicio público, algunos autores han concluido que solo las actividades expresamente calificadas como tales en las leyes pueden ser consideradas como servicios públicos. Véase José Peña Solís, *Manual de Derecho Administrativo*, Vol. 3, Caracas, 2003, pp. 336 ss.

42   Por ello, el artículo 259 de la Constitución de 1999 le atribuye a la Jurisdicción contencioso-administrativa competencia para resolver los reclamos por la prestación de los servicios públicos.

Ley Orgánica que reserva al Estado bienes y servicios conexos a las actividades primarias de Hidrocarburos;[43] o puede implicar que el servicio se pueda prestar por los particulares mediante concesión o permiso otorgado por el ente público, como sucede en general con los servicios públicos; o los servicios públicos pueden prestarse en forma concurrente entre el Estado y los particulares, sin mayores limitaciones, como sucede por ejemplo con los servicios de salud o de educación[44].

En Venezuela, el artículo 302 de la Constitución establece la posibilidad de que el Estado se reserve, mediante ley orgánica y con fundamento en razones de conveniencia nacional, determinadas industrias, explotaciones, bienes y "servicio" de interés público. En muchos casos, incluso, el monopolio estatal puede establecerse en relación no sólo ciertas actividades (industrias, explotaciones) sino en servicios en particular.

Sin embargo, en relación con los servicios públicos, su declaración legal como tales "servicios públicos" no implica necesariamente una reserve automática de la actividad al Estado, por lo que más bien, dependiendo del grado intervención estatal, los mismos pueden ser prestados por particulares mediante concesiones conforme al artículo 113 de la Constitución; o pueden prestarse por los particulares en forma concurrente. Pero en todo caso, una ley que regule la actividad como servicio público es siempre necesaria para ser tenidos como tal.

En la última de las decisiones importantes del Tribunal Supremo de Justicia sobre la noción de servicio público, y para resolver un recurso de nulidad interpuesto contra una resolución del antiguo Ministerio de Transporte y Comunicaciones, la Sala Político Administrativa de dicho Tribunal consideró "necesario estudiar la actividad del correo a la luz de los conceptos emanados de la doctrina, normativa y jurisprudencia, bajo el marco conceptual del servicio público", estableciendo el siguiente criterio, coincidente con el que hemos sostenido:

> El servicio público puede ser definido como la actividad administrativa de naturaleza prestacional destinada a satisfacer necesidades colectivas de manera regular y continua, previamente calificada como tal por un instrumento legal, realizada directa o indirectamente por la Administración Pública y por tanto, sometido a un régimen de Derecho público. (José Peña Solís. "La Actividad Administrativa de Servicio Público: Aproximación a sus Li-

---

43 La Ley de 2009 declaró en su artículo 5 que "Se declaran servicio público y de interés público y social, las obras, bienes y servicios, conexos para la realización de las actividades primarias previstas en la Ley Orgánica de Hidrocarburos reservados en los artículos anteriores." Gaceta Oficial N° 39.173 del 7 de mayo de 2009.

44 Véase Allan R. Brewer-Carías, "Comentarios sobre la noción de servicio público como actividad prestacional del Estado y sus consecuencias" en *Revista de Derecho Público*, N° 6, EJV, Caracas, 1981, pp. 68 ss.

neamientos Generales", en *Temas de Derecho Administrativo. Libro Homenaje a Gonzalo Pérez Luciani.* Vol. I. Tribunal Supremo de Justicia. Colección Libros Homenaje n° 7. Caracas, 2002. p. 433).

Los servicios públicos contienen una serie de elementos que los caracterizan, entre los que están la actividad prestacional, la satisfacción de necesidades colectivas (o la vinculación al principio de la universalidad del servicio), la regularidad y continuidad del servicio, la calificación por ley de la actividad como servicio público (*publicatio*), la gestión directa o indirecta de la Administración Pública, y su consecuencial régimen de Derecho público[45].

IV. LOS CONTRATOS DEL ESTADO Y LOS CONTRATOS ADMINISTRATIVOS

Conforme a la doctrina tradicional, no todos los contratos del Estado pueden considerarse como "contratos administrativos", pero sin duda, en presencia de cualquier contrato del Estado o contrato público, siempre surgirá la discusión sobre si debe o no considerarse como un contrato administrativo, en particular cuando de cuestiones de competencia judicial se trata.

Por otra parte, con frecuencia es la propia Administración contratante la que califica a cualquier contrato como contrato administrativo a los efectos de alegar la existencia de cláusulas exorbitantes del derecho común. Sin embargo, de hecho, si bien es cierto que en su origen en el siglo pasado, la distinción entre "contratos administrativos" y "contratos de derecho privado de la Administración" podía tener alguna importancia en relación con los poderes extraordinarios que podían ejercerse por la Administración contratante en relación con la ejecución de los "contratos administrativos" y que supuestamente no existían en los "contratos de derecho privado"; en la actualidad la distinción es inútil, ya que los poderes extraordinarios (*cláusulas exorbitantes*) establecidos en las leyes, pueden siempre ejercerse por la Administración contratante, independientemente del objeto del contrato público y del contenido de sus cláusulas, cuando el interés público lo requiera.

Por ello es que siempre se ha considerado a dichas prerrogativas estatales como inherentes a la Administración, es decir, que son de carácter implícito a pesar de que no estén establecidas en los contratos públicos. Es por ello que la antigua Corte Suprema de Justicia en su sentencia del 17 de agosto de 1999 (Caso *Apertura Petrolera*) decidió que los poderes ex-

---

[45] Sentencia No. 1002 de la Sala Político Administrativa del Tribunal Supremo de Justicia (Caso: DHL Fletes Aéreos C.A. y otros) de 5 de agosto de 2004

traordinarios que no se encuentran en los contratos privados no define el contrato administrativo como tal, ya que las mismas son consecuencia y no la condición para su determinación; agregando que el hecho de que un contrato tenga o no esas cláusulas no es sino la consecuencia de la necesaria y obligatoria protección del interés general.

La noción de "contrato administrativo", en ausencia de una ley general que los regule en Venezuela, sin duda, es una construcción doctrinal en cuya elaboración hemos contribuido en una forma u otra todos los que nos hemos ocupado de esta disciplina, al comentar la rica jurisprudencia de la Corte Suprema de Justicia, basada fundamentalmente en razones practicas de orden adjetivo.

En todo caso, como antes se ha dicho, los únicos contratos del Estado regulados en la Constitución son los contratos de interés público que se caracterizan por el sólo hecho de que una de las partes contratantes debe ser una entidad pública (la República, los Estados y los Municipios, de acuerdo con la interpretación de la Corte Suprema de Justicia). Ninguna otra consideración se hace en la Constitución en relación con otros aspectos de los contratos o en relación con su objeto a los efectos de considerarlos como contratos de interés público. En consecuencia, en relación con los contratos, la única distinción establecida en la Constitución se refiere al nivel territorial de gobierno en el cual se ubica la entidad pública contratante: en el nivel nacional, estadal o municipal, circunstancia que da origen a la distinción entre contratos de interés público nacional, contratos de interés público estadal y contratos de interés público municipal.

En la Constitución no se hace referencia alguna a los llamados "contratos administrativos;" noción que es utilizada sólo en pocas normas legales y desarrollada por la doctrina jurisprudencial de la antigua Corte Suprema de Justicia y por la doctrina legal.

En Venezuela, como se indicó, los contratos administrativos solo se regulaban en dos leyes específicas: la Ley Forestal de Suelos y Aguas, para calificar a las concesiones forestales, ahora derogada; y Ley Orgánica del Tribunal Supremo de Justicia,[46] también ahora derogada, en la cual, conforme a la orientación de la Ley Orgánica precedente de 1976 relativa a la antigua Corte Suprema de Justicia, se establecía una norma adjetiva de atribución de competencia judicial en materia contencioso administrativa (art. 259 C.), a la Sala Político Administrativa del Tribunal Supremo, a los efectos de la resolución de las controversias relacionadas con los "contratos administrativos" suscritos por la República, los Estados y los Municipios (art. 5, 25).

---

46   Gaceta Oficial, N° 37.942 de 02-05-2004.

Fue con base en esa previsión legal, que se fue elaborando la amplia y confusa doctrina jurisprudencial que trató de identificar, entre los contratos públicos o contratos de interés público, algunos que se consideran contratos administrativos a los efectos de atraer la competencia de la Sala Político Administrativa del Tribunal Supremo.[47]

La única ley que conserva la denominación de "contratos administrativos," como se dijo, es la Ley Orgánica que reserva al Estado bienes y servicios conexos a las actividades primarias de Hidrocarburos de 2009,[48] la cual al referirse a los contratos que habían sido celebrados en las materias que se reservaron al Estado (los relativos a bienes y servicios de inyección de agua, de vapor o de gas, que permitían incrementar la energía de los yacimientos y mejorar el factor de recobro; de compresión de gas.; y las vinculados a las actividades en el Lago de Maracaibo: Lanchas para el transporte de personal, buzos y mantenimiento; de barcazas con grúa para transporte de materiales, diesel, agua industrial y otros insumos; de remolcadores; de gabarras planas, boyeras, grúas, de ripio, de tendido o reemplazo de tuberías y cables subacuáticos; de mantenimiento de buques en talleres, muelles y diques de cualquier naturaleza) indicó que "se les reconoce como contratos administrativos" (art. 3), a los efectos de considerarlos extinguidos de pleno derecho en virtud de la propia Ley (art. 3).

Ahora bien, todos los que nos hemos ocupado del estudio del derecho administrativo, hemos escrito extensivamente sobre el tema de los contratos administrativos[49]. Incluso, en uno de los primeros estudios contempo-

---

47   Véase Allan R. Brewer-Carías y Luis Ortiz Álvarez, *Las grandes decisiones de la Jurisprudencia Contencioso-Administrativa 1961-1996*, Caracas, 1999, pp. 174 y ss.

48   Gaceta Oficial N° 39.173 del 7 de mayo de 2009

49   Véase: Allan R. Brewer-Carías, «Los contratos de la administración en la jurisprudencia venezolana» en *Revista de la Facultad de Derecho*, N° 26, Universidad Central de Venezuela, Caracas, 1963, pp. 127-154; «La formación de la voluntad de la Administración Pública Nacional en los contratos administrativos» *en Revista de la Facultad de Derecho*, N° 28, Universidad Central de Venezuela, Caracas, 1964, pp. 61-112; «La formación de la voluntad de la Administración Pública Nacional en la contratación administrativa», (con referencias al derecho uruguayo por Horacio Casinelli Muñoz) en *Revista de Derecho, Jurisprudencia y Administración*, Tomo 62, N° 2-3, Montevideo 1965, pp. 25-56; «Los contratos de la Administración en la doctrina de la Consultoría Jurídica» en *Revista del Ministerio de Justicia*, N° 48, Año XIII, Caracas, enero-marzo 1964, pp. 27-75; «Los contratos de la Administración en la doctrina de la Procuraduría General de la República» en *Revista de la Facultad de Derecho*, N° 30, Universidad Central de Venezuela, Caracas, December 1964, pp. 173-232; «Los contratos de la administración en la doctrina de la Procuraduría General de la República II» en *Revista de la Facultad de Derecho*, N° 31, Universidad Central de Venezuela, Caracas, Junio 1965, pp. 269-299; «La facultad de la Administración de modificar unilateralmente los contratos administrativos» en *Libro-Homenaje a la Memoria de Roberto Goldschmidt*, Facultad de Derecho, Universidad Central de Venezuela, Caracas, 1967, pp. 755-778; «La facultad de la Administración de modificar unilateralmente los contratos administrativos (con especial referencia a los contratos de obra pública en el derecho venezolano)» en *Revista de Derecho Español y Americano*, Instituto de Cultura Hispánica, N°

19, Año XIII, Madrid, Enero-marzo 1968, pp. 101-117; «Algunas reflexiones sobre el equilibrio financiero en los contratos administrativos y la aplicabilidad en Venezuela de la concepción amplia de la Teoría del Hecho del Príncipe», en *Revista Control Fiscal y Tecnificación Administrativa*, Año XIII, N° 65, Contraloría General de la República, Caracas, 1972, pp. 86-93; «La autorización legislativa» en Procedimientos Parlamentarios para la aprobación de Contratos de interés nacional, Imprenta del Congreso de la República, Caracas, 1973, pp. 77-92; «Consideraciones sobre los efectos de la ruptura de la ecuación económica de un contrato administrativo por una ley declarada nula por inconstitucional» en *Cuadernos de Derecho Público*, Facultad de Derecho, Universidad de Los Andes, N° 2, Mérida 1976, pp. 5-26; Allan R. Brewer-Carías, *Jurisprudencia de la Corte Suprema 1930-1974 y Estudios de Derecho Administrativo*, Tomo III: La Actividad Administrativa. Vol. 2. Recursos y Contratos Administrativos, Ediciones del Instituto de Derecho Público, Facultad de Derecho, Universidad Central de Venezuela, Caracas, 1977, 587 pp.; «La evolución del concepto de contrato administrativo» en *El Derecho Administrativo en América Latina*, Curso Internacional, Colegio Mayor de Nuestra Señora del Rosario, Bogotá 1978, pp. 143-167; en *Jurisprudencia Argentina*, N° 5.076, Buenos Aires, 13-12-1978, pp. 1-12; en *Libro Homenaje al Profesor Antonio Moles Caubet*, Tomo I, Facultad de Ciencias Jurídicas y Políticas, Universidad Central de Venezuela, Caracas, 1981, pp. 41-69; y en Allan R. Brewer-Carías, *Estudios de Derecho Administrativo*, Bogotá, 1986, pp. 61-90; «Evoluçao do conceito do contrato administrativo» en *Revista de Direito Publico* Nos. 51-52, Sao Paulo, July-December 1979, pp. 5-19; «Algunas consideraciones sobre las cláusulas de variación de precios en los contratos administrativos» en *Boletín de la Academia de Ciencias Políticas y Sociales*, N° 81, Caracas, julio-septiembre 1980, pp. 251-262; «Los contratos de interés nacional y su aprobación legislativa» en *Revista de Derecho Público*, N° 11, Editorial Jurídica Venezolana, Caracas, julio-septiembre 1982, pp. 40-54; «Los contratos de interés nacional y su aprobación legislativa», Allan R. Brewer-Carías, *Estudios de Derecho Público*, Tomo I, (Labor en el Senado 1982), Ediciones del Congreso de la República, Caracas, 1983, pp. 183-193; «La aprobación legislativa de los contratos de interés nacional y el contrato Pdvsa-Veba Oil», en Allan R. Brewer-Carías, *Estudios de Derecho Público*, Tomo II, (Labor en el Senado), Ediciones del Congreso de la República, Caracas, l985 pp. 65-82; «La evolución del concepto de contrato administrativo», Allan R. Brewer-Carías, Estudios de Derecho Administrativo, Ediciones Rosaristas, Colegio Nuestra Señora del Rosario, Bogotá, 1986 pp. 61-90; «Las cláusulas obligatorias y los principios especiales en la contratación administrativa», Allan R. Brewer-Carías, *Estudios de Derecho Administrativo*, Ediciones Rosaristas, Colegio Nuestra Señora del Rosario, Bogotá 1986 pp. 91-124; «Principios especiales y estipulaciones obligatorias en la contratación administrativa» en *El Derecho Administrativo en Latinoamérica*, Vol. II, Ediciones Rosaristas, Colegio Mayor Nuestra Señora del Rosario, Bogotá 1986, pp. 345-378; «Las cláusulas obligatorias y los principios especiales en la contratación administrativa» en Allan R. Brewer-Carías, *Estudios de Derecho Administrativo*, Bogotá, 1986, pp. 91-124; «Consideraciones sobre los derechos del contratista en los contratos de obra pública: el derecho al precio y a su pago en la forma convenida» en *Revista de Derecho Público*, N° 28, Editorial Jurídica Venezolana, Caracas, Octubre-diciembre 1986, pp. 35-46; «El régimen de selección de contratistas en la Administración Pública y la Ley de Licitaciones» en *Revista de Derecho Público*, N° 42, Editorial Jurídica Venezolana, Caracas, Abril-junio 1990, pp. 5-25; Allan R.Brewer-Carías, *Contratos Administrativos*, Colección Estudios Jurídicos, N° 44, Editorial Jurídica Venezolana, Caracas, 1992, 302 pp; «Algunos comentarios al régimen de la contratación estatal en Colombia» en *Revista de Derecho Público*, N° 59-60, Editorial Jurídica Venezolana, Caracas, Julio-diciembre 1994, pp. 75-80; y en *Estudios Jurídicos en Memoria de Alberto Ramón Real*, Instituto de Derecho Administrativo, Facultad de Derecho, Universidad de la República, Montevideo, 1996, pp. 455-461; «El Derecho Administrativo y el derecho de la contratación estatal en Colombia y en el panorama jurídico contemporáneo», en Allan R. Brewer-Carías y Jorge Vélez García, Contratación Estatal, Derecho Administrativo y

ráneos de derecho administrativo venezolano, que fue nuestra tesis de grado *Las Instituciones Fundamentales del Derecho Administrativo y la Jurisprudencia Venezolana*, Caracas 1964, pp. 155-223, escribimos un Capítulo destinado a analizar "la teoría del contrato administrativo". Dicha tesis, escrita en Francia entre 1962 y 1963 mientras seguíamos los cursos de postgrado en la Facultad de Derecho de la Universidad de Paris, sin duda, estuvo influenciada por la doctrina francesa de derecho administrativo de la época, de manera que la definición que entonces adoptada para identificar los contratos administrativos fue "la finalidad de servicio público" perseguida con el contrato[50].

Fue esta "finalidad de servicio público" en el sentido de gestión de los intereses públicos por la Administración Pública,[51] la que justificaba la aplicación de un régimen de derecho administrativo a dichos contratos y la competencia de la Sala Político Administrativa de la Corte Suprema de Justicia en relación con las controversias que pudieran surgir de su ejecución[52]; que no se aplicaban a los contratos de derecho privado que pudiera suscribir la Administración Pública. La definición se basó en el análisis de la jurisprudencia de la Corte Suprema de Justicia conforme a decisiones adoptadas en los cuarenta y cincuenta, en particular respecto de contratos administrativos en los cuales la Administración hizo uso de sus poderes o prerrogativas públicas dado el interés público envuelto en el objeto del contrato o porque había sido suscrito con criterio de *servicio público*[53]. La definición de *"servicio público"*, para ese entonces, era una definición amplia no relacionada particularmente con la prestación de servicios al público en general[54]. Pero aún cuando la definición del contrato administrativo era entonces extremadamente amplia en el sentido de que cualquier contrato público podía considerarse contrato administrativo, los ejemplos que se daban para identificarlos, sin embargo, permitían tener una visión más precisa sobre ellos: contratos de obra pública, contratos de

---

Constitución, Pontificia Universidad Javeriana, *Quaestiones Juridicae* N° 6, Bogotá, 1995, pp. 7-37; «El arbitraje y los contratos de interés nacional» en Seminario sobre la *Ley de Arbitraje Comercial*, Biblioteca de la Academia de Ciencias Políticas y Sociales, Serie Eventos, N° 13, Caracas, 1999, pp. 169-204.

50 Allan R. Brewer-Carías, *Las Instituciones Fundamentales del Derecho Administrativo y la Jurisprudencia venezolana*, Caracas, 1964, p. 162.

51 Idem, p. 114.

52 Idem, p. 158.

53 Véase por ejemplo, las sentencias de la Corte Federal y de Casación de 5 de diciembre de 1944, de la Corte Federal de 3 de diciembre de 1959 y de la Sala Político Administrativa de la Corte Suprema de Justicia de 12 de diciembre de 1961 y de 13 de agosto de 1964, en Allan R. Brewer-Carías, *Jurisprudencia de la Corte Suprema 1930-1974 y Estudios de Derecho Administrativo*, Tomo III, vol. 2, Caracas, 1977, pp. 727-733.

54 Véase Rafael Badell Madrid, *Régimen Jurídico del Contrato Administrativo*, Caracas 2001, pp. 37-47.

empréstito público, contratos de suministro a la Administración Pública, contratos de transporte público y concesiones de servicios públicos[55].

Una de las características fundamentales del derecho administrativo es su mutabilidad y adaptabilidad respecto de la transformación del Estado y de la actividad de su Administración Pública, por lo que el concepto de contrato administrativo basado en la ecuación cerrada: "interés público o finalidad de servicio público/régimen de derecho administrativo/control por la jurisdicción contencioso administrativa", ha sido cuestionado por la doctrina. Por eso se ha escrito sobre el "contradictorio y confuso criterio" utilizado en relación con los contratos administrativos[56], y sobre "la dificultad de construir de una vez por todas la institución del contrato administrativo" considerando que su "evolución aún no ha terminado."[57]

Dos décadas después de publicada nuestra tesis de grado, en un trabajo publicado en 1981 denominado "La evolución del concepto de contrato administrativo"[58], que desarrollamos posteriormente en nuestro libro *Contratos Administrativos*, Caracas 1992, cuestionamos el concepto mismo de derecho administrativo basado en la sola relación "contratos administrativos/régimen de derecho administrativo", la cual hemos calificado de absolutamente inadmisible[59]. En realidad, aparte de las cláusulas mismas del contrato (que tienen fuerza de ley entre las partes), y el carácter supletorio de las disposiciones del Código Civil, todos los contratos públicos están sujetos en una forma u otra al derecho público (administrativo), al menos en relación con las regulaciones relativas a las competencias de los entes y órganos públicos para suscribirlos, o a la selección de los contratistas (licitación), o en relación con su ejecución, de manera que no hay contratos públicos que estén sólo sujetos al derecho privado supuestamente opuestos a los contratos administrativos sujetos al derecho administrativo[60]. En cambio, hemos sostenido que "la noción de contrato administrativo solo puede ser aceptada para identificar un tipo de contrato público (contratos de Administración Publica) que en virtud de la finalidad de interés público perseguido con el mismo, está sujeto preponderantemente a

55 Allan R. Brewer-Carías, *Las Instituciones Fundamentales del Derecho Administrativo y la Jurisprudencia venezolana*, Caracas, 1964, p. 162.

56 Véase Rafael Badell Madrid, *Régimen Jurídico del Contrato Administrativo*, Caracas, 2001, p. 32,

57 Véase Rafael Gómez Ferrer Morant, "La mutabilidad de la figura de los contratos administrativos," en *El Derecho Público a comienzos del Siglo XXI. Estudios en homenaje al Profesor Allan R. Brewer-Carías*, Instituto de Derecho Público, UCV/Civitas, Madrid 2003, Tomo II, pp. 1749-1764.

58 Véase en *Libro Homenaje al Profesor Antonio Moles Caubet*, Tomo I, Caracas, 1982, pp. 41-69.

59 Allan R. Brewer-Carías, *Contratos administrativos*, Caracas, 1992, p. 13.

60 Allan R. Brewer-Carías, *Contratos Administrativos, cit.*, pp. 14, 42, 43, 52, 53, 55, 71, 72.

un régimen de derecho público, pero no con el objeto de distinguir entre contratos públicos sometidos al derecho público y otros supuestamente sujetos a un régimen de derecho privado. La preponderancia de uno u otro régimen es ahora lo importante"[61].

Posteriormente hemos insistido en el tema en el trabajo presentado en una de las Jornadas Internacionales sobre "La interaplicación del derecho público y del derecho privado a la Administración Pública y el proceso de huída y recuperación del derecho administrativo", en el cual expresamos que "las actividades de la Administración Publica están sujetas tanto al derecho público como al derecho privado, en un grado de preponderancia que varia de acuerdo con sus finalidades y naturaleza"; y que "todos los contratos públicos están siempre sometidos tanto al derecho público como al derecho privado[62].

Una de las más recientes críticas respecto de la noción de contratos administrativos es el trabajo de Jesús Caballero Ortíz, "Deben subsistir los contratos administrativos en una futura legislación?"[63], en el cual se ha referido, en términos similares a los usados por Rafael Badell Madrid ("criterio confuso y contradictorio")[64], al vago e impreciso criterio utilizado para su identificación. Ello ha llevado a algunos distinguidos administrativistas a considerar que la noción de contrato administrativo es inútil y sin efecto[65] y, en todo caso, que ya ha sido abandonada frente al régimen uniforme establecido en la legislación.[66]

Por supuesto, a pesar de la imprecisión de algunas decisiones de la Sala Político Administrativa de la Corte Suprema de Justicia, algunos contratos públicos pueden considerarse y siempre se han considerado como "contratos administrativos". Es el caso de las concesiones de servicios públicos como las de transporte público, gas, electricidad, agua, recolección de desechos sólidos, teléfonos y de los contratos de obra pública[67]. En esos contratos, dado el interés público envuelto, el ente público con-

---

61 Idem, p. 14.

62 Véase en *Las Formas de la Actividad Administrativa. II Jornadas Internacionales de Derecho Administrativo "Allan Randolph Brewer-Carías"*, Fundación de Estudios de Derecho Administrativo, Caracas, 1996, pp. 58-60.

63 Publicado en *El Derecho Público a comienzos del Siglo XXI: Estudios en homenaje al Profesor Allan R. Brewer-Carías*, Madrid, 2003, p. 1765-1778.

64 Véase Rafael Badell Madrid, *Régimen Jurídico del Contrato Administrativo*, Caracas, 2001, p. 32.

65 Véase Gonzalo Pérez Luciani, "Los contratos administrativos en Venezuela", en Allan R. Brewer-Carías (Director), *Derecho Público en Venezuela y Colombia: Archivo de derecho Público y Ciencias de la Administración*, Caracas, 1986, p. 253.

66 Véase el estudio sobre el tema "El contrato administrativo en la Ley de Contrataciones Públicas venezolana," del profesor José Ignacio Hernández, en este mismo libro.

67 Allan R. Brewer-Carías, *Contratos Administrativos, op. cit.*, p. 46; Rafael Badell Madrid, *Régimen Jurídico del Contrato Administrativo*, Caracas, 2001, pp. 50-51.

tratante se considera que posee los antes mencionados poderes públicos extraordinarios en relación con su ejecución. Pero en relación con otros contratos públicos, donde el interés público no es tan obvio, la noción de contrato administrativo, en definitiva, puede considerarse como una noción *ex post facto*[68], en el sentido de que cualquier contrato público suscrito por la República, los Estados y los Municipios puede convertirse en contrato administrativo, si el ente público contratante utiliza sus poderes públicos extraordinarios en relación con su cumplimiento y ejecución, y siempre que la Sala Político Administrativa decidiera considerar el contrato público como un contrato administrativo, solo para confirmar su competencia para resolver las controversias que deriven de su ejecución.

Como indicamos, el origen francés de la distinción entre contrato administrativo y contrato de derecho privado suscrito por la Administración Pública, dio origen a la distribución de competencias judiciales entre la jurisdicción contencioso administrativa y la jurisdicción judicial ordinaria[69]; la cual fue seguida en muchos países de régimen de derecho escrito. La noción francesa de *"service public"* fue también utilizada y por ello la seguimos hace cuatro décadas[70]. La muy conocida crisis de la noción de *"servicio publico"* también originó la mencionada crisis de la noción de contrato administrativo, los cuales no pueden ahora ser definidos por la sola finalidad de servicio publico, dado el riesgo de que no exista criterio sustantivo alguno para identificar dicha finalidad, o simplemente porque se identifiquen con todos los contratos públicos o de interés público. Si tal es el caso, entonces la noción de contrato administrativo es inútil, excepto para la competencia de la Sala Política Administrativa del Tribunal Supremo de Justicia al decidir sobre su propia competencia en relación con ciertos contratos suscritos por la República, los Estados o los Municipios[71].

Sin embargo, este interés adjetivo que originó la misma noción de contrato administrativo, puede decirse que también ha desaparecido con la nueva Ley Orgánica de la Jurisdicción Contencioso Administrativa de junio de 2010,[72] la cual al distribuir las competencias entre los tribunales

---

68   Véase "La interaplicación del derecho público y del derecho privado a la Administración Pública y el proceso de huida y recuperación del derecho administrativo" en *Las Formas de la Actividad Administrativa: II Jornadas Internacionales de Derecho Administrativo Allan Randolph Brewer-Carías*, Fundación de Estudios de Derecho Administrativo, Caracas, 1996, pp. 59.

69   Allan R. Brewer-Carías, *Contratos Administrativos, op. cit.*, p. 39.

70   Idem, p. 40, 51.

71   Idem, p. 55.

72   Véase Gaceta Oficial No. 39.451 de 22-6-2010. Véase los comentarios en Allan R. Brewer-Carías y Víctor Hernández Mendible, *Ley Orgánica de la Jurisdicción Contencioso Administrativa*, 2ª ed., Editorial Jurídica Venezolana, Caracas, 2011, pp. 8-152

de la jurisdicción contencioso administrativa, ratificó la eliminación del monopolio que tenía la Sala Político Administrativa del Tribunal Supremo para conocer controversias en materia de "contratos administrativos", con lo cual la noción perdió utilidad e interés procesal, que materialmente era el único que la sustentaba. Por tanto, ninguna importancia tiene que se califique o no a cualquier contrato público como contrato administrativo, el cual como contrato público, está sometido, como todos los contratos del Estado a un régimen mixto de derecho público y de derecho privado, siendo el Código Civil de aplicación supletoria respeto de lo establecido en las cláusulas contractuales y en las leyes especiales.

Por otra parte, es de recordar que incluso, en la asunción del monopolio jurisdiccional ahora eliminado, la antigua Corte Suprema también usó el criterio de "servicio público" en sentido estricto, para justificar la existencia de ciertas cláusulas extraordinarias en un contrato administrativo[73].

Así, Sala Político Administrativa del Tribunal Supremo de Justicia en sentencias recientes incluso ha progresivamente adoptado una definición amplia de "contratos administrativos", como equivalente a "contratos públicos".

En tal sentido en la sentencia N° 357 de 14 de abril de 2004, se resolvió:

Tanto la doctrina como la jurisprudencia de esta Sala han señalado como características esenciales de los contratos administrativos, las siguientes: a) que una de las partes contratantes sea un ente público; b) que la finalidad del contrato se encuentre vinculada a una utilidad pública o servicio público; c) y como consecuencia de lo anterior, debe entenderse la presencia de ciertas prerrogativas de la administración en dichos contratos consideradas como exorbitantes, aun cuando no se encuentren expresamente plasmadas tales características en el texto de los mismos[74].

En otra decisión N° 654 de 21 de abril de 2004, la misma Sala decidió:

Tanto la doctrina como la jurisprudencia de esta Sala han señalado como características esenciales de los contratos administrativos, las siguientes: (a) que una de las partes contratantes sea un ente público; (b) que la finalidad del contrato se encuentre vinculada a una utilidad o servicio público (aspecto éste que puede evidenciarse cuando la actividad contratada resulte importante para la prestación de un servicio público, cuando sea de tal forma inherente o conexa con la actividad pública o de servicio público que sin aquélla no se podría llevar a cabo esta última, o cuando el contrato en cuestión suponga un subsidio evidente a favor del beneficiario del servicio y a cargo de una de

---

73 Véase, por ejemplo, la sentencia de la Sala Político Administrativa de la Corte Suprema de Justicia de 11 de abril de 1983, en *Revista de Derecho Público*, EJV, N° 20, Caracas, 1984, pp. 163-164; y en Allan R. Brewer-Carías, *Contratos Administrativos, op. cit.*, pp. 161-163.

74 Caso: *Empresa Constructora Irpresent vs. Alcaldía San Carlos de Austria del Estado Cojedes.*

las partes contratantes). Como consecuencia de lo anterior, debe entenderse la presencia de ciertas prerrogativas de la administración en dichos contratos, consideradas como exorbitantes, aún cuando no se encuentren expresamente plasmadas en el texto del mismo[75].

V. LAS CLÁUSULAS EXORBITANTES O LOS PODERES EXTRAORDINARIOS EN LOS CONTRATOS PÚBLICOS

Ahora bien, dejando aparte el tema de la vaga noción de contrato administrativo, lo cierto es que de acuerdo con la doctrina jurisprudencial, la consecuencia fundamental de que un contrato público se considere como un contrato administrativo, aparte de la de orden procesal antes mencionada y ahora superada, es la posibilidad de que el ente público contratante pueda hacer uso de ciertas prerrogativas públicas, llamadas en la doctrina como *cláusulas exorbitantes de derecho común*, es decir, poderes extraordinarios que corresponden a las entidades públicas con el objeto de preservar el interés público. Y que no se encuentran en los contratos de derecho privado. Como se ha dicho, estos poderes o prerrogativas públicas se han considerado como inherentes a la Administración Pública, no siendo necesario que estén incorporados en las cláusulas contractuales, ya que son cláusulas implícitas[76]. Estas cláusulas son los poderes que tiene la Administración contratante para dirigir y controlar la ejecución del contrato; para sancionar los incumplimientos de la contraparte en el contrato; para modificar unilateralmente las cláusulas del contrato, o para resolver unilateralmente la rescisión del contrato[77].

Lo importante a destacar en relación con estos poderes extraordinarios es que en realidad los mismos no resultan de los contratos Públicos en sí mismos, sino de la posición de superioridad jurídica en la cual se encuentra la Administración contratante como garante del interés público. Por ello, la Sala Político Administrativa de la antigua Corte Suprema de Justicia admitió consistentemente que las llamadas cláusulas exorbitantes relativas a dichos poderes no tenían que estar incorporadas en el texto de los contratos, considerando que se encontraban tácitamente incorporadas en el texto de todos los contratos públicos, independiente de su naturaleza o finalidad. Así se admitió, por ejemplo, por la actual Sala Político Administrativo del Tribunal Supremo de Justicia en sentencia N° 654 de 21 de abril de 2004, al señalar que "los poderes atribuidos por ley a la Administración Pública, incluso cuando no estén expresamente incorporados en el

---

75   Caso: *David Goncalves Carrasqueño vs. Alcaldía del Municipio Miranda del Estado Zulia.*

76   Allan R. Brewer-Carías, *Contratos Administrativos, op. cit.*, pp. 43,47, 164.

77   Véase Allan R. Brewer-Carías, *Contratos administrativos*, Caracas, 1992, pp. 164-185.

texto del contrato, deben considerarse insertos en el mismo"[78], lo que se aplica a los llamados "contratos administrativos" y a cualquier tipo de contrato del Estado.

Dichos poderes, por otra parte, por el principio de la competencia, siempre están regulados en alguna ley, como por ejemplo la Ley de promoción a la inversión privada mediante concesiones[79]. Dichas prerrogativas o poderes extraordinarios de la Administración contratante, por supuesto, también podrían estar expresamente regulados y establecidos en el texto de los contratos, particularmente de los que tradicionalmente se han calificado como "contratos administrativos", por ejemplo, en los contratos de obra pública o de concesión de servicios públicos. Por ello, por ejemplo, en relación con los contratos de obra pública, el reglamento que establecía las Condiciones Generales de Contratación, con el carácter de cláusulas obligatorias[80], establecía expresamente los poderes que el ente público contratante podía ejercer para supervisar y controlar la ejecución de los trabajos[81].

En consecuencia, el uso de los referidos poderes extraordinarios por el ente público contratante, ante todo, debe adecuarse a lo que se establece en el contrato mismo, cuyas cláusulas tiene fuerza de ley entre las partes; y si dichas prerrogativas o poderes extraordinarios no están previstas en las cláusulas contractuales, pero se consideran implícitas en ellas, entonces el ente público contratante siempre debe ejercerlos mediante su actividad formal, es decir, mediante la emisión de actos administrativos[82], dictados como resultado de un procedimiento administrativo, conforme a lo establecido en la Ley Orgánica de Procedimientos Administrativos[83]. Esta Ley Orgánica, en efecto, es aplicable incluso a las empresas del Estado, cuando dicten actos administrativos, de acuerdo con lo previsto en el artículo 1° de la ley Orgánica de la Administración Pública[84].

En consecuencia, los poderes extraordinarios que pueden ejercerse por el ente público contratante, deben expresarse formalmente a través de actos administrativos que deben revestir todas las formalidades de ley, siguiendo un procedimiento administrativo en el cual se le debe garantizar

---

78 Caso: *David Goncalves Carrasqueño vs. Alcaldía del Municipio Miranda del Estado Zulia.*

79 Gaceta Oficial, N° 5.394 Extr. de 21-10-1999.

80 Decreto N° 1821, de 30-08-1991, Gaceta Oficial N° 34.797 de 09-09-1991.

81 Allan R. Brewer-Carías, *Contratos Administrativos, op. cit.*, p. 165.

82 Allan R. Brewer-Carías, *Contratos Administrativos, op. cit.*, p.47.

83 Gaceta Oficial, N° 2.818 Extra. de 01-07-1981. Véase Allan R. Brewer-Carías et al, *Ley Orgánica de Procedimientos Administrativos*, Caracas 1987, pp. 19 ss.

84 Véase Allan R. Brewer-Carías, *El Derecho Administrativo y la Ley Orgánica de Procedimientos Administrativos*, Caracas 1982, pp. 27 ss.; Allan R. Brewer-Carías, *Principios del procedimiento Administrativo en América Latina*, Bogotá 2003, p. 11.

al co-contratante de la Administración el debido proceso administrativo y en particular, su derecho a la defensa[85].

En efecto, en los contratos del Estado, y en particular, en los denominados contratos administrativos, conforme se regula en las leyes o en el texto de los contratos, se admite la posibilidad, por ejemplo, de que la Administración contratante, al hacer uso de sus poderes extraordinarios, intervenga el servicio o la obra, sustituya al contratista en la prestación o ejecución del mismo o ponga término al contrato, sea como sanción por incumplimiento de sus obligaciones por el contratante; sea por razones de interés general, en cuyo caso debe mediar indemnización.

En todos los casos en los cuales, por ejemplo, se produzca la primera forma de terminación anticipada del contrato por incumplimiento de las obligaciones del contratante, la Administración está obligada a abrir un procedimiento administrativo, en el cual se garantice el debido proceso, y a emitir un acto administrativo debidamente motivado.

Esto lo ha reiterado el Tribunal Supremo de Justicia en Sala Político Administrativa, y particularmente lo ha explicado en la sentencia N° 1836 de 8 de agosto de 2001, dictada con motivo de la impugnación de un acto administrativo municipal que puso fin a un contrato de concesión de explotación de canteras, en la cual la Sala se pronunció "sobre la jurisprudencia que viene esgrimiendo en relación a estas causales de extinción de las concesiones", indicando lo siguiente:

> La jurisprudencia de esta Sala Político Administrativa ha venido reiterando la potestad que tiene la Administración de rescindir unilateralmente un contrato (concesión) en aquellos casos de incumplimiento del co-contratante (concesionario), conforme lo establece, actualmente, el ordinal c) artículo 46 de la Ley Orgánica sobre Promoción de la Inversión Privada bajo el Régimen de Concesiones, publicado en la Gaceta Oficial N° 5.394 Extraordinario de fecha 25 de octubre de 1999, caso en el cual, según afirma la jurisprudencia de esta Sala, existe la necesidad de seguir un procedimiento previo que garantice el derecho a la defensa y debido proceso.

Es así, que en muchos de estos casos este Máximo Tribunal ha dispuesto lo siguiente:

> "...Manifiesta el actor que, sin embargo, de haber la administración comprobado los hechos que acarrearon el incumplimiento de las referidas cláusulas, debió darle la posibilidad a ésta de exponer o alegar sus razones jurídicas y las pruebas pertinentes para demostrar que no hubo tal incumplimiento, es

---

85   Allan R. Brewer-Carías, *Les principes de la procédure administrative non contentieuse Étude de droit comparé: France, Espagne, Amérique Latine*, Economica, Paris 1992, pp. 139 ss.; Allan R. Brewer-Carías, *Principios del procedimiento Administrativo en América Latina*, Bogotá 2003, p. 261 ss.

decir, debió iniciarse el procedimiento administrativo que le garantizara el ejercicio de su derecho a la defensa consagrado en el artículo 68 y 69 de la Carta Magna...".

"...Al respecto observa la Sala que, de ser cierta la denuncia realizada por el abogado asistente de la accionante –acerca de la ausencia de procedimiento previo al acto unilateral por el cual el Ministro del Ambiente y de los Recursos Naturales Renovables acordó la resolución del contrato administrativo celebrado con la accionante el 25 de enero de 1984- el derecho a la defensa de ésta le había sido menoscabado...". (Sent. de la SPA-CSJ de fecha 10 de febrero de 1994, Caso: *Industria Maderera del Caparo, C.A*)[86]

En consecuencia, conforme a la doctrina del Tribunal Supremo, en todo caso de rescisión unilateral de contratos administrativos por incumplimiento de sus obligaciones por el contratante, la Administración debe abrir un procedimiento administrativo y garantizar el debido proceso y el derecho a la defensa del contratante, y, en definitiva, dictar un acto administrativo formalmente motivado que pueda ser objeto de control judicial. Ello nunca puede considerarse incompatible con el interés público cuya tutela está en manos de la Administración, ya que conforme al artículo 49 de la Constitución, la garantía del debido proceso es inviolable en todo procedimiento administrativo y ni siquiera puede ser ignorada por el propio Legislador[87].

Esto lo ha precisado con claridad, la Sala Constitucional en sentencia N° 321 de 22 de febrero de 2002, en la cual ha indicado que las limitaciones al derecho de defensa en cuanto derecho fundamental, derivan por sí mismas del texto constitucional y si el Legislador amplía el espectro de tales limitaciones, las mismas devienen en ilegítimas[88]. El derecho a la

---

86 Caso: *David Montiel y otro vs. Cámara Municipal del Municipio Almirante Padilla del Estado Zulia,* en *Revista de Derecho Público,* No. 85-88, Caracas 2001, pp. 249 y ss

87 Por ello, ha sido por la prevalencia del derecho a la defensa que la Sala Constitucional, siguiendo la doctrina constitucional establecida por la antigua Corte Suprema de Justicia, ha desaplicado por ejemplo normas que consagran el principio *solve et repete* como condición para acceder a la justicia contencioso-administrativa, por considerarlas inconstitucionales. Véase Sentencia N° 321 de 22 de febrero de 2002 (Caso: *Papeles Nacionales Flamingo, C.A. vs. Dirección de Hacienda del Municipio Guacara del Estado Carabobo.* Véase en *Revista de Derecho Público,* N° 89-92, Editorial Jurídica Venezolana, Caracas 2002.

88 La Sala estableció lo siguiente: "Debe observarse que tanto el artículo 68 de la abrogada Constitución, como el 49.1 de la vigente, facultan a la ley para que regule el derecho a la defensa, regulación que se ve atendida por el ordenamiento adjetivo. Ello en modo alguno quiere significar que sea disponible para el legislador el contenido del mencionado derecho, pues éste se halla claramente delimitado en las mencionadas disposiciones; si no que por el contrario, implica un mandato al órgano legislativo de asegurar la consagración de mecanismos que aseguren el ejercicio del derecho de defensa de los justiciables, no sólo en sede jurisdiccional, incluso en la gubernativa, en los términos previstos por la Carta Magna. De esta forma, las limitaciones al derecho de defensa en

defensa, por tanto, es un derecho constitucional absoluto, "inviolable" en todo estado y grado de la causa dice la Constitución, tanto en procedimientos judiciales como administrativos, el cual corresponde a toda persona sin distingo alguno si se trata de una persona natural o jurídica, por lo que no admite excepciones ni limitaciones[89]. Dicho derecho "es un derecho, fundamental que nuestra Constitución protege y que es de tal naturaleza, que no puede ser suspendido en el ámbito de un Estado de Derecho, por cuanto configura una de las bases sobre las cuales tal concepto se erige"[90].

Ahora bien, de la existencia de un proceso debido se desprende la posibilidad de que las partes puedan hacer uso de los medios o recursos previstos en el ordenamiento para la defensa de sus derechos e intereses. En consecuencia, siempre que de la inobservancia de las reglas procesales surja la imposibilidad para las partes de hacer uso de los mecanismos que garantizan el derecho a ser oído en el juicio, se producirá indefensión y la violación de la garantía de un debido proceso y el derecho de defensa.

---

cuanto derecho fundamental derivan por sí mismas del texto constitucional, y si el Legislador amplía el espectro de tales limitaciones, las mismas devienen en ilegítimas; esto es, la sola previsión legal de restricciones al ejercicio del derecho de defensa no justifica las mismas, sino en la medida que obedezcan al aludido mandato constitucional. Caso: *Papeles Nacionales Flamingo, C.A. vs. Dirección de Hacienda del Municipio Guacara del Estado Carabobo.*

89   Por ello, por ejemplo, la Corte Primera de lo Contencioso Administrativo, en sentencia 15-8-97 (Caso: *Telecomunicaciones Movilnet, C.A. vs. Comisión Nacional de Telecomunicaciones (CONATEL)* señaló que. "resulta inconcebible en un Estado de Derecho, la imposición de sanciones, medidas prohibitivas o en el general, cualquier tipo de limitación o restricción a la esfera subjetiva de los administrados, sin que se de oportunidad alguna de ejercicio de la debida defensa". Véase en *Revista de Derecho Público*, N° 71-72, Caracas 1997, pp. 154-163.

90   Así lo estableció la Sala Político Administrativa de la antigua Corte Suprema de Justicia, en sentencia N° 572 de 18 de agosto de 1997, Caso: *Aerolíneas Venezolanas, S.A. (AVENSA) vs República (Ministerio de Transporte y Comunicaciones.* Además, con ocasión de la entrada en vigencia de la Constitución de 1999, la Sala Constitucional del Tribunal Supremo de Justicia, ha insistido en el carácter absoluto e inviolable del derecho a la defensa. Así, por ejemplo, en sentencia N° 97 de 15 de marzo de 2003, la Sala señaló: "Se denomina debido proceso a aquél proceso que reúna las garantías indispensables para que exista una tutela judicial efectiva. Es a esta noción a la que alude el artículo 49 de la Constitución de la República Bolivariana de Venezuela, cuando expresa que el debido proceso se aplicará a todas las actuaciones judiciales y administrativas. Pero la norma constitucional no establece una clase determinada de proceso, sino la necesidad de que cualquiera sea la vía procesal escogida para la defensa de los derechos o intereses legítimos, las leyes procesales deben garantizar la existencia de un procedimiento que asegure el derecho de defensa de la parte y la posibilidad de una tutela judicial efectiva" Caso: *Agropecuaria Los Tres Rebeldes, C.A. vs. Juzgado de Primera Instancia en lo Civil, Mercantil, Tránsito, Trabajo, Agrario, Penal, de Salvaguarda del Patrimonio Público de la Circunscripción Judicial del Estado Barinas*, 2000.

Por otra parte, y volviendo al tema del uso de poderes extraordinarios por la Administración Pública contratante en relación con los contratos del Estado, sólo pueden ser ejercidas, como se dijo, si dichos poderes están regulados en las cláusulas contractuales o en una ley. Si no están regulados en las cláusulas contractuales, el principio general en relación con los órganos de la Administración Pública es que la competencia tiene que estar establecida en texto legal expreso[91], principio que por supuesto también es aplicable en el ejercicio de potestades o poderes extraordinarios por la Administración contratante en la ejecución de contratos públicos.

Particularmente, en los casos de imposición de sanciones por la Administración contratante a los co-contratantes en contratos del Estado, debe recordarse que dado el principio de la reserva legal, las sanciones y la potestad sancionadora deben estar establecidas en texto legal expreso.

En consecuencia el ente público contratante no puede imponer sanciones que no estén previstas en las cláusulas contractuales como "*cláusula penal*"[92] o en la ley[93], dada la garantía constitucional del debido proceso (art. 49,6 C.)

Pero en todo caso, en relación con el posible uso de poderes extraordinarios en los contratos del Estado, cuando los mismos están establecidos y regulados en las cláusulas contractuales, la Administración contratante no puede ejercerlos contrariando su contenido. Como se ha dicho, el artículo 1159 del Código Civil, que es aplicable a todo tipo de contrato (contratos privados y contratos del Estado), las cláusulas del contrato tienen fuerza de ley entre las partes, por lo que incluso tratándose de contratos administrativos, sus cláusulas son obligatorias para las partes.

Pero incluso, si los poderes extraordinarios no están establecidos en el contrato, sino en normas legales, su ejercicio por la Administración contratante tampoco puede ignorar las cláusulas contractuales.

Por ello, si el ente público contratante en un contrato administrativo afecta derechos del co-contratante previstos en las cláusulas contractuales mediante el ejercicio de poderes extraordinarios, particularmente si se trata de las cláusulas económicas o de protección del co-contratante, entonces la Administración estaría obligada a indemnizar al co-contratante por los daños y perjuicio que le cause.

Por ello es que el ejercicio de poderes extraordinarios cuando no se regulan en las cláusulas contractuales, nunca pueden afectar las cláusulas económicas o de protección del co-contratante, y si los derechos contrac-

---

91 Véase Allan R. Brewer-Carías, *Principios del Régimen Jurídico de la Organización Administrativa Venezolana*, Caracas 1991, 47 ss.

92 Allan R. Brewer-Carías, *Contratos Administrativos, op. cit.,* p. 241.

93 Allan R. Brewer-Carías, *Contratos Administrativos, op. cit.,* pp. 165-166.

tuales resultasen afectados o disminuidos ello siempre implica la obligación por parte de la Administración contratante de indemnizar al co-contratante[94].

Igualmente, todo daño causado al co-contratante por una decisión administrativa que por ejemplo, tienda a dar por terminado unilateralmente un contrato sin ajustarse a las previsiones contractuales, también origina derecho del co-contratante a ser indemnizado[95].

En todos estos casos, incluso puede decirse que el derecho a una justa compensación resulta de la expropiación de los derechos contractuales, para lo cual incluso debería seguirse el procedimiento previsto en la Ley de expropiación por causa de utilidad pública[96] o conforme al artículo 115 de la Constitución.

VI. ÁMBITO DE APLICACIÓN DE LA LEY DE CONTRATACIÓN PÚBLICA

Ha sido en el marco general antes reseñado relativo a los contratos públicos o contratos estatales que se dictó en 2008 la Ley de Contrataciones Públicas, con una última reforma en 2010, la cual sin embargo, tiene un limitado alcance de aplicación que puede identificarse conforme a dos aspectos fundamentales: en primer lugar, el punto de vista *subjetivo*, que permite identificar los sujetos de derecho o personas jurídicas estatales a los cuales se aplica la Ley, es decir, cuáles son las personas jurídicas que a los efectos de la Ley conforman "el Estado" (personas estatales) que se deben regir por sus disposiciones en los contratos públicos que celebren; y en segundo lugar, el punto de vista *sustantivo*, que permite identificar cuáles son los contratos públicos que celebren dichas personas jurídicas que están sujetos a la Ley, es decir, que se deben regir por sus disposiciones.

1. Ámbito subjetivo de aplicación de la Ley de Contrataciones Públicas

Los contratos del Estado o los contratos públicos, como se ha dicho y como todo contrato, sólo pueden celebrarse entre sujetos de derecho, es decir, entre personas jurídicas, y en cuanto concierne al "Estado", por las personas jurídicas que lo componen, es decir, por las personas jurídicas

---

94 Allan R. Brewer-Carías, *Contratos Administrativos, op. cit.*, p. 160.

95 Idem, p. 160, 161, 184, 218.

96 Gaceta Oficial N° 37.475 de 01-07-2002. Véase Allan R. Brewer-Carías et al., *Ley de Expropiación por causa de utilidad pública y social*, Caracas 2002, pp. 25 ss.

estatales.[97] En tal sentido, en el artículo 1º de la Ley se hace referencia a *"la actividad del Estado* para la adquisición de bienes, prestación de servicios y ejecución de obra"*, con la intención, sin duda, de establecer un marco regulador aplicable omnicomprensivamente a todos las personas jurídicas o sujetos de derecho que componen el "Estado."

Sin embargo, al definirse a los sujetos a los cuales se aplica la Ley en el artículo 3, la misma incurre en el error de enumerar entre quienes pueden contratar no sólo a "personas jurídicas" estatales sino a determinados "órganos" de las mismas que por supuesto no tienen "personalidad jurídica." Es decir, la Ley enumera indistintamente como "contratantes" tanto a diversas personas jurídicas estatales como a diversos órganos de las Administraciones Públicas (nacional, estadal y municipal), los cuales obviamente no son ni sujetos de derecho ni personas jurídicas. La Ley se refiere, en efecto, a "los órganos y entes sujetos" a su normativa, mezclando en la enumeración del artículo 3 tanto a órganos de las Administraciones Públicas (nacional, estadal y municipal) como a diversas personas jurídicas estatales.

En efecto, el artículo 3 de la Ley, al precisar el "ámbito de aplicación" de la misma en lo que sería su ámbito subjetivo, dispone que será aplicable "a los *sujetos* que a continuación se señalan":[98]

1. Los órganos y entes del Poder Público Nacional, Estadal, Municipal, Central y Descentralizado.

2. Las Universidades Públicas.

3. El Banco Central de Venezuela.

4. Las asociaciones civiles y sociedades mercantiles en las cuales la República y las personas jurídicas a que se contraen los numerales anteriores tengan participación, igual o mayor al cincuenta por ciento (50%) del patrimonio o capital social respectivo.

5. Las asociaciones civiles y sociedades mercantiles en cuyo patrimonio o capital social, tengan participación igual o mayor al cincuenta por ciento (50%), las asociaciones civiles y sociedades a que se refiere el numeral anterior.

6. Las fundaciones constituidas por cualquiera de las personas a que se refieren los numerales anteriores o aquellas en cuya administración éstas tengan participación mayoritaria.

7. Los Consejos Comunales o cualquier otra organización comunitaria de base que maneje fondos públicos.

---

97 Sobre las mismas véase Allan R. Brewer-Carías, *Derecho Administrativo*, Universidad Externado de Colombia, Bogotá 2005, p. 437.

98 En el artículo 6,1 la Ley vuelve a calificar como "sujetos" a todos los que enumera en el artículo 3, incluyendo los "órganos" que ejercen el poder público; aún cuando indica que son "órgano o ente contratante".

Si bien en los ordinales 2 a 7 se identifican con precisión algunos "sujetos de derecho", en el sentido de personas jurídicas estatales, en el ordinal 1° no ocurre tal cosa, y en cambio se enumeran "los órganos del Poder Público Nacional, Estadal, Municipal, Central y Descentralizado".

Esta última expresión, por supuesto, en sí misma es totalmente incorrecta, ya que de acuerdo con la Constitución no existen ni pueden existir "órganos del Poder Público" porque éste (el Poder Público) no es un "ente" público sino una potestad estatal, por lo que en realidad lo que existen son "órganos que *ejercen* el Poder Público" (art. 137), es decir, la potestad estatal.

Por otra parte, no existe en Venezuela, como se expresa en la norma, un Poder Público "Central y Descentralizado", sino que lo que hay es una distribución territorial del Poder Público, como potestad estatal, en tres niveles de gobierno: nacional, estadal y municipal. En cambio lo que si existe es una "Administración Pública" central o descentralizada en los términos establecidos en la Ley Orgánica de la Administración Pública de 2008, al regular la descentralización funcional.[99]

En todo caso, los supuestos órganos del Poder Público o que ejercen el Poder Público, en ningún caso son "sujetos de derecho," por lo que al incluirse en una enumeración como la del artículo 3 de la Ley, destinada a definir "sujetos" de derecho, que como personas jurídicas contratantes que conforman el Estado, se está confundiendo a los "órganos" de las personas jurídicas estatales con ellas mismas.

Como se dijo, en los ordinales 2 a 5 del artículo, en efecto, lo que se enumeran son diversas "personas jurídicas estadales" como son las Universidades públicas (autónomas y experimentales), el Banco Central de Venezuela; las asociaciones civiles y sociedades mercantiles del Estado en primero y segundo grado; las fundaciones del Estado y los Consejos Comunales. Pero en el ordinal 1° del artículo, al contrario, al usarse incorrectamente la expresión "los órganos y entes del Poder Público Nacional, Estadal, Municipal, Central y Descentralizado", se hace referencia tanto a personas jurídicas como a órganos, utilizándose la distinción entre "entes" y "órganos" que se ha establecido en la misma Ley Orgánica de la Administración Pública (art. 15).

Es decir, además de referirse a los "órganos" de las personas jurídicas estatales, la norma, indirectamente pretende hacer referencia a estas, al usar la expresión "entes", pero por supuesto, también en un contexto equivocado, pues no hay "entes del Poder Público nacional, estadal o municipal", pues como se dijo, el Poder Público es una potestad estatal que se ejerce, y no una entidad u organización.

---

99   Arts. 96 y ss. Véase en Gaceta Oficial Extra. N° 5.890 de 31-7-2008.

En todo caso, la referencia a "órganos" y "entes" en el ordinal 1° del artículo 3 de la Ley, debe precisarse en el marco de la Ley Orgánica de la Administración Pública, la cual en su artículo 15, define como "órganos", las unidades administrativas de la República, de los estados, de los distritos metropolitanos y de los municipios a los que se les atribuyan funciones que tengan efectos jurídicos, o cuya actuación tenga carácter regulatorio; y como "entes" toda organización administrativa descentralizada funcionalmente con personalidad jurídica propia; sujeta al control, evaluación y seguimiento de sus actuaciones por parte de sus órganos rectores, de adscripción y de la Comisión Central de Planificación. El artículo 15 de la Ley Orgánica, además de los órganos y de los entes, regula a las "misiones" como integrando la Administración Pública, definiéndolas como "aquellas creadas con la finalidad de satisfacer las necesidades fundamentales y urgentes de la población." Estas, por tanto, no están sujetas a las previsiones de la Ley de Contrataciones Públicas.[100]

En consecuencia, lo que hay que interpretar del ordinal 1° del artículo 3 de la Ley de Contrataciones Públicas es que allí lo que el legislador quiso decir fue que la misma se aplica a los "órganos" de los siguientes sujetos: la República, los Estados, los Municipios y distritos metropolitanos, por una parte, y por la otra a todos los entes descentralizados de las Administraciones Públicas nacionales, estadales y municipales,[101] los cuales conforme se establece en el artículo 29 de la Ley Orgánica de la Administración Pública, pueden ser de dos tipos:

---

100 El artículo 15 de la Ley Orgánica, además de los órganos y de los entes, regula a las "misiones" como integrando la Administración Pública, definiéndolas como "aquellas creadas con la finalidad de satisfacer las necesidades fundamentales y urgentes de la población." Estas, por tanto, no están sujetas a las previsiones de la Ley de Contrataciones Públicas.

101 En ese sentido es que se estable, por ejemplo, la enumeración del ámbito subjetivo de aplicación de la Ley Orgánica de Administración Financiera del Sector Público (Decreto Ley N° 6.233), en cuyo artículo 6 se estableció lo siguiente: "Están sujetos a las regulaciones de esta Ley, con las especificidades que la misma establece, los entes u organismos que conforman el sector público, enumerados seguidamente: 1. La República. 2. Los estados. 3. El Distrito Metropolitano de Caracas. 4. Los distritos. 5. Los municipios. 6. Los institutos autónomos. 7. Las personas jurídicas estatales de derecho público. 8. Las sociedades mercantiles en las cuales la República o las demás personas a que se refiere el presente artículo tengan participación igual o mayor al cincuenta por ciento del capital social. Quedarán comprendidas además, las sociedades de propiedad totalmente estatal, cuya función, a través de la posesión de acciones de otras sociedades, sea coordinar la gestión empresarial pública de un sector de la economía nacional. 9. Las sociedades mercantiles en las cuales las personas a que se refiere el numeral anterior tengan participación igual o mayor al cincuenta por ciento del capital social. 10. Las fundaciones, asociaciones civiles y demás instituciones constituidas con fondos públicos o dirigidas por algunas de las personas referidas en este artículo, cuando la totalidad de los aportes presupuestarios o contribuciones en un ejercicio, efectuados por una o varias de las personas referidas en el presente artículo, represente el cincuenta por ciento o más de su presupuesto." Gaceta Oficial Extra N° 5.891 de 31-07-2008.

1. Entes descentralizados funcionalmente con forma de derecho privado: estarán conformados por las personas jurídicas constituidas de acuerdo a las normas del derecho privado y podrán adoptar o no la forma empresarial de acuerdo a los fines y objetivos para los cuales fueron creados y en atención a si la fuente fundamental de sus recursos proviene de su propia actividad o de los aportes públicos, respectivamente.

2. Entes descentralizados funcionalmente con forma de derecho público: estarán conformados por aquellas personas jurídicas creadas y regidas por normas de derecho público y que podrán tener atribuido el ejercicio de potestades públicas.

En esta forma, en el ordinal 1° del artículo 3 de la Ley de Contrataciones Públicas, conforme al ordinal 1° del artículo 29 de la Ley Orgánica de la Administración Pública, quedarían comprendidas las personas jurídicas estatales de derecho privado, las cuales sin embargo, redundantemente se enumeran de nuevo en los ordinales 4, 5 y 6 de la Ley sobre Contrataciones Públicas, es decir, las asociaciones civiles del Estado, las sociedades mercantiles del Estado (en primer y segundo grado, artículo 100 de la ley Orgánica de la Administración Pública) y las fundaciones del Estado; y conforme al ordinal 2 del mismo artículo 29 de la misma Ley Orgánica de la Administración Pública, también quedarían comprendidas las personas jurídicas estatales de derecho público que también se enumeran redundantemente en los ordinales 2 y 3 de la Ley de Contrataciones del Estado, es decir, el Banco Central de Venezuela y las Universidades públicas), y además, los institutos autónomos (art. 95 de la Ley Orgánica de la Administración Pública) que en la Ley de Contrataciones Públicas sin embargo, no se enumera específicamente.

La consecuencia de ello, a pesar de sus errores de redacción, es que el contenido del ordinal 1° del artículo 3 de la Ley de Contrataciones Públicas, en realidad, comprende en sí mismo todos los sujetos de derecho que se enumeran en los ordinales 2 al 6 de la misma norma, cuya enumeración (ordinales 2 a 6) es entonces totalmente redundante. Los únicos sujetos de derecho adicionales que se indican en la norma son los Consejos Comunales (ordinal 7), y que no existían cuando se dictó la Ley Orgánica de la Administración Pública de 2001, y que conforme al artículo 20 de la Ley sobre los Consejos Comunales,[102] "para todos los efectos relacionados con esa Ley", quedan revestidos de personalidad jurídica con su "registro" "ante la Comisión Presidencial del Poder Popular respectiva." Es decir, a pesar de ser entes públicos, no tienen *per se* personalidad jurídica sino que se los "reviste" de la misma cuando se inscriban en una Comisión Presidencial.

---

102 Gaceta Oficial N° 5.806 Extraordinario de 10-4-2006.

En consecuencia, dadas todas las imperfecciones, redundancias y carencias del artículo 3 de la Ley, de su contenido sin embargo, lo que se puede deducir es que la misma se aplica a los siguientes sujetos de derecho:

I. Personas jurídicas estatales de derecho público

   1. Político territoriales

      A. República

      B. Estados

      C. Municipios, Distritos metropolitanos y mancomunidades municipales

   2. Consejos Comunales

   3. Universidades Públicas

   4. Institutos autónomos

II. Personas jurídicas estatales de derecho privado

   1. Asociaciones civiles del Estado

   2. Empresas del Estado (sociedades mercantiles del Estado en primer y segundo grado).[103]

   3. Fundaciones del Estado

2. Ámbito sustantivo de aplicación de la Ley

A. Reducción del ámbito sustantivo a los contratos públicos de ejecución de obras, de adquisición de bienes y de prestación de servicios

Sin embargo, respecto de las mencionadas personas jurídicas estatales que están sujetas a la Ley de Contrataciones Públicas, y que conforman su *ámbito subjetivo* de aplicación, en cuanto al ámbito sustantivo de aplicación, debe decirse de entrada, que a pesar de su nombre, no todos los contratos públicos que aquellas celebren quedan sujetos a las disposiciones de la Ley, ya que ésta, al definir su "objeto" de aplicación en el mismo artículo 1°, lo reduce sólo respecto de *tres tipos* de contratos públicos: los contratos de adquisición de bienes, los contratos de prestación de servicios y los contratos de ejecución de obras.[104]

---

103 Nada se deriva de la Ley que pueda permitir excluir de sus disposiciones a la empresa Petróleos de Venezuela S. A. ni a ninguna otra empresa del Estado.

104 Incluso en el artículo 6,5 de la ley, al definir "contrato", se indica que "Es el instrumento jurídico que regula la ejecución de una obra, prestación de un servicio o suministro de bienes, incluidas las órdenes de compra y órdenes de servicio".

En consecuencia, los otros tipos de contratos públicos como por ejemplo, los contratos de concesión de servicios públicos, los contratos de concesión de obra pública, los contratos de empréstito público, los contratos de venta de bienes públicos no están sujetos a sus disposiciones. Tampoco están incorporados en la enumeración del "objeto" de la Ley, los contratos de arrendamiento de bienes. Sin embargo, en este punto no debe dejar de advertirse que al excluir el artículo 5 de la misma Ley, a los contratos de "arrendamiento de bienes inmuebles" (ord. 3) de la aplicación de las normas relativas a las "modalidades de selección de contratistas", parecería que implícitamente, por interpretación a contrario, respecto de las otras normas de la Ley, las mismas si se aplicarían a los contratos de arrendamiento, aún cuando estos no puedan ser incluidos dentro de los tres que se indican taxativamente en la Ley (adquisición de bienes, prestación de servicios y ejecución de obras).

Pero incluso respecto de los tres mencionados tipos de contratos que configuran el "objeto" de la Ley, la misma excluye total o parcialmente de su ámbito de aplicación a algunos de ellos, con lo que el ámbito sustantivo de la misma se encuentra aún más reducido.

B. Exclusión de la aplicación de la totalidad de la Ley respecto de ciertos contratos públicos de ejecución de obras, de adquisición de bienes y de prestación de servicios excluidos

En efecto, de acuerdo con el artículo 4 de la Ley de Contrataciones Públicas, quedan excluidos de la aplicación de la totalidad de sus normas, los contratos que tengan por objeto la ejecución de obras, la adquisición de bienes y la prestación de servicios:

> "que se encuentren en el marco del cumplimiento de acuerdos internacionales de cooperación entre la República Bolivariana de Venezuela y otros Estados, incluyendo la contratación con empresas mixtas constituidas en el marco de estos convenios."

En este caso se trata de una exclusión de la aplicación de la totalidad de la Ley en relación a esos contratos cuando los mismos se celebren en el marco del cumplimiento de acuerdos internacionales de cooperación que haya celebrado la República Bolivariana de Venezuela con otros Estados, incluyendo la contratación por parte de las personas jurídicas estatales a las que se aplica la Ley, con empresas mixtas constituidas en el marco de estos convenios.

Sin embargo, a pesar de esta exclusión legal general, el artículo 5 del Reglamento de la Ley de Contrataciones Públicas de 2009,[105] en forma contraria a la Ley que reglamenta, respecto de estos contratos que se encuentren en el marco del cumplimiento de acuerdos internacionales de cooperación entre la República y otros Estados "excluidos de la aplicación de la Ley de Contrataciones Públicas," pero los cuales la República sufraga la contratación; dispone evidentemente *contra legem* que se deberán "aplicar las demás disposiciones legales que regulan la materia de contratación pública," a los fines de garantizar la participación nacional y establecer las garantías para las operaciones relacionadas con la actividad contractual.

C. Exclusión de la aplicación de parte de la Ley respecto de ciertos contratos públicos de ejecución de obras, de adquisición de bienes y de prestación de servicios excluidos

El artículo 5 de la Ley, por su parte, excluye de la aplicación de algunas normas de la Ley relativas a las "modalidades de selección de contratistas", a los contratos que tengan por objeto:

1. La prestación de servicios profesionales y laborales.

2. La prestación de servicios financieros por entidades regidas por la ley sobre la materia.

3. La adquisición y arrendamiento de bienes inmuebles, inclusive el financiero.

4. La adquisición de obras artísticas, literarias o científicas.

5. Las alianzas comerciales y estratégicas para la adquisición de bienes y prestación de servicios entre personas naturales o jurídicas y los órganos o entes contratantes.

6. Los servicios básicos indispensables para el funcionamiento del órgano o ente contratante.

7. La adquisición de bienes, la prestación de servicios y la ejecución de obras, encomendadas a los órganos o entes de la administración pública.

En relación con estos contratos, por tanto, los mismos estarían sujetos a todas las otras disposiciones de la Ley, fuera de las destinadas a regular modalidades de selección de contratistas.

---

105 Decreto N° 6.708 de 19 de mayo de 2009 en Gaceta Oficial N° 39.181 de 19 de mayo de 2009.

De lo anterior resulta, por tanto, que la Ley de Contrataciones Públicas, a pesar de su nombre, todavía no es una ley destinada a regular todos los contratos públicos o contratos del Estado celebrados por las personas jurídicas estatales, es decir, los diversos entes que integran el Estado. Al contrario, es una Ley que sólo regula algunos contratos públicos (de ejecución de obras, de adquisición de bienes y de prestación de servicios), con un contenido que aún cuando abarca aspectos sustantivos sobre el inicio, modificaciones y terminación de los contratos, está fundamentalmente destinado a regular las modalidades de selección de contratistas; y respecto de los mismos, excluye expresamente a algunos, de la aplicación de la totalidad o de algunas normas de la Ley.

Sección Tercera: LA REVIVENCIA CIRCUNSTANCIAL DE LA NOCIÓN DE "CONTRATOS ADMINISTRATIVOS," Y LAS NOCIONES DE SERVICIO PÚBLICO, INTERÉS PÚBLICO Y ORDEN PÚBLICO EN EL RÉGIMEN DE LA RESERVA AL ESTADO DE LOS SERVICIOS CONEXOS CON LA INDUSTRIA PETROLERA (2010)

Estudio elaborado con motivo de la entrada en vigencia de la Ley Orgánica que reserva al Estado bienes y servicios conexos a las actividades primarias de Hidrocarburos de 2009, mediante la cual se dispuso la nacionalización de dichos servicios conexos con la industria petrolera; y en la cual se incluyó la expresión "contratos administrativos." Su texto se recogió en mi libro: *Sobre las nociones de contratos administrativos, contratos de interés público, servicio público, interés público y orden público, y su manipulación legislativa*, Cuadernos de la Cátedra Fundacional Allan R. Brewer-Carías de Derecho Administrativo, Universidad Católica Andrés Bello, No. 39, Editorial Jurídica Venezolana, Caracas enero 2019. Parte de este trabajo se publicó como "La manipulación legislativa del concepto de contrato administrativo como técnica confiscatoria" en José Eugenio Soriano García y Manuel Estepa Montero, (Coordinadores), *Por el derecho y la libertad. Libro Homenaje al Profesor Juan Alfonso Santamaría Pastor*, Volumen II (Garantías del ciudadano en el régimen administrativo), Editorial Iustel, Madrid 2014, pp. 1771-1800.

INTRODUCCIÓN

En mayo de 2009 se sancionó la Ley Orgánica que reserva al Estado bienes y servicios conexos a las actividades primarias de Hidrocarburos[1] (Ley de Reserva de 2009), mediante la cual, por su carácter estratégico, se reservaron al Estado "los bienes y servicios, conexos a la realización de las actividades primarias previstas en la Ley Orgánica de Hidrocarburos" (Art. 1), los cuales con anterioridad a dicha Ley, según se afirmó en la norma, habían sido "realizadas directamente por Petróleos de Venezuela, S.A., (PDVSA) y sus filiales, y que fueron tercerizadas, siendo esenciales para el desarrollo de sus actividades" (Art. 2).

---

1   Gaceta Oficial N° 39.173 del 07-05-2009.

Dichos bienes y servicios y sus obras que se reservaron al Estado, o se nacionalizaron en 2009, conforme a la enumeración del artículo 2 de la Ley Orgánica, fueron los siguientes: 1. Los servicios de inyección de agua, de vapor o de gas, que permitan incrementar la energía de los yacimientos y mejorar el factor de recobro; 2. Los servicios de compresión de gas; y 3. Los servicios vinculados a las actividades en el Lago de Maracaibo, como los servicios de lanchas para el transporte de personal, buzos y mantenimiento; de barcazas con grúa para transporte de materiales, diesel, agua industrial y otros insumos; de remolcadores; de gabarras planas, boyeras, grúas, de ripio, de tendido o reemplazo de tuberías y cables subacuáticos; de mantenimiento de buques en talleres, muelles y diques de cualquier naturaleza (Art. 2)."

Para materializar la reserva al Estado, el artículo 1 de la Ley de Reserva de 2009 dispuso, que hacia el futuro, dichas actividades serían "ejecutadas, directamente por la República; por Petróleos de Venezuela, S.A. o de la filial que ésta designe al efecto; o, a través de empresas mixtas, bajo el control de Petróleos de Venezuela, S.A., o sus filiales." (Art. 1).

La Ley de Reserva de 2009, además, en su artículo 7, declaró a sus disposiciones como "de **orden público**" indicando que "se aplicarán con preferencia a cualquier otra disposición legal vigente en la materia;" y además, declaró a dichos bienes y servicios, y sus obras (Art. 5) como "**servicio público** y de **interés público y social**." El legislador, en dicha norma del artículo 7, en todo caso, fue claro en utilizar dos conceptos y distinguir entre actividades de "interés público" y de "servicio público," que son dos términos que en el derecho administrativo y en la legislación de hidrocarburos, tiene distinto significado; y procedió a darle a los bienes y servicios que regula, ambas calificaciones: como de **interés público** y como **servicio público**.

La Ley de Reserva de 2009, adicionalmente, en su artículo 3, "reconoció" que los contratos que se habían suscrito entre PDVSA Petróleos S.A. y empresas o consorcios privados para la prestación de los servicios conexos que se reservaron al Estado, como "**contratos administrativos.**"

Las mencionadas normas de la Ley de Reserva de 2009 tienen el siguiente texto:

> **Artículo 3.** El ministerio del poder popular con competencia en materia petrolera determinará mediante resolución, aquellos bienes y servicios de empresas o sectores que se encuentren dentro de las previsiones de los artículos 1 y 2 de esta Ley.
>
> Los contratos que hayan sido celebrados en las materias objeto de la presente reserva, se les reconoce como **contratos administrativos**. Cuando se dicten las resoluciones previstas en este artículo, dichos contratos se extinguirán de pleno derecho en virtud de la presente Ley.

Artículo 5. Se declaran **servicio público** y de **interés público y social**, las obras, bienes y servicios, conexos para la realización de las actividades primarias previstas en la Ley Orgánica de Hidrocarburos reservados en los artículos anteriores.

Artículo 7. Las disposiciones de la presente Ley son de **orden público** y se aplicarán con preferencia a cualquier otra disposición legal vigente en la materia

Todas estas disposiciones confirman, evidentemente, que con anterioridad a la sanción de la Ley en 2009, los servicios y actividades que se nacionalizaron no eran actividades reservadas al Estado; ni eran actividades que pudieran ser consideradas como "servicio público" o de "interés público;" ni los contratos que se habían suscrito para su prestación por particulares eran "contratos administrativos;" ni obviamente dichas normas tenían calificación como normas de orden público.

Por tanto, todas esas calificaciones, conforme a dicha Ley de Reserva de 2009 tuvieron carácter constitutivo, de efectos *ex nunc* en virtud del principio constitucional de la irretroactividad de las leyes (Art. 24, Constitución).

Ahora bien, dada la particular utilización en la Ley de cuatro de los conceptos más importantes del derecho administrativo, como son, la noción de "**contrato administrativo**" utilizada tradicionalmente para calificar ciertos contratos estatales diferenciados de los contratos denominados de derecho privado de la Administración; la noción de "**servicio público**," utilizada tradicionalmente para identificar ciertas actividades prestacionales de la Administración destinadas a satisfacer necesidades colectivas en cumplimiento de una obligación constitucional o legal; la noción de "**interés público o social**," utilizada tradicionalmente para poder dar inicio a los procesos expropiatorios; y la noción de "**orden público**" aplicada a determinadas previsiones legislativas que por interesar a la vida misma de la sociedad, no podrían ser relajadas por convenios particulares, nos ha parecido importante analizar las implicaciones de dichas calificaciones y el sentido jurídico de las nociones utilizadas en la Ley de Reserva de 2009.

Antes, sin embargo, ubicaremos en general sus disposiciones dentro del marco general del régimen de las actividades de la industria y comercio de los hidrocarburos, reservadas al Estado desde 1975, lo que se ratificó en 2001.

I. PRINCIPIOS GENERALES RESPECTO A LOS EFECTOS DEL RÉGIMEN DE RESERVA DE LA INDUSTRIA Y EL COMERCIO DE LOS HIDROCARBUROS

Los yacimientos mineros y petroleros en Venezuela siempre han sido del dominio público, conforme a los principios que se establecieron en las

Ordenanzas de Minería de Nueva España, recogidos en la legislación republicana a partir de la independencia[2]. Ello condujo, históricamente a que las actividades económicas relativas a la industria petrolera y minera siempre hubieran estado sometidas en Venezuela a técnicas de intervención pública mediante la reserva al Estado de las mismas, con la consecuente posibilidad conforme a la legislación inicial de hidrocarburos de los años cuarenta del otorgamiento de concesiones a los particulares para su realización.

En efecto, el régimen de las actividades económicas depende de la posibilidad de que las mismas puedan o no realizarse libremente por los particulares; es decir, depende, por una parte, de si para su realización existe o no libertad económica; y por la otra, consecuentemente si las mismas están o no reservadas al Estado. Esa es la gran división que tiene que hacerse primariamente respecto de las actividades económicas, sin que quepan términos medios: hay actividades reservadas al Estado donde no existe libertad económica y hay actividades no reservadas al Estado donde existe libertad económica[3].

En las primeras, no existiendo libertad económica dada la reserva al Estado, este puede otorgar el derecho a los particulares a realizarlas, generalmente mediante el acto de concesión, que por su carácter constitutivo crea en cabeza del concesionario el derecho que se concede; en cambio en las segundas, tratándose de una limitación al derecho y libertad económica que tienen los particulares, las intervenciones del Estado se manifiestan por ejemplo, a través de actos administrativos declarativos de derechos, como las autorizaciones (licencias, permisos); homologadores de derechos, como las aprobaciones; de declaración de certeza de derechos, como las inscripciones y registros; e, incluso, extintivos de derechos (ablatorios), como las expropiaciones o decomisos.[4]

---

2   Véase en general sobre el tema Isabel Boscán de Ruesta, "La propiedad de los yacimientos de los hidrocarburos. Evolución histórica", en *El Derecho Público a comienzos del siglo XXI. Estudios homenaje al Profesor Allan R. Brewer-Carías*, Tomo III, Instituto de Derecho Público, UCV, Civitas Ediciones, Madrid, 2003, pp. 3061-3105.

3   Véase José Ignacio Hernández, "Disciplina jurídico-administrativa de la libertad económica. La doctrina actual entre la libertad económica y el Estado Social", en *VII Jornadas Internacionales de Derecho Administrativo Allan R. Brewer-Carías, El principio de legalidad y el ordenamiento jurídico-administrativo de la libertad económica*, 3-5 Noviembre de 2004, Fundación de Estudios de Derecho Administrativo, Caracas 2000, p. 197.

4   Véase en general Allan R. Brewer-Carías, "El régimen de participación del capital privado en las industrias petrolera y minera: Desnacionalización y regulación a partir de la Constitución de 1999", en *VII Jornadas Internacionales de Derecho Administrativo Allan R. Brewer-Carías, El Principio de Legalidad y el Ordenamiento Jurídico-Administrativo de la Libertad Económica*, Caracas noviembre 2004. Fundación de Estudios de Derecho Administrativo FUNEDA, Caracas Noviembre, 2004 pp. 15-58

En consecuencia, la división fundamental de las actividades económicas en reservadas o no al Estado, condiciona las técnicas de intervención administrativa, concibiéndose la figura de la concesión para la primera, y entre otras, las autorizaciones para las segundas.

1. Las actividades reservadas al Estado en materia de hidrocarburos en 1975 y la posibilidad de participación del capital privado en las mismas

Estos principios tradicionales del ordenamiento jurídico venezolano en relación con las actividades relativas a los hidrocarburos fueron recogidos en la Constitución de 1999 en los cuales se establece el marco normativo básico que las regula, al declarar a los yacimientos mineros y petroleros como del dominio público (Art. 12);[5] regular en general el régimen de las concesiones de explotación de recursos naturales (Art. 113); establecer regulaciones específicas de protección al ambiente (Arts. 127 ss.); prever la posibilidad para el Estado de reservarse determinadas industrias y servicios por razones de conveniencia nacional, y en particular, reservar al Estado de la industria petrolera pero sometida a lo dispuesto en la ley orgánica (Art. 302), y declarar el dominio público sobre las acciones del holding petrolero: Petróleos de Venezuela S.A. (Art. 303).

En un marco similar al que estaba regulado en la Constitución precedente de 1961, se adoptó una de las decisiones políticas más importantes que se tomaron en el país durante la segunda mitad del siglo pasado, la cual fue *la nacionalización de la industria petrolera*, es decir, la reserva que se hizo al Estado de "todo lo relativo a la exploración del territorio nacional en búsqueda de petróleo, asfalto y demás hidrocarburos; a la explotación de yacimientos de los mismos, a la manufactura o refinación, transporte por vías especiales y almacenamiento; al comercio exterior e interior de las substancias explotadas y refinadas, y a las obras que su manejo requiera." Así se estableció en el artículo 1° de la Ley que Reserva al Estado la Industria y el Comercio de los Hidrocarburos de 1975, también conocida como Ley de Nacionalización petrolera.[6]

---

5   En esta forma se le dio rango constitucional a lo ya previsto en la Ley de Minas (Art. 2) (Gaceta Oficial N° 5382 de 28-09-1999) y en la Ley Orgánica de Hidrocarburos Gaseosos (Art. 1°) (Gaceta Oficial N° 36.793 de 23-9-1999). Véase nuestra propuesta sobre esto en Allan R. Brewer-Carías, *Debate Constituyente*, Fundación de Derecho Público, Editorial Jurídica Venezolana, Caracas 1999, Tomo II, pp. 35 y 39.

6   Gaceta Oficial N° 35.754 de 17-07-1995. Véase en general, sobre la nacionalización petrolera de 1975, Régimen Jurídico de las nacionalizaciones en Venezuela. *Homenaje del Instituto de Derecho Público al profesor Antonio Moles Caubet*, Archivo de Derecho Público y Ciencias de la Administración, Vol. VIII (1972-1979), Instituto de Derecho Público, Universidad Central de Venezuela, Caracas, 1981.

Esta Ley Orgánica, al igual que las que se dictaron en los comienzos de los años setenta en relación con la nacionalización de la industria del gas natural (1971), la industria y explotación del mineral de hierro (1975), y el mercado interno de hidrocarburos (1973); se sancionó con base en la previsión del artículo 97 de la Constitución de 1961 que establecía la posibilidad de que el Estado pudiera "reservarse determinadas industrias, explotaciones o servicios de interés público por razones de conveniencia nacional". Se trataba de una norma fundamental de la Constitución Económica que había adoptado el texto de 1961, de carácter mixto y flexible, que por ello permitía sin que existiera una rigidez constitucional, es decir, sin necesidad de estar reformando la Constitución al inicio de cada gobierno, ir conformando la política económica del Estado, como efectivamente ocurrió durante las tres décadas de vigencia de dicha Constitución[7].

Con esa decisión se eliminó del régimen de la industria petrolera la técnica de las concesiones petroleras que habían caracterizado la legislación en la materia desde inicios del Siglo XX, permitiéndose sin embargo la participación de los particulares o del sector privado en la industria, mediante dos modalidades contractuales específicamente reguladas en la Ley de Nacionalización petrolera: los convenios operativos y los convenios de asociación que se podían establecer con empresas privadas.[8] Los primeros no afectaban en forma alguna la reserva que se había hecho al Estado de la industria, y podían suscribirse todos los que las empresas petroleras nacionalizadas considerasen necesarios para la mejor realización de sus actividades. Dichos convenios operativos, por supuesto, en ningún caso afectaban la esencia misma de las actividades atribuidas o reservadas al Estado.

Los convenios de asociación, en cambio, permitían al Estado asociarse con particulares para realizar las actividades reservadas, lo que implicaba un régimen jurídico excepcional de asociación o participación del sector privado en las actividades reservadas a través de empresas mixtas sometidas al control estatal, lo que exigía la intervención previa del órgano legislativo para que pudieran suscribirse (Art. 5). Precisamente por este régimen jurídico único establecido para contratos destinados a permitir la participación del capital privado en la explotación de la industria petrolera nacionalizada conforme al marco legislativo expreso establecido en el artículo 5 de la Ley de Nacionalización y conforme a la necesaria aprobación expresa previa por parte el órgano legislativo del marco de las cláu-

---

7   Véase lo que hemos expuesto sobre la Constitución económica en el texto de 1961 en Allan R. Brewer-Carías, "Consideraciones sobre la Constitución Económica" en *Estudios sobre la Constitución Española. Homenaje al profesor Eduardo García de Enterría*, Editorial Civitas, Madrid, 1991, pp. 3.839-3.853.

8   Véase en Isabel Boscán de Ruesta, *La actividad petrolera y la nueva Ley Orgánica de Hidrocarburos*, Funeda, Caracas 2002, pp. 127 ss.

sulas de dichos contratos,[9] fue que los mismos fueron considerados por la antigua Corte Suprema de Justicia como "contratos administrativos."[10]

Aparte de esas dos modalidades, por supuesto, los particulares también podían participar en actividades conexas o vinculadas con las actividades reservadas, pero que en si mismas no eran actividades reservadas, mediante la celebración de contratos con las empresas del Estado del sector, o con las empresas operadoras de los Convenios de Asociación, para la prestación de servicios o la ejecución de obras, como por ejemplo, fueron los contratos suscrito entre PDVSA Petróleo S.A. con empresas privadas para prestación de servicios conexos con la industria petrolera que no eran actividades reservadas, y que en 2009 fueron objeto de una nueva reserva al Estado mediante la Ley Orgánica que reserva al Estado bienes y servicios conexos a las actividades primarias de Hidrocarburos de 2009[11] (Ley de Reserva de 2009).

2. La redefinición del ámbito de las actividades de la industria petrolera que fueron reservadas al Estado en la Ley Orgánica de Hidrocarburos de 2001

En 2001 se sancionó la Ley Orgánica de Hidrocarburos (LOH)[12] que derogó y sustituyó la Ley de Nacionalización petrolera de 1975, mediante la cual se produjo una reducción respecto de las actividades reservadas al Estado, las cuales quedaron concentradas en lo que se refiere a las actividades primarias de hidrocarburos; a las actividades realizadas en las refinerías existentes al momento de dictarse la Ley Orgánica; a las actividades de comercialización externa e interna de hidrocarburos naturales; y las actividades de comercialización externa e interna sobre los productos derivados cuya comercialización se reserve al Estado mediante Decreto. En cuanto a las "actividades primarias" en materia de hidrocarburos conforme a la definición de la LOH, comprenden "la exploración, la extracción de los hidrocarburos en estado natural, su recolección, transporte y almacenamiento inicial, así como, las relativas a las obras que su manejo

---

9   Véase el Acuerdo autorizando la "celebración de los Convenios de Asociación para la exploración a riesgo de nuevas áreas y la producción de hidrocarburos bajo el esquema de ganancias compartidas," en Gaceta Oficial N° 35.754 de 17-07-1995.

10 Véase el texto de la decisión de la Corte en Pleno de 17-08-1999 en Allan R. Brewer-Carías (Compilador), *Documentos del Juicio de la Apertura Petrolera (1996-1999)*, Caracas 2004, disponible en www.allanbrewercarias.com (Biblioteca Virtual, I.2. Documentos, N° 22, 2004), pp. 280-328. En dicho caso, me correspondió junto con el profesor Román José Duque Corredor actuar en dicho juicio como abogado de PDVSA en la defensa de la constitucionalidad del Acuerdo del Congreso autorizando los Convenios de Asociación.

11 Gaceta Oficial N° 39.173 del 07-05-2009.

12 Gaceta Oficial N° 37.323 de 13-11-2001.

requiera" (Art. 9). De esta definición se destaca que la reserva se refiere a las mencionadas actividades relativas, exclusivamente, a los hidrocarburos *en su estado natural*. En consecuencia, no se refiere a hidrocarburos procesados o derivados. Además, en cuanto a las actividades reservadas (recolección, transporte y almacenamiento) sólo se refiere a la recolección, transporte y almacenamiento *inicial*, es decir, el que se realiza primigeniamente luego de la extracción de los hidrocarburos en estado natural, y que se refiere por tanto a los *hidrocarburos en estado natural.*

Estas actividades primarias fueron las actividades reservadas al Estado (Art. 9 LOH) para su desarrollo en forma exclusiva, en el sentido de que no son concesibles a los particulares, pero en forma no excluyente, ya que la ley permite que el derecho a su explotación pueda "transferirse" a empresas del Estado; es decir, permite que el desarrollo de las actividades primarias se efectúe sea directamente por el Estado, a través del Ejecutivo Nacional o mediante empresas de la exclusiva propiedad del Estado; o mediante empresas mixtas con capital del Estado en más del 50% del capital social (Arts. 22 y 27 al 32 LOH), es decir, en las cuales puede participar el capital privado en menos del 50% del capital social. Por esta última vía, en todo caso, es que se permite la participación del capital privado en las actividades primarias, formando parte como accionistas en una empresa mixta, con la aprobación previa de la Asamblea Nacional (Artículo 33 LOH).

Otras actividades que también se reservan al Estado en la LOH son actividades realizadas con hidrocarburos naturales, las cuales sólo pueden ser ejercidas por las empresas del Estado (Artículos 27 y 57).

La LOH también reserva al Estado las actividades realizadas respecto de los productos derivados de hidrocarburos cuya comercialización el Estado se haya reservado expresamente mediante Decreto posterior, en cuyo caso también sólo podrían ser ejercidas exclusivamente por las empresas del Estado (Arts. 27 y 57 LOH). El ámbito de estas actividades reservadas, por tanto, es variable, según el decreto que dicte el Ejecutivo Nacional, en el cual se pueden aumentar o disminuir las actividades sobre productos derivados de hidrocarburos que se reservan. Sin embargo, una vez determinados los productos, la reserva en este caso también se concibió en forma absoluta, de manera que el capital privado no podría participar en el desarrollo de las mismas por ejemplo, mediante empresas mixtas, como en cambio si puede suceder en relación con las actividades primarias.

En relación con las instalaciones destinadas a la actividad de refinación, la LOH distinguió entre instalaciones existentes al momento de publicarse la LOH, y las nuevas refinerías (Arts. 10 y 11 LOH). Sobre las primeras, es decir, sobre "las instalaciones y obras existentes, sus ampliaciones y modificaciones, propiedad del Estado o de las empresas de su exclusiva propiedad, dedicadas a las actividades de refinación de hidrocarburos naturales en el país y al transporte principal de productos y gas," dispuso el artículo 10 de la Ley Orgánica que "quedan reservadas al Estado en los términos establecidos en este Decreto Ley" (Art. 10). La Ley Orgánica, sin embargo, nada más agregó sobre esta "reserva de instalaciones existentes" dedicadas a la refinación de hidrocarburos naturales en el país (se excluyen las que siendo propiedad de PDVSA estaban ubicadas en el exterior) o al "transporte principal de productos y gas."

3. La participación de los particulares en las actividades relativas a la industria petrolera no reservadas al Estado, entre las cuales están las declaradas como "servicio público" en la Ley Orgánica de Hidrocarburos y en la Ley Orgánica de Hidrocarburos Gaseosos

De lo anterior resulta que en el ámbito de las actividades vinculadas a la industria petrolera, en 2001 en Venezuela se pasó del régimen de la reserva general al Estado de la misma (1975), a un régimen de una reserva restringida (2001), como antes se ha definido, y a la consecuente previsión en las demás áreas de la industria no reservadas al Estado, de la posibilidad de ejercicio de la libertad económica, es decir, del derecho de los particulares al libre ejercicio de sus actividades económicas en algunos casos, con las limitaciones legales establecidas usualmente en casos similares, a través de las técnicas de actos administrativos declarativos de derechos como son las autorizaciones, denominadas indistintamente en la legislación de hidrocarburos, como licencias y permisos.

En cuanto a las licencias para el ejercicio de actividades no reservadas al Estado en materia de hidrocarburos, la LOH de 2001 permite la participación del capital privado en las actividades de refinación de hidrocarburos naturales, que comprenden la destilación, purificación y transformación de los hidrocarburos naturales objeto de la Ley Orgánica, realizadas con el propósito de añadir valor a dichas sustancias (Art. 10 LOH). Estas actividades pueden ser desarrolladas "por el Estado y los particulares, conjunta o separadamente" (Art. 10 LOH), mediante la obtención de una licencia (Art. 12 LOH).

Además, las actividades de industrialización de hidrocarburos refinados que comprende las de separación, destilación, purificación, conversión, mezcla y transformación de los mismos, realizadas con el propósito de añadir valor a dichas sustancias mediante la obtención de especialidades de petróleo u otros derivados de hidrocarburos (Art. 49 LOH), pueden ser realizadas por el Estado, directamente, a través del Ejecutivo Nacional; por empresas de su exclusiva propiedad; por empresas mixtas, con participación de capital estatal y privado, en cualquier proporción; y por empresas privadas, sea de capital nacional o extranjero (Art. 50 LOH), mediante la obtención de permisos (Art. 53).

Aparte de las actividades de comercialización que comprenden el comercio interior y el comercio exterior, tanto de los hidrocarburos naturales, como de sus productos derivados que mediante decreto señale el Ejecutivo Nacional que como se ha dicho quedaron reservadas al Estado pudiendo ejercerse sólo por las empresas del Estado sin permitirse la participación del capital privado en el desarrollo de las mismas (arts. 56, 57 LOH); las otras actividades de comercio interno y externo de productos derivados no reservados al Estado pueden ser realizadas indistintamente por el Estado, directamente, a través del Ejecutivo Nacional; por empresas de la exclusiva propiedad del Estado (Empresas del Estado); por empresas mixtas, con participación de capital estatal y privado, en cualquier proporción; y por empresas privadas (Art. 58 LOH) mediante la obtención de permisos.

Dentro de las actividades relativas al comercio interior de productos derivados de hidrocarburos, y aún cuando la LOH dispone en su artículo 4 que todas las actividades en ella reguladas "se declaran de utilidad pública y de interés social," el artículo 60 de la misma LOH declara expresa y específicamente que solamente "**constituyen un servicio público** las actividades de suministro, almacenamiento, transporte, distribución y expendio de los productos derivados de los hidrocarburos, señalados por el Ejecutivo Nacional (conforme al artículo 59), destinados al consumo colectivo interno." Se trata de la única actividad en el marco de la industria y el comercio de hidrocarburos que en la LOH se califica como un "servicio público"[13] siendo la consecuencia de tal calificación, que los precios de dichos productos deben ser fijados por el Ejecutivo Nacional por órgano del Ministerio de Energía y Minas. Dichos precios pueden fijarse mediante bandas o cualquier otro sistema que resulte adecuado, tomando en cuenta las inversiones y la rentabilidad de las mismas. Además, el Ministerio debe adoptar medidas para garantizar el suministro, la eficiencia del servicio y evitar su interrupción.

Conforme al artículo 61 de la LOH, las personas naturales o jurídicas que deseen ejercer estas actividades declaradas como "servicio público," es decir, las actividades de suministro, almacenamiento, transporte, distribución y expendio de los productos derivados de hidrocarburos, deben obtener previamente permiso del Ministerio de Energía y Minas, los que están sujetos a las normas establecidas en la Ley Orgánica, su Reglamento y las Resoluciones respectivas; y su cesión o traspaso requiere la autorización previa del Ministerio de Energía y Minas (Art. 61 LOH).

---

13 Esto lo ha confirmado la Sala Político Administrativa del Tribunal Supremo en sentencia N° 255 de 09-02-2006 (Caso: Estación San Luis Del Este II, C.A vs. Shell Venezuela Productos), en *Revista de Derecho Público*, N° 105, Editorial Jurídica venezolana, Caracas 2005, p. 178.

Debe agregarse, en el ámbito de la industria petrolera, que la LOHG de 1999[14] derogó la Ley que Reserva al Estado la Industria del Gas Natural de 1971 y eliminó la reserva del Estado en la materia, disponiendo, al contrario, que las mismas "pueden ser ejercidas por el Estado directamente o mediante entes de su propiedad o por personas privadas nacionales o extranjeras; con o sin la participación del Estado" (Art. 2). Entre dichas actividades están las que la Ley denominó "las actividades distintas a las de exploración y explotación" (Cap. IV), que comprenden las relativas al transporte y la distribución de gas, el procesamiento de los líquidos de gas natural (LGN) y la comercialización del gas licuado del petróleo (GLP), disponiéndose que quienes deseen realizar las actividades relacionadas con hidrocarburos gaseosos, asociados o no asociados, producidos por otras personas, lo que deben es obtener un permiso del Ministerio de Energía y Minas (Arts. 3, 27). En cuanto a las actividades de industrialización de los hidrocarburos gaseosos, conforme al artículo 30 de la LOHG, también pueden ser realizadas directamente por el Estado, por entes de su propiedad; o por personas privadas nacionales o extranjeras, con o sin la participación del Estado, mediante la obtención de permisos (Art. 31).

Se destaca de la LOHG, por otra parte, que si bien en su artículo 4 se declaran todas las actividades que regula como "de utilidad pública," en su artículo 5 establece expresa y específicamente que entre todas ellas, sólo constituyen un "**servicio público**" las actividades relacionadas, directa o indirectamente, con el transporte y distribución de gases de hidrocarburos destinados al consumo colectivo. Se trata de la única actividad en el marco de la industria y el comercio de los hidrocarburos gaseosos que en la LOHG se califica como un "servicio público," razón por la cual, el artículo 8 de dicha Ley dispone que los almacenadores, los transportistas y los distribuidores de hidrocarburos gaseosos tienen la obligación de prestar el servicio en forma continua y de conformidad con las normas legales, reglamentarias y técnicas de eficiencia; calidad y seguridad.

Tratándose de servicios públicos, el artículo 12 de la LOHG también autoriza al Ministerio de Energía y Minas para determinar los precios de los hidrocarburos gaseosos desde los centros de producción y procesamiento, atendiendo principios de equidad. Además, los Ministerios de Energía y Minas y de la Producción y el Comercio, conjuntamente, deben fijar las tarifas que se aplicarán a los consumidores finales y a los servicios que se presten de conformidad con la Ley.

De lo anterior resulta que por voluntad expresa del legislador, tanto en la LOH como en la LOHG, dentro de todas las actividades de la industria y el comercio de los hidrocarburos y de los hidrocarburos gaseosos, todas

---

14   Véase en Gaceta Oficial N° 36.793 del 23-09-1999.

declaradas como de utilidad pública e interés social, solamente unas específicas y concretas actividades destinadas a *satisfacer necesidades colectivas* de consumo han sido consideradas como "servicio público." Por ello consideramos que ante declaraciones tan específicas y expresas del legislador, no le es dable al intérprete ignorarlas, por lo que no se puede afirmar que otras actividades de la industria puedan ser consideradas como servicio público o que en Venezuela la actividad petrolera en general siempre se hubiera considerado como servicio público con independencia de su calificación en las leyes. Ello no sería correcto, pues significaría ignorar la "calificación" que el legislador ha hecho en las leyes. Conforme a las antes mencionadas expresas previsiones de la LOH y de la LOHG, *sólo ciertas actividades* desarrolladas en la industria petrolera se califican como "servicios públicos," que son precisamente aquellas de carácter prestacional destinadas a satisfacer necesidades colectivas de la población, como son el suministro, almacenamiento, transporte, distribución y expendio de los productos derivados de los hidrocarburos que señale el Ejecutivo Nacional, destinados al *consumo colectivo interno* (Arts. 59, 60, LOH); y las actividades relacionadas, directa o indirectamente, con el transporte y distribución de gases de hidrocarburos *destinados al consumo colectivo* (Art. 5, LOHG). Y dichas normas, que son precisamente las que regulan la industria petrolera en Venezuela, no se las puede ignorar.

Esas son, por tanto, las actividades que dentro de la industria petrolera se han considerado siempre y han sido así declaradas expresamente como de servicio público. Y ha sido sólo en 2009, con motivo de la sanción de la Ley Orgánica que reserva al Estado bienes y servicios conexos a las actividades primarias de hidrocarburos, en la cual, sin duda distorsionando la esencia del concepto mismo de "servicio público" en el derecho administrativo, que se ha declarado como tales con vigencia a partir de 2009, a los "servicios conexos a las actividades primarias de hidrocarburos" (Art. 5), a pesar de no estar destinadas a satisfacer necesidades colectivas o de consumo colectivo.

Por tanto, dejando aparte esta específica declaratoria de "servicio público" *en virtud de ley*, con vigencia a partir de 2009, respecto de los servicios conexos que no están destinados ni por asomo al consumo colectivo ni a satisfacer necesidades colectivas, en la industria petrolera y gasífera fuera de las actividades declaradas como "servicios públicos" en la LOH y en la LOHG, que si están destinadas a satisfacer el consumo colectivo, ninguna otra actividad podría ser calificada como tal. La Ley en esta materia es clara y no es posible que sea ignorada. Y cuando hay ley expresa, no se puede construir un concepto legal con independencia de su calificación en las leyes.

4. El sentido de la declaratoria de utilidad pública o interés general de las actividades reguladas en la Ley de Hidrocarburos y en la Ley de Hidrocarburos Gaseosos a los solos efectos expropiatorios

Como se ha dicho, la LOH dispone en su artículo 4 que todas las actividades de la industria y el comercio de los hidrocarburos a las cuales se refiere dicha Ley, así como las obras que su realización requiera, "se declaran de utilidad pública y de interés social." Igualmente el artículo 4 de la LOHG dispone que las actividades a las cuales se refiere la ley relativa a los hidrocarburos gaseosos, así como las obras que su manejo requiera, "se declaran de utilidad pública."

Esta declaratoria de determinadas actividades en el derecho venezolano como de "utilidad pública o interés social," como es sabido, tiene relación directa y está destinada a preparar la posibilidad para el Estado de poder ejercer la potestad expropiatoria cuando ella sea necesaria para el desarrollo de las actividades reguladas en dichas leyes. Frente a la exigencia de la Constitución (Art. 115) y de la Ley de Expropiación por causa de utilidad pública o interés social (Arts. 7.1, 13), de que para que proceda la expropiación es necesario una declaratoria legislativa específica previa de dicha utilidad pública o interés general, entonces es que en muchas leyes especiales se formula tal calificación respecto de las actividades sectoriales que regulan, de manera que sin una ulterior declaratoria de interés general o utilidad pública, se pueda proceder a iniciar el procedimiento expropiatorio.[15]

---

15 Véase Ley expropiación por causa de utilidad pública o interés social, en Gaceta Oficial N° 37.475 de 01-07-2002. Véase los comentarios a dicha Ley en Allan R. Brewer-Carías *et al., Ley expropiación por causa de utilidad pública o interés social*, Editorial Jurídica Venezolana, Caracas 2002. Por ejemplo, en cuanto a las leyes más recientes, en la Ley para la defensa de las personas en el acceso a los bienes y servicios (Decreto Ley N° 6.092 de 27-05-2008), se declaran como de utilidad pública e interés social, todos los bienes necesarios para desarrollar las actividades de producción, fabricación, importación, acopio, transporte, distribución y comercialización de alimentos, bienes y servicios declarados de primera necesidad (Gaceta Oficial N° 5.889 Extraordinaria de 31-07-2008); en la Ley de salud agrícola integral (Decreto Ley N° 6.129 de 03-06-2008), se declaran de utilidad pública, interés nacional e interés social, los bienes y servicios propios de las actividades de salud agrícola integral, por lo que cuando medien motivos de seguridad, podrá sin mediar otra formalidad, decretarse la adquisición forzosa de la totalidad de un bien o de varios bienes necesarios para la ejecución de obras o el desarrollo de actividades de salud agrícola integral (Gaceta Oficial N° 5.890 Extraordinaria de 31-07-2008); en la Ley del Instituto Nacional de la Vivienda (INAVI) (Decreto Ley N° 6.267 de 30-07-2008), se declara de utilidad pública la construcción de viviendas de interés social cuya ejecución directa o indirecta corresponda al Instituto Nacional de la Vivienda, (Gaceta Oficial N° 5.892 de-07-2008); y en la Ley Orgánica de seguridad y soberanía agroalimentaria (Decreto Ley N° 6.071 de 14-05-2008), se declaran de utilidad pública e interés social los bienes que aseguren la disponibilidad y acceso oportuno a los alimentos, así como las infraestructuras necesarias (Gaceta Oficial N° 5.889 Extraordinaria de 31-07-2008).

Por tanto, la declaratoria de una actividad como de interés general o de utilidad pública, teniendo simplemente propósitos de agilizar los procedimientos expropiatorios, no implica que el régimen de la misma sea necesariamente un régimen de derecho público, y que la sola declaratoria pueda transformar el régimen jurídico de una actividad. No es posible afirmar, por tanto, que las actividades o las obras declaradas de utilidad pública o interés social en una ley están por ello, sujetas a un régimen regulatorio especial de derecho público. Una cosa no implica la otra, de manera que la declaratoria de una actividad como de utilidad pública o interés social a los efectos de aligerar los procesos de expropiación de bienes de propiedad privada, no implica una *publicatio* de su régimen jurídico, y que el mismo se convierta automáticamente en un régimen regulatorio especial de derecho público lo que no es cierto en el ordenamiento jurídico venezolano.

Por otra parte, menos aún podría afirmarse que una de las consecuencias del carácter de utilidad pública e interés social de una determinada actividad, sería que los contratos que celebren los entes públicos en ejecución de tales actividades, por ello revistan el carácter de "contratos administrativos;" lo que no tiene asidero alguno en el derecho administrativo venezolano. Una cosa es que una actividad se declare de utilidad pública o interés social, y otra es la naturaleza de los contratos del Estado que puedan celebrarse en su ámbito. Lo cierto es que tal declaratoria en la ley que se formula exclusivamente con fines expropiatorios no implica ni la *publicatio* general de la actividad ni de los contratos que puedan celebrarse en la misma.

En el mismo sentido, tampoco podría identificarse el concepto de "utilidad pública" con el de "servicio público," las cuales son nociones jurídicos completamente distintas. La antigua Corte Suprema de Justicia y el Tribunal Supremo de Justicia en Sala Político Administrativa, en muchas sentencias ha hecho referencia a ambos conceptos, a veces en forma confusa, pero nunca identificando la "utilidad pública" o el "interés general" con el "servicio público," ni ha calificado a contratos como "contratos administrativos" porque tengan sólo una "finalidad de utilidad pública," exigiendo siempre cuando hace referencia a la finalidad de los mismos que esté envuelto un interés *colectivo*. Así ocurrió, por ejemplo, en la sentencia dictada en el caso *Acción Comercial* en 14 de junio de 1983, 16 en la cual la Sala Político Administrativa, al destacar el objeto del contrato considerado en ese caso como contrato administrativo, se refirió a que el mismo tenía precisamente por objeto una actividad de "interés *colectivo*" de carácter prestacional, para "la satisfacción de determinadas necesida-

---

16 Citada en sentencia de la Sala Político Administrativa N° 820 de 31-5-2007, en http://www.tsj.gov.ve/deci-siones/spa/Mayo/00820-31507-2007-1995-11922.html

des" "de interés general o *colectivo*." No se trataba, por tanto, de cualquier actividad de utilidad pública o interés general, sino de la satisfacción de interés colectivo para lo cual la Administración se aseguraba "la colaboración del particular en la satisfacción" de dichas necesidades colectivas. En otra sentencia de la Sala Político Administrativa del Tribunal Supremo Nº 1628 de 13 de julio de 20005 en el caso *Inversiones Luixu 2051* C.A., se consideró el contrato al cual se refería el caso como "contrato administrativo," no porque su objeto tuviese simplemente "una finalidad de utilidad pública," sino porque tenía precisamente por objeto "la prestación de un servicio público" como eran "trabajos de alumbrado"[17] Lo que siempre es de carácter colectivo. Adicionalmente, en otra sentencia de la Sala Político Administrativa del Tribunal Supremo Nº 187 de 31 de enero de 2002 (caso *Dioselina Rivero de Oropesa*) en la cual se consideró el contrato al cual se refería el caso como "contrato administrativo," no porque su objeto tuviese simplemente "una finalidad de utilidad pública" sino porque en ese caso tenía por objeto otorgar "una concesión de uso" de bienes públicos como son los terrenos ejidos, los cuales conforme a la Constitución son "inalienables e imprescriptibles" y como tales en definitiva se destinan a asegurar el bienestar de la colectividad (Art. 181); contratos que al otorgar concesiones de uso de bienes públicos, como lo dijo el Tribunal, "sin importar bajo qué figura jurídica son otorgados (compraventa, arrendamiento, comodato, etc.)," la jurisprudencia del Tribunal, por su objeto referido a concesión sobre bienes públicos, siempre los ha considerado como 'contratos administrativos."[18]

En ninguna de dichas sentencias, por ejemplo, se utilizaron como sinónimas las expresiones "utilidad pública" y "servicio público," conceptos que además, en la industria petrolera en ningún caso podrían tener el mismo significado cuando el Legislador, expresamente, las ha distinguido claramente en disposiciones precisas de la LOH (Arts. 4 y 60) como en la LOHG (Arts. 4, 5) antes mencionadas.

5. La terminación de los Convenios Operativos y de Asociación en 2007 y su transformación en empresas mixtas

Para el momento en que se dictó la Ley Orgánica de Hidrocarburos de 2001, las empresas privadas en Venezuela, como se ha dicho, podían participar y participaban en la realización de las actividades primarias de hidrocarburos reservadas al Estado a través de dos modalidades previstas en la legislación anterior: los Convenios Operativos con las empresas del Estado, y mediante Convenios de Asociación Estratégicas y de Explota-

---

17   Véase en http://www.tsj.gov.ve/decisiones/spa/Julio/01628-130700-16310.htm

18   Publicada en 5 de febrero de 2002. Véase en http://www.tsj.gov.ve/decisiones/spa/Febrero /00187-050202-0412.htm

ción a Riesgo y Ganancias Compartidas que se habían suscrito bajo la vigencia de la Ley que reserva al Estado la Industria y el Comercio de los Hidrocarburos de 1975, los cuales dado el principio general de la irretroactividad de las leyes, continuaron en vigencia como contratos válidamente suscritos por el Estado conforme al artículo 5 de aquella Ley que fue derogada por la Ley Orgánica de 2001, aún después de la entrada en vigencia de la nueva Ley.

A partir de 2006, el Estado venezolano, comenzó un proceso de "estatización" petrolera a través de la eliminación progresiva, mediante ley, de la participación del capital privado en las actividades de la industria petrolera que se había desarrollado antes de la entrada en vigencia de la nueva Ley Orgánica de Hidrocarburos en 2001. Ese proceso de eliminación de la participación del capital privado en la industria que había sido posible conforme a los contratos suscritos antes de 2001 se verificó mediante tres instrumentos legislativos:[19]

Primero, se dispuso la extinción, es decir, la terminación unilateral anticipada de los Convenios Operativos que existían y se habían suscrito conforme a la legislación anterior, entre las filiales de PDVSA y empresas privadas, para lo cual el 18 de abril de 2006 se dictó la Ley de Regularización de la Participación Privada en las Actividades Primarias Previstas[20], cuyo específico objeto que se definió como "regularizar la participación privada en las actividades primarias," dado que el Legislador consideró que su ejercicio había "sido desnaturalizado por los Convenios Operativos surgidos de la llamada apertura petrolera, al punto de violar los intereses superiores del Estado y los elementos básicos de la soberanía" (art. 1).

La consecuencia de la extinción de los Convenios Operativos existentes, además de la obligación para el Estado de indemnizar a los antiguos contratistas por los daños y perjuicios ocasionados por la terminación anticipada y unilateral de los Convenios y la expropiación de los derechos contractuales, fue que conforme se dispuso en el artículo 4 de la Ley:

---

19   Véase Alan R. Brewer-Carías, "La estatización de los convenios de asociación que permitían la participación del capital privado en las actividades primarias de hidrocarburos suscritos antes de 2002, mediante su terminación anticipada y unilateral y la confiscación de los bienes afectos a los mismos", en Víctor Hernández Mendible (Coordinador), *Nacionalización, Libertad de Empresa y Asociaciones Mixtas*, Editorial Jurídica Venezolana, Caracas 2008, pp. 123-188; "La terminación anticipada y unilateral mediante leyes de 2006 y 2007 de los convenios operativos y de asociaciones petroleros que permitían la participación del capital privado en las actividades primarias suscritos antes de 2002", en *Revista de Derecho Público*, N° 109 (enero-marzo 2007), Editorial Jurídica Venezolana, Caracas 2007, pp. 47-54

20   Gaceta Oficial N° 38.419 del 18 de abril de 2006.

"[...] la República, directamente o a través de empresas de su exclusiva propiedad, reasumirá el ejercicio de las actividades petroleras desempeñadas por los particulares, a los fines de garantizar su continuidad y en razón de su carácter de utilidad pública e interés social, sin perjuicio de que se establezcan para tal efecto empresas mixtas sujetas a la aprobación de la Asamblea Nacional, previo informe favorable del Ejecutivo Nacional por órgano del Ministerio de Energía y Petróleo y de la Comisión Permanente de Energía y Minas de la Asamblea Nacional".

A tal efecto, la Asamblea Nacional ya había adoptado en marzo de 2006 el "Acuerdo mediante el cual se aprueban los Términos y Condiciones para la creación y funcionamiento de las Empresas Mixtas" (*G.O.* N° 38.410 de 31-03-2006).

Segundo, con base en la Ley Habilitante de 1 de febrero de 2007[21] que delegó en el Ejecutivo nacional la legislación para que el Estado asumiera "el control de las actividades realizadas por las asociaciones que operan en la Faja Petrolífera del Orinoco, incluyendo mejoradores y las asignaciones de explotación a riesgo y ganancias compartidas", se dictó el 26 de febrero de 2007, el Decreto Ley 5.200, contentivo de la Ley de Migración a Empresas Mixtas de los Convenios de Asociación de la Faja Petrolífera del Orinoco, así como de los Convenios de Exploración a Riesgo y Ganancias Compartidas[22], con la cual se dio inicio al proceso de terminación unilateral y anticipada de los convenios de asociación que se habían suscrito entre 1993 y 2001, lo que implicaba, para los contratistas que no acordaran a los términos unilaterales fijados por el Estado, la expropiación de sus derechos contractuales y el derecho consecuente a ser justamente indemnizados por los daños y perjuicios causados por la ejecución de dicha Ley. Esto significó, pura y simplemente, darle efectos retroactivos a la Ley Orgánica de Hidrocarburos de 2001, al imponer unilateralmente a los Convenios de Asociación suscritos conforme a la legislación anterior, la obligación de ajustarse a la nueva Ley y transformarse en nuevas empresas mixtas." La consecuencia de la aplicación retroactiva de la Ley de 2001 a los Convenios de Asociación suscritos válidamente con anterioridad a la misma se configuró como una terminación anticipada y unilateral de los dichos Convenios de Asociación, y como una expropiación por Ley de los derechos contractuales de los contratantes en dichos Convenios, lo cual conforme al artículo 115 de la Constitución, les originó el derecho a ser justamente indemnizados por los daños y perjuicios causados.

Tercero, conforme a la Ley sobre los Efectos del Proceso de Migración a Empresas Mixtas de los Convenios de Asociación de la Faja Petrolífera

---

21 Gaceta Oficial N° 38.617 de 01-02-2007.

22 Gaceta Oficial N° 38.623 de 16-2-2007.

del Orinoco; así como de los Convenios de Exploración a Riesgo y Ganancias Compartidas de 5 de octubre de 2007[23], los convenios de Asociación antes mencionados "quedaron extinguidos" según los casos, a partir de la fecha de publicación del "decreto que dispuso la transferencia del derecho a ejercer actividades primarias a las empresas mixtas que constituyeron conforme con lo previsto en dicha Ley" en la *Gaceta Oficial* de la República (art. 1) o "a partir de la fecha de publicación" de dicha Ley en la Gaceta Oficial de la República (art. 1). Ley de Migración (Decreto Ley 5.200) nada había indicado sobre los derechos a indemnización y compensación de las empresas privadas que no hubieran llegado a un acuerdo para continuar como socios de las nuevas empresas mixtas, en virtud de la terminación anticipada y unilateral de los Convenios y Asociaciones, que tenían de acuerdo con lo dispuesto en el artículo 115 de la Constitución. Sin duda, se trataba de una expropiación realizada por ley especial al margen de la Ley general de expropiación, que implicaba, de acuerdo con la Constitución, el derecho de las empresas privadas a ser indemnizadas. Sin embargo, en lugar de procederse a ello, el Estado optó por definitivamente "confiscar" dichos derechos, al declarar pura y simplemente extinguidos los convenios a partir de la publicación de la Ley sobre los Efectos del Proceso de Migración de 5 de octubre de 2007. La ley, además, ordenó la trasferencia forzada de bienes de propiedad privada a las nuevas empresas mixtas constituidas sin indemnización ni proceso, en todos los casos en los cuales *algunas* de las otras empresas privadas del respectivo convenio o asociación hubieran acordado formar parte de las empresas mixtas, sin indemnización ni proceso algunos.

6. La nueva reserva al Estado respecto de los bienes y servicios conexos con las actividades primarias de hidrocarburos decretada en 2009

Conforme a la Ley Orgánica de Nacionalización petrolera de 1975, y posteriormente, conforme a la Ley Orgánica de Hidrocarburos de 2001, además de la participación de las empresas privadas en las actividades reservadas de la industria y el comercio de hidrocarburos mediante los convenios operativos y los convenios de asociación que fueron terminados en 2007,[24] los particulares y empresas privadas también participaban

---

23 Gaceta Oficial Nº 38.785 del 8 de octubre de 2007

24 Véase la Ley de Migración a Empresas Mixtas de los Convenios de Asociación de la Faja Petrolífera del Orinoco, así como de los Convenios de Exploración a Riesgo y Ganancias Compartidas (Gaceta Oficial Nº 38.623 de 26-2-2007). Ley sobre los Efectos del Proceso de Migración a Empresas Mixtas de los Convenios de Asociación de la Faja Petrolífera del Orinoco; así como de los Convenios de Exploración a Riesgo y Ganancias Compartidas de 5 de octubre de 2007 (Gaceta Oficial Nº 38.785 del 08-10-2007). Sobre estas leyes véase, Allan R. Brewer-Carías, "La estatización de los convenios de

y siguieron participando en las actividades no reservadas de la industria y el comercio de los hidrocarburos, particularmente prestando servicios o realizando obras mediante contratos celebrados con las empresas del Estado.

Ese fue el caso de las empresas que suscribieron mediante procesos licitatorios, incluso antes de la entrada en vigencia de la LOH, contratos con la empresa PDVSA Petróleo y Gas S.A. (luego PDVSA Petróleo. S.A.) para la prestación a PDVSA, por ejemplo, de los servicios de inyección de agua, de vapor o de gas, y de compresión de gas; y de los servicios vinculados a las actividades petroleras desarrolladas en particular, en el Lago de Maracaibo, como los servicios de lanchas para el transporte de personal, buzos y mantenimiento; los servicios de barcazas con grúa para transporte de materiales, diesel, agua industrial y otros insumos; los servicios de remolcadores; los servicios de gabarras planas, boyeras, grúas, de ripio, de tendido o reemplazo de tuberías y cables subacuáticos; los servicios de mantenimiento de buques en talleres, muelles y diques, tal como se enumeraron en el artículo 2 de la Ley de Reserva de 2009. En esos casos, la empresa petrolera nacional encomendó a empresas privadas, generalmente a consorcios que agrupaban a empresas extranjeras con nacionales, la realización de actividades que entonces no estaban reservadas al Estado, ni estaban destinadas a satisfacer necesidades colectivas, y que sólo estaban destinadas a prestar servicios eminentemente técnico a una sola empresa para la realización de sus actividades, como era el caso de PDVSA Petróleo y Gas S.A. La actividad que constituía el objeto de los contratos celebrados con empresas privadas o consorcios, por otra parte, a pesar de tratarse de actividades conexas con las actividades primarias de hidrocarburos que estaban a cargo de PDVSA, no sólo no eran actividades reservadas al Estado sino que no constituían en sí mismas actividades de explotación petrolera.

Fue sin embargo, como se ha dicho, en 2009, cuando esas actividades o servicios conexos con la industria petrolera que no estaban reservadas al Estado, pasaron a ser reservada al mismo mediante la antes mencionada Ley Orgánica que reserva al Estado bienes y servicios conexos a las actividades primarias de Hidrocarburos,[25] en la cual se dispuso que a partir de la entrada en vigencia de dicha Ley pasarían a ser ejecutadas, "directamente por la República; por Petróleos de Venezuela, S.A. (PDVSA) o de la filial que ésta designe al efecto; o, a través de empresas mixtas, bajo el control de Petróleos de Venezuela, S.A., (PDVSA) o sus filiales." (Art. 1).

---

asociación que permitían la participación del capital privado en las actividades primarias de hidrocarburos suscritos antes de 2002, mediante su terminación anticipada y unilateral y la confiscación de los bienes afectos a los mismos", en Víctor Hernández Mendible (Coordinador), *Nacionalización, Libertad de Empresa y Asociaciones Mixtas*, Editorial Jurídica Venezolana, Caracas 2008, pp. 123-188.

25 Gaceta Oficial Nº 39.173 del 07-05-2009.

A los efectos de materializar la nacionalización que ello implicó, el artículo 3 de la Ley de Reserva de 2009, atribuyó al Ministerio con competencia en materia petrolera, la facultad de determinar mediante Resolución, los bienes y servicios de empresas o sectores que se encontraban dentro de las previsiones de sus artículos 1 y 2. Se dispuso además, que al dictarse dichas Resoluciones ministeriales, los contratos que se hubieran celebrado entre las empresas petroleras estatales y empresas privadas para la realización de las actividades que con la ley se reservaban al Estado, "se extinguirán de pleno derecho en virtud de la presente Ley," y además, se "reconoció" a dichos contratos "como contratos administrativos." (Art. 3).

Con estas previsiones se confirmó, por supuesto, que antes de la entrada en vigencia de la Ley de Reserva de 2009, no sólo las actividades que reguló no eran actividades "reservadas" al Estado, ni en la industria petrolera podían ser consideradas como "servicios públicos" (calificación reservada sólo a las actividades destinadas a satisfacer necesidades colectivas conforme al artículo. 60 de la LOH y en al artículo 5 de la LOHG), sino que los contratos celebrados por PDVSA y sus filiales con empresas p consorcios particulares respecto de las mismas, no eran ni podían considerarse en absoluto como "contratos administrativos," sino contratos de derecho privado de la Administración. Fue por tanto, con la Ley de Reserva de 2009, a partir de la misma y a sus solos efectos, que las referidas actividades en cambio comenzaron a ser consideradas como "actividades reservadas," que además comenzaron a ser consideradas como "servicios públicos", y que, adicionalmente, los contratos relativos a las mismas comenzaron a ser "reconocidos" como "contratos administrativos."

La reserva al Estado decidida en la Ley de Reserva de 2009, a diferencia de otras leyes anteriores que reservaron actividades al Estado, en este caso tuvo efectos inmediatos, de manera que el artículo 4 de la Ley precisó que a partir de su publicación, "Petróleos de Venezuela S.A., (PDVSA) o la filial que ésta designe, tomará posesión de los bienes, y control de las operaciones referidas a las actividades reservadas," lo que efectivamente ocurrió. Este constituyó, de acuerdo con la Exposición de Motivos de la Ley, un:

> "mecanismo expedito, acorde a las necesidades de la industria petrolera, que permitirá a Petróleos de Venezuela o la filial que ésta designe, tomar posesión de los bienes, y control de las operaciones referidas a las actividades reservadas, como paso previo al inicio del proceso Expropiatorio."

A tal efecto la Ley autorizó al Ministerio con competencia en materia petrolera, para asumir "las medidas necesarias para garantizar la continuidad de las actividades objeto de la Ley," estando facultada para "solicitar el apoyo de cualquier órgano o ente del Estado." En este caso, fue la Guardia Nacional la utilizada.

Además, se impuso en la ley a "las personas naturales o jurídicas vinculadas a la materia, colaborar en la entrega pacífica y ordenada de las operaciones, instalaciones, documentación, bienes y equipos afectos a las actividades a las que se refiere la Ley, so pena de la aplicación de las sanciones administrativas y penales que pudieran corresponder, de conformidad con el ordenamiento jurídico." (Art. 4). Para asegurar la transferencia de todos los bienes y servicios, además, el artículo 8 de la Ley dispuso que todos "los permisos, certificaciones, autorizaciones y registros vigentes, pertenecientes a los operadores de las actividades reservadas, o que recaigan sobre bienes utilizados por las mismas, pasarán de pleno derecho, a la titularidad de Petróleos de Venezuela S.A., (PDVSA) o a la filial que ésta designe." Igualmente, para asegurar la transferencia al Estado, la Ley estableció que "los actos, negocios y acuerdos que se realicen, suscriban o ejecuten en cumplimiento de la Ley Orgánica, así como las cesiones, transferencias de bienes y cualesquiera otras operaciones, quedan exentos de los tributos nacionales" (Art. 9).

La nacionalización de los mencionados bienes y servicios conexos y la asunción inmediata de los mismos por parte de PDVSA, implicaba la obligación para el Estado de compensar a los accionistas privados de las empresas, a cuyo efecto dispuso la Ley de Reserva de 2009 que el Ejecutivo Nacional podrá "decretar la expropiación, total o parcial de las acciones o bienes de las empresas que realizan los servicios referidos" de conformidad con lo previsto en la Ley de Expropiación por Causa de Utilidad Pública o Social, en cuyo caso "el ente expropiante será Petróleos de Venezuela S.A., (PDVSA) o la filial que ésta designe"(Art. 6).

Al día siguiente de dictarse la Ley de Reserva de 2009, conforme a sus previsiones, el Ministerio del Poder Popular para la Energía y Petróleo dictó la Resolución N° 051 de 8 de mayo de 2009,[26] en la cual enumeró una larga lista de servicios de empresas o sectores y bienes "afectadas por las medidas de toma de posesión," (Art. 1), instruyéndose a Petróleos de Venezuela, S.A. o la filial que ésta designe, "a tomar el control de las operaciones y posesión inmediata de las instalaciones, documentación, bienes y equipos" mencionados (Art 2).

En la Resolución, además, el Ministerio del Poder Popular para la Energía y Petróleo se reservó la aplicación de las medidas que considerase necesarias, para garantizar la continuidad de las actividades afectadas; y además, se reservó el derecho de determinar otros bienes, servicios de empresas o sectores y empresas afectadas por la Ley de Reserva de 2009 (Art 3).

---

26   Gaceta Oficial N° 39.174 del 08-05-2009

Posteriormente, mediante Resolución N° 54 de 13 de mayo de 2009,[27] el mismo Ministerio del Poder Popular para la Energía y Petróleo enunció una serie de empresas que prestan servicios y poseen bienes esenciales (compresión de gas) que eran conexos con la realización de las actividades primarias previstas en la LOH, y que consideró se "subsumían" en las indicadas en el artículo 2 de la Ley de Reserva de 2009, con la advertencia de que "las enunciaciones en cuestión no tienen carácter taxativo sino meramente enunciativo" (Art. 1).

A los efectos de implementar la nacionalización decretada, en el artículo 2 de la Resolución se instruyó a Petróleos de Venezuela, S.A. o la filial que ésta designase, "a tomar el control de las operaciones y posesión inmediata de las instalaciones, documentación, bienes y equipos, afectos a las actividades" de dichas empresas, a cuyo efecto, debía dejarse asentada la información específica de las instalaciones, bienes y equipos afectados, mediante evaluación y levantamiento de acta a ser suscrita entre representantes de Petróleos de Venezuela, S.A. o de la filial designada y de las empresas afectadas; o mediante el mecanismos de levantamiento de un acta de inspección judicial o acta notarial, en un plazo no mayor de quince (15) días hábiles. Dejó a salvo la Resolución que "[e]n todo caso, si de la referida evaluación se determinase que no existe interés en la toma de posesión de los Servicios de Empresa o Sectores y Bienes enunciados anteriormente quedará sin efecto su afectación por parte de esta Resolución."

El Ministerio del Poder Popular para la Energía y Petróleo, además, se reservó la aplicación de las medidas que considere necesarias, para garantizar la continuidad de las actividades afectadas por dicha Resolución; y asimismo, también se reservó el derecho de determinar otros bienes, servicios de empresas o sectores y empresas afectadas por la Ley Orgánica que Reserva al Estado Bienes y Servicios Conexos a las Actividades Primarias de Hidrocarburos (Art. 3).

Como consecuencia, todos los bienes y servicios conexos con la industria petrolera como los de inyección de agua, de vapor o de gas, de compresión de gas; y los servicios vinculados a las actividades petroleras desarrolladas en el Lago de Maracaibo (lanchas, barcazas, remolcadores; gabarras, mantenimiento de buques) fueron nacionalizados en la Ley de Reserva de 2009, Por tanto, y ello resulta del texto de la propia Ley de Reserva de 2009, las actividades de dichos servicios ni conforme a la Ley de Nacionalización Petrolera de 1975 ni a la Ley Orgánica de Hidrocarburos de 2001, podían considerarse como actividades que hubiesen estado reservadas al Estado. Se trataba de actividades "conexa con la industria petrolera," pero que en si mismas no eran actividad reservadas al Estado,

---

27   Gaceta Oficial N° 39.177 del 13-05-2009

ni eran actividades que fueran parte de la explotación de hidrocarburos, ni eran consideradas en forma alguna como "servicios públicos." Los contratos suscritos por PDVSA Petróleos S.A. para la prestación de dichos servicios, además, ni por la persona estatal que los suscribió ni por su objeto ni por su contenido tenían en modo alguno el carácter de "contratos administrativos."

En cambio, fue precisamente a partir del 7 de mayo de 2009 con motivo de la publicación de la Ley de Reserva de 2009, que en la misma ley, expresamente y con vigencia a partir de entonces, la actividad que se había venido realizando empresas o consorcios particulares mediante contratos en relación con servicios conexos con la industria petrolera, comenzaron a ser actividades "reservadas por el Estado" (Art. 1), que además, se las declaró y comenzaron a ser consideradas en virtud de ley como "servicio público" (Art. 5), y que los contratos celebrados para su prestación por empresas privadas o consorcios fueron "reconocidos" *ex post facto* como "contratos administrativos" (Art. 3).

Todo ello, por supuesto, con vigencia a partir de la publicación de la Ley y sin posibilidad constitucional alguna de que su articulado pudiera tener efecto retroactivo por prohibirlo el artículo 24 de la Constitución.

El texto de la propia Ley de Reserva de 2009, por tanto, al establecer *ex post facto* la reserva al Estado de las citadas actividades (bienes y servicios) conexas al Estado; al considerarlas como "servicio público;" y al declarar los contratos respectivos para su prestación por empresas o consorcios privados como "contratos administrativos," es la más precisa y contundente demostración de que antes de la entrada en vigencia de dicha Ley, es decir, antes del 7 de mayo de 2009, las actividades mencionadas no eran actividades reservadas al Estado, no eran consideradas como "servicio público," ni los contratos celebrados para su prestación tampoco podían considerarse como "contratos administrativos."

II. LOS PRINCIPIOS RELATIVOS A LOS CONTRATOS ADMINISTRATIVOS Y SU INAPLICABILIDAD A LOS CONTRATOS SUSCRITOS PARA LA PRESTACIÓN DE LOS SERVICIOS CONEXOS ANTES DE SU NACIONALIZACIÓN

Los contratos suscritos por PDVSA Petróleo S.A. y empresas o consorcios privados para la prestación de los servicios conexos con la industria petrolera," salvo por lo que respecta a la calificación legal que se les dio como "contrato administrativo" a partir de la entrada en vigencia de la Ley de Reserva de 2009, en ningún caso podían haberse considerado como "contratos administrativos" en el sentido que dicho término ha tenido en la historia del derecho administrativo venezolano. Se trataba, sin duda, de contratos públicos o contratos del Estado, por haber sido suscrito por una persona jurídica estatal (empresa del Estado), aún cuando de derecho privado; pero en la terminología tradicional, siempre que a esta se le de algún sentido, no podían ser considerados como contratos administrativos.

1. Los contratos públicos o contratos estatales y los contratos de interés público

En efecto, los contratos públicos, contratos del Estado o contratos estatales son todos aquellos contratos en los cuales una de las partes (pueden ser las dos -contratos inter-administrativos-) es una persona jurídica estatal,[28] es decir, que está integrada en la organización general del Estado, sea que se trate de una persona jurídica de derecho público territorial (República, Estados, Municipios), o no territorial (pe. los institutos autónomos o públicos) o de una personas jurídica de derecho privado estatales (como por ejemplo las sociedades anónimas del Estado o empresas del Estado). En relación con los contratos del Estado, o al menos en relación con algunos de ellos, la Constitución utiliza la expresión histórica de "contratos de interés público" (nacional, estadal o municipal) (arts. 150, 151), y en algunas escasísimas leyes, algunos de ellos fueron denominados como "contratos administrativos."

En virtud de que Venezuela está organizada como un Estado federal (Art. 4, C.) con tres niveles de gobierno (nacional, estadal, municipal) (Art. 136 C.), la intención de la regulación de los "contratos de interés público" en el artículo 150 de la Constitución,[29] que se clasifican en "contratos de interés público nacional", "contratos de interés público estadal" y "contratos de interés público municipal"; fue referirse a los contratos suscritos, respectivamente, por entidades públicas nacionales, entidades públicas estadales y entidades públicas municipales.[30] En consecuencia, la

---

28 Véase Allan R. Brewer-Carías, "Sobre las personas jurídicas en la Constitución de 1999" en *Derecho Público Contemporáneo: Libro Homenaje a Jesús Leopoldo Sánchez*, Estudios del Instituto de Derecho Público, Universidad Central de Venezuela, enero-abril 2003, Volumen 1, pp. 48-54.

29 Véase Allan R. Brewer-Carías, *Debate Constituyente (Aportes a la Asamblea Nacional Constituyente)*, Tomo II, Caracas 1999, pp. 173 ss.

30 Véase en general: Jesús Caballero Ortiz, "Los contratos administrativos, los contratos de interés público y los contratos de interés nacional en la Constitución de 1999", *en Estudios de Derecho Administrativo: Libro Homenaje a la Universidad Central de Venezuela*, Volumen I, Imprenta Nacional, Caracas, 2001, pp. 139-154; Jesús Caballero Ortíz, "Deben subsistir los contratos administrativos en una futura legislación?", en *El Derecho Público a comienzos del siglo XXI: Estudios homenaje al Profesor Allan R. Brewer-Carías*, Tomo II, Instituto de Derecho Público, UCV, Civitas Ediciones, Madrid, 2003, pp. 1765-1777; Allan R. Brewer-Carías, "Los contratos de interés público nacional y su aprobación legislativa" en *Revista de Derecho Público*, Nº 11, Caracas, 1982, pp. 40-54; Allan R. Brewer-Carías, Contratos Administrativos, Caracas, 1992, pp. 28-36; Allan R. Brewer-Carías, *Debate Constituyente, Aportes a la Asamblea Nacional Constituyente*, Tomo II, Caracas, 1999, p. 173; Alfonso Rivas Quintero, *Derecho Constitucional*,

intención de la regulación constitucional fue considerar como contratos de interés público nacional, a aquellos concernientes al nivel nacional de gobierno (diferente a los niveles estadales y municipales de gobierno), porque son suscritos por entidades públicas nacionales, es decir, por la República o institutos autónomos nacionales o empresas del Estado nacionales. Sin embargo, debe señalarse que la Sala Constitucional del Tribunal Supremo de Justicia, en sentencia N° 2.241 del 3 de septiembre de de 2000,[31] restringió esta noción de "contrato de interés público" del artículo 150 de la Constitución, con el objeto de comprender sólo aquellos contratos suscritos por la Republica, los Estados y los Municipios en los que esté envuelto un interés público nacional, estadal y municipal; quedando excluidos de la denominación los contratos públicos suscritos por los institutos autónomos o empresas del Estado.[32]

Ahora bien, se identifique o no la noción de contratos estatales con la de contratos de interés público, lo cierto es que la primera expresión identifica los contratos suscritos por las personas jurídicas estatales, o las que integran el sector público y que en general se engloban en la noción de "Estado". Esa noción de contratos públicos o estatales, que ahora recoge

---

Paredes Editores, Valencia-Venezuela, 2002, pp. 287 ss.; Hildegard Rondón de Sansó, *Análisis de la Constitución venezolana de 1999*, Editorial Ex Libris, Caracas, 2001, pp. 123 ff; y Ricardo Combellas, *Derecho Constitucional: Una introducción al estudio de la Constitución de la República Bolivariana de Venezuela*, Mc Graw Hill, Caracas, 2001, pp. 115 ss.

31 Véase en http://www.tsj.gov.ve/decisiones/scon/Septiembre/2241-240902-00-2874%20. htm. La Sala Constitucional del Tribunal Supremo de Justicia, en esa sentencia (Caso: Anulación del artículo 80 de la Ley Orgánica de Administración Financiera del Sector Público), al referirse a los "contratos de interés público" (art. 150 C.) utilizó una interpretación "restrictiva" indicando solo los suscritos o celebrados por la Republica, los Estados y los Municipios, sin mencionar los contratos públicos suscritos por institutos autónomos o empresas públicas nacionales como por ejemplo podría ser PDVSA, lo que podría conducir a estimar que estos estarían excluidos de dicha calificación, lo cual no tiene base ni sentido alguno en el derecho venezolano. El argumento central de la decisión de la Sala se refirió al tema de la autorización parlamentaria previa en relación con los contratos de deuda pública. Véase sobre el carácer "no vinculante" de esa decisión, lo expuesto en la Sección Séptima del Cuarto Libro y el nuevo Libro Sexto, de esta obra.

32 Sobre esta sentencia véase los comentarios críticos en Allan R. Brewer-Carías, "Sobre los Contratos del Estado en Venezuela," en *Derecho Administrativo Iberoamericano (Contratos Administrativos, Servicios públicos, Acto administrativo y procedimiento administrativo, Derecho administrativo ambiental, Limitaciones a la libertad)*, IV Congreso Internacional de Derecho Administrativo, Mendoza, Argentina, 2010, pp. 837-866; y en *Revista Mexicana Statum Rei Romanae de Derecho Administrativo*, N° 6, Homenaje al Dr. José Luis Meilán Gil, Facultad de Derecho y Criminología de la Universidad Autónoma de Nuevo León, Monterrey, Enero-Junio 2011, pp. 207-252; "Los contratos del Estado y la Ley de Contrataciones Públicas. Ámbito de aplicación," en *Ley de Contrataciones Públicas*, Editorial Jurídica Venezolana, Colección Textos legislativos N° 44 (2ª Edición Actualizada y aumentada), Caracas 2009, pp. 9-47

la Ley de Contrataciones Públicas[33] puede considerarse como equivalente a las nociones de *contratos públicos*,[34] *contratos del Estado*,[35] o *contratos de la Administración*;[36] o a la noción en ingles de *Public Contract*;[37] a la francesa de *contrats de l'administration*;[38] a la italiana de *contratti della pubblica ammistrazione*;[39] o a la portuguesa de *contratos de administração pública*;[40] todas tendientes a identificar contratos en los cuales una de las partes de la relación contractual es el Estado, es decir, un órgano de la Administración Pública o una entidad estatal, los que además, en general, tienen fines de interés público.

Dichos contratos públicos, en general, aparte de las regulaciones generales de orden constitucional en las cuales se establecen cláusulas obligatorias para todos ellos, como la cláusula de la inmunidad relativa de jurisdicción, o la cláusula Calvo (art. 151); en Venezuela, hasta reciente data nunca habían sido objeto de una Ley general que regulara toda la actividad contractual de la Administración como ha sucedido en muchos otros países, por ejemplo, en España, en el pasado, con la Ley de Contratos del Estado (1965), la Ley de Contratos de las Administraciones Públicas (1995), y más recientemente con la Ley de Contratos del Sector Público (2007); y en Colombia, con la Ley de Contratos del Estado (1993). Las únicas leyes generales que se han sancionado en Venezuela relativas a los contratos del Estado son, por una parte, la Ley Orgánica de Promoción de Inversión Privada bajo el Plan de Concesiones de 1999,[41] que regula fundamentalmente los contratos de "concesión de servicios públicos" y los "contratos de obra pública" otorgados por una "autoridad pública" (arts. 1,2); y por la otra, la Ley de Contrataciones Públicas de 2008,[42] destinada

---

33　Véase Ley de Contrataciones Públicas, Gaceta Oficial N° 38.895 de 25-3-2008. Véanse los comentarios en Allan R. Brewer-Carías et al, *Ley de Contrataciones Públicas*, Editorial Jurídica venezolana, Caracas 2009.

34　Sabino Álvarez Guendín, *Los contratos públicos*, Madrid, 1934.

35　Jorge Enrique Romero Pérez, *Los contratos del Estado*, San José Costa Rica, 1993.

36　Álvaro Pérez Vives, *De los contratos de la Administración*, Bogotá, 1984.

37　Marco D'Alberti, *I "Public contracts" nell'esperienza Britanica*, Napoli, 1984.

38　André de Laubadère, *Traité Théorique et Pratique des Contrats Administratifs*, 3 vols., Paris, 1956.

39　Francesco di Renzo, *I contratti della pubblica amministrazione*, Milano, 1969; Francesco Paolo Pugliese, *I contratti delle amministrazioni federali negli Stati Uniti d'America*, Padova, 1974.

40　Juarez de Oliveira, *Licitações e Contratos de Administração Pública*, Sao Paulo 1993.

41　Gaceta Oficial N° 5.394 Extra. del 25 de octubre de 1999.

42　La Ley fue dictada mediante Decreto Ley N° 5.929 de fecha 11 de marzo de 2008 y reformada por Ley publicada en Gaceta Oficial N° 39.165 de 24 de abril de 2009. Véase sobre la Ley de Contrataciones Públicas, los diversos comentarios en el libro de Allan R. Brewer-Carías, Carlos García Soto, Gustavo Linares Benzo, Víctor Hernández Mendible, José Ignacio Hernández G., Luis Alfonso Herrera Orellana, Miguel Mónaco, Ma-

sólo a regular los contratos del Estado que tienen por objeto "la adquisición de bienes, prestación de servicios y ejecución de obras" (art. 1), que sustituyó a la vieja Ley de Licitaciones. Por tanto, en dichos contratos públicos específicos, dichas leyes forman parte del derecho aplicable a los mismos. Además, configuran parte del derecho aplicable a los contratos públicos, todas las demás leyes especificas que se hayan sancionado, y que regulen en una forma u otra el objeto de los mismos.

Y por supuesto, forman parte fundamental del derecho aplicable a los contratos públicos, las cláusulas mismas del contrato y las disposiciones del Código Civil que son supletorias respecto de las cláusulas contractuales.

2. Algo sobre el tema de los contratos administrativos

Como hemos dicho, fundamentalmente motivada por razones adjetivas o procesales con el objeto de atraer la competencia jurisdiccional de la Sala Político Administrativa del Tribunal Supremo, durante la segunda mitad del siglo pasado se elaboró en Venezuela una amplia y a la vez confusa doctrina jurisprudencial que buscó identificar, entre los contratos públicos o estatales, algunos que se consideraron como "contratos administrativos,"[43] para calificar ciertos contratos públicos o estatales sometidos a un régimen preponderante de derecho público, y para distinguirlos de otros contratos públicos o estatales, denominados "contratos de derecho privado de la Administración" que estarían sometidos a un régimen preponderantemente de derecho privado.

La noción, en definitiva, como lo muestra la práctica judicial, puede decirse que siempre se utilizó *ex post facto*,[44] en el sentido de que cualquier contrato público suscrito por la República, los Estados y los Municipios podía lograr ser "convertido" en un "contrato administrativo," si el ente público contratante utilizaba sus poderes públicos extraordinarios en relación con su cumplimiento y ejecución; ello, una vez introducida una demanda judicial, con el único y exclusivo propósito de atraer la competencia de la Sala Político Administrativa de la Corte o Tribunal Supremo para decidir los conflictos contractuales correspondiente y excluir primero, la competencia de la jurisdicción ordinaria, y luego, de los tribunales inferiores de la jurisdicción contencioso administrativa, siempre que dicha

---

nuel Rojas Pérez y Mauricio Subero Mujica, *Ley de Contrataciones Públicas*, Editorial Jurídica Venezolana, Caracas 2008; Segunda Edición, Caracas 2009.

43 Véase Allan R. Brewer-Carías y Luis Ortiz Álvarez, *Las grandes decisiones de la Jurisprudencia Contencioso-Administrativa 1961-1996*, Caracas, 1999, pp. 174 y ss.

44 Véase "La interaplicación del derecho público y del derecho privado a la Administración Pública y el proceso de huida y recuperación del derecho administrativo" en *Las Formas de la Actividad Administrativa: II Jornadas Internacionales de Derecho Administrativo Allan Randolph Brewer-Carías*, Fundación de Estudios de Derecho Administrativo, Caracas, 1996, pp. 59.

Sala Político Administrativa decidiera considerar el contrato público como un "contrato administrativo," y confirmar su competencia para resolver las controversias que derivasen de su ejecución.

La elaboración de dicha noción, o de la teoría general de los contratos administrativos en Venezuela, con tales fines adjetivos, en efecto, se elaboró desde mitades del siglo pasado, por supuesto, siguiendo las orientaciones del derecho francés, distinguiéndose, así entre los contratos celebrados por el Estado, entre aquellos considerados como "contratos administrativos" y aquellos considerados como "contratos de derecho privado de la Administración."

Por supuesto, en los últimos cincuenta años que ha sido durante los cuales se ha desarrollado el derecho administrativo contemporáneo en Venezuela, en ausencia de leyes generales sobre contratación administrativa, todos los que nos hemos ocupado en una forma u otra de esta disciplina, nos hemos ocupado de contribuir a la construcción doctrinal de la idea de la teoría del "contrato administrativo,"[45] particularmente al comentar la

---

45 Véase por mi parte, entre otros trabajos, Allan R. Brewer-Carías, "Los contratos de la administración en la jurisprudencia venezolana," en *Revista de la Facultad de Derecho*, N° 26, Universidad Central de Venezuela, Caracas, 1963, pp. 127-154; "La formación de la voluntad de la Administración Pública Nacional en los contratos administrativos," en *Revista de la Facultad de Derecho*, N° 28, Universidad Central de Venezuela, Caracas, 1964, pp. 61-112, publicado también "con referencias al derecho uruguayo por Horacio Casinelli Muñoz," en *Revista de Derecho, Jurisprudencia y Administración*, Tomo 62, N° 2-3, Montevideo 1965, pp. 25-56; "La facultad de la Administración de modificar unilateralmente los contratos administrativos," en *Libro Homenaje a la Memoria de Roberto Goldschmidt*, Facultad de Derecho, Universidad Central de Venezuela, Caracas, 1967, pp. 755-778, publicado también "con especial referencia a los contratos de obra pública en el derecho venezolano," en *Revista de Derecho Español y Americano*, Instituto de Cultura Hispánica, N° 19, Año XIII, Madrid, Enero-marzo 1968, pp. 101-117; "Algunas reflexiones sobre el equilibrio financiero en los contratos administrativos y la aplicabilidad en Venezuela de la concepción amplia de la Teoría del Hecho del Príncipe," en *Revista Control Fiscal y Tecnificación Administrativa*, Año XIII, N° 65, Contraloría General de la República, Caracas, 1972, pp. 86-93; "Consideraciones sobre los efectos de la ruptura de la ecuación económica de un contrato administrativo por una ley declarada nula por inconstitucional," en *Cuadernos de Derecho Público*, Facultad de Derecho, Universidad de Los Andes, N° 2, Mérida 1976, pp. 5-26; "La evolución del concepto de contrato administrativo," en *Libro Homenaje al Profesor Antonio Moles Caubet*, Tomo I, Facultad de Ciencias Jurídicas y Políticas, Universidad Central de Venezuela, Caracas, 1981, pp. 41-69, y en *Estudios de Derecho Administrativo*, Ediciones Rosaristas, Colegio Nuestra Señora del Rosario, Bogotá, 1986, pp. 61-90; "Evoluçao do conceito do contrato administrativo," en *Revista de Direito Publico* Nos. 51-52, Sao Paulo, Julio-Diciembre 1979, pp. 5-19; "Los contratos de interés nacional y su aprobación legislativa," en *Revista de Derecho Público*, N° 11, Editorial Jurídica Venezolana, Caracas, julio-septiembre 1982, pp. 40-54; "Las cláusulas obligatorias y los principios especiales en la contratación administrativa", Allan R. Brewer-Carías, *Estudios de Derecho Administrativo*, Ediciones Rosaristas, Colegio Nuestra Señora del Rosario, Bogotá 1986 pp. 91-124; "Consideraciones sobre los derechos del contratista en los contratos de obra pública: el derecho al precio y a su pago en la forma convenida," en *Revista de Derecho Público*, N° 28, Editorial Jurídica Venezolana, Caracas, Octubre-diciembre 1986, pp. 35-46; "El régimen de selección de contratistas en la Administración Pública

mencionada rica y variada jurisprudencia establecida por la antigua Corte Suprema de Justicia, basada fundamentalmente en razones prácticas de orden adjetivo.

No hay ni ha habido en las Constituciones venezolanas definición alguna sobre los contratos administrativos, pudiéndose sólo encontrar en ellas, como se dijo, referencias a los contratos de interés público nacional, estadal o municipal, fundamentalmente a los efectos de regular la intervención del órgano legislativo para su aprobación o autorización (Art. 150, 151, Constitución).[46] Por otra parte, a nivel legislativo, en el pasado sólo se utilizó la denominación de "contratos administrativos" en dos leyes: precisamente, con fines procesales en la ley que reguló a la Corte Suprema; y en la ley que reguló el régimen forestal.[47]

En efecto, en primer lugar, en la Ley Orgánica de la Corte Suprema de Justicia de 1976, la cual fue sustituida por la Ley Orgánica del Tribunal Supremo de Justicia de 2004, se utilizó la expresión "contrato administrativo" a los solos efectos de atribuir competencia a algunos órganos de la jurisdicción contencioso administrativa para resolver las controversias que resultasen de "contratos administrativos" suscritos por la República, los Estados y los Municipios (Art. 5,25); previsión y terminología que sin embargo desapareció de la Ley Orgánica del Tribunal Supremo de Justicia de 2010[48] y que no se indicó en la nueva Ley Orgánica de la Jurisdicción Contencioso Administrativa de 2010.[49]

---

y la Ley de Licitaciones" en *Revista de Derecho Público*, N° 42, Editorial Jurídica Venezolana, Caracas, Abril-junio 1990, pp. 5-25; Allan R. Brewer-Carías, *Contratos Administrativos*, Colección Estudios Jurídicos, N° 44, Editorial Jurídica Venezolana, (Caracas 1992), Reimpresión: Caracas 1997; "Nuevas consideraciones sobre el régimen jurídico de los contratos del Estado en Venezuela," en *Estudios de Derecho Administrativo 2005-2007*, Editorial Jurídica Venezolana, Caracas 2007, pp. 417-451.

46 Véase en general: Jesús Caballero Ortiz, "Los contratos administrativos, los contratos de interés público y los contratos de interés nacional en la Constitución de 1999", en *Estudios de Derecho Administrativo: Libro Homenaje a la Universidad Central de Venezuela*, Volumen I, Imprenta Nacional, Caracas, 2001, pp. 139-154; Jesús Caballero Ortiz, "Deben subsistir los contratos administrativos en una futura legislación?", en *El Derecho Público a comienzos del siglo XXI: Estudios homenaje al Profesor Allan R. Brewer-Carías*, Tomo II, Instituto de Derecho Público, UCV, Civitas Ediciones, Madrid, 2003, pp. 1765-1777; Allan R. Brewer-Carías, "Los contratos de interés público nacional y su aprobación legislativa" en *Revista de Derecho Público*, N° 11, Caracas, 1982, pp. 40-54; Allan R. Brewer-Carías, *Contratos Administrativos, op. cit.*, pp. 28-36; Allan R. Brewer-Carías, *Debate Constituyente, Aportes a la Asamblea Nacional Constituyente*, Tomo II, Caracas, 1999, p. 173.

47 Véase Jesús Caballero Ortiz, "Deben subsistir los contratos administrativos en una futura legislación?", en *El Derecho Público a comienzos del siglo XXI. Estudios homenaje al Profesor Allan R. Brewer-Carías*, Tomo II, Instituto de Derecho Público, UCV, Civitas Ediciones, Madrid, 2003, pp. 1773; Rafael Badell Madrid, *Régimen Jurídico del Contrato Administrativo*, Caracas 2001, pp. 49-50.

48 Gaceta Oficial N° 39.522, de 01-10-2010.

49 Gaceta Oficial N° 39.447 de 16-06-2010.

La previsión tenía por objeto atribuir dentro de los órganos de la jurisdicción, competencia exclusiva de la Sala Político Administrativa de la Corte Suprema de Justicia (posteriormente, Tribunal Supremo de Justicia) para conocer de controversias sobre "contratos administrativos" correspondiendo a los otros tribunales de la jurisdicción el conocer de los contratos celebrados por los entes públicos que no eran considerados como contratos administrativos, es decir, de los denominados "contratos de derecho privado de la administración." A los efectos de delimitar estas competencias judiciales, sin duda, fue de gran utilidad el origen francés de la distinción entre "contrato administrativo" y "contrato de derecho privado suscrito por la Administración Pública," que fue lo que dio origen a la distribución de competencias judiciales entre la jurisdicción contencioso administrativa y la jurisdicción judicial ordinaria.[50] Para tal fin, la noción francesa de *service public* fue también utilizada y seguida por la doctrina;[51] noción que, como tantas otras, en su momento entró en crisis, originando luego la crisis de la misma noción de contrato administrativo, los cuales dejaron de ser identificados solamente por la sola "finalidad de servicio público." En todo caso, a los efectos de la jurisdicción contencioso administrativa, la distinción entre contratos administrativos y contratos de derecho privado de la Administración desapareció, perdiendo todo interés adjetivo.

Pero es segundo lugar, aparte del sentido adjetivo de la denominación legal de contratos administrativos en la derogada Ley sobre el Tribunal Supremo, sólo fue la Ley Forestal, de Suelos y Aguas de 1965[52] y esta vez con carácter sustantivo, que se utilizó la expresión "contrato administrativo" para calificar las concesiones de explotación forestal (Art. 65), terminología que también desapareció con motivo de la sanción de la Ley de Bosques y Gestión Forestal, que derogó la Ley de 1965.[53]

Aparte que las previsiones sobre "contratos administrativos" en las dos leyes mencionadas fueron derogadas, ninguna otra Ley utilizó en Venezuela la expresión "contrato administrativo" hasta que en 2009 se incorporó, precisamente, en la Ley de Reserva de 2009 de los bienes y servicios conexos a las actividades primarias de hidrocarburos.[54] Esta consagración de la expresión "contrato administrativo" en el derecho positivo, a pesar de que desde hace lustros hemos considerado que la misma había perdido interés, amerita sin duda que se tenga que volver sobre la misma.

---

50 Véase Allan R. Brewer-Carías, *Contratos Administrativos, op. cit.*, p. 39.

51 Idem, pp. 40, 51.

52 Gaceta Oficial N° 1.004 Extraordinario de 26-01-1966.

53 Gaceta Oficial N° 38.946 de 05-06-2008.

54 Gaceta Oficial N° 39.173 del 07-05-2009.

En la Ley de Reserva de 2009, en efecto, al referirse a los contratos que habían sido celebrados por empresas del Estado con empresas o consorcios particulares para la realización de actividades conexas dentro de la industria petrolera, *que no se habían reservado al Estado*, ni que eran parte del proceso de explotación petrolera, a partir de su entrada en vigencia se los "reconoció" como "contratos administrativos" (Art. 3). Entre estos contratos estaban todos los relativos a bienes y servicios de inyección de agua, de vapor o de gas; de compresión de gas; y las vinculados a las actividades realizadas en el Lago de Maracaibo (servicios de lanchas, barcazas, remolcadores, gabarras, y de mantenimiento de buques). La denominación legal de dichos contratos como "contratos administrativos," en todo caso, con efectos constitutivos, *ex nunc*, a partir de la entrada en vigencia de la ley, tuvo un efecto efímero, pues el artículo 3 de la Ley dispuso que tales contratos, cuando se dictasen "las resoluciones" respectivas que los identificaran como parte de las actividades reservadas, quedarían extinguidos "de pleno derecho en virtud de la presente Ley." Por tanto, ejecutada como fue la Ley de Reserva de 2009 al dictarse las Resoluciones ministeriales mencionadas, todos aquellos contratos a los que se reconoció momentáneamente como "contratos administrativos" desaparecieron como institución jurídica de base legal.

De ello resulta que al haber quedado extinguidos dichos "contratos administrativos," en Venezuela, apenas entró en vigencia la Ley puede decirse que ya no existen más contratos con esa denominación legal, lo que sin embargo, no impide que se siga utilizando la expresión en la teoría del derecho administrativo para identificar algunos contratos del Estado o contratos públicos en los cuales por su objeto, tengan un régimen preponderante de derecho público. Ello sucede, por ejemplo, con ciertos contratos tradicionalmente calificados y considerados como tales "contratos administrativos," como es el caso, por ejemplo, de los relativos a la prestación de "servicios públicos," a la construcción de obras públicas, al uso de bienes públicos, a la explotación de obras públicas o de recursos naturales o de monopolios fiscales y que han sido objeto de regulaciones específicas, por ejemplo, en la Ley Orgánica del Poder Público Municipal, en la Ley Orgánica de promoción de inversiones mediante concesiones, en la Ley Orgánica de Telecomunicaciones, en la Ley del Servicio Eléctrico o en la Ley de Minas.[55]

En todo caso, como antes hemos dicho, fue fundamentalmente al incorporarse la denominación de "contratos administrativos" en la derogada Ley Orgánica del Tribunal Supremo de Justicia,[56] como norma puramente adje-

---

55 Véase Rafael Badell Madrid, *Régimen Jurídico del Contrato Administrativo*, Caracas 2001, pp. 50-51.

56 Gaceta Oficial, Nº 37.942 de 02-05-2004.

tiva de atribución de competencia judicial entre los tribunales de la juris-dicción contencioso administrativa, cuando se desarrolló la noción en la jurisprudencia para determinar la competencia de la Sala Político Adminis-trativa del Tribunal Supremo, a los efectos de la resolución de las contro-versias relacionadas con los tales contratos administrativos suscritos por la República, los Estados y los Municipios (Art. 5, 25), es decir, sólo las per-sonas jurídicas de derecho público territoriales. Fue con base en esta previ-sión legal, y con antecedentes jurisprudenciales de la década de los cuaren-ta (referidos a contratos de obra pública y de suministro de bienes a la Re-pública)[57] que se elaboró la doctrina jurisprudencial señalada.

A ella, además, contribuyó la doctrina, de manera que incluso uno de los primeros estudios contemporáneos de derecho administrativo venezo-lano que se elaboró sobre esta materia de "la teoría del contrato adminis-trativo" fue un Capítulo de nuestra tesis de grado *Las Instituciones Fun-damentales del Derecho Administrativo y la Jurisprudencia Venezolana*, que redactamos en París entre 1962 y 1963 mientras seguíamos los cursos de postgrado en la Facultad de Derecho de la antigua Universidad de Pa-ris; texto que sin duda estuvo influenciado por la doctrina y jurispruden-cia francesas de derecho administrativo de la época.[58] En ese trabajo, los contratos administrativos frente a los "contratos de derecho privado" que pudiera suscribir la Administración Pública, conforme a la jurisprudencia eran aquellos relativos a los servicios públicos o las obras públicas en los cuales la Administración podía hacer uso de sus poderes o prerrogativas públicas dado el interés público envuelto en el objeto del contrato.[59] Con-forme a esa aproximación los ejemplos que se daban sobre contratos ad-ministrativos eran los de obra pública, los de empréstito público, los de suministro de bienes a la Administración Pública, los de transporte públi-co, los de uso de bienes del dominio público, y los de concesiones de ser-

---

57   Véase sobre la jurisprudencia y la doctrina administrativa inicial y tradicional, en Allan R. Brewer-Carías, "Los contratos de la administración en la jurisprudencia venezolana" (Compilación), en *Revista de la Facultad de Derecho*, N° 26, Universidad Central de Venezuela, Caracas 1963, pp. 127-154; "Los contratos de la Administración en la doc-trina de la Procuraduría General de la República" (Compilación), en *Revista de la Fa-cultad de Derecho*, N° 30, Universidad Central de Venezuela, Caracas, diciembre 1964, pp. 173-232; y "Los contratos de la Administración en la doctrina de la Consultoría Ju-rídica" (Compilación), en *Revista del Ministerio de Justicia*, N° 48, Año XIII, Caracas, enero-marzo 1964, pp. 27-75.

58   Véase Allan R. Brewer-Carías, *Las Instituciones Fundamentales del Derecho Adminis-trativo y la Jurisprudencia venezolana*, Caracas, 1964, p. 162.

59   Véase por ejemplo, las sentencias de la Corte Federal y de Casación de 5 de diciembre de 1944, de la Corte Federal de 3 de diciembre de 1959 y de la Sala Político Adminis-trativa de la Corte Suprema de Justicia de 12 de diciembre de 1961 y de 13 de agosto de 1964, en Allan R. Brewer-Carías, *Jurisprudencia de la Corte Suprema 1930-1974 y Es-tudios de Derecho Administrativo*, Tomo III, vol. 2, Caracas, 1977, pp. 727-733.

vicios públicos[60] que además, siempre eran suscritos por personas morales de derecho público territoriales (República, Estados, Municipios) ya que la noción de empresa del Estado no había sido todavía desarrollada.

Pero como bien sabemos los que nos hemos ocupado de esta disciplina, una de las características fundamentales del derecho administrativo es su mutabilidad y adaptabilidad respecto de la transformación del Estado y de la actividad de su Administración Pública, por lo que el propio concepto de "contrato administrativo" basado en una ecuación cerrada y clásica de "interés público o finalidad de servicio público/régimen de derecho administrativo/control por la jurisdicción contencioso administrativa," ha sido cuestionada y superada por la doctrina, no sólo en Venezuela sino en los demás países de régimen administrativo. Por eso se ha escrito sobre el "contradictorio y confuso criterio" utilizado en relación con los contratos administrativos,[61] o sobre "la mutabilidad de la figura de los contratos administrativos," destacándose "la dificultad de construir de una vez por todas la institución del contrato administrativo" considerando que su "evolución aún no ha terminado."[62]

Yo mismo en 1981 me referí al tema de "La evolución del concepto de contrato administrativo,"[63] que desarrollé posteriormente en mi libro sobre *Contratos Administrativos* (Caracas 1992), donde cuestioné el concepto mismo de contratos administrativo basado en la sola relación que implicaba que el contrato administrativo estaba sometido al derecho administrativo y el contrato de derecho privado de la Administración, al derecho privado, la cual llegamos a calificar entonces de absolutamente inadmisible.[64]

En realidad, aparte de las cláusulas mismas del contrato (que tienen fuerza de ley entre las partes), y el carácter supletorio de las disposiciones del Código Civil, puede decirse que todos los contratos del Estado o contratos públicos están sujetos en una forma u otra al derecho público y particularmente al derecho administrativo, al menos en relación con las regulaciones relativas a las competencias de los entes y órganos públicos para suscribirlos, o a la selección de los contratistas (licitación), o en relación con su ejecución, de manera que no hay contratos públicos que estén sólo

---

60   Véase Allan R. Brewer-Carías, *Las Instituciones Fundamentales del Derecho Administrativo y la Jurisprudencia venezolana*, Caracas, 1964, p. 162.

61   Véase Rafael Badell Madrid, *Régimen Jurídico del Contrato Administrativo*, Caracas, 2001, p. 32.

62   Véase Rafael Gómez Ferrer "La mutabilidad de la figura del contrato administrativo," en *El Derecho Público a comienzos del Siglo XXI. Estudios en homenaje al Profesor Allan R. Brewer-Carías*, Madrid, 2003, Tomo II, pp. 1749-1764.

63   Véase Allan R. Brewer-Carías, "La evolución del concepto de contrato administrativo," en *Libro Homenaje al Profesor Antonio Moles Caubet*, Tomo I, Caracas, 1982, pp. 41-69.

64   Véase Allan R. Brewer-Carías, *Contratos administrativos, op. cit.*, p. 13.

sujetos al derecho privado supuestamente opuestos a los contratos administrativos sujetos al derecho administrativo."[65]

En realidad he sostenido que "la noción de contrato administrativo solo puede ser aceptada para identificar un tipo de contrato público (contratos de Administración Pública)" que en virtud de una finalidad pública específica perseguida que puede ser por ejemplo la prestación de un servicio público, la construcción de una obra pública, el uso de bienes públicos, un empréstito público, "está sujeto preponderantemente a un régimen de derecho público, pero no con el objeto de distinguir entre contratos públicos sometidos al derecho público y otros supuestamente sujetos a un régimen de derecho privado. La preponderancia de uno u otro régimen es ahora lo importante."[66]

Es decir, no existe en el ordenamiento jurídico venezolano un "régimen jurídico propio (distinto aunque no excluyente de los preceptos del derecho civil y comercial)" exclusivamente aplicable a los "contratos administrativos." Lo que existe es un régimen jurídico que no es ni único ni uniforme y que es aplicable a todos los contratos públicos o contratos del Estado, conformado por normas de derecho público y de derecho privado (incluyendo las cláusulas contractuales) que se interaplican y que pueden tener preponderancia en uno u otro contrato según el grado de regulación legal específico que exista en relación con el objeto del contrato específico. De allí el mismo sentido de la distinción entre contratos administrativos y contratos de derecho privado de la Administración. También he sostenido, al insistir en el mismo tema sobre la evolución del concepto de contrato administrativo, en un estudio sobre "La interaplicación del derecho público y del derecho privado a la Administración Pública y el proce-

---

65   Idem, pp. 14, 42, 43, 52, 53, 55, 71, 72.

66   Idem, p. 14. Una de las más recientes críticas respecto de la noción de contratos administrativos fue el trabajo de Jesús Caballero Ortíz, "Deben subsistir los contratos administrativos en una futura legislación?" en *El Derecho Público a comienzos del Siglo XXI: Estudios en homenaje al Profesor Allan R. Brewer-Carías*, Madrid, 2003, Tomo II, p. 1765-1778) en el cual se ha referido, en términos similares a los usados por Rafael Badell Madrid ("criterio confuso y contradictorio." Véase Rafael Badell Madrid, se refiere al vago e impreciso criterio utilizado para su identificación, en *Régimen Jurídico del Contrato Administrativo*, Caracas, 2001, p. 32. Ello ha llevado a algunos distinguidos administrativistas a considerar que la noción de contrato administrativo es inútil y sin efecto, como es el caso de *Gonzalo Pérez Luciani*, en "Los contratos administrativos en Venezuela," en Allan R. Brewer-Carías (Director), *Derecho Público en Venezuela y Colombia: Archivo de derecho Público y Ciencias de la Administración*, Caracas, 1986, p. 253. Otros autores consideran que la noción ha sido abandonada frente al régimen uniforme establecido en la legislación, considerando que establecerla "no luce tarea coherente." Véase José Ignacio Hernández, "El contrato administrativo en la Ley de Contrataciones Públicas venezolana," en Allan R. Brewer-Carías, Carlos García Soto, Gustavo Linares Benzo, Víctor Hernández Mendible, José Ignacio Hernández G., Luis Alfonso Herrera Orellana, Miguel Mónaco, Manuel Rojas Pérez y Mauricio Subero Mujica, *Ley de Contrataciones Públicas*, Editorial Jurídica Venezolana, Caracas 2008, p. 235.

so de huida y recuperación del derecho administrativo," que "las actividades de la Administración Pública están sujetas tanto al derecho público como al derecho privado, en un grado de preponderancia que varía de acuerdo con sus finalidades y naturaleza"; y que "todos los contratos públicos están siempre sometidos tanto al derecho público como al derecho privado.[67]

En todo caso, y a pesar de la evolución del concepto de contrato administrativo y las discrepancias doctrinales sobre el mismo,[68] y a pesar de la imprecisión de algunas decisiones de la Sala Político Administrativa de la antigua Corte Suprema de Justicia y actual Tribunal Supremo de Justicia, es indubitable que ciertos contratos públicos han sido siempre considerados como "contratos administrativos," como es el caso de aquellos celebrados por la Administración Pública en ejercicio de potestades públicas para asegurar la prestación de servicios públicos como prestaciones obligatoriamente asignadas por Ley a los entes públicos, como es el caso de las concesiones de servicios públicos de transporte público, de gas para consumo masivo, de suministro de electricidad, de distribución de agua potable, de recolección de desechos sólidos, de servicio de teléfonos; de las concesiones para el uso de bienes públicos o para la explotación de recursos naturales renovables y no revocables; las concesiones para la construcción o explotación de obras públicas; y de los contratos de obra pública.[69] En todos esos contratos, dado el régimen legal que regula su objeto que es preponderantemente de derecho público, el ente público contratante o concedente se considera que dispone de poderes públicos extraordinarios en relación con su ejecución que deben estar explícitos en las competencias que les son atribuidas por ley.

---

67 Véase Allan R. Brewer-Carías, "La interaplicación del derecho público y del derecho privado a la Administración Pública y el proceso de huida y recuperación del derecho administrativo," en *Las Formas de la Actividad Administrativa. II Jornadas Internacionales de Derecho Administrativo "Allan Randolph Brewer-Carías,"* Fundación de Estudios de Derecho Administrativo, Caracas, 1996, pp. 58-60.

68 Por ejemplo, la antigua Corte Suprema de Justicia en Sala Plena, en la sentencia dictada en el caso: Apertura petrolera en agosto de 1999, al referirse a los criterios del contrato administrativo, que "han sido aceptados por gran parte de la doctrina extranjera y también venezolana, no obstante que aún existen estudiosos del tema que restan relevancia a la distinción que se hace de los contratos administrativos frente a los de derecho común, y que insisten en que la misma sólo ha obedecido a razones puramente pragmáticas, dirigidas a la determinación del órgano jurisdiccional competente para su conocimiento". Véase sentencia de la Corte en Pleno de 17 de agosto de 1999 en Allan R. Brewer-Carías (Compilador), Documentos del Juicio de la Apertura Petrolera (1996-1999), Caracas 2004, disponible en www.allanbrewercarias.com (Biblioteca Virtual, I.2. Documentos, N° 22, 2004), pp. 280-328.

69 Véase Allan R. Brewer-Carías, *Contratos Administrativos, op. cit.*, p. 46; Rafael Badell Madrid, *Régimen Jurídico del Contrato Administrativo*, Caracas, 2001, pp. 50-51.

Conforme a esta aproximación tradicional en relación con el tema de los contratos administrativos, resulta por tanto que no todos los contratos del Estado podían considerarse como tales, pues existen algunos contratos públicos que no son contratos administrativos y al contrario pueden considerarse como "contratos de derecho privado de la Administración." De eso se trata, en definitiva, cuando se establece la noción de contrato administrativo, para distinguirlo de los contratos de derecho privado de la Administración. En los primeros, por tanto, el régimen jurídico aplicable es preponderantemente de derecho público, y en los segundos, es preponderantemente de derecho privado con exclusión de poderes públicos extraordinarios.

Como punto de referencia para establecer la distinción, en todo caso, hay que partir de las sentencias de la Sala Político Administrativa del Tribunal Supremo de Justicia. Entre las muchas que se han dictado, antes de la entrada en vigencia de la Constitución de 1999 puede mencionarse la sentencia dictada en fecha 17 de agosto de 1999 (caso Apertura petrolera), en la cual la Sala precisó las notas identificatorias de los contratos administrativos y del "régimen especial que regula su tratamiento jurídico," indicando esas notas esenciales son "la noción de *"servicio público"* y la consecuente incorporación en su texto -tácita o expresamente- de las *"cláusulas exorbitantes"*. Sobre estas últimas, dijo la Corte:

Estas cláusulas exorbitantes se presentan como disposiciones implícitas en el contrato administrativo, que recogen prerrogativas en favor de la Administración Pública, justificadas por el interés colectivo involucrado en esa contratación, y cuya proporción es de tal magnitud que en una relación contractual común resultan inaceptables.

Son pues las cláusulas exorbitantes, notas consustanciadas con la naturaleza misma de las contrataciones de carácter administrativo. Es precisamente esta desproporción que se patentiza entre los intereses del particular frente a los del colectivo, lo que define las cláusulas exorbitantes. Se trata así, de aquellas disposiciones que un particular no aceptaría insertar en un contrato con otro particular, porque son ellas las que en definitiva ponen de relieve o materializan en el negocio jurídico las potestades administrativas. Potestades no discutidas; y, por el contrario, recibidas por el particular contratante que entiende y acepta que no se trata de un capricho de la voluntad administrativa, sino una herramienta diseñada por el Derecho Público para garantizarle al colectivo, la protección de sus intereses encomendados a la Administración, concretándose con ella, la forma más eficaz de asegurar la salvaguarda del interés general, imposibilitado de controlarlo directamente y permanentemente."[70]

---

[70] Véase el texto de la decisión de la Corte en Pleno de 17 de agosto de 1999 en Allan R. Brewer-Carías (Compilador), Documentos del Juicio de la Apertura Petrolera (1996-

La Corte indicó, además, en dicha sentencia, que esos criterios "han sido aceptados por gran parte de la doctrina extranjera y también venezolana, no obstante que aún existen estudiosos del tema que restan relevancia a la distinción que se hace de los contratos administrativos frente a los de derecho común, y que insisten en que la misma sólo ha obedecido a razones puramente pragmáticas, dirigidas a la determinación del órgano jurisdiccional competente para su conocimiento"[71]. La Corte aceptó, en todo caso, que las cláusulas exorbitantes -insertas expresa o tácitamente en el contrato- en realidad no definen los contratos como tales contratos administrativos, "por ser una consecuencia y no un elemento determinante de éste"; concluyendo entonces que "la característica que por antonomasia identifica un contrato administrativo es el servicio público que se pretende con él, el interés general o la utilidad pública perseguida."

Por otra parte, entre las múltiples sentencias dictadas bajo la vigencia de la Constitución de 1999, puede hacerse referencia a la de la sala Político Administrativa 357 de 14 de abril de 2004, en la cual el Tribunal Supremo consideró que:

> "Tanto la doctrina como la jurisprudencia de esta Sala han señalado como características esenciales de los contratos administrativos, las siguientes: a) que una de las partes contratantes sea un ente público; b) que la finalidad del contrato se encuentre vinculada a una utilidad pública o servicio público; c) y como consecuencia de lo anterior, debe entenderse la presencia de ciertas prerrogativas de la administración en dichos contratos consideradas como exorbitantes, aun cuando no se encuentren expresamente plasmadas tales características en el texto de los mismos."[72]

En otra decisión, la N° 384 de 21 de abril de 2004, la misma Sala decidió:

> "Tanto la doctrina como la jurisprudencia de esta Sala han señalado como características esenciales de los contratos administrativos, las siguientes: (a) que una de las partes contratantes sea un ente público; (b) que la finalidad

---

1999), Caracas 2004, disponible en www.allanbrewercarias.com (Biblioteca Virtual, I.2. Documentos, N° 22, 2004), pp. 280-328. El Experto Legal quien suscribe actuó en dicho juicio como abogado de PDVSA en la defensa de la constitucionalidad del Acuerdo del Congreso autorizando los Convenios de Asociación.

71   Es la tesis que hemos sostenido desde hace años en Allan R. Brewer-Carías, "La evolución del concepto de contrato administrativo," en *El Derecho Administrativo en América Latina*, Curso Internacional, Colegio Mayor de Nuestra Señora del Rosario, Bogotá 1978, pp. 143-167; en Jurisprudencia Argentina, N° 5.076, Buenos Aires, 13-12-1978, pp. 1-12; en *Libro Homenaje al Profesor Antonio Moles Caubet*, Tomo I, Facultad de Ciencias Jurídicas y Políticas, Universidad Central de Venezuela, Caracas 1981, pp. 41-69; y en *Estudios de Derecho Administrativo*, Bogotá, 1986, pp. 61-90

72   Caso: *Empresa Constructora Irpresent vs. Alcaldía San Carlos de Austria del Estado Cojedes* disponible en http://www.tsj.gov.ve/decisio-nes/spa/Abril/00357-140404-2004-0146.htm Véase también en *Revista de Derecho Público*, N° 97-98, Editorial Jurídica Venezolana, Caracas 2004, pp. 312-314.

del contrato se encuentre vinculada a una utilidad o servicio público (aspecto éste que puede evidenciarse cuando la actividad contratada resulte importante para la prestación de un servicio público, cuando sea de tal forma inherente o conexa con la actividad pública o de servicio público que sin aquélla no se podría llevar a cabo esta última, o cuando el contrato en cuestión suponga un subsidio evidente a favor del beneficiario del servicio y a cargo de una de las partes contratantes). Como consecuencia de lo anterior, debe entenderse la presencia de ciertas prerrogativas de la administración en dichos contratos, consideradas como exorbitantes, aún cuando no se encuentren expresamente plasmadas en el texto del mismo."[73]

De todas estas sentencias, y dejando a salvo nuestro señalado cuestionamiento a la distinción misma entre contratos administrativos y contratos de derecho privado de la Administración; dado que el interés de la misma ha resurgido, aún cuando haya sido momentáneamente con la sanción misma de la Ley de Reserva de 2009, es evidente que no podría adoptarse como "criterios" para identificar un contrato administrativo, la versión más amplia de esas condiciones, es decir, que una de las partes contratantes fuera un ente público, que la finalidad del contrato se encontrase vinculada a un interés general o una utilidad pública; y que la Administración pudiera hacer uso de ciertas prerrogativas que puedan considerarse como exorbitantes y que no estén plasmadas en el texto de los mismos. Si se adoptase este espectro amplio en la aplicación de las características, sin duda habría que llegar a la conclusión que todo contrato público o estatal sería un "contrato administrativo," pues siempre se celebran por un ente público, persiguen en alguna forma un fin de utilidad pública o interés general, y la Administración conforme a la ley, siempre puede hacer uso de sus poderes; lo que vaciaría de sentido a la propia noción y a la distinción con los contratos de derecho privado de la Administración, pues estos participarían de las mismas características.

Por ello se han formulado otros estándares más precisos para "identificar" los contratos administrativos, interpretando la propia doctrina jurisprudencial, como los que ha propuesto Henrique Iribarren Monteverde, quien ha postulando que para identificar un contrato administrativo, en general, el ente público contratante debe ser siempre una "persona moral de derecho público," y, además, en forma alternativa, que el objeto del contrato sea siempre la "ejecución de un servicio público," o que sin tener como objeto la ejecución de un servicio público, el contrato contenga una "cláusula exorbitante del derecho común."[74] Aún cuando no estemos to-

---

73 Caso: *David Goncalves Carrasqueño vs. Alcaldía del Municipio Miranda del Estado Zulia,* disponible en http://www.tsj.gov.ve/decisio-nes/spa/Abril/00384-210404-2003-0654.htm

74 Véase Henrique Iribarren Monteverde, "El equilibrio económico en los contratos administrativos y la teoría de la imprevisión," en *Los Contratos Administrativos. Los Contra-*

talmente de acuerdo con esta interpretación, sin duda puede utilizarse a los efectos de hacer el ejercicio que queremos realizar para caracterizar a los contratos suscritos para la prestación de los servicios conexos con la industria petrolera antes de que por ley se los hubiese "reconocido" como "contratos administrativos." Será exclusivamente a tales efectos que utilizaremos dichos estándares propuestos por Iribarren, sin que ello signifique que estemos de acuerdo con su interpretación.

3. El resultado de la aplicación de los "estándares" sobre "contratos administrativos" en el caso de los contratos suscritos para la prestación de los servicios conexos

En efecto, si se aplicasen dichos estándares para identificar a los "contratos administrativos," por supuesto, la conclusión sería que los contratos suscritos por PDVSA Petróleo S.A. antes de la sanción de la Ley de reserva de 2009 con empresas o consorcios privados para la prestación de los mencionados servicios conexos con la industria petrolera que se han nacionalizados con dicha Ley, a pesar de que la mencionada Ley de Reserva de 2009 los ha "reconocido" como "contratos administrativos" (art. 3), en realidad dichos contratos no podían ser considerados como "contratos administrativos," sino como "contratos de derecho privado" de la Administración; y ello, *primero*, porque la persona jurídica estatal contratante (PDVSA Petróleo S.A.) no es una "persona moral de derecho público" sino una persona jurídica de derecho privado estatal, es decir, una empresa del Estado de segundo grado, constituida con forma de sociedad anónima por PDVSA, teniendo a ésta como su única accionista; *segundo*, porque las actividades objeto de los contratos no eran la "ejecución de un servicio público," pues los servicios de tratamiento e inyección de agua o gas, o los servicios prestados en el Lago de Maracaibo con lanchas, gabarras, etc., en beneficio de una sola persona jurídica (PDVSA Petróleos S.A.), no eran actividades de prestación obligatoria por el Estado ni estaban destinada a satisfacer necesidades colectivas de la población; y *tercero*, porque en el texto mismo de los contrato, elaborados conforme al "modelo" suministrado por la empresa estatal, en general siempre se buscó establecer todos los derechos y obligaciones de las partes, incluyendo la posibilidad de modificar el objeto de la prestación, o la terminación anticipada de los contratos, no existiendo en la legislación aplicable al objeto de dichos contratos previsión alguna que le otorgase poderes, potestades o prerrogativas a PDVSA Petróleo S.A. en relación a la ejecución de los contratos, distintas a las establecidas en su texto, y menos aún potestades del poder público.

---

tos del Estado, VIII Jornadas Internacionales de Derecho Administrativo "Allan Randolph Brewer Carías, Funeda, Caracas 2006, pp. 117-119.

Es decir, conforme a los estándares mencionados, los mencionados contratos "reconocidos" por la Ley de Reserva de 2009 como contratos administrativos, en realidad, nunca fueron tales porque PDVSA Petróleo S.A no es ni ha sido nunca una "persona moral de derecho público;" porque el objeto de los contratos no fue nunca la "ejecución de un servicio público" en el sentido de actividad destinada a satisfacer un interés colectivo; y porque en sus cláusulas, en general, no se reguló nada "exorbitante del derecho común," y porque la empresa estatal contratante no tenía poder público extraordinario alguno atribuido por ley en relación con e contrato. Al contrario, dichos contratos, por tanto, fueron siempre "contratos de derecho privado de la Administración," regidos conforme a sus cláusulas y a la legislación a la cual las mismas remite.

Los mencionados contratos relativos a las actividades conexas, en realidad, solamente fueron "reconocidos" legalmente como "contratos administrativos," y sus objeto calificado como "servicio público" mediante la Ley de Reserva de 2009, con efecto a partir de la entrada en vigencia de la misma.

Fue, por tanto, sólo en la Ley Orgánica que reserva al Estado bienes y servicios conexos a las actividades primarias de Hidrocarburos de 2009, donde a todos los contratos para la prestación de los servicios conexos nacionalizados, se los "reconoció" legalmente y en forma *ex post facto*, como "contratos administrativos" (Art. 3), denominación que momentáneamente fue aplicada a los mencionados contratos a partir de la entrada en vigencia de la ley, y hasta que días después quedaron "extinguidos de pleno derecho."

4. PDVSA Petróleo S.A., como parte contratante en los contratos para servicios conexos no es una "persona moral de carácter público"

Como hemos indicado, conforme al primero de los estándares propuestos por Iribarren para definir los contratos administrativos, conforme al cual estos sólo serían los suscritos por las "personas morales de derecho público," [75] los contratos que habían sido suscritos por PDVSA Petróleos S.A. para la prestación de los servicios conexos con la industria petrolera antes de la nacionalización de 2009, no calificaban como contratos administrativos, pues PDVSA Petróleo S.A., no es una "persona moral de derecho público." En nuestro criterio, estamos de acuerdo con que dichos contratos no eran contratos administrativos, pero no porque el ente público contratante fuera una empresa del Estado (persona moral de derecho

---

75   Véase Henrique Iribarren Monteverde, "El equilibrio económico en los contratos administrativos y la teoría de la imprevisión," en *Los Contratos Administrativos. Los Contratos del Estado*, VIII Jornadas Internacionales de Derecho Administrativo "Allan Randolph Brewer Carías, Funeda, Caracas 2006, pp. 117-119.

privado) y no una persona moral de derecho público, sino fundamentalmente por su objeto, no vinculado a necesidades colectivas algunas. En realidad, en nuestro criterio, nada impediría que una persona jurídica estatal de derecho privado pueda celebrar un contrato administrativo.

Sin embargo, dejando aparte esta objeción al estándar utilizado por Iribarren y si se aceptase su validez, es evidente que los contratos no calificarían como contratos administrativos porque las empresas del Estado no son personas morales de derecho público. En efecto, estas últimas, en el ordenamiento jurídico venezolano, son sólo las personas político territoriales que conforman el Estado (la República, los Estados y los Municipios) y además, los institutos autónomos o públicos y el Banco Central de Venezuela (Arts. 145, 318, 322, Constitución). Las empresas del Estado, como el caso de PDVSA y de PDVSA Petróleo S.A., de acuerdo con la Ley Orgánica de la Administración Pública son personas jurídicas estatales de derecho privado constituidas conforme al Código de Comercio, y ninguna de ellas es una "persona moral de derecho público."[76]

Por tanto, y siguiendo el estándar propuesto, en el caso de los referidos contratos fueron suscritos entre PDVSA Petróleo S.A. y empresas o consorcio privados, el ente público contratante es una sociedad mercantil o empresa del Estado constituida en segundo grado, es decir, filial de Petróleos de Venezuela S.A., sometida a todo el régimen de derecho privado de las sociedades anónimas.[77] Tal como lo dispone expresamente el artículo 107 de la Ley Orgánica de la Administración Pública, "las empresas del Estado se regirán por la legislación ordinaria," por lo establecido en las disposiciones de la propia Ley Orgánica de la Administración Pública, "las demás normas aplicables; y sus trabajadores se regirán por la legislación laboral ordinaria."

---

76 Véase artículo 29 de la Ley Orgánica de la Administración Pública. Véase Decreto N° 6.217 15-07-2008, Gaceta Oficial N° 5890 Extraordinario de 31-07-2008. Véase sobre la distinción entre las personas jurídicas estatales en Venezuela, Allan R. Brewer-Carías, "La distinción entre las personas jurídicas y las personas privadas y el sentido de la problemática actual de la clasificación de los sujetos de derecho" en *Revista Argentina de Derecho Administrativo*, N° 17, Buenos Aires 1977, pp. 15-29; y en Revista de la Facultad de Derecho, N° 57, Universidad Central de Venezuela, Caracas 1976, pp. 115-135; y "Sobre las personas jurídicas en la Constitución de 1999," en *Derecho Público Contemporáneo. Libro Homenaje a Jesús Leopoldo Sánchez*, Estudios del Instituto de Derecho Público, Universidad Central de Venezuela, enero-abril 2003, Volumen 1, pp. 48-54.

77 Véase sobre la naturaleza jurídica de PDVSA y sus filiales, como empresas del Estado o personas jurídicas de derecho privado en Allan R. Brewer-Carías, "El proceso jurídico-organizativo de la industria petrolera nacionalizada en Venezuela" en *Revista de la Facultad de Ciencias Jurídicas y Políticas,* N° 58, Universidad Central de Venezuela, Caracas 1976, pp. 53-88; "Consideraciones sobre el régimen jurídico administrativo de Petróleos de Venezuela S.A." en *Revista de Hacienda*, N° 67, Año XV, Ministerio de Hacienda, Caracas 1977, pp. 79-99.

En torno a dicho régimen jurídico de PDVSA y de PDVSA Petróleo, S.A., la Sala Constitucional del Tribunal Supremo de Justicia en sentencia N° 464 de 18 de marzo de 2002 (Caso *Interpretación del Decreto de la Asamblea Nacional Constituyente de fecha 30 de enero de 2000, mediante el cual se suspende por 180 días la negociación de la Convención Colectiva del Trabajo*), señaló lo siguiente:

"observa la Sala que aunque Petróleos de Venezuela S.A. es una compañía constituida y organizada en forma de sociedad anónima, está fuera de dudas, y así lo reafirma la Constitución de la Republica Bolivariana de Venezuela, que la misma se encuentra enmarcada en la estructura general de la Administración Pública Nacional [...]

En cuanto a las empresas operadoras iniciales, estima la Sala que la intención del legislador era crearlas con forma de sociedades anónimas, motivo por el cual se constituyeron en el ordenamiento jurídico Venezolano como personas estatales con forma de derecho privado. En la actualidad, PDVSA Petróleo S.A., y las demás compañías filiales de Petróleos de Venezuela S.A. tienen igual naturaleza jurídica.

En definitiva, se observa que Petróleos de Venezuela S.A. y sus compañías filiales tienen un régimen legal que permite diferenciarlas claramente, no sólo de la Administración Pública centralizada y de los institutos autónomos, sino también de otras empresas del Estado. Por tanto, esta Sala debe concluir que la identificación de la naturaleza jurídica de dichas compañías como personas estatales con forma jurídica de derecho privado, plantea, sin duda, como consecuencia que el régimen jurídico aplicable a las mismas sea un régimen mixto, tanto de derecho público como de derecho privado, aún cuando sea preponderantemente de derecho privado, debido a su forma, pero no exclusivamente, dado que su íntima relación con el Estado, las somete a reglas obligatorias de derecho público dictadas para la mejor organización, funcionamiento y control de ejecución de la Administración Pública, por parte de los órganos que se integran a ésta o coadyuvan al logro de sus cometidos.[78]

Conforme a dicha sentencia, la Sala Constitucional concluyó señalando que PDVSA "y sus empresas filiales son empresas del Estado, pero con un régimen de empresa privada," de lo que resulta evidente que la persona jurídica estatal contratante en los contratos de servicios conexos, PDVSA Petróleo S.A. es una sociedad anónima del Estado, constituida de acuerdo con las reglas del derecho privado (comercial), sometida básicamente al derecho privado excepto por lo que se refiere al control que sobre ellas pueda ejercer la Administración Pública conforme a las previsiones de derecho público que se apliquen respecto de su organización y funcionamiento, y que no afectan sus relaciones contractuales con empresas privadas.

---

78   Véase en *Revista de Derecho Público*, N° 89-92, Editorial Jurídica Venezolana, Caracas 2002, pp. 219-20.

Es decir, PDVSA Petróleo S.A. no es "una persona moral de derecho público" sino una persona jurídica de derecho privado, que en los términos del artículo 29 de la Ley Orgánica de la Administración Pública, es uno de los "entes descentralizados funcionalmente con forma de derecho privado," es decir, es una de las "personas jurídicas constituidas de acuerdo a las normas del derecho privado" y regidas como lo dijo la Sala Constitucional en la mencionada sentencia por "un régimen mixto, tanto de derecho público como de derecho privado, aún cuando sea preponderantemente de derecho privado."

Por tanto, si el primer requisito para la existencia de un "contrato administrativo," como condición necesaria para su existencia, fuera efectivamente que al menos una de las partes contratantes sea "una persona moral de derecho público" -con lo que como hemos dicho, no necesariamente estamos de acuerdo- entonces sería evidente que los contratos suscrito entre PDVSA Petróleo S.A y empresas privadas para la prestación de servicios conexos antes de la nacionalización de 2009, nunca habrían sido "contratos administrativos" pues como se ha dicho, PDVSA Petróleo S.A. en el ordenamiento jurídico venezolano no es una persona jurídica o moral de derecho público, sino una persona jurídica o moral de derecho privado. Las personas jurídicas o morales de derecho público en Venezuela,[79] se insiste, básicamente son de acuerdo con la terminología constitucional, la República, los Estados, los Municipios, los institutos autónomos o públicos y las así expresamente denominadas en la Constitución como el Banco Central de Venezuela (Arts. 145, 318, 322, Constitución).

Por otra parte, siendo la empresa PDVSA Petróleo S.A. la parte estatal contratante en los contratos para los servicios conexos, una empresa del Estado constituida bajo la forma de sociedad anónima conforme a las reglas del derecho privado que rigen su funcionamiento, la misma, en general no podía ni puede dictar actos administrativos, pues no tiene asignada mediante ley potestad alguna expresa del Poder Público para ello. Es decir, no hay en ley alguna de la República en la cual se hayan descentralizado competencias hacia empresas del Estado como PDVSA Petróleo S.A., constituida en segundo grado por PDVSA, para ejercer competencia alguna del Poder Público y poder emitir actos administrativos, como manifestaciones de la autoridad estatal. Ni siquiera la Ley de Contrataciones

---

79 Véase sobre las personas jurídicas en el derecho público en Venezuela, Allan R. Brewer-Carías, "Sobre las personas jurídicas en la Constitución de 1999" en *Derecho Público Contemporáneo. Libro Homenaje a Jesús Leopoldo Sánchez*, Estudios del Instituto de Derecho Público, Universidad Central de Venezuela, enero-abril 2003, Volumen 1, pp. 48-54; "El régimen de las personas jurídicas estatales político-territoriales en la Constitución de 1999" en *El Derecho constitucional y público en Venezuela. Homenaje a Gustavo Planchart Manrique*, Tomo I, Universidad Católica Andrés Bello; Tinoco, Travieso, Planchart & Núñez, Abogados, Caracas 2003, pp. 99-121.

Públicas sancionada en 2008,[80] por ejemplo, autoriza a empresas del Estado contratantes para imponer sanciones con motivo de la ejecución de contratos públicos, correspondiendo la potestad sancionatoria allí regulada al Servicio Nacional de Contratistas (Art. 131).[81]

En el derecho administrativo venezolano, como sucede en cualquier parte del mundo, la competencia es siempre asignada mediante texto expreso, y no se presume. Como lo ha afirmado la antigua Corte Suprema de Justicia de Venezuela, la competencia de los órganos de la Administración Pública siempre "debe emerger del texto expreso de una regla de derecho, ya sea la Constitución, la Ley, el Reglamento o la Ordenanza" por lo que "a falta de disposición expresa, la autoridad carece de cualidad para efectuar el acto."[82] Como lo indica el artículo 4 de la Ley Orgánica de la Administración Pública, la Administración Pública siempre "se organiza y actúa de conformidad con el principio de legalidad, por el cual *la asignación*, distribución y ejercicio de sus competencias se sujeta a lo establecido en la Constitución de la República Bolivariana de Venezuela, las leyes y los actos administrativos de carácter normativo dictados formal y previamente conforme a la ley." En consecuencia, PDVSA Petróleo S.A., como empresa del Estado constituida en segundo grado por PDVSA, si bien forma parte de la llamada Administración Pública descentralizada, en los casos de los contratos de prestación de servicios conexos de la industria petrolera suscritos antes de 2009, no tenía competencia legal expresa alguna asignada para ejercer atribuciones del Poder Público y poder emitir, por ejemplo, actos administrativos, como manifestaciones de la autoridad estatal.

---

80   La Ley fue dictada mediante Decreto Ley N° 5.929 de fecha 11 de marzo de 2008 en ejecución de la Ley habilitante de 2007, habiendo derogado la Ley de Licitaciones de 2001. La Ley de Contrataciones Públicas fue inicialmente publicada en Gaceta Oficial N° 5.877 de fecha 14-03-2008, y republicada, por error de copia, en Gaceta Oficial N° 38.895 de 25-03-2008. Dicha Ley fue reformada por Ley publicada en Gaceta Oficial N° 39.165 de 24-04-2009. Mediante Decreto N° 6.708 de 19-05-2009 se dictó el Reglamento de la Ley de Contrataciones Públicas, en Gaceta Oficial N° 39.181 de 19-05-2009, mediante el cual, entre otros, se derogó el Decreto N° 1.417 sobre Condiciones Generales de Contratación para la Ejecución de Obras, en Gaceta Oficial N° 5.096 Extraordinario de fecha 31-07-1996. Véase sobre la Ley de Contrataciones Públicas, los diversos comentaros en el libro de Allan R. Brewer-Carías et al, Ley de Contrataciones Públicas, Editorial Jurídica Venezolana, Caracas 2008; Segunda Edición, Caracas 2009.

81   Véase los comentarios sobre el alcance de la potestad sancionatoria en la contratación pública, en Carlos García Soto, "Posición de la Administración en su actividad contractual. El caso de la Ley de Contrataciones Públicas," en Allan R. Brewer-Carías et al., *Ley de Contrataciones Públicas*, Editorial Jurídica Venezolana, Caracas 2008, p. 184; y Manuel Rojas Pérez, "Control fiscal y régimen sancionatorio en el Decreto Ley de Contrataciones Públicas," en Idem, pp. 214-215.

82   Véase sentencia de 28-01-1968, Gaceta Oficial, N° 27.367 de 13-02-1964 y sentencia de 11 de agosto de 1965, Gaceta Oficial, N° 27.845 de 22-09-1965. Véase también en Allan R. Brewer-Carías, Jurisprudencia de la Corte Suprema 1930-1974 y Estudios de Derecho Administrativo, t. III, vol. 1, Caracas, 1976, pp. 197-198.

El hecho de ser PDVSA Petróleo S.A. una persona jurídica estatal de derecho privado hace incluso que los contratos que suscriba, conforme a una doctrina -aunque cuestionable- del Tribunal Supremo, ni siquiera puedan calificarse como contratos de interés público, que es la denominación adoptada por la Constitución (Art. 151) para calificar ciertos contratos públicos, y que algunos autores han identificado con los "contratos administrativos."[83] La Sala Constitucional del Tribunal Supremo de Justicia, como hemos dicho anteriormente, en sentencia N° 2.241 del 24 de septiembre de 2002,[84] consideró que "contratos de interés público" sólo son aquellos suscritos por las personas estatales de derecho público territoriales, es decir, por a Republica, los Estados y los Municipios en los que esté envuelto un interés público nacional, estadal y municipal; quedando excluidos de dicha denominación los contratos suscritos por los institutos autónomos o por las empresas del Estado. Por tanto, según esta decisión del Tribunal Supremo, los contratos suscritos por empresas del Estado como PDVSA Petróleos S.A. ni siquiera calificarían como "contratos de interés público nacional."[85]

---

83   Véase Eloy Lares Martínez, *Manual de Derecho Administrativo*, Universidad Central de Venezuela, Caracas 1983, p. 306.

84   Véase en http://www.tsj.gov.ve/decisiones/scon/Septiem-bre/2241-240902-00-2874% 20.htm Véase en http://www.tsj.gov.ve/decisiones/scon/Septiem-bre/2241-240902-00-2874%20.htm. La Sala Constitucional del Tribunal Supremo de Justicia, en esa sentencia (Caso: *Anulación del artículo 80 de la Ley Orgánica de Administración Financiera del Sector Público*), al referirse a los "contratos de interés público" (art. 150 C.) utilizó una interpretación "restrictiva" indicando solo los suscritos o celebrados por la Republica, los Estados y los Municipios, sin mencionar los contratos públicos suscritos por institutos autónomos o empresas públicas nacionales como por ejemplo podría ser PDVSA, lo que podría conducir a estimar que estos estarían excluidos de dicha calificación, lo cual no tiene base ni sentido alguno en el derecho venezolano. El argumento central de la decisión de la Sala se refirió al tema de la autorización parlamentaria previa en relación con los contratos de deuda pública. Véase sobre el carácer "no vinculante" de esa decisión, lo expuesto en la Sección Séptima del Cuarto Libro y el nuevo Libro Sexto, de esta obra.

85   Sobre esta sentencia véase los comentarios críticos en Allan R. Brewer-Carías, "Sobre los Contratos del Estado en Venezuela," en *Derecho Administrativo Iberoamericano (Contratos Administrativos, Servicios públicos, Acto administrativo y procedimiento administrativo, Derecho administrativo ambiental, Limitaciones a la libertad)*, IV Congreso Internacional de Derecho Administrativo, Mendoza, Argentina, 2010, pp. 837-866; y en *Revista Mexicana Statum Rei Romanae de Derecho Administrativo*, N° 6, Homenaje al Dr. José Luis Meilán Gil, Facultad de Derecho y Criminología de la Universidad Autónoma de Nuevo León, Monterrey, Enero-Junio 2011, pp. 207-252; "Los contratos del Estado y la Ley de Contrataciones Públicas. Ámbito de aplicación," en *Ley de Contrataciones Públicas*, Editorial Jurídica Venezolana, Colección Textos legislativos N° 44 (2ª Edición Actualizada y aumentada), Caracas 2009, pp. 9-47.

5. Los servicios conexos con la industria petrolera nacionalizados en 2009 contratados con particulares por PDVSA Petróleo S.A. no eran servicios públicos

Los contratos suscritos por PDVSA Petróleo S.A. y empresas o consorcios privados para la prestación de los servicios conexos con la industria petrolera, como luego se identificó en la Ley de Reserva de 2009 (art. 2), tuvieron por objeto, en general, la prestación para PDVSA Petróleos S.A. de servicios de inyección de agua, de vapor o de gas, y de compresión de gas; y los en cuanto servicios a los vinculados a las actividades en el Lago de Maracaibo, de servicios de lanchas, de barcazas, de remolcadores, de gabarras y de mantenimiento de buques. Dichos contratos, en forma alguna tenían por objeto la ejecución de servicio público alguno, además de que las actividades objeto de los mismos no eran actividades reservadas al Estado.

Es decir, el objeto antes mencionado de los contratos nunca fue un servicio público pues no había ley alguna -ni la hay- que estableciera una obligación legal para la Administración Pública de prestarlo o satisfacerlo. Tampoco eran servicio público, pues su objeto no era la satisfacción de necesidad colectiva alguna, o de la colectividad en general, ni tenía "naturaleza prestacional" alguna en relación con toda la colectividad. El objeto de los contratos era en realidad la prestación de servicios por ejemplo, de tratamiento e inyección de agua o gas, o de transporte marítimo de materiales en el Lago de Maracaibo que los contratistas privados prestaron en beneficio de una sola persona jurídica, en este caso una empresa del Estado, para la realización de su actividad industrial, que ni siquiera eran una actividad que dentro de la industria petrolera hubiese reservada al Estado.

La reserva al Estado de la actividad objeto de los contrato, en realidad, sólo se decretó mediante la Ley de Reserva de 2009. Por otra parte, la actividad petrolera en general en Venezuela nunca ha sido considerada como "servicio público," recibiendo tal calificación en forma expresa en la LOH y en la LOHG sólo unas actividades prestacionales destinadas a satisfacer necesidades colectivas.

Como hemos indicado, conforme al segundo de los estándares propuestos por Iribarren Monteverde para definir los contratos administrativos, conforme al cual estos sólo serían aquellos que tienen como objeto la "ejecución de un servicio público,"[86] los contratos que habían sido suscritos por PDVSA Petróleos S.A. para la prestación de los servicios

---

86   Véase Henrique Iribarren Monteverde, "El equilibrio económico en los contratos administrativos y la teoría de la imprevisión," en *Los Contratos Administrativos. Los Contratos del Estado,* VIII Jornadas Internacionales de Derecho Administrativo "Allan Randolph Brewer Carías, Funeda, Caracas 2006, pp. 117-119.

conexos con la industria petrolera antes de la nacionalización de 2009, no calificaban como contratos administrativos, pues los mismos en ningún caso pueden calificarse como "servicios públicos".

En nuestro criterio, estamos de acuerdo en que dichos contratos no eran contratos administrativos, pero no porque los contratos administrativos solo puedan tener por objeto la ejecución de servicios públicos. Los mismos, en realidad pueden tener por objeto otros fines de interés colectivo, como la construcción de obras públicas, el uso y explotación de bienes del Estado o la explotación de recursos naturales. Lo fundamental para identificar el contrato administrativo es por tanto su objeto, vinculado a necesidades colectivas, por lo que nada impide que además de la prestación de un servicio público, los contratos administrativos tengan también otras finalidades de interés colectivo.

Sin embargo, dejando aparte esta objeción al estándar utilizado por Iribarren y si se aceptase su validez, es evidente que los contratos mencionados no calificarían como contratos administrativos porque el objeto de los mismos nunca podría considerarse como la prestación de un servicio público.

En efecto, la expresión "servicio público" en el ordenamiento jurídico venezolano no puede usarse indiscriminadamente para calificar como tal a toda actividad de interés público. Al contrario, como lo hemos explicado hace años, la noción de servicio público en el derecho administrativo venezolano está referida a las actividades prestacionales que debe asumir el Estado, tendientes a satisfacer necesidades generales o colectivas, en cumplimiento de una obligación constitucional o legal y en relación con las cuales, los particulares se encuentran limitados en cuanto a poder desarrollarlas libremente, sea porque el Estado en algunos casos se las ha reservado, o sea porque el Estado las regula y ordena.[87] En esta forma, cuando se vincula el contrato administrativo con la idea del servicio público, como lo ha resuelto la Sala Político Administrativa del Tribunal Supremo, se exige que "el objeto del contrato está vinculado a la *prestación de un servicio público* que *tiende a la satisfacción de un interés general*, como lo es la educación."[88]

---

[87] Véase Allan R. Brewer-Carías, "Comentarios sobre la noción de servicio público como actividad prestacional del Estado y sus consecuencias" en *Revista de Derecho Público*, Nº 6, EJV, Caracas, 1981, pp. 65-71; "El régimen constitucional de los servicios públicos," en *VI Jornadas Internacionales de Derecho Administrativo "Allan R. Brewer-Carías"*, Fundación de Estudios de Derecho Administrativo, Tomo I, Caracas 2002, y en *Estudios de Derecho Administrativo 2005-2007*, Editorial Jurídica Venezolana, Caracas 2007, pp. 528 ss. Véase también, José Ramón Parada, "Los servicios públicos en España", en *El derecho Público a comienzos del Siglo XXI. Estudios en Homenaje al Profesor Allan R. Brewer-Carías*, Madrid, 2003, pp. 1845-1869.

[88] Véase la sentencia de la Sala Político Administrativa del Tribunal Supremo Nº 592 de 07-05-2009 (Caso: Universidad de Carabobo vs. Ministerio de Salud), en *Revista de Derecho Público*, Nº 118, Editorial Jurídica Venezolana, Caracas 2009, p. 291.

De esta definición resulta lo siguiente: en *primer lugar,* que se trata siempre de una actividad, es decir, de un conjunto de operaciones y tareas a cargo de un sujeto de derecho, consistente en dar o hacer algo a favor de otros, en suma, de prestar. Se trata, por tanto, de una actividad prestacional; pero no de cualquier tipo de prestación sino de una que es de interés general de toda la población, es decir, de la colectividad en general y por tanto, de interés general, público o colectivo, por lo que los sujetos a los cuales se destina son todos, es decir, el público en general. Por ejemplo, el servicio de correos, el servicio de protección a la salud, los servicios de transporte y los servicios de educación. Como lo ha dicho la Sala Político Administrativa del Tribunal Supremo de Justicia al referirse al servicio de agua potable y de saneamiento, los mismos "constituyen verdaderos servicios públicos, y como tales se encuentran dirigidos a satisfacer necesidades de interés general o colectivo."[89]

En *segundo lugar,* esa actividad prestacional para ser considerada como servicio público por su vinculación al interés general, corresponde cumplirla *obligatoriamente* al Estado, es decir, a los entes públicos, por estar así establecido en la Constitución o en las leyes.[90] Por tanto, no toda actividad prestacional de interés público que realicen los entes públicos puede considerarse como un servicio público, sino sólo aquellas que éstos asumen porque cumplen una obligación constitucional o legal. Por ello, precisamente es que los servicios públicos no pueden ser prestados libremente por los particulares, sino mediante concesión, licencia, permiso o autorización, como por ejemplo, sucede con los servicios públicos domiciliarios y los servicios de policía. Por ello, en las leyes que los regulan, como lo ha constatado la Sala Político Administrativa del Tribunal Su-

---

89　Véase sentencia de la Sala Político Administrativa N° 224 de 07-02-2007 (Caso: *Armando Casal Casal; Interpretación del Art. 86 de la Ley Orgánica para la Prestación de los Servicios de Agua Potable y de Saneamiento*, publicada en la G.O. N° 5.568 de fecha 31-12-2001, en *Revista de Derecho Público*, N° 109, Editorial Jurídica Venezolana, Caracas 2007, p. 135 ss. En esta sentencia, la Sala agregó que "Estos servicios públicos, pueden ser de dos tipos: i) *"uti universi"* o ii) *"uti singuli"*. En el primer caso, los gastos de organización y funcionamiento son cubiertos, en principio, mediante impuesto (vgr. servicios de seguridad y defensa de la nación, policía de seguridad, etc), pues dichos servicios se encuentran directamente vinculados a la vida misma del Estado, siendo la comunidad el verdadero beneficiario. En el segundo de los casos, servicios *"uti singuli"*, excepcionalmente, dichos gastos son pagados a través del impuesto. Por lo general, son pagados por el usuario en su totalidad (gas, teléfono, agua, transporte, etc.) o en parte (correos y telégrafos); pues, de lo contrario tales gastos, mediante el impuesto, recaerían sobre la totalidad de los habitantes en perjuicio de quienes no utilizan dichos servicios. (Ver. Miguel Marienhoff. *Tratado de Derecho Administrativo.* Tomo II). Idem p. 138

90　Por ello, en relación con la noción de servicio público, algunos autores han concluido que solo las actividades expresamente calificadas como tales en las leyes pueden ser consideradas como servicios públicos. Véase José Peña Solís, *Manual de Derecho Administrativo*, Vol. 3, Caracas 2003, pp. 336 ss.

premo, se declara expresamente que tales servicios constituyen "servicios públicos" atribuyéndose al Estado su prestación. [91]

En *tercer lugar,* tratándose de una actividad prestacional que corresponde como obligación al Estado, de acuerdo al principio de alteridad, los usuarios, es decir, la colectividad o el público en general, tienen un correlativo derecho constitucional o legal a recibir la prestación, como sucede por ejemplo, con el derecho a la protección de la salud, e incluso, pueden reclamarlos judicialmente. Por ello, el artículo 259 de la Constitución de 1999 le atribuye a la jurisdicción contencioso-administrativa competencia para resolver los "reclamos por la prestación de los servicios públicos" (Art. 259), lo que se regula en la Ley Orgánica de la Jurisdicción Contencioso Administrativa al considerar como sujetos a control "las entidades prestadoras de servicios públicos en su actividad prestacional" (Arts. 7.5; 9.5) estableciendo el procedimiento para conocer de "los reclamos por la omisión, demora o deficiente prestación de los servicios públicos"(Art. 65.1). Estos servicios públicos, por supuesto, no son cualquier servicio o actividad de interés general, sino las actividades prestacionales obligatorias del Estado respecto de las cuales los ciudadanos tienen derecho de percibirlos en forma regular y continua al punto de poder reclamarlos judicialmente.

En *cuarto lugar,* desde el momento en el cual una actividad se configura legalmente como un servicio público a cargo de los entes públicos, la misma queda sustraída de las que pueden ser desarrolladas libremente por los particulares, en el sentido que esencialmente y conforme se establezca en las leyes (reserva legal), el Estado puede limitarlas y restringirlas. Esto no significa ni implica que el Estado necesariamente se haya reservado la actividad quedando entonces excluida del ámbito de la libertad económica de los particulares, sino que en relación con ella, ésta no puede desarrollarse libremente, sino sometida a las limitaciones o restricciones que legalmente se establezcan y requiriéndose para ello, en general una concesión, una autorización o cualquier tipo de autorización o habilitación. Es decir, la obligación impuesta al Estado de realizar la prestación en el caso de los servicios públicos, no implica que su realización necesariamente quede siempre reservada al Estado con carácter de exclusividad y que quede excluida la libertad económica de manera que los particulares no puedan realizarla.

En estos casos, la libertad económica, como derecho de toda persona de "dedicarse libremente a la actividad económica de su preferencia" (Art.

---

91   Véase en relación con el servicio público de electricidad, por ejemplo, la sentencia N° 846 de 31-05-2007 (Caso: *C.A. La Electricidad de Caracas vs. Ministro de Producción y el Comercio (Ministro del Poder Popular para las Industrias Ligeras y el Comercio),* en *Revista de Derecho Público,* N° 110, Editorial Jurídica Venezolana, Caracas 2007, p. 159-161.

112 de la Constitución), lo que está es limitada, constitucional o legalmente, en una proporción inversa al grado de asunción de la actividad por parte del Estado: en unos casos, excepcionales, la libertad económica queda excluida totalmente por la reserva al Estado de los servicios (servicios de la defensa nacional y policía); en otros casos, aún reservada al Estado y excluida del ámbito de la libertad económica, la actividad puede desarrollarse por los particulares mediante concesión otorgada por el Estado; y en otros casos, en ausencia de reserva al Estado y existiendo la libertad económica de los particulares para realizarlas, lo que ésta es restringida o limitada, pudiendo realizarse por los particulares mediante autorizaciones o habilitaciones del Estado.[92]

Así, por ejemplo, en otros tiempos, cuando la Ley de Correos de 1938 estableció, en su artículo 1°, que "el correo es un servicio público federal exclusivo del Estado", la norma quería decir precisamente eso, que esa era una actividad reservada y exclusiva del Estado y, además, excluyente de toda prestación por parte de particulares. En cambio, en materia de telecomunicaciones, la Ley de Telecomunicaciones de 1946 a pesar que reservaba al Estado los servicios de telecomunicaciones permitía que se otorgaran concesiones de explotación de dichos servicios a los particulares. En estos dos casos de régimen de reserva al Estado, la diferencia era que en el primero, la reserva era excluyente y en el segundo no excluía la posibilidad de otorgar el derecho a realizar la actividad a los particulares. Por tanto, la declaración de una actividad como servicio público puede implicar la exclusión total de cualquier posibilidad de que los particulares puedan prestar el servicio, como precisamente se ha establecido a partir de mayo de 2009 en la Ley de Reserva de 2009 respecto de los "servicios conexos a las actividades primarias de Hidrocarburos" que se han definido como servicios públicos reservados al Estado; o puede implicar que el servicio se pueda prestar por los particulares mediante concesión o permiso otorgado por el ente público, como sucede en general con los servicios públicos; o los servicios públicos pueden prestarse en forma concurrente

---

92 En algunas decisiones, sin embargo, la Sala Constitucional ha considerado que para que haya servicio público, incluso, la ley debe haber reservado al Estado la actividad económica, de manera que exista "publicatio de la misma que excluya la libre iniciativa económica en el sector (artículos 112 y 113 constitucionales." Véase la sentencia N° 825 de la Sala Constitucional de 06-05-2004 (Caso: *Banco del Caribe C.A. Banco Universal .vs. Superintendencia de Bancos y otras Instituciones Financieras*), en *Revista de Derecho Público*, N° 97-98, Editorial Jurídica Venezolana, Caracas 2004, pp. 273-274. Ratificada por sentencia de la Sala Constitucional N° 266 de 16-03-2005 (Caso: *Impugnación de los artículos 10 y 16 de la Ordenanza sobre Tarifas del Servicio de Aseo Urbano y Domiciliario en el Municipio Libertador del Distrito Federal*), en *Revista de Derecho Público*, N° 101, Editorial Jurídica Venezolana, Caracas 2005, p. 156.

entre el Estado y los particulares, sin mayores limitaciones, como sucede por ejemplo con los servicios de salud o de educación.[93]

Por su parte, en relación a los servicios públicos en los cuales no hay reserva, por ejemplo, el servicio público de educación, la Ley de Educación sólo exige la necesidad de un registro para que los establecimientos particulares puedan desarrollar actividades educativas y ejercer su derecho y libertad de educar, en el marco de los programas de educación oficiales.

El grado de asunción por el Estado de la prestación del servicio, es decir, el grado de reserva al Estado de la misma, por tanto, tiene una repercusión fundamental respecto de las actividades que puedan o no realizar los particulares. Hay actividades de servicios públicos reservadas al Estado, donde no existe libertad económica, pero respecto de las cuales los particulares pueden realizarlas mediante concesión; y hay actividades de servicios públicos que no han sido reservadas al Estado respecto de las cuales existe libertad económica de los particulares para realizarlas. En las primeras, no existiendo libertad económica dada la reserva al Estado, éste sin embargo puede otorgar el derecho a los particulares a realizarlas, generalmente mediante concesión, que por su carácter constitutivo crea en cabeza del concesionario el derecho que se le otorga; en cambio, en las segundas, tratándose de una limitación al derecho y libertad económica que tienen los particulares, las intervenciones del Estado se manifiestan en otras formas, por ejemplo, a través de la exigencia de actos administrativos declarativos de los derechos y que habilitan su ejercicio, como son las autorizaciones (habilitaciones, licencias, permisos); de actos administrativos homologadores de derechos, como las aprobaciones; o de actos administrativos de declaración de certeza de derechos, como las inscripciones y registros.

En todo caso, la idea clave a los efectos de la conceptualización jurídica del servicio público, es la existencia de una obligación constitucional o legal a cargo del Estado para la realización de la actividad prestacional. Ello contribuye a deslindar los servicios públicos de las actividades prestacionales que el Estado asume y realiza como mero empresario pero que no se ejecutan en virtud del cumplimiento de obligación constitucional o legal alguna, y respecto de las cuales también existe el derecho de los particulares a desarrollarlas libremente.

En consecuencia, la declaración de una actividad como servicio público que, por tanto, se cumple por el Estado en ejecución de una obligación constitucional o legal, da origen a dos consecuencias fundamentales en relación a los particulares: Por una parte, derivado del principio de la alteridad, la obligación jurídica que se impone al Estado implica la existencia

---

93   Véase Allan R. Brewer-Carías, "Comentarios sobre la noción de servicio público como actividad prestacional del Estado y sus consecuencias" en *Revista de Derecho Público*, N° 6, EJV, Caracas, 1981, pp. 68 ss.

de una relación jurídica, en cuyo otro extremo está, como correlativo a la obligación, un derecho de los administrados a percibir la prestación de tales servicios públicos; y por otra parte, que la presencia del Estado como prestador de servicios públicos implica la posibilidad de restringir, a la vez, la libertad económica de los administrados.

El servicio público así entendido, implica siempre, la posibilidad de restricción a la libertad económica de los particulares, lo cual por supuesto, debe hacerse mediante ley conforme al principio constitucional de reserva legal. Por ello es que la creación de un servicio público, es decir, el establecimiento de la obligación prestacional a cargo del Estado, sólo puede tener su origen directamente en la Constitución o en la ley, pues sólo en esos textos, conforme al principio de reserva legal previsto en la propia Constitución (Art. 112), es que puede limitarse o restringirse la libertad económica.

En nuestro criterio, esta consecuencia de la noción de servicio público es la más importante desde el punto de vista jurídico; que cuando una actividad prestacional se erige en servicio público, es decir, se impone obligatoriamente al Estado, sea a la República, a los Estados o a los Municipios, automáticamente se abre un campo de restricción a la libertad económica de los particulares en el sentido de que no pueden ejercerla libremente en dichas actividad. Sin embargo, como se ha dicho, ello no implica que la calificación de una actividad como servicio público conlleve automáticamente que la misma quede reservada al Estado y que la libertad económica quede excluida.

Es decir, el ámbito de la restricción a la libertad económica no es uniforme, pues depende de la regulación concreta que se establezca en la Constitución o en la ley. Las normas pueden establecer una variada gama de restricciones a la libertad económica que, como se ha dicho, pueden ir desde la exclusión total de la actividad económica de los particulares en el ámbito de la actividad prestacional reservada, por ejemplo, cuando el Estado se la reserva con carácter de exclusividad y excluyente un servicio (servicios públicos de policía); hasta la previsión de una concurrencia casi sin restricciones entre la actividad pública y la actividad privada (servicios públicos de educación, servicios de telecomunicaciones); pasando por los supuestos en los cuales, a pesar de que el Estado se haya reservado la actividad y esté obligado a prestar el servicio, los particulares pueden prestarlo mediante concesión o permiso (servicios públicos de trasporte público o domiciliarios).

De lo anterior resulta, entonces que hay diversas categorías de servicios públicos, según el grado de reserva y la mayor o menor incidencia y restricción que impliquen sobre la libertad económica, pues ello permite determinar el grado de intervención del Estado en los mismos. En efecto, según la intensidad de la restricción a la libertad económica que acarrea la consideración de una actividad como servicio público, se pueden distinguir dos grandes categorías de servicios públicos: *en primer lugar*, **los**

servicios públicos reservados al Estado, que se subdividen en dos subcategorías: los servicios públicos totalmente reservados al Estado, en forma **exclusiva y excluyente**, que no pueden ser desarrollados por los particulares; y los servicios públicos reservados al Estado, en forma **exclusiva pero no excluyente, que pueden ser concedibles** u otorgables a los particulares; y en *segundo lugar*, **los servicios públicos concurrentes** entre el Estado y los particulares, en relación a cuyas actividades los particulares tienen libertad económica de realizarlas, aún cuando sometidos a técnicas autorizatorias variadas.

En cuanto a los primeros, es decir, los servicios públicos reservados al Estado, en los mismos se excluye la libertad económica de los particulares. Sin embargo, sólo en los exclusivos y excluyentes no es posible la actividad de los particulares, la cual no puede realizarse ni siquiera mediante concesión; pero en cambio en el caso de los servicios públicos reservados no exclusivos, es decir, concedibles, los particulares los pueden desarrollar cuando el derecho a realizar actividades de prestación de los mismos, les sea otorgado o concedido generalmente mediante concesión. En cuanto a los segundos, es decir, los servicios públicos no reservados al Estado, que por tanto son por naturaleza concurrentes, en los mismos los particulares tienen derecho a realizar sus actividades económicas con las limitaciones establecidas en las leyes, en particular la necesidad de obtener una autorización, permiso, licencia, habilitación o registro para ello.

Ahora bien, esta noción de servicio público en su sentido propio, como la actividad prestacional obligatoria del Estado destinada a satisfacer necesidades colectivas, es la que se sigue en el derecho venezolano, tanto en la doctrina de derecho administrativo[94] como en la jurisprudencia;[95] y

---

94 Véase Allan R. Brewer-Carías, "Comentarios sobre la noción del servicio público como actividad prestacional del Estado y sus consecuencias" en *Revista de Derecho Público*, Nº 6, Editorial Jurídica Venezolana, Caracas 1981, pp. 65-71; "El régimen constitucional de los servicios públicos" en *VI Jornadas Internacionales de Derecho Administrativo Allan Randolph Brewer-Carías El nuevo servicio público. Actividades reservadas y regulación de actividades de interés general (electricidad, gas, telecomunicaciones y radiodifusión)*, Caracas 2002, Fundación de Estudios de Derecho Administrativo FUNEDA, Caracas 2003, pp. 19-49; José Araujo Juárez, *Derecho Administrativo General. Servicio Público*, Ediciones Paredes, Caracas 2010, 58-79; José Araujo Juárez, "Régimen Jurídico de los servicios económicos de interés general," en *El Derecho Público a comienzos del Siglo XXI: Estudios en Homenaje al Profesor Allan R. Brewer-Carías*, Ed. Civitas, Madrid, 2003, pp. 1.969-1.978; Eloy Lares Martínez, Manual de Derecho Administrativo, 12ª ed., Universidad Central de Venezuela, Caracas 2001, pp. 203-209; José Peña Solís, *Manual de Derecho Administrativo*, Vol. 3, Col. Estudios Jurídicos, Tribunal Supremo de Justicia, Caracas, 2003, pp. 325-345; José Ignacio Hernández G., "Un ensayo sobre el concepto de servicio público en el derecho venezolano," en *Revista de Derecho Público*, Nº 89-92, Editorial Jurídica venezolana, Caracas, 2002, pp. 47-75.

95 Por ejemplo, en la sentencia de la Sala Político Administrativa del Tribunal Supremo de Justicia Nº 1811 de 10-12-2011 (Caso: *Tadeo-Anzoátegui, C.A. vs. Municipio Turístico El Morro "Licenciado Diego Bautista Urbaneja" Del Estado Anzoátegui*), al considerar el servicio público de aseo consideró que en el mismo "priva el interés general de la

también en el derecho administrativo comparado, donde a pesar de las sucesivas crisis de la noción,[96] la misma no llega a ser identificada con cualquier actividad desarrollada por el Estado, pues carecería de todo sentido.[97]

Al contrario se la vincula con una actividad prestacional que, en virtud del ordenamiento jurídico, debe ser asegurada o asumida por el Estado; y este ha sido el sentido tradicional del término *"service publique"* en la doctrina francesa general de derecho administrativo,[98] y específica sobre el servicio público, incluso la más reciente influenciada por las exigencias del derecho comunitario europeo.[99] Igualmente ha sido el sentido tradi-

---

comunidad sobre el particular de la contratista, tratándose de una necesidad básica de la población que comporta la protección de derechos humanos fundamentales, tales como: el derecho a la salud, a la vida digna de la sociedad y a la preservación del medio ambiente, consagrados en la Constitución de la República Bolivariana de Venezuela, en virtud de lo cual la autoridades deben actuar de manera célere y eficiente para garantizar la debida prestación del servicio" en *Revista de Derecho Público*, N° 120, Editorial Jurídica Venezolana, Caracas 2009 pp. 137-139.

96 Véase entre los más recientes ensayos en la materia: Jaime Orlando Santofimio, "Los servicios públicos: vicisitudes y fundamentos de un tema jurídico inconcluso e impreciso" en *El derecho Público a comienzos del Siglo XXI: Estudios en Homenaje al Profesor Allan R. Brewer-Carías*, Ed. Civitas, Madrid, 2003, pp. 1882-1956; Diego Zegarra Valdivia, El servicio Público. Fundamentos, Palestra, Lima 2005.

97 Por ejemplo, en la doctrina española, Fernando Garrido Falla sobre la noción de servicio público dijo que "De la total actividad prestadora realizada por el Estado hay una parte de ella -la más importante desde luego- que ha sido asumida como competencia propia por razones inmediatamente derivadas el interés público, es decir, porque con tal actividad se satisface directamente una necesidad de carácter público." Véase Fernando Garrido Falla, *Tratado de derecho administrativo*, Vol. II (Parte general, Conclusión), Décima Edición, Madrid 1992, pp. 332 ss.

98 Véase en general Guy Braibant y Bernard Stirn, *Le droit administratif français*, 5e éd., Col. Amphithéâtre, Presses de Sciences-Po – Dalloz, Paris 1999, pp. 139-143; René Chapus, *Droit administratif général*, T. I, 9e éd., Col. Domat Droit Public, Montchrestien, Paris, 1995, pp. 513-525; Pierre Delvolvé, *Le droit administratif*, 3e éd., Coll. Connaissance su droit, Dalloz, Paris 2002, pp. 42-47; Jacques Moreau, *Droit administratif, Coll. Droit fondamental – Droit administratif*, PUF, Paris, pp. 311-316; Jean Waline, *Précis de Droit administratif*, 22e ed., Coll. Droit public – Science politique, Dalloz, Paris 2008, pp. 339-359.

99 Véase en general, Stéphane Braconnier, *Droit des services publics*, 2e éd., Col. Thémis droit, PUF, Paris, 2007, pp. 157-184; Claudie Boiteau, «Vers une définition du service public (À propos de l'arrêt du Conseil d'État, Section, 22 février 2007, Association du personnel relevant des établissements pour inadaptés – APREI),» en *Revue française de droit administratif*, 2007, N° 4, pp. 803-811; Sabine Boussard, «L'éclatement des catégories de service public et la résurgence du «service public par nature», en *Revue française de droit administratif*, 2008, N° 1, pp. 43-49; Laetitia Janicot, «L'identification du service public géré para une personne privée,» en *Revue française de droit administratif*, 2008, N° 1, pp. 67-79; Michaël Karpenschif, «Vers une définition communautaire du service public,» en *Revue française de droit administratif*, 2008, N° 1, pp. 58-66; Christophe Le Berre, «La logique économique dans la définition du service public,» en *Revue française de droit administratif*, 2008, N° 1, pp. 50-57; Marceau Long. «Service public et réalités économiques du XIX siècle au droit communautaire,» en *Revue française de droit administratif*, 2001, N° 6, pp. 1161-1168; François Séners, «L'identification des

cional en América Latina, por ejemplo, en la doctrina argentina.[100] Igual sucede con la doctrina del derecho administrativo anglosajón, donde la expresión "servicio público" tiene un particular significado relativo a *"public utility,"*[101] expresión que identifica a los servicios *prestados al público en general* por entidades o corporaciones públicas o mediante concesión de estas. En consecuencia, también en el derecho anglosajón, no toda actividad de interés público puede ser considerada como servicio público, sino sólo aquellas que consisten en una actividad de prestación de interés público destinada a satisfacer las necesidades colectivas o del público en general o de confort y conveniencia de la comunidad entendida como globalidad, como por ejemplo son los servicios de ferrocarriles, de transporte, de gas, de electricidad, de agua pueden considerarse como "servicios públicos." En consecuencia, no es correcto identificar *"servicio público"* con cualquier actividad de interés general, pues de lo contrario, la noción carecería de utilidad.

En consecuencia, de acuerdo con el derecho venezolano, en sentido equivalente a las nociones de *"service public"* o de *"public service or public utility"* antes indicadas, un servicio público ante todo es siempre una actividad mediante la cual un ente público o una empresa mediante concesión, presta regularmente un servicio al público en general o a la comunidad entera, como por ejemplo son los servicios de gas, teléfono, agua, electricidad, transporte. Se trata, siempre, como hemos dicho de una actividad de prestación, mediante la cual la entidad pública directamente satisface necesidades públicas generales dando un servicio a la comunidad entera o al público general para satisfacer necesidades públicas de manera continua y regular, y que el ente público tiene que asumir en virtud de una obligación constitucional o legalmente establecida. Por ello es que los particulares no son libres de asumir dichas actividades prestacionales y

---

organismes privés chargés d'une mission de service public,» Concl. Sur CE, Sect., 6/4/2007, Ville d'Ais-en Provence,» en *Revue française de droit administratif*, 2007, N° 4, pp. 812-820. Note Jean-Claude Nouence, pp. 821-827.

100 Véase por ejemplo, Agustín Gordillo, *Tratado de Derecho Administrativo*, Tomo 2 La Defensa del Usuario y del Administrado, 4ta Edición, Buenos Aires 2000, pp. VI-33 ss.; Juan Francisco Linares. *Derecho Administrativo*, Buenos Aires, 1986, pp. 509 ss.; Benjamín Villegas Basavilvaso, Derecho Administrativo, Vol. III (Primera Parte General, Instituciones Fundamentales), Buenos Aires, 1951. pp. 4 ss.

101 Véase por ejemplo Peter L Strauss et al., *Administrative Law. Cases and Comments*, University Casebooks Series, New York, 1995, pp. 339 ss. Cf. José Peña Solís, *Manual de Derecho Administrativo*, Vol. 3, Caracas 2003, p. 381. Conforme al Black's Law Dictionary, el término "public service" se aplica a las actividades o entidades "que especialmente satisfacen las necesidades del público en general o que conducen al confort y conveniencia de la comunidad entera, como las compañías de ferrocarriles, de gas, de agua o de luz eléctrica; y compañías que suministran transporte público." Si el servicio público es prestado por una empresa privada debe tener "una apropiada concesión del Estado para satisfacer la necesidad o conveniencia del público general, incapaz de ser satisfecha mediante a través de empresas privadas en competencia."

sólo pueden cumplirlas mediante un contrato de concesión otorgado por el ente público respectivo, o en su caso, un permiso, una autorización o un registro en oficina pública.[102] Por ello es que en el ámbito de la actividad de la industria petrolera, por ejemplo, precisamente la LOH reserva la calificación como "servicio público" única y exclusivamente a las actividades de suministro, almacenamiento, transporte, distribución y expendio de los productos derivados de los hidrocarburos que señale el Ejecutivo Nacional, destinados al *consumo colectivo interno* (Arts. 59, 60); y la LOHG también reserva la calificación como "servicio público" única y exclusivamente a las actividades relacionadas, directa o indirectamente, con el transporte y distribución de gases de hidrocarburos *destinados al consumo colectivo* (Art. 5). En ambos casos, el elemento esencial es la actividad prestacional para la satisfacción de una necesidad colectiva o de consumo colectivo.

En todo caso, en relación con los servicios públicos, su declaración legal como tales "servicios públicos" no implica necesariamente una reserva automática de la actividad al Estado, por lo que más bien, dependiendo del grado intervención estatal, los mismos pueden ser prestados por particulares mediante concesiones conforme al artículo 113 de la Constitución; o pueden prestarse por los particulares en forma concurrente. Pero en todo caso, una ley que regule la actividad como servicio público es siempre necesaria para ser tenidos como tal. En una importante decisión del Tribunal Supremo de Justicia sobre la noción de servicio público, y para resolver un recurso de nulidad que se había interpuesto contra una Resolución del antiguo Ministerio de Transporte y Comunicaciones, la Sala Político Administrativa de dicho Tribunal consideró "necesario estudiar la actividad del correo a la luz de los conceptos emanados de la doctrina, normativa y jurisprudencia, bajo el marco conceptual del servicio público," estableciendo el siguiente criterio, coincidente con el que hemos sostenido:

> "El servicio público puede ser definido como la actividad administrativa de naturaleza prestacional destinada a satisfacer necesidades colectivas de manera regular y continua, previamente calificada como tal por un instrumento legal, realizada directa o indirectamente por la Administración Pública y por tanto, sometido a un régimen de Derecho público. (José Peña Solís. "La Actividad Administrativa de Servicio Público: Aproximación a sus Lineamientos Generales", en *Temas de Derecho Administrativo. Libro Homenaje a Gonzalo Pérez Luciani*, Vol. I. Tribunal Supremo de Justicia. Colección Libros Homenaje N° 7, Caracas 2002. p. 433).

---

102 Véase Allan R. Brewer-Carías", "El régimen constitucional de los servicios públicos," en *VI Jornadas Internacionales de Derecho Administrativo Allan Randolph Brewer-Carías El nuevo servicio público. Actividades reservadas y regulación de actividades de interés general (electricidad, gas, telecomunicaciones y radiodifusión)*, Caracas 2002, Fundación de Estudios de Derecho Administrativo FUNEDA, Caracas 2003, pp. 19-49.

Los servicios públicos contienen una serie de elementos que los caracterizan, entre los que están la actividad prestacional, la satisfacción de necesidades colectivas (o la vinculación al principio de la universalidad del servicio), la regularidad y continuidad del servicio, la calificación por ley de la actividad como servicio público (*publicatio*), la gestión directa o indirecta de la Administración Pública, y su consecuencial régimen de Derecho público."[103]

En otra sentencia de la Sala Constitucional del Tribunal Supremo N° 825 de 6 de abril de 2004 (Caso: *Banco del Caribe C.A. Banco Universal vs. Superintendencia de Bancos y otras Instituciones Financieras*) al considerar que efectivamente la actividad de intermediación financiera que realizan los bancos está "vinculada con la preservación de un interés general," sin embargo, dijo la Sala, "no constituye una actividad de prestación de servicio público, ya que, entre otros aspectos de derecho sustantivo, no existe en la mencionada ley o en la Constitución una reserva a favor del Estado de dicha actividad económica, es decir, no existe *publicatio* de la misma que excluya la libre iniciativa económica en el sector (artículos 112 y 113 constitucionales)."[104]

De todo lo anteriormente dicho, por tanto, la noción de "servicio público" pueda ser definida en un sentido absolutamente amplio equiparándola a conceptos tales como "actividades de interés general" "utilidad pública" e "interés social." Ello significaría vaciar totalmente de contenido y de sentido a la noción de servicio público lo cual no es admisible ni en Venezuela ni en país alguno de régimen administrativo.

Por tanto, de acuerdo con todo lo dicho anteriormente, y situando el concepto de servicio público en su correcto sentido, como lo ha puntualizado el Tribunal Supremo de Justicia, como actividad prestacional de ejercicio legalmente obligatorio por parte del Estado para la satisfacción de necesidades generales y colectivas, es evidente que el objeto de los contratos celebrados por PDVSA Petróleo S.A. y empresas o consorcios privados para la prestación de los ya mencionados servicios conexos con la industria petrolera, como inyección de agua y gas y servicios de lanchas o gabarras en el Lago de Maracaibo, no constituían "servicio público."

---

103 Véase sentencia N° 1002 de la Sala Político Administrativa del Tribunal Supremo de Justicia de 05-08-2004 (Caso: *DHL Fletes Aéreos C.A.. y otros*) en http://www.tsj.gov. ve/decisiones/spa/Agosto/01002-050804-1995-11546.htm

104 Véase sentencia N° 825 de la Sala Constitucional de 06-05-2004 (Caso: *Banco del Caribe C.A. Banco Universal .vs. Superintendencia de Bancos y otras Instituciones Financieras*), en *Revista de Derecho Público*, N° 97-98, Editorial Jurídica Venezolana, Caracas 2004, pp. 273-274. Ratificada por sentencia de la Sala Constitucional N° 266 de 16-03-2005 (Caso: *Impugnación de los artículos 10 y 16 de la Ordenanza sobre Tarifas del Servicio de Aseo Urbano y Domiciliario en el Municipio Libertador del Distrito Federal*), en *Revista de Derecho Público*, N° 101, Editorial Jurídica Venezolana, Caracas 2005, p. 156.

Dichas actividades no eran ni son actividades prestacionales destinadas a satisfacer necesidades públicas y colectivas del público en general, o de consumo colectivo como en cambio son las que se regulan por ejemplo en los artículos 59 y 60 de la LOH y en el artículo 5 de la LOHG. Ninguna ley antes de la Ley de Reserva de 2009 había calificado esas actividades como "servicio público;" ninguna ley había ni ha indicado, a pesar de su importancia para las actividades conexas con la explotación petrolera, que dichos servicios sean de prestación obligatoria por parte de un ente de la Administración Pública; y ninguna ley ha establecido un régimen de derecho público de esas actividades, que es esencialmente de carácter conexa y técnica.

Por otra parte, a pesar de la importancia que pueda tener dichas actividades, legalmente las mismas no eran actividades "de explotación de hidrocarburos" ni eran parte integral de estas; eran simplemente, servicios conexos con la industria petrolera. Por muy importantes que fueran y son, como lo son todas las actividades conexas respecto de una actividad principal, conforme a la Ley de Nacionalización de 1975 las mismas no fueron en forma alguna objeto de reserva al Estado, y sólo fueron reservadas con la Ley de Reserva de 2009.

6. Los contratos para la prestación de servicios conexos suscritos antes de 2009, regulaban los derechos de las Partes, no existiendo en las leyes aplicables a los mismos poderes exorbitantes algunos que puedan estar atribuidos a PDVSA Petróleo S.A.

Los contratos para la prestación de los servicios conexos con la industria petrolera entre PDVSA Petróleo S.A. y empresas o consorcios privados, como todos los contratos suscritos por PDVSA, en general responden a un modelo que la empresa suministra a los contratistas, y en los mismos se regulan exhaustivamente las relaciones entre las partes.

Si a los mismos aplicamos el tercer estándar antes mencionado propuesto por Henrique Iribarren Monteverde para calificar contratos como "contratos administrativos,"[105] tampoco podrían ser calificados como "contratos administrativos" pues en relación con los mismos no hay en ley alguna cláusula exorbitante del derecho común que autorice a PDVSA Petróleos S.A. a adoptar decisiones no reguladas en el contrato o contrarias a las que en el mismo se establecen.

---

105 Véase Henrique Iribarren Monteverde, "El equilibrio económico en los contratos administrativos y la teoría de la imprevisión," en *Los Contratos Administrativos. Los Contratos del Estado, VIII Jornadas Internacionales de Derecho Administrativo "Allan Randolph Brewer Carías*, Funeda, Caracas 2006, pp. 117-119.

Es decir, en relación con el objeto de los contrato para la prestación a PDVSA Petróleos S.A. de los servicios conexos, dicha empresa del Estado no tenía atribuido por ley "poder exorbitante" alguno, ni en las cláusulas contractuales se puede conseguir, en general, previsión alguna de poderes exorbitantes que hubiera podido utilizar en la ejecución del mismo, estando sus facultades expresamente reguladas en el texto del contrato. En dichos contratos, en realidad, lo único que regía en su ejecución era el texto mismo de sus cláusulas (elaboradas en general por la misma empresa estatal), en las cuales por lo demás comúnmente se regulan entre las partes derechos contractuales que aunque podrían ser similares a las que en general se consideran como las típicas cláusulas o potestades exorbitantes, se trata de regulaciones contractuales como son, por ejemplo, la terminación unilateral de los contratos, y la modificación unilateral de los mismos. Lo cierto es que en general, ni en las cláusulas de dichos contratos, ni en la legislación aplicable a su ejecución, se podía identificar poderes extraordinarios algunos.

En esta materia debe observarse que incluso cuando se trata de contratos administrativos -que no era el caso de los contratos para los servicios conexos de la industria petrolera- la consecuencia fundamental de que un contrato se considere como un "contrato administrativo" es la posibilidad de que el ente público contratante pueda hacer uso de ciertas prerrogativas públicas, llamadas como *cláusulas exorbitantes de derecho común*, es decir, poderes extraordinarios que corresponden a las entidades públicas con el objeto de preservar el interés público, y que no se encuentran en los contratos de derecho privado. Pero lo contrario no puede afirmarse. Es decir, no es correcto decir que porque en un contrato haya posibilidad de que el ente público haga uso de cláusulas exorbitantes entonces el contrato es administrativo. Tal como lo ha decidido la antigua Corte Suprema de Justicia en la sentencia del 17 de agosto de 1999 (Caso *Apertura Petrolera*), dichos poderes extraordinarios no definen el contrato administrativo como tal, ya que las mismas son consecuencia y no la condición para su determinación; agregando que el hecho de que un contrato tenga o no esas cláusulas no es sino la consecuencia de la necesaria y obligatoria protección del interés general.[106]

En efecto, como lo ha expresado la antigua Corte Suprema de Justicia en Sala Plena en la antes referida sentencia, al referirse a los contratos administrativos, "estas cláusulas exorbitantes se presentan como disposiciones implícitas en el contrato administrativo, que recogen prerrogativas en favor de la Administración Pública, justificadas por el interés *colectivo*

---

106 Véase el texto de la decisión de la Corte en Pleno de 17 de agosto de 1999 en Allan R. Brewer-Carías (Comp.), Documentos del Juicio de la Apertura Petrolera (1996-1999), Caracas 2004, disponible en www.allanbrewercarias.com (Biblioteca Virtual, I.2. Documentos, N° 22, 2004), pp. 280-328.

involucrado en esa contratación, y cuya proporción es de tal magnitud que en una relación contractual común resultan inaceptables," agregando que se trata de "disposiciones que un particular no aceptaría insertar en un contrato con otro particular, porque son ellas las que en definitiva ponen de relieve o materializan en el negocio jurídico las potestades administrativas."[107] Estos poderes o prerrogativas públicas que siempre tienen que tener una fuente legal pues no hay competencia pública que pueda ejercerse por un ente público si una ley atributiva de la misma, se han considerado como inherentes o implícitas en los contratos administrativos, no siendo necesario que estén incorporados en las cláusulas contractuales.[108] Así se admitió, por ejemplo, por la Sala Político Administrativo del Tribunal Supremo de Justicia en sentencia Nº 384 de 21 de abril de 2004, al señalar que "los poderes atribuidos por ley a la Administración Pública, incluso cuando no estén expresamente incorporados en el texto del contrato, deben considerarse insertos en el mismo,"[109] pero con la importante observación de que como lo indicó la Corte, tales poderes tienen que estar "atribuidos por ley." Como lo ha sostenido José Ignacio Hernández, "si las cláusulas exorbitantes son en realidad poderes extracontractuales, su fuente no puede anclarse en el objeto del contrato sino en realidad, en la Ley. Es la Ley -y no el contrato- quien legitima a la Administración para desplegar esas potestades, por lo que su ejercicio mal podría supeditarse al objeto del contrato, o sea a su carácter administrativo." De resto, agrega Hernández, "estas facultades sólo podrán ejercerse en tanto ellas hayan sido expresamente consagradas en el texto del contrato."[110]

Estas cláusulas exorbitantes en los contratos administrativos, son, por ejemplo, los poderes que tiene la Administración contratante para dirigir y controlar la ejecución del contrato; para sancionar los incumplimientos de la contraparte en el contrato; para modificar unilateralmente las cláusulas del contrato, o para resolver unilateralmente la rescisión del contrato.[111] Dichos poderes, por otra parte, por el principio de la atribución de competencia mediante ley, siempre tienen que estar regulados en algún texto legal, como por ejemplo sucede en la Ley de Promoción a la Inver-

---

107 Idem.

108 Véase Allan R. Brewer-Carías, *Contratos Administrativos, op. cit.*, pp. 43, 47, 164.

109 Véase Caso *David Goncalves Carrasqueño vs. Alcaldía del Municipio Miranda del Estado Zulia* disponible en http://www.tsj.gov.ve/decisio-nes/spa/Abril/00384-210404-2003-0654.htm

110 Véase José Ignacio Hernández, "El contrato administrativo en la Ley de Contrataciones Públicas venezolana," en Allan R. Brewer-Carías, et al., *Ley de Contrataciones Públicas*, Editorial Jurídica venezolana, Caracas 2008, pp. 234-235.

111 Véase Carlos García Soto, "Posición de la Administración en su actividad contractual. El caso de la Ley de Contrataciones Públicas," en Allan R. Brewer-Carías et al., *Ley de Contrataciones Públicas*, Editorial Jurídica Venezolana, Caracas 2008, p. 184; Allan R. Brewer-Carías, *Contratos administrativos, op. cit.*, pp. 164-185.

sión Privada bajo el régimen de Concesiones de 1999,[112] donde se regula expresamente las potestades de la Administración concedente, de inspección y control (Art. 37); de interpretación unilateral (Art. 38); de modificación unilateral (Art. 39); de orden sancionatorio por faltas del concesionario (Art. 43); de rescisión unilateral del contrato debido al incumplimiento grave de las obligaciones del concesionario (Art. 46, c); y de rescatarse anticipado de la concesión por causa de utilidad o interés público (Art. 53). Dichas prerrogativas o poderes extraordinarios de la Administración contratante, por supuesto, también podrían estar expresamente regulados y establecidos en el texto de los contratos, lo que generalmente ocurre en los que tradicionalmente se han calificado como "contratos administrativos," por ejemplo, en los contratos de obra pública o de concesión de servicios públicos, de cuya práctica precisamente derivan las normas de la mencionada Ley de Promoción a la Inversión Privada bajo el régimen de Concesiones. Por ello, por ejemplo, en relación con los contratos de obra pública, el viejo reglamento que establecía las Condiciones Generales de Contratación, con el carácter de cláusulas obligatorias (Decreto 1.417),[113] preveía expresamente los poderes que el ente público contratante podía ejercer para supervisar y controlar la ejecución de los trabajos.[114]

Pero en todo caso, el tema de las cláusulas exorbitantes que se ha desarrollado respecto de los contratos administrativos, no se aplica en forma alguna a los contratos de derecho privado de la Administración celebrados por PDVSA Petróleos S.A. con empresas o consorcios privados para la prestación a la misma de los servicios conexos con la industria petrolera. En relación con dichos contratos no había ni hay previsión alguna en el ordenamiento jurídico que le haya asignado a una empresa del Estado como PDVSA Petróleo S.A., subsidiaria de PDVSA, el ejercicio explícito o implícito de poderes extraordinarios algunos.

En general, los derechos de las partes están en las cláusulas de los contratos, de manera que incluso en relación con el posible uso de poderes extraordinarios, cuando los mismos están establecidos y regulados expresamente en las cláusulas contractuales, la Administración contratante no puede en ningún caso ejercerlos contrariando su contenido. El artículo 1159 del Código Civil, que es aplicable a todo tipo de contratos, dispone que las cláusulas del contrato tienen fuerza de ley entre las partes, por lo que incluso tratándose de contratos administrativos y contratos de derecho privado de la Administración, sus cláusulas son obligatorias para las partes. E incluso, en caso de que puedan existir poderes extraordinarios

---

112 Gaceta Oficial, N° 5.394 Extr. de 21-10-1999.

113 Decreto N° 1821, de 30-08-1991, Gaceta Oficial N° 34.797 de 09-09-1991.

114 Véase Allan R. Brewer-Carías, *Contratos Administrativos, op. cit.*, p. 165.

que no están establecidos en el contrato, sino en normas legales, su ejercicio cuando corresponda por la Administración contratante tampoco podría ignorar las cláusulas contractuales, si en las mismas, precisamente, se reguló su ejercicio.

En el caso de los contratos celebrados para la prestación de los servicios conexos de la industria petrolera antes de la entrada en vigencia de la Ley de Reserva de 2009, que no eran contratos administrativos, la realidad que se deriva del texto uniforme de los mismos es que en ausencia de poderes legales asignados a PDVSA Petróleo S.A. para ejercer potestades públicas, era en las propias cláusulas del contrato donde se regularon expresamente lo que podría ser equivalente a lo que en contratos administrativos serían las mencionadas "cláusulas exorbitantes," en particular, la posibilidad de suspensión de las actividades objeto del contrato; la posibilidad de terminación anticipada unilateral del contrato; y la posibilidad de modificación o cambio unilateral del contrato. En efecto, en general, en dichos contratos, conforme al modelo elaborado por la empresa estatal, es en su propio texto donde se han regulado las mencionadas situaciones expresamente. Por ejemplo, respecto de la posibilidad para la Administración contratante, es decir, de PDVSA Petróleo S.A. de poder introducir cambios o modificaciones en los contratos, en general se dispone que sólo pueden hacerse mediante documento complementario firmado por los representantes autorizados de ambas partes; y en cuanto a los cambios en el servicio, es decir, alteraciones, modificaciones, ampliaciones o reducciones del alcance de los servicios, ésos sólo pueden solicitarse por PDVSA Petróleo S.A. al contratista siguiendo determinados pasos regulados en el texto de los contratos. Con cláusulas como estas, ningún otro cambio se permite realizar en los contrato a iniciativa de PDVSA Petróleo S.A., y por supuesto, ningún cambio en las cláusulas económicas de los contratos puede adoptarse por el ente público contratante, ya que estas son siempre inamovibles en cualquier contrato, e incluso en materia de contratos administrativos.[115]

Por ello, si el ente público contratante, sea en la ejecución de un contrato administrativo o de un contrato de derecho privado de la Administración, mediante decisiones unilaterales afecta derechos del co-contratante previstos en las cláusulas contractuales, particularmente si se trata de las cláusulas económicas o de protección del co-contratante, entonces la Administración estaría obligada a indemnizar al co-contratante por los daños y perjuicios que le cause. Por ello es que incluso el ejercicio de poderes extraordinarios cuando no se regulan en las cláusulas contractuales, nunca pueden afectar las cláusulas económicas o de protección del co-

---

115 Véase Eloy Lares Martínez, *Manual de Derecho Administrativo*, Caracas, 1983, p. 335; Allan R. Brewer-Carías, *Contratos Administrativos, op. cit.*, p. 191.

contratante, y si los derechos contractuales resultasen afectados o disminuidos ello siempre implica la obligación por parte de la Administración contratante de indemnizar al co-contratante.[116] Como lo indicó el profesor Eloy Lares Martínez, incluso en los llamados "contratos administrativos" las cláusulas económicas del mismo son siempre "intocables e inmutables,"[117] y constituyen, incluso, el límite esencial al poder de modificación unilateral de los contratos administrativos. De ello se trata cuando se habla de la inmutabilidad de las cláusulas económicas de los contratos públicos, que en ningún caso pueden modificarse sino en la forma prevista en las cláusulas contractuales, de manera que si no se restablece el equilibrio económico del contrato y se satisface el derecho a una justa compensación que resulte de cualquier alteración de las cláusulas económicas por la Administración, resultaría en definitiva en una confiscación de los derechos contractuales, lo que está prohibido en el artículo 116 de la Constitución.

De lo anterior resulta, que en los contratos públicos, e independientemente de su consideración o no como "contrato administrativo," cualquier modificación de las cláusulas económicas contractuales por la Administración, es una violación al contrato, la cual no puede encubrirse con el supuesto ejercicio de poderes exorbitantes por parte de la misma, que no existen ni pueden existir en materia de contratos públicos para justificar la ruptura o violación de los contratos.

De todo lo anteriormente expuesto, en consecuencia, y aplicando por ejemplo, los estándares antes mencionados que indicó en uno de sus trabajos Henrique Iribarren Monteverde,[118] resulta evidente que los contratos suscritos por PDVSA Petróleo S.A. y empresas o consorcios privados antes de la nacionalización de 2009, para la prestación de los servicios conexos de la industria petrolera y que no eran actividades reservadas, eran contratos de derecho privado de la Administración, es decir, no eran contratos administrativos, pues en los mismos y conforme al modelo de

---

116 Véase Gustavo Linares Benzo, "El equilibrio financiero del contrato administrativo en el decreto Ley de Contrataciones Públicas," en Allan R. Brewer-Carías et al., *Ley de Contrataciones Públicas*, Editorial Jurídica venezolana, Caracas 2008, p. 187-197; Miguel Mónaco, "El derecho al precio del contratista en los contratos administrativos," en *Los Contratos Administrativos. Contratos del Estado, VIII Jornadas Internacionales de Derecho Administrativo "Allan Randolph Brewer-Carías,"* Fundación Estudios de Derecho Administrativo, Caracas 2006, Tomo II, pp. 134-137; Allan R. Brewer-Carías, *Contratos Administrativos, op. cit.*, pp. 160, 211 ss.

117 Véase Eloy Lares Martínez, *Manual de Derecho Administrativo*, Caracas, 1983, p. 335; Allan R. Brewer-Carías, *Contratos Administrativos, op. cit.*, p. 191.

118 Véase Henrique Iribarren Monteverde, "El equilibrio económico en los contratos administrativos y la teoría de la imprevisión," en *Los Contratos Administrativos. Los Contratos del Estado, VIII Jornadas Internacionales de Derecho Administrativo "Allan Randolph Brewer Carías*, Funeda, Caracas 2006, pp. 117-119

contrato elaborado por la empresa estatal, no había en ellos cláusulas exorbitantes del derecho común que autorizasen a PDVSA Petróleos S.A. para poder adoptar decisiones no reguladas en el texto de los propios contratos o contrarias a las que en los mismos se establecían. Es decir, en relación con el objeto de los contrato, PDVSA Petróleo S.A. no tenía atribuido por ley "poder exorbitante" alguno, ni en las cláusulas contractuales había previsión alguna de poderes exorbitantes que hubiera podido utilizar en la ejecución del mismo, estando sus facultades expresamente reguladas en el texto del contrato.

PDVSA Petróleo S.A., en dichos contratos y conforme al modelo que había elaborado, no tenía facultad alguna para ejercer "potestades públicas" ni tenía "posición de privilegio" algunas, rigiendo en su ejecución el texto de sus cláusulas, incluso de aquellas previstas por las partes para regular, por ejemplo, la terminación unilateral del contrato, y la modificación unilateral del contrato.

III. EL DERECHO APLICABLE A LOS CONTRATOS PARA LA PRESTACIÓN DE LOS SERVICIOS CONEXOS CON LAS ACTIVIDADES PETROLERAS

Las cláusulas de los contratos suscritos por PDVSA Petróleo S.A., conforme al modelo elaborado por la propia empresa estatal y suministrado a los contratistas, como sucede con cualquier contrato público o privado e independientemente de que se trate de un contrato administrativo o de un contrato de derecho privado de la Administración, constituían la ley entre las partes, la cual derivaba del propio texto de los mismos y de las leyes que supletoriamente se le podían aplicar y que estaban vigentes cuando los contratos se suscribieron, desde la década de los noventa, o que habiendo entrado en vigencia posteriormente contenían normas de orden público que debían aplicarse.

Por ello los contratos suscritos, rigieron y se ejecutaron hasta su extinción de pleno derecho en 2009, de conformidad con la legislación de la República; teniendo los contratistas en general, la obligación de cumplir con todas las leyes, reglamentos, decretos, resoluciones y demás normas legales nacionales, estadales y municipales, incluyendo ordenanzas locales relativas a la ejecución de los contratos, y en particular por el tipo de servicios conexos, la legislación ambiental. Además, es evidente, conforme a las cláusulas contractuales, los contratistas tenían la responsabilidad de obtener todas las aprobaciones, permisos licencias que pudieran exigir las leyes.

En algunos casos, incluso, en relación con la ley aplicable a los contratos, en algunos contratos para la prestación de los servicios conexos con la industria petrolera, se previeron cláusulas conforme a las cuales las partes convinieron en que también se debían aplicar a los contratos lo dispuesto en los tratados internacionales relativos a la protección mutua de la inversión extranjera, de los que fuera parte Venezuela y el país de donde proviniera alguno de los contratistas. Ello implicaba que PDVSA Petróleos S.A., en esos contratos, aceptaba responder en relación con los contratistas por las obligaciones asumidas por Venezuela al ser parte de los mencionados tratados bilaterales de inversiones. En consecuencia, aparte de las leyes especificas que se hubiesen sancionado, y que en alguna forma incidieran en una forma u otra el objeto de los contratos, y de lo dispuesto en los mencionados tratados internacionales de protección de inversiones, el derecho aplicable a los contratos estaba conformado fundamentalmente por lo que establecían sus propias cláusulas y por las disposiciones del Código Civil que son supletorias respecto de las mismas. Ese derecho del contrato era la ley entre las partes.

En particular, en cuanto a las regulaciones de derecho administrativo que pudieran ser aplicables a los contratos para la ejecución de los servicios conexos de la industria petrolera suscritos antes de 2009, a pesar de no tratarse de contratos administrativos, sino de un contrato de derecho privado de la Administración, las mismas ante todo debieron haber sido establecidas en leyes sancionadas por la Asamblea Nacional, en virtud de ser la ley formal la fuente más importante de esta disciplina. Tal sería el caso, por ejemplo, de las normas de la Ley Orgánica de la Administración Pública, de la LOH, de la Ley Orgánica del Ambiente y de la Ley Penal del Ambiente, para sólo mencionar algunas. Estas leyes especiales, en general, proporcionaban un marco importante para la actividad contractual del Estado aplicable a todos los contratos tanto a los contratos administrativos, como a los de derecho privado de la Administración como era el caso de los contrato para la prestación de los servicios conexos.

A título de ejemplo, puede mencionarse a la Ley Orgánica de la Administración Pública que regula a los entes públicos y sus órganos,[119] incluso la competencia específica para contratar, y en particular de los institutos autónomos o públicos y empresas del Estado, que en la práctica administrativa son los entes que generalmente suscriben contratos con los particulares (Art. 29.32). Por ejemplo, en cuanto a los contratos celebrados por personas estatales de derecho privado, como era el caso de los contratos para los servicios conexos, el artículo 102 de la Ley Orgánica de la Administración Pública define a las empresas del Estado, en este caso PDVSA Petróleo S.A., como sociedades mercantiles en las cuales un ente público estatal sea titular de más del 50% del capital social, siendo incluso posible su creación con un solo accionista (Art. 105). La personalidad

---

119 Decreto Ley Nº 6.217 15-07-2008, Gaceta Oficial Nº 5890 Extraordinario de 31-07-2008. Esta Ley derogó la Ley que se había dictado en 2001, en Gaceta Oficial, Nº 37.305 de 17-10-2001. Véase Allan R. Brewer-Carías et al., *Ley Orgánica de la Administración Pública*, Caracas 2009, pp. 14-17; 68-81.

jurídica de las mismas, al igual que la de cualquier sociedad mercantil, se adquiere mediante el registro de los estatutos en el registro mercantil conforme al Código de Comercio (Arts. 103).

Pero aparte de ese orden jurídico de derecho público que en cada caso le puede ser aplicable a los contratos del Estado, incluyendo los contratos de derecho privado de la Administración celebrados para la prestación de los servicios conexos con la industria petrolera antes de 2009, los mismos se regían básicamente, primero, y ante todo, por las cláusulas establecidas en el texto de los contratos mismos, y, por supuesto por las normas del Código Civil, siendo éste de aplicación supletoria en el sentido que sus normas rigen aquellas materias no reguladas expresamente por las partes en los textos contractuales. En consecuencia, las partes en los contratos del Estado, y salvo las cláusulas obligatorias constitucional o legalmente establecidas[120] y las previsiones de leyes específicas que regulen materias de orden público, en principio tienen completa libertad para establecer el contenido de sus obligaciones y relaciones contractuales en las cláusulas que estimen conveniente a sus intereses particulares de parte contractual, sin estar sujetas a las regulaciones generales o especificas del Código Civil salvo en materias de orden público. La consecuencia de lo anterior es que en material contractual, el principio sigue siendo que salvo las mencionadas regulaciones legales, las del Código Civil son supletorias a la voluntad de las partes y sólo se aplican en ausencia o insuficiencia de las previsiones adoptadas por ellas.

Por ello es que de acuerdo con el artículo 1.270 del Código Civil, las obligaciones contenidas en los contratos deben cumplirse precisamente como se han contraído; y de acuerdo con el artículo 1.160 del mismo Código, los contratos deben cumplirse de buena fe y las partes están obligadas no sólo a cumplir con lo expresamente establecido en el contrato, sino con todas las consecuencias que resulten de los mismos, de acuerdo con la equidad, el uso y la ley. Incluso, en muchos de los contratos suscritos por PDVSA Petróleos S.A. para la prestación de servicios conexos se indicaba expresamente que "Las partes reconocen que el artículo 1.160 del Código Civil de Venezuela será aplicable al presente Contrato y que, en consecuencia, todas las obligaciones previstas en el mismo serán cumplidas de buena fe y conforme a la equidad, al uso y la Ley."

De acuerdo con el ordenamiento jurídico venezolano, en consecuencia, la relación contractual entre las partes está establecida en el texto del contrato, siendo el límite legal básico que tienen, al regularlas, de acuerdo con el artículo 6 del Código Civil, la imposibilidad de que mediante con-

---

120 Véase Allan R. Brewer-Carías, "Principios especiales y estipulaciones obligatorias en la contratación administrativa" en *Estudios de Derecho Administrativo*, Ediciones Rosaristas, Colegio Nuestra Señora del Rosario, Bogotá 1986 pp. 91-124.

tratos puedan las partes alterar las regulaciones legalmente establecidas o contrariar al orden público y a las buenas costumbres. El concepto de orden público, en el sistema legal venezolano, se refiere a situaciones en las cuales la aplicación de una disposición legal concierne al orden legal general e indispensable para la existencia de la propia comunidad, el cual no puede ser relajado por la voluntad de las partes, concepto que por supuesto, no se aplica en los asuntos que sólo conciernen a las partes en una controversia contractual. Por ejemplo, normas de orden público son aquellas que establecen competencias o atribuciones de los entes y órganos del Estado, incluso las competencias de los jueces, y aquellas que conciernen a los poderes tributarios de las entidades públicas. En el campo del derecho privado, por ejemplo, todas las leyes o normas relativas al estado de las personas (por ejemplo, *patria potestas*, divorcio, adopción) son normas en las cuales está interesado el orden público y las buenas costumbres.[121]

En otros casos, es el mismo legislador el que ha expresamente indicado, en ciertas leyes, que las mismas son de orden público, en el sentido de que sus normas no pueden ser modificadas mediante relaciones contractuales. Es el caso, por ejemplo, precisamente, de la Ley Orgánica que reserva al Estado bienes y servicios conexos a las actividades primarias de Hidrocarburos de mayo de 2009, en cuyo artículo 7 se estableció que "Las disposiciones de la presente Ley son de orden público y se aplicarán con preferencia a cualquier otra disposición legal vigente en la materia."[122] Declaratoria que por supuesto no tiene ni puede tener efecto retroactivo por prohibirlo la Constitución y sólo tiene vigencia a partir de mayo de 2009, no siendo aplicable en forma alguna a los contratos suscritos por PDVSA Petróleos S.A. para la prestación de servicios conexos antes de la entrada en vigencia de dicha Ley.

En consecuencia, puede decirse que, en general, las cláusulas de dichos contratos de derecho privado de la Administración para la prestación de los servicios conexos de la industria petrolera, habiendo sido elaborados por la empresa estatal y no conteniendo previsiones contrarias al orden público o a las buenas costumbres, en general tenían fuerza de ley entre las partes (Art. 1159 CC), y las obligaban a cumplir lo que estaba expresamente regulado en las cláusulas contractuales y cumplir las obligaciones precisamente como fueron contraídas (Arts. 1160 y 1270 CC.).

En virtud de ese carácter que tienen los contratos, incluyendo los contratos del Estado, de tener la fuerza de ley entre las partes, las obligaciones contractuales, particularmente en los contratos estatales de derecho privado de la Administración como dichos contratos para la prestación de los servicios conexos, tenían que configurarse conforme a las cláusulas

---

121 Véase Allan R. Brewer-Carías, *Contratos Administrativos, op. cit.*, pp. 265-268.
122 Véase Gaceta Oficial N° 39.173 del 7 de mayo de 2009.

contractuales, a las normas legales que resultaban aplicables en el sector de la actividad económica en el cual se concluyeron los contratos (hidrocarburos), y supletoriamente, conforme a las normas del Código Civil. Y no podría pretenderse en estos casos que se pudiera invocar alguna cláusula supuestamente exorbitante del derecho privado para contradecir el texto expreso de los contratos. Ello, además, de ser improcedente, atentaría contra la seguridad jurídica, la buena fe y el principio de confianza legítima, entre otros.

A los contratos para la prestación de los servicios conexos con la industria petrolera suscritos entre PDVSA Petróleo S.A. y empresas o consorcio privados, por tanto, como sucede con cualquier tipo de contrato, y salvo exclusión expresa en sus cláusulas o en una ley, les eran aplicables supletoriamente las previsiones del Código Civil. Entre esas normas supletorias previstas en el Código Civil, por ejemplo, estaba la cláusula del artículo 1168 referida a los contratos bilaterales conforme a la cual "cada contratante puede negarse a ejecutar su obligación si el otro no ejecuta la suya, a menos que se hayan fijado fechas diferentes para la ejecución de las dos obligaciones." Dicha cláusula, como toda cláusula supletoria, sin embargo, para aplicarse en cualquier contrato, está condicionada por las disposiciones de las cláusulas del propio contrato bilateral en relación al cumplimiento de las obligaciones de cada parte, por los remedios establecidos en el contrato frente a los incumplimientos de cada parte; y en los contratos públicos o del Estado, además, por el objeto mismo del contrato y el grado de diligencia que se exija en el contrato al co-contratante. Por ejemplo, si se tratase de un contrato administrativo para la prestación de un servicio público, como por ejemplo el previsto en el artículo 60 de la LOH para "el suministro, almacenamiento, transporte, distribución y expendio de los productos derivados de los hidrocarburos *destinados al consumo colectivo interno,*" respecto de los cuales la misma Ley impone la necesidad de "garantizar el suministro, la eficiencia del servicio y evitar su interrupción;" el contratista concesionario del servicio no sólo estaría obligado a cumplir la prestación con diligencia máxima,[123] sino que estaría limitado en caso de incumplimiento de las obligaciones contractuales por el ente público, en cuanto a poder invocar pura y simplemente le cláusula *non adimpleti contractus* del Código Civil para proceder a "interrumpir" la prestación del servicio público. Sobre esta cláusula respecto de los contratos públicos hemos indicado que:

> "El régimen de la remuneración contractual en los contratos de la Administración es semejante al de los contratos de derecho privado, es decir, en principio, si el co-contratante tiene la obligación de ejecutar las prestaciones

---

123 Es lo que hemos indicado en Allan R. Brewer-Carías, *Contratos Administrativos, op cit.*, p. 242.

a que se ha obligado en el contrato, la Administración también está obligada a remunerar al co-contratante por su cumplimiento. De esta manera, tratándose de un contrato sinalagmático y salvo limitaciones provenientes del interés público, en principio el co-contratante de la Administración puede negarse a ejecutar su obligación si la Administración no ejecuta la suya, salvo que se hayan fijado fechas diferentes para la ejecución de ambas obligaciones."[124]

Las referidas "limitaciones provenientes del interés público" son precisamente, por ejemplo, las que se imponen en materia de servicios públicos para asegurar su continuidad y no interrupción, y son las que han dado origen una jurisprudencia restrictiva respecto de la posibilidad de invocación de la cláusula *non adimpleti contractus* en materia de contratos administrativos. Es el caso, por ejemplo, de la sentencia N° 175 de 11 de abril de 2000 (*caso Pedarca*) dictada por la Sala Político Administrativa del Tribunal Supremo, en materia de contratos de obra pública, en la cual sostuvo que "cuando la Administración reclama del co-contratante el cumplimiento de alguna previsión contenida en un contrato administrativo, éste queda imposibilitado para oponer la excepción *non adimpleti contractus*" a cuyo efecto la Sala citó como antecedente la sentencia de la antigua Corte Federal y de Casación del 5 de diciembre de 1945 (caso *Astilleros La Guaira*).[125] Dicha sentencias, en todo caso, también se refería a un contrato administrativo de obra pública, y segundo, siempre y exclusivamente a casos en los que la cláusula *non adimpleti contractus* no podría ser "opuesta" por el co-contratante a la Administración contratante cuando ésta le reclama el cumplimiento de alguna previsión. Es decir, la limitación establecida por la jurisprudencia en materia de contratos administrativos ni siquiera se refiere a que la cláusula no podría ser alegada frente a la Administración contratante, sino sólo a que la misma en forma particular no podría ser "opuesta" por el co-contratante a la Administración durante la ejecución del contrato cuando ésta le reclamase el cumplimiento de una obligación.[126]

Ello, por tanto, ni siquiera en materia de contratos administrativos implica rechazo alguno general a la posibilidad eventual de aplicación de la cláusula *non adimpleti contractus* por el co-contratante frente a incumplimientos de la Administración contratante. Por tanto, de dicha jurisprudencia no hay rechazo alguno a la posibilidad de que el co-contratante pueda invocar la *exceptio non adimpleti contractus* ante la Administra-

---

124 Véase Allan R. Brewer-Carías, *Contratos Administrativos, op. cit.* p. 88.

125 Véase en http://www.tsj.gov.ve/decisiones/spa/Abril/00789-110400-175.htm En igual sentido, e igualmente en relación con contratos administrativos de obra pública, véase la sentencia N° 845 de la misma Sala de 16 de julio de 2008 (Caso: *Constructora Oryana*), en http://www.tsj.gov.ve/decisiones/spa/Julio/00845-17708-2008-2006-0649.html

126 Idem, p. 183.

ción, cuando por ejemplo, dicho contratista exija en un proceso judicial posterior, una indemnización por supuestos daños y perjuicios que se hubiesen podido haber derivado de la inejecución durante la ejecución del contrato de alguna obligación por el co-contratante. En esta materia puede decirse que rige el principio de la igualdad ante las cargas públicas, de manera que incluso en materia de contratos administrativos, como por ejemplo lo expresó Marienhoff, "en homenaje a la satisfacción del interés público, no puede pretenderse el sacrificio de una sola persona ni aceptarse, entonces, la ruina económica del co-contratante, agregando que el contratista, en el supuesto de una larga morosidad administrativa, no puede ser constreñido a cumplir igualmente el contrato," por cuanto ello implicaría obligarlo a que actúe como financiador de las obras estatales."[127]

En tal sentido, la antigua Corte Suprema de Justicia en Sala Político Administrativa en sentencia de de 17 de noviembre de 1994 (caso *Sateca Nueva Esparta*) dictada con motivo de la rescisión de un contrato de concesión de prestación del servicio público de aseo urbano, en una forma similar estableció que los contratos administrativos, "deben ejecutarse de buena fe (artículo 1.160 del Código Civil) y la Administración estaría actuando de mala fe y en forma arbitraria si asfixia económicamente a una empresa concesionaria por falta de pago y, a su vez, le exige la prestación del servicio en términos óptimos so pena de rescindir el contrato. En este caso, la Administración estaría usando sus poderes con fines distintos al interés público y estaría violando los derechos económicos fundamentales de la concesionaria que son el derecho a percibir un pago por sus servicios o a cobrar a los usuarios una tasa y el derecho a mantener la concesión por el tiempo previsto." (Consultada en original).

IV. EL DERECHO DE LOS CONTRATISTAS DE DAR POR TERMINADO ANTICIPADAMENTE LOS CONTRATOS CONFORME A LAS CLÁUSULAS CONTRACTUALES

En los contratos para la prestación de los servicios conexos con la industria petrolera suscritos por PDVSA Petróleo S.A. con empresas o consorcios privados, y conforme al modelo contractual adoptado en la industria y elaborado por la empresa estatal, en general se reguló expresamente en su texto, el derecho tanto de la empresa del Estado PDVSA Petróleo S.A., como de los contratistas privados a dar por terminado anticipadamente los contratos.

En esa forma, en el mismo texto de los contratos se reguló todo lo concerniente a la terminación unilateral del contrato por parte del ente públi-

---

127 Véase Miguel Marienhoff, *Tratado de Derecho Administrativo*, Vol. III-A, Buenos Aires 1983, p. 382, citado por Rafael Badell, *Régimen Jurídico del contrato administrativo*, Caracas 2001, p. 165.

co contratante, con lo que se enmarcó contractualmente lo que en relación con los llamados "contratos administrativos" se identifica con la potestad de rescisión unilateral del contrato; y además, se reguló el derecho del co-contratante privado a dar también por terminado el contrato cuando el ente público contratante incumpla con alguna de sus obligaciones contractuales, con lo cual se enmarcó contractualmente lo que en ausencia de cláusula de terminación podría dar lugar a la aplicación supletoria de la cláusula *non adimpleti contractus* del Código Civil.

Dichas cláusulas contractuales, en general, en la materia, son particularmente expresas y claras, constituyendo la voluntad de las partes, por lo cual siendo ley entre las partes, no puede el ente público contratante desconocerlas. Las cláusulas, por lo demás, no son cláusulas destinadas a prever que la declaratoria de terminación de los contratos deba ser sólo decretada por decisión judicial; al contrario, en ellas se consagra el derecho al contratista a terminar anticipadamente los contratos sin perjuicio de la posibilidad de recurrir al arbitramento o a la vía judicial luego de que la conciliación no resulte.

En el derecho venezolano, la previsión en los contratos de cláusulas resolutorias como las establecidas en muchos de los contratos para la prestación de servicios conexos de la industria petrolera, que no afectan ni el orden público ni las buenas conductas era y es obviamente admisible, estando perfectamente aceptadas, y ninguna doctrina vinculante ha sido establecida en sentido contrario por la Sala Constitucional del Tribunal Supremo de Justicia declarando o considerando nulas dichas cláusulas.

En efecto, vinculado con este tema, la Sala Constitucional ha dictado la sentencia N° 1658 del 16 de junio de 2003 (Caso *Fanny Lucena Olabarrieta -Revisión de sentencia-*),[128] y la sentencia N° 167 de 4 de marzo de 2005 (Caso; *IMEL C.A., -Revisión de sentencia*);[129] pero de ellas no se puede deducir que haya "doctrina vinculante" que haya resultado de la interpretación de alguna norma constitucional y que haya sido sentada por la Sala Constitucional, y de la cual se pueda deducir que las cláusulas resolutorias en los contratos sean inconstitucionales y nulas. En ninguna de dichas sentencias se aplicó el artículo 335 de la Constitución el cual ni siquiera se menciona en ellas, y la Sala no hizo referencia a norma alguna Constitucional que se pueda considerar que haya sido interpretada en las sentencias. La referencia que se hace en una de dichas sentencias (N° 1658 /2003) al artículo 138 de la Constitución que dispone en general que "Toda autoridad usurpada es ineficaz y sus actos son nulos," es sólo una simple referencia para considerar como "inexistentes" en ese caso concreto de la sentencia que se revisó, y por tanto, con efectos *at casu et inter*

---

128 Véase en http://www.tsj.gov.ve/decisiones/scon/Junio/1658-160603-03-0609.htm

129 Véase en http://www.tsj.gov.ve/decisiones/scon/Marzo/167-040305-04-1518.htm

partes, que las actuaciones de los particulares al declarar sus propios derechos, cuando *limitan los derechos y garantías constitucionales* de otros individuos sin intervención judicial.

En efecto, de las mencionadas sentencias no se puede identificar ejercicio de interpretación alguno de dicha norma constitucional conforme al artículo 335 de la Constitución; en ninguna de ellas se efectuó una interpretación vinculante del artículo 138 de la Constitución; y de ellas no se puede deducir, que la Sala Constitucional haya negado en forma absoluta en el derecho venezolano la validez de las cláusulas resolutorias que permitan terminar un contrato unilateralmente, y que haya considerado que la terminación unilateral de un contrato conforme a sus cláusulas sea nula a tenor del Art. 138 de la Constitución."

Basta la lectura de la sentencias para constatar que la Sala, al dictarlas, primero, no ejerció potestad alguna conforme al artículo 335 de la Constitución, que ni se menciona en las mismas; segundo, no sentó doctrina vinculante alguna sobre la interpretación del artículo 138 de la Constitución; tercero, en la sentencia N° 167 lo único "decidido" por la Sala fue que "no compartió" una decisión de un tribunal de instancia cuando consideró posible y válido que se estableciera en un contrato una cláusula resolutoria sin que mediase intervención judicial, considerando que ese criterio "es contrario y obvia por completo la interpretación vinculante que del artículo 138 de la Constitución asentó en sentencia N° 1658/2003," pero sin percatarse que en esta última sentencia no se había establecido "interpretación alguna vinculante" de norma constitucional alguna; cuarto, en ninguna de las sentencias se afirmó que las cláusulas de resolución unilateral de contratos usurpan la función jurisdiccional; y quinto, en la sentencia N° 1658/2003 que se cita en la sentencia 167/2005 lo que se afirmó fue que las situaciones en las cuales los particulares declaran sus propios derechos "limitando los derechos y garantías constitucionales de otros" es cuando se considera que se usurpa la función jurisdiccional, pero referida a la actuación de un Junta de Condominio de un edificio residencial respecto del derecho a tener agua de uno de los condóminos.

En efecto, de acuerdo con el artículo 335 de la Constitución, "las interpretaciones que establezca la Sala Constitucional sobre el contenido o alcance de las normas constitucionales son vinculantes para las otras Salas del Tribunal Supremo y demás tribunales de la República." Ello implica, ante todo, que para que haya una doctrina vinculante establecida por la Sala Constitucional, tiene necesariamente que haber una interpretación de una norma constitucional específica. Como lo ha precisado la propia Sala Constitucional, en su sentencia N° 727 de 8 de abril de 2003:

> "es propicia la oportunidad para que la Sala insista en que, de un fallo de la Sala Constitucional, lo vinculante es la interpretación sobre el contenido y alcance de las normas constitucionales, como se apresuró a precisarlo en

sentencia n° 291 del 03 de mayo de 2000, en estos términos: "... debe puntualizar esta Sala que sus criterios vinculantes se refieren a la interpretación sobre el contenido y alcance de las normas constitucionales y no sobre la calificación jurídica de hechos, ajenos a las normas constitucionales."[130]

Por tanto, no puede haber doctrina constitucional vinculante sin que la Sala haga el ejercicio efectivo de interpretar constitucional de una previsión constitucional. Como lo hechos expresado en otro lugar, "el carácter "vinculante" de una interpretación constitucional sobre el contenido o alcance de las normas constitucionales que se haga en una sentencia de la Sala Constitucional no puede recaer sobre cualquier frase o razonamiento interpretativo que contenga la misma. Al contrario, de la sentencia debe derivarse en forma expresa la interpretación de la Sala "sobre el contenido o alcance de las normas constitucionales y principios constitucionales," que es la parte que tiene carácter lo que no se extiende a cualquier argumento o frase utilizado en la sentencia para la interpretación normativa."[131] Además, la Sala, expresamente en su sentencia interpretativa de una norma constitucional debe indicar específicamente que está sentando la referida doctrina "vinculante."[132] Es decir, no toda interpretación o aplicación de normas que haga la Sala Constitucional puede o debe considerarse como "interpretación vinculante" de la Constitución; y en la sentencia en la cual la Sala Constitucional haga efectivamente una interpretación vinculante de una norma o principio constitucional necesariamente debe hacer referencia a la aplicación del artículo 335 de la Constitución.[133] Es decir, como lo hemos expresado desde el año 2000, no se pueden considerar como vinculante "los razonamientos o la parte 'moti-

---

130 Véase en *Revista de Derecho Público*, N° 93-96, Editorial Jurídica Venezolana, Caracas, 2003, p. 143.

131 Véase Allan R. Brewer-Carías, "La potestad la jurisdicción constitucional de interpretar la constitución con efectos vinculantes," en el Jhonny Tupayachi Sotomayor (Coordinador), *El Precedente Constitucional Vinculante en el Perú (Análisis, Comentarios y Doctrina Comparada)*, Editorial ADRUS, Lima, setiembre del 2009, pp. 791-819.

132 Véase, por ejemplo, la sentencia de la Sala Constitucional del Tribunal Supremo N° 285 de 4 de marzo de 2004, que interpretó "con carácter vinculante" el artículo 304 de la Constitución, en *Revista de Derecho Público*, N° 97-98, Editorial Jurídica Venezolana, Caracas, 2004, pp. 278-279, y en http://www.tsj.gov.ve/ decisiones/scon/marzo/285-040304-01-2306%20.htm. Igualmente, la sentencia N° 794 de la Sala Constitucional de 27 de mayo de 2011 en la cual resolvió con "carácter vinculante para todos los tribunales de la República, incluso para las demás Salas del Tribunal Supremo de Justicia [...] desaplicar por control difuso de la constitucionalidad el artículo 213 de la Ley de Instituciones del Sector Bancario. Véase Caso: *Avocamiento procesos penales sobre delitos bancarios*. Véase en http://www.tsj.gov.ve:80/decisiones/scon/mayo/11-0439-27511-2011-794.html .

133 Véase, por ejemplo, Rafael Laguna Navas, "El recurso extraordinario de revisión y el carácter vinculante de las sentencias de la Sala Constitucional del Tribunal Supremo de Justicia," en *Congreso Internacional de Derecho Administrativo en Homenaje al profesor Luis Henrique Farías Mata*, Vol. II, 2006, pp. 91-101.

va' de las sentencias, sino sólo la interpretación que se haga, en concreto, del contenido o alcance de una norma específica de la Constitución."[134] En otros términos, "lo que puede ser vinculante de una sentencia, sólo puede ser la parte resolutiva, de la misma, en la cual la Sala Constitucional fije la interpretación de una norma, y ello debe señalarlo expresamente."[135]

Ahora bien, en el caso específico de la sentencia N° 1658 del (16 de junio de 2003 Caso *Fanny Lucena Olabarrieta -Revisión de sentencia-*), dictada con ocasión de la revisión a instancia de parte con base en la competencia que tiene atribuida conforme al artículo 336.10 de la Constitución, de una sentencia de un Juzgado Superior en lo Civil, Mercantil y del Tránsito de Caracas, la Sala Constitucional del Tribunal Supremo no procedió a interpretar norma constitucional alguna, ni a fijar una interpretación vinculante de una previsión de la Constitución, sino que lo que hizo fue revisar una sentencia de instancia, al considerar fundamentalmente que la restricción o limitación de derechos y garantías constitucionales sólo pueden declararla los órganos de administración de justicia; de manera que cualquier decisión adoptada por un particular haciéndose justicia por sí mismo y lesionando con ello *derechos y garantías constitucionales*, es una usurpación de autoridad en los términos indicados en el artículo 138 de la Constitución. La Sala, para ello, no sólo no "interpretó" dicha norma, sino que ni siquiera tuvo necesidad de interpretarla, y por tanto, no dispuso doctrina vinculante alguna.

En dicho caso debatido, en efecto, la sentencia objeto de revisión había declarado sin lugar una acción de amparo intentada por la Sra. Lucena contra una Junta de Condominio de un Edificio Residencial, en un caso que nada tenía que ver con contratos, ni con cláusulas resolutorias incluidas en contratos. El conflicto que había motivado el ejercicio de la acción de amparo había sido la decisión de la Junta de Condominio de suspender los servicios de agua a la vivienda de la Sra. Lucena, conforme a lo dispuesto en el Reglamento de Condominio, por falta de pago de la cuota de gastos del condominio. Esta había alegado que la decisión de la Junta de Condominio le habría violado su derecho "para obtener un servicio público de suministro de agua y así asegurar la salud de ella y de su núcleo familiar," habiéndose la Junta de Condominio "tomado la justicia por sí mismo," alegato basado, como lo resumió la Sala Constitucional, en "que la Ley de Propiedad Horizontal establece un mecanismo legal para el cobro de las cuotas de condominio atrasadas;" y en "que el proceder de la

---

134 Véase Allan R. Brewer-Carías, *El sistema de justicia constitucional en la Constitución de 1999*, Editorial Jurídica venezolana, Caracas 2000, p 87.

135 Véase Allan R. Brewer-Carías, *La Justicia constitucional. Procesos y procedimientos constitucionales*, Editorial Porrúa, México 2007, p. 415.

Junta implica tomarse la justicia por sus propias manos y conlleva a la violación de la garantía contemplada en el artículo 253 de la Constitución, que establece el monopolio exclusivo que tiene el Estado a través de los órganos que integran el Poder Judicial, para conocer de los asuntos que determinen las leyes."

Examinados los argumentos, la Sala Constitucional procedió a revisar la sentencia de instancia, considerando que la función jurisdiccional está llamada a servir para la "resolución de conflictos entre los particulares," a cuyo efecto debe ser ejercida por "un órgano imparcial y especializado" que pueda "arbitrar con autoridad un conflicto intersubjetivo de intereses," función que ha asumido el Estado "desde tiempos remotos." Esa facultad de administrar justicia consideró la Sala, "se trata de una función pública encomendada a un órgano del Estado y que tiene por fin la actuación de la ley a casos concretos," y "no está concebido para que los particulares se sustituyan" en la misma "y de manera anárquica y arbitraria persigan dirimir sus conflictos." Se trata de "una función del Poder Público, que a través de los órganos respectivos, previstos en la Carta Fundamental, les corresponde impartir justicia (órganos del Poder Judicial)." De todo ello, concluyó la Sala Constitucional considerando que:

> "cuando un particular ante un conflicto de intereses, resuelve actuar limitando los derechos o libertades e impone su criterio, adoptando una determinada posición limitativa de los derechos de otros, constituye una sustracción de las funciones estatales, que pretende sustituirse en el Estado para obtener el reconocimiento de su derecho sin que medie el procedimiento correspondiente, actuación ilegítima y antijurídica que debe considerarse inexistente, a tenor de lo previsto en el artículo 138 de la Constitución, en cuyo contenido se dispone: "Toda autoridad usurpada es ineficaz y sus actos son nulos".

Consideró además la Sala que el proceder de la Junta de Condominio, en el caso, atentaba "contra un elemento fundamental para el ser humano, para la vida, pues el agua constituye un líquido vital y fundamental para la propia calidad de vida del ciudadano, cuya utilidad el Estado debe tutelar, a tenor de lo previsto en el artículo 55 de la Constitución," concluyendo que la conducta "que se objeta, no sólo es censurable porque se arroga de manera arbitraria y reprochable un derecho del que carece sino que fundamentalmente atenta contra los derechos y garantías previstos en la Constitución" sino que infringe el derecho de todo ciudadano a la vida (artículo 43); a la integridad física, psíquica y moral (artículo 46), a la salud (artículo 83) a una vivienda (artículo 82), a un ambiente libre de contaminación (artículo 127) y a la propiedad (artículo 115).

Como consecuencia de lo anterior la Sala Constitucional procedió a revisar la sentencia y a declararla nula, sin establecer en la misma ninguna doctrina vinculante derivada de alguna interpretación de una norma constitucional, lo que usualmente ocurre cuando la Sala Constitucional como Jurisdicción Constitucional conoce del control concentrado de la constitucionalidad de las leyes, al decidir las acciones de inconstitucionalidad de las mismas con efectos *erga omnes*. En el caso de las sentencias dictadas en el ejercicio de la potestad de revisión de sentencias en materia constitucional, en casos concretos, como principio general las mismas sólo tienen efectos *inter partes* referidas al caso concreto, es decir *at casu et inter partes*,[136] razón por la cual, como es obvio y sucedió en este caso, la Sala no ordenó su publicación en la *Gaceta Oficial*[137].

En cuanto a la otra sentencia de la Sala Constitucional que se ha citado, la N° 167 de 4 de marzo de 2005 (Caso; *IMEL C.A., -Revisión de sentencia*), la misma fue también dictada a solicitud de parte y en ejercicio de su poder de revisión de sentencias asignado a la Sala Constitucional conforme al artículo 336.10 de la Constitución. En este caso se trató de la revisión de una sentencia dictada por un Juzgado Superior (Accidental) en lo Civil, Mercantil, Tránsito y Agrario del Estado Bolívar, que había sido dictada con motivo de una demanda de cumplimiento de contrato intentada por una empresa constructora de viviendas (IMEL C.A,) contra una asociación civil sin fines de lucro con motivo de la ejecución de un contrato de obra para la construcción de viviendas. El alegato del solicitante fue que en su criterio una sola de las partes en el caso no podía decidir la rescisión del contrato, y darse "su propia justicia," "sin intervención judicial" alegando que la sentencia cuya revisión se solicitaba había aceptado la rescisión del contrato "sin que mediara decisión judicial dirigida a ese fin, con lo que se lleva por delante el debido proceso." En el caso, en efecto, el contrato respectivo establecía una cláusula de resolución unilateral del mismo cuya invocación el tribunal de instancia consideró válido por ser producto de la libre voluntad de las partes, considerando que nada impedía "que una parte o ambas, cada una por separado, pueda haberse reservado en el contrato, la facultad de ponerle fin o de modificarlo por su sola voluntad."

---

136 Véase sobre los efectos de las sentencias dictadas por la Sala Constitucional véase Allan R. Brewer-Carías, "Los efectos de las sentencias constitucionales en Venezuela," en *Anuario Internacional sobre Justicia Constitucional*, N° 22, Centro de Estudios Políticos y Constitucionales, Madrid 2008, pp. 19-66.

137 Al contrario, en casos en los cuales la Sala Constitucional adopta una decisión vinculante con efectos *erga omnes*, además de declararlo expresamente, ordena su publicación en Gaceta Oficial. Por ejemplo, se destaca la reciente sentencia de la Sala Constitucional de 8-12-2011, mediante la cual la "desaplica por control difuso de la constitucionalidad los artículos 471-a y 472 del Código Penal Venezolano, en aquellos casos en donde se observe un conflicto entre particulares devenido de la actividad agraria" [...], "declara, con carácter vinculante, la aplicación del procedimiento ordinario agrario establecido en el Capítulo VI de la Ley de Tierras y Desarrollo Agrario, en aquellos casos en donde se observe un conflicto entre particulares devenido de la actividad agraria," y "ordena la publicación íntegra del presente fallo en la Gaceta Judicial y en la Gaceta Oficial de la República Bolivariana de Venezuela." Exp. N° 11-0829. Véase en http://www.tsj.gov.ve/informacion/notasdeprensa/notasdepren-sa.asp?codigo=9054

La Sala Constitucional en su decisión N° 167/2005 para decidir revisar la sentencia, observó precisamente que el Juzgado que la dictó había considerado que "en nuestro ordenamiento jurídico, es posible y válido el que en un contrato se establezca la posibilidad de que una de las partes decida ponerle fin a la relación contractual, sin que medie intervención judicial." Este criterio del tribunal de instancia, perfectamente compatible con el ordenamiento constitucional venezolano, sin embargo, en dicha sentencia y sólo en dicha sentencia, con efectos entre las partes del juicio, no fue "compartido" por la Sala Constitucional, para lo cual la Sala, sin duda erradamente, señaló que dicho "criterio" "es contrario y obvia por completo la interpretación vinculante que, del artículo 138 de la Constitución de la República Bolivariana de Venezuela, asentó en sentencia N° 1658/2003 de 16 de junio, caso: Fanny Lucena Olabarrieta," cuando en dicha sentencia no se estableció ninguna interpretación vinculante de alguna norma constitucional. Es decir, es obvio el error en que incurrió la Sala Constitucional, pues en la sentencia citada N° 1658/2003, la Sala no había establecido interpretación vinculante alguna respecto del artículo 138 de la Constitución que, por lo demás se limita a decir que "la autoridad usurpada es ineficaz y sus actos son nulos."[138]

Se observa por supuesto, que al igual que en el caso de la sentencia N° 1658/2003, que en esta sentencia N° 167/2005 la Sala Constitucional ni siquiera hizo mención del artículo 335 de la Constitución que es la norma que regula su potestad de sentar interpretaciones vinculantes de la Constitución. Además, en la sentencia no se interpreta norma alguna de la Constitución como para adoptar una interpretación vinculante de la misma, y por supuesto, ello ni siquiera se afirma en su texto. La Sala Constitucional, por tanto, puede decirse que en este caso tampoco sentó interpretación vinculante alguna de ninguna norma constitucional, y lo que hizo fue cometer el evidente error al argumentar que en la sentencia N° 1658/2003 de 16 de junio (Caso: *Fanny Lucena Olabarrieta*) la Sala supuestamente habría sentado una interpretación vinculante del artículo 138 de la Constitución, lo que como se ha dicho, no es cierto, y basta leer el texto íntegro de la sentencia para evidenciarlo.

Como consecuencia de lo anterior la Sala Constitucional procedió a revisar la sentencia y a declararla nula, sin establecer en la misma ninguna doctrina vinculante derivada de alguna interpretación de una norma constitucional. Los efectos de esa decisión también fueron *at casu et inter par-*

---

138 La Sala Constitucional, en su sentencia, quizás consciente de su error, hizo la salvedad de que "sólo en los contratos administrativos, en los que prevalece el interés general sobre el particular, es posible y válida la resolución unilateral del contrato, ya que ello "es el producto del ejercicio de potestades administrativas, no de facultades contractuales" (Cfr. s.S.C. n° 568/2000, de 20 de junio, caso: Aerolink International S.A.; 1097/2001 de 22 de junio, caso: Jorge Alois Heigl y otros)." Véase en http://www.tsj.gov.ve/decisiones/scon/Junio/1658-160603-03-0609.htm

tes, y en forma alguna tienen efectos *erga omnes*, razón por la cual, en este caso, como es obvio, la Sala tampoco ordenó su publicación en la *Gaceta Oficial*.

En todo caso, tan no se estableció doctrina vinculante alguna en las antes mencionadas sentencias que permitan considerar como nulas las cláusulas resolutorias expresas de los contratos, que el propio Tribunal Supremo de Justicia, en Sala de Casación Civil ha aceptado la validez de dichas cláusulas. Basta citar, en tal sentido, la sentencia de dicha Sala Nº 460 de 5 de octubre de 2011 (Caso: *Transporte Doroca C.A. vs. Cargill de Venezuela S.R.L, Recurso de Casación*),[139] dictada en un caso en el cual se debatió la decisión de una de las partes en un contrato por los incumplimientos de la otra parte de sus obligaciones contractuales, de resolver conforme a lo previsto en las propias cláusulas contractuales, la resolución unilateral del mismo previa notificación a la otra parte, sin necesidad de intervención judicial. En el caso se debatió el valor de las comunicaciones entre las partes vía mensajes electrónicos, con base en la Ley sobre Mensajes de Datos y Firmas Electrónicas que se había denunciado como violada (Casación por infracción de ley), de lo cual concluyó la Sala de Casación declarando sin lugar el recurso interpuesto, resolviendo que los mensajes enviados en el caso eran fidedignos, de lo que concluyó el juez que la empresa demandante había incumplido con cláusulas del contrato, de lo que resultó –dijo la Sala de Casación– por vía de consecuencia:

> "que la demandada en aplicación de la cláusula séptima del contrato suscrito por las partes resolviera de manera anticipada y unilateral el contrato, lo cual podía hacer perfectamente porque así fue pactado y convenido por las partes, en caso que la contratista incumpliera las reglas de transporte y carga de mercancía."

De todo lo anteriormente expuesto se puede concluir en que en Venezuela es posible resolver unilateralmente los contrato sin intervención de la autoridad judicial; de manera que las cláusulas contractuales establecidas en los contratos para la prestación de servicios conexos que había suscrito PDVSA Petróleos S.A., en textos contractuales conforme a modelos elaborados por la propia empresa estatal, que preveían la posibilidad de terminación anticipada del contrato por iniciativa de los contratistas, en caso de incumplimiento de sus obligaciones por parte de la empresa estatal, eran completamente válidas, incluso de acuerdo con lo resuelto por la Sala de Casación en la sentencia citada de octubre de 2011.

Debe observarse que por la naturaleza de los servicios prestados conforme a dichos contratos, en general, y a los efectos de evitar su interrup-

---

139 Véase http://www.tsj.gov.ve/decisiones/scc/Octubre/RC.000460-51011-2011-11-237. html

ción intempestiva, las cláusulas contractuales respectivas al consagrar el derecho de los contratistas para dar por terminado anticipadamente los contratos, establecían expresamente un procedimiento que se iniciaba con una notificación que debía hacerle el contratista a PDVSA Petróleo S.A. de su intención de terminar el contrato, incluyendo las razones por las cuales se había tomado tal decisión, otorgándose en las cláusulas a la empresa estatal un lapso prudencial para que pudiera resolver lo conducente, y en todo caso, para que pudiese tomar las previsiones de manera que no se produjera la interrupción del servicio. En tal sentido, las cláusulas eran lo suficientemente específicas en el sentido de establecer que la terminación anticipada procedía sólo para los incumplimientos que no se hubiesen subsanado en el lapso prudencial establecido.

La obligación de prestar el servicio por parte de los contratistas en dichos contratos para la prestación de servicios conexos, por tanto, de acuerdo con los términos de los contratos, llegaba hasta la finalización del lapso prudencial establecido en las cláusulas de terminación anticipada, no teniendo obligación alguna el contratista de asegurar la continuidad del servicio objeto del contrato con posterioridad al vencimiento de ese lapso. Esa, en realidad, era el deber y la obligación exclusiva de la empresa petrolera estatal PDVSA Petróleo S.A., que debía asumir a partir del vencimiento del lapso prudencial establecido, conforme a los preparativos que debía realizar durante el mismo, para asegurarse la no interrupción del servicio.

Debe mencionarse, por otra parte, que independientemente de las cláusulas de terminación anticipada de los contratos suscritos para la prestación de los servicios conexos de la industria petrolera que se reservaron al Estado con la Ley de Reserva de 2009, dispuso que dichos servicios pasarían a ser ejecutadas por entidades públicas.

La Ley Orgánica, sin embargo, no tuvo aplicación inmediata, sino que conforme al artículo 3, que a los efectos de su ejecución, el Ministerio con competencia en materia petrolera debía determinar mediante Resolución, "aquellos bienes y servicios de empresas o sectores que se encuentren dentro de las previsiones de los artículos 1 y 2 de esta Ley" de manera que mientras esas Resoluciones no se dictasen, se dispuso que los contratos que hubiesen sido celebrados "en las materias objeto de la reserva," continuarían en ejecución; y sólo cuando se dictasen las resoluciones previstas en el mencionado artículo 3, "dichos contratos se extinguirán de pleno derecho en virtud de la presente Ley."

En consecuencia, la reserva al Estado de bienes y servicios, conexos a la realización de las actividades primarias previstas en la LOH no tuvo efectos inmediatos con la publicación de la Ley en la *Gaceta Oficial* en relación con los contratos que se hubiesen celebrado en las materias objeto de la reserva, y sólo fue en fecha 19 de mayo de 2009 cuando se publicó la antes mencionada Resolución ministeriales N° 065 en *Gaceta Oficial* N°

39.181 de la misma fecha, que ordenaba la Ley para considerar que los contratos otorgados anteriormente se habrían extinguido "de pleno derecho en virtud de la ley" (Art. 3).

Por otra parte, debe decirse que cualquier hecho ocurrido antes de la entrada en vigencia de la Ley de reserva de 2009, como incluso podría haber ser el ejercicio del derecho por parte de algún contratista a dar por terminado un contrato, no podría ser afectado en forma alguna por dicha ley, por prohibirlo la Constitución al establecer el principio de la irretroactividad de las leyes (Art. 24).

En efecto, en Venezuela, de acuerdo con dicha norma, las leyes, particularmente las de orden público, si bien podrían afectar efectos futuros de contratos que estaban vigentes cuando la misma se promulgó, sin embargo, en ningún caso puede afectar efectos pasados producidos por el contrato, como por ejemplo sería su propia terminación anticipada, ni sus condiciones de validez. Tal como lo expresó el Profesor Sánchez Covisa, uno de los más reconocidos estudiosos de esta materia de la vigencia temporal de las leyes:

> "[…] los contratos celebrados antes de la vigencia de la nueva ley se regirán por la ley anterior, en lo que se refiere a sus condiciones extrínsecas e intrínsecas de validez, a sus requisitos probatorios -como veremos de nuevo más adelante-, a los efectos futuros, cuando estos últimos no choquen abiertamente con una disposición de orden público.

> La nueva ley cuando sea de orden público y tenga voluntad de aplicarse a los contratos en curso, regirá los efectos futuros de tales contratos -en cuanto crea un estatuto legal obligatorio para la relación contractual en cuestión- mas no podrá afectar, en ningún caso, a los efectos pasados, ni a las condiciones de validez de los propios contratos.

> Si la nueva ley suprime una figura contractual -si, por ejemplo, suprime a los contratos de juego permitidos por una ley anterior- no hace sino privarla de efectos futuros, sin que retroactúe, como puede parecer equivocadamente, sobre sus condiciones de validez, ya que ha de dejar intactos los efectos pasados que tienen como apoyo y punto de arranque la validez mencionada."[140]

Es una cosa, por tanto, es considerar que las previsiones de orden público de una ley pueden aplicarse de inmediato a los contratos existentes y otra, pretender aplicarlas retroactivamente para alterar hechos y efectos pasados del contrato o relativos al contrato. En tal sentido, la Sala Constitucional del Tribunal Supremo de Justicia, decidió en sentencia N° 15 de 15 de febrero de 2005 que:

---

140 Joaquín Sánchez-Covisa, *La Vigencia Temporal de la Ley en el Ordenamiento Jurídico Venezolano* (Caracas 1956), Edición de la Academia de Ciencias Políticas y Sociales, Caracas 2007, p. 222.

"Asunto por demás complejo es la determinación de en qué casos una norma jurídica es retroactiva y, en consecuencia, cuándo lesiona un derecho adquirido. Para ello, la autorizada doctrina que se citó delimita cuatro supuestos hipotéticos: (i) cuando la nueva Ley afecta la existencia misma de un supuesto de hecho verificado antes de su entrada en vigencia, y afecta también las consecuencias jurídicas subsiguientes de tal supuesto; (ii) cuando la nueva ley afecta la existencia misma de un supuesto de hecho que se verificó antes de su entrada en vigencia; (iii) cuando la nueva ley afecta las consecuencias jurídicas pasadas de un supuesto jurídico que se consolidó antes de su entrada en vigencia; y (iv) cuando la nueva ley sólo afecta o regula las consecuencias jurídicas futuras de un supuesto de hecho que se produjo antes de su vigencia.

En los tres primeros supuestos, no hay duda de que la nueva Ley tendrá auténticos efectos retroactivos, pues afecta la existencia misma de supuestos de hecho (Actos, hechos o negocios jurídicos) o bien las consecuencias jurídicas ya consolidadas de tales supuestos de hecho que se verificaron antes de la vigencia de esa nueva Ley, en contradicción con el principio *"tempus regit actum"* y, en consecuencia, con el precepto del artículo 24 constitucional. En el caso de la cuarta hipótesis, la solución no es tan fácil, ante lo cual Sánchez-Covisa propone –postura que comparte esta Sala- que habrá de analizarse el carácter de orden público o no de la norma jurídica que recién sea dictada, para determinar si su aplicación no puede renunciarse o relajarse por voluntad de las partes (*Ob. cit.*, pp. 166 y ss.) y, en caso afirmativo, la nueva legislación puede válidamente y sin ser retroactiva regular las consecuencias futuras de las relaciones existentes, siempre que se respeten los hechos y efectos pasados."[141]

Resulta de esta decisión y de lo expresado por el profesor Sánchez Covisa, que si bien una previsión de orden público podría eventualmente afectar efectos futuros de un contrato suscrito antes de que la ley haya

---

141 Véase sentencia del Tribunal Supremo de Justicia, en Sala Constitucional, Nº 15 de 15 de febrero de 2005 (Caso: *Impugnación del Artículo 50, letra d*), *in fine*, de la Ordenanza del Cuerpo de Bomberos del Distrito Metropolitano de Caracas), en *Revista de Derecho Público* Nº 101, Caracas 2005, p. 85. Esta decisión incluso, ratificó las decisiones Nº 1760 de 2001; Nº 2482 de 2001, Nº 104 del 2002 y Nº 1507 de 2003 en materia de irretroactividad de las leyes, agregando lo siguiente: "La garantía del principio de irretroactividad de las leyes está así vinculada, en un primer plano, con la seguridad de que las normas futuras no modificarán situaciones jurídicas surgidas bajo el amparo de una norma vigente en un momento determinado, es decir, con la incolumidad de las ventajas, beneficios o situaciones concebidas bajo un régimen previo a aquél que innove respecto a un determinado supuesto o trate un caso similar de modo distinto. En un segundo plano, la irretroactividad de la ley no es más que una técnica conforme a la cual el Derecho se afirma como un instrumento de ordenación de la vida en sociedad. Por lo que, si las normas fuesen de aplicación temporal irrestricta en cuanto a los sucesos que ordenan, el Derecho, en tanto medio institucionalizado a través del cual son impuestos modelos de conducta conforme a pautas de comportamiento perdería buena parte de su hálito formal, institucional y coactivo, ya que ninguna situación, decisión o estado jurídico se consolidaría. Dejaría, en definitiva, de ser un orden" Idem, p. 85.

comenzado a surtir efectos, por ejemplo, terminándolo en virtud de la propia ley, con ello no podría afectar efectos pasados, como sería por ejemplo, la terminación anticipada del contrato ocurrida con anterioridad.

En consecuencia, siendo la Ley de Reserva de 2009, una Ley de orden público (Art. 7), mediante la misma se decidió que los contratos para la prestación de los servicios conexos con la industria petrolera que se reservaron al Estado y que se hubiesen celebrado con anterioridad, se "extinguirían de pleno derecho" cuando se dictase la resolución ministerial prevista en su artículo 3. Dicha extinción, por supuesto, sólo podría producir efectos respecto de los contratos que estaban vigentes para el momento en que se publicó la resolución ministerial, afectándolos hacia el futuro, pero no pudo por ejemplo, "extinguir" de pleno derecho los contratos que ya habían sido terminados anticipadamente con anterioridad a la publicación de la Resolución. Los efectos producidos en relación con contratos celebrados para la prestación de los servicios conexos con anterioridad a la aplicación de la Ley no pudieron en caso o forma alguna ser afectados por la misma, pues ello hubiera implicado darle efectos retroactivos, lo que está prohibido en la Constitución.

Eso ocurriría, precisamente, si se hubiera pretendido aplicar la Ley de Reserva de 2009 a los contratos para la prestación de servicios conexos que ya para cuando la misma entró en aplicación, habían sido terminados anticipadamente en virtud de sus propias cláusulas. En estos casos, conforme a las cláusulas contractuales, el contratista puede considerarse que tenía un derecho adquirido a terminar anticipadamente el contrato, no pudiendo dicho derecho y efecto jurídico ser afectado en forma alguna por la Ley de Reserva de 2009. Es decir, si para el momento en el cual entró en vigencia la ley de Reserva de 2009, la terminación anticipada de un contrato relativa a servicios conexos ya era un supuesto de hecho pasado y consumado, verificado antes de la entrada en vigencia de la Ley, que había producido consecuencias jurídicas también producidas antes de dicha entrada en vigencia, la Ley de Reserva de 2009 no podía en forma alguna afectar y menos modificar.

ALGUNAS CONCLUSIONES

De lo anteriormente expuesto, a la luz de los principios del derecho administrativo venezolano, se pueden sacar las siguientes conclusiones:

• La industria y el comercio de los hidrocarburos fueron reservadas al Estado por la Ley que Reserva al Estado la Industria y el Comercio de los Hidrocarburos de 1975 (referida también como Ley de Nacionalización Petrolera de 1975); reserva que se ratificó, aún cuando refiriéndose básicamente a las actividades primarias de hidrocarburos, mediante la Ley Orgánica de Hidrocarburos de 2001 (referida también como LOH).

• Las actividades desarrolladas en la industria petrolera no son ni nunca han sido consideradas como "servicio público." La sola excepción la constituye las actividades reguladas y así declaradas expresa y exclusivamente como tales "servicios públicos" en el artículo 60 de la LOH y en el artículo 5 de la Ley Orgánica de Hidrocarburos Gaseosos (LOGH), las cuales además, no son actividades reservadas al Estado. Esas actividades declaradas expresamente como "servicio público" son las de suministro, almacenamiento, transporte, distribución y expendio de los productos derivados de los hidrocarburos, y las relacionadas "con el transporte y distribución de gases de hidrocarburos destinados al consumo colectivo."

• El objeto de los contratos de prestación de los servicios conexos con la industria petrolera relativos a inyección de agua, de vapor o de gas, a compresión de gas; y a las actividades en el Lago de Maracaibo, como los servicios de lanchas para el transporte de personal, buzos y mantenimiento; de barcazas con grúa para transporte de materiales, diesel, agua industrial y otros insumos; de remolcadores; de gabarras planas, boyeras, grúas, de ripio, de tendido o reemplazo de tuberías y cables subacuáticos; de mantenimiento de buques en talleres, muelles y diques de cualquier naturaleza, que se enumeran en el artículo 2 de la Ley de reserva de 2009, no eran actividades que hubiesen estado reservada al Estado ni conforme a la Ley de Nacionalización Petrolera de 1975 ni conforme a la LOH de 2001. Se trataba de actividades conexa con la industria petrolera, pero que en sí misma no eran parte de la explotación petrolera, no eran actividades reservada al Estado, ni eran considerada en forma alguna como "servicio público."

• Dichos contratos, además, ni por la persona estatal que lo suscribió, ni por su objeto, ni por su contenido, tenían de modo alguno el carácter de "contratos administrativos."

• La consideración legal de la industria petrolera como de utilidad pública o interés general en el ordenamiento venezolano tiene efectos básicamente en materia expropiatoria, y ningún efecto tiene respecto a la calificación del régimen jurídico aplicable a los contratos que puedan suscribir los órganos y entes públicos con particulares para desarrollarlas.

• No toda actividad declarada en la ley como de utilidad pública o interés social puede ser considerada en el ordenamiento jurídico venezolano como "servicio público," estando reservada esta denominación exclusivamente a las prestaciones obligatorias impuestas por ley expresa a los entes públicos para satisfacer necesidades colectivas. Por tanto, en la industria petrolera, sólo son servicios públicos las actividades prestacionales declaradas como tales en la LOH, respecto del transporte, distribución y expendio de los productos derivados de los hidrocarburos destinados al *consumo colectivo interno*, y en la LOHG, respecto del transporte y distribución de gases de hidrocarburos *destinados al consumo colectivo.*

• Conforme a la Ley Orgánica que reserva al Estado bienes y servicios conexos a las actividades primarias de Hidrocarburos, expresamente y con vigencia a partir de la Resolución ministerial prevista en su artículo 3, la actividad que se había realizado mediante los contratos de servicios de actividades conexas con la industria petrolera comenzaron a ser actividades reservadas por el Estado (Art. 1), que además, se las declaró y comenzó a considerar como de orden público (Art. 7) y como "servicio público" (Art. 5); y los contratos para su prestación por particulares fueron "reconocidos" *ex post facto* como "contratos administrativos."

• En virtud de que las leyes no pueden ser retroactivas en Venezuela (Art. 24, Constitución), dichas declaratorias por supuesto tuvieron carácter constitutivo, *ex nunc*, comenzaron a tener vigencia a partir de la publicación de la Ley. Lo que confirma en forma precisa que antes de esa fecha, las actividades a las que se referían los contratos para la prestación de los servicios conexos no eran actividades reservadas al Estado, no eran consideradas como "servicio público," no estaban reguladas por normas de "orden público," ni dichos contratos podía considerarse como "contratos administrativos."

• Por el objeto de los contratos para la prestación de servicios conexos, por el carácter de persona estatal de derecho privado que tiene PDVSA Petróleo S.A., y por la inexistencia en el texto de los contratos, elaborados conforme al modelo dispuesto por la empresa estatal, de cláusulas que pudieran considerarse como "exorbitantes" del derecho común, en la clasificación de los contratos públicos entre contratos administrativos y contratos de derecho privado de la Administración, los mismos debe ser considerado como unos de estos últimos y nunca pudo haberse considerado a los mismos como contratos administrativos.

• Dichos contratos para la prestación de servicios conexos, como cualquier contrato, se rigen básicamente por lo dispuesto en sus cláusulas, las cuales en todo caso remiten a la legislación que les era aplicable y que conformaban la ley de los contrato, de obligatorio cumplimiento para las partes.

• Las cláusula de los contratos de prestación de servicios conexos con la industria petrolera, elaborados conforme al modelo dispuesto por la empresa petrolera, y suscritos por PDVSA Petróleo S.A. con empresas o consorcios privados, en general regularon expresamente el régimen de la modificación unilateral del contrato por parte de PDVSA Petróleo S.A.; limitando los poderes de PDVSA Petróleo S.A. de manera que no podía modificar los contratos fuera de los supuestos regulados en sus propias cláusulas, y menos aún modificar las cláusulas económicas del contrato.

En las cláusulas de dichos contratos para la prestación de servicios conexos, suscritos por PDVSA Petróleo S.A. con empresas o consorcios privados, en general, también conforme al modelo de contrato suministrado por la empresa estatal, se reguló en general, con cierto detalle el régimen de terminación anticipada y unilateral del contrato por parte del contratista sin intervención judicial, ajustándose en ello al ordenamiento jurídico. No existe en Venezuela interpretación constitucional alguna de

carácter vinculante adoptada por la Jurisdicción Constitucional que implique la inconstitucionalidad de las cláusulas de terminación anticipada de
los contratos.

Sección Cuarta: CONTRATOS DE DERECHO PRIVADO DE LA ADMINISTRACIÓN. ASPECTOS DEL RÉGIMEN JURÍDICO COMÚN CON LOS "CONTRATOS ADMINISTRATIVOS," CON ESPECIAL REFERENCIA A LA POTESTAD PÚBLICA DE MODIFICARLOS UNILATERALMENTE (2018)

Esta sección la compone el estudio sobre "Contratos de derecho privado de la Administración. Aspectos del régimen jurídico común con los "contratos administrativos," Con especial referencia a la potestad pública de modificarlos unilateralmente," publicado en el libro: en *Temas Fundamentales del Derecho Público en Homenaje a Jesús González Pérez* (Daniela Urosa Maggi, Manuel Rojas Pérez y José Rafael Belandria García, Coordinadores), FUNEDA, AVEDA, CIEDEP, Caracas 2020, pp. 21-75; y que tuvo su base en el estudio publicado con el mismo título en el libro *Instituciones administrativas. Inclusión, Paz y Convivencia*, (Jaime Rodríguez Arana, William Zambrano, Editores), Ibáñez Editores, Universidad del Rosario, Tomo II, Bogotá 2018, pp. 885-914.

I. CONTRATOS ADMINISTRATIVOS Y CONTRATOS DE DERECHO PRIVADO DE LA ADMINISTRACIÓN: UNA DISTINCIÓN QUE SE RESISTE A DESAPARECER

Conforme se desarrolló por la jurisprudencia histórica en Venezuela, trabajada con todo ahínco por la doctrina durante décadas, los contratos públicos en general se han clasificado entre contratos administrativos y contratos de derecho privado de la Administración, según que el régimen jurídico predominante que se aplique al mismo sea el derecho público o el derecho privado, lo que por supuesto es el resultado del objeto de los mismos. Si el objeto es por ejemplo, la ejecución de una obra pública, la prestación de un servicio público, el uso o la explotación de un bien del dominio público, el contrato no habrá duda en calificarlo como contrato administrativo; sin embargo, si el objeto del contrato, en cambio es la prestación de un servicio comercial, o la compra venta de un bien del dominio privado que se rigen por las previsiones de la propiedad privada de acuerdo con el Código de Comercio, el contrato será, sin duda, un contrato de derecho privado de la Administración.

Por tanto, para poder calificar un contrato público como "contrato administrativo" conforme a esa distinción tradicional, y dejar de considerarlos como "contratos de derecho privado de la Administración," es necesario que su objeto sea una actividad específica de *satisfacción de algún interés colectivo, que interesa a toda la colectividad*, para lo cual la Administración se asegura "la colaboración del particular en la satisfacción" de dichas necesidades colectivas.[1] Ello fue ratificado por innumerables sentencias de la Sala Político Administrativa de la antigua Corte Suprema de Justicia y del actual Tribunal Supremo de Justicia, como por ejemplo la sentencia No. 2220 de 28 de noviembre de 2000, al insistir en que para que un contrato se pueda calificar como "contrato administrativo," es necesario que:

> "tenga por objeto la organización o funcionamiento de un servicio público o de alguna actividad de interés general, o bien que en alguna forma se desprenda del contrato que éste tiene por objeto ejecutar un servicio público o dar satisfacción a un interés general. En tal sentido, para que un contrato celebrado por la Administración pueda ser calificado como administrativo es necesario que guarde relación con una actividad de servicio público o de utilidad pública. Sin embargo, se entiende que los contratos celebrados por la administración que tengan por objeto servicios industriales y comerciales idénticos a los que prestan los particulares, encajan normalmente en la categoría de los contratos de derecho común; de manera que a estos últimos se les presume como contratos de derecho privado, salvo que en razón de cláusulas especiales o de condiciones particulares de funcionamiento del servicio, pueda reconocérseles el carácter de contratos administrativos."[2]

Bajo este ángulo, en consecuencia, un contrato que se suscriba, por ejemplo entre una empresa del Estado y una empresa privada, que están ambas por esencia sometidas al derecho privado, para la prestación, por parte de la empresa privada, por ejemplo, del servicio comercial de transporte aéreo en aviones ejecutivos destinado única y exclusivamente a asegurar el traslado de los funcionarios y empleados de la empresa pública de un lugar a otro en el territorio, y que por tanto tiene por objeto satisfacer las necesidades específicas de dicha empresa del Estado para la realización de sus actividades, tendría que considerarse como es un típico contrato de servicio comercial, pues no está destinado a satisfacer ninguna necesidad de interés colectivo o de la colectividad, sino más bien a satisfacer única y exclusivamente la necesidad particular del personal de una sola empresa pública. Para utilizar dicho ejemplo, como es usual en di-

---

1   Véase la sentencia de la Sala Político Administrativa de la antigua Corte Suprema de Justicia No. 178 de 11 de agosto de 1983, en *Revista de Derecho Público*, No. 16, Editorial Jurídica Venezolana, Caracas 1983, pp. 162-163. Véase, en general, Allan R. Brewer-Carías, *Administrative Law in Venezuela*, EJV International, 2015, pp. 140 ss.

2   Véase Caso Alimentos de Occidente CA vs. Universidad del Zulia, en *Revista de Derecho Público*, N. 84, Editorial Jurídica Venezolana, Caracas 2000, p. 236. Se destaca de la sentencia, que en la misma no se identifica la actividad de "servicio público" con la actividad de "utilidad general," sino solo la "actividad de servicio público" con la "actividad de servicio de interés general."

chos contratos comerciales de transporte aéreo, la empresa privada contratista puede comprometerse a asegurar a la empresa del Estado un número fijo de horas de vuelo a la semana, mediante la asignación en exclusiva de determinados aviones, pero con el respaldo de otros aviones en caso de que el asignado esté, por ejemplo en uso o mantenimiento, mediante la contraprestación de un monto fijo mensual, que debe pagarse por adelantado, por aseguramiento del servicio, independientemente de que se lleguen a usar o no las horas de vuelo establecidas; cantidad que se aumentaría solo si el uso excede las horas fijas determinadas.

Ese sería un típico contrato de derecho privado que puede celebrar una empresa del Estado, además, teniendo en cuenta que las mismas han sido expresamente reguladas en la Ley Orgánica de la Administración Pública,3 como personas jurídicas estatales de derecho privado (compañías públicas), constituidas conforme a los estatutos adoptados en el marco de las disposiciones del Código de Comercio.[4] Su régimen, por tanto, es el de derecho privado de las sociedades anónimas,[5] en el sentido de que como lo dispone expresamente el artículo 107 de la mencionada Ley Orgánica de la Administración Pública, dichas empresas del Estado "se rigen por la legislación ordinaria," por lo establecido en las disposiciones de la propia Ley Orgánica de la Administración Pública, "las demás normas aplicables; y sus trabajadores se regirán por la legislación laboral ordinaria."[6]

3　Véase artículo 29 de la Ley Orgánica de la Administración Pública. Véase en Gaceta Oficial Extraordinaria No. 6.147 del 17 de noviembre de 2014. Véase los comentarios a la Ley (reforma de 2008) en Allan R. Brewer-Carías "Introducción general al régimen jurídico de la Administración Pública", en Allan R. Brewer-Carías (Coordinador y Editor), Rafael Chavero Gazdik y Jesús María Alvarado Andrade, *Ley Orgánica de la Administración Pública*, Decreto Ley No. 4317 de 15-07-2008, Editorial Jurídica Venezolana, Caracas 2009, pp. 7-103.

4　Véase sobre la distinción entre las personas jurídicas estatales en Venezuela, Allan R. Brewer-Carías, "La distinción entre las personas jurídicas y las personas privadas y el sentido de la problemática actual de la clasificación de los sujetos de derecho" en *Revista Argentina de Derecho Administrativo*, Nº 17, Buenos Aires 1977, pp. 15-29; y en Revista de la Facultad de Derecho, Nº 57, Universidad Central de Venezuela, Caracas 1976, pp. 115-135; y "Sobre las personas jurídicas en la Constitución de 1999," en *Derecho Público Contemporáneo. Libro Homenaje a Jesús Leopoldo Sánchez*, Estudios del Instituto de Derecho Público, Universidad Central de Venezuela, enero-abril 2003, Volumen 1, pp. 48-54.

5　Véase sobre la naturaleza jurídica de PDVSA y sus filiales, como empresas del Estado o personas jurídicas de derecho privado, en Allan R. Brewer-Carías, "El proceso jurídico-organizativo de la industria petrolera nacionalizada en Venezuela" en *Revista de la Facultad de Ciencias Jurídicas y Políticas*, Nº 58, Universidad Central de Venezuela, Caracas 1976, pp. 53-88; y "Consideraciones sobre el régimen jurídico-administrativo de Petróleos de Venezuela S.A." en *Revista de Hacienda*, Nº 67, Año XV, Ministerio de Hacienda, Caracas 1977, pp. 79-99; y Allan R. Brewer-Carías, *Administrative Law in Venezuela*, EJV International, 2015, pp. 64 ss.

6　Véase sobre las empresas del Estado: Allan R. Brewer-Carías, *El régimen jurídico de las empresas públicas en Venezuela*, Centro Latinoamericano de Administración para el

En consecuencia, las empresas del Estado básicamente actúan sometidas a un régimen de empresa privada[7], excepto en los asuntos que se refieren al control de adscripción que sobre ellas pueda ejercer la Administración Pública conforme a las previsiones de derecho público que se apliquen respecto de su organización y funcionamiento, y que no afectan sus relaciones contractuales con otras empresas privadas. En los términos del artículo 29 de la Ley Orgánica de la Administración Pública, dichas empresas del Estado son "entes descentralizados funcionalmente con forma de derecho privado" es decir, "personas jurídicas constituidas de acuerdo a las normas del derecho privado" y regidas, como lo dijo la Sala Constitucional en la mencionada sentencia por "un régimen mixto, tanto de derecho público como de derecho privado, aun cuando sea preponderantemente de derecho privado."[8]

Siendo el régimen aplicable a las empresas del Estado, básicamente el derivado del derecho privado y especialmente el comercial, las mismas en principio no pueden dictar actos administrativos, salvo en los casos expresamente derivados de competencias específicas que deben ser expre-

---

Desarrollo, Caracas 1980; Editorial Jurídica Venezolana, Caracas 1981. Sobre el tema en el derecho comparado véase: Allan R. Brewer-Carías, *Les entreprises publiques en droit comparé (Préface de Roland Drago)*, Faculté Internationale pour l'enseignement du Droit Comparé, París 1968.

7   Véase sobre dicho régimen jurídico de PDVSA y sus empresas filiales, lo expuesto por la Sala Constitucional del Tribunal Supremo de Justicia en sentencia No. 464 del 18 de marzo de 2002 (Caso Interpretación del Decreto de la Asamblea Nacional Constituyente de fecha 30 de enero de 2000, mediante el cual se suspende por 180 días la negociación de la Convención Colectiva del Trabajo), en la cual señaló lo siguiente: "observa la Sala que aunque Petróleos de Venezuela S.A. es una compañía constituida y organizada en forma de sociedad anónima, está fuera de dudas, y así lo reafirma la Constitución de la República Bolivariana de Venezuela, que la misma se encuentra enmarcada en la estructura general de la Administración Pública Nacional [...] / En cuanto a las empresas operadoras iniciales, estima la Sala que la intención del legislador era crearlas con forma de sociedades anónimas, motivo por el cual se constituyeron en el ordenamiento jurídico Venezolano como personas estatales con forma de derecho privado. En la actualidad, PDVSA Petróleo S.A., y las demás compañías filiales de Petróleos de Venezuela S.A. tienen igual naturaleza jurídica. / En definitiva, se observa que Petróleos de Venezuela S.A. y sus compañías filiales tienen un régimen legal que permite diferenciarlas claramente, no sólo de la Administración Pública centralizada y de los institutos autónomos, sino también de otras empresas del Estado. Por tanto, esta Sala debe concluir que la identificación de la naturaleza jurídica de dichas compañías como personas estatales con forma jurídica de derecho privado, plantea, sin duda, como consecuencia que el régimen jurídico aplicable a las mismas sea un régimen mixto, tanto de derecho público como de derecho privado, aun cuando sea preponderantemente de derecho privado, debido a su forma, pero no exclusivamente, dado que su íntima relación con el Estado, las somete a reglas obligatorias de derecho público dictadas para la mejor organización, funcionamiento y control de ejecución de la Administración Pública, por parte de los órganos que se integran a ésta o coadyuvan al logro de sus cometidos. Véase la sentencia en *Revista de Derecho Público*, N° 89-92, Editorial Jurídica Venezolana, Caracas 2002, pp. 219-220.

8   Idem.

samente asignadas mediante un texto legal. En el derecho administrativo venezolano, en efecto, la competencia de los entes públicos para dictar actos en ejercicio del Poder Público es siempre asignada mediante texto expreso, y la misma no se presume.[9] Como afirmó la antigua Corte Suprema de Justicia de Venezuela, la competencia de los órganos de la Administración Pública siempre "debe emerger del texto expreso de una regla de derecho, ya sea la Constitución, la Ley, el Reglamento o la Ordenanza" por lo que "a falta de disposición expresa, la autoridad carece de cualidad para efectuar el acto."[10] Como lo indica el artículo 4 de la Ley Orgánica de la Administración Pública, la Administración Pública siempre "se organiza y actúa de conformidad con el principio de legalidad, por el cual *la asignación*, distribución y ejercicio de sus competencias se sujeta a lo establecido en la Constitución de la República Bolivariana de Venezuela, las leyes y los actos administrativos de carácter normativo dictados formal y previamente conforme a la ley." En consecuencia, las empresas del Estado, al ser entes públicos con forma de derecho privado que forma parte de la llamada Administración Pública descentralizada, en el marco de los contratos que suscriba solo podría tener competencia para ejercer atribuciones del Poder Público y poder emitir, por ejemplo, actos administrativos, como manifestaciones de la autoridad estatal, cuando ello esté expresamente previsto en una Ley. En materia de contratos públicos, en general, la Ley de Contrataciones Públicas,[11] no autoriza sino excep-

---

9   Véase Allan R. Brewer-Carías, "Introducción general al régimen jurídico de la Administración Pública", en Allan R. Brewer-Carías et al., *Ley Orgánica de la Administración Pública*, Decreto Ley No. 4317 de 15-07-2008, Editorial Jurídica Venezolana, Caracas 2009, pp. 28 ss.; Allan R. Brewer-Carías, *Administrative Law in Venezuela*, EJV International, 2015, p. 35.

10 Véase sentencia de 28 de enero de 1968, en Gaceta Oficial, No. 27.367 de 13 de febrero de 1964 y sentencia del 11 de agosto de 1965, en Gaceta Oficial, No. 27.845 de 22 de septiembre de 1965. Véase también en Allan R. Brewer-Carías, *Jurisprudencia de la Corte Suprema 1930-1974 y Estudios de Derecho Administrativo*, t. III, vol. 1, Instituto de Derecho Público, Universidad Central de Venezuela, Caracas, 1976, pp. 197-198.

11 La Ley de Contrataciones Públicas fue dictada mediante Decreto Ley N° 5.929 de fecha 11 de marzo de 2008 en ejecución de la Ley habilitante de 2007, habiendo derogado la Ley de Licitaciones de 2001. Fue inicialmente publicada en Gaceta Oficial N° 5.877 de fecha 14 de marzo de 2008, y republicada, por error de copia, en Gaceta Oficial N° 38895 de 25 de marzo de 2008 (Véase sobre esta Ley de Contrataciones Públicas, los diversos comentarios en el libro de Allan R. Brewer-Carías, Carlos García Soto, Gustavo Linares Benzo, Víctor Hernández Mendible, José Ignacio Hernández, Luis A. Herrera Orellana, Miguel Mónaco, Manuel Rojas Pérez, Mauricio Subero M., *Ley de Contrataciones Públicas*, Editorial Jurídica Venezolana, Caracas 2008). Dicha Ley fue reformada por Ley publicada en Gaceta Oficial N° 39.165 de 24 de abril de 2009 y posteriormente por Ley publicada en Gaceta Oficial N° 39.503 de 6 de septiembre de 2010 (Sobre dicha Ley de Contrataciones Públicas de 2010, véase los diversos comentarios en el libro de Allan R. Brewer-Carías, Víctor Hernandez Mendible, Miguel Mónaco, Aurilivi Linares M., José Ignacio Hernández, Carlos García Soto, Mauricio Subero M., Alejandro Canónico S., César A. Estéves Alvarado, Gustavo Linares Benzo, Manuel Rojas Pérez, Luis A. Herrera Orellana, Víctor Raúl Díaz Chirino, *Ley de Contrataciones Pú-*

cionalmente a los entes públicos contratante para decidir unilateralmente mediante actos administrativos aspectos relativos a la ejecución de los contratos, por ejemplo, en materia de modificaciones unilaterales a las cláusulas relativas a las prestaciones del contrato (art. 130 ss.) o de rescisión unilateral del contrato (art. 152). También en materia de imposición de sanciones (multas) al contratista por parte del ente contratante (art. 168), asignando también la Ley potestad sancionatoria con motivo de la ejecución de los contratos públicos, al Servicio Nacional de Contratistas (Art. 168).[12]

Ahora bien, las empresas del Estado normalmente celebran contratos públicos con empresas particulares que califican, en la clasificación mencionada, como contratos de derecho privado de la Administración, como el mencionado ejemplo del contrato comercial de prestación de servicios de transporte aéreo mediante aviones ejecutivos para el uso del personal de la empresa, cuyo objeto, conforme a los principios generales del derecho administrativo venezolano no podría en forma alguna ser considerado como un contrato para la prestación de "servicio público," ni podría en forma alguna ser considerado, en la clasificación tradicional de los contratos públicos, como "contrato administrativo" sino como "contrato de derecho privado de la Administración."

Por otra parte, ninguna importancia ni incidencia tiene para la calificación de un contrato público como "contrato administrativo" o como "contrato de derecho privado de la Administración," el hecho de que la ley que regula la actividad de la empresa del Estado que recibe el servicio comercial de parte de la empresa contratista, contenga una declaración de que las determinadas actividades que se regulan en ella sean de "utilidad pública." Es bien sabido que dichas declaraciones de utilidad pública en leyes especiales, tienen como único el propósito el de agilizar los procedimientos de expropiación, no teniendo por supuesto el concepto de "utilidad pública," el mismo significado del concepto de "servicio público."[13]

---

blicas, Editorial Jurídica Venezolana, 3ª edición actualizada, Caracas 2012). Posteriormente la Ley fue de nuevo reformada por Decreto Ley publicado en Gaceta Oficial Extra Nº 6.154 de 19 de noviembre de 2014, actualmente vigente.

12 Véase los comentarios sobre el alcance de la potestad sancionatoria en la contratación pública, en Carlos García Soto, "Posición de la Administración en su actividad contractual. El caso de la Ley de Contrataciones Públicas," en Allan R. Brewer-Carías et al., *Ley de Contrataciones Públicas*, Editorial Jurídica Venezolana, Caracas 2012, p.201; y Manuel Rojas Pérez, "Control fiscal y régimen sancionatorio en el Decreto Ley de Contrataciones Públicas," en Idem, pp. 388-390.

13 Véase Allan R. Brewer-Carías, "Sobre las nociones de contratos administrativos, contratos de interés público, servicio público, interés público y orden público, y su manipulación legislativa", *Cuadernos de la Cátedra Fundacional Allan R. Brewer-Carías de Derecho Administrativo*, Universidad Católica Andrés Bello, No. 39, Editorial Jurídica Venezolana, Caracas enero 2019.

Es más, en determinadas leyes, como por ejemplo Ley Orgánica de Hidrocarburos (arts. 59 y 60)14 o la Ley Orgánica de Hidrocarburos Gaseosos (art. 5),[15] que declaran las actividades que regulan como de utilidad pública o interés social, en las mismas se identifican las que pueden considerare como "servicios públicos" que solo son, exclusivamente, las que tienen por objeto la distribución de productos de los hidrocarburos *para la satisfacción del consumo colectivo interno* del país (art.60). Esto significa que, por ejemplo, en el ámbito de las actividades de la industria petrolera, solo en relación con esas actividades destinadas a satisfacer necesidades colectivas es que se podría calificar el objeto de un contrato público suscrito por las empresas petroleras con empresas privadas como destinado a la prestación de "servicios públicos," y que por tanto, dentro de la clasificación tradicional de los contratos del Estado, podría considerarse que los mismos, por los dichos servicios para la satisfacción de necesidades colectivas que aseguran, serían "contratos administrativos."[16]

Lo cierto, en todo caso, es que la noción de "servicio público" dejó de definirse en el derecho administrativo contemporáneo, desde hace muchas décadas, en un sentido amplio equiparándolo a conceptos tales como actividades de "interés general," de "utilidad pública" o de "interés social," no siendo posible en consecuencia pretender identificar el denominado "contrato administrativo" con cualquier contrato público que pueda tener

---

14   Véase en Gaceta Oficial Nº 38.493 del 4 de agosto de 2006.

15   Véase en Gaceta Oficial Nº 36.793 del 23 de septiembre de 1999.

16   Debe mencionarse, sin embargo, que en 2009, con motivo de la sanción de la Ley Orgánica que reserva al Estado bienes y servicios conexos a las actividades primarias de Hidrocarburos de 2009 (Gaceta Oficial Nº 39.173 del 07 de mayo de 2009), también se distorsionó la esencia del concepto de "servicio público" en el derecho administrativo venezolano, al declararse como tales con vigencia circunstancial en 2009, a los "servicios conexos a las actividades primarias de hidrocarburos" (Art. 5) que se prestaban en el Lago de Maracaibo, a pesar de no estar destinadas a satisfacer necesidades colectivas o de consumo colectivo. Sin embargo, dejando aparte esta específica declaratoria de "servicio público" en virtud de ley, con vigencia circunstancial, respecto de esos servicios conexos que no estaban destinados al consumo colectivo ni a satisfacer necesidades colectivas, en la industria petrolera y gasífera fuera de las actividades declaradas como "servicios públicos" en la Ley Orgánica de Hidrocarburos y en la Ley Orgánica de Hidrocarburos Gaseosos, destinadas a satisfacer el consumo colectivo, ninguna otra actividad puede ser calificada como tal. Dichas leyes, en esta materia, son clara y no es posible que sean ignorada. Véase Allan R. Brewer-Carías, "La revivencia circunstancial de la noción de contratos administrativos, y de las nociones de servicio público, interés público y orden público en el régimen de reserva al Estado de los servicios conexos con la industria petrolera (2010), en Allan R. Brewer-Carías, *Contratos Administrativos. Contratos Públicos. Contratos del Estado*, Editorial Jurídica Venezolana, Caracas 2013, pp. 347-425; y "La manipulación legislativa del concepto de contrato administrativo como técnica confiscatoria" en José Eugenio Soriano García y Manuel Estepa Montero, (Coordinadores), *Por el derecho y la libertad. Libro Homenaje al Profesor Juan Alfonso Santamaría Pastor*, Volumen II (Garantías del ciudadano en el régimen administrativo), Editorial Iustel, Madrid 2014, pp. 1771-1800.

por objeto cualquier actividad que pueda haber sido declarada en una ley como de "utilidad pública e interés social," ni con contratos que en general puedan tener un "propósito de "interés general," de "interés público," lo que en ningún caso es equiparable, por ejemplo, con la ejecución directa de un servicio u obra públicas.[17]

Por lo tanto, y situando el concepto de servicio público en su correcto sentido, como lo ha puntualizado el Tribunal Supremo de Justicia, como *actividad prestacional de ejercicio legalmente obligatorio por parte del Estado para la satisfacción de necesidades generales y colectivas,*[18] es evidente que un contrato de servicio suscrito por una empresa del Estado para que una empresa privada le preste o suministre un servicio específico en beneficio exclusivo de dicha empresa pública, como el caso mencionado como ejemplo del servicio de transporte aéreo privado al personal de la empresa del Estado, no constituye un "servicio público," por lo que por su objeto, no pueda considerarse como "contrato administrativo."

En los contratos comerciales que celebran las empresas del Estado con empresas particulares, en efecto, en general se prevé que la empresa privada está obligadas a cumplir sus obligaciones contractuales exclusivamente como contratista comercial, previéndose con frecuencia en los contratos, incluso, cláusulas arbitrales para la resolución de controversias de acuerdo con el artículo 4 de la Ley de Arbitraje Comercial,[19] debidamente autorizadas por las autoridades ministeriales competentes de adscripción de la empresa. Dichos contratos comerciales, por tanto, a pesar de que efectivamente deban considerarse conforme a la Ley de Contrataciones Públicas como "contratos públicos" por estar suscritos por una empresa del Estado, sin embargo, en ningún caso podrían calificarse conforme a la doctrina tradicional del derecho administrativo como "contratos administrativos," y solo podría considerarse conforme a esa clasificación, como "contratos de derecho privado de la Administración," suscritos por un ente público, como es la una empresa del Estado, con una empresa privada con un objeto comercial, que además, en general actúa como contratista comercial.

---

17   Véase Allan R. Brewer-Carías, "Sobre las nociones de contratos administrativos, contratos de interés público, servicio público, interés público y orden público, y su manipulación legislativa", *Cuadernos de la Cátedra Fundacional Allan R. Brewer-Carías de Derecho Administrativo*, Universidad Católica Andrés Bello, No. 39, Editorial Jurídica Venezolana, Caracas enero 2019

18   Véase sentencia No. 1002 de la Sala Político Administrativa del Tribunal Supremo de Justicia de 05-08-2004 (Caso: *DHL Fletes Aéreos C.A. y otros*), en http://www.tsj.gov.ve/decisiones/spa/Agosto/01002-050804-1995-11546.htm .

19   Véase Gaceta Oficial N° 36.430 de fecha 7 de abril de 1998. Véase los comentarios en Allan R. Brewer-Carías, "El arbitraje y los contratos de interés nacional" en *Seminario sobre la Ley de Arbitraje Comercia*l, Biblioteca de la Academia de Ciencias Políticas y Sociales, Serie Eventos, N° 13, Caracas 1999, pp. 169-204

Y poco importa, para hacer la calificación del contrato público conforme a su objeto comercial como un "contrato de derecho privado de la Administración," el hecho de que la empresa del Estado realice actividades reguladas en las leyes, y que incluso hasta puedan haber sido reservadas al Estado. Una cosa es la actividad reservada al Estado que por ejemplo, se le encomiendo a una empresa del Estado, y otra cosa es que esta empresa del Estado, para realizar las actividades que tiene encomendadas contrate con un contratista privado la prestación de determinados servicios en su único y exclusivo beneficio. Estas actividades de servicios, por el hecho de que sea un ente público el que los contrate con una empresa privada, no convierte a los mismos en una actividad reservada al Estado, ni por ello puede considerarse que estén destinados a satisfacer necesidades colectivas. En realidad, solo están destinados a suministrar un servicio a una empresa pública, en interés de la misma para la realización de sus actividades. En ningún caso, por tanto, el hecho de que el contrato se relacione con actividades que sean realizadas por la empresa del Estado que sean declaradas en la Ley como de "utilidad pública" o "interés social," ello puede significar que el contrato comercial celebrado pueda considerarse como un "contrato administrativo."

En cambio, al tratarse de un contrato de servicio comercial el que por ejemplo se celebre entre una empresa del Estado y una empresa privada para beneficio exclusivo interno de dicha empresa estatal, como se dijo, al ser una parte del contrato un ente público, que forma parte de la Administración descentralizada del Estado, conforme a la Ley de Contrataciones Públicas, el mismo sí debe considerarse como un contrato público. Es decir, de acuerdo con dicha Ley, todos los contratos suscritos por los sujetos de derecho que se enumeran en el artículo 3 de la misma Ley, entre los cuales están, además de todas las personas jurídicas territoriales (República, Estados y Municipios) y las personas jurídicas no territoriales de derecho público, como los institutos autónomos y las empresas del Estado de primer y segundo grado, deben considerarse como contratos públicos. Por ello, la Ley de Contrataciones Públicas se aplica a las contrataciones de las empresas del Estado, debiendo en todo caso considerarse en general, sus disposiciones, como de aplicación supletoria en relación con las previsiones establecidas por las partes en las cláusulas del contrato que celebre, salvo cuando por su contenido mandatorio imponiendo obligaciones u asignando poderes y competencias se deban considerar como de orden público.

En todo caso, la Ley de Contrataciones Públicas no es de las que en su texto haya sido declarada en Venezuela, en su integridad, como de "orden público," por lo que como principio, sus provisiones son de aplicación supletoria, exceptuando ciertas normas específicas de la misma que puedan considerarse como de orden público que la Ley contiene, y que en tal caso, son de aplicación ineludible a los contratos públicos. Estas son, por ejemplo, las previsiones relativas a los procesos de adjudicación de contratos o de selección de contratistas; las normas atributivas de competencias del Poder Público a los órganos y entes del Estado; las normas que autorizan la modificación o rescisión unilateral de los contratos; y las normas mandatorias que imponen obligaciones a los entes públicos, como por ejemplo, las destinadas realizar ciertas verificaciones en el proceso de ejecución de los contratos para salvaguardar el patrimonio público, o las que exigen que el ente contratante indemnice al contratista al usar sus poderes de modificación o rescisión unilateral del contrato.

En efecto, en la Ley de Contrataciones Públicas, son de aplicación obligatoria y no pueden relajarse por convenios entre particulares, ante todo, aquellas provisiones que conforman la médula de su regulación, y que son las relativas a los procesos de adjudicación de contratos o selección de contratistas, que la Ley enumera como "procesos de selección de contratistas", "concurso abierto," "concurso cerrado," "consulta de precios," "contratación directa," "contratación electrónica" (arts. 84-122).[20] Esos procesos de selección de contratistas y de adjudicación de los contratos públicos, que conforman la médula de la Ley desde que se dictó como Ley de Licitaciones en 1990, siempre se han considerado como de "orden público" y por tanto, de aplicación obligatoria, como expresamente fue ratificado en la reforma de la Ley de Contrataciones Públicas de 2014, mediante el agregado, al final del artículo 1º de una frase afirmando que "Los procesos a que se refiere el presente Decreto con Rango, Valor y Fuerza de Ley, son de obligatorio cumplimiento, salvo las excepciones aquí previstas." La frase, en realidad, no agregó nada nuevo al régimen jurídico de los contratos públicos, pues como se dijo los mencionados "procesos" para la adjudicación de los contratos o la selección de los contratistas, fueron la motivación principal de la Ley desde que originalmente fue promulgada como Ley de Licitaciones en 1990.

La aplicación de la Ley de Contratación Pública en materia de selección de contratistas, respecto de un contrato comercial celebrado por una empresa del Estado con una empresa privada para la prestación de un servicio comercial, en ningún caso cambia, por supuesto, la naturaleza comercial del contrato ni su régimen jurídico preponderantemente de derecho privado; así como tampoco la consideración de un contrato netamente comercial, como un "contrato público" o "contrato estatal" conforme a la Ley de Contrataciones Públicas, tampoco le quita su carácter comercial expreso, por lo que como contrato público no podría nunca considerarse como un "contrato administrativo," siendo más bien, conforme a la terminología tradicional del derecho administrativo, simplemente un "con-

---

20 Véase Allan R. Brewer-Carías, *Administrative Law in Venezuela*, EJV International, 2015, p. 146.

trato de derecho privado de la Administración," cuyo objeto no constituye en sí mismo una actividad que haya sido reservada al Estado, ni el suministro de un servicio en beneficio de la empresa pública contratante, en ningún caso puede calificar como un "servicio público."

Por ello, se insiste, en la clásica y superada distinción de los contratos públicos entre los "contratos administrativos" y los "contratos de derecho privado de la Administración," que sin embargo se resiste en desaparecer, el contrato comercial suscrito entre una empresa del Estado y una empresa privada para la prestación de un servicio en beneficio único y exclusivo de ésta, sin duda, sería uno de los últimos.

II. LA ELABORACIÓN DEL CONCEPTO DE "CONTRATO DE DERECHO PRIVADO DE LA ADMINISTRACIÓN" A PARTIR DEL CONCEPTO DE "CONTRATO ADMINISTRATIVO"

En efecto, en la doctrina del derecho administrativo venezolana, mucho antes de la sanción de la Ley de Contrataciones Públicas dictada en 2008, en ausencia de una ley general que regulara la actividad contractual de la Administración y siguiendo las orientaciones del derecho francés, se comenzó a elaborar la doctrina de los contratos públicos, montada sobre la base de la distinción entre ciertos contratos del Estado que por el régimen preponderante de derecho público que tenían se denominaron "contratos administrativos" en razón de su objeto vinculado al servicio público; y otros que se denominan "contratos de derecho privado de la Administración" en los cuales el régimen preponderante aplicable era el derecho privado teniendo en general un objeto comercial.

Todos los que nos hemos ocupado del derecho administrativo en Venezuela, contribuimos al desarrollo de esa distinción,[21] particularmente al

---

21 Véase por nuestra parte, entre otros trabajos: Allan R. Brewer-Carías: "La formación de la voluntad de la Administración Pública Nacional en los contratos administrativos," en *Revista de la Facultad de Derecho*, N° 28, Universidad Central de Venezuela, Caracas, 1964, pp. 61-112, publicado también "con referencias al derecho uruguayo por Horacio Casinelli Muñoz," en *Revista de Derecho, Jurisprudencia y Administración*, Tomo 62, N° 2-3, Montevideo 1965, pp. 25-56; "La facultad de la Administración de modificar unilateralmente los contratos administrativos," en *Libro-Homenaje a la Memoria de Roberto Goldschmidt*, Facultad de Derecho, Universidad Central de Venezuela, Caracas, 1967, pp. 755-778, publicado también "con especial referencia a los contratos de obra pública en el derecho venezolano," en *Revista de Derecho Español y Americano*, Instituto de Cultura Hispánica, N° 19, Año XIII, Madrid, Enero-marzo 1968, pp. 101-117; "Algunas reflexiones sobre el equilibrio financiero en los contratos administrativos y la aplicabilidad en Venezuela de la concepción amplia de la Teoría del Hecho del Príncipe," en *Revista Control Fiscal y Tecnificación Administrativa*, Año XIII, N° 65, Contraloría General de la República, Caracas, 1972, pp. 86-93; "Consideraciones sobre los efectos de la ruptura de la ecuación económica de un contrato administrativo por una ley declarada nula por inconstitucional," en *Cuadernos de Derecho Público*, Facultad de Derecho, Universidad de Los Andes, N° 2, Mérida 1976, pp. 5-26; "La evolución del

comentar la rica jurisprudencia establecida por la antigua Corte Suprema de Justicia, basada fundamentalmente en razones prácticas de orden procedimental.[22]

Dicha noción de "contratos administrativos," en todo caso, no se incorporó nunca en el texto de las Constituciones, encontrándose en cambio en ellas solo referencias a los denominados "contratos de interés público" nacional, estadal o municipal, en normas destinadas a regular la intervención del órgano legislativo para la aprobación o autorización de contratos públicos (Art. 150, 151, Constitución 1999).[23]

---

concepto de contrato administrativo," en *Libro Homenaje al Profesor Antonio Moles Caubet*, Tomo I, Facultad de Ciencias Jurídicas y Políticas, Universidad Central de Venezuela, Caracas, 1981, pp. 41-69, y en *Estudios de Derecho Administrativo*, Ediciones Rosaristas, Colegio Nuestra Señora del Rosario, Bogotá, 1986, pp. 61-90; "Evoluçao do conceito do contrato administrativo," en *Revista de Direito Publico* Nos. 51-52, Sao Paulo, July-December 1979, pp. 5-19; "Los contratos de interés nacional y su aprobación legislativa," en Revista de Derecho Público, N° 11, Editorial Jurídica Venezolana, Caracas, julio-septiembre 1982, pp. 40-54; "Las cláusulas obligatorias y los principios especiales en la contratación administrativa», Allan R. Brewer-Carías, *Estudios de Derecho Administrativo*, Ediciones Rosaristas, Colegio Nuestra Señora del Rosario, Bogotá 1986 pp. 91-124; "Consideraciones sobre los derechos del contratista en los contratos de obra pública: el derecho al precio y a su pago en la forma convenida," en *Revista de Derecho Público*, N° 28, Editorial Jurídica Venezolana, Caracas, Octubre-diciembre 1986, pp. 35-46; «El régimen de selección de contratistas en la Administración Pública y la Ley de Licitaciones» en *Revista de Derecho Público*, N° 42, Editorial Jurídica Venezolana, Caracas, Abril-junio 1990, pp. 5-25; Allan R. Brewer-Carías, *Contratos Administrativos*, Colección Estudios Jurídicos, N° 44, Editorial Jurídica Venezolana, (Caracas 1992), segunda edición ampliada, (Caracas 2013); "Nuevas consideraciones sobre el régimen jurídico de los contratos del Estado en Venezuela," en *Estudios de Derecho Administrativo 2005-2007*, Editorial Jurídica Venezolana, Caracas 2007, pp. 417-451; *Contratos Administrativos. Contratos Públicos. Contratos del Estado*, Editorial Jurídica venezolana, Caracas 2013; *Tratado de Derecho Administrativo. Derecho Público Iberoamericano*, Tomo III: *Actos administrativos y contratos administrativos*, Editorial Cívitas, Madrid 2013; Allan R. Brewer-Carías, *Administrative Law in Venezuela*, EJV International, 2015, pp. 137 ss.

22 Las primeras recopilaciones de la jurisprudencia y doctrina administrativa en materia de contratos administrativos fueron las siguientes: Allan R. Brewer-Carías, "Los contratos de la administración en la jurisprudencia venezolana," en *Revista de la Facultad de Derecho*, N° 26, Universidad Central de Venezuela, Caracas, 1963, pp. 127-154. "Los contratos de la Administración en la doctrina de la Procuraduría General de la República" (Compilación), en *Revista de la Facultad de Derecho*, N° 30, Universidad Central de Venezuela, Caracas, diciembre 1964, pp. 173-232; y "Los contratos de la Administración en la doctrina de la Consultoría Jurídica" (Compilación), en *Revista del Ministerio de Justicia*, N° 48, Año XIII, Caracas, enero-marzo 1964, pp. 27-75. Toda la jurisprudencia en la materia se publicó posteriormente en Allan R. Brewer-Carías, *Jurisprudencia de la Corte Suprema 1930-1974 y Estudios de Derecho Administrativo*, t. III, vol. 1, Instituto de Derecho Público, Universidad Central de Venezuela, Caracas, 1976.

23 Véase en general, Jesús Caballero Ortíz, "Los contratos administrativos, los contratos de interés público y los contratos de interés nacional en la Constitución de 1999", en *Estudios de Derecho Administrativo: Libro Homenaje a la Universidad Central de Venezuela*, Volumen I, Imprenta Nacional, Caracas, 2001, pp. 139-154; Jesús Caballero Ortíz, "Deben subsistir los contratos administrativos en una futura legislación?", en *El Dere-*

En cuanto a las leyes, el término "contratos administrativos" solo se utilizó en dos leyes precisas.[24] En primer lugar, en la Ley Orgánica de la Corte Suprema de Justicia de 1976, sustituida por la Ley Orgánica del Tribunal Supremo de Justicia de 2004, donde se utilizó la expresión a los solos efectos de distribuir la competencia entre los tribunales de la jurisdicción contencioso administrativa para resolver las controversias que resultasen de "contratos administrativos" suscritos solo por la República, los Estados y los Municipios (Art. 5,25). Así, se atribuyó en forma exclusiva a la Sala Político Administrativa de la Corte Suprema de Justicia (posteriormente, Tribunal Supremo de Justicia) la competencia para conocer de controversias sobre "contratos administrativos," correspondiendo entonces a los otros tribunales de la jurisdicción el conocer de las controversias relativas a contratos celebrados por los entes públicos que no eran considerados como "contratos administrativos," es decir, de los denominados "contratos de derecho privado de la administración." Esta previsión y terminología, sin embargo, desapareció en 2010 con la reforma de la Ley Orgánica del Tribunal Supremo de Justicia,[25] y la misma no se incluyó en la nueva Ley Orgánica de la Jurisdicción Contencioso Administrativa de 2010.[26]

En todo caso, a los efectos de delimitar dichas competencias judiciales, tanto para la doctrina como para la jurisprudencia de todos los países que tuvieron la influencia de la doctrina francesa de derecho administrativo, fue de gran utilidad la distinción entre "contrato administrativo" y "contrato de derecho privado suscrito por la Administración Pública," que fue la que sirvió de fundamento en Francia para delimitar las competencias judiciales entre el *Conseil d'État* y los tribunales judiciales ordinarios.[27] Para tal fin, la noción francesa de *"service public,"* como clave de la dis-

---

cho Público a comienzos del siglo XXI: Estudios homenaje al Profesor Allan R. Brewer-Carías, Tomo II, Instituto de Derecho Público, UCV, Civitas Ediciones, Madrid, 2003, pp. 1765-1777; Allan R. Brewer-Carías, "Los contratos de interés público nacional y su aprobación legislativa" en *Revista de Derecho Público*, N° 11, Caracas, 1982, pp. 40-54; Allan R. Brewer-Carías, *Contratos Administrativos. Contratos Públicos. Contratos del Estado*, Editorial Jurídica Venezolana, Caracas 2013, pp. 77-85; Allan R. Brewer-Carías, *Debate Constituyente, Aportes a la Asamblea Nacional Constituyente*, Tomo II, Caracas, 1999, p. 173.

24 Véase Jesús Caballero Ortíz, "¿Deben subsistir los contratos administrativos en una futura legislación?," en *El Derecho Público a comienzos del siglo XXI. Estudios homenaje al Profesor Allan R. Brewer-Carías*, Tomo II, Instituto de Derecho Público, UCV, Civitas Ediciones, Madrid, 2003, pp. 1773; Rafael Badell Madrid, *Régimen Jurídico del Contrato Administrativo*, Caracas 2001, pp. 49-50.

25 Gaceta Oficial N° 39.522, de 1 de octubre de 2010.

26 Gaceta Oficial No. 39447 de 16 de junio de 2010.

27 Véase Allan R. Brewer-Carías, *Contratos Administrativos, Contratos Públicos. Contratos del Estado*, Editorial Jurídica Venezolana, Caracas 2013, p. 86-87.

tribución, también fue utilizada y seguida por la doctrina venezolana;[28] noción que, como tantas otras, en su momento entró en crisis, originando luego la crisis de la noción misma de "contrato administrativo," los cuales dejaron de ser identificados solamente por la sola "finalidad de servicio público." La crisis por otra parte se acentuó por el hecho mismo de que en Venezuela, particularmente a los efectos de la asignación de competencias a los tribunales de la jurisdicción contencioso administrativa, la calificación de los "contratos administrativos" como categoría dentro de los contratos públicos, como se dijo, desapareció de los textos legales, perdiendo todo interés procesal.[29]

En segundo lugar, la otra ley que utilizó la expresión de "contratos administrativos," aparte de la derogada Ley Orgánica del Tribunal Supremo, fue la también derogada Ley Forestal, de Suelos y Aguas de 1965[30] la cual utilizó dicha expresión "contrato administrativo" solo para calificar a las concesiones de explotación forestal (Art. 65); calificación y terminología que también desapareció de la legislación con motivo de la sanción de la Ley de Bosques y Gestión Forestal, que derogó la Ley de 1965.[31]

Luego de que las mencionadas previsiones sobre "contratos administrativos" desaparecieron con la derogación de las leyes que las consagraron, ninguna otra Ley utilizó en Venezuela la expresión "contrato administrativo" hasta que la expresión se incorporó en 2009, en la Ley de Reserva al Estado de los bienes y servicios conexos a las actividades primarias de hidrocarburos,[32] en la cual se "reconoció" a los contratos para la prestación de dichos servicios como "contratos administrativos" (Art. 3). La denominación legal, en todo caso, hecha a la medida y manipulando sin duda el concepto con efectos constitutivos, *ex nunc*, a partir de la entrada en vigencia de la ley, solo tuvo un efecto efímero, pues el artículo 3 de la

---

28 Idem, pp. 87, 89.

29 Véase Alejandro Canónico, "Las garantías en la contratación pública," en Allan R. Brewer-Carías et al., *Ley de Contrataciones Públicas*, Editorial Jurídica Venezolana, Caracas 2012, p. 301.

30 Gaceta Oficial N° 1.004 Extraordinario de 26 de enero de 1966.

31 Gaceta Oficial N° 38.946 de 5 de junio de 2008.

32 Gaceta Oficial N° 39.173 del 7 de mayo de 2009. Véase sobre dicha Ley Orgánica y sus implicaciones para el derecho administrativo lo expuesto en Allan R. Brewer-Carías, "La revivencia circunstancial de la noción de contratos administrativos, y de las nociones de servicio público, interés público y orden público en el régimen de reserva al Estado de los servicios conexos con la industria petrolera (2010), en Allan R. Brewer-Carías, *Contratos Administrativos. Contratos Públicos. Contratos del Estado*, Editorial Jurídica Venezolana, Caracas 2013, pp. 347 -425; y "La manipulación legislativa del concepto de contrato administrativo como técnica confiscatoria" en José Eugenio Soriano García y Manuel Estepa Montero, (Coordinadores), *Por el derecho y la libertad. Libro Homenaje al Profesor Juan Alfonso Santamaría Pastor*, Volumen II (Garantías del ciudadano en el régimen administrativo), Editorial Iustel, Madrid 2014, pp. 1771-1800.

ley dispuso que tales contratos, cuando se dictasen "las resoluciones" respectivas que los identificaran como parte de las actividades reservadas, quedarían extinguidos "de pleno derecho en virtud de la presente Ley," lo cual ocurrió efectivamente casi de inmediato. Por tanto, ejecutada como fue la Ley de Reserva de 2009 al dictarse las resoluciones ministeriales mencionadas, todos aquellos contratos a los que se reconoció momentáneamente como "contratos administrativos" desaparecieron como institución jurídica de base legal.[33]

De ello resulta que al haber quedado extinguidos "legalmente" dichos "contratos administrativos," puede decirse que en Venezuela dejaron de existir contratos con esa denominación legal, lo que sin embargo, no impide que se siga utilizando la expresión en la teoría del derecho administrativo para identificar algunos contratos del Estado o contratos públicos en los cuales por su objeto, tienen un *régimen preponderante de derecho público*. Ello sucede, por ejemplo, con ciertos contratos tradicionalmente calificados y considerados como tales "contratos administrativos," como es el caso, por ejemplo, de los relativos a *la prestación de "servicios públicos,"* a *la construcción de obras públicas, al uso de bienes públicos, a la explotación de obras públicas o de recursos naturales o de monopolios fiscales,* y que han sido objeto de regulaciones específicas, por ejemplo, en la Ley Orgánica del Poder Público Municipal, en la Ley Orgánica de promoción de inversiones mediante concesiones, en la Ley Orgánica de Telecomunicaciones, en la Ley del Servicio Eléctrico o en la Ley de Minas.[34]

En todo caso, como antes hemos dicho, fue fundamentalmente al incorporarse la denominación de "contratos administrativos" en la derogada Ley Orgánica del Tribunal Supremo de Justicia,[35] como norma puramente procesal de distribución de competencia judicial entre los tribunales de la jurisdicción contencioso administrativa, que en Venezuela se desarrolló la noción en la jurisprudencia para determinar la competencia de la Sala Político Administrativa del Tribunal Supremo, a los efectos de la resolución de las controversias relacionadas con los tales contratos administrativos suscritos por la República, los Estados y los Municipios (Art. 5, 25), es decir, sólo por las personas jurídicas de derecho público territoriales. Fue

---

33 Véase sobre el régimen de esa Ley Orgánica de 2009, los comentarios en Allan R. Brewer-Carías, Sobre las nociones de contratos administrativos, contratos de interés público, servicio público, interés público y orden público, y su manipulación legislativa, *Cuadernos de la Cátedra Fundacional Allan R. Brewer-Carías de Derecho Administrativo, Universidad Católica Andrés Bello*, No. 39, Editorial Jurídica Venezolana, Caracas enero 2019

34 Véase Rafael Badell Madrid, *Régimen Jurídico del Contrato Administrativo*, Caracas 2001, pp. 50-51; Allan R. Brewer-Carías, *Administrative Law in Venezuela*, EJV International, 2015, p. 140.

35 Gaceta Oficial, Nº 37.942 de 2 de mayo de 2004.

con base en esta previsión legal, y con antecedentes jurisprudenciales de la década de los cuarenta[36] referidos a contratos de obra pública y de suministro de bienes a la República, que se elaboró lo que hemos considerado como una amplia y confusa doctrina jurisprudencial que trató de identificar a los "contratos administrativos," a los efectos de atraer la competencia de la Sala Político Administrativa del Tribunal Supremo.[37]

En ese contexto, en uno de los primeros estudios contemporáneos de derecho administrativo venezolano que se elaboraron sobre "la teoría del contrato administrativo," influenciado sin duda por la doctrina y jurisprudencia francesas de derecho administrativo de la época,[38] consideramos como "contratos administrativos" frente a los "contratos de derecho privado" que pudiera suscribir la Administración Pública, conforme a la jurisprudencia, aquellos suscritos con "finalidad de servicio público," como eran los relativos *a los servicios públicos o las obras públicas* en los cuales la Administración podía hacer uso de sus poderes o prerrogativas públicas dado el interés público envuelto en el objeto del contrato.[39] Conforme a esa aproximación los ejemplos que se daban sobre contratos administrativos eran precisamente los *de obra pública, los de empréstito público, los de suministro de bienes a la Administración Pública, los de transporte público, los de uso de bienes del dominio público, y los de concesiones de servicios públicos,*[40] que además, siempre eran suscritos por personas morales de derecho público territoriales (República, Estados, Municipios) ya que la noción de empresa del Estado en esa época no había sido todavía desarrollada.

En todo caso, una de sus características fundamentales del derecho administrativo es su mutabilidad y adaptabilidad respecto de la transformación del Estado y de la actividad de su Administración Pública, por lo que el propio concepto de "contrato administrativo" basado en la inicial ecuación cerrada y clásica de *"interés público o finalidad de servicio público /*

---

36 Véase sobre la jurisprudencia y la doctrina administrativa inicial y tradicional, en Allan R. Brewer-Carías, "Los contratos de la administración en la jurisprudencia venezolana" (Compilación), en *Revista de la Facultad de Derecho*, Nº 26, Universidad Central de Venezuela, Caracas 1963, pp. 127-154.

37 Véase Allan R. Brewer-Carías y Luis Ortiz Álvarez, *Las grandes decisiones de la Jurisprudencia Contencioso-Administrativa 1961-1996*, Caracas, 1999, pp. 174 ss.

38 Véase Allan R. Brewer-Carías, *Las Instituciones Fundamentales del Derecho Administrativo y la Jurisprudencia venezolana*, Caracas, 1964, p. 162.

39 Véase por ejemplo, las sentencias de la Corte Federal y de Casación de 5 de diciembre de 1944, de la Corte Federal de 3 de diciembre de 1959 y de la Sala Político Administrativa de la Corte Suprema de Justicia de 12 de diciembre de 1961 y de 13 de agosto de 1964, en Allan R. Brewer-Carías, *Jurisprudencia de la Corte Suprema 1930-1974 y Estudios de Derecho Administrativo*, Tomo III, vol. 2, Caracas, 1977, pp. 727-733.

40 Véase Allan R. Brewer-Carías, *Las Instituciones Fundamentales del Derecho Administrativo y la Jurisprudencia venezolana*, Caracas, 1964, p. 162.

régimen de derecho administrativo/control por la jurisdicción contencioso administrativa," fue cuestionada y superada por la doctrina, no sólo en Venezuela sino en los demás países de régimen administrativo. Por eso se ha escrito sobre el "contradictorio y confuso criterio" utilizado en relación con los contratos administrativos,[41] o sobre "la mutabilidad de la figura de los contratos administrativos," destacándose "la dificultad de construir de una vez por todas la institución del contrato administrativo" considerando que su "evolución aún no ha terminado."[42]

Nosotros mismos en 1981, nos referimos al tema de "La evolución del concepto de contrato administrativo,"[43] desarrollado posteriormente en el libro sobre *Contratos Administrativos* (Caracas 1992), cuestionando el concepto mismo de contratos administrativos basado en la ecuación antes mencionada y en la idea de que el "contrato administrativo" estaba sometido al derecho administrativo y el "contrato de derecho privado de la Administración" supuestamente al derecho privado, lo cual llegamos a calificar entonces como absolutamente inadmisible.[44] En realidad, aparte de las cláusulas mismas del contrato (que tienen fuerza de ley entre las partes), y el carácter supletorio de las disposiciones del Código Civil y otras leyes especiales reguladoras de la actividad de la Administración, puede decirse que

> "todos los contratos del Estado o contratos públicos están sujetos en una forma u otra al derecho público y particularmente al derecho administrativo, al menos en relación con las regulaciones relativas a las competencias de los entes y órganos públicos para suscribirlos, o a la selección de los contratistas (licitación), o en relación con su ejecución, o a los poderes que se asigne a los entes públicos contratantes, de manera que no hay contratos públicos que estén sólo sujetos al derecho privado supuestamente opuestos a los contratos administrativos sujetos al derecho administrativo."[45]

En realidad hemos sostenido que la noción de contrato administrativo solo puede ser aceptada para identificar un tipo de contrato público que en virtud de la *finalidad pública específica perseguida, que puede ser por*

---

41 Véase Rafael Badell Madrid, *Régimen Jurídico del Contrato Administrativo*, Caracas, 2001, p. 32.

42 Véase Rafael Gómez Ferrer "La mutabilidad de la figura del contrato administrativo," en *El Derecho Público a comienzos del Siglo XXI. Estudios en homenaje al Profesor Allan R. Brewer-Carías*, Madrid, 2003, Tomo II, pp. 1749-1764.

43 Véase Allan R. Brewer-Carías, "La evolución del concepto de contrato administrativo," en *Libro Homenaje al Profesor Antonio Moles Caubet*, Tomo I, Caracas, 1982, pp. 41-69. El texto de este trabajo se recogió en el libro, *Contratos Administrativos. Contratos Públicos. Contratos del Estado*, Editorial Jurídica Venezolana, Caracas 2013, pp. 85-103.

44 Véase Allan R. Brewer-Carías, *Contratos administrativos. Contratos Públicos. Contratos del Estado*, Editorial Jurídica Venezolana, Caracas 2013, p. 65.

45 Idem, pp. 90-103.

ejemplo la prestación de un servicio público, la construcción de una obra pública, el uso de bienes públicos, un empréstito público, "está sujeto preponderantemente a un régimen de derecho público, pero no con el objeto de distinguir entre contratos públicos sometidos al derecho público y otros supuestamente sujetos a un régimen de derecho privado, sino para destacar que la preponderancia de uno u otro régimen aplicable al contrato es ahora lo importante."[46]

Es decir, no existe en el ordenamiento jurídico venezolano un régimen jurídico propio exclusivamente aplicable a los llamados "contratos administrativos," como tampoco existen "contratos de derecho privado de la Administración" que estén solo sometidos al derecho privado.[47]

Lo que existe es un régimen jurídico que no es ni único ni uniforme y que es aplicable a todos los contratos públicos o contratos del Estado, conformado por normas de derecho público y de derecho privado (incluyendo las cláusulas contractuales) que se interaplican y que pueden tener preponderancia en uno u otro contrato según el grado de regulación legal específico que exista en relación con el objeto del contrato específico. De allí el mismo sentido de la distinción entre "contratos administrativos" y "contratos de derecho privado de la Administración." En esto también hemos insistido en otro estudio al expresar que "las actividades de la Administración Publica están sujetas tanto al derecho público como al derecho privado, en un grado de preponderancia que varía de acuerdo con sus finalidades y naturaleza"; y que "todos los contratos públicos están siempre sometidos tanto al derecho público como al derecho privado.[48]

---

46 Idem, p. 92 ss. Una de la crítica respecto de la noción de contratos administrativos en Jesús Caballero Ortíz, "Deben subsistir los contratos administrativos en una futura legislación?" en *El Derecho Público a comienzos del Siglo XXI: Estudios en homenaje al Profesor Allan R. Brewer-Carías*, Madrid, 2003, Tomo II, p. 1765-1778) en el cual se ha referido, en términos similares a los usados por Rafael Badell Madrid ("criterio confuso y contradictorio." Véase Rafael Badell Madrid, quien se refiere al vago e impreciso criterio utilizado para su identificación, en *Régimen Jurídico del Contrato Administrativo*, Caracas, 2001, p. 32. Ello llevó a algunos administrativistas a considerar que la noción de contrato administrativo es inútil y sin efecto, como fue el caso de Gonzalo Pérez Luciani, en "Los contratos administrativos en Venezuela," en Allan R. Brewer-Carías (Director), *Derecho Público en Venezuela y Colombia: Archivo de derecho Público y Ciencias de la Administración*, Caracas, 1986, p. 253. Otros autores consideran que la noción ha sido abandonada frente al régimen uniforme establecido en la legislación, considerando que establecerla "no luce tarea coherente." Véase José Ignacio Hernández, "El contrato administrativo en la Ley de Contrataciones Públicas venezolana," en Allan R. Brewer-Carías et al., *Ley de Contrataciones Públicas*, Editorial Jurídica venezolana, Caracas 2012, p. 185.

47 Es decir, a todos los contratos públicos siempre se les aplica, en una u otra forma, el derecho público. Véase Allan R. Brewer-Carías, *Contratos Administrativos. Contratos Públicos. Contratos del Estado*, Editorial Jurídica Venezolana, Caracas 2013, pp. 91 ss.

48 Véase Allan R. Brewer-Carías, "La interaplicación del derecho público y del derecho privado a la Administración Pública y el proceso de huida y recuperación del derecho administrativo," en *Las Formas de la Actividad Administrativa. II Jornadas Internacio-*

En todo caso, y a pesar de la evolución del concepto de contrato administrativo, de las discrepancias doctrinales sobre el mismo,[49] y a pesar de la imprecisión de la terminología utilizada en la parte motiva de algunas decisiones de la Sala Político Administrativa de la antigua Corte Suprema de Justicia y actual Tribunal Supremo de Justicia, es indubitable que los contratos públicos que han sido siempre considerados como "contratos administrativos" en absolutamente todas las decisiones del máximo Tribunal, son aquellos celebrados por la Administración Pública en ejercicio de potestades públicas por ejemplo, para la *construcción de obras públicas*, o para asegurar *la prestación de servicios públicos* como prestaciones obligatoriamente asignadas por Ley a los entes públicos para la satisfacción de necesidades colectivas, como es el caso de las *concesiones de transporte público, de distribución de gas para consumo masivo, de suministro de electricidad, de distribución de agua potable, de recolección de desechos sólidos, de servicio de teléfonos; y además, las concesiones para el uso de bienes públicos o para la explotación de recursos naturales renovables y no revocables; las concesiones para la construcción o explotación de obras públicas; y de los contratos de obra pública.*[50] En todos esos contratos, dado el régimen legal que regula su objeto que es preponderantemente de derecho público, el ente público contratante o concedente dispone de poderes públicos extraordinarios en relación con su ejecución, que por supuesto, son implícitos respecto de los contratos porque siempre están establecidos en las competencias que les son atribuidas expresamente por ley.

Conforme a esta aproximación tradicional en relación con el tema de los "contratos administrativos," resulta por tanto que no todos los contratos

---

nales de Derecho Administrativo "Allan Randolph Brewer-Carías," Fundación de Estudios de Derecho Administrativo, Caracas, 1996, pp. 58-60.

49 Por ejemplo, la antigua Corte Suprema de Justicia en Sala Plena, en la sentencia dictada en el caso: Apertura petrolera en agosto de 1999, al referirse a los criterios del contrato administrativo, que "han sido aceptados por gran parte de la doctrina extranjera y también venezolana, no obstante que aún existen estudiosos del tema que restan relevancia a la distinción que se hace de los contratos administrativos frente a los de derecho común, y que insisten en que la misma sólo ha obedecido a razones puramente pragmáticas, dirigidas a la determinación del órgano jurisdiccional competente para su conocimiento". Véase sentencia de la Corte en Pleno de 17 de agosto de 1999 en Allan R. Brewer-Carías, *Crónica de una destrucción. Concesión, Nacionalización, Apertura, Constitucionalización, Desnacionalización, Estatización, Entrega y Degradación de la Industria Petrolera (Con Apéndice con los documentos del Caso del Juicio de nulidad de la autorización parlamentaria para los contratos de la "Apertura Petrolera" 1996-1999)*, Colección Centro de Estudios de Regulación Económica-Universidad Monteávila, N° 3, Universidad Monteávila, Editorial Jurídica Venezolana, Caracas, 2018, pp. 669 ss.

50 Véase Allan R. Brewer-Carías, *Contratos Administrativos. Contratos Públicos. Contratos del Estado,* Editorial Jurídica Venezolana, Caracas 2013, p. 96; Rafael Badell Madrid, *Régimen Jurídico del Contrato Administrativo*, Caracas, 2001, pp. 50-51.

del Estado podían considerarse como tales, pues existen algunos contratos públicos que no son "contratos administrativos" y al contrario pueden considerarse como "contratos de derecho privado de la Administración." Siendo el régimen jurídico aplicable a los contratos administrativos, preponderantemente de derecho público, y en los contratos de derecho privado de la Administración, es preponderantemente de derecho privado.

En consecuencia, un los casos de contratos suscritos por empresas del Estado con empresas privadas, por ejemplo, para la prestación por éstas de servicios comerciales en beneficio exclusivo de la empresa pública para la realización, por ella, de sus actividades propias, por su objeto, conforme a la clasificación tradicional, el mismo en ningún caso podría ser considerado como un "contrato administrativo," sino como un "contrato de derecho privado de la Administración." Un contrato de ese tipo, celebrado en interés comercial y con un objeto exclusivamente comercial en interés y beneficio de una sola persona jurídica, que es la empresa del Estado, nunca podría ser considerado como contrato administrativo pues la actividad objeto del contrato en ese caso ni es una prestación de "servicio público" alguno, ni su objeto es satisfacer ninguna necesidad alguna de "interés colectivo," ni el contratista realiza en beneficio de la empresa del Estado alguna actividad que sea de prestación obligatoria por parte del Estado, ni está destinada a "satisfacer necesidades colectivas de la población."[51]

Un contrato con dicho objeto, en la terminología tradicional relativa a los contratos públicos o contratos del Estado, como se dijo, sería un "contrato de derecho privado de la Administración," regido conforme a sus cláusulas y a la legislación a la cual las mismas remite, cuyo objeto ni siquiera puede considerarse de interés general, sino de interés particular y comercial de la empresa del Estado contratante, que el contratista realiza en beneficio de una sola persona jurídica, en ese caso de la empresa del Estado para la realización de su actividad económica.

III. SOBRE LA NOCIÓN DE "SERVICIO PÚBLICO" EN EL DERECHO ADMINISTRATIVO VENEZOLANO EN RELACIÓN CON LOS CONTRATOS ADMINISTRATIVOS

En efecto, una de las nociones claves en el mundo del derecho administrativo, en particular, a los efectos de buscar identificar los "contratos administrativos," ha sido la noción de "servicio público," que se refiere

---

51 Como lo precisó la Sala Político Administrativa en sentencia No. 224 de 7 de febrero de 2007 (Caso: Armando Casal Casal; Interpretación del Art. 86 de la Ley Orgánica para la Prestación de los Servicios de Agua Potable y de Saneamiento, publicada en la Gaceta Oficial N° 5.568 de fecha 31-12-2001. Véase además, en *Revista de Derecho Público*, No. 109, Editorial Jurídica Venezolana, Caracas 2007, p. 135 ss.

solo a las actividades destinadas a para satisfacer necesidades colectivas, conforme a regulación expresa de orden legal,[52] como sucede con las de transporte ferroviario de servicio público reguladas en la Ley del Sistema de Transporte Ferroviario Nacional,[53] en los artículos 4 y 60 de la Ley Orgánica de Hidrocarburos,[54] o en los artículos 4 y 5 de la Ley Orgánica de Hidrocarburos Gaseosos. En el ámbito de las regulaciones de dichas leyes, solo esas actividades de suministro, almacenamiento, transporte, distribución y expendio de los productos derivados de hidrocarburos para el *consumo colectivo* interno declaradas en sus textos por estar destinadas a satisfacer *necesidades colectivas*, es decir, del público en general, a la colectividad en su conjunto, que requieren, por ello, continuidad, las mismas son consideradas como "servicio público."[55]

Esa declaración legal implica, por ejemplo, que los precios de dichos productos deben ser fijados por el Ejecutivo Nacional por órgano del Ministerio de Energía y Minas. Dichos precios pueden fijarse mediante bandas o cualquier otro sistema que resulte adecuado, tomando en cuenta las inversiones y la rentabilidad de las mismas. Además, el Ministerio debe adoptar medidas para garantizar el suministro, la eficiencia del servicio y evitar su interrupción. Además, por tratarse de servicios públicos, las personas naturales o jurídicas que deseen ejercerlas deben obtener previamente permiso del Ministerio de Energía y Minas, y su cesión o traspaso requiere la autorización previa del Ministerio de Energía y Minas (Art. 61 LOH).

Disposiciones similares se encuentran incorporadas en la Ley Orgánica de Hidrocarburos Gaseosos de 1999, en la cual se declara, que entre todas las actividades que regula, sólo constituyen un "servicio público" aquellas relacionadas, directa o indirectamente, con el transporte y distribución de gases de hidrocarburos destinados al *consumo colectivo*. Por ello, también, la misma Ley establece que los almacenadores, transportistas y distribuidores de hidrocarburos gaseosos tienen la obligación de prestar el servicio en forma. Tratándose de servicios públicos, el artículo 12 de la LOHG también autoriza al Ministerio de Energía y Minas para determinar los precios de los hidrocarburos gaseosos desde los centros de producción

---

52 Véase Allan R. Brewer-Carías, *Administrative Law in Venezuela*, EJV International, 2015, pp. 209-212.

53 Véase Gaceta Oficial N° 37.313 de 30 de octubre de 2001

54 Por ejemplo, el artículo 60 de dicha Ley establece: "constituyen un servicio público las actividades de suministro, almacenamiento, transporte, distribución y expendio de los productos derivados de los hidrocarburos, señalados por el Ejecutivo Nacional (conforme al artículo 59), destinados al consumo colectivo interno."

55 Esto lo ha confirmado la Sala Político Administrativa del Tribunal Supremo en sentencia No. 255 de 9 de febrero de 2006 (caso Estación San Luis Del Este II, C.A vs. Shell Venezuela Productos), en *Revista de Derecho Público*, No. 105, Editorial Jurídica venezolana, Caracas 2005, p. 178.

y procesamiento, atendiendo principios de equidad. Además, los Ministerios de Energía y Minas y de la Producción y el Comercio, conjuntamente, deben fijar las tarifas que se aplicarán a los consumidores finales y a los servicios que se presten de conformidad con la Ley.

De lo anterior resulta, por tanto, conforme a esos ejemplos regulatorios, que por voluntad expresa del legislador, en las leyes respectivas el Estado se reserva determinadas actividades destinadas a *satisfacer necesidades colectivas* de la población en general, que además, las asume como obligación prestacional, y que por tanto, los particulares no pueden realizar sino en virtud de una concesión o permiso del propio Estado. Esas son las actividades que pueden ser consideradas como "servicio público," lo que, por tanto, siempre requiere de un texto legal expreso que las califique, estableciendo además, el sentido de la reserva al Estado de las mismas. Es decir, "servicio público" en el derecho venezolano son las actividades prestacionales que debe asumir el Estado, *tendientes a satisfacer necesidades generales o colectivas, en cumplimiento de una obligación constitucional o legal* y en relación con las cuales, los particulares se encuentran limitados en cuanto a que no pueden desarrollarlas libremente, sea porque el Estado en algunos casos se las ha reservado, o sea porque el Estado las regula y ordena.[56] En esta forma, cuando por ejemplo se vincula a un contrato público (o específicamente un "contrato administrativo") con la idea del "servicio público," como lo ha resuelto la Sala Político Administrativa del Tribunal Supremo de Justicia, se exige que "el objeto del contrato esté vinculado a la *prestación de un servicio público que tiende a la satisfacción de un interés general, como lo es la educación,*"[57] en el sentido de *necesidad colectiva, que interesa a toda la colectividad.*

De esta definición sobre lo que en Venezuela es un "servicio público," resulta entonces lo siguiente: en *primer lugar,* que siempre se trata de una actividad, consistente en dar o hacer algo a favor de otros, colectivamente, en suma, de prestar. Se trata, por tanto, de una actividad prestacional; pero no de cualquier tipo de prestación sino de una que es de *interés pú-*

---

56   Véase Allan R. Brewer-Carías, "Comentarios sobre la noción de servicio público como actividad prestacional del Estado y sus consecuencias," en *Revista de Derecho Público,* N° 6, EJV, Caracas, 1981, pp. 65-71; "El régimen constitucional de los servicios públicos," en *VI Jornadas Internacionales de Derecho Administrativo "Allan R. Brewer-Carías",* Fundación de Estudios de Derecho Administrativo, Tomo I, Caracas 2002; y en *Estudios de Derecho Administrativo 2005-2007,* Editorial Jurídica Venezolana, Caracas 2007, pp. 528 ss.; y Allan R. Brewer-Carías, *Administrative Law in Venezuela,* EJV International, 2015, pp. 209-212. Véase también, José Ramón Parada, "Los servicios públicos en España", en *El derecho Público a comienzos del Siglo XXI. Estudios en Homenaje al Profesor Allan R. Brewer-Carías,* Madrid, 2003, pp. 1845-1869.

57   Véase la sentencia de la Sala Político Administrativa del Tribunal Supremo No. 592 de 7 de mayo de 2009 (Caso: *Universidad de Carabobo vs. Ministerio de Salud*), en *Revista de Derecho Público,* No. 118, Editorial Jurídica Venezolana, Caracas 2009, p. 291.

blico colectivo, de toda la población, es decir, de la colectividad en general, por lo que los sujetos a los cuales se destina son todos, al público en general, como sería por ejemplo, el *servicio ferroviario de transporte, el servicio de correos, el servicio de protección a la salud, los servicios de transporte colectivo terrestre, los servicios de educación o el servicio de distribución de productos* derivados del petróleo o gas. Como lo ha dicho la Sala Político Administrativa del Tribunal Supremo de Justicia al referirse al servicio de agua potable y de saneamiento, los mismos "constituyen verdaderos servicios públicos, y como tales se encuentran dirigidos *a satisfacer necesidades de interés general o colectivo.*"[58]

En *segundo lugar,* esa actividad prestacional para ser considerada como "servicio público" por su vinculación al interés general, corresponde cumplirla *obligatoriamente* al Estado, es decir, a los entes públicos, por estar así establecido como *obligación en la Constitución o en las leyes,*[59] como la establecida en el artículo 60 de la Ley Orgánica de Hidrocarburos.

Por tanto, no toda actividad prestacional de interés público que realicen los entes públicos puede considerarse como un "servicio público," pues hay prestaciones que no se imponen obligatoriamente al Estado, sino sólo aquellas que éstos asumen porque cumplen una obligación constitucional o legal. Por ello, precisamente es que los servicios públicos no pueden ser prestados libremente por los particulares, sino mediante concesión, licencia, permiso o autorización, como por ejemplo sucede con los servicios públicos domiciliarios y los servicios de policía, o los servicios de suministro de productos derivados en la industria petrolera, todos para satisfacer necesidades colectivas. Por ello, en las leyes que los regulan, como lo ha constatado la Sala Político Administrativa del Tribunal Supremo, se

---

58 Véase sentencia de la Sala Político Administrativa No. 224 de 7 de feberero de 2007 (Caso: *Armando Casal Casal; Interpretación del Art. 86 de la Ley Orgánica para la Prestación de los Servicios de Agua Potable y de Saneamiento*, publicada en la Gaceta Oficial N° 5.568 de fecha 31-12-2001. Véase además, en *Revista de Derecho Público*, No. 109, Editorial Jurídica Venezolana, Caracas 2007, p. 135 ss. En esta sentencia, la Sala agregó que "Estos servicios públicos, pueden ser de dos tipos: i) *"uti universi"* o ii) *"uti singuli"*. En el primer caso, los gastos de organización y funcionamiento son cubiertos, en principio, mediante impuesto (vgr. servicios de seguridad y defensa de la nación, policía de seguridad, etc), pues dichos servicios se encuentran directamente vinculados a la vida misma del Estado, siendo la comunidad el verdadero beneficiario. En el segundo de los casos, servicios *"uti singuli"*, excepcionalmente, dichos gastos son pagados a través del impuesto. Por lo general, son pagados por el usuario en su totalidad (gas, teléfono, agua, transporte, etc.) o en parte (correos y telégrafos); pues, de lo contrario tales gastos, mediante el impuesto, recaerían sobre la totalidad de los habitantes en perjuicio de quienes no utilizan dichos servicios. (Ver. Miguel Marienhoff. Tratado de *Derecho Administrativo*. Tomo II." Idem p. 138.

59 Por ello, en relación con la noción de servicio público, algunos autores han concluido que solo las actividades expresamente calificadas como tales en las leyes pueden ser consideradas como servicios públicos. Véase José Peña Solís, *Manual de Derecho Administrativo*, Vol. 3, Caracas 2003, pp. 336 ss.

declara expresamente que tales servicios constituyen "servicios públicos" atribuyéndose al Estado su prestación. [60]

En *tercer lugar,* tratándose de una actividad prestacional que corresponde como obligación al Estado, de acuerdo al principio de alteridad, los usuarios, es decir, la colectividad o el público en general, tienen un correlativo derecho constitucional o legal a recibir la prestación, como sucede por ejemplo, con el derecho a la protección de la salud, que las personas incluso pueden reclamar judicialmente. Por ello, el artículo 259 de la Constitución de 1999 le atribuye a la jurisdicción contencioso-administrativa competencia para resolver los "reclamos por la prestación de los servicios públicos" (Art. 259), lo que se regula en la Ley Orgánica de la Jurisdicción Contencioso Administrativa al considerar como sujetos a control "las entidades prestadoras de servicios públicos en su actividad prestacional" (Arts. 7.5; 9.5) estableciendo el procedimiento para conocer de "los reclamos por la omisión, demora o deficiente prestación de los servicios públicos"(Art. 65.1). Estos servicios públicos, por supuesto, no son cualquier prestación o actividad de interés general, sino las actividades prestacionales obligatorias impuestas al Estado respecto de las cuales los ciudadanos tienen derecho de percibirlos en forma regular y continua, teniendo el derecho además para reclamarlos judicialmente.

En *cuarto lugar,* desde el momento en el cual una actividad se configura legalmente como un servicio público a cargo de los entes públicos, la misma queda sustraída de las que pueden ser desarrolladas libremente por los particulares, en el sentido que esencialmente y conforme se establezca en las leyes (reserva legal), el Estado puede limitarlas y restringirlas, exigiendo por ejemplo, para que los particulares puedan desarrollarlos, una concesión, una autorización, un permiso, un registro o cualquier tipo de autorización o habilitación,[61] sometiéndose entonces la actividad a un régimen de derecho público.[62]

---

60 Véase en relación con el servicio público de electricidad, por ejemplo, la sentencia No. 846 de 31 de mayo de 2007 (Caso: *C.A. La Electricidad de Caracas vs. Ministro de Producción y el Comercio (Ministro del Poder Popular para las Industrias Ligeras y el Comercio),* en *Revista de Derecho Público,* No. 110, Editorial Jurídica Venezolana, Caracas 2007, p. 159-161.

61 Véase Allan R. Brewer-Carías, "Comentarios sobre la noción de servicio público como actividad prestacional del Estado y sus consecuencias," en *Revista de Derecho Público,* N° 6, Editorial Jurídica Venezolana, Caracas, 1981, pp. 68 ss.

62 En algunas decisiones, sin embargo, la Sala Constitucional ha considerado que para que haya servicio público, incluso, la ley debe haber reservado al Estado la actividad económica, de manera que exista *"publicatio* de la misma que excluya la libre iniciativa económica en el sector (artículos 112 y 113 constitucionales." Véase la sentencia No 825 de la Sala Constitucional de 06-05-2004 (Caso: *Banco del Caribe C.A. Banco Universal .vs. Superintendencia de Bancos y otras Instituciones Financieras*), en *Revista de Derecho Público,* No. 97-98, Editorial Jurídica Venezolana, Caracas 2004, pp. 273-274. Ratificada por sentencia de la Sala Constitucional No. 266 de 16-03-2005 (Caso: *Im-*

En todo caso, la idea clave a los efectos de la conceptualización jurídica del servicio público, es la existencia de una obligación constitucional o legal a cargo del Estado para la realización de la actividad prestacional. Ello contribuye a deslindar los servicios públicos de las actividades prestacionales que el Estado asume y realiza como mero empresario pero que no se ejecutan en virtud del cumplimiento de una obligación constitucional o legal alguna, y respecto de las cuales también existe el derecho de los particulares a desarrollarlas libremente. Por ello, el servicio público así entendido, como obligación prestacional a cargo del Estado, sólo puede tener su origen directamente en la Constitución o en la ley,[63] como es el caso de las previsiones mencionadas, por ejemplo de la Ley Orgánica de Hidrocarburos y de la Ley Orgánica de Hidrocarburos Gaseosos, pues sólo en los textos legales, conforme al principio de reserva legal previsto en la propia Constitución (Art. 112), es que puede limitarse o restringirse la libertad económica. [64]

Esta noción de servicio público en su sentido propio, como la actividad prestacional obligatoria del Estado destinada a satisfacer necesidades colectivas, es la que se sigue en el derecho venezolano, tanto en la doctrina de derecho administrativo[65] como en la jurisprudencia;[66] y también en el

---

pugnación de los artículos 10 y 16 de la Ordenanza sobre Tarifas del Servicio de Aseo Urbano y Domiciliario en el Municipio Libertador del Distrito Federal), en Revista de Derecho Público, No. 101, Editorial Jurídica Venezolana, Caracas 2005, p. 156.

63   Véase José Peña Solís, *Manual de Derecho Administrativo*, Vol. 3, Caracas 2003, pp. 336 ss.

64   Precisamente por ello, la Ley Orgánica de Hidrocarburos reserva la calificación como "servicio público" única y exclusivamente a las actividades de suministro, almacenamiento, transporte, distribución y expendio de los productos derivados de los hidrocarburos que señale el Ejecutivo Nacional, destinados al consumo colectivo interno (Arts. 59, 60); y la Ley Orgánica de Hidrocarburos Gaseosos también reserva la calificación como "servicio público" única y exclusivamente a las actividades relacionadas, directa o indirectamente, con el transporte y distribución de gases de hidrocarburos destinados al consumo colectivo (Art.5). En ambos casos, el elemento esencial es la actividad prestacional para la satisfacción de una necesidad colectiva o de consumo colectivo.

65   Véase Allan R. Brewer-Carías, "Comentarios sobre la noción del servicio público como actividad prestacional del Estado y sus consecuencias" en *Revista de Derecho Público*, N° 6, Editorial Jurídica Venezolana, Caracas 1981, pp. 65-71; "El régimen constitucional de los servicios públicos" en *VI Jornadas Internacionales de Derecho Administrativo Allan Randolph Brewer-Carías El nuevo servicio público. Actividades reservadas y regulación de actividades de interés general (electricidad, gas, telecomunicaciones y radiodifusión),* Caracas 2002, Fundación de Estudios de Derecho Administrativo FUNEDA, Caracas 2003, pp. 19-49; José Araujo Juárez, *Derecho Administrativo General. Servicio Público,* Ediciones Paredes, Caracas 2010, 58-79; José Araujo Juárez, "Régimen Jurídico de los servicios económicos de interés general," en *El Derecho Público a comienzos del Siglo XXI: Estudios en Homenaje al Profesor Allan R. Brewer-Carías*, Ed. Civitas, Madrid, 2003, pp. 1.969-1.978; Eloy Lares Martínez, *Manual de Derecho Administrativo*, 12ª ed., Universidad Central de Venezuela, Caracas 2001, pp. 203-209; José Peña Solís, *Manual de Derecho Administrativo*, Vol. 3, Col. Estudios Jurídicos, Tribunal Supremo de Justicia, Caracas, 2003, pp. 325-345; José Ignacio Hernández G., "Un ensayo

derecho administrativo comparado, donde a pesar de las sucesivas crisis de la noción,[67] la misma no llega a ser identificada con cualquier actividad desarrollada por el Estado, pues carecería de todo sentido.

Al contrario se la vincula con una actividad prestacional para satisfacer necesidades colectivas que debe ser asegurada o asumida por el Estado; y este ha sido el sentido tradicional del término *"service publique"* en la doctrina francesa general de derecho administrativo,[68] incluso la más reciente influenciada por las exigencias del derecho comunitario europeo.[69]

---

sobre el concepto de servicio público en el derecho venezolano," en *Revista de Derecho Público*, N° 89-92, Editorial Jurídica venezolana, Caracas, 2002, pp. 47-75.

66   Por ejemplo, en la sentencia de la Sala Político Administrativa del Tribunal Supremo de Justicia No. 1811 de 10 de diciembre de 2011 (Caso: *Tadeo-Anzoátegui, C.A. vs. Municipio Turístico El Morro "Licenciado Diego Bautista Urbaneja" Del Estado Anzoátegui*), al considerar el servicio público de aseo consideró que en el mismo "priva el interés general de la comunidad sobre el particular de la contratista, tratándose de una necesidad básica de la población que comporta la protección de derechos humanos fundamentales, tales como: el derecho a la salud, a la vida digna de la sociedad y a la preservación del medio ambiente, consagrados en la Constitución de la República Bolivariana de Venezuela, en virtud de lo cual la autoridades deben actuar de manera célere y eficiente para garantizar la debida prestación del servicio." En *Revista de Derecho Público*, No. 120, Editorial Jurídica Venezolana, Caracas 2009 pp. 137-139.

67   Véase entre los más recientes ensayos en la materia: Jaime Orlando Santofimio, "Los servicios públicos: vicisitudes y fundamentos de un tema jurídico inconcluso e impreciso" en *El derecho Público a comienzos del Siglo XXI: Estudios en Homenaje al Profesor Allan R. Brewer-Carías*, Ed. Civitas, Madrid, 2003, pp. 1882-1956; Diego Zegarra Valdivia, *El servicio Público. Fundamentos*, Palestra, Lima 2005.

68   Véase en general Guy Braibant y Bernard Stirn, *Le droit administratif français*, 5ᵉ éd., Col. Amphithéâtre, Presses de Sciences-Po – Dalloz, Paris 1999, pp. 139-143; René Chapus, *Droit administratif général*, T. I, 9ᵉ éd., Col. Domat Droit Public, Montchrestien, Paris, 1995, pp. 513-525; Pierre Delvolvé, *Le droit administratif*, 3ᵉ éd., Coll. Connaissance su droit, Dalloz, Paris 2002, pp. 42-47; Jacques Moreau, *Droit administratif, Coll. Droit fondamental – Droit administratif*, PUF, Paris, pp. 311-316; Jean Waline, *Précis de Droit administratif*, 22ᵉ ed., Coll. Droit public – Science politique, Dalloz, Paris 2008, pp. 339-359.

69   Véase en general, Stéphane Braconnier, *Droit des services publics*, 2ᵉ éd., Col. Thémis droit, PUF, Paris, 2007, pp. 157-184; Claudie Boiteau, «Vers une définition du service public (À propos de l'arrêt du Conseil d'État, Section, 22 février 2007, Association du personnel relevant des établissements pour inadaptés – APREI),» en *Revue française de droit administratif*, 2007, N° 4, pp. 803-811; Sabine Boussard, «L'éclatement des catégories de service public et la résurgence du « service public par nature »*, en *Revue française de droit administratif*, 2008, N° 1, pp. 43-49; Laetitia Janicot, « L'identification du service public géré pour une personne privée,» en *Revue française de droit administratif*, 2008, N° 1, pp. 67-79; Michaël Karpenschif, «Vers une définition communautaire du service public,» en *Revue française de droit administratif*, 2008, N° 1, pp. 58-66; Christophe Le Berre, «La logique économique dans la définition du service public,» en *Revue française de droit administratif*, 2008, N° 1, pp. 50-57; Marceau Long. «Service public et réalités économiques du XIX siècle au droit communautaire,» en *Revue française de droit administratif*, 2001, N° 6, pp. 1161-1168; François Séners, « L'identification des organismes privés chargés d'une mission de service public,» Concl. Sur CE, Sect., 6/4/2007, Ville d'Ais-en Provence,» en *Revue française de droit administratif*, 2007, N° 4, pp. 812-820. Note Jean-Claude Nouence, pp. 821-827.

Igualmente ha sido el sentido tradicional en América Latina, por ejemplo, en la doctrina argentina.[70] Igual sucede con la doctrina del derecho administrativo anglosajón, donde la expresión "servicio público" tiene precisamente el particular significado relativo a *public utility,*[71] expresión que identifica a los servicios *prestados al público en general* por entidades o corporaciones públicas o mediante concesión de estas. En consecuencia, también en el derecho anglosajón, no toda actividad de interés público puede ser considerada como servicio público, sino sólo aquellas que consisten en una actividad de prestación de interés público destinada a satisfacer las necesidades colectivas o del público en general o de confort y conveniencia de la comunidad entendida como globalidad, como por ejemplo son los servicios de ferrocarriles, de transporte, de teléfonos, de gas, de electricidad, de agua, pueden considerarse como "servicios públicos."

En consecuencia, en el ejemplo utilizado inicialmente, una actividad prestacional de un servicio de transporte por parte de una empresa privada a una empresa del Estado, para garantizarle el transporte a su personal mediante aviones ejecutivos, no se podría nunca calificar como un "servicio público," pues a pesar de ser una actividad prestacional de carácter comercial, y de un "servicio," el mismo no "público" sino que se presta en beneficio, solo y exclusivamente, de una empresa del Estado y su personal, para la realización de sus actividades cualquiera que ellas sean.

El criterio anteriormente expuesto y la definición de "servicio público," es la misma que siguió la Sala Político Administrativa del Tribunal Supremo de Justicia en sentencia de 2004, en la cual expresó:

> "El servicio público puede ser definido como la actividad administrativa de naturaleza prestacional destinada a satisfacer necesidades colectivas de manera regular y continua, previamente calificada como tal por un instrumento legal, realizada directa o indirectamente por la Administración Públi-

---

70 Véase por ejemplo, Agustín Gordillo, *Tratado de Derecho Administrativo*, Tomo 2 La Defensa del Usuario y del Administrado, 4ta Edición, Buenos Aires 2000, pp. VI-33 ss.; Juan Francisco Linares. *Derecho Administrativo,* Buenos Aires, 1986, pp. 509 ss.; Benjanmín Villegas Basavilvaso, *Derecho Administrativo*, Vol. III (Primera Parte General, Instituciones Fundamentales), Buenos Aires, 1951. pp. 4 ss.

71 Véase por ejemplo Peter L Strauss et al., Administrative Law. Cases and Comments, University Casebooks Series, New York, 1995, pp. 339 ss. Cf. José Peña Solís, *Manual de Derecho Administrativo*, Vol. 3, Caracas 2003, p. 381. Conforme al Black's Law Dictionary, el término "public service" se aplica a las actividades o entidades "que especialmente satisfacen las necesidades del público en general o que conducen al confort y conveniencia de la comunidad entera, como las compañías de ferrocarriles, de gas, de agua o de luz eléctrica; y compañías que suministran transporte público." Si el servicio público es prestado por una empresa privada debe tener "una apropiada concesión del Estado para satisfacer la necesidad o conveniencia del público general, incapaz de ser satisfecha mediante a través de empresas privadas en competencia." Véase Allan R. Brewer-Carías, *Administrative Law in Venezuela*, EJV International, 2015, p. 210.

ca y por tanto, sometido a un régimen de Derecho público. (José Peña Solís. "La Actividad Administrativa de Servicio Público: Aproximación a sus Lineamientos Generales", en *Temas de Derecho Administrativo. Libro Homenaje a Gonzalo Pérez Luciani*, Vol. I. Tribunal Supremo de Justicia. Colección Libros Homenaje N° 7, Caracas 2002. p. 433).

Los servicios públicos contienen una serie de elementos que los caracterizan, entre los que están la actividad prestacional, la satisfacción de necesidades colectivas (o la vinculación al principio de la universalidad del servicio), la regularidad y continuidad del servicio, la calificación por ley de la actividad como servicio público (*publicatio*), la gestión directa o indirecta de la Administración Pública, y su consecuencial régimen de Derecho público."[72]

En otra sentencia de la Sala Constitucional del Tribunal Supremo No. 825 de 6 de abril de 2004 (Caso: *Banco del Caribe C.A. Banco Universal vs. Superintendencia de Bancos y otras Instituciones Financieras*) al considerar que efectivamente la actividad de intermediación financiera que realizan los bancos está "vinculada con la preservación de un interés general," sin embargo, dijo la Sala, "no constituye una actividad de prestación de servicio público, ya que, entre otros aspectos de derecho sustantivo, no existe en la mencionada ley o en la Constitución una reserva a favor del Estado de dicha actividad económica, es decir, no existe *publicatio* de la misma que excluya la libre iniciativa económica en el sector (artículos 112 y 113 constitucionales)."[73]

IV. LA DECLARATORIA LEGAL DE DETERMINADAS ACTIVIDADES COMO DE UTILIDAD PÚBLICA O INTERÉS SOCIAL Y SU IRRELEVANCIA PARA LA CALIFICACIÓN DE CONTRATOS PÚBLICOS COMO "CONTRATOS ADMINISTRATIVOS"

Conforme a lo anterior, sin duda, así como la noción de servicio púbico tiene incidencia en la calificación de determinados contratos como "contratos administrativos," si los mismos tienen por objeto, por ejemplo, asegurar por parte de una empresa privada la prestación de un servicio públi-

---

72 Véase sentencia No. 1002 de la Sala Político Administrativa del Tribunal Supremo de Justicia de 5 de agosto de 2004 (Caso: *DHL Fletes Aéreos C.A. y otros*), en http://www.tsj.gov.ve/decisiones/spa/Agosto/01002-050804-1995-11546.htm

73 Véase sentencia No 825 de la Sala Constitucional de 6 de mayo de 2004 (Caso: *Banco del Caribe C.A. Banco Universal vs. Superintendencia de Bancos y otras Instituciones Financieras*), en *Revista de Derecho Público*, No. 97-98, Editorial Jurídica Venezolana, Caracas 2004, pp. 273-274; ratificada por sentencia de la Sala Constitucional No. 266 de 16-03-2005 (Caso: *Impugnación de los artículos 10 y 16 de la Ordenanza sobre Tarifas del Servicio de Aseo Urbano y Domiciliario en el Municipio Libertador del Distrito Federal*), en *Revista de Derecho Público*, No. 101, Editorial Jurídica Venezolana, Caracas 2005, p. 156.

co; en cambio, ninguna incidencia tiene para esa calificación que la actividad que por ejemplo realiza una empresa del Estado, sea una actividad declarada legalmente como de "utilidad pública" o "interés social."

Es decir, la actividad que realiza esencialmente una empresa puede haber sido declarada de utilidad pública o interés social, como es el caso por ejemplo, de las actividades reguladas en la Ley de Aguas,[74] como la actividad de aprovechamiento de los recursos hidráulicos; pero ello no significa que los contratos que suscriba dicha empresa que realizan actividades relacionadas con el aprovechamiento del agua sean siempre "contratos administrativos." Si se tratase, por ejemplo, de un contrato para la prestación del servicio de tratamiento y distribución de agua potable, para consumo colectivo, la concesión que otorgue el Estado para ello sería, sin duda, un "contrato administrativo," pero no por la declaración legal de "utilidad pública" o "interés social" de las actividades relacionadas con el agua, sino por la naturaleza del servicio que se preste para la satisfacción de necesidades colectivas. En cambio, si la empresa del Estado que actúa en el campo de las actividades reguladas por la Ley de Aguas (por ejemplo, en la construcción de una presa o vigilancia de las cuencas de agua), suscribe un contrato público, como el contrato mencionado como ejemplo, para recibir de una empresa privada la prestación del servicio de transporte aéreo para asegurar el traslado de los empleados de la empresa del Estado a los sitios remotos necesarios, dicho contrato nunca podría considerarse como un "contrato administrativo," ni el servicio que presta la empresa privada en ese caso se podría considerar como "servicio público."

En consecuencia, puede afirmarse, como principio, que la declaración de determinadas actividades en leyes especiales como de "utilidad pública o interés social," no tiene incidencia alguna en la posible calificación como "contratos administrativos" respecto de los contratos de servicios que puedan contratar empresas del Estado que realicen las actividades calificadas en dichas leyes como de "utilidad pública" o de "interés social."

No se olvide que es harto frecuente que las leyes reguladoras de determinadas actividades se califican en forma expresa en el texto mismo de las leyes como de "utilidad pública" o "interés social," como es el caso, por ejemplo, para solo citar algunas, de la mencionada Ley de Aguas (art. 7), de la Ley de Bosques y Gestión forestal (arts. 5, 6), [75] de la Ley de Minas (art. 3),[76] de la Ley de Tierras (art. 68),[77] de la Ley del Sistema de Transporte Ferroviario Nacional (art. 2),[78] de la Ley de Hidrocarburos

---

74   Art. 7. Véase Gaceta Oficial N° 38.595 de 2 de enero de 2007

75   Véase Gaceta Oficial N° 38.946 de 5 de junio de 2008

76   Véase Gaceta Oficial N° 5.382 Extra. de 28 de septiembre de 1999

77   Véase Gaceta Oficial N° 5.991 Extra del 29 de julio de 2010

78   Véase Gaceta Oficial N° 37.313 del 30 de octubre de 2001

(art. 4), o de la Ley de Hidrocarburos Gaseosos (art. 4). Sin embargo, en Venezuela, esas declaraciones legales en realidad tienen única y exclusivamente como razón de ser, el facilitar y acelerar la eventual posibilidad de que el Estado proceda a expropiar bienes de propiedad privada para la realización de las actividades reguladas en dichas leyes.

Es decir, para que pueda decretarse la expropiación de bienes en Venezuela, es condición constitucional y legal, que la actividad específica que la motive haya sido declarada previamente en una ley como de utilidad pública o interés social. Así lo dispone expresamente el artículo 115 de la Constitución al exigir que para decretar la expropiación de bienes de propiedad privada se exige la previa declaración mediante Ley de la "causa de utilidad pública y social"[79] que la puede motivar. Esto también se ha exigido tradicionalmente la Ley de Expropiación por causa de utilidad pública o interés social (Arts. 7.1 y 13),[80] como condición previa para poder decretarse la expropiación. Esta declaración está en relación con muchas actividades en el artículo 10 y 11 de la propia Ley de Expropiación, y además, en múltiples leyes especiales, de manera que sin necesidad de una ulterior declaratoria de "interés social o utilidad pública," se pueda proceder a iniciar el procedimiento expropiatorio.[81]

---

79 Artículo 115 de la Constitución de la República Bolivariana de Venezuela: "Se garantiza el derecho de propiedad. Toda persona tiene derecho al uso, goce, disfrute y disposición de sus bienes. La propiedad estará sometida a las condiciones, restricciones y obligaciones que establezca la ley con fines de utilidad pública o de interés general. Sólo por causa de utilidad pública o interés social, mediante sentencia firme y pago oportuno de justa indemnización, podrá ser declarada la expropiación de cualquier clase de bienes."

80 Véase la Ley de Expropiación por causa de utilidad pública o interés social, en Gaceta Oficial N° 37.475 de 1 de julio de 2002. Véanse los comentarios a dicha Ley en Allan R. Brewer-Carías, "Introducción general "Introducción General al régimen de la expropiación," en el libro: Allan R. Brewer-Carías, Gustavo Linares Benzo, Dolores Aguerrevere Valero y Caterina Balasso Tejera, *Ley de Expropiación por Causa de Utilidad Pública o Interés Social*, Colección Textos Legislativos, N° 26, 1ª edición, Editorial Jurídica Venezolana, Caracas 2002, pp. 7-100.

81 Por ejemplo, en cuanto a leyes más recientes, aun cuando muchas ya derogadas o reformadas, se pueden mencionar las siguientes: en la Ley para la defensa de las personas en el acceso a los bienes y servicios (Decreto Ley N° 6.092 de 27-05-2008), se declaran como de utilidad pública e interés social, todos los bienes necesarios para desarrollar las actividades de producción, fabricación, importación, acopio, transporte, distribución y comercialización de alimentos, bienes y servicios declarados de primera necesidad (Gaceta Oficial N° 5.889 Extraordinaria de 31 de julio de 2008); en la Ley de salud agrícola integral (Decreto Ley N° 6.129 de 3 de junio de 2008), se declaran de utilidad pública, interés nacional e interés social, los bienes y servicios propios de las actividades de salud agrícola integral, por lo que cuando medien motivos de seguridad, podrá sin mediar otra formalidad, decretarse la adquisición forzosa de la totalidad de un bien o de varios bienes necesarios para la ejecución de obras o el desarrollo de actividades de salud agrícola integral (Gaceta Oficial N° 5.890 Extraordinaria de 31 de julio de 2008); en la Ley del Instituto Nacional de la Vivienda (INAVI) (Decreto Ley N° 6.267 de 30 de julio de 2008), se declara de utilidad pública la construcción de viviendas de interés social cuya

Por tanto, la declaratoria de una actividad como de "interés social" o de "utilidad pública" en una ley específica, tiene simplemente el propósito de agilizar los procedimientos expropiatorios, no implicando que todo lo que corresponda ser realizado en el marco de su regulación esté sometido necesariamente un régimen de derecho público, y que esa sola declaratoria pueda transformar todo el régimen jurídico de una actividad, sometiéndola al derecho público. Es decir, la declaratoria de una actividad como de utilidad pública o interés social a los efectos de aligerar los procesos de expropiación de bienes de propiedad privada, no implica una *publicatio* de su régimen jurídico, y que el mismo se convierta automáticamente en un régimen regulatorio especial de derecho público. Por ello, por ejemplo, no es correcto afirmar, en relación con actividades que realicen contratistas privados, como contratistas de servicios, que en sí mismos no son actividades reservadas al Estado, aun cuando sean conexas con éstas, que como la Ley declara las actividades petroleras como de "utilidad pública" o "social," entonces todo lo que se realice en relación con las mismas pasa a estar sometido a un régimen de derecho público; y que, por ejemplo, los contratos comerciales de servicios que se suscriban por las empresas petroleras nacionalizadas con empresas privadas, cesan de ser comerciales y se convierten en "contratos administrativos." Una cosa es que una actividad se declare de utilidad pública o interés social, y otra es la naturaleza de los contratos del Estado que puedan celebrarse en su ámbito. Lo cierto es que tal declaratoria en la ley que se formula exclusivamente con fines expropiatorios no implica ni la *publicatio* general de la actividad ni de los contratos celebrados entre las empresas del Estado del sector respecto de actividades no reservadas, como son los contratos de servicios, cuya naturaleza no se ve afectada.

Por tanto, el derecho administrativo venezolano no se puede afirmar que todos los contratos que celebre una empresa del Estado que cumple actividades que por ley han sido declaradas como de utilidad pública o interés social, tengan que considerarse como "contratos administrativos." En realidad, no hay relación alguna entre la declaración de una actividad mediante ley como de utilidad pública o interés social a los efectos de preparar la ejecución de procesos expropiatorios de bienes o derechos, y la naturaleza de los contratos que se suscriban con ocasión de las actividades

---

ejecución directa o indirecta corresponda al Instituto Nacional de la Vivienda, (Gaceta Oficial N° 5.892 de julio de 2008); y en la Ley Orgánica de seguridad y soberanía agroalimentaria (Decreto Ley N° 6.071 de 14 de mayo de 2008), se declaran de utilidad pública e interés social los bienes que aseguren la disponibilidad y acceso oportuno a los alimentos, así como las infraestructuras necesarias (Gaceta Oficial N° 5.889 Extraordinaria de 31 de julio de 2008).

reguladas en la ley específica, que por el hecho de dicha declaratoria no son contratos administrativos. [82]

Para que un contrato sea "administrativo," como lo precisó por ejemplo, la sentencia dictada en el caso *Acción Comercial* en 1983, la antigua Corte Suprema en Sala Político Administrativa fue muy precisa al indicar, que los mismos se identifican por su objeto, el cual siempre tiene que perseguir "la satisfacción de determinadas necesidades" "de *interés general o colectivo*." Para calificar un contrato público como "administrativo" no se trata, por tanto, de que se realice en el marco de cualquier actividad declarada legalmente como de "utilidad pública" o "interés general," sino como lo ha precisado la jurisprudencia, que su objeto sea una actividad específica de *satisfacción de algún interés colectivo, que interesa a toda la colectividad*, para lo cual la Administración se asegura "la colaboración del particular en la satisfacción" de dichas necesidades colectivas[83].

Por ello, por ejemplo, contratos de derecho privado de la Administración como podría ser el contrato que hemos citado como ejemplo, de prestación del servicio de trasporte aéreo suscrito por una empresa del Estado con una empresa privada para que ésta le asegure el transporte aéreo a su personal ejecutivo, si bien es un contrato público, en ningún caso puede considerarse como un "contrato administrativo" por el hecho de que la empresa pública contratante realice actividades que han sido declaradas en la ley como de "utilidad pública o interés social."

Por otra parte, tratarlo de calificar un contrato público con objeto comercial suscrito por una empresa del Estado como "contrato administrativo" solo porque la actividad realizada por la empresa pública contratante sea de "utilidad pública e interés social," y solo para tratar de justificar la posibilidad de actuaciones unilaterales por parte del ente público en relación con la ejecución del contrato, mediante el uso de las llamadas "cláusulas exorbitantes del derecho común," en la actualidad es, además, una tarea inútil, particularmente después de la entrada en vigencia de la Ley

---

82 Véase sobre esto lo expuesto en Allan R. Brewer-Carías, *Sobre las nociones de contratos administrativos, contratos de interés público, servicio público, interés público y orden público, y su manipulación legislativa*, Cuadernos de la Cátedra Fundacional Allan R. Brewer-Carías de Derecho Administrativo, Universidad Católica Andrés Bello, No. 39, Editorial Jurídica Venezolana, Caracas enero 2019.

83 Véase las referencias a la sentencia de la Sala Político Administrativa de fecha 11 de julio de 1983, en la sentencia de la misma Sala No. 178 del 11 de agosto de 1983, en *Revista de Derecho Público*, No. 16, Editorial Jurídica Venezolana, Caracas 1983, pp. 162- 163. Véase la cita de dicha sentencia igualmente Allan R. Brewer-Carías, *Contratos Administrativos. Contratos Públicos. Contratos del Estado*, Editorial Jurídica Venezolana, Caracas 2013, pp. 194-195. En todo caso, los conceptos de "utilidad pública" y "servicio público," por lo además, en la industria petrolera en ningún caso pueden tener el mismo significado cuando el Legislador, expresamente, las ha distinguido claramente en disposiciones precisas tanto de la Ley Orgánica de Hidrocarburos (Arts. 4 y 60) como de la Ley Orgánica de Hidrocarburos Gaseosos (Arts. 4, 5)

de Contrataciones Públicas que las regula expresamente en relación con todos los contratos públicos, sea que se los considere "contratos administrativos" o contratos de derecho privado de la Administración."

V. SOBRE LAS LLAMADAS CLÁUSULAS EXORBITANTES DE DERECHO COMÚN EN LOS "CONTRATOS ADMINISTRATIVOS" Y SU NECESARIA PREVISIÓN LEGAL EXPRESA

En efecto, en relación con las llamadas "cláusulas exorbitantes de derecho común" previstas con carácter general para todos los contratos públicos, lo primero que debe observarse es que en el derecho administrativo venezolano, no es cierto que la consecuencia fundamental de que un contrato se considere como "contrato administrativo," sea la posibilidad de que el ente público contratante pueda hacer uso de ciertas prerrogativas públicas llamadas en la doctrina como *cláusulas exorbitantes de derecho común*, concebidas como poderes extraordinarios que corresponden a las entidades públicas con el objeto de preservar el interés público, y que supuestamente no se encontrarían en los "contratos de derecho privado de la Administración."

En realidad, como fue decidido por la antigua Corte Suprema de Justicia en la sentencia del 17 de agosto de 1999 (Caso *Apertura Petrolera*), dichos poderes extraordinarios no definen el contrato administrativo como tal, ya que las mismas son consecuencia y no la condición para su determinación; de manera que el hecho de que un contrato tenga o no esas cláusulas no es sino la consecuencia de la necesaria y obligatoria protección del interés general,[84] para lo cual las leyes expresamente las prevén. Es decir, en realidad, solo existen "cláusulas exorbitantes" cuando una ley las haya regulado, y es por ello, por su fuente en una ley, que no tienen que estar expresadas en el texto del contrato.[85]

Como lo expresó la antigua Corte Suprema de Justicia en Sala Plena en la antes referida sentencia, al referirse a los contratos administrativos, "estas cláusulas exorbitantes se presentan como disposiciones implícitas en el contrato administrativo, que recogen prerrogativas en favor de la Administración Pública, *justificadas por el interés colectivo* involucrado en

---

84 Véase el texto de la decisión de la Corte en Pleno de 17 de agosto de 1999 en Allan R. Brewer-Carías (Allan R. Brewer-Carías, *Crónica de una destrucción. Concesión, Nacionalización, Apertura, Constitucionalización, Desnacionalización, Estatización, Entrega y Degradación de la Industria Petrolera (Con Apéndice con los documentos del Caso del Juicio de nulidad de la autorización parlamentaria para los contratos de la "Apertura Petrolera" 1996-1999)*, Colección Centro de Estudios de Regulación Económica-Universidad Monteávila, N° 3, Universidad Monteávila, Editorial Jurídica Venezolana, Caracas, 2018, pp. 669 ss.

85 Véase Allan R. Brewer-Carías, *Administrative Law in Venezuela*, EJV International, 2015, p. 151.

esa contratación, y cuya proporción es de tal magnitud que en una relación contractual común resultan inaceptables," agregando que se trata de "disposiciones que un particular no aceptaría insertar en un contrato con otro particular, porque son ellas las que en definitiva ponen de relieve o materializan en el negocio jurídico las potestades administrativas."[86]

Estos poderes o prerrogativas públicas que siempre tienen que tener una fuente legal, pues no hay competencia pública que pueda ejercerse por un ente público sin una ley atributiva de la misma, por ello es que se han considerado como inherentes o implícitas en los contratos administrativos, no siendo necesario que estén repetidas o incorporadas en las cláusulas contractuales.[87] Así se admitió, por ejemplo, por la Sala Político Administrativo del Tribunal Supremo de Justicia en sentencia No. 384 del 21 de abril de 2004, al señalar que "los poderes atribuidos *por ley* a la Administración Pública, incluso cuando no estén expresamente incorporados en el texto del contrato, deben considerarse insertos en el mismo,"[88] pero con la importante observación de que como lo indicó la Corte, tales poderes tienen que estar "atribuidos *por ley*." Como lo ha sostenido José Ignacio Hernández,

> "si las cláusulas exorbitantes son en realidad poderes extracontractuales, su fuente no puede anclarse en el objeto del contrato sino en realidad, en la Ley. Es la Ley –y no el contrato– quien legitima a la Administración para desplegar esas potestades, por lo que su ejercicio mal podría supeditarse al objeto del contrato, o sea a su carácter administrativo."

De resto, agregó Hernández, "estas facultades sólo podrán ejercerse en tanto ellas hayan sido expresamente consagradas en el texto del contrato."[89]

De allí la inutilidad de tratar de acudir al concepto de "contrato administrativo" para tratar de justificar la existencia de cláusulas exorbitantes, cuando ellas tienen, en todo caso, que tener su origen en disposiciones legales.

Por ello es que, además, hemos expresado que en la actualidad la distinción entre "contratos administrativos" y "contratos de derecho privado de la Administración" a los efectos de tratar de justificar la existencia de

---

86 Idem.

87 Véase Allan R. Brewer-Carías, *Contratos Administrativos. Contratos Públicos. Contratos del Estado*, Editorial Jurídica Venezolana, Caracas 2013, pp. 93, 97, 197.

88 Véase: Caso David Goncalves Carrasqueño vs. Alcaldía del Municipio Miranda del Estado Zulia disponible en http://www.tsj.gov.ve/decisiones/spa/Abril/00384-210404-2003-0654.htm)

89 Véase José Ignacio Hernández, "El contrato administrativo en la Ley de Contrataciones Públicas venezolana," en Allan R. Brewer-Carías, et al., *Ley de Contrataciones Públicas*, Editorial Jurídica venezolana, Caracas 2012, pp. 184-185.

cláusulas exorbitantes "es inútil, ya que los poderes extraordinarios (*cláusulas exorbitantes*) establecidos en las leyes, pueden siempre ejercerse por la Administración contratante, independientemente del objeto del contrato y del contenido de sus cláusulas, cuando el interés público lo requiera" precisamente por estar previstas expresamente en una Ley.[90]

Estas cláusulas exorbitantes en los "contratos administrativos," tradicionalmente han sido identificadas, por ejemplo, con los poderes que tiene la Administración contratante para dirigir y controlar la ejecución del contrato; para sancionar los incumplimientos de la contraparte en el contrato; para modificar unilateralmente las prestaciones objeto del contrato; o para resolver unilateralmente la rescisión del contrato.[91] Dichos poderes, si no están en las cláusulas del contrato, en virtud del principio de la atribución de competencias públicas solo mediante ley, siempre tienen que estar regulados en algún texto legal, como por ejemplo se regularon en la Ley de Promoción a la Inversión Privada bajo el régimen de Concesiones de 1999,[92] donde se previeron expresamente las potestades de la Administración concedente de inspección y control (Art. 37); de interpretación unilateral (Art. 38); de modificación unilateral (Art. 39); de orden sancionatorio por faltas del concesionario (Art. 43); de rescisión unilateral del contrato debido a incumplimiento grave de las obligaciones del concesionario (Art. 46.c); y de rescatarse anticipado de la concesión por causa de utilidad o interés público (Art. 53); y como se han regulado a partir de 2008 en la Ley de Contrataciones Públicas.

Ahora bien, en el marco de los contratos del Estado que no puedan considerarse como "contratos administrativos," como son, por ejemplo, los contratos comerciales que celebren las empresas del Estado con empresas particulares para la prestación por estas a favor de la empresa pública ciertos servicios comerciales, si bien a los mismos no se le pueda aplicar toda la teoría de las "cláusulas exorbitantes al derecho común" construida sobre la base de la noción de "contratos administrativos," particularmente la que se refiere a la potestad para introducir modifica-

---

90   Véase Allan R. Brewer-Carías, "Sobre los Contratos del Estado en Venezuela," en *Revista Mexicana Statum Rei Romanea de derecho Administrativo*, No 6, Universidad Nacional Autónoma de México, Monterrey 2011, pp. 207-252; reproducido en en el libro Allan R. Brewer-Carías, *Contratos Administrativos. Contratos Públicos. Contratos del Estado*, Editorial Jurídica Venezolana, Caracas 2013, p. 327. Igualmente p. 339. Véase Allan R. Brewer-Carías, *Administrative Law in Venezuela*, EJV International, 2015, p. 156.

91   Véase Carlos García Soto, "Posición de la Administración en su actividad contractual. El caso de la Ley de Contrataciones Públicas," en Allan R. Brewer-Carías et al., *Ley de Contrataciones Públicas*, Editorial Jurídica Venezolana, Caracas 2012, pp. 201 ss.; Allan R. Brewer-Carías, *Contratos administrativos. Contratos Públicos. Contratos del Estado*, Editorial Jurídica Venezolana, Caracas 2013, pp. 196-216.

92   Gaceta Oficial, N° 5.394 Extraordinaria del 21-10-1999.

ciones en las condiciones de la prestación objeto del contrato, o para la rescisión unilateral del contrato, en realidad, esa posibilidad para la empresa pública se encuentra establecida para todos los contratos públicos (independientemente de su consideración o no como "contrato administrativo"), conforme a las previsiones de la Ley de Contrataciones Públicas (arts. 130 ss.; 152 ss.).

VI. SOBRE LA POTESTAD PÚBLICA DE MODIFICACIÓN UNILATERAL DE LOS CONTRATOS PÚBLICOS Y SUS LÍMITES

En todo caso, lo importante que debe determinarse sobre tal posibilidad de modificaciones unilaterales en los contratos públicos por parte de los entes públicos contratantes, sea que se trate de "contratos administrativos" o de "contratos de derecho privado de la Administración," es que tales modificaciones no podrían tener nunca un ámbito general o universal en relación con las cláusulas contractuales, sino solo se pueden referir a determinadas cláusula que son las referidas al *objeto del contrato*, como lo establece, por ejemplo, la propia Ley de Contrataciones Públicas, en el sentido de que solo se puede referir a las cláusulas donde se regula "el *suministro de los bienes, la prestación de los servicios o la ejecución de la obra*" (art. 130, Ley 2014). Es decir, la potestad atribuida al ente público contratante de modificar el contrato público, no se refiere ni puede referirse a cualquier cláusula contractual, sino sólo a las que se refieren al objeto del mismo, es decir, a las prestaciones que son el objeto del contrato, que regulen la "prestación de servicio", "el suministro de bienes" y "la ejecución de la obra."

Como lo he expresado hace unos años al referirme entonces a la potestad de modificación unilateral, por ejemplo, en los "contratos administrativos," la misma solo se puede referir a las cláusulas relativas a las *condiciones de ejecución del contrato*, que son las que regulan la *prestación objeto del contrato*, como sería por ejemplo, una modificación que busque cambiar la extensión de las prestaciones o las condiciones de ejecución.[93] Este criterio, por lo demás, lo he sostenido desde 1964, cuando explique que la jurisprudencia de la antigua Corte Federal lo que reconoció desde el inicio en la materia fue la potestad de la Administración, "de modificar unilateralmente los contratos administrativos, cambiando *la*

---

93 Véase Allan R. Brewer-Carías, *Contratos Administrativos*, Editorial Jurídica Venezolana, Caracas 1992, cuyo texto fue reproducido en el libro: Allan R. Brewer-Carías, *Contratos Administrativos. Contratos Públicos. Contratos del Estado*, Editorial Jurídica Venezolana, Caracas 2013, pp. 201, 202.

extensión de las prestaciones a efectuar por el co-contratante," es decir, solo respecto de las cláusulas relativa al objeto o prestación del contrato.[94]

Posteriormente, en 1968, al elaborar más sobre el tema de la modificación unilateral de los "contratos administrativos," en particular de los contratos de obra pública, insistimos en que tal modificación solo es concebible en relación con las cláusulas relativas a las prestaciones objeto del contrato,[95] con lo que, por lo demás, coincidió Eloy Lares Martínez, al indicar que el "fundamento de esta facultad de modificación unilateral radica en las *exigencias del interés general de la comunidad*,"[96] y la antigua Corte Federal en el sentido de que estimar que "tratándose de contratos de obras públicas, como un puerto, una carretera, la Administración puede, *para dar mayor satisfacción a las necesidades colectivas, modificar en más o en menos las cantidades de trabajo a efectuar por el contratista*."[97]

Por ello, en particular, en relación con las modificaciones unilaterales que se aceptan en los "contratos administrativos," particularmente los de obra pública, indicamos en su momento que solo se podrían referir "a las *modalidades de ejecución, al objeto mismo del contrato* (aumento o disminución de volumen de trabajos)" lo que da origen a "modificaciones cualitativas o cuantitativas de la obra," de manera que como lo señaló en

---

94 Véase Allan R. Brewer-Carías, *Las Instituciones Fundamentales del Derecho Administrativo y la Jurisprudencia venezolana*, Caracas, 1964, pp. 11, 15. donde citamos en apoyo la sentencia de la antigua Corte Federal de 12 de noviembre de 1954, y de la antigua Corte Federal y de la Corte Federal y de Casación de 9 de marzo de 1939 en Memoria de 1940, tomo I, p. 346), y de 5 de diciembre de 1945, Actuaciones de 1945, p. 304. 162. El texto pertinente sobre contratos del Estado de dicho libro fue reproducido en el libro: Allan R. Brewer-Carías, *Contratos Administrativos. Contratos Públicos. Contratos del Estado*, Editorial Jurídica Venezolana, Caracas 2013, pp. 11-13 Sobre el tema en el derecho francés, en aquél trabajo también hice referencia a J. Dufan, "Le pouvoir de modification unilatérale de l'Administration et les contrats de concession de service public", Actualité Juridique, N° 7, 1955; A. De Laubadère, "Du pouvoir de l'Administration d'imposer unilatéralement des changements aux dispositions du contrat administratif", *Revue de droit public (RDP)*, 1954, p. 36. La posibilidad de modificación unilateral de los Contratos Administrativos en 1964, indicábamos, además estaba específicamente señalada en el Proyecto Ley Orgánica de la Hacienda Pública de 1963, en el cual se propuso, en su artículo 24, que "el Ejecutivo Nacional, cuando así convenga a los intereses de la República y sin necesidad de obtener el consentimiento del co-contratante, podrá introducir alteraciones en el objeto del contrato; pero, si de tales alteraciones se deriva algún perjuicio directo para el co-contratante, éste tendrá derecho a una justa y razonable indemnización."

95 Véase Allan R. Brewer-Carías, "La facultad de la Administración de modificar unilateralmente los contratos administrativos con especial referencia a los contratos de obras públicas en el Derecho venezolano, en *Revista de Derecho Español y Americano*, N° 19, Madrid, 1968, p. 1-17. El texto de este trabajo fue recogido en el libro Contratos Administrativos, Editorial Jurídica Venezolana, Caracas 1992, cuyo texto fue reproducido en el libro: Allan R. Brewer-Carías, *Contratos Administrativos. Contratos Públicos. Contratos del Estado*, Editorial Jurídica Venezolana, Caracas 2013, pp. 204-213.

96 Véase Eloy Lares Martínez, *Manual de Derecho Administrativo, cit.*, p. 215.

97 Véase sentencia de 5 de diciembre de 1944, en Memoria 1945, tomo I, p. 285.

su tiempo la Procuraduría General de la República, "si bien en los contratos de obras públicas se contrata generalmente una cantidad de obra determinada, ello no impide la realización, durante la ejecución de las obras por parte del contratista, de obras extras no previstas cualitativa o cuantitativamente en el contrato original" (1966). Esa potestad, en todo caso, destacamos hace años, estaba expresamente prevista en "Condiciones Generales de Contratación para la ejecución de obras dictadas por Decreto No. 1.821 de agosto de 1991, *Artículo 32*) que comenzaba indicando que "El Ente Contratante podrá, antes o después de iniciada la ejecución de la obra, introducir en ella los cambios o modificaciones que estime convenientes, debiendo notificarse de ello a los garantes." Ese texto, que debía incorporarse con esas Condiciones Generales en el texto de los contratos de obra, fue el antecedente remoto del artículo 130 de la Ley de Contrataciones Públicas de 2014, aplicable ahora a todos los contratos públicos sean "contratos administrativos" o "contratos de derecho privado de la Administración," que comienza igualmente indicando que: "El contratante podrá, antes o después de iniciado el suministro de los bienes, la prestación de los servicios o la ejecución de la obra, introducir las modificaciones que estime necesarias, las cuales serán notificadas por escrito al contratista..."

Por ello, concluía en el estudio de 1968, al referirme a la modificación unilateral en los contratos de obra pública, que "la Administración puede, en primer lugar, introducir modificaciones *en las modalidades de ejecución de la obra, ya que estas modificaciones tendrían siempre alguna relación con las obras que son objeto del contrato.* Por otra parte, la Administración puede imponer la realización de obras complementarias si éstas lo son de la obra objeto del contrato, con ese carácter, es decir, puede imponer la realización de obras no previstas, pero que no le son totalmente extrañas a la obra contratada."[98] Con ello quedaba claramente precisado que las modificaciones en los "contratos administrativos" que pudiera introducir la Administración contratante, solo podrían incidir en relación con el objeto del contrato, es decir, la prestación específica, el alcance del servicio a prestar, la ejecución de la obra pública, o la explotación del bien del dominio público, en concreto, sin que pueda pretenderse ni siquiera en los llamados "contratos administrativos," que la Administración pueda mo-

---

[98]   Véase Allan R. Brewer–Carías, "La facultad de la Administración de modificar unilateralmente los contratos administrativos con especial referencia a los contratos de obras públicas en el Derecho venezolano", en *Revista de Derecho Español y Americano*, N° 19, Madrid, 1968, p. 1–17. Trabajo recogido en el libro Allan R. Brewer-Carías, *Contratos Administrativos,* Editorial Jurídica Venezolana, Caracas 1992, cuyo texto fue reproducido en el libro: Allan R. Brewer-Carías, *Contratos Administrativos. Contratos Públicos. Contratos del Estado,* Editorial Jurídica Venezolana, Caracas 2013, pp. 201-214.

dificar unilateralmente otras cláusulas del contrato ajenas a su objeto, lo que nunca se ha aceptado en la teoría del derecho administrativo.

En todo caso, por supuesto, en esta materia de modificaciones unilaterales a los "contratos administrativos,' y ahora conforme a la Ley de Contrataciones Públicas, también de los "contratos de derecho privado de la Administración," pues regula a todos los "contratos públicos," la consecuencia fundamental es que si del ejercicio del poder de modificación unilateral resulta de la lesión a los derechos del contratista por la modificación unilateral, éste debe ser indemnizado. Por ello, la antigua Corte Federal y de Casación no sólo reconoció desde el inicio, plenamente, el poder de la Administración de modificar unilateralmente el objeto o la prestación en los contratos administrativos según aconseje el interés colectivo, sino que también reconoció expresamente que cuando esos "cambios o rectificaciones sean de tal magnitud que desnaturalicen o cambien sustancialmente la obra o el servicio contratados se reconoce al contratista el derecho de solicitar prórrogas y compensaciones y aun la resolución del contrato."[99]

Con base en todos estos principios sentados desde hace décadas, que son los que se siguen aplicando en el derecho administrativo contemporáneo, e independientemente ahora de que los contratos públicos sean "contratos administrativos" o "contratos de derecho privado de la Administración," lo cierto es que la potestad de modificación unilateral que pudiera tener el ente público contratante basado en el artículo 130 de la Ley de Contrataciones Públicas, nunca podría incidir en cláusulas contractuales distintas de las relativas al objeto del contrato, es decir, para seguir utilizando el ejemplo mencionado, la prestación del servicio de transporte aéreo de aviones para el traslado del personal de la empresa del Estado, y nunca podría incidir respecto de cláusulas contractuales relativas por ejemplo a la forma de pago pactada legal y libremente entre las partes, que solo podrían modificadas por acuerdo entre las partes.

VII. LOS LÍMITES A LA MODIFICACIÓN UNILATERAL DE LOS CONTRATOS PÚBLICOS ("CONTRATOS ADMINISTRATIVOS" Y "CONTRATOS DE DERECHO PRIVADO DE LA ADMINISTRACIÓN") DE ACUERDO A LA LEY DE CONTRATACIONES

En efecto, como se ha dicho, independientemente de que un contrato público se califique como contrato administrativo o como contrato de derecho privado de la Administración, el artículo 130 de la Ley de Contrataciones Públicas, es preciso en disponer que dicha potestad pública solo

---

99 Véase sentencia de 5 de diciembre de 1944, en Memoria 1945, tomo I, p. 285.

se puede aplicar en los casos expresamente enumerados en el artículo 131 de la misma Ley.

En efecto, las normas de los artículos 130 y siguientes de la Ley de Contrataciones Públicas que, por una parte, confieren una competencia al ente público contratante en relación con la ejecución de los contratos públicos para la modificación unilateral de los mismos, y por la otra, imponen una obligación legal a dichos entes públicos contratantes de indemnizar al contratista por los daños causados por la modificación unilateral, sin duda, son de las normas que pueden considerarse en dicha ley como de orden público[100] que, por tanto, se aplican a todos los contratos públicos, cualquiera que sea su calificación, sean los llamados "contratos administrativos" o los "contratos de derecho privado de la Administración."

El artículo 130 de la Ley, en efecto dispone:

> *"Artículo 130. Modificaciones.* El contratante podrá, antes o después de iniciado el suministro de los bienes, la prestación de los servicios o la ejecución de la obra, introducir las modificaciones que estime necesarias, las cuales serán notificadas por escrito al contratista. Así mismo, éste podrá solicitar al contratante cualquier modificación que considere conveniente, la cual deberá ir acompañada del correspondiente estudio económico, técnico y de su presupuesto, y el contratante deberá dar oportuna respuesta a la misma. El contratista sólo podrá realizar las modificaciones propuestas cuando reciba autorización por escrito del contratante, debidamente firmada por la máxima autoridad o de quien éste delegue.
>
> El contratante sólo procederá a reconocer y pagará las modificaciones o cambios en el suministro de los bienes, la prestación de los servicios o la ejecución de la obra, cuando las haya autorizado expresamente."

La potestad de rescindir que se otorga y la obligación de indemnizar que se impone a los entes públicos contratantes en esta norma, pueden considerarse como de orden público, por lo que no sólo no pueden ser relajadas por la voluntad de las partes en los contratos públicos. Es decir, la norma del artículo 130 en cuanto a que le otorga una potestad al ente público contratante ("El contratante podrá…) y en cuanto a que le impone la obligación legal de indemnizar ("El contratante reconocerá y pagará…"), no puede eliminarse mediante contrato entre las partes; previsiones establecidas en la Ley siguiendo la tradición de principios jurisprudenciales fijados desde hace décadas en el país.

---

100 Así ha sido tradicionalmente considerado en el derecho administrativo. Véase por ejemplo lo que expusimos en Allan R. Brewer-Carías, *Contratos Administrativos*, Editorial Jurídica Venezolana, Caracas 1992, cuyo texto fue reproducido en el libro: Allan R. Brewer-Carías, *Contratos Administrativos. Contratos Públicos. Contratos del Estado*, Editorial Jurídica Venezolana, Caracas 2013, p. 202.

Por otra parte, uno de los aspectos más importante de esta norma que autoriza al ente público contratante en los contratos públicos a modificar unilateralmente el contrato, es que dichas modificaciones solo pueden realizarse, como hemos dicho, respecto de las clausulas relacionadas con el objeto del contrato, esto es, las referidas al "suministro de los bienes, la prestación de los servicios o la ejecución de la obra," y siempre garantizando el derecho del contratante al restablecimiento del equilibrio económico del contrato asegurándole su derecho a ser indemnizado precisamente por "las modificaciones o cambios en el suministro de los bienes, la prestación de los servicios o la ejecución de la obra," es decir, en las prestaciones objeto del contrato. Ello excluye toda posibilidad para el ente público contratante de pretender introducir cambios en otras cláusulas de los contratos públicos, que no tienen relación alguna con la ejecución del objeto del mismo, como serían el caso, por ejemplo, las cláusulas relativas a la forma de pago que los contratantes pueden establecer libremente en el contrato en los términos del artículo 6.32 de la Ley de Contrataciones Públicas.

Ello deriva, además, del propio texto de la Ley de Contrataciones Públicas, que limita expresamente los poderes establecidos en el artículo 130 de la Ley, al prever expresamente en el artículo 131 de la misma, las causas que pueden dar origen a modificaciones del contrato, que son las siguientes, todas referidas a las prestaciones que constituyen el objeto del contrato, que son:

"1. El *incremento o reducción en la cantidad de la obra, bienes o servicios* originalmente contratados; 2. Que surjan *nuevas partidas o renglones* a los contemplados en el contrato; 3. Se modifique la *fecha de entrega* del bien, obra o servicio; y 4. *Variaciones en los montos* previamente establecidos en el presupuesto original del contrato."

Es decir, la potestad extraordinaria de la Administración de poder modificar unilateralmente los contratos públicos, sean "contratos administrativos" o "contratos de derecho privado de la Administración," son las que se refieren a "el suministro de los bienes, la prestación de los servicios o la ejecución de la obra," y la misma no requiere estar expresada en una cláusula del contrato porque tiene su fuente en la ley, como es el caso del artículo 130 de la Ley de Contrataciones Públicas, disponiendo cómo puede ejercerse dicha potestad y en qué casos específicos puede invocarse dicha competencia, que solo puede referirse a cláusulas que regulen las prestaciones que constituyen el objeto del contrato.

Por ello, por ejemplo, no se admite la modificación unilateral de los contratos públicos que incidan, por ejemplo, en las cláusulas económicas de los contratos, qus se consideran como inamovibles,[101] como podrían ser, por ejemplo, las cláusulas relativas a la forma de pago de los servicios.

De lo contrario, si alguna modificación unilateral ocurriese en relación con esas cláusulas, la Administración estaría obligada a indemnizar al contratista por los daños y perjuicios que le cause.[102] Como lo dijo Eloy Lares Martínez, incluso en los llamados "contratos administrativos" las cláusulas económicas del mismo son siempre "intocables e inmutables."[103] Y de eso precisamente se trata cuando se habla de la inmutabilidad de las cláusulas económicas de los contratos públicos, que en ningún caso pueden modificarse sino en la forma prevista en las mismas cláusulas contractuales, de mutuo acuerdo, de manera que si no se restablece el equilibrio económico del contrato y se satisface el derecho a una justa compensación que resulte de cualquier alteración de las cláusulas económicas por la Administración, resultaría en definitiva en una confiscación de los derechos contractuales, lo que está prohibido en el artículo 116 de la Constitución.

De lo anterior resulta, por tanto, que en los contratos públicos, e independientemente de su consideración o no como "contrato administrativo," cualquier modificación de las cláusulas económicas contractuales por la Administración, como las que regulan la forma de pago de los servicios prestados, por ejemplo, en el ejemplo que hemos utilizado en estas páginas del contrato de prestación de servicios de transporte aéreo para los empleados de una empresa pública contratante, sería una violación al contrato, la cual no podría justificarse en ningún caso, en el supuesto ejercicio de poderes exorbitantes por parte de la misma, que no existen ni pueden existir en materia de contratos públicos para justificar la ruptura o violación de los contratos, y que en materia de modificación unilateral de contratos solo permiten modificar las cláusulas relativas a la prestación

---

101 Véase Eloy Lares Martínez, *Manual de Derecho Administrativo*, Caracas, 1983, p. 335; Allan R. Brewer-Carías, *Contratos Administrativos. Contratos Públicos. Contratos del Estado,* Editorial Jurídica Venezolana, Caracas 2013, p. 202.

102 Véase Gustavo Linares Benzo, "El equilibrio financiero del contrato administrativo en el decreto Ley de Contrataciones Públicas," en Allan R. Brewer-Carías et al., *Ley de Contrataciones Públicas*, Editorial Jurídica Venezolana, Caracas 2012, p. 363-375; Miguel Mónaco, "El derecho al precio del contratista en los contratos administrativos," en *Los Contratos Administrativos. Contratos del Estado*, VIII Jornadas Internacionales de Derecho Administrativo "Allan Randolph Brewer-Carías," Fundación Estudios de Derecho Administrativo, Caracas 2006, Tomo II, pp. 134-137; Allan R. Brewer-Carías, *Contratos Administrativos*, en Allan R. Brewer-Carías, *Contratos Administrativos. Contratos Públicos. Contratos del Estado*, Editorial Jurídica Venezolana, Caracas 2013, pp. 1232-260.

103 Véase Eloy Lares Martínez, *Manual de Derecho Administrativo*, Caracas, 1983, p. 335; Allan R. Brewer-Carías, *Contratos Administrativos. Contratos Públicos. Contratos del Estado,* Editorial Jurídica Venezolana, Caracas 2013, p. 211; *Administrative Law in Venezuela*, EJV International, 201, pp. 157, 158.

objeto del contrato estrictamente en los términos y con las limitaciones establecidas en los artículos 130 y 131 de la mencionada Ley de Contrataciones Públicas.

VIII. ALGO SOBRE EL DERECHO APLICABLE EN LOS "CONTRATOS DE DERECHO PRIVADO DE LA ADMINISTRACIÓN"

Ahora bien, en todos los contratos, sean contratos público o contratos privados, en el ordenamiento jurídico venezolano, las relaciones entre las partes contratantes se rigen, en primer lugar, por lo que se dispone en sus propias cláusulas del contrato, las cuales constituyen la "ley entre ellas" (Art. 1159 Código Civil); y en segundo lugar, por las normas del Código Civil y de las otras leyes que le sean aplicables al objeto del mismo o a las partes en el mismo, las cuales en principio tienen carácter supletorio en el sentido que sus normas rigen aquellas materias no reguladas expresamente por las partes en el texto contractual, salvo que se trate de normas de orden público.[104]

En el caso de un contrato público de derecho privado celebrado por la Administración, como en el ejemplo que hemos señalado, entre una empresa del Estado y una empresa privada para asegurar el servicio de transporte aéreo del personal de la misma, rigen estos mismos principios, de manera que sus cláusulas son la ley del contrato, resultándole aplicable al mismo, además, por tratarse de un "contrato público" en los términos de la Ley de Contrataciones Públicas, las normas de esta Ley como régimen que en principio es supletorio.[105]

Esto significa que las partes en los contratos públicos, y salvo las cláusulas obligatorias constitucional o legalmente establecidas[106] y las previsiones de leyes específicas que regulen materias de orden público (art. 6

---

104 Véase Allan R. Brewer-Carías, *Administrative Law in Venezuela*, EJV International, 2015, pp. 146 ss.

105 Véase Allan R. Brewer-Carías, "Sobre los Contratos del Estado en Venezuela," en *Revista Mexicana Statum Rei Romanea de derecho Administrativo*, No 6, Universidad Nacional Autónoma de México, Monterrey 2011, pp. 207-252; reproducido en en el libro Allan R. Brewer-Carías, *Contratos Administrativos. Contratos Públicos. Contratos del Estado*, Editorial Jurídica Venezolana, Caracas 2013, pp. 321-322; e igualmente en Allan R. Brewer-Carías, "Los contratos del Estado y la Ley de Contrataciones Públicas. Ámbito de aplicación," en el libro colectivo Allan R. Brewer-Carías et al., *Ley de Contrataciones Públicas*, Editorial Jurídica Venezolana, Caracas 2012, pp. 18-19.

106 Véase Allan R. Brewer-Carías, "Principios especiales y estipulaciones obligatorias en la contratación administrativa" en *Estudios de Derecho Administrativo*, Ediciones Rosaristas, Colegio Nuestra Señora del Rosario, Bogotá 1986 pp. 91-124. Este texto se recogió en el libro Allan R. Brewer-Carías, *Contratos Administrativos*, Editorial Jurídica Venezolana, Caracas 1992, que luego fue reproducido en Allan R. Brewer-Carías, *Contratos Administrativos. Contratos Públicos. Contratos del Estado*, Editorial Jurídica Venezolana, Caracas 2013, pp. 164-183.

Código Civil) como las que hemos mencionado contenidas en poderes otorgados a los entes públicos y en obligaciones impuestas a los mismos en la Ley de Contrataciones Públicas, en principio tienen completa libertad para establecer el contenido de sus obligaciones y relaciones contractuales en las cláusulas que estimen conveniente a sus intereses particulares de parte contractual.

Además, de acuerdo con el artículo 1.270 del Código Civil, las obligaciones contenidas en los contratos deben cumplirse precisamente como se han contraído; y de acuerdo con el artículo 1.160 del mismo Código, los contratos deben cumplirse de buena fe y las partes están obligadas no sólo a cumplir con lo expresamente establecido en el contrato, sino con todas las consecuencias que resulten de los mismos, de acuerdo con la equidad, el uso y la ley. Por lo que se refiere a las demás regulaciones generales o específicas del Código Civil o de otras leyes aplicables, como la Ley de Contrataciones Públicas, las mismas como se dijo, son en principio de aplicación supletoria a la voluntad de las partes y sólo se aplican en ausencia o insuficiencia de las previsiones adoptadas por ellas en el contrato, con excepción, por supuesto de las previsiones de orden público que son de obligatoria aplicación.

Esta noción de norma o previsión de "orden público" en el ordenamiento jurídico venezolano, como hemos dicho, se refiere a aquellas previstas en leyes que son de obligatorio cumplimiento por las partes en un contrato, que no se pueden modificar por convenios entre ellas, y que al sancionarse son de aplicación inmediata a los contratos existentes. El concepto se aplica a cualquier tipo de contrato, público o privado, conforme a lo que establece el artículo 6 del Código Civil, siendo este el límite general fundamental a la voluntad entre las partes en las relaciones contractuales, al disponer que el mutuo acuerdo entre ellas no puede alterar las regulaciones legalmente consideradas que sean de orden público, lo que implica que, incluso, previsiones de orden público que se dicten en leyes que entren en vigencia con posterioridad a la firma de un contrato, también le son aplicables, dejando a salvo lo que proceda en esos casos, como derecho del contratista a ser indemnizado por la afectación a derechos adquiridos y la ruptura del equilibrio económico del contrato.

Este concepto de orden público, por tanto, como excepción a la autonomía de la voluntad, es de interpretación estricta y se refiere, en el sistema legal venezolano, a situaciones en las cuales la aplicación de una disposición legal *concierne al orden legal general e indispensable para la existencia de la propia comunidad*, el cual no puede ser relajado por la voluntad de las partes, concepto que por supuesto, no se aplica en los asuntos que sólo conciernen a las partes en una relación o controversia contractual.[107] Por tanto, una norma de orden público no es cualquier disposición legal, sino solo aquellas que conforman la estructura básica de la sociedad, como por ejemplo, como se ha dicho, las que establecen *competencias o atribuciones de los entes y órganos del Estado, entre ellas las competencias de los jueces, aquellas que conciernen, por ejemplo, a los poderes tributarios de las entidades públicas, debido proceso de garantías legales o las que se refieren a la inalienabilidad de bienes del Estado, como son los del dominio público*, ninguna de las cuales puede relajarse por convenios entre particulares.[108] Específicamente en el campo del derecho privado, por ejemplo, que fue donde se originó el concepto, son normas consideradas como de orden público todas las relativas al estado de las personas (por ejemplo, *patria potestad*, divorcio, adopción), en las que se considera que esencialmente está interesado el orden público y las buenas costumbres.[109]

Como lo explicó Joaquín Sánchez-Covisa:

> "Las *normas de orden público* son aquellas normas que encarnan en un momento dado el concepto objetivo de justicia que rige en una colectividad humana. Al establecer una norma de orden público, el Estado determina el "deber ser" forzoso e imperativo que exige en ese momento la conciencia jurídica colectiva. Es por eso que tales normas no pueden ser renunciadas ni relajadas por convenios entre particulares. En tal sentido, el deber de fidelidad entre los cónyuges, la indemnización de los accidentes profesionales o el pago de impuestos no pueden ser relajados por la voluntad de los particulares. Son normas de orden público y, en cuanto tales, representan la idea de lo objetivamente justo en una comunidad jurídica de nuestros días."[110]

---

107 Véase Allan R. Brewer-Carías, *Administrative Law in Venezuela*, EJV International, 2015, p. 148.

108 Por ejemplo, en la Decisión No. 276 de la Sala de Casación del Tribunal Supremo de Justicia del 31 de Mayo de 2007, se considera como norma de orden público no es cualquiera, sino las de orden público constitucional en relación con la garantía del debido proceso y del derecho a la defensa que son las que con razón se consideran en la sentencia como de orden público, y respecto de las cuales en la misma se afirma que: "el concepto de orden público representa una noción que cristaliza todas aquellas normas de interés público que exigen observancia incondicional, y que no son derogables por disposición privada. La indicación de estos signos característicos del concepto de orden público, esto es, la necesidad de la observancia incondicional de sus normas, y su consiguiente indisponibilidad por los particulares, permite descubrir con razonable margen de acierto, cuándo se está o no en el caso de infracción de una norma de orden público" (Véase en http://historico.tsj.gob.ve/decisiones/scc/mayo/RC-0276-310502-00959.HTM).

109 Véase Allan R. Brewer-Carías, *Contratos Administrativos*, en Allan R. Brewer-Carías, *Contratos Administrativos. Contratos Públicos. Contratos del Estado*, Editorial Jurídica Venezolana, Caracas 2013, pp. 316-323.

110 Véase Joaquín Sánchez-Covisa, *La vigencia temporal de la Ley en el ordenamiento jurídico venezolano*, Academia de Ciencias Políticas y Sociales, Caracas 2007, p. 179. En este mismo sentido, Francisco López Herrera, citando a Henri Lepge (Traité Élementaire de Droit Civil Belge, Bruilant, Bruxelles, 1941-1949, Vol. I, o. 101), "declaró

Conforme a este concepto, el mismo Sánchez-Covisa argumentó que "la puesta en vigor de una norma de orden público significa que un nuevo concepto objetivo de justicia es exigencia imperiosa de la colectividad en un determinado sector de la vida social, o sea, que es un concepto definido del interés colectivo rige en las materias afectadas por la norma en cuestión."[111]

Dentro de estas disposiciones de orden público se mencionan, por ejemplo, las que "regulan la duración de la jornada de trabajo, la tarifa de transporte o la participación del empleado en las utilidades de la empresa,"[112] siendo así la "naturaleza de la provisión" el único aspecto que permite calificar una disposición como de "orden público" y por lo tanto, de aplicación obligatoria.[113] Entre esas normas de orden público, en el ámbito del derecho público, están, como antes se ha indicado, las disposiciones de las leyes en las cuales se atribuyen competencias a los órganos o entes de la Administración Pública, que el la razón por la cual, por ejemplo, el artículo 26 de la Ley Orgánica de la Administración Pública, al regular el principio de la competencia, dispone que:

> "Artículo 26. Toda competencia atribuida a los órganos y entes de la Administración Pública será de obligatorio cumplimiento y ejercida bajo las condiciones, límites y procedimientos establecidos; será irrenunciable, indelegable, improrrogable y *no podrá ser relajada por convención alguna*, salvo los casos expresamente previstos en las leyes y demás actos normativos."

Ahora bien, aplicando estos conceptos al ámbito de los contratos, incluyendo los contratos públicos, los mismos entonces se rigen fundamentalmente por lo acordado por las partes en sus cláusulas, siéndoles aplicable las normas del Código Civil y de las demás leyes que rigen por ejemplo determinados sectores de actividad, o en general a los contratos públicos, en forma supletoria, salvo que contengan disposiciones de orden público en cuyo caso las mismas son de aplicación obligatoria en los contratos, sin que las partes puedan relajarlas mediante convención. Por ello, es obligación de las partes en los contratos identificar las normas de orden público que puedan estar establecidas en los textos de las leyes que pue-

---

que "las disposiciones y leyes de orden público son las que se refieren a los intereses esenciales del Estado que afectan a la colectividad, o que fijan en el derecho privado el fundamento jurídico fundamental basado en el orden económico y moral de una sociedad determinada. Para determinar que una provisión como de orden público, es necesario analizar en cada caso, el espíritu de la institución y examinar qué y por qué tiene relación con las demandas esenciales de la colectividad o la base fundamental del derecho privado." Véase Francisco López Herrera, *La nulidad de los contratos en la legislación civil de Venezuela*, Caracas 1952, p. 96.

111 Idem, p, 180.
112 Idem, p. 185.
113 Idem, p. 206.

dan ser aplicables a la relación contractual, y que no pueden comprometerse mediante cláusulas contractuales, siendo absolutamente excepcional el que la totalidad de las disposiciones de una Ley sean declaradas expresa y globalmente como de orden público. Una excepción fue por ejemplo, la Ley de Precios Justos se 2014[114], en cuyo artículo 2 se dispuso que "Las disposiciones de la presente Ley son de orden público e irrenunciables por las partes;" y de la Ley Orgánica que reserva al Estado bienes y servicios conexos a las actividades primarias de Hidrocarburos de 2009 en cuyo artículo 7 se estableció que "Las disposiciones de la presente Ley son de orden público y se aplicarán con preferencia a cualquier otra disposición legal vigente en la materia."[115]

En el caso del régimen de los contratos públicos, la Ley de Contrataciones Públicas como cuerpo normativo que se aplica a todos los contratos públicos que tienen por objeto la adquisición de bienes, la prestación de servicios y ejecución de obras (art. 1) celebrados por los entes públicos que se enumeran en la misma (art. 3), no contiene ninguna declaración similar de carácter general que declare que todas sus disposiciones son de orden público, lo que no excluye, por supuesto, que la misma contenga algunas disposiciones que pueden considerarse como de orden público, como lo son las relativas a los procesos de selección de contratistas para adjudicación de contratos, o aquellas que por referirse a competencias atribuidas a los entes públicos o a obligaciones que le son impuestas legalmente, son de obligatoria aplicación.

Es decir, la Ley de Contrataciones Públicas, en su globalidad no es una ley de orden público, ni así ha sido declarada en su texto, ni en el artículo 1° de la misma se ha declarado que todas sus normas sean de "obligatorio cumplimiento." Como se dijo al inicio, la última frase del artículo 1°, que declara mandatorio los "procesos" regulados en la Ley, frase que se agregó en la reforma de la Ley en 2014, es sólo una ratificación de que las disposiciones de la ley que se refieren a los "procesos de adjudicación de contratos o selección de contratistas" son obligatorias, un aspecto que siempre ha sido base de tal Ley. Desde la promulgación de la Ley de Licitaciones en 1990, en efecto, la cual fue sustituida por la Ley de Contrataciones Públicas dictada en 2008, el propósito del legislador fue siempre regular los procesos de selección de contratistas para la adjudicación de los contratos públicos, habiendo la nueva Ley continuado básicamente regulando dichos procesos, casi exclusivamente. Por ello, al comentar dicha Ley de Contrataciones Públicas de 2008, expresamos que:

> "a pesar de su nombre, la Ley ni regula todos los contratos estatales, ni regula la actividad de contratación pública en general de los entes públicos ni de las Administraciones Públicas (nacional, estadal y municipal). En

---

114 Gaceta Oficial, N° 40.340 de 23 de enero de 2014
115 Gaceta Oficial N° 39.173 de 7 de mayo de 2009

realidad, sigue siendo, con algunas modificación una Ley de delimitado alcance, destinada básicamente a regular el procedimiento de selección de contratistas (licitación) y respecto de ciertos (no todos) los contratos públicos. Por ello, la única Ley precedente que deroga expresamente esta nueva Ley es la vieja Ley de Licitaciones, por lo que en su parte medular, sigue siendo un cuerpo normativo destinado a regular el régimen de selección de contratistas (art. 36 a 92) en ciertos contratos públicos."[116]

La reforma de dicha Ley de 2014, como se expresó en la Exposición de Motivos de la misma que la precede en la publicación en la *Gaceta Oficial* (No. 6154 Extraordinaria del 19 de noviembre de 2014), estuvo motivada por la preocupación sobre la persistencia de "algunas deficiencias significativas *en los procesos*," y con el "propósito de reforzar los procesos de adjudicación de contratos y selección de contratistas de conformidad con la disposiciones de la Ley." Por ello, sin duda, el propósito de la introducción en el texto de la reforma de la Ley en 2014, de la última frase del artículo 1º, era ratificar el carácter de "obligatorio cumplimiento" de "los procesos referidos en la Ley" que no son otros que los destinados a la adjudicación de contratos y selección de contratistas (concurso abierto, concurso cerrado, contratación directa, contratación electrónica).

Esos procesos de selección de contratistas, y no la totalidad de los artículos y previsiones de la Ley, son los que el legislador quiso reforzar en su imperatividad al ratificar en esa norma que son de obligatorio cumplimiento. Los mencionados "procesos," como se dijo, fueron establecidos desde la promulgación de la *Ley de Licitaciones* de 1990 y luego incorporados en el texto de la Ley de Contrataciones Públicas del 2008, indicando igualmente su carácter de obligatorio cumplimiento. Por lo tanto, la reforma de 2014, con el agregado de la mencionada última frase del artículo 1º, en realidad no innovó en nada, sino que ratificó el carácter de los procesos de selección de contratistas como de cumplimiento obligatorio.

Pero además de las previsiones de la Ley relativas a los procesos de selección de contratistas, en la Ley de Contrataciones Públicas ciertamente que también se han regulado expresamente diversas potestades de la Administración contratante en relación con todos los contratos públicos, por ejemplo, para la antes comentada modificación unilateral de las condiciones de ejecución de las prestaciones objeto del contrato (arts. 130, 131); para sancionar las faltas del contratista (art. 139); y para la rescisión unilateral del contrato (art. 127; arts. 152 ss.),[117] todas las cuales, por ello

---

116 Véase Allan R. Brewer-Carías, "Ámbito de aplicación de la Ley de Contrataciones Públicas," en Allan R. Brewer-Carías et al., *Ley de Contrataciones Públicas*, Editorial Jurídica Venezolana, Caracas 2008, pp. 11-12.

117 Véase Carlos García Soto, "Posición de la Administración en su actividad contractual. El caso de la ley de Contrataciones Públicas y su reglamento," en Allan R. Brewer-Carías et al., *Ley de Contrataciones Públicas*, Editorial Jurídica Venezolana, Caracas

deben considerarse como de orden público. Igual carácter de orden público tienen todas las otras normas de carácter mandatorio que se incluyen en la Ley, conteniendo por ejemplo obligaciones impuestas a los entes públicos contratantes, como por ejemplo es la obligación de indemnizar a los contratistas en caso de ruptura del equilibro económico del contrato, precisamente, por ejemplo, como consecuencia de que se impongan modificaciones unilaterales al contrato (art.132 ss.), o de que se rescinda unilateralmente el contrato por razones de interés general sin que haya causa imputable al contratista (art. 153). Dichas prerrogativas o poderes extraordinarios de la Administración contratante, así como las obligaciones que se le imponen legalmente a los entes contratantes de indemnizar, a pesar de ser de orden público, por supuesto también pueden estar expresamente regulados y establecidos en el texto de los contratos públicos, como sucede con frecuencia, pero sin que en dichas regulaciones puedan violarse las partes de orden público de las previsiones, lo que ocurriría, por ejemplo, si en el contrato al ratifica la potestad del ente contratante de rescindir unilateralmente el contrato por causas no imputables al contratista, eliminara la obligación del mismo de indemnizar al contratista por los daños causados por el ejercicio de dicha potestad.

Otra norma que podría mencionarse, al considerar estas materias de orden público, es la prevista en el artículo 141 de la Ley de Contrataciones Públicas, la cual, a pesar de no ser en su globalidad de orden público, si lo es en cuanto a la obligación que le establece al ente público contratante para que con motivo de los pagos que debe hacer al contratista por las obras, suministros o servicios que realice, efectúe una serie de controles, para verificar "la conformidad en relación con el suministro del bien o servicio o la realización de la obra, o parte de dicha obra;" recibir y revisar "las facturas presentadas por el contratista;" que se conforme por parte del ingeniero supervisor o inspector el cumplimiento de las condiciones establecidas en el contrato;" y que se autorice "el pago por parte las personas competentes."

Ahora bien, aparte de las disposiciones antes mencionadas de la Ley de Contrataciones Públicas (relativas a los poderes y obligaciones de los entes públicos contratantes), que se consideran de "orden público," en general, todas las otras disposiciones de la Ley son de carácter supletorio, es decir, que se aplican a los contratos públicos sólo si las partes no lo han regulado dentro de las propias cláusulas del contrato.

Es el caso, por ejemplo, de las previsiones contractuales relativas a la forma de pago en los contratos públicos, que las partes son libres de regu-

---

2012, pp. 198 ss.; y José Ignacio Hernández, "El contrato administrativo en la Ley de Contrataciones Públicas venezolana," en Allan R. Brewer-Carías, et al., *Ley de Contrataciones Públicas*, Editorial Jurídica Venezolana, Caracas 2012, pp. 184-186.

lar en los contratos, conforme a la definición de "Contrato" que se incluye en el artículo 6.32 de la Ley de Contrataciones Públicas, expresando que es "el instrumento jurídico que rige la ejecución de la obra, la prestación de un servicio o la adjudicación de bienes, incluyendo las órdenes de compras y órdenes de servicio, que al menos deben contener las siguientes condiciones: precio, cantidad, *forma de pago*, tiempo y forma de entrega y las especificaciones contenidas en las condiciones escritas en su caso" (Art. 6.5). En consecuencia, según el propio texto de la Ley, las partes son libres de elegir la forma para realizar los pagos los cuales, particularmente en los contratos públicos de índole comercial, de derecho privado de la Administración, podría ser un pago previo a ser cancelado antes de la recepción del bien, o de la prestación del servicio contratado, según lo regulen las partes libremente. Es el caso, por ejemplo, en el ejemplo mencionado, de un contrato de servicios de transporte aéreo para el traslado del personal de una empresa del Estado, que se establece por un número determinado y global de horas disponibles, por ejemplo por semana o por mes, que la empresa privada contratista se obliga a prestar poniendo para tal efecto un avión al servicio exclusivo de la empresa del Estado, en cuyo caso se puede, como es usual, establecer una cláusula de pago por adelantado, del monto convenido de las horas mensuales, independientemente de que las horas hayan sido o no efectivamente usadas. Si no han sido usadas no hay obligación alguna de la empresa transportadora de reintegrar cantidad alguna a la empresa del Estado; en cambio, si ésta utilizó más horas de las convenidas, si tendría que hacer el pago adicional del costo de las horas de vuelo adicionales.

No hay en la Ley de Contrataciones Públicas, disposición alguna que indique que obligatoriamente en los contratos públicos, los pagos por la adquisición de bienes, prestación de servicios y ejecución de obras, tengan siempre que realizarse después de que el ente público contratante haya recibido el bien que compra, haya recibido el servicio que contrató o se haya ejecutado la obra contratada. En este último caso, incluso, la propia Ley regula los anticipos de pago que el contratista recibe incluso antes de que se inicie la ejecución misma del contrato. Así se regula en el artículo 128 de la propia Ley de Contrataciones Públicas,[118] que admite la posibi-

---

118 "Artículo 128. Anticipo Contractual. En los contratos que se celebren podrá otorgarse un anticipo, cuyo pago no será condición indispensable para iniciar el suministro del bien o servicio, o ejecución de la obra, a menos que se establezca el pago previo de éste en el contrato. / El anticipo no deberá ser mayor del cincuenta por ciento (50%) del monto del contrato; el pago de este anticipo, quedará sujeto a la disponibilidad financiera del contratante. / En caso de que el contratista no presente la fianza de anticipo, deberá iniciar la ejecución del contrato de acuerdo a las especificaciones y al cronograma acordado, los cuales forman parte del contrato. Presentada la fianza de anticipo y aceptada ésta por el contratante, se pagará al contratista el monto del anticipo correspondiente, en un plazo no mayor de quince días calendario, contados a partir de la presentación

lidad de realizar pagos por adelantado ("anticipos") hasta por la mitad del monto total del contrato celebrado por una entidad pública, incluso antes de iniciar la ejecución del objeto del contrato.

En los otros casos, como en el ejemplo que hemos utilizado a título ilustrativo, del contrato de servicio de transporte aéreo para el personal de la empresa pública contratante, el contratista o transportista usualmente recibe el pago por el servicio por adelantado, asegurándole así a la empresa del Estado l posibilidad de tener a su disposición un avión por un número de horas durante un mes, por ejemplo, para asegurarle a sus empleados poder trasladarse de un lugar a otro para cumplir sus funciones.

En relación con ese tipo de contratos que, por ejemplo, contemplen pago previo, ello en ningún caso contrariaría en forma alguna las disposiciones de la Ley de Contrataciones Públicas, en la cual no hay norma alguna que imponga que la Administración que solo pueda hacer pagos en materia de contratos de servicio, por ejemplo, después de recibir el servicio de que se trate, y no pueda contratar la modalidad de pago previo. En esos casos, incluso no podría, la fórmula de pago previo no podría considerarse como contraria al mencionado artículo 141 de la Ley de Contrataciones Públicas, en cuanto a las obligaciones del ente público contratante de realizar las verificaciones y los controles necesarios previstos en dicha norma, pues en la norma no se establece que los mismos deban ser verificados necesariamente antes de que se efectúe el pago por el servicio a recibir, pues pueden regularse en el contrato la verificación de los controles con posterioridad al pago.

Es decir, la modalidad de pago es una materia contractual, no prohibiendo dicha norma del artículo 141 la posibilidad para el ente público de poder pagar por los servicios contratados con anticipación a la recepción de los mismos, en cuyo caso, sin embargo, a lo que está obligado el ente público es a prever contractualmente las salvaguardas de control a posteriori, para incluso poder reclamar por eventuales pagos indebidos. Es decir, la verificación de los requisitos establecidos en el Artículo 141 de la Ley, en nuestro criterio, de acuerdo con la naturaleza del contrato comercial, puede hacerse después del pago, si así lo acuerdan las partes, como puede serlo por ejemplo para pagos de anticipos o pago de servicios antes de su recepción efectiva. Los anticipos en los contratos de obra y los pagos por adelantado en los contratos de servicios son sin duda figuras diferentes, pero sin embargo, de ellas queda claro que ambas producen los mismos efectos, y es que en ningún caso permiten realizar la verificación prevista el artículo 141 antes del pago, aun cuando, por supuesto, en ambos casos el pago está potencialmente sujeto a reintegro.

---

de la solicitud para su pago. / El anticipo otorgado debe amortizarse progresivamente en cada pago que sea efectuado y en el mismo porcentaje en que haya sido otorgado."

En consecuencia, el pago de cantidades antes de la recepción del servicio que se prevea en un contrato comercial, no puede ser considerado como incompatible con el artículo 141 de la Ley de Contrataciones, pues en realidad, dicha norma no indica si las exigencias de control previstas en la norma deben comprobarse antes o después de realizado el pago.

Es decir, en definitiva, el artículo 141 de la Ley de Contrataciones Públicas se refiere a los requerimientos de control para los pagos que debe cumplir el ente contratante con motivo de los bienes que se adquiera, de los servicios que reciba y de las obras que se ejecuten, tendientes a verificar que se han ejecutado, que se han revisado las facturas presentadas, que se han cumplido las condiciones y que se ha autorizado el pago por la persona competente; siendo sin embargo, libre las partes. según el artículo 6.5 de la Ley de Contrataciones Públicas, para establecer la "forma de pago" que deseen de acuerdo con la naturaleza y complejidad del objeto y ejecución del contrato.

En consecuencia, en materia de forma de pago, las partes en el contrato pueden establecerla libremente, no previendo el artículo 141 que los pagos solo se pueden hacer después de la recepción de los servicios, por ejemplo, no siendo dicho artículo, en esa materia del tiempo, una previsión de orden público. Como antes se dijo, la noción de orden público en el derecho venezolano no es referida a cualquier previsión legal, sino solo a ciertas normas que en un momento dado encarnan el concepto objetivo de justicia que rige o que sea imperiosa en una colectividad humana, como exigencia de la conciencia jurídica colectiva del momento, como es el caso, por ejemplo, de las normas relativas al pago de impuestos, o las competencias para de los órganos o entes del Estado, o las previsiones legales tendientes a garantizar el derecho a la defensa y al debido proceso, o las normas que imponen obligaciones a los entes públicos.

ALGUNAS CONCLUSIONES

De lo anteriormente expuesto, se pueden sacar las siguientes conclusiones.

En el derecho administrativo venezolano, la noción de "contrato administrativo," como categoría de los contratos públicos, contrapuesta a lo que en la doctrina tradicional se ha denominado como "contratos de derecho privado de la Administración," a pesar de responder a una clasificación superada, se utiliza exclusivamente para identificar ciertos contratos del Estado que por su objeto, generalmente vinculados a la satisfacción de necesidades colectivas, como la prestación de un servicio público, tienen un régimen jurídico preponderantemente de derecho público. Por ello la noción se aplica, en general, por ejemplo, a los contratos de servicios públicos, de obras públicas, concesiones mineras, de uso de bienes públicos, no siendo procedente aplicarla a contratos de naturaleza comercial celebrados entre empresas constituidas conforme al derecho comercial, así se trate de contratos públicos, los cuales conforme a esa clasificación, solo podrían calificarse como "contratos de derecho privado de la Administración.

En ese contexto, las empresas del Estado, por su objeto comercial, usualmente celebran con empresas particulares "contratos de derecho privado de la Administración," cuyo objeto en general es la adquisición de un bien o la prestación de un servicio para el beneficio exclusivo de la empresa estatal, en cuyo caso, dicho objeto, en ningún caso puede calificarse como un "servicio público," conforme a los principios que rigen a los servicios públicos o a los contratos públicos en el derecho administrativo en Venezuela.

Como se ha dicho, en el derecho administrativo venezolano, la noción de "servicio público" está reservada para identificar solamente las actividades prestacionales que debe asumir el Estado en cumplimiento de una obligación constitucional o legal, tendientes a satisfacer necesidades generales o colectivas, es decir, de toda la población, y en relación con las cuales los particulares se encuentran limitados a realizarlas, porque el Estado en algunos casos se las ha reservado, o las ha restringido y sometido a la obtención de una concesión, autorización, licencia, permiso o registro. En tal sentido, puede mencionarse como ejemplo de una actividad considerada expresamente como "servicio público," la declarada tanto en la Ley Orgánica de Hidrocarburos como en la Ley Orgánica de Hidrocarburos Gaseosos, relativa al suministro, el almacenamiento, el transporte, la distribución y el expendio de los productos derivados de los hidrocarburos destinados al "consumo colectivo interno," y de gases de hidrocarburos destinados al "consumo colectivo." En el contexto de dichas leyes, sin duda, los contratos que tengan por objeto dichas prestaciones de esos servicios públicos serían sin duda "contratos administrativos."

La calificación de un contrato público, como "contrato administrativo," por tanto, solo puede tener lugar cuando el objeto del contrato sea una actividad tendiente a la satisfacción de necesidades colectivas, de toda la población, como pueden ser, por ejemplo, además de los contratos para la prestación de servicios públicos, los contratos para la construcción o uso de obras públicas y los contratos de uso o explotación de bienes del dominio público. Para dicha calificación de contratos públicos como "contratos administrativos," en todo caso, es totalmente irrelevante que en las leyes respectivas que regulen la actividad del ente público contratante, se la declare como de "utilidad pública" o de "interés social."

En el derecho administrativo venezolano, la declaratoria mediante ley de determinadas actividades como de "utilidad pública o interés social," tiene su fundamento y motivación en la exigencia constitucional de que para poder expropiar bienes y derechos de propiedad privada, una Ley tiene que declarar previamente la causa de utilidad pública o social que motiva o justifica la expropiación. Ese es el único sentido de la declaratoria en leyes especiales de las actividades que regulan como de "utilidad pública o interés social," la cual no tiene ningún efecto jurídico en la calificación de las actividades que las empresas privadas puedan realizar en relación con los entes públicos, ni tiene efecto alguno en la calificación de los contratos de naturaleza comercial que puedan suscribir las empresas del Estado con las mismas, por ejemplo, para la prestación de servicios en beneficio exclusivo de las mismas para la realización de sus actividades.

Los contratos de carácter comercial que puedan suscribir los entes públicos, y en particular, las empresas del Estado, en todo caso, aun siendo de derecho privado de la Administración, debe considerarse como "contratos públicos" en los términos de la Ley de Contrataciones Públicas. Dichos contratos, en principio y básicamente, se rigen por sus cláusulas establecidas por las partes, que constituyen la ley entre las mismas, y además, por las normas del Código Civil y otras leyes, como las de la propia Ley de Contrataciones Públicas, que se le aplican en principio en forma supletoria, con excepción, por supuesto de las previsiones de la misma que sean de orden público, las cuales son de obligatorio cumplimiento. Estas son solo aquellas que conciernen al orden legal general e indispensable para la existencia de la propia comunidad, o a la conciencia jurídica colectiva, las cuales no pueden ser relajadas por la voluntad de las partes.

Por ejemplo, y en relación con los contratos públicos, son disposiciones de orden público las regulaciones legales relativas a los procesos de adjudicación de contratos o selección de contratistas o las que contienen asignación de competencias a los órganos y entes públicos para el ejercicio de competencias o prerrogativas del poder público, como las que regulas la potestad de modificar unilateralmente ciertas cláusulas contractuales o las de rescindir unilateralmente los contratos por causas no imputables al contratista, y las que le imposición obligaciones a dichos entes contratantes, como por ejemplo, la de indemnizar al contratista por la ruptura del equilibro económico del contrato que cause el ejercicio de tales prerrogativas.

En el derecho administrativo venezolano, la existencia de las llamadas "cláusulas exorbitantes del derecho común," que se han asociado en la doctrina tradicional con los llamados "contratos administrativos," en realidad no son causa de que ciertos contratos sean de tal naturaleza, sino consecuencia de ello, debiendo las mismas estar siempre y en todo caso consagradas en una norma legal expresa. Solo por ello, por tener que estar previstas en texto legal expreso, es que se ha considerado que no necesitan estar insertas en el texto del contrato.

Después de la sanción de la Ley de Contrataciones Públicas, cuyas normas se aplican a todos los contratos públicos, sean "contratos administrativos" o "contratos de derecho privado de la Administración," si bien sus normas en general son de carácter supletorio en relación con las cláusulas de los contratos, entre las normas de orden público que contiene y que se aplican a todos los contratos públicos, están las antes referidas normas relativas a los procesos de adjudicación de contratos y selección de contratistas, que constituye la base de las regulaciones de la Ley desde que fue dictada originalmente bajo el nombre de Ley de Licitaciones en 1990.

Este carácter de "orden público" de los procesos de adjudicación de contratos o selección de contratistas, ha sido ratificado en el artículo 1 ° de la reforma de la Ley de Contrataciones Públicas, de 2014.

Adicionalmente, sin embargo, en la Ley de Contrataciones Públicas, otras disposiciones que pueden ser consideradas como de "orden público" son las que atribuyen poderes especiales al ente público contratante en un contrato, como la de modificar unilateralmente las cláusulas del contrato relativas a la prestación objeto del mismo, es decir, las relativas a las modalidades de ejecución de la prestación, o como la de rescindir unilateralmente el contrato, respetándose en todo caso el derecho del contratista a ser indemnizado por la ruptura de la ecuación económica del contrato que la modificación de la prestación o la rescisión pueda causar al contratista.

En cuanto a la potestad de modificación unilateral, en todo caso, se observa que no existe en la Ley de Contrataciones Públicas poder alguno atribuido a la Administración para modificar unilateralmente otras cláusulas del contrato distintas a las que se refieren a la prestación objeto del contrato, y menos en relación con las cláusulas económicas, que son siempre inamovibles.

La Ley de Contrataciones Públicas, por otra parte, no ha sido declarada globalmente como de orden público, y la referencia prevista en el último párrafo del artículo 1º conforme a la reforma de la Ley de 2014 sobre el carácter mandatorio de los procesos previstos en la misma, solo es una ratificación del cumplimiento obligatorio de los procesos de adjudicación de contratos públicos y selección de contratistas, establecidos en la legislación desde 1990. De resto, como se dijo, en dicha Ley, sólo algunas de sus normas pueden catalogarse como de "orden público" como las mencionadas que otorgan poderes e imponen obligaciones a los entes públicos.

Sección Quinta: SOBRE EL PRINCIPIO DEL HECHO DEL PRÍNCIPE EN LA CONTRATACIÓN ADMINISTRATIVA (2019)

Esta Sección recoge el texto del estudio "Sobre el principio del hecho del príncipe*, como principio general del derecho administrativo aplicable a los contratos públicos, para garantizar los derechos de los cocontratantes de la Administración," Obra Homenaje al profesor Eugenio Hernández Bretón, Academia de Ciencias Políticas y Sociales, Backer & Makenzie, Editorial Jurídica Venezolana, Tomo III, Caracas 2020, pp. 1799-1844. El texto fue publicado también en la* Revista do Instituto dos Advogados de Pernambuco. En homenagem ao Professor João Pinheiro Lins*, Vol 2, 2019, Recife 2019, pp. 75-113*

El derecho administrativo en un Estado democrático, además de ser el derecho que regula la Administración, también regula las relaciones que se desarrollan entre la misma y los administrados, y con tal fin, busca asegurar el equilibrio que siempre tiene que existir entre los poderes y prerrogativas de la Administración y los derechos de los ciudadanos,[1] que es una de las características determinantes de la disciplina.

En el mundo de los contratos que celebra la Administración, denominados en la actualidad indistintamente como contratos administrativos, contratos del Estado o contratos públicos,[2] frente a los poderes y prerrogativas de la misma, a la cual tradicionalmente en la relación contractual pública se le ha reconocido cierta situación de superioridad frente al contratista privado, se han desarrollado una serie de principios generales para resguardar los derechos de éste, en particular, los tendientes a mantener el equilibrio económico del contrato y a asegurar que la Administración no se pueda desligar *ad libitum* de sus obligaciones contractuales, por sus propias decisiones o por decisiones adoptadas por otros entes públicos del mismo nivel de gobierno de la entidad contratante.

---

1   Véase Allan R. Brewer-Carías, "El derecho a la democracia entre las nuevas tendencias del Derecho Administrativo como punto de equilibrio entre los Poderes de la Administración y los derecho del administrado," en Víctor Hernández Mendible (Coordinador), *Desafíos del Derecho Administrativo Contemporáneo (Conmemoración Internacional del Centenario de la Cátedra de Derecho Administrativo en Venezuela*, Tomo II, Ediciones Paredes, Caracas 2009, pp. 1417-1439

2   Para los efectos de este trabajo, utilizamos la expresión "contratos administrativos" como equivalente a "contratos públicos" o "contratos del Estado." Véase Allan R. Brewer-Carías, *Contratos Administrativos, Contratos públicos, Contratos del Estado*, Colección Estudios Jurídicos, No. 100, Editorial Jurídica Venezolana, Caracas 2013.

En tal marco es que se ha desarrollado el principio del *hecho del príncipe*, como principio general del derecho administrativo aplicado en materia contractual, que junto con otros principios como el de la distribución territorial del Poder Público, no solo forman parte del bloque de la legalidad aplicable a la Administración, sino que contribuyen a formar el marco de la confianza legítima que debe regir en la ejecución d ellos contratos públicos.

I. EL PAPEL DE LOS PRINCIPIOS GENERALES DE DERECHO EN LA FORMACIÓN DEL DERECHO ADMINISTRATIVO

El principio más importante del derecho administrativo, puede decirse que es la obligación impuesta a los órganos de la Administración de actuar con "sometimiento pleno a *la ley y al derecho*," tal como lo indica el artículo 141 de la Constitución venezolana de 1999.

Se trata del principio de la legalidad, en cuya formulación, conforme a esa norma, la expresión "ley" debe entenderse conforme al significado que le asigna el artículo 202 de la Constitución como los actos que emanan de la Asamblea Nacional actuando como cuerpo legislador; y la expresión "derecho," como el orden jurídico, integrado por todas las fuentes del derecho en su conjunto (ordenamiento jurídico), es decir, además de las leyes, a los decretos leyes, los reglamentos y todos los demás actos estatales normativos o de efectos generales.[3] De allí la expresión de *Estado de derech*o (art. 2), lo que implica la sumisión del Estado además de a las leyes, a todas las otras fuentes del derecho que se aplican a los órganos de la Administración Pública.

Este principio de la sumisión de los órganos de la Administración Pública al derecho se expresa en términos generales, además de en el artículo 141 de la Constitución antes citado, en los artículos 137 y 259 de la misma al establecer: primero, que los órganos del Estado deben actuar sujetos a las atribuciones definidas en la Constitución y en las leyes; y segundo, que los actos administrativos, generales o individuales, pueden ser anulados por los tribunales contenciosos administrativos cuando sean "contrarios al derecho."

Estas tres previsiones constitucionales implican que toda actividad administrativa no sólo debe estar sujeta a la ley como fuente formal escrita, sino a todas las demás fuentes escritas y no escritas del derecho, que tradicionalmente en Venezuela han formado el bloque de la legalidad, estando dentro de ellas, la que históricamente ha sido la más importante,

---

3   La palabra "derecho" también es utilizada en la Constitución para referirse a los derechos de las personas, o para identificar una rama del derecho, tal como "derecho internacional", "derecho público" o "derecho privado."

que son los principios generales del derecho administrativo.[4] Estos han sido los que más han contribuido a su conformación de nuestra disciplina, hasta haber sido positivizados, es decir, hasta que muchos de ellos se incorporaron como derecho positivo en muchas leyes, tales como por ejemplo, la Ley Orgánica de Administración Pública, la Ley Orgánica de Procedimientos Administrativos, y la Ley de Contrataciones Públicas.

Antes de la sanción de estas leyes e, incluso, con posterioridad, a falta de disposiciones específicas expresamente establecidas en un texto legal para regular actuaciones específicas de los órganos de la Administración Pública, generalmente se ha admitido que la fuente más importante de derecho que debe aplicarse en tales casos han sido la de los "principios generales del derecho,"[5] siguiendo incluso el principio general relativo a las fuentes del derecho establecido en el artículo 4 del Código Civil, según el cual "Cuando no hubiere disposición precisa de la Ley, se tendrán en consideración las disposiciones que regulan casos semejantes o materias análogas; y, si hubiere todavía dudas, se aplicarán los principios generales del derecho."[6]

En ese contexto es que precisamente se ha movido el derecho administrativo, el cual, en ausencia de una codificación general de sus reglas, en el derecho comparado y, en particular, en Venezuela, históricamente se fue construyendo sobre la base de la elaboración de tales principios generales del derecho, en los cuales se basa todo el orden legal. Esos principios han sido elaborados por la doctrina y la jurisprudencia, en un proceso recurrente de retroalimentación, a través de la aplicación judicial de los mismos por los tribunales contenciosos administrativos.[7] Así fue que, por ejemplo en Venezuela, en ausencia de una Ley General de Administración Pública, se elaboraron los principios generales referidos a la organi-

---

4   Véase Allan R. Brewer-Carías, *Administrative Law in Venezuela*, (Second edition), Editorial Jurídica Venezolana, EJV International Editions, 2013, p. 86

5   En todos los Manuales y Tratados de Derecho, en ausencia de disposiciones específicas incluidas en las leyes o reglamentos, los principios generales de derecho han sido tradicionalmente considerados como la fuente más importante de derecho administrativo aplicable a la acción administrativa Véase, por ejemplo Eloy Lares Martínez, *Manual de Derecho Administrativo,* XIV Edición, Caracas 2013, pp. 143 ss.

6   Basándose precisamente en tal disposición del artículo 4 del Código Civil, Lares Martínez argumenta que "En derecho administrativo, a falta de una disposición escrita, los principios generales del derecho son aplicables como principios legales (jurídicos) en los que el orden jurídico positivo tiene su base." Véase Eloy Lares Martínez, *Manual de Derecho Administrativo*, XIV Edición, Caracas 2013, pp. 144

7   Véase por ejemplo: Allan R. Brewer-Carías, *Las instituciones fundamentales del derecho administrativo y la jurisprudencia venezolana*, Universidad Central de Venezuela, Caracas 1964; *Principios fundamentales del derecho público (Constitucional y Administrativo)*, Cuadernos de la Cátedra Allan R. Brewer-Carías de Derecho Administrativo Universidad Católica Andrés Bello, Editorial Jurídica Venezolana. Caracas, agosto 2005.

zación de la misma,[8] muchos de los cuales fueron incorporados posteriormente, a partir de 2001, en la Ley Orgánica de Administración Pública;[9] también fue el caso, a falta de una Ley General de Procedimientos Administrativos, de la elaboración de todos los principios que rigen la conducta de la Administración, la emisión de los actos administrativos y las relaciones entre aquella y los administrados,[10] muchos de los cuales se incorporaron posteriormente, de 1982, en la Ley Orgánica de Procedimiento Administrativo;[11] y también fue el caso, a falta de una Ley General de Contratos Públicos o Administrativos, de la conformación de muchos de los principios que rigen la contratación pública,[12] los cuales se han incorporado, más recientemente, a partir de 2010, en la Ley de Contrataciones Pública.[13]

Uno de los principios general del derecho administrativo de aplicación general en materia de contratación pública o administrativa, para asegurar la situación contractual de los cocontratantes de la Administración frente a sus poderes y prerrogativas, es precisamente el mencionado principio del *hecho del príncipe* (*fait du prince, factum principis*), desarrollado para proteger los derechos del cocontratante de la Administración frente a al-

---

8   Allan R. Brewer-Carías, *Principios del régimen jurídico de la organización administrativa venezolana*, Colección Estudios Jurídicos, N° 49, Editorial Jurídica Venezolana, Caracas 1991.

9   Véase Ley Orgánica de la Administración Pública, Gaceta Oficial, Extra. N° 6.147 de noviembre 17, 2014. Véase los comentarios en Allan R. Brewer-Carías (editor) y Rafael Chavero Gazdik y Jesús María Alvarado Andrade, *Ley Orgánica de la Administración Pública*, Decreto Ley No. 4317 de 15-07-2008, Colección Textos Legislativos N° 24, 4ª edición actualizada, Editorial Jurídica Venezolana. Caracas 2009.

10   Véase Allan R. Brewer-Carías, *Principios del procedimiento administrativo* (Prólogo de Eduardo García de Entería), Editorial Civitas, Madrid 1990, *El derecho administrativo y la Ley Orgánica de Procedimientos Administrativos. Principios del procedimiento administrativo*, Editorial Jurídica Venezolana, 6ª edición ampliada, Caracas 2002.

11   Véase Ley Orgánica de Procedimientos Administrativos, Gaceta Oficial N° 2.818 Extra. Del primero de Julio de 1981 Véase los comentarios en Allan R. Brewer-Carías (editor), e Hildegard Rondón de Sansó y Gustavo Urdaneta, *Ley Orgánica de Procedimientos Administrativos*, Colección Textos Legislativos, N° 1, Editorial Jurídica Venezolana, Caracas 198.

12   Allan R. Brewer-Carías, *Contratos administrativos*, Colección Estudios Jurídicos, N° 44, Editorial Jurídica Venezolana, Caracas 1992; *Contratos Administrativos, Contratos públicos, Contratos del Estado,* Colección Estudios Jurídicos, No. 100, Editorial Jurídica Venezolana, Caracas 2013.

13   Véase Ley de Contrataciones Públicas, Gaceta Oficial N° 6.154 Extra. Del 19 de noviembre de 2014. Véase los comentarios en Allan R. Brewer-Carías (editor) y Víctor Hernández Mendible, Miguel Mónaco, Aurilivi Linares Martínez, José Ignacio Hernández G., Carlos García Soto, Mauricio Subero Mujica, Alejandro Canónico Sarabia, César A. Esteves Alvarado, Gustavo Linares Benzo, Manuel Rojas Pérez, Luis Alfonso Herrera Orellana y Víctor Raúl Díaz Chirino, *Ley de Contrataciones Públicas*, Editorial Jurídica Venezolana, Colección Textos legislativos No. 44, 3ª edición actualizada y aumentada, Caracas 2012.

gún "obstáculo para el cumplimiento de la actividad prometida" en un contrato público, derivado "de un acto legislativo o de una autoridad administrativa."[14]

El principio, como se dijo, se ha desarrollado en el derecho de los contratos públicos, específicamente en relación con los efectos que pueden tener los actos emitidos por los órganos de los diferentes niveles del Poder Público, sobre el cumplimiento de las obligaciones de las partes en los contratos públicos,[15] habiéndose aplicado para determinar cuándo un acto de un órgano del Estado, que afecta el equilibrio económico de un contrato público, origina el derecho del cocontratante de la Administración a que se le restablezca dicho equilibrio mediante el pago de una compensación o indemnización por parte del ente público contratante; y a la vez, para determinar cuándo un acto estatal que afecta un contrato público puede considerarse, para la parte pública contratante, como una causa extraña, no imputable y ajena, que pueda excusar o justificar el incumplimiento de sus obligaciones contractuales.

En ambos casos, el principio del hecho del príncipe, desde el ángulo del derecho administrativo, es el mismo, y está vinculado a otro de los principios generales del derecho público (constitucional y administrativo), fundamental en la organización del Estado, que es el principio de la distribución vertical o territorial del Poder Público, que en el caso de Venezuela, conforma la forma del Estado federal,[16] y que se concreta conforme a la Constitución, en tres niveles territoriales de gobierno o del Poder Público, cuyos órganos ejercen respectivamente el Poder Nacional, el Poder Estadal y el Poder Municipal; cada uno con autonomía constitucional.

Para tal efecto, el Artículo 136 de la Constitución establece que, "el Poder Público se distribuye entre el Poder Municipal, el Poder Estadal y el Poder Nacional," ejercidos respectivamente por los Municipios como gobiernos locales; por los Estados de la Federación; y por la República y sus órganos. De acuerdo con la misma norma, "cada una de las ramas del Poder Público tiene sus funciones propias, pero los órganos a los que incumbe su ejercicio colaborarán entre sí en la realización de los fines del Estado."

---

14 Véase, José Mélich-Orsini, *Doctrina General del Contrato,* Academia de Ciencias Políticas y Sociales, Serie Estudios N° 61, Caracas 2006, p. 504, Nota No. 83.

15 Véase por ejemplo: Allan R. Brewer-Carías, "Algunas reflexiones sobre el equilibrio financiero en los contratos administrativos y la aplicabilidad en Venezuela de la concepción amplia de la teoría del Hecho del Príncipe," en la *Revista Control Fiscal y Tecnificación Administrativa*, Año XIII, N° 65, Contraloría General de la República, Caracas, 1972, pp. 86-93.

16 Véase sobre el principio de la distribución vertical del Poder Público: la forma federal del Estado, como un principio fundamental del Derecho Público en Venezuela, en Allan R. Brewer-Carías, *Los principios fundamentales del derecho público (constitucional y administrativo)*, Editorial Jurídica Venezolana, Caracas 2005, pp. 45 ss.

Cada uno de esos tres niveles de Poder Público tiene su propia Administración Pública (Administración Pública Nacional, Administración Pública Estadal y Administración Pública Municipal), que comprende, en cada nivel, no solo los órganos de la administración central sino también los respectivos entes descentralizados con personalidad jurídica propia, como los institutos autónomos o las empresas públicas (las cuales, por lo tanto, pueden ser empresas públicas nacionales, empresas públicas estadales o empresas públicas municipales).

Teniendo cada nivel del Poder Público sus propias y respectivas funciones, su ejercicio a través de actos estatales o actos administrativos emitidos por algún órgano o ente de cada nivel territorial del Poder Público, en relación con los contratos públicos, cuando dichos actos afectan los contratos púbicos celebrados por otro órgano o ente del Poder Público, el efecto jurídico de dicha afectación va a depender de si el acto perturbador del contrato público se ha dictado por un órgano o ente perteneciente al mismo nivel territorial del Poder Público al cual pertenece la parte pública contratante, o a otro nivel territorial distinto del Poder Púbico Así, si el acto del Estado que afecta un contrato público es dictado por un órgano o ente *del mismo nivel territorial del Poder Público* al cual pertenece el ente público contratante, este tiene la obligación de restablecer el equilibrio económico del contrato público, indemnizando al contratista privado por los daños causados por dicha ruptura, en cuyo caso, dicho acto del Estado causante de la ruptura económica del contrato no puede ser considerado por la parte pública contratante, como una causa extraña no imputable que la pueda exonerar del cumplimiento de sus obligaciones.

Al contrario, si el acto del Estado que afecta un contrato público se dicta por un órgano o ente de un nivel territorial del Poder Público distinto a aquél al cual pertenece el ente público contratante, éste no tiene obligación alguna de restablecer el equilibrio económico del contrato ni de indemnizar al contratista privado por los daños causados por dicha ruptura, en cuyo caso, dicho acto del Estado causante de la ruptura económica del contrato es considerado para dicha parte pública contratante como una causa extraña no imputable que la exonera del cumplimiento de sus obligaciones.

En esta forma, el *hecho del príncipe*, como principio general del derecho administrativo aplicado a los contratos públicos puede ser, por una parte, la fuente del derecho del contratista privado a ser indemnizado por la parte pública contratante en caso de ruptura del equilibrio económico del contrato; o puede ser para dicha parte pública contratante una causa extraña no imputable que la excuse del cumplimiento de sus obligaciones. Dependerá si el *hecho del príncipe*, se ha dictado o no en el mismo nivel territorial al cual pertenece la parte pública contratante.

II. EL PRINCIPIO DEL *HECHO DEL PRINCIPE* APLICADO A LOS CONTRATOS ADMINISTRATIVOS

Este principio del hecho del príncipe puede decirse que es un principio general desarrollado específicamente en el derecho administrativo a los efectos de resolver la situación del cocontratante privado en un contrato público cuando un acto estatal afecta el equilibrio económico del contrato, en cuyo caso se considera que el contratista privado tiene derecho a que se le restablezca dicho equilibrio, recibiendo una indemnización por parte de la parte pública contratante, cuando el acto estatal es emitido por un órgano del mismo nivel del Poder Público que el de la parte contratante pública. Los actos de órganos o entes nacionales, por ejemplo, en relación con contratos públicos nacionales.

Pero subsecuentemente, siguiendo las previsiones del Código Civil sobre contratos, también es un principio general desarrollado a los efectos de determinar cuándo la parte pública contratante en los contratos públicos puede excusarse de cumplir con sus obligaciones basado en la emisión de un acto estatal que se lo impida, considerándolo como una causa extraña no imputable. En ese caso, se ha considerado que sólo si dicho acto estatal ha sido emitido por un órgano o ente de un nivel del Poder Público distinto al cual pertenece la Administración contratante, puede entonces considerarse como causa extraña no imputable y ajena que le permita a dicha Administración contratante justificar o excusar el incumplimiento de sus obligaciones contractuales, configurándose el hecho del príncipe como un evento de fuerza mayor conforme a las reglas establecidas en el derecho privado en materia de contratos.

En otros términos, en la primera aproximación sobre el hecho del príncipe como fuente del derecho de la parte privada contratante al mantenimiento del equilibrio económico de contrato administrativo, y a reclamar una indemnización de la parte pública contratante por la ruptura del mismo provocado por un acto estatal, el principio es que dicho acto debe ser emitido por algún órgano o ente del mismo nivel territorial del Poder Público (ya sea nacional, estadal o municipal) en el cual se encuentra la parte pública contratante.[17] En esos casos es que la ruptura del equilibrio económico del contrato da derecho al cocontratante de la Administración para que el mismo se le restablezca mediante la recepción de una indemnización por parte de la parte publica contratante. En estos casos, estando

---

17 Véase Allan R. Brewer-Carías, Las Instituciones fundamentales del Derecho Administrativo y la Jurisprudencia Venezolana, Caracas 1964, p. 209; Allan R. Brewer- Carías, "Consideraciones sobre los efectos de la ruptura de la ecuación económica de un contrato administrativo por una ley declarada nula por inconstitucionalidad," en *Cuadernos de Derecho Público*, Universidad de los Andes, Mérida, 1976, pp. 5–26; y en *Contratos Administrativos*, Editorial Jurídica Venezolana, Caracas 1992, pp. 221-222.

la parte pública contratante y el órgano emisor del acto estatal en el mismo nivel del Poder Público, a los efectos contractuales se considera que forman parte de una unidad, debiendo la Administración contratante asumir las consecuencias económicas del acto estatal sobre el contrato público.

En consecuencia, si el acto estatal que afecta el equilibrio económico del contrato emana de un órgano ubicado en otro nivel del Poder Público diferente al de la Administración contratante (por ejemplo, un acto de un órgano del Poder Público nacional, respecto de un contrato público municipal; o un acto de un órgano del Poder Público municipal, por ejemplo, en relación con un contrato público nacional), ello no da origen a derecho alguno de la parte privada contratante de solicitar el restablecimiento de la ecuación económica del contrato mediante una indemnización por parte del ente público contratante.

Esta protección mediante el principio del *hecho del príncipe* de los derechos contractuales del cocontratante de la Administración en los contratos públicos, para el restablecimiento del equilibrio financiero o económico de los mismos, es la que resulta del derecho que existe en los contratos públicos a la *inmutabilidad* de la ecuación económica de los mismos por parte del Estado frente a las mutaciones pueden causar prejuicios al cocontratante de la Administración.[18]

Sobre ello, la jurisprudencia del Supremo Tribunal ha indicado desde hace décadas que se trata de una "obligación implícita que tiene el Estado de no alterar dicho equilibrio" económico, al punto de que si por cualquier acto estatal dictado en el mismo nivel territorial del Poder Público, tal ecuación se rompe, "el Estado tiene la obligación de indemnizar al concesionario (la parte privada) por todos los daños causados."[19] En tal sentido la antigua Corte Suprema incluso consideró que esta obligación del Estado de mantener el equilibrio económico de los contratos públicos, es "tan racional" que existe "aun tratándose de reformas de la ley […], no obstante el derecho con que el Estado o el Legislador proceden en esas reformas;"[20] considerando que "la indemnización en este caso, como

---

18   Véase la decisión de la antigua Corte Federal del 12 de noviembre de 1954, Gaceta Forense N° 6, Caracas 1954, pp. 204-206. Véase extracto de esta decisión en Allan R. Brewer-Carías, *Jurisprudencia de la Corte Suprema 1930-1974 y estudios de derecho administrativo,* Tomo III: La actividad administrativa. vol. 2. Recursos y contratos administrativos, Ediciones del Instituto de Derecho Público, Facultad de Derecho, Universidad Central de Venezuela, Caracas 1977, p. 804. Véase Allan R. Brewer-Carías, *Contratos Administrativos,* Editorial Jurídica Venezolana, Caracas 1992, pp. 202 ss.

19   Véase la decisión del 9 de Marzo de 1940 del la antigua Corte Federal y de Casación, en Memoria, Tomo I, pp. 342, 350, 351.

20   Idem.

cuando se trata de una expropiación por causa de utilidad pública o social, es la que esté conforme con la justicia y la equidad."[21]

Precisamente por ese principio, en relación con los contratos públicos, el hecho del príncipe si emana de una autoridad del mismo nivel territorial de la parte pública contratante, no puede ser considerado de acuerdo con el derecho general de los contratos aplicado a los contratos públicos, como un acto estatal que pueda ser considerado como una causa de fuerza mayor que excuse a la parte pública contratante del incumplimiento de una obligación contractual. En esta perspectiva, si bien para la parte privada contratante cualquier acto estatal emitido por cualquier nivel del Poder Público podría considerarse como una causa extraña no imputable, que puede ser alegada conforme a las reglas del Código Civil, con la sola limitación de que la misma debe ser probada por quien la alega;[22] para la parte pública contratante en un contrato público, el principio es que solo los actos estatales que emanen de órganos de un nivel territorial del Poder Público *diferente al de la parte contratante*, son los que podrían considerarse ajenos, extraños y no imputables a la parte pública contratante.

Es decir, si el acto estatal emana de una entidad pública ubicada en la misma rama territorial del Poder Público en el cual se encuentra la parte pública contratante, como principio dicho hecho del príncipe no puede ser considerado como una causa externa no imputable a ella.

Por ejemplo, para una empresa del Estado nacional que sea la parte pública contratante en un contrato público, los actos estatales adoptados por los órganos del Poder Público nacional (legislativo o ejecutivo), como cuestión de principio no pueden considerarse extraños a tal empresa pública nacional contratante. En este caso, también se entiende que estando la parte pública contratante y el órgano público que emite el acto estatal ubicados en la misma rama o nivel territorial del Poder Público, deben considerarse como una unidad, no pudiendo la parte pública contratante excusarse del incumplimiento de las obligaciones contractuales basadas en dicho acto estatal dictado en el mismo nivel territorial del Poder Público.

Resumiendo, y conforme a lo previsto en el Artículo 1.271 del Código Civil, para que la parte pública contratante en un contrato público pueda

---

21 Véase la decisión de la antigua Corte Federal del 12 de noviembre de 1954, en Gaceta Forense N° 6, Caracas 1954, pp. 204-206. Véase extracto de esta decisión en Allan R. Brewer-Carías, *Jurisprudencia de la Corte Suprema 1930-1974 y estudios de derecho administrativo*, Tomo III: La actividad administrativa. Vol. 2. Recursos y contratos administrativos, Ediciones del Instituto de Derecho Público, Facultad de Derecho, Universidad Central de Venezuela, Caracas 1977, p. 804. Véase Allan R. Brewer-Carías, *Contratos Administrativos,* Editorial Jurídica Venezolana, Caracas 1992, pp. 205.

22 Como está establecido en el artículo 1.271 del Código Civil, "El deudor será condenado al pago de los daños y perjuicios, tanto por inejecución de la obligación como por retardo en la ejecución, si no prueba que la inejecución o el retardo provienen de una causa extraña que no le sea imputable, aunque de su parte no haya habido mala fe."

alegar que un acto del Estado es una causa o evento de fuerza mayor que le impide por ejemplo cumplir con sus obligaciones, dicho hecho del príncipe debe efectivamente ser un acto ajeno y no imputable a la misma, y además, imprevisible e irresistible para la parte contratante; y esto solo puede darse cuando el acto estatal que haya afectado el contrato público sea emitido por un órgano de un nivel territorial del Poder Público distinto al de la parte pública contratante (por ejemplo, una autoridad municipal, respecto de actos legislativo o ejecutivos nacionales que afecten a un contrato público municipal). De lo contrario, si el hecho del príncipe es emanado por un órgano o ente público del mismo nivel territorial del Poder Público al cual pertenece la parte pública contratante (una empresa pública nacional, por ejemplo, respecto a actos nacionales legislativos o ejecutivos que afectan un contrato público nacional), en ningún caso la misma puede ser considerada como causa extraña no imputable que se pueda configurar como un evento de Fuerza mayor.

En otras palabras, con respecto a los contratos estatales, para la parte privada contratante, los actos del Estado pueden considerarse en principio como una causa de fuerza mayor que puede justificar el incumplimiento de sus obligaciones contractuales en un contrato público, es decir, como una causa extraña, no imputable e imprevisible y sin medios para evitar que ocurriera. Pero con respecto a la parte pública contratante en un contrato público, en principio, un acto estatal solo puede considerarse como una causa de Fuerza mayor, extraña y no imputable, cuando es emitido por una entidad que pertenezca a un nivel territorial del Poder Público distinto de aquel en el cual se encuentra la parte pública contratante.

Por ello, si la parte contratante pública se encuentra en el mismo nivel territorial del Poder Público que el del órgano que adopte el acto estatal, el mismo en principio no puede considerarse como una excusa para el incumplimiento de sus obligaciones contractuales. Es el caso, como se ha mencionado, por ejemplo, de un acto estatal emitido por un órgano del Poder Nacional (legislativo o ejecutivo) que afecta un contrato público nacional celebrado por una empresa estatal nacional que está integrada en la organización de la Administración Pública nacional. En este caso, el acto estatal, como cuestión de principio, solo podría considerarse como un evento de fuerza mayor para a parte contratante privada del contrato, pero no para la parte contratante pública, para lo cual no puede considerarlo como un "hecho extraño y no imputable".

Esto significa que, aun cuando en el derecho general aplicable a los contratos, en particular, los celebrados por particulares, un hecho del príncipe puede (según las circunstancias) considerarse como hecho de fuerza mayor que puede excusar el incumplimiento de una obligación; en los contratos públicos, un hecho del príncipe no puede servir como excusa para el incumplimiento de obligaciones por parte de la parte pública contratante, cuando el acto estatal sea emitido por un órgano del mismo nivel territorial de gobierno o Poder Público (nacional, estadal, o municipal) al cual pertenece la entidad pública contratante. En estos casos, no puede considerarse ajeno a la entidad pública contratante, pues de lo contrario, sería muy fácil para el Estado relevar a sus propias entidades de la responsabilidad contractual, simplemente adoptando medidas que prohíban o imposibiliten de algún modo que esas entidades cumplan con sus obligaciones.

III. EL PRINCIPIO DEL *HECHO DEL PRINCIPE* COMO GARANTÍA PARA EL RESTABLECIMIENTO DEL EQUILIBRIO ECONÓMICO EN LOS CONTRATOS PÚBLICOS, CUANDO EL MISMO ES ALTERADO POR LA UN ACTO DE LA PARTE PÚBLICA CONTRATANTE O POR OTRO ÓRGANO DEL MISMO NIVEL DEL PODER PÚBLICO

Bajo la primera aproximación sobre la doctrina del *hecho del príncipe* en materia de contratos públicos como instrumento de garantía de los derechos de los cocontratantes de la Administración frente a las alteraciones de la ecuación económica de los contratos públicos, como antes se mencionó, el mismo se relaciona específicamente con el principio del derecho administrativo que en materia contractual se identifica con "la obligación implícita para el Estado concedente de no alterar ese equilibrio" de dichos los contratos públicos. Ese principio, también elaborado por el derecho administrativo francés, fue definido en Venezuela en la conocida sentencia del la antigua Corte Federal y de Casación de 9 de marzo de 1939 (Caso*: Puerto de La Guayra*), con la cual puede decirse que se comenzó a elaborar en el país la teoría de "contratos administrativos."[23]

En dicha decisión se estableció como principio general que todos los contratos administrativos contienen "en su articulado las seguridades que el Estado otorga a los concesionarios, a fin de que arriesguen la inversión de sus capitales contando con ciertas condiciones de equilibrio financiero para sus empresas;"[24] siendo dicho equilibrio financiero la relación establecida por las partes, al celebrar un contrato administrativo, entre los derechos contractuales de cada uno de ellas y la cantidad de carga y obligación que tienen de acuerdo con sus cláusulas.[25]

Esto implica, según la jurisprudencia, que en todos los contratos administrativos existe una "regla de índole contractual consistente en la obli-

---

23 Véase el texto en Allan R. Brewer-Carías, *Jurisprudencia de la Corte Suprema 1030-1977 y Estudios de Derecho Administrativo*, Tomo III, vol 2 (Recursos y contratos administrativos), Caracas 1977, p. 772. También en Memoria de la Corte Federal y de Casación 1940, p. 342.

24 Idem.

25 Véase Allan R. Brewer-Carías, *Contratos Administrativos*, Editorial Jurídica Venezolana, Caracas 1992, p. 203

gación implícita para que el Estado concedente [parte pública contratante] de no alterar ese equilibrio,"[26] el cual debe mantenerse aun "tratándose de reformas de la ley." Ello implica que incluso, teniendo el Estado el poder para reformar su legislación, sin embargo, se reconoce "la obligación eventual para el Estado de indemnizar en este caso al concesionario, según la entidad del daño o de las nuevas cargas que ésta sufra por la reforma."[27]

La consecuencia del principio del equilibrio económico o financiero de los contratos administrativos es que, en caso de ruptura del mismo mediante cualquier decisión gubernamental o administrativa adoptada por algún órgano o ente del mismo nivel territorial del Poder Público del Estado, la parte pública contratante del contrato debe indemnizar a la parte privada contratante. Esto fue claramente establecido por la antigua Corte Suprema de Justicia en una sentencia de 15 de marzo de 1962 (Caso: *Contrato del Banco de Venezuela con la Ley de Aprobación de la República*) en el cual el Tribunal declaró:

> "En todo contrato celebrado por la Administración existe, expreso o implícito, un derecho del cocontratante a un cierto equilibrio financiero del contrato; y si bien el interés particular debe ceder ante el interés general de la comunidad, y por ello, la Administración Pública tiene la facultad dentro de ciertos límites, de modificar unilateralmente los contratos administrativos en el curso de su ejecución, y aun de ponerles fin por decisión unilateral; estas prerrogativas de la Administración consagradas en países extranjeros por la doctrina y la jurisprudencia modernas, tienen su contrapartida, que reside en el derecho del cocontratante a recibir una indemnización pecuniaria, siempre

---

26 Véase sentencia de la antigua Corte Federal y de Casación en Sala Político Administrativa de 9 de marzo de 1939, en Allan R. Brewer-Carías, *Jurisprudencia de la Corte Suprema 1030-1977 y Estudios de Derecho Administrativo*, Tomo III, vol 2 (Recursos y contratos administrativos), Caracas 1977, pp. 773. Es por ello que Gustavo Linares Benzo sostiene que la distinción básica entre los contratos privados y los contratos administrativos precisamente radica en el principio del equilibrio económico de los contratos administrativos, lo que considera es parte de la "esencia de los contratos administrativos" Véase Gustavo Linares Benzo, "El equilibrio del contrato administrativo en la Ley de Contrataciones Públicas," en Allan R. Brewer-Carías et al., *Ley de Contrataciones Públicas*, Editorial Jurídica Venezolana, Caracas 20102, pp. 368, 369. Véase también sobre la aplicabilidad directa de la teoría del equilibrio económico de los contratos administrativos y sobre la aplicación expansiva a los contratos, independientemente de la regulación específica que pueda insertarse en el texto de los contratos, los comentarios de Henrique Iribarren Monteverde, "El equilibrio económico en los contratos administrativos y la teoría de la imprevisión," en *Los Contratos Administrativos. Contratos del Estado*, VIII Jornadas Internacionales de Derecho Administrativo: Allan Randolph Brewer-Carías, Fundación Estudios de Derecho Administrativos, Caracas 2005, Tomo I, pp. 111 ss.

27 Idem. Véase en Allan R. Brewer-Carías, *Jurisprudencia de la Corte Suprema 1930-1977 y Estudios de Derecho Administrativo*, Tomo III, vol 2 (Recursos y contratos administrativos), Caracas 1977, pp. 773. Véase también la decisión de la Corte Federal del 8 de agosto de 1959, en la Gaceta Forense N° 25, Caracas 1959, pp. 202-205.

que la modificación le imponga obligaciones nuevas que rompan el equilibrio financiero del contrato, o que la extinción pronunciada administrativamente no constituyen la sanción de una falta cometida por aquél en la ejecución del mismo. El aspecto patrimonial de los contratos administrativos exige pues, el mismo respeto que el derecho de propiedad; no puede ser afectado sin indemnización, como la propiedad misma. Por eso, los vínculos contractuales no pueden romperse sin audiencia de las partes que han concurrido voluntariamente a crearlos."[28]

En la misma línea de garantizar el derecho de la parte contratante privada al equilibrio económico del contrato administrativo, la misma antigua Corte Suprema, mediante sentencia de 14 de junio de 1983 (Caso: *Acción Comercial, SA*) se refirió específicamente al derecho de la parte contratante privada a ser indemnizada por la parte pública contratante en situaciones en las cuales un hecho del príncipe altere el equilibrio económico, estableciendo lo siguiente:

"Cuando requerimientos del interés colectivo así lo postulan, acude la Administración a la figura del contrato administrativo para asegurarse la colaboración del particular en la satisfacción de determinadas necesidades de interés general. La presencia de la Administración –dadas determinadas condiciones– en el negocio jurídico, marca a éste, inevitablemente, de características distintas a las de la contratación ordinaria, para asegurar de esta manera que aquélla, depositaria del interés general o colectivo, pueda comprometerse sin sacrificarlo en aras de intereses privados de los administrados, por importantes –individualmente considerados– que éstos parezcan. Los particulares contratantes quedan, a su vez, protegidos en ese género de convenciones gracias a la intangibilidad de la ecuación económica del contrato, en virtud de la cual una lesión a su patrimonio derivada del incumplimiento por la administración de las cláusulas convenidas (rescisión por motivos sobrevenidos: *"hecho del príncipe,"* circunstancias imprevisibles, fuerza mayor...) es compensada con la correspondiente indemnización al particular de los daños y perjuicios que pudieren habérsele ocasionado." [29]

---

28 Véase el texto en Allan R. Brewer-Carías, *Jurisprudencia de la Corte Suprema 1030-1977 y Estudios de Derecho Administrativo*, Tomo III, vol. 2 (Recursos y contratos administrativos), Caracas 1977, p. 803. Véase también en la Gaceta Oficial N° 760 Extra. 22 de marzo de 1962, pp. 11-12.

29 Véase la decisión de la Corte Suprema de Justicia, Sala Político Administrativa, del 14 de junio de 1983 (Caso: *Acción Comercial, S.A*) en la Gaceta Forense No. 121, Vol. I, 1983, pp. 40-72; y el extracto de la misma en Allan R. Brewer-Carías y Luis Ortíz Alvarez, *Las Grandes Decisiones de la Jurisprudencia Contencioso Administrativa (1961-1996)*, Caracas, Editorial Jurídica Venezolana, 1996, pp. 177- 178. Véase los comentarios sobre esta decisión en Henrique Iribarren Monteverde, "El equilibrio económico en los contratos administrativos y la teoría de la imprevisión," en *Los Contratos Administrativos. Contratos del Estado*, VIII Jornadas Internacionales de Derecho Administrativo: Allan Randolph Brewer-Carías, Fundación Estudios de Derecho Administrativos, Caracas 2005, Tomo I, pp. 111 ss. Véase también la decisión de la antigua Corte Suprema de Justicia, Sala Político Administrativa, del 11 de agosto de 1983 (Caso: *Cerve-*

En consecuencia, si bien es cierto que en los contratos públicos se reconoce un poder general de la Administración contratante, dentro de ciertos límites y cuando es requerido por el interés público, para introducir modificaciones al contrato,[30]   o para rescindir unilateralmente el contrato,[31] también es cierto que en todos los casos en los cuales tal decisión emanada de una autoridad del mismo nivel territorial de la parte pública contratante, trastoque el equilibrio financiero del contrato al afectar las cláusulas económicas y de protección del contrato, el contratante privado de la Administración tiene derecho a ser indemnizada por la parte pública contratante en todo lo que sea necesario para restablecer el equilibrio.[32]

Este fue el criterio seguido por la antigua Corte Federal en sentencia del 12 de noviembre de 1954, en la cual, al referirse a los poderes de la Administración contratante en los contratos administrativos, para rescindirlas o modificarlas unilateralmente, explicó que:

> "Mas la extensa flexibilidad que caracteriza a los contratos administrativos en relación con la facultad de la Administración para rescindirlos administrativamente o para introducir en ellos modificaciones cuando así lo exija el interés general, no la exime de una manera absoluta, de indemnizar al cocontratante, cuando para éste, sin su culpa, se han derivado perjuicios de la rescisión o, cuando dada la naturaleza de las modificaciones introducidas, se ha llegado a una alteración sustancial del contrato y, desde luego, a un cambio sensible en la ecuación económica del mismo. La indemnización en esos casos, como cuando se trata de una expropiación por causa de utilidad pública, es lo conforme con la justicia y la equidad."[33]

---

cería de Oriente, C.A) en la Gaceta Forense No. 121, Vol. I., 1983, pp. 253-264; y la decisión de la antigua Corte Suprema de Justicia, Sala Político Administrativa, del 1ro de abril de 1986 (Caso: *Hotel Isla de Coche*). .

30   Véase Allan R. Brewer-Carías, "La facultad de la Administración de modificar unilateralmente los contratos administrativos," en *Libro-Homenaje a la Memoria de Roberto Goldschmidt,* Facultad de Derecho, Universidad Central de Venezuela, Caracas, 1967, pp. 755-778; "La facultad de la Administración de modificar unilateralmente los contratos administrativos (con especial referencia a los contratos de obra pública en el derecho venezolano) en la *Revista de Derecho Español y Americano*, Instituto de Cultura Hispánica, N° 19, año XIII, Madrid, Enero-Marzo 1968, pp. 101-117.

31   Véase Allan R. Brewer-Carías, *Las Instituciones Fundamentales del Derecho Administrativo y la Jurisprudencia Venezolana*, Caracas, 1964, p. 209.

32   Véase Allan R. Brewer-Carías, "Algunas reflexiones sobre el equilibrio financiero en los contratos administrativos y la aplicabilidad en Venezuela de la concepción amplia de la "teoría del Hecho del Príncipe, en *Revista Control Fiscal y Tecnificación Administrativa,* Año XIII, N° 65, Contraloría General de la República, Caracas, 1972, pp. 86-93; y "Consideraciones sobre los efectos de la ruptura de la ecuación económica de un contrato administrativo por una ley declarada nula por inconstitucional" en *Cuadernos de Derecho Público*, Facultad de Derecho, Universidad de Los Andes, N° 2, Mérida 1976, pp. 5-26.

33   Véase en la Gaceta Forense N° 6, 2a etapa, Vol. I, p. 204.

Estos importantes principios fueron incorporados posteriormente en las leyes sancionadas en Venezuela en materia de contratos administrativos. Fue el caso de la Ley Orgánica sobre promoción de la inversión privada bajo el régimen de concesiones de 1999[34] (derogada en 2014), en cuyo texto, en relación con el poder otorgado a la parte contratante pública para modificar las características de las obras públicas o de los servicios públicos en las concesiones, su artículo 39 especificaba que "en tal circunstancia", el ente concedente "deberá compensar al concesionario en caso de perjuicio, acordando con aquél indemnizaciones que podrán expresarse en el plazo de la concesión, en las tarifas, en los aportes o subsidios o en otros factores del régimen económico de la concesión pactados". La misma Ley también estableció que en caso de terminación anticipada de la concesión por acto unilateral de la parte contratante pública por motivos de utilidad o interés público, el concesionario debe recibir una "indemnización integral" incluyendo "la retribución que dejare de percibir por el tiempo que reste para la terminación de la concesión" (artículo 53).[35]

Los mismos principios también fueron incorporados en la última reforma de la Ley de Contrataciones Públicas sancionada en 2014, que se refiere a adquisición de bienes, prestación de servicios, y ejecución de obras,[36] al disponer, en materia de modificaciones introducidas por el contratante respecto a las obras o servicios a ser suministrados por el contratista, que el ente público contratante debe pagar los montos resultantes de las modificaciones que se hayan decidido (Art. 130). Además, la Ley establece expresamente que, en caso de rescisión anticipada del contrato, por causas no imputables al contratista privado, la parte pública contratante debe pagar una justa indemnización (Artículo 153).[37]

En consecuencia, siguiendo la doctrina establecida por el Tribunal Supremo en esta materia, así como el sentido de las disposiciones legales promulgadas respecto a contratos públicos específicos, como son las con-

---

34   Ley Orgánica sobre promoción de la inversión privada bajo el régimen de concesiones, Gaceta Oficial N.º 5.394 Extra. 25 de octubre de 1999.

35   Sobre el derecho del contratista privado a ser indemnizado cuando la Administración utiliza estos poderes unilaterales de modificación o terminación anticipada del contrato, véase: Carmelo de Grazia Suárez, "Derechos y prerrogativas de la Administración Pública en la ejecución de los contratos administrativos (especial referencia a los contratos de concesión), en *Los Contratos Administrativos. Contratos del Estado*, VIII Jornadas Internacionales de Derecho Administrativo: Allan Randolph Brewer-Carías, Fundación Estudios de Derecho Administrativos, Caracas 2005, Tomo I, pp. 33, 44.

36   Véase en la Gaceta Oficial N° 6.154 Extra. del 19 de noviembre de 2014.

37   Estas disposiciones se consideran como la base legal, en Venezuela, para la teoría del equilibrio financiero de los contratos administrativos. Véase Gustavo Linares Benzo, "El equilibrio financiero del contrato administrativo en la Ley de Contrataciones Públicas," en Allan R. Brewer-Carías et al., *Ley de Contrataciones Públicas*, Editorial Jurídica Venezolana, Caracas 2012, p. 373.

cesiones de obras públicas o servicios públicos, en relación con "contratos administrativos," siendo siempre una de las partes en el contrato una entidad pública que puede usar poderes extraordinarios que pueden afectar los derechos contractuales, cualquier decisión unilateral de la parte pública contratante que produzca la modificación, la extinción o la eliminación de cualquier derecho contractual, también puede considerarse como una expropiación de tales derechos contractuales, lo cual solo puede hacerse mediando una justa indemnización de acuerdo con el Artículo 115 de la Constitución.[38]

En consecuencia, cualquier toma de control de derechos contractuales en contratos administrativos por la acción unilateral de la parte pública contratante o de otro órgano del mismo nivel territorial de gobierno o del Poder Público, sin seguir lo dispuesto en las cláusulas contractuales (establecidas de acuerdo mutuo entre las partes), y sin seguir el procedimiento de expropiación establecido en la Constitución, debe considerarse como una confiscación, que está prohibida en la Constitución.

Pero el principio del equilibrio económico del contrato administrativo, y el derecho de la parte privada contratante ser compensado por la parte pública contratante cuando el mismo es alterado, no solo se aplica cuando las alteraciones son producidas por la misma parte pública contratante, sino cuando el equilibrio económico del contrato o sus cláusulas económicas se ven afectados por actos o acciones de otras autoridades públicas pero del mismo nivel territorial del Poder Público al cual aquella pertenece.

En tal caso, por ejemplo, la parte privada contratante en un contrato público celebrado por una Administración nacional también tiene derecho a ser compensado íntegramente por la misma, en los casos de ruptura del equilibrio económico del contrato causado por actos estatales nacionales adoptados por cualquier otro órgano o entidad pública nacional.

En consecuencia, en Venezuela, por ejemplo, conforme a la distribución del Poder Público derivada de la forma federal del Estado, la doctrina del *hecho del príncipe* en los contratos públicos, como fuente de compensación para la parte privada contratante por parte de la parte pública contratante por la ruptura del equilibrio económico del contrato, solo se aplica: (i) respecto de los contratos de interés público nacional cuando la causa de la ruptura son actos estatales dictados por órganos del Poder Público nacional; (ii) respecto de los contratos de interés público estadal, cuando la causa de la ruptura son actos públicos dictados por los órganos de Po-

---

38 El procedimiento de expropiación está regulado en la Ley de Expropiación por Causa de Utilidad Pública o Social, Gaceta Oficial Nº 37.475 1 de julio de 2002. Véase Allan R. Brewer-Carías et al., *Ley de Expropiación por causa de utilidad pública y social*, Caracas 2002, pp. 25 ss.

der Público estadal; y (iii) respecto de los contratos de interés público municipal cuando la causa de la ruptura son actos públicos dictados por los óranos del Poder Público municipal.

Por tanto, particularmente con respecto a los contratos públicos o administrativos nacionales, es decir, a los contratos públicos de interés nacional, la doctrina del *hecho del príncipe* se aplica cuando el acto estatal que afecta el equilibrio económico del contrato emana de la República, por ejemplo, de un órgano del Ejecutivo Nacional, de su Administración Pública Central, o de la Asamblea Nacional, o de cualquiera de las entidades públicas que conforman la Administración Pública nacional descentralizada, tales como los institutos autónomos y las empresas estatales. En cualquiera de estos casos, los actos estatales nacionales que afecten a un contrato administrativo nacional, modificando su equilibrio económico, otorgan a la parte privada contratante el derecho a ser indemnizado por la Administración contratante.

Como lo expresé hace muchos años refiriéndome a los contratos administrativos nacionales, los principios del derecho administrativo venezolano siempre han reconocido el derecho de la parte privada de un contrato público a ser indemnizada cuando el equilibrio financiero del contrato ha sido alterado como consecuencia no sólo de las acciones adoptadas por la autoridad contratante, sino también por actos adoptados por diferentes entidades del [mismo nivel territorial del] Estado, y particularmente, como consecuencia de una ley sancionada por el cuerpo legislativo".[39]

La misma opinión también la sostuve en otro trabajo, refiriéndome a contratos administrativos nacionales, expresando que:

> "el contratante de la Administración, además del derecho a su contra-prestación económica, tiene el derecho, inherente a todo contrato administrativo, al mantenimiento del equilibrio del mismo y, por tanto, a la inmutabilidad de la ecuación económica del contrato, cuando la mutación le causa perjuicios, sea que la modificación provenga de un acto de la propia Administración Pública de modificación o rescisión unilateral sin culpa del cocontratante; sea de modificación surgida en la ecuación económica proveniente de hechos ajenos a la voluntad de las partes contratantes, hechos económicos, naturales o actos de autoridad pública distintas de la Administración contratante.

---

39 Véase Allan R. Brewer-Carías, *Las Instituciones fundamentales del Derecho Administrativo y la Jurisprudencia Venezolana*, Caracas 1964, p. 209; Allan R. Brewer-Carías, "Consideraciones sobre los efectos de la ruptura de la ecuación económica de un contrato administrativo por una ley declarada nula por inconstitucionalidad," en *Cuadernos de Derecho Público*, Universidad de los Andes, Mérida, 1976, pp. 5-26; y en Contratos Administrativos, Editorial Jurídica Venezolana, Caracas 1992, p. 221. Véase Allan R. Brewer-Crías, *Contratos Administrativos*, Editorial Jurídica Venezolana, Caracas 1992, p. 222.

Ahora bien, y éste es el efecto esencial del equilibrio económico de contrato y del derecho a la inmutabilidad del mismo: el cocontratante de la Administración tiene derecho a recibir de la Administración una indemnización, cuando se produce la ruptura del mismo".[40]

En estos casos, en los que la alteración del equilibrio económico de un contrato administrativo se origina por actos públicos emitidos por autoridades distintas a la parte pública contratante, pero del mismo nivel de Poder Público (nacional, por ejemplo), la doctrina y la jurisprudencia de derecho administrativo al aplicar el principio de *hecho del príncipe*, reconocen el derecho de la parte privada contratante afectada, a ser indemnizada íntegramente por la parte pública contratante del contrato, cuando el equilibrio del contrato se ve afectado por dichos actos públicos del mismo nivel de gobierno.

Este principio, según la doctrina del Procurador General de la República,

"significa que en todo contrato administrativo existe, expreso o tácito, un derecho del contratista a un cierto equilibrio económico-financiero del contrato, y que la prerrogativa de la Administración, fundada en los requerimientos del interés nacional, de modificar unilateralmente, dentro de ciertos límites, los contratos administrativos en el curso de la ejecución de los mismos, halla su contrapartida en el derecho del contratista a una indemnización, siempre que la modificación introducida le imponga obligaciones nuevas que rompan el equilibrio financiero del contrato."

El principio, según el mismo Procurador General:

"así definido encuentra su expresión práctica en dos teorías elaboradas por la jurisprudencia francesa: la del hecho del príncipe y la de la imprevisión [...] Según la teoría del hecho del príncipe, cuando el poder público (el príncipe) hace más onerosas, por hecho propio, las condiciones de ejecución del contrato, puede ser obligado a indemnizar al co-contratante (Rivero, Jean. *Droit Administratif*, Daloz, 1965, p. 112)."[41]

De acuerdo con esta doctrina del Procurador General, refiriéndose a la expresión "por hecho propio," el sentido es que "para que funcione la teoría aquí analizada, el desmejoramiento de la posición económica del con-

---

40   Véase Allan R. Brewer-Carías, "Algunas reflexiones sobre el equilibrio financiero en los contratos administrativos y la aplicabilidad en Venezuela de la concepción amplia de la Teoría del hecho del príncipe," en la *Revista Control Fiscal y Tecnificación Administrativa*, Año XII, N° 65, Caracas, 1972, pp. 86-93; y Véase Allan R. Brewer-Carías, "Consideraciones sobre los efectos de la ruptura de la ecuación económica de un contrato administrativo por una ley declarada nula por inconstitucional", *en Cuadernos de Derecho*, Universidad de Los Andes, N° 2, Mérida, 1976, pp. 10 y 11.

41   Véase Doctrina de la Procuraduría General de la República 1966, Caracas 1967, pp. 75-76. Véase el texto en Allan R. Brewer-Carías, *Contratos Administrativos*, Editorial Jurídica Venezolana, Caracas 1992, p. 206.

tratista ha de provenir de una medida que sea imputable al Estado, es decir, atribuible a su voluntad o a su falta"[42] (refiriéndose al Estado nacional y a contratos de interés nacional). Es por eso que, según la misma doctrina del Procurador General, el derecho a la indemnización integral está justificado en la doctrina y en la jurisprudencia en los casos de *medidas adoptadas por los órganos de los poderes legislativos o administrativos, pero no por el efecto de las decisiones de los órganos que ejercen la función jurisdiccional.*[43] En consecuencia, solo las decisiones judiciales se excluyen de la aplicación de la teoría del *hecho del príncipe* sobre contratos administrativos nacionales, en el sentido de que si la decisión adoptada por el Estado nacional que afecta el equilibrio económico de un contrato público es una sentencia de un tribunal, la parte privada contratante no puede reclamar indemnización integral de la parte pública contratante, teniendo en tal caso la decisión judicial un efecto similar que en el derecho privado en el sentido de que exime a la parte pública contratante del cumplimiento de su obligación, y de cualquier responsabilidad o responsabilidad por incumplimiento.[44]

---

42   Doctrina de la Procuraduría General de la República 1966, cit., p. 76. Véase los comentarios sobre la opinión del Procurador General, Henrique Iribarren Monteverde, "El equilibrio económico en los contratos administrativos y la teoría de la imprevisión," en *Los Contratos Administrativos. Contratos del Estado*, VIII Jornadas Internacionales de Derecho Administrativo: Allan Randolph Brewer-Carías, Fundación Estudios de Derecho Administrativos, Caracas 2005, Tomo I, pp. 111 ss.

43   Idem. p. 77. Sin embargo, hemos considerado que cuando la decisión judicial que afecta el equilibrio económico del contrato administrativo es emitida como consecuencia de una acción de inconstitucionalidad de una ley por el Tribunal Supremo como Jurisdicción Constitucional, que la anula, el derecho de la parte privada al contrato subsiste en la aplicación de la teoría del hecho del príncipe en sentido amplio, y el Estado es responsable por su acción legislativa. Véase, por ejemplo, Allan R. Brewer-Carías, *Contratos Administrativos*, Editorial Jurídica Venezolana, Caracas 1992, pp. 222-229

44   Como se mencionó anteriormente, este es el caso de la sentencia de la anterior Corte Suprema de Justicia en Sala Político Administrativa, No. 2337, de 27 de abril de 2005, Caso Banco Provincial, SAICA, SACA vs. Banco Central de Venezuela, en el cual el contrato específico fue suscrito entre un banco privado, el Banco Provincial y una entidad pública, el Banco Central de Venezuela, en cuyo caso fue una decisión judicial de un tribunal penal la que impidió que el Banco Central cumpliera con sus obligaciones contractuales. En tal caso, la Sala Político Administrativa consideró que la decisión judicial fue un hecho del príncipe, en relación con el incumplimiento de las obligaciones contenidas en un contrato relacionadas con la entrega de bonos financieros por parte del Banco Central al banco privado. Sin embargo, hemos sostenido que cuando la decisión judicial que afecta el equilibrio económico del contrato administrativo es una sentencia de anulación dictada por la Jurisdicción Constitucional anulando una ley por motivos de inconstitucionalidad, el derecho de la parte contratante privada subsiste en aplicación del sentido amplio de la teoría del hecho del príncipe y la responsabilidad del Estado derivada de su acción legislativa. Véase Allan R. Brewer-Carías, *Contratos Administrativos*, Editorial Jurídica Venezolana, Caracas 1992, p. 222-229; "Algunas reflexiones sobre el equilibrio financiero en los contratos administrativos y la aplicabilidad en Venezuela de la concepción amplia de la Teoría del hecho del príncipe," en *Revista Control Fiscal y Tecnificación Administrativa*, Año XII, N° 65, Caracas, 1972, pp. 86

En este mismo sentido, Eloy Lares Martínez, cuya opinión fue citada en la mencionada opinión del Procurador General, refiriéndose a los contratos administrativos nacionales y a decisiones del Estado nacional, afirmó que:

"En un sentido amplio, la expresión *"hecho del príncipe"* abarca toda intervención de los poderes públicos que haga más difíciles u onerosas las condiciones en las cuales el contratista ha de dar cumplimiento a las obligaciones contraídas. Pueden consistir en medidas de alcance general o particular o en operaciones materiales y provenir del Poder Legislativo o del Ejecutivo, de la propia persona pública contratante o de una persona pública distinta."[45]

Añadiendo que:

"No es necesario, para que pueda invocarse la teoría del *hecho del príncipe*, que la intervención emane de la propia autoridad que ha celebrado el contrato; puede emanar de otro órgano de la misma persona pública. Así, por ejemplo, las repercusiones que tenga sobre la ejecución de un contrato de interés nacional suscrito por un ministro, las nuevas leyes que dicte la Asamblea Nacional, los decretos que dicte el Ejecutivo nacional o las resoluciones dictadas por un Ministro que no sea el signatario del contrato, dan lugar a que el contratista pueda exigir el pago de la reparación integral que esas intervenciones le hayan causado, porque todas las autoridades mencionadas son órganos de la misma persona pública: la República de Venezuela. En cambio, no habrá lugar a aplicar la teoría del *hecho del príncipe,* si se trata de una repercusión que tengan sobre la ejecución de un contrato celebrado por una Municipalidad, las leyes dictadas por la Asamblea Nacional o los decretos del Ejecutivo Nacional, porque en este último caso, las intervenciones no emanan de la propia persona pública contratante – el Municipio -, sino por una persona pública distinta, que es la República de Venezuela."[46]

Esta opinión de Lares Martínez se basó en el principio antes mencionado de la distribución territorial del Poder Público en la organización estatal venezolana, establecida en el artículo 136 de la Constitución entre tres niveles de gobierno: el nivel nacional ("Estado venezolano"); el nivel estadal y el nivel municipal; siendo los contratos de interés público que se celebran en cada uno de estos niveles de gobierno, respectivamente, de acuerdo con el artículo 150 de la Constitución son los contratos de interés público nacional; los contratos de interés público estadal, y los contratos de interés público municipal.

– 93; y "Consideraciones sobre los efectos de la ruptura de la ecuación económica de un contrato administrativo por una ley declarada nula por inconstitucionalidad" en *Cuadernos de Derecho Público*, Universidad de los Andes, Mérida, 1976, pp. 5 - 26.

45 Véase Eloy Lares Martínez, *Manual de Derecho Administrativo*, XIV Edición, Caracas 2013, p. 358.

46 Idem, p. 359.

De acuerdo con dicha distribución vertical del Poder Público, y de acuerdo con la opinión de Lares Martínez, los actos o acciones estatales que pueden dar lugar a la aplicación de la teoría del *hecho del príncipe* en relación con un contrato administrativo, dando lugar al derecho del cocontratante de la Administración a ser compensado por la ruptura del equilibrio económico del contrato, por tanto, debe ser adoptado en el mismo nivel de gobierno o del Poder Público, es decir, en el nivel nacional con respecto a los contratos nacionales de interés público; en el nivel estadal, con respecto a los contratos de interés público de los Estados; y en el nivel municipal, respecto de los contratos de interés público municipal.

En consecuencia, la teoría del *hecho del príncipe* con respecto, por ejemplo, a los contratos administrativos nacionales indudablemente que se aplica cuando el acto estatal que afecta el equilibrio económico del contrato emana de un órgano del Poder Público nacional.[47] En el mismo

---

47　De acuerdo con el artículo 15 de la Ley Orgánica de la Administración Pública (última reforma del Decreto Ley No. 1.424 del 17 de noviembre de 2014 publicado en la Gaceta Oficial N° 6.147 del 17 de noviembre de 2014), la Administración Pública Nacional está integrada por "órganos, entes y misiones." Los órganos son las "unidades administrativas de la República, a los que se les atribuyan funciones que tengan efectos jurídicos, o cuya actuación tenga carácter regulatorio" y los entes son "toda organización administrativa descentralizada funcionalmente con personalidad jurídica propia; sujeta al control, evaluación y seguimiento de sus actuaciones por parte de sus órganos rectores, de adscripción y de las directrices emanadas del órgano al cual compete la planificación central." De acuerdo con el artículo 19 de la misma Ley Orgánica, "La actividad de los órganos y entes de la Administración Pública perseguirá el cumplimiento eficaz de los objetivos y metas fijados en las normas, planes y compromisos de gestión, bajo la orientación de las políticas y estrategias establecidas por la Presidenta o Presidente de la República, el órgano al cual le compete la planificación central..." Adicionalmente de acuerdo con el Artículo 46 de la Ley, El Presidente de la República, en su carácter de Jefe de Estado y del Ejecutivo Nacional, "dirige la acción del gobierno y de la Administración Pública, con la colaboración inmediata de la Vicepresidenta Ejecutiva o Vicepresidente Ejecutivo." Con respecto a los Ministros, de acuerdo con el artículo 78.13 son los órganos que deben "Ejercer la rectoría de las políticas públicas que deben desarrollar los entes descentralizados funcionalmente adscritos a sus despachos" como también "Ejercer la representación de las acciones pertenecientes a la República en las empresas del Estado que se les asigne, así como el correspondiente control accionario. (78.14). En cuanto a los "entes" de la Administración Pública nacional, pueden ser de dos tipos: "1. Entes descentralizados funcionalmente con forma de derecho privado: estarán conformados por las personas jurídicas constituidas de acuerdo a las normas del derecho privado y podrán adoptar o no la forma empresarial de acuerdo a los fines y objetivos para los cuales fueron creados y en atención a si la fuente fundamental de sus recursos proviene de su propia actividad o de los aportes públicos, respectivamente." La forma clásica de derecho privado de descentralización funcional son las empresas del Estado, que deben crearse con la autorización del Presidente de la República (artículo 104), y en el cual la República o cualquier otra entidad descentralizada posee más del 50% de sus acciones (artículo 103). "2. Entes descentralizados funcionalmente con forma de derecho público: estarán conformados por aquellas personas jurídicas creadas y regidas por normas de derecho público y que podrán tener atribuido el ejercicio de potestades públicas." La forma clásica de derecho público de la descentralización funcio-

sentido, Rafael Badell, se refirió al diferente "orden jurídico" al argumentar sobre los diferentes niveles territoriales de gobierno y la aplicabilidad de la teoría del *hecho del príncipe*:

> "Reconocemos, sin embargo, que el contrato administrativo puede resultar alterado o vulnerado por una disposición emitida por una autoridad perteneciente a un orden jurídico distinto. Así un contrato celebrado por la República puede verse afectado por una decisión proveniente de la autoridad municipal. En tales supuestos, cuando el respectivo contrato resulta afectado o vulnerado por un hecho o acto ajeno o extraño a la autoridad nacional que lo celebró, es decir, de un ámbito territorial distinto, sería aplicable la teoría de la Imprevisión, quedando regido por ésta el acto lesivo del contrato."[48]

En este sentido, Lares Martínez y Badell siguieron la tendencia de la teoría del derecho público de la doctrina del *hecho del príncipe* establecida en Francia sobre la noción de autoridad contratante, referida también a tres niveles diferentes de gobierno: el Estado (nacional), los Departamentos, y las autoridades municipales (*Pouvoir publics; collectivités territoriales*). Es por eso que, en la terminología francesa, para que la teoría del *hecho del príncipe* sea aplicable, una de las condiciones es la "*imputabilité du fait dommageable a la collectivité contratante*.[49] Esto fue explicado en un sentido amplio por André de Laubadère, diciendo que:

> "*Il suffit, pour que le fait du prince puisse être invoqué, que l'intervention émane d'un organe de la persone publique qui a conclu le contract. Ainsi les autorités de l'Etat sont 'étrangères' aux contracts conclus par les départments, les comunes, les établissment publics; mais dans le cadre de l'Etat les répercusions sur un contract signé par un ministre de mesures prises par un autre ministre rentrent dans la théorie de fait du prince, et même celles des mesures prises par le législateur sur les contracts conclus par le organs exécutifs de l'Etat.*"[50]

---

nal son los institutos autónomos que deben ser creados por ley (artículo 98). Las imbricaciones entre las órganos de la Administración Pública central y la Administraciones Públicas descentralizada son tales que, según el artículo 38, "La Administración Pública podrá encomendar temporalmente la realización de actividades de carácter material o técnico de determinadas competencias a sus respectivos entes descentralizados..."

48 Véase Rafael Badell Madrid, *Régimen Jurídico de los Contratos Administrativos*, Caracas, 2001, pp. 166-167

49 Véase André de Laubadère, *Traité théorique et pratique des contracts administraifs* Tome III, LGDJ, Paris 1956, par. 920, p. 32; André de Laubadère, Franck Moderne y Pierre Delvolvé, *Traité théorique et pratique des contracts administraifs* Tome second, LGDJ Paris, 1984, p. 523.

50 Véase André de Laubadère, Idem, par. 920, pp. 34-35. The same criteria can be found in the edition of the same book by André de Laubadère, Franck Moderne y Pierre Delvolvé, Tome second, LGDJ Paris, 1984, par. 1302, pp 525-526, donde los autores agregaron que: "les messures prises par le législateur et qui assectent les contracts conclus par l'État relevant aussi du fait du prince puisque le parlement est un organe de l 'État au

En este mismo sentido general, como se mencionó anteriormente, las "autoridades contratantes" en los contratos administrativos en el sistema legal venezolano son las que están ubicadas en cada uno de los tres niveles constitucionales de distribución del Poder Público: nacional (la República), estadal (los Estados) y municipal (los Municipios), lo que según la Constitución, como ya se mencionó, origina tres tipos de contratos de interés público: los contratos de interés público nacional, los contratos de interés público estadal y los contratos de interés público municipal; tres tipos de organización de Administraciones públicas: nacional, estadal y municipal, con sus órganos y entidades como tres tipos de autoridades administrativas: nacional, estadal y municipal.

En este mismo sentido, Rafael Badell es de la opinión que la responsabilidad del Estado por el *hecho del príncipe*, siguiendo lo que expuso Miguel Marienhoff de Argentina:

> "Puede resultar del hecho o acto de cualquier órgano del Estado con la sola limitación de que pertenezca al mismo orden jurídico del de la autoridad que celebró el contrato. Pensamos que ningún principio de derecho se opone a ello; más aún, los fundamentos que soportan la teoría del *hecho del príncipe* no hacen ni permiten hacer distinción alguna entre hechos y actos procedentes de la propia autoridad pública que intervino en la celebración del contrato o de otra autoridad estatal. Así, tratándose de un contrato celebrado por la República o cualquiera de sus entes, la medida lesiva puede emanar de cualquier órgano dependiente de ella misma; lo mismo puede decirse respecto de los distintos órganos que existen en el Poder Estadal y en el Municipal."[51]

En la doctrina de derecho administrativo latinoamericano, en efecto, Miguel Marienhoff siguió este mismo enfoque del *hecho del príncipe* en el mismo sentido amplio aplicado en Venezuela, ya que ambos países tienen la forma federal de gobierno. Así, Marienhoff sostuvo que para que el *hecho del príncipe* se produzca, la resolución perjudicial o la disposición con respecto a los derechos de la parte privada contratante en un contrato administrativo:

> "puede proceder de cualquier autoridad pública, siempre que ésta corresponda al mismo orden jurídico al cual pertenece la autoridad que celebró el contrato. Ningún principio de derecho se opone a ello; más aún: los "principios" constitucionales que sirven de apoyo a lo que se ha dado en llamar "teoría del *hecho del príncipe*" (en cuyo mérito, en los casos ocurrentes, nace la obligación de indemnizar al cocontratante), no hacen ni permiten hacer distinción alguna entre hechos y actos procedentes de la propia autoridad

---

meme titre que les autorités exécutives: pour provenir d'organs disserents, les mesures en cause émament toujours de la meme personne publique," p. 526.

51 Véase Rafael Badell Madrid, *Régimen Jurídico de los Contratos Administrativos*, Caracas, Fundación Procuraduría General de la República, 1991, pp. 166.

pública que intervino en la celebración del contrato o de otra autoridad estatal. Así, tratándose de un contrato celebrado por la Nación, la expresada medida lesiva puede emanar de cualquier órgano o repartición integrante o dependiente de ella; lo mismo cuadra decir de los contratos celebrados por provincias. Luego me referiré a los contratos que celebre una municipalidad o una entidad autárquica institucional, y la medida que altere la ecuación económico-financiera de ellos proviene de la Nación o de la respectiva provincia... De ahí que el llamado *"hecho del príncipe"* pueda provenir de cualquier autoridad pública perteneciente al Estado nacional o provincial, según cuál sea la esfera política jurídica donde se celebre el contrato. No hay por qué limitar y circunscribir ese acto o hecho a la "propia" autoridad administrativa con quien el contrato se efectuó. [...] Carece de toda trascendencia, entonces, que la medida perturbadora del equilibrio o ecuación económico-financiera del contrato provenga o no de la misma autoridad pública que celebró dicho contrato. Tal medida perturbadora, en todos los casos, será imputable al "Estado" cualquiera sea el órgano o repartición de éste de que provenga la medida lesiva... Dentro, pues, del orden "nacional" y del "orden provincial," lo resuelto por las respectivas autoridades de la Administración Pública -sean éstas centralizadas o descentralizadas autárquicamente- debe considerarse como resuelto por la Nación o por la pertinente provincia, aplicándose la teoría del *"hecho del príncipe"* aunque el acto lesivo no provenga de la misma autoridad que celebró el contrato." [52]

Asimismo, Sayagués Laso de Uruguay siguió el mismo enfoque en el sentido de que para la aplicación de la teoría del *hecho del príncipe* (cuando se está en un mismo nivel de gobierno) "es lo mismo que el acto proceda de la misma persona pública contratante o de una persona pública diferente, porque las reglas en ambos casos debe ser las mismas."[53]

Como ha sido mencionado, hemos seguido un criterio similar en el sentido de que la ruptura de la ecuación económica o el equilibrio financiero de un contrato administrativo nacional, y el derecho de la parte privada contratante en el contrato a ser indemnizado puede ser producido por "ac-

---

52 Véase Miguel Marienhoff, *Tratado de Derecho Administrativo*, Tomo III-A, Abeledo-Perrot, Buenos Aires, pp. 485-488; y también en "Contratos administrativos," en Primer Congreso Internacional y IV Jornadas Nacionales de Derecho Administrativo, 1977, p. 117. Véase también en Rafael Badell, *Régimen Jurídico de los Contratos Administrativos*, Caracas, Fundación Procuraduría General de la República, 1991, p. 68. Como lo ha dicho Gabriela Andrea Stortoni, refiriéndose al enfoque de Marienhoff: "el acto puede provenir de cualquier administración, es decir, la misma autoridad del contrato u otra en la misma esfera legal." Véase Gabriela Andrea Stortoni, "El hecho del príncipe y su impacto en los contratos administrativos", en *Contratos Administrativos*, Jornadas organizadas por la Universidad Austral Facultad de Derecho, Editorial Ciencias de la Administración, Buenos Aires, p 312. En el mismo sentido, Raúl Enrique Granadillo Ocampo, Distribución de los riesgos en la contratación administrativa, Astrea, Buenos Aires 1990, p. 110.

53 Véase, Enrique Sayagues Laso, *Tratado de derecho Administrativo*, Tomo II, Montevideo 1959, p. 69-71. Véase la cita en Carlos Delpiazzo, *Contratación Administrativa*, Universidad de Montevideo, Montevideo 1999, p. 224.

tos de autoridad pública distintas de la Administración contratante"[54] y particularmente un acto del Poder Legislativo (siempre por supuesto, en el mismo nivel de gobierno o Poder Público). En el mismo sentido, Lares Martínez, siempre refiriéndose a los contratos administrativos nacionales y los actos estatales de ese mismo nivel de gobierno, dijo que:

"Ciertas disposiciones de carácter general, legislativas o reglamentarias, pueden tener por efecto modificar las estipulaciones de los contratos celebrados por la Administración, paralizar la aplicación de algunos de ellos o poner fin anticipadamente a su ejecución. La jurisprudencia del Consejo de Estado francés ha decidido que en estos casos la Administración debería pagar al contratista la reparación integral por los perjuicios que tales medidas de carácter general le ocasionan. Queda exceptuado el caso de que, tratándose de una ley, se haya excluido en ella misma el pago de la indemnización."[55]

Como consecuencia de todo lo anterior, el principio del *hecho del príncipe*, es la garantía del derecho de la parte privada contratante de ser indemnizada por la parte pública contratante cuando el acto estatal es emitido por entidades del mismo nivel territorial del Poder Público que la misma.

La otra cara de la moneda del *hecho del príncipe*, es la que conduce a determinar cuándo puede o no el mismo servir de excusa, para la parte pública contratante, respecto del incumplimiento de sus obligaciones contractuales, la cual solo se admite si el hecho del príncipe es un acto dictado en el mismo nivel territorial distinto al de la parte pública contratante.

IV. LA GARANTÍA PARA LA PARTE PRIVADA CONTRATANTE DE QUE LA PARTE PÚBLICA CONTRATANTE NO PUEDE ALEGAR LA DEFENSA DEL *HECHO DEL PRINCIPE* PARA JUSTIFICAR SU INCUMPLIMIENTO CONTRACTAUAL BASADO EN ACTOS ESTATALES DICTADOS EN EL MISMO NIVEL TERRITORIAL DEL PODER PÚBLICO

En efecto, la segunda aproximación a la doctrina del *hecho del príncipe*, como garantía del cocontratante de la Administración respecto de las obligaciones de la Administración contratante, como antes hemos observado, tiene relación con las previsiones del derecho general de los contratos, pero también aplicable a los contratos públicos, a los efectos de de-

---

54 Véase Allan R. Brewer-Carías, "Consideraciones sobre los efectos de la ruptura de la ecuación económica de un contrato administrativo por una ley declarada nula por inconstitucional" en *Cuadernos de Derecho Público*, Facultad de Derecho, Universidad de Los Andes, N° 2, Mérida 1976, pp. 5-26.

55 Véase Eloy Lares Martínez, *Manual de Derecho Administrativo*, XIV Edición, Caracas 2013, pp. 359-360.

terminar cuándo actos estatales que perturben relaciones contractuales, pueden considerarse por la parte pública contratante como eventos de fuerza mayor que puedan justificar el incumplimiento de sus obligaciones contractuales.

En efecto, como principio y de acuerdo con las previsiones del Código Civil, la responsabilidad por incumplimiento de un contrato –en los contratos privados o contratos públicos- puede ser exenta cuando el incumplimiento de la obligación es el resultado de una causa extraña no imputable, considerada como un evento de fuerza mayor. Según lo establecido en los artículos 1271 y 1272 del Código Civil:

> "Artículo 1271. El deudor será condenado al pago de los daños y perjuicios, tanto por inejecución de la obligación como por retardo en la ejecución, si no prueba que la inejecución o el retardo provienen de una causa extraña que no le sea imputable, aunque de su parte no haya habido mala fe.

> Artículo 1272. El deudor no está obligado a pagar daños y perjuicios, cuando, a consecuencia de un caso fortuito o de fuerza mayor, ha dejado de dar o de hacer aquello a que estaba obligado o ha ejecutado lo que estaba prohibido."

De acuerdo con estas disposiciones, el *hecho del príncipe*, cuando se refiere actos del Estado en relación con la ejecución de contratos, que puedan ser considerados como un evento de fuerza mayor, siempre debe ser una causa extraña no imputable que impida el cumplimiento de las obligaciones contractuales.[56] Para tal fin, Eloy Maduro Luyando y Emilio Pittier señalaron que:

> "El *hecho del príncipe* reúne todos los requisitos de la causa extraña no imputable: la imposibilidad absoluta del cumplimiento, porque se trata de normas generales o particulares, de obligatorio cumplimiento, irresistible porque no hay posibilidad de sustraerse a sus efectos."[57]

---

56 Véase decisión de la Corte Superior Primera en lo Civil y Comercial de la Circunscripción Judicial del Distrito Federal y Estado Miranda (Caso F. Jawhari v. La Seguridad, C.A.), 21 de mayo de 1975, en el cual se afirmó que "El incumplimiento de las obligaciones puede deberse a la espontánea o voluntaria conducta del deudor, o a lo que la doctrina denomina una causa extraña no imputable, mote bajo el cual están comprendidas del caso fortuito, la fuerza mayor, el hecho de la víctima o culpa de la víctima, el hecho de un tercero y el hecho del príncipe." Véase en Jurisprudencia Venezolana, Ramírez y Garay, Vol. XLD11, Caracas 1975, No. 174-75, p. 80. En el mismo sentido, en la decisión de la Sala Civil y Laboral de la Corte Suprema de Justicia (Caso Niemtschik Cadenas Ingenieros SA v. Empresas González, caso), el 23 de noviembre de 1988 dictaminó que "causa externa no imputable también contempla varios casos: 1) el caso fortuito; 2) la fuerza mayor; 3) el hecho de un tercero; 4) el hecho del príncipe (el Estado); 5) el acto del acreedor; 6) la pérdida de la cosa debida; y 7) la culpa de la víctima," en Jurisprudencia Venezolana. Ramírez y Garay, No. 929-88, Caracas 1988, pp. 410.

57 Véase Eloy Maduro Luyando y Emilio Pittier Sucre, Curso de Obligaciones, Derecho Civil III, Tomo I, Universidad Católica Andrés Bello (2007) pp. 222-223. La antigua

Es por eso que el *hecho del príncipe* ha sido definido por los tribunales venezolanos como medidas prohibitivas u obligatorias del Estado, por ejemplo, "toda intervención de los poderes públicos [...] derivada del *Poder Legislativo o del Ejecutivo,*" 58 emitida por causa de interés público general, lo que crea un obstáculo inevitable y hace que la ejecución de un contrato sea absolutamente imposible.59

En el mismo sentido, como ya se mencionó, José Mélich Orsini identificó al "hecho del príncipe" (*factum principis*) como "el obstáculo al cumplimiento de la actividad prometida que proviene de un acto legislativo o de la autoridad administrativa, por ejemplo."[60] También Eloy Maduro Luyando y Emilio Pittier Sucre señalaron que el "*hecho del príncipe:*"

> "comprende todas aquellas disposiciones prohibitivas u obligatorias emanadas del Estado por razones de interés público general que necesariamente deben ser acatadas por las partes y causan un incumplimiento sobrevenido de la obligación."[61]

El mismo concepto fue seguido por Rafael Bernad Mainar al referirse al "*hecho del príncipe,*" indicando que:

> "Se refiere a todas las disposiciones prohibitivas u obligatorias adoptadas por el Estado en aras del interés público general que, debido a su carácter coactivo, han de ser observadas e impiden el cumplimiento de obligaciones ya nacidas con anterioridad a las referidas normas.

Sala Política Administrativa de la Corte Suprema de Justicia en la sentencia de 14 de junio de 1983 (Caso: Acción Comercial, SA) relacionado con los contratos administrativos, en relación con una decisión estatal de rescindir un contrato público hizo referencia a "motivos sobrevenidos: 'hecho del príncipe', circunstancias imprevisibles, fuerza mayor," Allan R. Brewer-Carías, Jurisprudencia de la Corte Suprema 1030-1977 y Estudios de Derecho Administrativo, Tomo III, vol 2 (Recursos y contratos administrativos), Caracas 1977, p. 7; y en la Gaceta Forense N° 121, Vol. I, 1983, p. 52. Véase también Sala Político Administrativa de la Corte Suprema de Justicia, Decisión N° 1090, 11 de Maypo de 2000 (Caso: Trino Juvenal Pérez Solano v. Alcalde del Municipio Guanipa del Estado Anzoategui), Exp. 0121, en http://historico.tsj.gob.ve/decisiones/spa/mayo/01090-110500-0121.HTM.

58   Véase Eloy Lares Martínez, *Manual de Derecho Administrativo*, 10ma. Edición, Facultad de Ciencias Jurídicas y Políticas, Universidad Central de Venezuela, Caracas 1996, p. 341.

59   Véase, Banco Provincial, S.A. v. Banco Central de Venezuela case, Decisión No. 2337 de la antigua Corte Suprema de Justicia, Sala Político Administrativa, 27 de abril de 2005, en http://historico.tsj.gob.ve/decisiones/spa/abril/02337-270405-1995-12084.HTM.

60   Véase, José Mélich-Orsini, *Doctrina General del Contrato*, Academia de Ciencias Políticas y Sociales, Serie Estudios N° 61, Caracas 2006, p. 504, nota No. 83

61   Véase Eloy Maduro Luyando y Emilio Pittier Sucre, *Curso de Obligaciones, op. cit.* pp. 222-223;

[En los tiempos actuales], el decreto del *príncipe* correspondería a las disposiciones del poder ejecutivo refrendadas por el poder legislativo, a quien corresponde la confección y redacción de las normas."[62]

En estos casos, la parte en un contrato que invoca el *hecho del príncipe* para excusar su responsabilidad por incumplimiento de su obligación contractual, obviamente debe demostrar que el acto estatal o de gobierno satisface todos los requisitos de una causa extraña, no imputable,[63] en particular, que el acto sea inevitable, imprevisible e irresistible; que se haya producido en ausencia total de culpa de quien lo invoca; y que hace que el cumplimiento sea absolutamente imposible.[64]

En el mismo sentido que fue decidido por la Sala de Casación de la antigua Corte Suprema de Justicia en el caso *Niemtschik Cadenas Ingenieros S.A. v. Empresas González,* al indicar que:

"Para que la causa no imputable sea procedente, la doctrina dispone varias condiciones, a saber: 1) Cuando esta causa produce la imposibilidad absoluta de poder ejecutar la obligación. Esta condición no debe ser teórica, sino más bien formal o práctica; 2) Que la imposibilidad absoluta debe ser supervenida, Es decir, que ella se presenta con posterioridad a haberse contraído la obligación; 3) Que la causa extraña no imputable sea imprevisible; 4) Que sea inevitable, es decir, que no pueda subsanarse; y 5) La ausencia total de culpa o dolo por parte del deudor."[65]

En consecuencia, si por ejemplo el *hecho del príncipe* lo alega la parte pública contratante pero la misma ha sido la que ha procurado o gestionado la emisión del acto estatal específico, entonces estos elementos no se cumplen, y la defensa de fuerza mayor simplemente no puede ser invocada por la misma.[66]

En esta materia, una de las principales condiciones para que la parte contratante pueda alegar la fuerza mayor, es que el *hecho del príncipe* haya ocurrido en ausencia total de cualquier falta de su parte, es decir, el presunto *hecho del príncipe* debe estar más allá del esfera de actividad de

---

62 Véase Rafael Bernad Mainar, *Derecho Civil Patrimonial, Obligaciones*, Tomo I, Universidad Central de Venezuela, Facultad de Ciencias Jurídicas y Políticas, Caracas 2006, p. 172

63 Véase Eloy Maduro Luyando y Emilio Pittier Sucre, *Curso de Obligaciones*, op. cit., pp. 217, 223.

64 Idem, pp. 217-223;

65 Véase la sentencia de la antigua Corte Suprema de Justicia, Sala Político Administrativa de 23 de noviembre de 1988, en el caso Niemtschik Cadenas Ingenieros S.A. v. Empresas González, en Jurisprudencia Venezolana. Ramírez y Garay, No. 929-88, Caracas 1988, pp. 409-410

66 Conforme a los artículos 1271 y 1272 del Código Civil, "si el deudor invoca el hecho de un tercero, será necesario que él no haya provocado tal hecho." Véase José Mélich-Orsini, *Doctrina General del Contrato*, 5ta. Edición (Caracas, 2009) p. 519

la parte pública contratante, y no debe tener conexión con la misma.[67] Además, el incumplimiento debe ser involuntario, es decir, como resultado de un acto que sea independiente de la voluntad de la parte contratante.[68] De lo contrario, ese acto debe serle atribuible.[69]

Por otra parte, la irresistibilidad del acto estatal como un evento de *fuerza mayor* se refiere a la naturaleza insuperable del impedimento que obliga a la parte que lo invoca a incumplir sus obligaciones. Como lo explicó José Mélich-Orsini:

> "La irresistibilidad se refiere al carácter insuperable del acontecimiento [...] una vez sobrevenido el obstáculo, aún si éste pudiera calificarse de inesperado por lo súbito, el deudor no lo haya podido superar con una mejor armada voluntad de resistencia [...] [el deudor tiene la obligación] de emplear ese supremo esfuerzo con lo prometido para cumplir lo que se prometió."[70]

En consecuencia, una parte de un contrato no puede alegar la excusa del *hecho del príncipe* a menos que haya empleado "todos los medios lícitos disponibles" para cumplir con lo prometido.[71]

Finalmente, de conformidad con el artículo 506 del Código de Procedimiento Civil y el artículo 1354 del Código Civil, la carga de la prueba para establecer la defensa del *hecho del príncipe* recae siempre sobre la parte que la alega.[72]

---

67 "El evento del cual deriva la imposibilidad [de cumplir] debe ser exterior a la actividad del deudor y privado de toda conexión con tal actividad." Véase José Mélich-Orsini, *Doctrina General del Contrato*, Academia de Ciencias Políticas y Sociales, Serie Estudios N° 61, Caracas 2006, p. 511.

68 "Al respecto, se observa que la doctrina ha admitido la existencia de dos grupos o clasificaciones que son: los denominados incumplimientos voluntarios o culposos y aquellos definidos como involuntarias que consisten en la inejecución de la obligación por haber obstáculos o causas sobrevenidas posteriores al nacimiento de la relación que son independientes de la voluntad del deudor y por lo tanto, no le son imputables." Véase Banco Provincial, S.A. v. Banco Central de Venezuela, Decisión No. 2337 del Tribunal Supremo de Justicia, Sala Político Administrativa, 27 de abril de 2005 en: http://historico.tsj.gob.ve/decisiones/spa/abril/02337-270405-1995-12084.HTM, p. 24/29.

69 Idem, p. 24.

70 Véase José Mélich-Orsini, *Doctrina General del Contrato*, Academia de Ciencias Políticas y Sociales, Serie Estudios N° 61, Caracas 2006, p. 509.

71 Idem p. 510

72 Artículo 1354 del Código Civil: "Quien pida la ejecución de una obligación debe probarla, y quien pretenda que ha sido libertado de ella debe por su parte probar el pago o el hecho que ha producido la extinción de su obligación." Artículo 506 del Código de Procedimiento Civil: "Las partes tienen la carga de probar sus respectivas afirmaciones de hecho. Quien pida la ejecución de una obligación debe probarla, y quien pretenda que ha sido libertado de ella, debe por su parte probar el pago o el hecho extintivo de la obligación. Los hechos notorios no son objeto de prueba."

Todas estas condiciones son especialmente importantes en materia de contratos públicos, especialmente cuando el *hecho del príncipe* se alega, no por la parte privada contratante, sino por la Administración contratante, por ejemplo, una empresa estatal, con el fin de excusar el cumplimiento de sus obligaciones contractuales.

En este sentido, por ejemplo, en el nivel nacional del Estado, debido al vínculo orgánico que existe en la relación entre la Administración Central nacional y las entidades administrativas nacionales descentralizadas, incluidas los institutos autónomos nacionales y las empresas públicas nacionales, que siempre están sujetas al control de tutela por parte de los Ministerios, como principio, un acto de la República (Estado nacional) sea de orden legislativo o ejecutivo, no puede servir de excusa para que la parte pública contratante pueda justificar el incumplimiento de sus obligaciones.[73]

En consecuencia, como cuestión de principio, un acto del gobierno nacional (Poder Público Nacional) no puede ser considerado como una excusa para la parte pública contratante en un contrato público nacional para justificar el incumplimiento de sus obliegaciones, cuando tal acto es emitido por una autoridad del mismo nivel del Poder Público nacional.

En consecuencia, la excusa de un evento de fuerza mayor basada en un acto estatal, alegada por la parte pública contratante en contratos públicos para justificar sus incumplimientos contractuales, solo puede esgrimirse cuando el acto estatal en cuestión se haya dictado en un nivel territorial del Poder Público diferente al de dicha parte pública contratante. En otras palabras, en materia de contratos públicos puede decirse que, como cuestión de principio y en protección de los derechos del cocontratante de la Administración, la persona pública contratante solo podría alegar fuerza

---

[73] Y menos aún, por ejemplo, cuando se trata de una empresa pública nacional como parte pública contratante, la cual no podría alegar que un acto del Estado nacional es una causa extraña no imputable, si en la adopción del hecho del príncipe ha intervenido el Ministro de adscripción de la propia empresa pública nacional, como es el caso cuando el acto del Estado sea uno adoptado por el Presidente con todos los Ministros, en el Consejo de Ministros, en cuyo caso, como cuestión de principio no podría llegar a considerarse como emitido en ausencia total de falta por parte de dicha persona pública contratante. En realidad, dada esa estrecha relación entre los Ministerios que ejercen el control de tutela y las empresas públicas nacionales controladas, un acto del Ejecutivo nacional no podría considerarse como emitido fuera del ámbito de la empresa pública contratante, o que se haya emitido sin "conexión alguna" con la actividad de la misma. El Ministerio del Ejecutivo nacional que controla la empresa pública nacional, de acuerdo con la legislación que regula el funcionamiento de la Administración Pública, está obligado a participar en la adopción de actos estatales emitidos, por ejemplo, en decisiones que involucren al Consejo de Ministros, y en tales casos, dichos actos es difícil que se puedan considerar como ajenos a las empresas públicas nacionales sometidas al control del mismo Ministro.

mayor basada en un acto estatal para justificar el incumplimiento de sus obligaciones contractuales, cuando dicho acto haya sido emitido por un órgano de un nivel territorial del Poder Público diferente del de dicha parte pública contratante.

Esta es la otra cara de la misma moneda en el tratamiento del principio del hecho del príncipe, respecto de la garantía de la parte privada contratante de ser compensada por la parte pública contratante en caso de ruptura de la ecuación económica del contrato por un acto estatal dictado en el mismo nivel territorial del Poder Público de la parte pública contratante. Por ejemplo, en un Estado federal como el Estado venezolano, con respecto a un contrato público municipal, el *hecho del príncipe* típico que podría considerarse como una excusa para el incumplimiento por parte de la Administración municipal contratante, podría ser el emanado de un órgano de la República, por ejemplo, del Ejecutivo nacional o de la Asamblea Nacional. Por el contrario, un acto estatal emitido por los órganos legislativos o ejecutivos del Poder Público nacional, en principio, no puede considerarse como extraño a una parte pública nacional contratante, como podría ser una empresa del Estado, la cual no podría alegarlo como excusa para no cumplir con sus obligaciones en un contrato público nacional; pues más bien, lo que está es obligada a restablecer el equilibrio económico del contrato público indemnizando a la parte privada contratante por los daños producidos por tal ruptura del mismo.

El asunto, por ejemplo, ha sido resuelto en este mismo sentido, en garantía de los derechos del contratista privado en los contratos públicos en otros países, y de acuerdo con los mismos principios generales de derecho. Por ejemplo, en Francia, estos principios se aplicaron en una conocida sentencia de la Corte de Casación de 1970, en el caso *Air France*, en la cual Air France, una empresa pública nacional mixta (*enterprise publique d'économie mixte*), argumentó que una decisión de su autoridad de tutela *(autorité de tutelle)* era un *hecho del príncipe* que como evento de fuerza mayor le había impedido a la empresa cumplir con sus obligaciones contractuales laborales para con sus empleados.[74]

En ese caso, la Corte decidió que las empresas públicas, como Air France, incluso siendo una empresa pública mixta, no podían invocar las decisiones de su *autorité de tutelle* como una evento extraño, imprevisible e insuperable de una tercera persona (*"fait imprévisible et insuperable d'un tier qui lui serait étranger"*) como excusa para el incumplimiento de sus

---

74 Corte Francesa de Casación, Decisión N° 69-40253, April 15, 1970; Véase también Conclusiones por el Avocat Général Robert Mellotée en la Corte de Casación Francesa. Decisión N° 69-40253, 15 de abril de 1970, Recueil Dalloz, Jurisprudence, Paris 1971, pp. 107-110.

obligaciones.[75] El *Avocat Général* Robert Mallottée, argumentando en el caso, señaló que dicha empresa pública debía considerarse "en su estructura y gestión estrechamente dependiente del Estado" de una manera que constituía "una emanación real del poder público", agregando que "de hecho, Air France es el Estado."

El mismo *Avocat Général* Mellottée, cuyos argumentos fueron aceptados por la Corte de Casación, caracterizó la doctrina del *hecho del príncipe* como un sub-conjunto de la fuerza mayor, o un acto externo, que tiene tres características importantes: (i) es inevitable, (ii) es imprevisible, y (iii) presenta un obstáculo que es insuperable. En sus argumentos, recordó los artículos 1147 y 1148 del Código Civil francés entonces vigentes (equivalentes a los artículos 1271 y 1272 del Código Civil venezolano), que preveían la exención de la responsabilidad del obligado debido a un acto que le es externo y no imputable,76 y examinó si las demoras en el pago y el daño sufrido por los empleados de Air France eran realmente atribuibles a una causa "externa" a la empresa.[77]

A la luz del argumento de Air France de que no podía cumplir con sus obligaciones debido a la intervención de un acto externo del Estado o *hecho del príncipe*, el *Avocat Général* examinó la estructura de Air France e hizo hincapié en los siguientes puntos: que Air France era una empresa pública, constituida lealmente; que casi el 70% de su capital provenía del Estado; que su junta directiva estaba compuesta por 16 miembros, de los cuales al menos 8 eran funcionarios gubernamentales o designados por el Estado; que el nombramiento de su Presidente había sido aprobado por el Estado; que su gestión financiera estaba controlada en cierta medida por el Estado; y que la remuneración proporcionada a sus empleados estaba sujeta a la aprobación previa del Estado.[78]

El *Avocat Général* concluyó que, como empresa pública nacional, Air France dependía estrechamente del Estado nacional (el mismo *Pouvoir*

---

75 "La subsiguiente intervención irregular de esta autoridad en un intento de obstaculizar el cumplimiento de las obligaciones estipuladas de esta manera, no puede ser rechazada por el deudor sujeto a dicha regulación como un acto imprevisible e insuperable de un tercero externo a la misma." Véase Decisión de Air France, Idem., p. 2

76 Código Civil Francés, Artículo 1147: "Código Civil francés, Artículo 1147: "Se ordenará al deudor que pague una indemnización por daños y perjuicios, en caso de que haya motivo, ya sea por el incumplimiento de la obligación o por demora en el desempeño, siempre que no demuestre que la falta de cumplimiento proviene de una causa externa que no se le puede atribuir, aunque no hay mala fe de su parte"; y el artículo 1148: "No hay lugar para daños y perjuicios cuando un deudor no pudo transferir o hacer aquello a lo que estaba obligado, o hizo lo que le fue prohibido, por razones de fuerza mayor o de un hecho fortuito."

77 Air France Mellottée Conclusions, Recueil Dalloz, Jurisprudence, Paris 1971, p. 107.

78 Idem, p. 109.

Public) tanto en términos de su estructura como de su gestión.[79] Sobre esta base, razonó de la siguiente manera:

"Siendo este el caso, es extremadamente chocante que Air France, un organismo de derecho privado, se refugie detrás de Air France, un organismo de derecho público, para sustraerse de la ejecución de sus obligaciones contractuales y para escaparse de las consecuencias de un retraso inherente al funcionamiento de su status. Si su tesis fuera admitida, sería demasiado fácil a las empresas de estatuto exonerarse de sus obligaciones. Solo les bastaría provocar un retraso [en la emisión] de la autorización e invocar enseguida el *hecho del príncipe*. No habría más equilibrio, ni seguridad alguna en las relaciones jurídicas.

En realidad, en relación con los terceros, las empresas de estatuto y el Estado no representan sino una sola entidad jurídica y la intervención del Poder Público, que está ligada orgánicamente al funcionamiento normal de la empresa, no constituiría un caso de causa extraña oponible a terceros y a los contratantes."[80]

El *Avocat Général* también precisó que Air France no había tomado o incluso intentado tomar ninguna medida para rechazar las decisiones de su autoridad de tutela, sino que se mantuvo pasiva, por lo que no podía decir que la medida era irresistible.[81] El *Avocat Général* concluyó que la defensa del *hecho del príncipe* no podía ser invocada por Air France, con lo que la Corte de Casación estuvo de acuerdo.

Estos principios, por otro lado, se pueden encontrar aplicados en muchos otros países, y están bien consolidados en el derecho comparado, como resulta, por ejemplo, de las "Directrices" (*Guidelines*) elaboradas por Karl Heinz Böckstiegel, después de revisar varios casos resueltos por tribunales arbitrales internacionales en los cuales, como en el caso de Air France, una compañía controlada por el Estado buscó invocar un acto de su propio Gobierno nacional para excusar su incumplimiento de un con-

---

79   Idem, p. 109.

80   "[…] il est extrêmement choquant qu'Air France, organisme de droit privé, se retranche derrière Air France, organisme de droit public, pour se soustraire à l'exécution de ses obligations contractuelles et pour échapper aux conséquences d'un retard inhérent au fonctionnement de son statut. Si sa thèse était admise, il deviendrait par trop facile aux entreprises à statut de s'exonérer de leurs obligations. Il leur sussirait de provoquer un retrait d'autorisation et d'invoquer ensuite le fait du prince. Il n'y aurait plus aucun équilibre n'aucune sécurité dans les rapports juridiques. En réalité, à l'égard des tiers, l'entreprise à statut et l'Etat ne représentent qu'un seule entité juridique, et l'intervention de la puissance publique, qui est liée organiquement au fonctionnement normal de l'entreprise, ne constitue pas une cause étrangère opposable aux tiers et aux contractants. […]"] Idem. p. 109.

81   «Qu'a donc fait, ou simplement tente, Air France pour lever l'obstacle? Apparemment rien, puisqu'elle s'est borne à observer une attitude passive. […]Air France, qui demeurait liée par des engagements contractuels, avait le devoir de faire tout ce qui était en son pouvoir pour assurer le respect de ses engagements.». Idem, pp. 109-110.

trato público. A tal efecto, Böckstiegel desarrolló dichas "Directrices" para determinar si la defensa del *hecho del príncipe* podía o no invocarse en casos determinados,[82] reflejando los mismos principios generales del derecho administrativo que también se aplican en el derecho venezolano.

Según las mencionadas "Directrices" de Böckstiegel, aun cuando parten del reconocimiento del principio de la separación legal que existe entre el Estado y sus empresas estatales, el principio es que el *hecho del príncipe* no puede invocarse por una empresa estatal contratante en todas las situaciones.[83] En caso contrario, el Estado en perjuicio de los derecho de los contratistas privados, siempre podría proporcionar una excusa de fuerza mayor para sus empresas estatales cada vez que considere que la ejecución de un contrato deja de ser ventajoso.[84]

En consecuencia, con el fin de identificar si una empresa pública, como parte pública contratante en un contrato público, puede alegar que un acto estatal constituye un evento de *fuerza mayor*, que pueda excusar su incumplimiento contractual, las "Directrices" elaboradas por Böckstiegel plantearon la aplicación de los siguientes principios básicos:

Primero, si el contrato estipula que la empresa estatal está obligada a indemnizar al cocontratante en caso de una acción gubernamental, como lo establecen muchos contratos públicos, entonces la defensa del hecho príncipe no puede invocarse como defensa para reclamar tal indemnización.[85]

En segundo lugar, el hecho del príncipe no puede considerarse como una excusa para el incumplimiento de un contrato por parte de la empresa estatal contratante cuando la misma haya solicitado formal o informalmente la emisión del acto que presuntamente impidió el cumplimiento.[86]

En tercer lugar, que debido a la presunción de que un Estado no debe hacer actuar a sus órganos ejecutivos o legislativos en detrimento de sus propias empresas estatales, por ejemplo una ley emitida para un caso específico, en principio, no debería considerarse como un evento de *fuerza mayor* para la empresa pública.[87]

En cuarto lugar, la parte pública contratante tiene la carga de la prueba de que, por ejemplo, si una ley afecta el contrato, la misma debe haber

---

82 Véase Karl-Heinz Böckstiegel, Arbitration and State Enterprises: A Survey on the National and International State of Law and Practice, International Chamber of Commerce, Kluwer Law and Taxation Publishers, 1984, pp. 46-48.

83 Böckstiegel Guidelines, op. cit. p. 47.

84 Idem.

85 Idem, p. 46.

86 Idem.

87 Idem. p. 47-48.

sido sancionada basada en consideraciones generales no relacionadas con un contrato en particular o un tipo de contrato.[88] Sin embargo, en esos casos, la ley de aplicación general no podría servir de excusa para el incumplimiento de obligaciones contractuales por la persona pública contratante, si la parte privada contratante proporciona, al menos *prima facie*, pruebas de que la misma se emitió en interés del Estado para que dicha parte pública contratante (empresa estatal) no cumpliera con sus obligaciones contractuales.[89]

En quinto lugar, que dado que la Administración contratante (empresa estatal) se encuentra en una posición mucho mejor para proporcionar detalles de las pruebas sobre los actos estatales relevantes, este asunto es principalmente una cuestión de prueba y presunción.[90]

Uno de los principales elementos, por ejemplo, para rechazar la posibilidad de que una empresa pública nacional, como Administración contratante en un contrato público nacional, pueda alegar como *hecho del príncipe* o causa de fuerza mayor determinados actos estatales emitidos por el Ejecutivo Nacional o el Poder Legislativo, como se argumentó anteriormente, es que exista un vínculo muy estrecho entre la empresa pública nacional y el Ministerio del Poder Ejecutivo a cargo del control de tutela de dicha empresa pública, que en alguna forma haya intervenido en la emisión del acto estatal.

Esta relación hace muy improbable que debido a la relación administrativa permanente que existe entre el Ministerio de control y la empresa pública nacional controlada, ésta última pueda alegar que desconocía las acciones del Ministerio con respecto a actos estatales que podrían afectar el contrato, particularmente siendo los Ministerios los órganos clave en el funcionamiento de la Administración Pública; a cargo de la redacción de los proyectos de decretos ejecutivos y de los proyectos de legislación en sus respectivos sectores; y a cargo del control de tutela de las empresas del Estado nacionales.

Esto significa que por ejemplo, en Venezuela, a pesar del hecho de que las empresas públicas tienen una personalidad jurídica distinta y separada de la de la República, en el caso de las empresas públicas nacionales las mismas tienen vínculos orgánicos muy estrechos y estrictos con el Poder Ejecutivo, que en muchos casos incluso superan los mencionados en el caso *Air France* antes mencionado, no siendo posible para tales empresas públicas, esgrimir la defensa del *hecho del príncipe* para justificar el incumplimiento de sus obligaciones contractuales con base en actos emiti-

---

88 Idem, p. 47.

89 Idem, p. 48.

90 Idem, p. 47.

dos por el Ejecutivo Nacional, particularmente, por ejemplo, si han sido propuestas por el Ministerio al que está adscrita la empresa. Con respecto a tales actos estatales nacionales, la empresa pública nacional, como parte contratante en un contrato público nacional, no podría argumentar que los mismos podrían ser ajenos a la empresa.

En tal caso, utilizando las mismas expresiones de la decisión de la Corte de Casación francesa, la empresa pública nacional podría considerarse figurativamente como "parte del propio Estado" cuando, por ejemplo, ejecuta la política de Estado en el sector correspondiente. En tal caso, junto con el Estado, puede considerarse que "forman una y la misma entidad," por lo que "la intervención de la autoridad pública [el Ejecutivo nacional], que está orgánicamente vinculada al funcionamiento normal de la empresa pública, no puede constituir una causa extraña no imputable que puede invocarse contra terceros y partes contratantes."

La defensa del *hecho del príncipe*, en esos casos, y desde la perspectiva de las Directrices de Böckstiegel ya mencionadas, también puede considerarse como no alegable por la parte pública contratante respecto de sus incumplimientos de un contrato público, porque en el caso de las empresas públicas nacionales que sean la parte pública contratante de los contratos públicos nacionales, las mismas son parte del "sector público nacional,"[91] sujetas al control de tutela (político y administrativo) ejercido por el Ejecutivo Nacional a través de los Ministerios.

En el caso de las empresas públicas nacionales, por lo tanto, el "vínculo orgánico" que surge entre el Ejecutivo Nacional y su funcionamiento normal, tal como se aplicó en la decisión del caso de *Air France* antes mencionado,[92] se puede encontrar en la relación de propiedad accionaria y control entre el gobierno central y las empresas públicas en cada sector.

En Venezuela, los Ministerios, de acuerdo con la Ley Orgánica de Administración Pública,[93] "son los órganos del Ejecutivo Nacional encargados de la formulación, adopción, seguimiento y evaluación de las políticas, estrategias, planes generales, programas y proyectos en las materias de su competencia y sobre las cuales ejercen su rectoría" (Artículo 63), y como tales, están a cargo de controlar las empresas públicas nacionales que actúan dentro de su área de competencia en cada sector. Como tales, son los encargados de proponer, por ejemplo, al Presidente y al Consejo de Ministros, las decisiones a adoptar en cada sector.

---

91 De acuerdo con la Ley Orgánica de la Administración Financiera del Sector Público (última reforma de diciembre de 2015), el sector público nacional comprende compañías directamente propiedad del Estado y las subsidiarias de segundo y tercer nivel (Artículo 5).

92 Air France Mellotée Conclusions, Recueil Dalloz, Jurisprudence, Paris 1971, p. 109.

93 Véase Gaceta Oficial No. 6147 Extra. del 17 de noviembre de 2014.

En Venezuela, de acuerdo con el artículo 225 de la Constitución de 1999, el Ejecutivo Nacional está integrado no solo por el Presidente sino también por los Ministros, hasta el punto de que sin la participación activa de los Ministros, el Presidente de la República no puede decidir ningún asunto con efectos generales cualesquiera. Esto significa que, como una cuestión de derecho, de acuerdo con el artículo 236 *in fine* de la Constitución, todos los actos y decisiones del Presidente con efectos generales solo pueden emitirse con la participación cercana y activa de los Ministros; y todas las decisiones del Presidente (todos los Decretos, por ejemplo), para ser válidos, deben ser refrendados por el Ministro del sector, o por todos los Ministros si se aprueba en Consejo de Ministros. La única excepción constitucional a esta regla es el acto de nombramiento o destitución de los propios ministros, y los actos adoptados como Comandante en Jefe, que son los únicos actos que el Presidente puede adoptar por su cuenta y emitir con su única firma.

Por tanto, de acuerdo con estas disposiciones constitucionales y legales, los Ministros están siempre involucrados en la emisión de los Decretos por parte del Ejecutivo Nacional, teniendo siempre una participación y responsabilidad preponderantes en su preparación y emisión.

Este rol, en materia de iniciativa del Ejecutivo Nacional para proponer legislación o expedir legislación delegada, se encuentra en el artículo 86 de la misma Ley Orgánica que establece que los Ministros son los llamados a iniciar el proceso, a redactar el proyecto, presentarlo al Presidente y al Consejo de Ministros, dar seguimiento a la decisión adoptada y realizar los estudios necesarios, y presentar nuevamente el proyecto de ley ante el Consejo de Ministros, para su aprobación si se trata de un Decreto Ley; o para enviarlo, con la exposición de motivos, a la Asamblea Nacional en caso de legislación ordinaria para su sanción.

Todas estas reglas también fueron incorporadas en el Reglamento Interno del Consejo de Ministros,[94] estableciendo que para todas las demás decisiones a ser adoptadas por el Presidente y todos sus Ministros, se debe seguir el mismo procedimiento legal, en el sentido de que los Ministros son los que siempre tienen la iniciativa de llevar el asunto a la atención del Presidente (agenda o punto de cuenta); solicitar que el asunto, una vez aprobado por el Presidente, se incluya en el orden del día del Consejo de Ministros; explicar e informar a todos los demás ministros sobre la decisión propuesta; y defender el proyecto de decisión en el Consejo de Ministros.

En consecuencia, como una cuestión de derecho, de acuerdo con la Constitución, la Ley Orgánica de la Administración Pública y el Regla-

---

94 Véase Decreto No. 6478 del 21 de octubre de 2008, promulgado por el Presidente de la República en la Gaceta Oficial No. 39.044 del 23 de octubre de 2008.

mento referido a su funcionamiento, respecto de los actos estatales nacionales emitidos, por ejemplo, por el Ejecutivo Nacional que podrían tener impacto en los contratos públicos nacionales en los cuales la parte pública contratante sea una empresa del Estado nacional, el Ministro del sector correspondiente es el principal responsable de la definición de la política nacional y de la emisión de dichos actos; y al estar los Ministros a cargo del *control de tutela* sobre las empresas públicas, esa decisión inevitablemente no puede considerarse como un acto estatal o *hecho del príncipe* extraño a las mismas, no atribuible o no imputable a la empresa pública controlada si es la parte pública contratante.

Esto, *mutatis mutandis*, plantea una situación similar a la resuelta en el caso Air France por la Corte de Casación francesa en 1970, estableciendo el principio de que los actos estatales emitidos por la autoridad de tutela o a cargo de controlar una empresa pública, no pueden considerarse extraños a dicha empresa, particularmente cuando existe un vínculo orgánico entre ambas, entre la autoridad de control y la entidad controlada.

En consecuencia, de acuerdo con dichos principios, cuando existe un estrecho vínculo orgánico entre un Ministerio que actúa como autoridad de tutela y las empresas públicas controladas, los actos emitidos por la autoridad de control o por los entes en los cuales tiene una participación preponderante, por principio, no pueden ser considerados como un *hecho del príncipe* que podría ser extraño a la empresa pública controlada, por lo que no podría invocarlo como excusa para no cumplir con sus obligaciones contractuales.

En la misma línea de los principios generales de derecho administrativo que se pueden aplicar en esta materia, están las pautas ya mencionadas descritas por Karl Heinz Böckstiegel en relación con el principio del *hecho del príncipe* cuando se alega como una excusa por una empresa pública para justificar su incumplimiento.

De acuerdo con las Directrices,[95] y en defensa de los derechos de las partes privadas contratantes, la defensa del *hecho del príncipe* como causa de fuerza mayor no puede alegarse por una empresa pública contratante: (i) cuando la empresa pública ha requerido o ha solicitado informalmente la emisión del acto estatal; o (ii) cuando el acto estatal tratándose de una ley, la misma no es de aplicación generales sino una ley referida solo a un contrato específico o un grupo de contratos; o cuando la empresa pública tiene interés en la promulgación del acto (interés económico).

---

95 Véase Karl-Heinz Böckstiegel, Arbitration and State Enterprises: A Survey on the National and International State of Law and Practice, International Chamber of Commerce, Kluwer Law and Taxation Publishers, 1984, pp. 46-48.

En cualquiera de estos casos, la excusa de incumplimiento de una obligación contractual por la obligación general que existe de acatar y cumplir con la ley u otros actos de efectos generales no podría ser alegada por las empresas públicas como *hecho del príncipe.*

En conclusión, puede decirse que, en materia de contratos públicos, como en todos los contratos, en principio, las partes contratantes pueden invocar el *hecho del príncipe* como un evento de *fuerza mayor* para excusar el incumplimiento de las obligaciones contractuales.

Sin embargo, cuando la parte pública contratante es la que alega la defensa, como cuestión de principio, tal alegato en ningún caso puede servir como excusa para el incumplimiento de sus obligaciones por parte de la Administración contratante, cuando el acto estatal ha sido adoptado por una entidad del mismo nivel territorial de Poder Público (*puovoir publics, collectivités territoriales*) (nacional, estadal o municipal) al cual pertenece la Administracion contratante.[96]

En tal caso, por ejemplo, refiriéndose al nivel nacional de gobierno, y como garantía a los derechos de los contratistas de la Administración en los contratos públicos, un acto estatal emitido por el Ejecutivo Nacional con la participación del Ministro de tutela, no puede considerarse como ajeno a la empresa pública nacional como Administración contratante, sometida al control de dicho Ministro. De lo contrario, como ya se mencionó, sería demasiado fácil para el Estado pretender relevar a sus entidades de responsabilidad contractual simplemente adoptando medidas que prohíban o imposibiliten que esas entidades cumplan con sus obligaciones contractuales. De manera que, en estos casos, al contrario, lo que origina el hecho del príncipe es el derecho de la parte privada contratante a que se le restablezca la ecuación económica del contrato público que ha sido rota por el acto estatal cuando ha sido dictado en el mismo nivel territorial de la misma.

Nueva York, septiembre de 2018

---

96 Esta doctrina no aplica a decisiones judiciales. Véase Doctrina de la Procuraduría General de la República 1966, Caracas 1967, p. 77.

Sección Sexta: SOBRE LA EVOLUCIÓN EN EL TRA-TAMIENTO DE LA SELECCIÓN DE CONTRATIS-TAS: DE LA LEY DE LICITACIONES A LA LEY DE CONTRATACIONES PÚBLICAS (2017)

Esta Sección recoge el estudio sobre "De la Ley de Licitaciones a la Ley de Contrataciones Públicas en Venezuela: Una estrecha reforma que amplió el radio de las excepciones al régimen de selección de contratistas y a la corrupción administrativa," publicado en el libro: en *Retos de la contratación pública en Iberoamérica. Homenaje a Allan R. Brewer-Carías,* (Prefacio José Moya, Presentación William Zambrano Cetina), Universidad del Rosario, Institut of Latin American Studies, University of Columbia, Foro Iberoamericano de Derecho Administrativo, Editorial Ibañez, Bogotá 2017, pp. 21-46.

I. ANTECEDENTES DEL CONTROL SOBRE LA CONTRATACIÓN PÚBLICA

Entre las limitaciones a la libertad contractual que se han impuesto progresivamente en el mundo contemporáneo a las Administraciones Públicas en su actividad contractual, hay que destacar todas aquellas impuestas por la necesidad de controlar el correcto manejo de los fondos públicos, que han apuntado a garantizar que la contratación efectuada obedezca a los mejores intereses del Estado, y que la escogencia de los contratistas de la Administración sea la más adecuada a su satisfacción.

La Administración, en consecuencia, no siempre es libre de contratar ni de seleccionar libremente su cocontratante, de manera que excepto en los contratos que tengas que celebrarse *intuitu personae*, en general, la misma está sometida a normas de control, tanto interno como externo, tendientes a garantizar dichas mejores condiciones para el Estado y en particular, asegurar las mejores condiciones objetivas en la selección de los contratistas para la mejor satisfacción de los interesas que gestiona la Administración.

1. Antecedentes del control interno: la licitación

En el ámbito del control interno, las limitaciones impuestas a la libertad de contratación de las entidades públicas tuvieron su origen en Venezuela en las previsiones de la vieja Ley Orgánica de la Hacienda Nacional sancionada desde comienzos del siglo pasado, de la cual quedan aún en vigencia escasas normas, al prescribir tímidamente una especie de "recomendación" para que en las contrataciones públicas de obras públicas y de suministros se empleara la técnica de la licitación pública para escoger los contratistas.[1] A tal efecto, el artículo 427 de dicha Ley dispuso solo que

> "en cuanto sea posible, los contratos para construcción de obras y los de suministros y servicios, que se propongan celebrar los Despachos Ejecutivos, serán objeto de licitaciones."

La Administración quedaba entonces libre de evaluar la posibilidad de aplicar el procedimiento, y la recomendación se formuló solo para dos tipos de contratos: los de obra pública y los de suministros, y ni siquiera en forma general, pues en la misma norma ya se exceptuaban los contratos en que estuviese interesada la defensa nacional, los relativos a servicios técnicos y aquellos cuyo monto no excediera de un monto determinado establecido en la Ley que quedaban fuera de la recomendación de acudir a la licitación para escoger a los contratistas.

La norma en todo caso fue desarrollada reglamentariamente, por ejemplo en relación con los contratos de obra pública, mediante la Resolución del Ministerio de Obras Públicas, N° 8 de 8 de marzo de 1947,[2] estableciéndose la necesidad de principio de que en los contratos que celebrasen las dependencias de este Despacho ministerial y los Institutos Autónomos que le estuviesen adscritos, se escogiese a los contratistas mediante licitación.

La norma también se desarrolló reglamentariamente en materia de contratos de suministros, por ejemplo, en el Reglamento de Compras del Ministerio de Minas e Hidrocarburos, estableciendo el procedimiento de licitación para los mismos en forma obligatoria.[3]

2. Antecedentes del control externo: el control previo de compromisos

En cuanto al control externo sobre la contratación, también pueden mencionarse como antecedentes los mecanismos de control fiscal a cargo de la Contraloría General de la República, que comenzaron a establecerse desde que se creó dicho órgano de control en las primeras décadas del siglo pasado, como un régimen de control previo de compromisos.[4]

---

1   Véase sobre estos antecedentes véase en Allan R. Brewer-Carías, *Las Instituciones Fundamentales del derecho administrativo y la jurisprudencia venezolana*, Universidad Central de Venezuela, Caracas 1964.

2   Véase en Compilación Legislativa, tomo III, Editorial Andrés Bello, Caracas p. 914. Véase además el Decreto Reglamentario de las Obras Públicas de 14 de abril de 1909, artículos 7 al 12, en Compilación legislativa, cit., tomo II, p. 894.

3   Resolución N° 1.400 del Ministerio de Minas e Hidrocarburos de 8 de octubre de 1958, artículo 3, en Gaceta Oficial N° 25.780 de 8 de octubre de 1958.

4   Véase sobre estos antecedentes Allan R. Brewer-Carías, "La formación de la voluntad de la Administración Pública Nacional en los contratos administrativos", *Revista de la*

En la tradición de ese régimen, el artículo 18 de la Ley Orgánica de la Contraloría General de la República de 1975, reformada en 1984[5], por ejemplo aún disponía que todos los contratos que celebrasen los Despachos del Ejecutivo Nacional que implicaran compromisos financieros para la República, debían someterse a la aprobación previa de la Contraloría General de la República.

A tal efecto, según la naturaleza y modalidades del compromiso, la Contraloría debía verificar

1. Que el gasto estuviese correctamente imputado a la correspondiente partida del presupuesto o a créditos adicionales legalmente acordados;

2. Que existiera disponibilidad presupuestaria;

3. Que los precios fueran justos y razonables; y

4. Que se hubieran previsto las garantías necesarias y suficientes para responder de las obligaciones que debía asumir el contratista.

La regulación era de tal naturaleza, que no podía iniciarse la ejecución de estos contratos mientras las estipulaciones que contenían los respectivos compromisos financieros no hubiesen sido previamente aprobadas por el órgano de control.

El ámbito del control se definía respecto de cuatro aspectos: la legalidad de la imputación del compromiso; la disponibilidad presupuestaria; los precios y la constitución de garantías.[6]

Sobre otros aspectos de la legalidad del contrato el artículo 18 de la Ley Orgánica de la Contraloría General de la República, exigía incluso que la Contraloría los verificara, atribuyéndole competencia para advertir al ente contratante sobre las violaciones que observare en las estipulaciones proyectadas, con señalamiento expreso de las responsabilidades que pudieran surgir si el contrato fuera celebrado sin subsanar tales irregularidades.

Este control previo de compromisos abarcaba en principio a todos los contratos para la adquisición de bienes o servicios y, en general, todos los que implicasen compromisos financieros para la República. Sin embargo, el artículo 19 de la Ley Orgánica dispuso que mediante ley especial se podía excluir del control previo a los contratos que fueran requeridos para el desarrollo de determinados programas, por el lapso que la misma ley fijase.

Facultad de Derecho, U.C.V. N° 28, Caracas, 1964, pp. 61–112; y en *Contratos administrativos,* Editorial Jurídica Venezolana, Caracas 1992.

5   Véase en Gaceta Oficial. N° 1.712 Extra de 6–1–75 y en G.O. N° 3.482 de 14–12–84.

6   Sobre el contenido del control previo, véase Contraloría General de la República. Dictámenes de la Consultoría Jurídica 1938–1968, tomo III, Caracas 1968, pp. 80 ss.

En ese sentido de reserva legal, además, la propia Ley Orgánica estableció una serie de excepciones al control previo de compromisos de los contratos, según que estuviesen sometidos a otros controles, según la cuantía de los contratos, según que existieran situaciones extraordinarias, o que se tratase de contratos para actividades de defensa y seguridad del Estado.

La primera excepción se refería, de acuerdo al artículo 22 de la Ley Orgánica, a los contratos que celebrase el Ejecutivo y que debían ser autorizados o aprobados por el Congreso,[7] Tampoco se requería tal aprobación en los casos de adquisición de bienes como consecuencia de un procedimiento expropiatorio por causa de utilidad pública o social, en el cual el precio se hubiese determinado de acuerdo con las reglas establecidas en la Ley de Expropiación.

La Ley Orgánica también estableció, en su artículo 21, la excepción al control previo en caso de situaciones de emergencia, como en caso de calamidades públicas o de conflicto interior o exterior, y en otros análogos, cuando fuera de urgente necesidad la ejecución de determinadas obras o la adquisición de bienes, en cuyo caso no se exigía el cumplimiento de la formalidad del control previo. Sin embargo, la Ley precisó que la ejecución de las mencionadas obras debían realizarse "previa consulta al Contralor," con el fin de que dicho funcionario pudiera adoptar las medidas de control que se considerase convenientes.

En cuanto a la cuantía, el artículo 20 de la Ley Orgánica, atribuyó al propio Contralor General de la República la posibilidad de exceptuar del control previo de compromisos a los que no excedieran de determinado monto, lo que debía publicarse en la *Gaceta Oficial*, con el establecimiento de los casos y condiciones en que procediera la excepción y los requisitos que se debían cumplir.

Por último, el artículo 28 de la Ley Orgánica, en general, excluía de las disposiciones de control establecidas en la misma, a los gastos destinados a la defensa y seguridad del Estado, calificadas como tales en el Reglamento de la Ley Orgánica dictado por Decreto N° 1.698 de 1991[8].

II. DEL CONTROL EXTERNO AL CONTROL INTERNO EN MATERIA DE CONTRATACIÓN PÚBLICA

El anteriormente mencionado régimen de control externo de los contratos públicos a cargo de la Contraloría General de la República, que en general se refería a todo tipo de contrato público, y que fue en definitiva el

---

7   Véase en tal sentido la doctrina de la Contraloría General de la República en Dictámenes de la Consultaría Jurídica 1938-1968, tomo III, Caracas, 1968, p. 57 y tomo IV, pp. 306 y 307.

8   Véase en Gaceta Oficial N° 34.749 de 4–7–91.

más importante instrumento de control establecido para asegurar una adecuada selección de los contratistas en la Administración, Pública, se eliminó a partir de 1975 con la sanción de la nueva Ley Orgánica de la Contraloría General de la República, en la cual en esta materia se sustituyó dicho control externo por un sistema de control interno que la Administración estaba obligada a realizar, en particular en materia contractual, derogándose adicionalmente las viejas normas de la Ley Orgánica de la Hacienda Pública Nacional antes mencionadas.

A tal efecto, la Ley Orgánica de la Contraloría, la cual ha sido reformada posteriormente varias veces,[9] definió el control interno como un sistema que debe comprender el plan de organización, las políticas, normas, así como los métodos y procedimientos adoptados dentro de un ente u organismo sujeto a la Ley, "para salvaguardar sus recursos, verificar la exactitud y veracidad de su información financiera y administrativa, promover la eficiencia, economía y calidad en sus operaciones, estimular la observancia de las políticas prescritas y lograr el cumplimiento de su misión, objetivos y metas" (art. 35). La responsabilidad por el establecimiento de dicho sistema, así como su organización y evaluación corresponde íntegramente a las máximas autoridades jerárquicas de cada ente, el cual debe ser adecuado a la naturaleza, estructura y fines del mismo (art. 36).

Es precisamente ese sistema de control interno el que se debía implantar en los entes y organismos del sector público, el que debía garantizar que "antes de proceder a la adquisición de bienes o servicios, o a la elaboración de otros contratos que impliquen compromisos financieros," los funcionarios responsables se asegurasen del cumplimiento de los requisitos siguientes:

1. Que el gasto esté correctamente imputado a la correspondiente partida del presupuesto o, en su caso, a créditos adicionales.

2. Que exista disponibilidad presupuestaria.

3. Que se hayan previsto las garantías necesarias y suficientes para responder por las obligaciones que ha de asumir el contratista.

4. Que los precios sean justos y razonables, salvo las excepciones establecidas en otras Leyes; y

5. Que se hubiere cumplido con los términos de la Ley de Licitaciones, en los casos que fuere necesario, y las demás Leyes que fueren aplicables" (art. 38).

Asimismo, el sistema de control interno debía garantizar que antes de que se procediera a realizar pagos, los responsables se asegurasen del

---

9   Véase por ejemplo, Gaceta Oficial No. 37.347 de 7 de diciembre de 2001

cumplimiento de todos los requisitos que antes configuraban el control previo de compromisos por parte de la Contraloría General de la República, en particular:

"1. Que se haya dado cumplimiento a las disposiciones legales y reglamentarias aplicables.

2. Que estén debidamente imputados a créditos del presupuesto o a créditos adicionales legalmente acordados.

3. Que exista disponibilidad presupuestaria.

4. Que se realicen para cumplir compromisos ciertos y debidamente comprobados, salvo que correspondan a pagos de anticipos a contratistas o avances ordenados a funcionarios conforme a las Leyes; y

5. Que correspondan a créditos efectivos de sus titulares."

III. EL INICIO REGLAMENTARIO DEL RÉGIMEN DE LICITACIONES PÚBLICAS EN MATERIA DE CONTRATACIÓN PÚBLICA

Como consecuencia de las anteriormente mencionadas previsiones de la Ley Orgánica de la Contraloría General de la República introducidas a partir de 1975, que dieron origen a la prevalencia del control interno sobre el control externo en materia de contratación pública, puede decirse que se consolidó entonces el régimen de licitación pública para la selección de contratistas.

A tal efecto, a comienzos de 1976 y de conformidad con el antes mencionado artículo 427 de la Ley Orgánica de la Hacienda Pública Nacional, el Presidente de la República emitió el Instructivo Presidencial N° 24, sobre *Normas de Licitación para la contratación de obras y adquisición de bienes muebles*,[10] en el cual por primera vez se establecieron normas para la selección de contratistas en los contratos de obra pública y suministros, destinadas a ser aplicadas "a los organismos de la Administración Pública Nacional."[11]

Dicho Instructivo N° 24 fue posteriormente modificado con fecha 26 de enero de 1977[12] y luego derogado y sustituido por el *Reglamento sobre Licitaciones Públicas, Concursos Privados y Adjudicaciones Directas para la Construcción de Obras y Adquisición de Bienes Inmuebles por la*

---

10 Véase en Gaceta Oficial N° 30.905 de 27 de enero de 1976.

11 También se destinó el Instructivo a ser aplicado a los Institutos Autónomos. En cuanto a las empresas del Estado, se prescribió que éstas debían adoptar normas, adaptadas al Instructivo, aun cuando con la posibilidad de que se previeran modalidades especiales (artículo 1).

12 Véase en Gaceta Oficial N° 31.161 de 26 de enero de 1977.

Administración Central dictado por Decreto N° 1.980 de 29 de abril de 1983[13]. Este Decreto fue luego modificado tres veces: primero, por Decreto N° 337 de 14 de noviembre de 1984; luego por Decreto N° 534 de 15 de marzo de 1985 y, por último, por Decreto N° 133 de 12 de abril de 1989.[14]

Este Decreto N° 133 de 1989, como su nombre lo indicó, contenía un Reglamento cuyo contenido era directamente aplicable a las contrataciones realizadas por la Administración Central. Por tanto, el sujeto de derecho público contratante, al cual se aplicaba el Reglamento, era la República, cuando actuaba a través de algunos de los órganos que conforman su Administración Central y que se encontraban reguladas en la Ley Orgánica de la Administración Central (Ministerios, Oficinas Centrales de la Presidencia, Autoridades de Área, por ejemplo).[15] Por tanto, a diferencia de lo que establecía el Instructivo N° 24, el contenido normativo de dicho Reglamento no tenía aplicación directa respecto de la denominada Administración Descentralizada, es decir, respecto de los Institutos Autónomos y Empresas del Estado, por lo que éstos no estaban regidos directamente por sus normas. Los Ministros, por ello, fueron encargados de dictar en un breve lapso "las medidas necesarias para que los Institutos Autónomos adscritos a sus Ministerios y las empresas del Estado bajo su tutela se ajustasen a sus disposiciones."[16]

Debe advertirse, sin embargo, que si bien todas las contrataciones de obras y de suministros de la Administración Central y Descentralizada debían ajustarse al Reglamento, en el artículo 40 del mismo se estableció la posibilidad expresa de que el Presidente de la República, a solicitud del Ministro respectivo, pudiera decidir que las normas del mismo no se aplicasen a la selección de contratistas por parte de determinado ente u organismo, en atención a la naturaleza de sus actividades o fines. El artículo 40 del Reglamento prescribió además, en forma general, que el Presidente de la República podía aprobar también, a solicitud del Ministro correspondiente, normas especiales para la selección de contratistas por parte de determinados Institutos Autónomos o empresas del Estado o ratificar los regímenes o sistemas existentes sobre la materia.

---

13   Véase en Gaceta Oficial N° 32.317 de 3 de mayo de 1983.

14   Véase en Gaceta Oficial N° 33.105 de 15 de noviembre de 1984, Gaceta Oficial N° 33.188 de 20 de marzo de 1985 y Gaceta Oficial N° 34.200 de 17 de abril de 1989, respectivamente.

15   Véase sobre la organización de la Administración Central en esa época en Allan R. Brewer-Carías, "Principios generales de la organización administrativa de la Administración Central, con particular referencia a la administración ministerial" en *Revista de Derecho Público,* N° 2, Editorial Jurídica Venezolana, Caracas, abril-junio 1980, pp. 5-22

16   Por ejemplo, la Resolución N° 529 del Ministerio del Ambiente en relación a los contratos a celebrarse por el Instituto Nacional de Obras Sanitarias, en Gaceta Oficial N° 32.777 de 28 de julio de 1983.

Se inició, así, en paralelo a la previsión de las normas para la selección de contratistas, las normas de excepción, que tanto daño han hecho a la Administración, y que convirtieron finalmente la excepción en la regla.

IV. LA LEY DE LICITACIONES DE 1990 Y SUS EXCLUSIONES

El régimen reglamentario antes mencionado estuvo en vigencia hasta 1990, cuando se promulgó la Ley de Licitaciones de 10 de agosto de 1990[17], texto que reguló la materia derogando todas las disposiciones que colidían con la misma (artículo 80), estableciendo los procedimientos de selección de contratistas para la ejecución de obras, la adquisición de bienes y la prestación de servicios (artículo 1) por parte de casi todos los órganos que conforman el sector público (art 2).[18]

Esta Ley de Licitaciones, sin embargo, desde que se concibió, fue para no ser aplicada a todos los contratos públicos que celebrase la Administración Pública, ni para ser aplicada a todos los entes estatales que la componen. Siempre tuvo, en cambio, un ámbito de aplicación limitado que se definió en sus dos primeros artículos.

En efecto, de acuerdo al artículo 19 de la Ley, los contratos a cuyo proceso de selección de contratista se aplicaba la Ley solo fueron los contratos públicos para la ejecución de obras (donde se ubica, por supuesto, a los contratos de obra pública), los contratos para la adquisición de bienes (donde se ubica a los contratos de suministro de bienes muebles) y los contratos para la prestación de servicios (donde están los contratos de obra o de prestación de servicios públicos o personales). La Ley, además, estableció una exclusión expresa respecto de su aplicabilidad, al prescribir en su artículo 73 que:

> "quedan excluidos de la aplicación de esta Ley aquellos contratos para la ejecución de obras, la adquisición de bienes o para la contratación de servicios, cuyo valor total o parcial hayan de ser pagados con préstamos otorgados por organismos financieros internacionales, que tengan sus normas propias de licitación y que en los respectivos contratos de préstamos se hubiere previsto la obligación de regirse por ellas."

En cuanto a los entes estatales o sujetos de derecho estatales a los cuales se aplicaban los procedimientos de selección de contratistas que reguló la Ley, el artículo 2 precisó que eran: la República, los institutos autónomos

---

17 Véase en Gaceta Oficial N° 34.528 de 10 de agosto de 1990. Sobre la Ley, véase en general Allan R. Brewer-Carías, "El régimen de selección de contratistas en la Administración Pública y la Ley de Licitaciones", en Revista de Derecho Público, N° 42, Caracas 1990, pp. 5 a 26

18 El Reglamento de la Ley se dictó por Decreto N° 1.400 de fecha 27 de diciembre de 1990 reformado por Decreto 1.906 de 17 de octubre de 1991 en Gaceta Oficial N° 34.980 de 30 de octubre de 1991.

nacionales, las asociaciones civiles de la República y las empresas del Estado de la República, en las cuales ésta y los institutos autónomos nacionales tuviesen participación igual o mayor al cincuenta por ciento (50%) del patrimonio o capital social del respectivo ente.

La Ley, en todo caso, previó un régimen particular para la empresa pública petrolera nacionalizada, Petróleos de Venezuela S.A (PDVSA) y sus empresas filiales, al establecer que el Presidente de la República en Consejo de Ministros, dentro de los noventa (90) días siguientes a la publicación de la ley, debía dictar un Reglamento que regulase los procedimientos de selección del contratista que realizasen dichas empresas (artículo 74).[19] Sobre esta excepción, además, el artículo 76 de la Ley agregó que:

> "En dicho Reglamento sólo podrán excluirse, por vía de excepción de la aplicación de esta ley, aquellas contrataciones que versen sobre obras, servicios o adquisiciones de significativa complejidad, inherentes a las actividades de exploración, extracción, refinación, procesamiento y comercialización de hidrocarburos y ubicadas en zonas críticas de operación."

La Ley se aplicaba además, a las fundaciones del Estado, y a los contratos para la ejecución de obras, la adquisición de bienes y la prestación de servicios que celebren los Estados y Municipios "cuando los precios de los contratos a que se refiere esta ley hayan de ser total o parcialmente pagados con aportes, distintos a los del Situado Constitucional, de alguno de los sujetos señalados en los ordinales al 59 de este artículo."

En consecuencia, los contratos que celebrasen los Estados y Municipios para ser pagados con sus ingresos propios (incluyendo los provenientes del Situado Constitucional) no quedaban sometidos a las normas de la Ley de Licitaciones, teniendo las entidades territoriales mencionadas entera autonomía para regular la materia.

Sin embargo, en forma supletoria, la Ley estableció el principio de que sus normas regirían los procesos de selección del contratista por parte de los Estados y Municipios, "en cuanto sea aplicable" (artículo 77).

A pesar de que la Ley se denominó Ley de Licitaciones y de que expresamente el artículo 3 de la misma prescribiera que "todos los procedimientos de selección del contratista," promovidos por los entes a los que se aplicaba, se debían hacer a través de licitaciones, las cuales podían ser generales o selectivas; en realidad, en la Ley se establecieron dos procedimientos generales para la celebración de los contratos, que respondían a las formas clásicas de la contratación de los entes estatales: primero los casos en los cuales el ente estatal podía escoger directamente al cocontratante, sin concurrencia u oposición, de la misma forma como se realiza

---

19 Dicho Reglamento se dictó por Decreto N° 1.247 de 8 de noviembre de 1990, en Gaceta Oficial N° 34.591 de 9 de noviembre de 1990.

normalmente en los contratos entre particulares; o segundo, los casos que debían estar regidos por el principio de la concurrencia competitiva entre varios oferentes.

En el primer caso se trataba de la figura de la adjudicación directa, la cual podía proceder conforme al artículo 33 de la Ley, cuando el monto del contrato de adquisición de bienes, contratación de servicios, o construcción de obras, no fuese mayor a una determinada cantidad establecida en la Ley, o su ejecución se encomendase a un organismo del sector público. Además, el artículo 34 de la Ley expresamente permitió proceder por adjudicación directa, siempre y cuando la máxima autoridad del órgano o ente contratante, mediante acto motivado, justificase adecuadamente su procedencia, en los siguientes supuestos:

"1° Si se trata de suministros requeridos para el debido desarrollo de un determinado proceso productivo o de trabajos indispensables para el buen funcionamiento o la adecuada continuación o conclusión de una obra, imprevisibles en el momento de la celebración del contrato;

2° Si se trata de la adquisición de obras artísticas o científicas;

3° Si, según la información suministrada por el Registro Nacional de Contratistas, los bienes a adquirir los produce o vende un solo fabricante o proveedor o cuando las condiciones técnicas de determinado bien, servicio u obra excluyen toda posibilidad de competencia;

4° En caso de contratos que tengan por objeto la fabricación de equipos, la adquisición de bienes o la contratación de servicios en el extranjero, en los que no fuere posible aplicar los procedimientos licitatorios, dadas las modalidades bajo las cuales los fabricantes y proveedores convienen en producir o suministrar esos bienes, equipos o servicios;

5° En caso de calamidades que afecten a la colectividad o de emergencia comprobada dentro del respectivo organismo o ente; o

6° Si se trata de obras o bienes regulados por contratos resueltos o rescindidos y del retardo por la apertura de un nuevo proceso licitatorios pudieren resultar perjuicios para el organismo promovente."

En todos los otros casos en los cuales no procediera la adjudicación directa, la Administración, para la selección de contratistas en los contratos de obra o de suministro, debía seguir el procedimiento de licitación, siendo la consecuencia de la falta de cumplimiento del procedimiento licitatorio en esos casos, conforme a la ley, la nulidad del contrato (art. 63).

La licitación, de acuerdo con las previsiones de la Ley podía ser de dos tipos: general o selectiva. En cuanto a la licitación general, la definía el artículo 4 de la Ley como "el procedimiento de selección del contratista en el que puede participar cualquier inscrito en los registros previstos en esta ley, previo el cumplimiento de las condiciones particulares inherentes a cada proceso de licitación," siendo obligatorio acudir a este procedimiento conforme al artículo 29 de la Ley, en casos de montos superiores a determinadas cantidades significativas, los cuales podían ser variados regularmente (art. 60). En cuanto a la licitación selectiva se la definió como "el procedimiento de selección del contratista en el que los participantes, inscritos en los registros previstos en esta ley, son escogidos por el ente promovente" (art. 5).

La Ley de Licitaciones, en todo caso, fue objeto de una reforma posterior en 2001 orientada a ampliar el marco de las exclusiones de contrataciones del procedimiento de selección de contratistas, a cuyo efecto se incorporó una norma de exclusión de la aplicación de la misma referida a "los contratos que tengan por objeto el arrendamiento de bienes inmuebles, inclusive el financiamiento y la adquisición de bienes inmuebles, los contratos de seguros y los servicios financieros prestados por entidades regidas por la Ley General de bancos y otras Instituciones Financieras (art. 3).

Además, en la misma reforma de la Ley de 2001, se excluyó en general de la aplicación de la misma "los procesos de selección de contratistas para la construcción de obras, la adjudicación de bienes y la contratación de servicios, cuyo valor total o parcial haya de ser sufragado con recursos provenientes de acuerdos de cooperación entre la República Bolivariana de Venezuela y otros Estados" (art. 4).

Con ello, la aplicación de la Ley de Licitaciones quedó en buena parte sujeta a la definición de alguna que otra política internacional definida por parte del Gobierno, lo que efectivamente se concretó mediante los innumerables convenios de cooperación que desarrolló suscribió el gobierno durante los últimos tres lustros, lo que al menos para la contratación de las grandes obras públicas y adquisiciones de bienes, implicó la exclusión de la aplicación del procedimiento de selección de contratistas, aún cuando limitado a los casos en los cuales el valor total o parcial hubiera de ser sufragado con recursos provenientes de dichos acuerdos de cooperación.

V. LA LEY DE CONTRATACIONES PÚBLICAS SANCIONADA EN 2008 Y LA CONTINUACIÓN DE LA EXCLUSIÓN DE CONTRATOS PÚBLICOS DEL PROCEDIMIENTO LICITATORIO

La Ley de Licitaciones fue derogada por la Ley de Contrataciones Públicas sancionada en 2008,[20] la cual a pesar de su nombre en realidad continuó siendo básicamente una ley reguladora de los procesos de selección de contratistas, pero igualmente con un limitado alcance tanto subjetivo como sustantivo.

---

20   Véase en Gaceta Oficial No. 38895 de 25 de marzo de 2008. Véanse sobre esta Ley los comentarios en el libro Allan R. Brewer-Carías, Carlos García Soto. Gustavo Linares Benzo, Víctor Hernández Mendible, José Ignacio Hernández G., Luis Alfonso Herrera Orellana, Miguel Mónaco, Manuel Rojas Pérez, Mauricio Subero Mujica, *Ley de Contrataciones Públicas,* Editorial Jurídica Venezolana, Caracas 2008

Desde el punto de vista *subjetivo*, es decir, de los sujetos de derecho o personas jurídicas estatales a los cuales se aplicaba la Ley, la misma hizo referencia a que se aplicaba a *"la actividad del Estado* para la adquisición de bienes, prestación de servicios y ejecución de obra" (art. 1), con la intención, sin duda, de establecer un marco regulador aplicable omnicomprensivamente a todos las personas jurídicas o sujetos de derecho que componen el "Estado."

Sin embargo, al definirse en el artículo 3 a los sujetos a los cuales se aplica la Ley, la misma incurrió en el error de enumerar entre quienes pueden contratar no sólo a "personas jurídicas" estatales sino a determinados "órganos" de las mismas los cuales por supuesto no tienen "personalidad jurídica." Es decir, la Ley enumeró indistintamente como "contratantes" tanto a diversas personas jurídicas estatales como a diversos órganos de las Administraciones Públicas (nacional, estadal y municipal), los cuales obviamente no son ni sujetos de derecho ni personas jurídicas. La Ley se refirió, en efecto, a "los órganos y entes sujetos" a su normativa, mezclando en la enumeración del artículo 3 tanto a órganos de las Administraciones Públicas (nacional, estadal y municipal) como a diversas personas jurídicas estatales.

A tal efecto, el artículo 3 de la Ley, al precisar el "ámbito de aplicación" de la misma en lo que sería su ámbito subjetivo, dispuso que será aplicable "a los *sujetos* que a continuación se señalan": [21]

1. Los órganos y entes del Poder Público Nacional, Estadal, Municipal, Central y Descentralizado.

2. Las Universidades Públicas.

3. El Banco Central de Venezuela.

4. Las asociaciones civiles y sociedades mercantiles en las cuales la República y las personas jurídicas a que se contraen los numerales anteriores tengan participación, igual o mayor al cincuenta por ciento (50%) del patrimonio o capital social respectivo.

5. Las asociaciones civiles y sociedades mercantiles en cuyo patrimonio o capital social tengan participación igual o mayor al cincuenta por ciento (50%), las asociaciones civiles y sociedades a que se refiere el numeral anterior.

6. Las fundaciones constituidas por cualquiera de las personas a que se refieren los numerales anteriores o aquellas en cuya administración éstas tengan participación mayoritaria.

---

21 En el artículo 6,1 la Ley vuelve a calificar como "sujetos" a todos los que enumera en el artículo 3, incluyendo los "órganos" que ejercen el poder público; aún cuando indica que son "órgano o ente contratante".

7. Los Consejos Comunales o cualquier otra organización comunitaria de base que maneje fondos públicos.

Si bien en los ordinales 2 a 7 se identifican con precisión algunos "sujetos de derecho," en el sentido de personas jurídicas estatales, en el ordinal 1º no ocurre tal cosa, y en cambio se enumeran "los órganos del Poder Público Nacional, Estadal, Municipal, Central y Descentralizado."

Esta última expresión, por supuesto, en sí misma es totalmente incorrecta, ya que de acuerdo con la Constitución no existen ni pueden existir "órganos del Poder Público" porque éste (el Poder Público) no es un "ente" público sino una potestad estatal, por lo que en realidad lo que existen son "órganos que ejercen el Poder Público" (art. 137), es decir, la potestad estatal.

Por otra parte, no existe en Venezuela, como se expresa en la norma, un Poder Público "Central y Descentralizado," sino que lo que hay es una distribución territorial del Poder Público, como potestad estatal, en tres niveles de gobierno: nacional, estadal y municipal. En cambio lo que sí existe es una "Administración Pública" central o descentralizada en los términos establecidos en la Ley Orgánica de la Administración Pública de 2008, al regular la descentralización funcional.[22]

Por otra parte, en relación con la referencia a "órganos" y "entes" en el artículo 3.1 de la Ley, debe precisarse en el marco de dicha Ley Orgánica de la Administración Pública, en su artículo 15 se define como "órganos," a las unidades administrativas de la República, de los estados, de los distritos metropolitanos y de los municipios a los que se les atribuyan funciones que tengan efectos jurídicos, o cuya actuación tenga carácter regulatorio; y como "entes" toda organización administrativa descentralizada funcionalmente con personalidad jurídica propia; sujeta al control, evaluación y seguimiento de sus actuaciones por parte de sus órganos rectores de adscripción y de la Comisión Central de Planificación. El artículo 15 de la Ley Orgánica, además de los órganos y de los entes, regula a las "misiones" como integrando la Administración Pública, definiéndolas como "aquellas creadas con la finalidad de satisfacer las necesidades fundamentales y urgentes de la población." Estas últimas, por tanto, en 2008 no estaban sujetas a las previsiones de la Ley de Contrataciones Públicas.[23]

---

22 Artículos 96 ss. Véase en Gaceta Oficial Extra. Nº 5.890 de 31 de julio 2008.

23 Véase sobre dichas "misiones" los comentarios en Allan R. Brewer-Carías, "El régimen de las Misiones y su aparataje burocrático en el Decreto Ley de la ley Orgánica de Misiones, Grandes Misiones y Micro Misiones de noviembre de 2014", en *Revista de Derecho Público*, No 140 (Cuarto Trimestre 2014, Editorial Jurídica Venezolana, Caracas 2014, pp. 124-127 .

En consecuencia, lo que hay que interpretar del artículo 3.1 de la Ley de Contrataciones Públicas es que allí lo que el legislador quiso decir fue que la misma se aplica a los "órganos" de los siguientes sujetos que son la República, los Estados, los Municipios y distritos metropolitanos, por una parte, y por la otra, a todos los entes descentralizados de las Administraciones Públicas nacionales, estadales y municipales,[24] los cuales conforme se establece en el artículo 29 de la Ley Orgánica de la Administración Pública, pueden ser con forma de derecho privado (por ejemplo, las empresas del Estado) y con forma de derecho público, en este último caso, apuntando a las personas jurídicas creadas y regidas por normas de derecho público y que pueden tener atribuido el ejercicio de potestades públicas.

En cuanto al ámbito *sustantivo* de aplicación de la Ley, es decir, los contratos públicos que se deben regir por sus disposiciones, debe decirse de entrada, que a pesar del nombre de la Ley (Ley de Contrataciones Públicas), no todos los contratos públicos celebrados por los entes públicos quedaron sujetos a las disposiciones de la Ley, ya que ésta, al definir su "objeto" de aplicación, en el mismo artículo 1° redujo dicho ámbito sólo a los *tres tipos* de contratos públicos que se mencionaban en la vieja Ley de Licitaciones: los contratos de adquisición de bienes, los contratos de prestación de servicios y los contratos de ejecución de obras.[25]

En consecuencia, los otros tipos de contratos públicos como por ejemplo, los contratos de concesión de servicios públicos, los contratos de concesión de obra pública, los contratos de empréstito público, los contratos de venta de bienes públicos no están sujetos a sus disposiciones. Tampoco están incorporados en la enumeración del "objeto" de la Ley, los

---

24 En ese sentido es que se estableció en 2008, por ejemplo, la enumeración del ámbito subjetivo de aplicación de la Ley Orgánica de Administración Financiera del Sector Público (Decreto Ley N° 6.233), en cuyo artículo 6 se estableció lo siguiente: "Están sujetos a las regulaciones de esta Ley, con las especificidades que la misma establece, los entes u organismos que conforman el sector público, enumerados seguidamente: 1. La República. 2. Los estados. 3. El Distrito Metropolitano de Caracas. 4. Los distritos. 5. Los municipios. 6. Los institutos autónomos. 7. Las personas jurídicas estatales de derecho público. 8. Las sociedades mercantiles en las cuales la República o las demás personas a que se refiere el presente artículo tengan participación igual o mayor al cincuenta por ciento del capital social. Quedarán comprendidas además, las sociedades de propiedad totalmente estatal, cuya función, a través de la posesión de acciones de otras sociedades, sea coordinar la gestión empresarial pública de un sector de la economía nacional. 9. Las sociedades mercantiles en las cuales las personas a que se refiere el numeral anterior tengan participación igual o mayor al cincuenta por ciento del capital social. 10. Las fundaciones, asociaciones civiles y demás instituciones constituidas con fondos públicos o dirigidas por algunas de las personas referidas en este artículo, cuando la totalidad de los aportes presupuestarios o contribuciones en un ejercicio, efectuados por una o varias de las personas referidas en el presente artículo, represente el cincuenta por ciento o más de su presupuesto." Gaceta Oficial Extra N° 5.891 de 31 de julio de 2008.

25 Incluso en el artículo 6.5 de la ley, al definir la palabra "contrato," se indica que "Es el instrumento jurídico que regula la ejecución de una obra, prestación de un servicio o suministro de bienes, incluidas las órdenes de compra y órdenes de servicio".

contratos de arrendamiento de bienes. Sin embargo, en este punto no debe dejar de advertirse que al excluir el artículo 5.3 de la misma Ley, a los contratos de "arrendamiento de bienes inmuebles" de la aplicación de las normas relativas a las "modalidades de selección de contratistas," parecía que implícitamente, por interpretación a contrario, respecto de las otras normas de la Ley, las mismas si se aplicaban a los contratos de arrendamiento, aun cuando estos no pudieran ser incluidos dentro de los tres supuestos que se indican taxativamente en la Ley (adquisición de bienes, prestación de servicios y ejecución de obras).

Pero incluso respecto de los tres mencionados tipos de contratos que configuran el "objeto" de la Ley, la misma excluye total o parcialmente de su ámbito de aplicación a algunos de ellos, con lo que el ámbito sustantivo de la misma se encuentra aún más reducido.

En efecto, de acuerdo con el artículo 4 de la Ley de Contrataciones Públicas, quedan excluidos de la aplicación de la totalidad de sus normas, los contratos que tengan por objeto la ejecución de obras, la adquisición de bienes y la prestación de servicios:

> "que se encuentren en el marco del cumplimiento de acuerdos internacionales de cooperación entre la República Bolivariana de Venezuela y otros Estados, incluyendo la contratación con empresas mixtas constituidas en el marco de estos convenios."

En este caso, la exclusión fue mucho más amplia que la que establecía el artículo 3 de la reforma de la Ley de Licitaciones de 2001, que se refería a esos contratos cuando estuvieren financiados en el marco de esos convenios internacionales.

La Ley de Contrataciones Públicas en cambio eliminó esa referencia, y amplió la exclusión de la aplicación de la totalidad de la Ley en relación a esos contratos cuando los mismos se celebren en el marco del cumplimiento de acuerdos internacionales de cooperación que haya celebrado la República con otros Estados, incluyendo la contratación por parte de las personas jurídicas estatales a las que se aplica la Ley, con empresas mixtas constituidas en el marco de estos convenios. De nuevo, teniendo como marco las centenas de convenios de cooperación firmados por la República con todo tipo de Estados Extranjeros, materialmente ninguna gran obra pública o gran proceso de adquisición de bienes desde 2008 se ha sometido a licitación. Piénsese solo en los contratos celebrados con empresas constructoras extranjeras, como la brasileña Odebrecht, en el marco de las decenas de convenios de cooperación suscritos durante varios lustros entre los gobiernos de Brasil y Venezuela, por los Presidentes Lula Da Silva y Chávez, todos los cuales además, en 2017, seguían paralizados e inconcusos.[26]

---

26 Véase por ejemplo, la reseña de Diego Oré, "Stalled Brazilian Odebrecht projects decay in Venezuela," en Ruters, 31 de mayo de 2017, en https://www.cnbc.com/2017/05/31/reuters-america-stalled-brazilian-odebrecht-projects-decay-in-venezuela.html

Por otra parte, la Ley también previó la exclusión de la aplicación de las modalidades de selección de contratistas que regula, a los contratos públicos de ejecución de obras, de adquisición de bienes y de prestación de servicios, que tengan por objeto, según se enumera en el artículo 5, lo siguiente:

1. La prestación de servicios profesionales y laborales.

2. La prestación de servicios financieros por entidades regidas por la ley sobre la materia.

3. La adquisición y arrendamiento de bienes inmuebles, inclusive el financiero.

4. La adquisición de obras artísticas, literarias o científicas.

5. Las alianzas comerciales y estratégicas para la adquisición de bienes y prestación de servicios entre personas naturales o jurídicas y los órganos o entes contratantes.

6. Los servicios básicos indispensables para el funcionamiento del órgano o ente contratante.

7. La adquisición de bienes, la prestación de servicios y la ejecución de obras, encomendadas a los órganos o entes de la administración pública.

De lo anterior resulta, por tanto, que la Ley de Contrataciones Públicas, a pesar de su nombre, en su versión de 2008, no fue una ley destinada a regular todos los contratos públicos o contratos del Estado celebrados por las personas jurídicas estatales, es decir, los diversos entes que integran el Estado. Al contrario, se trata de una Ley que sólo regula algunos contratos públicos (de ejecución de obras, de adquisición de bienes y de prestación de servicios), previendo diferentes casos de exclusión expresa de su aplicación respecto de la totalidad o de algunas de sus normas.

A esas exclusiones de la aplicación de la Ley, en particular en lo que se refiere al proceso de selección de contratistas, habría que agregar además, la exclusión establecida en los casos de adjudicación directa de los contratos públicos, cuyo ámbito se amplió considerablemente en la propia Ley.

En efecto, el artículo 76 de la misma dispone que la Administración puede proceder excepcionalmente a la Contratación Directa, independientemente del monto de la contratación, siempre y cuando la máxima autoridad del órgano o ente contratante, mediante acto motivado, justifique adecuadamente su procedencia, en los siguientes supuestos:

1. Si se trata de suministros de bienes, prestación de servicios o ejecución de obras requeridas para la continuidad del proceso productivo, y pudiera resultar gravemente afectado por el retardo de la apertura de un procedimiento de contratación.

2. Cuando las condiciones técnicas de determinado bien, servicio u obra, excluyen toda posibilidad de competencia.

3. En caso de contratos que tengan por objeto la fabricación de equipos, la adquisición de bienes o la contratación de servicios, en los que no fuere posible aplicar las modalidades de contratación, dadas las condiciones especiales bajo las cuales los fabricantes y proveedores convienen en producir o suministrar esos bienes, equipos o servicios.

4. Cuando se trate de emergencia comprobada, producto de hechos o circunstancias sobrevenidos que tiene como consecuencia la paralización total o parcial de las actividades del ente u órgano contratante, o afecte la ejecución de su competencia.

5. Cuando se trate de la ejecución de obras, adquisición de bienes o prestación de servicios regulados por contratos terminados anticipadamente, y si del retardo en la apertura de un nuevo procedimiento de contratación pudieren resultar perjuicios para el órgano o ente contratante.

6. Cuando se trate de la contratación de bienes, servicios u obras para su comercialización ante consumidores, usuarios o clientes, distintos al órgano o ente contratante, siempre que los bienes o servicios estén asociados a la actividad propia del contratante y no ingresen de manera permanente a su patrimonio.

7. Cuando se trate de contrataciones que tengan por objeto la adquisición de bienes, prestación de servicios o ejecución de obras sobre los cuales una modalidad de selección de contratistas pudiera comprometer secretos o estrategias comerciales del órgano o ente contratante, cuyo conocimiento ofrecería ventaja a sus competidores.

8. Cuando se trate de la adquisición de bienes producidos por empresas con las que el órgano o ente contratante suscriba convenios comerciales de fabricación, ensamblaje o aprovisionamiento, siempre que tales convenios hayan sido suscritos para desarrollar la industria nacional sobre los referidos bienes, en cumplimiento de planes dictados por el Ejecutivo Nacional.

9. Cuando se trata de contrataciones de obras, bienes o servicios requeridos para el restablecimiento inmediato o continuidad de los servicios públicos o actividades de interés general que hayan sido objeto de interrupción o fallas, independientemente de su recurrencia.

10. Cuando se trate de actividades requeridas para obras que se encuentren en ejecución directa por órgano y entes del Estado, y de acuerdo a su capacidad de ejecución, sea necesario por razones estratégicas de la construcción, que parcialmente sean realizadas por un tercero, siempre y cuando esta asignación no supere el cincuenta por ciento (50%) del contrato original; y

11. Cuando se trate de la adquisición de bienes y contratación de servicios a pequeños y medianos productores nacionales que sean indispensables para asegurar el desarrollo de la cadena agroalimentaria.

Esta norma del artículo 76 se reformó en 2009,[27] agregándose una nueva previsión para justificar la adjudicación directa en el caso siguiente:

12. Cuando se trate de suministros de bienes, prestación de servicios o ejecución de obras para las cuales se hayan aplicado modalidades de contratación y éstas hayan sido declaradas desiertas, manteniendo las mismas condiciones establecidas en la modalidad declarada desierta.

De esto resulta entonces que basta por tanto que la Administración contratante en un procedimiento licitatorio declare desierta la licitación, para que con ello la misma tenga libre la vía para la contratación directa, sin procedimiento de selección alguna.

Además, el artículo 77 de la reforma de la Ley de Contrataciones Públicas de 2010,[28] también aumentó el ámbito de posibilidad de las adjudicaciones directa en materia contractual pública, sin necesidad de que haya acto motivado alguno, en los siguientes casos:

1. Cuando se decrete cualquiera de los estados de excepción contemplados en la Constitución de la República Bolivariana de Venezuela.

2. Si se trata de bienes, productos y servicios de urgente necesidad para la seguridad y defensa de la Nación, para cuya adquisición se hace imposible la aplicación de las modalidades de selección, dadas las condiciones especiales que los proveedores requieren para suministrar los bienes, productos y servicios.

3. Si se trata de bienes, servicios, productos alimenticios y medicamentos, declarados como de primera necesidad, siempre y cuando existan en el país condiciones de desabastecimiento por no producción o producción insuficiente, previamente certificadas por la autoridad competente.

---

27 Véase en Gaceta Oficial 391655 de 24 de abril de 2009.

28 Véase en Gaceta Oficial No. 39503 de 6 de septiembre de 2010. Véanse los comentarios en el libro: Allan R. Brewer-Carías (Editor y Coordinador), Víctor Hernández Mendible, Miguel Mónaco, Aurilivi Linares Martínez, José Ignacio Hernández G., Carlos García Soto, Mauricio Subero Mujica, Alejandro Canónico Sarabia, Gustavo Linares Benzo, Manuel Rojas Pérez, Luis Alfonso herrera Orellana y Víctor Raúl Díaz Chirino, *Ley de Contrataciones Públicas*, Editorial Jurídica Venezolana, Colección Textos legislativos No. 44 (2ª Edición Actualizada y aumentada), Caracas 2012. Véase igualmente Allan R. Brewer-Carías, "La contratación pública en Venezuela," en Juan Carlos Cassagne (ed.), *Tratado General de los Contratos Públicos*, Ed La Ley, Buenos Aires 2013, Tomo II, pp. 8 ss.

VI. DE CÓMO LAS EXCEPCIONES A LA APLICACIÓN DE LOS PROCEDIMIENTOS DE SELECCIÓN DE CONTRATISTAS LA TERMINARON CONVIRTIÉNDOSE EN LA REGLA, EN LA REFORMA DE LA LEY DE CONTRATACIONES PÚBLICAS DE 2014

La Ley de Contrataciones Públicas fue de nuevo reformada en 2014,[29] agregándose en el artículo 1 de la Ley, que regula su objeto, un párrafo con el siguiente texto:

"Los procesos a que se refiere la presente [Ley]…, son de obligatorio cumplimiento, salvo las excepciones aquí previstas."

A pesar de esta declaratoria de las normas relativas a la selección de contratistas, como de orden público o de carácter obligatorio, pues dichos procesos son histórica y básicamente los regulados en la Ley, la cual podría hacer creer que se trataría de una declaración sobre el reforzamiento de los procesos licitatorios, la verdad es que la previsión nada agregó a la normativa anterior, ni cambió nada respecto de la evolución señalada de la regulación legislativa que, al contrario, en los últimos años, lo que muestra es una sucesiva ampliación de las exclusiones respecto de la aplicación de los procesos licitatorios.

Esa tendencia, incluso se siguió en la propia reforma de la Ley de 2014, en la cual, en el artículo 4 se ampliaron los casos de exclusión de aplicación de la Ley, en los casos de contrataciones que tengan por objeto:

1. La ejecución de obras, la adquisición de bienes y la prestación de servicios, que se encuentren en el marco del cumplimiento de obligaciones asumidas en acuerdos internacionales entre la República Bolivariana de Venezuela y otros Estados, o en el marco de contratos o convenios suscritos con organismos internacionales.

2. La contratación con empresas constituidas en el marco de acuerdos internacionales.

3. Los servicios laborales.

4. El arrendamiento de bienes inmuebles, inclusive el financiero. Y

5. El patrocinio en materia deportiva, artística, literaria, científica o académica.

---

29   Véase en Gaceta Oficial No. 6154 Extra de 19 de noviembre de 2014. Véanse los comentarios a dicha Ley en Allan R. Brewer-Carías (Editor y Coordinador), Víctor Hernández Mendible, Miguel Mónaco, Aurilivi Linares Martínez, José Ignacio Hernández G., Carlos García Soto, Mauricio Subero Mujica, Alejandro Canónico Sarabia, Gustavo Linares Benzo, Manuel Rojas Pérez, Luis Alfonso herrera Orellana y Víctor Raúl Díaz Chirino, *Ley de Contrataciones Públicas*, Editorial Jurídica Venezolana, Colección Textos legislativos No. 44 (4ª Edición Actualizada y aumentada), Caracas 2014..

Y en cuanto a las exclusiones de la aplicación de las modalidades de selección de contratistas indicadas en la Ley, ampliando por el contrario el marco de la adjudicación o contratación directa, el artículo 5 de la Ley enumeró los que tengan por objeto:

1. La prestación de servicios profesionales.

2. La prestación de servicios financieros por entidades regidas por la Ley sobre la materia.

3. La adquisición de bienes inmuebles.

4. La adquisición de semovientes.

5. La adquisición de obras artísticas, literarias o científicas.

6. Las alianzas comerciales o estratégicas para la adquisición de bienes, prestación de servicios y ejecución de obras entre personas naturales o jurídicas y los contratantes.

7. Los servicios básicos indispensables para el funcionamiento del contratante.

8. La adquisición de bienes, la prestación de servicios y la ejecución de obras, suministradas o ejecutadas directamente por los órganos y entes de la Administración Pública.

9. La adquisición de bienes, prestación de servicios y ejecución de obras contratados directamente entre los sujetos señalados en el artículo 3° de presente Decreto con Rango, Valor y Fuerza de Ley

10. La adquisición de bienes, prestación de servicios y ejecución de obras encomendados a los órganos y entes de la Administración Pública.

11. La adquisición de bienes y prestación de servicios con recursos provenientes de caja chica, hasta el monto máximo que estipule la normativa que regule la materia.

12. La adquisición de bienes, la prestación de servicios y la ejecución de obras, requeridos, cuando se decrete cualquiera de los estados de excepción contemplados en la Constitución de la República Bolivariana de Venezuela.

13. La adquisición de bienes, la prestación de servicios y la ejecución de obras, destinados a la seguridad y defensa del Estado relacionados con las operaciones de inteligencia y contra inteligencia realizadas por los órganos y entes de seguridad del Estado, tanto en el país como en el exterior, así como para actividades de protección fronteriza y para movimiento de unidades militares en caso de preparación, entrenamiento o conflicto interno o externo.

14. La adquisición de bienes, servicios, productos alimenticios y medicamentos, declarados como de primera necesidad, siempre que existan en el país condiciones de desabastecimiento por no producción o producción insuficiente, previamente certificadas por la autoridad competente.

La norma concluye autorizando al Presidente de la República en Consejo de Ministros para poder dictar medidas temporales "que excluyan de las modalidades de selección de contratistas establecidos en la Ley, determinados bienes, servicios y obras, que se consideren estratégicos," con lo que el ámbito de exclusión de aplicación de la ley se multiplica, pues agrega la norma que "los contratos a que hacen referencia los numerales anteriores, serán adjudicados directamente por la máxima autoridad contratante."

Con ello quedó precisado entonces que en materia de contratación pública en Venezuela, la regla en materia de selección de contratistas en los contratos públicos es la excepción, habiendo desaparecido materialmente la licitación y aumentado el ámbito de la adjudicación directa, el cual se ha expandido en la propia Ley,

A tal efecto, el artículo 101 de la Ley precisa que "se podrá proceder excepcionalmente por Contratación Directa, independientemente del monto de la contratación, siempre y cuando la máxima autoridad del contratante, mediante acto motivado, justifique adecuadamente su procedencia," en los siguientes supuestos que siguen la orientación, aun cuando ampliada, de las leyes anteriores:

l. Si se trata de suministros de bienes, prestación de servicios o ejecución de obras requeridas para la continuidad del proceso productivo, y pudiera resultar gravemente afectado por el retardo de la apertura de un procedimiento de contratación.

2. Cuando las condiciones técnicas de determinado bien, servicio u obra así lo requieran o excluyan toda posibilidad de competencia o si, habiendo adquirido ya bienes, equipos, tecnología, servicios u obras a determinado proveedor o contratista, el contratante decide adquirir más productos del mismo proveedor o contratista por razones de normalización o por la necesidad de asegurar su compatibilidad con los bienes, equipos, la tecnología o los servicios que ya se estén utilizando, y teniendo además en cuenta la eficacia con la que el contrato original haya respondido a las necesidades del contratante, el volumen relativamente bajo del contrato propuesto en comparación con el del contrato original, el carácter razonable del precio y la inexistencia de otra fuente de suministro que resulte adecuada.

3. En caso de contratos que tengan por objeto la adquisición de bienes y la prestación de servicios, en los que no fuere posible aplicar las otras modalidades de contratación, dadas las condiciones especiales, bajo las cuales los oferentes convienen en suministrar esos bienes o prestar los servicios, o por condiciones especiales de la solicitud del contratante, donde la aplicación de una modalidad de selección de contratista distinta a la aquí prevista, no permita la obtención de los bienes o servicios en las condiciones requeridas. Se deberá indicar mediante acto motivado, las razones por las cuales de la apertura de un nuevo procedimiento de contratación, pudieren resultar perjuicios para el contratante.

4. Cuando se trate de emergencia comprobada. A los efectos de esta exclusión, el artículo 102 define como "emergencia comprobada" la que sea "específica e individualmente considerada para cada contratación, por lo que deberá limitarse al tiempo y objeto estrictamente necesario para corregir, impedir o limitar los efectos del daño grave en que se basa la calificación y su empleo será sólo para atender las áreas estrictamente afectadas por los hechos o circunstancias que lo generaron."

5. Cuando se trate de la ejecución de obras, adquisición de bienes o prestación de servicios regulados por contratos terminados anticipadamente, donde la apertura de un procedimiento de selección de contratistas, pudiese resultar perjudicial para el órgano o ente contratante.

6. Cuando se trate de la contratación de bienes, servicios u obras para su comercialización, donación o cualquier otra forma de enajenación ante terceros, siempre que los bienes o servicios estén asociados a la actividad propia del contratante y no ingresen de manera permanente a su patrimonio.

7. Cuando se trate de contrataciones que tengan por objeto la adquisición de bienes, prestación de servicios o ejecución de obras sobre las cuales una modalidad de selección de contratistas pudiera comprometer secretos o estrategias comerciales del contratante, cuyo conocimiento ofrecería ventaja a sus competidores.

8. Cuando se trate de la adquisición de bienes producidos por empresas con las que el contratante suscriba convenios comerciales de fabricación, ensamblaje o aprovisionamiento, siempre que tales convenios hayan sido suscritos para desarrollar la industria nacional sobre los referidos bienes, en cumplimiento de planes dictados por el Ejecutivo Nacional.

9. Cuando se trate de contrataciones de obras, bienes o servicios requeridos para el restablecimiento inmediato o continuidad de los servicios públicos o actividades de interés general que hayan sido objeto de interrupción o fallas, independientemente de su recurrencia.

10. Cuando se trate de actividades requeridas para obras que se encuentren en ejecución directa por los órganos y entes contratantes, y que de acuerdo a su capacidad de ejecución, sea necesario por razones estratégicas de la construcción, que parcialmente sean realizadas por un tercero, siempre y cuando esta asignación, no supere el cincuenta por ciento (50%) del contrato original.

11. Cuando se trate de la adquisición de bienes y contratación de servicios a pequeños y medianos actores económicos que sean indispensables para asegurar el desarrollo de la cadena agroalimentaria.

12. Cuando se trate de suministros de bienes, prestación de servicios o ejecución de obras para las cuales se hayan aplicado la modalidad de consulta de precios y haya sido declarada desierta.

13. Cuando se trate de contrataciones a organizaciones socio-productivas creadas en el marco de la Ley que rige el sistema económico comunal o comunidades organizadas mediante la adjudicación de proyectos para impulsar el desarrollo de las mismas.

14. Cuando se trate de contrataciones con empresas conjuntas o conglomerados creadas en el marco de la Ley que promueve y regula las nuevas formas asociativas conjuntas entre el Estado y la iniciativa comunitaria privada, siempre y cuando se establezcan las ventajas de la contratación, con base a los principios que regula la normas de creación de estas formas asociativas conjuntas.

De todo lo anterior, por tanto es fácil entender por qué en los índices publicados de *Transparency International* sobre Percepción de la Corrupción en las Américas para 2016, de los 176 países reseñados Venezuela ocupaba el lugar 166 entre los de mayor percepción en materia de corrupción;30 récord al que nos ha conducido el Estado totalitario que padecemos, 31 que ha destruido la democracia32 y que se ha funcionado basado en una gran mentira.[33]

---

30   Véase en https://www.transparency.org/country/VEN. Ello explica también, por ejemplo, que la Fiscal General de la República quien ejerció como tal durante el régimen totalitario desde 2007, luego de tener que salir del país perseguida por el propio régimen que tanto ayudó a apuntalar persiguiendo a toda la disidencia política, haya acusado al propio Presidente Maduro de estar envuelto de el escándalo de los hechos de corrupción de la empresa constructora Odebrecht. Véase la reseña "Venezuela's ex-attorney general says President Maduro involved in Odebrecht scandal," en The Business Times. Bovernment & Economy, 19 de Agosto de 2017, en http://www.businesstimes.com.sg /government-economy/venezuelas-ex-attorney-general-says-president-maduro-involved -in-odebrecht

31   Véase Allan R. Brewer-Carías, *Estado totalitario y desprecio a la ley. La desconstitucionalización, desjuridificación, desjudicialización y desdemocratización de Venezuela*, Fundación de Derecho Público, Editorial Jurídica Venezolana, 2014, 532 pp.; segunda edición, (Con prólogo de José Ignacio Hernández), Caracas 2015

32   Véase Allan R. Brewer-Carías, *La ruina de la democracia. Algunas consecuencias.* Venezuela 2015, (Prólogo de Asdrúbal Aguiar), Colección Estudios Políticos, No. 12, Editorial Jurídica Venezolana, Caracas 2015; *Dismantling Democracy. The Chávez Authoritarian Experiment,* Cambridge University Press, New York 2010.

33   Véase Allan R. Brewer-Carías, *La mentira como política de Estado. Crónica de una crisis política permanente.* Venezuela 1999-2015 (Prólogo de Manuel Rachadell), Colección Estudios Políticos, No. 10, Editorial Jurídica Venezolana, Caracas 2015.

Sección Séptima: LOS INTENTOS DE MUTACIÓN JURISPRUDENCIAL DE LA NOCIÓN DE CONTRATOS DE INTERÉS PÚBLICO (2017)

Esta Sección es una versión corregida del estudio sobre "La mutación de la noción de contratos de interés público nacional hecha por la Sala Constitucional, para cercenarle a la Asamblea Nacional sus poderes de control político en relación con la actividad contractual de la administración pública y sus consecuencias," publicado en *Revista de Derecho Público*, No. 151-152, (julio-diciembre 2017), Editorial Jurídica Venezolana, Caracas 2017, pp. 371-393.

La manipulación de conceptos básicos del derecho administrativo en Venezuela, en los últimos años, no ha sido solo monopolio del Poder Legislativo, sino que también el Poder Judicial ha participado en ese proceso; en este caso mediante sentencias de la Sala Constitucional del Tribunal Supremo de Justicia, como ha ocurrido con el concepto de "contratos de interés público nacional," el cual ha sufrido intentos de mutación a los efectos de evadir la autorización previa de la Asamblea Nacional requerida por ejemplo, para la celebración de ciertos contratos de crédito público o para la constitución de empresas mixtas para la explotación petrolera.

I. DE NUEVO SOBRE LA NOCIÓN DE "CONTRATOS DE INTERÉS PÚBLICO NACIONAL"

En efecto, la Constitución de Venezuela de 1999, en sus artículos 150, 151, 187.9, 236.14 y 247, como la anterior de 1961, utiliza la expresión "contratos de interés público" y sus derivados, "contratos de interés público nacional," "contratos de interés público estadal" y "contratos de interés público municipal," como sinónimo de "contratos públicos" o "contratos del Estado," lo que siempre ha exigido la necesidad de encuadrar dicha expresión en la doctrina del derecho administrativo, y en particular, en el derecho de los contratos administrativos, públicos o del Estado, en particular, en cuanto a la intervención contralora de la Asamblea Nacional, autorizándolos o aprobándolos.[1]

---

1   Nuestra primera aproximación al tema la hicimos en 1964 en el estudio: Allan R. Brewer-Carías, "La formación de la voluntad de la Administración Pública Nacional en los contratos administrativos," en *Revista de la Facultad de Derecho*, Nº 28, Universidad Central de Venezuela, Caracas 1964, pp. 61-11.

Dichos artículos de la Constitución, en los cuales se hace mención a los contratos de interés público en sus diversas vertientes (nacional, estadal y municipal), en efecto, son los siguientes:

Artículo 150. La celebración de los contratos de interés público nacional requerirá la aprobación de la Asamblea Nacional en los casos que determine la ley.

No podrá celebrarse contrato alguno de interés público municipal, estadal o nacional, o con Estados o entidades oficiales extranjeras o con sociedades no domiciliadas en Venezuela, ni traspasarse a ellos sin la aprobación de la Asamblea Nacional.

La ley podrá exigir en los contratos de interés público determinadas condiciones de nacionalidad, domicilio o de otro orden, o requerir especiales garantías"

Artículo 151. En los contratos de interés público, si no fuere improcedente de acuerdo con la naturaleza de los mismos, se considerará incorporada, aun cuando no estuviere expresa, una cláusula según la cual las dudas y controversias que puedan suscitarse sobre dichos contratos y que no llegaren a ser resueltas amigablemente por las partes contratantes, serán decididas por los tribunales competentes de la República, de conformidad con sus leyes, sin que por ningún motivo ni causa puedan dar origen a reclamaciones extranjeras.

Artículo 187. Corresponde a la Asamblea Nacional: [...] 9. Autorizar al Ejecutivo Nacional para celebrar contratos de interés nacional, en los casos establecidos en la ley. Autorizar los contratos de interés público nacional, estadal o municipal con Estados o entidades oficiales extranjeros o con sociedades no domiciliadas en Venezuela."

Artículo 236. Son atribuciones y obligaciones del Presidente de la República: [...] 14. Celebrar los contratos de interés nacional conforme a esta Constitución y la ley.

Artículo 247. La Procuraduría General de la República asesora, defiende y representa judicial y extrajudicialmente los intereses patrimoniales de la República, y será consultada para la aprobación de los contratos de interés público nacional."

Sobre dichos contratos de interés público, en efecto, como antes hemos dicho, hemos considerado que la expresión abarca a "todos aquellos contratos en los cuales una de las partes (pueden ser las dos –contratos interadministrativos-) es una persona jurídica estatal,[2] es decir, que está integrada en la organización general del Estado, sea que se trate de una per-

---

2 Véase Allan R. Brewer-Carías, "Sobre las personas jurídicas en la Constitución de 1999," en *Derecho Público Contemporáneo: Libro Homenaje a Jesús Leopoldo Sánchez,* Estudios del Instituto de Derecho Público, Universidad Central de Venezuela, enero-abril 2003, Volumen 1, pp. 48-54.

sona jurídica político territorial (República, Estados, Municipios), o de personas de derecho público (pe. los institutos autónomos) o de personas de derecho privado (por ejemplo. las sociedades anónimas del Estado o empresas del Estado) estatales." [3]

Estos contratos del Estado, hemos sostenido, "son los que han sido denominados en la Constitución como "contratos de interés público" (nacional, estadal o municipal), y en el pasado, en escasísimas leyes, algunos de ellos fueron denominados como "contratos administrativos," agregando lo siguiente:

> "La Constitución de 1999, como la ley suprema y principal fuente del derecho administrativo, en materia de contratos del Estado, en la Sección Cuarta del Capítulo I del Título IV sobre el "Poder Público", regula a los "contratos de interés público," noción que en los artículos 150 y 151 se adoptó para identificar a los contratos suscritos por las entidades públicas, es decir, las personas jurídicas estatales, o las que integran el sector público y que en general se engloban en la noción de "Estado."[4]

Esa noción de contratos de interés público, como hemos dicho, puede considerarse como equivalente a las nociones de contratos públicos, contratos del Estado, o contratos de la Administración, como fue la intención de la propuesta que formulamos respecto de la norma del articulo 150 en

---

3   Véase en Allan R. Brewer-Carías, "Sobre los Contratos del Estado en Venezuela," en *Derecho Administrativo Iberoamericano (Contratos Administrativos, Servicios públicos, Acto administrativo y procedimiento administrativo, Derecho administrativo ambiental, Limitaciones a la libertad),* IV Congreso Internacional de Derecho Administrativo, Mendoza, Argentina, 2010, pp. 837-866, y en *Revista Mexicana Statum Rei Romanae de Derecho Administrativo,* No. 6, Homenaje al Dr. José Luis Meilán Gil, Facultad de Derecho y Criminología de la Universidad Autónoma de Nuevo León, Monterrey, Enero-Junio 2011, pp. 207-252. Dicho estudio tuvo su origen en la Ponencia elaborada para el IV Congreso Internacional de Derecho Administrativo de Mendoza, paralelo al IX Foro Iberoamericano de Derecho Administrativo, Facultad de Derecho, Universidad de Cuyo, Mendoza, Argentina, septiembre 2010, para cuya redacción, partimos de otros escritos, entre ellos, "Nuevas consideraciones sobre el régimen jurídico de los contratos del Estado en Venezuela", en VIII Jornadas Internacionales de Derecho Administrativo Allan Randolph Brewer-Carías. *Contratos Administrativos. Contratos del Estado,* Fundación de Estudios de Derecho Administrativo FUNEDA, Caracas, 2006, pp. 449-479, y en Revista de Derecho Administrativo (RDA), Círculo de Derecho Administrativo (CDA), Año 1, N° 2, Lima Diciembre 2006, pp. 46-69; y "Los contratos del Estado y la Ley de Contrataciones Públicas. Ámbito de aplicación," en Allan R. Brewer-Carías et al, *Ley de Contrataciones Públicas,* Editorial Jurídica Venezolana, 2ª. Edición, Caracas 2009, pp. 13 ss.

4   Véase Allan R. Brewer-Carías, "Sobre los contratos del Estado en Venezuela," en *Revista Mexicana Statum Rei Romanae de Derecho Administrativo,* N° 6, Homenaje al Dr. José Luis Meilán Gil, Facultad de Derecho y Criminología de la Universidad Autónoma de Nuevo León, Monterrey, Enero-Junio 2011, pp. 207-252.

la Asamblea Nacional Constituyente durante la elaboración de la Constitución de 1999,[5] a lo que nos referiremos más adelante.

Hemos agregado, además, que;

> "En virtud de que Venezuela está organizada como un Estado federal (Art. 4, C.) con tres niveles de gobierno (nacional, estadal, municipal) (Art. 136 C.), la intención de la regulación de los "contratos de interés público" en el artículo 150 de la Constitución, que se clasifican en "contratos de interés público nacional", "contratos de interés público estadal" y "contratos de interés público municipal"; fue referirse a los contratos suscritos, respectivamente, por entidades públicas nacionales, entidades públicas estadales y entidades públicas municipales.[6] En consecuencia, la intención de la regulación constitucional fue considerar como contratos de interés público nacional, a aquellos concernientes al nivel nacional de gobierno (diferente a los niveles estadales y municipales de gobierno), porque son suscritos por entidades públicas nacionales, es decir, por la República o institutos autónomos nacionales o empresas del Estado nacionales."[7]

Durante la vigencia de la Constitución de 1961, y en virtud de la redacción que entonces tenía la norma del artículo 126, sin embargo, surgieron discusiones doctrinales sobre la noción de contratos de interés nacional, al considerar algunos autores que a la noción formal antes mencionada debía agregarse una noción material sobre la "importancia" nacional del objeto de los contratos para poder ser calificados como tales contratos de "interés nacional." Sobre esta discusión, la Sala Constitucional del Tribunal Supremo de Justicia hizo mención en su sentencia No. 2.241 del 24 de septiembre de 2002 (caso: *Andrés Velásquez, Elías Mata y Enrique Már-*

---

5   Véase Allan R. Brewer-Carías, *Debate Constituyente (Aportes a la Asamblea Nacional Constituyente),* Tomo II, Caracas 1999, pp. 173 ss.

6   Véase en general, Jesús Caballero Ortiz, "Los contratos administrativos, los contratos de interés público y los contratos de interés nacional en la Constitución de 1999", en *Estudios de Derecho Administrativo: Libro Homenaje a la Universidad Central de Venezuela,* Volumen I, Imprenta Nacional, Caracas, 2001, pp. 139-154; Jesús Caballero Ortiz, "Deben subsistir los contratos administrativos en una futura legislación?," en *El Derecho Público a comienzos del siglo XXI: Estudios homenaje al Profesor Allan R. Brewer-Carías,* Tomo II, Instituto de Derecho Público, UCV, Civitas Ediciones, Madrid, 2003, pp. 1765-1777; Allan R. Brewer-Carías, "Los contratos de interés público nacional y su aprobación legislativa" en *Revista de Derecho Público,* Nº 11, Caracas, 1982, pp. 40-54; Allan R. Brewer-Carías, *Contratos Administrativos,* Caracas, 1992, pp. 28-36.

7   Sobre ello, por lo demás, vigente la Constitución de 1961, de nuevo en 1992 reiteramos en que "no hay complicación alguna en señalar que contrato de interés público, en la Constitución, es todo contrato suscrito por los entes públicos territoriales, cualquiera que sea su naturaleza y contenido, es decir, por la República, los Estados y los Municipios, y aún más, también, por los entes descentralizados de derecho público de esos tres niveles. Por tanto, un contrato suscrito por un instituto autónomo nacional, estadal o municipal, también puede considerarse como contrato de interés público." Véase Allan R. Brewer-Carías, *Contratos Administrativos,* Editorial Jurídica Venezolana, Caracas 1992.

quez, nulidad del artículo 80 de la Ley Orgánica de Administración Financiera del Sector Público),[8] en la cual, al analizar la noción de contratos de interés nacional, recordó que:

"...la noción de contrato de interés público, expresión que aparece por primera vez en la Constitución de 1893 y se mantiene en los Textos Constitucionales de 1901, 1904, 1909, 1914, 1922, 1925, 1925, 1928, 1929, 1931, 1936, 1945, 1947, 1951, 1961, hasta la vigente de 1999, la doctrina nacional ha propuesto distintas interpretaciones, como la desarrollada por el autor Eloy Lares Martínez, quien al referirse a la expresión examinada, para entonces contenida en el artículo 126 de la Constitución de 1961 señaló: 'existe una expresión genérica –la de contratos de interés público- que consideramos administrativo y expresiones específicas que son: contratos de interés nacional, contratos de interés estadal y contratos de interés municipal, ya que el interés público puede ser nacional, estadal o municipal' ('Contratos de Interés Nacional', en *Libro Homenaje al Profesor Antonio Moles Caubet*, Tomo I, Caracas, UCV, 1981, p. 117).

En tal sentido, para el autor citado es necesario, pero no suficiente, que una de las partes en la contratación fuera la República, debiendo además exigirse que el contrato celebrado tuviera por finalidad el atender, de modo inmediato y directo, requerimientos de interés general (Cfr. *Manual de Derecho Administrativo*, Caracas, UCV, 1996, p. 321).

Un sector de la doctrina, en armonía con la actual regulación constitucional de los contratos de interés público, ha sostenido, atendiendo a la división en tres niveles político-territoriales del Poder Público, que los contratos de interés público constituyen el género mientras que los contratos de interés público nacional, estadal y municipal constituyen especies de aquél (Cfr. Allan R. Brewer Carías, *Estudios de Derecho Público*, Tomo I, Caracas, 1983, pp. 186 y 187), mientras que otro sector, apartándose de las interpretaciones precedentes, y haciendo énfasis en aspectos cuantitativos, ha expresado que cuando en los textos constitucionales se adopta la fórmula contrato de interés público, ha sido para referirse a aquellas 'grandes contrataciones' susceptibles de comprometer gravemente el patrimonio económico de la República, de exponerla a pérdidas graves o inclusive a reclamaciones internacionales que pudieran llegar a atentar contra la soberanía o la integridad del país (Cfr. José Melich Orsini, "La Noción de Contrato de Interés Público," en *Revista de Derecho Público* n° 7, Caracas, 1981, p. 61).

Profundizando en el criterio cuantitativo acogido por la última de las interpretaciones referidas, se ha advertido en distintos análisis respecto del sentido que ha de atribuírsele que la noción de contrato de interés público, que la gran preocupación del constituyente, al aprobar los textos de las Constituciones antes indicadas, ha girado en torno a cuestiones como los compromisos económicos o financieros que pueden resultar a cargo del Es-

---

8   Véase el texto de la sentencia de la Sala Constitucional en http://historico.tsj.gob.ve/decisiones/scon/septiembre/2241-240902-00-2874%20.HTM.

tado, el temor a que se malgasten o dilapiden los fondos públicos, la necesidad de conservar los bienes patrimoniales o los recursos naturales del Estado, o que los mismos no sirvan para beneficiar a unos pocos en detrimento de todos, los requerimientos, inherentes a todo sistema democrático de gobierno, de control sobre los poderes de la Administración, para evitar abusos, favoritismos, etc (Cfr. Gonzalo Pérez Luciani, "Contratos de Interés Nacional, Contratos de Interés Público y Contratos de Empréstito Público," en *Libro Homenaje al Doctor Eloy Lares Martínez*, Tomo I, Caracas, 1984, p. 103).

La discusión doctrinal existente durante la vigencia de la Constitución de 1961, entre las expresiones contrato de interés público y contrato de interés nacional, ha sido, como se indicara previamente, resuelta por la Constitución de la República Bolivariana de Venezuela, ya que en su artículo 150 estableció claramente la relación de género-especies que existe entre la noción de contrato de interés público y las nociones de contrato de interés público nacional, estadal y municipal, en las cuales lo determinante sería la participación de la República, los Estados o los Municipios."[9]

Sin embargo, esa relación género especie a la que nos hemos referido, que desglosa a los contratos de interés público en contratos de interés público nacional, contratos de interés público estadal y contratos de interés público municipal, si bien apunta a contratos celebrados en los tres niveles territoriales del Poder Público, no implica que solo se refieran a los celebrados respectivamente por "la República, los Estados o los Municipios," sino que en realidad se refieren a los celebrados en los tres niveles territoriales por los sujetos de derecho estatales que en cada uno existen, y que además de República, los Estados o los Municipios, son los institutos autónomos y las empresas del Estado que existan en cada uno de esos niveles, y que forman la Administración descentralizada en los mismos.

Ello es así, además, porque, en definitiva, en el derecho administrativo contemporáneo, lo más normal y común es que quienes por parte del Estad celebran contratos públicos son los entes descentralizados, siendo más bien la excepción que sean directamente República, los Estados o los Municipios.

II. EL SENTIDO DE LAS PREVISIONES CONSTITUCIONALES RELATIVAS A LOS "CONTRATOS DE INTERÉS PÚBLICO NACIONAL" Y A LA APROBACIÓN Y AUTORIZACIÓN PARLAMENTARIA

El anterior, además, estimamos que es el sentido de las previsiones de la Constitución. Así resulta del primer de la Constitución que trata sobre el

---

9   Véase el texto de la sentencia de la Sala Constitucional en http://historico.tsj.gob.ve/decisiones/scon/septiembre/2241-240902-00-2874%20.HTM.

tema de los contratos de interés público, que es el artículo 150, en el cual se establecieron dos casos de control parlamentario en relación con la celebración de contratos de interés público, disponiéndose la necesaria "*aprobación* de la Asamblea Nacional:" en primer lugar, en cuanto a la celebración de los contratos de interés público *nacional*, "*en los casos que determine la ley*; y en segundo lugar, en cuanto a los "contratos de interés público *municipal, estadal o nacional* con Estados o entidades oficiales extranjeras o con sociedades no domiciliadas en Venezuela."

De esta previsión constitucional se derivan, en nuestro criterio, que conforme al sistema constitucional de distribución vertical o territorial del Poder Público entre "el Poder Municipal, el Poder Estadal y el Poder Nacional" (art. 136) existen como hemos dicho, tres categorías de "contratos de interés público:" los "contratos de interés público municipal," los "contratos de interés público estadal," y los "contratos de interés público nacional." Algunas normas constitucionales solo se aplican a los contratos de interés público nacional,[10] y otras se aplican en cambio a los contratos de interés público, es decir, a los contratos de interés público nacional, estadal y municipal.[11]

Lo anterior implica, *primero,* que, respecto de esos contratos de interés público, la Constitución siguiendo una larga tradición que se remonta a fines del siglo XIX, estableció un régimen de control parlamentario respecto de la celebración de dichos contratos, y que en relación con los "contratos de interés público nacional," conforme al artículo 150 de la Constitución, solo deben someterse a la aprobación de la Asamblea Nacional "*en los casos que determine la ley.*"

Ello implica que, de acuerdo con la Constitución de 1999, tiene que haber una ley que expresamente indique que determinados contratos deben ser sometido a aprobación legislativa para que ello sea exigido, habiéndose puesto así, fin, en la Constitución de 1999, a las discusiones que en el pasado existieron en el país sobre cuándo la intervención parlamentaria

---

10 Por ejemplo, el artículo 247 de la Constitución mencionado, que dispone que "La Procuraduría General de la República asesora, defiende y representa judicial y extrajudicialmente los intereses patrimoniales de la República, y será consultada para la aprobación de los contratos de interés público nacional." Esta previsión es aplicable solo en el caso de contratos de interés público nacional."

11 La otra norma que emplea la expresión de contratos de interés público es el artículo 151 de la Constitución, en el cual como se indicó, dispone que: "En los contratos de interés público, si no fuere improcedente de acuerdo con la naturaleza de los mismos, se considerará incorporada, aun cuando no estuviere expresa, una cláusula según la cual las dudas y controversias que puedan suscitarse sobre dichos contratos y que no llegaren a ser resueltas amigablemente por las partes contratantes, serán decididas por los tribunales competentes de la República, de conformidad con sus leyes, sin que por ningún motivo ni causa puedan dar origen a reclamaciones extranjeras." La previsión es aplicable a todos los contratos de interés público, sea que sean "contratos de interés público municipal, estadal o nacional."

era necesaria. En consecuencia, de acuerdo con el primer supuesto de la norma constitucional, los contratos de interés público estadal o municipal en ningún caso requieren aprobación por la Asamblea Nacional, y en cuanto a los contratos de interés público nacional solo lo requieren, cuando lo determine expresamente una ley.

En tal sentido, por ejemplo, el artículo 33 de la Ley Orgánica de Hidrocarburos establece respecto de los contratos de interés público de asociación para "la constitución de empresas mixtas y las condiciones que regirán la realización de las actividades primarias," que los mismos están sujetos a la *aprobación previa de la Asamblea Nacional*, "a cuyo efecto el Ejecutivo Nacional, por órgano del Ministerio de Energía y Minas, deberá informarla de todas las circunstancias pertinentes a dichas constitución y condiciones, incluidas las ventajas especiales previstas a favor de la República."[12]

Y *segundo* que aparte de los casos de aprobación de los contratos de interés público nacional por parte de la Asamblea Nacional en los *casos determinados en la ley*, la Constitución también exige que en todo caso de "contratos de interés público municipal, estadal o nacional" que vayan a celebrarse con "Estados o entidades oficiales extranjeras o con sociedades no domiciliadas en Venezuela," o cuando vayan a traspasarse a ellos, los mismos deben someterse a la "aprobación de la Asamblea Nacional," sin necesidad, en este caso, de que deba haber alguna ley que lo exija.

De lo anterior resulta entonces, específicamente en cuanto a la intervención del órgano legislativo en materia de celebración de "contratos de interés público," que la Constitución distingue tres supuestos:

Primero, la aprobación por la Asamblea Nacional solo es necesaria respecto de "contratos de interés público *nacional*," en los casos en los cuales así expresamente lo determine una ley, e independientemente del criterio que se utilice para la definición;

Segundo, la aprobación por la Asamblea Nacional, en todo caso, de "contratos de interés público municipal, estadal o nacional" cuando la

---

12 Esta norma fue inconstitucionalmente cambiada por la Sala Constitucional del Tribunal Supremo, asumiendo, la propia Sala, la competencia para otorgar dicha autorización previa, en la polémica sentencia No. 156 de 29 de marzo de 2017, al decidir un recurso de interpretación que habían intentado el día anterior, el 28 de marzo de 2017, los apoderados de la Corporación Venezolana del Petróleo, SA (CVP), empresa filial de Petróleos de Venezuela, S.A. PDVSA, referido específicamente al artículo 33 de la Ley Orgánica de Hidrocarburos. Véase sobre dicha sentencia Allan R. Brewer-Carías, "El reparto de despojos: la usurpación definitiva de las funciones de la Asamblea Nacional por la Sala Constitucional del Tribunal Supremo de Justicia al asumir el poder absoluto del estado (sentencia no. 156 de la Sala Constitucional), New York, 30 de marzo de 2017, en http://allanbrewercarias.com/wp-content/uploads/2017/04/149.-doc.-Brewer.-Usurpaci%C3%B3n-definitriva-funciones-AN-por-al-Sala-Const.-Sent-156-SC-29.3.pdf.

contraparte del contratosean "Estados o entidades oficiales extranjeras o con sociedades no domiciliadas en Venezuela," y

Tercero, igualmente la aprobación de la Asamblea Nacional es necesaria en todo caso de "contratos de interés público municipal, estadal o nacional" ya suscritos, cuando vayan a traspasarse a "Estados o entidades oficiales extranjeras o con sociedades no domiciliadas en Venezuela."

Ahora bien, en relación con estos tres supuestos de intervención legislativa en materia de control parlamentario respecto de contratos de interés público, como se ha indicado, además de los casos de "aprobación" parlamentaria a que se refiere el artículo 150 de la Constitución, se debe destacar que el artículo 187.9 de la misma Constitución, también se refiere al tema, pero utilizando la expresión "autorizar" en lugar de "aprobar," al disponer entre las competencias de la Asamblea Nacional, las siguientes dos atribuciones:

Primero, "autorizar al Ejecutivo Nacional para celebrar contratos de interés nacional, en los casos establecidos en la ley.

Segundo, "autorizar los contratos de interés público municipal, estadal o nacional con Estados o entidades oficiales extranjeros o con sociedades no domiciliadas en Venezuela."

Del uso indiscriminado de las expresiones "aprobar" (artículo 150) y "autorizar" (artículo 187.9) y teniendo en cuenta que conforme a principios generales de derecho, la acción de aprobar es un mecanismo de control *a posteriori* y, en cambio, la acción de autorizar es un mecanismo de control *a priori*, la Sala Constitucional del Tribunal Supremo de Justicia en la misma sentencia Nº 2241 de 24 de septiembre de 2002 Caso: *Andrés Velásquez y otros, nulidad parcial artículo 80 de la Ley Orgánica de Administración Financiera del sector Público*) se refirió al tema en cuanto a lo previsto en los dos mencionados artículos 150 y 187.9 de la Constitución, sentando como criterio que en los casos de control parlamentario respecto de los contratos de interés público nacional *cuando así lo determine la ley*, la "aprobación" a la cual se refiere la Constitución debe otorgarla la Asamblea Nacional con posterioridad a la suscripción del contrato; en cambio, en los casos de control parlamentario respecto de los contratos de interés público nacional que vayan a suscribirse con *Estados o empresas extranjeras no domiciliadas en el país*, la "autorización" a la cual se refiere la Constitución debe otorgarla la Asamblea Nacional con anterioridad a la suscripción del contrato. La Sala en efecto argumentó como sigue:

> "En el encabezado y en el primer aparte del artículo 150 de la Constitución de la República Bolivariana de Venezuela se consagraron dos supuestos de hecho distintos, que dan lugar a dos mecanismos de control por parte de la Asamblea Nacional sobre los contratos de interés público nacional celebrados por el Ejecutivo Nacional, correspondiendo el primero de ellos al

ejercido por el órgano legislativo nacional con posterioridad a la celebración del contrato -como condición de eficacia de la contratación- sólo en aquellos casos en que expresamente lo determine la ley; y el segundo, al ejercido por el órgano legislativo nacional con anterioridad a la celebración del contrato -*como condición de validez de la contratación*- en todos aquellos casos en que la República (así como los Estados y Municipios) a través del Ejecutivo Nacional, suscriba contratos con Estados, entidades oficiales extranjeras y sociedades no domiciliadas en Venezuela."[13]

Es decir, concluyó la Sala que en el segundo caso:

"en virtud de la expresión "no podrá celebrarse contrato alguno de interés público municipal, estadal o nacional..." contenida en la primera de las referidas disposiciones constitucionales (artículo 150), debe concluirse que este segundo mecanismo de control consiste en una autorización que debe ser otorgada en forma previa a la celebración del contrato de interés público nacional, estadal o municipal por el órgano legislativo nacional, al efecto de que la contratación a celebrar pueda reconocerse como válida, de acuerdo con la Constitución."[14]

III. EL COMIENZO DEL INTENTO DE RESTRINGIR LA NOCIÓN DE "CONTRATOS DE INTERÉS NACIONAL" Y EL TEMA DE LA APROBACIÓN PARLAMENTARIA

La Sala Constitucional del Tribunal Supremo de Justicia en la antes referida sentencia No 2241 de 24 de septiembre de 2002 Caso: *Andrés Velásquez y otros, nulidad parcial artículo 80 de la Ley Orgánica de Administración Financiera del sector Público*), sin embargo, aparte al precisar cuándo se requiere de una "autorización" y cuándo de una "aprobación" en materia de control parlamentario sobre los contratos de interés nacional, lamentablemente y sin que ello fuera necesario para decidir la acción propuesta, y el *thema decidendum*, que era -como se verá más adelante- la nulidad del último párrafo del artículo 80 de la Ley Orgánica de Administración Financiera del Sector Público, realizó una serie de consideraciones

---

13   Véase el texto de la sentencia de la Sala Constitucional en http://historico.tsj.gob.ve/decisiones/scon/septiembre/2241-240902-00-2874%20.HTM.

14   Idem. La Sala, en este punto citó lo expuesto por Jesús Caballero Ortíz: "si el contrato no puede celebrarse, evidentemente, se trata de una autorización, de una *condicio iuris* para su validez, y el texto mismo de la norma confirma que se trata de un acto previo, pues –insistimos- el contrato ‹no podrá celebrarse›. Entonces, la disposición contenida en el artículo 187, numeral 9 es la que debe prevalecer y aparece correctamente redactada: corresponde a la Asamblea Nacional autorizar al Ejecutivo Nacional para celebrar contratos de interés nacional y autorizar los contratos de interés municipal, estadal y nacional con Estado o entidades nacional extranjeras o con sociedades no domiciliadas en Venezuela." Véase, Jesús Caballero Ortíz, "Los contratos administrativos, los contratos de interés público y los contratos de interés nacional en la Constitución de 1999," en *Libro Homenaje a la Universidad Central de Venezuela*, Caracas, TSJ, 2001, p. 147.

teóricas y doctrinales sobre los contratos de interés público- se insiste sin relación alguna con la resolutiva de la sentencia-, que dio origen a lo que se puede considerar un inconveniente proceso de restricción sobre la noción de contratos de interés nacional, particularmente al expresar su criterio de que con las previsiones de la Constitución de 1999 se:

> "eliminó la distinción que la Constitución de la República de Venezuela de 1961 establecía entre contratos de interés público y contratos de interés nacional, por cuanto de la letra misma de los artículos 150 y 187, numeral 9, antes citados, se evidencia la adopción por el constituyente de la categoría genérica "contratos de interés público," de la cual serían especies las de contratos de interés público "nacional, "estadal" y "municipal", siendo así irrelevante en el presente caso entrar a examinar las distinciones o similitudes que en el pasado pudieran haberse formulado entre nociones jurídicas que, en la actualidad, se encuentran debidamente formuladas por el Texto Constitucional;"

agregando, sin embargo, que:

> "La discusión doctrinal existente durante la vigencia de la Constitución de 1961,[15] entre las expresiones contrato de interés público y contrato de interés nacional, ha sido, como se indicara previamente, resuelta por la Constitución de la República Bolivariana de Venezuela, ya que en su artículo 150 estableció claramente la relación de género-especies que existe entre la noción de contrato de interés público y las nociones de contrato de interés público nacional, estadal y municipal, en las cuales lo determinante sería la participación de la República, los Estados o los Municipios."[16]

En realidad, lo determinante en la Constitución para identificar los contratos de interés público no es la participación de la República, de los Estados o de los Municipios, sino que lo determinante es la participación de las personas estatales de derecho público o de derecho privado de los tres

---

15   Véase por ejemplo, lo expuesto antes de la entrada en vigencia de la Constitución de 1999, entre otros, por: Allan R. Brewer-Carías, "La formación de la voluntad de la Administración Pública Nacional en los contratos administrativos," en *Revista de la Facultad de Derecho*, N° 28, Universidad Central de Venezuela, Caracas 1964, pp. 61-11; "Eloy Lares Martínez, *Manual de Derecho Administrativo*, Universidad Central de Venezuela, Caracas 1983, p. 306; Eloy Lares Martínez, "Contratos de Interés Nacional", en *Libro Homenaje al Profesor Antonio Moles Caubet*, Tomo I, Caracas, UCV, 1981, p. 117; José Melich Orsini, "La Noción de Contrato de Interés Público," en *Revista de Derecho Público* N° 7, Caracas, 1981, p. 61; Allan R. Brewer-Carías, "Los contratos de interés público nacional y su aprobación legislativa" en *Revista de Derecho Público*, N° 11, Caracas, 1982, pp. 40-54; Allan R. Brewer Carías, *Estudios de Derecho Público* Tomo I, Caracas, 1983, pp. 186 y 187; Gonzalo Pérez Luciani, "Contratos de Interés Nacional, Contratos de Interés Público y Contratos de Empréstito Público," en *Libro Homenaje al Doctor Eloy Lares Martínez*, Tomo I, Caracas, 1984, p. 103; Allan R. Brewer-Carías, *Contratos Administrativos*, Caracas, 1992, pp. 28-36; Allan R. Brewer-Carías, *Debate Constituyente, Aportes a la Asamblea Nacional Constituyente*, Tomo II, Caracas, 1999, p. 173.

16   Véase el texto de la sentencia de la Sala Constitucional en http://historico.tsj.gob.ve/decisiones/scon/septiembre/2241-240902-00-2874%20.HTM.

niveles territoriales, y que, además de la República, los Estados o los Municipios, son por ejemplo, los institutos autónomos o las empresas del Estado de los tres niveles territoriales.

Sin embargo, la Sala Constitucional, haciendo referencia de nuevo a las discusiones doctrinales que había habido en el pasado sobre la distinción entre contratos de interés público y contratos de interés público nacional, en la misma sentencia procedió a elaborar una marco definitorio de los "contratos de interés público" y de los "contratos de interés público nacional," de carácter restrictivo, indicando que "son subsumibles" en el género de los contrato de interés público "todos aquellos contratos celebrados por la República, los Estados o los Municipios en los cuales esté involucrado el interés público nacional, estadal o municipal," y que:

> "estarán incluidos dentro de la especie de contratos de interés público nacional, todos aquellos contratos celebrados por la República, a través de los órganos competentes para ello del Ejecutivo Nacional cuyo objeto sea determinante o esencial para la realización de los fines y cometidos del Estado venezolano en procura de dar satisfacción a los intereses individuales y coincidentes de la comunidad nacional y no tan solo de un sector particular de la misma, como ocurre en los casos de contratos de interés público estadal o municipal, en donde el objeto de tales actos jurídicos sería determinante o esencial para los habitantes de la entidad estadal o municipal contratante, que impliquen la asunción de obligaciones cuyo pago total o parcial se estipule realizar en el transcurso de varios ejercicios fiscales posteriores a aquél en que se haya causado el objeto del contrato, en vista de las implicaciones que la adopción de tales compromisos puede implicar para la vida económica y social de la Nación."

Toda esta precisión terminológica que se hizo en la sentencia, y la referencia que se hizo al analizar la noción de los contratos de interés público, a los solos celebrados por la República, los Estados y los Municipios, sin incluir enumerar en la calificación a los celebrados por los institutos autónomos y las empresas del Estado, en realidad no tenía ninguna justificación o necesidad de ser expresada para resolver lo que se había demandado, que era solo la nulidad del último párrafo del artículo 80 de la Ley Orgánica de Administración Financiera del Sector Público porque, como se comenta de seguidas, permitía que se pudieran celebrar contratos de interés público con Estados o entidades oficiales extranjeras o con sociedades no domiciliadas en Venezuela, sin la autorización previa de la Asamblea Nacional.

Lo único que ésta argumentación de la Sala Constitucional originó, fue confusión, pues con la inconveniente mención restrictiva que dio la Sala sobre los contratos de interés púbico nacional, podría pensarse que quedaron reducidos a los celebrados solo por la "República," excluyéndose de dicha categoría de contratos de interés público nacional, a los que puedan celebrar las entidades descentralizadas, como los institutos autónomos y empresas del Estado, los cuales, por lo demás, en la mayoría de los casos son los más importantes, siendo casi excepcional que los grandes contratos del Estado se firmen directamente por el Ejecutivo Nacional, teniendo como contraparte a la República. Piénsese solo en el campo de la industria nacionalizada más importante del país, que es la actividad más importante del Estado, que es la industria petrolera, en la cual todos los contratos se celebran de parte del Estado, por Petróleos de Venezuela S.A. y sus empresas filiales, en tal carácter de empresas del Estado nacionales. Sin embargo, si se adoptase un criterio restrictivo como el expresado por la Sala Constitucional, esos contratos no serían contratos de interés público nacional lo que no tiene mayor sentido en derecho administrativo.

En todo caso, sobre la innecesaria y restrictiva referencia seguida por la Sala Constitucional, en su momento advertimos como señal de alarma que la misma podía conducir a excluir "de la denominación a los contratos públicos suscritos por los institutos autónomos o empresas del Estado; doctrina que no compartimos," indicando que:

> "Al contrario, en nuestro criterio, los contratos suscritos por ejemplo por institutos autónomos o empresas del Estado nacionales tienen que ser considerados como "contratos de interés público nacional" conforme al artículo 150 constitucional. Lo contrario no tiene sentido, y conduciría a considerar de acuerdo con la doctrina del Tribunal Supremo que, por ejemplo, un contrato suscrito por Petróleos de Venezuela (PDVSA) no podría considerarse como un contrato de interés público nacional, lo que, insistimos, no tiene sentido alguno. A pesar de esa errada doctrina, sin embargo, y sin duda, ese contrato es un contrato de interés público, es decir, es un contrato público nacional suscrito por una entidad pública estatal, en particular, una empresa del Estado o persona jurídica de derecho privado estatal."[17]

En todo caso, y a los efectos de dejar clarificado lo resuelto en la sentencia N° 2241 de 24 de septiembre de 2002, hay que insistir en que lo que se discutió fue la nulidad de la última parte del artículo 80 de la Ley Orgánica de la Administración Financiera del Sector Público vigente para ese momento, pero no en relación con alguna supuesta aprobación parlamentaria de cada contrato de crédito público como contrato de interés pú-

---

17 Véase en Allan R. Brewer-Carías, "Sobre los contratos del Estado en Venezuela," en *Revista Mexicana Statum Rei Romanae de Derecho Administrativo*, N° 6, Homenaje al Dr. José Luis Meilán Gil, Facultad de Derecho y Criminología de la Universidad Autónoma de Nuevo León, Monterrey, Enero-Junio 2011, pp. 207-252; "Nuevas consideraciones sobre el régimen jurídico de los contratos del Estado en Venezuela", en VIII Jornadas Internacionales de Derecho Administrativo Allan Randolph Brewer-Carías. *Contratos Administrativos. Contratos del Estado*, Fundación de Estudios de Derecho Administrativo FUNEDA, Caracas, 2006, pp. 449-479, y en *Revista de Derecho Administrativo (RDA)*, Círculo de Derecho Administrativo (CDA), Año 1, N° 2, Lima Diciembre 2006, pp. 46-69; y "Los contratos del Estado y la Ley de Contrataciones Públicas. Ámbito de aplicación," en Allan R. Brewer-Carías et al, *Ley de Contrataciones Públicas*, Editorial Jurídica Venezolana, 2ª. Edición, Caracas 2009, pp. 13 ss.

blico nacional, como había ocurrido en el pasado, lo que no se estableció en dicha la Ley Orgánica; sino en relación con el mecanismo de intervención parlamentaria previsto en dicha Ley Orgánica consistente en dos fases: primero, la sanción de una ley anual de endeudamiento conjuntamente con la sanción de la ley de presupuesto, y segundo, un sistema de información periódica -y no de autorización previa- por parte del Ejecutivo Nacional a la Asamblea Nacional de las operaciones de crédito público. En dicha norma, en efecto, se estableció lo siguiente en su último aparte que:

> *Artículo 80*. […] Una vez sancionada la ley de endeudamiento anual, el Ejecutivo Nacional procederá a celebrar las operaciones de crédito público en las mejores condiciones financieras que puedan obtenerse e informará periódicamente a la Asamblea Nacional"

Este último párrafo del artículo fue el que fue demandado en nulidad por inconstitucionalidad ante el Tribunal Supremo de Justicia, por los Sres. Andrés Velásquez, Elías Mata y Enrique Márquez, por considerar que la norma violaba los artículos 150 y 187.9 de la Constitución, al estimar que la misma facultaba "al Ejecutivo Nacional a realizar, sin necesidad de autorización previa por parte de la Asamblea Nacional, operaciones de crédito público en las mejores condiciones financieras que puedan obtenerse, una vez sancionada la ley de endeudamiento anual," aun cuando se tratara de contratos de crédito público celebrados con "Estados o entidades oficiales extranjeras o con sociedades no domiciliadas en Venezuela."

En la sentencia, la Sala Constitucional consideró que:

> "la Ley Orgánica de la Administración Financiera del Sector Público únicamente puede autorizar al Ejecutivo Nacional a celebrar operaciones de crédito público mediante la sola aprobación de la Ley de Endeudamiento para el Ejercicio Fiscal respectivo, sin necesidad del control consagrado en los artículos 150 y 187, numeral 9, de la Constitución de la República Bolivariana de Venezuela, cuando tales operaciones consistan en, por ejemplo, la emisión o colocación de títulos o la celebración de contratos de interés público nacional con sociedades domiciliadas en Venezuela, pero no cuando tales operaciones impliquen la celebración de contratos de interés público nacional con Estados o entidades oficiales extranjeras o sociedades no domiciliadas en Venezuela, pues en tales casos es ineludible la aplicación del sistema del control previo o autorización para la contratación por parte de la Asamblea Nacional."

De ello, concluyó entonces la Sala, en su sentencia, anulando la última parte del artículo 80 de la Ley Orgánica de la Administración Financiera del Sector Público, por considerar que mediante la misma, al no haberse fijado una excepción o referencia al control preceptivo (autorización) por parte de la Asamblea Nacional sobre la celebración por parte del Ejecutivo Nacional en el marco de operaciones de crédito público de contratos de interés público nacional con Estados o entidades oficiales extranjeras o sociedades no domiciliadas en Venezuela, sino en lugar de ello preverse "una autorización general mediante la aprobación de la Ley de Endeudamiento Anual y un régimen de información periódica a la Asamblea Nacional, resultó vulnerado el sentido, propósito y razón de las disposiciones constitucionales" contenidas en los artículos 150 y 187.9 de la Constitución.

Es decir, la Sala consideró que el último aparte del artículo 80 de la Ley Orgánica de la Administración Financiera del Sector Público, contrariaba:

"en forma directa y manifiesta lo establecido en los artículos 150, primer aparte, y 187, numeral 9, segunda parte, de la Constitución, al no consagrar la obligación constitucional del Ejecutivo Nacional de requerir la autorización de la Asamblea Nacional para la celebración de contratos de interés público nacional, en el marco de operaciones de crédito público, cuando dichos contratos sean celebrados con Estados, entidades oficiales extranjeras o sociedades no domiciliadas en Venezuela."

Y en consecuencia, como la norma citada preveía que el Ejecutivo Nacional, "una vez sancionada la Ley de Endeudamiento Anual, podía efectuar operaciones de crédito público que no implicaran la celebración de contratos de interés público nacional con Estados, entidades oficiales extranjeras o sociedades no domiciliadas en Venezuela, las cuales son fundamentales para el normal funcionamiento de los órganos y entes que conforman el Estado," la Sala anuló el párrafo impugnado del artículo 80 de la mencionada Ley, resolviendo que dicha norma a partir de la sentencia "quedó redactada" como sigue:

Artículo 80. [...]. Una vez sancionada la ley de endeudamiento anual, el Ejecutivo Nacional podrá celebrar operaciones de crédito público en las mejores condiciones financieras que puedan obtenerse e informará periódicamente a la Asamblea Nacional, salvo aquellas que impliquen la celebración de contratos de interés público nacional, estadal o municipal con Estados o entidades oficiales extranjeras o con sociedades no domiciliadas en Venezuela, en cuyo caso se requerirá la autorización previa de la Asamblea Nacional."

Para llegar a esta conclusión, sin embargo, es evidente que no era necesario entrar en una disquisición, como la antes comentada, sobre la noción de contratos de interés nacional, refiriéndose a los mismos solo mencionando a la República, lo que sólo podría justificarse porque el artículo 80 de la Ley que se anulaba solo se refería a los contratos suscritos por el Ejecutivo Nacional, no refiriéndose, por ello, a los contratos de interés nacional que celebren los entes descentralizados nacionales.

Sin embargo, a pesar de que la Sala en su argumentación no excluyó de la categoría de contratos de interés nacional a los celebrados por los institutos autónomos y empresas del Estado, la sentencia con la enumeración restrictiva que mencionó, lo único que logró fue sembrar confusión, permitiendo que una década después se buscara reforzar alguna definición restrictiva de los contratos de interés público nacional, con el propósito específico de reducir los poderes de control de la Asamblea Nacional sobre el gobierno y la Administración Pública, particularmente cuando a partir de 2016 ello se convirtió en política de Estado, al haber pasado la Asamblea Nacional a estar controlada por la oposición.

Como ello implicaba la posibilidad de que efectivamente el órgano legislativo comenzara a efectuar actividades de control político respecto de las acciones del gobierno y de la Administración Pública; lo que había dejado de realizar en la década precedente por el control mayoritario que desde 2005 el gobierno había ejercido respecto de la Asamblea, correspondió entonces al Tribunal Supremo, en combinación con el Poder Ejecutivo, anular a la Asamblea Nacional, truncándole todas sus funciones, lo que calificamos como la implantación de una dictadura judicial.[18]

Afortunadamente, sin embargo, al formular sus innecesarias consideraciones, la Sala Constitucional en el caso de la sentencia Nº 2241 de 24 de septiembre de 2002 *no estableció ninguna "interpretación" que hubiera sido ni sea "vinculante" conforme al artículo 335 de la Constitución – norma que ni siquiera se* mencionara *en la sentencia –, sobre la noción de contratos de interés público,* y que pudiera conducir a considerar que los suscritos por entes descentralizados del Estado no entrarían en dicha categoría y que los mismos habrían quedado reducidos solo a los celebrados por la República, los Estados y Municipios.

La sentencia Nº 2241 de 24 de septiembre de 2002, en efecto, *no contiene interpretación vinculante alguna que se hubiese dictado conforme a la previsión del* artículo *335 de la Constitución,* ni sobre la noción de contratos de interés nacional ni sobre ningún otro concepto. Sobre ello, debo puntualizar que nunca he aceptado y mucho menos afirmado o argumentado en ninguno de mis múltiples trabajos en los que he comentado la decisión Nº 2241, que la misma contenga decisión vinculante alguna, y menos sobre la noción de contrato de interés público nacional. Por ello debo dejar aquí aclarado que a pesar de que en una "nota al pie de página" de un estudio mío publicado en 2005, antes mencionado, en el cual me referí críticamente a la sentencia,[19] luego de citarla y mencionar el carácter "restrictivo" de la aproximación o interpretación efectuada, apareció agregado

---

18   Véase en relación con todas las sentencias dictadas por la Sala Constitucional del Tribunal Supremo cercenándole las funciones a la Asamblea Nacional: Allan R. Brewer-Carías, *La consolidación de la Tiranía Judicial.* El Juez Constitucional controlado por el Poder Ejecutivo, asumiendo el poder absoluto, Colección Estudios Políticos, Nº 15, Editorial Jurídica Venezolana International. Caracas / New York, 2017; y *La Dictadura Judicial y la perversión del Estado de derecho. El Juez Constitucional y la destrucción de la democracia en Venezuela (Prólogo de Santiago Muñoz Machado),* Ediciones El Cronista, Fundación Alfonso Martín Escudero, Editorial IUSTEL, Madrid 2017.

19   Véase Allan R. Brewer-Carías, "Nuevas consideraciones sobre el régimen jurídico de los contratos del estado en Venezuela" en *VIII Jornadas Internacionales de Derecho Administrativo Allan R. Brewer-Carías,* tomo II, Fundación Estudios de Derecho Administrativo, Caracas 2005, p. 451.

el calificativo de "vinculante," en lo que no fue sino un lamentable e inadvertido error material que apareció por supuesto sin argumentación alguna - pues no la podía haber -, ya que ello no solo no era ni es cierto, sino que no respondía a mi propio criterio sostenido desde 2000, sobre cuándo y cómo es que la Sala Constitucional establece interpretaciones "vinculantes" en los términos del artículo 335 de la Constitución,[20] lo que no existe en el caso de la sentencia No. 2241 de 24 de septiembre de 2002.

Lamentablemente, el error material incluido en la referida nota al pie de página[21] fue reproducido *verbatium* en otras publicaciones realizadas posteriormente, en las cuales se recogió literalmente el texto del estudio de 2005, sobre todo en el exterior[22] y, asimismo, en igual forma inadvertida, apareció reproducida en la primera edición de otro libro: *Sobre las nociones de contratos administrativos, contratos de interés público, servicio público, interés público y orden público, y su manipulación legislativa y jurisprudencial*, Caracas 2019.[23]

---

20 Véase Allan R. Brewer-Carias, *El sistema de justicia constitucional en la Constitución de 1999*, Editorial Jurídica Venezolana, Caracas 2000, pp. 84-87. Véase también lo argumentado en las páginas 126 y ss. de este libro.

21 No puedo sino lamentar la evidente falla en la revisión del manuscrito original del estudio, pero debo recordar que su redacción la hice durante el mes de octubre de 2005, coincidiendo con las azarosas semanas del comienzo de mi ahora largo exilio en Nueva York, estando como estaba destinado dicho estudio a ser presentado en las *VIII Jornadas Internacionales de Derecho Administrativo Allan R. Brewer-Carías* que se celebraron en Caracas, unas semanas después, a comienzos de noviembre de 2005, y a las cuales obvia y lamentablemente no pude asistir.

22 El texto del estudio de 2005 se reprodujo literalmente con posterioridad y con diversos propósitos académicos (junto con la mención errada en la nota), en diversas Revistas y Obras colectivas, entre otras, en la *Revista Mexicana Statum Rei Romanae de Derecho Administrativo*, No. 6, Homenaje al Dr. José Luis Meilán Gil, Facultad de Derecho y Criminología de la Universidad Autónoma de Nuevo León, Monterrey, Enero-Junio 2011, pp. 207-252; en el libro colectivo dirigido por Juan Carlos Cassagne (Director), *Tratado General de los Contratos Públicos*, Ed La Ley, Buenos Aires 2013, Tomo II, pp. 8-66; en mi *Tratado de Derecho Administrativo. Derecho Público en Iberoamérica*. Tomo III. *Los actos administrativos y los contratos administrativos*, Editorial Civitas Thomson Reuters, Madrid 2013; Fundación de Derecho Público, Editorial Jurídica Venezolana, Caracas 2013, pp. 833, 893, 878; en la primera edición de la obra *Contratos Administrativos, Contratos Públicos, Contratos del Estado*, Colección Estudios Jurídicos, No. 100, Editorial Jurídica Venezolana, Caracas 2013, pp. 316, 370, 388.

23 En las notas número 37 y 90 de la primera edición del libro: Allan R. Brewer-Carías, *Sobre las nociones de contratos administrativos, contratos de interés público, servicio público, interés público y orden público, y su manipulación legislativa y jurisprudencial*, Caracas 2019, pp. 86 y 119. En dicho libro, por lo demás, incluso también elaboré sobre el tema de cuándo es que una sentencia de la Sala Constitucional puede considerarse que contiene una "interpretación vinculante" (pp. 147-157), lo cual evidentemente no se aplica a la sentencia No. 2241. Por ello, en ninguno de los análisis críticos que sobre esa sentencia comencé a escribir a partir de 2013 (Ver, por ejemplo, Allan R. Brewer-Carías, *Administrative Law in Venezuela*, Editorial Jurídica Venezolana, 2013, p. 119; y en Allan R. Brewer-Carías, "La mutación de la noción de contratos de interés

En este último caso del libro mencionado, el carácter de error material que significó el inadvertido agregado del calificativo de "vinculante" en la antes mencionada nota al pie de página, resultaba más que evidente, pues en el mismo no sólo critiqué la sentencia sino que me referí extensamente al tema de cuándo es que la Sala Constitucional establece interpretaciones vinculantes,[24] lo que no era ni es el caso de la sentencia No. 2241 de 24 de septiembre de 2002, *en la cual la Sala Constitucional, como he dicho, no estableció ninguna interpretación vinculante sobre el artículo 150 de la Constitución ni sobre la noción de contratos de interés público nacional.*

Cualquier lector más o menos conocedor de mi obra hubiera podido haberse percatado de que se trató de un inadvertido error material, sobre cuya existencia, sin embargo, yo mismo no me percaté sino hasta cuando en los primeros meses del año 2020, con ocasión de un proceso judicial en Nueva York en el cual argumenté en un *Informe Legal* que la mencionada sentencia No. 2241 no contiene – como en efecto no contiene - ninguna interpretación vinculante respecto de la noción de contratos de interés público ni respecto del contenido o alcance del artículo 150 de la Constitución. En esa ocasión, el error material fue mencionado, aun cuando con el fin de argumentar, sin razón, que yo supuestamente me estaba contradiciendo.[25] No hubo contradicción alguna, pues nunca, antes ni después, he argumentado que esa sentencia tenía tal carácter, como no lo podía tener conforme a mi propio criterio sobre cuándo es que la Sala Constitucional

---

público nacional hecha por la Sala Constitucional, para cercenarle a la Asamblea Nacional sus poderes de control político en relación con la actividad contractual de la administración pública y sus consecuencias," en *Revista de Derecho Público*, No. 151-152, (julio-diciembre 2017), Editorial Jurídica Venezolana, Caracas 2017, pp. 376-377), hice mención alguna a que dicha sentencia pudiera haber establecido interpretación alguna de carácter vinculante sobre la noción de contratos de interés público. Precisamente por ello, dicha expresión no la utilicé en forma alguna cuando, siguiendo el último de los trabajos indicados, hice un análisis crítico sobre la misma sentencia No. 2241 en el propio texto de la primera edición del libro antes mencionado.

24 Véase primera edición Quinta Parte, pp. 148-158.

25 Véase los escritos que presenté como Testigo Legal Experto ante la *United States District Court, Southern District of New York*, en el juicio *Petróleos de Venezuela S.A , PDVSA Petróleo S.A and PDV Holding, Inc., against Mufo Union Bank, N.A., and Glas Americas LLC*; cuyos textos son públicos y están disponibles en los documentos del juicio en: https://www.courtlistener.com/recap/gov.uscourts.nysd.525475/gov.us courts.nysd.525475.119.2.pdf; y en https://www.courtlistener.com/recap/gov.uscourts. nysd.525475/gov.uscourts.nysd.525475.162.0.pdf. En todo caso, no puedo sino agradecer que el referido error material haya sido llevado a mi conocimiento en el curso de dicho proceso, pues ello me ha dado la oportunidad, de explicar el evidente e inadvertido error material, y en todo caso, ratificar el criterio que siempre he tenido en el sentido de que la sentencia Nº 2241 de 24 de septiembre de 2002 no contiene interpretación vinculante alguna sobre nada, y menos sobre el artículo 150 de la Constitución y la noción de contratos de interés público nacional. Los argumentos que formulé en dicho juicio en Nueva York, están recogidos en el *Sexto Libro* de esta obra (pp. 858 ss.).

establece con base en el artículo 335 de la Constitución esas interpretaciones vinculantes.

En todo caso, en relación con esto mismo, Rafael Badell Madrid ha sido enfático en argumentar, al analizar la sentencia Nº 2241 de 24 de septiembre de 2002, que al dictarla, la Sala Constitucional señaló expresamente que su examen se concretaba a determinar si "el Ejecutivo Nacional al realizar operaciones de crédito público puede celebrar contratos susceptibles de ser incluidos en la noción de contratos de interés público nacional...", por lo que:

> *"No estaba sometido a la consideración de la Sala Constitucional, en el referido recurso de nulidad por inconstitucionalidad, dilucidar el alcance del artículo 150 Constitucional, ni determinar si las personas jurídicas de la administración pública funcional pueden suscribir contratos de interés público. El caso subjudice se refería a contrataciones de la República y de allí que el fallo se limitó a la consideración de los contratos de interés público a ser suscritos por la República.*

> Por otra parte, el alcance del recurso de nulidad por inconstitucionalidad, previsto en el artículo 336.1 de la Constitución, se concreta en la declaratoria de nulidad o validez de la norma impugnada con efectos *erga omnes*. En este caso, se decidió la nulidad con efectos ex nunc. *No se trató de un recurso de interpretación de la norma constitucional que regula los contratos de interés público,* caso en el cual habría podido disponer el tribunal en la parte dispositiva del fallo el carácter vinculante de la interpretación, como lo permite el artículo 335 de la Constitución.

> En este caso, *el dispositivo se limita a anular la norma,* al no haberse fijado una excepción o referencia al control preceptivo de la Asamblea Nacional sobre la celebración por parte del ejecutivo nacional, en el marco de operaciones de crédito público, de contratos de interés público nacional, sino en lugar de ello una autorización general mediante la ley de endeudamiento anual y una información posterior.

> De manera que con vista a la materia debatida, el contenido de los motivos del fallo, la naturaleza del recurso decidido y el texto de la dispositiva, *puede afirmarse que la sentencia Andrés Velásquez, Elías Mata y otros estableció criterios, que han sido reiterados en fallos posteriores por el máximo tribunal, según se desarrollará a continuación, pero que en ningún caso puede entenderse como un criterio vinculante de exclusión de los entes de la administración funcionalmente descentralizada como posibles sujetos de los contratos de interés público, sometidos por tanto a la autorización parlamentaria.* Esto explica que, en fallos posteriores, aun reiterando afirmaciones del caso Andrés Velásquez, Elias Mata y otros, el máximo tribunal haya admitido, expresa o implícitamente, como se verá de seguidas, que un ente descentralizado funcionalmente puede suscribir con-

tratos que se consideran de interés público, si se cumplen las otras características cuantitativas mencionadas, en cuyo caso, sería pertinente la aplicación del régimen constitucional de autorización parlamentaria."[26]

En efecto, como lo hemos argumentado anteriormente *in extenso* en otro trabajo incluido en el antes mencionado libro de 2019, al comentar sobre el derecho de los contratistas de dar por terminados anticipadamente los contratos conforme a las cláusulas contractuales y refiriéndome específicamente a las sentencias de la Sala Constitucional Nº 1658 del 16 de junio de 2003 (Caso *Fanny Lucena Olabarrieta -Revisión de sentencia-*), y la sentencia Nº 167 de 4 de marzo de 2005 (Caso; *IMEL C.A., -Revisión de sentencia*), (a lo cual me remito),[27] bastaba la lectura de dichas sentencias para constatar que la Sala, al dictarlas no ejerció potestad alguna conforme al artículo 335 de la Constitución, que ni se menciona en las mismas, no habiendo sentado doctrina vinculante alguna en aquellos casos sobre la interpretación en ese caso del artículo 138 de la Constitución.

Lo mismo puede decirse, como lo confirma Rafael Badell en la cita antes mencionada, de la sentencia Nº 2241 de 24 de septiembre de 2002 en la cual nada se expresó sobre que tuviera "carácter vinculante" ni se indicó el artículo 335 para dictarla.

Como antes explicamos, el carácter "vinculante" de una interpretación constitucional sobre el contenido o alcance de las normas constitucionales que se haga en una sentencia de la Sala Constitucional, debe indicarse expresamente en el texto de la sentencia, y debe referirse al *thema decidendum* o médula de lo que se resuelve; no pudiendo recaer sobre cualquier frase o razonamiento interpretativo que contenga la sentencia. Es decir, del texto mismo de la sentencia debe derivarse en forma expresa la interpretación de la Sala "sobre el contenido o alcance de las normas constitucionales y principios constitucionales," que es la parte que tendría tal carácter vinculante lo que no se extiende a cualquier argumento o frase utilizado en la sentencia para la interpretación normativa."[28]

Por tanto, como lo hemos indicado antes, la Sala, en su sentencia interpretativa de una norma constitucional debe indicar expresa y específicamente que está sentando la referida doctrina "vinculante" y, además, debe

26   Véase Rafael Badell Madrid, "Contratos de interés público," en *Revista de Derecho Público*, No. 159-160, Editorial Jurídica Venezolana, Segundo semestre de 2019, p. 15.

27   Véase Allan R. Brewer-Carías, *Sobre las nociones de contratos administrativos, contratos de interés público, servicio público, interés público y orden público, y su manipulación legislativa y jurisprudencial*, Caracas 2019, Quinta Parte, pp. 145-155.

28   Véase Allan R. Brewer-Carías, "La potestad la jurisdicción constitucional de interpretar la constitución con efectos vinculantes," en Jhonny Tupayachi Sotomayor (Coordinador), *El Precedente Constitucional Vinculante en el Perú (Análisis, Comentarios y Doctrina Comparada)*, Editorial ADRUS, Lima, setiembre del 2009, pp. 791-819.

hacer referencia a la aplicación del artículo 335 de la Constitución.[29] Ello, como hemos dicho, lo hemos sostenido desde 2000, al haber indicado que no se pueden considerar como vinculante "los razonamientos o la parte 'motiva' de las sentencias, sino sólo la interpretación que se haga, en concreto, del contenido o alcance de una norma específica de la Constitución."[30] En otros términos, "lo que puede ser vinculante de una sentencia, sólo puede ser la parte resolutiva, de la misma, en la cual la Sala Constitucional fije la interpretación de una norma, y ello debe señalarlo expresamente."[31]

Por ello, en el caso de la sentencia Nº 2241 de 24 de septiembre de 2002, lo único vinculante de la misma es la anulación *erga omnes* del artículo 80 de la Ley Orgánica de Administración Financiera del Sector Público, y nada más.[32]

IV. LA CONTINUACIÓN DEL INTENTO DE LA DEFINICIÓN RESTRICTIVA DE LOS "CONTRATOS DE INTERÉS PÚBLICO NACIONAL" ADOPTADA POR LA SALA CONSTITUCIONAL DEL TRIBUNAL SUPREMO, EN EL MARCO DE LA REDUCCIÓN JUDICIAL DE LOS PODERES DE CONTROL DE LA ASAMBLEA NACIONAL

Ahora bien, en el marco de activismo judicial restrictivo de las funciones de la Asamblea Nacional que la Sala Constitucional del Tribunal Supremo de Justicia ha desarrollado desde 2016, la misma dictó una nueva sentencia con apreciación restrictiva de los contratos de interés nacional, pero en este caso con el propósito específico de asegurar la exclusión del control parlamentario respecto de determinados contratos de préstamo celebrados por el Banco Central de Venezuela.

La sentencia tuvo su origen en un recurso de interpretación constitucional que una ciudadana formuló en relación con los artículos 150, 187.9, 236.14 y 247 de la Constitución, específicamente en relación con un determinado contrato de crédito público que se había anunciado a ser suscrito entre el Banco Central de Venezuela y una institución de crédito inter-

---

29 Véase, por ejemplo, Rafael Laguna Navas, "El recurso extraordinario de revisión y el carácter vinculante de las sentencias de la sala Constitucional del Tribunal Supremo de Justicia," en Congreso Internacional de Derecho Administrativo en Homenaje al profesor Luis Henrique Farías Mata, Vol. II, 2006, pp. 91-101.

30 Véase Allan R. Brewer-Carías, *El sistema de justicia constitucional en la Constitución de 1999*, Editorial Jurídica venezolana, Caracas 2000, p 87.

31 Véase Allan R. Brewer-Carías, *La Justicia constitucional. Procesos y procedimientos constitucionales*, Editorial Porrúa, México 2007, p. 415.

32 Véase sobre ésta y las otras sentencias de la Sala Constitucional dictadas en 2007 y 2014 en el Libro Sexto de esta obra.

nacional que se había creado mediante un Convenio Internacional aprobado por Ley. El recurso de interpretación se introdujo el 8 de julio de 2016, y en tiempo récord, luego de que el representante del Banco Central presentase un escrito una semana después, el 14 de julio de 2016, unos días después, la Sala Constitucional admitió la demanda, y decidió el juicio el mismo día, dictando la sentencia N° 618 de 20 de julio de 2016 (caso: *Brigitte Acosta Isasis*, *"Interpretación Constitucional de los artículos 150, 187.9, 236.14 y 247 de la Constitución).*[33] En ella, la Sala procedió, también innecesariamente, a hacer referencia a la argumentación sobre la noción de los contratos de interés nacional que había formulado en la antes mencionada sentencia N° 2.241 del 24 de septiembre de 2002 (caso: *Andrés Velásquez, Elías Mata y Enrique Márquez, Anulación del artículo 80 de la Ley Orgánica de Administración Financiera del Sector Público*).[34]

La Sala, en efecto, en esta sentencia, argumentó que la noción de "contratos de interés público nacional" utilizada en los artículos 150, 187.9, 236.14 y 247 de la Constitución, habría sido reducida en su aplicación a solos los contratos de interés público nacional *suscritos por* la *República*, sin mencionar para tal calificación, todos los contratos suscritos por los diversos entes de la Administración Pública Nacional descentralizada, es decir, por los institutos autónomos y empresas del Estado, que como se ha dicho son la gran mayoría de los que se celebran en el mundo contemporáneo por entes del Estado; y todo ello, para excluir específicamente de la necesidad de la aprobación parlamentaria prevista en la Ley Orgánica de Administración Financiera del Sector Público para los contratos de deuda pública, a los contratos de préstamo suscritos por el Banco Central de Venezuela como persona de derecho público de rango constitucional, con una entidad internacional.

El recurso de interpretación formulado, así como el escrito de adhesión al mismo que presentó el apoderado del Banco Central de Venezuela, en efecto tenía por objeto específico lograr que la Sala Constitucional decidiera que el Banco Central de Venezuela quedaba excluido del control parlamentario respecto de la firma de contratos de interés nacional que suscribiera, específicamente en materia de crédito público, así como del control jurídico que corresponde a la Procuraduría General de la República, respecto de dichos contratos de interés nacional conforme a la Constitución. Si la sentencia N° 2.241 del 24 de septiembre de 2002 hubiera sido "vinculante," que como se ha dicho no lo es, le hubiera bastado a la Sala

---

33 Véase el texto de la sentencia de la Sala Constitucional en http://historico.tsj.gob.ve/decisiones/scon/julio/189144-618-20716-2016-16-0683.HTML.

34 Véase el texto de la sentencia de la Sala Constitucional en http://historico.tsj.gob.ve/decisiones/scon/septiembre/2241-240902-00-2874%20.HTM.

decir, que como el Banco Central de Venezuela no era la República, el contrato de préstamo no era un contrato de interés nacional y no debía someterse a la autorización parlamentaria. Pero no fue así, y lo que hizo la Sala fue elaborar toda una confusa tesis de que el Banco Central de Venezuela no era parte de la Administración Nacional descentralizada, lo que es errado.

En efecto, la Sala, concluyó su decisión afirmando que:

> "el potencial contrato de préstamo a ser suscrito por el Banco Central de Venezuela con el Fondo Latinoamericano de Reservas (FLAR), se realiza en ejecución de un Convenio Internacional suscrito y ratificado por La República Bolivariana de Venezuela (Ley Aprobatoria del Convenio para el Establecimiento del Fondo Latinoamericano de Reservas, publicada en la Gaceta Oficial de la República de Venezuela n° 34.172 del 6 de marzo de 1989) y en consecuencia, no debe considerarse como un contrato de interés público nacional, y, por ende, no está sujeto a la autorización de la Asamblea Nacional, ni requiere la consulta a la Procuraduría General de la República, órgano asesor del Ejecutivo Nacional, tal como expresamente lo consagra el artículo 247 de la Constitución de la República Bolivariana de Venezuela."

Para decidir, la Sala declaró incluso inadmisible el recurso de interpretación formulado por la abogada recurrente, por falta de legitimación, y, en cambio, admitió el escrito de adhesión del apoderado del Banco Central de Venezuela, donde argumentó en síntesis que "de manera indefectible" el artículo 150 de la Constitución no era aplicable al Banco Central y que:

> "es falsa la afirmación que suele hacerse respecto a que la totalidad de contratos que impliquen de algún modo el endeudamiento de la nación por ser operaciones de crédito público, son susceptibles de catalogarse como contratos de interés público."

Con la sentencia, sin embargo, a petición en definitiva del propio Banco Central de Venezuela, la Sala Constitucional, a los efectos de excluirlo del control parlamentario por parte de la Asamblea Nacional, no lo hizo por considerar que solo la república puede suscribir contratos de interés público nacional, sino que lo que hizo para eludir el control parlamentario fue eliminarle el carácter de ente descentralizado de la Administración del Estado que el Banco Central de Venezuela sin duda tiene a pesar de haber sido constitucionalizado; repitiendo los conceptos restrictivos argumentados en la sentencia N° 2241 de 24 de septiembre de 2002; pero reconociendo, a la vez, que "con la entrada en vigencia del Texto Constitucional de 1999, no se indicó el sentido que debía atribuírsele a la noción de contrato de interés público nacional."

V. SOBRE LAS RAZONES DE LA INCLUSIÓN DE LA NOCIÓN DE "CONTRATOS DE INTERÉS NACIONAL" EN EL ARTÍCULO 150 EN LA CONSTITUCIÓN DE 1999 Y SU DESCONOCIMIENTO POR LA SALA CONSTITUCIONAL

La anterior afirmación incluida en la sentencia de 2016, sin embargo, es sencillamente falsa, y lo que evidencia es que la Sala Constitucional, para "interpretar" la norma constitucional del artículo 150 no acudió a estudiar la primera de las fuentes de interpretación es este caso, que era la documentación que justificaba la propuesta misma de preservar e incluir esa norma en la Constitución, y así determinar la intención del constituyente.

Lo cierto es que a mí me correspondió, como miembro de la Asamblea Nacional Constituyente de 1999, proponer formalmente que se mantuviera en el texto en la Constitución de 1999, el texto del artículo 127 de la Constitución de 1961 y, por tanto, que se preservara e incluyera la misma previsión como artículo 150 de la nueva Constitución, confrontando, con ello, la propuesta que había formulado el Presidente Hugo Chávez, quien buscaba eliminar la norma y sustituirla por otra previsión menos protectiva de los intereses púbicos.[35] En la propuesta que formulamos, específicamente sobre la noción de contrato de interés nacional, indicamos lo siguiente:

"En relación con el artículo 127 de la Constitución, ante todo, resulta necesario precisar qué ha de entenderse por contrato de interés público (Véase Allan R. Brewer-Carías, "Los contratos de interés nacional y su aprobación legislativa", *Revista de Derecho Público*, N° 11, 1982, Caracas, págs. 49 ss.), a los efectos de determinar a cuáles se aplica esta cláusula.

La Constitución, en efecto, se refiere a la noción de contratos de interés público, en genérico, como sucede en el artículo 127; y aparte especifica las especies de contratos de interés público, al indicar que pueden ser de interés público nacional, de interés público estadal o de interés público municipal (art. 126).

La noción de interés público, por tanto, es de carácter genérico, en contraste con las especies (nacional, estadal o municipal), lo que resulta de la forma Federal del Estado conforme a la distribución vertical del Poder (nacional, estadal y municipal).

---

35 Véase "Propuesta sobre la cláusula de inmunidad relativa de jurisdicción y sobre la cláusula calvo en los contratos de interés público (Comunicación enviada a los presidentes de las Comisiones de Integración y Relaciones con la Comunidad Internacional, de la Comisión de Poder Público Nacional, de la Comisión de lo Económico y Social y de la Comisión Constitucional el 08-09-1999)," en Allan R. Brewer-Carías, *Debate Constituyente (Aportes a la Asamblea Nacional Constituyente),* Tomo I (8 agosto-8 septiembre 1999), Fundación de Derecho Público-Editorial Jurídica Venezolana, Caracas 1999, pp. 209-233.

Por ello, el texto constitucional habla de interés público nacional, de interés público estatal y de interés público municipal, para hacer referencia a un solo interés público que concierne a los tres niveles territoriales.

Por tanto, contratos de interés público son los contratos suscritos por la República, cualquiera que sea su contenido, y también todos los contratos suscritos por los Estados y por los Municipios, y por sus entes descentralizados de derecho público. Por lo demás, esta noción de interés público, que engloba los tres niveles territoriales, tiene relación con otros aspectos fundamentales del Derecho Público Venezolano, como el concepto de Estado o el de Poder Público.

De lo anterior resulta que contrato de interés público, en la Constitución de 1961, es todo contrato suscrito por los entes públicos territoriales, cualquiera que sea su naturaleza y contenido, es decir, por la República, los Estados y los Municipios, y aún más, también, por los entes descentralizados de derecho público de esos tres niveles. Por tanto, un contrato suscrito por un instituto autónomo nacional, estadal o municipal, también puede considerarse como contrato de interés público."[36]

Precisamente por esta noción amplia de contrato de interés público, la antigua Corte Suprema de Justicia en sentencia dictada el 17 de agosto de 1999 (caso: *acción de nulidad del Acuerdo del Congreso estableciendo las condiciones de contratación de los contratos de la "Apertura Petrolera"*), dictada cuando estábamos en pleno debate en la Asamblea Nacional Constituyente, consideró a los contratos de la apertura petrolera celebrados por PDVSA y las empresas del Estado subsidiarias, evidentemente, como contratos de interés público nacional.[37]

Todo ello estaba acorde con lo que habíamos definido hace tiempo sobre el tema, al expresar:

"La expresión "interés nacional", para calificar determinados contratos, sin duda constituye un concepto jurídico indeterminado o impreciso que establecido en el texto constitucional, da amplio margen al legislador para determinar o precisar, discrecionalmente, su contenido. Por tanto, en definitiva, determinar con precisión qué es "interés nacional" (artículos 101 y 126), "interés público" (artículo 127), "conveniencia nacional" (artículo 97), "interés social" (artículos 96 y 105), "función social" (artículo 106), es una tarea que corresponde al legislador.

---

36   Idem. Véase también en Allan R. Brewer-Carías, *Contratos Administrativos, Contratos Públicos, Contratos del Estado,* Colección Estudios Jurídicos, Nº 100, Editorial Jurídica Venezolana, Caracas 2013, p. 78.

37   Véase el texto de la decisión de la Corte en Pleno de 17 de agosto de 1999 en Allan R. Brewer-Carías (Comp.), Documentos del Juicio de la Apertura Petrolera (1996-1999), Caracas 2004, disponible en www.allanbrewercarias.com (Biblioteca Virtual, I.2. Documentos, Nº 22, 2004), pp. 280-328.

Por tanto, ante todo, un contrato será de "interés nacional" cuando así lo determine el legislador. Sin embargo, no es frecuente que la ley califique expresamente, en los términos del artículo 126 de la Constitución, a un contrato "como de interés nacional". Por ello, los esfuerzos doctrinales que se han hecho tendientes a determinar su naturaleza, por contraposición a unos contratos que no son de interés nacional, y que podemos resumir como sigue:

1. Podría decirse, así, que contrato de interés nacional, es aquel que interesa al ámbito nacional (en contraposición al ámbito estadal o municipal), porque ha sido celebrado por una persona jurídica estatal nacional, de derecho público (la República o un instituto autónomo) o de derecho privado (empresa del Estado). Por tanto, no serán contratos de interés nacional aquellos que son de interés estatal o municipal, porque sean celebrados por personas jurídicas estatales de los Estados o de los Municipios, incluyendo los Institutos Autónomos y empresas del Estado de esas entidades político-territoriales. Esta parece ser la interpretación más directa respecto a lo que se entiende, en el artículo 126 de la Constitución, por "interés nacional", contrapuesto a "interés estadal", o "interés municipal".

Todos los contratos de interés nacional, estadal o municipal, serían, por supuesto, contratos de "interés público" (artículo 127),[38] en el mismo sentido que la noción de Poder Público (Título IV de la Constitución) comprende al Poder Nacional, a los Poderes de los Estados y al Poder Municipal.

De acuerdo a este criterio, los contratos celebrados por un Estado miembro de la Federación o sus Institutos Autónomos o empresas del Estado estadales, o por un Municipio o sus Institutos Autónomos o empresas del Estado municipales, no serían contratos de interés nacional, en los términos del artículo 126 de la Constitución.

En nuestro criterio, en ausencia de una precisión del legislador sobre qué ha de entenderse por "interés nacional", la única interpretación que admite el texto constitucional para identificar los "contratos de interés nacional" son los que corresponden al ámbito nacional, por contraposición al estadal o municipal. Por eso, en principio, aquéllos requieren aprobación del Congreso (órgano que ejerce el Poder Legislativo Nacional) (Título V) y éstos no lo requieren. Los contratos de interés de los Estados o Municipios, por tanto, son contratos que no serían de interés nacional."[39]

Sin embargo, ignorando el sentido de la fundamentación de la propuesta formulada para que se incorporara en la Constitución la norma del artículo 150 que regula la materia, ya en la sentencia citada de la Sala Constitucional N° 2.241 del 24 de septiembre de 2002, indicó falsamente que:

---

38 Véase Eloy Lares Martínez, "Contratos de interés nacional", en *Libro Homenaje al Profesor Antonio Moles Caubet*, Universidad Central de Venezuela, Tomo I, Caracas 1981, p. 117.

39 Véase en Allan R. Brewer-Carías, *Contratos Administrativos*, Colección Estudios Jurídicos, N° 44, Editorial Jurídica Venezolana, Caracas 1992.

"la Constitución vigente no indica qué sentido ha de atribuírsele a la noción de contrato de interés público, motivo por el cual esta Sala, tomando en consideración las interpretaciones previamente examinadas, en tanto máximo y último intérprete del Texto Constitucional, considera que son subsumibles en dicho género todos aquellos contratos celebrados por la República, los Estados o los Municipios en los cuales esté involucrado el interés público nacional, estadal o municipal." [40]

La enumeración restrictiva que hizo la sentencia al citar solo a la República al referiré a los contratos de interés nacional, en una argumentación marginal lejos del objeto de la sentencia que fue, como se dijo, decidir sobre una demanda de nulidad del artículo 80 de la Ley Orgánica de Administración Financiera del Sector Público, en realidad fue contraria a intención de la regulación constitucional que fue, como lo hemos explicado, la de considerar "como contratos de interés público nacional, a aquellos concernientes al nivel nacional de gobierno (diferente a los niveles estadales y municipales de gobierno), porque son suscritos por entidades públicas nacionales, es decir, por la República o institutos autónomos nacionales o empresas del Estado nacionales." [41]

VI. EL INCONVENIENTE INTENTO JURISPRUDENCIAL DE EXCLUSIÓN DEL CONTROL PARLAMENTARIO SOBRE "CONTRATOS DE INTERÉS NACIONAL" CELEBRADOS POR LAS ENTIDADES DESCENTRALIZADAS DE LA ADMINISTRACIÓN NACIONAL

Y en el mismo sentido en contra del sentido de las regulaciones constitucionales, e ignorando de nuevo lo que motivó la propuesta de inclusión de la norma del artículo 150 en la Constitución de 1999, la Sala Constitucional se pronunció en la sentencia Nº 618 de 20 de julio de 2016 (caso: *Brigitte Acosta Isasis, Interpretación Constitucional de los artículos 150, 187.9, 236.14 y 247 de la Constitución*), al resolver, sin realmente interpretar nada, si un contrato de préstamo que el Banco Central de Venezuela tenía planeado suscribir con el Fondo Latinoamericano de Reservas (FLAR), debía o no considerarse como contrato de interés nacional y de-

---

40 Véase el texto de la sentencia de la Sala Constitucional en http://historico.tsj.gob.ve/decisiones/scon/septiembre/2241-240902-00-2874%20.HTM.

41 Véase Allan R. Brewer-Carías, "Sobre los Contratos del Estado en Venezuela," *en Derecho Administrativo Iberoamericano (Contratos Administrativos, Servicios públicos, Acto administrativo y procedimiento administrativo, Derecho administrativo ambiental, Limitaciones a la libertad)*, IV Congreso Internacional de Derecho Administrativo, Mendoza, Argentina, 2010, pp. 837-866; y en *Revista Mexicana Statum Rei Romanae de Derecho Administrativo*, Nº 6, Homenaje al Dr. José Luis Meilán Gil, Facultad de Derecho y Criminología de la Universidad Autónoma de Nuevo León, Monterrey, Enero-Junio 2011, pp. 207-252.

bía o no requerir de la autorización previa de la Asamblea Nacional, "precisó los elementos esenciales que imprimen a los contratos, el carácter de interés público nacional," indicando que a su juicio eran los siguientes:

"1. Que sean celebrados por la República, a través de los órganos que componen al Ejecutivo Nacional competentes en esta materia.

2. Que su objeto sea determinante o esencial para la realización de los fines y cometidos del Estado Venezolano.

3. Que satisfagan los intereses individuales y coincidentes de la comunidad nacional y no tan sólo de un sector particular de la misma, como ocurre en los casos de contratos de interés público estadal o municipal, en donde el objeto de tales actos jurídicos sería determinante o esencial para los habitantes de la entidad estadal o municipal contratante.

4. Que impliquen la asunción de obligaciones cuyo pago total o parcial se estipule realizar en el transcurso de varios ejercicios fiscales posteriores a aquel en que se haya causado el objeto del contrato, en vista de las implicaciones que la adopción de tales compromisos puede generar en la vida económica y social de la Nación." [42]

En todo caso, al igual que como sucedió con la sentencia No. Nº 2.241 del 24 de septiembre de 2002 (caso: *Andrés Velásquez, Elías Mata y Enrique Márquez, Anulación del artículo 80 de la Ley Orgánica de Administración Financiera del Sector Público*) en los términos que antes hemos argumentado, en esta sentencia Nº 618 de 20 de julio de 2016 (caso: *Brigitte Acosta Isasis, Interpretación Constitucional de los artículos 150, 187.9, 236.14 y 247 de la Constitución*), la Sala Constitucional tampoco sentó ninguna interpretación vinculante sobre la noción de contratos de interés nacional, habiéndose centrado su interpretación de las normas constitucionales exclusivamente en relación con un contrato específico, de crédito púbico, celebrado por un ente específico, como es el Banco Central de Venezuela, y con una entidad específica de carácter internacional, como es el Fondo Latinoamericano de Reservas.

Con base en la anterior reiteración de criterios, al analizar el primero de los "elementos esenciales" que según la Sala Constitucional le imprimirían a un contrato de interés público el carácter de contrato de interés púbico nacional, y es supuestamente que sea suscrito solo por la República, la misma constató de acuerdo con las previsiones de la Constitución y de la Ley del Banco Central de Venezuela, sobre dicha institución, que dicho Banco Central de Venezuela:

"es una persona jurídica de derecho público, de rango constitucional, de naturaleza única, con plena capacidad pública y privada, integrante del Poder Público Nacional, con patrimonio propio, [...] dotado de autonomía para el

---

42   Véase el texto de la sentencia de la Sala Constitucional en http://historico.tsj. gob.ve/decisiones/scon/julio/189144-618-20716-2016-16-0683.HTML.

ejercicio de las políticas de su competencia, que no forma parte ni de la Administración Central ni de la Administración Descentralizada funcionalmente, sino que, atendiendo a las disposiciones de la Constitución de la República Bolivariana de Venezuela que lo regulan y que han sido desarrolladas por la Ley Especial que lo rige, forma parte de la llamada Administración con autonomía funcional, la cual constituye un elemento fundamental para el cumplimiento de los fines que la ley le asigna; por lo que, requiere de un ordenamiento y organización especiales, propio y diferente del común aplicable a las demás entidades públicas o privadas. Así se declara." [43]

No siendo la República la que iba a suscribir el contrato de préstamo en cuestión, sino el Banco Central de Venezuela, la Sala constitucional, sobre si el contrato de préstamo que tenía previsto suscribir esta institución estaba o no exceptuado de la autorización parlamentaria para las operaciones de crédito público (art. 101, Ley Orgánica de la Administración Financiera del Sector Público), la misma consideró entonces que resultaba "forzoso concluir" que dicha institución "no requiere de autorización para realizar operaciones de crédito público." Y en cuanto al contrato de préstamo a celebrarse con el Fondo Latinoamericano de Reservas (FLAR), la Sala concluyó que:

"se realiza en ejecución de un Convenio Internacional suscrito y ratificado por La República Bolivariana de Venezuela (Ley Aprobatoria del Convenio para el Establecimiento del Fondo Latinoamericano de Reservas, publicada en la Gaceta Oficial de la República de Venezuela n° 34.172 del 6 de marzo de 1989) y en consecuencia, no debe considerarse como un contrato de interés público nacional, y, por ende, no está sujeto a la autorización de la Asamblea Nacional, ni requiere la consulta a la Procuraduría General de la República, órgano asesor del Ejecutivo Nacional, tal como expresamente lo consagra el artículo 247 de la Constitución de la República Bolivariana de Venezuela." [44]

De nuevo, siendo el objetivo de la demanda de interpretación el excluir del control parlamentario por parte de la Asamblea Nacional al contrato de préstamo que el Banco Central de Venezuela suscribiría con Fondo Latinoamericano de Reservas (FLAR) creado por un Convenio internacional que había sido aprobado mediante Ley, la verdad es que tampoco se requería que la Sala volviera a formular una enumeración restrictiva a los contratos de interés público nacional en su sentencia.

En realidad, con todo ello, en relación con la noción de contratos de interés nacional, lo que hizo la Sala Constitucional fue sentar las bases para

---

43 Véase el texto de la sentencia de la Sala Constitucional en http://historico.tsj. gob.ve/decisiones/scon/julio/189144-618-20716-2016-16-0683.HTML.

44 Véase el texto de la sentencia de la Sala Constitucional en http://historico.tsj.gob.ve/ decisiones/scon/julio/189144-618-20716-2016-16-0683.HTML.

pretender definitivamente vaciar dicha noción de contenido, buscando reducirla a ser aplicada solo a los contratos suscritos directamente por la República, es decir, por el Presidente de la República o los Ministros directamente, los cuales son excepcionalísimo, pues la mayoría de los contratos de interés público nacional son suscritos por entes públicos descentralizados nacionales. Por ello, refiriéndose al control de la Asamblea Nacional sobre los contratos públicos, la Sala argumentó que:

> "Las disposiciones constitucionales transcritas definen la potestad de control que tiene la Asamblea Nacional, sobre los contratos de interés público que suscriba el Ejecutivo Nacional, cuya celebración estará supeditada, en los casos que establezca la Ley, a la autorización que debe otorgar el referido cuerpo legislativo nacional."

Con esta sentencia, en definitiva, si dicha interpretación fuera a continuar aplicándose puntualmente –ya que como se dijo, la Sala Constitucional no estableció ninguna interpretación vinculante en ese caso- la noción de contrato de interés nacional en cuanto a las funciones de control por parte de la Asamblea Nacional, perdería totalmente de sentido, pues como es bien sabido, el grueso de los contratos del Estado que se celebran, precisamente, se hacen a través de las entidades descentralizadas del Estado.

Por tanto, al analizar "el potencial contrato de préstamo a ser suscrito por el Banco Central de Venezuela con el Fondo Latinoamericano de Reservas (FLAR)," sobre si "pudiera considerarse como un contrato de interés público nacional, y, por ende, sujeto a la aprobación de la Asamblea Nacional y que requiera la consulta a la Procuraduría General de la República," la Sala consideró que se debían "configurar concomitantemente los elementos para calificarlo como de interés público nacional," sentados en la sentencia mencionada de 2002. En consecuencia, como el mencionado "potencial contrato de préstamo a ser suscrito por el Banco Central de Venezuela con el Fondo Latinoamericano de Reservas (FLAR)," no iba a ser celebrado por "*la República, a través de los órganos que componen al Ejecutivo Nacional competentes en esta materia*," sino por el Banco Central, entonces, la Sala simplemente concluyó que no era un contrato de interés público nacional.

Y ello, particularmente porque se iba a celebrar por el Banco Central de Venezuela que era "una persona jurídica de derecho público, de rango constitucional, de naturaleza única, con plena capacidad pública y privada, integrante del Poder Público Nacional, con patrimonio propio" que, además, en criterio de la Sala:

> "no forma parte ni de la Administración Central ni de la Administración Descentralizada funcionalmente, sino que, atendiendo a las disposiciones de la Constitución de la República Bolivariana de Venezuela que lo regulan y que han sido desarrolladas por la Ley Especial que lo rige, forma parte de la llamada Administración con autonomía funcional, la cual constituye un ele-

mento fundamental para el cumplimiento de los fines que la ley le asigna; por lo que, requiere de un ordenamiento y organización especiales, propio y diferente del común aplicable a las demás entidades públicas o privadas. Así se declara."

O sea, la Sala Constitucional del Tribunal Supremo, estando al servicio del Poder Ejecutivo Nacional como lo ha estado en los últimos lustros, no sólo minimizó todo tipo de control de la Asamblea Nacional sobre el Banco Central de Venezuela al declarar la inconstitucionalidad de la Ley de Reforma de la Ley reguladora de la institución en la sentencia Nº 259 de 31 de marzo de 2016,[45] sino que con el objeto de coartar aún más las funciones de la Asamblea Nacional, y excluir los contratos de interés público nacional que celebre el Banco Central de cualquier posibilidad de control parlamentario conforme al artículo 150 de la Constitución, distorsionó en forma general una noción tan tradicional e importante del derecho administrativo como es la de contratos de interés nacional, vaciándola materialmente de todo contenido efectivo.

VII. CONCLUSIÓN: LAS INCONVENIENTES CONSECUENCIAS QUE TENDRÍA EL ELIMINAR DE LA CALIFICACIÓN COMO "CONTRATOS DE INTERÉS PÚBLICO NACIONAL" A LOS SUSCRITOS POR LOS ENTES DESCENTRALIZADOS DEL ESTADO, EN CUANTO AL PRINCIPIO DE LA INMUNIDAD DE JURISDICCIÓN Y DE LA LLAMADA "CLÁUSULA CALVO"

La más notoria consecuencia que podrían tener las decisiones de la Sala Constitucional del Tribunal Supremo de Justicia, antes citadas Nº 618 de 20 de julio de 2016 (caso: *Brigitte Acosta Isasis, "Interpretación Constitucional de los artículos 150, 187.9, 236.14 y 247 de la Constitución),*[46] y Nº 2.241 del 24 de septiembre de 2002 (caso: *Andrés Velásquez, Elías Mata y Enrique Márquez, Anulación del artículo 80 de la Ley Orgánica de Administración Financiera del Sector Público),*[47] si con las mismas se pretendiera reducir la noción de "contratos de interés público" a solo los suscritos por la República, los Estados y los Municipios, y en consecuen-

---

45 Véase el texto de la sentencia de la Sala Constitucional en http://historico.tsj.gob.ve/decisiones/scon/marzo/186656-259-31316-2016-2016-0279.HTML Véanse los comentarios sobre dicha sentencia en Allan R. Brewer-Carías, "La sentencia de muerte de la Asamblea Nacional. El caso de la nulidad de la Ley de reforma del BCV. Marzo 2016," en http://www.allanbrewercarias.com/Content/449725d9-f1cb-474b-8ab241efb849fea3/Content/Brewer.%20La%20sen-tencia%20de%20muerte%20AN.%20Sentencia%-20SC%20Ley%20BCV.pdf.

46 Véase el texto de la sentencia de la Sala Constitucional en http://historico.tsj.gob.ve/decisiones/scon/julio/189144-618-20716-2016-16-0683.HTML.

47 Véase el texto de la sentencia de la Sala Constitucional en http://historico.tsj.gob.ve/decisiones/scon/septiembre/2241-240902-00-2874%20.HTM.

cia, se pretendiera reducir la noción de "contratos de interés público nacional" a los suscritos solo por la República, sería que respecto de los contratos públicos suscritos por los entes públicos nacionales descentralizados, por ejemplo, el Banco Central de Venezuela, los institutos autónomo y las empresas del Estado, materialmente los artículos 150, 151, 187.9, 236.14 y 247 de la Constitución no tendrían aplicación alguna respecto de los mismos, lo que sería absurdo e inconstitucional.

Primero, respecto de lo establecido en el primer párrafo del artículo 150 y 187.9, la consecuencia de la interpretación jurisprudencial señalada, que afortunadamente no tiene carácter vinculante, sería que la ley solo podría determinar la necesidad de la aprobación de la Asamblea Nacional respecto de los contratos de interés público nacional suscritos por la República, y en particular, por el Presidente de la República de acuerdo con el artículo 236.14 de la Constitución, pero respecto de dicho requisito podría incluso interpretarse que no podría ser exigido por ley, respecto de los contratos públicos nacionales suscritos por los entes públicos descentralizados nacionales, como son los contratos regulados en la Ley de Hidrocarburos a cargo de Petróleos de Venezuela S.A. y sus empresas filiales, en relación con los cuales se estableció legalmente el requisito de la autorización legislativa (art. 33); o como son el Banco Central de Venezuela, los institutos autónomos y las demás empresas del Estado, lo que no tendría sentido alguno.

Segundo, respecto de lo establecido en el segundo párrafo del artículo 150 y en el 187.9, la consecuencia de la interpretación jurisprudencial señalada sería que los contratos públicos que suscriban los entes públicos nacionales, como son el Banco Central de Venezuela, los institutos autónomos y las empresas del Estado, como Petróleos de Venezuela S.A. y sus empresas filiales, podrían suscribirse libremente con Estados o entidades oficiales extranjeras o con sociedades no domiciliadas en Venezuela, e incluso traspasarse a ellos sin que sea necesario obtener la autorización de la Asamblea Nacional, lo que tampoco tendía sentido alguno, y sería inconstitucional.

Tercero, respecto de lo establecido en el segundo párrafo del artículo 151, la consecuencia de la interpretación jurisprudencial señalada sería que en los contratos públicos que suscribieran los entes públicos nacionales, como son los el Banco Central de Venezuela, institutos autónomos y las empresas del Estado, como Petróleos de Venezuela S.A. y sus empresas filiales, no se consideraría incorporada una cláusula, como se exige respecto de todos los contratos de interés público, incluyendo los de interés público nacional "de acuerdo con la naturaleza de los mismos," y "aun cuando no estuviere expresa," conforme a la cual "las dudas y controversias que puedan suscitarse sobre dichos contratos y que no llegaren a ser resueltas amigablemente por las partes contratantes, serán decididas por los tribunales competentes de la República, de conformidad con sus leyes, sin que por ningún motivo ni causa puedan dar origen a reclamaciones extranjeras."

Ello significaría que respecto de los contratos públicos que suscribieran los entes públicos nacionales, como son los institutos autónomos y las empresas del Estado, como Petróleos de Venezuela S.A. y sus empresas filiales, en los mismos podría establecerse libremente que el derecho que les es aplicables es algún derecho extranjero y que la jurisdicción aplicable pudiera ser la de los tribunales de cualquier otro Estado o la de tribunales arbitrales, aun cuando la naturaleza del contrato no lo permitiera, lo que no tiene asidero en el derecho venezolano, e igualmente sería inconstitucional.

Cuarto, respecto de lo establecido en el segundo párrafo del artículo 247, la consecuencia de la interpretación jurisprudencial señalada sería que para la celebración de los contratos públicos que suscribieran los entes públicos nacionales descentralizados, como son el Banco Central de Venezuela, los institutos autónomos, y las empresas del Estados como Petróleos de Venezuela S.A. y sus empresas filiales, no tendrían que ser consultado el Procurador General de la República, pues de acuerdo a esa norma, solo sería necesaria dicha consulta para la aprobación de los contratos de interés público nacional que celebre la República, lo que distorsionaría el sentido de la norma.

Ahora de las anteriores cuatro consecuencias que podrían derivarse de la interpretación jurisprudencial restrictiva que podría derivarse de las sentencias comentadas de la Sala Constitucional del Tribunal Supremo de Justicia No. 2144 de 2002 y No. 618 de 2016 sobre la noción de contratos de interés nacional, quizás la segunda sería la más catastrófica en materia de principios del derecho administrativo venezolano relativos a los contratos públicos o contratos del Estado; pues significaría el abandono total de los principios más tradicionales de nuestro derecho público en la materia, como son, específicamente, los de la competencia de los tribunales nacionales y de la aplicación de la ley nacional para la solución de controversias derivados de los mismos cuando la naturaleza de los mismos lo exija, y el de la llamada "Cláusula Calvo," por lo que se refiere a los contratos públicos celebrados por los entes descentralizados del Estado.

En efecto, en primer lugar, la errada e inconveniente interpretación jurisprudencial implicaría que, en dichos contratos celebrados por entes descentralizados en los tres niveles territoriales del Estado, podría estimarse que no debería considerarse constitucionalmente inserta tácitamente, si no es improcedente de acuerdo con la naturaleza de los mismos, la cláusula prevista en el artículo 151 de la Constitución, cuyo objeto es, primero, estipular que la interpretación, aplicación y ejecución de esos contratos debe someterse a la ley venezolana, y segundo, que las controversias y dudas que de ellos surjan, deben también someterse al conocimiento de los tribunales venezolanos, todo lo cual deriva del principio universal del derecho internacional, de la inmunidad de jurisdicción de los Estados extranjeros. [48]

La cláusula del artículo 151 de la Constitución venezolana, sin embargo, desde el ángulo de la inmunidad jurisdiccional, como la Constitución de 1947, se apartó del carácter absoluto tradicional, y encaja dentro de la llamada "inmunidad relativa de jurisdicción" de acuerdo con la naturaleza de los contratos y, además, se extiende además de a la República, a los entes públicos nacionales descentralizados del Estado. [49]

Sin embargo, toda esta elaboración que concluyó con la previsión en la Constitución de 1999 aplicable a los contratos de interés público nacional (art. 151), se pondría de lado si se siguiera la "interpretación" dada por la Sala Constitucional del Tribunal Supremo en relación con los contratos públicos celebrados por los entes descentralizados del Estado, a los cuales si se siguiera la interpretación de la Sala no se aplicaría, lo cual, como hemos dicho, no tiene sentido.

Pero además, en segundo lugar, conforme a la interpretación de la Sala Constitucional, lo más grave es que también se podría concluir que la llamada "Cláusula Calvo" no se aplicaría a los contratos públicos celebrados por los entes descentralizados del Estado, por ejemplo, el Banco Central de Venezuela, los institutos autónomos y las empresas del Estado nacionales; conforme a la cual por ningún motivo ni causa la ejecución de esos contratos puede dar origen a reclamaciones extranjeras, tal como lo establece el mismo artículo 151 de la Constitución.

El origen de esta cláusula también se remonta a la Constitución de 1893 (art. 149) en la cual, al regularse los contratos de interés público se señaló que los mismos en ningún caso podían ser motivo de reclamaciones internacionales, ratificando la improcedencia de reclamaciones diplomáticas contra el Estado Venezolano por parte de Estados extranjeros actuando por cuenta de súbditos extranjeros, los cuales hallándose en las mismas condiciones que los nacionales, si tienen alguna reclamación deben acudir únicamente ante los órganos locales cuando se puedan considerar lesionados.

---

48   Véase, Tatiana Bogdanowsky de Maekelt, "Inmunidad de Jurisdicción de los Estados," en *Libro Homenaje a José Melich Orsini*, Vol. 1, Caracas, 1982, pp. 213 y ss.

49   Véase en general, Ian Sinclair, "The Law of Sovereign Inmunity. Recent Development", Académie International de Droit Comparé, Recueil des Cours, 1980, Vol. II, La Haya, 1981, pp. 201 y ss.

El objeto de la cláusula, en definitiva, es impedir que las divergencias que pudieran surgir entre partes contratantes en la cual una parte fuera un ciudadano extranjero, pudieran ser consideradas como de naturaleza internacional.

Como se sabe, la denominación de "Cláusula Calvo", derivó de la exposición que hizo Carlos Calvo, en su libro *Tratado de Derecho Internacional*, editado inicialmente en 1868, 50 en el cual, después de estudiar la intervención franco-inglesa en el Río de La Plata y la intervención francesa en México, expresó lo siguiente:

> "Además de móviles políticos, las intervenciones han tenido siempre por pretexto aparente lesiones a intereses privados, reclamaciones y pedidos de indemnizaciones pecuniarias a favor de extranjeros cuya protección no era justificada la mayoría de las veces.
>
> Según el derecho internacional estricto, el cobro de créditos y la gestión de reclamaciones privadas no justifican de plano la intervención armada de los gobiernos, y como los Estados europeos siguen invariablemente esta regla en sus relaciones recíprocas, no hay razón para que no se la impongan también en sus relaciones con los otros Estados del Nuevo Mundo."[51]

Incluso, la propia "Cláusula Calvo" influyó en la concepción de la llamada Doctrina Drago formulada en 1902 por el Ministro de Relaciones Exteriores de Argentina, Luis María Drago, quien, ante medidas de fuerza adoptadas por Alemania, Gran Bretaña e Italia contra Venezuela, formuló su tesis denegatoria del cobro compulsivo de las deudas públicas por los Estados.[52]

Por ello, cuando propusimos que se mantuviera la norma del artículo 127 en la Constitución (ahora artículo 151) estimamos que "la *Cláusula Calvo* debe ser obligatoria en los contratos que celebre la República y los demás entes de derecho público, conforme a nuestra tradición constitucional, y debe mantenerse en la nueva Constitución."[53]

Como hemos argumentado, a pesar de toda la manipulación jurisprudencial realizada sobre la noción de contratos de interés público nacional, lo cierto es que las sentencias antes mencionadas, ni ninguna otra de la Sala Constitucional estableció interpretación "vinculante" alguna sobre la noción de contratos de interés público nacional, estando comprendidos en

---

50 Véase Carlos Calvo, *Le Droit International Théorique et Pratique*, París, 1887.

51 Véase la cita en L. A. Podestá Costa, *Derecho Internacional Público*, tomo I, Buenos Aires, 1955, pp. 445 y 446.

52 Véase Victorino Jiménez y Núñez, *La Doctrina Drago y la Política Internacional*. Madrid, 1927.

53 Véase Allan R. Brewer-Carías, *Debate Constituyente (Aportes a la Asamblea Nacional Constituyente)*, Tomo II, Caracas 1999, pp. 173.

dicha noción no sólo los contratos celebrados por la República, sino por los entes de la Administración descentralizada del Estado, y entre ellos, el Banco Central de Venezuela, los institutos autónomos y las empresas del Estado, como lo hemos sostenido desde 1982.[54]

---

54 Véase Allan R. Brewer-Carías, "Los contratos de interés nacional y su aprobación legislativa," en *Estudios de Derecho Público*, Tomo I, (Labor en el Senado 1962), Ediciones del Congreso de la República, Caracas 1985, pp. 183-193; y "La aprobación legislativa de los contratos de interés nacional y el contrato Pdvsa-Veba Oil," en *Estudios de Derecho Público*, Tomo II, (Labor en el Senado 1983), Ediciones del Congreso de la República, Caracas 1985, pp. 65-82.

CUARTO LIBRO:

SOBRE LAS CONCESIONES ADMINISTRATIVAS

Este Cuarto Libro recoge dos estudios sobre el régimen de las concesiones en Venezuela: primero, el estudio sobre el régimen establecido en la Ley Orgánica sobre Promoción de la Inversión Privada bajo el régimen de Concesiones de 1999; y segundo, el estudio sobre "El régimen de la reversión en las concesiones administrativas en Venezuela, con especial referencia a las concesiones mineras," en *Estudios de derecho público en homenaje al Prof. Horacio Cassinelli* (Alicia Rodríguez Galusso, Coordinadora), Universiad Católica del Uruguay, Montevideo 2016, pp. 27-66; y en *Revista de derecho tributario* No. 147, Julio-Septiembre 2015, Asociación Venezolana de Derecho Tributario, Legis, Caracas 2015, pp. 19-58.

Sección Primera: NOTAS SOBRE LAS CONCESIONES ADMINISTRATIVAS (2012)

Este estudio fue elaborado para analizar las regulaciones sobre concesiones administrativas contenidas en la con motivo de la entrada en vigencia de la Ley Orgánica sobre Promoción de la Inversión Privada bajo el régimen de Concesiones (Decreto Ley N° 318 de 17 de septiembre de 1999), que derogó la Ley sobre Concesiones de Obras Públicas y Servicios Públicos Nacionales de 1994, la cual a su vez sustituyó la Ley sobre Concesiones de Obras en caso de Obras Viales y de Transporte del año 1983.

En 1999, dentro del conjunto de leyes sancionadas por el gobierno en ejecución de la Ley Orgánica que Autoriza al Presidente de la República para dictar Medidas Extraordinarias en materia Económica y Financiera requeridas por el Interés Público,[1] con el objeto específico de promover las inversiones en el país, se dictó el Decreto Ley N° 318 de 17 de septiembre de 1999 contentivo de la Ley Orgánica sobre Promoción de la Inversión Privada bajo el régimen de Concesiones (Ley Orgánica de Concesiones). Dicha Ley sustituyó el régimen establecido en el Decreto-Ley N° 138 sobre Concesiones de Obras Públicas y Servicios Públicos Nacionales de 1994,[2] el cual a la vez había sustituido el establecido en la Ley sobre Concesiones de Obras en caso de Obras Viales y de Transporte del año 1983.[3]

I. OBJETO DE LA LEY ORGÁNICA DE CONCESIONES: LA PROMOCIÓN DE INVERSIONES Y LA REGULACIÓN GENERAL DE LAS CONCESIONES PÚBLICAS

Tal como lo indica el artículo 1 de la Ley Orgánica, la misma puede considerarse que tiene dos objetivos básicos: por una parte, "establecer reglas, garantías e incentivos dirigidos a la promoción de la inversión privada y al desarrollo de la infraestructura y de los servicios públicos competencia del poder nacional, mediante el otorgamiento de concesiones"; y por la otra regular, con tal propósito, el régimen general aplicable a los contratos públicos de concesión.

1. La promoción de Inversiones

Con el objeto de promover la inversiones en el país, la ley Orgánica previó diversas formas de contratación bajo el régimen de concesiones, indicando en su artículo 3 que los organismos o entidades competentes para otorgar contratos de concesión "podrán proponer y desarrollar todos los esquemas lícitos de negocios que faciliten el financiamiento privado de inversiones de obras y servicios, entre ellos:

"a) La ejecución de proyectos integrales cuyo diseño, financiamiento y construcción asume el concesionario, a cambio de su participación en el capital o en las ganancias de la empresa que se constituya para la explotación o gestión de la obra o servicio público de que se trate;

b) La explotación, administración, reparación, conservación o mantenimiento de obras existentes, con la finalidad de obtener fondos para la construcción de obras nuevas que tengan vinculación física, técnica o de otra naturaleza con las primeras;

---

1   Gaceta Oficial N° 36.687 de 26-04-1999.

2   Gaceta Oficial N° 4.719 Extra. de fecha 26-04-1994.

3   Gaceta Oficial N° 3.247 Extra de 26-8-1983.

c) La ejecución integral de obras de infraestructura, donde la retribución del contratista provendrá de la explotación bajo el régimen de concesión de una obra o servicio distinto del ejecutado;

d) Cualesquiera otros que de acuerdo a su naturaleza, características y régimen de operación o de gestión, puedan ser ejecutados bajo el régimen de concesiones.

2. El establecimiento del régimen general de las concesiones

La Ley Orgánica en el artículo 1º se refiere específicamente a los contratos de concesión "para la construcción y la explotación de nuevas obras, sistemas o instalaciones de infraestructura, para el mantenimiento, la rehabilitación, la modernización, la ampliación y la explotación de obras, sistemas o instalaciones de infraestructura ya existentes, o únicamente, para la modernización, el mejoramiento, la ampliación o la explotación de un servicio público ya establecido."

De acuerdo con esta disposición, resulta entonces que la intención primaria de la Ley Orgánica, fue regular en forma especial el régimen de las concesiones de obra pública y de servicios públicos, lo que sin embargo no reduce su ámbito de aplicación a esas solas concesiones, particularmente por la definición amplia de las concesiones públicas que se da en el artículo 2 de la propia Ley, y por la expresa indicación de que sus normas son de aplicación supletoria en todo tipo de concesión administrativa reguladas por leyes especiales.

El artículo 2º de la ley Orgánica, en efecto, al definir el contrato de concesión a los efectos de sus disposiciones, se refiere a todos los contratos de concesión:

"celebrados por la autoridad pública competente por medio de los cuales una persona jurídica llamada concesionario asume la obligación de construir, operar y mantener una obra o bien destinados al servicio, al uso público o a la promoción del desarrollo, o la de gestionar, mejorar u organizar un servicio público, incluyendo la ejecución de las actividades necesarias para el adecuado funcionamiento o la prestación de la obra o del servicio, por su cuenta y riesgo y bajo la supervisión y el control de la autoridad concedente, a cambio del derecho a explotar la obra o el servicio y de percibir el producto de las tarifas, precios, peajes, alquileres, valorización de inmuebles, subsidios, ganancias compartidas con algún ente público u otra fórmula establecida en los contratos correspondientes, durante un tiempo determinado, suficiente para recuperar la inversión, los gastos de explotación incurridos y obtener un tasa de retorno razonable sobre la inversión."

De esta norma resaltan los siguientes cuatro elementos de las concesiones:

1) Se trata de un contrato público celebrado entre una "autoridad pública competente" que es la autoridad concedente, y una persona jurídica que puede ser estatal o no estatal, que se denomina concesionario;

2) En el contrato el concesionario asume la obligación de: a) construir, operar y mantener una obra o bien destinados al servicio, al uso público o a la promoción del desarrollo, o b) de gestionar, mejorar u organizar un servicio público, incluyendo la ejecución de las actividades necesarias para el adecuado funcionamiento o la prestación de la obra o del servicio;

3) La contrapartida de la obligación asumida por el concesionario es el derecho: a) a explotar la obra o el servicio; y b) de percibir el producto de las tarifas, precios, peajes, alquileres, valorización de inmuebles, subsidios, ganancias compartidas con algún ente público u otra fórmula establecida en los contratos correspondientes;

4) El contrato de concesión debe ser otorgado siempre por un tiempo determinado, pero suficiente para recuperar la inversión, los gastos de explotación incurridos y obtener una tasa de retorno razonable sobre la inversión.

Ahora bien, de las definiciones de los artículos 1 y 2 de la Ley Orgánica, por su amplitud, por tanto permiten incluir en el ámbito de aplicación de dicha Ley materialmente a todos los contratos de concesión suscritos por el Estado, y no sólo los contratos de obra pública o de servicio público, incluyendo por ejemplo las concesiones para la explotación de los recursos naturales como las concesiones mineras, las cuales siempre tienen por esencia la finalidad de "la promoción del desarrollo." Ello se confirma con la enumeración que se incluye en el artículo 15 de la Ley al definir los "proyectos, obras o servicios adjudicables," es decir, que pueden otorgarse en concesión que son los que tengan por objeto el desarrollo, la ejecución o la explotación de las siguientes obras o servicios:

a. Autopistas, carreteras, puentes, viaductos, enlaces viales y demás obras de infraestructura relacionadas;

b. Vías ferroviarias, ferrocarriles y otras formas análogas de transporte masivo de pasajeros.

c. Infraestructura portuaria, incluyendo muelles, puertos, almacenes o depósitos para carga y descarga de bienes o productos y todas las facilidades relacionadas.

d. Infraestructura aeroportuaria y las facilidades relacionadas.

e. Infraestructura de riego.

f. Obras de infraestructura hidráulica.

g. Infraestructura e instalaciones escolares y de salud.

h. Desarrollo industrial y turístico.

i. Edificios gubernamentales.

j. Viviendas.

k. Obras de saneamiento y de recuperación ambiental.

l. Cualesquiera obras o servicios de la competencia del Poder Nacional susceptibles de ser ejecutados o gestionados bajo régimen de concesión.

Como puede apreciarse, no sólo se trata de concesiones de obras públicas o de servicios públicos, sino incluso todas las que se refieran al desarrollo industrial.

Esta enumeración, y el elemento en la definición de la concesión contenida en el artículo 2 de la Ley Orgánica relativo a la "promoción del desarrollo" permite entonces sostener que la misma no sólo tiene por objeto establecer principios relativos a las concesiones destinadas específicamente a la construcción de *obras públicas* y a la explotación de *servicios públicos*, sino que se aplica a todo tipo de concesiones, aún cuando de aplicación supletoria respecto de lo que establezcan las leyes especiales que los regulen.

3. El carácter supletorio del régimen legal establecido en la Ley Orgánica

A tal efecto, el artículo 4 de la Ley dispone:

"Artículo 4°: Ámbito de aplicación.- Este Decreto-Ley rige los procedimientos mediante los cuales se otorgarán en concesión la ejecución de obras y la explotación de los servicios públicos cuya titularidad o competencia ejerce la República a través de los órganos o entidades que conforman la Administración Pública Nacional.

Los contratos de concesión cuyo otorgamiento, administración o gestión se encuentre regulado por leyes especiales, se regirán preferentemente por dichas leyes, siendo de aplicación supletoria en tales casos las disposiciones de este Decreto-Ley."

La referencia en la primera parte de esta norma a los contratos de obra pública y de servicios públicos, por tanto, no obvia la posibilidad o necesidad de aplicación de sus normas en forma supletoria o analógica respecto de otras concesiones distintas reguladas en leyes especiales, como las concesiones mineras, y en general, todas aquellas que tienen por objeto la promoción del desarrollo. Sobre esto la Ley Orgánica es precisa: esas concesiones reguladas por leyes especiales, "se regirán preferentemente por dichas leyes [especiales]," siendo sin embargo "de aplicación supletoria en tales casos las disposiciones de este Decreto-Ley," es decir, de la Ley Orgánica.

Ello ya ha sido admitido así, por ejemplo, por la jurisprudencia de la Sala Político Administrativa del Tribunal Supremo que ha resuelto repetidamente que las previsiones del la Ley Orgánica sobre terminación anticipada o rescate anticipado de concesiones son aplicables de aplicación supletorias a todo tipo de concesiones y, en particular, respecto de las concesiones mineras reguladas en la Ley de Minas. Así lo resolvió dicha Sala del Tribunal Supremo en sentencias N° 1836 de 7 de agosto de 2001 (Caso: *David Montiel Guillén y Oscar Montiel Guillén*),[4] N° 1447 de 8 de agosto de 2007 (Caso: *Minera la Cerbatana C.A.*),[5] N° 1929 de 27 de noviembre de 2007 (Caso: *Canteras El Toco C.A.*),[6] N° 847 de 16 de julio de 2008 (Caso: *Minas de San Miguel, C.A.*),[7] N° 395 de 24 de marzo de 2009 (Caso: *Unión Consolidada San Antonio C.A.*)[8] y N° 1468 de 2 de noviembre de 2011 (Caso: *Agrominera Suárez C.A.*).[9]

Sin embargo, como se ha dicho, en el artículo 4 de la Ley Orgánica, el legislador, en cuanto a su aplicabilidad en general a las todas las concesiones, fue preciso y cuidadoso en no sustituir el régimen específico y especial establecido respecto de las mismas en las leyes especiales que las regulan, estableciendo sólo el principio de supletoriedad.

Por tanto, a pesar de tratarse de una Ley Orgánica, que como lo dispone el artículo 203 de la Constitución sirve de "marco normativo a otras leyes," y por ello podría tener aplicación preferente en la materia que se regula, el legislador fue cuidadoso en descartar que sus previsiones pudieran prevalecer *per se* en relación con las normas específicas de las leyes especiales que regulan las diversas concesiones en el país. Al contrario, en el propio artículo 4 de la Ley Orgánica se dispone que "*los contratos de concesión cuyo otorgamiento, administración o gestión se encuentre regulado por leyes especiales,*" como son precisamente por ejemplo las concesiones mineras, "se regirán preferentemente por dichas leyes," siendo en tales casos las disposiciones de la propia Ley Orgánica sobre Promoción de la Inversión Privada bajo el Régimen de Concesiones "*de aplicación supletoria.*" Esto significa entonces que las normas de la Ley Orgánica, siendo

---

4   Véase sentencia de la Sala Político Administrativa N° 1836 de 7 de agosto de 2001 (Caso: David Montiel Guillén y Oscar Montiel Guillén en http://www.tsj.gov.ve/decisiones/spa/agosto/01836-080801-13619.htm

5   Véase sentencia de la Sala Político Administrativa N° 1447 de 8 de agosto de 2007 (Caso: Minera la Cerbatana C.A.) en http://www.tsj.gov.ve/decisiones/spa/agosto/01447-8807-2007-2004-0779.html

6   Véase Sentencia de la Sala Político Administrativa N° 1929 de 27 de noviembre de 2007 (Caso: Canteras El Toco C.A, .en http://www.tsj.gov.ve/decisiones/spa/noviembre/01929-281107-2007-2004-0676.html

7   Véase Sentencia de la Sala Político Administrativa N° 847 de 16 de julio de 2008 (Caso: Minas de San Miguel, C.A.), en http://www.tsj.gov.ve/decisiones/spa/julio/00847-17708-2008-2005-5529.html

8   Véase sentencia de la Sala Político Administrativa N° 395 de 24 de marzo de 2009 (Caso: Unión Consolidada San Antonio C.A en http://www.tsj.gov.ve/decisiones/spa/Marzo/00395-25309-2009-2005-5526.html

9   Véase sentencia de la Sala Político Administrativa N° 1468 de 2 de noviembre de 2011 (Caso: Agrominera Suárez C.A en http://www.tsj.gov.ve/decisiones/spa/Noviembre/01468-31111-2011-2010-0945.html

de aplicación supletoria respecto de las leyes especiales que regulen concesiones administrativas, se aplican en todos aquellos asuntos no regulados expresamente en dichas leyes especiales, como es precisamente el régimen legal para la terminación anticipada de concesiones y la determinación de la indemnización en caso de tal rescate anticipado, que sólo encuentra regulación en el artículo 53 de dicha Ley Orgánica, y que en general no está regulado en las leyes especiales destinadas a regular concesiones administrativas específicas.

La Ley Orgánica se aplica, por tanto a las concesiones administrativas reguladas en leyes especiales, como las concesiones mineras, porque así se estableció expresamente en su texto, y se aplica en virtud de la previsión expresa de su artículo 4, *sólo supletoriamente* respecto de aquellas previsiones, como las relativas al rescate anticipado de concesiones por razones de interés general (art. 53), que por ejemplo no están reguladas específicamente en la Ley de Minas.

Por otra parte, conforme al artículo 4 del Código Civil, dicha Ley Orgánica también se debe aplicar por analogía en todos aquellos aspectos sobre régimen de concesiones que no están expresamente regulados en las leyes especiales que las rijan. De ello resulta por ejemplo, que en materia de concesiones mineras, además de las previsiones de la Ley de Minas, la Ley Orgánica se aplica supletoriamente a las mismas, y además, por analogía, en virtud de dichas previsiones de los artículos 4 de la Ley Orgánica y del artículo 4 del Código Civil.

4. Ámbito político territorial de aplicación de la Ley Orgánica

Por otra parte, la Ley Orgánica, al regular una materia administrativa, siendo una ley nacional está destinada a aplicarse a los órganos y entes nacionales, no siendo aplicables a los *Estados y* Municipios.

En cuanto a estos, el artículo 5º de la Ley solo dispone que son dichos entes territoriales los que "podrán aplicar" sus disposiciones para el otorgamiento en concesión de las obras o servicios públicos de su competencia. En tales casos, la entidad competente tendrá a su cargo la creación o determinación del órgano o entidad encargada de su otorgamiento, así como la organización y conducción de los procedimientos de licitación y otorgamiento de los contratos y la supervisión, vigilancia y control de su ejecución.

Lo anterior no es obstáculo, sin embargo, para que puedan celebrarse contratos de concesión de carácter intergubernamental, en los que participen diversas entidades político territoriales en cuyo caso dispone el artículo 6 de la ley Orgánica que se pueden celebrar convenios o constituirse mancomunidades para el desarrollo de proyectos cuya competencia en cuanto al otorgamiento y gestión de los respectivos contratos corresponda a más de una entidad político-territorial.

5. Contenido general del marco regulatorio

La Ley Orgánica, al establecer el régimen de la concesiones públicas, con especial énfasis en las concesiones de obras públicas y de servicios públicos, estableció cuatro regulaciones fundamentales: la primera, referida al marco común necesario para la contratación mediante concesiones; la segunda, relativa al régimen de selección de contratistas, con particular referencia a la licitación; la tercera, relativa al régimen de ejecución de los contratos de concesión; y la cuarta al régimen sancionatorio.

II. MARCO REGULATORIO GENERAL PARA EL OTORGA-MIENTO Y CONTROL DE LOS CONTRATOS DE CONCESIÓN

1. Duración de los contratos de concesión

Los contratos de concesión son esencialmente temporales, por lo que conforme a lo dispuesto en el artículo 16 de la Ley Orgánica, tienen una duración máxima de cincuenta años contados a partir del perfeccionamiento del contrato.

Dichos contratos pueden ser objeto de renovación, previa evaluación objetiva del desempeño del concesionario, la cual deben realizarse por lo menos un año antes de la fecha de terminación del contrato.

A los efectos de considerar la renovación, el ente concedente puede consultar la opinión de las comunidades organizadas o de los usuarios de la obra o servicio.

2. Atribuciones del ente concedente.

De acuerdo con el artículo 7º de la Ley Orgánica, que regula las atribuciones comunes para todas las entidades contratantes para otorgar los contratos previstos en la misma, establece que los mismos "quedan sujetos al cumplimiento de las disposiciones, procedimientos y formalidades" en ella establecidas, "sin perjuicio de las previsiones contenidas en leyes especiales."

En tal sentido, de acuerdo con dicha previsión, se les enumeran las siguientes atribuciones y deberes:

a. Identificar los proyectos concluidos, en ejecución, o por ejecutarse, que de acuerdo a sus características, correspondan a los que puedan ejecutarse bajo el régimen de concesión;

b. Cumplir la evaluación preliminar de dichos proyectos, emitir su conformidad en forma oportuna y realizar los trámites aprobatorios necesarios para la convocatoria de los procedimientos de licitación;

c. Promover la ejecución de proyectos de inversión bajo las modalidades contractuales previstas en este Decreto-Ley;

d.   Establecer los mecanismos que aseguren la efectiva operatividad de los beneficios e incentivos contemplados en este Decreto-Ley;

e.   Gestionar la obtención y hacer seguimiento a la obtención o transferencia efectiva de los aportes a los cuales se comprometa el Ejecutivo Nacional con ocasión de los proyectos ejecutados bajo régimen de concesión;

f.   Cumplir y hacer cumplir este Decreto-Ley, su Reglamento, los contratos de concesión y demás disposiciones de carácter legal o reglamentario aplicables en razón de la materia;

g.   Determinar y aprobar, el contenido y alcance de las convocatorias, pliegos de condiciones, criterios de evaluación de propuestas y en general, todo acto procedimental encaminado al otorgamiento de concesiones;

h. Suscribir los contratos a los que se refiere este Decreto-Ley;

i.   Dictar órdenes e instrucciones dirigidas a los concesionarios, en el ámbito de sus competencias;

j.   Ejercer el seguimiento, la supervisión y el control de los contratos otorgados;

k.   Fijar las tarifas u otras formas de remuneración o retribución del concesionario;

l.   Conocer y decidir oportunamente sobre cualquier solicitud de ajuste de tarifas, precios u otras modalidades de remuneración del concesionario, y en general, sobre cualquier otro factor que pueda alterar el equilibrio o los términos de la relación contractual originalmente pactada;

m.   Conocer y decidir acerca de los recursos administrativos interpuestos por los usuarios y terceros titulares de intereses personales, legítimos y directos, relacionados con el objeto de este Decreto-Ley;

n.   Sostener y asegurar la efectiva realización de los derechos de los usuarios destinatarios de los servicios prestados por los concesionarios;

o.   Asegurar la publicidad de las decisiones que adopte, incluyendo los fundamentos y motivos de éstas;

p.   Intervenir la concesión en las circunstancias y en conformidad con el procedimiento previsto en este Decreto-Ley y en su Reglamento;

q.   Aplicar las sanciones establecidas en este Decreto-Ley.

Las actuaciones de los entes concedentes, tal como lo precisa el artículo 11 de la Ley, deben guardar la debida conformidad con las políticas generales y sectoriales establecidas por el Ejecutivo Nacional, a cuyo efecto, cada uno de ellos debe realizar auditorías de cumplimiento de sus metas y objetivos y debe rendir al Presidente de la República o al órgano de adscripción según el caso, informes trimestrales indicativos de las metas alcanzadas en el período. Además, dispone la norma que de todo ello se debe informar públicamente, sin perjuicio de su sujeción a las disposiciones contenidas en otras leyes en materia de contraloría.

3. La necesaria conformación de un Comité de concesiones.

A los efectos del otorgamiento de los contratos de concesión regulados en la Ley Orgánica, el artículo 8 de la misma exige que los organismos o entidades con competencia para ello deben conformar un Comité de Concesiones "a su cargo la organización, preparación y ejecución de los procesos de licitación para el otorgamiento de concesiones, así como el seguimiento, inspección y control de los contratos otorgados." Dicho Comité debe ser designado mediante acto o resolución expedido por la máxima autoridad del organismo o entidad de que se trate, y debe funcionar de manera permanente Por ello, sus integrantes deben ser a dedicación exclusiva y deben reunir las condiciones de capacidad y experiencia necesarias para cumplir eficientemente sus atribuciones y deberes.

4. La declaratoria de utilidad pública y la expropiación

Conforme al artículo 58 de la Ley Orgánica, se declaran utilidad pública las obras o servicios públicos a ser otorgados mediante concesión, a los efectos de la constitución de servidumbres y la expropiación de los bienes necesarios para la construcción de las obras, de los servicios anexos o complementarios a éstas y para la prestación de los servicios.

Los alcances de esta declaratoria de utilidad pública deben será precisados por el ente concedente para cada obra o servicio que se licite, atendiendo a las dimensiones y características de cada proyecto y considerando las obras principales, complementarias y de servicios que demandará su ejecución y posterior explotación.

El ente concedente, por lo demás, y conforme se establece en el artículo 59 de la Ley Orgánica, tiene a su cargo la obligación de adquirir los terrenos y demás bienes necesarios para la ejecución o gestión de la obra o del servicio público otorgado en concesión mediante el procedimiento expropiatorio, a cuyo efecto podrá acudir de ser necesario a las medidas de ocupación previa o de urgencia previstas en la legislación que rige la materia. El pliego de condiciones de cada licitación establecerá la forma y los plazos conforme a los cuales el ente concedente ejercerá esta facultad.

No obstante, también los concesionarios pueden tratar directamente con los particulares, y negociar con éstos la adquisición de los terrenos y demás bienes necesarios para la ejecución del contrato, en conformidad con la normativa aplicable, reconociéndosele como precio el valor máximo que se hubiere estipulado en el pliego de condiciones o en el contrato.

5. El régimen del dominio público

De acuerdo con el artículo 60 de la Ley Orgánica, "los bienes o derechos que por cualquier título adquiera el concesionario para ser destinados a la concesión pasarán a formar parte del dominio público desde que se incorporen o sean afectados a las obras, sea por adherencia o por destinación." Se entiendo, por supuesto, que la norma se refiere en particular a las concesiones de obras públicas, por lo que la misma deja a salvo las obras, instalaciones o bienes que por no estar afectados a la concesión permanecerán en el patrimonio del concesionario según lo establezca el respectivo contrato.

6. Régimen de la explotación de la obra

A. Autorización de funcionamiento

El procedimiento a seguir para la autorización de puesta en servicio de la obra se establecerá en el Reglamento o en el pliego de condiciones. La negativa de autorización deberá ser motivada, con precisa indicación de las inconformidades existentes entre el proyecto aprobado y la obra ejecutada. Deberá indicar además el plazo dentro del cual deberá el concesionario subsanar las deficiencias advertidas sin perjuicio de la aplicación de las sanciones que procedan por el retardo que no fueren imputables al ente concedente o a la Administración (art. 31.h).

B. Garantía de funcionamiento

El plazo de garantía comenzará a correr desde la fecha de levantamiento del acta de recepción de la obra de parte del Inspector. Dicho plazo será establecido atendiendo a la naturaleza y complejidad de la obra y en ningún caso podrá ser inferior a dos (2) años, sin perjuicio de la responsabilidad que pueda caber al concesionario por vicios ocultos de las construcción (art. 31.j).

C. Régimen jurídico durante la explotación

De acuerdo con el artículo 32 de la ley Orgánica, en la etapa de explotación de la obra o de gestión del servicio, el concesionario debe actuar con estricta sujeción a las estipulaciones contenidas en el contrato de concesión y en su pliego de condiciones, sin perjuicio del cumplimiento del marco regulatorio contenido en leyes especiales dictadas para la regulación del servicio público de que se trate.

7. La competencia para conocer de reclamos o denuncias de los usuarios

Los organismos o entidades competentes para celebrar los contratos previstos en la Ley Orgánica conforme al artículo 9 de la misma, son igualmente competentes "para conocer de los reclamos o denuncias interpuestos por los usuarios o terceros interesados, relacionados con actos o resoluciones emanados de cualquiera de ellos, o con actuaciones de los concesionarios que puedan afectar sus derechos e intereses."

En todos casos en los cuales en los procedimientos instaurados, los mismos guarden relación con el concesionario o contratista, éste tendrá el derecho a ser oído y a promover y a evacuar toda la documentación y las pruebas que le favorezcan.

8. Los recursos administrativos y agotamiento de la vía administrativa

Los actos administrativos o resoluciones que dicte el ente concedente pueden recurrirse optativamente ante el mismo mediante el recurso de reconsideración, o directamente por ante la jurisdicción contencioso-administrativa. De interponerse el recurso en sede administrativa, la decisión recaída agotará la vía administrativa (art. 9).

III. EL RÉGIMEN JURÍDICO PARA LA SELECCIÓN DE LOS CONCESIONARIOS: LA LICITACIÓN

1. Régimen general de la licitación

De acuerdo con las previsiones de la Ley Orgánica, las concesiones administrativas que se regulan en la misma sólo pueden otorgarse mediante el procedimiento de licitación, disponiéndose que "en todo caso, la licitación previa tendrá carácter obligatorio" (art. 12). Dicho procedimiento se rige por sus propias normas y además, por su Reglamento, el pliego o bases de la licitación de cada contrato y por las resoluciones, órdenes e instrucciones expedidas por el ente concedente actuando en el ámbito de sus competencias. Igualmente se deben aplicar al procedimiento de licitación de concesiones los principios y reglas contenidos en la Ley de Licitaciones, "en cuanto resulten compatibles con dicho procedimiento" (art. 12).

2. Régimen de la aprobación previa del procedimiento licitatorio

A. La necesidad de la evaluación preliminar de viabilidad del proyecto de concesión

El artículo 13 de la Ley Orgánica impone la obligación al ente concedente, antes de que se adopte la decisión de convocar a una licitación, de practicar la evaluación preliminar de los proyectos para determinar su conveniencia, prioridad y viabilidad. Para este propósito, la ley exige que se consideren los aspectos técnicos y financieros, las ventajas económicas que se esperan de cada proyecto, su costo estimado, los ingresos potenciales previstos provenientes de la explotación de la infraestructura y su impacto ambiental. Se debe considerar, además, la importancia regional o nacional de cada proyecto a los fines de establecer su prioridad relativa. Además, cuando se trate de proyectos a ser financiados en parte por medio de aportes públicos, se debe hacer especial consideración con relación a las fuentes de financiamientos y a la estrategia propuesta para la obtención del financiamiento.

B. Acto aprobatorio de la convocatoria a licitación

Una vez cumplida la evaluación preliminar de los proyectos, el Ministerio correspondiente, ya sea actuando en ejercicio de su competencia o como ente de adscripción, debe presentar el proyecto al Presidente de la República a los fines de su aprobación en Consejo de Ministros (Art. 14).

3. La iniciativa privada para la realización del procedimiento licitatorio

A. La iniciativa privada en materia de licitación de concesiones

Conforme a lo establecido en el artículo 17 de la Ley Orgánica, las empresas privadas interesadas tienen la iniciativa para presentar propuestas "para la construcción de nuevas obras, sistemas o instalaciones de infraestructura, o para el mantenimiento, la rehabilitación, la modernización, la ampliación y la explotación de obras, sistemas o instalaciones de infraestructura ya existentes, bajo el régimen de concesiones." A los fines de su consideración por el ente concedente, las propuestas deben acompañarse de la descripción general del proyecto, los estudios de prefactibilidad técnica y financiera, así como la indicación de los beneficios sociales esperados, y la evaluación del impacto ambiental de la obra a ejecutarse.

El órgano o entidad contratante debe estudiar la viabilidad de la propuesta y dentro de los seis (6) meses siguientes a su presentación, debe pronunciarse mediante acto administrativo motivado aprobándola o rechazándola.

A partir de la aprobación de la propuesta las partes deben definir de común acuerdo los términos de referencia para la elaboración del proyecto definitivo, cuya preparación no puede en ningún caso exceder de dos (2) años contados a partir desde la fecha de aprobación de la propuesta.

Presentando el proyecto definitivo, el ente concedente debe entonces convocar a licitación dentro de los seis (6) meses siguientes.

En todo caso, una vez aprobada una propuesta conforme a lo antes indicado, de acuerdo con lo dispuesto en la previsión final del artículo 17, "la misma no puede ser posteriormente rechazada por razones de oportunidad o conveniencia" previéndose expresamente que "La República será responsable por los daños o perjuicios que pueda causar a los proponentes."

B. Derechos del proponente

El proponente privado de una licitación para el otorgamiento de una concesión, conforme se establece en el artículo 18 de la Ley Orgánica, tiene derecho a participar en la licitación que se convoque en los mismos términos y condiciones que los demás particulares, con los siguientes derechos adicionales:

Primero, al participar en la licitación, su oferta económica o la del grupo que integre, será premiada con un incremento de hasta el diez por ciento (10%) del puntaje final obtenido, en los términos que determine la Reglamentación de la ley Orgánica y el pliego de condiciones de la respectiva licitación;

Segundo, si el proyecto aprobado es ejecutado en forma directa por alguna autoridad pública, o se otorga en concesión o bajo cualquier otra modalidad a un tercero, con o sin la concurrencia del proponente, le deben ser reembolsados los gastos en que hubiere incurrido para la formulación de la propuesta y la elaboración del proyecto, previa determinación de su valor actualizado por la entidad licitante, el cual debe constar en el pliego de condiciones. Estos gastos se entienden reembolsados por la sola adjudicación del contrato.

C. Evaluación preliminar de viabilidad

Dentro del lapso establecido para la aprobación o rechazo de las propuestas y con apoyo en la documentación suministrada por el proponente, el ente concedente debe practicar la evaluación preliminar de viabilidad a que se refiere el artículo 13 de la Ley, antes indicado, incluyendo como parte de ésta el examen de la capacidad legal, técnica y financiera de aquél para ejecutar el proyecto (art. 19)

4. El procedimiento de licitación de concesiones

A. Los participantes en la licitación

a.   *Los licitantes*

Conforme a lo dispuesto en el artículo 20 de la Ley Orgánica, pueden participar en los procesos de licitación todas las personas jurídicas, consorcios o asociaciones temporales nacionales o extranjeras, que tengan plena capacidad de obrar y de acreditar su solvencia económica, financiera, técnica y profesional, y cumplan los requisitos establecidos en la ley Orgánica, su Reglamento y el pliego de condiciones diseñado para cada proceso.

b. *Inhabilitación para participar en la licitación*

Por su parte, el artículo 21 de la Ley Orgánica prevé los supuestos en los cuales determinadas personas no pueden participar en las licitaciones promovidas de conformidad con la misma, que son:

a. Las personas jurídicas cuyos accionistas, socios o administradores tengan con el Presidente de la República, con alguno de los ministros en funciones o con algún directivo o representante del ente concedente, parentesco hasta el cuarto grado de consanguinidad o segundo de afinidad, o sean cónyuges de alguno de ellos;

b. Aquellas personas que habiendo sido titulares de una concesión, hubieren dado lugar a su extinción por incumplimiento del contrato;

c. Aquellas personas jurídicas cuyos accionistas, socios o administradores hubieren sido condenados mediante sentencia definitivamente firme en procesos de resolución o de cumplimiento de contrato;

d. Los declarados en quiebra culpable o fraudulenta;

e. Las personas cuyos administradores hubieren sido condenados por la comisión de delitos contra la propiedad, la fe pública, el fisco o delitos de Salvaguarda y del Patrimonio Público;

f. Las personas jurídicas cuyos accionistas, socios o administradores sean dirigentes de organizaciones y partidos políticos, mientras se encuentren en el ejercicio de tales funciones.

B. La posibilidad de realización de la precalificación pública

En caso de estimarse conveniente, atendiendo a la magnitud, complejidad o costo de determinadas obras, el artículo 22 de la Ley Orgánica permite al ente concedente proceder a convocar a una precalificación pública de interesados, que tiene por objeto determinar la capacidad técnica, económica y la experiencia de los posibles licitantes.

En estos casos, una vez comprobada la capacidad y antecedentes de las empresas convocadas, el ente concedente debe entonces seleccionar entre los concurrentes aquellos que presenten las mejores credenciales, rigiéndose por las especificaciones que para tal efecto establezca el pliego de la licitación. En este caso, el ente concedente debe proceder a invitar a los preseleccionados a presentar propuestas dentro de los plazos y bajo las condiciones que establezca el indicado pliego, debiendo sujetarse en todo caso al procedimiento licitatorio establecido en la Ley Orgánica.

En este caso, pueden suministrarse a los preseleccionados versiones preliminares de la documentación respectiva y solicitar de estas observaciones y comentarios sobre los pliegos de condiciones y el texto borrador del contrato.

C. La convocatoria a licitación

La Convocatoria a licitación debe ser hecha del conocimiento de los interesados, conforme lo exige el artículo 23 de la Ley, por todos los medios posibles de difusión locales, nacionales e internacionales, atendiendo a la magnitud o complejidad de los proyectos involucrados. En todo caso, y como mínimo, la convocatoria debe publicarse por dos veces en un diario de circulación nacional y debe expresar la descripción general y objetivos del proyecto y la forma de adquisición del pliego de condiciones de la licitación.

D. El Pliego de Condiciones

El pliego de condiciones de cada licitación, tal como lo exige el artículo 24 de la Ley Orgánica, debe expresar los derechos y obligaciones de las partes contratantes, el procedimiento de la licitación y las reglas conforme a las cuales se garantiza la transparencia, la igualdad y la libre concurrencia de todos los interesados. Una vez otorgado el respectivo contrato, dicho Pliego pasa a formar parte integrante de éste y debe contener, sin carácter limitativo, los aspectos siguientes:

a. Descripción general y objetivos del proyecto;

b. Condiciones para la presentación de la oferta económica;

c. Aportes y garantías ofrecidos por el Estado, si los hubiere;

d. Grado de riesgo que asume el participante durante la construcción de la obra o prestación del servicio;

e. Condiciones y estándares de construcción, de servicio y de devolución de las obras al término de la concesión;

f. Fórmulas e índices a ser utilizados para la fijación o determinación de tarifas, precios y demás modos de retribución del concesionario;

g. Índices a ser utilizados para la determinación de la tasa interna de retorno del inversionista;

h. La forma y plazo en que el concesionario podrá solicitar la revisión del sistema tarifario, de su fórmula de reajuste o del plazo de la concesión, por causas sobrevinientes que así lo justifiquen;

i. Criterios y métodos para la evaluación de los componentes técnicos y financieros de las propuestas;

j. Origen de los fondos para ejecutar los trabajos y el importe autorizado para el primer ejercicio, en el caso de proyectos cuya ejecución demande de aportes públicos;

k. Garantías a ser constituidas, incluida la de seriedad de la propuesta, indicando su naturaleza, cuantía y los plazos en que debe constituirse;

l. Los derechos que corresponden a los usuarios del servicio;

m. Plazos para consultas y aclaratorias sobre el pliego de condiciones;

n. Antecedentes que deben entregar los licitantes en las ofertas técnica y económica;

o. Forma, fecha, hora y lugar de la presentación de las ofertas y formalidades del acto de apertura;

p. Multas y demás sanciones establecidas;

q. Causales de suspensión y extinción de la concesión;

l. Forma de calcular la indemnización del concesionario en caso de rescate anticipado;

m. Plazo para el otorgamiento y firma del contrato.

Una vez hecha pública la convocatoria de la licitación, tal como lo establece el mismo artículo 22, el pliego de condiciones no puede alterarse o modificarse, salvo que se deje sin efecto la convocatoria realizada.

E. La presentación de las ofertas.

Las ofertas deben ser presentadas en la forma establecida en el pliego de las condiciones, debiendo contener en todo caso los antecedentes generales de las personas jurídicas oferentes, una oferta técnica y una oferta económico-financiera (art. 25).

F. La apertura de las ofertas.

Conforme a lo exigido en el artículo 26 de la Ley, las ofertas deben ser recibidas en acto público por el ente concedente, en el día, hora y lugar indicado para este efecto en el pliego de condiciones.

En dicho acto de apertura de las ofertas se debe dejar constancia mediante acta, de quienes presentaron ofertas, de los antecedentes recibidos, de cuáles fueron rechazadas y de las observaciones que formularen los licitantes.

G. La evaluación de las ofertas.

Las evaluaciones de las propuestas deben comprender dos etapas conforme regula en el artículo 27 de la Ley Orgánica: una etapa de evaluación técnica y otra de evaluación económica, de manera que sólo aquellas que resulten aprobadas en la primera etapa pueden ser consideradas para la segunda.

La Ley Orgánica remite al Reglamento para el establecimiento de los criterios de evaluación que pueden utilizarse según el tipo de concesión de que se trate, siendo sin embargo, de obligatoria consideración, ya sea en forma alternativa o simultánea, los siguientes criterios:

    a.   La estructura tarifaria propuesta;

    b.   El plazo de duración de la concesión;

    c.   Los pagos ofrecidos por el concesionario a la República;

    d.   La reducción de aportes o garantías que deba hacer la República,

    e.   El menor valor presente de las tarifas, peajes u otra modalidad de retribución del concesionario;

    f.   El menor valor presente de las amortizaciones o pagos que en su caso deba hacer la República al concesionario;

    g.   Las ventajas y desventajas del plan de financiamiento propuesto y su adecuación para atender los costos de construcción, operativos y de mantenimiento del proyecto.

H. La adjudicación del contrato de concesión

Conforme al artículo 28 de la Ley Orgánica, el contrato debe ser adjudicado "a quien formule la mejor propuesta económico-financiera entre las aceptadas desde el punto de vista técnico aunque en el proceso de licitación se presentare una sola oferta," sin perjuicio de la facultad del ente concedente de desestimar todas las ofertas mediante acto motivado.

En este último caso de quedar desestimadas todas las propuestas presentadas, dispone expresamente la Ley Orgánica que "no nacerá para los oferentes derecho alguno de pedir indemnización" (art. 28).

En todo caso, el ente concedente puede licitar la concesión de nuevo, admitiendo a todos los que participaron en la anterior licitación y a cualquier nuevo proponente que cumpla los requisitos establecidos para presentar propuestas.

I. La suscripción del contrato

Luego de adjudicado el contrato de concesión el mismo queda perfeccionado conforme a lo indicado en el artículo 28 de la Ley, "al ser suscrito por las partes contratantes" y además, debe publicarse en la *Gaceta Oficial* de la República.

A tal efecto, conforme al artículo 29 de la Ley, el concesionario queda obligado no solo a suscribir el contrato de concesión, sino a autenticarlo, junto con los poderes otorgados y las garantías ante Notario Público; y a registrar el contrato, los poderes y garantías autenticados ante el ente concedente.

Previamente a la suscripción del contrato, el concesionario, conforme lo dispone la misma norma del artículo 29 de la Ley Orgánica, está obligado, dentro del plazo establecido en el pliego de condiciones, a "constituir una sociedad mercantil de nacionalidad venezolana con quien se entenderá celebrado el contrato y cuyo objeto será la construcción rehabilitación, modernización, ampliación y explotación de obras y servicios públicos, incluyendo particular referencia al objeto de la concesión adjudicada."

En caso de incumplimiento por el adjudicatario de estas obligaciones dentro del término que se le hubiere fijado, el acto de adjudicación se considera que queda sin ningún efecto y la garantía constituida para responder por la seriedad de la propuesta pasa de pleno derecho en favor de la República o, en su caso, al patrimonio de la entidad contratante.

J. Constitución de garantías

Por último, conforme al artículo 30 de la Ley Orgánica, el concesionario debe constituir una garantía definitiva correspondiente a la fase de construcción, cuya forma y monto debe ser establecido en el pliego de condiciones.

Asimismo, debe constituir, con carácter previo a la puesta en funcionamiento de la obra o del servicio o de una parte o sección de éstos, garantía para asegurar el cumplimiento de las obligaciones asumidas con motivo de la explotación, en la forma y monto que determine el pliego de condiciones.

Conforme se dispone en la misma norma, en ningún case el concesionario estará obligado a mantener la vigencia de alguna garantía cuando la obligación cuyo cumplimiento estaba llamado a garantizar se hubiere cumplido en los términos y condiciones previstos en el contrato y en el pliego de condiciones.

En relación con estas garantías, el ente concedente debe velar por la oportuna consignación y suficiencia de las garantías exigibles al concesionario, por su mantenimiento y vigencia durante cada etapa del contrato y ejercitará todas las acciones que procedieren para obtener las indemnizaciones que correspondan por los daños y perjuicios derivados de la ejecución de dichos contratos (art. 410.

V. LOS DERECHOS DEL CONCESIONARIO

De acuerdo con el artículo 33 de la Ley Orgánica, desde el momento en que se perfeccione el contrato, el concesionario tiene los siguientes derechos:

1. El derecho a la contraprestación

El concesionario tiene derecho a recibir oportunamente las remuneraciones acordadas en el pliego de condiciones o en el contrato (art. 33.a); y a explotar las obras ejecutadas y percibir los peajes, precios y demás asignaciones o beneficios convenidos y debidamente establecidos en el pliego de condiciones o en el contrato (art. 33.b)

En relación con dicha contraprestación, el concesionario tiene derecho a solicitar la revisión del régimen económico de la concesión y del plazo de ejecución por causas sobrevinientes, y a obtener, si fuere el caso, las compensaciones a que hubiere lugar que podrán hacerse efectivas por medio de la revisión del régimen tarifario u otras fórmulas de remuneración del concesionario, de su fórmula de reajuste o del plazo del contrato, pudiendo utilizarse para ello uno o varios de estos factores a la vez (art. 33.c).

2. El derecho de utilización de bienes ajenos

El concesionario tiene derecho de gozar de los derechos y obligaciones del beneficiario de la expropiación, limitados a lo necesario para dar cumplimiento al contrato de concesión (art. 33.d).

En particular, conforme al artículo 60 de la Ley Orgánica, desde el momento de perfeccionarse el contrato de concesión, el concesionario tiene derecho al uso y goce de los bienes de dominio público o privado del ente concedente que sean destinados a la ejecución y desarrollo de las obras o servicios objeto de dicho contrato.

En cuanto a las aguas y a las minas o materiales que aparecieren como consecuencia de la ejecución de las obras públicas no se entenderán incluidos en la concesión y su utilización por el concesionario se regirá por las normas contenidas en la legislación especial aplicable en cada caso (art. 31.e).

3. Derecho a disfrutar de garantías e incentivos legales

El concesionario tiene derecho de gozar de las garantías e incentivos establecidos por la Ley Orgánica o en otras leyes (art. 33.e).

Por lo que se refiera a la Ley Orgánica, el artículo 55 dispone en cuanto a los aportes o incentivos, que cuando lo estime conveniente en razón de la magnitud o del interés público de los proyectos, el Ejecutivo Nacional, a través del ente concedente tiene competencia para:

a. Compartir con el concesionario los costos del financiamiento de las obras, o aportar los proyectos, terrenos o las construcciones que fueren necesarios para su ejecución.

b. Concederle la explotación, conservación y el mantenimiento de obras contiguas a la concedida, o tramos de ésta ya construidos.

En cuanto a los incentivos fiscales, el artículo 56 dispone que los titulares de las concesiones de obras o servicios otorgados de conformidad con la Ley Orgánica que en virtud de lo dispuesto en el contrato correspondiente, asuman el financiamiento de la inversión que requiera la obra o el servicio concedido, deben gozar de los siguientes beneficios fiscales:

a. Exención del cincuenta por ciento (50%) de la renta neta gravable con el impuesto sobre la renta, en los casos en los que los titulares de la concesión asuman el financiamiento de la inversión en una proporción igual o superior al cincuenta por ciento (50%).

Esta exención es procedente cuando el titular de la concesión haya cumplido con el financiamiento de la inversión programada para cada ejercicio fiscal, de conformidad con el contrato.

b. Exención del veinticinco por ciento (25%) de la renta neta gravable con el impuesto sobre la renta, en los casos de titulares de la concesión que asuman el financiamiento de la inversión en una proporción inferior al cincuenta por ciento (50%).

En estos casos, a los efectos de la determinación del derecho de los titulares de la concesión a estos beneficios fiscales, se considera como financiamiento de la inversión los aportes de capital en dinero o especie directamente aplicados a la obra o servicio objeto de la concesión.

En los casos de concesiones cuyo financiamiento provenga del titular de la concesión, el Ejecutivo conforme al artículo 57 de la Ley Orgánica, puede exonerar del pago de impuesto sobre la renta los intereses de los capitales tomados en préstamo y los correspondientes a las obligaciones emitidas por el titular de la concesión, vinculadas al financiamiento de la inversión. Dichas exoneraciones se deben otorgar de conformidad con las normas del Código Orgánico Tributario.

4. Derecho a procurar los medios para financiar la obra

El concesionario tiene derecho de emitir acciones, obligaciones y a contraer cualquier deuda u obligación destinadas al financiamiento de las inversiones vinculadas a la concesión, cuando en el pliego de condiciones o en el contrato correspondiente se autorice a ello (art. 33.f).

5. Derecho de constitución de garantías sobre el contrato

El concesionario tiene derecho, conforme al artículo 34 de la ley Orgánica, a constituir en prenda sin desplazamiento de posesión el contrato de concesión o los ingresos futuros de dicho contrato, para garantizar el cumplimiento de obligaciones crediticias contraídas para financiar su ejecución, previa autorización del ente concedente. Igualmente, puede ceder u otorgar en prenda cualquier pago ofrecido por la República y que conste en el contrato.

A los efectos de estas garantías, en todo lo no previsto en la ley Orgánica, la misma remite a las previsiones de la Ley de Hipoteca Mobiliaria y Prenda sin Desplazamiento de Posesión.

El documento en que se establezca la garantía deberá protocolizarse por ante la Oficina Subalterna de Registro competente y consignarse ante el ente concedente.

6. Derecho a la rescisión en caso de encarecimiento y modificación excesiva del contrato

La Ley Orgánica establece como deber del ente concedente, el realizar todos los esfuerzos dirigidos a prevenir y evitar el encarecimiento de las obras ejecutadas en virtud de la Ley Orgánica. Con tal propósito, debe corregir en el menor tiempo posible los desajustes que pudieran presentarse, gestionar o asignar oportunamente los recursos a cuyo aporte se hubiere comprometido la República y utilizar los mecanismos o procedimientos más eficaces para precaver o solucionar los conflictos o diferencias que puedan afectar la ejecución de los contratos. (art. 42)

Sin embargo, conforme al artículo 42 de la Ley Orgánica, si las modificaciones al contrato alteran el valor del mismo en un veinte por ciento (20%) o más del valor inicialmente fijado en el contrato, el concesionario tendrá derecho a solicitar la rescisión y a reclamar la indemnización de los daños y perjuicios que la modificación le ocasione.

7. Derecho de cesión o transferencia del contrato de concesión

Conforme al artículo 35 de la ley Orgánica, el concesionario tiene derecho a ceder o transferir, desde el perfeccionamiento del contrato, la concesión o los derechos de la sociedad concesionaria previa autorización del ente concedente. En el caso de que se hubiere constituido garantía sobre el contrato de concesión de conformidad a lo establecido en el artículo 34, se requiere también de la aprobación escrita del acreedor prendario.

La cesión voluntaria o forzosa de la concesión debe ser total, y comprende todos los derechos y obligaciones derivados del contrato, de manera que la persona jurídica que pretenda sustituirse en el concesionario, incluido el acreedor prendario, debe reunir los requisitos establecidos para ser licitante, no puede estar sujeta a inhabilidades y debe acreditar suficientemente su capacidad para cumplir las metas, plazos, especificaciones técnicas y demás obligaciones y requisitos fijados en el pliego de condiciones y en el contrato.

8. Derecho a obtener la colaboración de la Administración

Conforme al artículo 62 de la ley Orgánica, el ente concedente está facultado para coordinar y facilitar la tramitación y obtención de todos los permisos, licencias o autorizaciones que requiera el concesionario para la ejecución de los respectivos contratos, sin perjuicio del estricto cumplimiento de las leyes, reglamentos y demás instrumentos que rigen la expedición de tales actos.

IV. LAS OBLIGACIONES DEL CONCESIONARIO

1. Las obligaciones generales del concesionario

De acuerdo con el artículo 36 de la Ley Orgánica, el concesionario tiene las siguientes obligaciones generales:

A. El cumplimiento del contrato conforme a la ley

El concesionario está obligado a cumplir y hacer cumplir el contrato con estricta sujeción a las normas, los proyectos, especificaciones técnicas y estándares de calidad establecidos en este Decreto-Ley, en su Reglamento y en el pliego de condiciones (Art. 36.a).

B. Sujeción a las directrices del ente concedente

El concesionario está obligado a acatar las directrices, órdenes o resoluciones emitidos por el ente concedente en el ámbito de sus atribuciones (Art. 36.b); así como a permitir y facilitar las inspecciones y auditorías que tengan por objeto verificar su desempeño y comprobar el cumplimiento de las condiciones de calidad, precio y adecuación técnica de la obras ejecutadas y de los servicios prestados (Art. 36.c).

C. Obligación de prestar el servicio con continuidad, normalidad y sin interrupciones

El concesionario está obligado a prestar el servicio con la continuidad convenida y garantizar a los usuarios el derecho a utilizarlo en las condiciones que hayan sido establecidas en el Reglamento del Servicio o en las leyes reguladoras del servicio público de que se trate (Art. 36.d).

Igualmente, el concesionario está obligado a facilitar o prestar el servicio en condiciones de absoluta normalidad, suprimiendo las causas que originen molestias, incomodidades, inconvenientes o peligrosidad a los usuarios de las obras, salvo que la adopción de medidas que alteren la normalidad del servicio obedezca a razones de seguridad o de urgente reparación (Art. 36.e).

Por último, el concesionario está obligado a prestar el servicio ininterrumpidamente, salvo situaciones excepcionales debidas a caso fortuito o fuerza mayor, cuyos efectos serán calificados por el ente concedente, acordando las medidas que sean necesarias para lograr la más rápida y eficiente reanudación del servicio (Art. 36.f).

D. Obligación de indemnizar

El concesionario está obligado a indemnizar los daños y perjuicios que se causen a terceros con motivo de la ejecución del contrato de concesión, a menos que tales daños fuesen la consecuencia inmediata de una orden o instrucción emanada del ente concedente o de cualquier otro órgano o entidad de la administración (Art. 36.g).

2. Obligaciones específicas en la etapa de construcción de las obras

A. Obligaciones en el caso de Proyectos integrales o llave en mano

En el caso de proyectos integrales o llave en mano, el concesionario esta está obligado a presentar ante el ente concedente, dentro del plazo estipulado en el pliego de condiciones, la memoria descriptiva, los planos y el proyecto de ingeniería de detalle a los efectos de su aprobación.

En estos casos, el pliego de condiciones debe establecer las sanciones aplicables por el retardo en el cumplimiento de esta obligación de parte del concesionario. De no producirse respuesta alguna dentro de los sesenta días siguientes a la presentación de toda la documentación exigida, la Ley le da efectos positivos al silencio administrativo, entendiéndose como aprobado el proyecto presentado (art. 31.a).

B. La ejecución conforme al contrato

Las obras previstas en la concesión deben ejecutarse con estricta sujeción a las estipulaciones contenidas en el pliego de condiciones, en el proyecto aprobado, en el contrato y conforme a las instrucciones que en interpretación técnica del contrato diere al concesionario el Inspector designado por el ente concedente.

Durante el desarrollo de las obras y hasta que se cumpla el plazo de garantía que establezca el pliego de condiciones, el concesionario es el responsable de los defectos que pueda presentar la construcción (art. 31.b)

C. La ejecución a riesgo del concesionario

Las obras previstas en el contrato se deben ejecutar a entero riesgo del concesionario, incumbiéndole a hacer frente a cuantos desembolsos fueren precisos hasta su total terminación.

La República no será responsable de las consecuencias derivadas de los contratos que celebre el concesionario con los constructores o suministradores (art. 31.c).

D. La obligación de terminación de las obras

El concesionario está obligado a concluir las obras y ponerlas en servicio en las fechas y plazos que establezcan el pliego de condiciones y el contrato. El pliego de condiciones fijará las sanciones aplicables por los incumplimientos (art. 31.g).

Cuando el retraso en el cumplimiento de los plazos parciales o del total fuere imputable a la República, el concesionario gozará de un aumento igual al período de entorpecimiento o paralización, sin perjuicio de las compensaciones que procedan (art. 31.d).

V. LAS PRERROGATIVAS DEL ENTE CONCEDENTE

1. La potestad de inspección y control del ente concedente

Conforme se establece en el artículo 37 de la Ley Orgánica, el ente concedente puede disponer en todo momento las medidas de inspección, vigilancia y control necesarias para asegurar el cumplimiento del contrato, y en particular, para verificar el adecuado desempeño del concesionario y comprobar la conformidad existente entre el proyecto o la obra ejecutados y las condiciones de calidad y demás especificaciones técnicas fijadas en el pliego de condiciones, en el contrato, y en su caso, las que se desprendan de las instrucciones emanadas del ente concedente.

A tal efecto, el ente concedente debe designar un Inspector que tendrá a su cargo el control y vigilancia del avance, desarrollo y calidad de la ejecución de las obras y su concordancia con la ingeniería aprobada (art. 31.f).

2. La potestad de interpretación unilateral del contrato

Conforme al artículo 38 de la Ley Orgánica, de surgir discrepancias entre las partes durante la ejecución del contrato acerca de la interpretación o el alcance de cualesquiera de sus disposiciones, el ente concedente, de no lograrse un acuerdo, debe interpretar las estipulaciones o cláusulas objeto de la diferencia mediante acto administrativo debidamente motivado.

Quedan a salvo, según dicha norma, los derechos del concesionario de utilizar los mecanismos de solución de controversias contemplados en la misma Ley Orgánica, como se indica más adelante, para la defensa de sus intereses y de reclamar los daños o perjuicios que el acto administrativo pueda ocasionarle.

3. La potestad de modificación unilateral del contrato

Conforme se establece en el artículo 39 de la Ley Orgánica, desde que se perfeccione el contrato, el ente concedente puede modificar, por razones de interés público y mediante acto debidamente motivado, las características de las obras y servicios contratados.

En tal circunstancia el ente contratante debe compensar al concesionario en caso de perjuicio, acordando con aquél indemnizaciones que podrán expresarse en el plazo de la concesión, en las tarifas, en los aportes o subsidios o en otros factores del régimen económico de la concesión pactados, pudiendo utilizar uno o varios de esos factores a la vez.

Por otra parte, en relación con la posible "insuficiencia de obras," el artículo 40 de la Ley Orgánica dispone que si durante la vigencia de la concesión, la obra resultare insuficiente para la prestación del servicio en los niveles definidos en el contrato de concesión o en el pliego de condiciones y se considerare conveniente su ampliación o mejoramiento por iniciativa del ente concedente o a solicitud del concesionario, se procederá a la suscripción de un convenio complementario al referido contrato de concesión. Este convenio debe fijar las particulares condiciones a que deba sujetarse la realización de las obras y su repercusión en el régimen de tarifas o en cualquier otro factor del régimen económico o en el plazo de la concesión, quedando facultado el ente concedente para incluir en dicho convenio, como compensación, uno o varios de esos factores.

Para la aprobación del convenio complementario conforme a lo establecido en el artículo 14 de la Ley, el asunto lo debe presentar el Ministerio correspondiente, ya sea actuando en ejercicio de su competencia o como ente de adscripción, al Presidente de la República a los fines de su aprobación en Consejo de Ministros.

4. Potestad de sancionar al concesionario

El ente concedente está facultado conforme se prevé en el artículo 43 de la Ley Orgánica, para imponer al concesionario las sanciones de apercibimiento, de amonestación o de multa establecidas previamente en el pliego de condiciones y en el contrato por el incumplimiento de dicho contrato, de su pliego de condiciones o de las resoluciones expedidas por el ente concedente, todo ello sin perjuicio de la facultad que le corresponde de adoptar las medidas preventivas que fuesen necesarias para asegurar la continuidad de una obra o de un servicio o para evitar su pérdida o deterioro.

5. Potestad de suspender la concesión

Conforme al artículo 43 de La ley Orgánica, en particular, el ente concedente puede declarar suspendida temporalmente la concesión, acordar su intervención y declarar su extinción, todo ello en conformidad con las previsiones contenidas en la ley Orgánica, como se indica más adelante.

En particular, en cuanto a la suspensión de las concesiones, el artículo 45 de la Ley Orgánica dispone que las mismas pueden quedar temporalmente suspendidas:

a. En el caso de guerra, conmoción interior o fuerza mayor que impidan la prestación del servicio;

b. Cuando se produzca una destrucción parcial de las obras o de sus elementos, de modo que se haga inviable su utilización por un período de tiempo; y

c. Por cualquier otra causa que el pliego de condiciones establezca.

En estos casos, el ente concedente debe constatar, de ser posible, la existencia de alguno de los supuestos de suspensión de la concesión a los fines de su autorización previa; y debe adoptar las previsiones de emergencia o de necesidad necesarias para la protección y conservación de las obras o del servicio y acordará la reanudación o restablecimiento de unos u otros en cuanto cesen las causas que dieron lugar a la suspensión.

VI.   RESPONSABILIDAD DE LA REPÚBLICA

Conforme a lo expresamente indicado en el artículo 44 de la Ley Orgánica, la República, por órgano del ministerio o entidad competente, es responsable por las actuaciones, abstenciones, hechos y omisiones que le sean imputables y que causen perjuicios al concesionario.

En tales casos debe indemnizar la disminución patrimonial que se ocasione, la prolongación de la misma y la ganancia, beneficio o provecho dejados de percibir por el concesionario.

Por otra parte, de acuerdo con la misma norma, la República puede concurrir junto al concesionario el pago de los daños y perjuicios producto de caso fortuito o fuerza mayor, si así lo estableciere el pliego de condiciones o el contrato.

VII. LA EXTINCIÓN DE LAS CONCESIONES

Causas de Extinción. El artículo 46 de la Ley Orgánica establece las siguientes causales de extinción de las concesiones:

a. Cumplimiento del plazo por el que se otorgó con sus modificaciones si procediere;

b. Mutuo acuerdo entre el ente concedente y el concesionario;

c. Por rescisión del contrato debida a incumplimiento grave de las obligaciones del concesionario;

d. Por rescate anticipado;

e. Por quiebra del concesionario; y

f. Las que se estipulen en el pliego de condiciones y en el contrato.

1. La extinción de la concesión por cumplimiento del plazo y la reversión de los bienes afectos a la concesión

Cumplido el plazo de la concesión, conforme al artículo 46 de la Ley, el ente concedente debe comprobar el cumplimiento de su objeto, mediante constatación que se debe verificar mediante acto de recepción o conformidad, en el plazo y bajo las condiciones que establezca el Reglamento de la Ley Orgánica.

Extinguida la concesión, las obras o servicios pueden ser nuevamente otorgados en concesión que debe tener por objeto su conservación, reparación, ampliación o explotación.

De acuerdo con la previsión expresa del artículo 48 de la Ley Orgánica, a los efectos de la reversión, el contrato de concesión debe establecer el plazo de la concesión, las inversiones que debe realizar el concesionario "y los bienes que por estar afectos a la obra o al servicio de que se trate, deben revertirán al ente concedente, a menos que no hubieren podido ser totalmente amortizadas durante el mencionado plazo."

En consecuencia, no todos los bienes afectos a la reversión deben ser revertidos, debiendo el contrato expresar "las obras, instalaciones o bienes que hubiere de realizar el concesionario no sujetas a reversión, las cuales, de considerarse de utilidad o interés público, podrán ser objeto de reversión previo pago de su precio al concesionario."

En todo caso, durante un período prudencial anterior a la terminación del contrato, el ente concedente debe adoptar las disposiciones encaminadas a que la entrega de los bienes a ser revertidos se verifique en las condiciones convenidas.

1. Extinción por mutuo acuerdo previa autorización del Presidente de la República

La concesión también se extingue conforme a la previsión del artículo 49 de la ley, por acuerdo entre el ente concedente y el concesionario, con arreglo a las condiciones del convenio que se suscriba por ambas partes. Este convenio debe ser previamente aprobado por el Presidente de la República y entra en vigor mediante Resolución del Ministerio competente que deberá publicarse en la Gaceta Oficial de la República.

La resolución de la concesión por mutuo acuerdo sólo puede adoptarse cuando no concurra otra causa de resolución o de extinción imputable al concesionario y siempre que por razones de interés público resultare innecesaria o inconveniente la continuación del contrato.

2. Extinción por incumplimiento grave y la intervención de la concesión

Las concesiones también se extinguen, conforme a la previsión del artículo 50 de la Ley Orgánica, por incumplimiento grave del contrato de concesión, lo cual debe ser objeto de declaración por el ente concedente acordada con fundamento en alguna de las causales establecidas en la Ley Orgánica, en el respectivo contrato de concesión o en el pliego de condiciones. La declaratoria de incumplimiento del contrato debe ser ejecutada sin necesidad de pronunciamiento judicial.

En este caso, el ente concedente debe proceder a licitar públicamente y en el plazo de 180 días contados desde la declaración, el contrato de concesión por el plazo que le reste. En este caso, el pliego de condiciones de la licitación debe establecer los requisitos que debe de cumplir el nuevo concesionario, los que, en ningún caso, pueden ser más gravosos que los impuestos al concesionario original. Al asumir el nuevo concesionario, debe cesar en sus funciones el interventor que se hubiere designado de conformidad con las previsiones de la Ley Orgánica.

En todo caso, la declaratoria de extinción del contrato por incumplimiento grave sólo puede acordarse previa audiencia del concesionario y mediante un procedimiento que le asegure el pleno ejercicio de sus garantías constitucionales.

En este marco legal, conforme al artículo 51 de la Ley, y sin perjuicio de los supuestos de incumplimiento grave de las obligaciones del concesionario que puedan establecer el pliego de condiciones o el contrato, se considerarán como tales causales de incumplimiento grave, los siguientes:

a. Demoras no autorizadas en la construcción de las obras, por períodos superiores a los establecidos en el pliego de condiciones;

b. Falta de cumplimiento reiterado de los niveles mínimos de calidad del servicio establecidos en el pliego de condiciones;

c. Cobranza reiterada de tarifas superiores a las autorizadas;

d. Incumplimiento reiterado de las normas de conservación de las obras, especificadas en el pliego de condiciones;

e. No constitución o reconstitución de las garantías en los plazos y condiciones estipuladas en el pliego de condiciones;

La Ley Orgánica regula expresamente la figura de la intervención de la concesión, la cual se produce, conforme al artículo 52, "en caso de que el concesionario abandone la obra, interrumpa el servicio de manera injustificada, o incurra en uno de los supuestos de incumplimiento grave de las obligaciones del contrato," supuestos en los cuales el ente concedente puede designar un interventor con el propósito de impedir o evitar la paralización de la obra o el servicio.

Al conocer del asunto, el ente concedente debe abrir el procedimiento destinado a constatar la situación de hecho, a establecer la responsabilidad que pudiera caber al concesionario y a tomar las decisiones correspondientes de acuerdo con sus atribuciones.

A tales efectos el ente concedente debe notificar de la apertura del procedimiento al concesionario, y tiene un plazo de diez (10) días contados a partir de la fecha de dicha notificación para decidir en forma motivada, con audiencia previa del interesado y con plena observancia de sus garantías constitucionales. El ente concedente puede prorrogar dicho plazo por igual período y por una sola vez.

Comprobados como estuvieren los supuestos que dieron lugar a la apertura de la averiguación, el ente concedente debe adoptar las medidas y decisiones que correspondan y debe proceder a la designación del interventor.

El interventor designado sólo tendrá las facultades de administración necesarias para velar por el cumplimiento del contrato de concesión. Cesa en su cargo en cuanto el concesionario reasuma sus funciones o cuando la concesión sea nuevamente otorgada en la forma prevista en la ley Orgánica. En todo caso, si después de noventa (90) días de la designación del interventor el concesionario no reasume, se entiende que hay incumplimiento grave y se procederá conforme a lo previsto en el artículo 50 de este Decreto-Ley.

3. Quiebra del concesionario

La quiebra de la sociedad concesionaria también determinar la extinción de la concesión y la pérdida en favor de la República o de la entidad contratante de las garantías constituidas y exigibles (art. 54).

4. El rescate anticipado de la concesión por causas de interés público

El artículo 53 de la Ley Orgánica establece, en forma sin duda novedosa en el ordenamiento jurídico aplicable a los contratos públicos, la figura del rescate anticipado de las concesiones por causa de utilidad o interés público, lo que debe decidirse necesariamente por el ente concedente mediante acto administrativo debidamente motivado.

En estos casos, dispone la ley orgánica, "procederá la indemnización integral del concesionario, incluyendo la retribución que dejare de percibir por el tiempo que reste para la terminación de la concesión."

A los efectos de establecer la indemnización en estos casos, la ley orgánica dispone que en el pliego de condiciones se deben establecer los elementos o criterios que deben servir para fijar el monto de la indemnización que haya de cubrirse al concesionario.

Conforme a la Ley Orgánica, si el concesionario estuviese conforme con el monto de la indemnización, la cantidad que se señale por este concepto tiene entonces carácter definitivo; en cambio, si no estuviere conforme, el importe de la indemnización se debe entonces determinar mediante alguno de los mecanismos de solución de conflictos contemplados en la Ley, y que se comentan más adelante.

Como se dijo, este régimen del rescate anticipado de concesiones no se había regulado expresamente en el ordenamiento jurídico ni en las leyes especiales reguladoras de concesiones administrativas. Por ejemplo, en la Ley de Minas no se regula expresamente la posibilidad de la Administración de terminar anticipadamente las concesiones mineras por razones de interés general, sin que medie culpa alguna de los concesionarios, es decir, se se dispone la potestad de la Administración de proceder al rescate anticipado de las concesiones por razones e interés general.

Sin embargo, es indudable que ello siempre es posible, como ha sido reconocido en la jurisprudencia del Tribunal Supremo, como una de las llamadas "cláusulas exorbitantes" del derecho común que existen en todos los contratos del Estado, y que permiten a la administración rescindirlos unilateralmente por razones de interés general; en cuyo caso, como la propia jurisprudencia también lo ha reconocido, siempre debe mediar el pago al co-contratante de una indemnización o compensación por los daños y perjuicios que le cause tal rescisión unilateral. Así, por ejemplo, lo expresó hace décadas la antigua Corte Federal, al indicar que "en el campo de acción de los contratos administrativos, y aunque no conste en las cláusulas de la convención, la rescisión unilateral de ellos, cuando así lo demandan los intereses generales y públicos, es una facultad que la Administración no puede enajenar ni renunciar."[10] La jurisprudencia de la antigua Corte Suprema, además, estableció que esta facultad de la Administración para rescindir unilateralmente el contrato, cuando así lo exija el interés general, no la exime, de una manera absoluta, de indemnizar al co-contratante cuando para éste, sin su culpa, se han derivado perjuicios de la rescisión. La indemnización en este caso, como cuando se trata de una expropiación por causa de utilidad pública o social, es la que esté conforme con la justicia y la equidad.[11]

Y esto es, precisamente, lo que se ha regulado en el artículo 53 de la Ley Orgánica sobre Promoción de la Inversión Privada bajo el Régimen de Concesiones de 1999,[12] cuyo estándar basado en el principio de la responsabilidad de la Administración por sacrificio individual, se ha aplicado por la jurisprudencia de la Sala Político Administrativa cuando las concesiones mineras son revocadas por causas que no son imputables al titular de la concesión, para declarar la validez de los actos administrativos correspondientes.[13]

En efecto, por ejemplo, en el caso de la Ley de Minas, la misma se limitó a establecer los casos específicos de extinción de las concesiones mineras, lo que no impide por supuesto la posibilidad de la Administración de revocar las concesiones mineras, o de ponerle fin anticipadamente a las mismas, cuando razones de interés general lo aconsejen, mediando el pago de una indemnización al concesionario por los daños y perjuicios que

---

10   Corte Federal, sentencia de 12 de noviembre de 1954, en Gaceta Forense, N° 6 (2da. Etapa), Caracas 1954, pp. 193-194. Véase en Allan R. Brewer-Carías, *Jurisprudencia de la Corte Suprema 1930-1974 y Estudios de Derecho Administrativo*, Tomo III, Vol. 2, Instituto de derecho Público, Caracas 1977, pp. 828-829

11   Corte Federal, sentencia de 12 de noviembre de 1954, en Gaceta Forense. N° 6 (2da. Etapa), Caracas 1954, pp. 204-206. Véase en Allan R. Brewer-Carías, *Jurisprudencia de la Corte Suprema 1930-1974 y Estudios de Derecho Administrativo,* Tomo III, Vol. 2, Instituto de Derecho Público, Caracas 1977, pp. 804-805.

12   Gaceta Oficial N° 5.394 Extra. del 25 de octubre de 1999. Los antecedentes normativos de esta previsión sobre rescisión unilateral de contratos estatales y el pago de indemnización, están en las, viejas Condiciones Generales de Contratación en los contratos de obra dictadas por la Administración, donde se indicaba que en los casos de terminación anticipada (artículo 115), conforme al artículo 116, el ente contratante debía pagar al contratista no sólo el valor de la obra ejecutada y de los materiales y equipos que hubiere adquirido para la obra, sino una indemnización conforme a unos porcentajes expresamente previstos; Esta figura de la rescisión unilateral de los contratos, fue luego recogida en la Ley sobre las concesiones de obra pública (artículos 79 y 80) y en materia de las concesiones municipales de servicios públicos o explotación de bienes, en el artículo 42 de la Ley Orgánica de Régimen Municipal.

13   Véase la sentencia N° 847 de la Sala Político Administrativa del Tribunal Supremo de Justicia del 17 de Julio de 2008 (Caso: *Minas San Miguel C.A.*), disponible en http://www.tsj.gov.ve/decisiones/spa/Julio/00847-17708-2008-2005-5529.html; Sentencia N° 395 de la misma Sala del 25 de Marzo de 2009 (Caso: Unión Consolidada San Antonio), disponible en http://www.tsj.gov.ve/decisiones/spa/Marzo/00395-25309-2009 -2005-5526.html.

le cause ese rescate anticipado. En esta materia, por supuesto, se aplican todos los principios consolidados sobre la posibilidad de revocación de los actos administrativos irrevocables (creadores o declarativos de derechos a favor de particulares) por razones de mérito, respecto de lo cual la Sala Político Administrativa del Tribunal Supremo de la Justicia, en sentencia de 11 de mayo de 2005, ha declarado que la consecuencia fundamental del principio de irrevocabilidad de los actos administrativos que crean derechos a favor de particulares, cuando son revocados en forma no autorizada por el ordenamiento legal, es que los titulares tienen "el derecho de recibir la compensación por daños y perjuicios causado a ellos por la revocación o la suspensión del acto"[14] como si se tratase de una expropiación de los derechos. El principio tiene su equivalente en materia de actos bilaterales como las concesiones cuando la administración adopta la decisión de poner término anticipadamente a la concesión, expropiando los derechos del concesionario. Se trata, además, de los mismos principios clásicos establecidos por la jurisprudencia y que son aplicados en materia de rescisión unilateral de los contratos del Estado por razones de interés general, en cuyo caso, siempre se reconoce la obligación de la Administración de resarcir al co-contratante por los daños y perjuicios que le cause la rescisión.

En el ordenamiento jurídico venezolano relativo a los contratos del Estado, sin embargo, no hay previsiones legales generales que regulen la forma de establecer la indemnización que corresponde al contratista en caso de terminación anticipada de los contratos por razones de interés general, sin culpa del co-contratante; y ello tampoco se reguló por ejemplo, en la Ley de Minas respecto de los casos de terminación anticipada de concesiones mineras por razones de interés general.

En el ordenamiento jurídico venezolano, en realidad, como se ha dicho, es sólo en la Ley Orgánica sobre Promoción de la Inversión Privada bajo el Régimen de Concesiones de 1999 donde se regula expresamente, dentro de las causales de extinción de las concesiones, este llamado "rescate anticipado" (art. 46.d) de las mismas por causa de interés público, previendo el pago de la correspondiente indemnización integral del concesionario, "incluyendo la retribución que dejare de percibir por el tiempo que reste para la terminación de la concesión." Como se dijo, la Ley Orgánica en la norma, en realidad no hizo otra cosa que positivizar, a los efectos de las concesiones que regula, los principios que había desarrollado la jurisprudencia en materia de revocación de actos administrativos irrevocables (incluso los bilaterales) por razones de interés general, o de

---

14 Véase la sentencia N° 01033 de la Sala Político Administrativa del Tribunal Supremo de Justicia del 11 de mayo de 2000 (el Caso *Aldo Ferro García v. la marca comercial BESO*), disponible en http://www.tsj.gov.ve/deci-siones/spa/Mayo/01033-110500-13168. htm .

rescisión unilateral de contratos del Estado (contratos administrativos) por razones de interés general, mediando siempre el pago de indemnización por parte de la administración, por los daños y perjuicios causados al beneficiario del acto revocado o del contrato rescindido, en términos similares a los de una expropiación de derechos. Sin embargo, lo realmente innovador de la Ley Orgánica, fue el haber establecido un procedimiento específico, con participación activa del concesionario, para la determinación del monto de la indemnización que le corresponde en caso de rescate anticipado de concesiones; disponiendo que para tal efecto debe llegarse a un acuerdo de voluntades a ser formalizado entre el ente concedente y el concesionario, al aceptarse el "Pliego de Condiciones," en el cual de acuerdo con la Ley Orgánica, se deben establecer los "elementos o criterios que servirán para fijar el monto de la indemnización que haya de cubrirse al concesionario."

VIII. RÉGIMEN DE LA SOLUCIÓN DE CONTROVERSIAS

El artículo 61 de la Ley Orgánica dispone que para la solución de los conflictos que surjan con motivo de la ejecución, desarrollo o extinción de los contratos de concesión regulados por la misma, las partes pueden utilizar mecanismos de solución directa tales como la conciliación y la transacción.

Asimismo, las partes pueden acordar en el respectivo contrato someter sus diferencias a la decisión de un Tribunal Arbitral, cuya composición, competencia, procedimiento y derecho aplicable serán determinados de mutuo acuerdo, de conformidad con la normativa que rige la materia.

Cuando se trate de la solución de diferencias de carácter exclusivamente técnico, las partes podrán someter la solución del asunto al conocimiento de expertos directamente designados por ellas. En tales casos, la decisión adoptada siguiendo el procedimiento previamente establecido, tendrá carácter definitivo.

Sección Segunda: EL RÉGIMEN DE LA REVERSIÓN EN LAS CONCESIONES ADMINISTRATIVAS, CON ESPECIAL REFERENCIA A LAS CONCESIONES MINERAS (2015).

Esta Sección la integra el estudio sobre "El régimen de la reversión en las concesiones administrativas en Venezuela, con especial referencia a las concesiones mineras," publicado en *Estudios de derecho público en homenaje al Prof. Horacio Cassinelli* (Alicia Rodríguez Galusso, Coordinadora), Universidad Católica del Uruguay, Montevideo 2016, pp. 27-66; y en *Revista de derecho tributario* No. 147, julio-septiembre 2015, Asociación Venezolana de Derecho Tributario, Legis, Caracas 2015, pp. 19-58.

I. LA RESERVA AL ESTADO DE CIERTAS ACTIVIDADES Y LAS CONCESIONES ADMINISTRATIVAS COMO CONTRATOS PÚBLICOS

Las concesiones administrativas son contratos públicos o contratos estatales (contratos administrativos) celebrados por el Estado y una persona privada o concesionario mediante los cuales el Estado le otorga o concede el derecho de desarrollar determinadas actividades que han sido legalmente reservadas al Estado, y que por tanto no pueden ser desarrolladas libremente por las personas.

En estos casos, en virtud de la reserva al Estado, los particulares no tienen libertad económica para desarrollar las actividades reservadas, pudiendo solo en general hacerlo, mediante el título que les confiere la concesión.[1] Ésta, por tanto, es la que crea en cabeza del concesionario el derecho otorgado, en el sentido que es a través de dicho acto bilateral que el Estado otorga al concesionario el derecho a realizar una actividad que previamente éste no tenía.[2]

---

1. En materia minera, por ejemplo, en virtud de la reserva al Estado de las actividades de exploración y explotación minera, además de poder ser estas desarrolladas "directamente por el Ejecutivo Nacional," puede desarrollarse por los particulares mediante "concesiones de exploración y subsiguiente explotación, "autorizaciones de explotación para el ejercicio de la Pequeña Minería," "Mancomunidades Mineras"; "Minería Artesanal." Artículo 2, Ley de Minas de 1999. Gaceta Oficial No. 5.382 Extra. De 28 de septiembre de 1999..

2. Véase en general, sobre las concesiones administrativas en Venezuela: Víctor R. Hernández Mendible, "La concesión de servicio público y la concesión de obra pública," en *Revista de la Facultad de Ciencias Jurídicas y Políticas*, Universidad Central de Venezuela, Nº 113, Caracas 1999, pp. 53-91; Alfredo Romero Mendoza, (coordinador), *El régimen legal de las concesiones públicas. Aspectos jurídicos, financieros y técnicos,*

A pesar de tratarse de actos bilaterales o contratos del Estado, que se forman mediante acuerdo entre el Estado y el concesionario, las concesiones no siempre tienen la forma tradicional de los contratos como documentos suscritos entre ambas partes, pues en muchos casos, luego de que se logra el acuerdo necesario sobre los términos de la relación jurídica entre el Estado y los concesionarios, las mismas se publican como parte de un acto administrativo unilateral, como por ejemplo, una resolución ministerial, como es el caso en Venezuela de las concesiones mineras que con la denominación de "título de exploración," "certificado de explotación" o simplemente "Título Minero" se otorgan por el Ministro de Energía y Minas, y se publican mediante una Resolución Ministerial en la *Gaceta Oficial*.[3]

En todo caso, como acto bilateral, la concesión difiere de otras instituciones de derecho administrativo como las autorizaciones, que son actos administrativos unilaterales mediante los cuales se permite a una persona realizar ciertas actividades respecto de las cuales, aun cuando tiene derecho a realizarlas, no puede hacerlo en virtud de restricciones legales que imponen la intervención del Estado mediante la exigencia de una autorización previa para poder realizarla. Por ello, en forma contraria a las concesiones, la autorización solo tiene efectos declarativos, en el sentido de que solo declara que la persona autorizada puede realizar la actividad que previamente tenía derecho a realizar, y que solo estaba sujeta a la intervención del Estado. La misma, por tanto, al contrario de la concesión, no crea el derecho que autoriza a realizar.

En virtud de que el derecho otorgado al concesionario mediante la concesión para realizar una actividad que previamente ha sido reservada al Estado, la ley aplicable al contrato de concesión es ante todo la que regula la actividad reservada, complementada con las previsiones contractuales que se incluyan en el contrato de concesión. Dichas cláusulas, conforme al Código Civil, se considera que tienen "fuerza de ley entre las partes" (Artículo 1.159) y las partes están obligadas a cumplir las obligaciones en ellas establecidas "exactamente como han sido contraídas" (Artículo 1.264). Adicionalmente, de acuerdo con el artículo 1.264 del mismo Có-

---

EJV, Caracas 2000; Rafael Badell, Régimen de las concesiones de servicios públicos y obras públicas nacionales, en http://www.badell-grau.com/?pag=29&ct=189; Allan R. Brewer-Carías, "Notas sobre el régimen jurídico general de las concesiones administrativas en Venezuela," en *Libro Homenaje a la Ministra Margarita Beatriz Luna Ramos*, Facultad de Derecho y la Coordinación del Programa de Posgrado en Derecho, Universidad Nacional Autónoma de México, México 2013, pp. 61-101, y en *Revista El derecho. Diario de Doctrina y Jurisprudencia. Administrativo*, Universidad Católica Argentina, N° 13.290. Año LI, Buenos Aires 31 de julio de 2013, pp. 1-8.

3. Véase por ejemplo, las diversas denominaciones en los artículos 32, 33, 34, 45, 47, 51, 62, 98, 107, 129, 131 y 132 de la Ley de Minas, Gaceta Oficial No. 5.382 Extra. de 28 de septiembre de 1999.

digo, "el deudor es responsable por los daños en caso de contravención," estableciendo además, el artículo 1.160 del mismo Código, que "los contratos deben ejecutarse de buena fe" y las partes están obligadas "no solamente a cumplir lo expresado en ellos, sino a todas las consecuencias que se derivan de los mismos contratos, según la equidad, el uso o la Ley." Y "la Ley" conforme a esta norma del Código Civil se refiere, precisamente, a la ley aplicable al contrato que es la existente al momento de su celebración, excepto cuando una ley posterior establece disposiciones que se consideren como de orden público, las cuales entonces también son aplicables al contrato. [4]

En consecuencia, las relaciones jurídicas entre las partes en los contratos, incluyendo los contratos de concesión, se rigen por las previsiones de la ley que específicamente regula la materia reservada al Estado que los origina, por los términos de sus cláusulas, y supletoriamente, por las disposiciones del Código Civil o del Código de Comercio, y las otras leyes que le sean aplicables vigentes al tiempo de su celebración. En consecuencia, las partes, en principio, tienen libertad de decidir el contenido de las cláusulas del contrato dentro de los límites establecidos por la ley que los regula, y sujetas a las cláusulas que constitucional o legalmente deban incorporar a su texto. Sin embargo, en muchos casos esta libertad está limitada en la práctica administrativa, como sucede en materia de concesiones mineras, que en cierta forma se configuran como contratos de adhesión.

Por otra parte, precisamente en virtud de que el derecho otorgado al concesionario mediante la concesión es para realizar una actividad que ha sido previamente reservada por ley al Estado, una vez que la concesión termina, el derecho otorgado también se extingue, pudiendo el Estado, en consecuencia, decidir continuar realizando directamente la actividad reservada mediante sus órganos o entes, o proceder a otorgar una nueva concesión a un nuevo concesionario. En cualquier caso, al extinguirse la concesión, y a efectos de asegurar la continuación de las operaciones, las leyes o, en muchos casos, los contratos de concesión establecen la figura de la reversión, previendo que una vez que la concesión expire, todos los bienes adquiridos o utilizados por el concesionario para cumplir la activi-

---

4. La aplicación obligatoria de determinadas provisiones de leyes a los contratos, y que constituye una limitación a la libertad contractual de las mismas, tiene su fundamento en el artículo 6 del Código Civil que dispone que por convenios entre particulares "no pueden renunciarse ni relajarse [...] las leyes en cuya observancia están interesados el orden público o las buenas costumbres." Este concepto de orden público en Venezuela se refiere a situaciones en las cuales la aplicación de una ley interesa al ordenamiento jurídico general que es indispensable para la existencia de la comunidad, el cual, por tanto, no puede dejarse de lado por convenios privados, ni puede evitar ser aplicado alegándose supuestos derechos adquiridos. Véase sobre esta noción de orden público, Allan R. Brewer-Carías, *Administrative Law in Venezuela*, Editorial Jurídica Venezolana, Caracas 2013, p. 134, par. 343.

dad reservada que fue concedida y es el objeto de la concesión, deben ser obligatoriamente transferidos al Estado, en plena propiedad, libre de toda carga, sin compensación.

Una de las actividades económicas que han sido reservadas al Estado en el ordenamiento jurídico venezolano ha sido precisamente la actividad minera de exploración y explotación del subsuelo, el cual, en general ha sido considerado como del dominio público, tal como lo declara ahora expresamente el artículo 12 de la Constitución de 1999. En consecuencia, las actividades mineras de exploración y explotación del subsuelo en Venezuela solo pueden realizarse por las personas o empresas particulares mediante concesión minera otorgada por el Estado. Este fue, por lo demás, el régimen establecido en la Ley de Minas de 1945[5] (artículo 13), y es el que se establece en la Ley de Minas de 1999[6] (artículo 24).

En efecto, en el artículo 13 de la Ley de Minas de 1945, se establecía que el derecho de *explotar los minerales* del subsuelo por las personas privadas solo podía ser otorgado mediante concesión; y en el mismo sentido, el artículo 24 de la Ley de Minas de 1999 establece que el Ejecutivo Nacional puede otorgar a los particulares concesiones mineras que confieren a su titular, el *derecho exclusivo a la exploración y explotación* de las sustancias minerales otorgadas que se encuentren dentro del ámbito espacial concedido.[7]

En consecuencia, lo que básicamente ha sido reservado al Estado en la Ley de Minas desde 1945, ha sido fundamentalmente la actividad de explotación del subsuelo, es decir de los yacimientos o depósitos de minerales, entendiéndose en general en la legislación de minas por "explotación," la acción de cavar y extraer minerales del subsuelo.[8]

En cambio, en la legislación minera no se ha establecido nunca, en general, reserva alguna a favor del Estado respecto de las actividades de aprovechamiento, procesamiento y transformación (beneficio) de los minerales explotados, los cuales una vez extraídos del subsuelo, el concesionario tiene derecho de aprovecharse de ellos como disponga. Es decir, la Ley de Minas nada dispone sobre posibles concesiones para el procesamiento o trasformación industrial de minerales extraídos, actividad que en general en Venezuela, como se dijo, no ha sido reservada al Estado.

---

5   Véase en Gaceta Oficial N° 121 Extra. de 18 de enero de 1945.

6   Véase en Gaceta Oficial N° 5.382 Extra. de 28 de septiembre de 1999.

7   Véase Allan R. Brewer-Carías, *Administrative Law in Venezuela*, Editorial Jurídica Venezolana, Caracas 2013, p. 256 ss., par. 742, 744, 757.

8   Ello deriva del texto mismo de la Ley de Minas de 1999 cuando al referirse a las "concesiones de explotación" establece en su artículo 58 que "se entiende que una concesión está en explotación, cuando se estuviere extrayendo de las minas las sustancias que la integran o haciéndose lo necesario para ello, con ánimo inequívoco de aprovechamiento económico de las mismas y en proporción a la naturaleza de la sustancia y la magnitud del yacimiento."

Solo excepcionalmente y en casos específicos de nacionalizaciones, el Estado se ha reservado, además de la explotación de minerales, su industrialización y comercialización como ha sucedido, por ejemplo, con la industria siderúrgica para el procesamiento del mineral de hierro, la cual fue reservada al Estado mediante Decreto Ley Nº 6.058 de 30 de abril de 2008, contentivo de la Ley Orgánica de ordenación de las empresas que desarrollan actividades en el sector siderúrgico en la Región de Guayana.[9] En esta Ley se reservó expresamente al Estado, por razones de conveniencia nacional "la industria de la transformación del mineral del hierro en la región de Guayana, por ser ésta una zona en la que se concentra el mayor reservorio de hierro, cuya explotación se encuentra reservada al Estado desde 1975" (artículo 1). En sentido similar ocurrió, por ejemplo, con la "industria de fabricación de cemento" que se nacionalizó mediante Decreto Ley Nº 6091 de 27 de mayo de 2008 (artículo 1),[10] y con la industria del oro, respecto de la cual, mediante Decreto Ley Nº 8.413 23 de agosto de 2011, se reservaron al Estado, tanto las actividades primarias como las actividades conexas y auxiliares al aprovechamiento del oro; y a cuyo efecto, se definieron como "actividades primarias, la exploración y explotación de minas y yacimientos de oro," y como "actividades conexas y auxiliares, el almacenamiento, tenencia, beneficio, transporte, circulación y comercialización interna y externa del oro, en cuanto coadyuven al ejercicio de las actividades primarias" (artículo 2).[11]

En consecuencia, el principio general en el derecho venezolano en materia minera, con excepciones como las señaladas, es que solo la actividad de exploración y explotación de minerales ha sido en general reservada al Estado, debiendo dichas actividades de exploración y explotación de minerales desarrollarse por los particulares solamente mediante concesión minera otorgada por el Estado.[12] Cualquier otra actividad, como la trasformación o manufactura de los minerales extraídos, en principio puede realizarse por los particulares en virtud de su derecho a la libertad económica sin necesidad de obtener concesión, salvo los casos en que dicha actividad industrial, respecto de determinados minerales, haya sido expresamente reservada al Estado.

---

9   Gaceta Oficial Nº 38.928 de 12 de mayo de 2008.

10   Gaceta Oficial Nº 5886 Extra. de 18 de junio de 2008.

11   Gaceta Oficial Nº 39.759 del 16 de septiembre de 2011. La Ley fue reformada mediante Decreto Ley No. 1395, Gaceta Oficial No. 6150 Extra de 18 de noviembre de 2014

12   La única excepción en la Ley de Minas de 1999 se refiere a la "minería artesanal," o "pequeña minería" que pueden realizarse por las personas particulares mediante autorización del Ministerio de Minas (artículos 6 and 68), lo que significa que dichas actividades de minería artesanal o pequeña minería no han sido reservadas al Estado.

II. LA REVERSIÓN EN EL RÉGIMEN LEGAL DE LAS CONCESIONES ADMINISTRATIVAS

1. La institución de la reversión en relación con las concesiones administrativas

Como se dijo anteriormente, la institución de la reversión es una figura propia de las concesiones administrativas, la cual por tanto, se aplica a todo tipo de concesiones (de servicios públicos, de obra pública o de explotación de bienes del dominio público, por ejemplo), y consiste en "la obligación del concesionario de entregar a la Administración la obra o servicio y todos los instrumentos necesarios: bienes, acciones y derechos para asegurar la continuidad de esa obra o servicio, una vez extinguida la concesión;"[13] en el entendido de que los bienes que revierten al Estado son solamente aquellos afectados a la realización de las actividades reservadas al Estado que constituyen el objeto de la concesión.

Esta institución, como se ha observado en la doctrina nacional, siguiendo al profesor Eduardo García de Enterría,[14] fue tradicionalmente considerada como una regla general en el derecho administrativo que incluso se consideraba que se encontraba "implícita en el contrato de concesión, al operarse su extinción por vencimiento del plazo, caducidad o rescate." Sin embargo, en el derecho administrativo contemporáneo esa tesis tradicional se considera como una "doctrina jurídica superada" estando en la actualidad la reversión regulada solo y expresamente, sea en las disposiciones legales sectoriales específicas, aplicables a determinadas concesiones, o sea en las propias cláusulas de los contratos de concesión.[15] Esta es, por lo demás, la orientación general de la doctrina del derecho administrativo contemporánea, expuesta por ejemplo en Latinoamérica por el profesor Juan Carlos Cassagne.[16]

---

13 Véase Carlos García Soto, "Reversión de bienes en el contrato de concesión," en la Revista Derecho y Sociedad. *Revista de los estudiantes de la Universidad Monteávila*, Caracas 2003, p. 95.

14 Véase Eduardo García de Enterría, "El dogma de la reversión de las concesiones,", en *Dos Estudios sobre la Usucapión en Derecho Administrativo*, Tecnos, Madrid, 1974, pp. 14-78. Este autor escribió que "En la terminología propia de la dogmática del negocio jurídico la conclusión es que en el Derecho español la reversión no es un elemento esencial, ni siquiera natural de la concesión, sino simplemente accidental, es decir, procede únicamente en caso de pacto expreso (por supuesto, sin perjuicio de las especies de concesión cuya regulación general establece la regla de la reversión; en supuestos concretos)" pp. 73-74

15 Véase Carlos García Soto, "Reversión de bienes en el contrato de concesión," en la Revista Derecho y Sociedad. *Revista de los estudiantes de la Universidad Monteávila*, Caracas 2003, p. 95.

16 Dice Cassagne: "El origen de la reversión que se conectaba con el desarrollo de la figura contractual de la concesión de obra pública, donde constituía una cláusula política desti-

2. La institución de la reversión en jurisprudencia venezolana

Las características generales de la institución de la reversión antes referidas, han sido confirmadas en términos generales, por la jurisprudencia sentada por la antigua Corte Suprema de Justicia. En tal sentido, la Sala Político Administrativa de la misma, en sentencia de 12 de diciembre de 1963 se refirió al fundamento de la reversión en materia de concesiones argumentando que al ser "la actividad del Estado permanente," la reversión, al extinguirse la concesión, es lo que asegura "la continuidad administrativa de la explotación confiada temporalmente al concesionario." De ello derivó la Corte que la reversión es "una expectativa de derecho a favor de la Nación, que sólo se materializa al fin del término de la concesión, que alcanza sólo las obras permanentes que en ese momento existiesen en las áreas concedidas y que no afecta sin embargo el derecho que tienen los concesionarios, durante la vigencia de la misma, de hacer en dichas áreas todas las construcciones, modificaciones y demoliciones que puedan ser más convenientes a los intereses de la explotación."[17]

Con base en la misma argumentación, en la sentencia de la Corte Plena de la antigua Corte Suprema de Justicia de 3 de diciembre de 1974 dictada al decidir la acción de nulidad por inconstitucionalidad intentada contra la Ley de Bienes Afectos a Reversión en las Concesiones de Hidrocarburos de 1971,[18] la Corte, estimó que el principio de que al extinguirse la concesión "los bienes integrantes de la concesión pasarán al Estado sin indemnización alguna," deriva del hecho de que como la actividad del Estado es permanente, ha sido también supuesto y admitido, por tal razón, la continuidad de la actividad administrativa de la explotación confiada temporalmente al concesionario, la cual pasará directamente al Estado." [19]

Ello implica, como lo sostuvo la misma antigua Corte Suprema en su decisión, que la "finalidad original" de la reversión es que "los bienes

---

nada a resguardar la propiedad de la corona, ha sido actualmente superado sosteniéndose que, en definitiva, no es otra cosa que una cláusula económica. / En rigor, la reversión de los bienes del concesionario no puede considerarse una cláusula implícita del contrato de concesión o licencia, ya que la voluntad de perder el dominio no se presume (como en general la renuncia de derechos) y toda cláusula de renuncia al derecho de propiedad es de interpretación restrictiva." Véase Juan Carlos Cassagne, Tratado de derecho administrativo, Séptima edición actualizada, Lexis Nexis,Tomo II, Buenos Aires, p. 418. Consultado en: http://www.cubc.mx/biblioteca/libros/Cassagne,%20Juan%20C% 20-%20Derecho%20Administrativo%20T%20II.pdf En el mismo sentido, véase Miguel S. Marienhof, *Tratado de Derecho Administrativo*, Tomo. III-B, Abeledo Perrot, Buenos Aires 1970, p. 638.)

17 Véase la sentencia de la Sala Político Administrativa de la antigua Corte Suprema de Justicia en Gaceta Oficial N° 27.344 de 15 de enero de 1964, p. 203.336; y en Gaceta Forense N° 42, Caracas 1963, pp. 469-473.

18 Véase en Gaceta Oficial N° 29.577 de 6 de agosto de 1971.

19 La sentencia se publicó en Gaceta Oficial N° 1718 Extra de 20 de enero de 1975.

empleados en la explotación" que son los que se hayan afectos al objeto de la concesión, deben restituirse "sin reserva alguna," razón por la cual "se ha aceptado la reversión, cuya finalidad original es mantener sin interrupción la explotación." En dicha sentencia, la Corte resolvió sobre la pretensión de los impugnantes de que sólo los "bienes inmuebles" eran los sometidos a reversión, indicando que los bienes sujetos a reversión comprenden "todo lo que se haya adscrito a la explotación con destino fijo y permanente y para hacerla realizable."

La Corte, al analizar las normas de la Ley sobre Bienes afectos a Reversión, objeto de la impugnación, concluyó que en las mismas se hallaban:

> "circunscritas al propósito original perseguido al otorgarse la concesión, o sea, que al final de ellas, las tierras, instalaciones y equipos y demás bienes afectos a la explotación, pasarán al Estado sin indemnización alguna, para que quedara asegurada la vida de la concesión y pudiera la Nación reasumirla en condiciones que permitan la adecuada actividad de una gestión pública."

La Corte Suprema incluso destacó, como parte importante de los principios de la reversión y su regulación en la Ley que había sido impugnada, el hecho de que respecto de los bienes no reversibles, los concesionarios tenían, en dicho caso, la prerrogativa de poder probar la situación de los mismos como bienes no sujetos a reversión antes de que el Estado procediera a realizar la adquisición del bien al momento de la extinción de las concesiones.[20] Es decir, que sólo los bienes que el concesionario ha afectado a la realización de las actividades que son el objeto de la concesión son los que están sujetos a reversión, por lo que frente a cualquier pretensión del Estado de revertir bienes que no son de los afectos al desarrollo del objeto de la concesión, el concesionario siempre tiene derecho a probar que no es un bien afecto al objeto de la misma y que por tanto, no es un bien reversible.

De todo lo anteriormente expuesto, y resumiendo lo expresado por la doctrina nacional, se puede decir entonces que la reversión en las concesiones administrativas, responde a las siguientes notas características: *primero*, que se trata de una institución vinculada al régimen de las concesiones administrativas mediante las cuales el Estado otorga a un particular el derecho o privilegio de realizar una actividad que está reservada al Estado; *segundo*, que opera al finalizar el término de duración de la concesión (por cualquier causa, entre otras, en caso de rescate anticipado); *tercero*, que como el derecho concedido regresa al Estado, la reversión tiene por objeto asegurar el mantenimiento sin interrupción de la actividad concedida al extinguirse la concesión; *cuarto*, que por tanto, la misma se refiere exclusivamente a los bienes afectos a la concesión, es

---

20   Idem, pp. 19-23.

decir, aquellos destinados esencialmente o necesarios para continuar con la realización de la actividad concedida; *quinto*, implica que el concesionario debe transferir al Estado los bienes afectos al objeto de la concesión, es decir, destinados a la actividad concedida; y *sexto*, que dicha trasferencia se debe producir sin que sea necesario pago alguno de indemnización de parte del Estado al concesionario (salvo lo que resulte aplicable cuando se trata por ejemplo, de un rescate anticipado de la concesión[21]). A lo anterior hay que agregar, como *séptima* característica, tal como se explica más adelante, que la transferencia de los bienes afectos a la concesión por vía de reversión sin pago de indemnización, no opera respecto de los bienes que el concesionario no hubiere amortizado totalmente durante el plazo de la concesión.

3. El ámbito de los bienes reversibles en las concesiones administrativas

En cuanto al alcance y sentido de la reversión en las concesiones administrativas, debe indicarse que al terminar la concesión por expiración del lapso de duración convenido (y además, por cualquier otra causa), dos tipos de bienes revierten al Estado: primero, los bienes del dominio público o de propiedad del Estado que se afectaron al desarrollo del objeto de la concesión, que deben devolverse al Estado junto con el derecho concedido u otorgado al concesionario; y segundo, los bienes que éste haya incorporado al desarrollo de las actividades objeto de la concesión para ejecutar dicho derecho concedido,[22] que también deben transferirse al Esta-

---

21 El artículo 53 de la Ley Orgánica sobre Promoción de la Inversión Privada bajo el Régimen de Concesiones de Venezuela de 1999, establece que en los casos de rescate anticipado de las concesiones por causa de utilidad o interés público, "procederá la indemnización integral del concesionario, incluyendo la retribución que dejare de percibir por el tiempo que reste para la terminación de la concesión," debiendo establecerse en el pliego de condiciones de la concesión, "los elementos o criterios que servirán para fijar el monto de la indemnización que haya de cubrirse al concesionario." Gaceta Oficial N° 5.394 Extra. del 25 de octubre de 1999.

22 Sobre esta situación dual, Roberto Dromi ha expresado en relación con la figura de la reversión en el derecho administrativo argentino, que si bien "los bienes estatales deben ser restituidos al Estado concedente, salvo disposición en contrario," en cambio "los bienes particulares del concesionario afectados a la prestación del servicio, si las partes no estipulan cuál será el destino de ellos al extinguirse el contrato, seguirán perteneciendo al concesionario," agregando que "No obstante, generalmente se pacta que esos bienes, al extinguirse la concesión, pasarán al dominio del Estado concedente con o sin indemnización en favor del concesionario." Sobre esta figura, sin embargo, advierte Dromi que "es común que se denomine a esto "reversión" de cosas o bienes del contratista al Estado. Ahora bien, como los bienes aludidos nunca fueron del Estado, se presta a confusión decir que se revertirán a él. Por ello es más propio decir transferencia de bienes del contratante al Estado." Véase Roberto Dromi Tratado de Derecho Administrativo, consultado en http://uaiderechoadministrativo.wikispaces.com/file/view/TRATADO+DE+DER+ADMIN+DROMI.pdf/419922716/TRATADO+DE+DER+ADMIN+DROMI.pdf

do.[23] En el primer caso de bienes que siendo del Estado quedaron afectos al derecho concedido, es decir, a la concesión para ser utilizados por el concesionario, concluida la concesión, el Estado los recupera totalmente junto con la reversión del derecho concedido.[24]

En el segundo caso, según se establezca en la ley que regula la materia o en el contrato de concesión, también deben traspasarse al Estado concedente –esta vez en concepto de reversión *stricto sensu*– los bienes adquiridos o construidos y utilizados por el concesionario y que han estado afectados a la actividad objeto de la concesión (es decir, del derecho concedido y que el Estado recupera), a los efectos de que, como antes se dijo, pueda asegurarse, si es el caso, que la Administración del Estado pueda continuar realizando directa o indirectamente la actividad concedida.[25]

---

23 Es por ello que, Esteban Arimany Lamoglia indica que el fenómeno de la reversión se produce al extinguirse la concesión, con dos significados bien distintos: "a) Por un lado, dicho fenómeno designa la idea de vuelta a la Administración del derecho al ejercicio del servicio que hasta entonces había ostentado el gestor del mismo, consolidándolo de este modo con la titularidad última que, en todo momento, aquélla retuvo; es, en definitiva, lo que podríamos denominar la reversión del título habilitante para el desarrollo de la actividad concedida. b) Por otro lado, bajo el mismo concepto de reversión, se alude al fenómeno traslativo, desde el concesionario a la Administración, de los derechos que el primero ostentó, durante todo el período concesional, sobre los elementos materiales adscritos a la explotación." Véase Esteban Arimany Lamoglia, La reversión de instalaciones en la concesión administrativa de servicio público, Bosch Barcelona 1980, pp. 6-7. De la misma manera lo señala Ismael Mata, para quien el concepto de la reversión es utilizado para referirse a dos situaciones diferentes: "1° El regreso a la Administración de la explotación del servicio, es decir, el retorno del ejercicio, ya que la titularidad siempre estuvo en cabeza del Estado. 2° En segundo lugar, por reversión se entiende la transferencia al Estado de los bienes afectados a la explotación, en oportunidad de la extinción del título." Véase Ismael Mata, "Régimen de los bienes en la concesión de servicios públicos," en *Contratos Administrativos*, Jornadas Organizadas por la Universidad Austral, Facultad de Derecho, Editorial Ciencias de la Administración, División de Estudios Administrativos, Buenos Aires, 1999, pp. 296. Para el autor, sin embargo, cuando se trata de bienes aportados por el concesionario, "...carece de sentido expresar que revierten al Estado porque nunca le pertenecieron; lo correcto es decir que debe operarse su transferencia o cesión a favor del Estado". En este mismo sentido se pronuncia Miguel Marienhoff en su *Tratado de Derecho Administrativo*, Tomo III-B, Abeledo-Perrot, Buenos Aires, 1970, pp. 632 y ss., para quien a pesar de que gramaticalmente se acepta la reversión para hablar también de las cosas o bienes del cocontratante que al finalizar la concesión han de pasar al dominio del Estado, lo propio es hablar de transferencia,

24 Véase por ejemplo lo indicado por Diego José Vera Jurado, "El régimen jurídico del patrimonio de destino en la concesión administrativa de servicio público, en *Revista de Administración Pública*, N° 109. Madrid, Enero-abril 1986, pp. 18 y sig. En relación con esto, en estricto sentido, como lo señaló Carretero Pérez: "Los bienes que la Administración afecta a la explotación, sean de dominio público o de propiedad privada de la Administración, estos bienes son de la Administración y no revierten, sino que cesa la posesión del concesionario, que debe devolverlos sin derecho a indemnizaciónestos." Véase Carretero Pérez, "La expropiación forzosa de concesiones," en *Revista de Derecho Administrativo y Fiscal*, N° 10, 1956, p 83.

25 Como también lo indica Gladis Vásquez Franco al referirse a la concesión de servicio público, "la reversión lleva consigo la obligación para el concesionario de entregar a la

La reversión, por tanto, solo opera sobre estos bienes afectos a la actividad objeto de la concesión (por ejemplo, la explotación de una obra pública, la prestación de un servicio público, o la explotación de un bien del dominio público), que son los que permiten al Estado, si es el caso, poder continuar realizando la actividad concedida,[26] y sin los cuales la misma no podría continuar realizándose.[27] Esos son los bienes reversibles en las

---

Administración concedente los bienes (obras instalaciones y demás elementos materiales) afectos al servicio, en las condiciones previstas en el clausulado concesional, de modo gratuito y en estado de conservación y funcionamiento adecuados, que permitan la continuidad del servicio. En el momento de la reversión la Administración ejerce el derecho de retorno y también el de recuperación, en relación con los bienes afectos al servicio concedido, que regresan a la esfera administrativa." Véase Gladis Vásquez Franco, *La Concesión administrativa de servicio público en el derecho español y colombiano*, Edit. Temis, Bogotá 1991, p. 130. Por su parte, sobre la reversión al Estado de los bienes afectos a la concesión de servicio público véase también Marçal Justen Filho, *Teoria Geral das concessiões de serviço público*, Dialética, Sao Paulo, 2003, p. 569; y sobre los bienes afectos a la concesión de bienes de dominio público, véase Rafael Fernández Acevedo, *Las concesiones administrativas de domino público*, Thomson Civitas, Madrid 2007, pp. 419-420; y sobre la reversión de los bienes afectos a la explotación de la obra pública en los casos de concesiones de obra pública véase: Alberto Ruiz Ojeda, *La Concesión de Obra Pública,* Thompson Civitas, 2006, p. 719.

26   Como lo ha señalado Fernando Garrido Falla, esos bienes que revierten son aquellos es que "están de tal manera afectos a la concesión, que forman parte sustancial de ella" de tal forma, que "al finalizar el plazo por el que la concesión fue otorgada, tales bienes revierten a la "Administración concedente, precisamente por la misma razón de asegurar la continuidad del servicio, bien a cargo de la Administración (mediante explotación directa) o de nuevo concesionario." Véase Fernando Garrido Falla, "Efectos económicos de la caducidad de las concesiones administrativas," en *Revista de Administración Pública*, N° 45, Madrid 1964, pp. -235 – 237. Es la misma distinción que recoge Gladis Vásquez Franco, *La Concesión administrativa de servicio público en el derecho español y colombiano*, Edit. Temis, Bogotá 1991, p. 235

27   En tal sentido la Procuraduría General de la República en Dictamen emitido en 1972 sostuvo que siendo que "…la finalidad que se persigue con el otorgamiento de las concesiones es la prestación de una actividad que corresponde a la Administración," de allí "la preocupación de que los bienes afectos a las concesiones [al terminar las mismas] pasen a propiedad del Estado, porque sin ellos no se podría continuar prestando el servicio." Véase Dictamen N° 324, A.E. de 8 de marzo de 1972 en 20 Años de Doctrina de la Procuraduría General de la República 1962-1981, Tomo III, Vol. I, Caracas 1984, pp. 142 y ss. En el mismo sentido, Carlos García Soto ha señalado que con la reversión, por ejemplo, en las concesiones de servicio público, lo que se persigue es que al término del plazo de la concesión, el servicio "que el concesionario venía prestando siga operativo," para lo cual "es necesario que ciertos bienes afectos a la concesión no sean separados de ésta, sino que se mantengan a su servicio," por ser "indispensables para que la prestación sea viable," y para que la Administración pueda continuar explotándolo. Véase Carlos García Soto, "Reversión de bienes en el contrato de concesión," en la *Revista Derecho y Sociedad. Revista de los estudiantes de la Universidad Monteávila*, Caracas 2003, pp. 96, 99. En el mismo sentido puede consultarse a Manuel Rachadell, "Aspectos financieros de las concesiones," en Alfredo Romero Mendoza, (coordinador), *El régimen legal de las concesiones públicas. Aspectos jurídicos, financieros y técnicos*, EJV, Caracas 2000, p. 89; y Miguel Mónaco, "Destino de las Cláusulas de Reversión Incluidas en las Antiguas Concesiones para la Prestación de Servicios de Telecomunicación ante la Ley Orgánica de Telecomunicaciones," en la obra colectiva *Libro Homenaje a*

concesiones administrativas, por lo que en consecuencia, la reversión no opera respecto de bienes del concesionario que se destinen a otras actividades distintas a las que son el objeto específico de la concesión, que son los bienes propios no reversibles en las concesiones administrativas.

Conforme a lo anterior, por ejemplo, en materia de concesiones mineras, la reversión no opera respecto de bienes destinados a todas las otras actividades que puede desarrollar el concesionario que sean distintas a las que se refieren a la exploración y explotación de los minerales concedidos, los cuales, por tanto, son bienes no reversibles pues no son necesarios para que -si es el caso-, el Estado pueda seguir realizando la actividad de exploración y explotación concedida. Entre estos bienes no reversibles por estar destinados a otras actividades distintas de las que son objeto de la concesión minera, estarían por ejemplo, los bienes destinados a las actividades de manufactura o transformación industrial del mineral extraído que pueda realizar el concesionario. Ello es así, por supuesto, siempre que dichas actividades no hayan sido específicamente declaradas como parte de las actividades reservadas al Estado, y por ello, que hayan sido objeto de la concesión.

Ahora bien, por lo que se refiere a los bienes reversibles, es decir, a los destinados a la realización de las actividades objeto de la concesión, y que el concesionario debe adquirir o construir, se estima que conforme al término de duración de la concesión que se establezca en el contrato de concesión, para el momento en que fenezca y se efectúe la reversión, el concesionario ya debe haber recuperado en forma total la inversión que tuvo que realizar. De lo contrario, en virtud del principio del equilibrio económico de los contratos administrativos o contratos del Estado,[28] ello podría generar para el concesionario, el derecho de solicitar se le indemnice por la parte no amortizada de los bienes en cuestión.[29] Lo anterior puede considerarse como un principio bien arraigado en el derecho administrativo venezolano, el cual incluso ha sido recogido en el derecho positivo, en concreto, en la Ley Orgánica sobre Promoción de la Inversión Privada bajo el Régimen de Concesiones de Venezuela de 1999,[30] que excluye la aplicación del principio de la reversión de los bienes afectos por el conce-

---

Gonzalo Pérez Luciani, Temas de Derecho Administrativo, Vol. II, Colección Libros Homenaje del Tribunal Supremo de Justicia, N° 7, Caracas, 2002, pp. 127.

28 Véase sobre el principio, Allan R. Brewer-Carías, "Algunas reflexiones sobre el equilibrio financiero en los contratos administrativos y la aplicabilidad en Venezuela de la concepción amplia de la Teoría del Hecho del Príncipe", en *Revista Control Fiscal y Tecnificación Administrativa*, Año XIII, N° 65, Contraloría General de la República, Caracas 1972, pp. 86-93.

29 Véase en este sentido lo expresado por Miguel Marienhoff en su *Tratado de Derecho Administrativo*, Tomo III-B, Abeledo-Perrot, Buenos Aires, 1970, pp. 634 y ss.

30 Gaceta Oficial N° 5.394 Extra. del 25 de octubre de 1999.

sionario a la obra o al servicio de que se trate, cuando los mismos "no hubieren podido ser totalmente amortizados" durante el plazo de la concesión (art. 48). En estos casos de bienes sujetos a reversión que no han sido completamente amortizados, en virtud del principio del equilibrio económico del contrato, para que ocurra su transferencia, el Estado tiene que cancelar al concesionario el monto equivalente a lo que faltase para la amortización.

Sobre esto, Manuel Rachadell ha observado, al analizar los aspectos financieros de las concesiones, que el tema del establecimiento del plazo de las concesiones está relacionado con el del tiempo de amortización de las inversiones que deba realizar el concesionario, particularmente en relación con los bienes afectos a la concesión y que están sujetos a reversión, de manera que cuando ésta opere al finalizar el plazo de la misma, las inversiones hayan sido debidamente amortizadas. Este principio que apunta hacia un beneficio del concesionario, observó Rachadell:

> "se pauta en el último aparte de la Disposición Transitoria Decimoctava [de la Constitución de 1999] al disponer que "La ley establecerá en las concesiones de servicios públicos, la utilidad para el concesionario o concesionaria y el financiamiento de las inversiones estrictamente vinculadas a la prestación del servicio, incluyendo las mejoras y ampliaciones que la autoridad competente considere razonables y apruebe en cada caso". Esta norma, que no tiene la naturaleza de disposición transitoria, lo que quiso decir es que la estructura de los precios o contraprestaciones que perciban los concesionarios de los usuarios o del ente concedente debe incluir tanto la utilidad como las sumas necesarias para la amortización de las inversiones que hagan aquéllos, las cuales deben limitarse estrictamente a las vinculadas a (con) la prestación del servicio, incluyendo las mejoras y ampliaciones de los servicios que se convengan."[31]

Agregó Rachadell en su comentario que "En definitiva, en la Disposición Transitoria se consagra, con menor amplitud, el mismo principio que aparecía en el artículo 38 del Decreto – Ley de 1994, y que fue suprimido en la reforma de 1999, conforme al cual: "El régimen económico financiero de la concesión debe permitir al concesionario la obtención de ingresos suficientes para que, en el plazo de la concesión, pueda cubrir los costos y obtener una remuneración justa y equitativa." [32]

En conclusión, al extinguirse una concesión administrativa, según se establezca en la ley o en las cláusulas del contrato, la reversión solo opera en relación con los bienes afectados específicamente al desarrollo de la

---

31   Véase Manuel Rachadell, "Aspectos financieros de las concesiones", en Alfredo Romero Mendoza (Coord.), *Régimen Legal de las Concesiones Públicas. Aspectos Jurídicos, Financieros y Técnicos,* Editorial Jurídica Venezolana, Caracas 2000, pp. 71-72.

32   Idem, p. 72.

actividad que es el objeto de la concesión, de manera que si es el caso, el Estado pueda continuar realizándola utilizando dichos bienes. Esos bienes, que son los bienes reversibles, son los que el concesionario deben transferir a la Administración libres de gravamen,[33] siempre que hubiesen sido amortizados por el concesionario. Todos los otros bienes del concesionario, en general, se consideran como bienes no reversibles.

4. Los principios relativos a la distinción entre bienes reversibles y no reversibles

De todo lo anteriormente expuesto resulta que el otorgamiento de una concesión administrativa a través de la cual se permite a un concesionario la realización de una actividad o explotación reservada al Estado implica, en principio, la necesidad de establecer la empresa que prestará el servicio o explotará el objeto de la concesión, a cuyo efecto debe proceder a instalar, organizar y poner en funcionamiento los medios materiales y técnicos precisos para ello. Ese conjunto de bienes que son esenciales para cumplir con el objeto de la concesión son como se ha dicho, los bienes sujetos a reversión en las concesiones administrativas.

Además de esos bienes, por supuesto, el concesionario puede adquirir y utilizar otros bienes distintos, destinados a actividades conexas, que no son el objeto de la concesión, y que por tanto, no están sujetos a reversión. En relación con esta distinción entre los diversos bienes que puede tener el concesionario, Carlos García Soto ha indicado que:

> "La reversión implica una entrega gratuita de bienes, libres de gravámenes, porque, mediante ella, sólo se entregarán aquellos que ya hayan sido amortizados y sean indispensables para la gestión del servicio; son los llamados de retorno. Los bienes propios del concesionario y no indispensables para la prestación de la obra o servicio, y por ello no afectos a la reversión no pueden pasar a manos de la Administración, y aquellos útiles a la reversión, más no indispensables deben ser pagados mediante indemnización por parte de la Administración."[34]

---

33   Véase por ejemplo en Venezuela, Allan R. Brewer-Carías, "Adquisición de la propiedad privada por parte del Estado en el derecho venezolano" en la obra Allan R. Brewer-Carías, *Jurisprudencia de la Corte Suprema 1930-1974 y estudios de derecho administrativo*, Instituto de Derecho Público, Universidad Central de Venezuela, Tomo VI, Caracas 1979, pp. 17-45. Dicho trabajo también se publicó en *Revista de Control Fiscal*, Nº 94, Contraloría General de la República, Caracas 1979, pp. 61-84; y el libro: Seminario Internacional sobre Derecho Urbano, Asociación Colombiana de Ingeniería Sanitaria y Ambiental, Cali 1994, pp. 191-245.

34   Véase Carlos García Soto, "Reversión de bienes en el contrato de concesión," en la *Revista Derecho y Sociedad. Revista de los estudiantes de la Universidad Monteávila*, Caracas 2003, p. 97.

En el régimen de las concesiones administrativas se distinguen, como se ha dicho, en general, dos tipos de bienes en posesión de los concesionarios: los bienes reversibles y los bienes no reversibles, teniendo en cuenta la afectación o no de los mismos a la realización del objeto de la concesión. Es en tal sentido que por ejemplo, Esteban Arimany Lamoglia ha distinguido los siguientes bienes generalmente involucrados en una concesión administrativa:

"Primero, están una serie de bienes "necesarios para el desarrollo de la actividad concedida, que la Administración exige y el particular se compromete a aportar. Forman parte integrante de la concesión y están afectos al servicio público [o a la explotación del derecho concedido objeto de la concesión], siguiendo el régimen exorbitante propio de esta clase de bienes."

Segundo, están los bienes que "el concesionario suele incorporar voluntariamente a la empresa por él creada, bienes que no son necesarios ni útiles para la prestación del servicio [o la explotación del derecho concedido] [...] aunque de algún modo pueden complementarlo." Este tipo de bienes "no forman parte integrante de la concesión, no pueden considerarse afectos a la misma, por lo cual su régimen será siempre el común. De igual modo, nunca están sujetos a reversión, la Administración -si está interesada en ellos - sólo puede adquirirlos mediando el consentimiento de su titular."

Tercero, está un tercer grupo que está integrado por una serie de bienes, "útiles para la explotación, que el concesionario incorpora voluntariamente con vistas a la mejor prestación del servicio o [explotación del derecho concedido], excediéndose de sus obligaciones contractuales. [...] Es dudoso que este tipo de bienes deba considerarse como afecto a la concesión con el régimen privilegiado que tal situación comporta"[35].

De esta clasificación, Lamoglia concluyó considerando que entre los bienes utilizados "de algún modo en la explotación de un servicio concedido, se encuentra un grupo -sin duda el más importante- de incorporación obligatoria para el [concesionario] y afecto indefectiblemente a la concesión" que son los indicados en primer lugar, que son los bienes reversibles, en el sentido de que "sólo dentro del mismo se da la sujeción a reversión."[36] Se trata, en efecto, de los bienes afectos al objeto de la concesión, que son los necesarios, para la realización de las actividades inherentes a dicho objeto, como por ejemplo, la prestación del servicio público, la explotación de una obra pública, o a la explotación de un yacimiento minero.

En el mismo sentido fue que André de Laubadère estableció en materia de concesiones administrativas y en relación con el tema de la reversión,

---

35   Véase Esteban Arimany Lamoglia, *La reversión de instalaciones en la concesión administrativa de servicio público*, Bosch Barcelona 1980, pp. 53-54.

36   Idem, p. 55.

la clásica distinción entre los siguientes bienes: "1) *biens demeurant la propriété du concessionnaire,* 2) *biens de retour,* y 3) *biens de reprise,*"[37] a cual fue en general seguida por toda la doctrina francesa.[38]

Conforme a esta clasificación, que en todo caso, conforme a lo explicado por de Laubadère debe establecerse en las cláusulas del contrato (*cahier des charges*), los primeros (bienes propios) son los bienes no reversibles, que son los adquiridos por el concesionario, que "no son parte integral de la explotación," es decir, que no están afectados al objeto de la concesión. Los mismos permanecen en la propiedad del concesionario y solo podrían ser adquiridos por la autoridad concedente, mediando una indemnización. Los segundos (*biens de retour*) son los bienes reversibles, que son todos aquellos que son "parte integral de la concesión," generalmente de carácter inmobiliario, afectados por el concesionario a la realización del objeto de la misma, por ejemplo, para la prestación del servicio, para la explotación de la obra pública o para la explotación del bien del dominio público concedido, y que son los bienes necesarios o imprescindibles para la continuación de la actividad concedida. Estos bienes pasan a la Administración sin pago de indemnización alguna al finalizar la concesión; y ello precisamente, según lo explicado por de Laubadère, es lo que los distingue de la tercera categoría (*biens de reprise),* que son aquellos bienes de propiedad del concesionario, que por su utilidad relacionada con la actividad concedida, la Administración puede decidir adquirir, mediando una indemnización.[39]

---

37 Véase André de Laubadère, *Traité des contrats administrattifs, Librairie Général de Droit et de Jurisprudence,* Tomo III, Paris 1956, pp. 211-202.

38 Véase en el mismo sentido, más recientemente, lo expuesto por Jean-Marie Auby, Pierre Bon, Jean-Bernard Auby, Philippe Terneyre, siguiendo la misma distinción, así: "1º Bienes de retorno [biens de retour] son aquellos que, en virtud del pliego de condiciones [Cahier de charges], deben volver obligatoria y gratuitamente a la autoridad delegante al término del contrato.// En virtud de ese retorno obligatorio, estos bienes son considerados ab inicio como propiedad de la persona pública delegante. Tales bienes pueden formar parte del dominio público si cumplen las condiciones exigidas al efecto; si no, pasan a formar parte del dominio privado del delegante. // 2º Son bienes de recuperación [biens de reprise] aquellos con respecto a los cuales el contrato solo prevé una recuperación facultativa a la cual podrá proceder el delegante, si lo quiere, mediando indemnización. Mientras la recuperación no tenga lugar, esos bienes son propiedad del delegatario; no pueden pues formar parte del dominio público. // 3º Una última categoría consiste en los bienes propios del delegatario: los inmuebles que ha construido o adquirido con sus propios fondos. Estos bienes son de su propiedad: no forman parte del dominio público". Véase Jean-Marie Auby, Pierre Bon, Jean-Bernard Auby, Philippe Terneyre, *Droit administratif des biens,* 5ª edición, Col. Précis de Droit Public et Science Politique, Dalloz, Paris 2008, p.108.

39 André de Laubadère, *Traité des contrats administrattifs, Librairie Général de Droit et de Jurisprudence,* Tomo III, Paris 1956, pp. 211-222. La distinción formulada por de Laubadère también influyó, por ejemplo, en la doctrina en la doctrina española. Así, por ejemplo, Fernando Garrido Falla distinguió entre "1. Bienes reversibles (biens de retour), es decir, aquellos que por estar afectados al objeto de la concesión deben pasar a

La anterior clasificación ha sido adoptada en Venezuela por la Procuraduría General de la Republica, como órgano de asesoría jurídica de la Republica. La Procuraduría, en efecto, luego de admitir que la reversión en la concesiones, "puede ser total o parcial, esto es, del conjunto de bienes (obras, instalaciones y demás elementos materiales) afectados al servicio, o solamente de determinados bienes especificados en las cláusulas de la concesión," 40 precisó que para la determinación de los bienes reversibles "se requiere de una *cuidadosa distinción entre los diferentes bienes"* adoptando para ello, el mismo criterio seguido por la doctrina francesa, de bienes reversibles (*biens de retour*), que pasan al Estado sin compensación; y bienes no reversibles (*biens de reprise;* y *biens propres*) que solo pueden ser adquiridos por el Estado mediando indemnización, así:

"1. Bienes reversibles (*biens de retour*), es decir aquellos que deben pasar a ser propiedad de la autoridad concedente una vez extinguida la concesión.

Pertenecen a este grupo, en primer lugar, las obras e instalaciones que el concesionario se obligó a construir, los bienes aportados por el concesionario o adquiridos por cualquier título, de derecho público -expropiación- o de derecho privado (compraventa), necesarias o imprescindibles al funcionamiento del servicios público concedido.

Otro grupo estará constituido, por aquellas dependencias del dominio del Estado que fueron puestas a disposición del concesionario; éstos, más que objeto de reversión propiamente dicha, son bienes en que simplemente cesa la ocupación del concesionario, por el carácter de accesoriedad y que, en consecuencia, deben revertirse a la autoridad concedente.

---

ser propiedad de la Administración concedente una vez que expire el plazo concesional; 2. Bienes accesorios o de reversión indemnizable (biens de reprise), aquellos que, por su utilidad para la explotación del servicio, son de reversión facultativa para la Administración, pero debiendo pagar su precio al concesionario […].y 3. Bienes de propiedad del concesionario: aquellos que no forman parte de los dos grupos anteriores." Véase Fernando Garrido Falla, "Efectos económicos de la caducidad de las concesiones administrativas," en *Revista de Administración Pública*, N° 45, Madrid 1964, pp. 235-237. Es la misma distinción que recoge Gladis Vásquez Franco, *La Concesión administrativa de servicio público en el derecho español y colombiano*, Edit. Temis, Bogotá 1991, 143-144. Por su parte, Eduardo García de Enterría, aparte de los bienes que son del concesionario y son no reversibles, distinguió otras dos categorías de bienes: primero, "los bienes que por estar afectos al servicio deben ser entregados gratuitamente a la Administración concedente (biens de retour), salvo en el caso de que no hayan podido ser totalmente amortizados," y segundo, "aquellos otros que por su utilidad para el servicio puedan revertir a la Administración, previo pago de su precio al concesionario (biens de reprise)" Véase Eduardo García de Enterría y Tomás Ramón Fernández, *Curso de Derecho Administrativo*, Tomo I, Décimoquinta edición, Thompson Reuters-Civitas, Madrid 2011, p. 791

40 Véase Dictamen N° 325, de 22 de octubre de 1981 en 20 Años de Doctrina de la Procuraduría General de la República 1962-1981, Tomo III, Vol. I, Caracas 1984, pp. 164 y ss. En este mismo sentido véase Rafael Badell Madrid, *Régimen jurídico de las concesiones en Venezuela*, Caracas 2002, pp. 271.

2. Bienes de rescate (*biens de reprise*), aquellos que, tratándose de una reversión total, a juicio de la autoridad concedente, son útiles para la explotación del servicio. En esta categoría, el elemento esencial y determinante es la idea de afectación al servicio público.

En materia de reversión rigen, como señala Villar Palasi (*ob. Cit.* p. 758) el principio de la unidad pertenencial, según el cual las obras e instalaciones objeto de la reversión, se delimitan por su afectación al servicio público de que se trate, así como el principio de unidad reversional, por el cual todos esos bienes, revierten a favor del beneficiario, sin posible división.

3. Bienes propiedad del concesionario (*biens propes*): aquellos bienes que no forman parte de los dos grupos anteriores, es decir, los bienes adquiridos por el concesionario que no forman parte integrante -por adscripción o por destino- de la explotación del servicio público. Tales bienes podrá adquirirlos la autoridad concedente, mediando una indemnización."[41].

Conforme a lo antes expuesto, el signo común de todas las clasificaciones mencionadas, así como de la doctrina y jurisprudencia anotadas, es que los bienes reversibles en las concesiones administrativas son los bienes que al concluir el plazo de la concesión, están afectos al objeto de la misma, es decir, los bienes afectos a la ejecución de las actividades que constituyen el objeto del derecho concedido por la Administración al concesionario (que antes no tenía y que adquirió con la concesión), como por ejemplo, el derecho a explorar y explotar determinados yacimientos mineros, el derecho a prestar un determinado servicio público, o a aprovechar un determinado bien del dominio público. En este último caso de las concesiones mineras, el derecho concedido es, en efecto, la exploración y explotación de minerales, por lo que los bienes que revierten al Estado a título gratuito solo son aquellos que se encuentran afectados a dichas tareas de exploración y explotación de los yacimientos. En ningún caso, por tanto, la reversión puede abarcar bienes que no estén afectos al objeto de la concesión otorgada o que el concesionario, por ejemplo, haya adquirido o construido durante el plazo de la concesión pero para ser destinados a actividades distintas a las que son objeto de la concesión administrativa, los cuales sin embargo pueden ser adquiridos por el Estado pero siempre mediando el pago de una indemnización.

---

41   Idem, pp. 164-165.

III. EL RÉGIMEN DE LA REVERSIÓN CON ESPECIAL REFE-RENCIA A LA MATERIA DE HIDROCARBUROS Y MINERÍA

1. La tradición constitucional

La institución de la reversión tiene una larga tradición en Venezuela, habiéndose regulado desde el siglo pasado, incluso en la Constitución, aun cuando en forma parcial y limitada.

En tal sentido, el artículo 70 de la Constitución de 1947 estableció lo siguiente:

> "Art. 70. Las tierras adquiridas por nacionales o extranjeros en territorio venezolano y destinadas a la explotación de concesiones mineras, comprendidas las de hidrocarburos y demás minerales combustibles, pasarán en plena propiedad al patrimonio de la Nación, sin indemnización alguna, al extinguirse por cualquier causa la respectiva concesión."

Esta norma solo se refirió a la reversión de las "tierras adquiridas" y destinadas a la explotación de las concesiones, y específicamente, sólo de las concesiones mineras y de hidrocarburos reguladas en la Ley de Minas y en la Ley de Hidrocarburos.

Una disposición similar se recogió en la Constitución de 1961 en la cual se estableció que:

> "Art. 103. Las tierras con destino a la exploración y explotación de concesiones mineras, comprendidas las de hidrocarburos, pasarán en plena propiedad a la Nación, sin indemnización, alguna, al extinguirse por cualquier causa la concesión."

Esta disposición no fue incluida en la Constitución de 1999, en la cual, sin embargo, se estableció la declaratoria general de que los yacimientos mineros y de hidrocarburos como bienes del dominio público, y por tanto, inalienables e imprescriptibles (art. 12).

2. El régimen en las leyes especiales

Aparte de las normas constitucionales, en el derecho venezolano, diversas leyes especiales destinadas a regular el régimen de las concesiones administrativas, también han incorporado en general disposiciones relativas al régimen de la reversión de bienes, y si bien en algunas de ellas se han establecido algunos principios, en general remiten a lo estipulado en el contrato de concesión. En relación con éstos, la cláusula de reversión se ha considerado como una cláusula obligatoria, en la cual debe regularse el alcance de la obligación para el concesionario de transmitir al Estado, libre de todo gravamen y en forma gratuita, los bienes afectos a la actividad objeto de la concesión una vez que ésta se extingue por cualquier causa,[42] y siempre que los mismos hayan sido amortizados, lo que no abarca, por supuesto, los bienes que pueda haber adquirido o construido el concesionario destinados a otras actividades distintas a las que constituyen el objeto especifico de la concesión.

Fue así que en la tradición legal venezolana, el régimen de la reversión vinculado con las concesiones administrativas desde antaño se estableció en diversas leyes especiales, ya derogadas, como en la Ley de Ferrocarriles de 1956,[43] y la Ley Forestal de Suelos y de Aguas de 1966,[44] Igualmente, en la Ley Orgánica de Régimen Municipal de 1978, reformada en 1989, entre las condiciones mínimas que debían contener los contratos de concesión de servicios públicos municipales y de exploración de bienes del Municipio, se previó "el traspaso gratuito al Municipio, libre de gravámenes, de todos los bienes, derechos y acciones objeto de la concesión, al extinguirse ésta por cualquier causa" (artículo 42.10).[45]

Por otra parte, más recientemente, con la Ley Orgánica sobre Promoción de la Inversión Privada bajo el Régimen de Concesiones de 1999,[46] contrariamente a lo que generalmente se había previsto en las leyes mencionadas, el régimen de la reversión dejó de tener una base legal o estatutaria, y pasó a ser un régimen exclusivamente contractual, al disponer el artículo 48 de la misma que a efectos de la "reversión de obras y servicios," el contrato de concesión debe establecer el plazo de la concesión, las inversiones que debe realizar el concesionario, y además, indicar "los bienes que por estar afectos a la obra o al servicio de que se trate, revertirán al ente concedente, a menos que no hubieren podido ser totalmente amortizadas durante el mencionado plazo," de lo que resulta que son bienes no reversibles, todos aquellos bienes del concesionario que no estén afectos a la obra, servicio o explotación concedido.

---

42   Véase Allan R. Brewer-Carías, "Principios especiales y estipulaciones obligatorias en la contratación administrativa" en *El Derecho Administrativo en Latinoamérica*, Vol. II, Ediciones Rosaristas, Colegio Mayor Nuestra Señora del Rosario, Bogotá 1986, pp. 345-378.

43   El Artículo 9 de dicha Ley disponía que:. "En caso de concesiones extinguidas por vencimiento del término de su duración, la Nación readquirirá sin pagar indemnización alguna, todos los derechos concedidos y se hará propietaria de todas las obras, material rodante, construcciones e instalaciones efectuadas durante la concesión." Véase en Gaceta Oficial Nº 25.425 de 7 de agosto de 1957. Sobre las cláusulas de reversión en las concesiones de servicio público, véase. Doctrina PGR 1981, Caracas, 1982, pp. 33–39; Doctrina PGR 1972, Caracas, 1973, p. 327.

44   En el artículo 92 de la Ley se previó que concluido el tiempo previsto para la concesión, "todas las obras que hubiere hecho el concesionario quedarán en beneficio de la Nación." Véase en Gaceta Oficial Nº 1.004 de 25 de enero de 1966.

45   Gaceta Oficial Nº 4.107 Extra de 15 de mayo de 1989. Las disposiciones se eliminaron de la nueva Ley Orgánica del Poder Público Municipal. Gaceta Oficial Nº 6.015 Extra. de 28 de diciembre de 2010.

46   Gaceta Oficial Nº 5.394 Extra. del 25 de octubre de 1999.

La distinción deriva además, de las previsiones del artículo 60 de la misma Ley Orgánica al referirse a los "bienes incorporados a la concesión" y precisar, que "desde el momento de perfeccionarse el contrato de concesión, el concesionario tiene derecho al uso y goce de los bienes de dominio público o privado del ente concedente que sean destinados a la ejecución y desarrollo de las obras o servicios objeto de dicho contrato," agregando que "los bienes o derechos que por cualquier título adquiera el concesionario *para ser destinados a la concesión* pasarán a formar parte del dominio público desde que se incorporen o sean afectados a las obras, sea por adherencia o por destinación" quedando "a salvo las obras, instalaciones o bienes que por *no estar afectados a la concesión permanecerán en el patrimonio del concesionario* según lo establezca el respectivo contrato." Éstos últimos son precisamente los bienes no reversibles.

A continuación, en todo caso, nos referiremos al tema de la reversión en materia de concesiones administrativas, en particular en relación con el régimen derivado de la tradición constitucional, y con el establecido en las leyes de hidrocarburos y de minas.

3. La reversión en las concesiones de hidrocarburos

La Ley de Hidrocarburos de 1943[47] distinguió, en relación con las concesiones de hidrocarburos, cuatro clases de concesiones: de exploración y subsiguiente explotación (arts. 12 a 21); de explotación (arts. 22 a 27); de manufactura y refinación (arts. 28 a 31), y de transporte (arts. 32 a 37); habiendo establecido, en relación con cada una de ellas, la institución de la reversión; previsión que se estableció, por tanto, antes de que se estableciera la institución en el artículo 70 de la Constitución de 1947, en la siguiente forma:

> "Art. 80. La Nación readquirirá, sin pagar indemnización alguna, las parcelas concedidas y se hará propietaria, del mismo modo, de todas las obras permanentes que en ellas se hayan construido."

Sobre esta norma, y conforme el objeto de cada uno de las cuatro tipos de concesiones mencionadas (exploración, explotación, refinación o transporte), la Procuraduría General de la República estimo que para asegurar la explotabilidad por parte del Estado al terminar la concesión, "pasan al patrimonio nacional no solamente las parcelas (tierras) sino también las instalaciones permanentes, que son todos los bienes que forman parte integrante de la explotación del bien concedido."[48]

---

47   La última reforma fue la de 29 de agosto de 1967. Véase en Gaceta Oficial Nº 1149 Extra. de 15 de septiembre de 1967.

48   Véase Dictamen Nº 324, A.E. de 8 de marzo de 1972 en 20 Años de Doctrina de la Procuraduría General de la República 1962-1981, Tomo III, Vol. I, Caracas, 1984, pp. 141.

El alcance del artículo 80 de la Ley de Hidrocarburos posteriormente fue desarrollado, casi treinta años después, en la Ley de Bienes Afectos a Reversión en las Concesiones de Hidrocarburos de 1971[49], que fue dictada antes de que se produjera la reversión de las concesiones de hidrocarburos que se habían otorgado en los años cuarenta, en la cual, en relación con los bienes reversibles en las concesiones de hidrocarburos, se enumeraron en su artículo 1° los siguientes bienes: "tierras, obras permanentes, incluyendo instalaciones, accesorios y equipos que formen parte integral de ellas; y los otros bienes adquiridos con destino o afectos a los trabajos de exploración, explotación, manufactura, refinación o transporte en las concesiones de hidrocarburos" (dependiendo, por supuesto, del tipo de concesión de que se trate), incluyendo además, salvo prueba en contrario, "cualesquiera otros bienes corporales o incorporales adquiridos por los concesionarios."

El mencionado artículo 80 de la Ley de Hidrocarburos fue objeto de interpretación por la antigua Corte Suprema de Justicia en 1974 al resolver sobre la impugnación de la Ley de Bienes afectos a Reversión en las Concesiones de Hidrocarburos de 1971, precisando que la reversión sólo operaba sobre las tierras y las obras permanentes construidas en el área de la concesión, destinadas a la explotación de la misma, es decir, afectas o con destino a las actividades objeto de la concesión.[50]

El dato esencial para calificar un bien como bien reversible ya para ese entonces era que formase "parte integral" de la concesión y que, por tanto, estuviese "destinado o afecto a los trabajos propios de los títulos concedidos," es decir, del objeto de la concesión, teniendo en cuenta, como se dijo, que la Ley de Hidrocarburos distinguía cuatro clases de concesiones (de exploración y subsiguiente explotación; de explotación; de manufactura y refinación; y de transporte de hidrocarburos).

Por tanto, en relación con los bienes del concesionario que estuviesen destinados a otras actividades distintas al objeto de la concesión, cualquiera que fuese el mismo, estipuladas incluso en el contrato de concesión como "ventajas especiales," los mismos debían considerarse como bienes no reversibles. La Ley de Hidrocarburos de 1943, en efecto, en el parágrafo único de su artículo 5°, al prever la facultad del Estado para *estipular* ventajas especiales para la Nación con el solicitante en el contrato de concesión, estableció que las mismas podían consistir, entre otras, en "la obligación por parte del solicitante, de manufacturar o refinar, por sí

---

49 Véase en Gaceta Oficial N° 29.577 del 6 de agosto 1971. Véase en general sobre esta Ley: Arístides Rengel-Romberg, "El derecho de reversión en la legislación de minas e hidrocarburos", en su libro: *Estudios jurídicos: estudios procesales, escritos periodísticos, pareceres jurídicos,* Academia de Ciencia Políticas y Sociales, Caracas 2003, pp. 283 y ss.

50 La sentencia se publicó en Gaceta Oficial N° 1718 Extra de 20 de enero de 1975.

mismo o por terceros, en plantas situadas en el territorio nacional, todos los productos que explote o parte de ellos,"[51] siempre que la concesión no fuera, en sí misma, una concesión de manufactura y refinación. En esos casos, por ejemplo, si se tratase de una concesión de explotación, los bienes destinados a cumplir con las obligaciones estipuladas en las ventajas especiales en materia de manufactura o refinación no podían considerarse como bienes reversibles, pues no estaban destinados al objeto de la concesión que era la explotación.

4. La institución de la reversión en la Ley de Minas de 1945

El régimen de la minería en Venezuela se consolidó con la sanción de la Ley de Minas de 1945,[52] en la cual se estableció el principio de que el Ejecutivo Nacional podía decretar la reserva de "la exploración y explotación de todas las sustancias" o minerales regulados en la Ley, o de alguna de ellas, en todo el territorio nacional o en determinadas zonas. En esos casos, dispuso el artículo 11 de la Ley que entonces no podían hacerse los "denuncios de las sustancias que hayan sido o fueren objeto de la reserva en los territorios o zonas que ella comprenda" pudiendo sólo otorgarse "concesiones respecto de tales reservas," que podían ser las concesiones de exploración y subsiguiente explotación, y las concesiones de explotación (art. 174). En la Ley de 1945, se incorporó la previsión que permite identificar la "explotación" con la acción de extraer las sustancias minerales de los yacimientos, al precisar, su artículo 23, que "se entiende que la concesión esta en *explotación* cuando se *estuvieren extrayendo de esta las sustancias* a que se refiere la presente Ley, o *haciéndose lo necesario para lograr su extracción* mediante las obras que según el caso fueren apropiadas a este fin."

En relación con dichas concesiones de explotación, la Ley de 1945 también reguló la reversión en relación con las mismas, disponiendo en su artículo 61 lo siguiente:

> "Artículo 61: La concesión que vuelva a poder del Estado pasa a éste libre de todo gravamen, y con todas las obras y demás mejoras permanentes que en ella hubiere, además de la maquinaria, útiles, enseres y materiales que se encuentren abandonados dentro del perímetro de la concesión.
>
> Parágrafo Único. Para los efectos de este artículo y del 53, el abandono de dichos elementos se considerará efectivo:
>
> 1° Por no efectuar su retiro antes de haber renunciado a la concesión;

---

51 Artículo 5°, parágrafo único de la Ley de Hidrocarburos de 13 de marzo de 1943. Semejantes previsiones estaban contenidas en las Leyes de 1922, 1925 y 1928 según refiere José Ramón Ayala en su obra *Epítome de Legislación y Derecho Minero Venezolano*, Caracas, 1945, Tomo II, pp. 68

52 Véase en Gaceta Oficial N° 121 Extra. de 18 de enero de 1945.

2° Por no efectuar su retiro antes del vencimiento del plazo porque fue otorgada la concesión, y

3° Por no efectuar su retiro antes de que se declare la caducidad a que se refiere el Artículo 55.”

De acuerdo con esta norma, lo que debía ser devuelto al Estado al extinguirse la concesión, era precisamente el derecho minero otorgado mediante la “concesión” (Título minero), y con ella, “todas las obras y demás mejoras permanentes que en ella hubiere.”

Como se ha dicho, las concesiones en la Ley de Minas, a diferencia de las diversas clases que se regulaban en la Ley de Hidrocarburos, eran básicamente concesiones de explotación que otorgaban el “derecho de explotación minera” (art. 13), por lo que la reversión operaba respecto de la “concesión” y respecto de los bienes afectos a la realización de las actividades inherentes a la explotación minera. Todos los otros bienes del concesionario que hubiesen estado destinados a otras actividades distintas a las actividades mineras de explotación, aun cuando estuviesen ubicados en el área de la concesión, no estaban sujetos a reversión, y por ello, los concesionarios tenían el derecho de retirarlos del perímetro de la concesión, una vez ésta terminada. Si el concesionario no retiraba dichos bienes, de acuerdo con el mencionado artículo 61 de la Ley, se presumía entonces, *juris tantum*, que los mismos eran bienes abandonados, y pasaban al Estado al término de la concesión.

De esta previsión resulta por tanto, la distinción legal entre bienes afectos a la actividad minera inherente al derecho de explotación otorgado con la concesión, que son los que revierten al Estado; y bienes destinados a otras actividades auxiliares o conexas, distintas a la explotación, que no eran parte del objeto de la concesión. Los primeros debían ser revertidos al Estado al extinguirse la concesión; y los segundos continuaban siendo propiedad del concesionario, y como se dijo, lo que exigía la Ley era que fueran retirados del perímetro de la concesión por el concesionario, para que no fuesen considerados como bienes abandonados.

Las previsiones sobre la reversión establecidas en el artículo 61 de la Ley de Minas se desarrollaron mediante normas reglamentarias establecidas en el Decreto N° 2039 del 15 de febrero de 1977,[53] en el cual el Ejecutivo Nacional estableció la reserva general a favor del Estado de la exploración y explotación minera de todos los minerales en todo el territorio nacional, previendo el principio de la reversión al extinguirse la concesión por cualquier su causa (Artículo 2, 5). Ello fue a su vez desarrollado por las normas de la Resolución N° 115 de 20 de marzo de 1990[54] del Mi-

---

53 Decreto N° 2039 del 15 de febrero de 1977, Gaceta Oficial N° 31.175 de 15 de febrero de 1990

54 Gaceta Oficial N° 34.448 de 16 de abril de 1990.

nisterio de Energía y Minas contentivas de las "Normas para el Otorgamiento de Concesiones y Contratos Mineros," y en la cual se precisó que los bienes que estaban sujetos a reversión eran "los bienes de la concesión" (en su artículo 19), siendo tales, los que el artículo 61 de la Ley de Minas identifica como "las obras y demás mejoras permanentes" afectos a la concesión, es decir, los destinados a la explotación minera.

Esta previsión de la Resolución N° 115 de 1990 es particularmente relevante en la materia, si se tiene en cuenta que las anteriores normas relativas a la misma como fueron la Resolución N° 528 de 17 de diciembre de 1986 (Normas para el Otorgamiento de Permisos de Prospección, Concesiones y Contratos Mineros)[55] y la Resolución N° 148 de 21 de marzo de 1978 (Normas para el Otorgamiento de Concesiones Mineras)[56], eran más específicas al enumerar los bienes sujetos a reversión, incluyendo "las tierras, obras y demás mejoras permanentes, maquinaria, útiles, enseres y materiales, incluidos instalaciones, accesorios equipos, además de cualesquiera otros bienes *afectos a la concesión o utilizados en operaciones conexas o derivadas de ella*." Como puede observarse, la indicada Resolución N° 115 de 1990 (Normas para el Otorgamiento de Concesiones y Contratos Mineros) volvió al criterio de distinción establecido en el artículo 61 de la Ley de Minas de 1945, limitando el ámbito de la reversión sólo a las "obras de la concesión," así como a las "mejoras permanentes" de la misma.

5. La institución de la reversión en la Ley de Minas de 1999

A. La Ley de Minas de 1999 y el régimen de su aplicación respecto de las concesiones otorgadas con anterioridad

La Ley de Minas de 1999[57] derogó la de 1945 (artículo 136), con lo cual, a partir de su publicación, en principio, sus normas comenzaron a tener efecto y a aplicarse incluso a las concesiones mineras otorgadas con anterioridad (artículo 129). Es decir, conforme al principio *lex posterior derogat priori*, la Ley de Minas de 1999 derogó o modificó todas las previsiones de la Ley de Minas de 1945 que fueran contrarias a sus previsiones, salvo las excepciones precisas previstas en la propia ley de 1999.

A tal efecto, en el artículo 129 de la Ley de Minas de 1999 se establecieron las siguientes excepciones al principio de la aplicabilidad inmediata de la misma a las concesiones otorgadas con anterioridad: *primero*, el derecho a explotar las minas anteriormente otorgado, debía preservarse en

---

55   Gaceta Oficial N° 33.129 de 1 de junio de 1987.
56   Gaceta Oficial N° 2.210 Extra. de 6 de abril de 1978.
57   Véase en Gaceta Oficial N° 5.382 Extra. de 28 de septiembre de 1999.

cuanto a los minerales y forma de presentación, en los términos previstos en la concesión original; *segundo*, los nuevos impuestos establecidos en la Ley solo se aplicarían a los concesionarios después del transcurso de un año a partir de su publicación en la *Gaceta Oficial*; *tercero*, la duración de las concesiones quedaba conforme al plazo que se había establecido en el título original de la concesión, contado a partir de la fecha de la publicación del Título Minero; y *cuarto*: los concesionarios quedaron obligados a mantener las ventajas especiales ofrecidas a la República en los títulos originales de las concesiones[58].

En consecuencia, por ejemplo, las concesiones que fueron otorgadas con anterioridad a la entrada en vigencia de la nueva Ley de Minas de 1999, sus disposiciones se les comenzaron a aplicar a partir de su publicación, salvo en lo previsto en las excepciones del mencionado artículo 129.

B. El tratamiento de la reversión en la Ley de Minas de 1999

Siguiendo la orientación de la Ley de Minas anterior, en la Ley de Minas de 1999 se reguló un solo tipo de concesión, expresando su artículo 25 que "las concesiones que otorgue el Ejecutivo Nacional conforme a esta Ley serán únicamente *de exploración y subsiguiente explotación*, y su duración no excederá de veinte (20) años, contados a partir de la fecha de publicación del Certificado de Explotación en la Gaceta Oficial."

En relación a estas concesiones de exploración y subsiguiente explotación, la Ley de Minas de 1999 también reguló la figura de la reversión de los bienes adquiridos con destino a las actividades mineras concedidas, a cuyo efecto en el artículo 102 se dispuso lo siguientes:

> "Artículo 102. Las tierras, obras permanentes, incluyendo las instalaciones, accesorios y equipos que formen parte integral de ellas, así como cualesquiera otros bienes muebles o inmuebles, tangibles e intangibles, adquiridos con destino a las actividades mineras, deben ser mantenidos y conservados por el respectivo titular en comprobadas condiciones de buen funcionamiento, según los adelantos y principios técnicos aplicables, durante todo el término de duración de los derechos mineros y de su posible prórroga, y pasarán en plena propiedad a la República, libres de gravámenes y cargas, sin indemnización alguna, a la extinción de dichos derechos, cualquiera sea la causa de la misma."

---

58 La Sala Constitucional del Tribunal Supremo se pronunció expresamente, en su momento, en sentencia Nº 37 del 27 de enero de 2004, sobre la constitucionalidad del mencionado artículo 129 de la Ley de Minas de 1999. Véase Caso: Asociación Cooperativa Civil Mixta La Salvación SRL, (Registro Nº 00-1496), disponible en http://www.tsj.gov.ve/decisiones/scon/Enero/37-270104-00-1496.htm

Dicha norma se complementó con la del artículo 103 de la misma Ley que dispuso que:

"Artículo 103. El titular de derechos mineros deberá presentar al Ministerio de Energía y Minas un inventario detallado acerca de todos los bienes adquiridos, con destino a las actividades mineras que realice, afectos a ellas, bienes de los cuales no podrá disponer en forma alguna sin la previa autorización del Ministerio de Energía y Minas, dada por escrito".

Estas previsiones de la Ley de Minas de 1999, por tanto, en materia de reversión de bienes, derogaron las previstas en la Ley de 1945,[59] precisando que la reversión de bienes procede sólo respecto de los bienes adquiridos por el concesionario *con destino a las actividades mineras que realice* en virtud de la concesión de exploración y explotación otorgada, que es el objeto de la misma. Todos los otros bienes adquiridos por el concesionario y no destinados a las actividades mineras otorgadas en la concesión, incluyendo las actividades auxiliares o conexas que no son parte del objeto de la concesión, no pueden considerarse como bienes que sean "reversibles."

Estas actividades auxiliares y conexas de la minería, que no forman parte del objeto de la concesión minera, se han regulado en el artículo 86 de la Ley de 1999, al establecerse el ámbito de la potestad de control del Estado (vigilar e inspeccionar) en relación con las actividades de los concesionarios mineros, que no son sólo las actividades mineras que sean objeto de una concesión, sino las actividades que puedan realizar los concesionarios que sean distintas a las actividades mineras concedidas, que se denominan en la Ley como actividades conexas o auxiliares de la minería y que son "el almacenamiento, la tenencia, el beneficio, el transporte, la circulación y el comercio de minerales. La norma en efecto prevé lo siguiente:

"Artículo 86. El almacenamiento, tenencia, beneficio, transporte, circulación y comercio de los minerales regidos por esta Ley estarán sujetos a la vigilancia e inspección por parte del Ejecutivo Nacional y a la reglamentación y demás disposiciones que el mismo tuviera por conveniente dictar, en defensa de los intereses de la República y de la actividad minera. Cuando así convenga al interés público, el Ejecutivo Nacional podrá reservarse mediante decreto cualquiera de dichas actividades con respecto a determinados minerales."

Esta distinción entre las actividades de explotación o extracción minera, y otras actividades conexas o auxiliares en materia minera, en las concesiones de explotación de minerales, deriva además, de otras previsiones

---

59 La Ley de Minas de 1999, al derogar las previsiones sobre reversión de la Ley de Minas de 1945, también derogó tácitamente las previsiones en materia de reversión contenidas en la Resolución N° 115 de 1990, que fueran contrarias a sus normas.

de la propia Ley de Minas, como por ejemplo, las relativas al régimen tributario, y en particular, las que se refieren al "impuesto de explotación," que grava o se causa precisamente solo por la *extracción* del mineral," que es la explotación, exigiendo que se pague "dentro los primeros quince (15) días continuos del mes siguiente *al de la extracción que lo cause.*" En el caso de la explotación de minerales, por tanto, el artículo 90.2 (c) de la Ley precisa además, que el valor comercial de la mina sobre el cual debe aplicarse el porcentaje para el cálculo del impuesto debe incluir "los costos en que se incurra *hasta el momento en que el mineral extraído, triturado o no, sea depositado en el vehículo que ha de transportarlo fuera de los límites del área otorgada o a una planta de beneficio o refinación, cualquiera sea el sitio donde ésta se localice.*" Las actividades desarrolladas después de que el mineral extraído se deposite en los vehículos de transporte son actividades conexas o auxiliares distintas de la explotación, que es el único objeto de la concesión, y que pueden realizarse tanto por el concesionario como por otras personas, dentro o fuera del área de la concesión, incluso mediante plantas industriales de beneficio o refinación.

Lo importante de la distinción legal establecida en estas normas entre las actividades que pueden realizar los concesionarios como consecuencia del objeto de la concesión y que son las reservadas al Estado, y las actividades conexas o auxiliares que también pueden realizar los concesionarios, distintas a las que son el objeto de la concesión, es que es el fundamento de la distinción respecto de los bienes diversos bienes del concesionario, y que son, por una parte, los afectados a la explotación minera (extracción del mineral) que son los bienes reversibles; y por la otra, los bienes destinados a otras actividades auxiliares y conexas, que son los bienes no reversibles.

La distinción que deriva de las norma antes citadas, entre las diversas actividades que pueden realizar los concesionarios, por supuesto, es sin perjuicio de que toda están sometidas a "la vigilancia e inspección" del Estado, lo cual también se encontraba previsto en la Ley de Minas de 1945. En todo caso, la disposición más precisa del artículo 86 de la ley de Minas de 1999, al regular las potestades de control del Estado, comenzó a regir con la entrada en vigencia de sus disposiciones, incluso respecto de las concesiones otorgadas con anterioridad, pues en todo caso se trata de una disposición de orden público, al regular las potestades de control del Estado, es una norma de orden público.

Se insiste, lo importante de la misma es la distinción que también se derivaba de la Ley de Minas de 1945,[60] entre las actividades que pueden

---

60   En la Ley de Minas de 1945, por ejemplo, se distinguía en las actividades de "exploración y explotación" de minerales que eran el objeto de las concesiones, de las actividades de "beneficio y transporte" de los minerales, que no era el objeto de la concesión. Ley de Minas de 1945, artículo 94.1. En todo caso, a los efectos del ejercicio de sus po-

realizar los concesionarios como consecuencia del objeto de la concesión (exploración y explotación de un yacimiento) y que son las reservadas al Estado, de otras actividades conexas o auxiliares que también pueden realizar los concesionarios, distintas a las que son el objeto de la concesión (como son las actividades de almacenamiento, tenencia, beneficio, transporte, circulación y comercio de los minerales extraídos), y que pueden desarrollarse libremente aun cuando bajo "la vigilancia e inspección" del Estado mientras no se reserven al Estado. Por ello, esta previsión de orden público del artículo 86 de la Ley de Minas de 1999 es de importancia al momento de establecer la distinción entre los bienes reversibles de la concesión que son los afectos a objeto de la concesión (explotación de mineral), y los bienes no reversibles, que no están destinados al objeto de la concesión, y que por ejemplo están destinados al almacenamiento, la tenencia, el beneficio, el transporte, la circulación y el comercio de los minerales extraídos, que son bienes no reversibles y permanecen en propiedad del concesionario.

Sobre estos bienes no reversibles, por otra parte, debe observarse que en la Ley de 1999 se eliminó la previsión contenida en el artículo 61 de la Ley de 1945 en relación con la "presunción de abandono" respecto de bienes propiedad del concesionario no afectos a las actividades mineras objeto de la concesión, que sin embargo se consideraba que pasaban al dominio del Estado cuando no eran retirados oportunamente del perímetro de la concesión. En consecuencia, la posibilidad misma de que bienes no reversibles pudieran pasar a propiedad del Estado al término de las concesiones conforme a esa "presunción de abandono" no tiene aplicación alguna a partir de la entrada en vigencia de la Ley de 1999, aun cuando las concesiones hubiesen sido otorgadas con anterioridad.

C. La distinción entre la actividad minera concedida y las actividades mineras auxiliares y conexas

Por otra parte, debe indicarse que la mencionada distinción cn materia de concesiones mineras, entre las actividades mineras que debe realizar el concesionario en cumplimiento del objeto de la concesión, como sería el caso de la explotación o extracción de determinado mineral en las concesiones de exploración y explotación; y las que puede realizar el concesionario fuera del objeto de la concesión, como actividades auxiliares o conexas, como es el caso de las actividades de "almacenamiento, tenencia, beneficio, transporte, circulación y comercio de los minerales" reguladas

---

testades de control, los concesionarios estaban obligados a informar al Ministerio de Energía y Minas sobre todas las actividades que realizasen, sin distinción entre aquellas que eran el objeto de la concesión, y las que eran auxiliares y conexas. Véase, Ley de Minas de 1945, artículos 94.6; 94.7.

en el antes mencionado artículo 86 de la Ley de Minas de 1999 (Título V: "De las actividades conexas o auxiliares de la minería"), y que es el fundamento de la distinción entre bienes reversibles, en el primer caso, y bienes no reversibles, en el segundo caso; también se encuentra en regulaciones vinculadas con la explotación minera, como las de hidrocarburos, donde se distingue entre la "actividad primaria" en la explotación de los hidrocarburos, y las "actividades auxiliares o conexas" con la industria de los hidrocarburos."

En efecto, en la Ley Orgánica de Nacionalización Petrolera de 1975,[61] y posteriormente, en la Ley Orgánica de Hidrocarburos de 2001,[62] además de la posibilidad para las empresas privadas de participación en las "actividades primarias" de explotación petrolera que estaban reservadas al Estado mediante Convenios de Asociación o Empresas Mixtas (que sustituyeron al régimen de concesiones); los particulares y empresas privadas también podían participar y siguieron participando, en las actividades no reservadas de la industria o del comercio de los hidrocarburos, mediante convenios operativos, particularmente prestando servicios o realizando obras (actividades conexas) mediante contratos celebrados con las empresas del Estado[63]. Ese régimen de los hidrocarburos se reformó en posteriormente, en 2009, cuando se sancionó la Ley Orgánica que reserva al Estado bienes y servicios conexos a las actividades primarias de Hidrocarburos,[64] es decir, las actividades que antes no estaban reservadas, en particular, "los bienes y servicios, conexos a la realización de las actividades primarias previstas en la Ley Orgánica de Hidrocarburos" (Art. 1) que "anteriormente eran realizadas directamente por Petróleos de Venezuela, S.A., (PDVSA) y sus filiales, y que fueron tercerizadas, siendo esenciales para el desarrollo de sus actividades" (Art. 2). Con motivo de la reserva al Estado, la Ley partió de la misma distinción entre actividades primarias y actividades conexas o auxiliares.

La misma distinción se estableció más recientemente en materia de minería del oro, con motivo de la nacionalización de la misma efectuada mediante el Decreto Ley No. 8.413 de 23 de agosto de 2011, antes mencionado, en el cual se reservaron al Estado, tanto las "actividades primarias" como las "actividades conexas y auxiliares" al aprovechamiento del oro; y a cuyo efecto, se definieron como "actividades primarias, *la exploración y explotación de minas y yacimientos de oro*," y como "actividades

---

61 Ley Orgánica que reserva al Estado la industria y el comercio de los hidrocarburos, Gaceta Oficial N° 1769 Extra 29 de agosto de 1975.

62 Gaceta Oficial N° 37.323 del 13 de noviembre de 2001.

63 Incluso, a tal efecto, se dictó la Ley de Regularización de la Participación Privada en las Actividades Primarias Previstas en el Decreto N° 1.510 con Fuerza de Ley Orgánica de Hidrocarburos, en Gaceta Oficial N° 38.419 del 18 de abril de 2006.

64 Gaceta Oficial N° 39.173 del 7 de mayo de 2009

conexas y auxiliares, *el almacenamiento, tenencia, beneficio, transporte, circulación y comercialización interna y externa del oro*, en cuanto coadyuven al ejercicio de las actividades primarias" (artículo 2).[65]

IV. EL RÉGIMEN DE LA REVERSIÓN APLICABLE A LOS CONTRATOS DE CONCESIÓN MINERA

1. Las concesiones mineras de explotación

De acuerdo con la Ley de Minas tanto de 1945 como de 1999, lo que en general otorga el Ministerio de Energía y Minas[66] a las empresas concesionarios, son concesiones mineras para realizar actividades mineras reservadas al Estado, consistentes en la "exploración y *explotación*" de determinados minerales en determinadas áreas (parcelas) o yacimientos. En cuanto a "concesiones de explotación" las mismas consisten en el otorgamiento del derecho de excavar y extraer del yacimiento el mineral concedido, asignándose además al concesionaria en general, el derecho exclusivo "de extraer, dentro de los límites de la correspondiente parcela de explotación, el mineral concedido" (artículo 188 Ley de Minas de 1945) por el período indicado en las concesiones.

Pero además de las actividades de explotación concedidas, conforme a la texto que en general han tenido las concesiones y en cumplimiento de las Ventajas Especiales ofrecidas en general, los concesionarios también realizan operaciones distintas al objeto de las concesiones, a saber el procesamiento del material extraído y su comercialización, pudiendo incluso desarrollar complejos industriales para transformar el mineral en determinados subproductos.

2. Las concesiones mineras y el régimen de los bienes reversibles y no reversibles

Partiendo del principio de que las concesiones otorgadas por el Estado en materia minera son "concesiones de explotación" de determinados minerales, siendo su objeto la extracción del mismo del yacimiento, en ge-

---

65 Gaceta Oficial N° 39.759 del 16 de septiembre de 2011. La Ley fue reformada mediante Decreto Ley No. 1395, Gaceta Oficial No. 6150 Extra de 18 de noviembre de 2014.

66 El Ministerio de Energía y Minas se creó en 1976 en sustitución del Ministerio de Minas e Hidrocarburos que había sido creado en 1950. En esta Opinión legal, utilizaremos la denominación común de "Ministerio de Energía y Minas" a pesar de que posteriormente, el Ministerio a cargo de la materia minera haya cambiado de denominación en 2005 (Ministerio de Industrias Básicas y Minería), en 2007 (Ministerio del Poder Popular para Industrias Básicas y Minería), y en 2014 (Ministerio del Poder Popular para Petróleo y Minería). Véase Allan R. Brewer-Carías et al., *Ley Orgánica de Administración Pública*, Editorial Jurídica Venezolana, Caracas 2015.

neral, en los títulos mineros siempre se ha garantizado al concesionario el derecho exclusivo de *extraer y aprovechar* el mineral, con lo que queda claro su derecho exclusivo con exclusión de cualquier otra persona o empresa de esa actividad.[67]

Además, en general en materia de reversión, en lo Títulos Mineros ha sido común la previsión de un entendido de que las obras y demás mejoras permanentes, además de la maquinaria, útiles y materiales, incluyendo las instalaciones, accesorios y equipo y cualesquiera otros bienes utilizados con destino al objeto de la concesión y que formen parte integral de ella, sea cual fuere el título de adquisición, deben pasar en plena propiedad a la Nación libres de gravámenes o cargas, sin indemnización alguna, al extinguirse por cualquier causa la concesión.

Estipulaciones de este tipo que imponen que todos los bienes adquiridos por el concesionario y utilizados con destino al objeto de la concesión – que era la "explotación" del mineral especificado, debían revertir al Estado, en todo caso, han respondido siempre a lo previsto en la Ley de Minas de 1999, antes referido, en el sentido de que la reversión solamente se refiere a los bienes "adquiridos con destino a las actividades mineras" que es lo que constituye el objeto de la concesión (explotación del mineral).

Como resultado de lo anterior, al extinguirse las concesiones mineras, solo los bienes adquiridos o utilizados por el concesionario para la realización de las actividades objeto de la concesión que es la explotación de determinado mineral, pueden considerarse como bienes reversibles. Al contrario, cualquier otro bien adquirido o utilizado por el concesionario para actividades distintas de la explotación del mineral concedido, como las auxiliares o conexas en los términos del artículo 86 de la Ley de Minas, debían considerarse como bien no reversible.

Entre esas otras actividades distintas al objeto de la concesión que es la explotación o extracción del mineral específico, en muchos casos, las Ventajas Especiales que se han estipulo en los contratos de concesión, han buscado por ejemplo, incorporar el valor agregado nacional para el beneficio o procesamiento del mineral, por ejemplo, mediante su refinación, manufactura o industrialización. En general, esas esas actividades no están o han estado reservadas al Estado, y por tanto, no solo no formaron parte del objeto de las concesiones mineras, sino que pueden ser desarrolladas libremente por el concesionario, y sin necesidad de requerimiento adicional excepto, por ejemplo, las autorizaciones administrativas que pudieran requerirse establecidas en la legislación sobre ordenación del territorio o conservación y protección del ambiente.

---

67 En este mismo sentido, por ejemplo, el artículo 24 de la Ley de Minas de 1999 dispone que "La concesión minera confiere a su titular el derecho exclusivo a la exploración y explotación de las sustancias minerales otorgadas que se encuentren dentro del ámbito espacial concedido." Gaceta Oficial Nº 5.382 Extra. de 28 de septiembre de 1999.

En cumplimiento de esas estipulaciones, por ejemplo, si el concesionario desarrolla un proceso industrial para la producción de determinados subproductos, construyendo por ejemplo, una planta de procesamiento de su exclusiva propiedad en el área de las concesiones, dicha instalación al igual que los bienes y la maquinaria adquirida y utilizada para la actividad industrial de procesamiento, no pueden ser consideradas como bienes reversibles, pues los mismos fueron adquiridos para un objeto distinto al objeto de las concesiones.

Adicionalmente, por ejemplo, los depósitos de los subproductos resultantes de la actividad industrial antes de la extinción de las concesiones, y que se encuentren en el sitio de las concesiones o en cualquier otro sitio, también son de la exclusiva propiedad del concesionario, y debe ser considerado como un bien no reversible.

3. La distinción entre actividad de explotación minera y las actividades auxiliares y conexas

La distinción que antes se ha explicado y que está en la Ley de Minas, entre actividad de "explotación" minera que es el objeto de las concesiones mineras y las actividades auxiliares o conexas, también se ha regulado en general en el texto de los Títulos o concesiones las cuales como concesiones de explotación de determinados minerales, confieren al concesionario no sólo el derecho exclusivo de extraer el mineral, sino de aprovecharlo por periodo de tiempo de la concesión, dentro de sus límites, excluyendo, en esa forma, a cualquier otro particular.

A tal efecto, en general, en las cláusulas de los Títulos o concesiones mineras se agrega, además de las obligaciones de explotación, es decir, de extracción del mineral, algunas obligaciones por ejemplo para la realización por el concesionario de actividades de beneficio del mineral mediante el establecimiento de alguna industria vinculada con la transformación del mineral objeto de la concesión, que por ejemplo impliquen la incorporación del valor agregado nacional por ejemplo, por metalurgia, refinación, manufactura o industrialización; o en otros casos a realizar actividades de aplicación industrial del mineral, mediante el aporte de la tecnología adecuada.

En esos casos, las actividades de desarrollo industrial así establecidas en los Títulos o concesiones no constituyen el objeto de las concesiones mineras que es siempre la explotación del mineral específico otorgado, sino que se trata de actividades conexas o auxiliares que el concesionario tiene derecho a realizar en forma exclusiva, y que por ejemplo son equiparables a las actividades de "beneficio" del mineral extraído a que se refiere el artículo 86 de la Ley de Minas de 1999.

Ese beneficio del mineral que por ejemplo se realice en alguna planta que el concesionaria establezca, es una típica actividad auxiliar o conexa con el objeto de la concesión, por lo que no sólo el subproducto que se produzca, es de la exclusiva propiedad del concesionario pues ello no constituye es objeto de la concesión, sino que los bienes destinados y utilizados para la realización de dichas actividades conexas o auxiliares, deben considerarse como bienes que no están sujetos a reversión conforme a lo dispuesto en el artículo 102 de la Ley de Minas, siendo de la exclusiva propiedad del concesionario.

4. Las potestades de control del ente concedente respecto de las actividades del concesionario, y los Informes de actividades del concesionario

El régimen antes mencionado sobre las actividades que pueden considerarse como "primarias," como es la explotación del yacimiento del mineral concedido; y las que son actividades "auxiliares y conexas," y sobre la distinción entre en bienes reversibles y no reversibles en las concesiones mineras, no cambia en forma alguna, por supuesto, por el hecho de que los Informes que el concesionario debe presentar ante la autoridad concedente, por ejemplo, el Ministerio de Energía y Minas, los cuales deben comprender siempre *todas las actividades* que el concesionario realice, sin distingo, y no sólo las que se refieren al objeto de la concesión. Es decir, dichos Informe se tienen que formular sin que en los mismos se distingan cuáles actividades son las que responden al objeto de la concesión, como actividades "primarias"; y cuáles son las actividades auxiliares o conexas.

Y lo mismo ocurre con los Inventarios de bienes que el concesionario debe elaborar y que también está en la obligación de acompañar a dichos Informes, referidos a los bienes que adquiere o utiliza para todas las actividades que realice, y en los cuales, por tanto, no se discriminan aquellos bienes afectos a las actividades de explotación del mineral concedido, de los que puedan ser utilizados para actividades auxiliares o conexas.

En efecto, el régimen general relativo a los Informes sobre las actividades y a los Inventarios de bienes que los concesionarios deben presentar ante el Ministerio de Energía y Minas, como consecuencia de las potestades de control de la autoridad concedente, en esta materia está previsto en los Artículos 37 y 103 de la Ley de Minas, en los cuales se dispone lo siguiente:

> "Artículo 37. El concesionario deberá informar mensual y anualmente, al Ministerio de Energía y Minas, acerca de las actividades cumplidas en los períodos respectivos, sin perjuicio de cualquier otra información que le exija dicho Ministerio. Los informes indicados se sujetarán a lo establecido en los reglamentos de esta Ley."

"Artículo 103. El titular de derechos mineros deberá presentar al Ministerio de Energía y Minas un inventario detallado acerca de todos los bienes adquiridos, con destino a las actividades mineras que realice, afectos a ellas, bienes de los cuales no podrá disponer en forma alguna sin la previa autorización del Ministerio de Energía y Minas, dada por escrito."

De estas normas, que son típicas normas de "orden público" establecidas para regular el ejercicio de facultades de vigilancia y supervisión por parte de la Administración Pública en relación con la ejecución de concesiones mineras, se destaca la obligación que se impone a los concesionarios mineros "de informar mensual y anualmente, al Ministerio de Energía y Minas, acerca de las actividades cumplidas en los períodos respectivos," y de presentar al Ministerio de Energía y Minas "un inventario detallado acerca de todos los bienes adquiridos, con destino a las actividades mineras que realice, afectos a ellas," previendo además que el concesionario "no podrá disponer en forma alguna [de ellos] sin la previa autorización del Ministerio de Energía y Minas, dada por escrito."

Dichas previsiones legales fueron desarrolladas por el Reglamento de la Ley de Minas de 2001[68] al disponer en su artículo 33, en *primer lugar*, la obligación de los concesionarios de presentar mensualmente al Ministerio de Energía y Minas, *"un informe detallado de las actividades del concesionario* realizadas en el mes anterior," con especificación de los aspectos *técnicos*, en especial sobre el material removido y extraído; y los *aspectos económicos*, con los estados financieros; y en *segundo lugar*, la obligación de presentar anualmente al Ministerio, "un *informe relativo a las actividades realizadas* en el año anterior," que contenga los siguientes aspectos: *técnicos*, "tales como: producción y calidad del mineral producido, cumplimiento de ventajas especiales […], inventario general de equipos pertenecientes a la concesión y contratados, procedimientos técnicos e industriales empleados para la explotación y beneficio de minerales," y *económicos*, "tales como: estado financieros auditados, […] volumen y valor de las ventas nacionales y externas según destino y comprador, […] elementos del costo por etapas del proceso productivo." Estas normas se aplican "sin perjuicio de lo establecido en la Ley de Minas, sus reglamentos y demás disposiciones aplicables," entre las cuales están las contenidas en las cláusulas de las concesiones, por lo que en la medida en que las mismas no fueran contrarias a las del Reglamento, también tendrían aplicación.

De estas normas resulta entonces que en la práctica y en relación los Informes mensuales o anuales que los concesionarios deben presentar ante el Ministerio de Energía y Minas a los efectos del ejercicio de sus facultades de supervisión y vigilancia, los mismos deben contener una relación detallada de absolutamente todas las actividades realizadas por los conce-

---

68   Decreto N° 1.234 de 6 de marzo de 2001, en Gaceta Oficial N° 37.155 del 9 de marzo de 2001.

sionarios, sin distinción alguna sobre su naturaleza u objeto, e independientemente de que se refieran al objeto mismo de las concesiones; y que a los mismos se anexe una lista de todos los bienes adquiridos y utilizados por el concesionario, sin distinción alguna sobre su naturaleza u objeto, e independientemente de que se trate de bienes reversibles o no reversibles.

V. LA SITUACIÓN Y NATURALEZA DE LOS BIENES AFECTOS A ACTIVIDADES CONEXAS O AUXILIARES, ASÍ COMO DE LOS PRODUCTOS O SUBPRODUCTOS DE LAS MISMAS

Con base en esta distinción establecida en la Ley, por tanto, los bienes destinados o afectos al objeto de la concesión que es la explotación de mineral (recuérdese que la Ley de Minas define la explotación como la "extracción de las minas [de] las sustancias que la integran o hacer lo necesario para ello, con ánimo inequívoco de aprovechamiento económico de las mismas"), son los bienes reversibles; y en cambio, los bienes y equipos que son destinados por ejemplo a un proceso de aplicación industrial o de beneficio del mineral extraído, y que, por tanto, no son utilizados para el cumplimiento del objeto de la concesión, es decir, al no estar destinados al cumplimiento del objeto de las concesiones, son bienes que deben considerarse como bienes no reversibles.

Además, en relación con el mismo tema, tampoco podrían considerarse como bienes reversibles los minerales que ya se hubiesen extraído como consecuencia de la explotación, y que por ejemplo, al término de una concesión, quedasen en el sitio de la misma sin ser aún procesados los cuales quedarían como propiedad del concesionario al extinguirse la concesión, con fundamento en el artículo 546 del Código Civil que dispone que "el producto o valor del trabajo o industria lícitos... de cualquier persona, son propiedad suya, y se rigen por las leyes relativas a la propiedad en general y las especiales sobre estas materias." Por tanto, el producto derivado del trabajo e industria desarrollados por un concesionario con ocasión del ejercicio de los derechos mineros que le fueron concedidos por el Estado (la explotación de una mina), como es el material extraído, en si mismo es de la propiedad del concesionario.

Además, conforme al artículo 552 del Código Civil, el concesionario también adquiere la propiedad de dicho mineral extraído o producido en la concesión en ejercicio de sus derechos mineros, que deben considerarse como "frutos naturales" que pertenecen "por derecho de accesión al propietario de la cosa que los produce" definiéndose como "frutos naturales" a "los que provienen directamente de la cosa, con o sin industria del hombre" como son precisamente "los productos de las minas o canteras." En tal sentido, todos los minerales extraídos de la explotación de las concesiones, en ejercicio de los derechos mineros, son bienes que pertenecen al titular de los derechos mineros derivados de la concesión.

De ello se colige que si el mineral extraído por el concesionario de un yacimiento es de su propiedad, así como lo son los subproductos que deriven del beneficio de dicho mineral, al extinguirse las concesiones, dichos bienes siguen siendo de propiedad del concesionario, mientras no la ceda o abandone. Dichos bienes producidos por el concesionario, y que son de su propiedad, en consecuencia, conforme a la garantía del artículo 115 de la Constitución, no podían ser "adquiridos" por el Estado sino mediante el procedimiento de expropiación, y nunca por "ocupación" en aplicación del artículo 797 del Código Civil, que sólo se refiere a "las cosas *que no son de la propiedad de nadie,* pero que pueden llegar a serlo de alguien,*" a cuyo efecto enumera por ejemplo, a "los animales que son objeto de la caza o de la pesca, el tesoro y las cosas muebles abandonadas." Si el Estado se apropiase de ellos, se trataría de una confiscación pues el mineral extraído por el concesionario del yacimiento, aún no procesado, y los sub productos que por ejemplo haya producido en la instalación industrial que haya establecido para procesar el mineral extraído, son propiedad del concesionario y no podían considerarse como en situación de "propiedad de nadie."[69]

En efecto, el mencionado artículo 115 de la Constitución de 1999 establece la garantía del derecho de propiedad, disponiendo que solo "por causa de utilidad pública o interés social, mediante sentencia firme y pago oportuno de justa indemnización, podrá ser declarada la expropiación de cualquier clase de bienes." Para asegurar en la práctica

---

[69] Como lo ha destacado Roberto Dromi en relación con Argentina, en casos de caducidad de contratos de concesión "En principio, los bienes del particular afectados a la ejecución contractual, siguen perteneciéndole, excepto en aquellos casos en que se hubiera convenido que los bienes afectados a la prestación queden en manos del Estado (a título de dueño o con un derecho de uso precario hasta que concluya la ejecución), en los supuestos de caducidad del contrato, sin indemnización alguna en favor del contratista (CSJN, Fallos, 141:212). No habiéndose previsto en el contrato cláusula alguna en relación a los bienes del particular, si el Estado se apodera de ellos deberá indemnizar al contratista por su valor pues de lo contrario se trataría de un despojo, en mérito a lo establecido por el art. 17 de la Constitución, que tutela el derecho de propiedad, no sólo respecto de las cosas afectadas a la prestación del servicio público, sino también de las obras que haya realizado el contratista y de que se hubiera apropiado el Estado.// La CSJN ha expresado: "La declaración de caducidad no autoriza de por sí la ocupación por parte de la autoridad concedente de los bienes propios del concesionario afectados a la prestación de los servicios que constituyen el objeto de la concesión. Una cosa es la concesión, otra los bienes del concesionario por más que estén afectados del modo que se acaba de indicar. A estos últimos los ampara la inviolabilidad de la propiedad que, en principio, sólo cede ante la expropiación por causa de utilidad pública formalmente declarada y previa indemnización (art. 17, CN)" ("Compañía de Electricidad de Corrientes c/Provincia de Corrientes", Fallos, 201:432. En igual sentido "Bracamonte, Juan A., c/Provincia de Tucumán", Fallos, 204:626)." Véase Roberto Dromi Tratado de Derecho Administrativo, consultado en http://uaiderechoadministrativo.wikispaces.com/file/view/ TRATADO+DE+DER+ADMIN+DROMI.pdf/419922716/TRATADO+DE+DER + ADMIN+DROMI.pdf.

administrativa estatal la vigencia de dicha garantía, la Ley de Expropiación por causa de utilidad pública y social[70] precisa que la expropiación es un medio extraordinario de adquisición de la propiedad privada por parte del Estado, concebida como una institución de derecho público, "sometida por el legislador al cumplimiento de formalidades específicas"[71] mediante la cual el Estado actúa en beneficio de una causa de utilidad pública o de interés social, "con la finalidad de obtener la transferencia forzosa del derecho de propiedad o algún otro derecho de los particulares, a su patrimonio, mediante sentencia firme y pago oportuno de justa indemnización" (art. 2).[72]

Toda expropiación, por tanto, como lo ha expresado la antigua Corte Suprema de Justicia, "supone justa compensación," de manera que en la expropiación, "la función del Juez se limita a la declaratoria de la necesidad de adquirir el todo o parte de la propiedad, o algún otro derecho, al correspondiente avalúo, y al pago, puesto que toda expropiación supone una justa compensación."[73]

---

70 Ley de Expropiación por Causa de Utilidad Pública o Social, en Gaceta Oficial No. 37.475, de 1 de julio de 2002 (La Ley reformó la anterior de 1947 publicada en Gaceta Oficial N° 22.458 de 6 de noviembre de 1947, que había sido modificada parcialmente por Decreto Ley N° 184 de 25 de abril de 1958, Gaceta Oficial N° 25.642 de 25 de abril de 1958).

71 Como lo precisó la Sentencia de la antigua Corte Federal y de Casación, de 29 de octubre de 1948, en Compilación Legislativa 1948-1949, Anuario 1948, página 789, ya en 1948, recién adoptada la Ley: "La expropiación es un medio extraordinario de adquirir, sometido por el Legislador al cumplimiento de determinadas formalidades; ella es una institución de derecho público en el cual no tienen aplicación los principios del derecho común [...] dada la naturaleza extraordinaria del derecho a expropiar, es de fundamental interés público el que se verifique la expropiación con estricta sujeción a las disposiciones de la ley que la reglamenta" y que con el procedimiento el Tribunal declare "la necesidad de adquirir el todo o parte de la propiedad." Véase en Allan R. Brewer-Carías, *Jurisprudencia de la Corte Suprema 1930-1974 y Estudios de Derecho Administrativo*, Volumen VI, La Propiedad y la Expropiación por causa de utilidad pública e interés social, Ediciones del Instituto de Derecho Público, Facultad de Derecho, Universidad Central de Venezuela, Caracas 1979, páginas 394 s.

72 Ello lo ha ratificado más recientemente la Sala Político Administrativa de la Corte Suprema de Justicia en su sentencia de 24 de febrero de 1965, en la cual expresó que la expropiación de bienes de propiedad privada debe desenvolverse "a través de un procedimiento especial cuyo objeto esencial es llegar a la transferencia de dominio del bien expropiado." Véase, Sentencia de la Sala Político Administrativa de la Corte Suprema de Justicia, en Gaceta Oficial N° 27.676, de 24 de febrero de 1965, página 205.971, y también Allan R. Brewer-Carías, *Jurisprudencia de la Corte Suprema 1930-1974 y Estudios de Derecho Administrativo*, Volumen VI, La Propiedad y la Expropiación por causa de utilidad pública e interés social, Ediciones del Instituto de Derecho Público, Facultad de Derecho, Universidad Central de Venezuela, Caracas 1979, páginas 348 ss.

73 Véase, Sentencia de la Sala Político Administrativa de la antigua Corte Suprema de Justicia, de 10 de junio de 1968, en Gaceta Forense N° 60, 1968, páginas 173 s. Véase Allan R. Brewer-Carías, *Jurisprudencia de la Corte Suprema 1930-1974 y Estudios de Derecho Administrativo*, Volumen VI, La Propiedad y la Expropiación por causa de utilidad pública e interés social, Ediciones del Instituto de Derecho Público, Facultad de

La garantía de la propiedad, conforme a la Ley de Expropiación, por tanto, exige que el Estado deba pagar la justa compensación debida por la expropiación, no sólo para materializar la trasferencia de la propiedad privada al Estado (art. 46), sino incluso para que el Estado pueda tomar posesión u ocupar los bienes a expropiar, al establecer como único mecanismo para poder efectuar la ocupación de los mismos mientras dura el juicio de expropiación, la denominada "ocupación previa" (artículo 56), la cual debe siempre ser decretada por el juez competente de la expropiación una vez iniciado el juicio de expropiación, mediando el previo avalúo del inmueble para establecer la justa compensación por una Comisión de Avalúos designada con la participación del expropiado (art. 19), cuyo monto debe necesariamente depositarse en el tribunal competente y ser puesto a disposición del expropiado, quien tiene el derecho de aceptar el monto como el pago de la justa compensación (art. 56).

Por tanto, se violaría abiertamente esta garantía de la propiedad desarrollada en la Ley de Expropiación, si al término de una concesión, el Estado procediera a tomar posesión y ocupar bienes no reversibles de un concesionario, sin decretar ni ejecutar la expropiación de los mismos, sin intervención judicial, sin realizar el avalúo del bien expropiado y sin pagar o depositar en el tribunal correspondiente y a la orden del expropiado el monto de la compensación. Ello, en realidad se configuraría como una confiscación prohibida en el artículo 116 de la Constitución.

CONCLUSIONES GENERALES

Las concesiones administrativas son contratos públicos o contratos del Estado (contratos administrativos) mediante las cuales en Estado confiere a un concesionario un derecho que antes no tenía, que por tanto se crea con la concesión en cabeza del concesionario, por referirse a actividades reservadas al Estado en la Constitución o en las leyes.

Una de esas actividades reservadas al Estado es la explotación minera, por lo que para que un particular pueda realizarla tiene que obtener una concesión minera de parte del Estado. En consecuencia, la Ley de Minas regula las concesiones mineras mediante las cuales se otorga a los concesionarios la actividad de explotación de determinados minerales, entendiéndose por "explotación" conforme al artículo 58 de la Ley de Minas, la

---

Derecho, Universidad Central de Venezuela, Caracas 1979, páginas 374. En igual sentido, Sentencia de la Sala Político Administrativa de la antigua Corte Suprema de Justicia, de 29 de abril de 1969, en Gaceta Forense N° 64, 1969, páginas 133 s. Véase Allan R. Brewer-Carías, *Jurisprudencia de la Corte Suprema 1930-1974 y Estudios de Derecho Administrativo*, Volumen VI, La Propiedad y la Expropiación por causa de utilidad pública e interés social, Ediciones del Instituto de Derecho Público, Facultad de Derecho, Universidad Central de Venezuela, Caracas 1979, página 427.

extracción de mineral del yacimiento concedido. Con base en ellas, los concesionarios adquieren por tanto, el derecho exclusivo de extraer determinado mineral, y además, el derecho de aprovecharlo.

De acuerdo con las previsiones del artículo 102 de la Ley de Minas, al extinguirse las concesiones, los bienes adquiridos por el concesionario con destino a la realización del objeto de la concesión, es decir, la explotación del mineral concedido, deben ser revertidos al Estado, libres de todo gravamen. Esos son, en los términos de la mencionada norma de la Ley de Minas, los bienes que pueden ser considerados como bienes reversibles en dichas concesiones de explotación.

De acuerdo con lo dispuesto en la misma norma de Ley de Minas, además, los concesionarios pueden realizar otras actividades distintas de las actividades concedidas, es decir, de las actividades de explotación del mineral, que se pueden considerar como actividades auxiliares o conexas con la minería.

En este último vaso, los bienes adquiridos por el concesionario para ser utilizados en la realización de estas otras actividades distintas de la explotación del mineral concedido, como son las actividades de "almacenamiento, tenencia, beneficio, transporte, circulación y comercio de los minerales" que enumera el artículo 86 de la Ley de Minas, los bienes afectos a las mismas son bienes no reversibles, por lo que al extinguirse las concesiones, permanecen como propiedad del concesionario,

Lo mismo debe decirse respecto del mineral extraído del yacimiento respectivo en ejecución del objeto de las concesiones, que no ha sido procesado para el momento de la extinción de las concesiones, y además, de los productos y subproductos procesados por el concesionario, que también deben considerarse como bienes no reversibles, quedando como propiedad del concesionario conforme a lo regulado en el Código Civil.

New York, agosto 2015

QUINTO LIBRO:

SOBRE LA INMUNIDAD DE JURISDICCIÓN Y EL ARBITRAJE EN LOS CONTRATOS PÚBLICOS

Este Cuarto Libro recoge varios estudios sobre el tema de la inmunidad relativa de jurisdicción y el arbitraje en los contratos públicos: primero, la "Propuesta sobre la cláusula de inmunidad relativa de jurisdicción y sobre la cláusula calvo en los contratos de interés público," que formulamos ante la Asamblea Nacional Constituyente en 1999, y publicada en mi libro *Debate Constituyente (Aportes a la Asamblea Nacional Constituyente), Tomo I (8 agosto-8 septiembre 1999),* Fundación de Derecho Público-Editorial Jurídica Venezolana, Caracas 1999, pp. 209-233. Segundo, el estudio sobre "El arbitraje y los contratos de interés nacional," publicado en el libro: *Seminario sobre la Ley de Arbitraje Comercial*, Biblioteca de la Academia de Ciencias Políticas y Sociales, Serie Eventos, N° 13, Caracas 1999, pp. 169-204. Tercero, el estudio sobre "Algunos comentarios a la Ley de Promoción y Protección de Inversiones: contratos públicos y jurisdicción," publicado en el libro *Arbitraje comercial interno e internacional. Reflexiones teóricas y experiencias prácticas,* Serie Eventos 18, Academia de Ciencias Políticas y Sociales, Caracas 2005, pp. 279-288; y en mi libro *Estudios de Derecho Administrativo* 2005-2007, Colección Estudios Jurídicos, N° 86, Editorial Jurídica Venezolana, Caracas 2007 (pp. 473-484). Y cuarto, el estudio "Sobre el consentimiento del Estado al arbitraje internacional en la Ley de Promoción y Protección De Inversiones de 1999 y sus vicisitudes (2012)," redactado para su publicación en la *Revista de la Facultad de Derecho* de la Universidad Católica Andrés Bello, Caracas 2012.

Sección Primera: SOBRE LA CLÁUSULA DE INMUNIDAD DE JURISDICCIÓN Y LA CLÁUSULA CALVO EN LOS CONTRATOS DE INTERÉS PÚBLICO (1999)

Esta Sección Primera es el texto de la propuesta que formulados ante la Asamblea Nacional Constituyente en 1999 para la regulación en el texto de la Constitución de 1999 de la llamada *Cláusula de Inmunidad jurisdiccional*, como reacción a la propuesta formulada por el Presidente Hugo Chávez en su trabajo enviado a dicha Asamblea titulado *Ideas Fundamentales para la Constitución Bolivariana de la V República*, Caracas 1999, en sustitución de la previsión que estaba contenida en el artículo 127 de la Constitución de 1961, que no sólo modificaba la cláusula de inmunidad de jurisdicción que existía desde los años cuarenta, sino que eliminaba de la Constitución la llamada *Cláusula Calvo*. La crítica formulada prevaleció en la Asamblea, conservándose en la Constitución de 1999 la misma norma que estaba en el texto de 1961 (art. 150). El estudio enviado en Comunicación enviada a los presidentes de las Comisiones de Integración y Relaciones con la Comunidad Internacional, de la Comisión de Poder Público Nacional, de la Comisión de lo Económico y Social y de la Comisión Constitucional, el 08-09-1999, fue publicado como "Propuesta sobre la cláusula de inmunidad relativa de jurisdicción y sobre la cláusula calvo en los contratos de interés público," en Allan R. Brewer-Carías, *Debate Constituyente (Aportes a la Asamblea Nacional Constituyente), Tomo I (8 agosto-8 septiembre 1999)*, Fundación de Derecho Público-Editorial Jurídica Venezolana, Caracas 1999, pp. 209-233.

La Constitución de 1961 establece en su artículo 127, lo siguiente:

> "*Art. 127*. En los contratos de *interés público*, si no fuere improcedente *de acuerdo con la naturaleza de los mismos,* se considerará incorporada, aun cuando no estuviere expresa, una cláusula según la cual las dudas y controversias que puedan suscitarse sobre dichos contratos y que no llegaren a ser resueltas amigablemente por las partes contratantes serán decididas por los *Tribunales competentes de la República,* en conformidad con *sus leyes,* sin que por ningún motivo ni causa puedan dar origen a *reclamaciones extranjeras".*

Por su parte, en el Proyecto presentado por el Presidente Chávez, la norma equivalente, ubicada en el Título V sobre el "Sistema socio económico", establece lo siguiente:

> "*Art. 127*. En los contratos en los que participe la República y sean de interés público se considerará incorporada, aún cuando no estuviere expresa, una cláusula según la cual las dudas y controversias que puedan suscitarse sobre dichos contratos serán decididas por los tribunales competentes de la República en conformidad con las leyes".

Para entender adecuadamente estas normas, y los cambios propuestos, las analizaremos separadamente.

I. LA CLÁUSULA DE INMUNIDAD RELATIVA DE JURISDICCIÓN EN RELACIÓN CON LOS CONTRATOS DE INTERÉS PÚBLICO EN LA CONSTITUCIÓN DE 1961

La Constitución de 1961, en el mencionado artículo 127, establece la denominada *Cláusula de Inmunidad* relativa de jurisdicción en relación con los contratos de interés público, sea cual sea el ente estatal que los suscriba, conforme a la cual y cuando por su naturaleza no sea "procedente, las dudas y controversias que se susciten pueden ser decididos por Tribunales extranjeros, o conforme a otra legislación distinta a la venezolana.

1. La noción de contratos de interés público

En relación con el artículo 127 de la Constitución, ante todo, resulta necesario precisar qué ha de entenderse por contrato de interés público (Véase Allan R. Brewer-Carías, "Los contratos de interés nacional y su aprobación legislativa", *Revista de Derecho Público,* N° 11, 1982, Caracas, p. 49 y ss.), a los efectos de determinar a cuales se aplica esta cláusula.

La Constitución, en efecto, se refiere a la noción de contratos de interés público, en genérico, como sucede en el artículo 127; y aparte especifica las especies de contratos de interés público, al indicar que pueden ser de interés público nacional, de interés público estadal o de interés público municipal (art. 126).

La noción de interés público, por tanto, es de carácter genérico, en contraste con las especies (nacional, estadal o municipal), lo que resulta de la forma Federal del Estado conforme a la distribución vertical del Poder (nacional, estadal y municipal).

Por ello, el texto constitucional habla de interés público nacional, de interés público estadal y de interés público municipal, para hacer referencia a un solo interés público que concierne a los tres niveles territoriales.

Por tanto, contratos de interés público son los contratos suscritos por la República, cualquiera que sea su contenido, y también todos los contratos suscritos por los Estados y por los Municipios, y por sus entes descentralizados de derecho público. Por lo demás, esta noción de interés público, que engloba los tres niveles territoriales, tiene relación con otros aspectos fundamentales del Derecho Público Venezolano, como el concepto de Estado o el de Poder Público.

De lo anterior resulta que contrato de interés público, en la Constitución de 1961, es todo contrato suscrito por los entes públicos territoriales, cualquiera que sea su naturaleza y contenido, es decir, por la República, los Estados y los Municipios, y aún más, también, por los entes descentralizados de derecho público de esos tres niveles. Por tanto, un contrato suscrito por un instituto autónomo nacional, estadal o municipal, también puede considerarse como contrato de interés público.

Esto sin duda, es el primer tema que sugiere el artículo 127 de la Constitución, y que conduce a interpretar que se trata, realmente, de una cláusula contractual obligatoria, en el sentido de que todo contrato que suscriban todos los entes del Estado Venezolano, en los tres niveles territoriales e, incluso, en los niveles de descentralización funcional, deben contener esta cláusula cuyo objeto es, salvo que la naturaleza de los mismos excluya, *primero,* estipular que la interpretación, aplicación y ejecución de esos contratos debe someterse a la Ley Venezolana, y *segundo,* que las controversias y dudas que de ellos surjan deben también someterse al conocimiento de los Tribunales venezolanos. Este principio, que se deriva de esta cláusula, encuentra también su fundamento en el principio universal del derecho internacional, de la inmunidad de jurisdicción de los Estados extranjeros. (Véase, Tatiana Bogdanowsky de Maekelt, "Inmunidad de Jurisdicción de los Estados" en *Libro Homenaje a José Melich Orsini,* Vol. I, Caracas, 1982, p. 213 y ss.).

2. El origen de la inmunidad relativa de jurisdicción

La Cláusula del artículo 127 de la Constitución, sin embargo, desde el ángulo de la inmunidad jurisdiccional, se aparta del carácter absoluto tradicional, y encaja dentro de la llamada "inmunidad relativa de jurisdicción". En efecto, esa norma prescribe que esa cláusula debe estar presente en todos los contratos de la Administración "*si no fuere improcedente de acuerdo con la naturaleza de los mismos*". Esto conecta la disciplina en materia de contratos, con un tema clásico de derecho internacional, que muestra la evolución que ha tenido en el derecho contemporáneo el tema, desde una inmunidad absoluta a la inmunidad relativa de jurisdicción (véase, en general, Ian Sinclair, "The Law of Sovereign Inmunity, Recent Development", Académie International de Droit Comparé, *Recueil des Cours, 1980,* Vol. II, La Haya, 1981, p. 201 y ss.).

El origen de esta cláusula, en el sistema constitucional venezolano, se remonta a la Constitución de 1893, en la cual se estableció lo que puede calificarse como el principio de la inmunidad absoluta. El artículo 149 de ese texto dispuso que:

> "...En todo contrato de interés público, se establecerá la cláusula, de que «las dudas y controversias que puedan suscitarse sobre su inteligencia y ejecución, serán decididas por los tribunales venezolanos y conforme a las leyes de la República...»"

De acuerdo a esta norma del Texto Fundamental de 1893 la fórmula era distinta al texto vigente: *primero,* preveía la inmunidad absoluta, y *segundo,* prescribía la obligación de que en todo contrato de interés público se estableciera la cláusula, lo que difiere del sistema de la Constitución de 1961, conforme la cual se entiende incorporada la cláusula a los contratos. En aquel texto sólo se decía que en esos contratos debía incorporarse la cláusula, por la que la misma tenía mero carácter contractual.

En la Constitución de 1947 estos dos elementos se cambiaron: se abandonó el sistema de inmunidad absoluta, sustituyéndose por uno de inmunidad relativa, porque la cláusula se consideraba incorporada en los contratos "si fuera procedente de acuerdo a la naturaleza de los mismos"; y, además, se adoptó el esquema actual de considerar incorporada la cláusula aún cuando no estuviera expresa, con lo cual no es necesario que se indique en el texto del contrato que esa cláusula forma parte del mismo, sino que en virtud de la Constitución ella está incorporada (art. 108).

3. La situación en el derecho internacional y la distinción entre actos de autoridad y actos de gestión

Esta cláusula, como se señaló, tiene una evidente vinculación con el Derecho Internacional, y hoy puede decirse que refleja una situación universalmente aceptada y adoptada en todo el mundo: la del principio de la relatividad de la inmunidad de soberanía o de inmunidad jurisdiccional de los Estados.

Por supuesto, ello no implica que haya unanimidad absoluta en la doctrina en relación a determinar cuándo la *naturaleza* de un contrato implica la renuncia a la inmunidad de jurisdicción. Sobre el particular puede decirse que no hay criterios universalmente aceptados, aun cuando todavía se recurre a la distinción tradicional abandonada en el campo del derecho administrativo, entre los actos de autoridad (*jure imperii*) y los actos de gestión (*jure gestionis*) para la interpretación de los casos en los cuales debe haber inmunidad de jurisdicción. La misma doctrina del Fisco, elaborada también durante el siglo pasado, incluso, tuvo sus repercusiones en el Derecho Internacional en este tema de la inmunidad jurisdiccional.

En todo caso, puede decirse que esas distinciones tradicionales, en el momento actual, no tienen valor como tal, porque todo acto del Estado siempre tiene una finalidad pública y no puede decirse que haya actos que el Estado cumple como un particular pura y simplemente.

Sin embargo, la distinción entre actos de autoridad y actos de gestión con todas sus consecuencias condicionó la elaboración de un documento que, en el ámbito del Derecho Internacional Privado y su incidencia en los contratos estatales, fue muy importante en América Latina. Se trata del *Código Bustamante,* es decir, la *Convención sobre Derecho Internacional Privado* de 1928, que suscribieron casi todos los países de América Latina y del cual es parte Venezuela. En esa Convención puede decirse que se comenzó, en el ámbito internacional de América Latina, a erosionar el principio de la inmunidad jurisdiccional absoluta de los Estados.

En efecto, en ese texto se admitió, como principio, que había inmunidad absoluta, pero salvo el caso de que un Estado hubiera admitido una sumisión expresa a la ley extranjera, en cuyo caso habría un consentimiento expreso a someterse a la jurisdicción de tribunales extranjeros.

En tal sentido, el artículo 333 del Código establece lo siguiente:

> "*Artículo 333.* Los jueces y tribunales de cada Estado contratante serán incompetentes para conocer de los asuntos civiles o mercantiles en que sean parte demandada los demás Estados contratantes o sus Jefes, si se ejercita una acción personal, *salvo el caso de sumisión expresa* o de demandas reconvencionales".

Pero además, en el Código Bustamante, y de allí la importancia de este documento en el derecho internacional, también se estableció el principio de que, a pesar de la inmunidad establecida, ciertas acciones podían dar origen a la renuncia a la inmunidad de jurisdicción, particularmente las acciones reales vinculadas a la propiedad inmueble y los juicios universales (art. 316). Sin embargo, para regular esta materia, en 1928, el Código seguía el parámetro de la distinción entre actos de autoridad y actos de gestión.

Así, los artículos 334 y 335 del Código establecieron lo siguiente:

> "Artículo 334. En el mismo caso y *con la propia excepción, serán incompetentes cuando se ejerciten acciones reales*, si el Estado contratante o su *Jefe han actuado en el asunto como tales y en su carácter público.*
>
> Artículo 335. Si el Estado contratante o su Jefe *han actuado como particulares o personas privadas, serán competentes* los jueces o tribunales para conocer de los asuntos en que se ejerciten *acciones reales* o mixtas, si esta competencia les corresponde conforme a este Código".

Conforme a estas normas, por tanto, si se trata de acciones reales, en asuntos en los cuales el Estado actúa como Poder Público, dictando actos de autoridad, se mantiene el principio de la inmunidad absoluta; en cambio, si lo que está envuelto en el asunto es un acto de gestión en el cual el Estado actúa como particular o persona privada, entonces puede estar sometido a la jurisdicción de otro Estado.

Es claro, sin embargo, que actualmente esta distinción no puede seguir sosteniéndose, como no se sostiene ya en el Derecho Internacional, sobre todo en virtud de la expansión económica de los Estados, pues ha sido justamente en las últimas décadas cuando los Estados han venido desarrollando un intenso proceso de intervención en la economía. En este campo de la actuación económica del Estado, ello no puede implicar que en las mismas, los Estados dejen de ser tales Estados soberanos, a pesar de que cumplan actividades comerciales o industriales en cualquier nivel.

El tema se ha discutido en el campo del derecho internacional, llegándose incluso a afirmaciones mucho más definidas que las que a veces encontramos en el derecho interno. Por ejemplo, Ian Sinclair afirma que "es una sobre-simplificación pretender que todas las actividades del Estado en el campo económico -como el manejo estatal de una industria, las compras o ventas del Estado- son necesariamente de naturaleza de "derecho privado" y que cumpliéndolas el Estado actúa como persona privada" (*loc. cit.* p. 209), y Chetien ha sostenido que "el Estado no adopta acto alguno, ni interviene en cualquier relación jurídica, sin que ello esté motivado, directa o indirectamente, por la necesidad de mantener su alta misión gubernamental... si uno va al fondo de las cosas, el Estado no se puede presentar jamás como una persona privada" (*idem* p. 209).

Por tanto, por el hecho de que el Estado realice actividades comerciales o industriales, no implica que deja de estar sometido al derecho público y que actúe enteramente regido por el derecho privado.

4. Las excepciones a la Inmunidad jurisdiccional basadas en la naturaleza de los contratos y su carácter comercial

En consecuencia, abandonada la distinción entre actos de autoridad y acto gestión, o entre "Estado persona" y "Estado Poder Público", en el Derecho Internacional, para evaluar las cláusulas de inmunidad de jurisdicción, la discusión se centra en la *naturaleza de la actividad* del Estado más que en su finalidad, que siempre es pública; y la tendencia es a admitir la excepción al principio de la inmunidad basada en el *carácter comercial* de las actividades que realice un Estado, sobre todo el ámbito internacional, lo que ha provocado la admisión del principio de la inmunidad relativa de jurisdicción.

En esta orientación, hay varios instrumentos jurídicos internacionales adoptados en los últimos años que deben destacarse. El primero de ellos es la *Convención Europea sobre Inmunidad de los Estados* de 1972, en la cual se señalaron los casos en los cuales los Estados no podían invocar la inmunidad de jurisdicción, los cuales son: cuando se trate de contratos de trabajo o laborales que deben ser ejecutados en el Estado del foro; cuando un Estado participe como accionista junto con otros particulares en empresas comerciales en el Estado del foro; cuando un Estado tenga oficinas o agencias que realicen actividades industriales, comerciales o financieras, de la misma manera que personas privadas; los procedimientos relativos a patentes, marcas de fábricas y todo lo vinculado al derecho industrial; y las acciones relativas a propiedad inmueble y sobre sucesiones y donaciones (Art. 5 a 10).

Esta Convención Europea fue seguida en cuanto al abandono progresivo de la inmunidad absoluta, por una ley muy importante, que fue la *Ley de Inmunidad de Soberanía de los Estados Unidos de América* de 1976, particularmente por tratarse de un Estado en el cual ha habido, históricamente, muchos conflictos y búsqueda de excepciones al sometimiento de los

Estados extranjeros a las leyes norteamericanas. En esa ley se estableció, como principio, que bajo el ámbito del derecho internacional, los Estados no son inmunes en materia de jurisdicción en relación a sus actividades comerciales (Art. 1602), las cuales se definen en el mismo estatuto, como las actividades regulares de conducta comercial, o las transacciones particulares de tal carácter comercial. En este texto, además, se precisa que "el carácter comercial de una actividad debe determinarse en relación a la naturaleza de la conducta, la transacción particular o el acto, antes que en referencia a su objetivo o finalidad" (Art. 1603, d).

El mismo principio se adoptó en la *Ley de Inmunidad del Estado del Reino Unido,* de 1978, lo cual fue también muy importante, porque Inglaterra había sostenido siempre el principio de la inmunidad absoluta. Fue a partir de 1978 cuando se abandonó el principio e, incluso, se definieron los casos a los cuales no se podía alegar la inmunidad jurisdiccional, basado en el principio de la naturaleza comercial de la transacción, tales como: suministros de bienes o servicios; préstamos y transacciones que tienen relación con el financiamiento a los países o garantías o indemnizaciones relativas a estos préstamos y financiamientos, así como cualquier otra transacción o actividad, sea comercial, industrial, financiera, profesional o de carácter similar, en las cuales un Estado entra en relación con otro, sin que quede comprometido realmente el ejercicio de su autoridad soberana (Secc. 3ª).

Esta misma orientación la sigue el *Proyecto de Convención Interamericana de inmunidad de Jurisdicción de los Estados,* aprobado en 1.983 por el Comité Jurídico Interamericano, en el cual se plantea también la excepción a la inmunidad jurisdiccional en el caso de actividades mercantiles y comerciales, en los casos de "la realización de una determinada transacción o acto comercial o mercantil como parte del desarrollo ordinario de su comercio", agregándose también, los asuntos laborales y contratos de trabajo.

5. La discusión en Venezuela y el caso de los contratos de empréstito público

El tema tiene gran importancia en Venezuela, porque toca el principio constitucional contenido en esta cláusula obligatoria del artículo 127; obligatoriedad que está, sin embargo, sujeta a la excepción basada en la naturaleza del contrato, en cuyo caso no se aplica el principio de la inmunidad.

Por supuesto, la discusión en Venezuela se ha planteado en torno al tema de la naturaleza de los contratos (Véase Isabel Boscán de Ruesta, "La inmunidad de jurisdicción de los contratos de interés público", en *Revista de Derecho Público,* Nº 14, Caracas, 1983, pp. 24 y ss.; Alfredo Morles. "La inmunidad de Jurisdicción y las operaciones de Crédito Público", en *Estudios sobre la Constitución, Libro Homenaje a Rafael Caldera,* tomo

III. Caracas, 1979, pp. 1701 y ss.; y la doctrina de la Procuraduría General de la República, en *20 años de Doctrina de la Procuraduría General de la República 1962-1981,* Caracas, 1984, tomo IV, Vol. 2, pp. 169 y ss.) y en la materia no se puede dar fórmulas universales. A la conclusión que se ha llegado después de interpretaciones contradictorias, es que el criterio debe incidir en la naturaleza práctica del negocio que está en juego, lo cual tuvo particular aplicación, a principios de la década de los ochenta, con motivo de los contratos de empréstitos públicos y obligaciones financieras que asumía el Estado en territorio de Estados extranjeros (Véase A. Morles, *loc. cit.,* pp. 1.701 y ss.).

Por supuesto, en materia de empréstitos públicos, el tema de la inmunidad jurisdiccional se ha planteado desde siempre, y ha habido toda una discusión, tanto en el Derecho Financiero como en el Derecho Internacional, sobre *la naturaleza de los contratos de empréstitos.* En todo caso, si se utiliza la distinción de actos de autoridad y actos de gestión (*jure imperii-jure gestione)* nadie podía afirmar que un contrato de empréstito público no sea un acto de autoridad, y no sea un contrato administrativo: más público, en cualquier sentido, que un contrato de empréstitos, no habría.

Por ello, la solución al problema no se basa en considerar si el Estado suscribe el contrato haciendo uso de su soberanía o de sus poderes públicos, o si son o no contratos administrativos, sino en la naturaleza de las operaciones. En el caso de empréstitos, sin duda, el juez que pueda estar llamado a conocer de un problema judicial en relación a ellos, lo que debe conocer en realidad son cuestiones mercantiles y comerciales. Por eso, y con base en la excepción prevista en la Constitución, los contratos de empréstitos no contienen las cláusulas de inmunidad de jurisdicción y, por tanto, pueden estar sometidos, en su ejecución, que se produce además fuera del país, a las leyes y tribunales donde se realiza la operación. Este, además, es el principio aceptado en todos los países en el momento actual.

Ahora bien, esta posición de principio, en cuanto a la excepción respecto de la cláusula de inmunidad de jurisdicción y que existe respecto de contratos de interés público de naturaleza comercial o industrial, puede verse modificada, como ha sucedido con la Ley sobre Construcción, Explotación y Mantenimiento de Obras Viales y de Transporte en Régimen de Concesión de 1983 (*G.O.* Nº 3.247 Extraordinaria de 26-8-83) que estableció que:

> "La concesionaria estará sometida al ordenamiento jurídico venezolano y a la jurisdicción de los Tribunales de la República, cualesquiera sea el origen de sus capitales y el de sus accionistas" (art. 10).

En el mismo sentido, en el sector hidrocarburos, y en cuanto a los contratos para la constitución de empresas mixtas, el artículo 3º (Parágrafo Segundo, literal d), numeral 9) de la Ley de Hidrocarburos, estableció que en dichos contratos se debía insertar la cláusula de inmunidad de jurisdicción, con el siguiente contenido:

"Las dudas y controversias de cualquier naturaleza que puedan suscitarse con motivo de este convenio y que no puedan ser resueltas amigablemente, serán decididas por los *Tribunales* de Venezuela de conformidad con sus leyes, sin que por ningún motivo ni causa puedan ser motivo de reclamaciones extranjeras".

II. EL CASO DE LA INCLUSIÓN DE LA EXCEPCIÓN A LA INMUNIDAD DE JURISDICCIÓN EN LOS CONTRATOS RELATIVOS A LA APERTURA PETROLERA

1. La cláusula de excepción y el arbitramiento

Ahora bien, de acuerdo con el principio del artículo 127 de la Constitución de 1961, en el Acuerdo del Congreso del 04-07-95 que autorizó los "Convenios de asociación para la explotación a riesgo de nuevas áreas y la producción de hidrocarburos bajo el esquema de ganancias compartidas", se incluyó la Cláusula Decimaséptima con el texto siguiente:

"*DECIMASÉPTIMA:* El Convenio se regirá e interpretará de conformidad con las leyes de la República de Venezuela.

Las materias competencia del Comité de Control no estarán sujetas a arbitraje.

El modo de resolver controversias en materias que no sean de la competencia del Comité de Control y que no puedan dirimirse por acuerdo entre las partes, será el arbitraje, el cual se realizará según las reglas de procedimiento de la Cámara Internacional de Comercio, vigentes al momento de la firma del Convenio".

Esta cláusula, junto con otras, fue impugnada en 1995 y 1996 ante la Corte Suprema de Justicia por diversos ciudadanos, entre ellos el actual constituyente Dr. Luis Vallenilla, y el actual Ministro de Energía y Minas, Dr. Alí Rodríguez Araque, argumentando que la misma era contraria al artículo 127 de la Constitución, pues los Convenios de Asociación cuyas condiciones de celebración autorizaba el Acuerdo del Congreso, eran contratos de evidente interés público cuyas controversias, a juicio de los recurrentes, no podían "dirimirse con arreglo a normas de procedimiento distintas a las que establece la Ley Venezolana".

En cuanto a esta denuncia formulada por los recurrentes debe señalarse que, evidentemente, los Convenios de Asociación autorizados en el Acuerdo del Congreso de 04-07-95, son contratos de interés público nacional conforme al artículo 127 de la Constitución, a los cuales, sin embargo, por su *naturaleza industrial y comercial,* se les aplica la excepción contenida en la misma norma respecto al principio de la inmunidad jurisdiccional; razón por la cual no puede considerarse que violaban dicha norma.

En efecto, en la referida Cláusula Decimaséptima si bien se deja claramente sentado el mandato de que el Convenio *"se regirá e interpretará de conformidad con las leyes de la República de Venezuela"*, en cuanto a la resolución de *algunas* controversias que deriven del mismo (con exclusión de las materias que sean competencia del Comité de Control), precisamente de acuerdo a lo establecido en el Código de Procedimiento Civil, que es una Ley de la República de Venezuela, se la somete a arbitraje que se realizará según las reglas de procedimiento de la Cámara Internacional de Comercio, vigentes al momento de la firma del Convenio. Esta previsión de la Cláusula Decimaséptima del artículo 2° del Acuerdo está, en un todo, conforme con lo establecido en el artículo 127 de la Constitución, por lo que no lo contradice en forma alguna; y además, responde ahora al contenido del artículo 4° de la Ley de Arbitraje Comercial de 1998, que autoriza el arbitramento en contratos de interés público

En efecto, los Convenios de Asociación autorizados en el Acuerdo de 04-07-95, a celebrarse entre una de las empresas de la industria petrolera nacionalizada y una empresa privada, indudablemente que en los mismos, dada la naturaleza industrial y comercial de las actividades envueltas en ellos -que no cambian por el hecho de originarse en la explotación de hidrocarburos, lo que ha sido reservado al Estado por ley-, la inclusión de la mencionada cláusula de inmunidad de jurisdicción no es obligatoria, razón por la cual incluso podría haberse incluido una cláusula que estableciera la excepción tanto en cuanto a que la interpretación, aplicación y ejecución del contrato debía someterse a la Ley Venezolana (quedando exceptuadas siempre la aplicación obligatoria de las normas de orden público), como en cuanto a que las controversias y dudas que de ellos surjan, debían también someterse a conocimiento de los Tribunales de la República.

Ahora bien, establecida la posibilidad constitucional de la excepción al principio de inmunidad de jurisdicción en relación a los Convenios de Asociación cuyas condiciones se han fijado en el Acuerdo dictado conforme al artículo 126 de la Constitución y al artículo 5° de la Ley Orgánica que Reserva al Estado la Industria y el Comercio de los Hidrocarburos, es indudable que el Acuerdo podía constitucionalmente, como lo hizo, prever que para la solución de determinadas controversias las partes debían recurrir a la figura del arbitramento para su resolución, conforme a lo establecido en el artículo 2° y 608 del Código de Procedimiento Civil.

En todo caso, y en relación a los Convenios de Asociación de la apertura petrolera pueden establecerse las siguientes conclusiones:

A. El principio de la inmunidad jurisdiccional del Estado que establece el artículo 127 de la Constitución, de carácter relativo, permite cuando la naturaleza del contrato de interés público lo aconseje, excluir respecto del mismo la aplicación de las leyes venezolanas (con excepción de las normas de orden público) y la jurisdicción de los Tribunales venezolanos.

B. Los contratos de interés público, contenidos en los Convenios de Asociación en ejecución del artículo 5° de la Ley Orgánica que Reserva al Estado la Industria y el Comercio de los Hidrocarburos, por su naturaleza industrial y comercial, son de aquéllos que están dentro de las excepciones respecto del principio del inmunidad jurisdiccional del Estado. Por ello, en la Cláusula Décima Séptima del artículo 2° del Acuerdo de 04-07-95, y conforme al artículo 127 de la Constitución, si bien se ha previsto expresamente que se regirán e interpretarán de conformidad con las Leyes de la República de Venezuela, se ha dispuesto la excepción respecto de la cláusula de inmunidad jurisdiccional del Estado, prescribiéndose que las partes contratantes, respecto de controversias que no sean de las materias competencia del Comité de Control, deben recurrir al arbitramento para su solución conforme al Código de Procedimiento Civil (arts. 2 y 608 CPC), lo cual es admisible en los contratos de interés público que no tengan que contener obligatoriamente dicha cláusula.

C. Las limitaciones fundamentales en relación al recurso de arbitramento en los contratos de interés público, como los Convenios de Asociación, son las establecidas en el artículo 608 del Código de Procedimiento Civil, en el sentido de que no pueden comprometerse "cuestiones sobre estado, sobre divorcio o separación de los cónyuges, *ni sobre los demás asuntos en los que no cabe transacción"*. En cuanto a la transacción, si bien es admisible en materia de contratos de interés público, no puede conllevar a que las partes transijan sin tener capacidad para disponer de las cosas comprendidas en la transacción. Esto implica, en materia de derecho público, que solo los órganos *competentes* para ello pueden transigir, y que además, la transacción no puede recaer sobre *derechos inalienables* respecto de los cuales *no se puede disponer. Por tanto, la transacción no puede implicar renuncia ni relajamiento de normas de orden público o las buenas costumbres* (art. 6 CC), y particularmente de aquéllas que establecen una *competencia de ejercicio obligatorio* (reglada para el Estado). En consecuencia, *ninguna de estas cuestiones pueden ser objeto de compromiso arbitral*. En materia tributaria en todo caso, la transacción judicial sólo es admisible en cuanto a la determinación de los hechos y no en cuanto al significado de la norma aplicable, por lo que un arbitramento no podría incidir sobre esto último.

D. El recurso al arbitramento en los contratos de interés público donde no sea obligatoria la inclusión de la cláusula de inmunidad jurisdiccional, puede conducir, inclusive, a que los árbitros designados resuelvan en el exterior, conforme al artículo 2 del Código de Procedimiento Civil, sometido, el compromiso arbitral, siempre, a las limitaciones antes mencionadas y adicionalmente a las previstas en dicho artículo en el sentido de que los arbitrajes que se resuelvan en el extranjero "no pueden referirse a controversias sobre *bienes inmuebles situados en el territorio de la República o sobre otras materias que interesen al orden público o a las buenas costumbres"*.

E. El recurso al arbitramento, en todo caso, cuando ello es posible en los contratos de interés público, permite a las partes indicar a los árbitros las reglas de procedimiento que deban seguir, conforme al artículo 618 del Código de Procedimiento Civil, las cuales bien podrían ser las de la Cámara Internacional de Comercio, como ha sucedido con la condición fijada por el Acuerdo del Congreso de 04-07-95 en su Cláusula Décima Séptima del artículo 2°.

En consecuencia, la mencionada Cláusula Décima Séptima del artículo 2° del Acuerdo de 04-07-95 consideramos que no contradecía, en forma alguna, el artículo 127 de la Constitución, y al contrario, se adoptó por las Cámaras Legislativas conforme al mismo, razón por la cual la Corte Suprema de Justicia desestimó los alegatos de supuesta violación de dicha norma formulados en la acción de nulidad intentada en 1995 y 1996.

2. La sentencia de la Corte Suprema de Justicia de 17-08-1999

En efecto, la Corte Suprema de Justicia, en Corte Plena, el 17-08-99 dictó sentencia decidiendo los recursos de inconstitucionalidad e ilegalidad que se habían intentado contra el Acuerdo del Congreso autorizatorio de los contratos relativos a la apertura petrolera; y en cuanto a la Cláusula Decimoséptima, sostuvo lo siguiente:

> "6. *Cláusula Decimoséptima:* Se ha alegado como motivo de impugnación de esta cláusula la violación del artículo 127 de la Constitución, que dispone la obligatoriedad de incorporar en todo contrato de interés público una cláusula según la cual las dudas y controversias que se susciten con relación a dichos contratos y que no llegaren a resolverse de forma amigable por las partes, serán decididas por los Tribunales de la República. Insistiendo, además, en la naturaleza de contratos de interés público que tienen los Convenios de Asociación, lo cual compromete aspectos esenciales de la Nación venezolana.
>
> En contra del anterior alegato, quienes defienden la constitucionalidad y legalidad de la cláusula Decimoséptima del Acuerdo recurrido, que permite la incorporación del arbitraje en los convenios de asociación estratégica, han sostenido que la disposición constitucional del artículo 127 revela que efectivamente la cláusula que establece la inmunidad de la jurisdicción nacional es de obligatoria incorporación en toda contratación de interés público, pero que siendo ésta la regla, la excepción se produce, cuando "no fuere improcedente de acuerdo con la naturaleza de los mismos".

Para decidir, se *observa*:

Son tres los *aspectos* a dilucidar en la presente controversia:

> En *primer lugar,* el referido a si los convenios de asociación deben reputárseles como contratos de interés público.

En *segundo término,* lo relacionado con la concepción adoptada por la Constitución de la *República* en su artículo 127, esto es, si acogió el sistema de inmunidad absoluta de jurisdicción o, por el contrario, el de inmunidad relativa, a través del cual se permitiría, dependiendo de la naturaleza del contrato, incorporar la cláusula arbitral.

Y, *por último,* debe dilucidarse a qué se ha referido el Constituyente de 1961 cuando *estableció* "si no fuera improcedente, de acuerdo con la naturaleza de los mismos".

Primero: Con relación al interés público del cual están revestidos los Convenios de *Asociación* a que se refiere el Acuerdo del Congreso impugnado, estima esta Corte que en el punto 4 de la motiva del presente fallo, referido a la Cláusula Sexta, se dejó claramente establecido que su naturaleza jurídica, es la de un contrato administrativo, o de interés público dadas las características allí extensamente analizadas.

Debe además, *dejarse* sentado en esta oportunidad, visto lo alegado por los recurrentes, que la contratación administrativa aludida se encuentra vinculada al interés público colectivo, pues, como se ha dicho -y aquí se reitera- es precisamente este elemento el que mueve a la Administración a realizar este tipo de contratación. Así se declara.

Segundo: Por lo que se refiere a la concepción que adoptó el artículo 127 de la Constitución de la República, resulta a todas luces evidente para esta Corte, que la redacción de la citada norma no deja la menor duda de que el Constituyente al incorporar en los *contratos* de interés público la excepción *"si no fuera improcedente de acuerdo con la naturaleza de los mismos"* se acogió al sistema de inmunidad relativa que ya había establecido la Constitución de 1947. Sistema que, por lo demás, impera en los países desarrollados, que permanentemente someten sus controversias internacionales a los árbitros que elijan uno y otro Estado, buscando con ello evitar que la jurisdicción interna de alguno de ellos tienda -como pareciera inevitable- a favorecer a su país en la disputa de que se trate.

Ahora bien, resulta para este Alto Tribunal innecesario recalcar el fundamento de las precisiones doctrinarias que innumerables y muy reconocidos juristas nacionales y extranjeros han hecho en relación con la justificación para que los Estados acojan el sistema de inmunidad relativa, pues entiende la Corte, que el eje central de esta controversia no se circunscribe especialmente a este hecho, sino al alegado por los recurrentes en *cuanto* a que esta excepción que concibe -y así lo aceptan- el artículo 127, se encuentra sólo referida a los contratos celebrados "entre dos Estados soberano o entre un Estado soberano y los organismos de Derechos Internacional Público", lo que les permite argüir , que el dispositivo constitucional no autoriza el sometimiento a normas distintas de las venezolanas fuera de estos casos.

No comparte la Corte lo expuesto por los impugnantes, toda vez que la redacción de la mencionada norma no permite, ni semántica ni conceptualmente, hacer tal distinción. *En* efecto, dispone el artículo 127 citado que: *"En los contratos de interés público, si no fuere improcedente de acuerdo con la naturaleza de los mismos,* se considerará incorporada, aun cuando no estuviere expresa, una cláusula según la cual las dudas y controversias que puedan suscitarse sobre dichos contratos y que no llegaren a ser resueltas amigablemente por las partes contratantes, serán decididas por los Tribunales competentes de la República, en conformidad con sus leyes, sin que por ningún motivo ni causa puedan dar origen a reclamaciones extranjeras". (Resaltado de la Corte). De tal redacción resulta ostensible que el Constituyente no precisó que la excepción allí contenida estuviese referida a los contratos celebrados entre dos Estados soberanos o entre un Estado soberano y los organismos de Derecho Internacional Público, como lo pretenden los recurrentes.

Rebasa el alegato de los demandantes la intención del Constituyente quien no hizo distinción alguna. De lo expuesto, cabe concluir que no se encuentran excluidos por la excepción contenida en el artículo 127 de la Constitución, los contratos de interés público distintos a los señalados por los recurrentes, pues entran en ella todos aquéllos cuya naturaleza haga procedente la incorporación de la cláusula arbitral. Así se declara.

Tercero: Ha quedado establecido tanto el carácter de interés público de los Convenios de *Asociación* autorizados por el Acuerdo del Congreso como la circunstancia de que la excepción contenida en el artículo 127 constitucional no se limita sólo a aquellos contratos que celebren dos Estados soberanos o un Estado soberano y los organismos de Derecho Internacional Público, y sólo reta por deducir si estos Convenios de Asociación -como lo afirman los opositores al presente recurso de nulidad- tienen la "naturaleza" a la que se refiere el texto constitucional.

En este sentido, son contestes los opositores al recurso en cuanto a que el término "naturaleza" al que alude el texto constitucional no puede estar referido a la esencia jurídica de los contratos, por cuanto queda claramente definida al señalar que se trata de contratos de "interés público", aceptados por la jurisprudencia como contratos *administrativos.* Por lo que, ha sostenido un sector de la doctrina que se trata del contenido práctico, lo que obligaría a la Administración a incluir la cláusula arbitral, pues sin ella podría no realizarse la operación contractual.

En un sentido *más* restringido, otros estudiosos del tema (Informe suscrito por el doctor José Melich Orsini, presentado al Consultor Jurídico de PDVSA donde recoge la opinión de reconocidos especialistas en la materia, el cual fue acompañado como documental por la Fiscal del Ministerio Público ante esta Corte) y los opositores al recurso sostienen que, esa naturaleza no es más que la comercial o mercantil que identifica las contrataciones, que por razones de interés público, debe realiza la Administración.

Observa la Corte al respecto que, ciertamente la naturaleza determinada constitucionalmente no es la naturaleza jurídica del contrato, no es la que se refiere a los rasgos característicos de la contratación, esto es, no está vinculada a las notas que permitan incluirlo en una determinada clasificación el tipo de contratos, pues ella queda claramente evidenciada del señalamiento "de interés público" que hace la norma, y efectivamente, se trata de la gestión administrativa involucrada en la negociación, la que determinará la posibilidad de la excepción a la inmunidad jurisdiccional.

Considera esta Corte, además, que esa "naturaleza" a la que se refiere el artículo *in comento* no puede reducírsele única y exclusivamente a la índole comercial, pues se incurriría en el error de excluir otro tipo de contrataciones que, no siendo de naturaleza mercantil, las circunstancias de la negociación también exijan o recomienden la inclusión de la cláusula arbitral. Esto conlleva a concluir, que la Administración puede y debe estimar la circunstancia específica del caso, y siempre que en ella esté involucrado el interés general, el interés público, en definitiva, la conveniencia del colectivo, la idoneidad del arbitraje como mecanismo que coadyuve al mejor cumplimiento de los fines perseguidos con la contratación, lo que de ninguna manera postula una discrecionalidad en sentido *lato,* pues, se preserva de ello el artículo 126 de la Constitución, cuando exige la aprobación del Congreso Nacional al tratarse de contratos de interés nacional.

Ahora bien, en cuanto a la cláusula de arbitraje autorizada por el Acuerdo aquí impugnado a fin de ser incorporada en los Convenios de Asociación cabe destacar que conforme a la *misma* Cláusula Decimoséptima, en el artículo 2, se expresa "El Convenio se regirá e interpretará de conformidad con las leyes de la República de Venezuela"; también establece que las materias sometidas a la competencia del Comité de control no estarán sujetas a arbitraje. Y es sólo este Comité de Control (cuya mayor representación corresponde a representantes de la empresa filial) el que conocerá de las decisiones fundamentales de interés nacional relacionadas con la ejecución del Convenio, lo que permite deducir que las materias que conocería eventualmente la Comisión Arbitral no serían fundamentales para el interés nacional.

En razón de lo expuesto, estima esta Corte que, en el caso concreto de los Convenios de Asociación autorizados por el Acuerdo del Congreso de fecha 4 de julio de 1995, su naturaleza no solamente comercial sino de trascendencia para la *consecución* de las medidas económicas adoptadas por la Administración y validadas por el Congreso Nacional, se subsume en el supuesto previsto en la norma constitucional, por lo que al no infringirla debe declararse improcedente el alegato de inconstitucionalidad por esta causa y así se declara."

III. LA REFORMA PROPUESTA EN EL PROYECTO PRESENTADO POR EL PRESIDENTE CHÁVEZ EN MATERIA DE INMUNIDAD DE JURISDICCIÓN Y SU INCONVENIENCIA

Como se ha señalado, en el proyecto presentado por el Presidente Chávez a la consideración de la Asamblea Nacional Constituyente, se propone sustituir la cláusula del artículo 127 de la Constitución de 1961, por una norma que establece el principio de la inmunidad absoluta de jurisdicción, pero *sólo para la República,* en relación con los contratos en los que sea parte y sean de interés público.

1. La inmunidad de jurisdicción sólo para la República

Debe destacarse, en primer lugar, que esta norma es menos restrictiva que la prevista en la Constitución de 1961, pues sólo regula el principio de la inmunidad jurisdiccional respecto *de la República* en relación a los contratos en los que sea parte y que sean de *interés público.*

La consecuencia de ello sería que en los contratos celebrados por lo Estados, los Municipios, los Institutos Autónomos y demás personas jurídicas de derecho público y por las empresas del Estado, como principio, no existiría régimen alguno que prevea la inmunidad de jurisdicción.

Ello implicaría que la cláusula no se consideraría jamás incorporada a los contratos de interés público celebrados por cualquier otro ente estatal distinto a la República, razón por la cual se estaría autorizando, sin límites, a estos entes a celebrar contratos de interés público, cualquiera que sea su naturaleza, en los cuales no sólo se prevea que las controversias pueden ser resueltas por Tribunales extranjeros o mediante arbitramento, sino incluso conforme a leyes extranjeras.

Esta liberalidad extrema, en realidad, consideramos que no se justifica, pues salvo algunos contratos de empréstito público, la generalidad de los contratos de interés público que el Estado Venezolano celebra, son suscritos por entes descentralizados, los cuales escaparían al régimen de la norma propuesta.

Con una norma constitucional como la propuesta en el Proyecto del Presidente Chávez, en todo caso quedan disipadas hacia el futuro, todas las dudas y objeciones que se hicieron respecto a los Convenios de Asociación de la apertura petrolera, suscritos por las empresas filiales de PDVSA, pues conforme a dicha propuesta, en el futuro, no sólo todas las controversias derivadas de Contratos celebrados por empresas nacionalizadas de la industria petrolera podrían someterse a arbitraje sino que incluso podrían someterse a regulaciones de derecho extranjero.

2. La vuelta a la inmunidad absoluta de jurisdicción sólo para la República

Por otra parte, en *segundo* lugar, debe destacarse que aún cuando la *Cláusula* sólo se refiera a la República, respecto de ella y de los contratos que sean de interés público, el régimen de inmunidad que se proyecta establecer sería de carácter absoluto.

Ello podría significar un retroceso en cuanto a la contratación internacional en materia de contratos de orden comercial o financiero, como los de crédito público, que podrían afectar la posibilidad misma de contratación de la República.

Por otra parte, quedaría pendiente la interpretación respecto de qué debe entenderse por contratos que "sean de interés público". En el Proyecto de Constitución presentado a la Asamblea por el Presidente Chávez, no hay, ni siquiera indirectamente, una interpretación que permita definir otra noción, que si encuentra significado, en cambio, en la Constitución de 1961

IV. LA AUSENCIA DE REGULACIÓN DE LA DENOMINADA CLÁUSULA CALVO EN EL PROYECTO PRESENTADO POR EL PRESIDENTE CHÁVEZ

La denominada *Cláusula Calvo,* que ha tenido tradicionalmente rango constitucional en Venezuela a partir de 1893, es la exigencia conforme a la cual, en los contratos de interés público también se debe considerar incorporada una *Cláusula* que establezca que por ningún motivo ni causa la ejecución de esos contratos puede dar origen a reclamaciones extranjeras. Así se establece en efecto, expresamente, en el mismo artículo 127 de la antes citada Constitución de 1961.

El antecedente remoto de esta *Cláusula* está también en la Constitución de 1893 (art. 149) en la cual, al regularse los contratos de interés público, se señaló que los mismos en ningún caso podían ser motivo de reclamaciones internacionales. Esta *Cláusula* establecía, por tanto, la improcedencia de las reclamaciones diplomáticas de Estados extranjeros contra el Estado Venezolano, actuando aquellos Estados por cuenta de súbditos extranjeros, y partía del supuesto de que los extranjeros en el territorio del Estado Venezolano se hallaban en las mismas condiciones que los nacionales, por lo que si tenían alguna reclamación debían acudir únicamente a los órganos locales cuando se pudieran considerar lesionados. El objeto de la *Cláusula*, en definitiva, era impedir que las divergencias que pudieran surgir entre partes contratantes en la cual una parte fuera un ciudadano extranjero, pudieran ser consideradas como de naturaleza internacional.

El origen de esta *Cláusula* y por eso su denominación de *Cláusula Calvo*, está en la exposición contenida en el libro de Carlos Calvo, *Tratado de Derecho Internacional,* editado inicialmente en 1868, en el cual, después de estudiar la intervención franco-inglesa en el Río de La Plata y la intervención francesa en México, expresó lo siguiente:

"Además de móviles políticos, las intervenciones han tenido siempre por pretexto aparente lesiones a intereses privados, reclamaciones y pedidos de indeminizaciones pecuniarias a favor de extranjeros *cuya* protección no era justificada la mayoría de las veces... Según el derecho internacional estricto, el cobro de créditos y la gestión de reclamaciones privadas no justifican de plano la intervención armada de los gobiernos, y como los Estados Europeos siguen invariablemente esta regla en sus relaciones recíprocas, no han razón para que no se la impongan también en sus relaciones con los otros Estados del Nuevo Mundo" (Véase *Op. cit.,* Tomo I, Parágrafo 205, *cit.* por L.A. Podestá Corta, *Derecho Internacional Público*, Tomo I, Buenos Aires, 1955, pp. 445 y 446).

La propia *Cláusula Calvo* incluso, influyó en la concepción de la llamada *Doctrina Drago,* formulada en 1902 por el Ministro de Relaciones Exteriores de Argentina, Luis María Drago, quien ante las medidas de fuerza adoptadas por Alemania, Gran Bretaña e Italia contra Venezuela, formuló su tesis denegatoria del cobro compulsivo de las deudas públicas por los Estados. (Véase Victorino Jiménez y Núñez, *La Doctrina Drago y la Política Internacional,* Madrid, 1927).

Por supuesto, sobre la propia *Cláusula Calvo* se ha discutido en torno a su validez: unos han estimado que es nula porque las personas privadas no pueden contraer obligaciones que importen dejar sin efecto el derecho de su Estado de origen de protegerlas en el exterior; otros, en cambio, estiman que es válida porque constituye una estipulación formal explícita entre dos partes contratantes: una parte que la ha propuesto como condición para celebrar el contrato y una persona privada que la acepta. Por eso hay una obligatoriedad absoluta de esta *Cláusula* en todo tipo de contrato de interés público y, en particular, por supuesto, en materia de contratos de empréstitos en los cuales incluso, como se ha dicho, puede haber la excepción de la *Cláusula* de inmunidad jurisdiccional. (Véase *Doctrina Procuraduría General de la República 1973,* Caracas, 1974, pp. 276-288).

Estimamos, por tanto, que la *Cláusula Calvo* debe ser obligatoria en los contratos que celebre la República y los demás entes de derecho público, conforme a nuestra tradición constitucional, y debe mantenerse en la nueva Constitución.

De todo lo anterior resulta que, en nuestro criterio, debe mantenerse en la nueva Constitución la regulación del artículo 127 de la Constitución de 1961, tal como está regulado, tanto en cuanto a la *Cláusula de Inmunidad* relativa de jurisdicción, como también, en cuanto a la *Cláusula Calvo.*

Sección Segunda: ARBITRAJE Y CONTRATOS DE INTERÉS PÚBLICO (1999)

Esta Sección Segunda contiene el artículo sobre «El arbitraje y los contratos de interés nacional" publicado en el libro: *Seminario sobre la Ley de Arbitraje Comercial*, Biblioteca de la Academia de Ciencias Políticas y Sociales, Serie Eventos, Nº 13, Caracas 1999, pp. 169-204.

Tal como se deriva del tema, asignado para nuestra exposición, esta la desarrollamos en cuatro partes: En *primer lugar*, nos referiremos a la noción de Contratos de Interés Nacional; en *segundo lugar*, haremos referencia al tema de la Inmunidad Jurisdiccional del Estado; en *tercer lugar*, trataremos el tema del Arbitraje en los Contratos de Interés Público y en *cuarto lugar*, se hará una breve referencia a un aspecto adjetivo, que en la Ley de Arbitraje está establecido en relación al tema de los Contratos de Interés Público.

I. CONTRATOS DE INTERÉS NACIONAL

Esta es una expresión constitucional -como todos bien sabemos- que encontramos en el Artículo 126 de la Constitución y de cuya interpretación se han generado polémicas que se han extendido durante 20 ó 30 años.

La norma consagrada en la Constitución, que está contenida en el artículo 126 de este texto, es adjetiva, y establece la necesaria intervención del Congreso para la aprobación de Contratos de Interés Nacional, salvo para aquellos contratos que -dice el artículo-: *"...fueren necesarios para el normal desarrollo de la administración pública o los que permita la ley."*

Esta norma ha sido objeto de todo tipo de interpretaciones, ¿qué es un Contrato de Interés Nacional?; ¿qué lo distingue?; ¿qué lo distingue de un Contrato Administrativo?; ¿estamos hablando o no de lo mismo?, ¿cuáles son las excepciones?.

Básicamente sobre esto ha versado la discusión respecto a la interpretación de la norma en cuestión, es decir, sobre la aprobación por el Congreso de este tipo de contratos, porque la norma está establecida en una forma muy general que deja a salvo sólo a los contratos celebrados para asegurar el normal desarrollo de la administración pública, o los que permita la Ley, es decir que este tipo de contratos no estarían sometidos a la aprobación previa del Congreso para su celebración. Sin embargo, la expresión de contratos *"necesarios para el normal desarrollo de la administración pública"*, es una típica expresión que configura los llamados por la doctrina "conceptos jurídicos indeterminados", que alguien tiene que determinarlos. De allí que surjan ciertas interrogantes, como la siguiente:

¿Qué es lo que es normal para el desarrollo de la administración pública?; pero esto no está establecido en ninguna parte, no hay ninguna ley que diga: "Los siguientes contratos se entienden normales para el desarrollo de la administración pública y, por tanto, no están sometidos a la aprobación del Congreso".

Es por ello que solamente la última parte de este artículo ha sido objeto de aplicación y la interpretación que se le ha dado es que no están sometidos a la aprobación del Congreso aquéllos contratos cuya celebración permita la Ley, es decir, los que permita la Ley de manera tal que no es necesario ni se prevea el requisito de la aprobación por el Congreso; y a través de esta figura, es que se considera que, en general, los Contratos de Interés Público, regulados en leyes nacionales, no están sometidos a la aprobación del Congreso porque la Ley que los regula no prevé expresamente la aprobación por éste. Es así como la excepción se ha convertido en la regla interpretativa porque si no, simplemente, no habría forma en que la Administración Pública podría funcionar.

Sobre el concepto de Contratos de Interés Nacional, en sí mismo, ha habido todo tipo de interpretaciones. Algunos autores han señalado que, los Contratos de Interés Nacional, son aquéllos que tienen una magnitud económica y una importancia en relación a la realización de actividades del Estado, de magnitud e importancia significativa; cosa que no tiene ningún basamento, porque tendría que haber una ley que diga que Contratos de Interés Nacional, son aquéllos de un monto tal, o de tal importancia; y esto no existe, de tal manera que es imposible, constitucionalmente hablando, adoptar esa definición de Contrato de Interés Nacional. Otros autores han dicho que, son Contratos de Interés Nacional aquéllos que pueden dar origen a reclamaciones extranjeras, porque están vinculados al concepto constitucional; lo cual tampoco tiene ninguna base jurídica en el Derecho Interno porque se trata de una definición de Derecho Interno y no en relación a cuestiones internacionales.

De tal forma que, el primer debate, es establecer qué son Contratos de Interés Nacional.

Hace años llegué a la conclusión, que es de las típicas conclusiones en Derecho, que sólo mediante una interpretación lógica elemental se puede llegar a una definición de estos Contratos de Interés Nacional. Por tanto, en el Ordenamiento venezolano, Contrato de Interés Nacional es, ni más ni menos, el Contrato de Interés Público que concierne a la rama nacional del Poder Público; y esto sale de la propia interpretación de los artículos 126 y 127 de la Constitución.

Al acudir al artículo 127 del Texto Fundamental, el cual consagra, además, la Cláusula de Inmunidad de Jurisdicción, dice así:

"En los contratos de interés público, si no fuere improcedente, de acuerdo con la naturaleza de los mismos, se considerará incorporada, aún cuando no estuviere expresa, una cláusula según la cual las dudas y controversias que puedan suscitarse sobre dichos contratos y que no llegaren a ser resueltas amigablemente por las partes contratantes, serán decididas por los Tribunales competentes de la República, en conformidad con sus leyes, sin que por ningún motivo ni causa puedan dar origen a reclamaciones extranjeras."

Este artículo se refiere a los contratos de Interés Público, y si vamos al artículo 126, en la primera parte, dice: "Sin la aprobación del Congreso, no podrá celebrarse ningún contrato de interés nacional,...", se refiere al Congreso Nacional, a la aprobación de contratos de Interés Nacional, que conciernen a la rama nacional; y si vamos a la segunda parte del Artículo 126, dice:

"Tampoco podrá celebrarse ningún contrato de interés público nacional, estadal y municipal, con Estados o entidades oficiales extranjeros, ni con sociedades no domiciliadas en Venezuela, ni traspasarse a ellos, sin la aprobación del Congreso"

Con lo cual, lo elemental es que hay un concepto genérico que es "contrato de Interés Público", que es todo contrato celebrado por algún ente estatal venezolano, y en virtud de ello, esos Contratos de Interés Público pueden ser de tres especies, según la distribución vertical del Poder, que, de acuerdo a la Constitución venezolana, las ramas del Poder Público no son Ejecutivo, Legislativo y Judicial, sino: Nacional, Estadal y Municipal; esas son las ramas del Poder Público, de acuerdo a la distribución vertical del poder, en la historia, tradición y actualidad constitucional, por lo cual un Contrato de Interés Público puede ser de Interés Público Nacional, Estadal y Municipal y eso es lo que define el artículo 126 de la Constitución.

De manera que el Contrato de Interés Nacional, es el que interesa al nivel del Poder Público Nacional, en contraposición a los poderes públicos estadales y municipales; los tres son contratos de interés público, pero hay un contrato de interés público nacional, estadal y municipal, como lo dice expresamente el texto mismo del artículo 126 en su segundo aparte. De manera que no son contratos de interés nacional, los celebrados por los estados y los municipios o por las personas jurídicas estadales o municipales de Derecho Público o Derecho Privado; sólo son Contratos de Interés Nacional los que se celebran por alguna entidad pública nacional de Derecho Público o Privado.

En realidad, el tema del Arbitraje se aplica para todos los contratos estatales, todos los contratos que celebren entes estatales y éstos pueden ser, a su vez, nacionales, estadales y municipales, por lo tanto, en realidad estamos hablando del Arbitraje y los Contratos de Interés Público que pueden ser Nacionales, Estadales y Municipales.

II. LA INMUNIDAD DE JURISDICCIÓN EN LA CONTRATACIÓN ESTATAL

Con respecto a los contratos de interés público, que ya vimos que pueden ser nacionales, estadales y municipales, a todos ellos se aplica la norma contenida en el artículo 127 de la Constitución, que establece la cláusula de Inmunidad Jurisdiccional, y esto se deriva del propio texto de la norma que comienza diciendo: *"En los Contratos de Interés Público..."*, por tanto, dicha cláusula que está también en los contratos de interés público nacional, estadal y municipal, en tanto no fuera improcedente de acuerdo con la naturaleza de los mismos, se considerará incorporada aún cuando no estuviere establecido expresamente, según la cual las dudas y controversias que puedan suscitarse sobre dichos contratos y que no llegaren a ser resueltos amigablemente por las partes contratantes, serán decididas por los Tribunales competentes de la República en conformidad con las leyes nacionales, sin que por ningún motivo ni causa puedan dar origen a reclamaciones extranjeras.

Dicha cláusula, además de estar en el artículo 127 de la Constitución como principio, la encontramos repetida en algunas normas de rango legal, como el Decreto-Ley N° 138 sobre Concesiones de Obras Públicas y Servicios Públicos Nacionales del año 1994, y también en el Decreto N° 1821 mediante el cual se dictan las Condiciones Generales de Contratación para la ejecución de Obras que el Ministerio o el Ejecutivo Nacional, originadas en el antiguo Ministerio de Obras Públicas, ha venido dictando desde hace varios años.

Por otra parte, esa cláusula del artículo 127 de la Constitución, es de las denominadas "cláusulas obligatorias" en los contratos de Interés Público; y hay que resaltar que aquí se está hablando es de contratos de Interés Público, de acuerdo a la terminología constitucional, y no de contrato administrativo, terminología en la cual conceptualmente no creo y así lo he expresado y escrito desde hace mucho tiempo, y que se trata de un concepto que tiene su origen simplemente en una norma adjetiva de la Ley Orgánica de la Corte Suprema de Justicia, que le atribuye competencia a la Corte para conocer de las controversias sobre contratos administrativos, lo que ha obligado a que por vía jurisprudencial y a los solos efectos de delimitación de la competencia de los tribunales contencioso-administrativos se haya tenido que recurrir a una noción de contrato administrativo como contrapuesta a otros contratos que son los llamados contratos de Derecho Privado de la Administración que no estarían bajo la jurisdicción de la Corte Suprema de Justicia, pero que por supuesto, pasa por todos los criterios interpretativos internacionales de la prerrogativa de las cláusulas exorbitantes que han dado origen a una amplísima jurisprudencia, particularmente en Francia, donde sí existen dos jurisdicciones para el conocimiento de estas materias, según la naturaleza de los contratos sea administrativa o no.

Este no es el caso en nuestro país, donde más bien la jurisdicción contencioso-administrativa, de acuerdo al artículo 206 de la Constitución, se ha configurado como un fuero de la Administración, de sus actos, de sus actividades, inclusive de sus contratos, tengan o no una preponderancia de régimen de Derecho Público, que es lo que en definitiva caracteriza a los Contratos Administrativos.

Al hablar en términos generales de los Contratos de Interés Público, habrá que incluir, en la terminología de la Corte, a los Contratos Administrativos, porque son contratos en los cuales hay o una cláusula exorbitante, un servicio público o una obra pública de por medio.

Nos referimos al tema, por tanto, en términos generales "Contratos de Interés Público", sean o no administrativos en la terminología de la jurisprudencia de la Corte. De acuerdo a la cláusula del artículo 127, todos los aspectos relativos a la interpretación, aplicación o ejecución de esos Contratos de Interés Público, como principio, deben estar sometidos a la ley nacional y todas las controversias sobre los mismos deben ser del conocimiento de los tribunales nacionales, a eso tiende la cláusula de la Inmunidad Jurisdiccional, de acuerdo al artículo 127, salvo que eso no fuese procedente de acuerdo con la naturaleza de los mismos, es decir, que de acuerdo con la naturaleza de los mismos fuere improcedente la Inmunidad de Jurisdicción y pudiesen estar esos contratos o sometidos a arbitraje, es decir, no a los tribunales regulares de la República sino a un régimen legal distinto al de las leyes de la República, que puede ser el derecho aplicable según se establezca en una cláusula de arbitraje.

Este tema de la Inmunidad de Jurisdicción ha sido también muy discutido en nuestro país, el artículo 127 tiene su origen histórico y ha sido una norma que ha sufrido una evolución desde la cláusula absoluta de inmunidad, que existía hace unas décadas, hasta la cláusula de inmunidad relativa o el principio de la inmunidad relativa de la jurisdicción del Estado, derivado de la naturaleza comercial de la actividad objeto de esos contratos, es decir, *"de acuerdo con la naturaleza de los mismos"*, según dice el texto del artículo 127.

La evolución en esta materia ha llevado a que la excepción a la Inmunidad de Jurisdicción se refiere a todos aquellos contratos que tengan carácter comercial, con las definiciones relativamente amplias que se han venido estableciendo en el Derecho Internacional, particularmente en el campo del Derecho Internacional Privado, y que están en algunas convenciones y leyes de otros países.

La *Convención Europea de Inmunidad de los Estados* del año 72, excluye la cláusula de Inmunidad de Jurisdicción para los contratos del trabajo o laborales; a aquéllos que regulen participaciones en empresas comerciales, actividades industriales y financieras; los procedimientos en materia de patentes, marcas, es decir, en general, de propiedad industrial, propiedad, sucesiones y donaciones.

La *Ley de Inmunidad de Soberanía de los Estados Unidos* del 76, también se refiere en general a las actividades comerciales como motivo de esta Inmunidad relativa a actividades de regulares de conducta comercial, transacciones entre particulares, con particulares con carácter comercial; siendo lo que determine el carácter comercial la naturaleza de las conductas de las transacciones establecidas.

En el mismo sentido tenemos a la *Ley de Inmunidad del Estado del Reino Unido* del 78, que tiende hacia el tema de la naturaleza comercial de las transacciones, donde se incluyen el suministro de bienes y servicios, los contratos de préstamo, las transacciones relativas al financiamiento de países, garantías o indemnizaciones relativas a los préstamos o financiamientos, etc.

Cualquier transacción o actividad de carácter comercial, industrial, financiero y profesional en que el Estado entra en relación con otros sin que quede comprometida su soberanía, tiende a determinar la naturaleza comercial de la actividad.

En el *Proyecto de la Convención Interamericana* del año 83, sobre el mismo tema de la inmunidad, nos encontramos disposiciones similares a las de las convenciones anteriormente mencionadas. Dicha convención se refiere también a las actividades mercantiles o comerciales realizadas por un determinado Estado o transacciones o actos comerciales como parte del desarrollo ordinario del comercio, incluyendo contratos laborales o del trabajo, etc. Esta Convención todavía sigue siendo Proyecto.

Hasta ahí, básicamente, llega la evolución conceptual en materia de inmunidad de jurisdicción, la cual está determinada por una variable constante que es, la presencia de los mismos principios en todos estos ámbitos, antes mencionados.

De todo lo cual se puede sacar como conclusión, de acuerdo al Artículo 127 de la Constitución, que los Contratos de Interés Público que tengan naturaleza comercial o en los cuales haya cláusulas relativas a cuestiones netamente comerciales, dentro de una definición de este tipo, no se aplica la cláusula de inmunidad, es decir, no se considera incorporada la cláusula de Inmunidad de Jurisdicción que exige la resolución de los conflictos por los tribunales y el sometimiento ineludible de las partes contratantes a éstos y a las leyes nacionales.

En esta categoría de contratos de naturaleza comercial, definidos en esta forma amplia, están por supuesto, los contratos de empréstito y los de obligaciones financieras, que también han sido discutidos en nuestro país desde hace algunos años.

III. EL RECURSO AL ARBITRAMENTO EN
LOS CONTRATOS DE INTERÉS PÚBLICO

No se trata de una materia nueva ni deriva de la aplicación de la Ley de Arbitraje Comercial. Al contrario, ha habido una larga evolución conceptual doctrinal en nuestro país que podemos remontar al año '59. Después de la Revolución Democrática del '58 la Procuraduría General de la República emitió un dictamen muy restrictivo, donde señalaba que el Arbitraje en los Contratos de Interés Público sólo se admitía respecto a las discrepancias sobre cuestiones técnicas y excluía el arbitramento en otros campos.

Al año siguiente, el profesor Moles Caubet, en 1960, en un trabajo sobre el "Arbitramento en los Contratos Administrativos", admitía la cláusula arbitral con forma general, en todos los Contratos de Interés Público. En el año '64 consideré que no era admisible la cláusula arbitral en los contratos administrativos, porque no existía en el ordenamiento jurídico, en ese momento, ninguna norma que autorizara la inclusión de este tipo de cláusula, y partiendo del principio de que en Derecho Público la competencia tiene que ser expresa, debía haber algún tipo de regulación al respecto. Nosotros nunca hemos tenido una ley de contratos del Estado, como existe en España o en Colombia, con gran desarrollo, no hay aquí ninguna norma general que regule el tema, salvo las cláusulas de Condiciones Generales de Contratación en materias de contratos de obras públicas.

Sin embargo, conocido es que yo mismo he cambiado mi criterio después de la sanción del Código de Procedimiento Civil en 1986, que se aplica a los entes públicos y que de acuerdo a su artículo 608 se señala que todas las controversias pueden someterse al arbitraje, estableciéndose las excepciones con claridad, es decir, que no pueden someterse al arbitraje, las *"cuestiones sobre estado, sobre divorcio o separación de los cónyuges"*; lo cual no concierne, por supuesto, al Estado ni a los entes públicos ni a los contratos de interés público.

Pero, agrega este artículo, que tampoco puede haber arbitraje *"sobre los demás asuntos en los cuales no cabe la transacción"*; respecto a esto, en la década de los ochenta, cuando edité mi libro sobre *Contratos Administrativos*, analicé el tema del recurso del arbitramento en los contratos de interés público vinculado al tema de la transacción. De manera que, en los contratos de interés público la única limitación que se aplica, derivada del Código Civil, en la cual no se admite el arbitramento es en el caso de los asuntos donde no cabe la transacción; y el tema, que seguramente ha sido analizado, concierne al Derecho Público en forma muy específica.

La misma restricción la tiene la Ley de Arbitraje Comercial, en su artículo 3°, el cual establece que

"Podrán someterse a arbitraje las controversias susceptibles de transacción que surjan entre personas capaces de transigir".

Por lo cual, si una controversia no es susceptible de transacción, no puede ser sometida a arbitraje y, además, debe surgir entre personas capaces de transigir, según dice la propia Ley de Arbitraje Comercial, o sea que, el mismo principio de interpretación que habíamos aplicado respecto al Código de Procedimiento Civil se aplicará también en esta nueva Ley.

Ahora bien, de acuerdo al Código Civil (art. 1713), una transacción es un contrato mediante el cual hay, en su parte central, recíprocas concesiones, por lo cual es necesario que las partes renuncien a determinadas pretensiones en forma recíproca para poder llegar al contrato de transacción, por eso para transigir se necesita -como lo dice el Código Civil en el artículo 1714 y la Ley de Arbitraje Comercial en el ya citado artículo 3°- tener capacidad para transigir, es decir, capacidad para disponer de las cosas comprendidas en la transacción, con lo cual, las cosas, derechos o pretensiones que no sean disponibles y sobre las cuales no haya capacidad de disponer, no pueden ser objeto de transacción ni de arbitraje, de manera que, esto nos trae una serie de límites en el campo del Derecho Público.

La transacción, básicamente, y, por tanto, el arbitraje en el campo del Derecho Público no puede implicar renuncias ni relajamientos de normas en cuya observancia estén interesados el orden público y las buenas costumbres. Estamos recurriendo aquí al artículo 6 del Código Civil, pero también la Ley de Arbitraje Comercial consagra el mismo principio con respecto a cuestiones que sean contrarias al orden público.

En el campo del Derecho Público, la cuestión de orden público se plantea fundamentalmente en el tema de la competencia. La competencia de los entes públicos es siempre de orden público y así lo han determinado todas las doctrinas y todas las jurisprudencias al punto de que puede ser planteada por el juez, hasta de oficio, en cualquier estado y grado de la causa. Por tanto, no puede nunca una transacción versar sobre competencias de los órganos del Estado, competencias que, en general, son de ejercicio obligatorio, de manera que, en el campo de las llamadas "competencias regladas" no habría posibilidad de transar ni habría posibilidad de arbitraje.

En materia de la competencia tributaria, por ejemplo, no podría haber una transacción, de manera que un órgano público no puede en ninguna forma convenir en no fiscalizar, liquidar o cobrar un impuesto mediante una transacción, ya que podría afectar las llamadas competencias discrecionales, mediante las cuales se da cierta libertad al ente público de tomar una decisión en algunos aspectos, pero en este caso específico no podría haber una transacción porque allí la competencia es, necesariamente, de ejercicio obligatorio. Por eso la Ley de Arbitraje Comercial, ha seguido esta misma orientación que señala como exceptuadas de la posibilidad de arbitramento, las controversias que directamente conciernan a las atribuciones o funciones de imperio del Estado o de personas o entes de derecho público (Artículo 3°, letra b). Se trata de una expresión muy rebuscada, propia, quizás, de los comercialistas que redactaron esta Ley. Esta expresión parece ser una reminiscencia de la vieja distinción de actos de autoridad y gestión que es válida en el campo del Derecho Internacional Privado, pero en el campo del Derecho Interno hubiese sido más fácil referirla a la competencia, que es la terminología propia del campo del derecho público, es decir, referirla a las competencias de los entes públicos que no pueden ser objeto de arbitraje.

En este sentido, hay una norma que se refiere al tema de la posibilidad de admisión de la cláusula arbitral, y ya hemos señalado que se admite en aquellos contratos en los que, por su naturaleza, no se exija la inmunidad de jurisdicción, se trata de aquéllos que tengan naturaleza comercial dentro de toda la tradición y terminología, naturaleza comercial donde es posible establecer la transacción y el arbitraje.

El Decreto-Ley sobre Concesiones de Obras Públicas y Servicios Públicos Nacionales, que es el llamado Decreto Ley N° 138 del año 94, establece, en esta materia, una norma específica. Empieza por decir el artículo 10:

> "El concesionario estará sometido al ordenamiento jurídico venezolano y a la jurisdicción de los Tribunales de la República".

Es decir, es una formulación positiva de la misma cláusula del Artículo 127 de la Constitución: el sometimiento al ordenamiento venezolano y a los tribunales nacionales por parte del concesionario y el ente concedente, pero luego agrega el mismo artículo:

> "El Ejecutivo Nacional y el concesionario podrán convenir en que las dudas y controversias que puedan suscitarse con motivo de la interpretación o ejecución del contrato de concesión se decidan por un tribunal arbitral cuya composición, competencia, procedimiento y derecho aplicable serán determinados por las partes."

Es decir, el Decreto Ley que regula las concesiones de obras públicas y servicios públicos permite el arbitraje en los contratos de concesión respecto a las controversias sobre interpretación y ejecución del contrato de concesión lo que implica la posibilidad de excluir del conocimiento de la Corte Suprema de Justicia este tipo de asuntos, porque éste sería un típico contrato administrativo, los contratos de concesión de obras públicas o servicios públicos son, por definición, contratos administrativos. El establecimiento de una cláusula arbitral en este tipo de contratos implicaría que la Corte no tendría la competencia para conocer de estos contratos y remiten, en general, respecto a la competencia para el procedimiento aplicable a lo que determinen las partes, es decir, a lo que contenga el contrato de concesión pura y simplemente.

Se ha dicho que el contrato de concesión de obras públicas o servicios públicos, es un contrato administrativo, es decir, es un contrato de interés público cuya naturaleza, en global, no es comercial, es la presentación de un servicio público, o la realización de una obra pública, y por tanto ahí no cabe el arbitraje comercial lo que cabe es el arbitraje que está en la Ley de Concesiones y que se rige por lo que se haya estipulado en el contrato de concesión o por lo que al respecto contempla el Código de Procedimiento Civil, pero no se aplica la Ley de Arbitraje Comercial. No estoy tan seguro de esta apreciación, creo que la excepción a la cláusula de inmunidad del 127, no sólo se refiere a que el contrato, en un todo, sea de naturaleza comercial, sino que, puede tratarse de un contrato de interés público donde una controversia sobre un aspecto concreto de la ejecución del contrato sea de carácter netamente comercial lo que es cada vez más evidente en el campo de las concesiones de servicios públicos. En estas, por supuesto puede haber cuestiones relativas al ejercicio de potestades públicas del ente regulador del servicio público o de alguna otra cuestión que comprometa competencias públicas y que por tanto no puedan ser materia de arbitraje; pero hay aspectos de la ejecución del contrato de neto carácter comercial, en el cual pienso que sí se podría incluirse una cláusula arbitral. Ya lo autoriza el Decreto de Ley de Concesiones de Obras Públicas, aunque no por eso, en mi criterio, se excluye la aplicación de la Ley de Arbitraje Comercial.

De manera que en materia de contratos de interés público, tenemos el principio de que si no son de carácter comercial rige el Artículo 127 de la Constitución, y rige también el principio de la cláusula de inmunidad de jurisdicción

Sin embargo, se ha admitido en una sentencia reciente de 06-11-97, dictada en el caso VAN DAM, con motivo de una cláusula arbitral en un contrato de suministro de cuestiones militares, o de obras públicas entre el Ministerio de la Defensa y la empresa VAN DAM, lo siguiente:

> "Sin que ello implique un pronunciamiento sobre la validez de un "arbitraje de derecho" en contratos de interés público, materia que escapa a los límites de esta controversia -pues lo que se solicita es el cumplimiento de una cláusula arbitral que estatuye "árbitros arbitradores"- es lo cierto que, en criterio de la Sala, nada obsta a la procedencia de este tipo de arbitraje en contratos como el examinado(nota: contrato de obras de prestaciones mixtas entre una empresa privada y el Ministerio de la Defensa), siempre -eso sí- que el mecanismo arbitral escogido se encuentre al mero establecimiento de los hechos derivados de la ejecución del contrato, sin que puedan extenderse los árbitros arbitradores a atribuir a esos hechos, fijados por esa vía, consecuencias jurídicas, "según les parezca (a los árbitros) más conveniente al interés de las partes, atendiendo principalmente a la equidad", como pauta el Código de Procedimiento Civil para este tipo de arbitraje."

Es decir, que es posible, en los contratos de interés público -según la Corte- aún cuando no se aplique la inmunidad de jurisdicción en global, sin embargo, es posible recurrir a una cláusula de árbitros arbitradores para la determinación única y exclusivamente de hechos y no para la resolución del asunto desde el punto de vista jurídico.

Luego agrega la sentencia,

> "En efecto, conduce a esa conclusión, primero, el texto del artículo 127 de la Constitución al disponer que las controversias sobre contratos de interés público nacional deben resolverse por los tribunales competentes de la República "en conformidad con sus leyes",..."

Por supuesto, salvo que por su naturaleza no tenga que ser así, aunque la sentencia se queda allí.

> "... lo que excluye, de plano, toda posibilidad de dirimir estos conflictos prescindiendo de la normativa aplicable para acudir al interés de las partes y equidad."

Se deduce de esta sentencia, que en un contrato de interés público que no tenga carácter comercial, y por tanto no se le aplica la inmunidad relativa, y que se deben someterse a los tribunales venezolanos y a la ley venezolana, sin embargo, en este tipo de contratos se admitiría una cláusula arbitral de árbitros arbitradores para la consideración de cuestiones de hecho, nada más.

Ahora, si el contrato tiene naturaleza comercial o hay cláusulas de naturaleza comercial en el contrato, es posible, la cláusula arbitral de derecho y la cláusula de árbitros arbitradores; no hay en esto ninguna limitación. A esto remite -incluso- el mismo Decreto Ley de Concesiones de Obras y Servicios Públicos, al establecer, en el artículo 10 ya antes mencionado, que en el contrato se podrá establecer el régimen del tribunal arbitral e inclusive el derecho aplicable. Esto es en mi criterio, el estado de la cuestión con motivo de esta última decisión de la Corte.

IV. REQUISITOS ADJETIVOS DE LA LEY DE ARBITRAJE COMERCIAL

Un último comentario merece el artículo 4 de la Ley de Arbitraje Comercial, que establece un requisito adjetivo para el Arbitraje Comercial, en el caso de empresas del Estado.

No se determina ningún requisito si el contratante es la República, un Estado o un Municipio. En estos casos no hay ningún requisito adicional. El requisito adjetivo del artículo 4 se refiere a empresas del Estado de primera y segunda generación, aunque empresas del Estado en sentido global, es decir, empresas del Estado en el ámbito nacional, en el ámbito estadal y en el ámbito municipal. En cualquiera de esos niveles, cuando una de las partes sea una sociedad donde la República, los estados, los municipios, los institutos autónomos, estadales, nacionales y municipales tengan participación del 50% o cualquiera de éstos tenga participación en segundo grado en alguna empresa, el acuerdo arbitral requerirá para su validez de la aprobación del órgano estatutario competente de la sociedad, la asamblea o la junta directiva o quien sea, de acuerdo a los estatutos de la sociedad o de la empresa del Estado, y la autorización por escrito del Ministro de Tutela; por supuesto, esto sólo se refiere a las empresas del Estado nacionales, no hay respecto a las empresas del Estado, estadales o municipales, ningún Ministro de Tutela, con lo cual el requisito de la autorización previa por un Ministro de Tutela sólo se refiere a las empresas del Estado nacionales.

En cuanto a las empresas del Estado estadales y municipales, a ellas se aplicaría sólo la aprobación previa por el órgano estatutario. Y luego, la exigencia de que ese acuerdo debe especificar el tipo de arbitraje o institucional o independiente y el número de árbitros, que no debe ser menos de 3. Hay aquí una utilización indiscriminada de los términos: *autorización* y *aprobación*. La autorización es un requisito en el Derecho Público siempre previo a la realización de un acto; en el campo del Derecho Civil lo mismo. La aprobación es posterior, con lo cual, si es una empresa del Estado tendría que tener la autorización previa del Ministro de Tutela y la aprobación posterior del órgano estatutario; es lo que deriva del sentido propio de las palabras tal como han sido utilizados en el artículo 4 de la Ley de Arbitraje Comercial.

De manera que esto es por lo que al Derecho Público y a la aproximación que pueda hacerse desde el campo del Derecho Público, en mi criterio, podemos comentar seguramente con limitaciones, porque es posible que haya otros aspectos que no he tratado sobre este tema de los Contratos de Interés Público y el Arbitraje, tanto en el Código de Procedimiento, en la Ley que regula las concesiones como en la nueva Ley de Arbitrajes Comerciales.

Sección Tercera: ALGUNOS COMENTARIOS A LA LEY DE PROMOCIÓN Y PROTECCIÓN DE INVERSIONES: CONTRATOS PÚBLICOS Y JURISDICCIÓN (2005)

Esta Sección Tercera es el texto del artículo "Algunos comentarios a la Ley de Promoción y Protección de Inversiones: contratos públicos y jurisdicción," publicado en el libro: *Arbitraje comercial interno e internacional. Reflexiones teóricas y experiencias prácticas,* **Serie Eventos 18, Academia de Ciencias Políticas y Sociales, Caracas 2005, pp. 279-288; y en Allan R. Brewer-Carías,** *Estudios de Derecho Administrativo 2005-2007,* **Colección Estudios Jurídicos, Nº 86, Editorial Jurídica Venezolana, Caracas 2007, pp. 473-484.**

I. LA PROTECCIÓN DE LAS INVERSIONES Y LA ESTABILIDAD JURÍDICA

La Ley de Promoción y Protección de Inversiones, dictada mediante Decreto N° 356 de 3 de octubre de 1999 (*Gaceta Oficial* Extraordinaria N° 5.390 del 22 de octubre de 1999), tiene por objeto básicamente proveer tanto a las inversiones como a los inversionistas, nacionales y extranjeros, de un *marco jurídico estable y previsible*, en el cual puedan desenvolverse en un ambiente de seguridad, mediante la regulación de la actuación del Estado frente a tales inversiones e inversionistas (art. 1).

Se precisa en la propia Ley, sin embargo, que Venezuela puede celebrar tratados o acuerdos que pueden contener disposiciones que ofrezcan una protección más amplia a las inversiones que la prevista en la Ley, así como mecanismos de promoción de inversiones distintos a los en ella consagrados (art. 5).

En todo caso, las inversiones y los inversionistas internacionales cuyos respectivos países de origen no tengan vigente con Venezuela un tratado o acuerdo de promoción y protección de inversiones, disfrutan como es obvio, de la protección concedida por la Ley, a la cual puede sumarse el régimen más favorable que surja de la eventual entrada en vigencia un tratado o acuerdo de promoción y protección de inversiones con su respectivo país de origen, así como la que emane de las convenciones multilaterales en las que Venezuela sea parte.

II. LAS GARANTÍAS LEGALES GENERALES PARA LA PROTECCIÓN DE LAS INVERSIONES

A los fines del cumplimiento del objeto definido de Ley, antes indicado, la misma establece las siguientes garantías generales para de la protección de las inversiones, particularmente las internacionales:

En primer lugar, garantiza a las inversiones internacionales en Venezuela el derecho a un trato justo y equitativo, conforme a las normas y criterios del derecho internacional y no pueden ser objeto de medidas arbitrarias o discriminatorias que obstaculicen su mantenimiento, gestión, utilización, disfrute, ampliación, venta o liquidación (art. 6).

En segundo lugar, el artículo 9 de la ley garantiza a las inversiones y los inversionistas internacionales, el derecho al trato más favorable conforme a lo previsto en los artículos 7 y 8 de la Ley. A tal efecto, la Ley, primero, garantiza a las inversiones y los inversionistas internacionales los mismos derechos y obligaciones a las que se sujetan las inversiones y los inversionistas nacionales en circunstancias similares, con la sola excepción de lo previsto en las leyes especiales y las limitaciones contenidas en la propia Ley (art. 7). La Ley deja a salvo, sin embargo, que mediante Ley, el Estado puede reservar determinados sectores de la actividad económica, al propio Estado o a inversionistas venezolanos. Y segundo, la ley también garantiza a las inversiones internacionales que no requieren de autorización previa alguna para poder realizarse, excepto en los casos en que la Ley expresamente así lo indique (art. 7, parágrafo segundo).

En tercer lugar, se garantiza la no discriminación en el trato entre inversiones ni inversionistas internacionales, en razón del país de origen de sus capitales. Ello, sin embargo, no es obstáculo para que se puedan establecer y mantener tratos más favorables en beneficio de inversiones e inversionistas de países con los que Venezuela mantenga acuerdos de integración económica, acuerdos para evitar la doble tributación o, en general, acuerdos relativos total o parcialmente a cuestiones impositivas (art. 8).

En cuarto lugar, se garantiza a las inversiones y los inversionistas venezolanos que tendrán derecho a un trato no menos favorable que el otorgado a las inversiones internacionales, o a los inversionistas internacionales, según corresponda, en circunstancias similares (art. 10)

En quinto lugar, se garantiza que el Estado no decretará ni ejecutará confiscaciones, sino en los casos de excepción previstos por la Constitución; y en cuanto a las inversiones e inversionistas internacionales, por el derecho internacional. Garantiza, además, que sólo se realizarán expropiaciones de inversiones, o se aplicarán a estas medidas de efecto equivalente a una expropiación, por causa de utilidad pública o de interés social, siguiendo el procedimiento establecido en la ley de expropiación por causa de utilidad pública o social, "de manera no discriminatoria y mediante una indemnización pronta, justa y adecuada" (art. 11).

En estos casos, la Ley garantiza que la indemnización será equivalente al justo precio que la inversión expropiada tenga inmediatamente antes del momento en que la expropiación sea anunciada por los mecanismos legales o hecha del conocimiento público, lo que suceda antes. La indemnización, que debe incluir el pago de intereses hasta el día efectivo del pago, calculados sobre la base de criterios comerciales usuales, se debe abonar sin demora (art. 11). La Ley garantiza, además, que las indemnizaciones a que haya lugar con motivo de expropiaciones de inversiones internacionales deben ser abonadas en moneda convertible y debe ser libremente transferibles al exterior (art. 11).

En sexto lugar, el artículo 12 de la Ley garantiza a las inversiones internacionales y en su caso, los inversionistas internacionales, el derecho, previo cumplimiento de la normativa interna y al pago de los tributos a los que hubiere lugar, a la transferencia de todos los pagos relacionados con las inversiones, tales como el capital inicial y las sumas adicionales necesarias para el mantenimiento, ampliación y desarrollo de la inversión; los beneficios, utilidades, rentas, intereses y dividendos; los fondos necesarios para el servicio y pago de los créditos internacionales vinculados a una inversión; las regalías y otros pagos relativos al valor y la remuneración de los derechos de propiedad intelectual; las indemnizaciones en caso de expropiaciones (art. 11); el producto de la venta o liquidación, total o parcial, de una inversión y los pagos resultantes de la solución de controversias. El mismo artículo garantiza que dichas transferencias se deben efectuar sin demora, en moneda convertible, al tipo de cambio vigente el día de la transferencia de conformidad con las reglamentaciones de cambio en vigor para ese momento.

Conforme al parágrafo primero del mismo artículo 12, sin embargo, las mencionadas transferencias pueden limitarse temporalmente en forma equitativa y no discriminatoria, de conformidad con los criterios internacionalmente aceptados, cuando debido a una situación extraordinaria de carácter económico o financiero, la aplicación de lo previsto en el mencionado artículo 12 resulte o pueda resultar en un grave trastorno de la balanza de pagos o de las reservas monetarias internacionales del país, que no sea posible solucionar adecuadamente mediante alguna medida alternativa. En estos casos, la medida que imponga la limitación debe evitar todo daño innecesario a los intereses económicos, comerciales y financieros de las inversiones internacionales y de los inversionistas internacionales; y debe ser liberada en la medida en que se corrija la situación extraordinaria que le hubiere dado origen y en consecuencia, disminuyan o se eliminen los graves trastornos de la balanza de pagos o de las reservas monetarias del país, o la amenaza de tales trastornos, según sea el caso.

III. LOS CONTRATOS ESTATALES DE ESTABILIDAD JURÍDICA PARA LAS INVERSIONES

Ahora bien, dentro de los mecanismos establecidos en la Ley a los efectos de proveer a las inversiones y a los inversionistas de un *marco jurídico estable y previsible*, en el cual puedan desenvolverse en un ambiente de seguridad, el artículo 17 de la Ley dispuso que la República puede celebrar contratos de estabilidad jurídica, con el propósito de asegurar a la inversión la estabilidad de algunas condiciones económicas en el tiempo de vigencia de los mismos.

Dichos contratos deben ser celebrados, según el sector de la actividad económica de que se trate, por el órgano estatal nacional con competencia para aplicar las disposiciones contenidas en la normativa comunitaria andina sobre capitales extranjeros, a cuyo efecto, dichos contratos pueden garantizar a la inversión uno o más de los siguientes derechos:

1) Estabilidad de los regímenes de impuestos nacionales vigentes al momento de celebrarse el contrato. En este específico caso de contratos de estabilidad jurídica, que se refieran a la estabilidad de regímenes de impuestos nacionales, al estar en juego el ejercicio de competencias tributarias, requieren la opinión favorable del Servicio Nacional Integrado de Administración Tributaria (SENIAT) y la previa autorización del Congreso de la República como condición para que puedan entrar en vigencia.

2) Estabilidad de los regímenes de promoción de exportaciones.

3) Estabilidad de uno o más de los beneficios o incentivos específicos a los que se hubiese acogido el inversionista o la empresa en la cual se realice la inversión, según fuere el caso, en virtud de lo dispuesto en el artículo 15 del presente Decreto-Ley.

Estos contratos de estabilidad jurídica, que en todo caso deben celebrarse antes de la realización de la inversión, sin duda, son contratos públicos, o contratos del Estado. En los términos de la Constitución (art. 150), pueden ser considerados como contratos de interés público nacional, y en los términos de la Ley Orgánica del Tribunal Supremo de Justicia también pueden ser considerados como contratos administrativos (art. 5, párrafo primero, ordinal 25).

Dichos contratos, conforme al artículo 18 de la Ley, están sujetos a las siguientes condiciones que se pueden considerar como parte integrante de las cláusulas contractuales:

En primer lugar, no pueden tener una vigencia mayor de diez (10) años a partir de la fecha de su celebración;

En segundo lugar, sólo pueden ser suscritos por las empresas o los inversionistas, según sea el caso, que se comprometan a cumplir con programas específicos de inversiones y con otras contraprestaciones, de acuerdo con las condiciones que se indiquen en el Reglamento;

En tercer lugar, pueden ser resueltos unilateralmente por el Estado en caso de incumplimiento por parte de las empresas o de los inversionistas, según fuere el caso, de las obligaciones contraídas conforme al contrato.

En caso de resolución, y sin perjuicio de cualquier otra cláusula de penalidad que se establezca en el contrato, deben ser suspendidos los beneficios o incentivos a favor de la empresa o del inversionista, según fuere el caso, y ésta o aquél, según corresponda, quedan obligados a la devolución de las cantidades de dinero, así como el valor de los beneficios o incentivos que hubieran recibido por concepto de incentivos o beneficios durante todo el período fiscal en que se materialice el incumplimiento, y a la devolución de los tributos que se hubieren tenido que pagar, de no haber mediado el contrato de estabilidad jurídica, durante el mismo período.

El artículo 18 de la Ley agregó, además, que las controversias que surjan entre las empresas o inversionistas que suscriban los contratos de estabilidad jurídica y el Estado venezolano, a propósito de la interpretación y aplicación del respectivo contrato, pueden ser sometidas a arbitraje institucional en conformidad con lo previsto en la Ley sobre Arbitraje Comercial.

IV. LAS NORMAS PARA LA SOLUCIÓN DE CONTROVERSIAS

En la Ley se establecen varios regímenes para la solución de controversias, según surjan entre Estados (el Estado venezolano y el Estado del país de origen de la inversión); o entre un inversionista internacional y el Estado venezolano.

En primer lugar están las controversias que puedan surgir entre el Estado venezolano y el Estado del país de origen del inversionista internacional, "en relación con la interpretación y aplicación de lo previsto" en la propia Ley. En estos casos, se distinguen dos supuestos según que exista o no algún tratado o acuerdo sobre inversiones suscrito entre los Estados, así:

Primero, si entre el Estado venezolano y el Estado del país de origen de la inversión se tiene vigente un tratado o acuerdo sobre inversiones, para la solución de las controversias sobre la interpretación y aplicación de la Ley, se deben aplicar las disposiciones del tratado o acuerdo.

Segundo, si entre el Estado venezolano y el país de origen de la inversión no se tiene vigente un tratado o acuerdo sobre inversiones, conforme al artículo 21 de la Ley, cualquier controversia que surja entre ellos debe ser resuelta por vía diplomática.

Si dentro de los 12 meses siguientes a la fecha de inicio de la controversia, no se llegase a un acuerdo entre los Estados, entonces el Estado venezolano está obligado a propiciar ("propiciará") el sometimiento de la controversia a un Tribunal Arbitral cuya composición, mecanismo de designación, procedimiento y régimen de gastos deben ser acordados con el otro Estado. Las decisiones de ese Tribunal Arbitral serán definitivas y obligatorias.

En segundo lugar están las controversias que surjan entre un inversionista internacional y el Estado venezolano, en cuyo caso también se distinguen tres supuestos según que exista o no un tratado o acuerdo internacional de protección de inversiones o se aplique o no alguno de los convenios internacionales específicos para la garantía de inversiones.

Primero, conforme al artículo 22 de la Ley, en los casos de controversias que surjan entre un inversionista internacional, cuyo país de origen tenga vigente con Venezuela un tratado o acuerdo sobre promoción y protección de inversiones, las mismas deben ser sometidas al arbitraje internacional en los términos del respectivo tratado o acuerdo, si así éste lo establece, sin perjuicio de la posibilidad de hacer uso, cuando proceda, de las vías contenciosas contempladas en la legislación venezolana vigente

Segundo, también puede tratarse el caso controversias que surjan entre un inversionista internacional y el Estado venezolano, respecto de las cuales sean aplicables las disposiciones del Convenio Constitutivo del Organismo Multilateral de Garantía de Inversiones (OMGI–MIGA) o del Convenio sobre Arreglo de Diferencias Relativas a Inversiones entre Estados y Nacionales de Otros Estados (CIADI) del 18 de marzo de 1965, en cuyo caso también deben ser sometidas al arbitraje internacional en los términos de dichos convenios, sin perjuicio de la posibilidad de hacer uso, cuando proceda, de las vías contenciosas contempladas en la legislación venezolana vigente.

En este último caso del CIADI, por ejemplo, el artículo 25(1) del Convenio dispone que la jurisdicción del Centro se extiende a cualquier disputa legal que surja directamente de una inversión entre un Estado contratante (o cualquier subdivisión o agencia del Estado contratante que el Estado designe ante el Centro) y un nacional de otro Estado Contratante, que las partes en la disputa hayan consentido por escrito someter al Centro. El tema central de discusión, en este caso está en determinar en qué forma se establece el "consentimiento por escrito". El tribunal del CIADI que afirmó su competencia en el caso SPP v. Egipto, interpretó el valor que tiene una disposición de una ley interna que reconoce la competencia del CIADI para resolver disputas relativas a inversiones, como fuente del consentimiento requerido por el artículo 25(1) del Convenio. El tribunal, en ese caso, interpretó lo siguiente:

> "The Convention does not prescribe any particular form of the consent, not does require that consent be given on a case-by-case basis. To the contrary, the drafters of the Convention intended that consent could be given in advance through investment legislation. Accordingly, the Tribunal cannot accept the contention that the phrase "where it applies" in Article 8 of Law N° 43 requires a further or *ad hoc* manifestation of consent of the Centre's jurisdiction (*Southern Pacific Properties (Middle East) v. Arab Republic of Egypt. Decision on Jurisdiction, 14 April 1988*; para 101. 3 ICSID Reports, at 155-56).

El artículo 8 de la Ley N° 43 egipcia establecía:

> Investment Disputes in respect of the implementation of the provisions of this Law shall be settled in a manner to be agreed upon with the investor, or within the framework of the agreements in force between the Arab republic of Egypt and the investor's home country, or within the framework of the Convention for the Settlement of Investment Disputes between the State and the nationals of other countries to which Egypt has adhered by virtue of Law 90 of 1971, where such Convention **applies**.

En nuestro concepto, esta última expresión de la ley egipcia es idéntica en su sentido a la expresión "las controversias respecto de las cuales sean **aplicables**", contenida en el artículo 22 de la ley venezolana.

Esto significa que, de acuerdo con la citada jurisprudencia del CIADI, cuando una ley interna contiene una disposición que remite a la jurisdicción del Centro para resolver una disputa relativa a inversiones, el requisito del consentimiento contenido en el artículo 25(1) del Convenio queda satisfecho por esa sola circunstancia, y que, para que el mismo artículo 25(1) sea *"aplicable"* sólo sería necesario que la disputa surja directamente de una inversión, entre un Estado contratante (o cualquier subdivisión o agencia del Estado contratante que el Estado designe ante el Centro) y un nacional de otro Estado Contratante en el Convenio, sin que sea entonces necesaria *"a further or ad hoc manifestation of consent of the Centre's jurisdiction"*

Tercero, en caso de no existir vigente un convenio o acuerdo internacional de inversiones, o no resultar aplicables los convenios específicos indicados, conforme al artículo 23 de la Ley, dispone que cualquier controversia que se suscite en relación con la aplicación de la Ley, una vez agotada la vía administrativa por el inversionista, podrá ser sometida a los Tribunales Nacionales o a los Tribunales Arbitrales venezolanos, a su elección.

En tercer lugar, están las controversias que puedan surgir entre las empresas o inversionistas y el Estado venezolano con motivo con motivo de los contratos públicos de estabilidad jurídica que se hayan suscrito, a propósito de la interpretación y aplicación del respectivo contrato, las cuales conforme al artículo 18 de la Ley pueden ser sometidas a arbitraje institucional en conformidad con lo previsto en la Ley sobre Arbitraje Comercial.

Debe recordarse que de acuerdo con el artículo 150 de la Constitución, si bien en todos los contratos públicos aún cuando no esté expresamente en el texto del los mismos, debe considerarse incluida una cláusula conforme a la cual las controversias que puedan surgir de su ejecución que no puedan ser resueltas amigablemente entre las partes, deben ser decididas por los tribunales competentes venezolanos de acuerdo con la ley venezolana; en la misma norma se establece la excepción respecto de contratos públicos en los cuales, por "su naturaleza", dicha cláusula no sea procedente.

En virtud de esta excepción, en Venezuela se abandonó el sistema absoluto de inmunidad de jurisdicción, sustituyéndose por el principio de la inmunidad relativa permitiéndose entonces la posibilidad de que los entes públicos, como consecuencia de la ejecución de ciertos contratos públicos, puedan estar sometidos a jurisdicciones extranjeras o a arbitraje e incluso a la legislación extranjera, como sucede con muchos contratos públicos en relación con la industria petrolera o la Ley de protección de inversiones. El tema de la "naturaleza" del contrato, en general, apunta a su naturaleza comercial; sin embargo, la Corte Suprema de Justicia, en su decisión del 17 de agosto de 1999 (Caso: *Apertura Petrolera*), ha admitido otras consideraciones diferentes a las de la naturaleza comercial del contrato para permitir la cláusula arbitral en los contratos públicos, como la importancia económica del contrato evaluada por la Administración Pública y la Asamblea nacional (Véase el texto completo de esta sentencia en Allan R. Brewer-Carías, *Documentos del Caso de la Apertura Petrolera*, en www.allanbrewercarias.com, Documentos 2004).

Sección Cuarta: SOBRE EL CONSENTIMIENTO DEL ESTADO AL ARBITRAJE INTERNACIONAL EN LA LEY DE PROMOCIÓN Y PROTECCIÓN DE INVERSIONES DE 1999 Y SUS VICISITUDES (2012)

Esta Sección Cuarta es el texto del artículo "Sobre el consentimiento del Estado al arbitraje internacional en la Ley de Promoción y Protección de Inversiones de 1999 y sus vicisitudes," elaborado para su publicación en la *Revista de la Facultad de Derecho* de la Universidad Católica Andrés Bello, Caracas (2012).

I. SOBRE EL ARBITRAJE INTERNACIONAL Y PROMOCIÓN DE INVERSIONES

El texto del Convenio sobre Arreglo de Diferencias Relativas a Inversiones entre Estados y Nacionales de Otros Estados (CIADI),[1] fue adoptado por la Junta de Directores del Banco Mundial en su reunión anual celebrada en Kyoto, Japón el 10 de septiembre de 1964, con el propósito de establecer un Centro para el arreglo de disputas sobre inversiones, a los efectos de procurar la conciliación y arbitramento de controversias sobre inversiones entre los Estados contratantes y los nacionales de otros Estados contratantes. En dicha reunión, Venezuela, junto con otros Estados latinoamericanos, rechazaron la Convención; lo que no impidió que los Directores Ejecutivos del Banco Mundial el 18 de marzo de 1965, sometieran la Convención junto con un *Informe* a los gobiernos de los Estados miembros para su consideración, con vista a su firma y ratificación. El resultado fue que la Convención fue adoptada y entró en vigencia el 14 de octubre de 1966 cuando llegó a ser ratificada por 20 países.

El gobierno de Venezuela firmó la Convención el 18 de agosto de 1993, es decir, treinta años después de que entró en vigencia, habiendo sido aprobada el año siguiente, en 1994, mediante Ley aprobatoria por el Congreso,[2] la cual entró en vigencia el 1 de junio de 1995, después del depósito de la ratificación efectuado el 2 de mayo de 1995.

Como se indicó en el Preámbulo de la Convención, ningún Estado contratante, por el mero hecho de la ratificación, aceptación o aprobación de la misma estará obligado sin su consentimiento a someter ninguna disputa particular a conciliación o arbitraje, de manera que adi-

---

1   Disponible en http://icsid.worldbank.org/ICSID/StaticFiles/basicdoc/partA-preamble. htm

2   Véase Ley Aprobatoria del Convenio sobre Arreglo de Diferencias Relativas a Inversiones entre Estados y Nacionales de otros Estados, en Gaceta Oficial N° 4.832 Extra. de 29-12-1994.

cionalmente a la ratificación de la Convención, para que un Estado esté sometido al Centro de arbitraje CIADI debe haber expresado su consentimiento por escrito. Por ello, el artículo 25.1 de la Convención en relación con la jurisdicción del CIADI, establece que la misma se extiende a cualquier disputa que surja directamente de una inversión, entre un Estado contratante y un nacional de otro Estado contratante, respecto de las cuales las partes en la controversia hayan consentido por escrito en someterla al Centro.

Sobre las diversas formas del consentimiento escrito por parte de los Estados contratantes del CIADI, además de la cláusula expresa que se pueda establecer en un contrato público o del Estado, como por ejemplo en los contratos de obra pública, o en un tratado o acuerdo bilateral para la protección de inversiones (BIT), tal como se indicó en el antes mencionado *Informe* de los Directores Ejecutivos del 18 de marzo de 1965 "el Estado contratante en su legislación de promoción de inversiones puede ofrecer someter controversias resultantes de cierta clase de inversiones a la jurisdicción del Centro, en cuyo caso el inversionista puede dar su consentimiento mediante la aceptación por escrito de la oferta del Estado.

Y este fue precisamente el caso de Venezuela, donde además de haberse aceptado la jurisdicción del Centro CIADI en muchos tratados o convenios bilaterales de protección de inversiones, mediante la Ley de Promoción y Protección de Inversiones (en lo adelante: Ley de Inversiones) dictada por Decreto Ley N° 356 de 13 de octubre de 1999,[3] en su artículo 22, el Estado expresó el consentimiento del Estado para someter disputas sobre inversiones al arbitraje internacional ante el Centro ICSID, en la forma de una oferta unilateral abierta y escrita formulada a los inversionistas, sujeta a la aceptación igualmente por escrito de estos.

Durante la primera década del siglo XXI muchos casos fueron llevados ante el Centro de arbitraje internacional CIADI contra Venezuela, incluso con base en la oferta de consentimiento expresada en el artículo 22 de la Ley de Inversiones,[4] y muchos de ellos fueron decididos por los tribunales

---

3   Ley de promoción y Protección de Inversiones, Decreto ley N° 356 de 13-10-1999, en Gaceta Oficial N° 5.300 Extra. de 22-10-1999.

4   Los casos presentados ante el Centro CIADI (ICSID) contra Venezuela, hasta junio 2012 fueron los siguientes: ICSID Case N° ARB/11/30, Hortensia Margarita Shortt v. Bolivarian Republic of Venezuela (Subject Matter: Maritime transport services); ICSID Case N° ARB/11/31 Gambrinus, Corp. v. Bolivarian Republic of Venezuela (Subject Matter: Fertilizer enterprise); ICSID Case N° ARB/00/5, Autopista Concesionada de Venezuela, C.A. v. Bolivarian Republic of Venezuela (Subject Matter: Contract for the construction of a highway system); ICSID Case N° ARB/06/4, Vestey Group Ltd v. Bolivarian Republic of Venezuela (Subject Matter: Farming enterprise); ICSID Case N° ARB/07/4, Eni Dación B.V. v. Bolivarian Republic of Venezuela (Subject Matter: Hydrocarbon rights); ICSID Case N° ARB/10/14, Opic Karimun Corporation v. Bolivarian Republic of Venezuela (Subject Matter: Oil exploration and production); ICSID Case N° ARB/11/1, Highbury International AVV and Ramstein Trading Inc. v. Bolivarian

---

CIADI. En particular, y específicamente en materia de jurisdicción del Centro CIADI con base en lo establecido en el artículo 22 de la Ley de Inversiones para fines de 2012 se habían dictado las siguientes decisiones: Caso CIADI N° ARB/07/27, *Mobil Corporation, Venezuela Holdings, B.V., Mobil Cerro Negro Holding, Ltd., Mobil Venezuela de Petróleos Holdings, Inc., Mobil Cerro Negro Ltd. and Mobil Venezolana de Petróleos, Inc. vs. República Bolivariana de Venezuela*, decisión en materia de Jurisdicción de 10 de junio de 2010 (*Caso Mobil* CIADI);[5] Caso CIADI

Republic of Venezuela (Subject Matter: Mining concession); ICSID Case No. ARB(AF)/11/1, Nova Scotia Power Incorporated v. Bolivarian Republic of Venezuela (Subject Matter: Coal supply agreement); ICSID Case N° ARB(AF)/11/2, Crystallex International Corporation v. Bolivarian Republic of Venezuela (Subject Matter: Mining company); ICSID Case N° ARB/11/10, The Williams Companies, International Holdings B.V., WilPro Energy Services (El Furrial) Limited and WilPro Energy Services (Pigap II) Limited v. Bolivarian Republic of Venezuela (Subject Matter: Gas compression and injection enterprises); ICSID Case No. ARB/11/25, OI European Group B.V. v. Bolivarian Republic of Venezuela (Subject Matter: Industrial plants for production and distribution of glass containers); ICSID Case N° ARB/11/26, Tenaris S.A. and Talta - Trading e Marketing Sociedade Unipessoal LDA v. Bolivarian Republic of Venezuela (Subject Matter: Hot briquetted iron production plant); ICSID Case N° ARB/05/4, I&I Beheer B.V. v. Bolivarian Republic of Venezuela (Subject Matter: Debt instruments); ICSID Case N° ARB/07/27, Mobil Corporation and others v. Bolivarian Republic of Venezuela (Subject Matter: Oil and gas enterprise); ICSID Case N° ARB/09/3, Holcim Limited, Holderfin B.V. and Caricement B.V. v. Bolivarian Republic of Venezuela (Subject Matter: Cement production enterprise); ICSID Case N° ARB(AF)/09/1, Gold Reserve Inc. v. Bolivarian Republic of Venezuela (Subject Matter: Mining company); ICSID Case N° ARB/10/19, Flughafen Zürich A.G. and Gestión e Ingeniería IDC S.A. v. Bolivarian Republic of Venezuela (Subject Matter: Development, operation, and maintenance of an airport); ICSID Case N° ARB/11/5, Longreef Investments A.V.V. v. Bolivarian Republic of Venezuela (Subject Matter: Coffee production facilities); ICSID Case N° ARB/11/19, Koch Minerals Sàrl and Koch Nitrogen International Sàrl v. Bolivarian Republic of Venezuela (Subject Matter: Construction and operation of fertilizer plant); ICSID Case N° ARB/00/3, GRAD Associates, P.A. v. Bolivarian Republic of Venezuela (Subject Matter: Contract for the construction and modernization of penitentiaries); ICSID Case N° ARB(AF)/04/6, Vannessa Ventures Ltd. v. Bolivarian Republic of Venezuela (Subject Matter: Gold and copper mining project); ICSID Case N° ARB/07/30, ConocoPhillips Company and others v. Bolivarian Republic of Venezuela (Subject Matter: Oil and gas enterprise); ICSID Case N° ARB/08/3, Brandes Investment Partners, LP v. Bolivarian Republic of Venezuela (Subject Matter Telecommunication enterprise); ICSID Case N° ARB/08/15, CEMEX Caracas Investments B.V. and CEMEX Caracas II Investments B.V. v. Bolivarian Republic of Venezuela (Subject Matter: Cement production enterprise); ICSID Case N° ARB/10/5, Tidewater Inc. and others v. Bolivarian Republic of Venezuela (Subject Matter: Maritime-support services); ICSID Case N° ARB/10/9, Universal Compression International Holdings, S.L.U. v. Bolivarian Republic of Venezuela (Subject Matter: Oil and gas enterprise); ICSID Case N° ARB/96/3, Fedax N.V. v. Republic of Venezuela (Subject Matter: Debt instruments). Información disponible en Junio de 2012 en http://icsid.worldbank.org/ICSID/FrontServlet?requestType=SearchRH&actionVal=Search Site&SearchItem=venezuela

5   Véase el texto en http://icsid.worldbank.org/ICSID/FrontServlet?requestType=CasesRH&actionVal= showDoc&docId=DC1510_En&caseId=C256 el texto igualmente en Luisa Estela Morales Lamuño, *Venezuela en el contexto del arbitraje. Jurisprudencia de la Sala Constitucional y Laudos Internacionales relevantes*, Tribunal Supremo de Justicia, Fundación Gaceta Forense, Caracas 2011, pp. 167-225.

N° ARB/08/15, *Cemex Caracas Investments B.V. and Cemex Caracas II Investments B.V. vs. República Bolivariana de Venezuela*, decisión en materia de Jurisdicción de 30 de diciembre de 2010 (*Caso Cemex* CIADI);[6] y Caso CIADI N° ARB/08/3, *Brandes Investment Partners, LP vs. República Bolivariana de Venezuela,* decisión del 2 de agosto de 2011 (*Caso Brandes* CIADI).[7] En estas tres decisiones los tribunales CIADI concluyeron que si bien el artículo 22 de la Ley de Inversiones efectivamente contiene una obligación condicional impuesta al Estado de someterse a arbitraje internacional, lo que implica que en dicha norma el Estado expresó su consentimiento, sin embargo, como es posible interpretar gramaticalmente dicha norma en dos formas, ambas válidas; al resolver los casos los tribunales consideraron que no había suficiente evidencia de la intención del Estado de someter las controversias al arbitraje internacional. En definitiva, fue por falta de pruebas o evidencias que los tribunales ICSID declararon que en dichos casos no tenían Jurisdicción para conocer de las controversias.

Con posterioridad a estas tres decisiones, el 24 de enero de 2012 el gobierno de Venezuela oficialmente denunció y el Estado venezolano se retiró en forma irrevocable del Convenio CIADI, de manera que luego de recibir la notificación escrita, el Banco Mundial como depositario de la Convención notificó el hecho a todos los otros Estados contratantes. De acuerdo con el artículo 71 de la Convención, dicha denuncia comenzó a surtir efectos a los seis meses después de la recepción de la notificación de Venezuela, es decir, el 25 de julio de 2012.

En el Comunicado oficial del gobierno de Venezuela justificando la decisión del país de salirse del Convenio CIADI[8] se mencionó que su ratificación en 1993 había sido efectuada por un "gobierno débil" sin legitimidad popular bajo la presión de sectores económicos tradicionales que habían participado en el desmantelamiento de la soberanía nacional de Venezuela, refiriéndose sin duda al Gobierno del Presidente Ramón J. Velásquez (1993-1994).[9] Al contrario de dicha afirmación, dicho gobierno transitorio del Presidente Velásquez fue uno muy importante, que se con-

---

6   Disponible en http://icsid.worldbank.org/ICSID/FrontServlet?requestType=Cases RH& action Val= showDoc&docId=DC1831_En&caseId=C420 el texto igualmente en Luisa Estela Morales Lamuño, Venezuela en el contexto del arbitraje. Jurisprudencia de la Sala Constitucional y Laudos Internacionales relevantes, Tribunal Supremo de Justicia, Fundación Gaceta Forense, Caracas 2011, pp. 239-282.

7   Véase en http://italaw.com/documents/BrandesAward.PDF el texto igualmente en Luisa Estela Morales Lamuño, Venezuela en el contexto del arbitraje. Jurisprudencia de la Sala Constitucional y Laudos Internacionales relevantes, Tribunal Supremo de Justicia, Fundación Gaceta Forense, Caracas 2011, pp. 347-382.

8   Véase el texto del "Comunicado Oficial" en http://www.noticierodigital.com/2012/01/ramirez-ratifica-salida-de-venezuela-del-ciadi/

9   En dicho gobierno este autor participó como Ministro para la Descentralización.

figure por designación del Congreso, luego de que éste en junio de 1993, resolvió remover de su cargo al Presidente Carlos Andrés Pérez, con el apoyo de todos los partidos políticos, a los efectos de completar el período constitucional de éste. Dicho gobierno de transición tuvo la importante misión de de asegurar la continuidad del régimen democrático en el país, y particularmente, de la realización exitosa de las elecciones presidenciales que se realizaron en diciembre de 1993. Dicho gobierno asumió la continuidad de la conducción del Estado en medio de la grave crisis política y económica existente, teniendo para ello toda la legitimidad necesaria derivada de la Constitución. Durante el mismo se adoptaron importantes decisiones en muchos campos,[10] al igual que en material de promoción y protección de inversiones, como la firma del Convenio CIADI, de acuerdo con la política general prevaleciente de atraer inversiones internacionales al país.

Por otra parte, en el "Comunicado Oficial" del gobierno de Venezuela del 24 de enero de 2912 a los efectos de justificar la salida de Venezuela de la Convención CIADI, también se expresó que el texto del artículo 151 de la Constitución de 1999[11] supuestamente invalidaba en su espíritu y en sus palabras, las previsiones de la Convención CIADI., lo que sólo evidenciaba la más completa ignorancia del gobierno en relación con el sentido y significado de dicha previsión constitucional, en la cual, al contrario, se establece expresamente el principio de la inmunidad relativa de jurisdicción del Estado,[12] siguiendo la tradición constitucional que comenzó en el texto de 1947, y que permite el arbitraje internacional en controversias derivadas de contratos públicos, excepto cuando por la naturaleza de los mismos ello fuera improcedente. Esta restricción, por otra parte, solo se refiere a cláusulas de arbitraje contenidas en contratos públicos, no siendo destinada a regular el arbitraje resultante de una expresión de consentimiento del Estado expresado en una ley nacional.

Ya nos hemos referido al artículo 151 de la Constitución el cual establece: "En los contratos de interés público, si no fuere improcedente de acuerdo con la naturaleza de los mismos, se considerará incorporada, aun cuando no estuviere expresa, una cláusula según la cual las dudas y con-

---

10 Véase el libro colectivo: Ramón J. Velásquez. *Estudios sobre una trayectoria al servicio de Venezuela,* Universidad Metropolitana. Universidad de Los Andes-Táchira, Caracas 2003.

11 Véase en Gaceta Oficial Nº 5.908 Extra. de 2-2-2009. Véanse en general los comentarios en Allan R. Brewer-Carías, La Constitución de 1999 y la Enmienda Constitucional Nº 1 de 2009, Editorial Jurídica Venezolana, Caracas 2011; y en Constitucional Law. Venezuela, Supplement 97, International Encyclopaedia of Laws, Kluwer, Belguium 2012.

12 Véase en general, Tatiana B. de Maekelt, "Inmunidad de Jurisdicción de los Estados," en *Libro Homenaje a José Melich Orsini,* Vol. 1, Universidad Central de Venezuela, Caracas 1982, pp. 213 ss.

troversias que puedan suscitarse sobre dichos contratos y que no llegaren a ser resueltas amigablemente por las partes contratantes, serán decididas por los tribunales competentes de la República, de conformidad con sus leyes, sin que por ningún motivo ni causa puedan dar origen a reclamaciones extranjeras." Esta disposición básicamente reprodujo el contenido del artículo 127 de la Constitución de 1961, la cual se conservó en la Constitución de 1999, como lo propusimos a la Asamblea Nacional Constituyente,[13] en particular, oponiéndonos a la extraña e inapropiada propuesta formulada, entre otras, por el Presidente H. Chávez a la Asamblea.[14] Entre esas propuestas estaba, primero la completa eliminación del texto de la Constitución de la "Cláusula Calvo;"[15] y Segundo, la propuesta de volver al principio de la inmunidad absoluta de jurisdicción pero exclusivamente respecto de contratos públicos a ser suscritos por la "República," eliminando toda restricción jurisdiccional en relación con contratos públicos suscritos por otros entes públicos que en definitiva son los más frecuentes e importantes, como por ejemplo los suscritos por las empresas del Estado, por ejemplo en el área minera y de hidrocarburos. Tales propuestas presidenciales, sin duda, eran excesivamente permisivas en relación con el arbitraje internacional en materias de derecho público

El artículo 127 de la Constitución de 1961 (equivalente al artículo 151 de la Constitución de 1999) contiene dos cláusulas que han estado en todos los textos constitucionales desde 1893.[16] La primera se refiere al principio de inmunidad de jurisdicción del Estado en relación con contratos públicos, la cual inicialmente se refirió a poscontratos públicos suscritos por la República y los Estados federados, concebida además como una cláusula de una inmunidad absoluta. La misma fue reformada en 1901, extendiendo su alcance inicial para incluir no solo a los contratos nacionales y estadales, sino a los contratos municipales y cualquier otro suscrito por otros órganos del poder público. Posteriormente, en 1947 se cambió el alcance de la inmunidad jurisdiccional, transformado la inmunidad

---

13 Véase sobre nuestra propuesta en relación con el artículo 151 en Allan R. Brewer-Carías, "Propuesta sobre la cláusula de inmunidad relativa de jurisdicción y sobre la cláusula Calvo en los contratos de interés público," en *Debate Constituyente (Aportes a la Asamblea Nacional Constituyente),* Tomo I (8-Agosto-8 Septiembre 1999), Fundación de Derecho Público/Editorial Jurídica Venezolana, Caracas 1999, pp. 209-233.

14 Véase Hugo Chávez Frías, *Ideas Fundamentales para la Constitución Bolivariana de la V República,* Caracas agosto 1999.

15 Véase sobre la adopción de la Cláusula Calvo en 1893, en Allan R. Brewer-Carías, *Historia Constitucional de Venezuela*, Vol. I, Editorial Alfa, Caracas 2008, pp. 411.

16 Véanse los textos de las Constituciones en Allan R. Brewer-Carías, *Las Constituciones de Venezuela*, Academia de Ciencias Políticas y Sociales, Caracas 2008, 2 vols.

absoluta en inmunidad relativa de jurisdicción, siguiendo las grandes líneas del derecho constitucional comparado.[17]

La propuesta del Presidente Chávez en 1999 en relación con esta cláusula constitucional consistía en restablecer el principio de la inmunidad absoluta de jurisdicción abandonado en 1947, pero limitándolo sólo a algunos contratos públicos "nacionales," los suscritos por la república, eliminando toda clase de restricción en materia jurisdiccional en relación con los contratos celebrados por los estados, los municipios y otros entes públicos, como las empresas del Estado. Dicha propuesta, como se ha dicho, era excesiva e inconvenientemente permisiva, particularmente por el hecho de que los contratos públicos comúnmente se suscriben por personas jurídicas estatales diferentes de la República, particularmente por los institutos autónomos y las empresas del Estado.[18]

En todo caso, y dejando aparte la fallida propuesta del Presidente de la República en 1999, la forma como la cláusula de inmunidad jurisdiccional se ha establecido en la Constitución desde 1947, es decir, siguiendo el principio de inmunidad "relativa" no puede considerarse como algo extraordinario o inusual, particularmente porque sigue el mismo principio prevalente en el mundo contemporáneo. De acuerdo con esta cláusula, el Estado está autorizado en la Constitución para someter a arbitraje internacional materias relativas a contratos de interés público, excepto si su naturaleza lo impide, lo que se refiere a materias generalmente conocidas como perteneciente al *ius imperii*. Es por ello que el argumento del gobierno de Venezuela de retirarse de la Convención CIADI, al igual que la sugerencia plasmada en las decisiones de los tribunales CIADI en los casos *Mobil y Cemex,* argumentando que "Venezuela permanece reticente *vis-à-vis* el arbitraje contractual en la esfera pública, como lo demuestra […] el artículo 151 de la Constitución de 1999" (Caso *Mobil* ICSID, Parr. 131; 127, 128; Caso *Cemex* ICSID, Parr. 125), simplemente demuestra que no se ha entendido realmente el contenido de dicha previsión, del cual ninguna reticencia en relación con el arbitraje puede deducirse. Al contrario, la previsión del artículo 151 constitucional es precisamente la que permite el arbitraje internacional en relación con el Estado venezolano de acuerdo con el principio de la inmunidad relativa de jurisdicción que es el generalmente aceptado en el mundo contemporáneo. En consecuencia, nada en el sistema constitucional y legal venezolano autoriza al gobierno para se-

---

17   Véase Ian Sinclair, *The Law of Sovereign Immunity. Recent Developments*, Académie International de Droit International, Recueil des Cours 1980, The Hague 1981.

18   Véase en Allan R. Brewer-Carías, "Propuesta sobre la cláusula de inmunidad relativa de jurisdicción y sobre la cláusula Calvo en los contratos de interés público," en *Debate Constituyente (Aportes a la Asamblea Nacional Constituyente),* Tomo I (8-Agosto-8 Septiembre 1999), Fundación de Derecho Público/Editorial Jurídica Venezolana, Caracas 1999, pp. 209-233.

ñalar que el mencionado artículo 151 de la Constitución supuestamente "invalida en su espíritu, y en sus palabras, las previsiones de la Convención CIADI," lo que significa considerar que una expresión de consentimiento para arbitraje internacional como la contenida en el artículo 22 de la Ley de Inversiones sería inconcebible a la luz del artículo 151 de la Constitución. Al contrario, es en conformidad con la orientación establecida en dicho artículo que se autoriza al Estado a dar su consentimiento al arbitraje internacional.

La segunda cláusula contenida en el artículo 151 de la Constitución, que fue incorporada en las Constituciones desde 1893, habiendo permanecido desde entonces inalterada en los textos constitucionales, es la antes mencionada "Cláusula Calvo," conforme a la cual en Venezuela se excluyen, considerándose inadmisibles, las reclamaciones diplomáticas en relación con contratos públicos suscritos entre los diferentes órganos del Estado y entidades o personas extranjeras. El Presidente de la República en su extraña propuesta de reforma constitucional formulada ante la Asamblea Constituyente de 1999, pretendía eliminar completamente de la Constitución esta centenaria cláusula, y en consecuencia permitir la posibilidad de que en contratos de interés público, su ejecución pudiera dar origen a reclamaciones diplomáticas extranjeras contra la República.[19] De dicha propuesta, en todo caso, es imposible deducir aproximación restrictiva alguna del Presidente de la república hacia el arbitraje internacional. Al contrario, dichas propuestas eran totalmente inadmisibles, en interés del propio Estado.

Por último, debe mencionarse que el artículo 151 de la Constitución al establecer el principio de la inmunidad relativa de jurisdicción y además, la cláusula Calvo, se refiere a los casos relativos a los contratos de interés público, esto es, básicamente aquellos suscritos por las tres divisiones territoriales del Estado (la Republica los Estados y los Municipios). La cláusula permite la posibilidad para el Estado de dar su consentimiento en dichos contratos para someter a arbitraje internacional, por ejemplo, disputas relativas a materias comerciales derivadas de tales contratos públicos. En cambio, en los casos de jurisdicción para arbitraje internacional del Centro CIADI, basada en el consentimiento dado por el Estrado mediante una ley, como es el caso del artículo 22 de la Ley de Inversiones, los tribunales CIADI no tienen relación con contratos de interés público de los regulados en el artículo 151 de la Constitución. Dichos Tribunales, en ese caso, solo tienen relación con el consentimiento dado por el Estado unilateralmente en una ley nacional (Artículo 22 de la ley de Inversiones) para someter a arbitraje internacional materias relativas a inversiones, que son en general, de naturaleza industria, comercial o financiera.

---

19   Idem.

En todo caso, la decisión del gobierno de "huir del CIADI,"[20] por supuesto ignora la importancia de la Convención CIADI para atraer inversionistas internacionales, lo que se evidencia por el hecho de que entre 1993 y 1998 se suscribieron muchos tratados bilaterales de inversión (BITs), específicamente estableciendo el mecanismo de arbitraje internacional, y particularmente la jurisdicción del Centro CIADI.[21] Dicha importancia también resulta del hecho de que el mismo gobierno que en 2012 rechazó el arbitraje internacional, fue el que en 1999 sancionó mediante decreto Ley N° 356 de 3 de octubre de 1999 la Ley de Inversiones, incorporando en su artículo 22 el reconocimiento formal de la jurisdicción del CIADI. En dicha Ley, el mismo gobierno de H. Chávez fue aún más allá, y expresó en el mismo artículo 22 de la Ley, el consentimiento escrito de la Republica de Venezuela como oferta pública abierta, de someter las controversias sobre inversiones al Centro de arbitraje CIADI, conforme al artículo 25.1 de la Convención CIADI. Esta es la realidad histórica, que no puede ser negada con la decisión adoptada de huir del CIADI en 2012.

El artículo 22 de la ley de Inversiones, en todo caso, no es una previsión que se haya incluido en la Ley adoptada por el gobierno (Decreto Ley) sin saberse su significado e intención, o que haya sido incorporado en la ley subrepticiamente "bajo la influencia de las corrientes globalizantes" como se ha afirmado sin fundamento.[22] Al contrario, se trató de una decisión consciente adoptada por el gobierno en un momento en el cual estaba buscando y promoviendo inversión internacional en el país, dando a los inversionistas garantías de seguridad jurídica, como la resolución de controversias por tribunales arbitrales. Con tal propósito, en el artículo 22 de la Ley de Inversiones de 1999, el Estado dio su consentimiento para someter disputas relativas a inversiones ante el centro CIADI, expresado en la forma de una oferta abierta de arbitraje, sujeta a la aceptación del inversionista demandante en una controversia, el cual a su voluntad, sin

---

20 Véase James Otis Rodner, "Huyendo del CIADI", en El Universal, Caracas Febrero 7, 2012, y en http://www.eluniversal.com:80/opinion/120207/huyendo-del-ciadi

21 La lista de los Tratados bilaterales puede verse en http://www.mre.gov.ve/metadot/index.pl?id= 4617;isa=Category;op=show; ICSID Database of Bilateral Investment Treaties at http://icsid.worldbank.org/ICSID/ Front Servlet; UNCTAD, Investment Instruments On-line Database, Venezuela Country-List of BITs as of June 2008 at http://www.unctad.org/Templates/Page.asp?intItemID=2344&lang=1. Véase también en José Antonio Muci Borjas, El derecho administrativo global y los tratados bilaterales de inversión (BITs), Caracas 2007; Tatiana B. de Maekel, "Arbitraje Comercial Internacional en el sistema venezolano, en Allan R. Brewer-Carías (Editor), Seminario sobre la Ley de Arbitraje Comercial, Academia de Ciencias Políticas y Sociales, Caracas 1999, pp. 282-283; Francisco Hung Vaillant, *Reflexiones sobre el arbitraje en el sistema venezolano*, Caracas 2001, pp. 104-105.

22 Véase Hildegard Rondón de Sansó, *Aspectos jurídicos fundamentales del arbitraje internacional de inversión*, Ed. Exlibris, Caracas 2010, p. 132.

embargo, conforme a la misma norma podía optar por acudir a los tribunales nacionales. En tal forma, no sólo la firma de de la Convención CIADI en 1993, sino el mismo texto del artículo 22 de la Ley de Inversiones de 1999, reflejaron la tendencia pro arbitraje que existía en Venezuela en dicho tiempo, y que se había desarrollado en las décadas anteriores, cristalizando no sólo en el artículo 258 de la Constitución obligando al Estado a promover el arbitraje, sino en la sanción en paralelo de la Ley de Inversiones de 1999. La misma tendencia se reflejó en muchas otras leyes sancionadas a partir el mismo año 1999.

En los casos CIADI *Mobil* y *Cemex,* los tribunales decidieron que en esos casos en particular, que el artículo 22 de la Ley de Inversiones no les confería jurisdicción. En el caso CIADI *Brandes*, en cambio, el tribunal, sin motivar en forma alguna su apreciación, decidió que el artículo 22 de la ley de Inversiones no confería en forma general jurisdicción para el arbitraje internacional. Sin embargo, y contrariamente a esas apreciaciones, desde 2005 nuestra opinión ha sido que el artículo 22 de la Ley de Inversiones si confiere jurisdicción a los tribunales del Centro CIADI, pues contiene la declaración de consentimiento del Estado venezolano, expresada, como una oferta pública abierta de someter controversias a arbitraje internacional.

II. EL CONSENTIMIENTO DADO POR ESTADO PARA EL ARBITRAJE INTERNACIONAL MEDIANTE LA LEY DE INVERSIONES DE 1999

1. El artículo 22 de la Ley de Promoción y Protección de Inversiones de 1999

En efecto, con ocasión de haber participado en 2005 en un Seminario organizado por la Academia de Ciencias Políticas y Sociales y el Comité de Arbitraje de Venezuela, sobre la Ley de Inversiones, al analizar el tema de los contratos públicos y solución de las controversias en materia de inversiones,[23] nuestra conclusión fue que el artículo 22 de la Ley de Inversiones contenía una manifestación unilateral por escrito del Estado, de consentimiento para el arbitraje internacional expresada como oferta abierta, para que los inversionistas internacionales, si la aceptaban, presentasen las controversias relativas a inversiones a arbitraje internacional, lo que incluía el arbitraje del CIADI.

---

23   Véase Allan R. Brewer-Carías, "Algunos comentarios a la Ley de promoción y protección de Inversiones: contratos públicos y jurisdicción", en Irene Valera (Coordinadora), *Arbitraje Comercial Interno e Internacional. Reflexiones teóricas y experiencias prácticas,* Academia de Ciencias Políticas y Sociales, Comité Venezolano de Arbitraje, Caracas 2005, pp. 279-288

En dicha ocasión, analicé el artículo 22 de la Ley de Inversiones de una manera general y desde el punto de vista del derecho administrativo, refiriéndome, en particular, al contenido de la Ley en relación con las diferentes formas reguladas para la solución de controversias y al tema de los contratos públicos. En particular, en aquella ocasión destacamos lo novedoso que era desde el punto de vista del derecho constitucional y administrativo, la cuestión de la expresión de consentimiento del Estado al arbitraje del CIADI a través de una ley nacional, lo cual por lo demás, se había decidido con anterioridad en un solo caso presentado ante un tribunal del CIADI. Se trató del fallo sobre la jurisdicción del CIADI que se emitió en el caso *Southern Pacific Properties (Middle East) Ltd. vs. Arab Republic of Egypt,*[24] en el cual se analizó el artículo 8 de la Ley N° 43 de Egipto, que había establecido en la materia que: "Las diferencias relativas a inversiones con respecto a la aplicación de las disposiciones de la presente Ley se resolverán de una manera que se convendrá con el inversionista, o en el marco de los acuerdos en vigor entre la República Árabe de Egipto y el país de origen del inversionista, o en el marco del Convenio para el Arreglo de Diferencias Relativas a Inversiones entre el Estado y los ciudadanos de otros países en los que Egipto se ha adherido en virtud de la Ley 90 de 1971, cuando dicho Convenio se aplica."[25] En dicho caso, el tribunal determinó que dicho artículo 8 de la Ley de Egipto N° 43 constituía "el expreso 'consentimiento por escrito' a la jurisdicción del Centro en el sentido del artículo 25(1) del Convenio de Washington, incluso en aquellos casos en que no hay otro método consensuado de arreglo de diferencias ni tratado bilateral aplicable."[26]

Con base en esa sentencia, tratándose de un supuesto legal similar, estimamos que al tener el artículo 22 de la Ley de Inversiones de Venezuela similitudes con la ley egipcia, el caso del *Southern Pacific*, dicho precedente servía de apoyo a la para considerar que en Venezuela también había ocurrido algo similar, en el sentido de que el consentimiento para el arbitraje internacional también lo había expresado el Estado a través de una ley, y no sólo mediante un tratado bilateral de inversión.[27] En nuestra

---

24 Véase Southern Pacific Properties (Middle East) Ltd. v. Arab Republic of Egypt, Caso CIADI N° ARB/84/3, Fallo sobre jurisdicción del 14 de abril de 1988.

25 Véase Southern Pacific Properties (Middle East) Ltd. v. Arab Republic of Egypt, Caso CIADI N° ARB/84/3, Fallo sobre jurisdicción del 14 de abril de 1988, párr. 71

26 Véase Southern Pacific Properties (Middle East) Ltd. v. Arab Republic of Egypt, Caso del CIADI N° ARB/84/3, Fallo sobre jurisdicción del 14 de abril de 1988, párr. 11

27 En su sentencia sobre la jurisdicción de 14 de abril de 1988, el Tribunal sostuvo que "[e]l sentido corriente gramatical de las palabras en el artículo 8, en conjunto con otras leyes y decretos dictados en Egipto, demostraron que el artículo 8 exigió la presentación de diferencias a los diversos métodos descritos en la misma, en orden jerárquico, cuando dichos métodos fuesen aplicables" y concluyó que "el artículo 8 fue una manifestación legal suficiente de consentimiento por escrito a la jurisdicción del Centro y que no se

opinión, la última parte de la norma de la ley egipcia era idéntica en su significado a la disposición del artículo 22 de la Ley venezolana sobre "diferencias en las que la disposición [del Convenio del CIADI] es aplicable". Esto significa que, de acuerdo con la jurisprudencia del CIADI, cuando una ley interna cuenta con una disposición que se refiere a la jurisdicción del CIADI, la condición del artículo 25(1) del Convenio del CIADI (relativa al consentimiento) se debe considerar cumplida. Para que el artículo 25(1) sea aplicable, solo se requiere que las diferencias hayan surgido directamente de una inversión entre el Estado Contratante y un ciudadano de otro Estado Contratante en el Convenio y no es necesaria "manifestación adicional o ad hoc alguna de consentimiento de la jurisdicción del Centro."[28]

Aunque en general, el consentimiento de los Estados al arbitraje del CIADI se otorga a través de tratados bilaterales de inversión, y con menor frecuencia por medio de leyes nacionales, el caso del *Southern Pacific* fue un ejemplo destacado de una ley que otorgó dicho consentimiento,[29] de manera que siendo el artículo 22 de la Ley de Inversiones similar al de la ley egipcio, estimamos que en el mismo también se había incluido el consentimiento del Estado; apreciación con la cual, por lo demás, otros autores han estado de acuerdo,[30] aún cuando hay otros que no concuerdan con esta opinión.[31]

---

requería consentimiento escrito ad hoc por separado alguno". Southern Pacific Properties (Middle East) Ltd. vs. Arab Republic of Egypt, Caso CIADI N° ARB/84/3, Resumen del fallo sobre jurisdicción del 14 de abril de 1988, 3 informes ICSID 106.

28   Allan R. Brewer-Carías, "Algunos comentarios a la Ley de promoción y protección de Inversiones: contratos públicos y jurisdicción," en Irene Valera (Coord.), *Arbitraje comercial interno e internacional. Reflexiones teóricas y experiencias prácticas*, Academia de Ciencias Políticas y Sociales, Caracas 2005, pp. 286-287

29   Por lo tanto, no es de extrañar que las legislaciones similares aprobadas en otros Estados hayan "recibido menos atención por parte de profesionales, académicos y organizaciones internacionales encargadas de cuestiones jurídicas y políticas relacionadas con las inversiones extranjeras". Véase Ignacio Suarez Ansorena, "Consentimiento para el arbitraje en las Leyes de Inversiones Extranjeras" en I. Laird and T. Weiler (Eds.), *Arbitraje del Tratado de inversión y el Derecho Internacional*, Vol. 2, JurisNet LLC 2009, p. 63, 79. En Venezuela, el primer debate general académico sobre la Ley de Inversiones de 1999 fue promovido por la Academia Nacional de Ciencias Políticas y Sociales, en el Seminario mencionado anteriormente que se celebró en 2005. Es importante señalar que la constitucionalidad de la ley fue ratificada en 2001 por la Sala Constitucional del Tribunal Supremo de Justicia.

30   Véase, por ejemplo, Andrés A. Mezgravis, "Las inversiones petroleras en Venezuela y el arbitraje ante el CIADI", en Irene Valera (Coordinadora), *Arbitraje Comercial Interno e Internacional. Reflexiones teóricas y experiencias prácticas*, Academia de Ciencias Políticas y Sociales, Comité Venezolano de Arbitraje, Caracas 2005, p. 392. Otros comentaristas también han llegado a la misma conclusión acerca de la similitud entre el artículo 8 de la Ley N° 43 de Egipto y el artículo 22 de la Ley de Inversiones de Venezuela de 1999. Véase, por ejemplo, Victorino Tejera Pérez, "Las leyes municipales de inversión, ¿Siempre constituyen una oferta unilateral de arbitraje? La Ley de Inversio-

Por otra parte, dicha interpretación resulta específicamente de la redacción concreta que se le dio al artículo 22 de la Ley de Inversiones, teniendo en cuenta y en el marco de la política definida por el Congreso y el Ejecutivo Nacional de Venezuela en 1999, con el fin de promover y proteger las inversiones internacionales. Dicho artículo 22 de la Ley de Inversiones en efecto expresó el consentimiento del Estado venezolano a someterse a controversias de arbitraje internacional en materia de inversión internacional, de la siguiente manera:

> "*Artículo 22.* Las controversias que surjan entre un inversionista internacional, cuyo país de origen tenga vigente con Venezuela un tratado o acuerdo sobre promoción y protección de inversiones, o las controversias respecto de las cuales sean aplicables las disposiciones del Convenio Constitutivo del Organismo Multilateral de Garantía de Inversiones (OMGI – MIGA) o *del Convenio sobre Arreglo de Diferencias Relativas a Inversiones entre Estados y Nacionales de Otros Estados* (CIADI), *serán sometidas al arbitraje internacional* en los términos del respectivo tratado o acuerdo, *si así éste lo establece, sin perjuicio de la posibilidad de hacer uso, cuando proceda, de las vías contenciosas contempladas en la legislación venezolana vigente*.

Al analizar el texto de esta norma en su totalidad y no solo en sus partes por separado, tomando en cuenta su redacción, la conexión de las palabras utilizadas entre sí, y el sentido que en ese momento tenía la legislación venezolana sancionada simultáneamente por el Gobierno a favor del arbitraje, la única conclusión razonable era que el artículo 22 fue una expresión de una oferta general de consentimiento por parte del Estado venezolano de someter las diferencias relativas a inversiones de los inversionistas internacionales a un arbitraje internacional, dando a los inversionistas internacionales, a su voluntad, la opción de recurrir a los tribunales nacionales.

---

nes de Venezuela: Un estudio de casos", en Ian A. Laird and Todd J. Weiler (Ed.), *Arbitraje del Tratado de Inversiones y el Derecho Internacional*, Vol. 2, JurisNet LLC 2009, pp. 104-105; Victorino Tejera Pérez, Arbitraje de Inversiones, Tesis de maestría, Universidad Central de Venezuela, Caracas 2010, p. 175; Gabriela Álvarez Ávila, "Las características del arbitraje del CIADI", en Anuario Mexicano de Derecho Internacional, Vol. II 2002, Instituto de Investigaciones Jurídicas, Universidad Nacional Autónoma de México, UNAM, México 2002 (ISSN 1870-4654). http://juridicas.unam.mx/publica/rev/ derint/cont/2/cm/; Guillaume Lemenez de Kerdelleau, "State Consent to ICSID Arbitration: Article 22 of the Venezuelan Investment Law" en TDM, Vol. 4, Issue 3, June 2007; M.D. Nolan and F.G. Sourgens, "The Interplay Between State Consent to ICSID Arbitration and denunciation of the ICSID Convention: The (Possible) Venezuela Case Study" en TDM, Provisional Issue, September 2007.

31   Véase por ejemplo, Omar E. García-Bolívar, "El arbitraje en el marco de la ley de promoción y Protección de Inversiones: las posibles interpretaciones", en *Revista de Derecho, Tribunal Supremo de Justicia*, N° 26, Caracas 2008, pp. 313 ss.; y más recientemente, Hildegard Rondón de Sansó, *Aspectos jurídicos fundamentales del arbitraje internacional de inversión*, Ed. Exlibris, Caracas 2010, pp. 123 ss. Sansó, en particular, crítica nuestra opinión, pp. 146-148

La necesidad de analizar la redacción de una ley en su contexto general es un principio establecido del derecho venezolano, por lo que conforme al artículo 4 del Código Civil, la manifestación del consentimiento al arbitraje internacional contenido en el artículo 22 de la Ley de Inversiones, es el resultado del significado propio de las palabras utilizadas en la disposición, considerada dentro del contexto general de la misma, y no solo de una parte de ella. En esta forma, la frase "**serán sometidas al arbitraje internacional**") que se utiliza en la disposición es una expresión imperativa o de comando, que refleja el carácter obligatorio del artículo 22. La frase "**si así éste lo establece**" significa que dicho imperativo del artículo 22 está sujeto a una condición en el sentido de que se aplica si el respectivo tratado o acuerdo (el artículo 22 se refiere a otros tratados junto con el Convenio del CIADI) contiene disposiciones que establecen un marco para el arbitraje internacional, es decir, "establece el arbitraje."[32]

Esta condición del artículo 22 de la Ley, por tanto, se satisface por lo que al Convenio del CIADI se refiere, en la oferta abierta del consentimiento que se expresa en el artículo 22 la cual se confirma en su última frase, que es la aclaratoria de que el inversionista tiene el derecho de aceptar la oferta de arbitraje "sin perjuicio de la posibilidad de hacer uso, cuando proceda, de las vías contenciosas contempladas en la legislación venezolana vigente." La combinación de todos estos factores proporciona a los inversionistas internacionales la posibilidad de decidir de manera unilateral, a su voluntad, presentar las controversias particulares a arbitraje internacional o presentarlas ante los tribunales nacionales. Teniendo en cuenta el imperativo incluido en la primera parte del artículo, la opción que tiene el inversor solo puede existir y tener sentido si el Estado ya ha dado su consentimiento al arbitraje internacional en virtud de la ratificación por el Estado del Convenio del CIADI.

El artículo 22 de la Ley de Inversiones como expresión de un consentimiento unilateral del Estado de someter las controversias con los inversionistas internacionales ante la jurisdicción de arbitraje del CIADI, en mi criterio fue intencionalmente incluido por el Ejecutivo Nacional, que en este caso actuó como legislador al promulgar el Decreto Ley N° 356 del 3 de octubre de 1999. Esa intención del Ejecutivo Nacional, por lo demás, también fue coherente con la política general definida por el Gobierno en el momento de su promulgación con el fin de atraer y promover las inversiones internacionales en el país, lo que además condujo, al mismo tiempo, a la redacción del mandato constitucional del artículo 258 de la Constitución de 1999, que impuso a todos los órganos del Estado (no solo a los

---

32   Véase Victorino Tejera Pérez, "Las leyes de Inversiones Municipales, ¿Siempre constituyen una oferta unilateral de arbitraje? La Ley de Inversiones de Venezuela: Un estudio de casos", loc. cit., pp. 95; Victorino Tejera Pérez, *Arbitraje de Inversiones*, Tesis de maestría, Universidad Central de Venezuela, Caracas 2010, p. 175

órganos legislativos, sino también a los judiciales)[33] la tarea de promover el arbitraje, razón por la cual otras leyes, también conforme al principio pro arbitraje, se expidieron en el mismo momento.[34]

Lo que en nuestro criterio es absolutamente claro y resulta de lo mencionado anteriormente, en relación con el contenido del artículo 22 de la Ley de Inversiones, es que la referencia que contiene con respecto al arbitraje internacional del CIADI no es una mera declaración de principios, o una "mera referencia en una ley nacional al CIADI", como lo sugirió la sentencia de la sala Constitucional del Tribunal Supremo de Justicia N° 1541 de 2008.[35] Es decir, el artículo 22 de la Ley de Inversiones no se puede considerar como un simple reconocimiento de la posibilidad de resolución de diferencias mediante arbitraje, sino que más bien equivale a la una oferta del Estado a favor de la jurisdicción arbitral. .

Como se dijo, el arbitraje, como medio de resolución de diferencias, se incluyó en muchas otras leyes adoptadas por el Gobierno en los mismos meses de sanción de la Ley de Inversiones, y en esta misma, además, hay otras referencias a la posibilidad de arbitraje. En efecto, además del artículo 22, el arbitraje también se contempla en el artículo 18.4 de la Ley respecto a los contratos de estabilidad jurídica. Así, a raíz de las regulaciones de 1998 de la Ley de Arbitraje Comercial, el Estado y un inversionista internacional podrían establecer el mecanismo de arbitraje en un acto bilateral (el contrato de estabilidad jurídica) como medio para resolver las controversias contractuales. El arbitraje también se prevé en el artículo 21 de la Ley de Inversiones en relación con la solución de controversias relativas a la ley de inversión que puedan surgir entre el Estado venezolano y el país de origen del inversionista internacional. Cuando los medios diplomáticos fallan, la Ley impone la obligación al Estado de procurar la presentación de las diferencias ante un Tribunal Arbitral, cuya composición, mecanismo de designación, procedimiento y régimen de costo deben negociarse en un acto bilateral con el otro Estado. En estos dos primeros casos, con el fin de proceder con el arbitraje, la Ley establece claramente la necesidad de un acto bilateral separado que se negociará entre las partes.

---

33   Véase Eugenio Hernández Bretón, "Arbitraje y Constitución. El arbitraje como derecho fundamental," en Irene Valera (Coordinadora), *Arbitraje Comercial Interno e Internacional. Reflexiones teóricas y experiencias prácticas*, Academia de Ciencias Políticas y Sociales, Comité Venezolano de Arbitraje, Caracas 2005, p. 27.

34   Idem. p. 31. Véase también Francisco Hung Vaillant, *Reflexiones sobre el arbitraje en el derecho venezolano*, Editorial Jurídica Venezolana, Caracas 2001, pp. 66-67

35   Otros autores han expresado la misma crítica a esta sentencia. Véase, por ejemplo, Eugenio Hernández Bretón, "El arbitraje internacional con entes del Estado venezolano," en *Boletín de la Academia de Ciencias Políticas y Sociales*, N° 147, Caracas 2009, p. 156

Por el contrario, en las otras dos disposiciones de la Ley de Inversiones que prevén el arbitraje, los artículos 22 y 23, el Estado proporcionó su consentimiento para el arbitraje de antemano como una oferta abierta, de la misma manera como se prevé en la mayoría de los tratados bilaterales de inversión. El artículo 22 también utiliza una redacción similar de que las controversias "serán sometidas" a arbitraje internacional, tal como se utiliza en muchos de los tratados bilaterales de inversión anteriores a 1999. Tanto la Ley de Inversiones como los tratados bilaterales de inversión prevén que los inversionistas, a su voluntad, pueden optar de manera unilateral por ir a arbitraje o recurrir a los tribunales nacionales.[36] En el caso del artículo 22, como se mencionó anteriormente, el Estado expresó con antelación, como oferta abierta, su consentimiento para ir a arbitraje internacional sujeto a la única condición de que los tratados, convenios o acuerdos prevean mecanismos arbitrales o un marco para el arbitraje internacional.

Esta interpretación del artículo 22 de la Ley de Inversiones como contentivo de una manifestación unilateral por escrito del consentimiento de la República de Venezuela a presentar las diferencias con los inversionistas internacionales a la jurisdicción de arbitraje del CIADI, por otra parte, es compartida por la mayoría de los autores venezolanos[37] así como muchos autores extranjeros.[38] En tal sentido, por ejemplo, Bracho Ghersi ex-

---

36 Véase al respecto Tatiana B. de Maekelt, "Tratados Bilaterales de Protección de Inversiones. Análisis de las cláusulas arbitrales y su aplicación," en Irene Valera (Coord.), *Arbitraje Comercial Interno e Internacional. Reflexiones teóricas y experiencias prácticas,* Academia de Ciencias Políticas y Sociales, Comité Venezolano de Arbitraje, Caracas 2005, pp. 340-341

37 Véase por ejemplo Andrés A. Mezgravis, "Las inversiones petroleras en Venezuela y el arbitraje ante el CIADI", en Irene Valera (Coordinadora), *Arbitraje Comercial Interno e Internacional. Reflexiones teóricas y experiencias prácticas,* Academia de Ciencias Políticas y Sociales, Comité Venezolano de Arbitraje, Caracas 2005, p. 388; Eugenio Hernández Bretón, "Protección de inversiones en Venezuela" en *Revista DeCITA, Derecho del Comercio Internacional*, Temas de Actualidad, (Inversiones Extranjeras), N° 3, Zavalía, 2005, pp. 283-284; José Antonio Muci Borjas, El Derecho Administrativo Global y los Tratados Bilaterales de Inversión (BITs), Caracas 2007, pp. 214-215; José Gregorio Torrealba R, *Promoción y Protección de las Inversiones Extranjeras en Venezuela*, Funeda, Caracas 2008. pp. 56-58, 125-127; Victorino Tejera Pérez, "Las leyes de Inversiones Municipales, ¿Siempre constituyen una oferta unilateral de arbitraje? La Ley de Inversiones de Venezuela: Un estudio de casos", loc. cit. pp. 90, 101, 109; Victorino Tejera Pérez, *Arbitraje de Inversiones, Tesis de maestría,* cit. pp. 162, 171, 173, 177, 193. Una excepción a la opinión mayoritaria la constituye las expresadas por Omar E. García-Bolívar, El arbitraje en el marco de la ley de promoción y Protección de Inversiones: las posibles interpretaciones, en *Revista de Derecho*, Tribunal Supremo de Justicia, N° 26, Caracas 2008, pp. 313 ss.; y más reciente por, Hildegard Rondón de Sansó, *Aspectos jurídicos fundamentales del arbitraje internacional de inversión,* Ed. Exlibris, Caracas 2010, pp. 123 ss. Sansó, en particular, critica nuestra opinión, en pp. 146-148.

38 Véase por ejemplo Gabriela Álvarez Ávila, "Las características del arbitraje del CIADI", en *Anuario Mexicano de Derecho Internacional*, Vol. II 2002, Instituto de Investigaciones Jurídicas, Universidad Nacional Autónoma de México, UNAM, México 2002;

presó en 2007 que la Ley de Inversiones no deja "duda alguna sobre la viabilidad del arbitraje para resolver controversias entre Estados e inversionistas extranjeros.... [ya que] establece de una manera muy clara que el inversor, en caso de controversia, tiene la posibilidad de optar entre recurrir al medio judicial ordinario o al CIADI, siempre que (i) Venezuela y el país del que los inversores son nacionales hayan firmado un tratado sobre promoción y protección de inversiones, o (ii) las disposiciones del Convenio Constitutivo del Organismo Multilateral de Garantía de Inversiones, OMGI (Multilateral Investment Guarantee Agency, MIGA) o del Convenio del CIADI sean aplicables, en cuyo caso (en nuestra opinión) el país de nacionalidad del inversor también debe haber firmado y ratificado al menos uno de dichos convenios."[39]

Es cierto, como se verá más adelante que dos tribunales del CIADI" (en los casos CIADI *Mobil* y *Cemex*) han decidido en sentido divergente exclusivamente aplicable a los casos debatidos, pero de los mismos no se puede deducir en general que el artículo 22 de la Ley de Inversiones no constituya consentimiento general otorgado por la República para arbitrar las diferencias relativas a inversiones ante el CIADI.

Por otra parte, como el Convenio del CIADI no prevé en si mismo consentimiento alguno al arbitraje del CIADI, sino que requiere un instrumento independiente de consentimiento, la condición que se establece expresamente en el artículo 22 se cumple precisamente con la formulación en el mismo de la oferta de arbitraje. Es decir, del artículo 22 se deduce que la condición establecida en el mismo solo se refiere a la necesidad de que en los convenios o tratados haya previsiones sobre mecanismos de arbitraje, y no a que sea necesario siempre un consentimiento por separado como se requiere, por ejemplo, en el artículo 21 de la misma Ley de Inversiones de 1999. Adoptar una interpretación contraria equivaldría a aceptar, de forma tautológica inadmisible, que el derecho concedido a los inversionistas para optar entre acudir al arbitraje o recurrir ante los órganos jurisdiccionales nacionales, en realidad no es tal derecho y por tanto que no se permite al inversionista a elegir entre dichas opciones, lo que haría que la aclaratoria de la última frase del artículo 22 no tendría sentido alguno.[40] Dicha aclaratoria, en efecto, otorga al inversionista un

---

Guillaume Lemenez de Kerdelleau, "El consentimiento del Estado al arbitraje del CIADI: el artículo 22 de la Ley de Inversiones de Venezuela" en TDM, Vol. 4, número 3, junio de 2007.

39   Véase Juan C. Bracho Ghersi, "Algunos Aspectos fundamentales del Arbitraje Internacional," en *Cuestiones actuales del Derecho de la empresa en Venezuela*, Grau, García, Hernández, Mónaco, Caracas 2007, pp. 18.

40   Véase Victorino Tejera Pérez, Arbitraje de Inversiones, Tesis de maestría, p. 190; Victorino Tejera Pérez, "Las leyes de Inversiones Municipales, ¿Siempre constituyen una oferta unilateral de arbitraje? *La Ley de Inversiones de Venezuela: Un estudio de ca-*

derecho, como una opción absoluta, a recurrir o no de manera unilateral, a su voluntad, al arbitraje internacional; derecho que únicamente podría otorgarse si la primera parte del artículo es una manifestación unilateral de consentimiento, formulada como una oferta abierta concedida por el Estado. Esto significa que cuando todos los términos del artículo 22 (incluidos los que se utilizan en la última frase del mismo: "sin perjuicio de la posibilidad de hacer uso, cuando proceda, de las vías contenciosas contempladas en la legislación venezolana vigente") se contrastan con los del artículo 23 de la misma Ley, se constata que la redacción utilizada en el artículo 22 es mucho más determinante que la del artículo 23, el cual también contiene un consentimiento unilateral al arbitraje por parte de la República.

Tanto el artículo 22 como el artículo dan a los inversionistas la opción de presentar las controversias que surjan bajo la Ley de Inversiones, a arbitraje. En el caso del artículo 22, al arbitraje internacional o ante los tribunales venezolanos y en el caso del artículo 23, ante los tribunales venezolanos o ante los tribunales arbitrales venezolanos. En ambos casos, la decisión que se tome depende de la elección de los inversionistas.

En definitiva, consideramos que el artículo 22 de la Ley de Inversiones contiene una expresión de consentimiento expreso al arbitraje otorgado por el Estado, y eso es precisamente lo que proporciona a los inversionistas internacionales la posibilidad de iniciar un arbitraje ante el CIADI o de recurrir a los tribunales venezolanos, de lo que resulta que el texto no deja duda alguna de que Venezuela consintió a que se llevasen las controversias a arbitraje ante el CIADI. Y esto es lo que precisamente lo más importante de lo resuelto en las sentencias de tres tribunales del CIADI que han decidido sobre el tema, en los casos *Mobil*, *Cemex* y *Brandes*, en las cuales se consideró que el artículo 22 efectivamente contiene una declaración unilateral del consentimiento otorgado por el Estado venezolano de presentar las diferencias a arbitraje internacional sometida a una condición, aun cuando, como se analiza más adelante, resolvieron que en los casos concretos resueltos, no se había comprobado la intención del Estado al expresar dicho consentimiento.

En nuestro criterio, la sanción de la Ley de Inversiones por parte del Gobierno en 1999 tuvo la clara intención de servir como instrumento para el desarrollo y la promoción de la inversión privada (extranjera y nacional) en Venezuela, de conformidad con el mandato incluido en paralelo en la Constitución de 1999 para promover los mecanismos alternativos de resolución de diferencias. Para tal efecto, el artículo 22 de la Ley de Inversiones ofreció la garantía de que la resolución de controversias relati-

---

sos", loc. cit., pp. 107. Véase también Eugenio Hernández Bretón, "El arbitraje internacional con entes del Estado venezolano", loc. cit., pp. 141-168.

vas a inversiones mediante el arbitraje era un medio para su promoción, proporcionándole al inversor la opción de recurrir a un arbitraje internacional o a los tribunales nacionales. Es por ello que el Consejo Nacional de Promoción de Inversiones (CONAPRI), que era una asociación mixta público-privada para la promoción de la inversión privada en el país, constituida por el Procurador General de la República en 1990[41] en su *Informe* de marzo de 2000 sobre "el Régimen jurídico de las inversiones extranjeras en Venezuela" dedicó un capítulo entero a examinar los distintos tipos de arbitraje establecidos en el sistema jurídico que se ofrecieron a los inversionistas para la resolución de controversias relativas a inversiones, repitiendo los mismos términos y palabras que se utilizaron en la ley.[42]

En este contexto, los tribunales del CIADI en las decisiones de los casos *Mobil* y *Cemex* se pronunciaron sobre si el artículo 22 daba su consentimiento en dichos casos, pero no como una apreciación universal aplicable a todas las circunstancias, habiendo sido la conclusión de los Tribunales que el artículo 22 "*no proporciona base alguna para la jurisdicción del Tribunal en el presente caso*". En este sentido, el fallo del tribunal del CIADI en el caso *Brandes* también debe mencionarse ya que, sin razonamiento, argumento o motivación alguna y sin explicar lo que resultaba de "los párrafos" de su sentencia, no solo copió y ratificó la conclusión mencionada anteriormente de los tribunales del CIADI en los casos *Mobil* y *Cemex*, sino que fue más allá, al proclamar de manera general y universal, y no sólo para el "caso presente", que "es evidente que el artículo 22 de la Ley de Promoción y Protección de Inversiones no contiene el consentimiento de la República Bolivariana de Venezuela a la jurisdicción del CIADI" (Parr. 118). Dada la falta de motivación para esta expansión, la sentencia de *Brandes* en nuestra opinión, es irrelevante para una interpretación sobre el contenido real de la Ley de Inversiones, como lo argumentamos con mayor detalle más adelante.

En resumen, luego de haber estudiado el asunto en detalle y desde el punto de vista del derecho público venezolano, y luego de haber leído las sentencias antes mencionadas de los tribunales del CIADI que han interpretado el artículo 22 de la Ley de Inversiones (*es decir,* los casos *Mobil, Cemex* y *Brandes*), he seguido convencido de mi opinión anterior de 2005 en el sentido de que desde el punto de vista de la ley nacional venezolana, el artículo 22 de la Ley de Inversiones contiene una expresión del consentimiento del Estado que se otorgó como una oferta abierta para presentar las diferencias relativas a inversiones a arbitraje internacional y, en parti-

---

41   Decreto N° 1102 publicado en el Gaceta Oficial N° 34.549 de 1990.

42   Véase Consejo Nacional de Promoción de Inversiones (CONAPRI), Régimen Legal para la Inversión Extranjera en Venezuela, Caracas marzo 2000, pp. 29-36.

cular, al arbitraje del CIADI, lo que deja en manos de los inversionistas internacionales el derecho a decidir de manera unilateral recurrir a un arbitraje o a los tribunales nacionales.

2. Interpretación del artículo 22 de la Ley de Inversiones como declaración unilateral de consentimiento del Estado de acuerdo con los principios de interpretación de la ley

El artículo 22 de la Ley de Inversiones, como se desprende de su redacción y como lo ha admitido y el tribunal del CIADI en el caso *Mobil*, (Parr. 103), es una previsión "compuesta" que contiene una serie de partes: la primera, relativa a los tratados bilaterales o multilaterales sobre la promoción y protección de las inversiones; la segunda, se ocupa del Convenio del OMGI; y la tercera, se ocupa del Convenio del CIADI.[43] Debido a que el artículo 22 se centra en tres conjuntos diferentes de tratados o acuerdos, contemplándolos a todos al mismo tiempo, debe interpretarse de la misma manera que otras disposiciones legales.

Por su contenido compuesto, en todo caso, no es de extrañar que la norma no siga modelo o patrón alguno para expresar consentimiento estatal, como los que se pueden haber seguido en otras legislaciones nacionales o en previsiones internacionales que se ocupan solo del consentimiento a la jurisdicción del CIADI. Por ello, en nuestro criterio, no tiene sentido sacar conclusiones a partir de una comparación entre el artículo 22 y las expresiones de consentimiento al arbitraje que pueda haber en los "tratados bilaterales de inversión ejecutados por Venezuela." Éstos, formulados entre por dos partes, son el producto de un intercambio de propuestas que se negocian entre ellas, por lo que aunque el Estado haya sabido formular consentimiento obligatorio al arbitraje internacional en los mismos, nada impide que haya usado otra fórmula para ello en la Ley de Inversiones. Dicha elección no significa que no haya consentimiento alguno, y en todo caso, el artículo 22 de la Ley de Inversiones de 1999 no es un tratado bilateral, ni fue producto de una negociación con otro Estado. Es una parte de la legislación nacional, por lo demás única, ya que fue la primera vez en la historia legislativa reciente de Venezuela que el Estado, en una ley interna, expresó el consentimiento unilateral al arbitraje internacional. En definitiva, bajo dicha perspectiva, la República no tenía experiencia previa en la elaboración de este tipo de ley.

---

43 Véanse las distintas alternativas de aplicación del artículo 22 de la Ley de Inversiones, Victorino Tejera Pérez, "Las leyes de Inversiones Municipales, ¿Siempre constituyen una oferta unilateral de arbitraje? La Ley de Inversiones de Venezuela: Un estudio de casos", loc. cit. pp. 92-94; Victorino Tejera Pérez, *Arbitraje de Inversiones*, Tesis de maestría, cit. pp. 166-170.

Es por ello que el artículo 22 de la Ley de Inversiones no puede, en principio, interpretarse solo por comparar su contenido con todo tipo de acuerdo bilateral establecido y con cláusulas negociadas para el arbitraje que se incluyan en los tratados bilaterales de inversión o en "cláusulas modelo" que deban ser negociadas por dos Estados contratantes que se han propuesto internacionalmente como "cláusulas de consentimiento". Sin embargo, debido a que los objetivos expresados en el artículo 1 de la Ley de Inversiones "son en general comparables a los de los tratados de promoción y protección recíproca de inversiones y se reflejan en el texto de la propia ley" que contiene disposiciones "comparables a aquellas incorporadas a los tratados bilaterales de inversión" (tal como se expresa en la sentencia del caso *Mobil* del CIAD (Parr. 121, 122; y en el caso *Cemex*, Parr. 119), la oferta unilateral abierta de consentimiento por parte del Estado al arbitraje contenida en los tratados bilaterales de inversión y en la Ley de Inversiones son de suma importancia. Aunque el caso *Mobil* no menciona este aspecto de la Ley de Inversiones, el artículo 22, sin duda, representa una expresión de consentimiento que proporciona a los inversionistas internacionales la opción de aceptar o rechazar la oferta del Estado.[44]

En el caso *Cemex*, el Tribunal del CIADI observó que en todos los tratados bilaterales de inversión firmados por Venezuela antes de 1999, siempre se incorporó una "cláusula de arbitraje obligatorio" (Parr. 120), pero no comparó dichas soluciones con la que se incluyó en el artículo 22 de la Ley de Inversiones. Por otra parte, tanto la Ley de Inversiones como los tratados bilaterales de inversión también establecen el derecho de los inversionistas internacionales a aceptar unilateralmente la oferta de arbitraje o a recurrir a los tribunales nacionales con el fin de resolver las diferencias relativas a inversiones. Esto es válido en los términos del artículo 4 del Código Civil. Incluso si no se aplica la analogía entre los tratados bilaterales de inversión y la Ley de Inversiones, al contrario de lo que se afirmó en los casos *Mobil* y *Cemex* del CIADI, es perfectamente posible, si se usan las mismas palabras de dichas sentencias (Parr. 123; y Parr. 120, respectivamente), llegar a la conclusión de que a partir de la ley en su conjunto, el artículo 22 debe interpretarse en el sentido de que establece el consentimiento por parte de Venezuela de presentar las controversias al arbitraje del CIADI, en particular si no se ignora la aclaratoria de la última parte del artículo 22 ("sin perjuicio de la posibilidad de hacer uso, cuando proceda, de las vías contenciosas contempladas en la legislación venezolana vigente").

---

44 Como lo indica Tatiana B. de Maekelt, "Tratados Bilaterales de Protección de Inversiones. Análisis de las cláusulas arbitrales y su aplicación," loc cit., pp. 340-344; Andrés A. Mezgravis, "Las inversiones petroleras en Venezuela y el arbitraje ante el CIADI", p. 357; José Gregorio Torrealba, *Promoción y protección de las inversiones extranjeras en Venezuela, cit.* pp. 128-129.

Ambos fallos de los tribunales del CIADI, de manera incomprensible, ignoraron esta aclaratoria, lo que equivale a considerarla como carente de sentido. El hecho de que los fallos en los casos *Mobil* y *Cemex* no la hayan considerado al interpretar el artículo 22, ni le hayan dado alguna interpretación significativa, en efecto, equivale a considerar el texto como si no tuviera sentido, lo que no puede aceptarse bajo la ley venezolana.

Por otra parte, el hecho de que otros Estados hayan redactado leyes nacionales que contengan la expresión de consentimiento de una manera diferente a la forma elegida por la República, no puede significar que la República no haya manifestado su consentimiento expreso e inequívoco para someter las controversias a arbitraje en el artículo 22 de la ley. Es decir, la forma de legislar en otros Estados no puede demostrar nada específico respecto a la forma cómo en Venezuela se redactan las leyes. Con el fin de interpretar correctamente disposiciones compuestas como la del artículo 22 de la Ley de Inversiones, deben utilizarse las normas y los instrumentos que se establecen en el ordenamiento jurídico de Venezuela; y si se quisiese comparar la Ley de Inversiones con las leyes de otros Estados, lo que podría es identificar una que en realidad sea similar a la Ley de Inversiones, como fue el caso de la ley egipcia antes mencionada, y que incluso se analizó en un fallo de un tribunal CIADI, en la cual se consideró que se expresaba unilateralmente el consentimiento del Estado al arbitraje internacional.

En consecuencia, de acuerdo con la legislación venezolana, el artículo 22 no debe interpretarse en función de un patrón o modelo internacional, sino de acuerdo con su propia estructura y términos, teniendo en cuenta su carácter compuesto y el propósito de su promulgación. Además, como todas las leyes, debe interpretarse en armonía o en conformidad con la Constitución,[45] y con la tendencia pro arbitraje existente en Venezuela en 1999, cuando fue promulgada, que el nuevo Gobierno había desarrollado y promovido ampliamente.

Es evidente que debido a que se trata de un instrumento de la legislación nacional que expresa el consentimiento del Estado al arbitraje internacional, también puede interpretarse de acuerdo con los convenios internacionales aplicables y con las normas del derecho internacional que rigen las declaraciones unilaterales de los Estados. Sin embargo, tratándose de una ley nacional, básicamente el artículo 22 de la Ley de Inversiones debe in-

---

45 Este es un principio generalmente aceptado en el sistema de revisión judicial venezolano. Véase José Peña Solís, "La interpretación conforme a la Constitución," Libro Homenaje a Fernando Parra Aranguren, Tomo II, Universidad Central de Venezuela, Caracas 2001. En cuanto a la aplicación de este principio en materia de arbitraje, véase Eugenio Hernández Bretón, "Arbitraje y Constitución. El arbitraje como derecho fundamental," loc. cit., pp. 31; Andrés A. Mezgravis, "Las inversiones petroleras en Venezuela y el arbitraje ante el CIADI," loc. cit., p. 390.

terpretarse conforme a las reglas de interpretación y construcción de las leyes del derecho venezolano, particularmente las establecidas en el artículo 4 del Código Civil, debiendo en tal sentido leerse en todo su contenido, teniendo en cuenta su contexto, propósito y la intención del legislador.[46]

El artículo 4 del Código Civil establece en efecto, que el intérprete debe atribuir a la ley el sentido que parece evidente a partir del significado propio de las palabras, de acuerdo con su conexión entre sí y la intención del legislador, precisando luego, que "Cuando no hubiere disposición precisa de la Ley, se tendrán en consideración las disposiciones que regulan casos semejantes o materias análogas; y, si hubiere todavía dudas, se aplicarán los principios generales del derecho." Estos elementos de interpretación de las leyes, de acuerdo con la sentencia N° 895 del 30 de julio de 2008 de la Sala Político-Administrativa del Tribunal Supremo de Justicia, pueden reducirse a cuatro elementos relevantes, que son los que deben tenerse en cuenta en la interpretación de las disposiciones legales:[47] El primer elemento es el literal, gramatical o filológico, que siempre debe ser el punto de partida de toda interpretación. El segundo elemento de interpretación es el lógico, racional o razonable, que tiene por objeto determinar la razón de ser de la disposición dentro del ordenamiento jurídico. El tercer elemento es el histórico, a través del cual una disposición legal se analizará en el contexto de la situación fáctica y jurídica en el momento de su adopción o modificación y a partir de su evolución histórica. El cuarto elemento es el sistemático, que requiere que el intérprete analice la disposición como una parte integral del sistema en cuestión. La Sala Político-Administrativa señaló que la interpretación de las leyes de acuerdo con el artículo 4 del Código Civil no es una cuestión de elegir entre los cuatro elementos, sino de aplicarlos juntos, aunque no todos los elementos sean de igual importancia.[48] Además, el Tribunal Supremo de Justicia

---

46 Como ya se mencionó, el Tribunal del caso Mobil del CIADI interpretó el artículo 22 sobre la base de las "normas del derecho internacional que rigen la interpretación de los actos unilaterales que se formularon en el marco y sobre la base de un tratado" (Parr. 95), aunque consideró que la legislación nacional no debe "ignorarse completamente" ya que tiene que "desempeñar un papel útil" en relación con "la intención de que el Estado haya formulado dichos actos" (Parr. 96) Véase también el caso Cemex del CIADI (Parr. 88, 89) y el caso Brandes del CIADI (Parr. 36).

47 Véase *Revista de Derecho Público*, N° 115, Editorial Jurídica Venezolana, Caracas 2008, pp. 468 ss.

48 Contrariamente a lo establecido en el artículo 4 del Código Civil de Venezuela y con las normas indicadas por el Tribunal Supremo, el tribunal del CIADI en el caso Brandes supuestamente interpretó el artículo 22 de la Ley de Inversiones "de acuerdo con los parámetros establecidos por el sistema legal de la República" (Parr. 36. Sin embargo, el tribunal siguió un enfoque diferente, aplicando lo que se conoce como un "análisis inicial" de los elementos mencionados en el artículo 4 del Código Civil: en primer lugar el "análisis puramente gramatical" y "si este análisis inicial no define claramente el sentido de la disposición, entonces es necesario examinar el contenido…" (Parr. 35). Este

ha identificado a otros dos elementos para la interpretación: el teleológico (es decir, la necesidad de identificar y comprender los objetivos o propósitos sociales que llevaron a que la ley se aprobara) y el sociológico, que ayuda a comprender la disposición en el contexto de la realidad social, económica, política y cultural donde el texto se aplicará.

3. La obligación de acudir al arbitraje internacional expresada en el artículo 22 de la Ley de Inversiones

Como se analizará más adelante, cuando el texto del artículo 22 se interpreta de acuerdo con las normas de interpretación establecidas en el artículo 4 del Código Civil, el sentido que evidentemente se desprende del significado propio de las palabras utilizadas, de acuerdo con su conexión y con la intención del legislador es que dicha norma expresa el consentimiento unilateral de la República de Venezuela para la presentación de las controversias sobre inversiones ante el Centro de arbitraje del CIADI, lo que proporciona a los inversionistas cualificados el derecho a decidir si dan su propio consentimiento aceptando el del Estado o si deciden recurrir ante los tribunales venezolanos.

En la frase "*serán sometidas al arbitraje internacional*", el tiempo verbal indica que se trata de una expresión imperativa. Dicha frase expresa el hecho de que el arbitraje internacional de controversias es un sistema obligatorio, en el sentido de que, una vez que ha sido debidamente invocado por la otra parte en una diferencia, la República de Venezuela tiene el deber o la obligación de cumplir con las normas procesales aplicables y atenerse a la sentencia del tribunal arbitral. En definitiva, se trata de una declaración unilateral expresa de consentimiento al arbitraje del CIADI otorgada libremente con anticipación por la República de Venezuela; o, en palabras del Tribunal del CIADI en el caso *Mobil*, el artículo 22 "crea una obligación condicional" de recurrir al arbitraje (Parr. 102). Como se analizará más adelante, ninguno de los otros aspectos del texto o de los otros elementos de interpretación conducen a una conclusión diferente.

---

enfoque no está de acuerdo con los principios de interpretación de la ley que deben aplicarse siempre juntos. En este sentido, la Sala Constitucional del Tribunal Supremo, en una sentencia más reciente, N° 1067 del 3 de noviembre de 2010 (Caso: Astivenca Astilleros de Venezuela C.A.), se ha pronunciado con respecto a los elementos para la interpretación que se derivan del artículo 4 del Código Civil, y ha manifestado que "los elementos normativos deben armonizarse en su conjunto, en el sentido de que uno no debe ignorar a los otros, sino que todos deben tenerse en cuenta para hacer una correcta valoración del contenido del texto legal" (pp. 39 de 60). Véase el texto de la sentencia en Luisa Estela Morales Lamuño, Venezuela en el contexto del arbitraje. Jurisprudencia de la Sala Constitucional y Laudos Internacionales relevantes, Tribunal Supremo de Justicia, Fundación Gaceta Forense, Caracas 2011, pp. 385-457.

La parte del artículo 22 que se refiere al Convenio del CIADI termina con la frase "si así éste lo establece," la cual interpretada de acuerdo con el significado propio de las palabras utilizadas, de acuerdo con su relación con la totalidad de dicha sección y en línea con la intención del legislador, lo que indica es la necesidad de que el "tratado o acuerdo correspondiente" contengan las disposiciones que establecen el arbitraje internacional[49] a fin de que la orden anterior expresa (que deberá presentarse) pueda ejecutarse; y para que la última parte del artículo que proporciona la opción al inversor internacional de decidir recurrir al arbitraje internacional o no, tenga efectividad. Como el Convenio del CIADI precisamente lo que establece es un marco o un sistema de arbitraje internacional para el arreglo de controversias relativas a inversiones, la condición "si éste así lo establece" puede considerarse claramente satisfecha en el caso de la parte del artículo 22 que se refiere al Convenio del CIADI.

La interpretación formulada por algunos autores[50] en el sentido de considerar que el artículo 22 de la Ley es solo un reconocimiento de la existencia del arbitraje internacional, como el previsto en el Convenio del CIADI, pero sin que ello signifique consentimiento del Estado, el cual siempre debe darse en un instrumento por separado, consideramos que es contraria a la redacción del artículo, a la relación de las palabras utilizadas en el mismo, teniendo en cuenta la totalidad de su texto y la intención del Ejecutivo Nacional al promulgar la ley. En particular, interpretar la expresión "si éste así lo dispone" en el artículo 22, en el sentido de "si el tratado o acuerdo correspondiente dispone de acuerdo con sus términos, que la diferencia se debe presentar a arbitraje internacional" significaría hacer caso omiso de la última parte del artículo en la que se le otorga un derecho a los inversionistas internacionales de optar unilateralmente por el arbitraje internacional o de recurrir a los tribunales nacionales. Esta aclaratoria de la última frase del artículo no tendría sentido alguno, si la condición establecida en la disposición se refiriese a la necesidad de que un consentimiento sea obligatoriamente establecido en el tratado o acuerdo correspondiente. Esto es particularmente cierto debido a que el hecho de interpretar la frase "si éste así lo establece" como equivalente de "si el Convenio del CIADI establece el consentimiento" convertiría esta frase en una condición imposible, que no puede cumplirse (ya que la ratificación de dicho Convenio en sí mismo no constituye consentimiento), pri-

---

49   En este sentido, Victorino Tejera Pérez considera que la expresión "si éste así lo establece" significa "si éste [el tratado o acuerdo correspondiente] establece el arbitraje". Véase Victorino Tejera Pérez, "Las leyes de Inversiones Municipales, ¿Siempre constituyen una oferta unilateral de arbitraje? La Ley de Inversiones de Venezuela: Un estudio de casos", loc. cit. p. 95; Victorino Tejera Pérez, *Arbitraje de Inversiones*, Tesis de maestría, cit. p. 170.

50   Véase Hildegard Rondón de Sansó, *Aspectos jurídicos fundamentales del arbitraje internacional de inversión*, Ed. Exlibris, Caracas 2010.

vando al artículo 22 de todo efecto significativo. Esa interpretación, además, es gramaticalmente errónea. Es incorrecto interpretar la frase "si éste así lo establece" como un requisito de que el consentimiento del Estado que se contempla en la Ley deba incorporarse en el Convenio del CIADI, ya que "así" no puede referirse a un término ("consentimiento") que no se utiliza en la frase anterior de la norma que contiene la orden ("serán sometidas al arbitraje internacional en los términos del respectivo tratado o acuerdo"). Además, no es razonable interpretar que el artículo 22 lo que busca s que el Convenio del CIADI proporcione el consentimiento que el mismo artículo 22 otorgó.

La última parte del artículo 22 ("sin perjuicio de la posibilidad de hacer uso, cuando proceda, de las vías contenciosas contempladas en la legislación venezolana vigente") es una confirmación de que el artículo 22 es una expresión de consentimiento al arbitraje, en el sentido de que tal expresión unilateral de consentimiento del Estado contenida en el artículo 22 no impide que el inversor pueda utilizar a su discreción, como su derecho, los recursos de ámbito internos para la solución de controversias. Por el contrario, dicha parte del artículo confirma el consentimiento unilateral concedido por el Estado como una oferta abierta que puede ser aceptada o no, a su voluntad, por parte del inversionista. Si el artículo 22 fuese una mera declaración de la voluntad del Estado de llegar a un acuerdo de arbitraje en un documento separado en lugar de una firme expresión de consentimiento al arbitraje por parte del Estado, no habría habido necesidad de aclarar en su última parte que el artículo 22 no privaba al inversionista de su derecho a recurrir a los recursos internos.

4. Los esfuerzos realizados desde el año 2000 con el fin de cambiar el sentido del artículo 22 de la Ley de Inversiones por medio de interpretación judicial, sin reformar la ley

Precisamente por el hecho de que el artículo 22 de la Ley de Inversiones constituía una declaración unilateral de consentimiento del Estado para el arbitraje internacional, desde que el Ejecutivo nacional sancionó el decreto Ley de la Ley de Inversiones en 1999, comenzaron los intentos desarrollados por interesados opuestos a tal manifestación de voluntad, que eran contrarios a la política pro arbitraje que había definido el Gobierno y que adversaban el principio de inmunidad relativa de jurisdicción en materia de arbitraje,[51] para obtener una interpretación diferente por parte de

---

51 Véase por ejemplo, Fermín Toro Jiménez, Manual de Derecho Internacional Público, Vol. 1, Universidad Central de Venezuela, Caracas 1982, pp. 324, 437, 438, 441, 443, 444; Luis Brito García, "Régimen constitucional de los contratos de interés público," in *Revista de Control Fiscal y Tecnificación Administrativa*, N° 50, Contraloría General de la República, Caracas 1968, pp. 124-126.

los tribunales venezolanos. Tras varios esfuerzos fallidos, el propio Gobierno de Venezuela presentó ante la Sala Constitucional del Tribunal Supremo de Justicia un recurso para la interpretación constitucional del artículo 258 de la Constitución, produciéndose en tiempo récord la sentencia N° 1.541 el 17 de octubre de 2008 de interpretación efectiva del Artículo 22 de la Ley de Inversiones.[52]

Antes, sin embargo, el mismo Tribunal Supremo había dictado otras sentencias previas en relación, precisamente con el Artículo 22 de la Ley de Inversiones de 1999 que deben analizarse.

A. El primer intento, en 2000, de cambiar el sentido del Artículo 22 de la Ley de Inversiones de 1999 por medio de una acción popular que cuestionaba su constitucionalidad y buscaba su anulación

El primer caso presentado ante el Tribunal Supremo en conexión con el Artículo 22 de la Ley de Inversiones de 1999 fue una acción de inconstitucionalidad presentada ante la Sala Constitucional por dos reconocidos abogados, impugnando los Artículos 17, 22 y 23 de la Ley de Inversiones de 1999. La Sala Constitucional al decidir la acción mediante sentencia N° 186 del 14 de febrero de 2001, la declaró sin lugar, ratificando la constitucionalidad de las disposiciones cuestionadas.[53]

Tal como se reseña en el texto de la Sentencia de la Sala los demandantes basaron su solicitud argumentando que el Artículo 22 por ser una dis-

---

52 Véase la sentencia de la Sala Constitucional del Tribunal Supremo de Justicia N° 1.541 del 17-10-2008 en http://www.tsj.gov.ve/decisiones/scon/Octubre/1541-171008-08-0763.htm, pp. 10-14.; y en Gaceta Oficial N° 39.055 de 10-11- 2008. Las referencias a las páginas que se hacen en esta parte se refieren al texto publicado en la página web del Tribunal Supremo. Véase el texto igualmente en Luisa Estela Morales Lamuño, Venezuela en el contexto del arbitraje. Jurisprudencia de la Sala Constitucional y Laudos Internacionales relevantes, Tribunal Supremo de Justicia, Fundación Gaceta Forense, Caracas 2011, pp. 53-121.

53 Véase Tribunal Supremo de Justicia, Sala Constitucional, Sentencia N° 186 del 14 de febrero de 2001 (Caso: Impugnación por inconstitucionalidad de los artículos 17, 22 y 23 de la Ley de Inversiones de 1999, Fermín Toro Jiménez, Luis Brito García), en: http://www.tsj.gov.ve/decisiones/scon/Febrero/186-140201-00-1438%20.htm.. También en Revista de Derecho Público N° 85-88, Editorial Jurídica Venezolana, Caracas 2001, pp. 166-169. Véanse los comentarios sobre esta sentencia en José Gregorio Torrealba, Promoción y protección de las inversiones extranjeras en Venezuela, cit. pp. 123-124; en Eloy Anzola, "El fatigoso camino que transita el arbitraje," en Irene Valera (Coordinadora), Arbitraje Comercial Interno e Internacional. Reflexiones teóricas y experiencias prácticas, Academia de Ciencias Políticas y Sociales, Comité Venezolano de Arbitraje, Caracas 2005, p. 413; Diego Moya-Ocampos Pancera y María del Sol Moya-Ocampos Pancera, "Comentarios relativos a la procedencia de las cláusulas arbitrales en los contratos de interés público nacional, en particular: especial las concesiones mineras," en Revista de Derecho Administrativa, N° 19, Editorial Sherwood, Caracas 2006, p. 173.

posición de "aplicación vinculante" se oponía a los artículos 157 y 253 de la Constitución, ya que "busca autorizar que *los particulares* dejen de lado la aplicación de las disposiciones del derecho público venezolano, a favor de organismos arbitrales que, como es de público conocimiento, aplican criterios de equidad de manera libre sin seguir necesariamente las disposiciones del derecho positivo". (pp. 3, 4, 5,). El recurso intentado también se basó en el hecho de que el Artículo 23 de la Ley de Inversiones también es de "aplicación vinculante", lo que "también resulta inconstitucional ya que busca autorizar que se deje de lado la administración de la justicia, lo que obliga a la aplicación precisa de las disposiciones de orden público, en favor de recurrir a 'Tribunales Arbitrales', que en su condición de árbitros podrían dejar de lado las disposiciones de orden público que son soberanas y no negociables [...]". (pp. 3, 4, 5, 21).

Con base a estas expresiones era evidente que los Demandantes entendían que tanto el Artículo 22 como el Artículo 23 de la Ley eran ofertas abiertas de consentimiento formuladas unilateralmente por el Estado para someter las controversias en materia de inversiones a arbitraje (arbitraje internacional en el caso del Artículo 22 y nacional en el caso del Artículo 23), lo que les brindaba a los inversores el derecho, conforme afirmaron los recurrentes, "a dejar de lado la aplicación de las disposiciones del derecho público venezolano, en favor de organismos arbitrales" o "Tribunales Arbitrales". La única manera de interpretar la demanda de los demandantes respecto de la inconstitucionalidad de los Artículos 22 y 23, es el hecho de que la Ley les permitía a los "particulares" optar por dejar de lado la aplicación de las disposiciones del derecho público venezolano en favor de organismos arbitrales. Esto resultaba posible solo si el Estado en dichas disposiciones había dado su consentimiento para someter las disputas a arbitraje. Por el contrario, si el Estado no hubiera expresado su consentimiento para someterse a un arbitraje en las disposiciones de "aplicación vinculante", como las calificaron los demandantes, hubiera sido imposible decir que las disposiciones (de manera unilateral) autorizaban a los particulares a recurrir al arbitraje, que es lo que implicaba "dejar de lado la aplicación de las disposiciones del derecho público venezolano, en favor de organismos arbitrales" o "Tribunales Arbitrales".

La Sala Constitucional, por supuesto, rechazó el recurso de inconstitucionalidad interpuesto, al establecer que estas disposiciones de la ley coincidían con el derecho constitucional a someterse a un arbitraje como un "medio alternativo de justicia" (p. 22-23). La Sala Constitucional recalcó que el arbitraje, ya sea nacional o internacional, posee una base constitucional en el Artículo 258 de la Constitución de 1999 y en especial concluyó que "la resolución arbitral de disputas, contemplada en los Artículos 22 y 23 impugnados, no entra en conflicto de ninguna manera con el Texto Fundamental". (p. 25). La Sala Constitucional también hizo referencia a la obligación de promover el arbitraje que figura en el Artículo

258 de la Constitución, y señaló las muchas circunstancias bajo las cuales un inversionista podría recurrir al arbitraje (inclusive bajo el Convenio CIADI) con base en la disposición constitucional en el Artículo 259. (p. 24). La Sala Constitucional, al hacer referencia al Artículo 22 de la Ley de Inversiones y al confirmar que el arbitraje formaba "parte integral de los mecanismos" para el arreglo de diferencias relativas a inversiones, mencionó simplemente las "controversias en las que las disposiciones del Convenio CIADI "se pueden aplicar" (p. 24). La sentencia no copió, ni hizo referencia a otras frases de dicho Artículo, de lo que debe deducirse que asumió, con esa afirmación, que el Convenio CIADI se aplicaba en virtud de las mismas disposiciones y, debido al consentimiento prestado por el Estado. La Sala dijo: "Debe dejarse en claro que, de acuerdo con la norma cuestionada, la posibilidad de utilizar los medios contenciosos establecidos en virtud de la legislación venezolana permanece en efecto abierta, cuando se presente la posible disputa y estas vías resulten apropiadas" (p. 24).[54]

En este contexto, en consecuencia, con la sentencia desestimatoria de la inconstitucionalidad denunciada, la Sala Constitucional ratificando la constitucionalidad del Artículo 22, expresó realmente el sentido y alcance de la disposición.

B. El segundo intento, en 2007, de obtener una interpretación diferente del Artículo 22 de la Ley de Inversiones

El 6 de febrero de 2007, un grupo de abogados presentó un recurso ante la Sala Constitucional del Tribunal Supremo solicitando la interpretación del artículo 22 de la Ley de Inversiones de 1999, el cual fue rechazado mediante sentencia N° 609 el 9 de abril de 2007, al declarar la Sala que carecía de competencia para conocer de tal recurso.[55] El propósito expreso del recurso era obtener una interpretación judicial de dicha norma "para determinar si [el Artículo 22] estableció o no el consentimiento necesario para permitirles a los inversores extranjeros iniciar arbitrajes internacionales contra el Estado venezolano" (p. 2).

Los demandantes es su recurso, expresaron que no buscaban que la Sala Constitucional declarase la inconstitucionalidad del Artículo 22, un asunto, que según explicaron, ya había sido resuelto en la Sentencia N° 186 el

---

54   Véanse los comentarios en este mismo sentido en Victorino Tejera Pérez, "Las leyes de Inversión Municipal, ¿Siempre constituyen una oferta unilateral de arbitraje? La Ley de Inversiones venezolana: Un estudio de casos", loc. cit. p. 94; Victorino Tejera Pérez, Arbitraje de Inversiones, Tesis de maestría, cit. p. 168-169.

55   Véase Tribunal Supremo de Justicia, Sala Constitucional, Sentencia N° 609 del 9 de abril de 2007 (Caso: Interpretación del Artículo 22 de la Ley de Inversiones de 1999), en: at http://www.tsj.gov.ve/decisiones/ scon/Abril/609-090407-07-0187.htm.

14 de febrero de 2001 antes indicada. En cambio, argumentaban que "una cosa es que el Artículo en discusión sea constitucional y otra cosa muy distinta es que dicho Artículo establezca un consentimiento general y universal para permitir que cualquier inversor extranjero solicite que sus disputas con el Gobierno venezolano se resuelvan por medio de un arbitraje internacional, un asunto que no queda claro en el texto del Artículo" (p. 2). Los demandantes formularon ante el Tribunal Supremo las siguientes preguntas específicas:

"¿Contiene el Artículo 22 de la Ley de Promoción y Protección de Inversiones el consentimiento arbitral por parte del Estado venezolano a fin de que todas las disputas que puedan surgir con inversores extranjeros se sometan a un arbitraje ante el CIADI?

En caso de [una respuesta] negativa (sic), ¿cuál es el objetivo y aplicación del Artículo 22 de la Ley de Promoción y Protección de las Inversiones?" (p. 2).

En la Sentencia N° 609 del 9 de abril de 2007, la Sala Constitucional decidió que no tenía competencia para decidir sobre la interpretación del Artículo 22 de la Ley de Inversiones, competencia que de acuerdo con la Constitución correspondía a la Sala Político-Administrativa del Tribunal Supremo (p. 12-13), en consecuencia de lo cual, la Sala Constitucional ordenó que la demanda se remitiese a dicha Sala Político-Administrativa del mismo Tribunal Supremo de Justicia para su decisión.

C. El tercer intento, en 2007, de obtener una interpretación diferente del Artículo 22 de la Ley de Inversiones

Una vez recibido el expediente en la Sala Político-Administrativa del Tribunal Supremo, y luego de la tramitación del recurso de interpretación intentado, la misma decidió en sentencia N° 927 de 5 de junio de 2007,[56] que la solicitud que se había formulado era inadmisible debido a la falta de legitimación procesal de los solicitantes, considerando que estos no habían demostrado la existencia de un situación jurídica particular que los afectara de manera directa y personal que pudiera justificar una sentencia judicial respecto del alcance y aplicación del Artículo 22 (p. 14).

D. El cuarto y último intento, en 2008, de obtener una interpretación diferente del Artículo 22 de la Ley de Inversiones

Luego de que los fracasados intentos antes mencionados formulados por parte de varios particulares ante el Tribunal Supremo para lograr una in-

---

56 Véase en http://www.tsj.gov.ve/decisiones/spa/Junio/00927-6607-2007-2007-0446.html.

terpretación judicial del artículo 22 de la Ley de Inversiones, que contrariara su letra y la intención que el Ejecutivo tuvo al sancionarla en 1999 mediante Decreto-Ley, la República, por sí misma, logró con éxito obtener una sentencia judicial "a la medida" dictada por la Sala Constitucional del Tribunal Supremo de Justicia, que fue la Sentencia N° 1.541 del 17 de octubre de 2008,[57] dictada, esta vez, en respuesta de un recurso de interpretación, no del artículo 22 de la ley de Inversiones, sino del Artículo 258 de la Constitución, resultando la sentencia sin embargo, en la interpretación del primero. [58]

A tal efecto, el recurso de interpretación "constitucional" fue presentado el 12 de junio de 2008 por los representantes del Procurador General de la República (Hildegard Rondón de Sansó, Álvaro Silva Calderón, Beatrice Sansó de Ramírez *et al.*), la cual fue motivada, como se mencionó en el texto del recurso, por los diversos casos que para esa fecha ya se habían iniciado ante tribunales CIADI contra la República de Venezuela y que estaban pendientes de decisión (p. 10).

Como se dijo, aunque el recurso fue calificado como una solicitud de interpretación constitucional del Artículo 258 de la Constitución, la Sala Constitucional contradijo su propio fallo antes mencionado (sentencia N° 609 el 9 de abril de 2007) y emitió una interpretación del artículo 22 de la Ley de Inversiones de 1999, que la misma Sala Constitucional había decidido que era de la exclusiva competencia de la Sala Político-Administrativa.

La sentencia dictada por la Sala Constitucional en 2008, como decisión vinculante "a la medida" de lo buscado por el representante del Estado, recibió muchas críticas[59] pues en definitiva lo que hizo fue interpretar el

---

57 Véase en http://www.tsj.gov.ve/decisiones/scon/Octubre/1541-171008-08-0763.htm; y en Gaceta Oficial N° 39.055 of Noviembre 10, 2008. Véase el texto igualmente en Luisa Estela Morales Lamuño, *Venezuela en el contexto del arbitraje. Jurisprudencia de la Sala Constitucional y Laudos Internacionales relevantes*, Tribunal Supremo de Justicia, Fundación Gaceta Forense, Caracas 2011, pp. 53-121.

58 Como lo precisó la presidenta de la Sala Constitucional, quien fue ponente de la sentencia: "dicha sentencia fue dictada con ocasión a la interpretación conforme a la Constitución vigente, del artículo 22 de la Ley de promoción y Protección de Inversiones, dada la solicitud formulada por la Procuraduría General de la Republica y de connotados abogados externos, y vista la necesidad de fijar sus efectos para la procedencia o no del arbitraje, como mecanismo válido para disipar diferencias relativas a la inversión entre la república y los inversionistas extranjeros." Véase Luisa Estela Morales Lamuño, *Venezuela en el contexto del arbitraje. Jurisprudencia de la Sala Constitucional y Laudos Internacionales relevantes*, Tribunal Supremo de Justicia, Fundación Gaceta Forense, Caracas 2011, p. 8.

59 Véase, por ejemplo, Tatiana B. de Maekelt; Román Duque Corredor; Eugenio Hernández-Bretón, "Comentarios a la sentencia de la Sala Constitucional del Tribunal Supremo de Justicia, de fecha 17 de octubre de 2008, que fija la interpretación vinculante del único aparte del art. 258 de la Constitución de la República," en *Boletín de la Academia de Ciencias Políticas y Sociales*, N° 147, Caracas 2009, pp. 347-368; Eugenio Hernández

artículo 22 de la Ley de Inversiones, pues el artículo 258 de la Constitución, por su claridad, no requiere de interpretación alguna, decidiendo al final que dicho artículo no constituía una oferta general del Estado para someter las disputas a arbitraje internacional ante el CIADI," con lo que la Sala Constitucional terminó cambiando el sentido de las disposición, privándola de su contenido, y en definitiva en cierta forma "revocar" la expresión de consentimiento unilateral que el Estado había dado para someterse a un arbitraje internacional que contenía, pero sin que se reformara formalmente la ley.[60] La decisión en efecto, en definitiva, dejó sin sentido la última parte del artículo 22 de la ley de Inversiones, la cual les permite a los inversionistas optar por someterse a arbitraje o recurrir a un tribunal nacional.

Debe destacarse que en la sentencia N° 1541 del año 2008[61] el Tribunal Supremo admitió que era posible que un Estado pudiese expresar en una ley su consentimiento para someter la resolución de disputas sobre inversiones a arbitraje internacional (pp. 34-38), pero, al decidir ese proceso judicial específico en el cual solo participó del Gobierno y no alguna otra parte interesada, optó por la opinión del Gobierno de que el Artículo 22 no poseía ese efecto. La Sala Constitucional falló sobre la materia en un inusual abreviado proceso que duró tan solo cuatro meses (que incluyeron 30 días de vacaciones judiciales) y sin audiencias contenciosa. El recurso se presentó el 12 de junio de 2008 y se notificó a la Sala Constitucional el 17 de junio de 2008. Un mes después, el 18 de julio de 2008, la Sala admitió el recurso del procurador, y luego de omitir la audiencia oral sobre la base de que era se trataba de un asunto "de mero derecho," fijó un plazo máximo de 30 días para fallar sobre el caso, que comenzarían a contar cinco días con posterioridad a la publicación de un comunicado en el periódico en el que se les daría a las partes interesada cinco días para presentar sus escritos. El anuncio en el periódico se publicó el 29 de julio de

---

Bretón, "El arbitraje internacional con entes del Estado venezolano," en Boletín de la Academia de Ciencias Políticas y Sociales, N° 147, Caracas 2009, pp. 148-161; Victorino Tejera Pérez, "Las leyes de Inversiones Municipales, ¿Siempre constituyen una oferta unilateral de arbitraje? La Ley de Inversiones venezolana: Un estudio de casos", loc. cit., p. 92-109; Victorino Tejera Pérez, *Arbitraje de Inversiones, Tesis de maestría*, cit. pp. 180-193.

60   Véanse los comentarios sobre la ineficacia de dicha revocación sin reformar la Ley respecto del arbitraje internacional, en Andrés A. Mezgravis, "El estándar de interpretación aplicable al consentimiento y a su revocatoria en el arbitraje de inversiones," en Carlos Alberto Soto Coaguila (Director), *Tratado de Derecho Arbitral*, Universidad Pontificia Javeriana, Instituto peruano de Arbitraje, Bogotá 2011, Vol. II, pp. 858-859.

61   Véanse en general los comentarios sobre esta Sentencia en Tatiana B. de Maekelt; Román Duque Corredor; Eugenio Hernández-Bretón, "Comentarios a la sentencia de la Sala Constitucional del Tribunal Supremo de Justicia, de fecha 17 de octubre de 2008, que fija la interpretación vinculante del único aparte del art. 258 de la Constitución de la República," loc. cit., pp. 347-368.

2008; el 16 de septiembre de 2008, tres particulares presentaron sus escritos como coadyuvantes, participación que fue denegada por la Sala Constitucional sobre la base de falta de legitimación procesal (pp. 1-4), pasando luego la misma a dictar sentencia el 17 de octubre de 2008.

En el sistema de control de la constitucionalidad venezolano, el recurso de interpretación constitucional se estableció aún sin base constitucional en la jurisprudencia de la misma Sala Constitucional, con el objeto de interpretar disposiciones constitucionales confusas, ambiguas e inoperantes. Como se mencionó anteriormente, el Artículo 258 no requería de interpretación alguna, como se puede confirmar de su propio texto en el que no figuran partes confusas, ambiguas o inoperantes. Como lo destacó J. Eloy Anzola en sus comentarios sobre la sentencia, resulta obvio que los representantes de la República al presentar la solicitud de interpretación, "no ocultaron la verdadera intención del recurso" que era obtener "la interpretación de la norma legal en lugar de la constitucional,"[62] en el sentido "que el Artículo 22 de la Ley de Inversiones no prevé dicho consentimiento. Es allí a lo que apunta la sentencia."[63]

La Sala Constitucional en la sentencia N° 1.541 de 2008, para interpretar el Artículo 22 y negar que fuera una expresión del consentimiento del Estado al arbitraje internacional luego de analizar ampliamente el arbitraje internacional en el mundo contemporáneo, en definitiva concluyó considerando, en general, que aceptar dicho consentimiento en una ley sería materialmente "inaceptable" en cualquier ordenamiento jurídico, mostrando de entrada una contradicción interna en la decisión. Así, mientras que por una parte la Sala Constitucional admitió que un Estado puede expresar su consentimiento en forma unilateral y genérica en la legislación sobre inversiones (pp. 31-47), un método de consentimiento que está claramente permitido en el Convenio del CIADI y que está firmemente establecido en la práctica internacional, por la otra, ofreció argumentos que implican la negación de ese mismo punto. En particular, la sentencia N° 1.541 de 2008 argumentó que, si el Artículo 22 fuera interpretado como una oferta general de consentimiento y esa oferta fuera aceptada por un inversionista, automáticamente (*de pleno derecho*) se sometería a arbitraje una amplia gama de asuntos dentro del ámbito de la legislación, sin que el Estado pudiera determinar los beneficios o desventajas del arbitraje en cada caso, en violación de un supuesto principio de consentimiento "informado" (p. 56). Sin embargo, esto es precisamente lo que ocurre, como una consecuencia prevista, cuando un Estado escoge dar su consentimien-

---

62 Véase J. Eloy Anzola, "Luces desde Venezuela: La Administración de la Justicia no es monopolio exclusivo del Estrado," en *Control de la Constitucionalidad Española, Revista del Club Español de Arbitraje*, N° 4, 2009, pp. 64, 64.

63 Ídem, pp. 73-74.

to al arbitraje, genéricamente, mediante una ley nacional o un tratado. En la misma línea, la sentencia N° 1.541 de 2008 argumentó que interpretar el Artículo 22 como conteniendo una oferta genérica de arbitraje llevaría al "absurdo de considerar que el Estado no puede elegir un foro o juris-dicción de conveniencia o más favorable para sus intereses (*Forum Shop-ping*)" (pp. 65-67). Esto no es para nada absurdo; es el efecto normal de una expresión genérica de consentimiento, lo cual es uniformemente aceptado conforme al Convenio del CIADI. Un Estado que da su consen-timiento genérico al arbitraje en tratados o en leyes ha cedido su derecho a verificar caso por caso los beneficios o desventajas del arbitraje interna-cional, a cambio de los beneficios de promoción de inversiones derivados de una oferta genérica de arbitraje internacional a los inversionistas ex-tranjeros.

La sentencia N° 1.541 de 2008 también expresó que interpretar el Ar-tículo 22 como una oferta genérica de consentimiento, de hecho derogaría los tratados bilaterales y multilaterales de inversión que prevén diferentes métodos de resolución de disputas, porque los inversionistas protegidos por esos tratados podrían invocar la cláusula de la nación más favorecida (NMF) contenida en ellos para tomar ventaja del arbitraje CIADI, por en-de, evitando los mecanismos de resolución de disputas contemplados en el tratado (pp. 65-69). Este argumento, en nuestro criterio, carece de fun-damento. Asumiendo que un tratado de inversión del cual sea parte Vene-zuela tiene una cláusula de NMF que cubre la resolución de disputas, y asumiendo que el arbitraje CIADI es más favorable que el método de re-solución de disputas contemplado en ese tratado, un inversionista que re-clame conforme al tratado tendría ya el derecho a invocar el arbitraje CIADI, porque la cláusula de NMF de ese tratado incorporaría por refe-rencia las disposiciones sobre resolución de disputas de otros tratados de inversión de los cuales sea parte Venezuela, que contemplen el arbitraje CIADI. Bajo la lógica de la sentencia N° 1.541 de 2008, el tratado del ejemplo habría sido "derogado" por los demás tratados, independiente-mente de cómo se interpretará el Artículo 22, una conclusión que muestra que el argumento no prueba nada. Además, el argumento en la sentencia N° 1.541 de 2008 equivalió a afirmar que un Estado no podía dar su con-sentimiento a la jurisdicción del CIADI mediante la ley si había celebrado tratados de inversión que contemplaban diferentes métodos de resolución de disputas; una conclusión que no tiene base alguna. Adicionalmente, no existe base alguna para el argumento de la sentencia N° 1.541 de 2008 (pp. 69-70,), de que interpretar el Artículo 22 como una oferta abierta de consentimiento, crearía una inconsistencia con los Artículos 5, 7, 8 y 9 de la Ley de Inversiones de 1999. En realidad, no existe contradicción algu-na entre la oferta abierta de consentimiento en el Artículo 22 y cualquiera de esas otras disposiciones.

En efecto, el Artículo 5 de la Ley de Inversiones garantiza que sus disposiciones no afectan cualquier nivel más alto de protección conforme a tratados o acuerdos internacionales para la promoción y protección de inversiones. Esto significa la intención de que el nivel de protección establecido conforme a la Ley de Inversiones de 1999 es la base, dejando espacio para niveles más altos de protección conforme a los tratados. El Artículo 5 también dispone que a falta de cualquiera de tales tratados o acuerdos, y a pesar de la cláusula de NMF en la Ley de Inversiones, un inversionista sólo se beneficia de la protección establecida en esa Ley hasta el momento en que el inversionista esté protegido por un tratado o acuerdo que contenga una cláusula de NMF (en cuyo caso el inversionista se beneficia de ese tratado en particular y de cualquier otro tratamiento más favorable requerido por otros tratados, así como de la propia Ley de Inversiones). El Artículo 5 también requiere que el Estado busque en la negociación de dichos tratados, el mayor nivel de protección para los inversionistas venezolanos y garantice que, en cualquier caso, dicho nivel de protección no sea inferior al otorgado a los inversionistas del otro Estado contratante en Venezuela. No hay nada en estas disposiciones que contradiga la posibilidad de dar consentimiento a la jurisdicción del CIADI en el Artículo 22.

El Artículo 7 de la Ley de Inversiones establece un principio básico de trato nacional, en el sentido de que las inversiones y los inversionistas internacionales deben tener los mismos derechos y obligaciones que las inversiones y los inversionistas nacionales, salvo lo que las leyes especiales y la propia Ley de Inversiones dispongan en cualquier otro sentido. No existe contradicción entre este principio y la oferta abierta de consentimiento a la jurisdicción del CIADI en el Artículo 22, porque a pesar de que tal oferta necesariamente beneficia sólo a los inversionistas extranjeros,[64] dicha oferta de consentimiento es una excepción prevista en la propia Ley de Inversiones.

Por otra parte, el Artículo 8 de la Ley de Inversiones prohíbe la discriminación contra inversionistas internacionales en razón del país de origen de sus capitales, sujeto a excepciones derivados de acuerdos de integración económica o de asuntos tributarios. En este caso, tampoco existe contradicción entre esta disposición y la oferta abierta de consentimiento a la jurisdicción del CIADI establecida en el Artículo 22, el cual se aplica a los inversionistas extranjeros en general, independientemente del origen de su capital. Cualquier inversionista que sea nacional de un Estado que sea parte del CIADI o llegue a serlo puede aceptar la oferta de consenti-

---

64   Conforme al Artículo 25 del Convenio del CIADI, el inversionista debe ser un nacional de un Estado distinto al Estado parte de la diferencia (Venezuela en la situación en cuestión), salvo cuando por estar sometidas a control extranjero las partes "hubieran acordado atribuirle tal carácter, a los efectos de este Convenio".

miento. Si el Artículo 8 fuera inconsistente con el Artículo 22, también sería inconsistente con el Artículo 5, porque el Artículo 5 presupone la existencia de diferentes regímenes legales para inversionistas internacionales, dependiendo de si son nacionales de países con tratados o acuerdos para la promoción o protección de inversiones con Venezuela, o sólo están protegidos por la Ley de Inversiones de 1999.

En cuanto al artículo 9 de la Ley de Inversiones de 1999, el mismo establece el principio de que las inversiones y los inversionistas internacionales tendrán derecho al trato más favorable conforme a los Artículos 7 y 8 de la misma Ley. Esto significa que tienen derecho a lo que sea mejor entre el trato nacional conforme al Artículo 7 o el trato de la nación más favorecida (no discriminación en base al país de origen de su capital) conforme al Artículo 8, con las excepciones autorizadas por esas disposiciones. Ya que, como se dijo anteriormente, dado que la oferta abierta de consentimiento en el Artículo 22 no es inconsistente ni con el Artículo 7 ni con el 8, tampoco puede ser inconsistente con el Artículo 9.

Los dos ejemplos hipotéticos planteados por la sentencia N° 1.541 de 2008 (pp. 70-71) no muestran contradicción alguna entre la oferta abierta de consentimiento formulada en el Artículo 22 y cualquiera de las demás disposiciones antes analizadas. En el primer ejemplo hipotético, la Sala Constitucional argumentó que si se interpreta que el Artículo 22 contiene una oferta abierta de consentimiento, un Estado miembro del CIADI que no tenga un tratado sobre inversiones con Venezuela (y que no ha dado su consentimiento a la jurisdicción del CIADI en su propia ley de inversiones) estaría en una mejor posición *vis-à-vis* un Estado miembro del CIADI que tenga un tratado de este tipo, porque el primer Estado no estaría sujeto a los reclamos del CIADI por parte de inversionistas venezolanos, mientras que el segundo Estado sí. Una vez más, este argumento no prueba nada. La Ley de Inversiones de 1999 no garantiza un trato igual para los Estados; garantiza ciertos niveles de tratamiento para inversionistas, fundamentalmente inversionistas internacionales. Ninguna disposición de la Ley de Inversiones de 1999 requiere reciprocidad, es decir, que los inversionistas venezolanos deben tener derecho a someter controversias ante el CIADI contra Estados cuyos nacionales puedan beneficiarse de una oferta abierta de consentimiento en el Artículo 22. Dado que el consentimiento a la jurisdicción del CIADI por ley es por naturaleza un acto unilateral, impugnar dicho consentimiento con base en la falta de reciprocidad significaría negar, contrario a la práctica uniforme, la posibilidad de cualquier consentimiento a través de las leyes.

En el segundo ejemplo, la sentencia N° 1.541 de 2008 argumenta que si se interpretase el Artículo 22 como una expresión unilateral de consentimiento del Estado, un inversionista de un país que sea parte del Convenio del CIADI pero que no tenga un tratado sobre inversiones con Venezuela, estaría en mejor posición que un inversionista de un país que no es parte del Convenio del CIADI pero que tiene un tratado con Venezuela que prevé el arbitraje no-CIADI. La "mejor posición" resultaría de que el arbitraje CIADI supuestamente sería más favorable para un inversionista que el arbitraje no-CIADI previsto en el tratado. De hecho, el arbitraje CIADI puede o no ser más favorable para un inversionista, que otro régimen de arbitraje que pueda estar establecido en un tratado. Pero aún asumiendo que en un caso en particular, el arbitraje CIADI fuera más favorable que el régimen de arbitraje en un tratado, la hipótesis no es inconsistente con disposición alguna de la Ley de Inversiones, la cual contempla la posibilidad de regímenes paralelos conforme a tratados y conforme a la propia Ley de Inversiones. De acuerdo con la misma lógica, el Estado no podría llegar a ser parte de un tratado que contemplara el arbitraje bajo el CIADI, porque los inversionistas protegidos por dicho tratado recibirían mejor tratamiento que los inversionistas protegidos por un tratado que prevé un régimen de arbitraje diferente.

Además, la sentencia N° 1541 de 2008, no solamente es defectuosa desde un punto de vista jurídico, sino que como antes indicamos es internamente contradictoria. Los siguientes ejemplos sirven para ilustrar el punto:

Primero, mientras que la sentencia N° 1541 de 2008 admitió y supuestamente apoyó la proposición de que el derecho internacional se aplica a la interpretación del Artículo 22 (pp. 38-41), luego abogó por una interpretación completamente sustentada en supuestos principios del "ordenamiento jurídico nacional." Luego, la propia decisión fue contra los fundamentos de su propio análisis al establecer que tenía poca utilidad un análisis limitado a consideraciones de "orden interno." (pp. 38-41.).

Segundo, como antes hemos indicado, la sentencia N° 1541 de 2008 admitió que un Estado puede expresar su consentimiento al arbitraje unilateralmente y genéricamente a través de legislación de inversiones (pp. 31-38), pero después argumentó que el Artículo 22 no puede ser interpretado como una expresión de consentimiento con base en que ello privaría a la República la posibilidad de analizar las ventajas del arbitraje "en cada caso" (pp. 41-45) y de elegir "un foro o jurisdicción de conveniencia o más favorable para sus intereses ("*Forum Shopping*")" (pp. 48-50). Dicho de otra manera, para la Sala Constitucional, el problema de interpretar el Artículo 22 como una expresión de consentimiento es que impediría al Estado escoger la jurisdicción caso por caso.

Finalmente, a pesar de que la sentencia N° 1.541 de 2008 dedica varios párrafos a reiterar la existencia de un mandato constitucional de promover el arbitraje (Artículo 258 de la Constitución) (pp. 7-17), por último llega a una interpretación del Artículo 22 que no se ajusta al mandato constitucional.

Como se dijo, la sentencia fue objeto de muchas críticas que coinciden con que la intención de la República no fue obtener del Tribunal Supremo una interpretación del artículo 258 de la Constitución sino de un artículo de una ley como era el artículo 22 de la Ley de Inversiones.[65] Por ello, el Magistrado Pedro Rafael Rondón Haaz, quien disintió tanto de la decisión de la Sala Constitucional de admitir el *recurso*, como de la propia sentencia N° 1541 de 2008, destacó en su Voto Salvado que la Sala Constitucional había actuado *ultra-vires* al aceptar la interpretación de la disposición de ley (Artículo 22) (pp. 56-59), reiterando su criterio que se puede resumir en los siguientes puntos: Que el Artículo 258 no da lugar a duda razonable alguna, ni requiere de interpretación aclaratoria, ya que solo contiene un mandato dirigido al Legislador para promover el arbitraje; que el recurso de interpretación presentado tenía como objetivo obtener una "opinión legal" por parte de la Sala Constitucional por medio de un proceso de control de la constitucionalidad *a priori* que no existe en Venezuela; que la sentencia no interpretaba o aclaraba el Artículo 258 de la Constitución ya que esta clara disposición no da lugar a duda; que la Sala Constitucional se excedió en su competencia cuando aceptó decidir sobre la interpretación del Artículo 22 de la Ley de Inversiones de 1999, siendo la Sala Político-Administrativa del Tribunal Supremo de Justicia la que tiene la competencia exclusiva para la interpretación de las disposiciones de las leyes; y que la Sala Constitucional contradijo su propia jurisprudencia y se excedió el uso de sus facultades al realizar la interpretación constitucional. El Magistrado Rondón, en su Voto salvado, además, notó de manera correcta que la Sala Constitucional al interpretar el Artículo 22 ejerció una "función legislativa" al establecer, por medio de un procedimiento de control de la constitucionalidad *a priori*, los pasos que la Legislatura debe seguir en el futuro a fin de expresar el consentimiento del Estado al arbitraje internacional mediante una ley (pp. 56-59).

Por supuesto, dichos efectos de la sentencia se limitan a los tribunales venezolanos, en el sentido de que no afectan las facultades de los tribunales del CIADI para interpretar el Artículo 22 de manera independiente al impartir justicia en su propia jurisdicción.

Lamentablemente, este caso lo que puso en evidencia fue el objetivo político que tenía la decisión de la Sala Constitucional, que es en definitiva lo único que puede explicar su arbitrariedad y su falta de análisis jurídico lógico y coherente. Así, la protección de la soberanía y la autodetermina-

---

65   Véanse los comentarios críticos en Eugenio Hernández Bretón, "El arbitraje internacional con entes del Estado venezolano," en *Boletín de la Academia de Ciencias Políticas y Sociales,* N° 147, Caracas 2009, pp. 148-161; Victorino Tejera Pérez, "Las leyes de Inversiones Municipales, ¿Siempre constituyen una oferta unilateral de arbitraje? La Ley de Inversiones venezolana: Un estudio de casos", loc. cit., pp. 92-109; Victorino Tejera Pérez, *Arbitraje de Inversiones, Tesis de maestría,* cit. pp. 180-193.

ción nacional fueron un tema constante mencionados en varias declaraciones en esta decisión. Por ejemplo, al sostener que la interpretación de las leyes debe hacerse de conformidad con la Constitución, la Sala explicó que esto significaba "salvaguardar a la Constitución misma de toda desviación de principios y de todo apartamiento del proyecto político que ella encarna por voluntad del pueblo" señalando que "parte de la protección y garantía de la Constitución de la Republica Bolivariana de Venezuela radica, pues, en una perspectiva política in fieri, reacia a la vinculación ideológica con teorías que puedan limitar, so pretexto de valideces universales, la soberanía y la autodeterminación nacional como lo exige el articulo 1° eiusdem (…)." (pp. 38-41). Antes, en la misma sentencia N° 1.541 de 2008, la Sala había expresado algo de escepticismo respecto a una percepción generalizada de imparcialidad de la jurisdicción arbitral, indicando que "el desplazamiento, de la jurisdicción de los tribunales estatales hacia los arbitrales, en muchas ocasiones se produce debido a que la resolución de conflictos la realizarán árbitros que en considerables casos se encuentran vinculados y tienden a favorecer los intereses de corporaciones trasnacionales, convirtiéndose en un instrumento adicional de dominación y control de las economías nacionales […]" añadiendo que "resulta poco realista esgrimir simplemente un argumento de imparcialidad de la justicia arbitral en detrimento de la justicia impartida por los órganos jurisdiccionales del Poder Judicial, para justificar la procedencia de la jurisdicción de los contratos de interés general." (pp. 21-24).

En todo casos, al año siguiente de haber dictado su sentencia, y en "respuesta" a las críticas formuladas por Luis Brito García,[66] a la sentencia de la Sala Constitucional N° 97 del 11 de febrero de 2009, en la que el Tribunal desestimó un recurso para la interpretación de los Artículos 1 y 151 de la Constitución presentada por Fermín Toro Jiménez y el mismo Luis Brito García, la propia Sala Constitucional publicó un *Boletín de Prensa* en su sitio web el 15 de junio de 2009 ("*Autor*: Prensa TSJ"),[67] en la cual decidió expresar algunas conclusiones sobre el alcance de la sentencia No. 1541 de 2008, sin que nadie lo haya solicitado, es decir, sin ningún proceso constitucional o ningún procedimiento en contrario que lo exigiese. Se trató, por tanto, de una "sentencia por medio de Boletín de Prensa",[68] en la cual el Tribunal Supremo hizo referencia, entre otros temas,

---

66 Véase la entrevista de Carlos Díaz con Luis Britto García, "Perdimos el derecho a ser juzgados según nuestras leyes, nunca las juntas arbitrales foráneas han favorecido a nuestro país," La Razón, Caracas 14-06-2009, publicado el 20 de junio de 2009 por Luis Britto García en http://luisbrittogarcia.blogspot.com/2009/06/tsj-lesiono-soberania.html.

67 Véase en http://www.tsj.gov.ve/informacion/notasdeprensa/notasdeprensa.asp?codigo = 6941.

68 Véase Luis Britto García, "¡Venezuela será condenada y embargada por jueces y árbitros extranjeros!," en http://www.aporrea.org/actualidad/a80479.html. Fecha de la publicación: 21 de junio de 2009.

precisamente al Artículo 22 de la Ley de Inversiones al "declarar" que: "Las sentencias [del Tribunal Supremo] eliminan el riesgo que implica interpretar el Artículo 22 de la Ley de Inversiones como una oferta abierta o invitación por parte de Venezuela de someterse a la competencia de otros países, como se ha tratado de explicar en el Foro Internacional, por parte de sujetos con intereses contrarios a los de la República Bolivariana de Venezuela, como es el caso de la gran transnacional del sector de la energía". Este "Boletín de Prensa, por supuesto, no era una sentencia judicial en sí misma y no poseía fuerza de ley.[69]

Estas notas de prensa lo que demuestran es que la sentencia N° 1.541 de 2008 de la Sala Constitucional, había sido producto de la influencia política sobre el Poder Judicial ejercida por el Ejecutivo para tratar de reafirmar la posición del Estado en los casos pendientes ante el CIADI. La Sala Constitucional actuó *ultra vires* cuando decidió interpretar el Artículo 22 de la Ley de Inversiones de 1999 ante la solicitud del Gobierno de la República,[70] ya que la Sala Político-Administrativa es la que tiene la *competencia* exclusiva para interpretar leyes por medio de recursos de interpretación de las mismas; y proceder así a interpretar dicho artículo con la excusa de interpretar el Artículo 258 de la Constitución que no requiere interpretación alguna.

5. La insuficiente interpretación del artículo 22 de la Ley de Inversiones de 1999 efectuada por los tribunales del CIADI en los Casos *Mobil* y *Cemex*

La cuestión de la interpretación del artículo 22 también fue considerada por los tribunales del CIADI en los casos *Mobil* y *Cemex*, en los cuales los mismos en realidad no decidieron que el artículo 22 no constituía un consentimiento general otorgado por la República para someter a arbitraje todas las diferencias relativas a inversiones ante el CIADI. Por el contrario, en el caso *Mobil*, el Tribunal del CIADI decidió que el artículo 22 efectivamente "establece la obligación de acudir al arbitraje", aunque se refiere a ella como "una obligación condicional" (Parr. 102). Esta condición a la que se somete la obligación de acuerdo con las sentencias es el resultado de la frase "si así éste lo establece". Los tribunales del CIADI en estos dos casos ignoraron por completo la existencia de la aclaratoria final que se incluye en la última frase del artículo 22, sosteniendo que di-

---

69   Véase, por ej., Víctor Raúl Díaz Chirino, "El mecanismo de arbitraje en la contratación pública," en Allan R. Brewer-Carías (Coord.), *Ley de Contrataciones Públicas*, 2° ed. Editorial Jurídica Venezolana, Caracas 2011, pp. 356-357.

70   Véase Allan R. Brewer-Carías, "La Sala Constitucional vs. La competencia judicial en materia de interpretación de las leyes," en *Revista de Derecho Público*, N° 123, Editorial Jurídica Venezolana, Caracas 2010, pp. 187-196.

cho artículo podía interpretarse de dos maneras, en el sentido de que el tratado, acuerdo o convenio pueden: (i) prever "el arbitraje internacional" o (ii) "la presentación obligatoria de las diferencias a arbitraje internacional" (*caso Mobil*, Parr. 109) ("crea una obligación para el Estado de presentar las diferencias ante las obligaciones internacionales", *caso Cemex*, Parr. 101). Los tribunales del CIADI llegaron a la conclusión de que "ambas interpretaciones son gramaticalmente posibles" (Parr. 110; y Parr. 102, respectivamente). Esta afirmación no puede ser correcta, ya que la segunda opción es una negación en sí misma, no solo de la premisa de que el artículo contiene efectivamente una "obligación condicional", sino de la aclaratoria que se incluye en la última frase de la disposición que otorga al inversor el derecho de recurrir al arbitraje o a los tribunales nacionales. Es decir, si es cierto que la primera opción implica la existencia en el artículo 22 de una "obligación condicional" de recurrir a un arbitraje, que queda sujeta únicamente a la condición de que los tratados o acuerdos prevean el arbitraje internacional, la segunda opción niega la "obligación condicional" en el sentido de exigencia de que el tratado prevea, no un mecanismo de arbitraje internacional, sino la "presentación obligatoria" del arbitraje. Esta segunda interpretación daría como resultado una tautología que es gramaticalmente incorrecta.

Como se mencionó anteriormente, los tribunales CIADI también fallaron en su análisis gramatical en relación con la última parte del artículo. Al hacer caso omiso de ella, simplemente borraron la parte del artículo que, precisamente, confirma la existencia en el mismo de la "obligación condicional" de recurrir al arbitraje. Esta forma de interpretar es incorrecta en la legislación venezolana, ya que implica que la última parte de la disposición se interprete como "carente de sentido".[71]

Como lo ha dicho la jurisprudencia, "sería absurdo suponer que el legislador no trate de usar los términos más precisos y adecuados para expresar el propósito y alcance de sus disposiciones, u omita deliberadamente, elementos que son esenciales para la cabal inteligencia de ellas";"[72] lo que significa, desde el punto de vista del intérprete y de acuerdo con los principios sobre interpretación de las leyes, que se debe suponer que el legislador no ha redactado deliberadamente una disposición de un modo ambiguo ni ha omitido elementos que son esenciales para la comprensión completa de la disposición. Por ello, además, el intérprete no puede igno-

---

71 Lo mismo se aplica, por supuesto, a la sentencia del caso Brandes, que tampoco atribuyó significado alguno a la aclaratoria.

72 Véase la Sentencia de la Sala Político Administrativa de 16 de junio de 1969, reiterada en sentencia de 12 de mayo de 1992 (caso: Gilberto Gripa Acuña), tal como se recoge en la sentencia N° 4 del 15 de noviembre de 2001 de la Sala de Casación Civil (Caso: Carmen Cecilia López Lugo v. Miguel Ángel Capriles Ayala y otros), en http://www.tsj.gov.ve/decisiones/scc/Noviembre/RECL-0004-151101-99003-99360.htm

rar las palabras, frases o elementos que el legislador ha utilizado en la disposición. Además, es otro principio bien establecido de interpretación de la ley el que el intérprete, al interpretar una ley, debe rechazar y evitar todas las interpretaciones absurdas.[73] Como se ha mencionado, cada parte del artículo 22 tiene un significado y propósito, y al interpretarlo, ninguna parte puede ser ignorada, como ocurrió en los fallos citados del Tribunal del CIADI, que ignoraron la última parte del artículo 22. En mi criterio, ante el silencio de los tribunales de los casos *Mobil* y *Cemex* en considerar y dar sentido a una parte crucial del artículo 22 que es esencial para su interpretación, renunciando a interpretar la disposición "de una manera compatible con el efecto que busca" el Estado que redactó la Ley (Parr. 118), estos fallos no interpretaron correctamente la disposición de conformidad con la legislación venezolana o internacional.

6. La ausencia de interpretación del artículo 22 de la Ley de Inversiones de 1999 en la sentencia de Tribunal del CIADI en el caso *Brandes*

El tribunal del CIADI en la sentencia del caso *Brandes*, de manera sorprendente y en contraste con los casos *Mobil* y *Cemex*, llegó a la misma conclusión que éstos, pero sin hacer esfuerzo alguno para interpretar el artículo 22 de la Ley de Inversiones de 1999, limitándose solamente a referirse a las herramientas y principios para la interpretación de la norma, pero sin aplicarlos al caso. Señaló dicho tribunal en su fallo: (i) que el artículo 22 debía interpretarse a partir de los principios del sistema jurídico venezolano "comenzando por la Constitución política" (Parr. 36, 81) pero también de acuerdo con los principios del derecho internacional (Parr. 36, 81); (ii) que, sin embargo, al aplicar los principios de las leyes venezolanas, los elementos del artículo 4 del Código Civil no se aplicarían en forma conjunta como lo impone dicha norma, sino de una forma lineal, comenzando con el análisis gramatical (Parr. 35); (iii) que el artículo 22 de la Ley de Inversiones debía ser interpretado teniendo en cuenta su relación con "otras normas legales de la República" (Parr. 30, 35, 97); y (iv) que era esencial para el Tribunal a fin de analizar otros artículos de la Ley de Inversiones que constituyen el contexto inmediato del artículo 22 (Parr. 88).

Luego de anunciar todas estas herramientas y principios de interpretación, pero sin aplicar ninguna de ellas al caso, el Tribunal emitió su sentencia sin analizar el texto del artículo, ni las palabras que contiene, ni la

---

73　Véase Tribunal Supremo de Justicia, Sala Constitucional, sentencia N° 1.173 del 15 de junio de 2004 (Caso: Interpretación del Artículo 72 de la Constitución de la República Bolivariana de Venezuela) (Exp. 02-3.215), en *Revista de Derecho Público* N° 97-98, Editorial Jurídica Venezolana, Caracas 2004, pp. 429 ss.

relación entre sí de las palabras utilizadas. Asimismo, el Tribunal no estableció la relación necesaria entre las palabras utilizadas en el artículo dentro del contenido de su texto completo, incluida la última frase de la aclaratoria. Es decir, el Tribunal, sin hacer esfuerzo alguno para aplicar siquiera el primer paso anunciado en la sentencia, que se definió como el "análisis puramente gramatical" (Parr. 35) y sin razonamiento o motivación alguna, llega a la conclusión de que "la redacción del artículo 22 de la Ley de Protección y Promoción de Inversiones, LPPI es confusa e imprecisa, y que no es posible afirmar, a partir de una interpretación gramatical, si contiene o no el consentimiento de la República Bolivariana de Venezuela ante la jurisdicción del CIADI" (Parr. 86). El aspecto más sorprendente de esta conclusión es que el mismo Tribunal concluyó que era "innecesario resumir" el "esfuerzo laborioso y minucioso de las partes para examinar el sentido del artículo 22" (Parr. 85).

Dentro de los parámetros de toda decisión judicial en el sistema jurídico venezolano, esta sería una decisión judicial sin motivos, susceptible de ser anulada. No es posible llegar a una conclusión como la expresada por el tribunal con arreglo a la legislación venezolana, sin explicar qué parte de la disposición es "confusa", qué otra parte es "imprecisa", y como todo tribunal de justicia, al momento de decidir los casos de la justicia, debió hacer su mejor esfuerzo para intentar explicar lo que no es preciso en una disposición y explicar lo que es confuso en la misma. Esta es precisamente la función que tiene todo tribunal, al cual no se le permite solamente emitir una sentencia sin indicar las razones en las que se basa.

El esfuerzo interpretativo de menor importancia e indirecto del Tribunal en la sentencia del caso *Brandes,* se refirió a considerar el artículo 22 de la Ley de Inversiones en relación con su "contexto" (Parr. 87), limitándose a señalar que la Ley de Inversiones tenía similitudes en su estructura y contenido con muchos tratados bilaterales de inversión (Parr. 89); pero sin hacer referencia a la similitud más importante con el fin de interpretar el artículo 22 de la Ley de Inversiones, que es la oferta abierta, como expresión del consentimiento, que el Estado ha hecho en todos los tratados bilaterales de inversión, dejando en manos de los inversionistas internacionales el derecho de recurrir al arbitraje o a los tribunales nacionales. En su lugar, el tribunal del caso *Brandes* se limitó únicamente a preguntarse por qué no se utilizó la fórmula de consentimiento de los tratados bilaterales de inversión (Parr. 90).

Como se explicó antes, una ley que contiene una oferta unilateral como expresión de consentimiento del Estado para recurrir al arbitraje no es un tratado bilateral sobre inversiones, y a pesar de las similitudes en la estructura o contenido de la Ley con los tratados bilaterales de inversión, la Ley debe examinarse e interpretarse como una manifestación unilateral de un Gobierno que procura atraer inversiones sin efectuar negociación alguna con otro Estado (Parr. 94). En esta forma se diferencia la ley, de los tratados bilaterales de inversión que se negocian entre dos partes; y fue esa distinción la que el tribunal del CIADI en el caso *Brandes* no tuvo en cuenta. Es solo debido a que ignoró lo esencial del artículo 22 que es la parte que otorga al inversionista la opción de recurrir al arbitraje o a un tribunal venezolano, que el tribunal del CIADI en el caso *Brandes* llegó luego a la conclusión de que a pesar de las similitudes entre el contenido de la Ley de Inversiones y de un tratado bilateral de inversión, "el Tribunal no encuentra en el artículo que ha analizado ni en otro artículo de la Ley de Inversiones, disposición alguna que le permita afirmar que prevé el consentimiento de Venezuela a la jurisdicción del CIADI" (Parr. 92). Por supuesto, el Tribunal no pudo hallar el consentimiento del Estado si ignoró el derecho otorgado a los inversionistas para tomar la decisión de aceptar o no la oferta de arbitraje. La única manera de entender esta conclusión infundada consiste, por lo tanto, en reconocer que el Tribunal, en su sentencia, en realidad no "analizó" en forma alguna el artículo 22 u otros artículos pertinentes de la Ley de Inversiones (como los artículos 21 y 23).

El tribunal del caso *Brandes* también decidió que era "innecesario, con el fin de resolver la diferencia, establecer la función real" que cumplió el funcionario encargado de la redacción de la Ley, así como "su conocimiento del tema en discusión y la relevancia de sus publicaciones sobre este tema" debido a que su opinión "no puede proporcionar la base para considerar que el artículo 22 de la Ley de Inversiones contiene el consentimiento de la República Bolivariana de Venezuela para someterse al arbitraje del CIADI" (Parr. 103). Nuevamente, sorprende el modo en que el tribunal pudo simplemente y de repente llegar a estas "conclusiones", sin razonamiento o análisis alguno y lo que es aún peor, sin expresar razón alguna para descalificar de manera general y universal a una de las dos personas clave involucradas en la redacción de la Ley de Inversiones, a quien se asignó dicha tarea por solicitud y orden del Gobierno.

Finalmente, luego de copiar y enumerar exhaustivamente (sin analizarlos) los "argumentos válidos" de las partes, el Tribunal del CIADI en el caso *Brandes* simplemente llegó a la conclusión, sin tener en cuenta el tema "fundamental" en absoluto, de que "no se ha hallado elemento alguno que pueda conducirlo a apartarse de las conclusiones a las que llegaron dichos tribunales [en los casos *Cemex* y *Mobil*] con respecto a la cuestión concreta que se trata en el presente" (Parr. 114). En el siguiente párrafo el Tribunal copió la decisión definitiva en los casos (Parr. 115), en los cuales dichos Tribunales concluyeron que el artículo 22 "no proporciona una base para la jurisdicción del Tribunal en el presente caso" (Caso Mobil, Parr. 140; Caso Cemex Parr. 138), sin la pretensión de impedir u ocasionar perjuicio alguno a otros casos. No obstante, el Tribunal del CIADI en el caso *Brandes* sin razonamiento o argumento alguno y sin explicar los "fallos en los párrafos" de su sentencia, fue más allá y proclamó de manera general y universal y no solo para el "caso presente", que era "obvio que el artículo 22 de la Ley de Promoción y Protección de Inversiones no contiene el consentimiento de la República Bolivariana de Venezuela a la jurisdicción del CIADI" (Parr. 118). Esta sentencia, al menos desde el punto de vista de las reglas generales que rigen las decisiones judiciales en el derecho interno, no indica los motivos en que se basó; es decir, carece de fundamento.

III. LA PROGRESIVA TENDENCIA PRO ARBITRAJE DEL RÉGIMEN LEGAL VENEZOLANO DURANTE LOS AÑOS ANTERIORES A LA APROBACIÓN DE LA LEY DE INVERSIONES DE 1999

Contrariamente a lo apreciado en las decisiones de los tribunales arbitrales en los antes comentados casos *Mobil, Cemex y Brandes*, en nuestro criterio, el Artículo 22 de la Ley de Inversiones de 1999 expresó el consentimiento por escrito de la República de Venezuela al arbitraje del Centro CIADI, conforme al Artículo 25(1) de la Convención del CIADI. Este consentimiento se expresó en forma de *oferta abierta de arbitraje* sujeta a la aceptación del inversionista,[74] pudiendo éste a su elección recurrir a los tribunales nacionales.

Esta manifestación contenida en el artículo 22 de la Ley, por lo demás, fue reflejo de la tendencia por arbitraje que se ha había desarrollado en Venezuela durante las últimas décadas, y que se materializó en el Artículo 258 de la Constitución de 1999 y en varias leyes. Por lo tanto, al momento en el que se sancionó la Ley de Inversiones, la hostilidad tradicional hacia el arbitraje que había resultado de las experiencias de finales del siglo XIX se encontraba superada. Por ello puede considerarse que la Ley de Inversiones de 1999 fue una legislación completamente compatible con sus antecedentes históricos, incluida la ratificación por el Estado, entre 1993 y 1998, de gran cantidad de tratados para la protección y la promoción de las inversiones (que también contribuyeron al arbitraje internacional), además de otras disposiciones legales relacionadas con el arbitraje adoptadas en ese tiempo.

Si se considera el Artículo 22 de la Ley de Inversiones en forma sistemática y desde una perspectiva histórica, tiene sentido decir que el Estado

---

74 Entre los distintos formularios de consentimiento por escrito de los Estados Contratantes del CIADI, que incluyen la legislación nacional, véase el "Informe de los directores ejecutivos del Convenio sobre Arreglo de Diferencias Relativas a Inversiones entre Estados y Nacionales de otros Estados" con fecha 18 de marzo de 1965 ("[…] un estado anfitrión puede, en la legislación que promueve las inversiones, ofrecer que las controversias que surgieren de ciertas clases de inversión sean sometidas a la jurisdicción del Centro, y el inversor podrá dar su consentimiento al aceptar la oferta por escrito.".

ofreció un consentimiento unilateral al arbitraje como medio para promover la inversión. Esta oferta fue entonces una parte esencial de la *razón de ser* de la Ley de Inversiones de 1999, que estaba en completa consonancia con el arbitraje internacional existente en 1999. Además, si nos atenemos al elemento teleológico y sociológico de la interpretación de las leyes, la situación económica y social reinante al momento en que fuera sancionada la Ley de Inversiones de 1999 explica que el antiguo Congreso y el Ejecutivo Nacional, en sus funciones de legisladores, pretendían promover la inversión, siendo el consentimiento al arbitraje internacional un medio para lograrlo. La política económica y todo el orden jurídico existente en el año 1999 también tendían a promover la inversión extranjera y el arbitraje internacional.[75] Esta intención general se aprecia claramente reflejada en la Ley de Inversiones de 1999 en su conjunto, la cual tuvo como objetivo principal promover y proteger la inversión extranjera a través de la regulación de las acciones del Estado respecto al tratamiento de dicha inversión. Someter las controversias al arbitraje internacional es precisamente uno de los recursos fundamentales para proteger los inversionistas y las inversiones extranjeras.[76]

1. Los antecedentes históricos en cuestión de arbitraje: de la hostilidad a la aceptación

Un buen resumen de los antecedentes históricos de la Ley de Inversiones se puede encontrar en lo expuesto por Alfredo Morles Hernández en 2005 en su exposición de apertura del Seminario convocado por la Academia de Ciencias Políticas y Sociales en Caracas, en los que después de analizar las hostilidades precedentes destacó la actitud favorable en ese momento hacia el arbitraje, mencionando, particularmente los efectos de la ratificación durante las últimas décadas de todas las convenciones más

---

75 Véase Victorino Tejera Pérez, "Las leyes municipales de inversión, ¿Siempre constituyen una oferta unilateral de arbitraje? La Ley de Inversiones venezolana: Un estudio de casos," loc. cit., p. 113; Victorino Tejera Pérez, *Arbitraje de Inversiones, Tesis de maestría,* Universidad Central de Venezuela, Caracas 2010, p. 154.

76 Incluso la sentencia Nº 1541 del Tribunal Supremo, del año 2008, reconoció que una de las formas en que los Estados atraen las inversiones extranjeras es haciendo una promesa unilateral de someter las diferencias a arbitraje: La Sala expresó: "Resulta imposible ignorar que los Estados que buscan atraer inversiones deben, manteniendo su soberanía, otorgar ciertas garantías a los inversionistas, a fin de concretar esa relación. Dentro de las variables empleadas para lograr estas inversiones, es común incluir un acuerdo de arbitraje que, a juicio de los inversionistas, les brinde seguridad respecto al -ya mencionado- temor de una posible parcialidad de los tribunales del Estado en favor de sus propios ciudadanos."

importantes, con particular referencia a la Convención del CIADI, a la cual consideró como de "aceptación prácticamente universal." [77]

Otra situación fue la posición del Profesor Morles con respecto a la posibilidad de renuncia a la inmunidad jurisdiccional en los contratos públicos celebrados por la República en materia de *empréstito público* externo. Desde 1970, el Profesor Morles había criticado la opinión legal de la Procuraduría General de la República (expresada en 1977), que consideraba aceptable incorporar en los contratos de empréstito público externo cláusulas por las que se renunciaba a la inmunidad jurisdiccional del Estado, y que fueron ampliamente incorporada en los contratos públicos de esos tiempos.[78] Lo cierto, en todo caso, es que particularmente luego de la sanción de la Constitución de 1961 y mucho antes de 1999, la República había aceptado de una manera muy amplia, especialmente en lo relativo a los contratos públicos, la posibilidad de renunciar a la inmunidad jurisdiccional.

2. La evolución constitucional en cuanto a la inmunidad jurisdiccional del Estado y la cura de viejas heridas diplomáticas

En dicha materia, en todo caso, todo caso, es útil recordar la evolución de las disposiciones constitucionales en Venezuela en materia de arbitraje internacional y en cuanto a la inmunidad de jurisdicción. En tal sentido, lo cierto fue que durante el siglo XIX y las dos primeras décadas del XX, el arbitraje internacional era la regla general, al punto de que las Constituciones obligaban a establecer en una cláusula que debía incorporarse a todos los tratados internacionales para la solución de toda controversia entre las partes Contratantes.[79] En 1947 se reincorporó una cláusula, aunque con un alcance más amplio, referida a todos los acuerdos internacio-

---

77   Véase Alfredo Morles Hernández, "Presentación," en Irene Valera (Coord.), *Arbitraje comercial interno e internacional. Reflexiones teóricas y experiencias prácticas,* Academia de Ciencias Políticas y Sociales, Caracas 2005, pp. 12-13.

78   Véase Alfredo Morles Hernández, "La inmunidad de jurisdicción y las operaciones de crédito público," en Estudios sobre la Constitución, Libro Homenaje a Rafael Caldera, Universidad Central de Venezuela, Caracas 1979, Vol. III, p. 1717.

79   En las Constituciones de 1864 (Artículo 112), 1874 (Artículo 112), 1881 (Artículo 109), 1891 (Artículo 109), 1893 (Artículo 141), 1901 (Artículo 133), 1904 (Artículo 120), 1909 (Artículo 138), 1914 (Artículo 120) y 1922 (Artículo 120), se incluyó un Artículo que establecía que en todos los tratados internacionales se debía incluir una cláusula que dijera lo siguiente: "Toda controversia entre las partes contratantes será resuelta, sin recurrir a la guerra, por el arbitraje del Estado o Estados amigos". Véase en Allan R. Brewer-Carías, *Las Constituciones de Venezuela,* Academia de Ciencias Políticas y Sociales, Caracas 2008. Véase J. Eloy Anzola, "El fatigoso camino que transita el arbitraje," en Irene Valera (Coordinadora), *Arbitraje Comercial Interno e Internacional. Reflexiones teóricas y experiencias prácticas*, Academia de Ciencias Políticas y Sociales, Comité Venezolano de Arbitraje, Caracas 2005, p. 410.

nales (y no sólo los tratados) y a la solución de controversias por medios pacíficos (y no sólo el arbitraje) reconocidos por el derecho internacional.

Por otra parte, la Constitución incluyó, desde 1893, un importante artículo con tres cláusulas específicas: primero, la prohibición de transferir contratos de interés público a Estados extranjeros; segundo, la cláusula de inmunidad absoluta por jurisdicción que estipulaba la obligación de incorporarla a todos los contratos públicos; y tercero, la llamada "cláusula Calvo", que excluye todo reclamo diplomático en lo concerniente a dichos contratos públicos. Todas estas cláusulas aún permanecen en la Constitución, aun cuando la segunda fue modificada en 1947 y desde 1961 se transformó en una cláusula de inmunidad relativa por jurisdicción. Fue diez años después de la reforma constitucional de 1893, desde 1902, cuando en realidad se desarrolló cierta cultura hostil respecto del arbitraje, particularmente por el bloqueo de los puertos venezolanos por las armadas alemana, británica e italiana que buscaban el cobro forzoso de la deuda pública, lo que derivó en la aplicación en Venezuela de la conocida "doctrina Drago".

Luego de todas las experiencias previas, en particular aquellas ocurridas a comienzos del siglo XX, desde que se adoptó la Constitución de 1961 y, en particular, debido al restablecimiento del principio de inmunidad relativa de la soberanía, basado en una disposición similar incluida en el Artículo 108 de la Constitución de 1947, la introducción de cláusulas obligatorias de arbitraje en contratos públicos se ha convertido en una práctica comúnmente aceptada y reconocida como válida.[80] Además, en 1995 Venezuela ratificó la Convención del CIADI[81] y entre 1993 y 1998 firmó distintos tratados bilaterales de inversión que estipulaban el arbitraje internacional.

---

80   Véase Allan R. Brewer-Carías, Contratos Administrativos, Colección Estudios Jurídicos N° 44, Editorial Jurídica Venezolana, Caracas 1992, pp. 262-265. La posibilidad de incorporar cláusulas de arbitraje en los contratos públicos se estudió por primera vez en Venezuela en 1960, incluso antes de sancionar la Constitución de 1961. Véase Antonio Moles Caubet, "El arbitraje en la contratación administrativa," en la Revista de la Facultad de Derecho, N° 20, Universidad Central de Venezuela, Caracas 1960, p. 22. Véase además Alberto Baumeister Toledo, "Algunas consideraciones sobre el procedimiento aplicable en los casos de arbitrajes regidos por la ley de Arbitraje Comercial," en Allan R. Brewer-Carías (Ed.), Seminario sobre la Ley de Arbitraje Comercial, Academia de Ciencias Políticas y Sociales, Caracas 1999, pp. 95-98; Allan R. Brewer-Carías, "El arbitraje y los contratos de interés público," en Allan R. Brewer-Carías (Ed.), Seminario sobre la Ley de Arbitraje Comercial, Academia de Ciencias Políticas y Sociales, Caracas 1999, pp 167-186; Francisco Hung Vaillant, Reflexiones Sobre el Arbitraje en el Sistema Venezolano, Editorial Jurídica Venezolana, Caracas 2001, pp. 125-130.

81   Gaceta Oficial N° 35685 del 3 de abril de 1995.

3. La aceptación general del arbitraje en cuestiones de derecho privado

En materia de derecho privado, luego de que el arbitraje fuera establecido inicialmente como un derecho constitucional en la Constitución de 1830 (Art. 140),[82] y fuera regulado en el siglo XIX como medio alternativo de resolución de disputas de carácter vinculante en las disposiciones de procedimiento civil, a principios del siglo XX, luego de la reforma del Código de Procedimiento Civil de 1916, el arbitraje pasó a ser establecido solo como método no vinculante de resolución de controversias; no siendo obligatorio (Artículos 502-522). Fue en 1986 cuando el Código de Procedimiento Civil fue modificado para permitir a las partes pudieran celebrar un acuerdo vinculante para someter las controversias a los tribunales arbitrales, y así excluir la jurisdicción de los tribunales ordinarios (Artículos 608-629).[83] Además, a través de leyes especiales se permitió el arbitraje en áreas relacionadas con los derechos de autor, seguros, protección al consumidor, trabajo y reforma agraria.[84]

Posteriormente, Venezuela ratificó la Convención Interamericana sobre el Arbitraje Internacional y sobre la Eficacia Extraterritorial de las Sentencias y Laudos Arbitrales Extranjeros de 1979,[85] la Convención Interamericana sobre Arbitraje Comercial Internacional de 1975,[86] y la Convención de las Naciones Unidas sobre el Reconocimiento y la Ejecución de Sentencias Arbitrales Extranjeras de 1958 (Convención de Nueva

---

82 Véase J. Eloy Anzola. "Luces desde Venezuela: La administración de justicia no es monopolio exclusivo del Estado," en la *Revista del Club Español de Arbitraje*, N° 4, 2009, p. 62.

83 Para conocer la importancia y el impacto de la reforma del Código de Procedimiento Civil de 1986 en cuestiones de arbitraje, véase Víctor Hugo Guerra Hernández. "Evolución del arbitraje comercial interno e internacional," en Irene Valera (Coordinadora), Arbitraje Comercial Interno e Internacional. Reflexiones teóricas y experiencias prácticas, Academia de Ciencias Políticas y Sociales, Comité Venezolano de Arbitraje, Caracas 2005, pp. 42-44; Arístides Rengel Romberg, "El arbitraje comercial en el Código de Procedimiento Civil y en la nueva Ley de Arbitraje Comercial (1998)," en Allan R. Brewer-Carías (Ed.), Seminario sobre la Ley de Arbitraje Comercial, Academia de Ciencias Políticas y Sociales, Caracas 1999; J. Eloy Anzola, "El fatigoso camino que transita el arbitraje," en Irene Valera (Coordinadora), Arbitraje Comercial Interno e Internacional. Reflexiones teóricas y experiencias prácticas, Academia de Ciencias Políticas y Sociales, Comité Venezolano de Arbitraje, Caracas 2005, p. 408.

84 Véanse las leyes enumeradas, incluidas la Ley sobre el Derecho de Autor (1993), la Ley de Empresas de Seguro (1994), la Ley de Protección al Consumidor (1995) y la Ley Orgánica del Trabajo (1990) en Francisco Hung Vaillant, Reflexiones Sobre el Arbitraje en el Sistema Venezolano, pp. 90-101; Paolo Longo F., Arbitraje y Sistema Constitucional de Justicia, Editorial Frónesis S.A., Caracas, 2004, pp. 52-77; Víctor Hugo Guerra Hernández. "Evolución del arbitraje comercial interno e internacional," loc. cit., pp. 44-46; y en la Sentencia N.° 1541 de 2008.

85 Gaceta Oficial N° 33.144 del 15 de enero de 1985.

86 Gaceta Oficial N° 33.170 del 22 de febrero de 1985.

York).[87] En 1998, Venezuela adoptó la Ley de Arbitraje Comercial,[88] que se basa en la Ley Modelo sobre Arbitraje Comercial Internacional de la UNCITRAL.[89]

Por otra parte, específicamente en materia de inversiones extranjeras, y de conformidad con el régimen existente en esos tiempos, el decreto N° 2095 del 13 de febrero de 1992, que contenía la normativa sobre el "Régimen común de tratamiento a los capitales extranjeros y sobre marcas, patentes, licencias y regalías, aprobada por Sentencias N° 291 y 292 de la Comisión del Acuerdo de Cartagena" estipuló en forma general que "se podía utilizar la resolución de controversias o conflictos derivados de la inversión extranjera directa o de inversionistas subregionales o del traspaso de tecnología extranjera, y los mecanismos de jurisdicción o conciliación y arbitraje estipulados en la ley."[90] Por consiguiente, recurrir al arbitraje para la posible resolución de controversias de inversión se convirtió en una práctica generalizada.

4. La aceptación general del arbitraje en cuestiones derivadas de contratos públicos y el sentido de las disposiciones del Artículo 4 de la Ley de Arbitraje Comercial y del Artículo 151 de la Constitución

Específicamente, respecto al amplio uso de los mecanismos de arbitraje de conformidad con la cláusula de inmunidad jurisdiccional relativa de los contratos públicos, debido a la disposición constitucional de la Constitución de 1961 que destacó Morles,[91] como lo señalaran los tribunales del CIADI en los casos *Mobil* y *Cemex*, demuestra que en 1993 "en Venezuela el ambiente era cada vez más favorable para el arbitraje internacional" (Parr. 130; y Parr. 125, respectivamente) en el sentido de que "la hostilidad tradicional hacia el arbitraje internacional se había desvanecido en los 90 para dar lugar a una actitud más positiva" (caso *Mobil*, Parr. 131). Sin embargo, el Tribunal del CIADI en el caso *Mobil* agregó, de manera incomprensible, que: "Sin embargo, Venezuela permanecía reacia con respecto al arbitraje contractual en la esfera pública, como lo demuestra [el Artículo 4 de] la Ley de Arbitraje de 1998 y el Artículo 151 de la Constitución de 1999" (Parr. 131; 127, 128). Lo mismo se afirmó en la sentencia del *caso* Cemex (Parr. 125).

---

87   Gaceta Oficial (Extra) N° 4.832 del 29 de diciembre de 1994.

88   Gaceta Oficial N° 36.430 del 7 de abril de 1998.

89   Véase en general, Arístides Rengel Romberg, "El arbitraje comercial en el Código de Procedimiento Civil y en la nueva Ley de Arbitraje Comercial (1998)," loc. cit., pp. 47 y ss.

90   Gaceta Oficial N° 34.930 del 25 de marzo de 1992.

91   Véase Alfredo Morles Hernández, "La inmunidad de jurisdicción y las operaciones de crédito público," loc. cit., p. 1717.

Estos Tribunales, en mi criterio, no comprendieron realmente el contenido de estas dos disposiciones, de las cuales no puede derivar ninguna actitud "reacia" hacia el arbitraje.

El Artículo 4 de la Ley de Arbitraje Comercial, en efecto, dispone que:

"Cuando en un acuerdo de arbitraje al menos una de las partes sea una sociedad en la cual la República, los Estados, los Municipios y los Institutos Autónomos tengan participación igual o superior al cincuenta por ciento (50%) del capital social, o una sociedad en la cual las personas anteriormente citadas tengan participación igual o superior al cincuenta por ciento (50%) del capital social, se requerirá para su validez de la aprobación de todos los miembros de la Junta Directiva de dicha empresa y la autorización por escrito del ministro de tutela. El acuerdo de arbitraje especificará el tipo de arbitraje y el número de árbitros, el cual en ningún caso será menor de tres (3)."

Se trata de una disposición fundamental exclusivamente sobre el procedimiento administrativo, que sólo impone que el acuerdo de arbitraje cuando sea celebrado por entidades descentralizadas del sector público, sea suscrito de conformidad con sus reglamentos, y con la aprobación expresa del Ministro de tutela de la específica entidad descentralizada[92] Esta disposición, por tanto, sólo establece un requisitos de procedimientos administrativos,[93] por lo que resulta incomprensible que se considere que por ello el Estado pueda "demostrar" una "actitud reacia" hacia el arbitraje, o que dicha disposición estableciera que el país "permanezca reacio" hacia el arbitraje contractual (Caso *Mobil*, Parr. 129, 131; Caso *Cemex*, Parr. 125).

Aún más incomprensible es la referencia en las sentencias al Artículo 151 de la Constitución como supuesta prueba del "rechazo" de Venezuela hacia el arbitraje contractual. Dicha disposición establece, como se reconoce por lo general en el derecho internacional, por un lado, el principio de inmunidad relativa de la jurisdicción en cuestiones derivadas de contratos públicos; y por otro lado, el principio que rige que los Estados extranjeros no pueden iniciar procesos diplomáticos contra el Estado venezolano como consecuencia de contratos públicos cele-

---

92 En la Administración Pública venezolana no existe ningún "Ministerio de Protección Jurídica" como se expresó en una mala traducción de la expresión "Ministerio de tutela" en la sentencia del Tribunal CIADI en el caso Mobil (Parr. 128). Véase sobre el sentido del control de tutela, la Ley Orgánica de la Administración Pública, Artículos 78, 97.5, y 120-122. Decreto Ley Nº 6.217 del 15 de julio de 2008, en el Gaceta Oficial Nº 5.890 Extra. del 31 de julio de 2008. Véanse los comentarios en Allan R. Brewer-Carías et al., *Ley Orgánica de la Administración Pública*, Editorial Jurídica venezolana, Caracas 2008, pp. 77-79

93 Véanse sobre este Artículo los comentarios en Allan R. Brewer-Carías, "El arbitraje y los contratos de interés nacional," loc. cit., pp. 169-204.

brados con corporaciones extranjeras ("cláusula Calvo").[94] De dicha norma, por tanto, nada extraordinario o fuera de lo común puede encontrarse.

5. La política de inclusión de cláusulas de arbitraje en contratos públicos desde la década de los noventa

Por otra parte, debe mencionarse que desde los años noventa se ha incorporaron expresamente cláusulas sobre arbitraje en muchas leyes. Primero, en 1994, en el Decreto Ley N° 138 del 20 de abril de 1994, que contenía la Ley orgánica sobre concesiones de obras públicas y servicios públicos nacionales.[95] Esta ley incluyó un Artículo que estableció expresamente que el Ejecutivo Nacional y el concesionario podían acordar que las dudas y controversias que pudieran surgir como resultado de la interpretación y ejecución del contrato de concesión serían tratadas por un tribunal arbitral, para el cual las partes determinarían su composición, competencia, procedimiento y ley aplicable" (Artículo 10).[96]

Segundo, debe mencionarse que en 1995, el Congreso adoptó el *Acuerdo* mediante el cual se estableció el marco de Condiciones para los "Convenios de Asociación para la Exploración a Riesgo de Nuevas Áreas y la Producción de Hidrocarburos bajo el Esquema de Ganancias Compartidas" del día 4 de julio de 1995,[97] en el cual se estableció expresamente una cláusula arbitral para la solución de controversias. La misma fue impugnada por inconstitucionalidad ante la Corte Suprema mediante acción popular interpuesta, entre otros, por diputados al Congreso. La Corte Suprema en 1999 decidió el caso, declarando sin lugar la demanda, ratificando la constitucionalidad del Acuerdo del Congreso, sosteniendo que la incorporación de cláusulas de arbitraje en los contratos públicos de asociación para la explotación petrolera eran válidos en los términos del Artículo 127 de la Constitución de 1961, vigente en ese momento (equiva-

---

94 Véase sobre este Artículo nuestra propuesta ante la Asamblea Nacional Constituyente, en Allan R. Brewer-Carías, "Propuesta sobre la cláusula de inmunidad relativa de jurisdicción y sobre la cláusula Calvo en los contratos de interés público," en *Debate Constituyente (Aportes a la Asamblea Nacional Constituyente),* Vol. I (8-Agosto-8 Septiembre 1999), Fundación de Derecho Público/Editorial Jurídica Venezolana, Caracas 1999, pp. 209-233.

95 Gaceta Oficial N° 4.719 Extra. del 26 de abril de 1994.

96 Luis Fraga Pittaluga, "El arbitraje y la transacción como métodos alternativos de Resolución de conflictos administrativos," en las IV Jornadas Internacionales de Derecho Administrativo Allan Randolph Brewer Carías, *La relación jurídico-administrativa y el procedimiento administrativo,* Fundación de Estudios de Derecho Administrativo, FUNEDA, Caracas 1998, p. 178. Este autor declaró en 1998 que "la admisión del arbitraje en el campo administrativo es una tendencia irreversible", Íd. p. 177.

97 Gaceta Oficial N° 35.754 del 17 de julio de 1995.

lente al Artículo 151 de la Constitución de 1999).[98] Dicha sentencia de la Corte Suprema de Justicia ha sido considerada como un precedente judicial clave en materia de arbitraje en contratos públicos y sobre el sentido de la cláusula de inmunidad relativa de jurisdicción en el país.[99]

Durante el mismo período de tiempo de finales de los noventa se incorporó el Artículo 4 en la Ley de Arbitraje Comercial de 1998, en el cual se admitió en forma expresa la incorporación de las cláusulas de arbitraje en contratos públicos, sujetos a la aprobación del órgano competente, de conformidad con los reglamentos de la entidad y con la autorización escrita del Ministerio de tutela en los casos de entidades descentralizadas. Se trató, en todo caso, de una disposición que lo que evidencia es la ratificación y aceptación expresa por parte del Congreso de la posibilidad de incorporar cláusulas arbitrales en los contratos públicos, estableciendo a tal efecto, reglas de gestión elementales en la Administración pública, como las derivadas del ejercicio del control administrativo.

Por otra parte, la disponibilidad del arbitraje como recurso para la solución de controversias en contratos del Estado ha sido reconocida en gran número de sentencias judiciales posteriores, varias de las cuales fueron emitidas con anterioridad a la sanción de la Ley de Inversiones de 1999.[100] Por ejemplo, el 15 de junio del mismo año 1998, la Sala Político

---

98 Véase la sentencia en Allan R. Brewer-Carías (Compilador), Documentos del Juicio de la Apertura Petrolera (1996-1999), Caracas, 2004 disponible en http://allanbrewercarias. com/ Content/449725d9-f1cb-474b-8ab2-41efb849fea3/Content/I,%202,%2022.%20% 20APERTURA%20PETROLERA.%20DOCUMENTOS%20DEL%20JUICIO.pdf (Biblioteca Virtual, I.2. Documentos, N° 22, 2004), pp. 280-328. La Sala Constitucional del Tribunal Supremo de Justicia confirmó el fallo emitido bajo la Constitución de 1961, que sostenía que el Artículo 151 de la Constitución de 1999 permite la incorporación de normas de arbitraje en contratos de interés público. Véase la Sentencia N° 1541 del 2008 y la Sentencia N° 97 del 11 de febrero de 2009 (Interpretación de los Artículos 1 y 151 de la Constitución. Fermín Toro Jiménez, Luis Brito García et al.). Véanse los comentarios de agosto de 1999 que ratifican la Resolución del Congreso que aprueba el Marco del Convenio de Asociación que realicé al rechazar la propuesta constitucional del Presidente Chávez respecto al Artículo 151 de la Constitución, en Allan R. Brewer-Carías "Propuesta sobre la cláusula de inmunidad relativa de jurisdicción y sobre la cláusula Calvo en los contratos de interés público," en Debate Constituyente (Aportes a la Asamblea Nacional Constituyente), Vol. I (8- Agosto-8 Septiembre 1999), Fundación de Derecho Público/Editorial Jurídica Venezolana, Caracas 1999, pp. 220-229.

99 Véase Juan Carlos Balzán, "El arbitraje en los contratos de interés a la luz de la cláusula de inmunidad de jurisdicción prevista en el artículo 151 de la Constitución," loc. cit., pp. 349-357; Margot Y. Huen Rivas, "El arbitraje internacional en los contratos administrativos," loc. cit., pp. 438-39.

100 Véanse los casos citados en Juan Carlos Balzán, "El arbitraje en los contratos de interés a la luz de la cláusula de inmunidad de jurisdicción prevista en el artículo 151 de la Constitución," pp. 333- 335, 349, y en José G. Villafranca, "Precisión jurisprudencial en torno a la inmunidad de jurisdicción en demandas por responsabilidad patrimonial (Comentario a la sentencia de la CSJ-SPA de fecha 30-07-1998)," en Revista de Derecho Administrativo, N° 4, Editorial Sherwood, Caracas 1998, p. 347-360.

Administrativa del Tribunal Supremo de Justicia dictó la sentencia del *caso Industrias Metalúrgicas Van Dam, C.A. vs. República de Venezuela. Ministerio de la Defensa*, en la cual reconoció las cláusulas de arbitraje en contratos públicos, que en este caso tenían objeto militar, para la solución de controversias sobre los "aspectos técnicos" del contrato, excluyendo las cuestiones de seguridad y defensa nacional.[101]

De lo anterior resulta que, en realidad, en las décadas anteriores a 1999 ya se identificaba una tendencia a superar la otrora actitud histórica que existió en el pasado de "reticencia" respecto de las cláusulas de arbitraje y respecto del tema de la renuncia relativa a la inmunidad de jurisdicción del Estado en los contratos de derecho público, incluso antes de la sanción de la Constitución de 1961 y de la reforma del Código de Procedimiento Civil de 1986. Esta tendencia se consolidó legislativamente, precisamente a partir de 1999

IV. LA POLÍTICA PÚBLICA PRO ARBITRAJE DEFINIDA POR EL ESTADO EN 1999 Y PLASMADA EN LA CONSTITUCIÓN DE 1999

1. La tendencia pro arbitraje de toda la legislación sancionada en 1999

En efecto, la sanción de la Ley de Inversiones de 1999 fue el resultado de una política económica definida por el nuevo gobierno que comenzó en febrero de ese año, destinada a atraer inversiones y, particularmente, inversiones extranjeras. Para ello, el Presidente Hugo Chávez, quien había sido electo por primera vez en diciembre de 1998 y asumió su cargo el 2 de febrero de 1999, propuso al Congreso la sanción de una Ley orgánica de habilitación legislativa que lo autorizara a sancionar un conjunto de decretos leyes relacionadas con la administración, las finanzas, los impuestos y la economía públicas, con particular énfasis, en este último campo para promover, proteger e incentivar las inversiones extranjeras en el país.

Con base en el proyecto presentado por el mismo Ejecutivo Nacional, unas semanas después, en abril de 1999, el Congreso sancionó la Ley Orgánica habilitante de abril de ese año 1999,[102] autorizando al Presidente de la República no sólo para dictar normas legislativas para "fomentar la

---

101 Véase las referencias en Juan Carlos Balzán, "El arbitraje en los contratos de interés a la luz de la cláusula de inmunidad de jurisdicción prevista en el artículo 151 de la Constitución", loc. cit., pp. 349-350.

102 Véase la Ley Orgánica que Autoriza al Presidente de la República Para Dictar Medidas Extraordinarias en Materia Económica y Financiera Requeridas por el Interés Público en el Gaceta Oficial N° 36.687 del 26 de abril de 1999.

protección y la promoción de inversiones nacionales y extranjeras, con el fin de establecer un marco legal para las inversiones y para ofrecer mayor seguridad jurídica" (Artículo 1.4.f); sino que además lo autorizó para "reformar el Decreto Ley sobre concesiones de obras públicas y servicios públicos nacionales para estimular las inversiones privadas" para proyectos existentes o futuros (Art. 1.4.h) y para emitir las medidas necesarias para la explotación de gas, modernizando la legislación en el tema (Art. 1.4.i). Fue por tanto el Ejecutivo Nacional el que definió las políticas económicas del país, centrándose en la promoción y protección de las inversiones en general, y en cuestiones de obras y servicios públicos, hidrocarburos, gas y minas, propósito para el cual efectivamente recibió una amplísima y comprensiva autorización legislativa con el fin de sancionar leyes por medio de la legislación delegada. Y fue precisamente a través de esta autorización legislativa que el Poder Ejecutivo emitió el Decreto Ley que contentivo de la Ley de Inversiones de 1999, así como varios otros Decretos Ley que no fueron emitidos por el Presidente de la República "en el ejercicio del poder conferido a él por la nueva Constitución Política", como se afirmó erróneamente en la sentencia CIADI del caso *Brandes* (Parr. 25). La "nueva" Constitución en realidad fue sancionada luego de que fueran aprobadas la Ley habilitante de abril de 1999 y la Ley de Inversiones de ese mismo año.

Por otra parte, un mes después de que fuera publicada la sentencia de agosto de 1999 de la antigua Corte Suprema de Justicia, por la cual se rechazó la impugnación del Acuerdo del Congreso sobre los Convenios de asociación petroleros, el Presidente de la República procedió a sancionar cuatro Decretos Ley importantes en ejecución de las disposiciones de la Ley habilitante antes mencionada, relativos a inversiones (Artículos 1.4.f.; 1.4.h; 1.4.i; y 1.4.j), en los cuales, en todos los casos, se establecieron cláusulas de arbitraje como medio de resolución de controversias entre el Estado y los particulares.[103] Entre esos Decretos Ley se destacan los referentes a los hidrocarburos gaseosos, a la promoción y protección de las inversiones a través de concesiones, y la Ley de Inversiones.

En relación con la Ley de hidrocarburos gaseosos,[104] en la misma se dispuso conforme al Artículo 127 de la Constitución de 1961, que en todas las licencias otorgadas a particulares con el fin de llevar a cabo actividades de exploración y explotación de hidrocarburos gaseosos, se debía considerar incluida una cláusula (aún cuando no estuviese expresada por escrito), que estipulase que "las dudas y controversias de cualquier tipo que pudiesen surgir como resultado de la licencia, y que las partes no pu-

---

103 Véase Gaceta Oficial N° 5.382 Extra del 28 de septiembre de 1999.

104 Decreto Ley N° 310 del 12 de septiembre de 1999, Gaceta Oficial N° 36.793 del 23 de septiembre de 1999.

dieran resolver en forma amigable, *incluso por arbitraje*, serán resueltas por los tribunales competentes de la República, de conformidad con sus leyes, sin la posibilidad de realizar reclamos extranjeros por ningún motivo o causa" (Artículo 25.6.b). En esta forma, la reconoció en forma expresa la posibilidad de someter a arbitraje las controversias sobre cuestiones relacionadas con las licencias otorgadas por el Estado para la exploración y explotación de los hidrocarburos gaseosos.[105]

En la Ley sobre promoción de la inversión privada bajo el régimen de concesiones,[106] el Presidente dispuso en el decreto ley que la decretó, que en los contratos de concesiones públicas, las partes: "pueden acordar en el contrato respectivo someter sus controversias a la sentencia del Tribunal Arbitral, del cual las partes determinarán de común acuerdo la composición, competencia, procedimiento y ley aplicable, de conformidad con las normas aplicables en la materia." Esta norma pro arbitraje en un área sensible de los contratos públicos como son las concesiones de obras y servicios públicos ha sido reafirmada por un gran número de sentencias dictadas con posterioridad de tribunales venezolanos.[107]

La tercera ley en la cual se estableció la cláusula arbitral sancionada por el Presidente de la República mediante la utilización de los poderes legislativos delegados, fue precisamente el Decreto Ley N° 356 del 13 de octubre de 1999, sobre la Ley de promoción y protección de Inversiones, la cual contiene previsiones expresas sobre arbitraje en varias disposiciones: primero, en el Artículo 21 (arbitraje estado-estado); segundo, en el Artículo 22 (arbitraje internacional o juicio ante tribunales nacionales con un

---

105 En igual sentido véase, por ejemplo, J. Eloy Anzola, "El fatigoso camino que transita el arbitraje," en Irene Valera (Coordinadora), Arbitraje Comercial Interno e Internacional. Reflexiones teóricas y experiencias prácticas, Academia de Ciencias Políticas y Sociales, Comité Venezolano de Arbitraje, Caracas 2005, p. 419 Expresó: "Debemos suponer que fue realizada con la clara intención de admitir el arbitraje como medio de resolución de conflictos en los contratos de exploración y explotación de conformidad con el texto de la constitución... para incentivar la participación de los particulares, que sin duda se sentirán más cómodos buscando justicia ante un tribunal arbitral, sin la necesidad de recurrir a los tribunales locales".

106 Ley Orgánica sobre promoción de la inversión privada bajo el régimen de concesiones, Gaceta Oficial N.º 5.394 Extra. del 25 de octubre de 1999. Véase Diego Moya-Ocampos Pancera y María del Sol Moya-Ocampos Pancera, "Comentarios relativos a la procedencia de las cláusulas arbitrales en los contratos de interés público nacional, en particular: especial las concesiones mineras," en Revista de Derecho Administrativo, N° 19, Editorial Sherwood, Caracas 2006, p. 174. Véase en general respecto a esta Ley, Alfredo Romero Mendoza, "Concesiones y otros mecanismos no tradicionales para el financiamiento de obras públicas", en Alfredo Romero Mendoza (Coord.), *Régimen Legal de las Concesiones Públicas. Aspectos Jurídicos, Financieros y Técnicos*, Editorial Jurídica Venezolana, Caracas 2000, pp. 28-29.

107 Véase, por ejemplo, un resumen en Alfredo Romero Mendoza (Coord.), *Régimen Legal de las Concesiones Públicas. Aspectos Jurídicos, Financieros y Técnicos*, pp. 12, 28, 29, 155.

inversionista internacional); y tercero, el Artículo 23 (juicio ante tribunales nacionales o arbitraje con un inversionista nacional o internacional). En los dos últimos casos, el consentimiento del Estado para someter las controversias a arbitraje está expreso en la Ley, y la decisión de recurrir al arbitraje o a los tribunales nacionales está a cargo del inversionista (como su derecho).

La disposición del Gobierno en 1999 respecto a la resolución de controversias en materia de inversiones fue, sin duda, favorable al arbitraje, como resulta de la legislación antes mencionada. Contrario, lo que se confirma por la discusión simultánea de la nueva Constitución (de 1999) sobre la cuestión de la obligación del Estado de promover el arbitraje (art. 258).

2. La tendencia pro arbitraje de la Constitución de 1999 y la extraña propuesta presentada ante la Asamblea Constituyente por el Presidente Chávez en 1999

La Constitución de 1999, en efecto, incorporó el arbitraje como un recurso alternativo para la solución de controversias, que es un componente del sistema judicial (Artículo 253), exigiendo al Estado promoverlo en el artículo 258, al disponer que "La ley promoverá el arbitraje, la conciliación, la mediación y cualesquiera otros medios alternativos de solución de conflictos;"[108] garantizando el arbitraje, además, como un derecho fundamental.[109] Es decir, es el mismo texto de la Constitución el que impone a todos los órganos del Estado la tarea de promover el arbitraje, y establece la posibilidad de someter las disputas a arbitraje, como un derecho constitucional de todos los ciudadanos, lo que confirma que ya en 1999 no existía n el país una "cultura de hostilidad" preponderante hacia el arbitraje. Por el contrario, la Constitución de 1999, las leyes sancionadas por el nuevo Gobierno de 1999, el sistema legal en su totalidad y los ins-

---

108 Véase Eugenio Hernández Bretón, "Arbitraje y Constitución" para leer sobre el reconocimiento del arbitraje como medio alternativo de pronunciamiento judicial en la Constitución de 1999, y la promoción del arbitraje como una obligación constitucional de todos los órganos estatales. El arbitraje como derecho fundamental", loc. cit., p. 27; Sentencia Nº 1541 de 2008; Tribunal Supremo de Justicia, Sala constitucional, Sentencia Nº 186 del 14 de febrero de 2001 (Caso: Impugnación constitucional de los Artículos 17, 22 y 23 de la Ley de Inversiones de 1999, Fermín Toro Jiménez y Luis Brito García).

109 Para leer sobre el arbitraje como derecho fundamental, véase Eugenio Hernández Bretón, "Arbitraje y Constitución. El arbitraje como derecho fundamental", pp. 25, 27-28, quien observó que la Constitución de 1830 estableció que el arbitraje es un derecho fundamental de los ciudadanos. En este mismo sentido, véase J. Eloy Anzola, "El fatigoso camino que transita el arbitraje," en Irene Valera (Coordinadora), *Arbitraje Comercial Interno e Internacional. Reflexiones teóricas y experiencias prácticas*, Academia de Ciencias Políticas y Sociales, Comité Venezolano de Arbitraje, Caracas 2005, p. 409-410.

trumentos internacionales de los que Venezuela formaba parte, aceptaban y promovían el arbitraje.[110]

Siguiendo la misma orientación pro arbitraje, aún cuando quizás en exceso permisiva respecto del arbitraje internacional en contratos públicos, el Presidente de la República H. Chávez presentó ante la Asamblea Nacional Constituyente en agosto de 1999, el texto de un artículo para reemplazar al Artículo 127 de la anterior Constitución de 1961(equivalente al artículo 151 de la Constitución de 1999), en la cual sólo establecía el principio de la inmunidad de jurisdicción absoluta para los contratos suscritos por la República (que son realmente escasísimos), dejando sin ninguna restricción la renuncia de jurisdicción en todos los otros contratos suscritos por otros entes públicos (los Estados, los Municipios, los institutos autónomos o las empresas del Estado, por ejemplo, que son la mayoría); propuesta en la cual, además, el Presidente propuso abandonar la cláusula Calvo. Esa fue precisamente la razón por la que como miembro de la Asamblea me opuse fuertemente a dicha propuesta, y más bien propuse incluir en la nueva Constitución el mismo texto del Artículo 127 de la Constitución de 1961.

Afortunadamente, mi propuesta se impuso en el actual Artículo 151 de la Constitución de 1999, y se rechazó la propuesta del Presidente de reducir a sólo y únicamente respecto de la República (no de los estados, las municipalidades, las corporaciones o las empresas públicas), la previsión de que no se someterían "jamás a jurisdicciones extranjeras en un contrato de interés público." Como se dijo, sin embargo, con respecto a los contratos públicos celebrados por otros entes estatales (que comprenden la gran mayoría de los contratos públicos) y con respecto a los tratados o acuerdos internacionales y a las leyes nacionales que establecen el arbitraje internacional, el Presidente propuso eliminar todos los límites al arbitraje, permitiéndolo incluso sin considerar la "naturaleza" del contrato o la cuestión que el mismo comprendiera. Partiendo de esta orientación, que no compartíamos, sin embargo, lo que resultaba claro era que ello era congruente con la intención del gobierno de incluir una oferta abierta e ilimitada para arbitrar todas sus disputas en un foro como el del CIADI en la Ley de Inversiones dictada por el propio Presidente de la república en esos mismos días.

Por su interés histórico en esta materia, deben destacarse las consecuencias que podría haber provocado la propuesta del Presidente Chávez,[111] de

---

110 El arbitraje del CIADI continuó siendo incorporado en los tratados bilaterales para la promoción y protección de las inversiones, firmados y ratificados a partir de 1999. Véase por ejemplo el Tratado bilateral de inversión Venezuela-Francia en el Gaceta Oficial Nº 37.896 del 11 de marzo de 2004.

111 Véase Hugo Chávez Frías, Ideas Fundamentales para la Constitución bolivariana de Venezuela, 5 de agosto de 1999.

haber sido aprobada si se la compara con el texto del Artículo 127 de la Constitución de 1961 (que se conservó en el Artículo 151 de la Constitución de 1999). En efecto, el Artículo 127 de la Constitución de 1961 disponía

Artículo 127. "En los contratos de interés público, si no fuere improcedente de acuerdo con la naturaleza de los mismos, se considerará incorporada, aun cuando no estuviere expresa, una cláusula según la cual las dudas y controversias que puedan suscitarse sobre dichos contratos y que no llegaren a ser resueltas amigablemente por las partes contratantes serán decididas por los tribunales competentes de la República, de conformidad con sus leyes, sin que por ningún motivo ni causa puedan dar origen a reclamos extranjeros."

Artículo propuesto por el Presidente Chávez: "En los contratos celebrados por la República que sean considerados de interés público, se considerará incorporada, aun cuando no estuviere expresa, una cláusula según la cual las dudas y controversias que puedan suscitarse sobre dichos contratos serán decididas por los tribunales competentes de la República, de conformidad con las leyes".

Esta propuesta presentada por el Presidente Chávez, sin duda, era extremadamente extraña e inapropiada respecto al principio de inmunidad de jurisdicción del Estado, pues planteaba que en los contratos celebrados por todos los entes públicos o personas jurídicas (a diferencia de la República), tales como los estados, las municipalidades, las instituciones autónomas y otras personas jurídicas del derecho público, así como cualquier otra empresa pública, no debía existir límite alguno en materia de renuncia a la inmunidad de jurisdicción. El Presidente Chávez, por tanto, en realidad proponía que la norma constitucional fuese más liberal que la norma de la Constitución de 1961, al reducir la inmunidad de jurisdicción absoluta sólo respecto de los contratos celebrados por la "República" y no por entidades públicas descentralizadas.

Pero además, la propuesta del Presidente Chávez implicaba eliminar totalmente de la Constitución la llamada "cláusula Calvo," de tradición más que centenaria, al eliminar la prohibición de que los contratos de interés público pudieran originar reclamos diplomáticos extranjeros contra la República. De estas propuestas, sin duda extrañas, sin embargo, lo que no se puede es concluir, que el gobierno estuviera opuesto en general al arbitraje internacional. Por el contrario, con esta propuesta, como lo sostuve en el debate de la Asamblea General Constituyente en septiembre de 1999,[112] lo que se intentaba era eliminar de la Constitución las restricciones en materia de inmunidad relativa de jurisdicción.

---

112 Véase Allan R. Brewer-Carías, "Propuesta sobre la cláusula de inmunidad relativa de jurisdicción y sobre la cláusula Calvo en los contratos de interés público," en *Debate*

3. La ratificación de la tendencia pro arbitraje en la legislación sancionada por el Gobierno en 1999

En todo caso, la tendencia ampliamente favorable hacia el arbitraje generada por los Decretos Ley emitidos por el Presidente Chávez en 1999 en cuestiones relacionadas con la inversión en general, y en particular, con las inversiones en concesiones administrativas y licencias para obras y servicios públicos, y con el campo de los hidrocarburos gasíferos y minas, fue ratificada dos años más tarde, en 2001, en un nuevo conjunto de Leyes que incluyó el reconocimiento general del arbitraje como un medio de resolución de conflictos. Por ejemplo, el Código Orgánico Tributario de octubre de 2001, incluyó un reconocimiento general del arbitraje como recurso para la resolución de controversias entre los contribuyentes y el Estado.[113]

Posteriormente, también en el año 2001, se admitió en forma general el arbitraje al establecerlo como un recurso de resolución de disputas entre el Estado y los particulares en un sector público muy importante y nacionalizado como es el del petróleo, en casos relacionados con la constitución de compañías mixtas para la explotación de actividades primarias de hidrocarburos. El Decreto Ley Nº 1510 del 2 de noviembre de 2001, mediante el cual se sancionó la Ley Orgánica de Hidrocarburos[114] en ejecución de una nueva Ley Orgánica Habilitante aprobada por la entonces recién electa Asamblea Nacional en noviembre de 2000,[115] por la cual se ratificó lo dispuesto por el Artículo 151 de la Constitución de 1999. Esta Ley estipuló que en los contratos que celebraran compañías mixtas para la explotación de hidrocarburos debía considerarse incluida, aún sin estar expresa, una cláusula según la cual "las dudas y controversias de cualquier tipo que puedan suscitarse a partir de la ejecución de las actividades y que no llegaren a ser resueltas amigablemente por las partes, *incluido el arbitraje,*" debían ser resueltas por los tribunales (Artículo 34.3.b).

Constituyente (Aportes a la Asamblea Nacional Constituyente), Vol. I (8-Agosto-8 Septiembre 1999), Fundación de Derecho Público/Editorial Jurídica Venezolana, Caracas 1999, pp. 209 233.

113 Artículos 312-326. Código Orgánico Tributario, Gaceta Oficial Nº 37.305 del 17 de octubre de 2001.

114 Ley Orgánica de Hidrocarburos, Gaceta Oficial Nº 37.323 del 13 de noviembre de 2001.

115 Ley Orgánica Habilitante de noviembre de 2000, Gaceta Oficial Nº 37.076 del 13 de noviembre de 2000.

Esta norma reconoció en forma expresa por Ley la posibilidad de someter a arbitraje la resolución de disputas que se suscitasen de actividades del sector de hidrocarburos cuando se formaron las empresas mixtas con inversionistas privados.[116]

Todos estos Decretos Ley, y leyes sancionadas por la Asamblea Nacional entre 1999 y hasta el 2001, confirman como lo dijo Balzán, que en Venezuela, "sin duda existía una tendencia legislativa clara hacia la admisión del arbitraje en los contratos relacionados con la actividad comercial en la Administración pública."[117]

4. La intención del gobierno en 1999 de expresar el consentimiento del estado para el arbitraje internacional en el artículo 22 de la Ley de Inversiones

Esa tendencia fue precisamente la que se evidenció en la intención de los redactores de la Ley de Inversiones y del Ejecutivo Nacional al considerarla y aprobarla en septiembre de 1999, y que se expresó en el antes mencionado Artículo 22, como un la manifestación del consentimiento de la República de someter las disputas en materia de inversiones a arbitraje internacional, en especial ante el CIADI; en la forma de oferta abierta, sujeta solo a la condición de que los respectivos tratados o acuerdos, como el convenio CIADI, establecieran un marco o mecanismo para el arbitraje internacional. La oferta formulada les dio el derecho a los inversionistas de recurrir, de acuerdo a su propia voluntad, al arbitraje internacional o a los tribunales nacionales.

El Decreto Ley sobre la Ley de Inversiones, contrario a la práctica observada en casi todos los Decretos Ley dictados por el Presidente de la República en aquel momento, no tiene una *Exposición de Motivos,* lo que no implica por supuesto, que la Ley en sí misma no tuviera sus "motivos" o finalidades o que el Ejecutivo Nacional no tuviera una intención determinada al dictarla. La Ley de Inversiones, al contrario, tenía motivos precisos, no solo para promover y proteger las inversiones, sino también para promover el arbitraje, garantizar la resolución arbitral de las disputas, y, en consecuencia, limitar el alcance de la jurisdicción de los tribunales na-

---

116 Lo mismo sucedió con la reforma del Estatuto Orgánico para el desarrollo de Guayana, también sancionado por medio del Decreto Ley Nº 1.531 del 7 de noviembre de 2001, Gaceta Oficial Nº 5.561 Extra. del 28 de noviembre de 2001 y la Ley Orgánica para la prestación de los servicios de agua potable y saneamiento sancionada por la Asamblea Nacional en diciembre de 2001. Véase la Ley Orgánica para la prestación de los servicios de agua potable y saneamiento, Gaceta Oficial Nº 5.568 Extra. del 31 de diciembre de 2001.

117 Véase Juan Carlos Balzán, "El arbitraje en los contratos de interés a la luz de la cláusula de inmunidad de jurisdicción prevista en el artículo 151 de la Constitución," loc. cit., p. 299.

cionales en esta materia. El objeto de la Ley de Inversiones, que en este sentido se ve expresado en su primer Artículo, en el que queda claro que sus disposiciones "buscan regular la actuación del Estado respecto de las inversiones y a los inversionistas, nacionales o extranjeros, es decir, la Ley busca regular "la actuación del Estado frente a tales inversiones e inversionistas, con miras a lograr el incremento, la diversificación y la complementación armónica de las inversiones en favor de los objetivos del desarrollo nacional" (Artículo 1).[118] Y esto es lo que la Ley estipula de manera precisa en su Artículo 22: limitar, no excluir, la competencia de los tribunales nacionales en materia de inversiones al prever el arbitraje internacional, pero siempre permitiendo que sean los inversores quienes escojan la jurisdicción.

En este aspecto, en la ausencia de una "Exposición de Motivos" del Decreto Ley de la Ley de Inversiones, al ser éste producto de un proceso de redacción burocrático y no un proceso parlamentario con debates realizados en un cuerpo legislativo, la intención de sus redactores es sin duda una fuente válida para determinar el objeto que tuvo el "legislador" al dictarla.[119] Esto se aplica particularmente a los borradores o papeles de trabajo del proyecto de Decreto,[120] a cuyo efecto debe tenerse en cuenta, por ser de público conocimiento, que dicho proyecto de Ley de Inversiones de 1999 se redactó bajo la dirección del entonces Embajador Jefe de la Delegación permanente de Venezuela ante la OMC y los organismos de la ONU con sede en Ginebra,[121] quien había tenido una importante función en la formulación de políticas venezolanas en favor de las inversiones, incluyendo las negociaciones de un fallido tratado bilateral de inversiones

---

118 Véase Eugenio Hernández Bretón, "Protección de Inversiones en Venezuela," en *Boletín de la Academia de Ciencias Políticas y Sociales,* N° 142, Caracas 2004, pp. 221-222.

119 La Sala Constitucional del Tribunal Supremo de Justicia sostiene que la determinación del objeto del Legislador debe "comenzar en la voluntad del redactor de la disposición, tal como surge de los debates previos a su promulgación". Véase Tribunal Supremo de Justicia, Sala Constitucional, Sentencia N° 1.173 del día 15 de junio de 2004 (Caso: Interpretación del Artículo 72 de la Constitución de la República Bolivariana de Venezuela) (Exp. 02-3.215), en *Revista de Derecho Público* N° 97-98, Editorial Jurídica Venezolana, Caracas 2004, pp. 429 ss.

120 Es lo que en la Convención de Viena sobre el derecho de los tratados de 1969 se denominó como "medios de interpretación complementarios" que incluye la referencia a los tratados, su "trabajo preparatorio" y las "circunstancias de su terminación" (Artículo 32).

121 El embajador era el Ing. Werner Corrales-Leal. Véase Eduardo Camel A., "Ley de promoción de Inversiones viola acuerdos suscritos por Venezuela", El Nacional, Caracas 15 de septiembre de 1999. El carácter de Corrales como redactor se reconoció de manera oficial, por ejemplo, en un comunicado de prensa del Ministerio de Relaciones Exteriores, Oficina de Comunicaciones y Relaciones Institucionales, "Resumen de Medios nacionales e Internacionales", 29 de abril de 2009, p. 23. Véase también Alberto Cova, "Venezuela incumple Ley de Promoción de Inversiones,' en El Nacional, 24 de abril de 2009.

con los EE. UU. Que no se firmó.[122] Dicho funcionario tuvo a su cargo la dirección del proceso de redacción de la Ley de Inversiones[123], a cuyo efecto preparó informes y dictámenes para el Gobierno. Uno de estos informes, de abril de 1999, contiene ideas para el diseño del régimen legal de promoción y protección de inversiones en Venezuela,[124] y en el mismo se explica que "un régimen aplicable a inversiones extranjeras debe dejar abierta la posibilidad de recurrir al arbitraje internacional, el cual, actualmente, se acepta casi en todos los países del mundo, ya sea por medio del mecanismo que prevé el Convenio sobre Arreglo de Diferencias Relativas a Inversiones entre Estados y Nacionales de otros Estados (CIADI) o por medio de la presentación de la disputa ante un árbitro internacional o un tribunal arbitral *ad hoc* como el propuesto por UNCITRAL."[125]

Esta opinión expresada en este documento fue expuesta de manera aún más explícita en un ensayo escrito por los mismos autores en el que explicaron *"Algunas ideas sobre el Nuevo régimen de promoción y protección de inversiones en Venezuela"* publicado poco después de que la Ley de Inversiones de 1999 entrara en vigencia. Los autores y corredactores de la Ley de Inversiones en dicho ensayo declararon que "un régimen aplicable a inversiones extranjeras debe mantener la posibilidad de recurrir unilateralmente al arbitraje internacional, el cual, actualmente, se acepta casi en todos los países del mundo, ya sea por medio del mecanismo que prevé el Convenio sobre Arreglo de Diferencias Relativas a Inversiones entre Estados y Nacionales de otros Estados (CIADI) o por medio de la presentación de la disputa ante un árbitro internacional o un tri-

---

122 Por ejemplo, véase Gioconda Soto, "Cancillería llama a consultas a Corrales y Echeverría," en El Nacional, 10 de junio de 1998; Fabiola Zerpa, "Venezuela rechaza presiones para firmar Acuerdo con EEUU," El Nacional, Caracas 12 de junio de 1998; Alfredo Marquez Saavedra, "Tratado de inversiones con EE.UU. divide a negociadores venezolanos," en El Nacional, Caracas 16 de junio de 1998.

123 En enero de 1999, el Embajador Corrales como Jefe de Representantes Permanentes de Venezuela ante la OMC y la ONU con sede en Ginebra, presentó ante el Gobierno un documento titulado "Formulación de un Anteproyecto de ley de promoción y Protección de Inversiones (Términos de referencia), enero 1999". Este documento se cita en Werner Corrales Leal y Marta Rivera Colomina, "Algunas ideas sobre el Nuevo régimen de promoción y protección de inversiones en Venezuela," y en Luis Tineo y Julia Barragán (Comp.), La OMC como espacio normativo. Un reto para Venezuela, Asociación Venezolana de Derecho y Economía, Caracas, p. 195; también en Victorino Tejera Pérez, "Las leyes de Inversiones Municipales, ¿Siempre constituyen una oferta unilateral de arbitraje? La Ley de Inversiones venezolana: Un estudio de casos," loc. cit., p. 116; Victorino Tejera Pérez, Arbitraje de Inversiones, pp. 155-156.

124 Véase Werner Corrales-Leal y Marta Rivera Colomina, "Algunas ideas relativas al diseño de un régimen legal de promoción y protección de inversiones en Venezuela," 30 de abril de 1999. Documento preparado por solicitud del Ministro del CORDIPLAN.

125 Íd., pp. 10-11.

bunal arbitral *ad hoc* como el propuesto por UNCITRAL."[126] La referencia que se hace de recurrir de manera unilateral al arbitraje internacional deja en claro, sin duda, la intención de las personas encargadas de redactar la Ley de Inversiones de 1999 en el sentido de que el Artículo 22 expresara el consentimiento del Estado para llevar a cabo arbitrajes ante el CIADI, que es la única forma cómo los inversionistas podrían tener la opción de recurrir de manera unilateral a dicho arbitraje internacional o de decidir presentarse ante tribunales nacionales.

Debido a que el Estado por medio del Gobierno (el Ejecutivo) era quien estaba en contacto con a los redactores y quien también se encontraba involucrado (mediante el Gabinete Ejecutivo) en aprobar la Ley de Inversiones una vez que fuera redactada, esto implicaba, por tanto, también que esa debe tenerse como la intención del Estado. Dicho de otra manera, permitir recurrir de manera unilateral al arbitraje en relación con la Ley de Inversiones de 1999 presupone que dicha ley prevé el consentimiento necesario para que el inversor tenga el derecho de recurrir unilateralmente al arbitraje internacional.

El tribunal del CIADI en sus Sentencias en los casos *Mobil* y *Cemex*, haciendo referencia a estos trabajos contemporáneos de los redactores de la ley, cuando la misma se encontraba en proceso de redacción, expuso que el Embajador encargado "no remarcó que los redactores o el Artículo 22 buscaran prever el consentimiento en los arbitrajes del CIADI en la ausencia de tratados bilaterales de inversión" (Parr. 136; y Parr. 132, respectivamente), lo cual consideramos que fue una forma errónea de interpretar dichos ensayos. Los redactores trabajaron el proyecto en sus propias palabras, y con la autorización de la República para elaborar una Ley de Inversiones, en la cual consideraron necesario, en beneficio de los inversionistas, "dejar abierta la posibilidad de recurrir unilateralmente al arbitraje internacional", siendo esto posible solo si el Estado ha previsto en el mismo texto del Artículo 22 de la Ley de Inversiones el consentimiento necesario para el arbitraje del CIADI en la ausencia de tratados bilaterales de inversión. Como destacó de manera correcta el tribunal del CIADI en el caso *Cemex*, "la palabra 'unilateralmente' no apareció en el primer artículo del 30 de abril de 1999. Se agregó en el segundo artículo en 2000" (Parr. 131, Nota 118), precisamente porque el segundo artículo

---

126 Véase Werner Corrales-Leal y Marta Rivera Colomina, "Algunas ideas sobre el nuevo régimen de promoción y protección de inversiones en Venezuela," cit. p. 185. En la ausencia del "historial legislativo" del Decreto Ley, Victorino Tejera Pérez considera que dicho artículo de Corrales y Rivera "podría ser considerado como un medio complementario de interpretación, como se establece en el Artículo 32 de la Convención de Viena sobre el derecho de los tratados". Véase Victorino Tejera Pérez, Arbitraje de Inversiones, p. 187; Victorino Tejera Pérez, "Las leyes de Inversiones Municipales, ¿Siempre constituyen una oferta unilateral de arbitraje? La Ley de Inversiones venezolana: Un estudio de casos", loc. cit., p. 115.

se publicó luego de que se aprobara y publicara la Ley de Inversiones (mientras que el primer artículo se publicó antes de que la Ley de Inversiones fuera aprobada por la República).

Al incorporar dicha palabra, los autores y corredactores de la Ley hicieron hincapié en la inclusión de la misma a fin de enfatizar que la única manera que el inversor tenía de "recurrir unilateralmente al arbitraje internacional", era si poseían el derecho, como una opción, de someterse a un arbitraje o de presentarse ante un tribunal nacional. Esto, a su vez, solo puede ocurrir cuando el Estado había expresado su consentimiento de presentarse a un arbitraje, también de manera unilateral, y como una oferta abierta en el mismo texto del Artículo 22. En consecuencia, la única forma de comprender la interpretación errónea efectuada por parte de los tribunales del CIADI en los casos *Mobil* y *Cemex,* es constatar que los tribunales, simplemente ignoraron la aclaratoria de la última frase del artículo 22 de la ley de Inversiones, la cual ni siquiera se mencionó en el texto de las sentencias.

De todo lo anteriormente analizado, lo cierto es que contrariamente a lo que concluyeron los tribunales del CIADI en los casos *Mobil* y *Cemex*, el historial legislativo conocido del Artículo 22 de la Ley de Inversiones suministra información importante sobre las intenciones de los redactores de la Ley de Inversiones, sobre la preparación de la Ley,[127] y sobre la intención de sus redactores en cuanto a la expresión unilateral de consentimiento para el arbitraje dado por el Estado incluido en el Artículo 22 de la Ley, como incluso se ratificó en 2009.

Dicha intención, por lo demás, quedó aclarada en una conferencia que dio el 28 de marzo de 2009 el Embajador Corrales, en un Seminario organizada en Caracas por el *Centro Empresarial de Conciliación y Arbitraje (CEDCA)* sobre "Arbitraje de Inversión en el Derecho Comparado," en el cual explicó que sobre la cuestión de "si el Artículo 22 de la versión oficial de la Ley de Inversiones realmente incluye una oferta unilateral o abierta para el arbitraje," que desde su punto de vista:

> "la intención era ofrecer la posibilidad de un arbitraje unilateral abierto" lo que podía verificarse en varios artículos sobre la materia que había publicado en revistas internacionales y que también presentó en congresos internacionales. Concluyó Corrales su exposición afirmando que con ello dejaba "en claro que mi objeto como corredactor era ofrecer de la manera más amplia y transparente la posibilidad para los inversores de recurrir al arbitraje internacional como una oferta unilateral hecha por el Estado venezolano...

---

127 Incluso, Gonzalo Capriles, experto legal contratado por Cordiplan para trabajar conjuntamente con el Embajador Corrales, preparó un Borrador de la "Exposición de Motivos" de la Ley de Inversiones titulado: "Borrador de Exposición de Motivos de la Ley de promoción y protección de Inversiones," 1999. Véase la referencia en Victorino Tejera Pérez, *Arbitraje de Inversiones en Venezuela*, Tesis de maestría, cit., p. 154, Nota 154

En aquel momento pensamos, y continúo creyendo, que resultaba absolutamente necesario para una política pública que se relaciona fuertemente con promover el desarrollo, como es el caso de una política de inversión, ayudar en las inversiones al actuar en favor del desarrollo y pensábamos, y aún creo, que es absolutamente indispensable que los instrumentos legales protejan las inversiones ante la posibilidad de que el sistema judicial del país que recibe dicha inversión no sea independiente, como sucede lamentablemente hoy en día en Venezuela." [128]

---

128 Véase en CEDCA, BUSINESS MAGAZINE (junio de 2009), Informe Legal, Caracas 2009, pp. 77-82.

Sección Quinta: ALGUNOS COMENTARIOS SOBRE LAS MATERIAS ARBITRABLES EN CASOS RELACIONADOS CON LOS CONVENIOS DE ASOCIACIONES ESTRATÉGICAS EN MATERIA PETROLERA SUSCRITOS EN EL MARCO DE LA APERTURA PETROLERA A PARTIR DE 1993, QUE FUERON SOMETIDOS A TRIBUNALES ARBITRALES INTERNACIONALES (2016-2017)

SOME COMMENTS ON THE ARBITRABILITY MATTERS IN CASES RELATED TO THE ASSOCIATION AGREEMENTS IN OIL INDUSTRY CONCLUDED WITHIN THE APERTURA PETROLERA POLICY, SUBMITTED TO INTERNATIONAL ARBITRAL TRIBUNALS (2016-2017)

En esta Sección Quinta se incluyen algunos comentarios sobre el tema de las materias arbitrables incluidos en varios escritos que presenté como Testigo Legal Experto ante Tribunales arbitrales del Centro Internacional de Arreglo de Diferencias Relativas a Inversiones (CIADI), en juicios surgidos con motivo de la ejecución de algunos como contratos de interés público nacional suscritos con cláusulas arbitrales en el marco de la Apertura Petrolera a partir de 1993 (Convenios de Asociación o Asociaciones Estratégicas).

Under the principle of relative jurisdictional immunity (Article 127, 1961 Constitution), the Venezuelan Congress may approve a public interest contract providing for dispute resolution outside Venezuelan courts when the Administration considers it appropriate given the nature of the contract, *i.e.*, if the contract is commercial or industrial in nature. In the case of the Association Agreements (AAs) entered into by Venezuelan state-owned companies of the Nationalized oil industry and foreign companies, Congress authorized and approved since 1993 the framework of such AAs, including arbitration clauses therein, confirming that the contracts were primarily commercial, rather than sovereign, in nature. The Venezuelan Supreme Court also confirmed in 1999 the constitutionality of the AAs and the arbitration clause therein, as well as the commercial nature of the contracts.

After the unilateral decision adopted by the Venezuelan State on February 15, 2007, through Decree Law No. 5.200 containing the Law of Migration to Mixed companies of the Association Agreements of the Orinoco Oil Belt, as well as the Association Agreements for the exploitation at Risk and share Profits,[1] terminating in an anticipatory way the existing AAs, many foreign counterparts of such AAs filed claims before International Arbitral Tribunals against the Republic and also against the state owned enterprises that were the public contracting party to the contracts, seeking compensation for the breach of the contracts and the confiscations of their assets, according to the broad scope of the arbitration clauses included in such AAs. The claims were not relate to matters that for instance could be within the competence of the Control Committee established in some of such AAs, or that could imply the challenging of the validity of any sovereign act. The claims were related to the breach of national public contracts with a commercial nature, therefore, concerning commercial, not sovereign acts, being properly subject to arbitration.

The Decree Law 5.200 was, without doubt, a sovereign act of the Venezuelan State. Nonetheless, such condition could not prevent the foreign companies to file arbitration claims seeking compensation, particularly because they were not challenging the constitutionality or illegality of any sovereign act of the Government. The claims related to the consequences of the breach of contractual obligations by the public contracting party, of contracts that were commercial in nature; even if some of the public contracting party actions could be considered as having implemented sovereign decisions of the Government.

In any case, the inquiry into whether a particular claim in those cases was arbitrable or not, depended, according to the Constitution, on the nature of the underlying *contracts* which, in the case of the AAs, were national public interest contracts with a commercial nature – as confirmed by both Congress and the Venezuelan Supreme Court.

To understand arbitrability under Venezuelan law, it is first necessary to explain the nature of public interest contracts, and arbitration clauses in such contracts, from a historical perspective. The AAs were "public interest contracts" within the meaning of Article 151 of the 1999 Constitution. The Venezuelan Constitution initially required public interest contracts to be governed by, and interpreted in accordance with Venezuelan law, and for all disputes relating to such contracts to be resolved through Venezuelan courts as the exclusive forum (art. 143, 1893 Constitution). This provision followed the principle known as "absolute jurisdictional immunity." However, in 1947, the Constitution was amended to introduce the principle of "relative jurisdictional immunity," which permitted the par-

---

1   Gaceta Oficial N° 38.623 de 16-2-2007. See Allan R. Brewer-Carías, "The 'Statization' of the Pre 2001 Primary Hydrocarbons Joint Venture Exploitations: Their Unilateral termination and the Assets' Confiscation of Some of the Former Private parties," in Oil, Gas & Energy Law Intelligence, www.gasandoil.com/ogel/ ISSN: 1875-418X, Issue Vol 6, Issue 2, (OGEL/TDM Special Issue on Venezuela: The battle of Contract Sanctity vs. Resource Sovereignty, ed. By Elizabeth Eljuri), April 2008.

ties to public contracts, under specified circumstances related to the nature of the contract, to agree to foreign (non-Venezuelan) substantive law, and/or for dispute resolution in a forum other than Venezuelan courts such as arbitration, provided that congressional approval was granted (Art. 107, 108). Congress could grant such approval where the underlying activity of the contract is commercial or industrial by nature.

This principle of relative jurisdictional immunity for public interest contracts continued uninterrupted in the Venezuelan Constitution in subsequent years, to the point that, like Article 127 of the Venezuelan Constitution of 1961, Article 151 of the Constitution of 1999 (which I was directly involved in drafting) provides:

> "In contracts of public interest, *unless inappropriate according with their nature*, a clause shall be deemed included even if not been expressed, according to which the doubts and controversies that may arise on such contracts and that could not be resolved amicably by the contracting parties, shall be decided by the competent courts of the Republic, in accordance with its laws and could not give rise by any motive or cause to foreign claims."[2]

According to this provision, for instance, since 1993 Congress approved the framework for the AAs, including the arbitration provisions, for the commercial and industrial purposes of "carry[ing] out the production and upgrading of extra heavy crudes from the Orinoco Oil Belt."[3] For example, the Congressional Approval of the Petrozuata AA provides in Article 23:

> "The Association Agreement, the execution of which is authorized, shall be governed by, and interpreted in accordance with, the laws of the Republic of Venezuela. Any dispute or claim that might arise in connection therewith shall be resolved, definitively and finally, by international arbitration under the rules of the International Chamber of Commerce of Paris, in New York City, unless the parties agree on another location."

---

2   In debates before the National Constituent Assembly in 1999, I insisted on the inclusion of this text, which is materially identical to Article 127 of the 1961 Constitution. Allan R. Brewer-Carías, "Propuesta sobre la cláusula de inmunidad relativa de jurisdicción y sobre la cláusula Calvo en los contratos de interés público", in Debate Constituyente: Aportes a la Asamblea Nacional Constituyente, Tomo I (8 de Agosto - 8 de Septiembre 1999), Fundación de Derecho Público/Editorial Jurídica Venezolana (Caracas, 1999), pp. 209-233; Juan Carlos Balzán P., "El Arbitraje en los Contratos de Interés Público a la Luz de la Cláusula de Inmunidad de Jurisdicción Prevista en el Artículo 151 de la Constitución de 1999" in VIII Jornadas Internacionales de Derecho Administrativo "Allan Randolph Brewer-Carías": Los Contratos Administrativos: Contratos del Estado, Tomo II, Fundación Estudios de Derecho Administrativos (Caracas, 2005), pp. 293-299.

3   Congressional Authorization of the Petrozuata Association Agreement between Maraven S.A. and Conoco Inc., Official Gazette, N° 35, 293, published September 9, 1993. See also id., Article 18 (referring to "the commercial company that will be created and the activities of various sorts based on such legal acts, in particular commercial activities...").

This approval manifested Congress' understanding that these contracts were commercial rather than sovereign in nature. This was not uncommon. For example, transactions for the public financing of the Government (*operaciones de crédito público*) had been arranged, traditionally, accepting applicable law other than Venezuelan law and dispute resolution in foreign jurisdictions (generally the Federal Courts of New York) and arbitration. Other Venezuelan laws also provide for state entities to include arbitration clauses in their contracts. For example:

Decree Law N° 138 of Concessions of Public Works and Public Services of 1994, which was in force at the time of the AAs, provides that public interest concession contracts may include arbitration clauses, in order to resolve "the doubts and controversies arising from the interpretation or the execution of the contract" (art. 10).[4]

a. The Decree Law containing the Organic Law on the Promotion of Private Investment through Concessions of 1999, which substituted Decree Law N° 138 of 1994, also permitted the inclusion of arbitration clauses in administrative concession contracts for the "solution of conflicts arising from the execution, development and extinction of concession contracts" (art. 61).[5] Venezuelan courts have repeatedly confirmed the lawfulness of such arbitration provisions in administrative contracts for public services and public works.[6]

b. The Organic Law of the Development of Guyana (Decree Law N° 1.531 of November 7, 2001) expressly permits public entities to submit to arbitration for any kind of controversies arising from the execution of administrative contracts.[7]

---

4   Decree Law N° 138 of Concessions of Public Works and Public Services, Official Gazette N° 4.719 Extra, published April 26, 1994

5   Decree Law N° 318, amending Decree Law N° 138, from April 20, 1994, published September 17, 1999 issuing the Ley Orgánica sobre promoción de la inversión privada bajo el régimen de concesiones, Official Gazette N° 5.394 Extra, October 25, 1999, See Diego Moya-Ocampo Panzera y María del Sol Moya-Ocampo Panzera, "Comentarios relativos a la procedencia de las cláusulas arbitrales en los contratos de interés público nacional, en particular: especial las concesiones mineras," in Revista de Derecho Administrativo, N° 19, Editorial Sherwood (Caracas, Julio-Diciembre 2004), p. 174.

6   See, e.g., Alfredo Romero Mendoza (Coord.), Régimen Legal de las Concesiones Públicas. Aspectos Jurídicos, Financieros y Técnicos, Colección Textos Legislativos N° 21, Editorial Jurídica Venezolana (Caracas, 2000), pp. 12, 28, 29, 155. See also my comments on this regime in my book: Contratos Administrativos, Contratos Públicos, Contratos del Estado, Colección Estudios Jurídicos N° 100, Editorial Jurídica Venezolana (Caracas, 2013), pp. 547-548.

7   Decree Law N° 1.531 on the partial amendment of the Organic Law of the Development of Guayana, Official Gazette N° 5.553 Extra, published November 12, 2001.

c. The Organic Law on the Public Services of Distribution of Drinking Water and Sanitation of 2001 also provides for the possibility of arbitration.[8]

All these statutes expressly recognize the power of the State and its public entities to submit controversies arising from public interest contracts to arbitration. As stated by Víctor Balzán, in Venezuela, "without doubt there is a clear legislative tendency towards the admission of arbitration in contracts referred to the commercial activity of Public Administration."[9]

Also, according to the same Article 127 of the 1961 Constitution, in 1995, Congress authorized the execution of other AAs (New Areas AAs), those for the *Exploration at Risk of New Areas and Production of Hydrocarbons under the Shared Profits System Association Agreements*, also including arbitration clauses, for the commercial and industrial purposes of allowing for the "exploration and the resulting possible discovery of new reserves of hydrocarbons, especially light and medium crude."[10]

In relation to arbitration, Condition 17 of this Congressional Authorization provided that except for "matters under the jurisdiction of the Control Committee," all other matters "which cannot be resolved by agreement between the parties, shall be resolved by arbitration." The full text of Condition 17 is as follows:

"Matters under the jurisdiction of the Control Committee shall not be subject to arbitration.

Matters not under the jurisdiction of the Control Committee and which cannot be resolved by agreement between the parties, shall be resolved by arbitration, which shall be carried out according to rules of procedure of the International Chamber of Commerce in effect at the time the Agreement is executed."

The Congressional Authorization also described in Condition 4 the jurisdiction of the Control Committee as follows:

---

8   Law N° 75, Organic Law on the Public Services of Distribution of Drinking Water and Sanitation, Official Gazette N° 5.568 Extra, published December 31, 2001.

9   Juan Carlos Balzán, "El Arbitraje en los contratos de interés a la luz de la cláusula de inmunidad de jurisdicción prevista en el artículo 151 de la Constitución de 1999," in VIII Jornadas Internacionales de Derecho Administrativo "Allan Randolph Brewer-Carías," Los contratos administrativos. "Contratos del Estado," Fundación de Estudios de Derecho Administrativo (FUNEDA), Caracas 2005, p. 299. See also: Allan R. Brewer-Carías, *Contratos Administrativos, Contratos Públicos, Contratos del Estado*, Colección Estudios Jurídicos N° 100, Editorial Jurídica Venezolana (Caracas, 2013), pp. 551-552.

10   Venezuelan Congress, Agreement Authorizing the Execution of Association Agreements for Exploration at Risk of New Areas and Production of Hydrocarbons under the Shared Profits System, Official Gazette No. 35,754, July 17, 1995.

"... The Parties shall submit to the approval of the Control Committee the fundamental decisions of national interest related to the performance of the Agreement.

These decisions shall be described in the Agreement and include, among others, the approval of plans for exploration, evaluation and development as well as any modification of said plans, including the extension of exploration and exploitation periods, and the performance of production reductions according to international commitments made by the Republic of Venezuela. For such purpose, the Control Committee shall be informed of all matters of importance during the life of the Association...."

Consistent with this Congressional Authorization, Clause 25.2 of the New AAs, the arbitration clause, provides:

"Any dispute arising out of or concerning this Agreement regarding matters not within the competence of the Control Committee [established in Clause 4 of the AAs, and discussed below] shall be settled exclusively and finally by arbitration. The arbitration shall be conducted and finally settled by three (3) arbitrators (except as described below) in accordance with the Rules of Conciliation and Arbitration of the International Chamber of Commerce as in effect on the date of this Agreement (the "ICC Rules"), or such other rules as may be agreed by all of the Parties involved. [. . .] All arbitration proceedings under this Agreement shall be conducted in New York City (United States of America). All arbitrators appointed pursuant to this Agreement shall have the powers of an amiable compositeur. Any decision or award of the tribunal (or the arbitrator) shall be final and binding upon the Parties...."

Also consistent with the Congressional Authorization, Clause 4 of the New AAs established the Control Committee, and stated that "fundamental decisions of national interest to the Venezuelan State related to the performance of this Agreement shall be submitted for approval by the Control Committee. These decisions shall be the following..." Clause 4 goes on to list various operational decisions that must be referred to the Control Committee for approval, including, for example, any material modification to the Minimum Work Program, the extension of the Exploration Period, Evaluation or Development Plans, and any plan for the implementation of any production curtailments required to permit compliance with Venezuelan international treaty obligations. These matters (and only these matters) must be referred to the Control Committee under the AAs. Disputes in relation to these matters could not be referred to arbitration under the AAs, and there was no "appeal" from the decision of the Control Committee to an arbitration tribunal.

In 1996, Congress approved the final text of these New Areas AAs, including the ICC arbitration clause quoted in paragraph 0 above, noting that this was "in agreement" with the Conditions set out in the 1995 Congressional Authorization.[11]

The authorization (in 1995) and approval (in 1996) manifested Congress' understanding that these contracts were commercial rather than sovereign in nature.

These provisions of the Congressional Authorization related to arbitration were challenged before the Venezuelan Supreme Court of Justice (*Supreme Court*) on the ground of alleged unconstitutionality.

The Supreme Court rejected the claim and confirmed the validity of the arbitration clause in the New AAs. In its decision, the Court clearly recognized the commercial nature of the AAs and, consequently, the arbitrability of any disputes arising under it, with the only exception being in this cases, for matters within the competence of the Control Committee and its decisions. Specifically, the Supreme Court analysed the Congressional Conditions for the New Areas AAs, and concluded:

> "[…] in the specific case of the Association Agreements authorized by the Resolution of Congress on July 4, 1995, their *nature, which is not only commercial but also transcendent to achieve the economic measures* adopted by the Administration and validated by the National Congress, falls under the definition set forth in the constitutional rule and does not violate the latter, therefore the allegation of unconstitutionality on this ground must be rejected. This is our ruling."[12]

In relation to the Control Committee, the Court also confirmed the constitutionality of Clause 4 of the New AAs.[13] As to the contractual division between the Control Committee and ICC arbitration, the Court noted that:

> "matters subjected to the competency of the Control Committee shall not be subject to arbitration. And it is only this Control Committee (whose largest number of members represent the affiliate enterprise [CVP]) which shall adopt fundamental decisions of national interest that are related with the performance

---

11 Agreement Approving the Execution of Association Agreements for Exploration at Risk of New Areas and the Production of Hydrocarbons under the Shared Profits System in Eight of the Areas Determined by the Ministry of Energy and Mines, Official Gazette No. 35,988, June 26, 1996,].

12 Venezuelan Supreme Court of Justice, in Plenary Session, August 17, 1999, p. 33 ("En razón de lo expuesto, estima esta Corte que, en el caso concreto de los Convenios de Asociación autorizados por el Acuerdo del Congreso de fecha 4 de julio de 1995, su naturaleza no solamente comercial sino de trascendencia para la consecución de las medidas económicas adoptadas por la Administración y validadas por el Congreso Nacional, se subsume en el supuesto previsto en la norma constitucional, por lo que al no infringirla debe declararse improcedente el alegato de inconstitucionalidad por esta causa y así se declara.").

13 Idem, p. 24.

of the Agreement, which makes it possible to conclude that the matters that may ultimately be addressed by the Arbitration Board would not be fundamental for the national interest."[14]

Thus, in 1999, the Venezuelan Supreme Court held that the New AAs: (a) were consistent with the Venezuelan Constitution; (b) were commercial, as opposed to sovereign, in nature; and (c) could be subject to arbitration (although operational matters within the competence of the Control Committee could not be referred to arbitration, and decisions of the Control Committee could not be "appealed" to arbitration).[15] The Court thus upheld the arbitration clauses in this New AAs, and in all the AAs, finding that their nature is commercial and that their purpose was "achieving the economic measures adopted by the Administration and validated by the National Congress."[16]

This approach was confirmed by the Constitutional Chamber of the Supreme Tribunal, in its decision No. 1.541 of October 17, 2008 (Case: *Interpretation of article 258 of the Constitution on the promotion of arbitration*).[17] In this case, the Supreme Tribunal held that the State, or a public or private law entity of the State, may exercise its sovereignty by opting to agree to be bound by arbitration (domestic or international).[18] The Tribunal noted that "the perception […] of arbitration's incompatibility with public policy, imperative provisions, and the principle of protection of special legislation," has been overcome.[19] The Supreme Tribunal stated that:

---

14 Idem, p. 31.

15 Idem, pp. 29-31.

16 Idem, p. 33. In this case, I, together with Professor Román José Duque Corredor, representaron PDVSA, defending the constitutionality of the Congressional Authorization establishing the Conditions for the New Areas AAs, including the clause establishing arbitration for the resolution of disputes. See all the arguments filed on behalf of PDVSA defending the Arbitration clauses in the Arbitration Agreements in Allan R. Brewer-Carías, ed., El Caso de la Apertura Petrolera: Documentos del juicio de nulidad contra la autorización parlamentaria para los convenios de asociación petrolera 1996-1999 (The Case of the Petroleum Opening: Documents submitted in the annulment proceedings petitioning for annulment of the congressional authorization for the 1996-1999 petroleum partnership agreements), Caracas 2001, , pp. 160-172

17 Supreme Tribunal of Justice, Constitutional Chamber, Decision N° 1.541 (Interpretación de la norma contenida en el único aparte del artículo 258 de la Constitución de la República Bolivariana de Venezuela), October 17, 2008.

18 2008 Supreme Tribunal Decision, p. 18 ("[T]he possibility has been recognized that a State or other public state entity of public or private law can submit itself to a national or international Arbitration proceeding, which indicates … an undoubted manifestation of an exercise of sovereignty.") ("Igualmente, se ha reconocido la posibilidad que el Estado u otra entidad pública estatal de derecho público o privado, pueda someterse a un procedimiento arbitral nacional o internacional …, lo que implica …, una manifestación indudable de un ejercicio de soberanía.").

19 Idem, pp. 27-28.

the possibility to submit matters of contracts of general interest to arbitration or to other alternative means for the resolution of conflicts, derives, among other circumstances, from the undisputed need of the State to directly or indirectly enter in commercial relations with foreign entities for the development of activities of common interest, that in many cases the Public Administration or the private sector of the State cannot accomplish. That is why [the State] not only entered into contracts with foreign companies but encourages and regulates together with other national States, advantages and conditions for foreign investments. And it is within those conditions that encourage and allow foreign investments that it is a common practice, wanted by the majority of investors, the need to submit possible differences derived from the development of the corresponding economic activities, to a jurisdiction that from the standpoint of the interested parties, does not tend to favor the internal interest of each State or of private parties included in the controversy.[20]

In this decision, regarding Article 151 of the Constitution, the Supreme Tribunal pointed out that the State, in public interest contracts, could submit conflicts arising from them to arbitration to facilitate *economic international relations*.[21] The Tribunal confirmed that the expression in Article 151 that *"unless inappropriate according with their nature"* must be understood as referring to "the effective possibility of developing a specific economic activity or business, that involves matters of public interest."[22] Thus, taking into account that in no case "could [the State] be subjected to the jurisdiction of courts of other States on sovereignty matters," it is beyond doubt that arbitration is possible "when the State directly or indirectly – [e.g., through] public enterprises – acts or develops activities of evident commercial character that in no way could these activities be included in the sovereignty exception."[23]

The Supreme Tribunal Decision No. 1.541 of 2008, was confirmed by the same Tribunal in Decision No. 97 (2009), rejecting a request for a

---

20   Idem, pp. 27-28 ("Aunado a ello, la Sala advierte que la posibilidad de someter a arbitraje u otros medios alternativos de resolución de conflictos contratos de interés general, surge entre otras circunstancias de la indiscutible necesidad del Estado de entrar en relaciones comerciales en forma directa o indirecta con factores extranjeros para el desarrollo de actividades de interés común, que en muchos casos no puede acometer la administración pública o el sector privado del Estado, por lo que no sólo celebra contrataciones con empresas foráneas sino fomenta y regula junto con otros Estados nacionales, facilidades y condiciones para la inversión extranjera. Así, dentro de esas condiciones generales que fomentan y permiten la inversión extranjera resulta una práctica común y deseada por la mayoría de los inversionistas, la necesidad de someter las posibles diferencias derivadas del desarrollo de las correspondientes actividades económicas, a una jurisdicción que a juicio de las partes interesadas no tienda a favorecer los intereses internos de cada Estado o de particulares envueltos en la controversia").

21   Idem, p. 28.

22   Idem, p. 29.

23   Idem, p. 29.

declaration that the State cannot consent to arbitration in public interest contracts.[24] The Tribunal again observed the principle of relative jurisdictional immunity, noting that the "indisputable need for arbitration in general interest contracts derives from the need for the State to enter in direct or indirect commercial relations with foreign parties for the development of activities of common interest."[25]

It is clear, therefore, that regarding the AAs, only disputes directly challenging the exercise of sovereign powers by the State or directly related to matters within the Control Committee's competence, are excluded from arbitration in public interest contracts generally. State exercise of sovereign powers means the exercise of public powers by the legislative or executive organs of the State, namely, as provided in the 1998 Law on Commercial Arbitration, those "directly concerning the *imperi* attributions or functions of the State or of persons or entities of public law."[26]

Applying these principles to many of the cases brought before International Arbitral Tribunals by the foreign counterparty to the AAs, and contrary to what was argued by many public contracting parties, the claims before the Arbitral Tribunal did not involve any adjudication regarding a sovereign act of the Government, that is, the claimants were not asking the Arbitral Tribunal to evaluate the constitutionality or legality of the sovereign acts adopted by the Venezuelan State, or to decide on matters falling within the competence of the Control Committee, but only to determine the public contracting parties' liability to claimants, according to the terms of the AAs, for the breach of the express clauses and implied obligation of good faith. All these were arbitrable matters pursuant to Venezuelan law.

That is, in none of the cases filed before International Arbitral Tribunals related to the anticipated and unilateral termination of the Ass, the claimant challenged the state's ability to enact that Decree Law 5200 or in any way challenge its validity.

---

24 Supreme Tribunal of Justice, Constitutional Chamber, Decision N° 97 (Interpretación respecto del contenido y alcance de los artículos 1 y 151 de la Constitución de la República Bolivariana de Venezuela), February 11, 2009.

25 Idem, pp. 14-15.

26 Ley de Arbitraje Comercial, Official Gazette No. 36.430, published April 7, 1998, Article 3(b) ("Disputes that are subject to settlement arising among persons that have the capacity to settle may be submitted to arbitration. The following disputes are excepted: ...[T]hose directly related to the attributions or roles of authority of the State or of persons or entities of public law.") ("Podrán someterse a arbitraje las controversias susceptibles de transacción que surjan entre personas capaces de transigir. Quedan exceptuadas las controversias ... [d]irectamente concernientes a las atribuciones o funciones de imperio del Estado o de personas o entes de derecho público.").

The claims were instead "commercial" in nature, in the sense that they sought to hold contractual parties responsible for their own alleged acts in violation of the contracts; and the fact that the alleged breach implicates Decree Law 5.200, that did not render the matter as "sovereign" dispute.

On the other hand, under Venezuelan law, arbitration clauses are to be construed broadly where the text supports a broad reading, according to the constitutional mandate for the State to promote arbitration.[27] The arbitration clauses in the cases of the AAs, for instance, were broad in scope; for example: "Any dispute arising out of or concerning this Agreement (regarding matters not within the competence of the Control Committee) shall be settled exclusively and finally by arbitration" (Article 25.2).

In some cases, the public contracting party in order to sustain a supposed restricted or rigorous reading regarding arbitration clauses, referred to two Political Administrative Chamber of the Supreme Tribunal decisions, which could not be considered applicable to the AAs cases. The first one was the case *Minera las Cristinas*, in which the claimant sought to submit to arbitration an action to nullify two administrative acts: the rescission of a mining concession and a resolution of the Ministry of Energy and Mines.[28] The Supreme Tribunal found that, under the Venezuelan Code of Civil Procedure, a declaration that administrative acts are null is reserved to the administrative contentious jurisdiction courts.29 Acord-

---

27 Venezuelan Constitution (1999), Article 258 of the 1999 ("The law shall encourage arbitration, conciliation, mediation and any other alternative means for resolving conflicts."). See also 2008 Supreme Tribunal Decision, p. 22 (describing Article 258 as "pro arbitration."); Venezuela Commercial Arbitration Law (Ley de Arbitraje Comercial), Official Gazette No, 36.430, published April 7, 1998 Article 3 (also supporting ICC arbitration of this dispute).

28 Minera Las Cristinas, C.A. (MINCA) v. Corporacion Venezolana de Guayana (CVG), Supreme Tribunal of Justice (Political-Administrative Chamber), Case N° 2002-0464, Judgment dated July 15, 2004, p. 33 (" The aim of the plaintiff is to submit to arbitration the nullity of two administrative acts: nullity of rescission of the contract issued by CVG and the nullity of the Resolution issued by the Ministry of Energy and Mines dated March 6, 2002, as previously stated.") ("Ahora bien, lo que pretende la actora someter a arbitraje es la nulidad de dos actos administrativos: el de rescisión del contrato dictado por la CVG y la nulidad de la Resolución dictada por el Ministerio de Energía y Minas de fecha 6 de marzo de 2002.").

29 Idem, p. 33 ("Based on the foregoing, this Court considers that through this means of dispute resolution, the nullification of the administrative acts is not actionable, since the Code of Civil Procedure—the law chosen by the parties to govern the arbitration—establishes the requirement that the parties must have the power to legally dispose of that which they seek to submit to arbitration, and, in this case, the declarations of eventual nullity of the administrative acts are reserved by the Constiution and the laws to the juridical bodies with jurisdiction in contentious administrative matters.") ("Con fundamento en lo expuesto, estima la Sala que mediante este medio de resolución de controversias, no puede debatirse la nulidad de los actos administrativos, ya que el propio Código de Procedimiento Civil, norma escogida por las partes para regular el arbitraje, establece la necesidad de que las partes puedan disponer de lo que pretenda someterse a arbitraje y en este caso, las declaratorias de eventuales nulidades de actos administrati-

ing to the Tribunal, "the legality of an administrative act cannot be controlled through arbitration" and therefore, the arbitral tribunal does "not hav[e] the capacity to decide the claimant's request, and such request cannot be the object of arbitration."[30] *Minera las Cristinas* is distinguishable from this cases of the AAs claims. In such cases the claimants were not seeking a declaration that any administrative act was null, or in any way asked the Arbitral Tribunal to pass upon the legality of any administrative act.

The second case is *Elettronica Industriale*, in which the Supreme Tribunal nullified an arbitration award against the Venezuelan state-owned television company because the executive who signed the contract containing the arbitration clause was not duly authorized by the Board of Directors, under the bylaws, to do so, *i.e.*, the executive simply lacked capacity.[31] In its decision, the Tribunal considered that the claimant's claim was not arbitrable because the contract was public, rather than commercial, in nature, *i.e.*, the purpose of the contract was to improve the provision of television as a public service with a direct influence on national development, not to make financial profit.[32] The Tribunal concluded that

---

vos están reservadas por la Constitución y las leyes a los órganos jurisdiccionales con competencia en lo contencioso administrativo.").

30 Idem, p. 33 ("That is to say, the legality of an administrative act cannot be regulated by arbitration, which under the Fundamental Text (Article 259) of the Organic Law of the Supreme Tribunal of Justice, formerly the Organic Law of the Supreme Court of Justice, and other special laws, is for the juridical bodies with jurisdiction in contentious administrative matters, which shows that the petitioner, not having the capacity of disposition over that which is requested, cannot submit it to arbitration. So ordered.") ("Es decir, no puede por vía de arbitraje controlarse la legalidad de un acto administrativo atribuida por el Texto Fundamental (Art. 259), por la Ley Orgánica del Tribunal Supremo de Justicia de la República Bolivariana de Venezuela, por la derogada Ley Orgánica de Corte Suprema de Justicia y demás leyes especiales, a los órganos jurisdiccionales con competencia en lo contencioso administrativo, lo cual evidencia que al no tenerse la capacidad de disposición sobre lo solicitado por la accionante, ello no puede ser objeto de arbitraje. Así se establece.").

31 Elettronica Industriale S.P.A. v Compañía Anónima Venezolana de Televisión, Supreme Tribunal of Justice, Case N° 2001-100, Judgment dated April 5, 2006p. 88 ("Now, based on the foregoing it is established that at the moment the contract was entered into, that is, on 17 November 1997, neither the President of VTV, nor the Board of Directors of that commercial Company, were authorized to enter into the arbitration clause on behalf of VTV.") ("Ahora bien, de todo lo anterior queda evidenciado, que para el momento de la suscripción del contrato, es decir, el 17 de noviembre de 1997, ni el Presidente de VTV, ni la Junta Directiva de dicha sociedad mercantil estaban facultados para suscribir la cláusula arbitral en nombre de VTV [...]").

32 Idem, p. 96 ("Here it is worth clarifying that the State, through VTV, provides a public service, and carries out a public activity, that is, that activity that the State provides for the colletive benefit that it can delegate to private persons. But in this case, the State does not with this contract pursue profits and lucrative activities for its own benefit, but rather seeks to improve the service of the public service of television. So, although there may be a profit for the private contracting parties given their commercial nature, such is not the case for the State, since the objectives of the latter are different than the com-

"*in this special class* of public interest contracts," *i.e.*, public interest contracts related to a *public service*, "that rigorous hermeneutic criteria must be applied in the establishment or determination of matters that may be submitted to arbitration."[33] By contrast, in the cases of the AA, the Supreme Court of Venezuela and Congress have already determined that they were of a commercial nature and do not belong in the "special class" of contracts of a public nature, so the criteria expressed in *Elettronica Industriale* was impertinent.

Therefore, regarding the AA cases that were brought before International Arbitral Tribunals the matters submitted to the tribunals were fully arbitrable matters pursuant to Venezuelan law. The claims that were the subject of those arbitrations cases did not challenge any "imperi attributions or functions of the State or of persons or entities of public law," as established in the Commercial Arbitration Law (Article 3.b). and in the cases of the New AA did not fall "within the competence" of the Control Committee, and were thus not precluded from arbitration by Clause 25.2 of the New AAs.

---

mercial objective of the other contracting companies.") ("Aquí conviene precisar, que el Estado a través de VTV presta un servicio público, y realiza una actividad pública, es decir, aquella actividad que el Estado presta en beneficio colectivo y que también puede delegar en los particulares. Pero en este caso, el Estado no persigue con este contrato obtención de lucro, así se realicen actividades lucrativas de las cuales pueda beneficiarse, sino que busca mejorar la prestación del servicio público de televisión. Así, puede que exista un lucro para las empresas privadas contratantes por su naturaleza comercial, pero no para el Estado, ya que las finalidades de este son diferentes a la finalidad comercial de las otras empresas contratantes.").

33   Idem, p. 99 ("Es por ello que, con fundamento en lo expuesto, estima esta Sala que en el establecimiento o la determinación de las materias que pueden ser sometidas a arbitraje, en esta especial clase de contratos de interés público, debe emplearse un criterio hermenéutico riguroso.")

SEXTO LIBRO:

SOBRE LOS CONTRATOS DE INTERÉS PÚBLICO NACIONAL SUSCRITOS CON COMPAÑÍAS EXTRANJERAS NO DOMICILIADAS EN VENEZUELA Y LA NECESIDAD DE SU PREVIA AUTORIZACIÓN POR LA ASAMBLEA NACIONAL: EL CASO DE LOS BONOS 2020 (50% SENIOR SECURED NOTES DUE 2020)

NATIONAL PUBLIC INTEREST CONTRACTS IN VENEZUELA AND THE NEED FOR THEIR PRIOR AUTHORIZATION BY THE NATIONAL ASSSEMBLY WHEN ENTERED INTO WITH FOREIGN COMPANIES NOT DOMICILED IN THE COUNTRY: THE CASE OF THE "8.50% SENIOR SECURED NOTES DUE 2020."

Este Sexto Libro recoge buena parte de la argumentación jurídica que elaboré como Testigo Legal Experto sobre el derecho venezolano aplicable a los contratos de interés público nacional suscritos en 2016 por las empresas Petróleos de Venezuela, S.A. ("PDVSA") y PDVSA Petróleo, S.A. ("PDVSA Petróleo"), con varias empresas extranjeras no domiciliadas en el país, para el refinanciamiento de la deuda externa de PDVSA con vencimiento en 2020, y garantizada con prenda sobre acciones de la empresa Citgo Holdings, Inc.; en escritos presentados en el caso *Petróleos de Venezuela, S.A., Pdvsa Petróleo, S.A., y Pdv Holding, Inc.* (Plaintiffs), - vs. - MUFG UNION BANK, N.A. and GLAS AMERICAS LLC (Defendants). Caso No: 19-cv-10023-KPF, que se desarrolló ante la Corte del Distrito Sur de Nueva York. La demanda la intentó PDVSA, PDVSA Petróleo SA. y PDV Holding, Inc., en 2019, por considerar que dichos contratos de interés público nacional eran nulos de nulidad absoluta por haberse suscrito sin la necesaria autorización previa de la Asamblea Nacional, tal como lo exige en artículo 150 de la Constitución de 1999.

INTRODUCTION

On October 28, 2016, Petróleos de Venezuela, S.A. ("PDVSA") and PDVSA Petróleo, S.A. ("PDVSA Petróleo"), which are Venezuelan state owned enterprises entered into a complex public interest contract, through which (i) the "8.50% Senior Secured Notes due 2020" (the "2020 Notes") were issued by PDVSA, (ii) an Indenture was signed, pursuant to which the 2020 Notes were issued by PDVSA and purportedly guaranteed by PDVSA Petróleo, and (iii) a Pledge and Security Agreement of the same date (the "Pledge") was signed, pursuant to which the 2020 Notes were purportedly secured by a pledge of "50.1% of the outstanding Capital Stock of CITGO Holding, Inc." held by PDV Holding Inc., another state owned enterprise.

The contract was entered into by those Venezuelan state-owned enterprises with the following companies not domiciled in Venezuela: MUFG Union Bank N.A; GLAS Americas LLC, Law Debenture Trust Company of New York, and Banque Internationale á Luxemburg, Societé Anonime.

Petróleos de Venezuela S.A. PDVSA and PDVSA Petróleo are entirely state-owned commercial enterprises wchich are part of the National Public Administration, as defined in the Organic Law of Public Administration (*See Official Gazette* N° 6.147 Extra of November 17, 2014). These two companies, PDVSA and PDVSA Petróleo, are not like normal commercial entities, as they are subject to both, public and private law. Moreover, unlike other state-owned enterprises, which are generally created by Executive Decree to engage in a particular business, PDVSA was created as part of the nationalization of the Venezuelan oil industry and is the only state-owned enterprise whose state ownership is enshrined in the Venezuelan Constitution "for reasons of economic and political sovereignty and national strategy" (Art. 303).

These public contracts were national public interest contracts which in terms of article 150 of the Venezuelan 1999 Constitution, are those entered into by the Republic or any of the decentralized entity of the National Public Administration. Under Articles 150 and 187.9 of the same Constitution, national public interest contract, cannot be executed without prior authorization of the National Assembly if: (1) a statute specifically requires such authorization, or (2) the contract is to be entered into with a foreign State or official entity or with *companies not domiciled in Venezuela.*

The Indenture and the Pledge, both were entered into by PDVSA and PDVSA Petróleo with four companies not domiciled in Venezuela, affecting in a decisive way the most important foreign asset of Venezuela's most important industry. These contracts, being unquestionably national public interest contracts within the meaning of Articles 150 and 187.9 of the Venezuelan Constitution, required, as a condition of their validity, the prior authorization of the National Assembly.

Such authorization was not obtained, although the National Assembly in 2016 vigorously and publicly opposed and rejected the transaction, particularly the proposed pledge of a controlling interest in CITGO, both before and after the Indenture and the Pledge were executed. The lack of required National Assembly authorization prevents valid consent and contract formation. Consequently, the Indenture, the 2020 Notes issued thereunder, and the Pledge are invalid, illegal (in the sense of having been signed/issued in violation of the Venezuelan Constitution), and null and void *ab initio - i.e., they never came into valid legal existence and are entirely unenforceable under Venezuelan law.*

These matters related to the formation of consent in public interest contracts are matters of public order, that can only be regulated by Venezuelan Law. Therefore, although according to the principle of relative sovereign immunity embodied in Article 151 of the Constitution, Venezuelan state-owned enterprises such as PDVSA and PDVSA Petróleo can agree that doubts and controversies arising from the performance of a public interest contract of a commercial nature can be resolved in a foreign jurisdiction according to foreign law, *in no case can such foreign law can govern the validity of a public interest contract.* As aforementioned, when public entities are public contracting parties to a contract, validity is a matter of public order regulated by the provisions of Venezuelan public law including the Venezuelan Constitution, which cannot be renounced or nullified through contractual stipulations.

The basic legal arguments expressed on these matters were included in various Legal Opinions filed before the United States District Court Southern District of New York, in the case *Petróleos de Venezuela, S.A., Pdvsa Petróleo, S.A., y Pdv Holding, Inc. (*Plaintiffs), - vs. - MUFG UNION BANK, N.A. and GLAS AMERICAS LLC (Defendants). Caso No: 19-cv-10023-KPF, which are public.[1] Those arguments are the ones that are hereto summarized.

---

[1] Available at: https://www.courtlistener.com/recap/gov.uscourts.nysd.525475/gov. uscourts nysd.525475.119.2.pdf;anhttps://www.courtlistener.com/recap/gov.uscourts.nysd.52547 5/gov.uscourts.nysd.525475.162.0.pdf See the comments on the case in: Pedro Rengel Núñez, "El sonado caso de los Bonos PDVSA 2020," in *Revista Venezolana de Derecho Mercantil,* No. 5, Sociedad Venezolana de Derecho Mercantril, Caracas 2020, pp. 35-58. Available at: www.spvedem.com

I. THE APPROVAL AND OR AUTHORIZATION BY THE NATIONAL ASSEMBLY OF NATIONAL PUBLIC INTEREST CONTRACTS

Article 150 of the 1999 Venezuelan Constitution provides for the approval of "public interest contracts" by the National Assembly, as follows:

"Article 150. The execution of national public interest contracts shall require the approval of the National Assembly in those cases in which such requirement is determined by law.

No municipal, state or national public interest contract shall be executed with foreign States or official entities, or with companies not domiciled in Venezuela, or shall be transferred to any of them without the approval of the National Assembly.

In public interest contracts, the law may demand certain nationality and domicile conditions, or conditions of other nature, or require special guarantees."

The same provision, specifically referring to the authorization of national public interest contracts is repeated by Article 187.9 of the same Constitution, as follows:

"Article 187. It is the role of the National Assembly to: [...] 9. Authorize the National Executive to enter into contracts of national interest, in the cases established by law. Authorize contracts of municipal, state and national public interest, with States or official foreign entities or with companies not domiciled in Venezuela."

The same expression "national public interest contracts" is also used in articles 151,[2] 236.14,[3] and 247[4] of the Constitution.

On the other hand, in addition to the provision of article 150 of the Constitution, it must be mentioned that specifically related to national public interest contracts of public debt, article 312 of the Constitution establishes the principle that "public debt operations will require, for their validity, a

---

2   "Article 151. In the public interest contracts, unless inapplicable by reason of the nature of such contracts, a clause shall be deemed included even if not expressed, whereby any doubts and controversies which may arise concerning such contracts and which cannot be resolved amicably by the contracting parties, shall be decided by the competent courts of the Republic in accordance with its laws, and shall not on any grounds or for any reason give rise to foreign claims."

3   "Article 236. The following are powers and duties of the President of the Republic: [...] 14. To enter into contracts of the national interest, subject to this Constitution and applicable laws."

4   "Article 247. The Office of the General Attorney of the Republic advises, defends and represents in and out of court the property interests of the Republic, and must be consulted for purposes of approval of contracts of national public interest."

special law that authorizes them, except for the exceptions established by the organic law." The National Assembly has stablished the need for parliamentary authorization regarding these public debt contracts, through the Financial Management of the Public Sector Organic Law, in which it has provided for some exceptions, as is the case, for instance, of the Central Bank of Venezuela and the state-owned enterprises of the Oil sector (art. 101).

Articles 150 and 151 of the Venezuelan Constitution have the main purpose of establishing, first, the scope of the powers of the National Assembly to control the Government and Pubic Administration on matters of "public interest contracts;" and second, certain limits regarding the clauses that can be included in such contracts; being the notion "public interest contracts" used in a broad sense, comprising all public contracts entered into by public organs and entities at the three territorial levels of the State.

As the Venezuelan State is organized as a federal one (Art. 4,) there are three levels of autonomous governments (National, State, and Municipal) (Art. 136), being possible for the organs and entities in each of such levels to enter into public contracts, which under Article 150 of the Constitution are classified in three sub categories: *national* public interest contracts, *state* public interest contracts and *municipal* public interest contracts; depending on whether they are entered into, respectively, by an organ of the Central Public Administration of each of the territorial entities of the State (Republic, States, Municipalities) or by a decentralized entity (autonomous institutions, state-owned enterprises) of the Public Administration of the said three territorial levels of the State.

Notwithstanding the inclusion of all the aforementioned provisions in the Constitution of 1999, in its text no express definition of the concept of public interest contracts was included, establishing only a "generic" concept of " public interest contracts" and its "species": "national public interest contracts," "state public interest contracts" and "municipal public interest contracts," that is, public contracts that are entered into by the public entities that conform to the Public Administration in the three levels of government.

Specifically, regarding the national level of government, the intention of the provisions included in said Articles 150 and 151 of the Constitution, was to comprise in the notion of "national public interest contracts," not only those entered by the Republic through any of her national government agency or organs, but also by any other national public decentralized entity like a public corporation or a state-owned enterprise. In other words, the Public Administration in Venezuela is not only the Central Administrations in the three levels of government (Republic, States and Municipalities), but it encompasses all the universe of public entities that constitutes the public sector in each level of government, including state-owned enterprises.

It is important to remind that at the national level of government, according to the principles established for its organization in the Public Administration Organic Law,[5] is constituted not only by the Central Public Administration, that is, the organs of the National Executive like the Ministries, but also by the Decentralized Public Administration, composed of the Public Corporations created by statute and the state-owned enterprises, incorporated according to commercial law provisions.

The Organic Law, in effect, when identifying Public Administration declares that it consists of "organs, entities and missions" (art. 15): the first (organs), comprises the "Central Level of the National Public Administration" (articles 44 ff.), including among other organs the Ministries (articles 61 ff.); the second (entities), comprises the Decentralized Public Administration (articles 92 ff.), integrated by public corporations (*institutos públicos*) (articles 96 ff.), state-owned enterprises (articles 103 ff.), State's Foundations (articles 109 ff.) and State Civil Associations (articles 116 ff.); and the third are the so called "Missions" (article 132.).[6] Consequently, all those entities are considered as part of the public sector according to article 5 of the Financial Management of Public Sector Organic Law, which included within the state-owned enterprises:

> "8. Commercial companies in which the Republic or other persons referred to in this Article have a shareholding equal to or greater than fifty per cent of the share capital. In addition, wholly state-owned companies, whose role, through the holding of shares of other companies, is to coordinate the public business management of a sector of the national economy [...] 9. Commercial companies in which the persons referred to in the preceding numeral have a shareholding equal to more than fifty per cent of the share capital."[7]

Those state-owned enterprises, as part of the Public Administration, are also subject, for instance, to the Public Contracting Law (Article 3),[8] and to the Organic Law of the General Audit Office (Article 9),[9] and are in-

---

5   See *Official Gazette* Nº 6.147 Extra of November 17, 2014. Available at: http:// historico.tsj.gob.ve/gaceta_ext/noviembre/17112014/E-17112014-4128.pdf#page=1

6   See *Official Gazette* Nº 6.147 Extra of November 17, 2014. Available at: http:// www.conatel.gob.ve/wp-content/uploads/2015/02/Ley-Org%C3%A1nica-de-Administraci%C3%B3n-P%C3%BAblica.pdf

7   See *Official Gazette* No 6.210 Extra of December 30, 2015. Available at: http://www.bod.com.ve/media/97487/GACETA-OFICIAL-EXTRAORDINARIA-6210.pdf.

8   See *Official Gazette* Nº 6.154 Extra. of November 19, 2014. Available at: http:// www.mindefensa.gob.ve/COMISION/wp-content/uploads/2017/03/LCP.pdf

9   See *Official Gazette* Nº 37.347 of December 17, 2001. Available at: http://www.oas.org/juridico/spanish/mesicic3_ven_anexo23.pdf

cluded in what is defined by Article 15 of the Public Administration Organic Law as "entities;" that is, according to the Constitutional Chamber of the Supreme Tribunal (in a decision No. 464 of March 3, 2002):

> "State legal persons with the form of commercial companies, subjected to a mixed legal regime, of public and private law, although predominantly of private law, due to its form, but not exclusively, because their close relation with the State subjects them to the mandatory rules of public law in order to secure the best organization, functioning and execution of control by the Public Administration, by its organs or by those that contribute to attain their objectives."[10]

As a result of all these provisions, the National Public Administration encompasses not only the Central Public Administration composed of the organs of the Government (of the Republic), but also the decentralized organs of the State that comprise the Decentralized Public Administration, which include the state-owned enterprises, that is, the commercial instrumentalities of the national government.

The current text of Article 150 of the Constitution regarding national public interest contracts was included in 1999 in the debates at the National Constituent Assembly,[11] among other reasons, for the purpose of changing the sense of the provision of the former Article 126 of the 1961 Constitution.[12] During four decades, the text of this article had provoked endless discussions on the interpretation of the notion of "public interests contracts," and about when they were or were not related to the "normal

---

10   See decision N° 464 of March 18, 2002 (Case: Interpretación del Decreto de la Asamblea Nacional Constituyente de fecha 30 de enero de 2000, mediante el cual se suspende por 3 días la negociación de la Convención Colectiva del Trabajo), in *Revista de Derecho Público*, N° 89-92, Editorial Jurídica Venezolana, pp. 219. Available at: http://allan brewercarias.com/wp-content/uploads/2007/08/2002-REVISTA-89-90-91-92.pdf

11   As a Independent member of the National Constituent Assembly of 1999, I proposed to include this provision of article 150 in the Constitution, following in part what was previously established in the 1961 Constitution, changing the regulation regarding the National Assembly intervention on matters of public contracts. See the proposal in "Régimen General del Poder Público y las competencias del Poder Público Nacional" in Allan R. Brewer-Carías, *Debate Constituyente (Aportes a la Asamblea Nacional Constituyente)*, Tomo II (9 septiembre–17 octubre 1999), Fundación de Derecho Público, Editorial Jurídica Venezolana, Caracas 1999, pp. 175-177. Available at: http://allanbrewer carias.net/Content/449725d9-f1cb-474b-8ab2-41efb849fea5/Content/II,%201,%2086.% 20APORTES%20AL%20DEBATE%20CONSTITUYENTE%20TOMO%20II.pdf. See also Allan R. Brewer-Carías, Debate Constituyente (Aportes a la Asamblea Nacional Constituyente, 8 agosto-8 septiembre 1999), Fundación de Derecho Público, Editorial Jurídica Venezolana, Tomo I, Caracas 1999, pp. 212, 231, 232.

12   Such article 126 provided the following: "Article 126. Without the approval of Congress, no contract of national interest may be entered into, except as necessary for the normal conduct of the Public Administration or as permitted by law."

conduct of the public administration," to determine if they were or were not to be submitted to the approval or authorization of Congress.[13]

In sum, the 1999 Constitution, apart the provision of its article 312 related to public debt contracts to be authorized by special statutes, distinguished two basic regimes related to the intervention of the legislative branch on matters of "public interest contracts":

First, ratifies the principle that public interest contracts, when entered into by public entities with "States or official foreign entities or with companies not domiciled in Venezuela" have always to be previously authorized by the National Assembly. Consequence, for a foreign company to enter into a public interest contract with a public entity in Venezuela, it has to be domiciled in Venezuela.

Second, establishes the rule that the submission of public national interest contracts to the approval or authorization of the National Assembly is necessary only when a statute so expressly provided, granting the Assembly the power to establish in said statute the exceptions to its own regulations.

Consequently, based on all those provisions of the Constitution and of the Organic Law on Public Administration, regarding the notion of national public interest contracts, it comprises all public interest contracts entered into by the Republic and by all the entities of it Decentralized Administration. There is no basis to argue that only the Republic can be a party into a "national public interest contract;" a criterion that on the other hand, in practical terms would turn meaningless such constitutional notion and the basis for parliamentary control due to the fact that the overwhelming majority of national public interest contracts are entered into not by the Republic (for example signed by the President of the Republic, Article. 236.14, which are almost inexistent), but by national decentralized entities of the Public Administration, that is, national public corporations or national state-owned enterprises.

---

13 See among many other works regarding the discussions on the traditional notion of "national public interest contracts": Eloy Lares Martínez, "Contratos de interés nacional," in *Libro Homenaje al Profesor Antonio Moles Caubet,* Tomo I, Caracas, UCV, 1981, p. 117; José Melich Orsini, "La Noción de contrato de interés público," in *Revista de Derecho Público* n° 7, Caracas, 1981, p. 61; Allan R. Brewer-Carías, "Los contratos de interés público nacional y su aprobación legislativa" in *Revista de Derecho Público*, N° 11, Caracas, 1982, pp. 40-54; Gonzalo Pérez Luciani, "Contratos de interés nacional, contratos de interés público y contratos de empréstito público," in *Libro Homenaje al Doctor Eloy Lares Martínez,* Tomo I, Caracas, 1984, p. 103; and Jesús Caballero Ortiz, "Los contratos administrativos, los contratos de interés público y los contratos de interés nacional en la Constitución de 1999," in *Estudios de Derecho Administrativo: Libro Homenaje a la Universidad Central de Venezuela*, Volumen I, Imprenta Nacional, Caracas, 2001, pp. 139-154..

II. THE NOTION OF PUBLIC NATIONAL INTEREST CONTRACTS INCLUDES NOT ONLY THOSE IN WHICH THE REPUBLIC IS A PARTY BUT ALSO THOSE IN WHICH NATIONAL DECENTRALIZED ENTITIES ARE PARTIES

Such notion of public national interest contracts including those entered into by decentralized entities of National Public Administration, has been the one I have maintained since 1982 when I expressed in a Legal Opinion I gave to the Senate of Venezuela, that "national interest contracts are those entered into by national political and administrative entities (Republic, autonomous institutions and other public corporations and national state-owned enterprises)."[14] I ratified and summarized that same criterium in 2005, expressing the following:

"Contracts of the State or public contracts are all those in which one of the parties is a state legal person,[15] that means, that it is integrated in the organization of the State, whether a politico-territorial legal person (Republic, States, Municipalities), or public law persons (vg. autonomous institutes) or private law persons of the State (vg. commercial companies or state-owned enterprises).

These contracts in my opinion, have been qualified in the Constitution as public interest contracts (national, states or municipal) and in some statutes, and some of them have been qualified as administrative contracts.

In fact, in the 1999 Constitution, as supreme law and principal source of law, on matters of contracts of the State, in Section Four of Chapter I of Title IV on the "Public Power," it is provided for the "public interest contracts," a notion that in articles 150 and 151 was adopted to identify contracts entered into by public entities, that is, legal State persons, or those that integrate the public sector and that in general comprise the notion of "State." The notion

---

14 See the text of the Opinion I gave to the Senate in 1982, considering contracts entered into by state own enterprises like PDVSA, as "national public interest contracts," in Allan R. Brewer-Carías, "Los contratos de interés nacional y su aprobación legislativa," in *Estudios de Derecho Público (Labor en el Senado 1982)*, Tomo I, Ediciones del Congreso de la República, Caracas 1984, pp. 186-189. Avalable at: http://allanbrewercarias. net /Content /449725d9-f1cb-474b-8ab2-41efb849fea5/Content/II.1.49.pdf. See also Allan R. Brewer-Carías, "La aprobación Legislativa de los contratos de interés nacional y el contrato PDVSA-Veba Oel," in *Estudios de Derecho Público (Labor en el Senado 1983)*, Tomo II, Ediciones del Congreso de la República, Caracas 1984, pp. 5-82. Available at: http://allanbrewercarias.net/Content/449725d9-f1cb-474b-8ab2-41efb849 fea5/Content/II.1.44.pdf

15 On the regulation of legal persons in the Constitution see: Allan R. Brewer-Carías, "Sobre las personas jurídicas en la Constitución de 1999" en *Derecho Público Contemporáneo: Libro Homenaje a Jesús Leopoldo Sánchez,* Instituto de Derecho Público, Universidad Central de Venezuela, enero-abril 2003, Volumen 1, pp. 48-54. Available at: http://allanbrewercarias.com/wp-content/uploads/2007/08/473.-440.-SO-BRE-LAS-PERSONAS-JUR%C3%8DDICAS-EN-LA-CONSTITUCION-DE-1999 .pdf.

can be equivalent to [public contracts] tending to identify contracts in which one of the parties in the contractual relationship is the State, the Public Administration, or a public entity, which in general, have a public interest purpose.

This was the intention of the proposal I made[16] regarding such provision before the National Constituent Assembly during the drafting of the 1999 Constitution.

Since the Venezuelan State is organized as a Federation (Art. 4, Constitution) with three levels of autonomous governments (National –federal–, States and Municipal) (Art. 136, Constitution), the intention behind the regulation of the classification of public interest contracts under Article 150 of the Constitution, as "national public interest contracts", "state public interest contracts" and "municipal public interest contracts" is to refer to the contracts entered into, respectively, by national public entities, state public entities or municipal public entities[17]. Consequently, the intention of the regulation was to consider as national public interest contracts, those concerning the national level of government (different to the state and municipal level of government), because it was entered into by a national public entity, that is to say, a national government agency (the Republic) or a national public corporation or a national state-owned enterprise."[18]

In summary, public interest contracts "are those contracts entered into by public entities, that is, legal State persons, or those that integrate the public sector, which in general comprise the notion of 'State;" being "the intention of the constitutional provision to consider national public interest contracts, those concerning the national level of government (different to the State and municipal level of government), because they were entered into by national public entities, that is, the Republic or national autonomous institutions or national state owned enterprises."[19]

---

16   See Allan R. Brewer-Carías, *Debate Constituyente (Aportes a la Asamblea Nacional Constituyente)*, Tomo II, Caracas, 1999, pp. 173 ff. Available at: http://allan brewercarias.net/Content/449725d9-f1cb-474b-8ab2-41efb849fea5/Content/II,%201,%2086.%20 APORTES% 20AL% 20DEBATE %20CONSTITUYENTE%20TOMO%20II.pdf.

17   See in general: Jesús Caballero Ortiz, "Los contratos administrativos, los contratos de interés público y los contratos de interés nacional en la Constitución de 1999," in Estudios de Derecho Administrativo: Libro Homenaje a la Universidad Central de Venezuela, Volumen I, Imprenta Nacional, Caracas, 2001, pp. 139-154.

18   See Allan R. Brewer-Carías, "Nuevas consideraciones sobre el régimen de los contratos del Estado en Venezuela,", en *Los Contratos administrativos. Contratos del Estado. VIII Jornadas Internacionales de Derecho Administrativo Allan Randolph Brewer-Carías*, Fundación Estudios de Derecho Administrativo, Tomo II, Caracas 2006, pp. 449-450. Availble at: http://allanbrewercarias.net/Content/449725d9-f1cb-474b-8ab2-41efb849
fec1/Content/VIII%20JORNADAS%20INTERNACIONALES%20DE%20DA%20AR BC%20FINAL.pdf.

19   See See Allan R. Brewer-Carías, "Nuevas consideraciones sobre el régimen de los contratos del Estado en Venezuela," en *VIII Jornadas Internacionales de Derecho Adminis-*

And this has been, with the only exception of Eloy Lares Martínez,[20] the general opinion of the overwhelming majority of Venezuelan public law scholars, all of which agree that national public national interest contracts include, not only those entered into by the Republic, but also contracts entered into by national public corporations and national state-owned enterprises whereas national interest is involved.

For instance, Luis Henrique Farías Mata, was always emphatic considering that national public interest contracts include contracts entered into by decentralized public entities of the *National Public Administration*, arguing that:

> "the Constitution does not establish distinctions regarding the organ that enters into the contract: if it is a contract of national interest, regardless of which organ of the Venezuelan Public Administration appears in it as a party, it must, in all cases, meet the requirements set forth therein."[21]

That is why, Margot Y. Huen Rivas considers that one of the characteristics of public interest contracts is "at least a *public entity* is one of the parties;"[22] and Isabel Boscán de Ruesta when referring to *national* public interest contracts in particular, agrees that such contracts "are those entered into by the National Public Administration." [23] Also Luis Britto García has stated his opinion in this sense, stating that "administrative

---

trativo Allan Randolph Brewer-Carías, Los Contratos administrativos. Contratos del Estado. Fundación Estudios de Derecho Administrativo, Tomo II, Caracas 2006, pp. 449. Availble at: http://allanbrewercarias.net/Content/449725d9-f1cb-474b-8ab2-41efb849
fec1/Content/VIII%20JORNADAS%20INTERNACIONALES%20DE%20DA%20AR
BC%20FINAL.pdf. See also See Allan R. Brewer-Carías, *Debate Constituyente (Aportes a la Asamblea Nacional Constituyente),* Tomo II, Caracas, 1999, pp. 173 ff. Available at: http://allanbrewercarias.net/Content/449725d9-f1cb-474b-8ab2-41efb849fea5/
Content/II,%201,%2086.%20APORTES%20AL%20DEBATE%20CONSTITUYEN
TE%20TOMO%20II.pdf..

20 Eloy Lares Martínez, after affirming that "national interest contracts are administrative contracts entered into by the National Public Administration," nonetheless wrote in a restrictive wat that only the Republic could be a party to national public interest contracts See. Eloy Lares Martínez, "Contratos de Interés Nacional," in *Libro Homenaje al Profesor Antonio Moles Caubet,* Vol I, Caracas 1981, pp. 117, 137.

21 See Luis Henrique Farías Mata, "La Teoría del Contrato Administrativo en la Doctrina, Legislación y Jurisprudencia Venezolanas," in *Libro Homenaje al Profesor Antonio Moles Caubet,* Vol II, Caracas 1981, pp. 935, 974.

22 See Margot Y. Huen Rivas, "El arbitraje internacional en los contratos administrativos," in *VIII Jornadas Internacionales de Derecho Administrativo Allan R. Brewer-Carías, Contratos del Estado,* Fundación Estudios de Derecho Administrativo, Caracas 2005, Vol. I, p. 404. Available at: http://allanbrewercarias.net/Content/449725d9-f1cb-474b-8ab2-41efb849fec1/Content/VIII%20JORNADAS%20INTERNACIONALES%20 DE %20DA%20ARBC%20FINAL.pdf.

23 See Isabel Boscán de Ruesta, "La Inmunidad de Jurisdicción en los Contratos de Interés Público," in *Revista de Derecho Público,* No. 14, Editorial Jurídica Venezolana, Caracas, 1983, p. 38.

contracts or public interest contracts, are ones in which the *[Public] Administration*, acting as such, that is pursuing purposes of public policy which it is in charge of comply, enter into a contract whose object tend to fulfill a purpose of public interest."[24]

This same general approach was followed by José Melich Orsini when he affirmed that "what typifies a 'contract of public interest' is that it is a great contract entered into by the *national Public Administration*,"[25] without mentioning any specific public entity within the centralized or decentralized Public Administration at the national level.

On the other hand, José Araujo Juárez in particular regarding state-owned enterprises has said that they "can enter into contracts that can be qualified as public interest contracts, and thus, subject to the parliamentary regime control established in the Constitution."[26] In the same regard, Román José Duque Corredor has considered that state-owned enterprises, as entities within the Public Administration, can enter into public interest contracts."[27]

Also, since 1982 Jesús Caballero Ortíz has stated that national public interest contracts include not only contracts to which the Republic is a party, but also contracts entered into by decentralized entities of the Public Administration, specifically referring to "public enterprises, public law persons" (autonomous institutions or public corporations).[28] It is true that when analyzing the "Calvo clause" in national public contracts, Caballero

---

24   See Luis Britto García, "Régimen Constitucional de los Contratos de Interés Público," in *Revista de Control Fiscal y Tecnificación Administrativa*, No. 50, 1968, PP. 89-90; quoted in Juan Carlos Balzán Perez, "El arbitraje en los contratos de interés público a la luz de la cláusula de inmunidad de jurisdicción prevista en el artículo 151 de la constitución de 1999," in *VIII Jornadas Internacionales de Derecho Administrativo Allan R. Brewer-Carías, Contratos del Estado*, Fundación Estudios de Derecho Administrativo, Caracas 2005, Vol. II, p. 308. Available at: http://allanbrewercarias.net/Content /449725d9-f1cb-474b-8ab2-41efb849fec1/Content/VIII%20JORNADAS%20INTER-NACIONALES %20DE%20DA%20ARBC%20FINAL.pdf.

25   See José Melich Orsini, "La Noción de Contrato de Interés Público," in *Revista de Derecho Público* No. 7, Editorial Jurídica Venezolana, Caracas, 1981, pp. 62.

26   See José Araujo Juárez, "Régimen general de derecho público relativo a las empresas del Estado," in *Nacionalización, Libertad de Empresa y Asociaciones Mixtas*, Caracas 2008, pp. 191, 229. Professor Araujo Juárez also expressed his same opinion in his book: *Derecho Administrativo General*, Vol. II, Ediciones Paredes, Caracas 2011, pp. 263-264.

27   See Román J. Duque Corredor, "Opinión sobre la inconstitucionalidad del Bono PDV-SA 2020," April 19, 2020, p. 4. See the information on this Opinion in: https:// presidenciave.com/regiones/jurista-roman-j-duque-corredor-respalda-la-inconstitucionalidad-de-los-bonos-pdvsa-2020/. See the text in: https://www.acienpol.org.ve/wp-content/ uploads/2020/04/Nulidad-de-la-Bonos-2020-de-PDVSA.pdf.

28   See Jesús Caballero Ortiz, *Las empresas públicas en el derecho venezolano*, Editorial Jurídica Venezolana, Caracas 1982, PP. 333-334. See also Jesús Caballero Ortíz, *Institutos autónomos*, Editorial Jurídica Venezolana, Caracas, 1995, pp. 206-207

mentioned that the Republic cannot be considered a "private party" to the contract;[29] but from such statement it is not possible to deduct that a national public interest contract must have the Republic as a party. A careful reading of what Caballero wrote in 2001 reveals that in no part of his public interest contracts analysis does he address which specific organs or entities can or cannot enter into such contracts. He simply analyzed public interest contracts from a substantive point of view with respect to the regime of authorization and/or approval of such contracts by the National Assembly, and in no way whatsoever restricted the concept of national public interest contracts to contracts entered into by the Republic.

In the same general way, in 2004 Rafael Badell expressly acknowledged that contracts of public interest can be entered into by entities of the decentralized Public Administration "if they affect directly the interest of the Republic as territorial entity, or of the States or Municipalities,"[30] and thus further stated that "contracts signed by public companies may be considered as national public interest contracts, when the national interests that correspond to the Republic are directly affected."[31] In support of this proposition, Badell cited the decision on the case *EDECLA* (*Lucía Antillano*) of 2003[32] whereas the Constitutional Chamber of the Supreme Tribunal *expressly acknowledged that contracts entered into by a public corporation were national public interest contracts.*

In a lecture given in 2018, Rafael Badell was emphatic in affirming that national public interest contracts are "contracts entered into by the State, through its territorial entities (Republic, States or Municipalities), and even its functionally decentralized administration (state companies, au-

---

29   See Jesús Caballero Ortiz, "Los Contratos Administrativos, los Contratos de Interés Público y los Contratos de Interés Nacional en la Constitución de 1999," en Estudios de Derecho Administrativo, *Libro Homenaje a la Universidad Central de Venezuela*, Tomo I, Caracas 2001, p. 154.

30   Rafael Badell Madrid, "Sobre la Inmunidad de Jurisdicción y la Procedencia de Cláusulas Arbitrales en los Contratos de Interés Público Nacional," in *Congreso Internacional de Derecho Administrativo Homenaje al Prof. Luis Henrique Farías Mata*, Margarita 2006, Tomo II, pp. 159-160.

31   Rafael Badell also opined in other of his works, in the same sense that public interest contracts are not only those entered into by the Republic, the States, and the Municipalities, but also those entered into by the "functional decentralized administration" if they affect the interest of the territorial entities, and, in particular, those "entered into by state-owned enterprises, when they affect in a direct way the national interest assigned to the Republic." See Rafael Badell Madrid, "Contratos de interés público nacional" in *Revista de Derecho Administrativo*, No. 19, Editorial Sherwood, Caracas 2005, pp. 7, 9. Available at: https://www.badellgrau.com/?pag=7&noti=132,

32   Supreme Tribunal of Justice, Constitutional Chamber, Decision No Supreme Tribunal's decision No. 953 of April 29, 2003, pp. 11-12. The text of the decision is available at: https://vlexvenezuela.com/vid/lucia-antillano-283457047.

tonomous institutes, civil associations, foundations),"[33] and that "public interest contracts include those concluded by the public administration, centralized as well as territorially or functionally decentralized; which means that this category includes those contracts of public interest that have been entered into by autonomous institutes, *state-owned companies*, foundations, and other state entities of public or private law."[34]

More recently, the same author, in an article written precisely on the matter of "public interest contracts," has expressed in a very clear manner that:

> "Public interest contracts are those contracts: (i) carried out by the State, through its territorial entities, Republic, States or Municipalities, and even its functionally decentralized administration, State companies, autonomous institutes, civil associations and foundations; [...]

> "[...] the 1999 Constitution standardized the name of this type of contracts by referring to "contracts of public interest" in its articles 150 and 151, discriminating that this type of contract may be national, state and municipal in nature and, therefore, those contracts made not only by the President of the Republic, representing the Republic, but also by the functionally and territorially decentralized administration may be included in this category of contracts." [...]

> "[...] we consider that public interest contracts include those concluded by both the centralized public administration and the territorially or functionally decentralized one; which means that this category of contracts encompasses those contracts of public interest that have been agreed upon by autonomous institutes, state companies, foundations, and other state entities of public or private law [...][35]

Specifically referring to national public interest contracts entered into in 2016 by PDVSA and PDVSA Petróleo with foreign companies not domiciled in Venezuela for refinancing the public debt of PDVSA (2020 Notes), Juan Cristóbal Carmona Borjas gave an opinion regarding such contracts when the National Assembly was deliberating on the matter, arriving to the conclusion that, according to Article 150 of the Constitution, those contracts had to be authorized by the National Assembly, expressing also "valid doubts" regarding the ability of PDVSA or its subsid-

---

33   See Rafael Badell Madrid, "Contratos de interés público," text of the Lecture given at the III Academic Conference on Public Contracting, Institute of Legal Studies, Bar of Carabobo State, Valencia-Carabobo, June 29, 2018, pp. 3, 4. Available at: www.badellgrau.com.

34   Idem, p. 5.

35   See Rafael Badell Madrid, "Contratos de interés público," in *Revista de Derecho Público*, No. 159-160, Julio-diciembre 2019, Editorial Jurídica Venezolana, Caracas 2020, p. 11, 12, 13. Also published in published in Badell & Grau Law Firm Portal, http://www.badellgrau.com/, available at: http://www.badellgrau.com/?pag=205&ct=2592

iaries to pledge the shares of Citgo Holding as collateral for the 2020 Notes, even with National Assembly approval, based on Article 105 of the Organic Law of Financial Management of the Public Sector. Carmona expressed his opinion in a book published in 2016 (*Oil Activity and Public Finances in Venezuela*),[36] in which he states as follows:

"First, that according to the Financial Management of the Public Sector Organic Law and its regulations, the swap bond operation announced and made by PDVSA was without doubt a public debt operation, and a national public interest contract.

Second, that according to article 101.3 of the same Organic Law, public debt contracts entered into by PDVSA, as part of the state-owned enterprises of the Oil sector, are exempted of the need to be previously authorized by the National Assembly.[37] This does not exempt PDVSA of the need to certify its capacity of payments in the way is provided in the same norm,[38] and to be authorized by the Council of Ministers, with the technical opinion issued by the National Office of Public Credit.[39]

Third, notwithstanding the provisions of the Organic Law, according to articles 150, 187.9 and 312 of the Constitution, the legal regime applicable to national public interest contracts is different "when they are concluded with States or official foreign entities, or with companies not domiciled in Venezuela. The difference seems to be that in these cases, there is no room for the exception of the law referred to in the heading of the article, in other words, this type of contract will always require the authorization of the National Assembly."[40]

Carmona went further, affirming that according to Article 150, "when the contract is of national interest but it is also [entered into] with [...] a company not domiciled in Venezuela, the approval of the National Assembly will always be required."[41] Quoting a decision of the Supreme Tribunal, he affirmed that such authorization must be given prior to the signing of the contract "so that the contract to be entered into can be recognized as valid in accordance with the Constitution."[42]

Regarding the specific case of the Indenture and the Pledge for the 2020 Notes, Carmona opined as follows:

---

[36] See Juan Cristóbal Carmona Borjas, *Derecho y Finanzas. Hidrocarburos y Minerales.* Volumen II: Actividad Petrolera y Finanzas Públicas en Venezuela, Caracas 2016.

[37] Id.

[38] Id. at 426.

[39] Id. at 427.

[40] Id. at 429.

[41] Id. at 431.

[42] Id. at. 432.

"Accordingly, we consider that public credit operations conducted by PDVSA, notwithstanding the fact that they are contracts of national interest, are not subject to their prior authorization by the National Assembly. A different situation would arise, however, when such transactions would be concluded with another State, foreign official entity or company not domiciled in the country, as in such cases, regardless of what entity of the National Public Administration [signs] them, the legal exception to congressional authorization is not possible."[43]

Such required authorization aside, Carmona considered the Pledge "the greatest controversy in recent times,"[44] observing that "the fact that the object of the guarantee that PDVSA intends to offer are shares of a company constituted abroad and indirectly held by it, does not exclude them from the notion of public patrimony subject to controls intended to ensure its sound administration that allow or justify the extraterritorial application of the law."[45]

Carmona concluded as follows:

"In view of the foregoing, it can be noted that: i) since the Legislator has not distinguished regarding the location of national assets (Art. 105 [of the Organic Law of Financial Administration of the Public Sector]); ii) their character depending on its owner and not its location; iii) be the object of the guarantee a national asset and; iv) the laws aimed at preserving the correct administration of public patrimony are applicable extraterritorially, valid doubts arise as to PDVSA's ability to pledge the shares held by CITGO Holding, Inc. in order to guarantee public debt operations."[46]

Also specifically referring to the 2020 Notes, Román José Duque Corredor has opined, that the Indenture and the Pledge:

"have all the elements to be considered as national public interest contracts. In fact: they were entered into by two state owned corporations, that is PDVSA and PDVSA Petróleo; those contracts gave as a *guarantee* the participation of control over the most important asset of the Venezuela State abroad, as it is Citgo, that are not contracts on the ordinary course of business of PDVSA; and those contracts were entered into with corporations domiciled abroad, that is, the Trust agent and the Collateral agent."[47]

---

[43]   Id. at 436–37.

[44]   Id. at. 437.

[45]   Id. at 440.

[46]   Id.

[47]   See Román J. Duque Corredor, "Opinión sobre la inconstitucionalidad del Bono PDVSA 2020," April 19, 2020, p. 1. See the information on this Opinion in: https:// presidenciave.com/regiones/jurista-roman-j-duque-corredor-respalda-la-incons-titucionalidad-de-los-bonos-pdvsa-2020/. See the text in: https://www.acienpol. org.ve/ wp-content/uploads/2020/04/Nulidad-de-la-Bonos-2020-de-PDVSA.pdf..

In the same sense, Rafael Badell Madrid, has specifically addresses the 2020 Notes, writing that:

One additional *example* of this type of public interest contract is the *contract* for the issuance of the PDVSA 2020 Bond, as well as the contract guaranteeing that bond backed by 50.1% of the shares of Citgo Holding, Inc. This contract has the nature of a national public interest contract, in addition to the fact that it was entered into by two state-owned enterprises, which PDVSA and PDVSA Petróleos S.A. are; and the criteria of the importance of the contracting and its link to fulfillment of the State's objectives and missions.

Hence, in our view, the issuance of the PDVSA 2020 Bond, as well as its respective guarantee, is a national public interest contract that should have been subjected to the procedure of review and authorization by the National Assembly, pursuant to Article 150 of the Constitution, and to acquisition of the prior opinion of the Office of the Attorney General of the Republic, as required by Article 247 of the Constitution."[48]

Also specifically regarding the Indenture and the Pledge, Badell consider that this contract has:

"the nature of a contract of national public interest, because in addition to the fact that it was signed by two state companies such as PDVSA and PDVSA Petróleos S.A.; by the criterion of the importance of contracting and its link to the fulfillment of the purposes and tasks of the State; for the economic and financial consequences derived from it; and by the criterion of the purpose of parliamentary control regarding the need to preserve the patrimonial assets of the State."[49]

Consequently, there cannot be any doubt that the Indenture and the Pledge are also national public interest contracts under any constitutional or legal standard and even from the point of view of he importance, magnitude or impact of the transaction, including the standard articulated by the National Assembly in its resolutions dated May 26, 2016[50] and Sep-

---

48 Id. at 19.

49 See Rafael Badell Madrid, "Contratos de interés público," in *Revista de Derecho Público*, No. 159-160, Julio-diciembre 2019, Editorial Jurídica Venezolana, Caracas 2020, p. 22. Also published in published in Badell & Grau Law Firm Portal, http://www.badellgrau.com/, available at: http://www.badellgrau.com/?pag=205&ct=2592

50 See: "Acuerdo sobre el respeto de las facultades propias e intransferibles de la Asamblea nacional sobre los contratos de interés público que suscriba el Ejecutivo Nacional con Estados o entidades oficiales extranjeras o con sociedades no domiciliadas en Venezuela" May 26, 2016. Available at: http://www.asambleanacional.gob.ve/ actos/detalle /acuerdo-sobre-el-respeto-de-las-facultades-propias-e-intransferibles-de-la-asamblea-nacional-sobre-los-contratos-de-interes-publico-que-suscriba-el-ejecutivo-nacional-con-estados-o-entidades-oficiales-extranjeras-o-con-sociedades-no-domiciliadas-en-v

tember 27, 2016,[51] in which it expressed that "public interest contracts, that require the National Assembly's approval" as a "condition of the validity of the contract," are "a special category of administrative contracts, *inextricably related to an object that affects the collective interest of all citizens.*"

Venezuela's oil industry indisputably affects the collective interest of all citizens because it is the main driver of the country's crippled economy and the key to any hope of recovery, being CITGO the most economically and strategically important asset abroad of the Venezuela's oil industry. Therefore, the Indenture and the Pledge, which were executed as part of a single, integrated transaction (the issuance of new, "secured" notes pursuant to the Exchange Offer),[52] are national public interest contracts under any such standard, and were due to obtain the authorization of the National Assembly prior to their signing.

III. THE NOTION OF NATIONAL PUBLIC INTEREST CONTRACTS HAS NOT BEING THE OBJECT OF ANY BINDING JUDICIAL INTERPRETATION REDUCING THEM TO THOSE ENTERED INTO BY THE REPUBLIC, AND EXCLUDING THE DECENTRALIZED NATIONAL ENTITIES AS BEING PARTIES THERETO

The aforementioned notion of "national public interest contract" derived from articles 150, 151, 189.9 and 247 of the Constitution, comprising contracts entered into by the Republic, national autonomous institutions and national state-owned enterprises, has not being changed in any way through any binding judicial constitutional interpretation.

That is, no "binding interpretation" on the notion of national public interest contract included in such articles of the Constitution has been issued by the Constitutional Chamber of the Supreme Tribunal pursuant article 335 of the Constitution, or by any other Venezuelan court, establishing that na-

---

51 Asamblea Nacional. Acuerdo sobre la situación financiera actual de Petróleos de Venezuela S.A. 27 /09/2016. Available at: http://www.asambleanacional.gob.ve/actos /detalle /acuerdo-sobre-la-situacion-financiera-actual-de-petroleos-de-venezuela-sa-234

52 The Indenture and the Pledge were concluded as part of a single, integrated transaction involving the issuance of new, secured notes in exchange for unsecured notes previously issued by PDVSA and guaranteed by PDVSA Petróleo. Under Venezuelan law, the Indenture was a "complex contract" in that it contemplated two contractual engagements—a loan contract and a pledge contract. The loan contract was a public debt contract that would result from PDVSA's issuance of the 2020 Notes, which would be guaranteed by PDVSA Petróleo. The pledge contract was the contemplated pledge of "50.1% of the outstanding Capital Stock of CITGO Holding, Inc." held by PDV Holding Inc. (a wholly-owned PDVSA subsidiary) to secure the 2020 Notes. As a direct consequence of the execution of the Indenture on October 28, 2016, the Pledge was executed as of the same date.

tional public interest contracts must have only the Republic as a party, excluding decentralized national entities of public administration.

The Constitutional Chamber has indeed, in some decisions, referred only to public contracts entered into by the Republic, but without establishing any binding restrictive interpretation excluding from the notion other national public interest contracts entered into by decentralized entities. To the contrary, the former Supreme Court of Justice, and the Constitutional and Political-Administrative Chambers of the current Supreme Tribunal have issued multiple decisions accepting that contracts entered into by autonomous institutions (public corporations) and state-owned enterprises, which are part of the decentralized National Public Administration, are national public interest contracts.

This traditional judicial doctrine in the country was reflected, for instance, in the important decision issued by the former Supreme Court of Justice on August 17, 1999, when the 1999 Constitution was being drafted, in the case involving national public contracts (*Association Agreements*) for oil exploitation entered into by state owned enterprises in the so-called *Apertura Petrolera* policy (Case: *Simón Muñoz Armas et al. Challenging Clauses of the Congress Resolution of July 4, 1995*), which the Court in addition considered "administrative contracts." They were entered into by decentralized entities of the oil industry, which were subsidiaries of Petróleos de Venezuela S.A. PDVSA, having been expressly qualified as "national public interest contracts" based on the provision of the 1961 Constitution that on the matter had similar wording as the 1999 Constitution.[53]

That is why Eugenio Hernández Bretón affirmed, commenting such decision, that the "Association Agreements" entered into by PDVSA and its subsidiaries are all "contracts of public interest."[54]

---

53   See. Allan R. Brewer-Carías, *El Caso de la Apertura Petrolera (Documentos del caso 1996-1999),* 2001, pp. 318-319. Available at: http://allanbrewercarias.com/wp-content/uploads/2007/09/57.-I-2-22.-APERTURA-PETROLERA.-DOCUMENTOS-DEL-JUICIO.pdf The decisión can also be consulted in Allan R. Brewer-Carías, *Crónica de una destrucción. Concesión, Nacionalización, Apertura, Constitucionalización, Desnacionalización, Estatización, Entrega y Degradación de la Industria Petrolera,* Apendix, Colección Centro de Estudios de Regulación Económica-Universidad Monteávila, N° 3, Universidad Monteávila, Editorial Jurídica Venezolana, Caracas, 2018.

54   See Margot Y. Huen Rivas, "El arbitraje internacional en los contratos administrativos," in *VIII Jornadas Internacionales de Derecho Administrativo Allan R. Brewer-Carías, Contratos del Estado,* Fundación Estudios de Derecho Administrativo, Caracas 2005, Vol. I, p. 404. Available at: http://allanbrewercarias.net/Content/449725d9-f1cb-474b-8ab2-41efb849fec1/Content/VIII%20JORNADAS%20INTERNACIONALES %20DE %20DA%20ARBC%20FINAL.pdf (quoting Eugenio Hernández Bretón, "El Controversial Artículo 127," in *Revista Gerente,* 1999. I also considered the contracts entered into by PDVSA as "national public interest contracts" when expressing my opinion before the Venezuelan Senate in 1982. See Allan R. Brewer-Carías, "Los contratos de in-

In that same regard, the Political-Administrative Chamber of the Supreme Tribunal after the enactment of the 1999 Constitution, issued multiple decisions relating to national public interest contracts, generally accepting that such contracts can be entered into by decentralized entities of the National Public Administration such as *Diques y* Astilleros *de Nacionales S.A. (DIANCA)*, a national state-owned enterprise (Decision N° 847 of July 16, 2013);[55] *Corporación Venezolana de Guayana (CVG)*, a national autonomous institution created by law (Decision N° 1690 of December 7, 2011);[56] and *Compañía Anónima Venezolana de Televisión (VTV)*, also a national state-owned enterprise (Decision N° 855 of April 5, 2006 -Case *VTV v. Eletronica Industriale*).[57]

The conclusions of these straight forward decisions issued by the Political Administrative Chamber of the Supreme Tribunal, nonetheless, have been tarnished by the confusing text of some decisions issued by the Constitutional Chamber of the Supreme Tribunal, particularly after the parliamentary elections of December 2015,[58] period in which the Constitutional Chamber began to consistently attempted to neutralize,

---

terés nacional y su aprobación legislativa," in *Estudios de Derecho Público (Labor en el Senado 1982)*, Tomo I, Ediciones del Congreso de la República, Caracas 1984, pp. 183-193. Avalable at: http://allanbrewercarias.net/Content/449725d9-f1cb-474b-8ab2-41efb849fea5/Content/II.1.49.pdf.

55 [Supreme Tribunal of Justice, Political-Administrative Chamber, Decision No. 847 Case: Diques y Astilleros Nacionales (DIANCA), Jul. 16, 2013.

56 Supreme Tribunal of Justice, Political-Administrative Chamber, Decision No. 1690 Case: Minera Las Cristinas (MINCA) Dec. 7, 2011, p. 43. In this 2011 decision, the Political-Administrative Chamber of the Supreme Tribunal also referred to its previous decision No. 832 of July 14, 2004, in which it also recognized that mining concessions, in that case also entered into by autonomous institutes (public corporations) like the Corporación Venezolana de Guayana and the same Mineras Las Cristinas S.A. were "national public interest contracts," pp. 41, 72

57 Supreme Tribunal of Justice, Political-Administrative Chamber, Decision No. 855, Case: Compañía Anónima Venezolana de Televisión (VTV), Apr. 5, 2006, p.78.

58 See the comments on all the decisions issued by the Constitutional Chamber after 2015, in Carlos M. Ayala Corao y Rafael J. Chavero Gazdik, *El libro negro del TSJ de Venezuela: Del secuestro de la democracia y la usurpación de la soberanía popular a la ruptura del orden constitucional (2015-2017)*, Editorial Jurídica Venezolana, Caracas 2017, 394 pp.; "Memorial de agravios 2016 del Poder Judicial. Una recopilación de más de 100 sentencias del TSJ," 155 pp., research by ONGs: Acceso a la Justicia, Transparencia Venezuela, Sinergia, espacio público, Provea, IPSS, Invesp. Available at: https://www.scribd.com/-document/336888955/Memorial-de-Agravios-del-Poder-Judicial-una-recopi-lacion-de-mas-de-100-sentencias-del-TSJ; and José Vicente Haro, "Las 111 decisiones inconstitucionales del TSJ ilegítimo desde el 6D-2015 contra la Asamblea Nacional, los partidos políticos, la soberanía popular y los DDHH," en *Buscando el Norte*, 10 de julio de 2017. Available at: http://josevicenteharo-garcia.blogspot.com/2016/10/las-33-decisiones-del-tsj.html; Ramón Guillermo Aveledo (Coodrinador), *Contra la representación popular. Sentencias inconstitucionales del TSJ de Venezuela*, Instituto de Estudios Parlamentarios Fermín Toro Universidad Católica Andrés Bello, Caracas 2019, pp 1-4. Available at http://www.fermintoro.net/portal/wp-content/uploads/2019/07/CONTRA-EL-PODER-LEGISLATIVO-WEB.pdf..

undermine, and, in some instances, usurp the National Assembly's powers,[59] especially in relation to its political and administrative control over the Public Administration and the Government.

It was in this political and constitutional context that the Constitutional Chamber specifically issued two decisions, quoting a previous one issued in 2002 (Decision N° 2241), whereas she referred to the matter of national public interest contracts, not for the purpose of interpreting such notion, but only to resolve other questions; namely, the character (binding or not) of the opinions given by the Attorney General under article 247 of the Constitution for the approval of national public interest contracts ruling that a national interest contract of public debt (Notes), to be entered into by a decentralized entity of Public Administration, in particular by the *Banco de Desarrollo Agropecuario* (*Bandagro*) which, according to the said provision of the Constitution, being a national public interest contract needed to be submitted before the Attorney General Office to obtain its legal opinion (No. 1460 of July, 2007*)*; and, the nature of the Central Bank of Venezuela as a decentralized special entity of the State and of a contract to be entered into by such entity with a foreign international entity in the framework of an international agreement, to exclude it from parliamentary authorization (No. 618 July 20, 2016).

If it is true that none of these decisions established any sort of binding interpretation on the scope and content of article 150 of the Constitution regarding the notion of national public interest contract, their content have created confusions, due to the quotations made in their text of the already mentioned decision of the Constitutional Chamber issued in 2002 (Decision N° 2241), which was mainly related to a specific aspect of national *public debt contracts* entered into by the National Executive. The decision annulled an article of the Organic Law of Financial Management

---

59 See Allan R. Brewer-Carías, "El desconocimiento judicial de los poderes de control político de la Asamblea Nacional," en *Revista de Derecho Público*, No. 145-146, (enero-junio 2016), Editorial Jurídica Venezolana, Caracas 2016, pp. 348-368, available at: http://allanbrewercarias.com/wp-content/uploads/2017/01/9789803653699-txt.pdf . See also my comments regarding all the decisions issued by the Constitutional Chamber since 2016, in: Allan R. Brewer-Carías, *Dictadura judicial y perversión del Estado de derecho. La Sala Constitucional y la destrucción de la democracia en Venezuela*, Colección Estudios Políticos, No. 13, Editorial Jurídica Venezolana International, Segunda edición ampliada. New York-Caracas, 2016, pp. 1-8; Available at http://allan brewercarias.com/wp-content/uploads/2016/06/Brewer.-libro.-DICTADURA-JUDICIAL-Y-PERVERSI%C3%93N-DEL-ESTADO-DE-DERECHO-2a-edici%C3%B3n-2016-ISBN-9789803653422.pdf; Allan R. Brewer-Carías, *La consolidación de la tiranía judicial. El Juez Constitucional controlado por el Poder Ejecutivo, asumiendo el poder absoluto*, Colección Estudios Políticos, No. 15, Editorial Jurídica Venezolana International, Caracas / New York, 2017, pp. 1-8; available at: http://allanbrewercarias.com/wp-content/uploads/2017/06/ALLAN-BREWER-CARIAS-LA-CONSOLIDACI%C3%93 N-DE-LA-TIRAN%C3%8DA-JUDICIAL-EN-VZLA-JUNIO-2017-FINAL.pdf

of the Public Sector, because it could allow for public debt contracts of the Republic to be entered into by National Executive with foreign companies not domiciled in the country, without the required parliamentary authorization; decision that in no way established according to Article 335 of the Constitution, any binding interpretation of the notion of national public interest contract.

1. Decision Nº 2241 of September 24, 2002 (Andrés Velazquez et al.) annulling Article 80 of the Financial Administration of the Public Sector Organic Law

In the first of the aforementioned decisions, issued in 2002 by the Constitutional Chamber of the Supreme Tribunal (Nº 2241 of September 24, 2002 *Andrés Velazquez et al.* case), which was subsequently quoted in the other two decisions of 2007 and 2016, the *thema decidendum* was the declaration of unconstitutionality and subsequent annulment of a provision of the Organic Law of Financial Management of the Public Sector, not having the Chamber established in it, under article 335 of the same Constitution, any binding interpretation of article 150 or any other provision of the Constitution, or on the notion of public interest contracts.

In the case, the Constitutional Chamber was deciding a constitutional judicial review action brought by several citizens (*Andrés Velázquez* and others) against Article 80 of the Organic Law on Financial Administration of the Public Sector,60 which provided, in relevant part, that "once the annual indebtedness law was sanctioned, the National Executive will proceed to enter into contracts of public debt in the best attainable conditions possible and must inform periodically to the National Assembly."61 The plaintiffs argued that, as written, this provision seemed to allow the National Executive to enter into public debt contracts of national interest with foreign states, official foreign entities, and companies not domiciled in Venezuela in violation of Article 150 of the Venezuelan Constitution, that is, without National Assembly authorization.[62]

The *issue* of the case was –thus- the unconstitutionality of Article 80 of the Organic Law. Agreeing with the plaintiffs that the relevant provision was unconstitutional, the Constitutional Chamber declared it null and void.[63] This partial annulment of Article 80 of the Organic Law (which

---

60   Supreme Tribunal of Justice, Decision No. 2241 Case: Andrés Velásquez y otros, nulidad parcial artículo 80 de la Ley Orgánica de Administración Financiera del sector Público, Sept. 24, 2002. Available at: https://vlexvenezuela.com/vid/andres-velasquez-elias-mata-enrique-283459075

61   Id p. 11-12.

62   Id. p 3.

63   Id. p 19.

was the *thema decidendum* of the case) is the only part that could be considered binding in the sense of having general *erga omnes* effects, along with it the reaffirmation that, in the case of national public interest contracts entered into with official foreign entities or foreign companies not domiciled in Venezuela, the prior National Assembly authorization is "inescapable."[64]

Bearing this context in mind, it cannot be deduced, from this decision, that the term "contracts of national public interest" in the 1999 Constitution only encompasses contracts concluded by the Republic through the competent bodies of the National Executive. The Constitutional Chamber did not rule in any way whatsoever that only the Republic can be a party to such contracts and that decentralized entities within the National Public Administration, such as public corporations and state-owned enterprises, cannot enter into national public interest contracts.

In this case the Constitutional Chamber noted that national public interest contracts "is a contracting species which *includes* '[…] contracts concluded by the Republic through the competent organs of the National Executive' (par. 100) implying that the National Executive is but one entity that may enter into such contracts, not the *only* entity.

The reason the Constitutional Chamber focused in this decision on national public interest contracts entered into by the National Executive, is that *those were the only* contracts *expressly mentioned in the challenged provision of Article 80 of the Organic Law.* As Román J. Duque Corredor has likewise observed, the "decision emphasizes public interest contracts of the Republic" because it was issued "in reference to the nullity of article 80 of the Financial Management of the Public Sector Organic Law, which governs the public debt operations of the Republic." That is, the Constitutional Chamber's analysis:

> "was centered on public interest contracts of the Republic, concluding that article 80 was contrary to the constitutional obligation of the National Executive to request the National Assembly's authorization to enter into contracts of national public interest, in the framework of public debt operations, when such contracts are entered into with States, foreign official entities or foreign companies not domiciled in Venezuela."[65]

In the words of Duque Corredor, the interpretation of the decision that a national state own enterprise, "is not subject to article 150 of the Consti-

---

64 Id..

65 See Román J. Duque Corredor, "Opinión sobre la inconstitucionalidad del Bono PDVSA 2020," April 19, 2020, pp. 2, 3. See the information on this Opinion in: https://presidenciave.com/regiones/jurista-roman-j-duque-corredor-respalda-la-inconstitucionalidad-de-los-bonos-pdvsa-2020/. See the text in: https://www.acienpol.org.ve/wp-content/uploads/2020/04/Nulidad-de-la-Bonos-2020-de-PDVSA.pdf

tution, because such provision only applies to the Republic and not to the state-owned enterprises like PDVSA" is no more than a "manipulation of the interpretation of the decision," which "does not establish that state-owned enterprises are excluded from article 150 of the Constitution."[66]

The decision "equates the Republic to the National Executive, but does not do so with the intention of excluding the decentralized entities like state owned-enterprises from complying with article 150."[67]

In any event, proof that the Constitutional Chamber did not intend to limit the concept of national public interest contracts to comprise only those entered into by the Republic, came just months later in the decision N° 953 of April 29, 2003 (*EDELCA* case), whereas the Constitutional Chamber expressly recognized that contracts entered into by a national state-owned enterprise, *C.V.G Electrificación del Caroní, C.A. (Edelca)*, with two foreign corporations, *Centrais Elétricas Brasileiras S/A (Eletrobras)* and *Centrais Elétricas Do Norte Do Brasil S/A (Eletronorte)*, were national public interest contracts, holding as follows:

> "Regarding the legal figure concluded, which is based on the international commitments signed by the National Executive, it is noteworthy that although it is the product of the aforementioned acts of government, it turns out to be a stipulation of a contractual nature, which constitutes a public interest contract, since a high interest of the Republic has been committed in the framework of its international relations with the Federative Republic of Brazil for the supply of electricity. Regarding this, the agreement concluded is subsumed within the limits defined by this Chamber, on public interest contracts."[68]

This decision of the Constitutional Chamber, issued only seven months later, makes it impossible to deduct from decision N° 2241 any interpretation tending to exclude from the concept of national public interest contracts, those entered into by decentralized entities of the State, with foreign corporations not domiciled in Venezuela.

In any case, I have been particularly critical of decision N° 2241, not because the annulment of the challenged provision of Article 80 of the Financial Administration of the Public Sector Organic Law, but because with it, perhaps inadvertently, the Chamber created the opportunity to spread confusion and politically motivated arguments by not mentioning,

---

66 Id. p. 2, 3.

67 Id.

68 Supreme Tribunal of Justice, Decision No. 953, April. 29, 2003, pp. 11–12. The text of the decision is available at: https://vlexvenezuela.com/vid/lucia-antillano-283457047.

when discussing national public interest contracts, contracts entered into by decentralized entities within the National Public Administration.[69]

The Chamber, in effect, when referring to the notion of "public interest contracts" contained in Articles 150, 151 and 187.9 of the Constitution, only mentioned those entered into by the Republic, the States and the Municipalities where the national, state or municipal public interest is involved. The Chamber said that the notion of public interest contracts derived from the:

> "generic-species relation that exists between the concept of public interest and the notions of national, state and municipal public interest, considering that the determinant element would be the participation of the Republic, the States and the Municipalities."[70]

This originated the confusion leading to the opinion of considering that public contracts entered into by a national public corporation or a national state-owned enterprise could not be considered "national public interest contracts" under such Articles of the Constitution, which would be absurd and contrary to the intention of the Constitution.

That is why, referring to this particular point of such decision of the Constitutional Chamber, in 2011 I expressed that:

---

69 See Allan R. Brewer-Carías, "La Mutación de la Noción de Contratos de Interés Público Nacional hecha por la Sala Constitucional, para cercenarle a la Asamblea Nacional sus Poderes de control político en relación con la actividad contractual de la Administración Pública y sus Consecuencias," in *Revista de Derecho Público*, No 151–152, Editorial Jurídica Venezolana, Caracas 2017, pp. 371, 379.). In 2005, I said that this decision could lead to the misimpression that a contract entered into by PDVSA was not a national public interest contract, and that such assertion "has no sense. Nonetheless, without doubt, it is a national public contract entered into by a State public entity, in particular, a state-owned enterprise or a State private law person." See Allan R. Brewer-Carías, "Nuevas consideraciones sobre el régimen jurídico de los contratos del estado en Venezuela," in *VIII Jornadas Internacionales de Derecho Administrativo Allan R. Brewer-Carías*, Tomo II, Fundación Estudios de Derecho Administrativo, Caracas 2006, pp. 449, 451. Availble at: http://allanbrewercarias.net/Content/449725d9-f1cb-474b-8ab2-41efb849fec1/Content/VIII%20JORNADAS%20INTERNACIONALES%20DE%20DA%20ARBC%20FINAL.pdf, I have expressed this opinion since 1982, when, as a Senator for the Federal District, I prepared a memorandum to the President of the Venezuelan Senate on the notion of public national interest contracts and their legislative approval. Letter from Allan R. Brewer-Carias to Godofredo Gonzalez, President of the Venezuelan Senate, (Aug. 11, 1982), pp. 2, 6, 7. Available at: http://allanbrewercarias.com/wp-content/uploads/2020/04/Brewer-Car%C3%ADas.-Opini%C3%B3n-al-Senado.-Contratos-de-inter%C3%A9s-publico-nacional.-11-Agosto-1982.pdf

70 The main argument of the Constitutional Chamber of the Supreme Court of Justice of September, 2, 2002, referred to the need for previous parliamentary authorization of all public debt and public interest contracts entered into by the Republic, the States and the Municipalities.

"On the contrary, in my view, contracts entered into by, for instance, national public corporation and State enterprises, according to article 150 of the Constitution have to be considered as 'national public interest contracts.'

The contrary has no sense, and according to the Supreme Tribunal doctrine could lead one to consider that, for instance, a contract entered by *Petróleos de Venezuela S.A. (PDVSA)* could not be considered as a national public interest contract, which, I insist, has no sense at all. Nonetheless, and in spite of this erroneous doctrine, without doubt, that contract is a public interest contract, that is, a national public interest contract entered into by a State public entity in particular, a State enterprise or State legal person of private law." [71]

I have ratified these conclusions on this matter again in 2015, expressing that with this 2002 decision, an incorrect conclusion could be deducted in the sense that the Supreme Tribunal had restricted:

"in an unjustified way the notion of 'public interest contracts' expressed by Articles 150, 151 and 187.9 of the Constitution, referring only to those entered into by the "Republic, the States and the Municipalities" where the national, state or municipal public interest is involved. Under this Supreme Court analysis (which was addressed only to public debt contracts), public interest contracts entered into by a national public corporation or by national state-owned enterprises could be considered not to be "national public interest contracts" pursuant to Article 150 of the Constitution." [72]

This of course is incorrect, and even considering that the Chamber deliberately made the restrictive interpretation, it would be with no general effect, because in any case, the Constitutional Chamber in such decision of 2002 did not rule as *thema decidendum* on the matter of interpreting those constitutional provisions, being the decision adopted only related to another matter, specifically, to the partial nullity of article 80 of the Financial Management of the Public Sector Organic Law.

As I wrote in 2017, "regrettably and without any need to resolve the *thema decidendum*, which was the nullity of the last paragraph of article

---

71 See in Allan R. Brewer-Carías, "Sobre los contratos del Estado en Venezuela," en *Revista Mexicana Statum Rei Romanae de Derecho Administrativo*, No. 6, Homenaje al Dr. José Luis Meilán Gil, Facultad de Derecho y Criminología de la Universidad Autónoma de Nuevo León, Monterrey, Enero-Junio 2011, pp. 207-252. http://allanbrewer carias.com/wp-content/uploads/2011/08/684.-677-SOBRE-LOS-CONTRATOS-DEL-ESTADO-EN-VENEZUELA.-Revista-Mexicana-Dcho-Administ-2010.-_IX-FIDA.-Mendo.pdf

72 See in Allan R. Brewer-Carías, *Administrative Law in Venezuela*, Editorial Jurídica Venezolana, 2015, p. 133. Available at: http://allanbrewercarias.com/wp-content/ uploads/2013/08/9789803651992-txt.pdf

80 of the Organic Law on Financial Administration of the public sector, [the Chamber]" began what could be interpreted as an "inconvenient process of reduction over the notion of contracts of national interest." To counteract this possible argument, I clarified that:

"the determinant [factor] in the Constitution in order to identify public interest contracts is not the participation of the Republic, of the States or of the Municipalities, but the determinant [factor] is the participation of state persons of public or private law in the three territorial levels, and that in addition to the Republic, States and Municipalities, are for instance, the autonomous institutions or the state owned enterprises at the three territorial levels."[73]

As I also wrote in 2011, referring to the possible "doctrine" in contrary sense that someone might try to deduce from the decision No. 2241:

"On the contrary, in my opinion, the contracts entered into for example, by national public corporations and state-owned enterprises, have to be considered as 'national public interest contracts' according to article 150 of the Constitution. The contrary has no sense, and could lead to consider that according to the doctrine of the Supreme Tribunal, for instance, a contract entered into by Petróleos de Venezuela (PDVSA) could not be considered as a national public interest contract, which I insist, has no sense at all." Nevertheless, and in spite of this erroneous doctrine, without doubt, such contract is a national public contract entered into by a state public entity, in particular, a state-owned enterprise or state person of private law."[74]

In any case, I must point out that in none of my multiple works commenting decision N° 2241, I have ever accepted -much less affirmed or argued- that it contained a binding decision issued by the Constitutional Chamber pursuant to article 335 of the Constitution on any mater, and certainly *not* regarding the notion of national public interest contracts. That is why I must here clarify that although in a "footnote" to a study of

---

73 Allan R. Brewer-Carías, "Nuevas consideraciones sobre el régimen jurídico de los contratos del Estado en Venezuela", in *VIII Jornadas Internacionales de Derecho Administrativo Allan Randolph Brewer-Carías. Contratos Administrativos. Contratos del Estado,* Fundación de Estudios de Derecho Administrativo FUNEDA, Caracas, 2006, Vol II, p. 379. Available at: http://allanbrewercarias.net/Content/449725d9-f1cb-474b-8ab2-41efb
849fec1/Content/VIII%20JORNADAS%20INTERNACIONALES%20DE%20DA%20
ARBC%20FINAL.pdf

74 See Allan R. Brewer-Carías, "Sobre los contratos del Estado en Venezuela," in *Revista Mexicana Statum Rei Romanae de Derecho Administrativo,* No. 6, Homenaje al Dr. José Luis Meilán Gil, Facultad de Derecho y Criminología de la Universidad Autónoma de Nuevo León, Monterrey, Enero-Junio 2011, (pp. 207-252), p. 4 of pdf; available at: http://allanbrewercarias.com/wp-content/uploads/2011/08/684.-677-SOBRE-LOS-CONTRATOS-DEL-ESTADO-EN-VENEZUELA.-Revista-Mexicana-Dcho-Administ-2010.-_IX-FIDA.-Mendo.pdf

mine published in 2005,[75] in which I referred critically to that decision, after mentioning the "restrictive" nature of the approach or interpretation made on the matter by the Chamber the qualifier "binding" was added, it was no more than an unfortunate and inadvertent material error, which appeared of course without any argumentation - as there could not be any -, since this not only was not -and is not- true, but did not respond to my own opinion held since 2000, about when and how the Constitutional Chamber of the Supreme Tribunal establishes "binding" interpretations in the terms of article 335 of the Constitution.[76] A condition that does not exist in the case of decision No. 2241 of September 24, 2002.[77]

Unfortunately, the material error included in the aforementioned footnote[78] was reproduced *verbatium* in other publications made later, whereas the text of the 2005 study was literally "republished," especially abroad,[79] as well as it appeared reproduced, in the same inadvertent way, in one of my books published in 2019.[80]

---

75 Allan R. Brewer-Carías, "Nuevas consideraciones sobre el régimen jurídico de los contratos del Estado en Venezuela", in *VIII Jornadas Internacionales de Derecho Administrativo Allan Randolph Brewer-Carías. Contratos Administrativos. Contratos del Estado*, Fundación de Estudios de Derecho Administrativo FUNEDA, Caracas, 2006, Vol II, p. 541. Availble at: http://allanbrewercarias.net/Content/449725d9-f1cb-474b-8ab2-41efb8
49fec1/Content/VIII%20JORNADAS%20INTERNACIONALES%20DE%20DA%20A
RBC%20FINAL.pdf

76 See Allan R. Brewer-Carias, *El sistema de justicia constitucional en la Constitución de 1999*, Editorial Jurídica Venezolana, Caracas 2000, pp. 84-87

77 That is why, when criticizing extensively such decision in my book Sobre las nociones de contratos administrativos, contratos de interés público, servicio público, interés público y orden público, y su manipulación legislativa y jurisprudencial, Caracas 2019, pp. 230-238, I did not, in any way, refer to it as establishing any "binding" interpretation In the same sense, previously, in my other works in which since 2013 I studied and analyzed the Andrés Velazuez decision, I never used, argued or elaborated about it containing any "binding" interpretation, which it do not have. See: Allan R. Brewer-Carías, *Administrative Law in Venezuela*, Editorial Jurídica Venezolana, 2013, p. 119; y en Allan R. Brewer-Carías, "La mutación de la noción de contratos de interés público nacional hecha por la Sala Constitucional, para cercenarle a la Asamblea Nacional sus poderes de control político en relación con la actividad contractual de la administración pública y sus consecuencias," in *Revista de Derecho Público*, No. 151-152, (julio-diciembre 2017), Editorial Jurídica Venezolana, Caracas 2017, pp. 376-377. Available at: http://allanbrewercarias.com/wp-content/uploads/2019/01/RDP-151-152-PARA-LA-WEB-9789803654412-txt.pdf.

78 I cannot but regret the evident failure in the proof reading of the original manuscript of the study, which I wrote during the month of October 2005, coinciding with the eventful weeks of the beginning of my now long exile in New York. The study was prepared during those days to be presented at the *VIII International Conference on Administrative Law Allan R. Brewer-Carías*, held in Caracas a few weeks later, at the beginning of November 2005, and which obviously I could not attend.

79 The text of the 2005 study (with the footnote) was reproduced literally (verbatium) later and for various academic purposes over the following years (along with the wrong mention in the foot note), in various Journals and Collective Works, among others: in *Revista Mexicana Statum Rei Romanae de Derecho Administrativo*, No. 6, Homenaje al

In the latter case, the nature of such material error that meant the inadvertently addition of the qualifier "binding" included in the aforementioned "footnote," was evident, since in the same text of the said book, I not only criticized the ruling, but I referred extensively to the issue of when the Constitutional Chamber establishes binding interpretations,[81] which was not the case of decision N° 2241 of September 24, 2002, whereas the Constitutional Chamber, as I have said, did not establish any binding interpretation of article 150 of the Constitution or on the notion of national public interest contracts. [82]

Any reader more or less knowledgeable with my work could have noticed that it was an inadvertent material error, the existence of which, however, I myself did not realize until the first months of 2020, on the occasion of a judicial process in New York in which I argued as Legal Expert that such decision N° 2241 does not contain -as in fact it does not contain- any binding interpretation regarding the notion of public interest contracts or regarding the content or scope of Article 150 of the Constitution. On that occasion, the material error was brought to my attention although for the purpose, without reason, to argue that I was supposedly contradicting myself.[83]

Dr. José Luis Meilán Gil, Facultad de Derecho y Criminología de la Universidad Autónoma de Nuevo León, Monterrey, Enero-Junio 2011, pp. 207-252; in the collective book directed by Juan Carlos Cassagne (Director), *Tratado General de los Contratos Públicos*, Ed La Ley, Buenos Aires 2013, Vol. II, pp. 8-66; in my *Tratado de Derecho Administrativo. Derecho Público en Iberoamérica*. Tomo III. Los actos administrativos y los contratos administrativos, Editorial Civitas Thomson Reuters, Madrid 2013; Fundación de Derecho Público, Editorial Jurídica Venezolana, Caracas 2013, pp. 833, 893, 878; in in the first edition of this book: *Contratos Administrativos, Contratos Públicos, Contratos del Estado*, Colección Estudios Jurídicos, No. 100, Editorial Jurídica Venezolana, Caracas 2013, pp. 316, 370, 388, in which the paper was also reproduced.

80   See Allan R. Brewer-Carías, *Sobre las nociones de contratos administrativos, contratos de interés público, servicio público, interés público y orden público, y su manipulación legislativa y jurisprudencial*, Caracas 2019, pp. 86 y 119.

81   In the book I elaborated extensively on the issue of when is it that a ruling of the Constitutional Chamber can be considered to contain a "binding interpretation." See Idem, pp. 147-157.

82   Thai s why, in none of the critical analyzes that I began to write about such decision from 2013 (see, for instance, Allan R. Brewer-Carías, *Administrative Law in Venezuela*, Editorial Jurídica Venezolana, 2013, p. 119; and Allan R. Brewer-Carías, "La mutación de la noción de contratos de interés público nacional hecha por la Sala Constitucional, para cercenarle a la Asamblea Nacional sus poderes de control político en relación con la actividad contractual de la administración pública y sus consecuencias," en *Revista de Derecho Público*, No. 151-152, (julio-diciembre 2017), Editorial Jurídica Venezolana, Caracas 2017, pp. 376-377), I made no mention referred to said ruling having established any binding interpretation of the notion of public interest contracts. Precisely for this reason, I did not use this expression in any way when, in any of my critical analysis of the same decision No. 2241.

83   See the Legal Opinions I file as a Legal Expert Witness before the *United States District Court, Southern District of New York*, in the case *Petróleos de Venezuela S.A , PDVSA*

There was no contradiction, since I never before or after argued that such decision had such a character, which it does not have according to my own criteria about when the Constitutional Chamber establishes those binding interpretations based on article 335 of the Constitution, as it is explained below.

In any case, in relation to this same matter, Rafael Badell Madrid has been emphatic in arguing, when analyzing the same ruling N° 2241 of September 24, 2002, that, when issuing it, the Constitutional Chamber expressly indicated that its examination was to determine whether "the National Executive when carrying out public credit operations may enter into contracts that may be included in the notion of contracts of national public interest...," therefore:

"It was not subject to the consideration of the Constitutional Chamber, in the aforementioned action for annulment based on unconstitutionality, to elucidate the scope of Article 150 of the Constitution, or to determine whether legal persons of the functional public administration can sign contracts of public interest. The *subjudice* case referred to contracts of the Republic and hence the ruling was limited to the consideration of public interest contracts to be signed by the Republic.

On the other hand, the scope of the nullity action of unconstitutionality set forth in article 336.1 of the Constitution, specifically seeks the declaration of nullity or validity of the challenged provision with *erga omnes* effects. In this case, the nullity was decided with effect *ex nunc*. It was not an action for the interpretation of the constitutional provisions that regulates public interest contracts, in which case the tribunal could have provided in the decisive part of the ruling the binding nature of the interpretation, as permitted by article 335 of the Constitution.

In this case, the ruling was limited to annul the provision, due to the fact that no provision establishes an exception or reference to the mandatory control of the National Assembly over the conclusion by the National Executive of contracts of national public interest within the framework of public credit

---

Petróleo S.A and PDV Holding, Inc., against Mufo Union Bank, N.A., and Glas Americas LLC; the text of which are public and are available with the documents of the process in: https://www.courtlistener.com/recap/gov.uscourts.nysd.525475/gov.uscourts. nysd. 525475.119.2.pdf; y en https://www.courtlistener.com/recap/gov.uscourts. nysd. 525475 / gov.uscourts.nysd.525475.162.0.pdf. In any case, I am grateful that the aforementioned material error has been brought to my attention in the course of said process, as this has given me the opportunity to explain here the evident and inadvertent material error, and in any case, to ratify the criterion that I have always had in the sense that decision No. 2241 of September 24, 2002 does not contain any binding interpretation on anything, and much less on article 150 of the Constitution and the notion of contracts of national public interest. See the comments on the case in: Pedro Rengel Núñez, "El sonado caso de los Bonos PDVSA 2020," en *Revista Venezolana de Derecho Mercantil*, No. 5, Sociedad Venezolana de Derecho Mercantil, 2020, pp. 35-58. Available at: www.spvedem.com

transactions, but instead a general authorization through the annual indebtedness law and subsequent information.

Thus, in view of the matter under discussion, the content of the reasons of the ruling, the nature of the action decided and the text of the decisive part, it can be stated that the Andrés Velásquez, Elías Mata and others judgment established criteria, which have been reiterated in subsequent rulings by the highest court, as will be developed below, but in no case can be understood as a binding criterion for the exclusion of functionally decentralized administration entities as possible subjects [parties] of public interest contracts, therefore subject to parliamentary authorization.

This explains that, in subsequent rulings, even reiterating statements made in the Andrés Velásquez, Elías Mata and others case, the highest court has admitted, expressly or implicitly, as will be seen below, that a functionally decentralized entity can sign contracts that are considered of interest public, if the other quantitative characteristics mentioned are met, in which case, the application of the constitutional regime of parliamentary authorization would be pertinent."[84]

Indeed, as I argued in the aforementioned 2019 book when commenting on the right of contractors to terminate contracts in advance in accordance with the contractual clauses and specifically referring to decision of Constitutional Chamber N° 1658 of June 16 of 2003 (*Fanny Lucena Olabarrieta* -Review of judgment case-), and N° 167 of March 4, 2005 (*IMEL CA*, -Review of judgment - Case),[85] the reading of said judgments was enough to verify that the Chamber, when issuing them, did not exercise any interpreting powers under Article 335 of the Constitution, which is not mentioned in them, not having established any binding doctrine in those cases on the interpretation of the Article 138 of the Constitution.

The same must be said, as also argued by Rafael Badell in the aforementioned quotation, regarding decision N° 2241 of September 24, 2002 whereas nothing was expressed about it being "binding" nor was Article 335 of the Constitution cited when issuing it. As I have said and explained, the "binding" nature of a constitutional interpretation on the content or scope of a constitutional provision that is made in a ruling by the Constitutional Chamber, must be expressly indicated in the text of the ruling, and must refer to the *thema decidendum* or core of what is resolved. It is not possible to consider binding any phrase or interpretive reasoning that a giving ruling may contain. In other words, from the text of the decision itself, the interpretation of the Chamber "on the content or scope of

---

84 See Rafael Badell Madrid, "Contratos de interés público," en *Revista de Derecho Público*, No. 159-160, Editorial Jurídica Venezolana, Segundo semestre de 2019, p. 15.

85 See Allan R. Brewer-Carías, *Sobre las nociones de contratos administrativos, contratos de interés público, servicio público, interés público y orden público, y su manipulación legislativa y jurisprudencial,* Caracas 2019, pp. 126 ss.

the constitutional norms and constitutional principles" must be expressly stated, which is the part that would have such a binding character, not extending to any arguments or phrases contained in the decision for the normative interpretation." [86] Therefore, as I have mentioned before, the Chamber, in its interpretation of a constitutional norm, must expressly and specifically indicate that it is establishing the a "binding" doctrine and, in addition, it must refer to Article 335 of the Constitution. [87]

This is, as I have said, the criterium I have expressed and maintained since 2000, having indicated that "the reasoning or explanation of motives of the ruling cannot be considered as binding, but only the interpretation that is made, specifically, of the content or scope of a specific norm of the Constitution."[88] In other terms, "what can be binding on a ruling can only be the decisive part, whereas the Constitutional Chamber fixes the interpretation of a norm, and this must be expressly indicated."[89]

That is why, in the case of decision N° 2241 of September 24, 2002, the only binding ruling it contains is the *erga omnes* annulment of article 80 of the Organic Law of Financial Administration of the Public Sector, and nothing else.

2. Decision N° 1460 of July 2007 (Case: *Attorney General of the Republic, Interpretation of Article 247 of the Constitution*)

The reasonings about national public interest contracts expressed in decision N° 2241 of 2002 were copied a few years later, in decision N° 1460 of July 12, 2007 (Case *Attorney General of the Republic, Interpretation of article 247 of the Constitution*),[90] of the same Constitutional Chamber of the Supreme Tribunal, when a request to determine whether the legal opinions given by the Attorney General of the Republic were binding for the Administration, was filed. In this case, the Chamber, again, without any relation to the *thema decidendum* (which was the binding character or

---

86 See Allan R. Brewer-Carías, "La potestad la jurisdicción constitucional de interpretar la constitución con efectos vinculantes," in Jhonny Tupayachi Sotomayor (Coordinador), *El Precedente Constitucional Vinculante en el Perú (Análisis, Comentarios y Doctrina Comparada)*, Editorial ADRUS, Lima, setiembre del 2009, pp. 791-819..

87 see, for instance, Rafael Laguna Navas, "El recurso extraordinario de revisión y el carácter vinculante de las sentencias de la sala Constitucional del Tribunal Supremo de Justicia," en *Congreso Internacional de Derecho Administrativo en Homenaje al profesor Luis Henrique Farías Mata*, Vol. II, 2006, pp. 91-101.

88 See Allan R. Brewer-Carías, *El sistema de justicia constitucional en la Constitución de 1999*, Editorial Jurídica venezolana, Caracas 2000, p 87..

89 See Allan R. Brewer-Carías, *La Justicia constitucional. Procesos y procedimientos constitucionales*, Editorial Porrúa, México 2007, p. 415.

90 Supreme Tribunal of Justice, Constitutional Chamber, Decision No. 1460 Case: Interpretación consultas del Procurador General de la República, Jul. 12, 2007.

not of the Attorney General's opinion) quoted the prior non-binding *Andrés Velásquez* decision, eventually deciding that such Opinions of the Attorney General were of a non-binding character.

In the ruling the Chamber made no reasoning on the public entities that can be a party to national public interest contracts, and in particular, there is not a single word expressing that national public interest contracts are *only* those entered into by the Republic, or that the decentralized entities of the Public Administration cannot be a party to those contracts.

On the contrary, the ruling of the case specifically refers to a contract *entered* into by a decentralized entity of the National Administration (autonomous institution), the *Banco de Desarrollo Agropecuario*, accepting that *public debt contracts entered into by decentralized entities of the National Public Administration are national public interest contracts.*

It was for such purpose that the Chamber in its arguments, transcribed parts of the *Andrés Velázquez* decision related to the matter of national public interest contracts.

As Rafael Badell pointed out, in this case, the Constitutional Chamber reiterated the discussion in *Andrés Velázquez et al.* on the nature and characteristics of public *interest* contracts and then declared that public credit transactions carried out by *Bandagro*, an entity within the decentralized Public Administration, are public national interest contracts. In this sense, the Constitutional Chamber recognized that the decentralized Public Administration can enter into contracts of public interest, in that case through public credit operations, and that:

> "for the corresponding issuance of the administrative act, in support of the formation of the will of the organ of the active administration consultation with the Office of the Attorney General of the Republic is constitutionally required, in accordance with Article 247 of the Constitution and Article 11 of the Organic Law of the Office of the Attorney General of the Republic."[91]

In fact, as already mentioned, the case involved the interpretation of Article 247 of the Venezuelan Constitution which requires the opinion of the Attorney General only regarding the character of such opinions for the approval of national public interest contracts. Specifically, the Constitutional Chamber was asked to clarify whether an Attorney General's opinion issued pursuant to Article 247 is binding on the Public Administration entity seeking to determine that the opinion is merely consultative.[92] That

---

91 See Contratos de interés público," text of the Lecture given at the III Academic Conference on Public Contracting, Institute of Legal Studies, Bar of Carabobo State, Valencia-Carabobo, June 29, 2018, p. 6. Available at: www.badellgrau.com.

92 Id. at 18.

was the *thema decidendum* of the case. There were no abstract requests for interpretation of any constitutional provision, but rather a specific request for interpretation regarding the nature of Attorney General opinions with respect to specific public debt contracts (promissory notes) of the *Banco de Desarrollo Agropecuario (Bandagro)*, which is a public corporation within the decentralized National Public Administration.[93] The Constitutional Chamber ruled in this non-binding decision that the Attorney General opinions, while required by Article 247 of the Constitution, were merely consultative in nature;[94] and did not address, in any way, the notion of what entities may enter into a national public interest contract, much less the supposed requirement of the Republic itself be a party.

Thus, not only did the Constitutional Chamber not affirm in its ruling Nº 1460 of July 12, 2007 that public interest contracts are only those where the Republic is a party, but, to the contrary, the Chamber expressly accepted in this decision that "public debt contracts" (promissory notes) issued by a public corporation as a decentralized entity of the National Public Administration (and not the Republic) had to be submitted to the General Attorney for approval in accordance with Article 247 of the Constitution, which applies only to "national public interest contracts."[95]

3. Decision Nº 618 of July 20, 2016 (Case: Brigitte Acosta Isasis, Interpretation of Articles 150, 187.9, 236.14, and 247 of the Constitution)

Also a few years after the *Andrés Velazquez* decision, the Constitutional Chamber issued decision No. 618 of July 20, 2016 (*Brigitte Acosta Isasis, Interpretation of articles* 150, 187.9, 236.14, and 247 *of the Constitution*),[96] for the purpose of determining whether a specific contract to be entered into by the Central Bank of Venezuela (in the framework of an international agreement), which is also a decentralized entity of the State although with unique character, had or not to be submitted to legislative authorization.

The decision was issued only a few months after the opposition won control of the National Assembly in December 2015, when the Constitutional Chamber was already vigorously acting in collusion with the National Executive, to neutralize, undermine, and, in some instances, usurp the National Assembly's powers, especially in relation to its political and

---

93 Supreme Tribunal of Justice Decision 1460, pp. 19, 21.

94 Id. at 19, 22, 23.

95 Id. at 18, 21, 22.

96 See in http://historico.tsj.gob.ve/decisiones/scon/julio/189144-618-20716-2016-16-0683.HTML

administrative control over the National Public Administration. [97] Thus, in such case, it can be considered that in fact, the Supreme Tribunal was acting not really as a court of justice, but rather as an agent of the Executive. In other words, as an agent of authoritarianism to neutralize the democratically elected National Assembly, which was internationally recognized since January 2019 (including by the United States) as the only legitimate, democratically elected body of the Republic. The actions of the Supreme Tribunal can only be understood in light of its lack of independence and autonomy, which is the product of almost two decades of political subjugation. [98]

Specifically, ruling N° 618 of the Constitutional Chamber in the *Brigitte Acosta Isasis* case was issued without any respect for due process, without giving any notice to the National Assembly and without hearing arguments from any interested parties.[99] The decision was issued, as highlighted by Román José Duque Corredor:

---

97 See the comments on the Constitutional Chamber decisions in:Carlos M. Ayala Corao y Rafael J. Chavero Gazdik, *El libro negro del TSJ de Venezuela: Del secuestro de la democracia y la usurpación de la soberanía popular a la ruptura del orden constitucional (2015-2017)*, Editorial Jurídica Venezolana, Caracas 2017, 394 pp.; "Memorial de agravios 2016 del Poder Judicial. Una recopilación de más de 100 sentencias del TSJ, 155 pp., research by ONGs: Acceso a la Justicia, Transparencia Venezuela, Sinergia," espacio público, Provea, IPSS, Invesp. Available at: https://www.scribd.com/-document/336888955/Memorial-de-Agravios-del-Poder-Judicial-una-recopi-lacion-de-mas-de-100-sentencias-del-TSJ ; and José Vicente Haro, "Las 111 decisiones inconstitucionales del TSJ ilegítimo desde el 6D-2015 contra la Asamblea Nacional, los partidos políticos, la soberanía popular y los DDHH," en *Buscando el Norte*, 10 de julio de 2017. Available at: http://josevicenteharo-garcia.blogspot.com/2016/10/las-33-decisiones-del-tsj.html; Ramón Guillermo Aveledo (Coodrinador), *Contra la representación popular. Sentencias inconstitucionales del TSJ de Venezuela*, Instituto de Estudios Parlamentarios Fermín Toro Universidad Católica Andrés Bello, Caracas 2019. Available at http://www.fermintoro.net/portal/wp-content/uploads/2019/07/CONTRA-EL-PODER-LEGISLATIVO-WEB.pdf

98 See Allan R. Brewer-Carías, *Dictadura judicial y perversión del Estado de derecho. La Sala Constitucional y la destrucción de la democracia en Venezuela*, Colección Estudios Políticos, No. 13, Editorial Jurídica Venezolana International, Segunda edición ampliada. New York-Caracas, 2016, pp. 1-8; Available at http://allanbrewercarias.com/wp-content/uploads/2016/06/Brewer.-libro.-DICTADURA-JUDICIAL-Y-PERVERSI%C3%93N-DEL-ESTADO-DE-DERECHO-2a-edici%C3%B3n-2016-ISBN-9789803653422.pdf; Allan R. Brewer-Carías, *La consolidación de la tiranía judicial. El Juez Constitucional controlado por el Poder Ejecutivo, asumiendo el poder absoluto*, Colección Estudios Políticos, No. 15, Editorial Jurídica Venezolana International, Caracas / New York, 2017.

99 The Chamber employed a "process for constitutional interpretation" which consists only of consultation with its own past decisions, purporting to rule as a "mere law matter" and denying interested parties (such as the National Assembly) any opportunity to be heard. This procedure has been criticized as violating the most elemental rules of due process. See Allan R. Brewer-Carías, *La patología de la justicia constitucional*, Editorial Jurídica Venezolana, Caracas 2014, p. 177. Available at: http://allanbrewercarias.com/wp-content/uploads/2014/11/9789803652739-txt.pdf; and Luis Alfonso Herrera Orellana, "El 'recurso' de interpretación de la Constitución: reflexiones críticas de la ar-

"in the framework of a permanent coup d'Etat against the National Assembly" [...] "with the sole purpose of obstructing the National Assembly's controls."[100]

The decision, as mentioned, had the only purpose of supposedly "interpret" a few Articles of the Venezuelan Constitution with the sole purpose of establish if a contract to be entered into by the Central Bank of Venezuela (a decentralized entity of the State) was a national public interest contract.[101] The Chamber concluded, in order to prevent the newly elected National Assembly from exercising control over public interest contracts entered into by the Central Bank of Venezuela, in blatant disregard of the Constitution, that such entity was not a decentralized entity of Public Administration.[102]

In fact, the *thema decidendum* or "the central point of the request for constitutional interpretation filed," as quoted by the same decision, was:

"none other than to clarify if the potential loan contract to be entered into by the Central Bank of Venezuela with the Fondo Latinoamericano de Reservas (FLAR) could be considered as a national public interest contract and therefore subject to the authorization of the National Assembly and in need of the legal opinion of the Attorney General."[103]

The Constitutional Chamber's entire ruling was that:

"the potential loan contract to be entered into by the Central Bank of Venezuela with the Fondo Latinoamericano de Reservas (FLAR), is carried out in execution of an International Agreement signed and ratified by the Bolivarian Republic of Venezuela (Law of Approval of the Agreement for the establishment of the Fondo Latinoamericano de Reservas, published in

---

gumentación jurídica y la teoría del discurso," in *Revista de Derecho Público*, No. 113, 2008, Editorial Jurídica Venezolana, Caracas 2008, pp. 26-27. Available at: http://allanbrewercarias.com/wp-content/uploads/2008/12/2008-REVISTA-113.pdf.

100 See Román J. Duque Corredor, "Opinión sobre la inconstitucionalidad del Bono PDVSA 2020," April 19, 2020, p. 4. See the information on this Opinion in: https:// presidenciave.com/regiones/jurista-roman-j-duque-corredor-respalda-la-inconstitucionalidad-de-los-bonos-pdvsa-2020/. See the text in: https://www.acienpol.org.ve/wp-content/ uploads /2020/04/Nulidad-de-la-Bonos-2020-de-PDVSA.pdf.

101 See El Tribunal Supremo de Justicia Sala Constitucional [], No. 618, Jul. 20, 2016, available at: in http://historico.tsj.gob.ve/decisiones/scon/julio/189144-618-20716-2016-16-0683.HTML.

102 See my criticism of this decision in Allan R. Brewer-Carías, "La mutación de la noción de contratos de interés público nacional hecha por la Sala Constitucional, para cercenarle a la Asamblea Nacional sus poderes de control político en relación con la actividad contractual de la administración pública y sus consecuencias," in *Revista de Derecho Público*, No. 151-152, (julio-diciembre 2017), Editorial Jurídica Venezolana, Caracas 2017, pp. 383-384. Available at: http://allanbrewercarias.com/wp-content/uploads/ 2019/01/RDP-151-152-PARA-LA-WEB-9789803654412-txt.pdf

103 Supreme Tribunal of Justice, Decision No. 618 Case: Brigitte Acosta Isasis, Jul. 20, 2016, p. 18.

the Official Gazette of the Republic of Venezuela No. 34172 of March 61989) and consequently, must not be considered as a public national interest contract, and therefore, is not subject to the authorization of the National Assembly, nor does it require of the opinion of the Republic's Attorney General's Office, as advisor organ of the National Executive, as expressly provided in article 247 of the Constitution."[104]

The decision did not rule in general terms regarding the notion of national public interest contracts, nor that only the Republic could enter into national public interest contracts and did not exclude from the notion of public interest contracts those entered into by decentralized entities.[105] Otherwise it would have simply ruled that the specific contract was not a national public interest contract because the Republic was not a party.

In fact, the Constitutional Chamber spends numerous pages in this decision analyzing the "unique nature" and functions of the Central Bank of Venezuela and his relations to the different powers and branches of government, concluding (among other things) that it is:

> "a legal person of Public Law, of constitutional rank, endowed with autonomy for the exercise of the policies of its competence, which is not part of either the Central Administration or the functionally decentralized Administration, but, according to the provisions of the Constitution of the Bolivarian Republic of Venezuela that regulate it and that have been developed by the Special Law that governs it, is part of the so-called Administration with functional autonomy, which constitutes an element essential for the fulfillment of the purposes assigned by law; therefore, it requires a special arrangement and organization, proper and different from the common one applicable to other public or private entities."[106]

It was "based on these factual and legal arguments" regarding the "unique nature" of the Central Bank, including that supposedly it is not part of either the centralized or the decentralized Public Administration, that the Constitutional Chamber ruled as it did, on the "central point of the request for constitutional interpretation,"[107] to determine if such contract was or was not subjected to parliamentary authorization. The decision, of course, did touch on the question of whether contracts entered

---

104 Id. p. 33.

105 Therefore, when discussing the Brigitte Acosta Isasis decision, Professor Rafael Badell Madrid referred to the criteria discussed in Andrés Velázquez that could "seem to exclude decentralized public administration from entering into public interest contracts" as "overruled criteria." See Rafael Badell Madrid, "Contratos de interés público," in *Revista de Derecho Público*, No. 159-160, Julio-diciembre 2019, Editorial Jurídica Venezolana, Caracas 2020, p. 7. Also published in published in Badell & Grau Law Firm Portal, http://www.badellgrau.com/, available at: http://www.badellgrau.com/?pag=205&ct=25927.

106 Supreme Tribunal of Justice Decision No. 618, pp. 29-30.

107 Id. at 18.

into by entities such as state-owned enterprises, which are indisputably part of the decentralized Public Administration, can qualify as national public interest contracts.

That is, it was in the context of the aforementioned specific request, and not in an abstract way, that the Constitutional Chamber ruled that the specific contract to be entered into by the Central Bank was not a national public interest contract requiring National Assembly authorization. In other words, as already mentioned, this ruling was not an abstract interpretation of general effect regarding the concept of national public interest contracts.

The Constitutional Chamber, on the other hand, after quoting a prior decision holding that the Central Bank *"belong[s] to the National Public Administration, with functional autonomy"* and is "integrated within the structure of the State" (No. 259 of March 31, 2016), a concept that reflects the very notion of decentralized administration, declared in a contradictory way that the Central Bank was *not* part of the Central or Decentralized National Public Administration.[108] This declaration was made with the main purpose of excluding the specific contract to be entered into with a foreign entity (*Fondo Latinoamericano de Reservas*) from the need to have the prior National Assembly authorization, arguing in addition that such entity was created by an international treaty that had already being approved by law of the same National Assembly. The Constitutional Chamber, although excluding the contract, for such specific purpose, from the category of national public interest contracts, it did not conclude, however, that only contracts entered into by the Republic are subject to article 150 of the Constitution, or that contracts entered into by entities that *are* part of the decentralized Public Administration, are not subject to such provision. On the contrary, this ruling could be interpreted as imply-

---

108 On the contrary, the Central Bank of Venezuela is and has been always considered part of the decentralized entities of the National Public Administration. See: Allan R. Brewer-Carías, "Introducción general al régimen jurídico de la Administración Pública," in Allan R. Brewer-Carías, Rafael Chavero Gazdik, Jesús María Alvarado Andrade, *Ley Orgánica de la Administracion Pública*, Editorial Jurídica Venezolana, Caracas 2009, p. 68; Allan R. Brewer-Carías, *Derecho Administrativo*, Universidad Externado de Colombia, Tomo I, Bogotá 2005, p. 390, 398-400, 433-434. Allan R. Brewer-Carías, *Principios del régimen jurídico de la Organización Administrativa*, Editorial Jurídica Venezolana, Caracas 1991 (Text reproduced in Allan R. Brewer-Carías, *Tratado de Derecho Administrativo*, Vol. II, Editorial Civitas, Editorial Jurídica Venezolana, 2013, pp. 353-356, 367. Available at: http://allanbrewercarias.com/wp-content/uploads/ 2013/ 07/ BREWER-TRATADO-DE-DA-TOMO-II-9789803652074-txt-1.pdf. See also, about the Central Bank of Venezuela, as part of the Decestralized National Public Administration, in *Informe sobre la Reforma de la Administración Pública Nacional, Comisión de Administración Pública*, Presidencia de la República, Caracas, 1972, Tomo I, pp. 298, 300, 310, 311, and 611, 613-615

ing that such other entities can enter into public national interest contracts.

That is, according to the interpretation adopted by the Constitutional Chamber of the Supreme Tribunal regarding the provisions of articles 150 and 187.9 of the Constitution, when referring to the Central Bank of Venezuela as supposedly not being part of Public Administration, there is no doubt that in the case of national public interest contracts signed for instance by State owned enterprises, which are part of the National Public Administration, when entered into with foreign States, foreign official entities, or enterprises not domiciled in Venezuela, are national public interest contracts that must be authorized by the National Assembly.

As Román José Duque Corredor has argued, the Constitutional Chamber's statement that "the Public Administration is the one that can enter into contracts of national public interest" was made "with the purpose of pointing out that the Central Bank of Venezuela is not the National Public Administration, and thus, it is not subject to the mentioned article 150." That is why, in the words of Duque Corredor, it is possible to deduct from this decision that:

> "entities that are part of the Administration with functional autonomy, are exempt from the requirement of authorization or approval of public interest contracts; and that, on the contrary, the legal persons with public law or private law form created by the holders of the organizational power of Central Administration are not [exempted], because such persons are part of the National Decentralized Public Administration, of which the commercial companies of the State are part."[109]

I criticized this decision in my above-referenced 2017 article, pointing out that it was issued as part of a "judicial activism restrictive of the functions of the National Assembly" and with the specific purpose of "securing the exclusion of parliamentary control on specific loan contracts to be entered into by the Central Bank."[110] Given this purpose, it was conven-

---

109 See Román J. Duque Corredor, "Opinión sobre la inconstitucionalidad del Bono PDVSA 2020," April 19, 2020, p. 4. See the information on this Opinion in: https:// presidenciave.com/regiones/jurista-roman-j-duque-corredor-respalda-la-inconstitucionalidad-de-los-bonos-pdvsa-2020/. See the text in: https://www.acienpol.org.ve/wp-content/ uploads/2020/04/Nulidad-de-la-Bonos-2020-de-PDVSA.pdf.

110 See Allan Brewer-Carías, Allan R. Brewer-Carías, "La mutación de la noción de contratos de interés público nacional hecha por la Sala Constitucional, para cercenarle a la Asamblea Nacional sus poderes de control político en relación con la actividad contractual de la administración pública y sus consecuencias," in *Revista de Derecho Público*, No. 151-152, (julio-diciembre 2017), Editorial Jurídica Venezolana, Caracas 2017, p. 383. Available at: http://allanbrewercarias.com/wp-content/uploads/2019/01/RDP-151-152-PARA-LA-WEB-9789803654412-txt.pdf. That is why, on April 28, 2020, the National Assembly issued a resolution "ratifying that none of the decisions issued by the Constitutional Chamber of the Supreme Court of Justice since December 23, 2015 can

ient for the government to try to reduce the scope of national public interest contracts to only those entered into by the territorial public law entities, excluding contracts entered into by entities like the Central Bank of Venezuela, which I considered "continues to be contrary to what is established in the Constitution."[111] Thus, as I wrote in my 2017 article, the Constitutional Chamber purported to "void of content" the concept of national public interest contracts,[112] completely seeking to distort a concept "so fundamental and important to administrative law."113 In fact, the real purpose of the ruling was to sustain that because the Central Bank had a special status under the Constitution, it was not a decentralized entity of the State,[114] and as having constitutional autonomy regarding the National Executive power, it was not being subjected to National Assembly control pursuant to Article 150.[115]

---

be considered a valid and effective ruling, much less binding in the terms of article 335 of the Constitution, as they are the result of the illegitimate composition of the Supreme Tribunal of Justice and, furthermore, are part of the political decisions aimed at dismantling the constitutional order in Venezuela" (First Article). This resolution was based in part on the fact that in those decisions "the Supreme Tribunal has contributed to disown the powers of the National Assembly" (Recital 4). See Asamblea Nacional, Acuerdo de rechazo a la decisión de la ilegítima sala constitucional número 59 de 22 de Abril de 2020 Y de ratificación de la usurpación de la Procuraduría General de la república por Reinaldo Muñoz Pedroza (Apr. 28, 2020)).

111 See Allan R. Brewer-Carías, "La mutación de la noción de contratos de interés público nacional hecha por la Sala Constitucional, para cercenarle a la Asamblea Nacional sus poderes de control político en relación con la actividad contractual de la administración pública y sus consecuencias," in *Revista de Derecho Público*, No. 151-152, (julio-diciembre 2017), Editorial Jurídica Venezolana, Caracas 2017, p. 383. Available at: http://allanbrewercarias.com/wp-content/uploads/2019/01/RDP-151-152-PARA-LA-WEB-9789803654412-txt.pdf

112 Id. at 388.

113 Id. at 389.

114 As I mentioned when criticizing the Constitutional Chamber decision, it was issued "with the specific purpose of assuring the exclusion of the parliamentary control regarding specific credit contracts entered into by the Central Bank of Venezuela." For such purpose "it was necessary to reduce the scope of the public interest contracts to only those entered into by the territorial public law persons (Republic, States, Municipalities), excluding from the notion the contracts entered into by decentralized entities, like state owned enterprises, which in my opinion continued to be contrary to what is established in the Constitution." See in Allan R. Brewer-Carías, "La mutación de la noción de contratos de interés público nacional hecha por la Sala Constitucional, para cercenarle a la Asamblea Nacional sus poderes de control político en relación con la actividad contractual de la administración pública y sus consecuencias," in *Revista de Derecho Público,* No. 151-152, (julio-diciembre 2017), Editorial Jurídica Venezolana, Caracas 2017, pp. 383. Available at: http://allanbrewercarias.com/wp-content/uploads/ 2019/01 /RDP-151-152-PARA-LA-WEB-9789803654412-txt.pdf.

115 It must be pointed out that Petróleos de Venezuela S.A. is also referred to in article 303 of the Constitution but, in a different way from the Central Bank of Venezuela, only for the purpose of providing that the State will retain all its shares, but not those of the "subsidiaries, strategic joint ventures, companies, and any other venture that is or has

Fortunately for the principles of administrative law in Venezuela, this decision, as well as the *Andrés Velazquez* decision, did not establish any "binding interpretation" under Article 335 of the Constitution, and thus the ruling applies only to *the specific loan agreement entered into by the Central Bank of Venezuela and the Fondo Latinoamericano de Reservas*. From a ruling so specific and limited in scope it is impossible and erroneous to conclude that the Constitutional Chamber established any general interpretation, much less any "binding interpretation," regarding any matter.

In conclusion, from the analysis made of the aforementioned decisions: N° 2241 of September 24, 2002 (Case: *Andrés Velásquez et al.*); N° 1460 of July 12, 2007 (Case: *Attorney General of the Republic II*); and/or N° 618 of July 20, 2016 (Case: *Brigitte Acosta Isasis*), issued by the Constitutional Chamber of the Supreme Tribunal on matters related to public interest contracts, it derives that they have not established any binding interpretation regarding when a public contract can be considered as a national public interest contract. That is, they have not established any binding interpretation pursuant to article 335 of the Constitution considering that only the Republic can be a party to national public interest contracts, and that contracts entered into by national decentralized entities are not national public interest contracts requiring prior parliamentary authorization according to article 150 of the Constitution. Thus, these decisions have no *binding* character under Venezuelan law with respect to the concept of national public interest contracts.

4. The basic principles for the identification of when and how the Constitutional Chamber establishes "binding interpretation" on the scope and content of constitutional norms and principles

The conclusion that derives from the analysis made of the aforementioned decisions: N° 2241 of September 24, 2002 (Case: *Andrés Velásquez et al.*); N° 1460 of July 12, 2007 (Case: *Attorney General of the Republic II*); and/or N° 618 of July 20, 2016 (Case: *Brigitte Acosta Isasis*), issued by the Constitutional Chamber of the Supreme Tribunal on matters related to public interest contracts, is that they have not established any binding interpretation regarding when a public contract can be considered as a national public interest contract.

That is, they have not established any binding interpretation pursuant to article 335 of the Constitution considering that only the Republic can be a party to national public interest contracts, and that contracts entered into

been established as a consequence of the business development of Petróleos de Venezuela, S.A.".

by national decentralized entities are not national public interest contracts requiring prior parliamentary authorization according to article 150 of the Constitution. Thus, these decisions have no *binding* character under Venezuelan law with respect to the concept of national public interest contracts.

In order to reaffirm this statement, it is important to refer t o the matter of *when* binding constitutional interpretations are established in Venezuela by the Constitutional Chamber of the Supreme Tribunal, departing from the fact that in the country, as in other countries that follow the Roman Law system, the general principle is that the doctrine of *stare decisis* is not followed in constitutional matters; that is, does not have general application being on the contrary "peculiar to the common law systems of law and alien to the Roman law systems."[116]

As explained by M. Cappelletti and J.C. Adams:

"Under the Anglo-American doctrine of stare decisis, a decision by the highest court in any jurisdiction is binding on all lower courts in the same jurisdiction, and thus as soon as the court has declared a law unconstitutional, no other court can apply it . . . stare decisis, however, is not normally part of the Roman law systems, and thus in these systems, the courts are not generally bound even by the decisions of the highest court."[117]

Mauro Cappelletti later developed the argument in his book *Judicial Review in the contemporary world*, when he wrote:

"Since the principle of stare decisis is foreign to civil law judges, a system which allowed each judge to decide on the constitutionality of statues could result in a law being disregarded as unconstitutional by some judges, while being held constitutional and applied by others. Furthermore, the same judicial organ, which had one day disregarded a given law, might uphold it the next day, having changed its mind about the law's constitutional legitimacy."[118]

Therefore, as I argued many years ago in my book *Judicial Review in Comparative Law* (1989), in the:

"Venezuelan procedural system, the stare decisis doctrine has no application at all, the judges being sovereign in their decisions, only submitted to

---

116 As I expressed in 1989 in my book: Allan R. Brewer-Carías, *Judicial Review in Comparative Law*, Editorial Jurídica Venezolana, 2014, p. 198. Available at: http://allan brewercarias.com/wp-content/uploads/2014/02/JUDICIAL-REVIEW.-9789803652128-txt-PORTADA-Y-TEXTO-PAG-WEB.pdf

117 See Id. (quoting Mauro Cappelletti and J.C. Adams, "Judicial Review of Legislation: European Antecedents and Adaptations," *Harvard Law Review*, 1966, No 79 pp. 1207, 1215.

118 See Id. (quoting Mauro Cappelletti, *Judicial Review in the Contemporary World*, 1971, p. 58).

the constitution and the law. Therefore, decisions regarding the inapplicability of a law considered unconstitutional in a specific case do not have binding effects, neither regarding the same judge who may change his legal opinion in other cases, nor regarding other judges or courts."[119]

The exception is when the Constitutional Chamber annuls an act of general *erga omnes* effects, in which case the decision is universally binding. Except in such cases, Supreme Tribunal decisions (including those issued by the Constitutional Chamber) are not a source of law, and, unless a Constitutional Chamber *interpretation of a constitutional rule or principle is explicitly declared as having binding character pursuant Article 335 of the Venezuelan Constitution*, the decisions of the Supreme Tribunal carry no more weight than the interpretations of legal scholars and other branches of government.

That is why the Constitutional Chamber, since 2000, has been conscious about the two possible sorts of constitutional interpretations: those considered binding and those that are not binding, establishing the following criteria on the subject on judgment N° 1347 of November 11, 2000 (Case: *On the Scope of the Recourse of Constitutional Interpretation*):

> "the interpretations of this Constitutional Chamber, in general, or those issued by way of an interpretative recourse, will be understood as binding with respect to the core of the case studied, all in a sense of minimum limit, and not of border untranslatable by a jurisprudence of values originating from the Chamber itself, the other Chambers or all the courts of instance. [...].

> The statements that, without referring to the central nucleus of the debate object of the decision, affect a collateral issue relevant to it, normally linked to the legal reasoning outlined to settle the solution to the case, will not logically be binding, nor in this nor in any other sense." [120]

This explains why the Constitutional Chamber has been emphatic in affirming over and over again since 2001, that "it is clear that in our legal order, except the doctrine of constitutional interpretation established by this Chamber, *the jurisprudence is not a direct source of law*."[121]

Thus, it can be affirmed, that the Constitution does not confer a "binding" character on any phrase, argument, or reasoning stated within the

---

119 See Id. at 374.

120 See in *Revista de Derecho Público*, No. 84, Editorial Jurídica Venezolana, Caracas 2000, p. 269. Available at: http://allanbrewercarias.com/wp-content/uploads/ 2007/ 08/2000-REVISTA-84.pdf

121 See Supreme Tribunal of Justice, Decision No. 31, Jan. 30, 2009, ,Case Alejandro Humberto Sosa vs. Decisión Sala de Casación Civil del Tribunal Supremo de Justicia, in *Revista de Derecho Público*, No 117, Editorial Jurídica Venezolana, Caracas 2009, p. 135 (citing Supreme Tribunal Decision No. 856 of June 1, 2001). Available at: http://allanbrewercarias.com/wp-content/uploads/2010/07/2009-REVISTA-117.pdf

Constitutional Chamber decisions. On the contrary, an interpretation is "binding" pursuant to Article 335 of the Constitution only when the Constitutional Chamber expressly states *in the text of a decision that it is establishing a "binding interpretation"* (rule of explicitness) with general effects, requiring the need for its publication in the *Official Gazette* (rule of publicity).

Ever since 2000, a few months after the current Constitution was ratified, I expressed my opinion that a binding interpretation must be "an *express* interpretation" established by invoking Article 335 of the Constitution.122 I reaffirmed this criterion a few years later in 2004 when I wrote that the Constitutional Chamber must invoke Article 335 to "establish the interpretation of the [constitutional] norm," which "must be *expressly* pointed out"[123] in the sense of expressing, in one way or another, that a binding interpretation under Article 335 is being established.

As I wrote in 2009 in relation to this *very* matter:

> "Article 335 of the Constitution, [...] sets forth that 'the interpretations' that are established by the Constitutional Chamber 'concerning the content or scope of the constitutional norms are binding,' which require the Chamber to determine exactly and precisely in its generally extensive judgments, what is exactly the part of them that contains the binding interpretation; an operation that cannot be in any case left up to the reader of the rulings. In other words, the 'binding' nature of a constitutional interpretation on the content or scope of the constitutional regulations that is made in a Constitutional Chamber judgment, cannot fall on any phrase or interpretative reasoning it contains. On the contrary, the judgment must expressly be derived from the interpretation of the Chamber 'on the content or scope of the constitutional regulations and constitutional principles,' which is the part that has [such character], that does not extend to any argument or sentence used in the judgment for the normative interpretation."[124]

Addressing the same matter in a 2019 book, I wrote:

---

122 See Allan R. Brewer-Carías, *El Sistema de justicia constitucional en la Constitución de 1999*, Editorial Jurídica Venezolana, Caracas 2000, pp. 86, 87 . Avalable at: http://allan brewercarias.net/Content/449725d9-f1cb-474b-8ab2-41efb849fea5/Content/II,%201, %2090.%20EL%20SISTEMA%20DE%20JUSTICIA%20CONSTITUCIONAL%20DE FINITIVO.pdf

123 See Allan R. Brewer-Carías, *La Constitución de 1999. Derecho Constitucional Venezolana*, Tomo II, Editorial Jurídica Venezolana, 2004, p. 999.

124 See Allan R. Brewer-Carías, "La potestad la Jurisdicción Constitucional de interpretar la Constitución con efectos vinculantes" in Jhonny Tupayachi Sotomayor (Coord.), *El Precedente Constitucional Vinculante en el Perú (Análisis, Comentarios y Doctrina Comparada)*, Editorial Adrus, Lima 2009, pp. 791-819; available at: http://allan brewer-carias.com/wp-content/uploads/2011/02/638.II-4-648-LA-INTERPRETACI%C3%93N-VINCULANTE-DE-LA-CONSTITUCI%C3%93N-_Venezuela_.-Lima-2009.doc.pdf (pdf. p. 10).

[T]he [Constitutional] Chamber, in its judgment interpreting a constitutional norm must expressly indicate specifically that it is establishing the 'binding' doctrine. That is, not all interpretation or usage of provisions made by the Constitutional Chamber can or should be considered as a "binding interpretation" of the Constitution; and in the judgment in which the Constitutional Chamber effectively makes a binding interpretation of a constitutional norm or principle, it must necessarily make reference to the application of article 335 of the Constitution [See for instance, Rafael Laguna Navas, "El recurso extraordinario de revisión y el carácter vinculante de las sentencias de la Sala Constitucional del Tribunal Supremo de Justicia," in *Congreso Internacional de Derecho Administrativo en Homenaje al profesor Luis Henrique Farías Mata*, Vol. II, 2006, pp. 91-101.]. That is, as I have expressed since 2000, "the reasoning or the 'motivating' part of the decisions cannot be considered as binding, but only the interpretation made, specifically, of the content or scope of a specific rule of the Constitution" [See Allan R. Brewer-Carías, *El sistema de justicia constitucional en la Constitución de 1999*, Editorial Jurídica Venezolana, Caracas 2000, p 87]. In other terms, "what can be binding in a decision, can only be its "resolutive" part [the Holding], in which the Constitutional Chamber determines the interpretation of a norm, and this must be expressly stated." [See Allan R. Brewer-Carías, *La Justicia constitucional. Procesos y procedimientos constitucionales,* Editorial Porrúa, México 2007, p. 415].[125]

Along the same lines, Ramón Escovar León has written that a binding interpretation is always related to the *thema decidendum* of the decision and not "to the *dictum* that refers to marginal, peripheral, circumstantial or superabundant motivations, which are not binding with *erga omnes* effects, since the latter are only persuasive."[126] In other words of the same author: "The binding nature of the constitutional decision focuses on what constitutes the *core* of the motivation and cannot be extended to the marginal or peripheral sectors of motivation,"[127] and thus "the constitutional precedent refers to the motivation that supports the *thema decidendum*. Marginal or peripheral motivations are not part of the precedent."[128]

---

125 See Allan R. Brewer-Carías, *Sobre las Nociones de Contratos Administrativos, Contratos de Interés Público, Servicio Público, Interés Público y Orden Público, y su Manipulación Legislativa y Jurisprudencial*, Editorial Jurídica Venezolana, Caracas 2019, pp. 150-151. Availble AT: http://allanbrewercarias.com/wp-content/uploads/2019/02/9789803654450-txt.pdf

126 See Ramón Escovar León, "Límites a la interpretación constitucional," in *Revista de Derecho Público*, No. 157-158, Editorial Jurídica Venezolana, Caracas 2019, pp. 46-47. Available at: http://allanbrewercarias.com/wp-content/uploads/2020/04/REVISTA-157-158-PRIMER-SEMESTRE-2019-pag.-web.pdf

127 Idem, p. 54

128 Idem, p. 59

Likewise, Hernando Díaz Candia, has written that "the binding interpretation established by the Constitutional Chamber can only refer to the legal principles derived from the main *thema decidemdum*," that is, the "holding,"[129] and cannot refer "to simple assertions made by the Chamber or incidental questions, even referring to the content or scope of constitutional norms and principles.[130] [...] The '*dictum*' or '*dicta*' in the decisions of the Constitutional Chamber *should not be binding*, since with respect to them the Chamber does not properly exercise its jurisdictional function, and the legal analysis exercised is usually less thorough."[131]

Along the same lines, in one of its first decisions interpreting the 1999 Constitution, the Constitutional Chamber explained that:

> "when ruling on a recourse for interpretation of the Constitution, this Chamber will specify, if applicable, the core of the constitutional precepts, values or principles, in response to reasonable doubts regarding its meaning and scope, originating in an alleged antinomy or obscurity in the terms whose intelligence is pertinent to clarify in order to satisfy the need for legal certainty. It consists primarily of a mere statement, with binding effects, on the minimum core of the norm studied, its purpose or extension, which would affect the features or properties that are predicated of the terms that form the precept and the set of objects or dimensions of reality covered by it, when they are doubtful or obscure."[132]

This means that the Constitutional Chamber in its decisions can make two distinct types of constitutional interpretation - (1) "binding interpretation" pursuant to Article 335 of the Constitution (referred to as *jurisdatio*), and (2) non-binding interpretation that applies only to the particular facts at issue in a given case before the court (referred to as *juris-*

---

129 See Hernando Diaz Candia, "El principio Stare Decisis y el concepto de precedente vinculante a efectos del artículo 335 de la Constitución de la República Bolivariana de Venezuela de 1999," in *Revista de Derecho ConstitucionaL*. Edit. Sherwood, N° 8, Caracas, 2003, pp. 228

130 Idem, pp. 219, 227

131 Idem, p. 228

132 See Supreme Tribunal of Justice, Decision No. 1415, Nov. 22, 2000, p. 7. See also Allan R. Brewer-Carías, "La potestad la Jurisdicción Constitucional de interpretar la Constitución con efectos vinculantes," in Jhonny Tupayachi Sotomayor (Coord.), *El Precedente Constitucional Vinculante en el Perú (Análisis, Comentarios y Doctrina Comparada)*, Editorial Adrus, 2009, pp. pp. 791-819; available at: http://allan brewercarias.com/wp-content/uploads/2011/02/638.II-4-648-LA-INTERPRETACI%C3%93N-VINCULANTE-DE-LA-CONSTITUCI%C3%93N-_Venezuela_.-Lima-2009.doc.pdf, (pdf. p. 10); Ramón Escovar León, "Límites a la interpretación constitucional," in *Revista de Derecho Público*, No. 157-158, Editorial Jurídica Venezolana, Caracas 2019, pp. 48, 55, 60; Available at: http://allanbrewercarias.com/wp-content/uploads /2020/ 04/REVISTA-157-158-PRIMER-SEMESTRE-2019-pag.-web.pdf; Hernando Diaz Candia, "El principio Stare Decisis y el concepto de precedente vinculante a efectos del artículo 335 de la Constitución de la República Bolivariana de Venezuela de 1999," *Revista de Derecho Constitucional*, No. 8, Editorial Sherwood, Caracas 2003, pp. 219, 228.

dictio). As the Constitutional Chamber explained in its decision N° 276 of April 24, 2014 (Case: *Gerardo Sanchez Chacón*) (mentioning its previous decision N° 1309 of July 19, 2001, Case: *Hermann Escarrá*), whereas she decided to "interpret the notion and scope of its own interpretative powers":

> "[the Constitution] sets forth two sorts of constitutional interpretations, that is, the individualized interpretation that is contained in the ruling as individualized norm, and the general or abstract interpretation established in article 335, which is a true jurisdatio, in the sense that it declares erga omnes and pro futuro (ex nunc), the content and scope of the constitutional principles and norms whose interpretation is requested through the corresponding extraordinary action. This jurisdatio is different to the functions of concentrated control of constitutionality of laws, because such monophyletic function is, as Kelsen said, a true negative legislation that decrees the invalidity of the provisions that contradict the Constitution, besides [that] the mentioned general and abstract interpretation does not refer to sub constitutional provisions but to the constitutional system itself. The straight sense of article 335 of the Constitution of the Bolivarian Republic of Venezuela made possible the extraordinary action of interpretation, since otherwise, such provision would be redundant to what is established in article 334 ejusdem, which can only lead to individualized norms, as are, even, the Constitutional Chamber rulings on matters of amparo [constitutional protection]. The difference between both sorts of interpretation is patent and produces decisive juridical consequences in the exercise of the constitutional jurisdiction by this Chamber. These consequences are referred to the different effects of the jurisdictio and of the jurisdatio, and this is because the efficiency of an individualized norm is limited to the case decided, while the general norm produced by the abstract interpretation has erga omnes value and constitutes a real jurisdatio, a quasi-authentic and para-constituent interpretation, which expresses the declared constitutional content of the fundamental text."[133]

Consequently, as already mentioned, Article 335 of the Constitution does not confer a "binding" character on any phrase, argument, or reasoning in Constitutional Chamber decisions. On the contrary, an interpretation is binding pursuant to Article 335 only when the Constitutional Chamber expressly states in the body of a decision that it is establishing a "binding interpretation."

Nonetheless, despite the aforementioned decisions of the Constitutional Chamber, some authors, such as Eduardo Meier García, were still troubled by the lack of any formal provisions in the Organic Law of the Supreme Tribunal to prevent the arbitrariness that can escort the power to

---

133 Available at: https://vlexvenezuela.com/vid/gerardo-sanchez-chacon-593352510

interpret constitutional provisions and principles with binding effect.[134] Meier García argued that the Constitutional Chamber's power of constitutional interpretation needed to be subject to a process of "procedural self-restraint" to ensure "congruence, proportionality, and reasonability;"[135] or, as the Constitutional Chamber itself put it, to guarantee "the principle of exercising power under the law, an essential element of the rule of law and of the democratic system, according to which autocracy and arbitrariness are execrated." "Said principles," wrote the Chamber in one of its early decisions on the matter in 2000, "while fundamental to the rule of law, require the distribution of functions among various organs and their actions with reference to pre-established norms, either as a way of interdicting arbitrariness or as mechanisms of efficiency in the fulfillment of the tasks of the State."[136]

In decision N° 276 of April 24, 2014, the Constitutional Chamber recognized that, based on these principles:

> "The Constitutional Chamber has been always very careful in not usurping with her interpretation, attributions of the other Chambers (for instance, the recourse of interpretation of legal text); and to avoid that this action is intended to substitute pre-existing procedural resources; or an attempt is made to surreptitiously obtain quasi-jurisdictional results that go beyond the clarifying purpose of this type of action, that is, that what is proposed rather seeks to resolve a specific conflict between individuals or between these and public bodies, or between the latter among themselves; or that there is a veiled intention to obtain a prior opinion on the unconstitutionality of a law."[137]

In the exercise of judicial self-restraint, and bearing in mind the difference between individualized interpretations of a constitutional provision limited to the case being decided (*jurisdictio*) and abstract interpretations of a constitutional principle or provision producing a "general norm" (*jurisdatio*) with *erga omnes* applicability and effects, the Constitutional Chamber in her decisions, has developed at least two very important procedural rules for identifying which of its interpretations are intended to be binding pursuant to Article 355 of the Constitution: (i) that the binding character of the interpretation is *expressly stated in the body of the deci-*

---

134 To which I have referred as "an example of a case of the pathology of judicial review." See Allan R. Brewer-Carías, *Constitutional Courts as Positive Legislators. A Comparative Law Study*, Cambridge University Press 2011, pp. 37-40.

135 See Enrique Meier García, "Luces y sombras del precedente constitucional en Venezuela," in Edgar Carpio Marcos and Pedro P. Grández Castro (Coord.), *Estudios al precedente constitucional,* Edit. Palestra,Lima 2007, pp. 204, 211.

136 See Decision of the Constitutional Chamber No. 1415 del 22 de noviembre de 2000. Available at: https://vlexvenezuela.com/vid/freddy-h-rangel-rojas-283525775

137 Supreme Tribunal of Justice Decision No. 276.

sion (known as the "rule of explicitness"); and (ii) that the decision includes an *order for its publication* in the *Official Gazette* of the Republic (known as the "rule of publication").

Ruben J. Laguna N. describes these two rules as "complementary conditions," writing that "to be binding, in addition, [the Constitutional Chamber decisions] must fulfill certain complementary conditions: 1. That the binding character of the decision be expressly signaled;" and "2. The need for the decision to be published in the *Official Gazette.*"[138] Jesús María Casal has also explained that when a binding interpretation is established pursuant to Article 335 of the Constitution, in general, "the Constitutional Chamber has *expressly* established the binding nature of the *ratio decidendi*, and has ordered the publication of the corresponding judgement in the *Official Gazette.*"[139] Likewise, as I have already pointed out, I have also explained that when the Constitutional Chamber issues a binding interpretation, this must be "expressly pointed out."[140]

This "rule of explicitness" has been followed by the Constitutional Chamber from the outset of its interpretation of the 1999 Constitution. Whenever the Constitutional Chamber has adopted or established a binding interpretation of the content or scope of a constitutional principle or provision, it has *explicitly declared the binding character of the interpretation in the text of the decision*, and in some cases in subsequent decisions. Consequently, an interpretation can be considered binding only when the decision itself explicitly establishes its binding character.

The following cases are illustrative:

Decision N° 1 of January 20, 2000 (Case: Emery Mata Millán), explicitly establishing the binding character of an interpretation regarding procedural rules for amparo proceedings.[141]

---

138 See Ruben J. Laguna Navas, *La Sala Constitucional del Tribunal Supremo de Justicia: su rol como máxima y última intérprete de la Constitución*, Universidad Central de Venezuela, Serie Trabajos de Grado No 7. Caracas, 2005 (Chapter V: The abstract decisions of the Constitutional Chamber. Its binding character), p. 233. See the quotation in Francis Marval, "La jurisprudencia vinculante de la Sala Constitucional y el principio *iura novit curia*," in *Magistra*, Año 2, No. 1, Caracas 2008, pp. 179, 183.

139 See Jesús M. Casal H., "Cosa juzgada y efecto vinculante en la justicia constitucional," in *Revista Venezolana Derecho Constitucional* No 8, July-December, 2003, Caracas p. 193, 215, 219.

140 See Allan R. Brewer-Carías, "Los efectos de las sentencias constitucionales en Venezuela, ," in *Anuario Internacional sobre Justicia Constitucional*, No. 22, Centro de Estudios Políticos y Constitucionales, 2008, pp. 19, 64. Available at: http://allanbre wercarias.com/wp-content/uploads/2009/02/Brewer.-Efectos-de-las-sentencias-constitucionales.-2008-Anuario-DC.pdf.

141 See in *Revista de Derecho Público*, No. 81, Editorial Jurídica Venezolana, Caracas 2000, p. 230. Available at: http://allanbrewercarias.com/wp-content/uploads/ 2007/08/2000-REVISTA -81.pdf

Decision N° 2 of January 20, 2000 (Case: Domingo G. Ramírez M.), explicitly establishing the binding character of an interpretation regarding jurisdictional rules for amparo proceedings against High Officials. [142]

Decision N° 1555 of December 8, 2000 (Case: Yoslena Chanchamire B. v. Instituto Universitario Politécnico Santiago Mariño), explicitly establishing the binding character of an interpretation regarding rules of judicial procedure and jurisdiction for amparo proceedings. [143]

Decision N° 1013 of June 12, 2001 (Case: Elías Santana, Queremos Elegir), explicitly establishing the binding doctrine of an interpretation regarding Articles 57 and 58 of the Constitution. [144]

Decision N° 833 of March 5, 2001 (Case: Instituto Autónomo Policía Municipal de Chacao vs. Corte Primera de lo Contencioso Administrativo), explicitly establishing the binding character of an interpretation of Article 334 of the Constitution regarding the two methods of judicial review that exist in Venezuela: the concentrated judicial review method attributed to the Constitutional Chamber and the diffuse judicial review powers attributed to all courts. [145]

Decision N° 2553 of November 23, 2001, (Case: Impugnación de la Ordenanza de Impuestos), explicitly establishing the binding effect for all courts of an interpretation regarding Constitutional Jurisdiction and Contentious Administrative Jurisdiction with respect to matter of judicial review. [146]

Decision N° 488 of April 6, 2001 (Article 35 of the Organic Amparo Law), explicitly establishing the binding character of an interpretation regarding appellate rules for amparo proceedings. [147]

Decision N° 332 of March 14, 2001 (Article 28 of the Constitution), explicitly establishing binding interpretation the one made regarding such pro-

---

[142]   Id., p. 238.

[143]   See in *Revista de Derecho Público*, No. 84, Editorial Jurídica Venezolana, Caracas 2000, p. 311. Available at: http://allanbrewercarias.com/wp-content/uploads/2007 /08/ 2000-REVISTA -84.pdf

[144]   See in *Revista de Derecho Público*, No. 85-88, Editorial Jurídica Venezolana, Caracas 2001, p. 117. Available at: http://allanbrewercarias.com/wp-content/uploads/2007/08 /2001-REVISTA-85-86-87-88.pdf

[145]   Id. p. 369. See on the two methods of judicial review in Venezuela: Allan R. Brewer-Carías, "Judicial Review in Venezuela," in *Duquesne Law Review*, Vol 45, No. 3, Spring 2007, pp. 439-465. Available at: http://allanbrewercarias.net/Content/449725d9-f1cb-474b-8ab2-41efb849fea8/Content/II,%204,%20502.%20Judicial%20Review%20in%20Venezuela.%202006%20Duquesne%20Nov.%202006%20Revised%20version.pdf

[146]   See in *Revista de Derecho Público*, No. 85-88, Editorial Jurídica Venezolana, Caracas 2001, p. 387. Available at: http://allanbrewercarias.com/wp-content/uploads/2007/08/ 2001- REVISTA-85-86-87-88.pdf

[147]   Id. p. 472.

visions in order to assume the exclusive power to decide on matters of action of habeas data.[148]

Decision N° 1126 of August 3, 2012 (Case: Constitutional review of a judicial ruling), expressly said that it interpreted with binding character the scope of civil extra-contractual liability of Airlines.[149]

Regarding the "rule of publicity," the Constitutional Chamber generally requires publication of its binding interpretation decisions in the *Official Gazette* of the Republic, ordering such publication in the body of the decision itself. The following are examples:

Decision N° 1318 of August 2, 2001 (Case: Nicolás J. Alcalá R.), ordering that "the Labor Courts, when they hear from now on situations such as the one raised in this case, must abide by the doctrine contained in this ruling for the effective administration of justice, therefore, this ruling will have ex tunc effects as of its publication, since the interpretations established by the Constitutional Chamber on the content or scope of the constitutional norms and principles are binding for the other Chambers of the Supreme Court of Justice and other courts of the Republic."[150]

Decision N° 2817 of November 18, 2002 (Case: Impugnación de varias disposiciones de la Ley Orgánica del Poder Electoral), stating that the Constitutional Chamber "interpreted, with binding character the application of article 214 of the Constitution, so that order is given for the publication of this decision in the Official Gazette of the Republic."[151]

Decision N° 1682 of July 2005 (Interpretation of Article 77 of the Constitution), interpreting Article 77 of the Constitution on matters relating to marriage and stating that "due to its binding character, according to article 335 of the Constitution, [the Chamber] orders the publication of this ruling in the Official Gazette of the Republic."[152]

Decision N° 650 of May 23, 2012 (Case: Irwin Oscar Fernández Arrieche Revisión de sentencia), interpreting the Constitution with respect to the applicability of Article 104 of the Labor Organic Law, explicitly declaring the

---

[148] Id. p. 492.

[149] See in *Revista de Derecho Público*, No. 131, Editorial Jurídica Venezolana, Caracas 2012, p. 203 ff. Availale at: http://allanbrewercarias.com/wp-content/uploads/ 2014/07/ 9789803653521-txt.pdf

150 See in *Revista de Derecho Público*, No. 85-88, Editorial Jurídica Venezolana, Caracas 2001, p. 265. Available at: http://allanbrewercarias.com/wp-content/uploads/2007/08/ 2001-REVISTA-85-86-87-88.pdf

151 See in *Revista de Derecho Público*, No. 89-92, Editorial Jurídica Venezolana, Caracas 2002, p. 492. Available at: http://allanbrewercarias.com/wp-content/uploads/2007/08/ 2002-REVISTA-89-90-91-92.pdf

152 Id. p. 124

binding character of the interpretation, and ordering the publication of the ruling in the Official Gazette of the Republic. [153]

Decision N° 1005 of July 26, 2013 (Case: Ninfa Denis Gavidia, Constitutional review of judicial decision), interpreting the term to issue judicial decisions, explicitly declaring the binding character of the interpretation for all Venezuelan courts, and ordering the publication of the ruling in the Official Gazette of the Republic. [154]

Decision N° 1063 of August 5, 2014 (Applicability of Article 425 of the Labor Organic Law), explicitly establishing binding criteria for all Venezuelan courts regarding access to justice in labor judicial procedures according to Articles 26 and 257 of the Constitution and ordering the publication of the ruling in the Official Gazette of the Republic. [155]

Decision N° 97 of May 14, 2019 (Case: Organic Law on Children and Adolescents), interpreting Article 76 of the Constitution, explicitly establishing the binding character of the interpretation, with *ex tunc* and *ex nunc* effects, and ordering the publication of the ruling in the Official Gazette of the Republic. [156]

In some cases, even when establishing binding interpretations of statutes, the Chamber always has ordered the publication of its decision, as occurred, for instance, in the following cases:

Decision N° 1573 of July 12, 2005 (Case: *Carbonell Thielsen, C.A.*), establishing a binding interpretation regarding the quantum for filing cassation appeals (recurso de casación) and ordering publication of the ruling in the Official Gazette of the Republic due to the binding character of the ruling for all Venezuelan courts. [157]

Decision N° 1379 of October 29, 2009 (*Case: Gerardo Gil Peña y otro*), deciding not to apply Article 177 of the Organic Law on Labor Procedure, explicitly declaring that the interpretation is binding on all Venezuelan

---

153 See in *Revista de Derecho Público*, No. 130, Editorial Jurídica Venezolana, Caracas 2012, p. 475 ff. Available at: http://allanbrewercarias.com/wp-content/uploads/2013/05/9789803653514-txt.pdf

154 See in *Revista de Derecho Público*, No. 135, Editorial Jurídica Venezolana, Caracas 2013, p. 89 ff. Available at: http://allanbrewercarias.com/wp-content/uploads/2017/01/9789803653095-txt.pdf

155 See in *Revista de Derecho Público*, No. 139, Editorial Jurídica Venezolana, Caracas 2014, p. 86. Avalable at: http://allanbrewercarias.com/wp-content/uploads/2017/01/9789803653132-txt.pdf

156 See in *Revista de Derecho Público*, No. 157-158, Editorial Jurídica Venezolana, Caracas 2019, p. 324. Available at: http://allanbrewercarias.com/wp-content/uploads/2020/04/REVISTA-157-158-PRIMER-SEMESTRE-2019-pag.-web.pdf

157 See in *Revista de Derecho Público*, No. 103, Editorial Jurídica Venezolana, Caracas 2005, p. 117. Available a: http://allanbrewercarias.com/wp-con-tent/uploads/2007/08/2005-REVISTA-103.pdf

courts, and ordering the publication of the ruling in the Official Gazette of the Republic.[158]

On the other hand, as aforementioned, even within a decision in which the Constitutional Chamber issues a binding interpretation, the binding interpretation is limited to the *thema decidendum* of the decision and not "to the *dictum* that refers to marginal, peripheral, circumstantial or super-abundant motivations, which *are not binding with erga omnes effects*, since the latter are only persuasive."[159]

According to these rules, none of the Constitutional Chamber decisions specifically analyzed above: N° 2241 of September 20, 2002 (Case: *Andrés Velazquez et al.*), N° 1406 of July 12, 2007 (Case: *Attorney General of the Republic*), and N° 618 of July 20, 2016 (Case: *Brigitte Acosta Isasis*) contain "binding interpretation" of any constitutional principle or provision relating to national public interest contracts, let alone any requirement that, to qualify as a national public interest contract, a contract must be entered into by the Republic itself. There is no mention in these decisions of any such interpretation having "binding character," and none of these decisions contains an order for its publication in the *Official Gazette* on account of any "binding interpretation" of a constitutional principle or provision.[160]

IV. THE PRINCIPAL CONSEQUENCE FOR A CONTRACT TO BE CONSIDERED A NATIONAL PUBLIC INTEREST CON-

---

158 See in *Revista de Derecho Público*, No. 120, Editorial Jurídica Venezolana, Caracas 2009, p. 107 ff. Available at: http://allanbrewercarias.com/wp-content/uploads /2012/ 08/2009-REVISTA-120.pdf

159 See Escovar León, Ramón Escovar León, "Límites a la interpretación constitucional," in *Revista de Derecho Público*, No. 157-158, Editorial Jurídica Venezolana, Caracas 2019, p. 48; Available at: http://allanbrewercarias.com/wp-content/uploads/2020/04/REVIS-TA-157-158-PRIMER-SEMESTRE-2019-pag.-web.pdf ; see also Diaz Candia, "El principio Stare Decisis y el concepto de precedente vinculante a efectos del artículo 335 de la Constitución de la República Bolivariana de Venezuela de 1999," in *Revista de Derecho Constitucional*, No. 8, Editorial Sherwood, Caracas 2003, pp. 220-221, 227-229 ("the binding interpretation established by the Constitutional Chamber can only refer to the legal principles derived from the main thema decidemdum," and cannot refer "to simple assertions made by the Chamber or incidental questions, even referring to the content or scope of constitutional norms and principles").

160 Decision No. 2241 of September 24, 2002 ordered its publication in the Official Gazette, but not because it contained any "binding" constitutional interpretation. Rather, by mandate of Articles 119 and 120 of the then in-force Organic Law of the Supreme Court of Justice, all decisions annulling statutory provisions of statutes had to be published in the Official Gazette due to their general effects. Supreme Tribunal of Justice Decision No. 2241, supra note 33 at 19. This mandate now resides in Article 32 of the Supreme Tribunal Organic Law currently in force. Organic Law of the Supreme Court of Justice, art. 32, *Gaceta Oficial* No. 39.522 (Oct. 1, 2010)

TRACT: THE PARLIAMENTARY APPROVAL OR AUTHORIZATION AS A MATTER OF PUBLIC ORDER

The whole discussion regarding the notion of national public interest contracts according to the Constitution, refers to one of the most important consequences of such notion, which is that under its article 150 they are subject to control by the National Assembly in two ways: first, they must be approved by the National Assembly when a law provides for such approval; and second, they must be authorized by the same National Assembly when entered into with a Foreign State, a foreign official entity or a foreign company not domiciled in Venezuela.

1. The prior parliamentary approval or authorization regarding national public interest contracts when a statute so provides

The first provision by article 150 of the Constitution requiring the approval or authorization of national public interest contracts by the National Assembly is when such parliamentary control is expressly provided by a specific statute, that is, "those cases in which such requirement is determined by law."

This means that under this first provision of Article 150 of the 1999 Constitution, and regarding the national public interest contracts, they only require such approval when a statute so expressly determines.

It is pursuant to this constitutional provision that many statutes have provided for the National Assembly's control over national public interest contracts. It is the case, for instance, of article 33 of the Hydrocarbon Organic Law on national public interest contracts of association for the "establishment of joint ventures and the conditions governing the realization of primary [hydrocarbon] activities," establishing that they are subjected to "the prior approval of the National Assembly."[161]

Examples of such national public interest contracts related to the oil industry and regulated by the Hydrocarbon Organic Law are all those that have been entered into by *Petróleos de Venezuela S.A* and its subsidiaries, like for instance *Corporación Venezolana del Petróleo*, with private corporations to establish mixed companies for the purpose of developing the oil exploitation and extraction. All those contracts, signed by *Petróleos de Venezuela S.A.* and by its subsidiaries before 2016 as national state-owned enterprises, were all authorized by the National Assembly.[162]

---

161 See Official Gazette No. 38.493 of August 4, 2006. Available at: http://historico. tsj.gob.ve/gaceta/agosto/040806/040806-38493-12.html.

162 It was the case, for example, of the approval by the National Assembly, through Resolution dated March 31, 2006 of the "Terms and conditions for the incorporation and functioning of Mixed Companies, as well as the model of the corresponding public contract

The parliamentary control over the oil industry has been so formal and exacting –particularly when the Government has had political control of the National Assembly– that even for an amendment of just one of the terms and conditions of those public interest contracts already approved for the incorporation of mixed companies, related to the special benefits for the Mixed enterprises to be given to the Republic, the National Assembly´s intervention was sought.[163]

The prior authorization of the National Assembly, according to articles 150 and 312 of the Constitution, has also been traditionally required in Venezuela for national public interest contracts of public debt. The relevant regulation was formerly provided in the old Law on Public Debt[164] and during the past twenty years in the Financial Management of the Public Sector Organic Law.[165]

The latter according to the provision of article 312 of the Constitution, provides a complete regulation requiring parliamentary intervention and control by the National Assembly in public debt contracts, specifically

---

to be signed between Corporación Venezolana del Petróleo and private corporations which between 1992 and 1997 had entered into Operational contracts. See Official Gazette No. 38.410, March 31, 2006, available at: http://historico.tsj.gob.ve/gaceta /marzo/310306/310306-38410-33.html. Based on this legislative authorization given by the National Assembly according to article 150 of the Constitution and article 33 of the Hydrocarbon Organic Law, the same National Assembly, subsequently approved, at the request of the National Executive the following Resolutions: 1) Resolution of May 5, 2006, establishing the terms and conditions for Corporación Venezolana del Petróleo to enter into national public interest contracts for the incorporation and functioning of the following Mixed enterprises: Baripetrol, S.A.; Boquerón, S.A.; Lagopetrol, S.A.; Petroboscan, S.A.; Petrocabimas, S.A.; Petrocuragua, S.A.; Petroguárico, S.A.; Petroindependiente, S.A.; Petrolera Kaki, S.A.; Petronado, S.A.; Petroperljá, S.A.; Petroquiriquire S.A,;. Petroregional Del Lago. S.A.; Petrorltupano, S.A.; Petrovbn-Bras, S.A.; Petrowarao, S.A.; Y, Petrowayu, S.A. (See Official Gazette No. 38.430 May 5, 2006; available at: http://historico.tsj.gob.ve/gaceta/mayo/050506/050506-38430-39.html). 2) Resolution dated July 6, 2016, establishing the terms and conditions for Corporación Venezolana del Petróleo to enter into national public interest contracts for the incorporation and functioning of the following Mixed enterprises: Petrocumarbbo, S.A.; Petrodelta, S.A.; Petrokariña. S.A., Previously Known As Petromiranda. S.A.; Petrorjnoco, S.A.; Petrolera Mata, S.A. (See Official Gazette No. 38.473 July 6, 2006; available at: http://historico.tsj.gob.ve/gaceta/julio/060706/060706-38473-10.html). And 3) Resolution dated September 25, 2006, establishing the terms and conditions for Corporación Venezolana del Petróleo to enter into a national public interest contracts for the incorporation and functioning of the Mixed enterprise: Petrolera Sino-Venezolana, S.A., previously known as PETROCARACOL, S.A. (See Official Gazette No. 38.529 September 25, 2006; available at: http://historico.tsj.gob.ve/gaceta/septiembre/250906/250906-38529-26.html).

163 See *Official Gazette* No. 39273 September 28, 2009 (http://historico.tsj.gob.ve/gaceta/ septiembre/2892009/2892009.pdf#page=1).

164 See Luis Casado Hidalgo, *Notas para un estudio sobre el régimen legal del crédito público en Venezuela*, Caracas 1976, pp. 23, 42.

165 See *Official Gazette* No. 6210 Extra of December 30, 2015. Available at: http:// historico.tsj.gob.ve/gaceta_ext/diciembre/30122015/E-30122015-4475.pdf#page=1.

providing for such purpose, among other acts, for the sanction of a Special Annual Indebtedness Law establishing a maximum amount for public debt transactions during the year (art. 82); and some prohibitions like the one set forth in article 105 providing that "No public debt operation could be contracted with a guaranty or privilege in national, state or municipal assets or income."

The Financial Management of the Public Sector Organic Law, on these matters of public debt, also as it is authorized in article 312 of the Constitution, provides for some exceptions, expressly excluding some public decentralized entities from the application of the whole Title III of the Law regarding the system of public debt (Articles 76-107). In that sense, article 101 of the Law excludes from its provisions the Central Bank of Venezuela and the "commercial companies created or that would be created in accordance with the Organic Hydrocarbons Law and those created or that would be created in accordance with Article 10 of Decree Law No. 580 of November 26, 1974, by means of which the Industry of the exportation of iron minerals is reserved to the state."

This exemption covers among others, the state-owned enterprises of the Oil sector, only of course regarding public debt contracts related to their normal commercial activities when entered into with corporations domiciled in the country of Venezuela; not covering public debt operations entered with foreign corporations not domiciled in Venezuela.

In fact, such exception established in the Financial Management of the Public Sector Organic Law, as was even ruled by the Constitutional Chamber of the Supreme Tribunal in its decision No. 2241 of September 24, 2002,[166] cannot be extended to national public interest contracts when they are entered into by public entities with foreign States, foreign official entities or companies not domiciled in Venezuela.

As the Constitutional Chamber has considered, such national public interest contracts with foreign counterparties are always subject to the constitutional requirement of prior legislative authorization, notwithstanding any other statutory exception that may apply. In fact, because of this, the Constitutional Chamber partially annulled article 80 of the Financial Management of the Public Sector Organic Law, considering that it:

> "directly and manifestly oppos[ed] Article 150, first paragraph and 187 numeral 9, second part of the Constitution, by not enshrining the constitutional obligation of the National Executive to require the authorization of the National Assembly for the conclusion of contracts of national public interest, in the context of public credit transactions, where such contracts are con-

---

166 Available at http://historico.tsj.gob.ve/decisiones/scon/septiembre/2241-240902-00-2874%20.HTM

cluded with States, foreign official entities or companies not domiciled in Venezuela." [167]

Thus, although the Constitutional Chamber in the decision was not asked to decide the scope of the public entities that fall within the national public administration (and that are thus capable of entering into national public interest contracts), it ruled that when national public interest contracts are entered into with foreign counterparties (States, foreign official entities or companies not domiciled in Venezuela), the Constitutional control provided by National Assembly authorization in Articles 150 and 187.9 is "inescapable":

> "the Organic Law on the Financial Management of the Public Sector can only authorize the National Executive to enter into public credit transactions by simply approving the Public Sector Indebtedness Law for the respective Fiscal Year, without the need for the control enshrined in Articles 150 and 187 numeral 9, of the Constitution of the Bolivarian Republic of Venezuela, where such operations consist of, for example, the issuance or placement of securities or the holding of contracts of national public interest with companies domiciled in Venezuela, but not where such transactions involve the conclusion of national public interest contracts with foreign states or entities or companies not domiciled in Venezuela, as in such cases, the application of the system of prior control or authorization for procurement by the National Assembly is inescapable." [168]

It follows that any national public interest contract for instance of public debt entered into by for instance a state-owned enterprises, as a decentralized entity, part of the National Public Administration, with corporations not domiciled in Venezuela, in order to be valid it ought to have been previously authorized by the National Assembly. Signed without such parliamentary authorization, the contract must be considered invalid, illegal (unconstitutional), and thus, null and void *ab initio*, and non-enforceable.

2. The prior parliamentary authorization regarding national public interest contracts entered into with foreign States, foreign entities or foreign companies not domiciled in Venezuela

The second provision of article 150 of the Constitution establishes the requirement of the prior authorization by the National Assembly regarding all public interest contracts, when entered into with a Foreign State, a foreign official entity or a foreign company not domiciled in Venezuela.

---

167 Idem.
168 Idem.

On this provision, one of the ICSID Arbitral Tribunal in an award issued on November 18 2014, in the ICSID No. ARB/10/19: *Flughafen Zürich A.G. and Gestión e Ingeniería Idc S.A) v. República Bolivariana de Venezuela,* [169] in which the Veneuelan State as Defendant argued that the public interest contract considered in the case was null and void because it lacked of legislative authorization, the Tribunal, regarding contracts entered into with foreign companies expressed that in the "writing of article 150 of the Venezuelan Constitution there was a "clear terminological distinction," in the sense that:

"205. This provision requires legislative authorization for the signing of State contracts with "foreign official entities and with companies non domiciled in Venezuela." Notice that the provision refers to "foreign official entities" and to "companies not domiciled -not to "foreign companies"-. The terminological precision cannot be casual:

- In the case of "foreign official entities," the authorization is perceptive, even if the official foreign entity would not have a branch in Venezuela;

- In the case of "companies not domiciled," the creation of a Branch and its subsequent domiciliation excluded the need for the parliamentary intervention.

206. There are reasons of legislative policy that could justify this different treatment: to contract with a foreign official entity could affect sovereignty conditions; instead, contracting with a foreign company that has followed the conditions of registry and transparency required by the Venezuelan Commercial Registry, and has a representative in the territory of Venezuela, can be equated with the contracting with a Venezuelan company – that do not require parliamentary authorization."

The ICSID Tribunal in its award also referred to the legal provisions according to Venezuelan Law related to the procedure for a foreign company to be domiciled in Venezuela. It ruled as follows:

"200. ¿What must be understood for "companies non domiciled in Venezuela? The Commercial Code.

201. The Commercial Code contains an express provision regarding foreign companies and the establishment of Branches in Venezuela. In its article 354 III it allow foreign companies to establish branches in the country, as long as they register in the Commercial Registrar: "the company contract and the other documents needed for the incorporation of the company, according to the laws of its nationality and a copy due legalized of the provisions of such laws."

202. The following article requests that the foreign companies have in Venezuela a representative vested with full faculties.

---

169 Available at: https://www.italaw.com/sites/default/files/case-documents/italaw4069.pdf

203. In Exchange for the fulfillment of those requirements, the Commercial Code grants them the privilege of retaining its nationality of origin, but be considered companies "domiciled" in Venezuela:

"Companies also incorporated abroad that only had branches in the Republic, or exploitations that do not constitute their main purpose, retain their nationality but will be considered domiciled in Venezuela.

204. Article 354 of the Commerce Code thus establishes that a foreign company, by registering a branch in the Commercial Registry, maintains its foreign nationality but acquires domicile in Venezuela. The precept clearly distinguishes between:

- "foreign companies" – those incorporated out of Venezuela,

- "national companies" – those incorporated according to Venezuelan Law and have Venezuelan nationality,

- "companies domiciled in Venezuela" – the national companies and also the companies incorporated outside Venezuela, but that have met the requirements to register a branch in Venezuela."[170]

Consequently, all public interest contracts entered into wit foreign companies not domiciled in Venezuela must be authorized by the National Assembly.

In this regard, for instance, and referring specifically to a public debt contract entered into by a state owned enterprise, Juan Cristóbal Carmona Borjas affirmed that according to Article 150 of the Constitution, when entered into with sovereign States, official foreign entities, or *companies not domiciled in Venezuela*, the contracts must always be approved by the National Assembly,[171] expressing that if it is true that "according to article 101.3 of the Organic Law of Financial Management of Public Sector, public debt contracts entered into by state-owned enterprises of the hydrocarbon sector, are exempted of the need to be previously authorized by the National Assembly:[172]

"according to articles 150, 187.9 and 312 of the Constitution, the legal regime applicable to national public interest contracts is different "when they are concluded with States or official foreign entities, or with companies not domiciled in Venezuela. The difference seems to be that in these cases, there is no room for the exception of the law referred to in the heading of the article, in other words, this type of contract will always require the authorization of the National Assembly."[173]

---

170   Available at: https://www.italaw.com/sites/default/files/case-documents/italaw4069.pdf

171   See Juan Cristóbal Carmona Borjas, *Derecho y Finanzas. Hidrocarburos y Minerales.* Volumen II: Actividad Petrolera y Finanzas Públicas en Venezuela, Caracas 2016.

172   Id.

173   Id. at 429.

Carmona went further, affirming that according to Article 150, "when the contract is of national interest but it is also [entered into with] a sovereign State, an official foreign entity or with a company not domiciled in Venezuela, the approval of the National Assembly will always be required."[174] Quoting a decision of the Supreme Tribunal, he affirmed that such authorization must be given prior to the signing of the contract "so that the contract to be entered into can be recognized as valid in accordance with the Constitution."[175]

Also specifically referring to public debt contracts entered into by public enterprises of the oil sector with corporations domiciled abroad, Román José Duque Corredor has opined, that they "have all the elements to be considered as national public interest contracts," because they are entered into by a state-owned corporations.[176] In the same sense, Rafael Badell Madrid, has also specifically referred to public interest public debt contracts entered into by state owned enterprises, considering that they are "national public interest contracts that have to be subject to the procedure of review and authorization by the National Assembly, pursuant to Article 150 of the Constitution, and to acquisition of the prior opinion of the Office of the Attorney General of the Republic, as required by Article 247 of the Constitution." [177]

As already mentioned, Articles 150 and 187.9 of the Venezuelan Constitution require the control of the National Assembly over "public interest contracts," in two cases: first, in the case of *national public interest contracts*, when a law [statute] establishes that such contracts must be approved or authorized by the National Assembly; and second, in the case of *municipal, state or national public interest* contracts, every time they are going to be concluded with foreign States or official entities, or with companies not domiciled in Venezuela, or be transferred to any of them, in which case the Constitution requires the prior authorization of the National Assembly.

The second circumstance is independent of the first. In other words, if a national public interest contract is to be entered into with foreign States or official foreign entities, or with companies not domiciled in Venezuela, the National Assembly´s prior authorization is required even if is not established on any statute. In Venezuela, it is a very simple legal formality

---

174 Id. at 431.

175 Id. at. 432.

176 See Román J. Duque Corredor, "Opinión sobre la inconstitucionalidad del Bono PDV-SA 2020," April 19, 2020, p. 1. See the information on this Opinion in: https:// presidenciave.com/regiones/jurista-roman-j-duque-corredor-respalda-la-inconstitucionalidad-de-los-bonos-pdvsa-2020/. See the text in: https://www.acienpol.org.ve/wp-content/uploads/2020/04/Nulidad-de-la-Bonos-2020-de-PDVSA.pdf..

177 Id. at 19

to domicile a foreign company, being enough to file a petition before the Commercial Registrar according to articles 354 and 355 of the Commercial Code.

Consequently, if the foreign company is not domiciled in the country, as it was ruled by the Constitutional Chamber of the Supreme Tribunal of Venezuela in decision N° 2241 of September 24, 2002 (*Andres Velázquez et al*, case), whereas article 80 of the Organic Law on Financial Administration of the Public Sector was annulled, "the application of the system of prior control or authorization for procurement by the National Assembly is *inescapable.*"[178]

Thus, as I have recently written:

> "aside from the cases of the National Assembly approval of national public interest contracts when established by a statute, the Constitution also imposes that in any case the 'national, state and municipal public interest contract' to be entered into with 'foreign States, foreign official entities or companies not domiciled in Venezuela,' or when they are to be transferred to them, they must be submitted to the 'approval [authorization] of the National Assembly,' without the need, in such cases, that a statute provides for it."[179]

3. Some consequences resulting from the lack of the required legislative authorization: the nullity of the contract

In the first circumstance under Article 150 –approval/authorization required by statute– the requirement is for approval *after* the contract has been executed as a condition for the contract to become effective. However, as the Supreme Tribunal has held in accordance with scholarly opinion, in the second circumstance– contracts with foreign/non-domiciled

---

178 In decision No. 2241 of September 24, 2002, the Constitutional Chamber of the Supreme Tribunal partially annulled article 80 of the Financial Management of the Public Sector Organic Law because this article did "not cnshrin[e] the constitutional obligation of the National Executive to require the authorization of the National Assembly for the conclusion of contracts of national public interest, in the context of public credit transactions, when such contracts are concluded with States, foreign official entities or companies not domiciled in Venezuela." See Tribunal Supremo de Justicia, Sala Constitucional, decision No. 2241 Case: Andrés Velásquez y otros, nulidad parcial artículo 80 de la Ley Orgánica de Administración Financiera del sector Público). Available at http://historico.tsj.gob.ve/decisiones/scon/septiembre/2241-240902-00-2874%20.HTM.

179 See Allan R. Brewer-Carías, "La mutación de la noción de contratos de interés público nacional hecha por la Sala Constitucional, para cercenarle a la Asamblea Nacional sus poderes de control político en relación con la actividad contractual de la administración pública y sus consecuencias," in *Revista de Derecho Público*, No. 151-152, (julio-diciembre 2017), Editorial Jurídica Venezolana, Caracas 2017, pp. 376-377. Available at: http://allanbrewercarias.com/wp-content/uploads/2019/01/RDP-151-152-PARA-LA-WEB-9789803654412-txt.pdf

counterparties –*prior* authorization is required as a condition of valid consent and contract formation.[180]

If the authorization of the National Assembly is not obtained when constitutionally required, there can be no valid consent and thus no contract can be formed. Accordingly, a public interest contract executed without the required National Assembly authorization is invalid and null and void *ab initio*.[181]

Such a contract is illegal in the sense that it was signed in violation of the Venezuelan Constitution. Not only is such a contract entirely unenforceable, but it cannot be subsequently validated because it never came into existence in the first place due to a lack of valid consent.

As it was decided by the Political Administrative Chamber of the Supreme Tribunal in 2007, when ruling a case related to a public contract supposedly entered into by a public University (*Universidad Central de Venezuela*) with a private contracting party, without obtaining the prior authorization given by the University Council as provided in the University bidding regulations: such illegality provoked "the *non-existence of the manifestation of the will* by the University in order to be liable."

In that case, due to the illegality affecting the contract in its formation (absence of consent for lack of the expression of the will of the University due to the absence of the University Council's prior authorization), the Chamber, due to the fat that the private contracting party provided the

---

180 In decision No. 2241 of September 24, 2002, the Constitutional Chamber of the Supreme Tribunal held that "by virtue of the expression 'no contract in the municipal, state or national public interest may be [executed] …' contained in the first of those constitutional provisions (Article 150), it must be concluded that this second control mechanism consists of an authorization that must be granted prior to the conclusion of the contract of national, state, or municipal public interest, in order for the contract to be entered into to be recognized as valid in accordance with the Constitution." In support of its decision, the Constitutional Chamber quoted Professor Jesús Caballero Ortíz, who explained as follows in 2001: "If the contract cannot be [executed], it obviously concerns an authorization of a *conditio juris* for its validity, and as the very text of the rule confirms that it is a prior act, then, we insist, the contract [cannot be concluded]. So, the provision in Article 187, numeral 9 is then the one that must prevail and appears correctly drafted: it is for the National Assembly to authorize the National Executive to [execute] contracts of national interest and to authorize contracts of municipal, state and national public interest with foreign official entities or with companies not domiciled in Venezuela." See Jesús Caballero Ortíz, "Los contratos administrativos, los contratos de interés público y los contratos de interés nacional en la Constitución de 1999," en *Libro Homenaje a la Universidad Central de Venezuela*, Caracas, TSJ, 2001, p. 147; see also Rafael Badell Madrid, "Contratos de interés público nacional," in *Revista de Derecho Administrativo*, No. 19, Caracas 2004, p. 1964, p. 61, available at: https://www.badellgrau.com/?pag=7&noti=132..

181 See Allan R. Brewer-Carías, "La formación de la voluntad de la Administración Pública Nacional en los contratos administrativos," in *Revista de la Facultad de Derecho*, Nº 28, Universidad Central de Venezuela, Caracas 1964, pp. 81-82. Available at: http:// allan-brewercarias.net/Content/449725d9-f1cb-474b-8ab2-41efb849fea8/Content/II.4.13.pdf.

University with goods requested, constructed its decision ruling that the Universidad Central de Venezuela in the case, was due "to compensate *only to the extent of its enrichment, compensation that cannot be greater than the impoverishment* suffered" by the private contracting party.

Therefore, the Chamber rejected the claim for payment of default interest or monetary correction, considering that it would constitute a contravention of the provisions of article 1,184 of the Civil Code that set forth for the liability in cases of enrichment without cause.[182]

The *ab initio* nullity of actions of Public Administration for which a prior authorization is required, and was not obtained, was established by the Office of the Venezuelan Attorney General since 1959, when it expressed that:

> "there is unanimity in the administrative doctrine regarding that the 'authorizations' that according to the Constitution or the statutes, public officials or agents of Public Administration require in order to adopt or issue certain legal acts, *are a* constitutive *element and necessary for the 'consent;' consequently, the omission of the authorization does not vitiate the consent, but prevents it, impeding its legitimate manifestation; and as consent is an essential element of the existence of the act, once it has been omitted, also the act, legally speaking, is inexistent.*"[183]

In the same regard, professor Eloy Lares Martínez has explained that:

> "When the Constitution or a Law requires an authorization for entering into a contract, such authorization is *necessary* for the validity of the contract. The authorization is a presupposition of legitimacy. If the contract is

---

182 See decision of the Political Administrative Chamber of the Supreme Tribunal, No. 1171 of July 3, 2007 (Case: Universidad Central de Venezuela, UCV).

183 See *Informe de la Procuraduría de la Nación al Congreso Nacional 1959*, Caracas, 1960, pp. 624-625. See also "La formación de la voluntad de la Administración Pública Nacional en los contratos administrativos" in *Revista de la Facultad de Derecho*, N° 28, Universidad Central de Venezuela, Caracas 1964, pp. 81-82. Available at: http://allan-brewercarias.net/Content/449725d9-f1cb-474b-8ab2-41efb849fea8 /Content/ II.4.13.pdf. That is why, for instance, the National Assembly through its Resolution of September 25, 2018, regarding the public national interest contracts entered into by state-owned enterprises in the oil sector with private companies without the authorization of the National Assembly, declared the following: "First: To request the National Executive Power, and in particular the Minister of the Popular Power of Oil, to inform the National Assembly on the services contracts with private enterprises in which they have been allowed to perform primary activities related to hydrocarbon deposit, in order for the Plenary of the Assembly to discuss and approve such contracts according to what is established in the Constitution and in the Hydrocarbon Organic Law. Second: To declare null all the services contracts referred to exploration, exploitation, recollection, transport and initial storage of hydrocarbon deposit, in which private companies intervene that have not been approved by the National Assembly." Text available at: http://www.asamblea nacional.gob.ve/actos/_acuerdo-en-rechazo-a-los-contratos-de-servicios-suscritos-por-pdvsa-que-permiten-que-empresas-privadas-actuen-en-actividades-primarias-de-hidro-carburos

entered into without the authorization required by the Constitution or the law, it will be the product of a will that could not be expressed. Thus, the lack of authorization influences in the regularity of the formation of the act. That is why it is a condition of validity."[184]

4. The rules regarding the formation of the contracts, including the parliamentary authorization are matters of public order

One important legal issue referred to these matters related to the formation of the national public interest contracts, and particularly, those related to the expression of the will of the public contracting party, in order to express consent, including the prior authorization by the Legislative body, is that they are matters of public order, and as such, governed by Venezuelan public law. This means that according to Venezuelan law, public contracting parties, in national interest contracts are not free to select the law of another jurisdiction to govern the formation and validity of the contracts they enter into.

That is, the relative sovereign immunity clause regulated in Article 151 of the Constitution, which allows public contracts of a commercial nature to provide that doubts and controversies that may arise on such contracts when they cannot be resolved amicably by the contracting parties can be resolved by foreign jurisdictions and according to foreign law, refers only to doubts and controversies arising from *the conduct or performance* of the contracts. It does *not* permit a public contracting party to select foreign law to govern the validity of the execution of the contract itself.

In accordance with Article 151 of the Venezuelan Constitution, such validity is a matter of public order regulated and subject *only* by/to Venezuelan law.

In fact, according to the express provision of article 151 of the Constitution, among the contractual clauses all public interest contracts must contain –except when considered inappropriate pursuant to the nature of the object of the contracts-, are those related to the relative foreign sovereign immunity clause of the State and to international claims related to public contracts (known as a *Calvo* clause),[185] being both of these clauses applied to contracts entered into by the Republic, the States, and the Municipalities,

---

184 See Eloy Lares Martínez, *Manual de Derecho Administrativo*, 10 Edit., Caracas 1996, p. 302.

185 Allan R. Brewer-Carías, *Administrative Law in Venezuela*, Editorial Jurídica Venezolana, Second edición 2015, p. 369-370, available at: http://allanbrewercarias.com/wp-content/uploads/2013/08/9789803651992-txt.pdf.

as well as by all public decentralized entities of the State such as public corporations and state-owned enterprises.[186] Such provision sets forth:

> "In public interest contracts, unless inappropriate according with the nature of such contracts, a clause shall be deemed included even if not expressed, whereby any doubts and controversies which may arise concerning such contracts and which cannot be resolved amicably by the contracting parties, shall be decided by the competent courts of the Republic, in accordance with its laws, and shall not, on any grounds, or for any reason, give rise to foreign claims."

Regarding the relative sovereign immunity jurisdiction clause, Article 151 of the Constitution establishes, as an exception, the possibility for the parties in a public interest contract to choose, when *appropriate according with the nature* of the public interest contract, for it to be governed by foreign law, as well as to submit to a foreign jurisdiction the solution of doubts and controversies that may arise concerning the performance of such contracts and that cannot be resolved amicably by the contracting parties. This can occur, for instance, regarding public interest contract of commercial nature, [187] like public debt contracts, or like the contracts entered into for the exploitation of the Oil industry as was the case of the joint ventures of the *Apertura Petrolera* during the nineties, and of the contracts for mixed companies regulated in the 2001 Organic Hydrocarbon Law, providing for arbitration. [188]

The important point to highlight regarding the exception is that it applies only to doubts and controversies arising from the *conduct or per-*

---

186 As I wrote in 1992, seven years before the 1999 Constitution was approved, according to the 1961 Constitution, then in force: "The notion of "contracts of public interest" was fixed in the same Constitution (Article 126) as comprising "contracts of national, states and municipal public interest." That is, contracts of public interest not only entered by the Republic, but also by the States and by the Municipalities, as well as by public national, states and municipal entities (public corporations and state-owned enterprises. See Allan R. Brewer-Carías, *Contratos Administrativos*, Editorial Jurídica Venezolana, Caracas 1992 (reedición 1997), pp. 28-30.), reproduce in *Tratado de Derecho Administrativo*, Tomo III, Editorial Jurídica Venezolana ed., Caracas 2013, pp. 635-641. Available at: http://allanbrewercarias.com/wp-content/uploads/2013/07/BREWER-TRATA-DO-DE-DA-TOMO-III-9789803652081-txt-1.pdf

187 See Allan R. Brewer-Carías, "Comentarios sobre la doctrina del acto de gobierno, del acto político, del acto de Estado y de las cuestiones políticas como motivo de inmunidad jurisdiccional de los Estados en sus Tribunales nacionales", in *Revista de Derecho Público*, N° 26, Editorial Jurídica Venezolana, Caracas, abril-junio 1986, pp. 65-68, available at: http://allanbrewercarias.com/wp-content/uploads/2007/08/rdpub_1986_26.pdf

188 As I mentioned in 1992, regarding public debt contracts, they can be subjected "in their performance that occur abroad" to a foreign law and jurisdiction. See Allan R. Brewer-Carías, *Contratos Administrativos Contratos Administrativos*, Editorial Jurídica Venezolana, Caracas 1992 (reedición 1997), pp. 136–37.

formance of the contract;[189] therefore it does not apply to matters that arise prior to the conclusion of the contract, for instance regarding the formation of the contract in relation to the expression of the will of the public contracting party; which are matters related *to the validity of the contract.*[190] This distinction, of course, is not expressly mentioned in the text of Article 151of the Constitution, because it is not specific to such provision. Rather, the distinction is inherent in one of the most basic foundations of Venezuelan law (indeed, of all private, public, and private international law) - that parties cannot contractually exempt themselves from laws governing the public order.

This is particularly true with respect to the public contracting party's power of consent, which is a matter of public order. That is to say, the freedom of the parties, including public entities such as state owned enterprises incorporated according to Commercial Law, to choose the applicable law to a contract, extends only to what has been called the "personal and property matters of the parties" and cannot affect the "imperative provisions and general clauses tending to protect consent," the "imperative provisions of public nature" or "public order,"[191] or, in the case of public contracts, the imperative provisions of public law governing the powers (competence) of the public contracting party to enter into contracts and the process of formation of the contract or the expression of consent by the public contracting party.[192]

---

189 The Organic Hydrocarbons Law of 2001, *Gaceta Oficial* No. 37.323, (Nov. 13, 2001). reformed in 2006 expressly recognized the possibility to submit to arbitration the solution of disputes resulting from activities in the hydrocarbon sector when mixed companies were constituted with private investors.

190 As for instance has been observed by Haydee Barrios de Acosta, when the parties select a foreign law to be applied to the contract, it is in order to be applied to the "contractual obligations," or as pointed out by the former Supreme Court of Justice in a decision of April 27, 1971, that the author quotes, the intention of the legislator is to allow "the parties to "determine the law applicable to the performance of the contracts." See Haydee Acosta de Barrios, "La interpretación del contrato por el juez en el derecho interno y en el derecho internacional privado," in *Libro Homenaje a José Melich Orsini*, Universidad Central de Venezuela, 1982, p. 171.

191 See Nuria Bouza Vidal, "Aspectos actuales de la autonomía de la voluntad en la elección de la jurisdicción y de la ley aplicable a los contratos internacionales," paragraph 4, p. 4; paragraph 7, p. 6: available in: file:///C:/Users/Allan%20Brewer-Carias/Downloads/slidex.tips_aspectos-actuales-de-la-autonomia-de-la-voluntad-en-la-eleccion-de-la-jurisdiccion-y-de-la-ley-aplicable-a-los-contratos-internacionales%20(1).pdf

192 That is why, for instance, Roberto Ruiz Díaz Labrano observes that the parties to a contract can submit "their contractual relations" or "their contractual obligations," which have *"inter partes* effects," to a foreign law, but always "with the limitations resulting from imperative or public order provisions to which the applicability of the foreign law is subjected." See Roberto Ruiz Díaz Labrao, "El principio de la autonomía de la voluntad y las relaciones contractuales," in *Libro Homenaje al profesor Eugenio Hernández Bretón*, Academia de Ciencias Políticas y Sociales, Editorial Jurídica Venezolana, Caracas 2019, Tomo I, pp. 735-740

This means that only Venezuelan law, not foreign law, must govern the conditions of validity of national public interest contracts subject to National Assembly authorization. Article 1141 of the Civil Code, which is applicable to all contracts, including those entered into by public entities, establishes the general principles regarding the validity of contracts as follows:

> "Article 1141. The conditions required for the existence of the contract are: 1. Consent of the parties; 2. Object that may be a matter of contract; and 3. Lawful cause."[193]

The first condition of validity set forth in this provision, that the parties must mutually consent, which is a condition for the validity of any contract, provides, not only that the parties must express a deliberate approval for the proposed clauses to be included in an agreement, but also that they must have the legal capacity, power, or competency to give such consent in accordance with the law governing their actions.

In the case of contracts entered into by Venezuelan public entities, such legal competency is a matter of public order governed by Venezuelan public law, including the Venezuelan Constitution. Thus, as I explained in 1992, "apart from the clauses themselves of the agreement (which have force of law between the parties), and the complementary Civil Code provisions, all public contracts are subject in one way or another to public (administrative) law regulations, at least when referring to the competency or attributions of the public entity to sign them."[194]

The competency of a public contracting party to enter into a public contract must always be justified and must be exercised within applicable legal constraints.[195] As I observed in 1964:

> "The public contracting party needs to have legal competency, by the subject matter of the contract, the territory, the timing, the hierarchy, and the legal powers conferred on to it in order to enter into the contract. It is because of such principle that the Constitution says that the State shall not rec-

---

193 Artículo 1.141.- Las condiciones requeridas para la existencia del contrato son: 1° Consentimiento de las partes; 2° Objeto que pueda ser materia de contrato; y 3° Causa lícita

194 See Allan R. Brewer-Carías, *Tratado de Derecho Administrativo*, Vol. III, Editorial Civitas, Editorial Jurídica Venezolana, 2013, p. 846. Available at: http://allanbrewercarias.com/wp-content/uploads/2013/07/BREWER-TRATADO-DE-DA-TOMO-III-9789 803652081-txt-1.pdf See in Allan R. Brewer-Carías, *Administrative Law in Venezuela*, Editorial Jurídica Venezolana, 2015, p. 144, available at: http://allanbrewercarias.com /wp-content/uploads/2013/08/9789803651992-txt.pdf.

195 See Allan R. Brewer-Carías, Derecho Administrativo, Universidad Externado de Colombia, Tomo II, Bogotá 2005, p. 62 (Text reproduced in Allan R. Brewer-Carías, *Tratado de Derecho Administrativo*, Vol. II, Editorial Civitas, Editorial Jurídica Venezolana, 2013, pp. 431, available at: http://allanbrewercarias.com/wp-content/uploads/ 2013/07/ BREWER-TRATADO-DE-DA-TOMO-II-9789803652074-txt-1.pdf.

ognize obligations other than those entered into by legitimate bodies of the Public Power, in accordance with the law."[196]

A public entity seeking to enter into a public contract must have the express competency to do so and must comply, among other things, with all mandatory conditions of validity required prior to entering into the contract, such as the prior National Assembly authorization required by the Constitution for public interest contracts to be entered into with foreign states, foreign entities, or corporations not domiciled in Venezuela.[197]

These conditions and requirements, having the character of public order, cannot be relinquished in any way (much less in the contract itself) by the public contracting party.[198]

That is, in Venezuela, as in elsewhere, the general exception to the freedom of the parties in contracts, are the public order (*orden público*) provisions, which, as expressed in Article 6 of the Venezuelan Civil Code, "cannot be renounced or relaxed by private agreements."

Being an exception, this concept of public order, must be interpreted strictly, and in the Venezuelan legal system refers to legal provisions relating to the legal order that is general and essential for the existence of

---

196 Artículo 232, of the 1961Constitución (Currently: Article 312 of the 1999 Constitution). See Allan R. Brewer-Carías, *Instituciones Fundamentales del Derecho Administrativo y la Jurisprudencia venezolana*, Caracas 1964, p. 166; available at: http://allanbrewercarias.net /Content/449725d9-f1cb-474b-8ab2-41efb849fea5/Content/II.1.1%20 (TESIS)% 201964.pdf

197 I addressed this matter many years ago in a 1964 article entitled "The formation of the will of the Public Administration in administrative contracts." See Allan R. Brewer-Carías, "La formación de la voluntad de la Administración Pública Nacional en los contratos administrativos," in *Revista de la Facultad de Derecho*, Universidad Central de Venezuela, No, 28, Caracas 1964, pp. 79-82. Available at: http://allanbrewercarias.net/Content/449725d9-f1cb-474b-8ab2-41efb849fea8/Content/II.4.13.pdf..

198 As Joaquín Sánchez-Covisa explains: "By establishing a standard of public policy, the State determines the "duty to be" mandatory and imperative and is required at that time by the legal awareness of the group. As a result, those rules cannot be waived or relaxed by contracts between private parties. In this sense the duty to faithfulness between spouses, compensation for professional accidents or the payment of taxes cannot be relaxed by the will of the private parties. These are provisions of public policy, and therefore represent the idea of what is the purpose in that legal community of our days." See Joaquín Sánchez-Covisa, *La vigencia temporal de la Ley en el ordenamiento jurídico venezolano*, Academia de Ciencias Políticas y Sociales, Caracas 2007, p. 179. In this same sense, Francisco López Herrera, quoting Henri De Page (*Traité Elementaire de Droit Civil Belge*, Bruilant, Bruxelles, 1941-1949, Vol. I, p. 102), stated that "public policy laws and provisions are those that refers to the essential interest of the State or that affect the Collectivity, or that fix in private law the legal fundamental basis on which is based the economic and moral order of a determined society. In order to determine the public policy provision, it is needed to analyzed in each case, the spirit of the Institution and to examine what and why it has relation with essential demands of the Collectivity or the fundamental basis of private law." See Francisco López Herrera, *La nulidad de los contratos en la legislación civil de Venezuela*, Caracas 1952, p. 96.).

the community itself and thus cannot be relaxed according to the wishes of the parties.[199]

In this regard, the Public Administration Organic Law expressly establishes that the legal provisions regulating the competency or powers of public entities comprising the Public Administration are provisions governing public order,[200] and therefore, must be governed by Venezuelan law. For instance, Article 26 of the Organic Law of the Public Administration provides that:

> *"All powers attributed to Public Administration organs and entities shall be mandatory and binding and exercised under the conditions, limits and procedures established; they shall be not subject to waiver, nor delegated, nor extended and cannot be relaxed by any contract, except for the cases that are expressly set forth in the laws and other regulatory acts.*
>
> *Any activity carried out by an organ or entity that is manifestly incompetent, or usurped by those without public authority, is null and void and its effects shall be non-existent.*
>
> *Those who undertake such acts shall be liable* under the law, without the claim that they followed higher orders serving as any form of excuse."* [201]

Thus, even in cases where the exception to the relative sovereign immunity clause is applied and the public contracting party agrees to accept the application of foreign law for the resolution of doubts and controversies arising from the performance or conduct of the contract, public entities are nonetheless *always required to comply with all of the conditions of validity of public interest contracts established in Venezuelan* public

---

199 For instance in Decision No 276 of the Cassation Chamber of the Supreme Tribunal of 31 May 2002, based on the opinion of the Italian author Emilio Betti, ruled that "the concept of public order represents a notion that crystallizes all those rules of public interest that demand unconditional observance, and that cannot be repealed by means of a private agreement. The indication of these characteristic signs of the concept of public order, that is, the need for the unconditional observance of its rules, which the parties cannot renounce, makes it possible to discover with reasonable margin of confidence, when somebody is or is not in a case of a violation of a rule of public order." Available at http://historico.tsj.gob.ve/decisiones/scc/mayo/RC-0276-310502-00959.HTM.

200 I wrote in 2005 that "the statutes that provides for the attributions or competencies are those called of public policy, which implies that the cannot be relaxed or abrogated by agreements between parties (article 6 C.C.) nor by virtue of the will of the public official that is called to exercise the competency." See Allan R. Brewer-Carías, *Derecho Administrativo*, Universidad Externado de Colombia, Tomo II, Bogotá 2005, p. 102 (Text reproduced in Allan R. Brewer-Carías, *Tratado de Derecho Administrativo*, Vol. II, Editorial Civitas, Editorial Jurídica Venezolana, 2013, pp. 432, available at. http://allanbrewercarias.com/wp-content/uploads/2013/07/BREWER-TRATADO-DE-DA-TOMO-II-9789803652074-txt-1.pdf

201 See *Gaceta Oficial* No. 6.147, Nov. 17, 2014

law, as it is not possible for those conditions of validity to be waived or governed in any way whatsoever by any foreign law. This includes the requirement that the National Assembly authorize public interest contracts to be entered into with a foreign State, a foreign entity, or a corporation not domiciled in Venezuela, which must be fulfilled before the contract can be executed, as a condition for the legal expression of the will of the public contracting party (consent).

Consequently, even though when in a national public interest contract, according to the exception established in article 151 of the Constitution, the parties establish that it is to be governed by the laws of a foreign State, the consent and validity of such contracts regarding the public contracting parties, as decentralized public entities of the National Public Administration, being mattes of public policy can only be governed by Venezuelan law.

5. Invalid and nonexistent national public interest contracts because lack of legislative authorization, cannot be enforced, and much less based on the principles of presumption of legality and legitimate expectation, which cannot be based on illegalities

If a national public interest contract entered into by a public entity with a foreign company not domiciled in the country without the legislative authorization required in the Constitution, it must be deemed void and null *ab initio*, not being possible for it to be enforced. In such case, no presumption of their validity can be constructed upon an unconstitutionality, and no legitimate expectation could be constructed from it by the not domiciled foreign contracting parties.

In effect, as a matter of principle, and in particular regarding administrative actions[202] the acts of the Public Administration (including state-owned enterprises) are presumed to be valid and legitimate and thus enforceable until annulled by a competent administrative or judicial authority. However, as I have explained, the "enforceability presumption has an exception for when the act is affected of absolute nullity."[203] Furthermore, as I wrote many years earlier when commenting on a decision of the Political Administrative Chamber of the former Supreme Court of Justice (case *Arnaldo Lovera*),[204] when administrative acts are null and void in an

---

202 Allan R. Brewer-Carías, *El Derecho Administrativo y la Ley Orgánica de Procedimientos Administrativos*, Editorial Jurídica Venezolana, Caracas 2008 (8th ed), p. 203

203 Id.

204 See Supreme Court of Justice Political-Administrative Chamber, decision No. 332 Case: Arnaldo Lovera v. Inquilinato, Nov. 21, 1989, in *Revista de Derecho Público* No. 40, Editorial Jurídica Venezolana, Caracas 1989, pp. 76-77. Available at: http://allanbrewercarias.com/wp-content/uploads/2007/08/rdpub_1989_40.pdf

absolute sense (for instance, according to Article 19 of the Organic Law on Administrative Procedure), such acts do not benefit from any presumption of validity, and the Public Administration can revoke and declare such acts null and void at any time. In other words, *"the presumption of legitimacy of administrative acts does not exist when the acts are vitiated of absolute nullity, in which case they could not be enforced."*[205] As I put it more recently, "an administrative act vitiated of absolute nullity cannot be presumed legitimate, and the Administration cannot order its compliance."[206]

An administrative act with a vice of absolute nullity is unenforceable because such an act can have no effect whatsoever and cannot form the basis of any vested rights. In the words of the Political Administrative Chamber of the former Supreme Court of Justice, in cases of absolute nullity, "the presumption of legitimacy that produces the administrative act cannot prevail against logic."[207] That is why the same Chamber of the former Supreme Court, in its decision of April 6, 1993 (case *Eduardo Contramaestre*), ruled that "absolute nullity is the most grave consequence derived from the vices of the administrative act, and means that *the act cannot produce an effect in any way whatsoever,* due to the fact that the act of absolute nullity has to be considered as never enacted; consequently, it could not and cannot produce effects."[208]

Furthermore, as Tomás Ramón Fernández has written, it is not just that an absolutely null administrative act "cannot produce effects and its author cannot impose it," its author has "an obligation to declare it null and void from the moment in which he realizes by himself or is warned by an interested party of the existence of a nullity cause, due to the fact that it is

---

205 See Allan R. Brewer-Carías, "Consideraciones sobre la ejecución de los actos administrativos (a propósito de los actos administrativos que ordenan el desalojo de viviendas," in *Revista de Derecho Público*, No. 41, Editorial Jurídica Venezolana, Caracas1990, pp. 163, 165. Available at: http://allanbrewercarias.com/wp-content/uploads/2007/08/-rdpub_1990_41.pdf

206 See Allan R. Brewer-Carías, "Presentación a la Segunda Edición, Sobre Algunos Principios de la Invalidez de los actos administrativos en la legislación de América Latina," in Tomás Ramón Fernández, *La nulidad de los actos administrativos*, Ed. Olejnik, Santiago, Madrid 2019, pp. 13, 29

207 See Supreme Court of Justice Political-Administrative Chamber decision No. 411 Banco del Caribe vs. República (Ministerio de Hacienda), Aug. 13, 1991 in *Revista de Derecho Público* No. 47, Editorial Jurídica Venezolana, Caracas 1991, p. 111. Available at: http://allanbrewercarias.com/wp-content/uploads/2007/08/rdpub_1991_47.pdf

208 See Supreme Court of Justice Political-Administrative Chamber, Case: Eduardo Contramaestre vs. Repúbica (Ministerio de Sanidad y Asistencia Social, Apr. 6, 1993 in *Revista de Derecho Público* No 55-56, Editorial Jurídica Venezolana, Caracas 1993, p. 198; Available at: http://allanbrewercarias.com/wp-content/uploads/2007/08/rdpub_1993_55-56-1.pdf See José Araujo Juárez, 2 Derecho Administrativo General, Ediciones Paredes ed., 2011, p. 174.

not allowed to anybody, due to the most elemental requirements of justice, to obtain benefits from his own clumsiness (*allegans propriam turpitudinem non auditur*)."[209] As the former Political-Administrative Chamber of the Supreme Court expressed in a decision of on July 26, 1984 (Case: *Despachos Los Teques*), "the Administration can and ought to declare the absolute nullity, by its own initiative, at any time, of those acts that are against the law and are affected of absolute nullity."[210]

Moreover, in the words of Eloy Lares Martínez, "the principle of auto-control of the Administration upon its own acts is not limited by vested rights of individuals, because no rights whatsoever can be based on administrative acts vitiated of absolute nullity."[211] In the same regard, Carlos Luis Carrillo, who also affirms that the Public Administration has a "duty" to declare null and void administrative acts of absolute nullity, has observed that the inclusion of Article 19 in the Organic Law on Administrative Procedure "implies that such an act [null and void] could never produce expectations of rights, personal, direct and legitimate interests and much less subjective rights for its addressee, because as we have said, nobody could claim to be the beneficiary of effects emanating from a will expressed upon a basis that is null and against the law." [212] Article 19 provides that acts of the Administration are absolutely null in five circumstances, including, as relevant here, when they are issued by manifestly incompetent authorities or with total and absolute disregard of the legally established procedure [e.g., prior National Assembly authorization]."[213] As I have explained some years ago: an "act affected by absolute nullity, it is not capable of creating or declaring rights,"[214] or in other words absolute nullity prevents acts "from having any effects of any kind,

---

209 See Tomás Ramón Fernández, *La nulidad de los actos administrativos*, Ediciones Olejnik, Santiago, 2019, p. 53.

210 See Supreme Court of Justice Political-Administrative Chamber Decision No. 210, Case: Despachos los Teques, Jul. 26, 1984 in *Revista de Derecho Público* No. 19, Editorial Jurídica Venezolana, Caracas 1984, pp. 130-131. Available at: http://allanbrewercarias.com/wp-content/uploads/2007/08/rdpub_1984_19.pdf

211 See Eloy Lares Martínez, *Manual de Derecho Administrativo*, 14th ed. Caracas, 2013, p. 246.

212 See Carlos Luis Carrillo Artiles, "La imbricación de la noción y contenido de la potestad de autotutela de la Administración en Venezuela" in *Derecho Administrativo Iberoamericano*, 26 (2007, p. 26; see also Henrique Meier E., *Teoría de las Nulidades en el Derecho Administrativo*, Editorial Jurídica Alba,, 1991, p. 77.

213 See on the five cases of absolute nullity of administrative acts in Allan R. Brewer-Carías, *Administrative Law in Venezuela*, Editorial Jurídica Venezolana, Caracas 2015, pp. 124-125. Available at: http://allanbrewercarias.com/wp-content/uploads/2013/08/9789803651992-txt.pdf

214 Idem, at 112.

as the act, deemed absolutely null, cannot be understood as ever issued."[215]

In short, as Gustavo Linares Benzo has succinctly explained: "Absolute nullity is referred to as an intrinsic vice of the act, to its constitutive elements. Thus, the vitiated act never produces effects, from the beginning. Due to the general character of the vice, absolute nullity can be alleged against anybody, *erga omnes.*"[216] This is precisely the situation with national public interests contracts which are null and void *ab initio* because the lack of constitutionally-required National Assembly authorization, precluding any valid expression of consent, which is an essential element of contract formation.

Therefore, it is impossible under Venezuelan law to construct any presumption of legality or legitimacy in the face of such absolute nullity. Consequently, no court in Venezuela could or would enforce the Indenture and the Pledge based on such a presumption.

Regarding the principle of legitimate expectations is also wholly inapplicable to such invalid contracts. This principle was developed to protect relations between the State and individuals in cases of reiterative actions of the Public Administration by preventing the latter from changing the course of its actions irrationally, abruptly, suddenly, and without warning, taking into account the effects that such changes could cause.[217] As the Electoral Chamber of the Supreme Tribunal of Justice ruled in its decision No. 98 of August 1, 2001, for this principle to apply, the actions of the Public Administration "must *follow the legal framework* and be oriented to the protection of the general interest."[218]

In the words of Hildegard Rondon de Sansó, legitimate expectations cannot be based on "a *promise that does not comply with the rules, or even, is contrary to the rules.*"[219] That is, the principle applies only when

---

215 Idem, at 123-124.

216 See Gustavo Linares Benzo, "Notas sobre los actos administrativos," *in El derecho público a los 100 números de la Revista de Derecho Público 1980-2005*, Editorial Jurídica Venezolana, Caracas 2005, pp. 755, 783. Available at: http://allanbrewercarias.com/wp-content/uploads/2007/08/EL-DERECHO-P%C3%9ABLICO-A-LOS-100-N%C2%B0-DE-LA-RDP-1980-2005-MAYO-20061.pdf

217 See Allan R. Brewer-Carías, *Administrative Law in Venezuela*, Editorial Jurídica Venezolana, Caracas 2015, pp. 36-37. Available at: http://allanbrewercarias.com/wp-content/uploads/2013/08/9789803651992-txt.pdf

218 See Electoral Chamber of the Supreme Tribunal of Justice, Decision No. 98, Case: Asociación Civil "Club Campestre Paracotos, Aug. 1, 2001, in *Revista de Derecho Público*, No 85-88, Editorial Jurídica Venezolana, Caracas 2001, pp. pp. 232-238. Available at: http://allanbrewercarias.com/wp-content/uploads/2007/08/2001-REVISTA-85-86-87-88.pdf

219 See Hildegard Rondón de Sansó, "El Principio de Confianza Legítima en el Derecho Venezolano," in *IV Jornadas Internacionales de Derecho Administrativo Allan R. Bre-*

the expectation is "legitimate" in the sense of being subject to "all the requirements of the legal order"[220] and "not contrary to an express rule."[221] As the same author also wrote regarding the subjective element of the expectation: "The legitimacy of the claim could not be a decisive factor because it could lead to a plausible expectation or confidence when deriving from a fact that has not evidence of legality. For instance, it could happen that a matter considered illegal is going to be placed in the field of legality,"[222] which is obviously unacceptable. This is why the same author emphasizes that "it is necessary for the *expectation to be established in accordance with the legal order*, in a way that there is no provision that could be opposed to the satisfaction of the claim."[223] For this same reason, Caterina Balasso, has expressed that a legitimate expectation must be "justified" that is, the act on which the expectation is based *must be subject to the legal order* and oriented toward the protection of the general interest,"[224] highlighting the decisions of the Political Administrative Chamber of the Supreme Tribunal giving primacy to the principle of legality over the principle of legitimate expectation, with the consequence that no expectation could be protected when derived from illegal situations. [225]

In this regard, the Political-Administrative Chamber of the Supreme Tribunal has been absolutely clear in many decisions, precisely regarding contract infected by illegality, in the sense that they cannot be enforced based on the principle of legitimate expectations. It was the case decided on November 20, 2019 (*Propatrimonio* case), where the Chamber ruled that:

---

wer-*Carías*, Funeda, Caracas 1998, p. at 300. Available at: http://allanbrewercarias.net /Content/449725d9-f1cb-474b-8ab2-41efb849fec1/Content/IV.%20JORNADAS%20 INTERNACIONALES%20DE%20DA%20ARBC%201998%20(VOL.%20I,%20II).pdf

220 Id. at 301.

221 Id. at 328.

222 Id. at 349.

223 See Hildegard Rondón de Sansó, "Visión General del Principio de Expectativa Plausible" in *Boletín de la Academia de Ciencias Políticas y Sociales* No. 141, Caracas 2003, p. 341.

224 See Caterina Balasso Tejera, "El Principio de Protección de la Confianza Legítima y su Aplicabilidad Respecto de los Ámbitos de Actuación del Poder Público," in *Revista de Derecho Público*, No. 100, Editorial Jurídica Venezolana, Caracas 2006, pp. 745-746. Available at: http://allanbrewercarias.com/wp-content/uploads/2007/08/EL-DERECHO-P%C3%9ABLICO-A-LOS-100-N%C2%B0-DE-LA-RDP-1980-2005-MAYO-20061.pdf

225 See Caterina Balasso Tejera, "El Principio de la Confianza Legítima. Perspectiva jurisprudencial y notas sobre su vigencia," en Allan R. Brewer-Carías y José Araujo Juárez, *Principios Fundamentales del Derecho Público*. Desafíos actuales, Editorial Jurídica Venezolana, Caracas 2020, p. 648.

"legitimate expectations or plausible expectations *are not principles or values that can be invoked or predicated in a situation of illegality or outside the law*, since this would imply reinforcing and perpetuating conducts contrary to law instead of contributing to the consolidation of legal security and stability of the legal system Venezuelan[,] [and thus] the *plaintiff cannot claim to enjoy the principle of legitimate expectations or to have a plausible expectation born from illegitimate action . . . .*"[226]

Previously, in its decision of March 24, 2015 in the *Cámara Venezolana de la* Construcción *et al* case, the Chamber ruled that "the legitimate confidence or plausible expectation *are not principles or values that can be invoked or predicated in a situation of illegality or outside the law.*"[227] Likewise, in its decision of May 5, 2010 in the *Seguros Carabobo* case, the Chamber ruled that "a justified expectation . . . *could not exist based on an interpretation that does not conform to what is prescribed in the Law.*"[228] That is why, Professor Karla Velazco Silva, in a recent book referred to the principle of legitimate expectations, quoting the *Cámara Venezolana de la Construcción et al* and *Seguros Carabobo* decisions, concluded that they "make it clear that the principle of legitimate confidence [expectations] cannot be invoked when it was born from an illegal action that damages the legal sphere of the community."[229] That is why, no "legitimate expectations" could possibly have arisen in the case of public national interest contracts lacking the obligatory parliamentary authorization pursuant to Articles 150 and 187.9 of the Constitution, because the consent of the public contracting party could not be expressed.

V. SOME CONCLUSIONS

The provisions of Articles 150 and 151 of the Constitution, when subjecting "national public interest contracts" to the control (approval or authorization) of the National Assembly, is applicable to all public contracts entered into by the Republic through any of her national government agency or organs, as well as by all the national public decentralized entity like national public corporations and national state-owned enterprises.

That has been the opinion I have expressed on the matter since 1982 and was the intention for the inclusion of such provisions in the text of the Constitution during the discussions for its drafting in the 1999 National

---

226 See decision of the Political-Administrative Chamber of the Supreme Tribunal of November 20, 2019, p. 35.

227 See decision of the Political Administrative Chamber of the Supreme Tribunal of March 24, 2015 (case Cámara Venezolana de la Construcción et al), p.20,

228 See decision of the Political Administrative Chamber of the Supreme Tribunal of May 5, 2010 (case Seguros Carabobo), p. 27,.

229 See Karla Vealzco Silva, *La confianza legítima ante actuaciones de funcionarios de hecho*, Universidad del Zulia, Maracaibo 2019, p. 66.

Constituent Assembly. This has also been the opinion of the overwhelming majority of Venezuelan public law scholars, all of which agree that national public national interest contracts include, not only those entered into by the Republic, but also contracts entered into by national decentralized entities. This has also been the criteria that has been followed by the former Supreme Court of Justice, and by the current Supreme Tribunal of Justice through decisions issued by its Constitutional Chamber and Political Administrative Chamber.

This notion of "national public interest contract," which is also included in articles 189.9 and 247 of the Constitution, comprising contracts entered into by the Republic, national autonomous institutions and national state-owned enterprises has not being changed in any way through any binding judicial constitutional interpretation. That is, the Constitutional Chamber of the Supreme Tribunal pursuant article 335 of the Constitution, or any other Venezuelan court, have established that national public interest contracts must have only the Republic as a party, excluding decentralized national entities of public administration.

In particular, the Constitutional Chamber of the Supreme Tribunal in its decision N° 2241 of September 24, 2002 (*Andrés Velazquez et al.* case), when annulling article 80 of the Organic Law of Financial Management of the Public Sector, although it referred to national public interest contracts entered into by the National Executive, which were the only regulated in the annulled legal provision, did not rule in any way applying article 335 of the Constitution, establishing any binding decision in order to reduce the notion of national public interest contracts to be applied only to those entered into by the Republic; or to exclude from such notions contracts entered into by decentralized entities of national Public Administration. Evident proof that the Constitutional Chamber did not intend to limit the concept of national public interest contracts to comprise only those entered into by the Republic, is that a few months later in its decision N° 953 of April 29, 2003 (*EDELCA* case), the Constitutional Chamber expressly qualified contracts entered by a national state-owned enterprise as national public interest contracts.

The Constitutional Chamber, in two subsequent decisions, referred in a marginal way to the notion of national public interest contracts quoting some paragraphs of decision N° 2241 of 2002, but not for the purpose of interpret such notion as established in the Constitution, but only to resolve other questions, namely, the character (binding or not) of the opinions that the Attorney General has to give under article 247 of the Constitution for the approval of national public interest contracts (No. 1460 of July, 2007*)*; and, the nature of the Central Bank of Venezuela in order to exclude from parliamentary authorization a contract to be entered into by such decentralized entity of the State with an international entity created in an International agreement that had already been approved y the National Assembly (No. 618 July 20, 2016).

In none of such decisions the Constitutional Chamber affirmed that public interest contracts are only those where the Republic is a party. To the contrary, in decision No. 1460 of July, 2007 the Chamber expressly accepted that "public debt contracts" (promissory notes) issued by a national public corporation as decentralized entity of the National Public Administration were national public interest contracts; and in decision N° 618 of July 20, 2016, what the Chamber decided was that as only the Public Administration can enter into national public interest contracts, not being the Central Bank of Venezuela part of the Central or Decentralized National Public Administration, a specific contract to be entered by it and an international organization was not to be subjected to parliamentary authorization according to article 150 of the Constitution.

As aforementioned, the Constitutional Chamber in none of those decisions issued any binding interpretation on the sense and scope of the notion of national public interest contracts established in articles 150 and 151 of the Constitution, and did not determine, pursuant to article 335 of the same text, that only contracts entered into by the Republic can be considered national public interest contracts. The Chamber did not rule in an express way in such sense, not having even use the word "binding" or mentioned such provision of article 335 of the Constitution in the decisions. In addition, the Chamber did not order to publish the decisions in the *Official Gazette,* as it generally occur when a binging interpretation is established; and if the publication was ordered regarding decision No. 2241 of September 20, 2002, it was by imposition of the Organic Law of the Supreme Tribunal, because it annulled a provision of a statute.

In any case, the consequence of a contracts entered into by decentralized entities of National Public Administration to be considered as national public interest contracts, is that they are subjected to parliamentary control according to articles 150 and 151 of the Constitution, an in particular, the prior authorization of the National Assembly when they are going to be entered with Foreign States, foreign entities or foreign companies not domiciled in Venezuela.

I such cases, the prior parliamentary authorization is a condition of validity of the contract, as integral part of the process of formation of the will of the public contracting party. As such, and as a matter of public order, it can only be regulated by national law, not being possible for a public contracting party to renounce to the applicability of national law to the conditions of validity of the contract and to agree to subject to foreign law the process of formation of the will of the public entity. The possible agreement that the public contracting parties can include in national public interest contracts regarding toe applicability of foreign law, only refers to the matters related to the performance of the contract, and can never refer to matter of public order, as are the conditions of validity of contracts.

www.ingramcontent.com/pod-product-compliance
Lightning Source LLC
Chambersburg PA
CBHW021021210326
41598CB00016B/878